经典
传家

经典回到生活　阅读从心开始

经典传家

『经典传家』丛书遴选了清代《四库全书》的精华，而且每一种书在注释、译文、解读等方面做了大量的、扎实的工作。

——傅璇琮

国学就是中国人的学问。『经典传家』是一套非常适合大众阅读的国学经典丛书。国学的传承和发展迫切需要好的大众读本。

——毛佩琦

《四库全书》浩如烟海，真正的必读经典就这百余部。

——任德山

国学是相互通融的，切忌断章或是割裂。今人只有从《周易》等原始经典入手，才能真正找到进入国学的门径。

——刘君祖

经典传家系列丛书

图解二十四史精华 上

司马迁等 著

崇贤书院 释译

黄山书社

《二十四史精华》阅读指南

精审精校保证阅读质量

精心审校，将《二十四史》的精华部分以最精致的品质呈现给读者。

图文配合形象化阅读经典

所选图片出处繁多，几乎涵盖了所有古代版画的优秀作品。图文并茂，形象化阅读经典之作。

精选原文

- 名家精选，彰显《二十四史》的精髓。
- 篇目兼顾历史性和阅读性。

古代版画

- 所选版画皆为古人原创，确保原汁原味。
- 选图方面精益求精，确保古代版画的清晰质感。

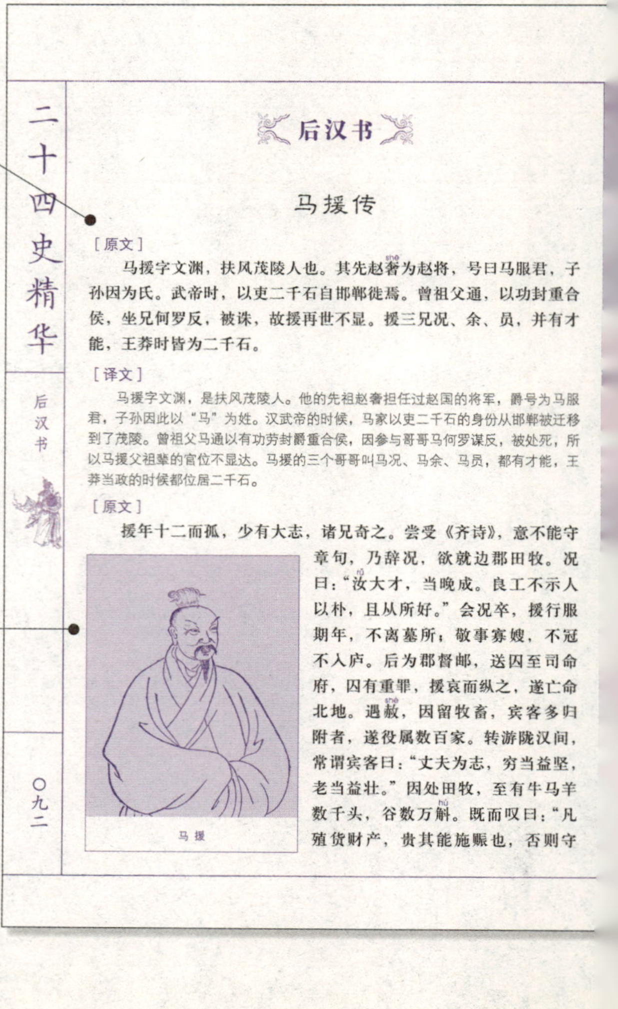
二十四史精华

后汉书

后汉书

马援传

[原文]

马援字文渊，扶风茂陵人也。其先赵奢(shē)为赵将，号曰马服君，子孙因为氏。武帝时，以吏二千石自邯郸徙焉。曾祖父通，以功封重合侯，坐兄何罗反，被诛，故援再世不显。援三兄况、余、员，并有才能，王莽时皆为二千石。

[译文]

马援字文渊，是扶风茂陵人。他的先祖赵奢担任过赵国的将军，爵号为马服君，子孙因此以“马”为姓。汉武帝的时候，马家以吏二千石的身份从邯郸被迁移到了茂陵。曾祖父马通以有功劳封爵重合侯，因参与哥哥马何罗谋反，被处死，所以马援父祖辈的官位不显达。马援的三个哥哥叫马况、马余、马员，都有才能，王莽当政的时候都位居二千石。

[原文]

援年十二而孤，少有大志，诸兄奇之。尝受《齐诗》，意不能守章句，乃辞况，欲就边郡田牧。况曰：“汝(rǔ)大才，当晚成。良工不示人以朴，且从所好。”会况卒，援行服期年，不离墓所；敬事寡嫂，不冠不入庐。后为郡督邮，送囚至司命府，囚有重罪，援哀而纵之，遂亡命北地。遇赦(shè)，因留牧畜，宾客多归附者，遂役属数百家。转游陇汉间，常谓宾客曰：“丈夫为志，穷当益坚，老当益壮。”因处田牧，至有牛马羊数千头，谷数万斛(hú)。既而叹曰：“凡殖货财产，贵其能施赈也，否则守

马援

〇九二

《二十四史精华》阅读指南

无障碍阅读经典之作

文言与白话译文逐段对照，帮助读者全面准确地理解经典。

重现经典在国人心中的权威

编者以拳拳之心弘扬中国传统经典，将此书献给所有爱读书，却还未系统读过《二十四史》的国人。

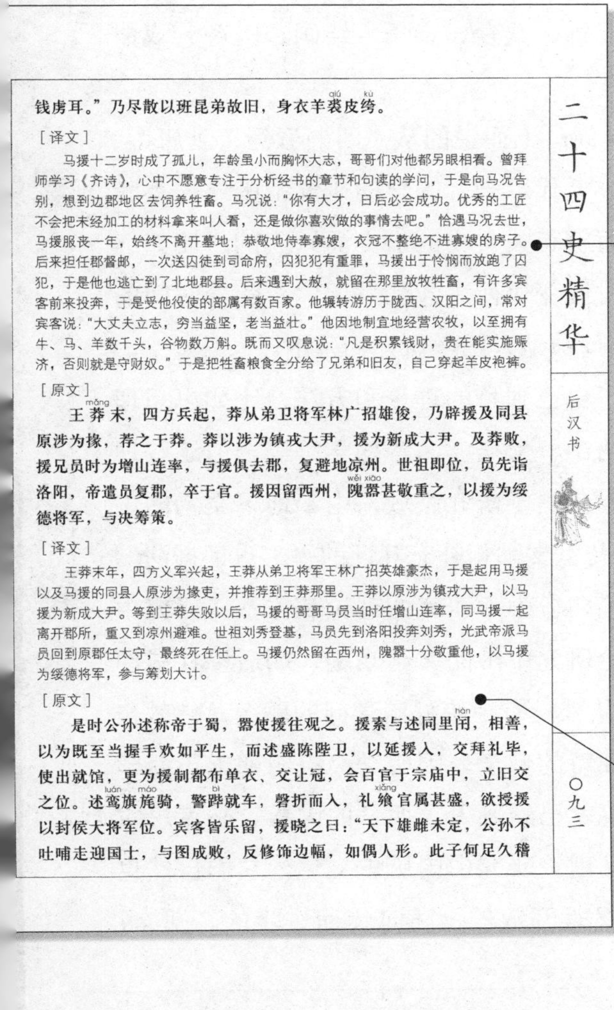

钱虏耳。”乃尽散以班昆弟故旧，身衣羊裘(qiú)皮绔(kù)。

[译文]

马援十二岁时成了孤儿，年龄虽小而胸怀大志，哥哥们对他都另眼相看。曾拜师学习《齐诗》，心中不愿意专注于分析经书的章节和句读的学问，于是向马况告别，想到边郡地区去饲养牲畜。马况说：“你有大才，日后必会成功。优秀的工匠不会把未经加工的材料拿来叫人看，还是做你喜欢做的事情去吧。”恰遇马况去世，马援服丧一年，始终不离开墓地；恭敬地侍奉寡嫂，衣冠不整绝不进寡嫂的房子。后来担任郡督邮，一次送囚徒到司命府，囚犯犯有重罪，马援出于怜悯而放跑了囚犯，于是他也逃亡到了北地郡县。后来遇到大赦，就留在那里放牧牲畜，有许多宾客前来投奔，于是受他役使的部属有数百家。他辗转游历于陇西、汉阳之间，常对宾客说：“大丈夫立志，穷当益坚，老当益壮。”他因地制宜地经营农牧，以至拥有牛、马、羊数千头，谷物数万斛。既而又叹息说：“凡是积累钱财，贵在能实施赈济，否则就是守财奴。”于是把牲畜粮食全分给了兄弟和旧友，自己穿起羊皮袍裤。

[原文]

王莽(mǎng)末，四方兵起，莽从弟卫将军林广招雄俊，乃辟援及同县原涉为掾，荐之于莽。莽以涉为镇戎大尹，援为新成大尹。及莽败，援兄员时为增山连率，与援俱去郡，复避地凉州。世祖即位，员先诣洛阳，帝遣员复郡，卒于官。援因留西州，隗嚣(wěi xiāo)甚敬重之，以援为绥德将军，与决筹策。

[译文]

王莽末年，四方义军兴起，王莽从弟卫将军王林广招英雄豪杰，于是起用马援以及马援的同县人原涉为掾吏，并推荐到王莽那里。王莽以原涉为镇戎大尹，以马援为新成大尹。等到王莽失败以后，马援的哥哥马员当时任增山连率，同马援一起离开郡所，重又到凉州避难。世祖刘秀登基，马员先到洛阳投奔刘秀，光武帝派马员回到原郡任太守，最终死在任上。马援仍然留在西州，隗嚣十分敬重他，以马援为绥德将军，参与筹划大计。

[原文]

是时公孙述称帝于蜀，嚣使援往观之。援素与述同里闬(hàn)，相善，以为既至当握手欢如平生，而述盛陈陛卫，以延援入，交拜礼毕，使出就馆，更为援制都布单衣、交让冠，会百官于宗庙中，立旧交之位。述鸾(luán)旗旄(máo)骑，警跸(bì)就车，磬折而入，礼飨(xiǎng)官属甚盛，欲授援以封侯大将军位。宾客皆乐留，援晓之曰：“天下雄雌未定，公孙不吐哺走迎国士，与图成败，反修饰边幅，如偶人形。此子何足久稽

二十四史精华 后汉书 ○九三

白话译文

- 用流畅的现代白话文翻译原作的内容。
- 直译与意译相互结合，力求简明而准确。

选字注音

- 将原文中的生僻字一一标注读音。
- 将古今异读字一一标注读音。
- 将重复出现的疑难字词反复标注读音。

总 序

国学是什么？简单说，就是中国人之所以成为中国人的学问。因此，国学不仅包括数千年积累流传下来的经典，比如“四书五经”、《老子》《庄子》《孙子》《史记》《汉书》、唐诗、宋词，也包含研究中国人思维方式、生活方式、行为方式乃至娱乐方式的各种学问。广言之，国学研究的对象不仅包括文献，也包括实物；不仅包括物质文化遗产，也包括非物质文化遗产，如我国各民族的建筑、服饰、饮食、音乐、绘画、医药、戏曲等等。

国学是不断丰富、不断发展的学问。上面说的从“四书五经”到唐诗、宋词就是一个不断丰富发展的过程。近代以来，国学的研究范围还在不断地扩大，比如敦煌学、甲骨学，是随着有关文物的出土而兴起的；比如红学，是随着文学理论和学术风气的发展变化而兴起和发展的。随着时间的推移和学术的进步，必将有更多的学问被纳入国学研究的范围。

数千年来，中国人做学问形成了自己独特的理论和方法，比如思想理论、史学理论、文学理论，以及训诂学、考据学、音韵学等等。但这些理论和方法并不是一成不变的。比如，在史学研究领域，由于地下文物的出土，王国维等人提出了以地下文物与传世文献相补充互证的“二重证据法”。近代以来，西风劲吹。国人主动借鉴西方学术研究的理论和方法，研究中国学问。王国维借鉴尼采的哲学理论研究中国的文学戏剧，胡适以杜威的实验主义研究中国的“国故”。国学从来没有拒绝外国学问的融合，佛教传入中国后，经过改造，形成了中国独特的佛学、因明学；自明朝末年西学传入中国后，中国的天文学、数学等就已经融入了西学的因素。马克思主义传入中国后，不少人用马克思主义理论研究中国历史文化，它们自然也成为了国学的一部分。因此，国学又是开放的、随时代而进步的。那么，当今我们研究、振兴国学，不允许也不应该倒退，不允许也不应该僵化。

然而，国学又是与西学明显区分的。国学是西学的对应物，是与西学完全不同的学术体系。在近代，西学挟坚船利炮强势进入中国之后，中国人还视自我，对于中国固有之学问的称呼出现了中学、国故学、国粹、国学这样的名称。面对“帝国主义”的强大，中国人自愧不如，一方面拼命地学习、引进西学，另一方面拼命地贬低、抛弃国学。虽然也有一些人，如张之洞为保护中华文化之根本，提出“中学为体，西学为用”，如胡适，提出“整理国故”，以“再造文明”“建立民族自信心”，但其声音终被时代所淹没。国学一再被严重曲解和轻视，造成了中国历史文化的大断裂。也许，这一历史过程是必然的。但回顾过去，中国在走向独立富强的过程中，国学所付出的代价实在太大、太惨重了。

新中国成立后，饱受屈辱的中国人从此站立了起来，民族自信心大大加强，但没有能够及时认识到国学在新时代的重要性，甚至仅存的一点点国学遗产也进一步成为被抛弃的对象。改革开放三十年之后，走向富强的国人终于幡然醒悟，保护和振兴国学逐渐成为全民的共识。一个强大的自立于世界民族之林的国家，必然要有与之相匹配的伟大的民族文化。中国人，从领导者、学术界到普通百姓，都在重新发现国学的现代价值。同时，在走向全球化的进程中，东西方各国也把目光投向了中国。中国学问，中国的一切都在被重新评价。中国不仅为了自身的建设和发展需要从传统文化中汲取智慧，而且也面临着以优秀的中华文化向全人类贡献智慧的责任和挑战。

那么，这套经典传家丛书的编纂就是可喜的，编纂者的初衷和努力就是可敬的。希望这套丛书能发挥点滴作用，如同涓涓细水与千百万有志者的努力一道汇成大潮，去迎接中华民族的伟大复兴！

是为序。

毛佩琦

二〇一五年五月

前 言

历史是什么？历史是过往的一切，是先人们生活的记录，是一个民族、一个国家的集体记忆，更是民族和国家的文化遗产。

作为有着五千年以上悠久文明历史的国度和民族，中华民族有着忠实记载历史的优良传统，这种传统使得中国在几千年来能够保存下大量的历史资料，史料之丰富是世界上任何一个国家所不能媲美的。这是我们中华民族的一笔宝贵的精神财富。

中华史籍浩如烟海，内容博大精深。其中，被赋予“正史”之称的“二十四史”有着举足轻重的地位。

二十四史一中国古代各朝撰写的二十四部史书的总称。按史书记载的年代排列，分别是西汉司马迁撰写的《史记》、东汉班固撰写的《汉书》、南朝范晔撰写的《后汉书》、西晋陈寿撰写的《三国志》、唐朝房玄龄等人编撰的《晋书》、南朝沈约撰写的《宋书》、南朝萧子显撰写的《南齐书》、唐朝姚思廉撰写的《梁书》和《陈书》、北齐魏收撰写的《魏书》、唐朝李百药撰写的《北齐书》、唐朝令狐德棻编撰的《周书》、唐朝李延寿撰写的《南史》和《北史》、唐朝魏徵等人编撰的《隋书》、后晋刘昫等人编撰的《旧唐书》、宋朝欧阳修、宋祁编撰的《新唐书》、宋朝薛居正等人编撰的《旧五代史》、宋朝欧阳修撰写的《新五代史》、元朝脱脱等人编撰的《宋史》《辽史》《金史》、明朝宋濂等人编撰的《元史》、清朝张廷玉等编撰的《明史》。

“二十四史”上起传说中的黄帝，止于明朝崇祯十七年（1644 年），计 3213 卷，约 4000 万字，用统一的本纪、列传的纪传体编写而成。

“二十四史”中，《史记》是通史，其余都是断代史。其中《南史》和《北史》分别记述南朝和北朝的历史，《旧唐书》和《新唐书》均记述唐朝的历史，只不过两者一个编撰的时间早，一个时间晚。《旧五代史》和《新五代史》都是记述五代的历史。

“二十四史”在中国古代是官方承认的“正史”。“正史”之名，始见于《隋书·经籍志》：“世有著述，皆拟班、马，以为正史。”清代乾隆皇帝钦定“二十四史”为“正史”，“正史”一称即专指“二十四史”。

二十四史卷帙浩繁，文字古奥，所涉及的内容又十分广泛，为了方便广大读者，我们精选了“二十四史”中极具代表性的人物传记，供广大读者阅读。其中包括西汉初年叱咤风云的西楚霸王项羽，秦末起义的首倡者陈涉，西汉权臣霍光，投笔从戎的东汉名将班超，三国时期杰出的政治家、军事家曹操和诸葛亮，东晋王朝的柱石王导和谢安，杀父即位的昏君隋炀帝杨广，“贞观之治”的缔造者唐太宗李世民，秉公执法的狄仁杰，唐朝女皇武则天，中国历史上四大美女之一的杨贵妃，敢于犯颜直谏的名臣魏徵，精忠报国的岳飞，留取丹心照汗青的文天祥，明代开国功臣刘基，明代中后期的改革家张居正，明末的抗清名将袁崇焕等。这些都是在历史上有着重要影响的人物，他们的经历和成败，对现代人来说，是一笔宝贵财富，是值得今人借鉴的。

“二十四史”都是用文言文写成，今天的读者读起来难免会有一些阅读障碍。为此，我们将原文中的部分生僻字词，加以注音。并将原文与译文一一对应，方便读者阅读。

本书的一大亮点是配图部分，我们以中国古代的优秀木刻版画作为本书的插图。为了本书的配图，我们翻阅了大量古代刊刻资料，包括明刻《帝鉴图说》《养正图解》《历代列女传》《历代古人像赞》，清刻《古圣贤像传略》《飞影阁士记画册》《马骀画宝》等古籍，几乎涵盖了所有古代版画的优秀作品。在选图方面，我们严格按照版画必须清晰、图文对应的原则，用最直观的方式，图文并茂地帮助读者理解历史。

展读这部《二十四史精华》，绵延不绝的历史经验，令我们不得不由衷地感恩先贤的用心良苦。这是历经多少心血才得以传承，供我们汲取的宝贵智慧与经验。历史是一面最好的镜子，我们由衷地希望，当读者朋友们在阅读本书时，可以感受到我们古代文化的辉煌；但更重要的是，从我们的先祖身上学到处事之道、治世之理。

附：《二十四史》由来

一、三史

魏晋时社会上已有“三史”之称，指《史记》《汉书》和《东观汉记》。《东观汉记》是东汉朝廷主持编纂的一部记述东汉历史的纪传体史书。《后汉书》出现后，取代了《东观汉记》的地位，被列为“三史”之一。“三史”的名称在唐代以前十分通行。

二、四史

指《史记》《汉书》《后汉书》《三国志》，又称“前四史”。

三、十三史

唐代时，《史记》《汉书》《后汉书》《三国志》，加上《晋书》《宋书》《南齐书》《梁书》《陈书》《魏书》《北齐书》《周书》《隋书》，合称“十三史”。

四、十七史

宋代，在“十三史”的基础上，加入《南史》《北史》《新唐书》《新五代史》，形成了“十七史”。宋元时期，“十七史”一词颇为流行，成为历史的代称。元朝丞相孛罗审问抗元英雄文天祥时，被驳得无话可说，便问道：“且道盘古至今，几帝几王？”文天祥说道：“一部十七史从何处说起？我今非赴博学宏词科，不暇泛言。”可见“十七史”一词在当时的通行。

五、二十一史

明代时，在“十七史”的基础上，增加了《宋史》《辽史》《金史》《元史》四部史书，合称“二十一史”。

六、二十四史

清代《明史》修成后，在“二十一史”的基础上，加入《明史》和《旧唐书》，又从《永乐大典》中辑出已经散佚的《旧五代史》，最终形成了“二十四史”。

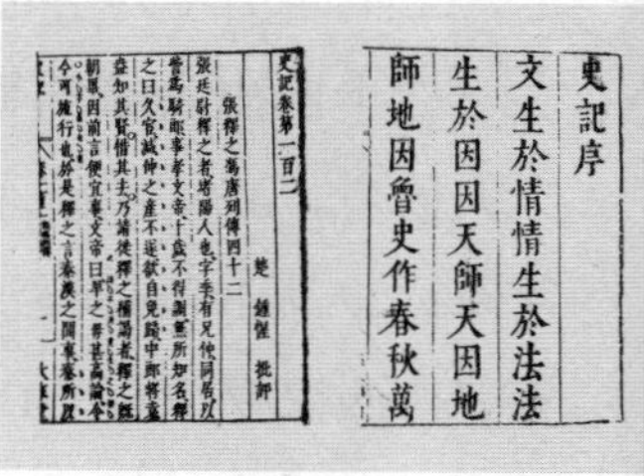
史記序
文生於情情生於法法
生於因因天師天因地
師地因魯史作春秋萬

《史记》明崇祯大来堂刻本

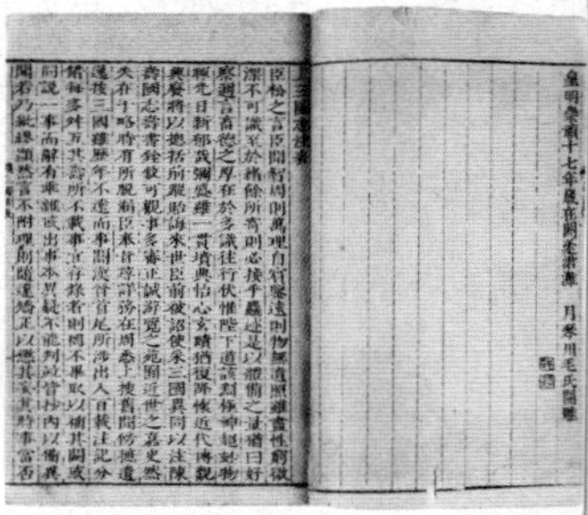

《三国志》明毛晋汲古阁刻本

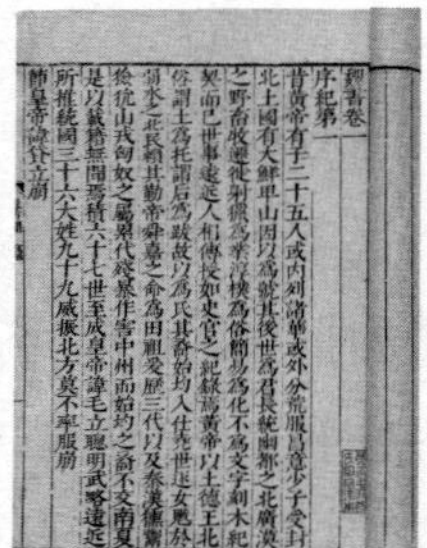

《魏书》明毛晋汲古阁刻本

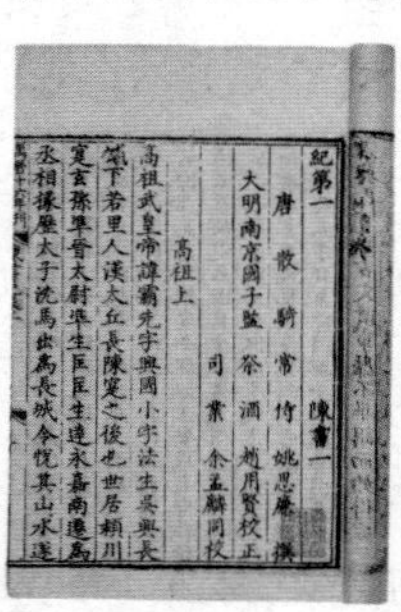

《陈书》明南京国子监刻本

目录

金史

元史

明史

史　记

项羽本纪

[原文]

项籍者，下相人也，字羽。初起时，年二十四。其季父项梁，梁父即楚将项燕，为秦将王翦(jiǎn)所戮(lù)者也。项氏世世为楚将，封于项，故姓项氏。项籍少时，学书不成，去学剑，又不成。项梁怒之。籍曰："书足以记名姓而已。剑一人敌，不足学，学万人敌。"于是项梁乃教籍兵法，籍大喜，略知其意，又不肯竟学。项梁尝有栎(yuè)阳逮，乃请蕲(qí)狱掾(yuàn)曹咎书抵栎阳狱掾司马欣，以故事得已。项梁杀人，与籍避仇于吴中。吴中贤士大夫皆出项梁下。每吴中有大繇(yáo)役及丧，项梁常为主办，阴以兵法部勒宾客及子弟，以是知其能。秦始皇帝游会稽(kuài jī)，渡浙江，梁与籍俱观。籍曰："彼可取而代也。"梁掩其口，曰："毋妄言，族矣！"梁以此奇籍。籍长八尺余，力能扛鼎，才气过人，虽吴中子弟皆已惮籍矣。

[译文]

项籍是下相人，字羽。开始起兵时二十四岁。他的叔父是项梁，项梁的父亲就是楚将项燕，被秦将王翦所杀的那个人。项氏世代为楚将，被封于项地，所以姓项氏。项籍小时候，学习认字写字，没有学成，放弃了学字，改学击剑，又没有学成。项梁很生气。项籍说："字只不过用来记记姓名而已。剑也只能抵抗一人，不值得学，要学就学能抵抗万人的。"于是项梁就教项籍兵法，项籍非常高兴，粗略地知道了兵法大意，又不肯认真学习了。项梁曾因栎阳罪案受到牵连，就请蕲州狱掾曹咎写信给栎阳狱掾司马欣，因此事情得到了结。项梁杀了人，和项籍到吴中躲避仇家。吴中士大夫的才能都比不上项梁。

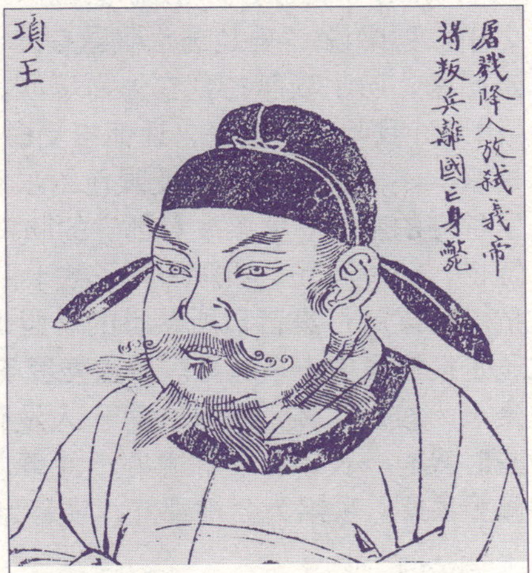

项 羽

每当吴中有大规模的徭役和丧葬，项梁常常主持办理，暗中用兵法部署调度宾客和子弟，因此了解了每个人的能力。秦始皇巡游会稽，渡过浙江，项梁和项籍一同去观看。项籍说："那个皇帝，我可以取而代之。"项梁捂住他的嘴，说："不许胡说八道，当心全族被杀头！"项梁因此觉得项籍不同于一般人。项籍身高八尺有余，力气大得能举起鼎，才气过人，吴中子弟都敬畏他。

［原文］

秦二世元年七月，陈涉等起大泽中。其九月，会稽守通谓梁曰："江西皆反，此亦天亡秦之时也。吾闻先即制人，后则为人所制。吾欲发兵，使公及桓(huán)楚将。"是时桓楚亡在泽中。梁曰："桓楚亡，人莫知其处，独籍知之耳。"梁乃出，诫籍持剑居外待。梁复入，与守坐，曰："请召籍，使受命召桓楚。"守曰："诺。"梁召籍入。须臾，梁眴(shùn)籍曰："可行矣！"于是籍遂拔剑斩守头。项梁持守头，佩其印绶(shòu)。门下大惊，扰乱，籍所击杀数十百人。一府中皆慑(shè)伏，莫敢起。梁乃召故所知豪吏，谕(yù)以所为起大事，遂举吴中兵。使人收下县，得精兵八千人。梁部署吴中豪杰为校尉、候、司马。有一人不得用，自言于梁。梁曰："前时某丧使公主某事，不能办，以此不任用公。"众乃皆伏。于是梁为会稽守，籍为裨(pí)将，徇下县。

［译文］

秦二世元年（前209年）七月，陈涉等人在大泽乡起义。这一年九月，会稽郡守殷通对项梁说："长江以北都造反了，这也是上天灭亡秦朝的时候。我听说先发则能制人，后发则为人所制。我想发兵，派你和桓楚带领。"当时桓楚逃亡在湖泽之中。项梁说："桓楚逃亡藏匿在外，人们不知道他的下落，只有项籍知道。"项梁走出来，吩咐项籍持剑在外面等候。项梁又走进去，与郡守一块儿坐着。项梁说："请允许我叫项籍进来，让他接受命令召回桓楚。"郡守说："好吧。"项梁招呼项籍进来。不一会儿，项梁使眼色给项籍说："可以行动了！"于是项籍拔出剑来砍掉了郡守的脑袋。项梁拿着郡守的脑袋，身上系着郡守的官印。郡守的侍从护卫大为惊慌，一片混乱，项籍杀死了数十百人。全府中的人都惶惧畏服，没有人敢动手反抗。项梁就召集昔日所熟悉的有胆识的府吏，把起兵反秦这件事情向大家讲清楚，于是征集吴中士卒起义。派人搜罗下属各县丁壮，得到精兵八千人。项梁安排吴中豪杰为校尉、候、司马。有一人没有得到任用，自己去向项梁申述。项梁说："前些时候有一丧事，让你主办一件事，你不能办好，因此不任用你。"于是大家都很佩服项梁。项梁为会稽郡守，项籍为副将，镇抚下属县邑。

［原文］

广陵人召(shào)平于是为陈王徇广陵，未能下。闻陈王败走，秦兵又

且至，乃渡江矫(jiǎo)陈王命，拜梁为楚王上柱国。曰：“江东已定，急引兵西击秦。”项梁乃以八千人渡江而西。闻陈婴已下东阳，使使欲与连和俱西。陈婴者，故东阳令史，居县中，素信谨，称为长者。东阳少年杀其令，相聚数千人，欲置长(zhǎng)，无适用，乃请陈婴。婴谢不能，遂强立婴为长，县中从者得二万人。少年欲立婴便为王，异军苍头特起。陈婴母谓婴曰：“自我为汝家妇，未尝闻汝先古之有贵者。今暴得大名，不祥。不如有所属，事成犹得封侯，事败易以亡，非世所指名也。”婴乃不敢为王。谓其军吏曰：“项氏世世将家，有名于楚。今欲举大事，将非其人，不可。我倚名族，亡秦必矣。”于是众从其言，以兵属项梁。项梁渡淮，黥(qíng)布、蒲将军亦以兵属焉。凡六七万人，军下邳(pī)。

禹陵

会稽就是今天的绍兴，自古人杰地灵，英才辈出。据传说，中华民族的治水英雄大禹的陵墓就在会稽山麓。

［译文］

广陵人召平这时替陈王掠取广陵，没有攻克。听说陈王战败逃走，秦兵又将要到达，就渡江假托陈王的命令，授予官职给项梁为楚王的上柱国。召平说：“江东已经平定，赶快派兵西进攻打秦军。”项梁就以八千人渡江向西进发。他听说陈婴已经攻下东阳，便派遣使者，想要与陈婴联合西进。陈婴这个人，原来是东阳令史，在县里一向诚信谨慎，人们称他为忠厚长者。东阳的青年杀死了他们的县令，聚集了几千人，想要选置一个首领，没有找到可用的人，就请陈婴来担任。陈婴推辞说不能胜任，大家就强行推立他做首领，县中随从的人发展到两万人。青年们打算推举陈婴就便称王，士兵为了同其他各路军队相区别，头上裹以青巾，表示异军突起。陈婴的母亲对陈婴说：“自从我做了你陈家的媳妇，未曾听说你家先辈有封过高官贵爵的，现在突然得到很大的名声，不是好兆头。不如有所归属，事情成功了，犹能得到封侯，事情失败了，也容易逃脱，因为不是社会上指名注目的人。”因此陈婴不敢称王。对他的军吏说：“项家世代为将，在楚国很有名气。现在要想干成大事，将帅不得其人不行。我们依附名门大族，一定能使秦朝灭亡。”于是大家听从他的话，把军队归属项梁。项梁渡过淮水，黥布、蒲将军也率军归附。项梁

共有六七万人，把军队驻扎在下邳。

［原文］

当是时，秦嘉已立景驹为楚王，军彭城东，欲距项梁。项梁谓军吏曰："陈王先首事，战不利，未闻所在。今秦嘉倍陈王而立景驹，逆无道。"乃进兵击秦嘉。秦嘉军败走，追之至胡陵。嘉还战一日，嘉死，军降。景驹走死梁地。项梁已并秦嘉军，军胡陵，将引军而西。章邯军至栗，项梁使别将朱鸡石、余樊君与战。余樊君死。朱鸡石军败，亡走胡陵。项梁乃引兵入薛，诛鸡石。项梁前使项羽别攻襄城，襄城坚守不下。已拔，皆阬之。还报项梁。项梁闻陈王定死，召诸别将会薛计事。此时沛公亦起沛，往焉。

［译文］

这时，秦嘉已经立景驹做了楚王，驻扎在彭城东面，想要抵挡项梁。项梁对军吏说："陈王首先起事，作战不利，不知道下落。现在秦嘉背叛陈王而立景驹，大逆不道。"于是项梁进兵攻打秦嘉，秦嘉的军队败逃，项梁追到胡陵。秦嘉又回过头来与项梁交战了一天，秦嘉阵亡，士卒投降。景驹逃走，死在梁地。项梁已经合并了秦嘉的军队，驻扎在胡陵，将要率军西进攻秦。章邯的军队到达栗县，项梁派别将朱鸡石、余樊君和他交战。余樊君战死，朱鸡石战败，逃跑到胡陵。项梁便带兵进入薛县，杀了朱鸡石。项梁在这之前派项羽另率一军攻打襄城，襄城坚守不降。项羽攻下襄城以后，全部坑杀了那里的军民。回来报告项梁。项梁听说陈王确实死了，召集各路将领会合到薛县商讨大事。这时沛公也在沛县起兵，于是前往薛县。

［原文］

居鄛人范增，年七十，素居家，好奇计，往说项梁曰："陈胜败固当。夫秦灭六国，楚最无罪。自怀王入秦不反，楚人怜之至今，故楚南公曰'楚虽三户，亡秦必楚'也。今陈胜首事，不立楚后而自立，其势不长。今君起江东，楚蜂午之将皆争附君者，以君世世楚将，为能复立楚之后也。"于是项梁然其言，乃求楚怀王孙心民间，为人牧羊，立以为楚怀王，从民所望也。陈婴为楚上柱国，封五县，与怀王都盱台。项梁自号为武信君。

［译文］

居鄛人范增，七十岁了，一直住在家里，喜欢钻研奇策妙计，他去游说项梁说："陈胜失败本来是应该的。秦灭六国，楚国最没有过错。自从楚怀王入秦不返，楚人至今还同情他。所以楚南公说'楚国即使只剩下三户人家，灭亡秦国的一定是楚国’。如今陈胜首先起事，没有立楚国的后裔而自立为王，他的局势不会长久。现在你起兵江东，楚地将领有如群蜂纵横，都争先恐后地归附你的缘故，是因为项家世代为楚将，能够再立楚国的后代为王。”项梁认为他说得对，就在民间寻访到了楚怀王的孙子心，他在给人放羊，项梁立他为楚怀王，顺从人民的愿望。陈婴为楚上柱国，封地有五个县，和楚怀王一起，建都盱台。项梁自称为武信君。

［原文］

居数月，引兵攻亢父，与齐田荣、司马龙且军救东阿(ē)，大破秦军于东阿。田荣即引兵归，逐其王假。假亡走楚。假相田角亡走赵。角弟田间故齐将，居赵不敢归。田荣立田儋(dān)子市(fú)为齐王。项梁已破东阿下军，遂追秦军。数使使趣齐兵，欲与俱西。田荣曰：“楚杀田假，赵杀田角、田间，乃发兵。”项梁曰：“田假为与国之王，穷来从我，不忍杀之。”赵亦不杀田角、田间以市于齐。齐遂不肯发兵助楚。项梁使沛公及项羽别攻城阳，屠之。西破秦军濮(pú)阳东，秦兵收入濮阳。沛公、项羽乃攻定陶。定陶未下，去，西略地至雝(yōng)丘，大破秦军，斩李由。还攻外黄，外黄未下。

［译文］

过了几个月，项梁带兵攻打亢父，与齐将田荣、司马龙且的军队一起援救东阿，在东阿大败秦军，田荣率军回到旧地，赶跑了齐王田假。田假逃到楚国。田假的相国田角逃到赵国。田角的弟弟田间原来是齐国的将领，留在赵国不敢回去。田荣立了田儋的儿子田市为齐王。项梁已经打垮了东阿附近的秦军，就乘胜追击。屡次派遣使者催促齐国军队，打算与它联军西进。田荣说：“楚国杀了田假，赵国杀了田角、田间，我就出兵。”项梁说：“田假是楚国友好国家的国王，走投无路了来依附我，我不忍心杀他。”赵国也不杀田角、田间，以之作为与齐交换的条件。于是齐国不肯发兵帮助楚国。项梁派沛公和项羽另率一支军队攻打城阳，屠戮了县城。向西在濮阳东面击破了秦军，秦军收兵进入濮阳。沛公、项羽就攻打定陶。没有攻下定陶，率军离去，西进略地，到达雍丘，大破秦军，杀了李由。然后回过头来攻打外黄，没有拿下来。

汉高祖斩蛇起义

沛公就是后来的汉高祖刘邦。刘邦本是沛县的亭长，在押解服役人员去咸阳的路上，由于有人逃亡，刘邦也流落芒砀山落草。刘邦在路途中斩杀了一条大蛇，传说白蛇是白帝子，刘邦是赤帝子。汉高祖斩白蛇成为刘邦受天命的象征。

［原文］

项梁起东阿，西，北至定陶，再破秦军，项羽等又斩李由，益轻秦，有骄色。宋义乃谏项梁曰：“战胜而将骄卒惰者败。今卒少惰矣，秦兵日益，臣为君畏之。”项梁弗听。乃使宋义使于齐。道遇齐使者高陵君显，曰：“公将见武信君乎？”曰：“然。”曰：“臣论武信君军必败。公徐行即免死，疾行则及祸。”秦果悉起兵益章邯(hán)，击楚军，大破之定陶，项梁死。沛公、项羽去外黄攻陈留，陈留坚守不能下。沛公、项羽相与谋曰：“今项梁军破，士卒恐。”乃与吕臣军俱引兵而东。吕臣军彭城东，项羽军彭城西，沛公军砀(dàng)。

［译文］

项梁自东阿出发，向西进军，等来到定陶时，又一次打败秦军，项羽等又杀了李由，因此，项梁越来越轻视秦军，面有骄色。宋义就劝告项梁说：“打了胜仗而将领骄傲、士卒懈怠的就要失败。现在士卒稍有懈怠，秦兵日益增多，我替你担心。”项梁不听劝告。就派宋义出使齐国。路上遇到齐国使者高陵君显，问他：“你将要去见武信君吗？”高陵君回答说：“是的。”宋义说：“我断定武信君的军队一定失败。你慢走就可以免死，快走就要遭殃。”秦果然发动全部兵力增援章邯，攻打楚军。大破楚军于定陶，项梁战死。沛公、项羽离开外黄攻打陈留，陈留坚兵固守，不能攻下。沛公、项羽互相商量说：“如今项梁的军队垮了，士卒恐惧。”于是就领兵同吕臣的军队一起向东进发。吕臣驻扎在彭城东面，项羽驻扎在彭城西面，沛公驻扎在砀。

［原文］

章邯已破项梁军，则以为楚地兵不足忧，乃渡河击赵，大破之。当此时，赵歇为王，陈余为将，张耳为相，皆走入钜(jù)鹿城。章邯令王离、涉间围钜鹿，章邯军其南，筑甬(yǒng)道而输之粟。陈余为将，将卒数万人而军钜鹿之北，此所谓河北之军也。楚兵已破于定陶，怀王恐，从盱(xū)台之彭城，并项羽、吕臣军自将之。以吕臣为司徒，以其父吕青为令尹。以沛公为砀郡长，封为武安侯，将砀郡兵。

［译文］

章邯已经打垮了项梁的军队，以为楚地的军队不用担心了，就渡过黄河攻打赵地，大破赵军。这个时候，赵歇为赵王，陈余为大将，张耳为国相，都跑进了钜鹿城。章邯命令王离、涉间围攻钜鹿，自己的军队驻扎在钜鹿的南面，修筑甬道输送粮食。陈余作为将领，统率士卒数万人驻扎在钜鹿的北面，这就是所说的河北之军。楚军在定陶打了败仗，楚怀王很恐惧，从盱台前往彭城，合并了项羽、吕臣的军队亲自统率。以吕臣为司徒，用他的父亲吕青为令尹。以沛公为砀郡长，封为武安侯，统率砀郡的军队。

［原文］

初，宋义所遇齐使者高陵君显在楚军，见楚王曰："宋义论武信君之军必败，居数日，军果败。兵未战而先见败征，此可谓知兵矣。"王召宋义与计事，而大说之，因置以为上将军；项羽为鲁公，为次将，范增为末将，救赵。诸别将皆属宋义，号为卿子冠军。行至安阳，留四十六日不进。项羽曰："吾闻秦军围赵王钜鹿，疾引兵渡河，楚击其外，赵应其内，破秦军必矣。"宋义曰："不然。夫搏牛之虻不可以破虮虱。今秦攻赵，战胜则兵罢，我承其敝；不胜，则我引兵鼓行而西，必举秦矣。故不如先斗秦、赵。夫被(pī)坚执锐，义不如公；坐而运策，公不如义。"因下令军中曰："猛如虎，很如羊，贪如狼，强不可使者，皆斩之！"乃遣其子宋襄相齐，身送之至无盐，饮酒高会。天寒大雨，士卒冻饥。项羽曰："将戮力而攻秦，久留不行。今岁饥民贫，士卒食芋菽(shū)，军无见(xiàn)粮，乃饮酒高会，不引兵渡河因赵食，与赵并力攻秦，乃曰'承其敝'。夫以秦之强，攻新造之赵，其势必举赵。赵举而秦强，何敝之承！且国兵新破，王坐不安席，埽(sǎo)境内而专属于将军，国家安危，在此一举。今不恤士卒而徇其私，非社稷之臣。"项羽晨朝上将军宋义，即其帐中斩宋义头，出令军中曰："宋义与齐谋反楚，楚王阴令羽诛之。"当是时，诸将皆慑服，莫敢枝梧。皆曰："首立楚者，将军家也。今将军诛乱。"乃相与共立羽为假上将军。使人追宋义子，及之齐，杀之。使桓(huán)楚报命于怀王。怀王因使项羽为上将军，当阳君、蒲将军皆属项羽。

［译文］

以前，宋义所遇到的齐国使者高陵君显还在楚国的军队里，他见到楚怀王说："宋义断定武信君的军队一定失败，过了几天，他的军队果然失败了。军队没有开战而先看到了失败的征兆，这可说是懂得军事了。"楚怀王召见宋义，和他商量事情，大为高兴，因此委任宋义为上将军；项羽为鲁公，担任次将，范增为末将，去援救赵国。各路将领都统属于宋义，宋义号为卿子冠军。部队走到安阳，停留四十六天不前进。项羽说："我听说秦军把赵王围在钜鹿，我们赶快带兵渡河，楚

吕奉先辕门射戟

古代帝王巡守、田猎，只宿在险阻的地方，用车子作为屏藩。出入之处，仰起两辆车子，使两车的辕相向交接，形成一半圆形的门，叫作“辕门”。《周礼·天官·掌舍》：“设车宫辕门。”后来也指领兵将领的营门及督抚等官署的外门。

军从外面攻打，赵军在内响应，一定能打垮秦军。”宋义说：“不是的。咬牛的牛虻不能伤害小小的虱子。现在秦军攻打赵军，打胜了则兵疲力尽，我们利用秦军疲惫发动进攻；打不胜，我们就率领军队鸣鼓西进，一定能打垮秦军。因此不如先让秦、赵相斗。身披甲胄，手执利器，冲锋陷阵，宋义不如你；坐下来运筹决策，你不如宋义。”因此向军中下令说：“凶猛如虎，狠戾如羊，贪婪如狼，倔强不听指挥的人，一律斩首。”宋义又派遣他的儿子宋襄去辅助齐国，亲自送他到无盐，摆酒设宴，大会宾客。当时，天寒大雨，士卒冻饿交加。项羽说：“本来打算并力攻秦，却长期停留不进。现在年荒岁饥，人民贫困，士卒只吃芋头、豆子，食不果腹，军中没有存粮，宋义却还设酒宴，会宾客，不率领军队渡河就地取用赵国的粮食，而说什么‘等待秦军疲惫’。以秦军那样强大的兵力，进攻新建立的赵国，形势发展的结果必定是秦军打垮赵国的军队。赵国的军队被打垮了，而秦军更加强大，还有什么疲惫的机会可利用！而且楚军最近被打败，国王坐不安席，把国内的所有兵力都集中起来统属于上将军，国家安危，在此一举。如今不体恤士卒，而徇私情营私利，不是与国家同休共戚之臣。”项羽早晨参见上将军宋义，就在他的帐幕中斩下了宋义的脑袋，出来发令军中说：“宋义和齐国阴谋反楚，楚王秘密命令我杀死他。”这时，将领们都恐惧屈服，没有敢抗拒的。都说：“创建楚国的，是将军一家。现在又是将军处死了叛乱的人。”将领们就共同推立项羽为代理上将军。派人去追宋义的儿子，在齐国赶上了，杀死了他。项羽派桓楚向楚怀王报告。楚怀王就让项羽做上将军，当阳君、蒲将军都归属项羽。

[原文]

项羽已杀卿子冠军，威震楚国，名闻诸侯。乃遣当阳君、蒲将军将卒二万渡河，救钜鹿。战少利，陈余复请兵。项羽乃悉引兵渡河，皆沉船，破釜甑(fǔ zèng)，烧庐舍，持三日粮，以示士卒必死，无一还心。于是至则围王离，与秦军遇，九战，绝其甬道，大破之，杀苏角，虏(lǔ)王离。涉间不降楚，自烧杀。当是时，楚兵冠诸侯。诸侯军救钜鹿下者十余壁，莫敢纵兵。及楚击秦，诸将皆从壁上观。楚战士无不一以当

十，楚兵呼声动天，诸侯军无不人人惴(zhuì)恐。于是已破秦军，项羽召见诸侯将，入辕门，无不膝行而前，莫敢仰视。项羽由是始为诸侯上将军，诸侯皆属焉。

［译文］

项羽已经杀了卿子冠军，威震楚国，名闻诸侯，他便派遣当阳君、蒲将军带领两万士卒渡河，援救钜鹿。战事稍有胜利，陈余又向项羽请求救兵。项羽就率领全军渡河，凿沉船只，砸破炊具，烧毁营舍，携带三天口粮，用以表示士卒拼死决战，做好没有一个活着回来的打算。军队一到就围困了王离，与秦军遭遇，打了九仗，截断了秦军的甬道，大破秦军，杀了苏角，俘虏了王离。涉间不向楚军投降，自焚而死。这时候，楚军勇冠诸侯。援救钜鹿的诸侯军有十多个营垒，都不敢纵兵出战。等到楚军攻击秦军时，诸侯将领都在营垒上观战。楚军战士无不以一当十，楚兵喊声震天，诸侯军人人胆战心惊。已经打垮了秦军，项羽召见各诸侯将领，他们进入辕门，无不膝行而前，不敢抬头仰视。项羽从此成为诸侯军的上将军，各路诸侯隶属于他。

［原文］

章邯军棘(hán)原，项羽军漳(zhāng)南，相持未战。秦军数却，二世使人让章邯。章邯恐，使长史欣请事。至咸阳，留司马门三日，赵高不见，有不信之心。长史欣恐，还走其军，不敢出故道，赵高果使人追之，不及。欣至军，报曰："赵高用事于中，下无可为者。今战能胜，高必疾妒吾功；战不能胜，不免于死。愿将军孰计之。"陈余亦遗(wèi)章邯书曰："白起为秦将，南征鄢郢(yānyǐng)，北阬(kēng)马服，攻城略地，不可胜计，而竟赐死。蒙恬为秦将，北逐戎人，开榆中地数千里，竟斩阳周。何者？功多，秦不能尽封，因以法诛之。今将军为秦将三岁矣，所亡失以十万数，而诸侯并起滋益多。彼赵高素谀(yú)日久，今事急，亦恐二世诛之，故欲以法诛将军以塞责，使人更代将军以脱其祸。夫将军居外久，多内却，有功亦诛，无功亦诛。

白 起

白起为战国名将，长平一战，坑杀赵军四十万之众，赵国一蹶不振。白起为秦统一立下了汗马功劳，最后却落了个自杀的结局。

且天之亡秦，无愚智皆知之。今将军内不能直谏，外为亡国将，孤特独立而欲常存，岂不哀哉！将军何不还兵与诸侯为从，约共攻秦，分王其地，南面称孤；此孰与身伏铁(fǔ)质，妻子为僇(lù)乎？”章邯狐疑，阴使候始成使项羽，欲约。约未成，项羽使蒲将军日夜引兵度三户，军漳南，与秦战，再破之。项羽悉引兵击秦军汙(wū)水上，大破之。

［译文］

章邯的军队驻扎在棘原，项羽的军队驻扎在漳水南岸，两军相持，没有交战。秦军多次退却，秦二世派人责问章邯。章邯恐惧，派长史司马欣去请示。司马欣到了咸阳，滞留在司马门三天，赵高不接见，有不信任之意。长史司马欣心里害怕，急忙逃回军中。他怕有人来追杀，没有敢走原路。赵高果然派人追赶他，没有追上。司马欣到了军中，向章邯报告说：“赵高在朝中独揽大权，下面的人不可能有所作为。如今仗能打赢，赵高必定忌妒我们的功劳；仗打不赢，免不了被处死。希望将军深思熟虑。”陈余也送给章邯一封信说：“白起为秦将，向南攻陷鄢郢，向北坑杀马服，攻城略地，不可胜数，而最后竟然被赐死。蒙恬为秦将，北逐匈奴，开辟榆中几千里的地域，最终竟然被斩于阳周。为什么呢？功劳太多，秦不能按功行封，因此罗织罪名，用国法杀死他们。现在将军为秦将三年了，所损失的士卒以十万计，而诸侯军同时并起，越来越多。那个赵高一向谄谀，为时已久，眼下形势危急，也怕秦二世杀他，所以打算用国法杀死将军，借以推卸责任，另外派人替代将军，以此来摆脱祸患。将军在外时日已久，朝廷中很多人与你有隔阂，有功也是被杀，无功也是被杀。况且天要亡秦，无论是愚笨的人还是聪明的人全都知道。如今将军在内不能直言规谏，在外即将成为灭亡国家的将领，孑然孤立而想长保自身，岂不可悲吗？将军何不倒戈与各路诸侯联合，签订和约，共同攻秦，割地为王，南向而坐，称孤道寡；这同自己伏砧受戮，妻子被杀，哪个比较好一些呢？”章邯犹豫不决，暗中派军候始成到项羽营中，想要签署和约。和约没有成功，项羽让蒲将军昼夜领兵渡过三户津，扎营漳水南岸，与秦军交战，又一次打败了秦军。项羽率领全军士卒在汙水上攻击秦军，把秦军打得大败。

［原文］

章邯使人见项羽，欲约。项羽召军吏谋曰：“粮少，欲听其约。”军吏皆曰：“善。”项羽乃与期洹(huán)水南殷虚上。已盟，章邯见项羽而流涕，为言赵高。项羽乃立章邯为雍王，置楚军中。使长史欣为上将军，将秦军为前行。

［译文］

章邯派人去见项羽，打算订立和约。项羽召集军吏商量说：“军中粮少，我想同意他签订和约。”军吏都说：“好。”项羽就与章邯约定日期在洹水南岸殷墟相见。

已经缔结了盟约，章邯见到项羽，涕泪交下，向项羽诉说赵高的种种行径。项羽就立章邯为雍王，安置在楚军营中，使长史司马欣为上将军，率领秦军担当先行部队。

［原文］

到新安，诸侯吏卒异时故繇(yáo)使屯戍(shù)过秦中，秦中吏卒遇之多无状，及秦军降(xiáng)诸侯，诸侯吏卒乘胜多奴虏使之，轻折辱秦吏卒。秦吏卒多窃言曰："章将军等诈吾属降诸侯，今能入关破秦，大善；即不能，诸侯虏吾属而东，秦必尽诛吾父母妻子。"诸将微闻其计，以告项羽。项羽乃召黥(qíng)布、蒲将军计曰："秦吏卒尚众，其心不服，至关中不听，事必危，不如击杀之，而独与章邯、长(zhǎng)史欣、都(dū)尉翳(yì)入秦。"于是楚军夜击阬(kēng)秦卒二十余万人新安城南。

［译文］

部队到达了新安，诸侯军的官兵以前曾因服徭役、屯戍边地，路过秦中时，秦中官兵对他们多有凌辱，等到秦军投降了诸侯军，诸侯军的官兵借助战争胜利的机会，像对待奴隶和俘虏一样地驱使他们，随便折磨侮辱秦军官兵。秦军官兵多在私下议论说："章将军等欺骗我们投降诸侯军，如今能够入关破秦，当然很好；如果不能，诸侯军俘虏我们东去，秦势必把我们的父母妻子全部处死。"诸侯军的将领们暗中听到了他们的打算，报告了项羽。项羽就找来黥布、蒲将军商量说："秦军官兵还很多，他们心里不服，到了关中不听从命令，事情必然岌岌可危，不如杀掉他们，而只与章邯、长史司马欣、都尉董翳一起入秦。"于是楚军夜间把秦军士卒二十多万人处死掩埋在新安城南。

［原文］

行略定秦地。函谷关有兵守关，不得入。又闻沛公已破咸阳，项羽大怒，使当阳君等击关。项羽遂入，至于戏西。沛公军霸上，未得与项羽相见。沛公左司马曹无伤使人言于项羽曰："沛公欲王关中，使子婴为相，珍宝尽有之。"项羽大怒，曰："旦日飨(xiǎng)士卒，为击破沛公军！"当是时，项羽兵四十万，在新丰鸿门，沛公兵十万，在霸上。范增说(shuì)项羽曰："沛公居山东时，贪于财货，好美姬。今入关，财物无所取，妇女无所幸，此其志不在小。吾令人望其气，皆为龙虎，成五采，此天子气也。急击勿失。"

［译文］

项羽将要攻取秦关中地带。函谷关有士兵把守，不能进去。又听说沛公已经攻破咸阳，项羽大怒，派当阳君等攻打函谷关。项羽这才进入了函谷关，到达戏水西

岸。沛公驻军霸上，没有能够和项羽相见。沛公的左司马曹无伤派人对项羽说：“沛公想称王关中，让秦王子婴为相，并占有了全部珍宝。”项羽怒气冲天地说：“明天早晨饱餐士卒，将沛公的军队击溃！”这时，项羽有士兵四十万，驻扎在新丰鸿门，沛公有士兵十万，驻扎在霸上。范增劝告项羽说：“沛公在山东时，贪财好货，喜爱美女。现在进了关，不收财物，不亲近妇女，由此看来，他的志向不小。我叫人观望他上空的云气，都呈龙虎形状，五颜六色，这是天子之气。赶快进攻，不要失掉机会。”

［原文］

楚左尹项伯者，项羽季父也，素善留侯张良。张良是时从沛公，项伯乃夜驰之沛公军，私见张良，具告以事，欲呼张良与俱去。曰：“毋从俱死也。”张良曰：“臣为韩王送沛公，沛公今事有急，亡去不义，不可不语。”良乃入，具告沛公。沛公大惊，曰：“为之奈何？”张良曰：“谁为大王为此计者？”曰：“鲰(zōu)生说我曰‘距关，毋内诸侯，秦地可尽王也’。故听之。”良曰：“料大王士卒足以当项王乎？”沛公默然，曰：“固不如也，且为之奈何？”张良曰：“请往谓项伯，言沛公不敢背项王也。”沛公曰：“君安与项伯有故？”张良曰：“秦时与臣游，项伯杀人，臣活之。今事有急，故幸来告良。”沛公曰“孰与君少长(zhǎng)？”良曰：“长于臣。”沛公曰：“君为我呼入，吾得兄事之。”张良出，要项伯。项伯即入见沛公。沛公奉卮(zhī)酒为寿，约为婚姻，曰：“吾入关，秋豪不敢有所近，籍吏民，封府库，而待将军。所以遣将守关者，备他盗之出入与非常也。日夜望将军至，岂敢反乎！愿伯具言臣之不敢倍德也。”项伯许诺。谓沛公曰：“旦日不可不蚤(zǎo)自来谢项王。”沛公曰：“诺。”于是项伯复夜去，至军中，具以沛公言报项王。因言曰：“沛公不先破关中，公岂敢入乎？今人有大功而击之，不义也，不如因善遇之。”项王许诺。

［译文］

楚国左尹项伯这个人，是项羽的叔父，一向和留侯张良相友好。张良这时跟随着沛公，项伯就夜间骑马跑到沛公军营，私下见到张良，讲述了事情的经过，打算叫张良和他一起离去。他说：“不要跟他们一块死掉。”张良说：“我为韩王护送沛公，现在沛公的境况发生了危急，逃走是不道义的，不能不说一声。”张良就走进军帐，把情况全部告诉了沛公。沛公大吃一惊，说：“怎么办呢？”张良说：“谁给大王出的这个主意？”沛公说：“一个小子劝我说：‘守住函谷关，不要让诸侯军进来，秦地就可以全部占为己有，并在这里称王。’我听信了他的话。”张良说：“估计大王的军力足以抵挡项王吗？”沛公默然不语，过了一会儿说：“军力当然不如项羽，又该怎么办呢？”张良说：“请让我去告诉项伯，说沛公不敢背叛项王。”沛公说：“你怎么与项伯有交情？”张良说：“秦朝时，项伯和我交往，他杀了人，我救了他。现在情况危急，幸亏他来告诉我。”沛公说：“项伯与你相比，谁年纪大？谁年纪小？”张良说：“他比我大。”沛公说：“你替我叫他进来，我要以兄长之礼侍奉他。”张良走出去，邀请项伯。项伯就进去见沛公。沛公向项伯举杯敬酒，约为儿女亲家。沛公说：“我入了关，丝毫利益不敢有所接近，造册登记吏民，封存府库，等待将军。所以遣将守关，是为了防备别的盗贼出入和意外事件。我日日夜夜盼望将军到来，哪里敢反叛？请伯兄向将军详细说明我是不敢忘恩负义的。”项伯答应了。对沛公说：“明天早晨不可不早来向项王道歉。”沛公说：“是的。”于是项伯又当夜离去，回到军中，把沛公的话原原本本报告了项王。随即向项羽说：“沛公不先攻破关中，你难道敢进来吗？如今人家立有大功而去攻打他，是不道义的，不如借他来请罪的机会好好对待他。”项王答应了。

张 良

张良，字子房。他本是韩国贵族，秦灭韩后，张良一直从事反秦活动。后来张良成为刘邦的谋士，为刘邦夺取天下立下了汗马功劳。鸿门宴前后，凭借张良的计谋，刘邦避免了与项羽之间的火拼。西汉建立后，刘邦评价张良时说道：“夫运筹帷幄之中，决胜千里之外，吾不如子房。”

[原文]

沛公旦日从百余骑来见项王，至鸿门，谢曰：“臣与将军戮力而攻秦，将军战河北，臣战河南，然不自意能先入关破秦，得复见将军于此。今者有小人之言，令将军与臣有郤。”项王曰：“此沛公左司马曹无伤言之；不然，籍何以至此。”项王即日因留沛公与饮。项王、项伯东向坐。亚父南向坐。亚父者，范增也。沛公北向坐，张良西向侍。范增数目项王，举所佩玉玦（jué）以示之者三，项王默然不应。范增起，出召项庄，谓曰：“君王为人不忍，若入前为寿，寿毕，请以剑舞，因击沛公于坐，杀之。不者，若属皆且为所虏（lǔ）。”庄则入为寿，寿毕，曰：“君王与沛公饮，军中无以为乐，请以剑舞。”项王曰：“诺。”项庄拔剑起舞，项伯亦拔剑起舞，常以身翼蔽沛公，庄不得击。于是张良至军门，见樊哙（fán kuài）。樊哙曰：“今日之事何如？”良曰：

鸿门闯宴

鸿门宴上，项庄舞剑，意在沛公。樊哙不顾个人安危，勇闯鸿门宴，震慑住了项羽一方的气势。樊哙又用言辞打动项羽，使其最终放弃了加害刘邦的计划。樊哙可谓有勇有谋。

“甚急。今者项庄拔剑舞，其意常在沛公也。”哙曰：“此迫矣，臣请入，与之同命。”哙即带剑拥盾入军门。交戟之卫士欲止不内，樊哙侧其盾以撞，卫士仆地，哙遂入，披帷(wéi)西向立，瞋(chēn)目视项王，头发上指，目眦(zì)尽裂。项王按剑而跽(jì)曰：“客何为者？”张良曰：“沛公之参乘樊哙者也。”项王曰：“壮士，赐之卮(zhī)酒。”则与斗卮酒。哙拜谢，起，立而饮之。项王曰：“赐之彘(zhì)肩。”则与一生彘肩。樊哙覆其盾于地，加彘肩上，拔剑切而啖(dàn)之。项王曰：“壮士，能复饮乎？”樊哙曰：“臣死且不避，卮酒安足辞！夫秦王有虎狼之心，杀人如不能举，刑人如恐不胜，天下皆叛之。怀王与诸将约曰‘先破秦入咸阳者王之’。今沛公先破秦入咸阳，豪毛不敢有所近，封闭宫室，还(huán)军霸上，以待大王来。故遣将守关者，备他盗出入与非常也。劳苦而功高如此，未有封侯之赏，而听细说，欲诛有功之人。此亡秦之续耳，窃为大王不取也。”项王未有以应，曰：“坐。”樊哙从良坐。坐须臾，沛公起如厕，因招樊哙出。

［译文］

次日早晨，沛公带着一百多名骑兵来见项王，到了鸿门，向项羽谢罪说：“我和将军并力攻秦，将军在河北作战，我在河南作战，然而我自己也没有想到能先入关攻破秦地，在这里又见到将军。现在有小人之言，使将军和我有了隔阂。”项王说：“这是你的左司马曹无伤说的，不然，我何至于如此。”项王当天就留沛公一同饮酒。项王、项伯面朝东坐，亚父面朝南坐。亚父就是范增。沛公面朝北坐，张良面朝西陪坐。范增向项王多次使眼色，再三举起佩带的玉玦向项王示意，项王默然不应。范增起身出去找来项庄，对他说：“君王为人不狠，你进去上前祝酒，祝酒完了，请求舞剑，趁机在座上袭击沛公，杀死他。不然的话，你们这些人都将被他俘虏。”项庄便进去祝酒。祝酒完了说：“君王和沛公饮酒，军中没有什么可供娱乐

樊哙鸿门闯宴

的，请允许我舞剑助乐。”项王说：“好吧。”项庄拔剑起舞，项伯也拔剑起舞，常常用身体掩蔽沛公，项庄得不到刺杀机会。这时张良来到军门，看见樊哙。樊哙说：“今天的事情怎么样了？”张良说：“极为危急。此刻项庄正在舞剑，他的用意时时在沛公身上。”樊哙说：“这可紧急了，请让我进去，与沛公同生共死。”樊哙立即带着剑，手拥盾牌，进入军门。交戟守卫的卫士打算阻拦，不让他进去，樊哙侧过他的盾牌撞击，卫士倒在地上，樊哙就进入了大帐，揭开帷帐，向西而立，圆睁怒目，看着项王，头发根根竖起，眼眶破裂。项王按剑长跪说：“来客是干什么的？”张良说：“这是沛公的参乘樊哙。”项王说：“壮士！赏赐他一杯酒。”左右就给他一大杯酒。樊哙拜谢后起来，站着一饮而尽。项王说：“赏给他猪腿。”左右就给他一只生猪腿。樊哙把盾牌反扣在地上，把猪腿放在盾上，拔出剑来切肉吃。项王说：“壮士！能再喝酒吗？”樊哙说：“我死都不怕，一杯酒哪里值得推辞！秦王有虎狼之心，杀人唯恐杀不尽，用刑唯恐刑不重，天下人都反叛他。楚怀王和将领们约定说‘先攻破秦地进入咸阳的做关中王’。现在沛公先攻破了秦地进入咸阳，丝毫利益不敢有所接近，封闭宫室，把军队撤回到霸上，等待大王到来。之所以遣将守关，是为了防备别的盗贼和意外事件。如此劳苦功高，没有得到封侯的赏赐，而你听信闲言碎语，要杀有功的人。这是继承了已经灭亡的秦朝的道路，以我私见，大王这样做是不可取的。”项王无辞以对，只说：“坐。”樊哙在张良旁边坐下来。坐了不一会儿，沛公起来上厕所，顺便招呼樊哙出来。

［原文］

沛公已出，项王使都尉陈平召沛公。沛公曰：“今者出，未辞也，为之奈何？”樊哙曰：“大行不顾细谨，大礼不辞小让。如今人方为刀俎(zǔ)，我为鱼肉，何辞为。”于是遂去。乃令张良留谢。良问曰：“大王来何操？”曰：“我持白璧一双，欲献项王，玉斗一双，欲与亚父，会其怒，不敢献。公为我献之。”张良曰：“谨诺。”当是时，项王军在鸿门下，沛公军在霸上，相去四十里。沛公则置车骑，脱身独骑，与樊哙、夏侯婴、靳(jìn)强、纪信等四人持剑盾步走，从郦山下，道芷(zhǐ)阳间行。沛公谓张良曰：“从此道至吾军，不过二十里耳。度我至军中，

公乃入。”沛公已去，间至军中，张良入谢，曰：“沛公不胜桮杓(bēi sháo)，不能辞。谨使臣良奉白璧一双，再拜献大王足下；玉斗一双，再拜奉大将军足下。”项王曰：“沛公安在？”良曰：“闻大王有意督过之，脱身独去，已至军矣。”项王则受璧，置之坐上。亚父受玉斗，置之地，拔剑撞而破之，曰：“唉！竖子不足与谋。夺项王天下者，必沛公也，吾属今为之虏(lǔ)矣。”沛公至军，立诛杀曹无伤。

［译文］

沛公出去后，项王派都尉陈平去叫沛公回来。沛公说：“我们现在出去，没有辞行，怎么办呢？”樊哙说：“做大事不顾忌小礼节，行大礼不讲究小谦让。如今人家为菜刀和砧板，我们是鱼和肉，还辞别什么？”于是就不辞而别。临走时，叫张良留下道谢。张良问：“大王来时带了什么？”沛公说：“我带来一双白璧，想献给项王，一双玉斗，想送给亚父，正碰上他们生气，不敢进献。你替我献给他们。”张良说：“遵命。”当时，项王的军队在鸿门，沛公的军队在霸上，相距四十里。沛公丢下车骑，一人骑马脱身而去，樊哙、夏侯婴、靳强、纪信四人握剑持盾步行，从郦山下取道芷阳，抄小路而行。沛公对张良说：“从这条路到我们军营，不过二十里而已。估计我们到军营中，你再进去。”沛公走后，张良估计他们抄小路已经到达军中，就进去道谢说：“沛公经受不了酒力，不能亲自来辞行。谨使张良奉上白璧一双，拜献大王；玉斗一双，拜送大将军。”项王说：“沛公在哪里？”张良说：“听说大王有意责备他，独自脱身而去，已经回到军中了。”项王接过玉璧，放在座席上。亚父接过玉斗，放在地上，拔剑一击而碎，说：“唉！小子不足以共谋大事。夺取项王天下的，一定是沛公，我们这些人就要被他俘虏了。”沛公回到军中，立刻杀了曹无伤。

［原文］

居数日，项羽引兵西屠咸阳，杀秦降王子婴，烧秦宫室，火三月不灭，收其货宝妇女而东。人或说(shuì)项王曰：“关中阻山河四塞，地肥饶，可都以霸。”项王见秦宫皆以烧残破，又心怀思欲东归，曰：“富贵不归故乡，如衣(yì)绣夜行，谁知之者！”说者曰：“人言楚人沐猴而冠耳，果然。”项王闻之，烹说者。

［译文］

过了几天，项羽带兵西进，屠戮咸阳城，杀死了秦朝已经投降的秦王子婴，焚烧秦朝宫室，大火烧了三个月不灭，搜罗了秦朝的财宝和妇女，率军东去。有人劝项王说：“关中阻山带河，四面关塞，土地肥饶，可在这里建都，以定霸业。”项王看见秦朝宫室都已烧毁，残破不堪，又怀念故乡，心欲东归，就说：“富贵了不回故乡，如同穿了锦绣衣裳而在黑夜中行走，有谁能知道？”劝项王的人说：“人们说楚国人是猕猴戴帽子，果然如此。”项王听了这话，烹杀了劝说他的那个人。

［原文］

项王使人致命怀王。怀王曰：“如约。”乃尊怀王为义帝。项王欲自王，先王诸将相。谓曰：“天下初发难(nàn)时，假立诸侯后以伐秦。然身被(pī)坚执锐首事，暴露于野三年，灭秦定天下者，皆将相诸君与籍之力也。义帝虽无功，故当分其地而王之。”诸将皆曰：“善。”乃分天下，立诸将为侯王。

［译文］

项王派人向楚怀王报告破关入秦的情况。楚怀王说：“按照约定办。”项羽就尊楚怀王为义帝。项王想自己称王，就先封诸侯将相为王。对他们说：“天下最初起义的时候，暂时拥立诸侯后裔为王，以便讨伐秦朝。然而亲自身穿铠甲，手执戈矛，率先起义，三年来风餐露宿，消灭秦朝，平定天下的，都是各位将相和我项籍的努力。只有义帝没有功劳，本来应该瓜分他的土地，封大家为王。”将领们都说：“好。”项王就分割天下，封将领们为侯王。

［原文］

项王、范增疑沛公之有天下，业已讲解，又恶负约，恐诸侯叛之，乃阴谋曰：“巴、蜀道险，秦之迁人皆居蜀。”乃曰：“巴、蜀亦关中地也。”故立沛公为汉王，王巴、蜀、汉中，都南郑。而三分关中，王秦降将以距塞汉王。

［译文］

项王、范增疑心沛公将来占有天下，不想让他称王关中，但既已和解，又怕违背当初的约定，致使诸侯反叛，他们就暗中商量说：“巴、蜀道路险恶，秦朝被迁徙的罪人都居住蜀地。”于是就扬言说：“巴蜀也是关中地区。”所以封沛公为汉王，称王于巴、蜀、汉中，建都南郑。而把关中分为三部分，封给秦朝降将为王，以阻挡汉王，防止他将来向东方出兵。

［原文］

项王乃立章邯(hán)为雍王，王咸阳以西，都(dū)废丘。长(zhǎng)史欣者，故为栎(yuè)阳狱掾(yuàn)，尝有德于项梁；都尉董翳者，本劝章邯降楚。故立司马欣为塞王，王咸阳以东至河，都栎阳；立董翳为翟(dí)王，王上郡，都高奴。徙魏王豹为西魏王，王河东，都平阳。瑕(xiá)丘申阳者，张耳嬖(bì)臣也，先下河南，迎楚河上，故立申阳为河南王，都雒(luò)阳。韩王成因故都，都

吕布月夜夺徐州

彭城是徐州的古称，位于今天江苏省的西北部，由苏、鲁、豫、皖四省部分地区组成。“东襟黄海，西接中原，南屏江淮，北扼齐鲁”，素有“五省通衢”之称。彭城南北方交界的地理位置，决定了它历史上“北国之锁钥，南国之门户”的地位，是兵家争夺的重镇。

阳翟。赵将司马卬(áng)定河内，数(shuò)有功，故立卬为殷王，王河内，都朝歌。徙赵王歇为代王。赵相张耳素贤，又从入关，故立耳为常山王，王赵地，都襄国。当阳君黥(qíng)布为楚将，常冠军，故立布为九江王，都六。鄱(pó)君吴芮率百越佐诸侯，又从入关，故立芮为衡山王，都邾(zhū)。义帝柱国共敖将兵击南郡，功多，因立敖为临江王，都江陵。徙燕王韩广为辽东王。燕将臧荼(zāng tú)从楚救赵，因从入关，故立荼为燕王，都蓟(jì)。徙齐王田市(fú)为胶东王。齐将田都从共救赵，因从入关，故立都为齐王，都临菑(zī)。故秦所灭齐王建孙田安，项羽方渡河救赵，田安下济北数城，引其兵降项羽，故立安为济北王，都博阳。田荣者，数负项梁，又不肯将兵从楚击秦，以故不封。成安君陈余弃将印去，不从入关，然素闻其贤，有功于赵，闻其在南皮，故因环封三县。番君将梅鋗(juān)功多，故封十万户侯。项王自立为西楚霸王，王九郡，都彭城。

［译文］

项王封章邯为雍王，称王于咸阳以西，建都废丘。长史司马欣，从前做栎阳狱掾，曾对项梁有过恩德；都尉董翳，最初劝说章邯降楚。所以封司马欣为塞王，称王于咸阳以东到黄河一带，建都栎阳；封董翳为翟王，称王于上郡，建都高奴。改立魏王豹为西魏王，称王于河东，建都平阳。瑕丘申阳是张耳的宠臣，先攻下河南，在黄河岸边迎接楚军，所以立申阳为河南王，建都雒阳。韩王成仍以旧都为都，建都阳翟。赵将司马卬平定河内，屡立战功，所以封司马卬为殷王，称王于河内，建都朝歌。改立赵王歇为代王。赵相张耳一向贤能，又随从项王入关，所以封张耳为常山王，称王于赵地，建都襄国。当阳君黥布为楚军将领，常常勇冠全军，所以封黥布为九江王，建都于六。鄱君吴芮率领百越兵协助诸侯军，又随从入关，所以封吴芮为衡山王，建都于邾。义帝的柱国共敖率兵攻打南郡，功劳很多，于是封共敖为临江王，建都江陵。改立燕王韩广为辽东王。燕将臧荼曾随楚军救赵，又跟从入关，所以封臧荼为燕王，建都于蓟。改立齐王田市为胶东王。齐将田都曾随从项王共同救赵，接着又随军入关，所以立田都为齐王，建都临淄。原来被秦朝灭亡的齐王建的孙子田安，正在项王渡河救赵时，攻下济水北边的几座城邑，率领他的军队投降了项羽，所以封田安为济北王，建都博阳。田荣多次有负项梁，又不愿率军随楚击秦，因此没有封王。成安君陈余丢弃将印离去，没有随从入关，然而一向听说他贤能，有功于赵，知道他在南皮，所以把环绕南皮的三个县封给他。番君的将领梅鋗战功很多，所以封为十万户侯。项王自立为西楚霸王，统治九个郡，建都彭城。

［原文］

汉之元年四月，诸侯罢戏下，各就国。项王出之国，使人徙义帝，曰："古之帝者地方千里，必居上游。"乃使使徙义帝长沙郴（chēn）县。趣（cù）义帝行，其群臣稍稍背叛之，乃阴令衡山、临江王击杀之江中。韩王成无军功，项王不使之国，与俱至彭城，废以为侯，已又杀之。臧（zāng）荼（tú）之国，因逐韩广之辽东，广弗听，荼击杀广无终，并王其地。

［译文］

汉元年（前206年）四月，在项王旌麾之下的诸侯罢兵散归，各自回到封国。项王也出关回到封国，派人让义帝迁都，说："古代做帝王的拥有千里见方的土地，必须住在上游。"于是就派遣使者把义帝迁往长沙郴县。项王催促义帝快些动身，义帝君臣渐渐背叛了他，项王就暗中命令衡山王、临江王把义帝击杀在江中。韩王成没有军功，项王不让他到封国去，带他一起到了彭城，废去他的王号，改封为侯，不久又杀死了他。臧荼到了封国，驱逐韩广去辽东，韩广不服从，臧荼在无终击杀了韩广，兼并了他的封地。

［原文］

田荣闻项羽徙齐王市（fú）胶东，而立齐将田都为齐王，乃大怒，不肯遣齐王之胶东，因以齐反，迎击田都。田都走楚。齐王市畏项王，乃亡之胶东就国。田荣怒，追击杀之即墨。荣因自立为齐王，而西杀击济北王田安，并王三齐。荣与彭越将军印，令反梁地。陈余阴使张同、夏说说齐王田荣曰："项羽为天下宰，不平。今尽王故王于丑地，而王其群臣诸将善地，逐其故主，赵王乃北居代，余以为不可。闻大王起兵，且不听不义，愿大王资余兵，请以击常山，以复赵王，请以国为扞（hàn）蔽。"齐王许之，因遣兵之赵。陈余悉发三县兵，与齐并力击常山，大破之。张耳走归汉。陈余迎故赵王歇于代，反之赵。赵王因

遣樊哙明修栈道

刘邦被分封到汉中，为了向项羽表示没有东归的意图，烧毁了沿途的栈道。后来，刘邦采用韩信的计谋，明修栈道，暗度陈仓，还定三秦，最终成就了帝业。

立陈余为代王。

［译文］

田荣听说项羽改封齐王田市到胶东，而立齐将田都为齐王，十分气愤，不愿让齐王去胶东，就占据齐地进行反叛，迎头攻击田都。田都逃往楚国。齐王田市害怕项王，就潜往胶东奔赴封地。田荣大为生气，派兵追击，在即墨杀死了他。田荣便自立为齐王，向西进兵，击杀了济北王田安，兼并了三齐之地。田荣把将军印授予彭越，让他在梁地反楚。陈余秘密派遣张同、夏说劝告齐王田荣说："项羽为天下的主宰，分封侯王不公平。如今把原来的诸侯王都封在坏地方称王，而把他的群臣诸将都封在好地方称王，赶走原来的诸侯王，赵王就只好到北方居住代地，我以为这样是不能答应的。听说大王已经起兵，而且不接受不道义的命令，希望大王援助我一些兵马，允许我用以攻打常山，恢复赵王的地位，愿把赵国作为齐国的屏障。"齐王答应了，就遣兵赴赵。陈余调动了三县的全部士卒，与齐军并力攻打常山，最终打垮了常山的军队。张耳逃走归附了汉王。陈余去代地迎接原来的赵王歇返回赵地。赵王就立陈余为代王。

［原文］

是时，汉还（huán）定三秦。项羽闻汉王皆已并关中，且东；齐、赵叛之，大怒。乃以故吴令郑昌为韩王，以距汉；令萧公角等击彭越。彭越败萧公角等。汉使张良徇（xùn）韩，乃遗（wèi）项王书曰："汉王失职，欲得关中，如约即止，不敢东。"又以齐、梁反书遗项王曰："齐欲与赵并灭楚。"楚以此故，无西意，而北击齐。征兵九江王布。布称疾不往，使将将数千人行。项王由此怨布也。汉之二年冬，项羽遂北至城阳，田荣亦将兵会战。田荣不胜，走至平原，平原民杀之。遂北烧夷齐城郭室屋，皆阬田荣降卒，系虏（lǔ）其老弱妇女。徇齐至北海，多所残灭。齐人相聚而叛之。于是田荣弟田横，收齐亡卒得数万人，反城阳。项王因留，连战未能下。

［译文］

这时，汉王率军顺原路返回关中，平定了三秦。项羽听说汉王已经兼并了关中，将要东进；齐、赵又反叛了他，非常愤怒。就用从前的吴县令郑昌为韩王，来阻挡汉军；命令萧公角等人攻击彭越。彭越打败了萧公角等人。汉王派张良巡行招抚韩地，并给项王写信说："汉王没有如约称王关中，有失职守，打算取得关中，实现了原来的约定就停止进军，不敢继续东进。"张良又把齐、梁的反叛文告送给项王，说："齐想和赵并力灭楚。"楚军因此无意西进，而向北攻打齐国。项王向九江王黥布征调兵力，黥布称病不往，派将领率兵几千人前去。项王从此怨恨黥布。汉二年（前205年）冬，项羽北上到达城阳，田荣也率军到此与项羽会战。田荣兵败，逃到平原，平原百姓杀死了他。楚军北进，烧毁齐国房屋，夷平齐国城郭，坑杀田荣降卒，掳掠老弱妇女。在齐攻城略地，直到北海，到处烧杀掠夺。齐国人联合起来反抗项羽。田荣的弟弟田横收集齐国逃散的士卒，得到几万人，在城阳反击楚军。项王因此留下来，连续攻打几次都没有攻下城阳。

［原文］

春，汉王部五诸侯兵，凡五十六万人，东伐楚。项王闻之，即令诸将击齐，而自以精兵三万人南从鲁出胡陵。四月，汉皆已入彭城，收其货宝美人，日置酒高会。项王乃西从萧，晨击汉军而东，至彭城，日中，大破汉军。汉军皆走，相随入穀(gǔ)、泗(sì)水，杀汉卒十余万人。汉卒皆南走山，楚又追击至灵壁东睢(suī)水上。汉军却，为楚所挤，多杀，汉卒十余万人皆入睢水，睢水为之不流。围汉王三匝(zā)。于是大风从西北而起，折木发屋，扬沙石，窈(yǎo)冥昼晦(huì)，逢迎楚军。楚军大乱，坏散，而汉王乃得与数十骑遁(dùn)去。欲过沛，收家室而西；楚亦使人追之沛，取汉王家；家皆亡，不与汉王相见。汉王道逢得孝惠、鲁元，乃载行。楚骑追汉王，汉王急，推堕孝惠、鲁元车下，滕公常下收载之，如

米癫拜石

灵璧县位于中国安徽省东北部，素产奇石。宋代的大书画家米芾爱石成癖，简直到了如痴如癫的地步，故有"米癫"之谑称。一次他见衙署内有一立石十分奇特，大喜道："此足以当吾拜。"就整衣冠而拜之。米芾一生藏石无数，其中最有名的便是南唐李后主的旧物灵璧石砚山。

是者三。曰：“虽急，不可以驱，奈何弃之？”于是遂得脱。求太公、吕后不相遇。审食其从太公、吕后间行，求汉王，反遇楚军。楚军遂与归，报项王，项王常置军中。

［译文］

春天，汉王率领五路诸侯的军队，共五十六万人，东进伐楚。项王听到这个消息，即令诸将攻打齐国，而自己带领精兵三万人南下，从鲁地穿过胡陵。四月，汉军都已进入彭城，搜掠财物珍宝和美女，天天设宴会饮。项王向西进发，早晨从萧县攻击汉军，然后东进到达彭城，中午把汉军打得大败。汉军溃退，相继逃入榖水、泗水，楚军杀死了十多万汉军士卒。汉军向南往山里逃跑，楚军又追击到灵璧东面的睢水上。汉军退却，为楚军所逼，拥挤在一起，多被杀伤，汉军十多万人落入睢水，睢水被堵塞了不流动。楚军把汉王包围了三层。这时大风从西北刮起，吹断了树木，掀毁了房屋，飞沙走石，天色昏昏沉沉，狂风夹杂着沙石向楚军迎面扑来。楚军大乱，阵形溃散，汉王才得以和几十个骑兵逃走。打算经过沛县，接取家眷西行；楚军也派人追往沛县，掠取汉王家眷；家眷都已逃亡，没有和汉王相见。汉王在路上遇到孝惠、鲁元，就用车拉着一块儿走。楚军骑兵追赶汉王，汉王着急了，把孝惠、鲁元推下车去，滕公便下车把他们抱上来，这样推下抱上了好几次。滕公说：“事虽危急，不是可以把车赶得快一些，怎么能丢弃他们？”汉王终于脱身而出。他寻找太公、吕后，没有找到，审食其跟随太公、吕后从小路潜行，寻找汉王，反而碰上了楚军。楚军就带他们回到军营，报告了项王，项王把他们拘留在军营里当作人质。

［原文］

是时吕后兄周吕侯，为汉将兵居下邑，汉王间往从之，稍稍收其士卒。至荥(xíng)阳，诸败军皆会，萧何亦发关中老弱未傅，悉诣荥阳，复大振。楚起于彭城，常乘胜逐北，与汉战荥阳南京、索间，汉败楚，楚以故不能过荥阳而西。

［译文］

这时吕后的哥哥周吕侯，为汉王率兵驻扎在下邑，汉王抄小路来到周吕侯那里，稍稍收集了一些逃散的士卒。到了荥阳，各路败军都会合在一起，萧何也征发关中没有著籍的老弱全部来到荥阳，声势又振作起来。楚军从彭城出发，常常乘胜追击败兵，与汉军在荥阳南面的京、索之间交战，结果汉军打败了楚军，楚军因此不能越过荥阳西进。

［原文］

项王之救彭城，追汉王至荥阳，田横亦得收齐，立田荣子广为齐王。汉王之败彭城，诸侯皆复与楚而背汉。汉军荥阳，筑甬(yǒng)道属之

河，以取敖仓粟。汉之三年，项王数(shuò)侵夺汉甬道，汉王食乏，恐，请和，割荥阳以西为汉。项王欲听之。历阳侯范增曰："汉易与耳，今释弗取，后必悔之。"项王乃与范增急围荥阳。汉王患之，乃用陈平计间(jiàn)项王。项王使者来，为太牢具，举欲进之。见使者，详(yáng)惊愕曰："吾以为亚父使者，乃反项王使者！"更持去，以恶食食(sì)项王使者。使者归报项王，项王乃疑范增与汉有私，稍夺之权。范增大怒，曰："天下事大定矣，君王自为之。愿赐骸骨归卒伍。"项王许之。行未至彭城，疽(jū)发背而死。

清代军纛

纛是古时军队或仪仗队的大旗。

[译文]

项王解救彭城，追赶汉王到达荥阳，田横也得以收复了齐国，立田荣子田广为齐王。汉王在彭城战败，诸侯又都向楚背汉。汉军驻扎在荥阳，修筑了一条甬道，与黄河相连，以便运取敖仓的粮食。汉三年（前 204 年），项王屡次侵夺汉军的甬道，汉王粮食缺乏，恐慌起来，请求讲和，划分荥阳以西归汉。项王想要答应他。历阳侯范增说："汉军容易对付，现在放掉他们，不予以消灭，以后一定要懊悔。"项王就和范增加紧围攻荥阳。汉王深为忧虑，就采用陈平的计策离间项王和范增。项王的使者来了，给他准备了牛、羊、豕齐全的丰盛筵席，打算端上去。端饭菜的人一看使者，假装惊愕地说："我以为是亚父使者，没想到反而是项王的使者。"把饭菜又端了下去，拿粗菜恶饭给项王的使者吃。使者回来报告了项王，项王就怀疑范增私通汉军，渐渐剥夺他的权力。范增大怒，说："天下的形势，大局已定，君王好自为之。请赐我还乡，让我成为一个普通的士卒。"项王答应了他。范增走了，还没有到彭城，因背上长毒疮死去了。

[原文]

汉将纪信说汉王曰："事已急矣，请为王诳(kuáng)楚为王，王可以间(jiàn)出。"于是汉王夜出女子荥阳东门被(pī)甲二千人，楚兵四面击之。纪信乘黄屋车，傅左纛(dào)，曰："城中食尽，汉王降(xiáng)。"楚军皆呼万岁。汉王亦与数十骑(jì)从城西门出，走成皋(gāo)。项王见纪信，问："汉王安在？"

曰："汉王已出矣。"项王烧杀纪信。

［译文］

汉军将领纪信劝汉王说："形势已经很危急了，请让我假装成大王替您去蒙骗楚军，大王可以趁机逃出城去。"于是汉王夜间从荥阳东门放出两千名身穿铠甲的妇女，楚军四面围击。纪信乘坐黄屋车，左边的车辕横木上竖立着大旗，卫士大声地说："城中粮食吃光了，汉王投降。"楚军都高呼万岁。汉王和几十名骑兵从西门出城，奔向成皋。项王见到纪信，问他："汉王在哪里？"纪信说："汉王已经出城了。"项王烧死了纪信。

［原文］

汉王使御史大夫周苛、枞(cōng)公、魏豹守荥阳。周苛、枞公谋曰："反国之王，难与守城。"乃共杀魏豹。楚下荥阳城，生得周苛。项王谓周苛曰："为我将，我以公为上将军，封三万户。"周苛骂曰："若不趣(cù)降(xiáng)汉，汉今虏(lǔ)若，若非汉敌也。"项王怒，烹周苛，并杀枞公。

［译文］

汉王派御史大夫周苛、枞公、魏豹守卫荥阳。周苛、枞公商量说："魏豹这个叛国之王，很难和他共守城池。"就一起杀死了魏豹。楚军攻下荥阳城，活捉了周苛。项王对周苛说："做我的将领，我以你为上将军。封三万户。"周苛骂着说："你不赶快投降汉军，汉军就要俘虏你，你不是汉军的对手。"项王大怒，烹杀了周苛，并杀了枞公。

［原文］

汉王之出荥阳，南走宛、叶，得九江王布，行收兵，复入保成皋(gāo)。汉之四年，项王进兵围成皋。汉王逃，独与滕(téng)公出成皋北门，渡河走脩(xiū)武，从张耳、韩信军。诸将稍稍得出成皋，从汉王。楚遂拔成皋，欲西。汉使兵距之巩，令其不得西。

［译文］

汉王逃出荥阳，向南跑到宛、叶，收服了九江王黥布，一边走一边收集士卒，又进入成皋固守。汉四年（前 203 年），项王围攻成皋。汉王逃走了，单身一人与滕公出了成皋北门，渡河奔向脩武，到了张耳、韩信军营。诸将陆续逃出成皋，追随汉王，楚军攻下成皋，想要向西进军。汉王派兵在巩县阻击，使楚军不能西进。

［原文］

是时，彭越渡河击楚东阿，杀楚将军薛公。项王乃自东击彭越。汉王得淮阴侯兵，欲渡河南。郑忠说汉王，乃止壁河内。使刘贾(gǔ)将兵

佐彭越，烧楚积聚。项王东击破之，走彭越。汉王则引兵渡河，复取成皋，军广武，就敖仓食。项王已定东海来，西，与汉俱临广武而军，相守数月。

[译文]

这时，彭越渡河在东阿攻击楚军，杀死了楚将军薛公。项王就亲自东进去攻打彭越。汉王得到淮阴侯的军队，打算渡河南下。郑忠劝阻汉王，汉王就停留在河内筑起营垒。派刘贾领兵协同彭越，烧掉楚军的粮食。项王东进打败了刘贾和彭越，彭越逃走了。汉王率军渡河，又夺取了成皋，驻扎在广武，取食敖仓的粮食。项王已经平定了东海，率军回来，向西进发，与汉军都在广武驻扎，相持了好几个月。

[原文]

当此时，彭越数反梁地，绝楚粮食，项王患之。为高俎(zǔ)，置太公其上，告汉王曰："今不急下，吾烹太公。"汉王曰："吾与项羽俱北面受命怀王，曰'约为兄弟'，吾翁即若翁，必欲烹而翁，则幸分我一桮(bēi)羹。"项王怒，欲杀之。项伯曰："天下事未可知，且为天下者不顾家，虽杀之无益，只益祸耳。"项王从之。

[译文]

当时，彭越在梁地多次反击楚军，断绝楚军的粮食，项王很忧虑。他设置了一个高大的砧板，把太公放在上面，告诉汉王说："你现在不快快投降，我就烹杀太公。"汉王说："我和你项羽都是北面称臣，受命于怀王，说是'结为兄弟'，我的老子就是你的老子，一定要烹杀你的老子，那么希望你分给我一杯肉羹。"项王十分气愤，打算杀死太公。项伯说："天下大事还不能预料，而且打天下的人不顾念家眷，虽然杀了太公也没有好处，只能增加祸患。"项王听从了项伯的话。

[原文]

楚、汉久相持未决，丁壮苦军旅，老弱罢转漕(cáo)。项王谓汉王曰："天下匈匈数岁者，徒以吾两人耳，愿与汉王挑战决雌(cí)雄，毋徒苦天下之民父子为也。"汉王笑谢曰："吾宁斗智，不能斗力。"项王令壮士出挑战。汉有善骑射者楼烦，楚挑战三合，楼烦辄(zhé)射杀之。项王大怒，乃自被甲持戟(jǐ)挑战。楼烦欲射之，项王瞋(chēn)目叱(chì)之，楼烦目不敢视，手不敢发，遂走还入壁，不敢复出。汉王使人间(jiàn)问之，乃项王也。汉王大惊。于是项王乃即汉王相与临广武间而语。汉王数之，项王怒，欲一战。汉王不听，项王伏弩(nǔ)射中汉王。汉王伤，走入成皋(gāo)。

［译文］

楚、汉长期相持，未决胜负，年轻力壮的人苦于行军作战，年老体弱的人疲于水陆运输。项王对汉王说："几年来天下扰攘不安，只是由于我们两个人的缘故，我愿意与你挑战，一决雌雄，不要使天下百姓空受痛苦。"汉王笑着拒绝说："我宁愿斗智，不愿斗力。"项王叫壮士出去挑战。汉军有个擅长骑马射箭的人叫楼烦，楚军派壮士挑战三次，楼烦都把壮士射死了。项王大怒，就亲自披甲持戟出来挑战。楼烦想要射他，项王怒目呵斥，楼烦被吓得目不敢正视，手不敢发箭，于是跑回营垒，不敢再出来。汉王派人暗中打听，才知道挑战的人原来是项王。汉王大为震惊。于是项王靠近汉王军营，和他隔着广武涧对话。汉王历数项王的罪状，项王因此非常气愤，要求决战。汉王没有答应，这时项王埋伏的弓弩射中了汉王。汉王受伤，跑回成皋。

连发弩

弩是中国古代装有张弦机构，可以延时发射的弓。春秋晚期，实战中开始重视用弩。它在实战中具有很大的杀伤力。

［原文］

项王闻淮阴侯已举河北，破齐、赵，且欲击楚，乃使龙且往击之。淮阴侯与战，骑将灌(guàn)婴击之，大破楚军，杀龙且。韩信因自立为齐王。项王闻龙且军破，则恐，使盱(xū)台人武涉往说(shuì)淮阴侯。淮阴侯弗听。是时，彭越复反，下梁地，绝楚粮。项王乃谓海春侯大司马曹咎等曰："谨守成皋(gāo)，则汉欲挑战，慎勿与战，毋令得东而已。我十五日必诛彭越，定梁地，复从将军。"乃东，行击陈留、外黄。

［译文］

项王听说淮阴侯已经攻下黄河以北地区，打垮了齐、赵军队，而且将要进攻楚军，就派龙且前往迎击。淮阴侯与龙且交战，骑兵将领灌婴也出击龙且，大破楚军，杀死了龙且。韩信就自立为齐王。项王听说龙且的军队垮了，大为恐慌，派遣盱台人武涉去游说淮阴侯。淮阴侯不肯听从。这时，彭越又起来反楚，攻下梁地，断绝楚军的粮道。项王就对海春侯大司马曹咎等人说："小心守卫成皋，即使汉军挑战，也千万不要和他们交战，不要让他们东进就行了。我十五天内一定杀掉彭越，平定梁地，再与将军会合。"于是项王率军东去，进军过程中攻打陈留、外黄。

［原文］

外黄不下。数日，已降，项王怒，悉令男子年十五已上诣(yì)城东，欲坑之。外黄令舍人儿年十三，往说(shuì)项王曰："彭越强劫外黄，外黄恐，故且降，待大王。大王至，又皆坑之，百姓岂有归心？从此以东，梁地十余城皆恐，莫肯下矣。"项王然其言，乃赦(shè)外黄当坑者。东至睢(suī)阳，闻之皆争下项王。

［译文］

外黄起初没有攻下。过了几天，外黄投降了，项王很生气，命令十五岁以上的男子全部到城东，准备坑杀他们。外黄县令门客的儿子才十三岁，前去劝告项王说："彭越用武力逼迫外黄百姓，外黄百姓很害怕，所以暂时投降，以等待大王到来。大王到了，又都坑杀他们，难道百姓以后还有归顺之心吗？从这儿往东，梁地十多个城邑都将心怀恐惧，没有肯投降的了。"项王赞成他的话，就赦免了外黄应当坑杀的那些人。从外黄往东直至睢阳的城邑，听到这个消息，都争先恐后地向项王投降。

［原文］

汉果数挑楚军战，楚军不出。使人辱之，五六日，大司马怒，渡兵汜(sì)水。士卒半渡，汉击之，大破楚军，尽得楚国货赂。大司马咎、长(zhǎng)史翳(yì)、塞王欣皆自刭(jǐng)汜水上。大司马咎者，故蕲狱掾(yuàn)，长史欣亦故栎(yuè)阳狱吏，两人尝有德于项梁，是以项王信任之。当是时，项王在睢(suī)阳，闻海春侯军败，则引兵还。汉军方围钟离眛(mèi)于荥阳东，项王至，汉军畏楚，尽走险阻。

陆 贾

陆贾也是刘邦的重要谋士之一，但其最重要的功绩是在西汉建立后，两次出使南越，说服南越归顺汉朝。

［译文］

汉军果然屡次向楚军挑战，楚军并不出来应战。汉军派人在阵前辱骂楚军，骂了五六天，大司马十分气愤，让士卒渡过汜水，迎击汉军。士卒刚渡过一半，汉军出击，大败楚军，缴获了楚国全部物资。大司马曹咎、长史董翳、塞王司马欣都自刎在汜水上。大

陈平宰肉均平

陈平是西汉王朝的开国功臣。他少时喜读书，有大志，曾为乡里分肉，甚均，父老赞之，他感慨地说："使平得宰天下，亦如此肉矣！"陈平曾经也是项羽的属下，后来见项羽难成大事，投奔了刘邦。

司马曹咎，原来是蕲州的狱掾，长史司马欣原来是栎阳的狱吏，两人曾对项梁有过恩德，因此项王信任他们。当时，项王在睢阳，听说海春侯的军队失败了，就率军返回。汉军正在荥阳东边围攻钟离眜，项王一到，汉军害怕楚军，全部撤走到险阻地带。

[原文]

是时，汉兵盛食多，项王兵罢食绝。汉遣陆贾说项王，请太公，项王弗听。汉王复使侯公往说项王，项王乃与汉约，中分天下，割鸿沟以西者为汉，鸿沟而东者为楚。项王许之，即归汉王父母妻子。军皆呼万岁。汉王乃封侯公为平国君。匿弗肯复见。曰："此天下辩士，所居倾国，故号为平国君。"项王已约，乃引兵解而东归。

[译文]

这时，汉军兵多粮足，项王兵疲粮绝。汉王派遣陆贾劝说项王，请求释放太公，项王没有答应。汉王又派遣侯公前去劝说项王，项王就和汉王约定，平分天下，划鸿沟以西归汉，鸿沟以东归楚。项王答应了侯公的要求，就把汉王的父母妻子送了回来。汉军都高呼万岁。汉王封侯公为平国君。侯公隐匿起来，不肯再见汉王，汉王说："这个人是天下善辩之士，所到之处，可以使人国家覆灭，所以封号为平国君。"项王已经订立和约，就解除了军事对峙，率军东归。

[原文]

汉欲西归，张良、陈平说曰："汉有天下太半，而诸侯皆附之。楚兵罢食尽，此天亡楚之时也，不如因其机而遂取之。今释弗击，此所谓'养虎自遗患'也。"汉王听之。汉五年，汉王乃追项王至阳夏南，止军，与淮阴侯韩信、建成侯彭越期会而击楚军。至固陵，而信、越之兵不会。楚击汉军，大破之。汉王复入壁，深堑(qiàn)而自守。谓张子房曰："诸侯不从约，为之奈何？"对曰："楚兵且破，信、越未有分地，其不至固宜。君王能与共分天下，今可立致也。即不能，事

未可知也。君王能自陈以东傅海，尽与韩信；睢阳以北至縠(gǔ)城，以与彭越：使各自为战，则楚易败也。”汉王曰：“善。”于是乃发使者告韩信、彭越曰：“并力击楚。楚破，自陈以东傅海与齐王，睢阳以北至縠城与彭相国。”使者至，韩信、彭越皆报曰：“请今进兵。”韩信乃从齐往，刘贾军从寿春并行，屠城父，至垓(gāi)下。大司马周殷叛楚，以舒屠六，举九江兵，随刘贾、彭越皆会垓下，诣(yì)项王。

［译文］

汉王准备西归，张良、陈平劝汉王说：“汉占领了大半个天下，而诸侯都归附了我们。楚军兵疲粮尽，这是上天让楚灭亡的时候，不如乘这个机会消灭它。现在放走项王不去攻打他，这就是所谓‘养虎自遗患’。”汉王同意了他们的建议。汉五年（前 202 年），汉王追击项王到了阳夏南面，军队驻扎下来，与淮阴侯韩信、建成侯彭越约期会合进攻楚军。到达固陵，而韩信、彭越的军队没有来会合。楚军攻击汉军，把汉军打得大败，汉王不得不又进入营垒，挖深沟堑，自为固守。汉王对张子房说：“诸侯不遵守约定，怎么办呢？”张子房回答说：“楚军即将崩溃，韩信、彭越没有分到一块封地，他们不来会合是很自然的。君王若能和他们共分天下，眼下就可以使他们立刻前来。如果不能这样，局势的发展很难预料。君王能将从陈县以东到海边的地区，全部划给韩信；睢阳以北到縠城，分给彭越：使他们各自为战，那么楚军是容易打败的。”汉王说：“好。”于是就派遣使者告诉韩信、彭越说：“合力攻打楚军。楚军崩溃后，从陈县以东到海边之地给予齐王，睢阳以北到縠城之地给予彭相国。”使者一到，韩信、彭越都回话说：“请让我们立刻进兵。”韩信就从齐地出发，刘贾的军队从寿春出发并行，屠毁了城父，到达垓下。大司马周殷背叛了楚国，利用舒地的兵力屠毁了六县，调动全部九江士卒，随同刘贾、彭越都会集在垓下，来到项王阵前。

［原文］

项王军壁垓(gāi)下，兵少食尽，汉军及诸侯兵围之数重。夜闻汉军四面皆楚歌，项王乃大惊曰：“汉皆已得楚乎？是何楚人之多也！”项王则夜起，饮帐中。有美人名虞(yú)，常幸从；骏马名骓(zhuī)，常骑之。于是项王乃悲歌慷慨，自为

四面楚歌

垓下之围，项羽已是英雄末路，儿女情长，英雄气短。

诗曰："力拔山兮气盖世，时不利兮骓不逝。骓不逝兮可奈何，虞兮虞兮奈若何！"歌数阕(què)，美人和(hè)之。项王泣数行下，左右皆泣，莫能仰视。

［译文］

项王的军队筑垒垓下，兵少粮尽，汉军和各路诸侯军队把它重重包围起来。夜晚听到四面的汉军都是唱的楚地歌曲，项王大为震惊地说："汉军已经全部占领了楚国吗？为什么楚国人如此众多啊？"项王就夜间起来，在帐幕里饮酒。有一个名叫虞的美人，得到项王的宠爱，常常带在身边；有一匹叫骓的骏马，项王经常骑着它。于是项王慷慨悲歌，自己作诗唱道："力气大得能拔山，英雄气概举世无双，时运不好呀骓马也不再前行。骓马不前行怎么办，虞姬呀虞姬呀，怎么安排你呢！"唱了好几遍，美人跟着他一起唱。项王悲泣，泪下几行，左右侍从也都俯首哭泣，悲痛得不能抬头仰视。

［原文］

于是项王乃上马骑，麾(huī)下壮士骑从者八百余人，直夜溃围南出，驰走。平明，汉军乃觉之，令骑将灌婴以五千骑追之。项王渡淮，骑能属者百余人耳。项王至阴陵，迷失道，问一田父，田父绐(dài)曰"左"。左，乃陷大泽中。以故汉追及之。项王乃复引兵而东，至东城，乃有二十八骑。汉骑追者数千人。项王自度(duó)不得脱。谓其骑曰："吾起兵至今八岁矣，身七十余战，所当者破，所击者服，未尝败北，遂霸有天下。然今卒困于此，此天之亡我，非战之罪也。今日固决死，愿为诸君决战，必三胜之，为诸君溃围，斩将，刈(yì)旗，令诸君知天亡我，非战之罪也。"乃分其骑以为四队，四向。汉军围之数重。项王谓其骑曰："吾为公取彼一将。"令四面骑驰下，期山东为三处。于是项王大呼

虞姬舞剑

相传，在垓下随侍霸王的虞姬，怆然拔剑起舞，并以歌和之："汉兵已略地，四方楚歌声；大王意气尽，贱妾何聊生。"歌罢自刎，以断项羽后顾私情，希冀能激起项羽的斗志，使楚军成功突围。

驰下，汉军皆披靡(mí)，遂斩汉一将。是时，赤泉侯为骑将，追项王，项王瞋(chēn)目而叱(chì)之，赤泉侯人马俱惊，辟易数里。与其骑(jì)会为三处。汉军不知项王所在，乃分军为三，复围之。项王乃驰，复斩汉一都(dū)尉，杀数十百人，复聚其骑，亡其两骑耳。乃谓其骑曰："何如？"骑皆伏曰："如大王言。"

［译文］

于是项王上马突围，部下壮士骑马随从的有八百多人，当夜冲破包围，向南飞驰而去。天亮，汉军才发觉，派骑兵将领灌婴率五千骑兵追赶项王。项王渡过淮水，能够跟从的骑兵只有一百多人。项王到阴陵，迷失了道路，询问一个种田的人，种田的人欺骗他说"往左"。项王往左去，结果陷入了一大片沼泽中。因此，汉军追上了项王。项王就又带兵向东，到了东城，只有二十八个骑兵了。追赶的汉军骑兵有几千人。项王自己估计不能脱身了，对他的骑兵说："我起兵到现在八年了，亲身打过七十多次仗，谁抵挡我，我就打垮谁，我攻击谁，谁就降服，未曾打过败仗，因而霸有天下。然而现在终于被围困在这里，这是上天要灭亡我，不是我打仗的过错。今天固然要决心战死，愿意为各位与汉军决战，一定要三次取胜，为各位突破重围，斩杀敌将，砍倒敌人军旗，让各位知道是上天要灭亡我，不是我打仗的过错。"项王就把他的骑兵分为四队，面向四方，汉军把项王包围了好几层。项王对他的骑兵说："我为你们斩他一个将领。"项王命令骑兵四面疾驰而下，约定在山的东面会合为三处。于是项王大声呼喊着，飞驰直下，汉军惊惶溃乱，项王就斩了一个汉军将领。当时，赤泉侯做骑兵将领，追赶项王，项王怒目大吼，赤泉侯人马俱惊，倒退了好几里。项王和他的骑兵合为三处。汉军不知道项王在哪里，就把军队分为三部分，又把项王包围起来。项王骑马冲了过去，又斩了汉军的一个都尉，杀死了数十百人，再把他的骑兵集合起来，只丧失了两个骑兵。项王就对他的骑兵说："怎么样？"骑兵都佩服地说："正像大王所说的那样。"

［原文］

于是项王乃欲东渡乌江。乌江亭长檥(yǐ)船待，谓项王曰："江东虽小，地方千里，众数十万人，亦足王(wàng)也。愿大王急渡。今独臣有船，汉军至，无以渡。"项王笑曰："天之亡我，我何渡为！且籍与江东子弟八千人渡江而西，今无一人还(huán)，纵江东父兄怜而王我，我何面目见之？纵彼不言，籍独不愧于心乎？"乃谓亭长曰："吾知公长者。吾骑此马五岁，所当无敌，尝一日行千里，不忍杀之，以赐公。"乃令骑皆下马步行，持短兵接战。独籍所杀汉军数百人。项王身亦被(pī)十余创。顾见汉骑司马吕马童，曰："若非吾故人乎？"马童面之，指王翳(yì)曰："此项王也。"项王乃曰："吾闻汉购我头千金，邑万户，吾为若

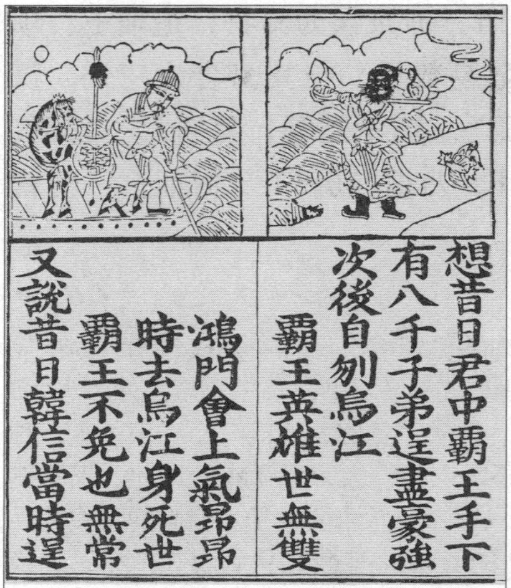

楚霸王自刎乌江

秦灭亡后，项羽为西楚霸王，分封诸侯，号令天下，是当时的实际统治者。但项羽自恃武力，最终被刘邦所灭。

德。”乃自刎(wěn)而死。王翳取其头，余骑相蹂(róu)践争项王，相杀者数十人。最其后，郎中骑杨喜，骑司马吕马童，郎中吕胜、杨武各得其一体。五人共会其体，皆是。故分其地为五：封吕马童为中水侯，封王翳为杜衍侯，封杨喜为赤泉侯，封杨武为吴防侯，封吕胜为涅(niè)阳侯。

［译文］

项王想要向东渡过乌江。乌江亭长把船靠在岸边等待着项王，他对项王说：“江东虽小，地方也纵横上千里，民众数十万，也足以称王。希望大王赶快渡江。现在只有我有船只，汉军来到这，没有船只渡江。”项王笑着说：“上天要灭亡我，我渡江干什么呢？况且我和江东子弟八千人渡江西进，现在没有一个人回来，即使江东父兄怜悯我，让我称王，我又有什么脸面去见他们？即使他们不说什么，我项籍难道不心中有愧吗？”最后项王对亭长说：“我知道你是个忠厚长者。我骑这匹马五年了，所向无敌，曾经一天奔驰一千里，不忍心杀了它，把它送给你吧。”就叫骑兵都下马步行，用短兵与追兵交战。单单项籍一人就杀死汉军几百人。项三身上也受了十多处伤。他回头看见汉军的骑司马吕马童，说：“你不是我的老朋友吗？”吕马童面对项王，指给王翳说：“这就是项王。”项王说：“我听说汉军用一千斤黄金、一万户封邑来购买我的头，我给你做件好事吧。”就自刎而死。王翳割了项王的头，其他骑兵自相蹂躏践踏，争夺项王的尸体，互相残杀了几十人。最后，郎中骑杨喜，骑司马吕马童，郎中吕胜、杨武各自得到了项王的一段肢体。五个人把肢体合拢起来，都确实是项王的。所以把准备封赏的土地分为五部分：封吕马童为中水侯，封王翳为杜衍侯，封杨喜为赤泉侯，封杨武为吴防侯，封吕胜为涅阳侯。

［原文］

项王已死，楚地皆降汉，独鲁不下。汉乃引天下兵欲屠之，为其守礼义，为主死节，乃持项王头视鲁，鲁父兄乃降。始，楚怀王初封项籍为鲁公，及其死，鲁最后下，故以鲁公礼葬项王穀(gǔ)城。汉王为发哀，泣之而去。诸项氏枝属，汉王皆不诛。乃封项伯为射阳侯。桃侯、平皋(gāo)侯、玄武侯皆项氏，赐姓刘。

[译文]

项王死后，楚国各地都投降了汉军，只有鲁城不肯投降。汉王就带领天下士卒打算屠毁鲁城，因为他们坚守礼义，为主人以死守节，就拿项王的头给鲁城人看，鲁城父兄才投降了。最初，楚怀王曾封项籍为鲁公，等到项籍死了，鲁城又最后投降，所以用鲁公的礼仪把项王埋葬在穀城。汉王为项王举哀，哭了一场才离开了鲁城。各个项氏宗族，汉王都不诛杀。封项伯为射阳侯。桃侯、平皋侯、玄武侯都是项氏宗族，赐姓刘。

[原文]

太史公曰：吾闻之周生曰："舜目盖重瞳(tóng)子。"又闻项羽亦重瞳子。羽岂其苗裔(yì)邪(yé)？何兴之暴也！夫秦失其政，陈涉首难，豪杰蜂起，相与并争，不可胜数。然羽非有尺寸，乘势起陇亩之中，三年，遂将五诸侯灭秦，分裂天下，而封王侯，政由羽出，号为"霸王"，位虽不终，近古以来未尝有也。及羽背关怀楚，放逐义帝而自立，怨王侯叛己，难矣。自矜功伐，奋其私智而不师古，谓霸王之业，欲以力征经营天下，五年卒亡其国，身死东城，尚不觉寤(wù)而不自责，过矣。乃引"天亡我，非用兵之罪也"，岂不谬(miù)哉！

[译文]

太史公说：我听周生说："舜的眼睛大概是两个瞳孔。"又听说项羽眼睛也是两个瞳孔。项羽难道是舜的后裔吗？为什么兴起得这么迅速啊！秦朝政治腐败，陈涉首先起义，豪杰蜂起，相互争夺，不可胜数。然而项羽毫无凭借，乘势起于民间，三年时间，就率领五路诸侯军消灭了秦朝，分割天下，封王建侯，政由己出，号为"霸王"，虽然没有始终保持他的地位，但近古以来，还未曾有过这样的事情。等到项羽放弃关中，怀恋楚地，放逐义帝而自立为王，抱怨王侯背叛自己，这时已经难以控制局势了。自我夸耀功勋，逞一己私智，不效法古人，以为创立霸王的事业，需要用武力来经营天下，终于五年时间覆灭了他自己的国家，身死东城，还没有觉悟，不自我谴责，这就不对了。竟然用"上天要灭亡我，不是我打仗的过错"为借口，难道不是太荒谬了吗？

陈涉世家

[原文]

陈胜者，阳城人也，字涉。吴广者，阳夏人也，字叔。陈涉少时，尝与人佣耕，辍(chuò)耕之垄(lǒng)上，怅恨久之，曰："苟富贵，无相忘。"

數日號令召三老豪桀與皆來會計事三老豪桀皆曰
將軍身被堅執銳伐無道誅暴秦復立楚國之社稷功
宜爲王陳涉乃立爲王號爲張楚
當此時諸郡縣苦秦吏者皆刑其長吏殺之以應陳
乃以吳叔爲假王監諸將以西擊滎陽令陳人武臣
耳陳餘徇趙地令汝陰人鄧宗徇九江郡當此時楚兵
數千人爲聚者不可勝數葛嬰至東城立襄彊爲楚王
王已立因殺襄彊還報至陳陳王誅殺葛嬰陳王令魏
人周市北徇魏地吳廣圍滎陽李由爲三川守

《史记》书影

《史记》中对陈胜、吴广起义的记载。

庸者笑而应曰："若为庸耕，何富贵也？"陈涉太息曰："嗟乎，燕雀安知鸿鹄之志哉！"

［译文］

陈胜，是阳城人，字涉。吴广，是阳夏人，字叔。陈涉年轻的时候，曾和别人被雇佣给人家耕田，有次陈涉耕田停下来到田埂上，愤愤不平了很久，说："如果富贵了，不要相互忘记。"一起受雇的伙伴笑着回答说："你是受雇耕田的，有什么富贵？"陈涉长叹说："唉！燕雀哪里知道鸿鹄的志向啊！"

［原文］

二世元年七月，发闾（lǘ）左谪戍（zhé shù）渔阳，九百人屯大泽乡。陈胜、吴广皆次当行，为屯长。会天大雨，道不通，度（duó）已失期。失期，法皆斩。陈胜、吴广乃谋曰："今亡亦死，举大计亦死，等死，死国可乎？"陈胜曰："天下苦秦久矣。吾闻二世少子也，不当立，当立者乃公子扶苏。扶苏以数谏故，上使外将兵。今或闻无罪，二世杀之。百姓多闻其贤，未知其死也。项燕为楚将，数有功，爱士卒，楚人怜之。或以为死，或以为亡。今诚以吾众诈自称公子扶苏、项燕，为天下唱，宜多应者。"吴广以为然。乃行卜。卜者知其指意，曰："足下事皆成，有功。然足下卜之鬼乎！"陈胜、吴广喜，念鬼，曰："此教我先威众耳。"乃丹书帛曰"陈胜王"，置人所罾鱼腹中。卒买鱼烹食，得鱼腹中书，固以怪之矣。又间令吴广之次所旁丛祠中，夜篝火，狐鸣呼曰"大楚兴，陈胜王（wàng）"。卒皆夜惊恐。旦日，卒中往往语，皆指目陈胜。

［译文］

秦二世元年（前209年）七月，朝廷征发贫苦农民去戍守渔阳，有九百人驻屯在大泽乡。陈胜、吴广都编在队伍中，做屯长。正赶上天下大雨，道路不通，估计已经耽误了应该到达的期限。误了期限，根据法律要斩首。陈胜、吴广就合计说："现在逃亡也是死，干一番大事业也是死，同样是死，为国家大事而死好吗？"陈胜说："天下人受秦朝之苦已经很久了。我听说二世皇帝是小儿子，不应当继位，该继位的是公子扶苏。扶苏因为多次劝谏的缘故，始皇帝派他在外统领军队。现在有人听说他没有罪过，二世却杀死了他。百姓大多听说他贤能，不知道他已经死去。项燕做楚国将军，屡有战功，爱护士卒，楚国人爱戴他。有人以为他死了，有人认为他逃亡了。如今我们假称是公子扶苏、项燕，向天下发出号召，应该有很多响应的人。”吴广认为陈胜所说是对的。于是进行占卜。占卜的人知道他们的意图，说：“先生的事情都可行，会有大的业绩。然而先生向鬼卜问了吗？”陈胜、吴广很高兴，考虑向鬼卜问的事，说：“这是教我首先取威于群众。”于是就用朱砂在帛上书写“陈胜王”，放入人家网到的鱼的肚子里。戍卒买回鱼煮着吃，得到鱼肚子中的帛书，已经感到奇怪了。陈胜又私下让吴广到驻地旁丛林中神庙去，夜间燃起篝火，学着狐狸鸣叫，说：“大楚复兴，陈胜为王。”戍卒这一夜都惊惧恐慌。第二天早晨，戍卒到处议论，都指指点点地看着陈胜。

《三老讳字忌日碑》

三老是古代掌教化的乡官。《三老讳字忌日碑》是东汉时的一件遗物，碑文记录了一位名通的汉代地方官“三老”祖孙三代的名字（讳字）和祖、父辈逝世的日子（忌日）。

［原文］

吴广素爱人，士卒多为用者。将尉醉，广故数言欲亡，忿恚尉，令辱之，以激怒其众。尉果笞(chī)广。尉剑挺，广起，夺而杀尉。陈胜佐之，并杀两尉。召令徒属曰：“公等遇雨，皆已失期，失期当斩。藉弟令毋斩，而戍(shù)死者固十六七。且壮士不死即已，死即举大名耳，王侯将相宁有种乎！”徒属皆曰：“敬受命。”乃诈称公子扶苏、项燕，从民欲也。袒右，称大楚。为坛而盟，祭以尉首。陈胜自立为将军，吴广为都尉。攻大泽乡，收而攻蕲(qí)。蕲下，乃令符离人葛婴将兵徇(xùn)蕲以东。攻铚(zhì)、酂(cuó)、苦、柘、谯(qiáo)皆下之。行收兵。比至陈，车六七百乘，骑千余，卒数万人。攻陈，陈守令皆不在，独守丞与战谯门中。弗胜，守丞死，乃入据陈。数日，号令召三老、豪杰与皆来会计事。三老、豪杰皆曰：“将军身被(pī)坚执锐，伐无道，诛暴秦，复立楚国之社稷，功宜为王。”陈涉乃立为王，号为张楚。

［译文］

吴广素来关心别人，戍卒中很多人都听从他使唤。带队的军官喝醉了，吴广故意一再扬言想要逃走，使军官生气，让他侮辱自己，以便激怒众人。军官果然鞭笞吴广。军官拔出剑来，吴广奋起，夺下剑，杀死了军官。陈胜帮助吴广，合力杀死两名军官，召集徒众宣告说："诸位遇上大雨，都已经误了期限，误了期限应当斩首。即使不斩首，而戍边死去的本来就十有六七。况且壮士不死则已，死就要千古留名，王侯将相难道是天生的种吗？"戍卒都说："我们愿恭敬地接受命令。"于是假称是公子扶苏、项燕的队伍，顺从民众的意愿。大家裸露右臂，号称"大楚"。修筑高坛盟誓，用两尉的首级作祭品。陈胜自立为将军，吴广做都尉，进攻大泽乡，召集士卒，攻打蕲县。攻下蕲县，就派符离人葛婴率军攻略蕲县以东地区，进攻铚、酂、苦、柘、谯地，都攻了下来。行进中招收士卒。等到抵达陈县，已有战车六七百辆，骑兵一千余人，步兵数万人。进攻陈县，陈县县令不在，只有县丞与陈胜军队在谯门中交战，没有取胜，县丞死了，陈胜军队便进城占领了陈县。过了几天，下令召集三老、豪杰前来商议事情。三老、豪杰都说："将军身披铠甲，手执锐利武器，讨伐无道，消灭暴秦，重建楚国，根据功劳应该称王。"陈涉便自立为王，国号为"张楚"。

［原文］

当此时，诸郡县苦秦吏者，皆刑其长吏，杀之以应陈涉。乃以吴叔为假王，监诸将以西击荥（xíng）阳。令陈人武臣、张耳、陈余徇赵地，令汝阴人邓宗徇九江郡。当此时，楚兵数千人为聚者，不可胜数。

［译文］

这时，各郡县受苦于秦朝官吏的百姓，都争相惩处他们的官吏，并杀死官吏，响应陈涉。于是陈涉让吴广为代理王，督率各将领西进，攻打荥阳。命令陈县人武臣、张耳、陈余攻占赵地，命令汝阴人邓宗攻占九江郡。在这个时候，楚地义兵数千人相聚集起事的，数不胜数。

［原文］

葛婴至东城，立襄强为楚王。婴后闻陈王已立，因杀襄强，还报。至陈，陈王诛杀葛婴。陈王令魏人周市北徇魏地。吴广围荥阳。李由为三川守，守荥阳，吴叔弗能下。陈王征国之豪杰与计，以上蔡人房君蔡赐为上柱国。周文，陈之贤人也，尝为项燕军视日，事春申君，自言习兵，陈王与之将军印，西击秦。行收兵至关，车千乘，卒数十万，至戏，军焉。秦令少府章邯（hán）免郦山徒、人奴产子生，悉发以击楚大军，尽败之。周文败，走出关，止次曹阳二三月。章邯追败

之，复走次渑(miǎn)池十余日。章邯击，大破之。周文自刭(jǐng)，军遂不战。

［译文］

葛婴到达东城，拥立襄强为楚王。葛婴后来听说陈胜已经自立为王，便杀了襄强，回来报告陈胜。到达陈县，陈王就杀死了葛婴。陈王命令魏人周市北进攻略魏地。吴广围攻荥阳。李由任三川郡守，守卫荥阳，吴广没有攻下来。陈王召集国内豪杰，与他们商讨对策，用上蔡人房君蔡赐为上柱国。周文是陈县的贤人，曾是项燕军队中占卜时日的官吏，侍奉过春申君，自称谙习军事，陈王授给他将军印，命他西进攻打秦朝。行军途中招收兵马，抵达函谷关，拥有战车一千辆，士卒数十万，到达戏亭，驻扎下来。秦朝派少府章邯赦免骊山的刑徒、奴婢所生的儿子，全部调发以攻击楚军，并大获全胜。周文败退，逃出函谷关，驻扎在曹阳两三个月。后章邯追击，大败楚军，周文又逃走，驻扎渑池十多天，章邯再次进击，大破楚军。周文自杀，军队便失去了战斗力。

［原文］

武臣到邯郸(hán dān)，自立为赵王，陈余为大将军，张耳、召(shào)骚为左右丞相。陈王怒，捕系武臣等家室，欲诛之。柱国曰："秦未亡而诛赵王将相家属，此生一秦也。不如因而立之。"陈王乃遣使者贺赵，而徙系武臣等家属宫中，而封耳子张敖为成都君，趣(cù)赵兵亟(jí)入关。赵王将相相(xiàngxiāng)与谋曰："王王赵，非楚意也。楚已诛秦，必加兵于赵。计莫如毋西兵，使使北徇(xùn)燕(yān)地以自广也。赵南据大河，北有燕、代，楚虽胜秦，不敢制赵。若楚不胜秦，必重赵。赵乘秦之弊，可以得志于天下。"赵王以为然，因不西兵，而遣故上谷卒史韩广将兵北徇燕地。燕故贵人豪杰谓韩广曰："楚已立王，赵又已立王。燕虽小，亦万乘(shèng)之国也，愿将军立为燕王。"韩广曰："广母在赵，不可。"燕人曰："赵方西忧秦，南忧楚，其力不能禁我。且以楚之强，不敢害赵王将相之家，赵独安敢害将军之家！"韩广以为然，乃自立为燕王。居数月，赵奉燕王母及家属归之燕。当此之时，诸将之徇地者，不可胜数。

［译文］

武臣到达邯郸，自立为赵王，陈余为大将军，张耳、召骚为左右丞相。陈王大怒，逮捕关押了武臣等人的家眷，想要杀死他们。柱国蔡赐说："秦朝还没有灭亡，若处死赵王将相的家眷，这等于又出现了一个秦朝，不如乘势封立他。"陈王便派遣使者前往赵国祝贺，而把武臣等人的家眷移禁在宫中，并封张耳的儿子张敖为成

都君，催促赵军迅速进入函谷关。赵王将相共同商量说：“大王称王赵地，不是楚国的意愿。楚国消灭了秦朝，一定将用兵于赵。如今之计，莫过于不向西进军，派遣使者北去攻略燕地，扩充我们自己的领土。赵国南面扼守黄河，北面拥有燕、代地区，楚国即使战胜了秦朝，也不敢制服赵国。如果楚国没有战胜秦朝，一定会重视赵国。赵国乘秦朝衰败，可以在天下实现自己的志向。”赵王表示赞同，因而不向西进军，而派遣原来的上谷郡卒史韩广统率军队北去攻略燕地。燕国旧贵族豪杰对韩广说：“楚地已经立王，赵地也已立王。燕地虽然狭小，也是拥有一万辆兵车的国家，希望将军自立为燕王。”韩广说：“我的母亲在赵国，不能自立为王。”燕地的人说：“赵国正西面害怕秦朝，南面害怕楚国，它的力量不能限制我们。况且以楚国的强大，还不敢杀害赵王将相的家眷，赵国怎么独敢杀害将军的家眷？”韩广认为说得对，于是，自立为燕王。过了几个月，赵国把燕王的母亲和家眷送归燕国。在这个时候，攻城略地的将领，数不胜数。

［原文］

周市北徇地至狄，狄人田儋(dān)杀狄令，自立为齐王，以齐反击周市。市军散，还至魏地，欲立魏后故宁陵君咎为魏王。时咎在陈王所，不得之魏。魏地已定，欲相与立周市为魏王，周市不肯。使者五反，陈王乃立宁陵君咎为魏王，遣之国。周市卒为相。将军田臧(zāng)等相与谋曰：“周章军已破矣，秦兵旦暮至，我围荥(xíng)阳城弗能下，秦军至，必大败。不如少遗兵，足以守荥阳，悉精兵迎秦军。今假王骄，不知兵权，不可与计，非诛之，事恐败。”因相与矫王令以诛吴叔，献其首于陈王。陈王使使赐田臧楚令尹印，使为上将。田臧乃使诸将李归等守荥阳城，自以精兵西迎秦军于敖仓。与战，田臧死，军破。章邯进兵击李归等荥阳下，破之，李归等死。阳城人邓说将兵居郯(tán)，章邯别将击破之，邓说军散走陈。铚(zhì)人伍徐将兵居许，章邯(hán)击破之，伍徐军皆散走陈。陈王诛邓说。陈王初立时，陵人秦嘉、铚人董绁(xiè)、符离人朱鸡石、取虑人郑布、徐人丁疾等皆特起，将兵围东海守庆于郯。陈王闻，乃使武平君畔为将军，监郯下军。秦嘉不受命，嘉自立为大司马，恶属武平君。告军吏曰：“武平君年少，不知兵事，勿听！”因矫以王命杀武平君畔。章邯已破伍徐，击陈，柱国房君死。章邯又进兵击陈西张贺军。陈王出监战，军破，张贺死。腊月，陈王之汝阴，还至下城父，其御庄贾杀以降秦。陈胜葬砀(dàng)，谥曰隐王。

［译文］

周市向北略地到达狄县，狄县人田儋杀死狄县县令，自立为齐王，凭借齐地

抗击周市。周市军队溃散，回到魏地，想要拥立原魏国后裔宁陵君咎为魏王。当时咎正在陈王那里，不能前往魏国。魏地已经平定，大家打算一起立周市为魏王，周市不同意。使者五次往返于陈王和魏之间，陈王才封立宁陵君咎为魏王，遣送他就国。周市最后做了相。将军田臧等人共同谋划说："周章的军队已经崩溃，秦朝军队早晚间就要来到，我们围攻荥阳城，不能攻克，秦军一到，必然大败。不如留下少量部队，够包围荥阳即可，用全部精兵迎击秦军。现在代理王吴广骄横，不懂得用兵的权谋，无法和他商议，不杀了他，事情恐怕要失败。"因而田臧等人一起假借陈王的命令杀死了吴广，把首级献给陈王。陈王派遣使者赐给田臧楚国令尹官印，任命他为上将军。田臧便派部将李归等人围守荥阳城，自己率领精兵西去迎击秦军于敖仓。结果与秦军交战，田臧战死，军队溃败。章邯在荥阳城下进军攻击李归等人，打垮了他们，李归等人战死。阳城人邓说率军驻扎郯地，章邯部将击溃了他，邓说的军队散乱地逃到陈县。陈王处死了邓说。陈王刚立为王时，陵县人秦嘉、陵人董绁、符离人朱鸡石、取虑人郑布、徐人丁疾等都异军突起，率兵围攻东海郡守庆于郯城。陈王听到了消息，就派武平君畔为将军，督率郯城的军队。秦嘉拒不受命，自立为大司马，不愿隶属于武平君。他告诉军吏说："武平君年轻，不懂军事，不要听他的。"便假借陈王的命令杀死了武平君畔。章邯已经打垮了伍徐，继续进攻陈县。上柱国房君蔡赐战死。章邯又进军攻击陈县西侧的张贺军队。陈王出来督战，但军队仍是溃败，张贺战死。十二月，陈王去汝阴，后又回到下城父，他的驾车人庄贾杀害了他投降秦朝。陈胜埋葬在砀县，谥号"隐王"。

［原文］

陈王故涓(juān)人将军吕臣为仓头军，起新阳，攻陈下之，杀庄贾，复以陈为楚。初，陈王至陈，令铚(zhì)人宋留将兵定南阳，入武关。留已徇南阳，闻陈王死，南阳复为秦。宋留不能入武关，乃东至新蔡，遇秦军，宋留以军降(xiáng)秦。秦传留至咸阳，车裂留以徇(xùn)。秦嘉等闻陈王军破出走，乃立景驹为楚王，引兵之方与，欲击秦军定陶下。使公孙庆使齐王，欲与并力俱进。齐王曰："闻陈王战败，不知其死生，楚安得不请而立王！"公孙庆曰："齐不请楚而立王，楚何故请齐而立王！且楚首事，当令于天下。"田儋(dān)诛杀公孙庆。秦左右校复攻陈，下之。吕将军走，收兵复聚。鄱(pó)盗当阳君黥(qíng)布之兵相收，复击秦左右校，破之青波，复以陈为楚。会项梁立怀王孙心为楚王。

［译文］

陈王旧时的侍从，即将军吕臣组建了青巾裹头的苍头军，奋起新阳，攻克了陈县，杀死庄贾，又把陈县作为楚国的都城。当初，陈王到达陈县，命令铚人宋留率兵平定南阳，进入武关。宋留已经略定南阳后，听说陈王死了，于是南阳又为秦朝攻占。宋留不能进入武关，便向东到达新蔡，不料遇上秦军，于是宋留率军投降秦朝。秦朝用传车押送宋留至咸阳，将宋留车裂示众。秦嘉等人听说陈王军队溃败逃走后，就立景驹为楚王，率军前往方与，打算在定陶城下攻击秦军。派公孙庆出使齐王，想要与齐王联合起来共同进军。齐王说："听说陈王战败，不知道生死情况，楚国怎么不请示我们而自立为王？"公孙庆说："齐国不请示楚国而立王，楚国有什么理由请示齐国而立王？况且楚国首先起事，应该号令天下。"田儋杀死了公孙庆。秦军左右校尉再次进击陈县，攻克了县城。吕将军逃走，后招收兵众，又聚结起来。在鄱阳为盗的当阳君黥布的军队与吕将军汇合，反击秦军左右校尉，在青波打败了他们，再度把陈归为楚国。恰好这时项梁拥立楚怀王的孙子心为楚王。

［原文］

陈胜王凡六月。已为王，王陈。其故人尝与庸耕者闻之，之陈，扣宫门曰："吾欲见涉。"宫门令欲缚之。自辩数，乃置，不肯为通。陈王出，遮道而呼涉。陈王闻之，乃召见，载与俱归。入宫，见殿屋帷(wéi)帐，客曰："夥颐(huǒ yí)！涉之为王沈(chén)沈者！"楚人谓多为夥，故天下传之，夥涉为王，由陈涉始。客出入愈益发舒，言陈王故情。或说陈王曰："客愚无知，颛妄言，轻威。"陈王斩之。诸陈王故人皆自引去，由是无亲陈王者。陈王以朱房为中正，胡武为司过，主司群臣。诸将徇地，至，令之不是者，系而罪之，以苛察为忠。其所不善者，弗下吏，辄(zhé)自治之。陈王信用之。诸将以其故不亲附，此其所以败也。陈胜虽已死，其所置遣侯王将相竟亡秦，由涉首事也。高祖时为陈涉置守冢三十家砀(dàng)，至今血食。

［译文］

陈胜称王共六个月。称王后，把陈县作为王都。曾与他一起做雇农的旧友听说这件事，便来到陈县，敲打宫门说："我想见见陈涉。"宫门令想把他捆绑起来。他一再解释，才放开他，但不肯为他通报。当陈王出来时，他拦路大喊陈涉。陈王听到喊声，于是召见了他，让他乘车一道回宫。进入王宫，看到殿堂帷帐，客人说："夥矣！陈涉做了王，宫殿多么深邃啊！"楚地人叫"多"为"夥"，所以天下流传开来，"夥涉为王"这句话，是从陈涉开始的。客人进进出出愈益放肆，并向人谈论陈王的往事。有人劝陈王说："客人愚昧无知，专门胡说八道，这会有损您的威信。"陈王便杀了客人。于是陈王的旧友都自行离去，从此没有亲近陈王的人了。陈王任用朱房担任中正，胡武担任司过，主管督察群臣。各将领攻城略地，回来后，不听从他们的命令，便逮捕问罪，把苛刻严察看作忠诚。他们不喜欢的人，不交给司法官吏处置，就由他们亲自惩处。陈王信任并重用他们。各将领因为这个缘故不亲附陈王，这是陈王失败的原因。陈胜虽然已经死了，他所封立、派遣的王侯将相终于消灭了秦朝，这是由于陈涉首先发难的缘故。高祖时，在砀县为陈涉安排三十户人家守坟，到现在依然杀牲祭祀。

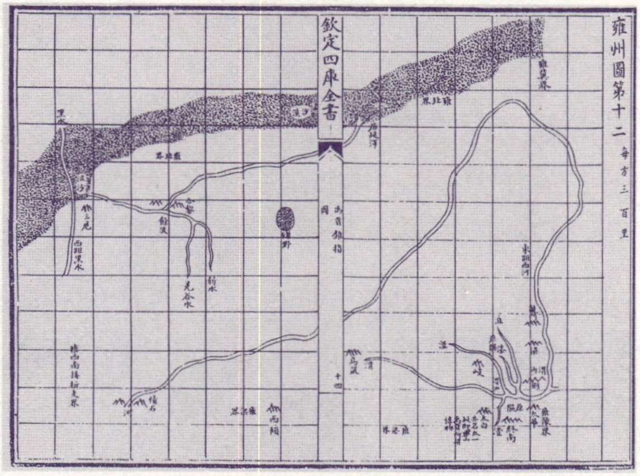

雍州

雍州是中国古九州之一。现在陕西省中部北部、甘肃省（除去东南部）、青海省的东南部和宁夏回族自治区一带地方。

［原文］

褚先生曰：地形险阻，所以为固也；兵革刑法，所以为治也。犹未足恃(shì)也。夫(fú)先王以仁义为本，而以固塞文法为枝叶，岂不然哉！吾闻贾生之称曰：

［译文］

褚先生说：地形险要阻塞，是用来巩固防务的；武器装备和刑法制度，是用来治理国家的。这些还不足以依靠。先王以仁义作为根基，而把坚固的城池要塞作为细枝末节，事情难道不是这样吗？我听贾生说过：

［原文］

“秦孝公据殽(yáo)函之固，拥雍州之地，君臣固守，以窥周室。有席卷天下，包举宇内，囊括四海之意，并吞八荒之心。当是时也，商君佐之，内立法度，务耕织，修守战之备；外连衡而斗诸侯。于是秦人拱手而取西河之外。

［译文］

“秦孝公据守殽山、函谷关这样坚固的地方，拥有雍州地域，君臣坚守自己的国土，窥视周朝的政权，有席卷天下，包举宇内，囊括四海的意图，吞并八方的心愿。在这个时候，商君辅佐秦孝公，对内建立法治和各种制度，致力于耕织，整修攻守的武器；对外实行连横政策，使诸侯互相争斗，于是秦国人轻而易举地取得了西河以外的土地。

［原文］

“孝公既没(mò)，惠文王、武王、昭王蒙故业，因遗策，南取汉中，西举巴蜀，东割膏腴之地，收要害之郡。诸侯恐惧，会盟而谋弱秦。不爱珍器重宝肥饶之地，以致天下之士。合从(zòng)缔交，相与为一。当此之时，齐有孟尝，赵有平原，楚有春申，魏有信陵：此四君者，皆

秦宫狗盗

战国四公子都以礼贤下士闻名于世。孟尝君出使秦国时曾被昭王扣留，一个食客装狗钻入秦宫偷出狐白裘，献给昭王妾以说情释放，孟尝君才逃至函谷关。昭王又令人追捕。另一食客装鸡叫引众鸡齐鸣骗开城门，孟尝君才得以逃回齐国。

明知而忠信，宽厚而爱人，尊贤而重士。约从连衡，兼韩、魏、燕、赵、宋、卫、中山之众。于是六国之士有宁越、徐尚、苏秦、杜赫之属为之谋，齐明、周最、陈轸、召滑、楼缓、翟景、苏厉、乐毅之徒通其意，吴起、孙膑、带他、倪良、王廖、田忌、廉颇、赵奢之伦制其兵。尝以什倍之地，百万之师，仰关而攻秦。秦人开关而延敌，九国之师遁逃而不敢进。秦无亡矢遗镞之费，而天下固已困矣。于是从散约败，争割地而赂秦。秦有余力而制其弊，追亡逐北，伏尸百万，流血漂橹，因利乘便，宰割天下，分裂山河，强国请服，弱国入朝。施及孝文王、庄襄王，享国之日浅，国家无事。

［译文］

“秦孝公死后，惠文王、武王、昭王继承旧业，沿用遗留下来的策略，向南夺取了汉中，向西占领了巴、蜀，向东割取了肥沃的土地，获得了地势险要的郡县。诸侯恐惧，结为同盟商量削弱秦国。不吝惜奇珍异宝和肥饶的土地，用来招揽天下之士，合纵缔盟，互相结合在一起。这时，齐国有孟尝君，赵国有平原君，楚国有春申君，魏国有信陵君，这四位封君都明智忠信，宽厚爱人，尊贤重士。各国联合结盟，集合了韩、魏、燕、赵、宋、卫、中山的士卒。当时六国之士有宁越、徐尚、苏秦、杜赫这一类人为各国出谋划策，齐明、周最、陈轸、邵滑、楼缓、翟景、苏厉、乐毅这一伙人沟通各国的意见，吴起、孙膑、带他、倪良、王廖、田忌、廉颇、赵奢这一批人训练和统率各国的军队。曾用十倍于秦的土地，上百万大军，攻打函谷关，进击秦国。秦人开关引进敌军，九国军队反而遁逃而不敢前进。秦国没有一箭一镞的耗费，而天下诸侯已处于困境。于是合纵瓦解，盟约废弃，争先恐后地割地贿赂秦国。秦国有余力利用各国的短处，追赶败北逃亡的敌人，使百万尸体横卧在地，流血多得漂起盾牌。秦国趁着战争胜利的便利形势，宰割天下诸侯，分裂各国领土，致使强国请求归附，弱国入秦朝拜。延续到孝文王、庄襄王，由于他们在位时间短暂，国家没有发生重大事情。

［原文］

“及至始皇，奋六世之余烈，振长策而御宇内，吞二周而亡诸侯，履至尊而制六合，执敲朴以鞭笞(chī)天下，威振四海。南取百越之地，以为桂林、象郡，百越之君俛(fǔ)首系颈，委命下吏。乃使蒙恬北筑长城而守藩(fān)篱，却匈奴七百余里，胡人不敢南下而牧马，士亦不敢弯弓而报怨。于是废先王之道，燔(fán)百家之言，以愚黔首。堕(huī)名城，杀豪俊，收天下之兵聚之咸阳，销锋镝(dí)，铸以为金人十二，以弱天下之民。然后践华为城，因河为池，据亿丈之城，临不测之渊以为固。良将劲弩，守要害之处，信臣精卒，陈利兵而谁何。天下已定，始皇之心，自以为关中之固，金城千里，子孙帝王万世之业也。始皇既没，余威振于殊俗。然而陈涉甕牖(wèngyǒu)绳枢之子，甿(méng)隶之人，而迁徙之徒也。材能不及中人，非有仲尼、墨翟(dí)之贤，陶朱、猗顿之富也。蹑足行伍之间，俛(fǔ)仰仟佰之中，率罢(pí)散之卒，将数百之众，转而攻秦。斩木为兵，揭竿为旗，天下云会响应，赢粮而景(yǐng)从，山东豪俊遂并起而亡秦族矣。

［译文］

“到了秦始皇，发扬六代先王遗留下来的功业，挥舞长鞭，驾驭天下，兼并了西周、东周，消灭了各国诸侯，登上帝位，控制天地四方，手执刑杖来抽打天下，威震四海。向南取得百越地区，设置为桂林郡、象郡，百越的君主低着头，用绳子系着脖子，任凭秦朝官吏处置。又派蒙恬到北方修筑长城，守卫边界，使匈奴退却七百多里，胡人不敢南下放牧马匹，武士不敢挽弓复仇。于是废除古代先王的原则，烧毁诸子百家的典籍，以此来愚弄平民百姓。摧毁六国名城，杀死豪杰俊士，收缴全国的兵器，集中在咸阳，把这些兵器销毁，铸造成十二个铜人，以此来削弱天下百姓的反抗力量。然后依据华山作为城垣，凭借黄河作为城池，据守高达亿丈的坚城，下临深不可测的深潭，把这些作为固守的屏障。优秀的将领和强劲的弓弩手，把守要害之地，忠实的大臣和精锐的士卒，摆开锐利的武器，谁也无可奈何。天下已经安定，始皇的心里，自认为关中地方坚固，就像有千里铜墙铁壁保护，子子孙孙可以万世继承帝王基业。“始皇死后，余威还远震四夷。然而陈涉是用破瓮做窗户、用绳捆门轴的穷人家子弟，为人佣耕的农民，又是流徙之徒，才能赶不上一个中等人，没有仲尼、墨翟那样的贤明，陶朱、猗顿那样的富有。置身士卒行列之间，劳作于田野之中，率领疲惫散乱的士卒，带领几百个徒众，转身攻秦。砍断树木作为兵器，高举竹竿当作旗帜，天下百姓却云集响应，携带着粮食，如影相随，山东

太庙问礼

《礼记·王制》记载："天子七庙，三昭三穆，与太祖之庙而七。"后泛指帝王祭祀祖先的宗庙。按周制，位于宫门前左（东）侧。祭祀与战争在古代是国家两项重要的事情，太庙也就成了重要的场所。图中表现的是孔子在二十七岁时，以助祭的身份出入鲁国太庙的情景。

豪杰同时并起，消灭了秦的宗族。

［原文］

"且天下非小弱也，雍州之地，殽(yáo)函之固自若也。陈涉之位，非尊于齐、楚、燕、赵、韩、魏、宋、卫、中山之君也；锄耰(yōu)棘矜，非铦(xiān)于句(gōu)戟(jǐ)长铩也；谪戍(shù)之众，非俦(cuán)于九国之师也；深谋远虑，行军用兵之道，非及乡(xiàng)时之士也。然而成败异变，功业相反也。尝试使山东之国与陈涉度长絜大，比权量力，则不可同年而语矣。然而秦以区区之地。致万乘(shèng)之权，抑八州而朝同列，百有余年矣。然后以六合为家，殽函为宫。一夫作难而七庙堕(huī)，身死人手，为天下笑者，何也？仁义不施，而攻守之势异也。"

［译文］

"况且秦国并不弱小，雍州的领土，殽山、函谷关的险固，还是和从前一样。陈涉的地位，并不比齐、楚、燕、赵、韩、魏、宋、卫、中山的君主尊贵；锄把戟柄，并不比钩戟长矛锋利；被遣送远方戍守的一群人，并不能与九国的军队相抗衡；深谋远虑，行军用兵的方法，并不比过去的谋士高明。然而成败情况却大不相同，所建立的功业截然相反。如果拿山东各诸侯国与陈涉比较长短大小，衡量权势和力量，则是不能相提并论的。然而秦国凭借小小的一块领土，达到了拥有万辆兵车的势力，抑制八州，而使各国诸侯朝贡，这已有一百多年了。最后把天地四方作为自己的家私，用殽山、函谷关作为宫垣。但是，一人发难，就使宗庙全部毁灭，身死在别人手中，被天下人笑话，这是为什么呢？是因为不施行仁义，进攻和退守的形势就不同了。"

汉书

霍光金日磾传

[原文]

霍光字子孟，票骑将军去病弟也。父中孺，河东平阳人也，以县吏给事平阳侯家，与侍者卫少儿私通而生去病。中孺吏毕归家，娶妇生光，因绝不相闻。久之，少儿女弟子夫得幸于武帝，立为皇后，去病以皇后姊子贵幸。既壮大，乃自知父为霍中孺，未及求问。会为票骑将军击匈奴，道出河东，河东太守郊迎，负弩矢先驱，至平阳传舍，遣吏迎霍中孺。中孺趋入拜谒，将军迎拜，因跪曰："去病不早自知为大人遗体也。"中孺扶服叩头，曰："老臣得托命将军，此天力也。"去病大为中孺买田宅、奴婢而去。还，复过焉，乃将光西至长安，时年十余岁，任光为郎，稍迁诸曹、侍中。去病死后，光为奉车都尉、光禄大夫，出则奉车，入侍左右，出入禁闼二十余年，小心谨慎，未尝有过，甚见亲信。

霍去病

霍去病是名将卫青的外甥，西汉杰出的军事家，曾数度远征匈奴，战功赫赫。

[译文]

霍光字子孟，是骠骑将军霍去病的弟弟。他的父亲霍中孺，是河东郡平阳人，以县吏的身份在平阳侯家任职，和侯府的侍女卫少儿私通，生下霍去病。霍中孺的差事结束回到家中，娶妻生下霍光，于是同卫少儿中断关系互不通音信。过了很久，卫少儿的妹妹卫子夫得到汉武帝的宠爱，被立为皇后，霍去病因是皇后姐姐的儿子而得到富贵宠幸。他长大以后，才知道自己的生父是霍中孺，但没来得及问讯。恰逢他被任为骠骑将军去征伐匈奴，路过河东郡，河东太守到郊外迎接，替他背负弓箭在前面开路，到达平阳驿馆，霍去病派小吏去迎接霍中孺，霍中孺快步进入驿馆拜谒，霍去病相迎拜见，于是跪下，说道："去病早先不知道自己是父亲大人的血脉啊。"霍中孺也伏地叩头，说道："老臣我的命运能托付给将军，这是上天的力量在起作用啊！"霍去病替霍中孺大量购买土地、宅第和奴婢，然后离去。待出征返回，又拜访霍中孺，于是带上霍光西去长安。当时霍光只有十几岁，被任为郎，渐提拔为诸曹、侍中。霍去病死后，霍光任奉车都尉、光禄大夫，皇帝出行，他随车护卫，皇帝入宫，则在宫中侍奉左右，他出入宫禁二十多年，小心谨慎，从没有任何过失，很受汉武帝的喜爱信任。

［原文］

征和二年，卫太子为江充所败，而燕王旦、广陵王胥皆多过失。是时，上年老，宠姬钩弋(yì)赵倢(jié)伃(yú)有男，上心欲以为嗣，命大臣辅之。察群臣唯光任大重，可属社稷。上乃使黄门画者画周公负成王朝诸侯以赐光。后元二年春，上游五柞(zhà)宫，病笃(dǔ)，光涕泣问曰："如有不讳，谁当嗣者？"上曰："君未谕(yù)前画意邪？立少子，君行周公之事。"光顿首让曰："臣不如金日磾(dī)。"日磾亦曰："臣外国人，不如光。"上以光为大司马大将军，日磾为车骑将军，及太仆上官桀(jié)为左将军，搜粟(sù)都尉桑弘羊为御史大夫，皆拜卧内床下，受遗诏辅少主。明日，武帝崩(bēng)，太子袭尊号，是为孝昭皇帝。帝年八岁，政事一决于光。

钩弋夫人

［译文］

征和二年（前91年），卫太子刘据被江充诬陷而毁败，同时燕王刘旦、广陵王刘胥都犯有许多过失。这时汉武帝已年老，所宠幸的爱姬钩弋宫赵倢伃生下男孩，武帝想立他为继承人，而派大臣来辅佐他。汉武帝考察诸大臣，只有霍光能担此重任，可将国家托付给他。于是武帝令黄门画工绘制周公背负周成王朝会诸侯的图画赐给霍光。后元二年（前87年）春天，汉武帝巡游五柞宫，病得很重，霍光哭泣流泪，问道："陛下如果有什么不测的话，该让谁来继承皇位？”武帝说：“你不明白以前那幅画的用意吗？立小儿子为帝，你来履行周公的责任。”霍光叩头推辞说：“臣下我不如金日磾。”金日磾也说：“臣下我是外国人，不如霍光。”武帝任命霍光为大司马大将军，金日磾为车骑将军，另外太仆上官桀为左将军，搜粟都尉桑弘羊为御史大夫，都在武帝卧室的病床前拜职受官，接受遗诏，辅佐少主。第二天，武帝去世，太子刘弗陵继承皇位，这就是孝昭皇帝。昭帝当时才八岁，国家政事都由霍光一人决定。

周公

周公是西周的开国功臣，武王去世后，辅佐年幼的成王，兢兢业业，巩固了周政权。武帝视霍光为周公，可见对其期望之高。

［原文］

先是，后元年，侍(shì)中仆射(yè)莽何罗与弟重合侯通谋为逆，时，光与金日磾(dī)、上官桀(jié)等共诛之，功未录。武帝病，封玺书曰：“帝崩发书以从事。”遗诏封金日磾为秺(dù)侯，上官桀为安阳侯，光为博陆侯，皆以前捕反者功封。时，卫尉王莽子男忽侍中，扬语曰：“帝崩，忽常在左右，安得遗诏封三子事！群儿自相贵耳。”光闻之，切让王莽，莽鸩(zhèn)杀忽。

［译文］

在此之前，汉武帝后元元年（前88年），侍中仆射莽何罗与弟弟重合侯莽通阴谋叛乱，当时霍光和金日磾、上官桀等人一起诛灭莽何罗兄弟，但当时没有论功行赏。后来武帝病重，密封一道加盖玺印的诏书，书中说：“皇帝去世后，打开诏书照办。”遗诏封金日磾为秺侯，上官桀为安阳侯，霍光为博陆侯，都是因为以前捕杀谋反者的功劳而受封。当时卫尉王莽的儿子王忽在宫中侍奉皇上，他扬言：“皇帝去世时，我曾在他身边，哪有什么遗诏封拜三人这回事！全是这些人互相抬高身价罢了。”霍光听到这话，严厉责备王莽，王莽便用毒酒杀死他的儿子王忽。

［原文］

光为人沉静详审，长财七尺三寸，白皙(xī)，疏眉目，美须髯(rán)。每出入下殿门，止进有常处，郎仆射(yè)窃识视之，不失尺寸，其资性端正如此。初辅幼主，政自己出，天下想闻其风采。殿中尝有怪，一夜群臣相惊，光召尚符玺(xǐ)郎，郎不肯授光。光欲夺之，郎按剑曰：

“臣头可得，玺不可得也！”光甚谊之。明日，诏增此郎秩二等。众庶(shù)莫不多光。

［译文］

霍光为人沉着缜密，身高才七尺三寸，皮肤白皙，眉目疏朗，蓄有漂亮的胡须，每次出入宫中或下殿出门，站立和行走，都有固定的路线和地点，郎仆射暗中观察，居然每次都尺寸丝毫不差，他秉性端正就是这样。他起初辅佐年幼的君主，国家大事由他来决定，天下人都想一睹他的风采。宫殿中曾经出现怪异，有一天夜里群臣互相惊扰，霍光召见保管玺印的尚符玺郎，这位尚符玺郎不肯把玺印交给霍光。霍光想夺取，这位郎官手按宝剑，说道:“我的脑袋你可以取走，但皇帝的玺印你是得不到的。”霍光认为他做得很对。第二天，皇帝下诏书给这位郎官连增二级俸禄。众百姓没人不因此称赞霍光。

［原文］

光与左将军桀(jié)结婚相亲，光长女为桀子安妻。有女年与帝相配，桀因帝姊(zǐ)鄂(è)邑盖主内安女后宫为倢(jié)伃(yú)，数月立为皇后。父安为票骑(jì)将军，封桑乐侯。光时休沐(mù)出，桀辄入代光决事。桀父子既尊盛，而德长公主。公主内行不修，近幸河间丁外人。桀、安欲为外人求封，幸依国家故事以列侯尚公主者，光不许。又为外人求光禄大夫，欲令得召见，又不许。长主大以是怨光。而桀、安数为外人求官爵弗能得，亦惭。自先帝时，桀已为九卿，位在光右。及父子并为将军，有椒(jiāo)房中宫之重，皇后亲安女，光乃其外祖，而顾专制朝事，繇(yóu)是与光争权。

霍光

［译文］

霍光与上将军上官桀结为儿女亲家，关系亲密，霍光的长女嫁给上官桀的儿子上官安为妻。上官安的女儿年龄与昭帝年龄相当，上官桀通过昭帝的姐姐鄂邑盖主的关系，收纳上官安的女儿入宫为倢伃，几个月后被立为皇后。皇后的父亲上官安任骠骑将军，封为桑乐侯。霍光时常休假出宫，上官桀就入宫代替霍光裁决政事。上官桀父子位尊势盛之后，很感激鄂邑盖长公主。公主私生活不检点，宠爱河间的丁外人。上官桀、上官安想为丁外人请求封爵，想援引以列侯配公主的旧例，为丁外人求列侯的封爵，霍光不准许。又替丁外人请求光禄大夫之职，想让他得到昭帝的召见，霍光又不答应。鄂邑盖长公主因此大恨霍光。同时，上官桀、上官安多次为丁外人求爵求官不能如愿，也感到没有面子。在汉武帝时，上官桀已位居九卿，地位在霍光之上。后来上官父子同为将军，又有宫中皇后的重要关系，皇后是上官安的亲生女儿，霍光只不过是她的外祖父，却独揽朝政，因此上官父子与霍光开始争权夺利。

苏武牧羊

苏武出使匈奴，被扣押十九年，在北海牧羊为生。但苏武坚贞不屈，守节不降，终于归汉，被封为典属国。

［原文］

燕王旦自以昭帝兄，常怀怨望。及御史大夫桑弘羊建造酒榷（què）、盐铁，为国兴利，伐其功，欲为子弟得官，亦怨恨光。于是盖主、上官桀、安及弘羊皆与燕王旦通谋，诈（zhà）令人为燕王上书，言：“光出都肄（yì）郎羽林，道上称跸（bì），太官先置。”又引：“苏武前使匈奴，拘留二十年不降，还乃为典属国，而大将军长史敞亡功为搜粟都尉，又擅调益莫府校尉。光专权自恣（zì），疑有非常。臣旦愿归符玺（xǐ），入宿卫，察奸臣变。”候司光出沐（mù）日奏之。桀欲从中下其事，桑弘羊当与诸大臣共执退光。书奏，帝不肯下。

［译文］

燕王刘旦自以为是昭帝的兄长，因不能继皇位而一直心怀不满。同时御史大夫桑弘羊创立酒类盐铁的官府专卖制度，为国家开辟财源，夸耀自己的功劳，想为他的子弟谋求官职，未能如愿，也怨恨霍光。于是鄂邑盖长公主、上官桀、上官安和桑弘羊等人都和燕王刘旦共同密谋，让人冒名燕王上书，说霍光出宫统领郎官、羽林军进行操练，沿路像皇帝出行那样施行戒严，让掌管御膳的太官提前准备好饭菜。上书中又援引旧例，说：“苏武从前出使匈奴，被拘留二十年仍不投降，回汉朝以后只不过被任为典属国，但是大将军的长史杨敞没有任何功劳，却被任为搜粟都尉。霍光又擅自增加大将军府的校尉名额。霍光这样专权放肆，我怀疑他有非常的目的。臣下刘旦我情愿交回封王的符节、印玺，入朝担任皇帝的警卫，监视奸臣的举动。”上官桀等人准备乘霍光出宫休假之日上奏皇帝。上官桀将从宫中把这件

事下移给有关部门处治，桑弘羊届时将和诸大臣一起拘捕霍光，将他逐出朝廷。这封书信呈上去后，昭帝不肯下发。

［原文］

明旦，光闻之，止画室中不入。上问："大将军安在？"左将军桀(jié)对曰："以燕王告其罪，故不敢入。"有诏召大将军。光入，免冠顿首谢，上曰："将军冠。朕知是书诈也，将军亡罪。"光曰："陛下何以知之？"上曰："将军之广明都郎，属耳；调校尉以来未能十日，燕王何以得知之？且将军为非，不须校尉。"是时，帝年十四，尚书左右皆惊，而上书者果亡，捕之甚急，桀等惧，白上小事不足遂，上不听。

［译文］

第二天早晨，霍光听说此事，就留在画室中不肯入朝。皇上问："大将军在哪里？"左将军上官桀回答说："因为燕王揭发了他的罪过，所以不敢上朝。"昭帝下诏书召见大将军。霍光入朝，脱下帽子叩头请罪，昭帝说："大将军戴上帽子。朕知道这封书信是伪造的，大将军没有罪过。"霍光说："陛下是怎么知道的？"昭帝说："大将军到广明亭集合郎官只是近日的事情，调动校尉到现在也不到十天，远在燕地的燕王怎么能这么快知道？况且大将军若想做非法之事，也不须要校尉。"这时昭帝才十四岁，尚书和左右大臣听了这话都大为吃惊。这时上书的人果然逃亡，朝廷搜捕十分紧急，上官桀等人却怕了，禀报皇上说这等小事不必深究，皇上不听从。

［原文］

后桀党与有谮(zèn)光者，上辄(zhé)怒曰："大将军忠臣，先帝所属以辅朕身，敢有毁者坐之。"自是桀等不敢复言，乃谋令长公主置酒请光，伏兵格杀之，因废帝，迎立燕王为天子。事发觉，光尽诛桀、安、弘羊、外人宗族。燕王、盖主皆自杀。光威震海内。昭帝既冠，遂委任光，讫十三年，百姓充实，四夷宾服。

［译文］

后来上官桀的同党凡是说霍光坏话的，昭帝便发怒，说道："大将军是忠臣，是先帝托付来辅佐朕的，谁胆敢诽谤他，就治罪不赦。"从此上官桀等人不敢说什么。于是他们密谋，让鄂邑盖长公主出面置办酒席，宴请霍光，埋下伏兵准备击杀霍光，并趁机废黜昭帝，迎立燕王刘旦为天子。阴谋被发觉后，霍光将上官桀、上官安、桑弘羊、丁外人及其家族全部诛灭。燕王刘旦、鄂邑盖长公主都自杀而死。霍光的威严震慑天下。昭帝成年后，委任霍光执政，长达十三年，在此期间，百姓生活充裕，四方各族称臣归服。

[原文]

明辨诈书

霍光权倾朝野，自然惹人嫉恨，昭帝对诬陷霍光谋反的文书不相信，体现了君臣之间的信任。

元平元年，昭帝崩，亡嗣(sì)。武帝六男独有广陵王胥在，群臣议所立，咸持广陵王。王本以行失道，先帝所不用。光内不自安。郎有上书言："周太王废太伯立王季，文王舍伯邑考立武王，唯在所宜，虽废长立少可也。广陵王不可以承宗庙。"言合光意。光以其书视丞相敞等，擢郎为九江太守，即日承皇太后诏，遣行大鸿胪(lú)事少府乐成、宗正德、光禄大夫吉、中郎将利汉迎昌邑王贺。

[译文]

元平元年（前74年），昭帝去世，他没有后嗣。汉武帝有六个儿子，这时只有广陵王刘胥在世，群臣商议继位的人选，大臣们都主张立广陵王刘胥。广陵王刘胥本来因行为无道，汉武帝不重用他。霍光为此内心不安。有个郎官上书说："周太王废掉太伯立王季为帝，周文王摒弃伯夷考而立周武王，只要选择人得当，即使是废黜长子立少子为帝，也是可以的。广陵王刘胥不可承继国家社稷的大任。"这些话正合乎霍光的心意。霍光拿这封书信给丞相杨敞等人看，并把这位郎官提拔为九江郡太守。当天霍光便秉承皇太后的诏旨，派遣代理大鸿胪职务的少府乐成、宗正刘德、光禄大夫丙吉、中郎将利汉去迎接昌邑王刘贺。

[原文]

贺者，武帝孙，昌邑哀王子也。既至，即位，行淫乱。光忧懑(mèn)，独以问所亲故吏大司农田延年。延年曰："将军为国柱石，审此人不可，何不建白太后，更选贤而立之？"光曰："今欲如是，于古尝有此否？"延年曰："伊尹相殷，废太甲以安宗庙，后世称其忠。将军若能行此，亦汉之伊尹也。"光乃引延年给事中，阴与车骑将军张安世图计，遂召丞相、御史、将军、列侯、中二千石、大夫、博士会议未央宫。光曰："昌邑王行昏乱，恐危社稷，如何？"群臣皆惊鄂(è)失

周武王

周武王是西周的开国君主，但他不是周文王的长子。霍光等人引用古人的例子，为自己拥立皇帝的行为寻找合法性的解释。

色，莫敢发言，但唯唯而已。田延年前，离席按剑，曰：“先帝属将军以幼孤，寄将军以天下，以将军忠贤能安刘氏也。今群下鼎沸，社稷将倾，且汉之传谥(shì)常为孝者，以长有天下，令宗庙血食也。如令汉家绝祀，将军虽死，何面目见先帝于地下乎？今日之议，不得旋踵(zhǒng)。群臣后应者，臣请剑斩之。”光谢曰：“九卿责光是也。天下匈匈不安，光当受难。”于是议者皆叩头，曰：“万姓之命在于将军，唯大将军令。”

［译文］

刘贺是汉武帝的孙子，昌邑哀王刘髆的儿子。刘贺至长安后，即皇帝位，但他却肆意淫乱。霍光为此忧愁愤懑，独自去询问以前的亲信吏员现任大司农的田延年。田延年说：“大将军您作为国家的柱石，既然明知此人不行，为什么不奏明太后，另外选择贤能的宗室立他为帝呢？”霍光说：“现在我正想这么做，不知古代是否有这样的事例？”田延年说：“伊尹任殷朝的丞相，废黜殷王太甲来安定国家，后代人称道他忠诚。大将军您能这么做，那就是汉朝的伊尹啊。”霍光于是推荐田延年到宫中任职，暗中和车骑将军张安世策划大事，于是把丞相、御史、将军、列侯以及中二千石级的官员、大夫、博士等人召集到未央宫，共同商议。霍光说：“昌邑王刘贺行为昏庸淫乱，恐怕会危及国家，怎么办呢？”群臣都大惊失色，没人敢说话，只唯唯诺诺罢了。田延年离席上前手按长剑，说道：“先帝把年幼的孤儿托付给大将军，同时也把汉朝的江山交给大将军，因为大将军忠诚贤能能够安定刘氏天下。如今群臣百姓人心惶惶，国家面临倾覆。况且汉朝皇帝的谥号之所以常常冠以‘孝’字，是为了长久地拥有天下，使宗庙得到祭祀。如果听任汉朝后继无人，大将军您即使死去，又有什么脸面在九泉之下面见先帝呢？现在议论此事，不得拖延，群臣之中有谁敢迟迟不表态的，我请求用这把剑杀了他。”霍光谢罪，说道：“九卿大臣责问我是对的，现在天下骚动不安，我霍光应该受到责难。”于是参加议论的人都俯身叩头，说道：“天下万民的性命都维系在大将军身上，一切听从大将军的命令。”

［原文］

光即与群臣俱见白太后，具陈昌邑王不可以承宗庙状。皇太后

乃车驾幸未央承明殿，诏诸禁门毋(wú)内昌邑群臣。王入朝太后还，乘辇(niǎn)欲归温室，中黄门宦者各持门扇，王入，门闭，昌邑群臣不得入。王曰：“何为？”大将军跪曰：“有皇太后诏，毋内昌邑群臣。”王曰：“徐之，何乃惊人如是！”光使尽驱出昌邑群臣，置金马门外。车骑将军安世将羽林骑收缚(fù)二百余人，皆送廷尉诏狱。令故昭帝侍中中臣侍守王。光敕(chì)左右：“谨宿卫，卒有物故自裁，令我负天下，有杀主名。”王尚未自知当废，谓左右：“我故群臣从官安得罪，而大将军尽系之乎？”顷之，有太后诏召王，王闻召，意恐，乃曰：“我安得罪而召我哉！”太后被珠襦(rú)，盛服坐武帐中，侍御数百人皆持兵，期门武士陛戟，陈列殿下。群臣以次上殿，召昌邑王伏前听诏。光与群臣连名奏王，尚书令读奏曰：

［译文］

霍光当即和群臣一起去谒见皇太后，向皇太后禀报，一一陈述昌邑王不能继承皇位的情状。皇太后于是乘车来到未央宫承明殿，下令各个宫门禁卫不得放进昌邑国的群臣。昌邑王入殿朝见皇太后完毕返回，乘坐辇车准备回温室殿，中黄门宦官各自手把门扇，昌邑王进门，宫门马上关闭，昌邑国的群臣不得入内。昌邑王说：“你们要干什么？”大将军霍光跪下回答：“这里有皇太后的诏书，昌邑国群臣不许进去。”昌邑王说：“慢点，何必这样惊吓人。”霍光派人把昌邑王的群臣全部驱逐出去，把他们安置在金马门外。车骑将军张安世率领羽林骑兵拘捕捆绑了二百多人，全部押送至廷尉诏狱。命令原昭帝时担任侍中的宦官看守昌邑王。霍光严令身边的人：“小心看守，倘若他突然死去或自杀，就会使我辜负了天下的人，背上杀主的名声。”昌邑王还不知自己将被废黜，对他身边的人说：“我原来的群臣和随从官员有什么罪，而大将军要把他们全部关押起来！”不久，有太后的诏令召见昌邑王，昌邑王听说召见他，心里惊恐，便说：“我什么地方犯了罪而召见我。”皇太后身披珍珠缀饰的短袄，全身盛装坐在陈列着兵器的帷帐中，侍卫数百人都手持兵器，期门武士执戟

苏武

赵充国

守卫着，排列在殿下。群臣依次上殿，太后召见昌邑王，让他俯身在太后面前，听宣诏旨。霍光与群臣联名奏劾昌邑王，尚书令宣读奏章，说道：

［原文］

“丞相臣敞、大司马大将军臣光、车骑将军臣安世、度辽将军臣明友、前将军臣增、后将军臣充国、御史大夫臣谊、宜春侯臣谭、当涂侯臣圣、随桃侯臣昌乐、杜侯臣屠耆堂、太仆臣延年、太常臣昌、大司农臣延年、宗正臣德、少府臣乐成、廷尉臣光、执金吾臣延寿、大鸿胪臣贤、左冯翊臣广明、右扶风臣德、长信少府臣嘉、典属国臣武、京辅都尉臣广汉、司隶校尉臣辟兵、诸吏文学光禄大夫臣迁、臣畸、臣吉、臣赐、臣管、臣胜、臣梁、臣长幸、臣夏侯胜、太中大夫臣德、臣印昧死言皇太后陛下：臣敞等顿首死罪。天子所以永保宗庙总一海内者，以慈孝、礼谊、赏罚为本。孝昭皇帝早弃天下，亡嗣，臣敞等议，礼曰‘为人后者为之子也’，昌邑王宜嗣后，遣宗正、大鸿胪、光禄大夫奉节使征昌邑王典丧。服斩缞，亡悲哀之心，废礼谊，居道上不素食，使从官略女子载衣车，内所居传舍。始至谒见，立为皇太子，常私买鸡豚以食。受皇帝信玺、行玺大行前，就次发玺不封。从官更持节，引内昌邑从官驺宰官奴二百余人，常与居禁闼内敖戏。自之符玺取节十六，朝暮临，令从官更持节从。为书曰：‘皇帝问侍中君卿：使中御府令高昌奉黄金千斤，赐君卿取十妻。’大行在前殿，发乐府乐器，引内昌邑乐人，击鼓歌吹作俳倡。会下还，上前殿，击钟磬，召内泰一宗庙乐人辇道牟首，鼓吹歌舞，悉奏众乐。发长安厨三太牢具祠阁室中，祀已，与从官饮啖。驾法驾，皮轩鸾旗，驱驰北宫、桂宫，弄彘斗虎。召皇太后御小马车，使官奴骑乘，游戏掖庭中。与孝昭皇帝宫人蒙等淫乱，诏掖庭令敢泄言要斩。”

［译文］

“丞相臣杨敞、大司马大将军臣霍光、车骑将军臣张安世、度辽将军臣范明友、前将军臣韩增、后将军臣赵充国、御史大夫臣蔡谊、宜春侯臣王谭、当涂侯臣魏圣、随桃侯臣赵昌乐、杜侯臣屠耆堂、太仆臣杜延年、太常臣苏昌、大司农臣田延年、宗正臣刘德、少府臣史乐成、廷尉臣李光、执金吾臣李延寿、大鸿胪臣韦贤、左冯翊臣田广明、右扶风臣周德、长信少府臣傅嘉、典属国臣苏武、京辅都尉臣赵广汉、司隶校尉臣辟兵、诸吏文学光禄大夫臣王迁、臣宋畸、臣景吉、臣赐、臣管、臣胜、臣梁、臣长幸、臣复侯胜、太中大夫臣德、臣赵卬，冒死罪禀报皇太后陛下：臣杨敞等叩头死罪。天子是永保国家、统一天下的人，以慈孝、礼义、赏罚为治国之本。孝昭皇帝过早地去世，没有后嗣，臣杨敞等商议，《礼经》上说：‘作他人后嗣的，就是他人的儿子。’昌邑王理应作孝昭皇帝的继承人，于是派遣宗正、大鸿胪、光禄大夫持符节征召昌邑王来京主持昭帝的丧事。他虽然穿上孝子的丧服，却没有悲痛之心。他废弃礼仪，在进京路上不肯按规定吃素食，派随从官吏掠夺妇女载上车子，送入他所留宿的驿馆。初至京城谒见皇太后，被立为皇太子，却时常买鸡肉、猪肉吃。他在昭帝的灵柩前接受皇帝的信玺、行玺，到了他的住处打开玺盒不再封上。他的随从官员轮流手持符节，带领昌邑王国的从官、马官、官奴二百多人，经常在宫禁中肆意戏耍。他亲自到保管符节的官署取走符节十六根，早晚哭祭时，他让从官轮流持节跟随。并且写信说：‘皇帝问候侍中君卿：现派中御府令高昌奉送黄金一千斤，赏赐你娶十个妻子。’孝昭皇帝的灵柩还停放在前殿，他就取出乐府的乐器，招来昌邑国的乐工，吹吹打打，边歌边唱，装扮演戏。下葬回来，不回居丧处，径上前殿，并且敲击钟磬，招来泰一庙和宗庙的乐工，沿着辇道直至牟首池，吹吹打打，载歌载舞，演奏各种乐曲。从长安厨调出三副太牢祭品，在阁道侧室中祭祀淫邪之神，祭罢，便和他的随从官员大吃大喝。驾着皇帝出行的专用车，车上镶着虎皮，插着鸾旗，奔驰到北宫、桂宫，玩野猪，斗猛虎。他又调来皇太后用的小马车，让官奴骑马乘车，在后宫游戏。他还和孝昭皇帝的宫人蒙等淫乱，并命令掖庭令说：谁敢泄露出去就将谁腰斩。”

［原文］

太后曰：“止！为人臣子当悖(bèi)乱如是邪！”王离席伏。尚书令复读曰：

“取诸侯王、列侯、二千石绶(shòu)及墨绶、黄绶以并佩昌邑郎官者免奴。变易节上黄旄(máo)以赤。发御府金钱、刀剑、玉器、采缯，赏赐所与游戏者。与从官、官奴夜饮，湛沔(miǎn)于酒。诏太官上乘舆(yú)食如故。食监奏未释服未可御故食，复诏太官趣具，无关食监。太官不敢具，即使从官出买鸡豚(tún)，诏殿门内，以为常。独夜设九宾温室，延见姊(zǐ)夫昌邑关内侯。祖宗庙祠未举，为玺书使使者持节，以三太牢祠昌

汉文帝亲尝汤药

汉文帝是个孝子，母亲薄太后患病期间，文帝侍候母亲时，亲自尝药，然后再给母亲喂药。

邑哀王园庙，称嗣子皇帝。受玺以来二十七日，使者旁午，持节诏诸官署征发，凡千一百二十七事。文学、光禄大夫夏侯胜等及侍中傅嘉数进谏以过失，使人簿责胜，缚嘉系狱。荒淫迷惑，失帝王礼谊，乱汉制度。臣敞等数进谏，不变更，日以益甚，恐危社稷，天下不安。

［译文］

太后说："先停一下，做他人臣子的能这样悖逆乖乱吗？"昌邑王离开席位，跪伏在地上。尚书令接着宣读：

"昌邑王把诸侯王、列侯、二千石官员的绶带以及黑色绶带、黄色绶带取来，交给昌邑王国的郎官、免放为良人的奴隶佩戴。将符节上的黄旄改为红旄。又调发皇家府库中的金钱、刀剑、玉器、彩绸，赏赐给参与游戏的人。和他的从官、官奴连夜长饮，沉溺于酒中。他下令太官呈上皇帝平时的御膳。食监报告说：没有除去丧服不可以进用平时的御膳，他再次向太官下令，赶快准备御膳，不要告诉食监。太官不敢准备，他就派他的从官出宫购买鸡、猪，命令宫殿门卫放行，以此作为常例。他夜间独自在温室中设九宾的礼仪，接见他的姐夫昌邑关内侯。皇帝的先祖列宗的宗庙祭祀还没有举行，他就下令使者手持符节，用三副太牢的祭品去祭祀他的生父昌邑哀王的陵庙，并自称嗣子皇帝云云。他接受传国印玺以来，不过二十七天，使者四出，手持符节向各官署下令征调财物，共有一千一百二十七起。文学光禄大夫夏侯胜等人及侍中傅嘉，对他的过失多次进谏，他派人斥责夏侯胜，将傅嘉捆绑关进监狱。他这样荒淫昏乱，丧失了帝王的体统，破坏了汉朝的制度。臣杨敞等人多次进谏，却没有任何改变，且日甚一日，臣等担心这样会危害国家，导致天下不安。

［原文］

"臣敞等谨与博士臣霸、臣隽(jùn)舍、臣德、臣虞舍、臣射、臣仓议，皆曰：'高皇帝建功业为汉太祖，孝文皇帝慈仁节俭为太宗，今陛下嗣孝昭皇帝后，行淫辟不轨。《诗》云："籍曰未知，亦既抱子。"五辟之属，莫大不孝。周襄王不能事母，《春秋》曰"天王出居于郑"，繇(yóu)不孝出之，绝之于天下也。宗庙重于君，陛下未见命高庙，不可以

承天序，奉祖宗庙，子万姓，当废。’臣请有司御史大夫臣谊、宗正臣德、太常臣昌与太祝以一太牢具，告祠高庙。臣敞等昧死以闻。”

[译文]

“臣杨敞等人慎重地和博士臣孔霸、臣隽舍、臣德、臣虞舍、臣射、臣仓商议，众人一致说：‘高皇帝创立帝业，庙号为汉太祖，孝文皇帝仁慈节俭，庙号为太宗，现在陛下是继嗣昭帝之后，行为淫邪不轨。《诗经》上说：“若说年幼无知，已经长大有子。”五刑的罪名，没有比不孝更重的。周襄王不侍奉母亲，所以《春秋》上说：“天王出居于郑。”因为他不孝，被逐出京城，自绝于天下。宗庙重于君主，陛下还没有去高庙祭祀承受大命，就不能秉承天意，侍奉祖宗宗庙，治理天下万民，应该废黜。’臣请求有关部门的官员御史大夫臣蔡谊、宗正臣刘德、太常臣苏昌与太祝准备一副太牢祭品，举行告庙礼，禀报高庙。臣杨敞等人冒死奏上。”

[原文]

皇太后诏曰：“可。”光令王起拜受诏，王曰：“闻天子有争臣七人，虽无道不失天下。”光曰：“皇太后诏废，安得天子！”乃即持其手，解脱其玺(xǐ)组，奉上太后，扶王下殿，出金马门，群臣随送。王西面拜，曰：“愚 戆(zhuàng) 不任汉事。”起就乘舆副车。大将军光送至昌邑邸，光谢曰：“王行自绝于天，臣等驽怯(nú qiè)，不能杀身报德。臣宁负王，不敢负社稷。愿王自爱，臣长不复见左右。”光涕泣而去。群臣奏言：“古者废放之人屏于远方，不及以政，请徙王贺汉中房陵县。”太后诏归贺昌邑，赐汤沐(mù)邑二千户。昌邑群臣坐亡辅导之谊，陷王于恶，光悉诛杀二百余人。出死，号呼市中曰：“当断不断，反受其乱。”

[译文]

皇太后下诏书说：“准奏。”霍光让昌邑王起身拜受诏书，昌邑王说：“我听说天子只要有诤谏之臣七人，即使行为无道，也不会失去天下。”霍光说：“皇太后已经下诏书将你废黜，哪还能自称天子！”于是霍光就抓住他的手，解下他身佩的印玺绶带，捧上交给皇太后。然后搀扶昌邑王下承明殿，走出金马门，群臣相随送出。昌邑王面向西跪拜，说道：“我愚蠢戆笨，不能胜任汉朝的大业。”起身乘上皇帝的副车而去。大将军霍光把他送到昌邑王在京的官邸，霍光告辞说：“大王您的行为自绝于天，臣等怯懦无能，不能杀身来报答您的恩德。臣下宁可辜负您，不敢辜负国家。希望大王自爱，臣下再也不会见到您了。”霍光哭泣流泪而去。群臣向皇太后上奏说：“古代把被废黜放逐的人弃置于远方，使他不能参与政事，臣等请求把昌邑王迁至汉中郡房陵县。”皇太后下诏，令昌邑王刘贺回归昌邑，并赐给食邑二千户。昌邑王的群臣因有失辅导之责，致使王陷于邪恶，霍光把昌邑王的从官

二百多人全部杀死。这些人出狱赴刑，在闹市区大声喊叫："当断不断，反受其乱。"

［原文］

光坐庭中，会丞相以下议定所立。广陵王已前不用，及燕刺(là)王反诛，其子不在议中。近亲唯有卫太子孙号皇曾孙在民间，咸称述焉。光遂复与丞相敞等上奏曰："《礼》曰：'人道亲亲故尊祖，尊祖故敬宗。'大宗亡嗣(sì)，择支子孙贤者为嗣。孝武皇帝曾孙病已，武帝时有诏掖庭养视，至今年十八，师受《诗》《论语》《孝经》，躬行节俭，慈仁爱人，可以嗣孝昭皇帝后，奉承祖宗庙，子万姓。臣昧(mèi)死以闻。"皇太后诏曰："可。"光遣宗正刘德至曾孙家尚冠里，洗沐赐御衣，太仆以軨(líng)猎车迎曾孙就斋宗正府，入未央宫见皇太后，封为阳武侯。已而光奉上皇帝玺绶(xǐ shòu)，谒(yè)于高庙，是为孝宣皇帝。明年，下诏曰："夫褒有德，赏元功，古今通谊也。大司马、大将军光宿卫忠正，宣德明恩，守节秉谊，以安宗庙。其以河北、东武阳益封光万七千户。"与故所食凡二万户。赏赐前后黄金七千斤，钱六千万，杂缯(zēng)三万匹，奴婢百七十人，马二千匹，甲第一区。

［译文］

霍光坐在殿庭中，会同丞相以下的官员商议新帝人选。广陵王刘胥在武帝时已不受重用，燕刺王刘旦因谋反被杀，他的儿子也不在选择的范围之内。近支亲属只有卫太子的孙子号称皇曾孙的，身在民间，众人一致称道。霍光于是又和丞相杨敞等人上奏说："《礼经》上说，为人之道在于热爱亲人，所以才尊崇祖先，尊崇祖先，所以敬重大宗。大宗没有后代，就选择旁支子孙中贤能的人为后嗣。孝武皇帝的曾孙刘病已，武帝时曾下诏书令掖庭抚养照看，他今年十八岁，他从师学习《诗经》《论语》《孝经》，履行节俭，仁慈爱人，可以继孝昭皇帝为后，奉祀祖先宗庙，治理万民。臣下冒死奏闻。"皇太后下诏书说："准奏。"霍光派遣宗正刘德赴曾孙家尚冠里，请他洗浴并赐给御衣，太仆用軨猎车迎接曾孙至宗正府斋戒，然后入未央宫谒见皇太后，被封为阳武侯。不大一会儿，霍光捧上皇帝的印玺绶带，陪曾孙去高庙拜祭高祖，这就是孝宣皇帝。第二年，皇帝下诏书说："褒扬有道德的人，奖赏有首功的人，这是古今通行的道义。大司马大将军霍光，在宫中护卫皇上，忠诚正直，宣扬主上的圣德，彰明朝廷的恩泽，坚守节操，主持正义，来安定汉家天下。现将河北、东武阳一万七千户加封给霍光。"加上原来的封邑，共二万户。前后赏赐黄金七千斤，钱六千万，各色彩缯三万匹，奴婢一百七十人，马二千匹，豪华住宅一所。

[原文]

自昭帝时，光子禹及兄孙云皆中郎将，云弟山奉车都尉、侍中，领胡越兵。光两女婿为东西宫卫尉，昆弟诸婿外孙皆奉朝请，为诸曹大夫、骑都尉、给事中。党亲连体，根据于朝廷。光自后元秉持万机，及上即位，乃归政。上谦让不受，诸事皆先关白光，然后奏御天子。光每朝见，上虚己敛容，礼下之已甚。

汉宣帝刘询

[译文]

从汉昭帝时起，霍光的儿子霍禹以及霍光哥哥的孙子霍云都任职中郎将，霍云的弟弟霍山任奉车都尉、侍中，统领胡越骑兵。霍光的两个女婿分别任东、西宫卫尉，他兄弟的诸女婿以及外孙都任奉朝请或诸曹大夫、骑都尉、给事中等职。他的族人亲戚连成一体，在朝廷中盘根错节。霍光从武帝后元年间主持朝政，至宣帝即位，才归还朝政大权。宣帝谦让不接受，各种政务都首先报告霍光，然后才呈奏天子。霍光每次朝见，宣帝都虚心礼让，满面虔诚，对他谦恭得也太过分了。

[原文]

光秉政前后二十年，地节二年春病笃，车驾自临问光病，上为之涕泣。光上书谢恩曰："愿分国邑三千户，以封兄孙奉车都尉山为列侯，奉兄票骑将军去病祀。"事下丞相、御史，即日拜光子禹为右将军。

[译文]

霍光主持朝政前后达二十年，宣帝地节二年（前68年）春天，霍光病重，皇帝亲自到霍光家中探视病情，皇帝为之哭泣流泪。霍光上书谢恩，说道："希望分出我的封邑三千户，用来封我哥哥的孙子奉车都尉霍山为列侯，以奉祀我哥哥骠骑将军霍去病。"此事交丞相、御史大夫办理，当日就封拜霍光的儿子霍禹为右将军。

[原文]

光薨（hōng），上及皇太后亲临光丧。太中大夫任宣与侍御史五人持节护丧事。中二千石治莫府冢（zhǒng）上。赐金钱、缯絮（zēng xù）、绣被百领，衣五十箧（qiè），

璧珠玑玉衣，梓宫、便房、黄肠题凑各一具，枞(cōng)木外臧椁(guǒ)十五具。东园温明，皆如乘舆制度。载光尸柩以辒辌(wēn liáng)车，黄屋左纛(dào)，发材官轻车北军五校士军陈至茂陵，以送其葬。谥(shì)曰宣成侯。发三河卒穿复土，起冢祠堂。置园邑三百家，长丞奉守如旧法。

［译文］

霍光去世，皇帝和皇太后亲自去吊唁祭奠。太中大夫任宣与侍御史五人持节料理丧事。中二千石的大臣在墓地设置帷帐守护。宣帝赏赐金钱、缯帛丝絮以及绣花锦被一百条，衣服五十箱，金缕玉衣，棺椁，便房，黄肠题凑各一具，随葬的枞木棺椁十五具。另外还有东园制造的温明秘器，一切都同于皇帝的丧葬规格。用辒辌车运送霍光的灵柩，车上用黄缎铺盖，辕左插上羽毛装饰的大旗，调动材官、轻车、北军五校士兵列队直达茂陵，来为霍光送葬。赠谥号为宣成侯。征发河东、河南、河内三郡的士兵开挖墓穴，起盖陵墓祠堂。设置陵园邑和三百家守坟户，以及长史、丞掾如霍光生前一样侍奉守护陵园。

［原文］

既葬，封山为乐平侯，以奉车都尉领尚书事。天子思光功德，下诏曰："故大司马、大将军、博陆侯宿卫孝武皇帝三十有余年，辅孝昭皇帝十有余年，遭大难，躬秉谊，率三公、九卿、大夫定万世册，以安社稷，天下蒸庶(shù)咸以康宁。功德茂盛，朕甚嘉之。复其后世，畴其爵邑，世世无有所与，功如萧相国。"明年夏，封太子外祖父许广汉为平恩侯。复下诏曰："宣成侯光宿卫忠正，勤劳国家，善善及后世，其封光兄孙中郎将云为冠阳侯。"

［译文］

安葬了霍光之后，封霍山为乐平侯，以奉车都尉的身份统领尚书事务。皇帝思念霍光的功德，下诏书说："已故大司马、大将军、博陆侯，在宫中护卫孝武皇帝三十多年，辅佐孝昭皇帝十多年，遭遇重大变故，挺身执仗正义，率领三公九卿大夫定万年大计以安定国家，天下百姓都能享受安康太平。功德卓著，朕十分嘉许。免除他后世子孙的徭役，他的封爵和食邑，世世代代不变动，他的功劳与萧相国等同。"第二年夏天，封太子的外祖父许广汉为平恩侯。又下诏书说："宣成侯霍光在宫中护卫皇上，忠诚正直，为国家辛勤操劳。褒奖善良应泽及后世，封霍光哥哥的孙子中郎将霍云为冠阳侯。"

［原文］

禹既嗣为博陆侯，太夫人显改光时所自造茔(yíng)制而侈大之。起三出阙，筑神道，北临昭灵，南出承恩，盛饰祠室，辇(niǎn)阁通属永巷，而

幽良人婢(bì)妾守之。广治第室，作乘舆(yú)辇，加画绣絪冯，黄金涂，韦絮荐轮，侍婢以五采丝輓(wǎn)显，游戏第中。初，光爱幸监奴冯子都，常与计事，及显寡居，与子都乱。而禹、山亦并缮治第宅，走马驰逐平乐馆。云当朝请，数称病私出，多从宾客，张围猎黄山苑中，使苍头奴上朝谒，莫敢谴者。而显及诸女，昼夜出入长信宫殿中，亡期度。

［译文］

霍禹继承爵位博陆侯之后，霍光之妻太夫人显改变霍光生前营造的墓制规模，而加以扩大。建起三座供出入的门阙，修筑墓道，北面至昭灵馆，南面到达承恩馆，大肆装修祠堂，辇车的专用阁道直通墓穴中的长巷，幽禁良家女子及婢女侍妾来守护。广建住宅，制造皇上才能乘坐的辇车，添加饰有绣花图案的坐垫，把手处涂上金粉，车轮用皮夹丝絮包裹，侍从婢女用五彩丝带牵动车子，载着显在宅第中游戏取乐。当初，霍光宠爱管家奴的冯子都，经常和他商议事情，显守寡以后，就与冯子都淫乱。霍禹、霍山也修建宅第，在平乐馆策马驱驰。逢到上朝日，霍云多次称病私下外出，随从众多宾客，在黄山苑张网打猎，而派他的奴仆代为上朝谒见皇帝，没有人敢责备他。显和她的几个女儿，不分昼夜出入于长信宫宫殿中，没有一定的时间和次数。

［原文］

宣帝自在民间闻知霍氏尊盛日久，内不能善。光薨(hōng)，上始躬亲朝政，御史大夫魏相给事中。显谓禹、云、山：“女曹不务奉大将军余业，今大夫给事中，他人一间，女能复自救邪？”后两家奴争道，霍氏奴入御史府，欲蹋大夫门，御史为叩头谢，乃去。人以谓霍氏，显等始知忧。会魏大夫为丞相，数燕见言事。平恩侯与侍中金安上等径出入省中。时，霍山自若领尚书，上令吏民得奏封事，不关尚书，群臣进见独往来，于是霍氏甚恶之。

［译文］

宣帝在民间时，就听说霍家的尊贵为时已久，心里感到不快。霍光死后，宣帝亲执朝政，御史大夫魏相在宫中侍奉。显对霍禹、霍云、霍山说：“你们不努力承继大将军的未完成的遗业，如今御史大夫在宫中任职，只要别人一加挑拨离间，你们还能保住自己吗？”后来霍、魏两家的奴仆为行路发生争执，霍家的奴仆追入御史府，要踢坏御史大夫居室的门，御史出面向他们叩头请罪，他们才离去。有人告知霍家，显等才开始忧惧。后来御史大夫魏相担任丞相，皇帝在闲暇时多次召见魏相谈论政事，平恩侯许广汉和侍中金安上等人也可以直接出入宫禁。当时霍山虽然仍兼任尚书职务，但宣帝下令百官吏民可密封奏章上报，不必通过尚书，群臣进见

皇帝，可以独自往来，也不必由尚书荐引，因此霍家感到厌恶。

［原文］

宣帝始立，立微时许妃为皇后。显爱小女成君，欲贵之，私使乳医淳于衍(yǎn)行毒药杀许后，因劝光内成君，代立为后，语在《外戚传》。始，许后暴崩，吏捕诸医，劾衍侍疾亡状不道，下狱。吏簿问急，显恐事败，即具以实语光。光大惊，欲自发举，不忍，犹与。会奏上，因署衍勿论。光薨后，语稍泄。于是上始闻之而未察，乃徙光女婿度辽将军、未央卫尉、平陵侯范明友为光禄勋，次婿诸吏中郎将、羽林监任胜出为安定太守。数月，复出光姊婿给事中光禄大夫张朔为蜀郡太守，群孙婿中郎将王汉为武威太守。顷之，复徙光长女婿长乐卫尉邓广汉为少府。更以禹为大司马，冠小冠，亡印绶(shòu)，罢其右将军屯兵官属，特使禹官名与光俱大司马者。又收范明友度辽将军印绶，但为光禄勋。及光中女婿赵平为散骑骑都尉、光禄大夫、将屯兵，又收平骑都尉印绶。诸领胡越骑、羽林及两宫卫、将屯兵，悉易以所亲信许、史子弟代之。

［译文］

宣帝刚即位时，立贫贱时的许妃为皇后。太夫人显很爱她的小女儿成君，想让她显贵，于是暗中指使宫廷女医淳于衍下毒杀害许皇后，并劝霍光送小女成君进宫，替代许妃立为皇后，此事记载在《外戚传》中。许后暴死之时，官吏逮捕给许后治病的各个医生，弹劾淳于衍在为许后治病中表现异常，犯了不道之罪，于是把她投入监狱。官吏紧急审讯，显恐怕事情败露，立即将实情告诉霍光。霍光听了大为吃惊，想自己来揭发此事，但又不忍心，犹豫不决。这时有关部门将此案奏上，霍光就乘机批示：淳于衍不必追究。霍光去世后，逐渐有传言泄露出真相。到此时宣帝才知道此事，但不知真假，于是就把霍光的女婿度辽将军、未央宫卫尉、平陵侯范明友调任为光禄勋，把他的二女婿诸吏中郎将、羽林监任胜调任安定太守。几个月以后，又将霍光姐姐的女婿给事中、光禄大夫张朔调出宫禁，外任为蜀郡太守，孙女婿中郎将王汉调为武威太守。不久，又将霍光的长女婿长乐卫尉邓广汉调为少府。另任霍禹为大司马，但只能戴低一级的官帽，不发给印玺、绶带，撤销他的右将军职务及其统辖的驻军、官属，特意让霍禹的官名和霍光一样都是大司马。又收缴范明友的度辽将军印绶，只担任光禄勋。还有霍光的女婿赵平任散骑骑都尉、光禄大夫、统领驻军，又收回赵平的骑都尉印绶。各种统军将领，如统领胡越骑兵、统领羽林军的将领，以及未央宫、长乐宫的卫队将领，驻军的将领，全都由皇帝的亲信许氏、史氏二家的子弟取代。

［原文］

禹为大司马，称病。禹故长史任宣候问，禹曰："我何病？县官非我家将军不得至是，今将军坟墓未干，尽外我家，反任许、史，夺我印绶，令人不省死。"宣见禹恨望深，乃谓曰："大将军时何可复行！持国权柄，杀生在手中。廷尉李种、王平、左冯翊贾胜胡及车丞相女婿少府徐仁皆坐逆将军意下狱死。使乐成小家子得幸将军，至九卿封侯。百官以下但事冯子都、王子方等，视丞相亡如也。各自有时，今许、史自天子骨肉，贵正宜耳。大司马欲用是怨恨，愚以为不可。"禹默然。数日，起视事。

［译文］

霍禹任大司马后，借口有病。霍禹的原任长史任宣来问候病情，霍禹说："我有什么病！皇帝如果没有我家大将军之力，也不能登上皇帝的宝座，现在大将军的墓土未干，就把我霍家的人尽数排挤外调，反而任用许家、史家的人，收夺我们的印玺绶带，令人至死也不明白是为什么。"任宣看到霍禹怨恨这么深，便对他说："大将军的时代怎么能再现！当时大将军专权当国，生杀予夺尽在掌握之中。廷尉李种、王平，左冯翊贾胜胡以及丞相车千秋的女婿少府徐仁，都因为违犯大将军的意旨下狱处死。使乐成这个小户人家子弟，因得到大将军的宠幸，官至九卿，并封侯。朝廷百官以下都巴结冯子都、王子方等人，把丞相也不放在眼里。各人有各人的时运，现在许家、史家是天子的骨肉至亲，显贵是理所当然的。大司马您若是因此产生怨恨，我认为是不对的。"霍禹哑口无言。过了几天，才上朝处理政务。

［原文］

显及禹、山、云自见日侵削，数相对啼泣，自怨。山曰："今丞相用事。县官信之，尽变易大将军时法令，以公田赋与贫民，发扬大将军过失。又诸儒生多窭(jù)人子，远客饥寒，喜妄说狂言，不避忌讳，大将军常雠(chóu)之，今陛下好与诸儒生语，人人自使书对事，多言我家者。尝有上书言大将军时主弱臣强，专制擅权，今其子孙用事，昆弟益骄恣，恐危宗庙，灾异数见，尽为是也。其言绝痛，山屏不奏其书。后上书者益黠(xiá)，尽奏封事，辄下中书令出取之，不关尚书，益不信人。"显曰："丞相数言我家，独无罪乎？"山曰："丞相廉正，安得罪？我家昆弟诸婿多不谨。又闻民间讙(huān)言霍氏毒杀许皇后，宁有是邪？"显恐急，即具以实告山、云、禹。山、云、禹惊曰："如是，何不早告禹等！县官离散斥逐诸婿，用是故也。此大事，诛罚不小，

奈何？”于是始有邪谋矣。

［译文］

太夫人显和霍禹、霍山、霍云眼看着权力日益被削夺，多次相对而泣，自怨自艾。霍山说：“如今丞相魏相当政。天子信任他，把大将军当时制定的法令尽行变革，将公田授给贫民，这样做是为了张扬大将军的过失。还有那些儒生，大都是贫家子弟，远道而来客居京城，受尽饥寒之苦，但他们喜欢胡说八道，口出狂言，没有任何忌讳，大将军生前恨这些人如仇寇，现在的皇帝却喜欢和他们交谈，让他们人人上书应对政事，其中很多内容是说我霍家的。曾经有人上书说大将军当政时是主弱臣强，说大将军专权独裁，现在他的子孙也都当权，兄弟们更加骄横放肆，恐怕会危害国家。各种灾异频频出现，都是这个缘故。他的言词极其痛切，我便把他的奏书扣下不上呈。后来上书的更加狡猾，全都是密封奏事，皇上就派中书令来取走，不通过尚书，更加不信任我了。”显说：“丞相老指责我家，难道他就没有罪过吗？”霍山说：“丞相廉洁忠正，怎么会有罪过呢？我家的兄弟和诸位女婿大多行为不谨慎，又听说民间盛传我霍家毒死了许皇后，难道真有这事吗？”显又怕又急，就把实情告诉了霍山、霍云、霍禹。霍山、霍云、霍禹吃惊地说：“像这样的事情，为什么不早告诉我们！皇帝调离斥逐我家几个女婿，是由于这个缘故啊。这是大事，朝廷处罚不会轻，怎么办呢？”于是他们就开始酝酿阴谋了。

［原文］

初，赵平客石夏善为天官，语平曰：“荧(yíng)惑守御星，御星，太仆奉车都尉也，不黜则死。”平内忧山等。云舅李竟所善张赦见云家卒卒，谓竟曰：“今丞相与平恩侯用事，可令太夫人言太后，先诛此两人。移徙陛下，在太后耳。”长安男子张章告之，事下廷尉。执金吾捕张赦、石夏等，后有诏止勿捕。山等愈恐，相谓曰：“此县官重太后，故不竟也。然恶端已见，又有弑(shì)许后事，陛下虽宽仁，恐左右不听，久之犹发，发即族矣，不如先也。”遂令诸女各归报其夫，皆曰：“安所相避？”

［译文］

起初，赵平的门客石夏善于观察天象，他对赵平说：“荧惑星守着御星，御星是太仆、奉车都尉的星宿，他们不是遭贬黜就是被杀。”赵平心里为霍山等人担忧。霍云的舅父李竟的好友张赦看到霍云家人惊慌失措，便对李竟说：“现在丞相魏相和平恩侯许广汉当权，可让太夫人向皇太后进言，先除掉这二人。要说动陛下，就在于皇太后了。”长安男子张章将此事告发，案件交廷尉审理。执金吾逮捕了张赦、石夏等人，后来皇帝下诏令制止，不要再逮捕。霍山等人更加恐惧，相互说：“这是因为皇帝看重皇太后的面子，所以不加深究。但是坏事已经开始暴露，再说又有毒死许后的事，即使陛下宽厚仁慈，恐怕他身边的人不答应，时间久了仍会爆发，一爆发就要灭族了，不如先下手。”于是让几个女儿各自回家告知自己的丈夫，他们都说：“还有什么地方可以躲避呢？”

［原文］

会李竟坐与诸侯王交通，辞语及霍氏，有诏云、山不宜宿卫，免，就第。光诸女遇太后无礼，冯子都数犯法，上并以为让，山、禹等甚恐，显梦第中井水溢（yì）流庭下，灶居树上，又梦大将军谓显曰：“知捕儿不？亟下捕之。”第中鼠暴多，与人相触，以尾画地。鸮（xiāo）数鸣殿前树上。第门自坏。云尚冠里宅中门亦坏。巷端人共见有人居云屋上，彻瓦投地，就视，亡有，大怪之。禹梦车骑声正讙（huān）来捕禹，举家忧愁。山曰：“丞相擅减宗庙羔、菟（tù）、蛙，可以此罪也。”谋令太后为博平君置酒，召丞相、平恩侯以下，使范明友、邓广汉承太后制引斩之，因废天子而立禹。约定未发，云拜为玄菟太守，太中大夫任宣为代郡太守。山又坐写秘书，显为上书献城西第，入马千匹，以赎山罪。书报闻，会事发觉，云、山、明友自杀，显、禹、广汉等捕得。禹要斩，显及诸女昆弟皆弃市。唯独霍后废处昭台宫，与霍氏相连坐诛灭者数千家。

［译文］

恰逢李竟因与诸侯王往来而获罪，供词牵涉到霍家，皇帝下诏令说霍云、霍山在宫中任职不合适，免去职务回家。霍光的几个女儿对太后没有礼貌，那个冯子都又多次犯法，皇帝一并加以斥责，霍山、霍禹等人惊恐万分。显梦见宅中的井水溢出，流满庭院，锅灶挂到树上，又梦见霍光对显说：“知道儿子们要被捕了吗？皇上下令要立即逮捕他们了。”霍家宅第中老鼠突然增加，往往和人相撞，用尾巴在地上乱画。猫头鹰多次在堂前树上号叫。宅第大门自行坏倒。霍云在尚冠里的住宅大门也坏了。巷口的人都看到有人站在霍云家的屋顶上，揭下瓦片投到地上，走近去看，却什么也没有，大为惊怪。霍禹梦中听到一路车马的喧闹声像是有人来逮捕他，全家忧虑发愁。霍山说：“丞相魏相擅自削减宗庙的祭品羊羔、兔子、青蛙，可以用此来定罪。”密谋让太后为宣帝的外祖母博平君设置酒席，召丞相魏相、平恩侯许广汉以下的官员来作陪，令范明友、邓广汉奉太后的诏旨将魏相等人拉出去斩首，乘机废黜宣帝，拥立霍禹为帝。商定之后，还没有举动，霍云被调任玄菟太守，太中大夫任宣任代郡太守。霍山又因抄录宫禁书籍而犯法，显为他上书请献出城西宅第，交纳一千匹马，来赎霍山的罪。宣帝在奏书上只是批复知道了，等到谋反事被揭发，霍云、霍山、范明友自杀，显、霍禹、邓广汉等人被捕。霍禹被腰斩，

显和女儿、兄弟都在闹市区被斩。只有霍后被黜软禁在昭台宫，与霍家有牵连被诛的有数千家。

［原文］

上乃下诏曰："乃者东织室令史张赦使魏郡豪李竟报冠阳侯云谋为大逆，朕以大将军故，抑而不扬，冀其自新。今大司马博陆侯禹与母宣成侯夫人显及从昆弟子冠阳侯云、乐平侯山诸姊妹婿谋为大逆，欲诖(guà)误百姓。赖宗庙神灵，先发得，咸伏其辜(gū)，朕甚悼之。诸为霍氏所诖误，事在丙申前，未发觉在吏者，皆赦除之。男子张章先发觉，以语期门董忠，忠告左曹杨恽，恽告侍中金安上。恽召见对状，后章上书以闻。侍中史高与金安上建发其事，言无入霍氏禁闼(tà)，卒不得遂其谋，皆雠(chóu)有功。封章为博成侯，忠高昌侯，恽平通侯，安上都成侯，高乐陵侯。"

［译文］

皇帝于是下诏书说："日前东织室令史张赦派魏郡大户李竟回复冠阳侯霍云，密谋作乱，朕看在大将军霍光的面上，将事情压住不张扬，希望他们改过自新。现在大司马博陆侯霍禹和他母亲宣成侯夫人显以及堂兄弟之子冠阳侯霍云、乐平侯霍山，还有其他姐妹女婿阴谋造反，企图欺骗迷惑百姓。幸亏祖宗的神灵保佑，事前发觉捕获作乱者并全部依法处决，朕非常痛心。凡被霍家蒙蔽受到牵连的，在丙申日以前，未发觉他们的阴谋而现在被关押的，一律赦免。男子张章首先揭发阴谋，将此事告诉期门武士董忠，董忠报告左曹杨恽，杨恽报告侍中金安上。杨恽被召见当面陈奏案情，后来张章又上书奏报。侍中史高和金安上建议揭发此事，并上言不准霍家人进入宫禁，霍家的阴谋最终才没有得逞，这些人功劳相等。封张章为博成侯，董忠为高昌侯，杨恽为平通侯，金安上为都成侯，史高为乐陵侯。"

［原文］

初，霍氏奢侈(shē chǐ)，茂陵徐生曰："霍氏必亡。夫奢则不逊，不逊必侮上。侮上者，逆道也。在人之右，众必害之。霍氏秉权日久，害之者多矣。天下害之，而又行以逆道，不亡何待！"乃上疏言："霍氏泰盛，陛下即爱厚之，宜以时抑制，无使至亡。"书三上，辄报闻。其后霍氏诛灭，而告霍氏者皆封。人为徐生上书曰："臣闻客有过主人者，见其灶直突，傍有积薪，客谓主人，更为曲突，远徙其薪，不者且有火患。主人嘿然不应。俄而家果失火，邻里共救之，幸而得息。于是杀牛置酒，谢其邻人，灼烂者在于上行，余各以功次坐，而

不录言曲突者。人谓主人曰：‘乡使听客之言，不费牛、酒，终亡火患。今论功而请宾，曲突徙薪亡恩泽，焦头烂额为上客耶？’主人乃寤（wù）而请之。今茂陵徐福数上书言霍氏且有变，宜防绝之。乡使福说得行，则国亡裂土出爵之费，臣亡逆乱诛灭之败。往事既已，而福独不蒙其功，唯陛下察之，贵徙薪曲突之策，使居焦发灼烂之右。”上乃赐福帛十匹，后以为郎。

［译文］

当初，霍家生活奢侈，茂陵人徐生说：“霍家必定灭亡。奢侈就不会谦逊，不谦逊就必定轻蔑主上。轻蔑主上是大逆不道的。位居众人之上，大家必定忌恨他。霍家掌权时间很长，忌恨他家的人很多。忌恨霍家的人多且霍家又倒行逆施，不灭亡还能有什么结局呢？”于是上书说：“霍家权势太盛，陛下即使爱护厚待他们，也应及时加以抑制，不要让他们走向灭亡。”上书三次，皇上只回复说知道了。后来霍家被满门抄斩，告发霍家的人都得到封赏。有人替徐生上书说：“臣下听说，有客人去拜访主人，看到他家炉灶的烟囱是笔直的，旁边还堆着柴草，客人对主人说，换个拐弯的烟囱，将柴草搬开，否则将会有失火的危险。主人默不作声。不久，主人家果然失火，街坊邻居同来救火，幸而火被扑灭。主人于是杀牛摆酒，酬谢他的邻居，皮肉被烧伤的请在上座，其余的人按出力大小依次入座，唯独没有酬谢那位建议换拐弯烟囱的客人。有人对主人说：‘假使当时听从客人的话，今天也不必破费牛、酒，而且根本不会发生火灾。现在论功请客，那位建议换拐弯烟囱、将柴草搬开的客人没有报答，烧得焦头烂额的人却成了上客！’主人这才省悟而去请那位客人。现今茂陵人徐福多次上书说霍家将发生变乱，应该预防杜绝。假使当初徐福的建议得以实行，那么国家就没有割地分封的花费，臣子也就不会有谋反被诛灭的惨败。往事已成过去，而只有徐福没受功赏，望陛下明察，珍重提出搬开柴草、换弯烟囱那样防患于未然建议的人，使之处于被烧得焦头烂额的人的上座。”宣帝于是赐徐福绢帛十匹，后来任命他为郎。

［原文］

宣帝始立，谒见高庙，大将军光从骖（cān）乘，上内严惮（dàn）之，若有芒刺在背。后车骑将军张安世代光骖乘，天子从容肆体，甚安近焉。及光身死而宗族竟诛，故俗传之曰：“威震主者不畜，霍氏之祸萌于骖乘。”至成帝时，为光置守冢百家，吏卒奉祠焉。元始二年，封光从父昆弟曾孙阳为博陆侯，千户。

［译文］

宣帝刚即位时，去拜祭高庙，大将军霍光同车随行，宣帝内心非常畏惧他，如芒刺在背。后来车骑将军张安世代替霍光同车随行，皇帝感到自然放松，十分安然。到霍光死后，他的家族被诛灭，所以社会上流传说："威势震慑君主的人不会活命，霍家的祸害始于同车随行。"到成帝时，为霍光设置守坟户一百家，由吏卒来祭祀他的坟墓。平帝元始二年（2年），封霍光的堂叔弟弟的曾孙霍阳为博陆侯，食邑千户。

金日磾

［原文］

金日磾(mì dī)字翁叔，本匈奴休屠王太子也。武帝元狩中，票骑将军霍去病将兵击匈奴右地，多斩首，虏获休屠王祭天金人。其夏，票骑复西过居延，攻祁连山，大克获。于是单于怨昆邪、休屠居西方多为汉所破，召其王欲诛之。昆邪、休屠恐，谋降汉。休屠王后悔，昆邪王杀之，并将其众降汉。封昆邪王为列侯。日磾以父不降见杀，与母阏氏(yān zhī)、弟伦俱没入官，输黄门养马，时年十四矣。

［译文］

金日磾字翁叔，原是匈奴休屠王的太子。武帝元狩年间，骠骑将军霍去病率军进攻匈奴的右部地区，杀死许多敌人，缴获休屠王用于祭天的金人。这年夏天，骠骑将军霍去病再次西征，经过居延，进攻祁连山，大获全胜。于是匈奴单于怨恨昆邪王、休屠王居守西部地区却多次被汉军击败，征召二人，想杀掉他们。昆邪王、休屠王恐惧，密谋投降汉朝。后来休屠王反悔，昆邪王便杀了他，收并他的部众投降汉朝。汉朝封昆邪王为列侯。金日磾由于他父亲不肯投降被杀，金日磾和他的母亲阏氏、弟弟金伦一起被收入官府为奴，金日磾被发配黄门养马，这年他十四岁。

［原文］

久之，武帝游宴见马，后宫满侧。日磾等数十人牵马过殿下，莫不窃视，至日磾独不敢。日磾长八尺二寸，容貌甚严，马又肥好，上异而问之，具以本状对。上奇焉，即日赐汤沐衣冠，拜为马监，迁侍中、驸马都尉、光禄大夫。日磾既亲近，未尝有过失，上甚信爱之，赏赐累千金，出则骖乘，入侍左右。贵戚多窃怨，曰："陛下妄得一胡儿，反贵重之！"上闻，愈厚焉。

[译文]

过了很久，武帝在宴饮游乐时看黄门所养的马匹，他的身边站满了后宫的嫔妃宫女。金日磾等数十人牵马经过大殿前，其他人从殿前走过时，都偷视殿上，只有金日磾一人不敢偷看。金日磾身高八尺二寸，容貌十分威严，他的马又健壮，武帝惊讶地询问他，金日磾原原本本地禀报了自己的经历。武帝甚为惊奇，当天让他洗浴，并赐给衣冠，封为马监，以后又提拔为侍中、驸马都尉、光禄大夫。金日磾自从成为武帝近侍以来，从未有过失误，武帝十分信任宠爱他，赏赐累计千斤黄金，出门同车随行，入宫侍从左右。贵戚们大都在私下抱怨说："皇帝陛下偶然得到一个胡儿，却这样使他贵重！"武帝听到这些抱怨，就更加厚待金日磾。

[原文]

日磾母教诲两子，甚有法度，上闻而嘉之。病死，诏图画于甘泉宫，署曰"休屠王阏氏(yān zhī)"。日磾每见画常拜，乡之涕泣，然后乃去。日磾子二人皆爱，为帝弄儿，常在旁侧。弄儿或自后拥上项，日磾在前，见而目之。弄儿走且啼曰："翁怒。"上谓日磾"何怒吾儿为？"其后弄儿壮大，不谨，自殿下与宫人戏，日磾适见之，恶其淫乱，遂杀弄儿。弄儿即日磾长子也。上闻之大怒，日磾顿首谢，具言所以杀弄儿状。上甚哀，为之泣，已而心敬日磾。

[译文]

金日磾的母亲对两个儿子的教育很讲法度，武帝听说后，十分嘉许。金日磾的母亲病死后，武帝下诏书命在甘泉宫绘其图像，上面写着"休屠王阏氏"。金日磾每次见到母亲的画像总要跪下叩头，面对画像哭泣流泪，然后才离去。金日磾有两个儿子，都很可爱，是供武帝逗乐的幼童，经常在武帝身边。有时弄儿从后面抱住武帝的脖子，金日磾在前面看到后狠狠瞪他两眼，弄儿边跑边哭说："父亲发火了。"武帝对金日磾说："你为什么要向我儿发火？"弄儿长大以后，生活不检点，在宫中内殿下与宫女调情，恰好被金日磾看到，金日磾厌恶他的淫乱行为，就把他杀了。这孩子就是金日磾的长子。武帝知道这件事后，大发雷霆，金日磾叩头谢罪，详细说明杀死他的原因。武帝十分悲痛，为他的死而哭泣，事后内心里却敬重金日磾。

[原文]

初，莽何罗与江充相善，及充败卫太子，何罗弟通用诛太子时力战得封。后上知太子冤，乃夷灭充宗族党与。何罗兄弟惧及，遂谋为逆。日磾视其志意有非常，心疑之，阴独察其动静，与俱上下。何罗亦觉日磾意，以故久不得发。是时，上行幸林光宫，日磾小疾卧庐。何罗与通及小弟安成矫制夜出，共杀使者，发兵。明旦，上未起，何

女巫出入

汉武帝晚年多疑，女巫出入宫廷。江充诬陷卫太子行巫蛊之术，逼反了卫太子。因巫蛊之术被牵连者多达数十万人。

罗亡何从外入。日磾奏厕心动，立入坐内户下。须臾，何罗袖白刃从东箱上，见日磾，色变，走趋卧内欲入，行触宝瑟，僵。日磾得抱何罗，因传曰："莽何罗反！"上惊起，左右拔刃欲格之，上恐并中日磾，止勿格。日磾捽（zuó）胡投何罗殿下，得禽缚之，穷治，皆伏辜。繇（yóu）是著忠孝节。

［译文］

当初，莽何罗与江充的关系很好，到江充诬杀武帝卫太子时，莽何罗的弟弟莽通因诛灭卫太子作战出力而得封侯。后来，武帝得知卫太子是冤枉的，便诛灭了江充的宗族和同党。莽何罗兄弟畏惧祸及自己，于是密谋叛乱。金日磾观察到他们情绪异常，产生了怀疑，暗中监视他们的动静，和他们一起上下殿堂。莽何罗也觉察到金日磾的用意，因此很久没有发动。这时，武帝巡视林光宫，金日磾因小病躺在殿侧小屋里休息。莽何罗、莽通以及最小的弟弟莽安成假传圣旨连夜出击，一起杀死了朝廷使者，发兵叛乱。第二天早晨，武帝还未起床，莽何罗无故从外入宫。这时金日磾正要去厕所，心中忽然一动，立刻进入殿中，坐在武帝卧室的门外。过了片刻，莽何罗袖中藏刀从东厢房上殿，他看到金日磾，脸色骤变，急步冲向武帝的卧室，想要进去，脚下却碰到一只宝瑟，呆立在那里。金日磾得以抱住莽何罗，他高声喊道："莽何罗反啦！"武帝被惊起，侍从们拔出兵刃要上前格杀莽何罗，武帝担心会伤及金日磾，不让动手。金日磾抓住莽何罗的脖子，把他摔下大殿，侍从得以捆绑住莽何罗。穷追此案，反叛者都最终伏法。金日磾由此以忠孝节操著称。

［原文］

日磾自在左右，目不忤（wǔ）视者数十年。赐出宫女，不敢近。上欲内其女后宫，不肯。其笃慎如此，上尤奇异之。及上病，属霍光以辅少主，光让日磾。日磾曰："臣外国人，且使匈奴轻汉。"于是遂为光副。光以女妻日磾嗣子赏。初，武帝遗诏以讨莽何罗功封日磾为秺（dù）侯，日磾以帝少不受封。辅政岁余，病困，大将军光白封日磾，卧授印绶。

一日，薨（hōng），赐葬具冢（zhǒng）地，送以轻车介士，军陈至茂陵，谥曰敬侯。

［译文］

金日磾自从到武帝身边，几十年目不斜视。武帝赏赐给他出宫的宫女，他不敢亲近。武帝想收他的女儿入后宫，他不肯。他是这样的忠厚谨慎，武帝对他尤为惊奇。武帝病重时，嘱托霍光辅佐年幼的君主，霍光推让金日磾。金日磾说："臣是外国人，这样会让匈奴轻视汉朝。"于是让金日磾做霍光的副手。霍光把女儿嫁给继嗣金日磾侯爵的儿子金赏。当初，武帝在遗诏中以平定莽何罗的功劳封金日磾为秺侯，金日磾因昭帝年幼而不接受封赏。辅政一年多，金日磾为重病所困，大将军霍光奏告昭帝，封金日磾为侯，金日磾在病床上接受封侯印绶。一天后，金日磾去世，赏赐葬具、墓地，用轻车和戴甲的武士为他送葬，送葬的士兵从京城排列到茂陵。赠金日磾谥号"敬侯"。

［原文］

日磾两子，赏、建，俱侍中，与昭帝略同年，共卧起。赏为奉车、建驸马都尉。及赏嗣侯，佩两绶，上谓霍将军曰："金氏兄弟两人不可使俱两绶邪？"霍光对曰："赏自嗣父为侯耳。"上笑曰："侯不在我与将军乎？"光曰："先帝之约，有功乃得封侯。"时年俱八九岁。宣帝即位，赏为太仆，霍氏有事萌牙，上书去妻。上亦自哀之，独得不坐。元帝时为光禄勋，薨，亡子，国除。元始中继绝世，封建孙当为秺侯，奉日磾后。

［译文］

金日磾的两个儿子金赏、金建都在宫内侍奉昭帝，他们和昭帝的年龄大致相当，在一起同睡同起。金赏官为奉车都尉，金建官为驸马都尉。到金赏继嗣金日磾爵位，佩带两枚官印时，昭帝对霍光说："金家两个兄弟不都可以带两枚官印吗？"霍光说："金赏带两枚官印，只是因他继嗣他父亲的侯爵罢了。"昭帝笑着说："封侯难道不在于我和将军您吗？"霍光说："先帝有过规定，有功的人才能封侯。"这时他们的年龄都是八九岁。宣帝即位，金赏任太仆，霍氏家族谋反之事正在萌发，他上书要求休弃妻子霍氏。宣帝也同情他，因此只有金赏没有受霍家反叛的牵连。元帝时金赏任光禄勋，去世后，因他没有儿子，封国被撤销。平帝元始年间，让因无后嗣而失去封爵的家族延续，因此封金建的孙子金当为秺侯，作金日磾的后嗣。

［原文］

初，日磾所将俱降弟伦，字少卿，为黄门郎，早卒。日磾两子贵，及孙则衰矣。而伦后嗣遂盛，子安上始贵显封侯。安上字子侯，少为

侍中，惇(dūn)笃有智，宣帝爱之。颇与发举楚王延寿反谋，赐爵关内侯，食邑三百户。后霍氏反，安上传禁门闼(tà)，无内霍氏亲属，封为都成侯，至建章卫尉。薨，赐冢茔杜陵，谥曰敬侯。四子，常、敞、岑(cén)、明。

［译文］

起初，金日磾带领一起降汉的弟弟金伦，字少卿，任黄门郎，去世早。金日磾两个儿子显贵，到他孙子时却衰落了。然而金伦的后代却兴盛起来，金伦的儿子金安上开始显贵并封侯。金安上，字子侯，少年时任侍中，朴实忠厚而有智谋，得到宣帝的喜爱。曾参与告发楚王刘延寿反叛阴谋，赐爵关内侯，食邑三百户。后来霍氏家族谋反，金安上传令宫内各门守卫，不许放入霍家亲属，因此被封为都成侯，官至建章宫卫尉。去世后，在杜陵赏赐墓地，赠谥号为“敬侯”。金安上有四个儿子：金常、金敞、金岑、金明。

［原文］

岑、明皆为诸曹、中郎将，常光禄大夫。元帝为太子时，敞为中庶子，幸有宠，帝即位，为骑都尉、光禄大夫、中郎将侍中。元帝崩，故事，近臣皆随陵为园郎，敞以世名忠孝，太后诏留侍成帝，为奉车水衡都尉，至卫尉。敞为人正直，敢犯颜色，左右惮之，唯上亦难焉。病甚，上使使者问所欲，以弟岑为托。上召岑，拜为使主客。敞子涉本为左曹，上拜涉为侍中，使待幸绿车载送卫尉舍。须臾卒。敞三子，涉、参、饶。涉明经俭节，诸儒称之。成帝时为侍中、骑都尉，领三辅胡、越骑。哀帝即位，为奉车都尉，至长信少府。而参使匈奴，匈奴中郎将、越骑校尉、关内都尉，安定、东海太守。饶为越骑校尉。

［译文］

金岑、金明均任诸曹中郎将，金常任光禄大夫。元帝为太子时，金敞任中庶子，被太子宠爱。太子即位，金敞任骑都尉、光禄大夫、中郎将侍中。元帝逝世，按照旧例，皇帝身边的臣子都要去皇帝陵墓任园郎，金敞因为家族世代有忠孝之名，皇太后下诏把他留在宫中侍奉成帝，任奉车水衡都尉，官至卫尉。金敞为人正直，敢冒犯皇帝的威严，因此同事都惧怕他，成帝也拿他没办法。在他病重时，成帝派人问他有什么要求，他把弟弟金岑托付给成帝。成帝召见金岑，任命他为接待外族来使的主客。金敞之子金涉原来任左曹，成帝任命他为侍中，用皇孙专车送金涉去卫尉府中。不久，金敞去世。金敞有三个儿子：金涉、金参、金饶。金涉通晓儒家经典，生活节俭，学者们都称赞他。成帝时任侍中、骑都尉，统领三辅地区的胡骑和越骑。哀帝即位后，任奉车都尉，官至长信少府。金参出使匈奴，任匈奴中

郎将、越骑校尉、关内都尉、安定太守和东海太守。金饶任越骑校尉。

［原文］

涉两子，汤、融，皆侍中、诸曹、将、大夫。而涉之从父弟钦举明经，为太子门大夫，哀帝即位，为太中大夫给事中，钦从父弟迁为尚书令，兄弟用事。帝祖母傅太后崩，钦使护作，职办，擢为泰山、弘农太守，著威名。平帝即位，征为大司马司直、京兆尹。帝年幼，选置师友，大司徒孔光以明经高行为孔氏师，京兆尹金钦以家世忠孝为金氏友。徙光禄大夫、侍中，秩中二千石，封都成侯。

［译文］

金涉有两个儿子：金汤和金融，都任侍中、诸曹、中郎将、大夫。金涉的堂弟金钦举明经，任太子门大夫，哀帝即位后，他任太中大夫给事中，金钦的堂弟金迁担任尚书令，兄弟二人都大权在握。哀帝祖母傅太后去世，金钦负责丧葬事务，职事圆满完成后，提升为泰山太守和弘农太守，声名卓著。平帝即位，金钦被征召为大司马司直、京兆尹。平帝年幼，选择师友，大司徒孔光由于通晓儒家经典，品德高尚，被选为平帝的“孔氏师”，京兆尹金钦由于家族世代忠孝，而被选为平帝的“金氏友”。调任光禄大夫侍中，官职级别为二千石，被封为都成侯。

［原文］

时，王莽新诛平帝外家卫氏，召明礼少府宗伯凤入说为人后之宜，白令公卿、将军、侍中、朝臣并听，欲以内厉平帝而外塞百姓之议。钦与族昆弟秺(dù)侯当俱封。初，当曾祖父日磾传子节侯赏，而钦祖父安上传子夷侯常，皆亡子，国绝，故莽封钦、当奉其后。当母南即莽母功显君同产弟也。当上南大行为太夫人。钦因缘谓当：“诏书陈日磾功，亡有赏语。当名为以孙继祖也，自当为父、祖父立庙。赏故国君，使大夫主其祭。”时，甄邯在旁，庭叱钦，因劾奏曰：“钦幸得以通经术，超擢(zhuó)侍帷幄(wéi wò)，重蒙厚恩，封袭爵号，知圣朝以世有为人后之谊。前遭故定陶太后背本逆天，孝哀不获厥福，乃者吕宽、卫宝复造奸谋，至于反逆，咸伏厥辜。太皇太后惩艾悼惧，逆天之咎，非圣诬法，大乱之殃，诚欲奉承天心，遵明圣制，专一为后之谊，以安天下之命，数临正殿，延见群臣，讲习《礼经》。孙继祖者，谓亡正统持重者也。赏见嗣日磾，后成为君，持大宗重，则《礼》所谓‘尊祖故敬宗’，大宗不可以绝者也。钦自知与当俱拜同谊，即数扬言殿

省中，教当云云。当即如其言，则钦亦欲为父明立庙而不入夷侯常庙矣。进退异言，颇惑众心，乱国大纲，开祸乱原，诬祖不孝，罪莫大焉。尤非大臣所宜，大不敬。秺侯当上母南为太夫人，失礼不敬。”莽白太后，下四辅、公卿、大夫、博士、议郎，皆曰：“钦宜以时即罪。”谒者召钦诣诏狱，钦自杀。邯以纲纪国体，亡所阿私，忠孝尤著，益封千户。更封长信少府涉子右曹汤为都成侯。汤受封日，不敢还归家，以明为人后之谊。益封为后，莽复用钦弟遵，封侯，历九卿位。

［译文］

这时，王莽刚刚诛杀了平帝的外戚卫氏家族，征召明礼少府宗伯凤入宫论述为人后嗣的道理，让公卿、将军、侍中、朝臣一同听讲，想以此在内制约平帝，在外平息人们的议论。金钦与金氏家族兄弟秺侯金当都被封侯。起初，金当的曾祖父金日磾把侯位传给儿子节侯金赏，而金钦的祖父金安上把侯位传给儿子夷侯金常，这二人都没有儿子，封国绝除，因此，王莽封金钦、金当继承二人为侯。金当的母亲南是王莽母亲功显君的妹妹。金当上书请求封南为太夫人。因此，金钦对金当说：“皇帝诏书中述说金日磾的功劳，却没有言及金赏。金当是以孙子继承祖父之名而封侯的，当然应为自己的父亲、祖父立庙。金赏是国绝之君，应该让大夫负责祭祀。”当时甄邯在旁边，当庭斥责金钦，向平帝弹劾说：“金钦因通晓儒家经典，有幸得以越级提拔来侍奉皇上，深蒙皇上厚恩，继承其先祖的封爵，使人们知道圣朝让人有后的道理。从前国家遭到已故定陶太后背本逆天的破坏，孝哀皇帝不能获得福祉。后来吕宽、卫宝又制造奸谋，以至于反叛，都因罪伏法。太皇太后鉴于国家受到创伤，痛悼哀惧，以为逆天之罪是非议圣人，扰乱法统，这是国家大乱的灾祸。想要承奉天意，遵守圣制，专门申明做人后嗣的道理，以此来安定天下百姓。因此多次驾临正殿，召见群臣，讲习《礼经》。孙子之所以继承祖父的爵位，是因为正值后继无人。金赏承嗣金日磾，成为封爵的继承人，承继了金家宗族正宗的重任。依照《礼经》上所说的‘尊祖所以要敬宗’的道理，正宗是不可以断绝的。金钦本来知道自己与金当同时受封是由于同一个原因，

伊尹

伊尹是商朝的开国功臣，官居阿衡。后人用阿衡代指伊尹。西汉时，霍光也被比作伊尹。但霍光死后，霍氏家族却被族诛，下场十分可悲。

却多次在宫廷大殿中声言，教金当如此这般。假如金当按照他的话去做，那么金钦也就要为其父金明立庙，而不再祭祀夷侯金常之庙了。金钦言论矛盾，却也很能迷惑人心。扰乱国家纲常大法，是打开祸乱的根源，诬蔑祖宗，是为不孝，是天大的罪名。这些事情尤其不是大臣所应做的，这是大不敬之罪。秺侯金当奏请封母亲南为太夫人，也是失礼不敬。”王莽奏报太后，让四辅、公卿、大夫、博士、议郎讨论这件事，他们说：“金钦应该立即治罪。”谒者将金钦征进诏狱，金钦自杀。甄邯因为能护持国体，没有私心，忠孝之行尤为突出，为他增加封邑一千户。另封长信少府金涉的儿子右曹金汤为都成侯。受封的那天，金汤不敢回家，以表明为人后继者的道理。增加甄邯封邑后，王莽又任用金钦的弟弟金遵，封他为侯，官至九卿。

［原文］

赞曰：霍光以结发内侍，起于阶闼之间，确然秉志，谊形于主。受襁褓（qiǎngbǎo）之托，任汉室之寄，当庙堂，拥幼君，摧燕王，仆上官，因权制敌，以成其忠。处废置之际，临大节而不可夺，遂匡国家，安社稷。拥昭立宣，光为师保，虽周公、阿衡，何以加此！然光不学亡术，暗于大理，阴妻邪谋，立女为后，湛溺盈溢之欲，以增颠覆之祸，死财三年，宗族诛夷，哀哉！昔霍叔封于晋，晋即河东，光岂其苗裔乎！金日磾夷狄亡国，羁虏汉庭，而以笃敬寤（wù）主，忠信自著，勒功上将，传国后嗣，世名忠孝，七世内侍，何其盛也！本以休屠作金人为祭天主，故因赐姓金氏云。

［译文］

评论说：霍光从年轻时就在宫中侍奉汉武帝，是从宫中发迹的，他坚定有志向，忠义行为受到汉武帝的赏识。武帝把幼儿托付给他，他肩负汉室的重托，当国专权，拥戴年幼的君主，摧垮了燕王刘旦，挫败了上官桀父子，依靠机变制敌取胜，成就了他的忠贞。身处废立的危急时刻，面临重大考验不动摇，于是匡扶了国家，安定了社稷。拥戴昭帝迎立宣帝，霍光成为辅佐重臣，就是周公、伊尹，也不能超过他。但是霍光不明学术，在大的道理上混淆不清，他掩盖妻子的邪恶阴谋，立女儿为皇后，沉溺于无边的欲望之中，酿成霍氏家族的倾覆之祸，他死了才三年，霍氏宗族就被诛灭了，可悲啊！古时候周文王之子霍叔被封于晋地，晋地便是河东，霍光大概是霍叔的后代吧！金日磾作为亡国的夷狄被俘虏而羁押在汉朝，但他以淳厚恭敬感动了汉武帝，又以自己的忠言信行功至上将，爵位传至后代，世代有忠孝之名，七代人都任皇帝的内侍，是多么兴盛啊！因为休屠王制作金人祭天，所以赐其姓为金氏。

黄霸朱邑龚遂召信臣传

［原文］

黄霸字次公，淮阳阳夏人也，以豪杰役使徙云陵。霸少学律令，喜为吏，武帝末以待诏入钱赏官，补侍郎谒（yè）者，坐同产有罪劾免。后复入谷沈黎郡，补左冯翊（yì）二百石（dàn）卒史。冯翊以霸入财为官，不署右职，使领郡钱谷计。簿书正，以廉称，察补河东均输长，复察廉为河南太守丞。霸为人明察内敏，又习文法，然温良有让，足知，善御众。为丞，处议当于法，合人心，太守甚任之，吏民爱敬焉。

［译文］

黄霸字次公，是淮阳阳夏人，由于他是地方豪强而又役使同乡的民众，因而被迁移到了云陵。黄霸年轻时学习法律，喜欢做官吏，武帝末年以待诏的身份向国家交钱，因此受奖而得到了官职，担任侍郎谒者，因兄弟有罪而受到牵连，从而遭到弹劾，被免去官职。后来，他又运送谷物到沈黎郡交纳，因而做了左冯翊的二百石卒史。冯翊鉴于黄霸是向国家交纳钱财而做的官，所以不把他安排在重要职位上，而让他去管理郡中的钱粮收入与支出。黄霸账簿上的数字准确无误，因而以廉洁著称。通过廉政考察之后，他担任了河东均输长。再次通过廉政考察之后，他担任了河南太守丞。黄霸为人精明，心里很有主意，而且熟习法律，然而他却温文善良、对人谦让，知识丰富，组织能力极强。他担任太守丞时，处理事情和议论问题都符合法律，深得人心，太守很信任他。官吏和民众都敬爱他。

［原文］

自武帝末，用法深。昭帝立，幼，大将军霍光秉政，大臣争权，上官桀等与燕王谋作乱，光既诛之，遂遵武帝法度，以刑罚痛绳群下，繇（yóu）是俗吏上严酷以为能，而霸独用宽和为名。

黄霸

［译文］

自武帝末年以来，法律十分严酷。昭帝即位时，年纪很小，大将军霍光把持朝政，大臣们争权，上官桀等人与燕王阴谋作乱，霍光诛杀了他们之后，就遵照武帝的法令制度，用刑罚来严酷地统治官员和民众，因此那些庸俗的官吏便崇尚严酷，认为越是严酷

就越是有能力，然而黄霸却因独自采用宽和的政治手段而出了名。

［原文］

会宣帝即位，在民间时知百姓苦吏急也，闻霸持法平，召以为廷尉正，数决疑狱，庭中称平。守丞相长史，坐公卿大议廷中知长信少府夏侯胜非议诏书大不敬，霸阿从不举劾，皆下廷尉，系狱当死。霸因从胜受《尚书》狱中，再逾冬，积三岁乃出，语在《胜传》。胜出，复为谏大夫，令左冯翊宋畸举霸贤良。胜又口荐霸于上，上擢(zhuó)霸为扬州刺史。三岁，宣帝下诏曰："制诏御史：其以贤良高第扬州刺史霸为颍川太守，秩比二千石，居官赐车盖，特高一丈，别驾主簿车，缇(tí)油屏泥于轼前，以章有德。"

［译文］

这时，遇上宣帝即位，宣帝在民间时就知道百姓遭受官吏严酷统治的痛苦，听说黄霸执法很平和，便征召他做了廷尉正，黄霸多次处理好了疑难案件，廷尉官府中都称赞他十分平和。后来，他代理了丞相长史，公卿们在朝廷中举行大会，黄霸知道长信少府夏侯胜非议诏书，对皇上极不尊敬，但却阿附夏侯胜没有检举弹劾他，因而犯了罪，与夏侯胜一道都被廷尉逮捕，关进牢狱判处死刑。黄霸在狱中利用这一机会向夏侯胜学习《尚书》。经过两个冬天，到了第三年，他们才出了监狱。这些事情都记述在《夏侯胜传》中。夏侯胜出狱之后，又做了谏大夫，叫左冯翊宋畸举荐黄霸为贤良。夏侯胜又亲口向皇上推荐，于是皇上提拔黄霸做了扬州刺史。三年之后，宣帝下诏说："诏令御史：特任命贤良科中优异的人物、扬州刺史黄霸为颍川太守，官秩比照二千石，任职期间赐给他高达一丈的特殊车盖，并赐给他的别驾、主簿车各一辆，在车厢前的扶手下装上用橘红色油涂饰的挡泥板，通过这种形式来表彰有德行的人。"

［原文］

时，上垂意于治，数下恩泽诏书，吏不奉宣。太守霸为选择良吏，分部宣布诏令，令民咸知上意，使邮亭乡官皆畜鸡豚(tún)，以赡鳏(shànguān)寡(guǎ)贫穷者。然后为条教，置父老师帅伍长，班行之于民间，劝以为善防奸之意，及务耕桑，节用殖财，种树畜养，去食谷马。米盐靡密，初若烦碎，然霸精力能推行之。吏民见者，语次寻绎，问它阴伏，以相参考。尝欲有所司察，择长年廉吏遣行，属令周密。吏出，不敢舍邮亭，食于道旁，乌攫其肉。民有欲诣府口言事者适见之，霸与语，道此。后日吏还谒霸，霸见迎劳之，曰："甚苦！食于道旁乃为乌所

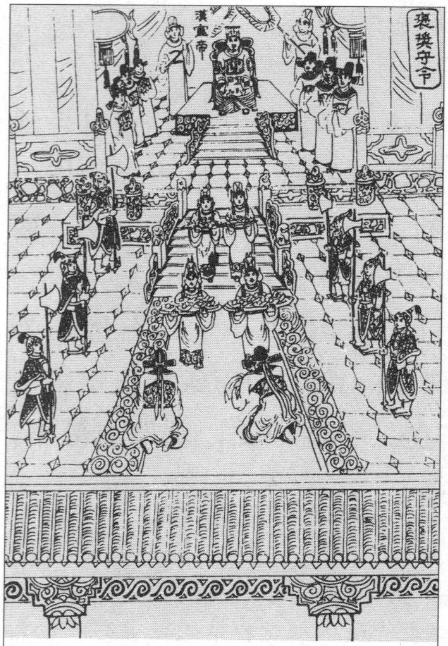

褒奖守令

汉宣帝重视地方官吏的人选，对为政有方的官吏给予褒奖。

盗肉。”吏大惊，以霸具知其起居，所问豪氂不敢有所隐。鳏寡孤独有死无以葬者，乡部书言，霸具为区处，某所大木可以为棺，某亭猪子可以祭，吏往皆如言。其识事聪明如此，吏民不知所出，咸称神明。奸人去入它郡，盗贼日少。

［译文］

当时，皇上非常重视对国家的治理，多次下达给予百姓恩惠的诏书，但官吏却不遵照命令向百姓宣读。太守黄霸为此挑选了好的官吏，分头在各地区宣布诏书内容，使老百姓都知道了皇帝的旨意。黄霸让邮亭、乡官都饲养了鸡和猪，用来赡养鳏寡和贫穷的人。然后，他制订出条令和公约，通过设置父老、师帅、伍长，在民间颁布施行，劝勉人们要做好事、提防坏人，以及要致力于耕田养蚕，节约增产，多种植树木、多饲养畜禽，不要用谷子喂马。像米盐这样一些细小的事情，起初好像很是烦琐细碎，然而黄霸却能尽心尽力地推行下去。当官吏和民众来见黄霸的时候，黄霸能从他们的谈话中捉摸和引出话题，问出其他隐秘的事情，用来相互参考。黄霸曾经有一次想要查访某一件事情，便挑选了一位年长而廉洁的官吏，派他出去办理，并嘱咐他行动一定要秘密。这位官吏出去后，不敢在邮亭住宿，便在路边进食，而这时有一只乌鸦叼走了他要吃的肉。有一位想要到官府去亲口陈述事情的百姓恰巧看到了这一情景，当黄霸与他谈话时，他便向黄霸叙说了这件事。几天后，那位官吏回来谒见黄霸，黄霸一见到他，便迎上前去慰劳他，说：“太辛苦了，你在路边吃饭却被乌鸦偷走了肉。”那位官吏大吃一惊，以为黄霸对他的一举一动全都知道了，因此他对黄霸所提出的问题，丝毫不敢隐瞒地做了回答。有鳏寡孤独者死去，但却无人安葬，乡里的官吏向黄霸作了书面汇报后，黄霸都分别作了妥善处理。如某地的大树可以做棺材，某邮亭的猪可以用来祭祀，官吏前去处理时，实际情况都像他说的那样。他对事情的记忆竟达到了如此精细的程度！官吏和百姓不知道究竟，都称赞说他是神仙。郡中的坏人逃往其他的郡，因而郡中的盗贼日益减少。

［原文］

霸力行教化而后诛罚，务在成就全安长吏。许丞老，病聋（lóng），督邮白欲逐之，霸曰：“许丞廉吏，虽老，尚能拜起送迎，正颇重听，何

伤？且善助之，毋失贤者意。”或问其故，霸曰：“数易长吏，送故迎新之费及奸吏缘绝簿书盗财物，公私费耗甚多，皆当出于民，所易新吏又未必贤，或不如其故，徒相益为乱。凡治道，去其泰甚者耳。”

［译文］

黄霸极力推行教化，不得已才实行惩罚诛杀，致力于成全和保护重要官吏。许县的县丞老了，耳朵聋了，督邮向黄霸请示，想要赶走他，黄霸说：“许县丞是一位廉洁的官吏，虽然年纪老了，但还能够承担接待任务，耳朵聋了正好，有什么妨碍呢？我们还应该好好地帮助他，切不可让贤能的人感到失望。”有人问黄霸为什么要这样，黄霸说：“多次更换重要官吏，送旧迎新的费用以及坏官吏趁移交之际用毁弃账簿的方法盗取财物，使得公家和私人的耗费都非常多，而这些都是出自老百姓，所更换的新官吏又未必是好的，或许还不如原来的，白白更增添乱子罢了。大凡治理的原则，就是只去掉太过分的就行了。”

［原文］

霸以外宽内明得吏民心，户口岁增，治为天下第一。征守京兆尹，秩二千石。坐发民治驰道不先以闻，又发骑士诣北军马不适士，劾乏军兴，连贬秩。有诏归颍（yǐng）川太守官，以八百石居治如其前。前后八年，郡中愈治。是时，凤皇神爵数集郡国，颍川尤多。天子以霸治行终长者，下诏称扬曰：“颍川太守霸，宣布诏令，百姓向化，孝子弟弟贞妇顺孙日以众多，田者让畔，道不拾遗，养视鳏寡，赡助贫穷，狱或八年亡重罪囚，吏民向于教化，兴于行谊，可谓贤人君子矣。《书》不云乎？‘股肱（gōng）良哉！’其赐爵关内侯，黄金百斤，秩中二千石。”而颍川孝弟有行义民、三老、力田，皆以差赐爵及帛。后数月，征霸为太子太傅，迁御史大夫。

褒奖守令

汉宣帝十分重视地方官的政绩，对为政有方的官吏都给予褒奖，黄霸就是其中之一。

［译文］

黄霸因为外表宽和、内心精明深得官吏和民众的爱戴，郡治内户数一年比一年有增加，他的政绩是天下第一。皇上征召他代理京兆尹，官级为二千

丙吉

石。由于他征发民众修筑道路没有事先上报，从而犯了法；又因为他调派骑兵到北军而导致马少人多，被弹劾违反战备动员令，遭到连连贬级。皇上下诏让他回到颍川做太守，以八百石的官级享有同以前一样的权限。前后总共八年，郡中被他治理得越来越好。这时，凤凰神雀多次飞来群集在郡国，而以颍川为最多。天子认为黄霸的政绩始终是最好的，于是下诏表扬说："颍川太守黄霸，宣布诏令，百姓遵从教化。孝顺的儿女、尊敬兄长的弟弟、贞节的妇女、孝顺的孙子一天天多了起来，耕田的不争田界，道路上没人去拾取别人遗失的东西，赡养和照顾鳏寡孤独，救助贫困的大有人在，牢狱中已经八年没有重大囚犯，官吏和百姓信奉教化，注重道德。他真可以说是贤人君子了。《尚书》上不是这样说的吗？'辅佐的臣子都非常优秀呵！'赐给他关内侯的爵位和黄金百斤，把他的官级升为中二千石。"而对颍川郡孝敬老人、尊敬兄长、有道德的百姓、三老、力田，都按照不同的等级赐予了爵位和布帛。几个月后，皇上征召黄霸做了太子太傅，升迁他为御史大夫。

[原文]

五凤三年，代丙吉为丞相，封建成侯，食邑六百户。霸材长于治民，及为丞相，总纲纪号令，风采不及丙、魏、于定国，功名损于治郡。时，京兆尹张敞舍鹖(hé)雀飞集丞相府，霸以为神雀，议欲以闻。敞奏霸曰："窃见丞相请与中二千石博士杂问郡国上计长吏、守丞为民兴利除害、成大化，条其对，有耕者让畔，男女异路，道不拾遗，及举孝子弟弟贞妇者为一辈，先上殿，举而不知其人数者次之，不为条教者在后叩头谢。丞相虽口不言，而心欲其为之也。长吏、守丞对时，臣敞舍有鹖雀飞止丞相府屋上，丞相以下见者数百人。边吏多知鹖雀者，问之，皆阳不知。丞相图议上奏曰：'臣问上计长吏、守丞以兴化条，皇天报下神雀。'后知从臣敞舍来，乃止。郡国吏窃笑丞相仁厚有知略，微信奇怪也。昔汲黯(àn)为淮阳守，辞去之官，谓大行李息曰：'御史大夫张汤怀诈阿意，以倾朝廷，公不早白，与俱受戮(lù)矣。'息畏汤，终不敢言。后汤诛败，上闻黯与息语，乃抵息罪而秩黯诸侯

相，取其思竭忠也。臣敞非敢毁丞相也，诚恐群臣莫白，而长吏、守丞畏丞相指，归舍法令，各为私教，务相增加，浇淳散朴，并行伪貌，有名亡实，倾摇解怠，甚者为妖。假令京师先行让畔异路，道不拾遗，其实亡益廉贪贞淫之行，而以伪先天下，固未可也；即诸侯先行之，伪声轶于京师，非细事也。汉家承敝通变，造起律令，所以劝善禁奸，条贯详备，不可复加。宜令贵臣明饬长吏、守丞，归告二千石、举三老、孝弟、力田、孝廉、廉吏务得其人，郡事皆以义法令捡式，毋得擅为条教；敢挟诈伪以奸名誉者，必先受戮，以正明好恶。”天子嘉纳敞言，召上计吏，使侍中临饬如敞指意。霸甚惭。

［译文］

五凤三年（55 年），黄霸代替丙吉做了丞相，被封为建成侯，封地六百户。黄霸的才干是擅长治理百姓，到做丞相时，总理纲纪和号令，他的风采就比不上丙吉、魏相、于定国了，功绩和声誉比他治理郡国时要差。这时京兆尹张敞房屋上的鸟雀飞来群集在丞相府，黄霸认为这是神雀，便与其他人商议，想要把这件事情上奏皇上。张敞上奏批评黄霸说：“臣下我私下见到丞相请求与中二千石、博士一起共同询问进京作财政情况汇报的长史和守丞，让他们就为民兴利除害、完成教化的事务逐条做出回答。把报告境内有耕田的人不争田界、男女不在一路走、道路上没人去拾取别人遗失的东西，以及推荐孝顺的儿女、尊敬兄长的弟弟、贞节的妇女的官员作为一类，让他们先到丞相府的大殿汇报。能举荐上述人物而不知道自己所举荐的人具有多少的官员，第二批上殿。没有制订条令公约的官员最后上殿，叩头谢罪。丞相虽然没有明说，但心里是愿意要让他们照这样的要求去做的。正当长史和守丞汇报情况的时候，臣下张敞房屋上的鸟雀飞来，停留在丞相府的屋顶上，丞相以下的官吏有几百人看到了。边境地区的官吏大多认得鸟雀，但问他们时，他们都假装不认得。丞相打算上奏说：‘臣下我询问进京汇报财政情况的长史和守丞，让他们就大兴教化逐条回答时，皇天有了感应，让神鸟飞了下来。’后来知道是从臣下张敞家飞来的，才作罢。郡国官吏暗笑丞相仁慈厚道、有智慧谋略，却又有点相信稀奇古怪的征兆。过去汲黯做淮阳太守，辞别亲友去上任时，对大行李息说：‘御史大夫

汲 黯

张汤怀有奸诈、阿谀的心思，能够倾覆朝廷，您如果不早点禀告皇上，那就会与他一起遭到惩处了。'李息害怕张汤，始终不敢说。后来张汤受到惩罚而败亡，皇上听说汲黯对李息说的话，就治了李息的罪而提拔汲黯做了诸侯相，这是看重他一门心思竭尽忠诚。臣下张敞不敢诋毁丞相，确实是担心群臣中没有人禀白，而长史和守丞害怕违背丞相的意思，回到地方后放弃国家法令，各自私立条例，竞相增加，败坏淳厚和朴实的风气，一起弄虚作假，有名无实，骚扰百姓、工作懒散，甚至会兴妖作怪。假如让京师率先推广种田人不争田界、男女不在一路走，道路上没人去拾取别人遗失的东西这一类的风气，那实际上不仅对廉洁与贪污、贞节与淫乱的行为毫无益处，反而会为天下带头弄虚作假，这根本是不可行的；即使诸侯率先这么做，那虚伪的名声传播到京师，也不是件小事。我们汉朝对前朝遗留下来的弊病进行改革，制定和颁布法律条令，就是为了劝勉善行和防止邪恶，条例十分详尽，不能够再添加了。应该让尊贵的大臣明确告诫长史和守丞，让他们回去后告诉二千石官员，举荐三老、孝悌、力田、孝廉、廉洁的官吏，务必要符合条件，郡中的事务都要以国家法令和规定的程式为准，不得擅自制订条令和条例；敢于用欺诈手段来求取名誉的，一定要首先受到惩罚，以便明确区分出好与坏来。"天子赞赏并采纳了张敞的意见，召集进京汇报财政情况的官吏，叫侍中按张敞的意思亲口告诫他们。黄霸觉得很惭愧。

[原文]

又乐陵侯史高以外属旧恩侍中贵重，霸荐高可太尉。天子使尚书召问霸："太尉官罢久矣，丞相兼之，所以偃(yǎn)武兴文也。如国家不虞，边境有事，左右之臣皆将率也。夫宣明教化，通达幽隐，使狱无冤刑，邑无盗贼，君之职也。将相之官，朕之任焉。侍中乐陵侯高帷幄近臣，朕之所自亲，君何越职而举之？"尚书令受丞相对，霸免冠谢罪，数日乃决。自是后不敢复有所请。然自汉兴，言治民吏，以霸为首。

[译文]

还有，乐陵侯史高凭借外戚的身份、旧日的恩宠在宫中侍奉皇上，地位显赫，黄霸推荐史高，说他可以做太尉。天子让尚书召见黄霸，问他："太尉这官职已经废除很久了，由丞相来兼任，就是为了停止战争、振兴文治。如果国家一旦有了意外的事变，边境遭到入侵，那朕身边的臣子都可以担任将帅。宣扬教化，反映民间的疾苦，使狱中没有冤案、城中没有盗贼，这是你的职责。而将帅和丞相，这是由朕来任命的。侍中乐陵侯史高是我身边的近臣，我对他非常了解，你又何必要越权举荐他呢？"尚书令记录下丞相的答复后，黄霸摘下官帽谢罪，几天之后才得以免罪。从此以后，他再也不敢有什么请求了。然而，自汉朝建立以来，要说善于治理百姓的官吏，还是数黄霸第一。

［原文］

为丞相五岁，甘露三年薨(hōng)，谥曰定侯。霸死后，乐陵侯高竟为大司马。霸子思侯赏嗣，为关都尉。薨，子忠侯辅嗣，至卫尉九卿。薨，子忠嗣(sì)侯，讫王莽乃绝。子孙为吏二千石者五六人。

始，霸少为阳夏游徼(jiào)，与善相人者共载出，见一妇人，相者言："此妇人当富贵，不然，相书不可用也。"霸推问之，乃其乡里巫家女也。霸即娶为妻，与之终身。为丞相后徙杜陵。

［译文］

黄霸做了五年丞相，甘露三年（前51年）逝世，谥号为定侯。黄霸死后，乐陵侯史高竟然做了大司马。黄霸的儿子思侯黄赏承袭爵位，做了关都尉。黄赏死后，他的儿子忠侯黄辅承袭爵位，官做到九卿之一的卫尉。黄辅死后，他的儿子黄忠继承侯位，直到王莽时才断绝。黄霸的子孙做到了二千石官的有五六人。

早先，黄霸年轻时做阳夏的游徼，同一个善于看相的人共乘一辆车子外出，看见一个妇人，看相的人说："这个妇女一定会大富大贵的，要不然，相书就不能用了。"黄霸一打听，原来她是同乡的一位巫师的女儿。黄霸立即娶她做了妻子，并同她相伴终身。黄霸做了丞相后，迁居杜陵。

［原文］

朱邑字仲卿，庐江舒人也。少时为舒桐乡啬(sè)夫，廉平不苛，以爱利为行，未尝笞辱人，存问耆老孤寡，遇之有恩，所部吏民爱敬焉。迁补太守卒史，举贤良为大司农丞，迁北海太守，以治行第一入为大司农。为人淳厚，笃于故旧，然性公正，不可交以私。天子器之，朝廷敬焉。

［译文］

朱邑字仲卿，庐江郡舒地人。他年轻时担任舒地桐乡的啬夫，廉洁平和不苛刻，把爱护他人施惠他人作为自己的行动准则，从来没有鞭打侮辱过别人。他抚慰老人、孤儿和寡妇，对待他们极有恩情，所以他辖区内的小官吏和百姓都非常敬爱他。后来，他被提升为太守卒史，被举荐为贤良而做了大司农丞，又被提升为北海太守，因为政绩第一而入朝担任了大司农。他为人淳朴厚道，对老朋友感情深厚，但秉性公正无私，不徇私情。天子很器重他，朝廷也敬重他。

［原文］

是时，张敞为胶东相，与邑书曰："明主游心太古，广延茂士，此诚忠臣竭思之时也。直敞远守剧郡，驭(yù)于绳墨，匈臆约结，固亡奇

也。虽有，亦安所施？足下以清明之德，掌周稷之业，犹饥者甘糟(zāo)糠(kāng)，穰(ráng)岁余粱肉。何则？有亡之势异也。昔陈平虽贤，须魏倩而后进；韩信虽奇，赖萧公而后信。故事各达其时之英俊，若必伊尹、吕望而后荐之，则此人不因足下而进矣。”邑感敞言，贡荐贤士大夫，多得其助者。身为列卿，居处俭节，禄赐以共九族乡党，家亡余财。

［译文］

这时，张敞正担任胶东国相。他写信给朱邑说：“英明的君主仰慕远古时代的风气，广泛地招揽有才有德的人士，这正是忠臣竭尽忠心的时候。正好我张敞在远方担任事务繁重之郡的太守，受到条规的限制，心胸郁结，确实想不出什么好主意。即便是有好主意，又怎么施展呢？您凭借纯洁高尚的美德来掌管农业，但就像饥饿的人吃着糟糠也觉得香甜无比，而在丰收的年头即便是上等饭菜也有残剩的情况。这是为什么呢？就是因为‘有’和‘没有’有着本质上的差异。过去陈平虽然有才干，但还得依靠魏倩推荐，然后才得到了提拔；韩信虽然是奇才，但还得依赖萧公举荐，然后才得以施展抱负。历史上各自都能得到施展才能机会的英雄们，如果一定要是像伊尹、吕望那样的人物才能得到推荐的话，那么，这样的人就不会通过您而得到提拔了。”朱邑被张敞的话所感动，地方推荐上来的有德有才的士大夫，有许多人都得到了他的帮助。朱邑身为九卿之一，生活勤俭朴实，所得的俸禄和赏赐都拿来分给九族和乡亲了，家里没有多余的钱财。

［原文］

神爵元年卒。天子闵(mǐn)惜，下诏称扬曰：“大司农邑，廉洁守节，退食自公，亡强外之交，束脩(xiū)之馈，可谓淑人君子，遭离凶灾，朕甚闵之。其赐邑子黄金百斤，以奉其祭祀。”

初，邑病且死，属其子曰：“我故为桐乡吏，其民爱我，必葬我桐乡。后世子孙奉尝我，不如桐乡民。”及死，其子葬之桐乡西郭外，民果然共为邑起冢立祠，岁时祠祭，至今不绝。

［译文］

神爵元年（前61年），朱邑逝世。天子感到哀伤和惋惜，下诏称颂他说：“大司农朱邑，清明廉洁、能保持节气，公私分明，不结帮拉派，没有接受过哪怕是像一束干肉那样微小的馈赠，可以说是正人君子，他不幸因病死去，朕感到非常哀痛。赏赐他的儿子黄金百斤，用来供奉他的祭祀。”

当初，朱邑病重临死时，嘱咐他的儿子说：“我过去担任桐乡的官吏，那里的百姓都很爱戴我，我死后，一定要把我埋葬在桐乡。后代子孙祭祀我，不如让桐乡的民众祭祀我。”他死后，他的儿子把他葬在桐乡的西城外，老百姓果然共同为他修建了坟墓和祠堂，每年按时祭祀他，直到现在仍然没有中断。

［原文］

龚遂字少卿，山阳南平阳人也。以明经为官，至昌邑郎中令，事王贺。贺动作多不正，遂为人忠厚，刚毅有大节，内谏争于王，外责傅相，引经义，陈祸福，至于涕泣，蹇蹇亡已。面刺王过，王至掩耳起走，曰：“郎中令善愧人。”及国中皆畏惮(dàn)焉。王尝久与驺(zōu)奴宰人游戏饮食，赏赐亡度。遂入见王，涕泣厀(xī)行，左右侍御皆出涕。王曰：“郎中令何为哭？”遂曰：“臣痛社稷危也！愿赐清闲竭愚。”王辟左右，遂曰：“大王知胶西王所以为无道亡乎？”王曰：“不知也。”曰：“臣闻胶西王有谀(yú)臣侯得，王所为儗于桀、纣也，得以为尧、舜也。王说其谄谀，尝与寝处，唯得所言，以至于是。今大王亲近群小，渐渍邪恶所习，存亡之机，不可不慎也。臣请选郎通经术有行义者与王起居，坐则通《诗》《书》，立则习礼容，宜有益。”王许之。遂乃选郎中张安等十人侍王。居数日，王皆逐去安等。久之，宫中数有妖怪，王以问遂，遂以为有大忧，宫室将空，语在《昌邑王传》。

［译文］

龚遂字少卿，山阳郡南平阳县的人。他通过明经科考试合格而做了官，做到了昌邑国的郎中令，侍奉昌邑王刘贺。刘贺有许多行为不端正，而龚遂为人忠厚，刚强果断，在大节上决不含糊。他对内向国王直言劝谏，对外责备太傅和相国，引经据典，陈述祸福，以至于痛哭流涕，从不阿谀奉承。他当面指出昌邑王的过错时，甚至使得昌邑王捂着耳朵站起来走掉，说：“郎中令善于让人感到羞愧。”昌邑王和王国中的人都畏惧他。昌邑王曾经长时间地与驾车的仆从、掌管膳食的小官吏一起吃喝玩乐，毫无节制地赏赐他们。于是，龚遂进入王府去见昌邑王，一边哭泣、一边跪着往前走，昌邑王的侍从官都流出了眼泪。昌邑王说：“郎中令为什么要哭泣？”龚遂说：“臣下我是对王国的危险而感到痛心呀，愿您能抽出点空闲时间，让我把话说完。”昌邑王叫左右

龚遂

的人避开后，龚遂说："大王知道胶西王是怎样不行正道而灭亡的吗？"昌邑王说："不知道。"龚遂说："臣下我听说胶西王有一个讨好卖乖的臣子叫侯得，胶西王的所作所为能够与夏桀王和商纣王相提并论，但侯得却认为他是唐尧和虞舜一样。胶西王喜欢他的讨好卖乖，常和他同睡在一起，专门听信侯得的话，以至于弄到这个地步。现在大王您亲近这批小人，渐渐就会沾染上恶习的。这是王国存亡的关键，不能不慎重。请允许臣下我挑选一些精通经术、有良好道德的人同大王一起生活，坐下时就一起诵读《诗经》《尚书》，站立时就学习礼仪，这样或许对大王有帮助。"昌邑王答应了他。龚遂于是挑选了郎中张安等十个人，侍奉昌邑王。他们一起生活几天后，昌邑王便把张安等人都赶走了。过了很久以后，王宫中多次出现怪异现象，刘贺因此去问龚遂。龚遂认为有非常不幸的事情要发生，宫室将要空虚，龚遂的话记述在《昌邑王传》里。

[原文]

会昭帝崩，亡子，昌邑王贺嗣立，官属皆征入。王相安乐迁长乐卫尉，遂见安乐，流涕谓曰："王立为天子，日益骄溢，谏之不复听，今哀痛未尽，日与近臣饮食作乐，斗虎豹，召皮轩，车九流，驱驰东西，所为诗道。古制宽，大臣有隐退，今去不得，阳狂恐知，身死为世戮，奈何？君，陛下故相，宜极谏争。"王即位二十七日，卒以淫乱废。昌邑群臣坐陷王于恶不道，皆诛，死者二百余人，唯遂与中尉王阳以数谏争得减死，髡(kūn)为城旦。

[译文]

当时，遇到昭帝逝世，由于昭帝没有儿子，昌邑王刘贺便继承了帝位，他手下的官员都被调进了朝廷。昌邑王的相国安乐被提升为长乐宫卫尉，龚遂去见安乐，流着眼泪对他说："大王被立为天子以来，一天比一天骄傲自满，劝谏他，他也不再听了。如今，昭帝去世的哀痛还没有完全消散，他却天天和近臣们吃喝玩乐，让虎豹相斗，动用天子乘坐的虎皮车，车上插着有九条飘带的龙旗，东奔西跑，所作所为背离了正道。古代的制度宽松，大臣可以隐退，如今却不能辞职而去，假装疯癫又怕别人知道。这样下去，死后也会被后世所唾弃的。这可怎么办呢？您是陛下的旧国相，应该极力直言劝谏。"刘贺即位二十七天，最终因淫乱而被废除。昌邑王的群臣犯了使昌邑王陷于邪恶而不行正道的罪行，全都被处死，死了二百多人，只有龚遂与中尉王阳因曾多次直言劝谏昌邑王才得以减免死罪，被处以髡刑，去服苦役修筑城墙。

[原文]

宣帝即位，久之，渤海左右郡岁饥，盗贼并起，二千石不能禽制。上选能治者，丞相、御史举遂可用，上以为渤海太守。时，遂

年七十余，召见，形貌短小，宣帝望见，不副所闻，心内轻焉，谓遂曰：“渤海废乱，朕甚忧之。君欲何以息其盗贼，以称朕意？”遂对曰：“海濒遐远，不沾圣化，其民困于饥寒而吏不恤，故使陛下赤子盗弄陛下之兵于潢池中耳。今欲使臣胜之邪，将安之也？”上闻遂对，甚说，答曰：“选用贤良，固欲安之也。”遂曰：“臣闻治乱民犹治乱绳，不可急也；唯缓之，然后可治。臣愿丞相、御史且无拘臣以文法，得一切便宜从事。”上许焉，加赐黄金，赠遣乘传。至渤海界，郡闻新太守至，发兵以迎，遂皆遣还，移书敕(chì)属县悉罢逐捕盗贼吏。诸持锄钩田器者皆为良民，吏无得问，持兵者乃为盗贼。遂单车独行至府，郡中翕(xī)然，盗贼亦皆罢。渤海又多劫略相随，闻遂教令，即时解散，弃其兵弩而持钩锄。盗贼于是悉平，民安土乐业。遂乃开仓廪假贫民，选用良吏，尉安牧养焉。

［译文］

宣帝即位后，过了很久，渤海邻近的郡闹饥荒，盗贼蜂拥而起，郡太守不能擒获和制服他们。皇上挑选能够治理这个局面的人，丞相和御史推荐龚遂，说他可以胜任，皇上就让他做了渤海太守。这时，龚遂已经七十多岁了。皇上召见龚遂时，由于龚遂的身材矮小，宣帝看到后，觉得与自己听到的不相符合，内心看不起龚遂，便对龚遂说：“渤海郡法纪废弛、社会动乱，朕十分担忧。你打算用什么办法来平息那里的盗贼，好让朕放心呢。”龚遂回答说：“那里是濒临海边的远方地带，没有受过圣朝的教化沐浴，那里的老百姓陷于饥寒交迫的困苦之中，而官吏却不加体恤，所以使得陛下的百姓盗用陛下的兵器，就像孩子们在水塘里嬉戏似地打闹起来了。如今不知道陛下是想要让臣下我去镇压他们呢，还是去安抚他们呢？”皇上听了龚遂的回答，十分高兴，回答说：“选用有德有才的人，当然是去安抚他们。”龚遂说：“臣下我听说治理乱民犹如整理乱绳，不能着急。只有慢慢来，然后才可治理。臣下我希望丞相和御史暂且不要用法令条文来约束我，使我能根据实际情况一概自行处理。”皇上答应了他的要求，又额外赏赐给他黄金，还特意命令驿站的马车送他前往。到了渤海边界，郡中听说新太守到了，便派兵来迎接他，但龚遂却让军队全都撤回去，发布文书到所属各县，把逐捕盗贼的官吏全都撤走了，说凡是手拿锄头、镰刀等农具的通通是良民，官吏不得过问；只有手拿兵器的才是盗贼。于是，龚遂单独一人乘车到了郡府，郡中一下子便安静下来，盗贼也都无心作乱了。渤海还有许多跟着趁火打劫的人，但他们听到龚遂的教令后，随即解散了，丢掉他们的兵器和弓弩而拿起了镰刀和锄头。于是，盗贼全都平息，老百姓都安居乐业了。龚遂这时便打开粮仓救济贫民，并选用好的官吏，安慰和教养百姓。

卖剑买牛

龚遂为官，大力提倡农业，改变了当地任侠的风气。

［原文］

遂见齐俗奢侈（shē chǐ），好末技，不田作，乃躬率以俭约，劝民务农桑，令口种一树榆，百本薤（xiè）、五十本葱、一畦韭，家二母彘、五鸡。民有带持刀剑者，使卖剑买牛，卖刀买犊，曰："何为带牛佩犊！"春夏不得不趋田亩，秋冬课收敛，益蓄果实菱芡（líng qiàn）。劳来循行，郡中皆有畜积，吏民皆富实。狱讼止息。

［译文］

龚遂见到齐地的民俗崇尚奢侈，喜欢工商业，不喜欢种田，就亲自带头节省俭约，劝导老百姓致力于种田、种桑和养蚕，叫每人种一棵榆树、百棵薤菜、五十棵葱、一畦韭菜，每家养两只母猪、五只鸡。老百姓有带刀持剑的，龚遂就叫他把剑卖掉去买大牛、把刀卖掉去买小牛，说："为什么要把大牛和小牛佩带在身上？"春夏两季必须下田耕作，秋冬两季则督促民众收获和储藏，让大家多积蓄果实、菱角和芡实。由于龚遂来回劝导和督促，郡中的各家各户都有积蓄，官吏和百姓都殷实富有，诉讼案件也就没有了。

［原文］

数年，上遣使者征遂，议曹王生愿从。功曹以为王生素耆酒，亡节度，不可使。遂不忍逆，从至京师。王生日饮酒，不视太守。会遂引入宫，王生醉，从后呼，曰："明府且止，愿有所白。"遂还问其故，王生曰："天子即问君何以治渤海，君不可有所陈对，宜曰'皆圣主之德，非小臣之力也'。"遂受其言。既至前，上果问以治状，遂对如王生言。天子说其有让，笑曰："君安得长者之言而称之？"遂因前曰："臣非知此，乃臣议曹教戒臣也。"上以遂年老不任公卿，拜为水衡都尉，议曹王生为水衡丞，以褒显遂云。水衡典上林禁苑，共张宫馆，为宗庙取牲，官职亲近，上甚重之。以官寿卒。

［译文］

几年后，皇上派遣使者征召龚遂，议曹王生愿意随龚遂前往京师。功曹认为王生向来喜欢喝酒，没有节制，不宜使用。龚遂不忍心拒绝，王生就跟他到了京师。王生天天喝酒，而不去看望太守。恰逢龚遂被召入皇宫，王生喝得烂醉，跟在他后面大声叫喊，说："太守您暂停一下，我有话要对您说。"龚遂走回来，问他想要说什么，王生说："天子如果问您怎么治理渤海的，您切不可照实回答，而应该说'都是圣明君主的恩德，而不是小臣我的能耐'。"龚遂接受了他的建议。到了皇帝面前后，皇上果然问他治理渤海的情况，龚遂就像王生所说的那样作了回答。天子欣赏他的谦让，笑道："你是从哪里得到这种忠厚长者的话来复述给朕听的。"龚遂因此上前说："臣下我并不知道这么说，是臣下我的议曹王生教臣下说的。"皇上鉴于龚遂年纪已老不能担任公卿的职务，便拜龚遂做了水衡都尉，拜议曹王生做了水衡丞，以表彰龚遂。水衡主管皇家的上林苑，负责宫廷馆阁的陈设，为宗庙祭祀提供牲畜。这个官职经常与皇帝接触，皇上十分器重他。龚遂在任期间因年老而去世。

［原文］

召信臣字翁卿，九江寿春人也。以明经甲科为郎，出补谷阳长。举高第，迁上蔡长。其治视民如子，所居见称述，超为零陵太守，病归。复征为谏大夫，迁南阳太守，其治如上蔡。

［译文］

召信臣字翁卿，九江郡寿春县人。他以明经科考试第一等的资格做了郎官，后来调出京城担任了谷阳县的县令，被推举为贤良高第，调任上蔡县县令。他治理地方而把百姓当作自己的子女看待，所到之处都受到了人们的称赞。朝廷破格提升他做了零陵太守，因病回家。后来又征召他做了谏大夫，提升他为南阳太守，他的政绩与在上蔡时一样。

［原文］

信臣为人勤力有方略，好为民兴利，务在富之。躬劝耕农，出入阡陌，止舍离乡亭，稀有安居时。行视郡中水泉，开通沟渎，起水门提阏（yān）凡数十处，以广溉灌，岁岁增加，多至三万顷。民得其利，畜积有余。信臣为民作均水约束，刻石立于田畔，以防分争。禁止嫁娶送终奢靡，务出于俭约。府县吏家子弟好游敖，不以田作为事，辄（zhé）斥罢之，甚者案其不法，以视好恶。其化大行，郡中莫不耕稼力田，百姓归之，户口增倍，盗贼狱讼衰止。吏民亲爱信臣，号之曰召父。荆州刺史奏信臣为百姓兴利，郡以殷富，赐黄金四十斤。迁河南太守，治

灌溉

灌溉对农业生产很重要，召信臣注重农田水利，使南阳的农业生产有了很大的提高。

行常为第一，复数增秩赐金。

［译文］

召信臣为人勤奋努力而有谋略，喜欢替老百姓做有利的事情，致力于让百姓们富裕起来。他亲自劝勉民众从事农业生产，出入在田间的小路上，休息和住宿都在乡间的驿亭内，很少有住在家里的时候。他四处巡视郡里的水源，开挖疏通沟渠，前后在几十个地方修筑了闸门提高水位，以扩大灌溉面积。得到灌溉的田地面积年年都增加，多达三万顷。老百姓得到了灌溉的好处，家家户户都有多余的储积。召信臣替老百姓立下了平均用水的条约，并刻在石碑上，立在田边，以防止纷争。他禁止嫁女娶妇丧葬等铺张浪费，要求一定要本着俭省节约原则来办理。府县的官吏家中有子弟喜欢东游西荡、不从事农业生产的，召信臣往往就要斥责他们并罢免他们的官职，严重的还要对他们的不法行为予以惩处，以公开表明自己的好恶。召信臣的教化在郡中得到了广泛的推行，郡中的百姓没有谁不努力从事农业生产的，外地的人也前来归附他，使郡中的户口数量成倍增长，偷盗和抢劫的案件也得到了遏制。官吏和百姓都亲近和爱戴召信臣，尊称他为召父。荆州刺史向皇帝上奏，说召信臣替老百姓做了有利的事情，南阳郡因而变得十分富庶，皇上赐给他黄金四十斤。后来，召信臣被提升为河南太守，政绩常常是第一，又多次加升官秩并得到皇上赏赐黄金。

［原文］

竟宁中，征为少府，列于九卿，奏请上林诸离远宫馆稀幸御者，勿复缮(shàn)治共张，又奏省乐府黄门倡优诸戏，及宫馆兵弩什器减过泰半。太官园种冬生葱韭菜茹，覆以屋庑(wǔ)，昼夜然蕴火，待温气乃生。信臣以为此皆不时之物，有伤于人，不宜以奉供养，及它非法食物，悉奏罢，省费岁数千万。信臣年老以官卒。

［译文］

竟宁年间，皇上征召他做了少府，跻身于九卿的行列。召信臣上奏，请求皇上对很少光临的上林苑等一带偏远的宫馆，不要再进行修缮和陈设布置，还上奏请求减少乐府黄门的歌舞曲艺表演，以至于宫馆里的兵器弓弩等陈设物品减少了一大半。太官园圃所种植的冬天生长的葱、韭之类的菜蔬，要用密封的房屋加以覆盖，昼夜小火不停，等气温上升后它们才能生长。召信臣认为这都是些不合天时的东西，对人的身体有伤害，不应该拿来供奉皇上。至于其他不正当的食物，召信臣也上奏请皇上下令停止了生产和供应。这样，每年节省了费用几千万钱。召信臣因年老而在任期内逝世。

［原文］

元始四年，诏书祀百辟卿士有益于民者，蜀郡以文翁，九江以召父应诏书。岁时郡二千石率官属行礼，奉祠信臣冢(zhǒng)，而南阳亦为立祠。

［译文］

元始四年（4年），皇帝下诏书命令祭祀对老百姓做了好事的百官公卿和士大夫，蜀郡按诏书的要求，上报了文翁，九江上报了召父。每年按时节由郡中的太守率领官属举行仪式，在召信臣的坟墓前进行祭奠，而且南阳郡也为他修建了祠庙。

后汉书

马援传

[原文]

马援字文渊，扶风茂陵人也。其先赵奢(shē)为赵将，号曰马服君，子孙因为氏。武帝时，以吏二千石自邯郸徙焉。曾祖父通，以功封重合侯，坐兄何罗反，被诛，故援再世不显。援三兄况、余、员，并有才能，王莽时皆为二千石。

[译文]

马援字文渊，是扶风茂陵人。他的先祖赵奢担任过赵国的将军，爵号为马服君，子孙因此以“马”为姓。汉武帝的时候，马家以吏二千石的身份从邯郸被迁移到了茂陵。曾祖父马通以有功劳封爵重合侯，因参与哥哥马何罗谋反，被处死，所以马援父祖辈的官位不显达。马援的三个哥哥叫马况、马余、马员，都有才能，王莽当政的时候都位居二千石。

[原文]

援年十二而孤，少有大志，诸兄奇之。尝受《齐诗》，意不能守章句，乃辞况，欲就边郡田牧。况曰：“汝(rǔ)大才，当晚成。良工不示人以朴，且从所好。”会况卒，援行服期年，不离墓所；敬事寡嫂，不冠不入庐。后为郡督邮，送囚至司命府，囚有重罪，援哀而纵之，遂亡命北地。遇赦(shè)，因留牧畜，宾客多归附者，遂役属数百家。转游陇汉间，常谓宾客曰：“丈夫为志，穷当益坚，老当益壮。”因处田牧，至有牛马羊数千头，谷数万斛(hú)。既而叹曰：“凡殖货财产，贵其能施赈也，否则守

马援

钱虏耳。”乃尽散以班昆弟故旧，身衣羊裘(qiú)皮绔(kù)。

［译文］

马援十二岁时成了孤儿，年龄虽小而胸怀大志，哥哥们对他都另眼相看。曾拜师学习《齐诗》，心中不愿意专注于分析经书的章节和句读的学问，于是向马况告别，想到边郡地区去饲养牲畜。马况说：“你有大才，日后必会成功。优秀的工匠不会把未经加工的材料拿来叫人看，还是做你喜欢做的事情去吧。”恰遇马况去世，马援服丧一年，始终不离开墓地；恭敬地侍奉寡嫂，衣冠不整绝不进寡嫂的房子。后来担任郡督邮，一次送囚徒到司命府，囚犯犯有重罪，马援出于怜悯而放跑了囚犯，于是他也逃亡到了北地郡县。后来遇到大赦，就留在那里放牧牲畜，有许多宾客前来投奔，于是受他役使的部属有数百家。他辗转游历于陇西、汉阳之间，常对宾客说：“大丈夫立志，穷当益坚，老当益壮。”他因地制宜地经营农牧，以至拥有牛、马、羊数千头，谷物数万斛。既而又叹息说：“凡是积累钱财，贵在能实施赈济，否则就是守财奴。”于是把牲畜粮食全分给了兄弟和旧友，自己穿起羊皮袍裤。

［原文］

王莽(mǎng)末，四方兵起，莽从弟卫将军林广招雄俊，乃辟援及同县原涉为掾，荐之于莽。莽以涉为镇戎大尹，援为新成大尹。及莽败，援兄员时为增山连率，与援俱去郡，复避地凉州。世祖即位，员先诣洛阳，帝遣员复郡，卒于官。援因留西州，隗嚣(wěi xiāo)甚敬重之，以援为绥德将军，与决筹策。

［译文］

王莽末年，四方义军兴起，王莽从弟卫将军王林广招英雄豪杰，于是起用马援以及马援的同县人原涉为掾吏，并推荐到王莽那里。王莽以原涉为镇戎大尹，以马援为新成大尹。等到王莽失败以后，马援的哥哥马员当时任增山连率，同马援一起离开郡所，重又到凉州避难。世祖刘秀登基，马员先到洛阳投奔刘秀，光武帝派马员回到原郡任太守，最终死在任上。马援仍然留在西州，隗嚣十分敬重他，以马援为绥德将军，参与筹划大计。

［原文］

是时公孙述称帝于蜀，嚣使援往观之。援素与述同里闬(hàn)，相善，以为既至当握手欢如平生，而述盛陈陛卫，以延援入，交拜礼毕，使出就馆，更为援制都布单衣、交让冠，会百官于宗庙中，立旧交之位。述鸾(luán)旗旄(máo)骑，警跸(bì)就车，磬折而入，礼飨(xiǎng)官属甚盛，欲授援以封侯大将军位。宾客皆乐留，援晓之曰：“天下雄雌未定，公孙不吐哺走迎国士，与图成败，反修饰边幅，如偶人形。此子何足久稽

天下士乎？”因辞归，谓嚣曰：“子阳井底蛙耳，而妄自尊大，不如专意东方。”

［译文］

此时公孙述在蜀地称帝，隗嚣让马援前去观察他的为人。马援过去与公孙述同居一个里门之中，互相很要好，以为到了以后公孙述一定会像过去那样同他握手谈笑，而公孙述却在殿外布置了大批卫士，才命人引导马援上殿，互相致礼问候已毕，便让马援前往馆驿，重新为马援缝制了都布禅衣和交让冠，会集百官于宗庙之中，为马援设了旧友的位子。公孙述在鸾旗和骑兵的护卫引导下，清道以后登车前来，又在群臣如磬一般屈身恭迎下步入宗庙，设宴款待百官十分丰盛，想授予马援以侯爵和大将军之位。马援的宾客都乐意留下，马援开导他们说：“天下成败未定，公孙述不是停止吃饭先去走迎国士，同他们谋划成败大计，反而像修饰边幅一样讲究礼仪，如同人偶一般。这种人怎么能长久留住天下的士人呢？”因此告辞而归，对隗嚣说：“公孙子阳是个井底之蛙，而妄自尊大，不如专心投靠东方。”

［原文］

建武四年冬，嚣使援奉书洛阳。援至，引见于宣德殿。世祖迎笑谓援曰：“卿遨游二帝间，今见卿，使人大惭。”援顿首辞谢，因曰：“当今之世，非独君择臣也，臣亦择君矣。臣与公孙述同县，少相善。臣前至蜀，述陛戟而后进臣。臣今远来，陛下何知非刺客奸人，而简易若是？”帝复笑曰：“卿非刺客，顾说客耳。”援曰：“天下反覆，盗名字者不可胜数。今见陛下，恢廓大度，同符高祖，乃知帝王自有真也。”帝甚壮之。援从南幸黎丘，转至东海。及还，以为待诏，使太中大夫来歙持节送援西归陇右。

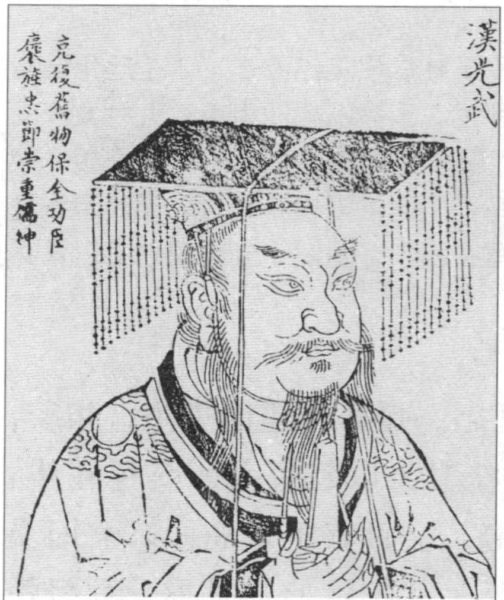

汉光武帝刘秀

刘秀重建汉王朝，死后庙号为汉世祖。

［译文］

建武四年（28年）冬天，隗嚣让马援送书信到洛阳。马援一到，就被引到宣德殿上。世祖迎面笑着对马援说：“卿遨游在两个皇帝之间，今天见到卿，令人大感惭愧。”马援叩头于地道歉，进而说：“当今之世，并非单是君选择臣，臣也可以选择君。臣与公孙述是同县人，小时候相好。臣此前到蜀地，公孙述设卫士而后召见臣。臣今天从远方而来，陛下怎么能知道我不是刺客，而如此松懈呢？”光武帝又笑道：“卿不是刺客，乃是一个说客罢了。”马援说：“天下动乱无常，窃居帝王名号的人不可胜数。今天见到陛下，宽宏大度，与汉高祖相同，才知道帝王者自有真命。”光武帝十分欣赏他的勇气。马援跟随光武帝南下驾临黎丘，转而来到东海。等到返回京师，任命马援为待诏，派太中大夫来歙持节送马援西归陇右。

[原文]

隗嚣(xiāo)与援共卧起，问以东方流言及京师得失。援说嚣曰：“前到朝廷，上引见数十，每接谦语，自夕至旦，才明勇略，非人敌也。且开心见诚，无所隐伏，阔达多大节，略与高帝同。经学博览，政事文辩，前世无比。”嚣曰：“卿谓何如高帝？”援曰：“不如也。高帝无可无不可；今上好吏事，动如节度，又不喜饮酒。”嚣意不怿，曰：“如卿言，反复胜邪？”然雅信援，故遂遣长子恂入质。援因将家属随恂归洛阳。居数月而无它职任。援以三辅地旷土沃，而所将宾客猥(wěi)多，乃上书求屯田上林苑中，帝许之。

[译文]

隗嚣与马援一同起居，讯问东方的传言和京师治政的得失。马援劝隗嚣说：“前番到朝廷，皇上引见数十次，每次相对闲谈，从夜里一直谈到天亮，他才干明智而韬略勇武，非一般人所能匹敌。而且开心见诚，无所隐匿，豁达多有大节，与汉高祖相仿。博览经书，明习故事，前世无人可比。”隗嚣说：“卿以为比汉高祖如何？”马援说：“不如高祖。高祖没有什么可以，也没有什么不可以；当今的皇上喜好吏事，做事一定要按制度，又不喜欢喝酒。”隗嚣心中不快，说：“如卿所说，不是反而胜过高祖了吗？”然而他平素信任马援，因此就送长子隗恂到洛阳为人质。马援因而率领家属跟随隗恂回到洛阳。住了几个月而没有委任他什么职务，马援认为三辅土地广阔肥沃，而自己所率的宾客人数众多，就上书请求到上林苑中屯田开荒，光武帝允许了他。

[原文]

会隗嚣用王元计，意更狐疑，援数以书记责譬(pì)于嚣。嚣怨援背己，得书增怒，其后遂发兵拒汉。援乃上疏曰：“臣援自念归身圣朝，奉事陛下，本无公辅一言之荐，左右为容之助。臣不自陈，陛下何因闻之。夫居前不能令人轾(zhì)，居后不能令人轩，与人怨不能为人患，臣所耻也。故敢触冒罪忌，昧死陈诚。臣与隗嚣，本实交友。初，嚣遣臣东，谓臣曰：‘本欲为汉，愿足下往观之。于汝意可，即专心矣。’及臣还反，报以赤心，实欲导之于善，非敢谲(jué)以非义。而嚣自挟奸

心，盗憎(zēng)主人，怨毒之情遂归于臣。臣欲不言，则无以上闻。愿听诣行在所，极陈灭嚣之术，得空匈腹，申愚策，退就陇亩，死无所恨。”帝乃召援计事，援具言谋画。因使援将突骑五千，往来游说嚣将高峻、任禹之属，下及羌豪，为陈祸福，以离嚣支党。

［译文］

适逢隗嚣听信王元的建议，对投靠刘秀，内心更加狐疑不定，马援多次用书信责备隗嚣。隗嚣怨恨马援背叛自己，得信后更加愤怒，之后就发兵抗拒汉朝。马援于是上疏说：“臣马援自己思忖归身圣朝，奉侍陛下以后，位居上公的辅弼大臣从来没有一句推荐的话，也没有左右近臣相接纳的帮助。臣不自己上言，陛下又能从何处听到我的意见。身居人前不能令人推重，身居人后不能令人仰慕，与人有怨也不能被人所忧虑，臣感到耻辱。因此才不顾获罪遭忌，冒死陈述诚意。臣与隗嚣，本来就是朋友。起初，隗嚣派臣东来，对臣说：‘原来就想辅佐汉朝，愿足下前去考察。如果你认为可以投奔，那我就专心归服。’等臣返回后，对他报以赤心，实在是想引他向善，并不敢用谎言陷他于不义。而隗嚣自怀奸心，如盗贼憎恨主人，怨毒之情于是发泄到臣的身上。臣想如果不上言，那么就无法让您了解真情。臣愿听从召唤到您的起居所在，倾诉消灭隗嚣的办法，得以说尽肺腑之言，申明愚策，然后退归田亩，死也无所怨恨。”光武帝于是召马援商讨讨伐隗嚣的事情，马援说明了他的全部计划。因而光武帝派马援率领精锐骑兵五千，往来游说隗嚣的将领高峻、任禹等人，以及羌人首领，为他们讲明利害得失，以离间隗嚣的党羽。

汉高祖刘邦

［原文］

援又为书与嚣将杨广，使晓劝于嚣，曰：“春卿无恙。前别冀南，寂无音驿。援间还长安，因留上林。窃见四海已定，兆民同情，而季孟闭拒背畔，为天下表的。常惧海内切齿，思相屠裂，故遗书恋恋，以致恻隐之计。乃闻季孟归罪于援，而纳王游翁谄邪之说，自谓函谷以西，举足可定，以今而观，竟何如邪？援间至河内，过存伯春，见其奴吉从西方还，说伯春小弟仲舒望见吉，欲问伯春无它否，竟不能言，晓夕号泣，婉转尘中。又说其家悲愁之状，不可言也。夫怨雠(chóu)

可刺不可毁，援闻之，不自知泣下也。援素知季孟孝爱，曾、闵不过。夫孝于其亲，岂不慈于其子？可有子抱三木，而跳梁妄作，自同分羹之事乎？季孟平生自言所以拥兵众者，欲以保全父母之国而完坟墓也，又言苟厚士大夫而已。而今所欲全者将破亡之，所欲完者将毁伤之，所欲厚者将反薄之。季孟尝折愧子阳而不受其爵，今更共陆陆，欲往附之，将难为颜乎？若复责以重质，当安从得子主给是哉！往时子阳独欲以王相待，而春卿拒之；今者归老，更欲低头与小儿曹共槽枥而食，并肩侧身于怨家之朝乎？男儿溺死何伤而拘游哉！今国家待春卿意深，宜使牛孺卿与诸耆老大人共说季孟，若计画不从，真可引领去矣。前披舆地图，见天下郡国百有六所，奈何欲以区区二邦以当诸夏百有四乎？春卿事季孟，外有君臣之义，内有朋友之道。言君臣邪，固当谏争；语朋友邪，应有切磋。岂有知其无成，而但萎腇咋舌，叉手从族乎？及今成计，殊尚善也；过是，欲少味矣。且来君叔天下信士，朝廷重之，其意依依，常独为西州言。援商朝廷，尤欲立信于此，必不负约，援不得久留，愿急赐报。”广竟不答。

曾子

曾子名参，是孔子门下七十二贤人之一，以孝闻名。

[译文]

马援又写信给隗嚣的将领杨广，让他劝导隗嚣，信上说：“春卿别来无恙。以前相别于冀南之后，至今杳无音讯。马援闲归长安，因而停留在上林苑。窃见天下大局已定，亿万百姓同庆太平，而季孟信息闭塞，拒绝汉朝，逆行背叛，已成为天下指责的对象。我常怕国内切齿仇恨，想要相互屠杀，所以寄信表达恋恋不舍的情意，献上解救之策。且听说季孟归罪于我马援，而采纳王游翁谄媚而邪恶的建议，自以为函谷关以西，举足可定，以今天的形势来看，竟是如何呢？马援闲暇时到了河内，顺便看望伯春，见到他的奴仆吉刚从西方回来，说伯春的弟弟仲舒见到吉，想问伯春有没有危险，却难以说出口，早晚哭泣，辗转徘徊于路上。又说了他家悲苦愁闷的情况，难以言表。仇人可杀不可辱，马援听说以后，不知不觉流下泪来。马援一向知道季孟仁孝慈爱，曾子和闵子骞也不过如此。孝顺他的父母，岂能不慈爱他的儿子？可是儿子正遭囚禁，而父亲竟轻举妄动，这不是同乐羊吃用他儿子肉做的羹一样吗？季孟平素曾经说他之所以聚集兵马，是想用来保全父母世代居住的家乡而使祖坟完好，又说只想厚待士大夫而已。而现在他所想保全的将遭破坏，他所想完好的将被毁伤，他所想厚待的反而将被冷遇。季孟曾经羞辱公孙子阳而不接受他封的爵位，今天却改而随声附和，想前往依附于他，这不感到难为情吗？如果公孙述再命令他送上重要的人质，当从哪里派一个子女给他呢？过去公孙子阳想封你为王，而春卿你拒绝了；现在想辞官养老，难道要低头与小儿辈同槽而食，一起侧身于仇家的朝廷中吗？男儿溺水而死何必因忧伤而害怕游水呢？当今国家对待春卿情意深重，你应当让牛孺卿和各位元老豪杰一齐劝说季孟，如果不听劝解，完全可以转身离他而去。我不久前看地图，见到天下郡国有一百零六处，奈何季孟想以区区陇、蜀二方之地以对抗华夏一百零四郡？春卿臣事季孟，外有君臣之义，内有朋友之道。就君臣而论，自然应当谏争；以朋友而言，也应有所切磋。岂有明知他不能成功，而一味怯懦不言，袖手跟他走上族灭之路的？及早打定主意，不失从善；失去这个机会，恐怕别是一番滋味。况且来君叔是天下有名的守信用的人，朝廷敬重他，他心中也对你们依依不舍，常独自为西州说好话。马援推想朝廷，尤其想以此事树立信誉，绝不会负约。马援不能长久等待，愿速速赐以回信。”杨广竟不答复。

［原文］

八年，帝自西征嚣，至漆，诸将多以王师之重，不宜远入险阻，计冘豫未决。会召援，夜至，帝大喜，引入，具以群议质之。援因说隗嚣将帅有土崩之势，兵进有必破之状。又于帝前聚米为山谷，指画形势，开示众军所从道径往来，分析曲折，昭然可晓。帝曰：“虏在吾目中矣。”明旦，遂进军至第一，嚣众大溃。

［译文］

建武八年（32 年），光武帝亲自西征隗嚣，来到漆县，众将领多数认为王师因亲征而事关重大，不宜深入险地，计策犹豫未决。恰逢被征召的马援晚上赶到，光武帝大喜，召他进见，把众将领的意见告诉他，请他定夺。马援于是说明隗嚣将帅之间已呈现土崩瓦解之势，进军有必胜的把握。又在光武帝面前堆米粒而成山谷，解说形势，指示各军进军出入的路线，分析深入细致，明白易懂。光武帝说：“敌军已全在我眼下了。”第二天早上，就进军到第一城，隗嚣的军队大溃败。

［原文］

九年，拜援为太中大夫，副来歙（xī）监诸将平凉州。自王莽末，西羌寇边，遂入居塞内，金城属县多为虏有。来歙奏言陇西侵残，非马援

马援聚米为山

莫能定。十一年夏，玺书拜援陇西太守。援乃发步骑三千人，击破先零羌于临洮，斩首数百级，获马牛羊万余头。守塞诸羌八千余人诣援降。诸种有数万，屯聚寇钞，拒浩亹(mén)隘。援与扬武将军马成击之。羌因将其妻子辎重移阻于允吾谷，援乃潜行间道，掩赴其营。羌大惊坏，复远徙唐翼谷中，援复追讨之。羌引精兵聚北山上，援陈军向山，而分遣数百骑绕袭其后，乘夜放火，击鼓叫噪，虏遂大溃，凡斩首千余级。援以兵少，不得穷追，收其谷粮畜产而还。援中矢贯胫，帝以玺书劳之，赐牛羊数千头，援尽班诸宾客。

[译文]

建武九年（33年），任命马援为太中大夫，协助来歙监督众将领平定凉州。从王莽末年以来，西羌侵扰边地，于是入居塞内，金城郡属县大多被羌人所占有。来歙上奏说陇西受羌人侵犯和破坏，非马援去不能平定。建武十一年（35年）夏，光武帝下玺书任命马援为陇西太守。马援于是调动步兵骑兵三千人，击败先零羌于临洮，斩首数百级，俘获马牛羊一万余头。据守各要塞的羌人八千余人向马援投降。羌人各部族还有数万人，聚集起来继续抢掠，扼守关隘。马援与扬武将军马成攻打他们。羌人就把他们的妻子儿女和物资转移到允吾谷，马援于是秘密从小道前进，出其不意进攻羌人的营盘。羌人大惊，四散奔逃，又远远迁移到唐翼谷中，马援再度追踪讨伐他们。羌人把精兵集合在北山之上，马援向着北山排开阵势，而另外派出数百骑兵绕道袭击羌人的后方，乘着夜色放起火来，击鼓呐喊，羌人于是大溃败，共斩下羌人首级一千余级。马援以所率兵少，不能穷追羌人，便收取了他们的粮食牲畜就回师了。战斗中马援中箭被射穿了小腿，光武帝以玺书慰劳他，赏赐给他数千头牛羊，马援全分给了每个宾客。

[原文]

是时，朝臣以金城破羌之西，涂远多寇，议欲弃之。援上言，破羌以西城多完牢，易可依固；其田土肥壤，灌溉流通。如令羌在湟中，则为害不休，不可弃也。帝然之，于是诏武威太守，令悉还金城

客民。归者三千余口，使各反旧邑。援奏为置长吏，缮城郭，起坞候，开导水田，劝以耕牧，郡中乐业。又遣羌豪杨封譬说塞外羌，皆来和亲。又武都氐人背公孙述来降者，援皆上复其侯王君长，赐印绶(shòu)，帝悉从之。乃罢马成军。

［译文］

这时，朝臣以为金城郡破羌县以西领土，路途遥远而多敌寇，建议要放弃该地。马援上书说，破羌以西城池大多完好牢固，容易凭借它来坚守；那里的土地肥沃，灌溉便利。如果让羌人留在湟中，那将为害无穷，该地不可放弃。光武帝同意他的意见，于是下诏武威太守，命他全部遣还金城郡在武威客居的民户。回去的有三千余口，让他们各回家乡。马援上奏朝廷为各县任命了地方官，修缮了城郭，建筑起坞壁亭候，开发水田，鼓励百姓从事农耕畜牧，郡中人人安居乐业。又派遣羌人首领杨封劝说塞外的羌人，都来和亲。又有武都的氐族人背叛公孙述前来投降，马援都上奏朝廷要求恢复他们侯王君长的地位，赐给印绶，光武帝全都听从。马援于是撤回了马成的军队。

［原文］

十三年，武都参狼羌与塞外诸种为寇，杀长吏。援将四千余人击之，至氐(dǐ)道县，羌在山上，援军据便地，夺其水草，不与战，羌遂穷困，豪帅数十万户亡出塞，诸种万余人悉降，于是陇右清静。

［译文］

建武十三年（37 年），武都参狼羌和塞外的各部族犯境，杀死地方官。马援率领四千余人进攻他们，抵达氐道县（汉属陇西）。羌人在山上，马援的军队占据有利地形，抢占水草丰盛的地方，不同羌人作战，羌人因缺乏水草而陷于困境，首领率领数十万户逃亡出塞，其他各部族一万多人全都投降了，于是陇右地区和平安定下来。

［原文］

援务开恩信，宽以待下，任吏以职，但总大体而已。宾客故人，日满其门。诸曹时白外事，援辄曰："此丞、掾之任，何足相烦。颇哀老子，使得遨游。若大姓侵小民，黠(xiá)羌欲旅距，此乃太守事耳。"傍县尝有报仇者，吏民惊言羌反，百姓奔入城郭。狄道长诣门，请闭城发兵。援时与宾客饮，大笑曰："烧虏何敢复犯我。晓狄道长归守寺舍，良怖急者，可床下伏。"后稍定，郡中服之。视事六年，征入为虎贲中郎将。

[译文]

马援致力于广施恩惠和树立威信，待下属宽容，郡中事务委托下属办理，他只处理大事而已。他的家里天天都聚满了宾客和朋友。各曹官员有时前来报告外面发生的事情，马援就说：“这都是郡丞、掾吏的责任，怎么需要我来操烦。可怜可怜我这个老头子，让我随意与朋友交往。如果是大姓欺侮贫民，狡猾的羌人想聚众闹事，那才是我太守该办的事情。”附近的县曾发生报仇的事件，官吏和平民惊惶地传言羌人造反了，百姓逃进城里。狄道长官来到马援家门外，请求关闭城门出兵守城。马援当时和宾客正在饮酒，大笑说：“那些人怎敢再度侵犯我郡。告诉狄道长官叫他回去守在县衙里，真是害怕极了，可以躲到床下去。”后来城里逐渐平静下来，郡中人都很佩服马援。马援治理陇西六年，后被调入朝中任虎贲中郎将。

[原文]

初，援在陇西上书，言宜如旧铸五铢(zhū)钱。事下三府，三府奏以为未可许，事遂寝。及援还，从公府求得前奏，难十余条，乃随牒解释，更具表言。帝从之，天下赖其便。援自还京师，数被进见。为人明须发，眉目如画。闲于进对，尤善述前世行事。每言及三辅长者，下至闾(lǘ)里少年，皆可观听。自皇太子、诸王侍闻者，莫不属耳忘倦。又善兵策，帝常言“伏波论兵，与我意合”，每有所谋，未尝不用。

[译文]

起初，马援在陇西上书，建议应当像西汉时一样铸造五铢钱。此事下到三府研究，三府上奏以为不能批准，这件事就搁置了起来。等到马援回到京师，从三府里找到前次的奏章，对提出质疑的十余条意见，随文逐一加以解释，再度上表提出建议。光武帝接受了他的主张，天下通过铸币得到了好处。马援自从回到京师，多次被召见。他人长得须发光亮，容貌如画。精于应答，尤其善于叙述前代的事情。每说到三辅元老，下至闾里少年，都很动听。包括皇太子、诸侯王等随侍在光武帝身边旁听的人，无不聚精会神，乐而忘疲。又善于兵书战策，光武帝常说：“伏波论兵，与我的设想符合。”每次提出计划，光武帝未曾不采纳。

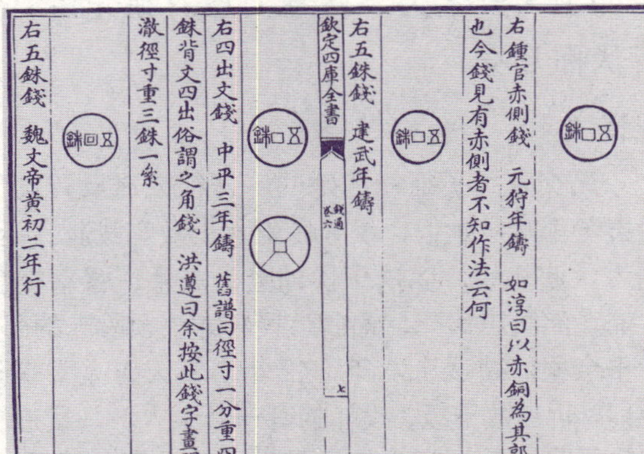
右鍾官赤側錢　元狩年鑄　如淳曰以赤銅為其郭也今錢見有赤側者不知作法云何
右五銖錢　建武年鑄
欽定四庫全書
錢通　卷六
右四出文錢　中平三年鑄　舊譜曰徑寸一分重四銖背文四出俗謂之角錢　洪遵曰余按此錢字畫明澈徑寸重三銖一絫
右五銖錢　魏文帝黄初二年行

汉魏五铢钱

[原文]

初，卷人维汜(sì)，妖言称神，有弟子数百人，坐伏诛。后其弟子李广等宣

言汜神化不死，以诳惑(huò)百姓。十七年，遂共聚会徒党，攻没皖城，杀皖侯刘闵，自称“南岳大师”。遣谒者张宗将兵数千人讨之，复为广所败。于是使援发诸郡兵，合万余人，击破广等，斩之。

［译文］

起初，卷县人维汜，妖言惑众自称为神，有弟子数百人，因此被处死。后来他的弟子李广等宣称维汜已化身为神，并没有死去，以欺骗和迷惑百姓。建武十七年（41年），李广等就一起聚集徒党，攻陷皖城，杀死皖城侯刘闵，自称“南岳大师”。朝廷派遣谒者张宗率兵数千人讨伐他们，又被李广所打败。于是派马援调发各郡兵马，集合一万多人，击败李广等人，将其斩首。

［原文］

又交阯(zhǐ)女子征侧及女弟征贰反，攻没其郡，九真、日南、合浦蛮夷皆应之，寇略岭外六十余城，侧自立为王。于是玺书拜援伏波将军，以扶乐侯刘隆为副，督楼船将军段志等南击交阯。军至合浦而志病卒，诏援并将其兵。遂缘海而进，随山刊道千余里。十八年春，军至浪泊上，与贼战，破之，斩首数千级，降者万余人。援追征侧等至禁溪，数败之，贼遂散走。明年正月，斩征侧、征贰，传首洛阳。封援为新息侯，食邑三千户。援乃击牛酾(shāi)酒，劳飨军士。从容谓官属曰：“吾从弟少游常哀吾慷慨多大志，曰：‘士生一世，但取衣食裁足，乘下泽车，御款段马，为郡掾史，守坟墓，乡里称善人，斯可矣。致求盈余，但自苦耳。’当吾在浪泊、西里间，虏未灭之时，下潦(lǎo)上雾，毒气重蒸，仰视飞鸢(yuān)跕跕堕(duò)水中，卧念少游平生时语，何可得也！今赖士大夫之力，被蒙大恩，猥先诸君纡(yū)佩金紫，且喜且惭。”吏士皆伏称万岁。

［译文］

又交阯女子征侧和她的妹妹征贰造反，攻陷所在郡城，九真、日南、合浦的蛮夷全都响应她们，侵夺岭南六十余座城池，征侧自立为王。于是朝廷玺书任命马援为伏波将军，以扶乐侯刘隆为副手，督率楼船将军段志等南击交阯。大军来到合浦，而段志病死，诏命马援合并统领段志的部下。于是沿着海边进军，逢山开道一千余里。建武十八年（42年）春天，大军来到浪泊山上，与贼兵交战，攻破了他们，斩首数千级，投降的有一万余人。马援追击征侧等人到禁溪，多次击败他们，贼兵于是逃散。第二年正月，斩杀征侧、征贰，传首级到洛阳。封马援为新息侯，享用三千户的赋税。马援于是杀牛斟酒，犒赏将士。他从容地告诉属下说：“我从

弟马少游常常怜惜我慷慨多大志，说：‘士生一世，只求衣食温饱，乘短毂车，骑慢步马，当郡中小吏，厮守祖宗坟墓，被乡里称为积善之人，这就可以了。追求多余的东西，只有自寻苦恼。’当我在浪泊、西里之间，敌虏尚未消灭的时候，下有沼泽，上有雾气，毒气蒸腾，仰望飞鹰挣扎着坠落到水中，躺着想起少游平素说过的话，那种知足的生活，哪里能得到呢？今天仰仗士大夫们的力量，蒙受大恩，耻先于诸君佩戴金紫，真是既欢喜又惭愧。”吏士们都伏身欢呼万岁。

［原文］

援将楼船大小二千余艘，战士二万余人，进击九真贼征侧余党都羊等，自无功至居风，斩获五千余人，峤南悉平。援奏言西于县户有三万二千，远界去庭千余里，请分为封溪、望海二县，许之。援所过辄为郡县治城郭，穿渠灌溉，以利其民。条奏越律与汉律驳者十余事，与越人申明旧制以约束之，自后骆越奉行马将军故事。

［译文］

马援率大大小小的楼船二千余艘，战士二万余人，进攻九真郡贼人和征侧的余党都羊等人，从无功追到居风，斩杀俘获五千余人，峤南一带全部平定。马援上奏说西于县有三万二千户，边远地区距离县城一千余里，请求将其分为封溪、望海二县，诏书批准了。马援所过之处就为当地郡县整修城郭，挖渠灌溉，以便利当地百姓。他逐条上奏越地法律与汉朝法律相矛盾的情况十余件事，与越族人申明旧法制以约束他们，从此以后骆越奉行马将军制度。

伯乐相马

“千里马常有，而伯乐不常有。”传说千里马长成了，却套着盐车攀爬太行山，后蹄伸直，前膝弯曲，尾巴下垂，脚趾都磨烂了，盐水洒了一地，自己也累得直流汗，爬到半山坡的时候就不再向前了，负载着辕车爬不上去。这时碰到了伯乐，伯乐下车抚摸着马，为它伤心流泪，他脱下自己的麻布衣裳披在千里马身上。这幅画表现的就是伯乐看到千里马被用于拉车时的场景。

［原文］

二十年秋，振旅还京师，军吏经瘴（zhàng）疫（yì）死者十四五。赐援兵车一乘，朝见位次九卿。

援好骑，善别名马，于交阯得骆越铜鼓，乃铸为马式，还上之。因表曰：“夫行天莫如龙，行地莫如马。马者甲兵之本，国之大用。安

宁则以别尊卑之序，有变则以济远近之难。昔有骐骥，一日千里，伯乐见之，昭然不惑。近世有西河子舆（yú），亦明相法。子舆传西河仪长孺，长孺传茂陵丁君都，君都传成纪杨子阿，臣援尝师事子阿，受相马骨法。考之于行事，辄有验效。臣愚以为传闻不如亲见，视景不如察形。今欲形之于生马，则骨法难备具，又不可传之于后。孝武皇帝时，善相马者东门京铸作铜马法献之，有诏立马于鲁班门外，则更名鲁班门曰金马门。臣谨依仪氏輢，中帛氏口齿，谢氏唇鬐（chún qí），丁氏身中，备此数家骨相以为法。”马高三尺五寸，围四尺五寸。有诏置于宣德殿下，以为名马式焉。

［译文］

建武二十年（44年）秋天，全军凯旋，军吏因瘴疫死去的有十分之四五。赐给马援兵车一辆，朝见时位居九卿之后。

马援好骑马，善于鉴别名马，于交阯缴获骆越铜鼓，于是铸成好马模型，回来时献给光武帝。因此上表说：“行天莫如龙，行地莫过马。马是军队之本，国家最有用的东西。安宁的时候可以用来区别尊卑的次第，动乱的时候可以援救远近发生的危难。过去有匹马叫骐骥，一日可行千里，伯乐发现了它，认出它是良马而不受它落魄形象的迷惑。近代有西河的子舆，也精通相马方法。子舆传相马法给西河的仪长孺，仪长孺又传给茂陵的丁君都，丁君都又传给成纪的杨子阿，臣马援曾拜子阿为师，学习相马骨的方法。考验于相马实践，就有实际成效。臣愚昧以为传闻不如亲见，观影子不如察近形。今日想用活马来反映名马的标准，而骨法难以完全具备，又不可能传之于后世。孝武皇帝时，有个善于相马的人叫东门京的曾铸造铜马模型献给武帝，有诏令立铜马于鲁班门外，就改叫鲁班门为金马门。臣谨按仪氏的相马头法，中帛氏的相马口齿法，谢氏的相马唇和马鬣法，丁氏的相马腹法，备齐这数家骨相的标准做成模型。”铜马高三尺五寸，身围四尺五寸。有诏命放置在宣德殿下，以为名马样式。

［原文］

初，援军还，将至，故人多迎劳之，平陵人孟冀（jì），名有计谋，于坐贺援。援谓之曰：“吾望子有善言，反同众人邪？昔伏波将军路博德开置七郡，裁封数百户；今我微劳，猥飨大县，功薄赏厚，何以能长久乎？先生奚用相济？”冀曰：“愚不及。”援曰：“方今匈奴、乌桓尚扰北边，欲自请击之。男儿要当死于边野，以马革裹尸还葬耳，何能卧床上在儿女子手中邪？”冀曰：“谅为烈士，当如此矣。”

［译文］

当初，马援回师，快到洛阳的时候，旧友多前去迎接和慰劳他，平陵人孟冀以富有计谋闻名，也在迎贺马援的客人中。马援对他说："我希望你能有良言相告，怎么反而同众人一样呢？过去伏波将军路博德开辟七郡之地，只封数百户侯；今天我只有微小的功劳，辱受大县，功薄赏厚，怎么能长久呢？先生有什么良策相助？"孟冀说："愚下想不出什么办法。"马援说："当今匈奴、乌桓尚在骚扰北方边疆，我想自己请求率军攻打他们。男儿若死就应当死在边野，用马革裹尸归葬，怎么能躺在床上死在儿女手中呢？"孟冀说："如做烈士，应当如此。"

［原文］

还月余，会匈奴、乌桓（huán）寇扶风，援以三辅侵扰，园陵危逼，因请行，许之。自九月至京师，十二月复出屯襄国。诏百官祖道。援谓黄门郎梁松、窦固曰："凡人为贵，当使可贱，如卿等欲不可复贱，居高坚自持，勉思鄙言。"松后果以贵满致灾，固亦几不免。

［译文］

回京一月有余，逢匈奴、乌桓入侵扶风，马援以三辅受到侵扰，汉家园陵遭到危险，因此请求出征，光武帝同意了他的请求。从九月到京师，十二月又离京去屯守襄国。诏命百官送行。马援告诉黄门侍郎梁松、窦固说："凡人富贵的时候，也应当让自己可以卑下，如果卿等不想使自己卑下，居高位顽固自守，就要好好想想我的鄙薄之言。"梁松以后果然以富贵盛满而招致灾祸，窦固也几乎难以幸免。

耿纯

耿纯，字伯山。钜鹿宋子（今河北赵县北）人，东汉大将，开国功臣，"云台二十八将"之一。

［原文］

明年秋，援乃将三千骑出高柳，行雁门、代郡、上谷障塞。乌桓候者见汉军至，虏遂散去，援无所得而还。

援尝有疾，梁松来候之，独拜床下，援不答。松去后，诸子问曰："梁伯孙帝婿，贵重朝廷，公卿已下莫不惮之，大人奈何独不为礼？"援曰："我乃松父友也。虽贵，何得失其序乎？"松由是恨之。

［译文］

第二年秋天，马援只率领三千骑兵而离开高柳，巡行雁门、代郡、上谷各障塞。乌桓侦探见汉军来到，敌虏于是逃散，马援没有什么收获就回来了。

马援曾经有病，梁松来问候他，独自拜于床下，马援并不还礼。梁松走了以后，儿子们问道："梁伯孙是皇帝的女婿，在朝廷中地位贵重，公卿以下百官没有不畏忌他的，大人为何独独不以礼相待？"马援说："我是梁松父亲的朋友，他虽然贵重，怎么能不顾长幼之序呢？"梁松从此憎恨马援。

［原文］

二十四年，武威将军刘尚击武陵五溪蛮夷，深入，军没，援因复请行。时年六十二，帝愍(mǐn)其老，未许之。援自请曰："臣尚能被甲上马。"帝令试之。援据鞍顾眄(miǎn)，以示可用。帝笑曰："矍铄(jué shuò)哉是翁也！"遂遣援率中郎将马武、耿舒、刘匡、孙永等，将十二郡募士及弛刑四万余人征五溪。援夜与送者诀，谓友人谒者杜愔(yīn)曰："吾受厚恩，年迫余日索，常恐不得死国事。今获所愿，甘心瞑目，但畏长者家儿或在左右，或与从事，殊难得调，介介独恶是耳。"明年春，军至临乡，遇贼攻县，援迎击，破之，斩获二千余人，皆散走入竹林中。

［译文］

建武二十四年（48年），武威将军刘尚进攻武陵五溪的蛮夷，孤军深入，全军覆没，马援因而再次要求出征。当时他年已六十二岁，光武帝怜惜他年老，未予批准。马援自己请求说："臣还能披甲上马。"光武帝令他试一试。马援骑在马上左顾右盼，表示可以被任用。光武帝笑道："此翁勇健啊！"于是派遣马援率领中郎将马武、耿舒、刘匡、孙永等人，指挥十二郡招募来的士兵以及弛刑徒共四万余人征伐五溪蛮夷。马援晚上与相送的人告别，对友人谒者杜愔说："我受国家厚恩，年老余日不多，常常害怕不能死于国事。今获所愿，甘心瞑目，但畏惧权贵家的子弟或留在皇帝左右，或与他们共事，实在难以协调，耿耿于怀，唯独厌恶这一点啊。"第二年春天，军队到达临乡，遇到贼兵攻县，马援迎击，打败了他们，斩杀俘获两千多人，蛮夷都分散逃入竹林中。

［原文］

初，军次下隽(jùn)，有两道可入，从壶头则路近而水崄，从充则涂夷而运远，帝初以为疑。及军至，耿舒欲从充道，援以为弃日费粮，不如进壶头，扼其喉咽，充贼自破。以事上之，帝从援策。三月，进营壶头。贼乘高守隘(ài)，水疾，船不得上。会暑甚，士卒多疫死，援亦中病，遂困，乃穿岸为室，以避炎气。贼每升险鼓噪，援辄曳足以观

之，左右哀其壮意，莫不为之流涕。耿舒与兄好畤(zhì)侯弇(yǎn)书曰：“前舒上书当先击充，粮虽难运而兵马得用，军人数万争欲先奋。今壶头竟不得进，大众怫郁行死，诚可痛惜。前到临乡，贼无故自致，若夜击之，即可殄灭。伏波类西域贾胡，到一处辄止，以是失利。今果疾疫，皆如舒言。”弇得书，奏之。帝乃使虎贲中郎将梁松乘驿责问援，因代监军。会援病卒，松宿怀不平，遂因事陷之。帝大怒，追收援新息侯印绶。

耿弇

耿弇字伯昭，扶风茂陵（今陕西兴平东北）人。东汉中兴名将，“云台二十八将”之一。西汉末，从刘秀起兵，任大将军。刘秀称帝后，任建威大将军，封好畤侯。

［译文］

起初，军队开到下隽，有两条路可走，从壶头走路近但水险，从充县走路途平坦而运送军需却较远，光武帝当初对此也很犹豫。等到军队开到时，耿舒想从充县走，马援以为会拖延时间，耗费军粮，不如进入壶头，据有咽喉要地，充县的贼兵不攻自破。以此争议上报，光武帝批准了马援的战策。三月，进据壶头。贼寇登高守隘，河水湍急，船只难以前进。恰遇天气很热，不少士兵生病而死。马援也得了病，于是被困，只好挖山洞为屋室，以躲避热气。贼寇每次登上险要地势，击鼓呐喊，马援就拖着病体出来观察动静，左右之人同情他的壮烈气概，无不为之流涕。耿舒给他哥哥好畤侯耿弇写信说：“之前我上书建议应当先攻打充县，粮食虽然难运而兵马可以使用起来，数万军人争当先锋。如今陷于壶头竟然不能前进，大军郁闷将死，实在令人痛惜。以前大军刚到临乡，贼兵无故自来，如果晚上进攻他们，立即可以彻底消灭他们。伏波将军像西域胡商一样，到一个地方就停留下来，因此失利。现在果然流行疾病，都和我所预料的一样。”耿弇得到信，上奏光武帝。光武帝于是派虎贲中郎将梁松乘驿车前往责问马援，进而代他监军。正逢马援病死，梁松旧恨未平，于是利用此事陷害马援。光武帝大怒，收回马援的新息侯印绶。

［原文］

初，兄子严、敦并喜讥议，而通轻侠客。援前在交阯，还书诫之曰：“吾欲汝曹闻人过失，如闻父母之名，耳可得闻，口不可得言也。好论议人长短，妄是非正法，此吾所大恶也，宁死不愿闻子孙有此行也。汝曹知吾恶之甚矣，所以复言者，施衿结褵，申父母之戒，欲使

汝曹不忘之耳。龙伯高敦厚周慎，口无择言，谦约节俭，廉公有威，吾爱之重之，愿汝曹效之。杜季良豪侠好义，忧人之忧，乐人之乐，清浊无所失，父丧致客，数郡毕至，吾爱之重之，不愿汝曹效也。效伯高不得，犹为谨敕之士，所谓刻鹄(hú)不成尚类鹜(wù)者也。效季良不得，陷为天下轻薄子，所谓画虎不成反类狗者也。讫今季良尚未可知，郡将下车辄切齿，州郡以为言，吾常为寒心，是以不愿子孙效也。”季良名保，京兆人，时为越骑司马。保仇人上书，讼保“为行浮薄，乱群惑众，伏波将军万里还书以诫兄子，而梁松、窦固以之交结，将扇其轻伪，败乱诸夏”。书奏，帝召责松、固，以讼书及援诫书示之，松、固叩头流血，而得不罪。诏免保官。伯高名述，亦京兆人，为山都长，由此擢拜零陵太守。

［译文］

当初，马援哥哥之子马严、马敦都喜欢作尖刻的议论，而且结交轻薄的侠客。马援以前在交阯的时候，回信告诫他们说："我希望你们听到别人的过失，就好像听到父母的名字一样，耳朵可以听，口中却不能够说。好议论别人的长短，狂妄地评定时政的是非，这是我所深恶痛绝的，我宁死也不愿意听到子孙有这种行为。你们知道我厌恶这种行为，之所以再次提醒，是因为要像施襟结褵一般，申明父母的劝诫，想让你们不要忘记罢了。龙伯高为人敦厚谨慎，所说的话无可挑剔，谦逊节俭，清廉公正而有威信，我爱戴他，敬重他，希望你们仿效他。杜季良豪侠仗义，忧他人之忧，乐他人之乐，处事轻重适当，他父亲的丧礼上要招待吊唁的客人，许多郡的人都到了，我爱戴他，敬重他，但不愿你们仿效他。仿效龙伯高而达不到，仍然可以成为谨慎的人，所谓画天鹅不成还能像鸭子。仿效杜季良而达不到，将堕落为天下放荡子，所谓画虎不成反而像狗了。迄今为止杜季良的前途还难以预料，凡郡太守一上任就对他咬牙切齿，州郡都说他的坏话，我常常为此寒心，所以不愿子孙仿效他。"季良名保，京兆人，当时为越骑司马。杜保的仇人上书，告杜保"行为轻薄，惑乱群众，伏波将军万里回信以告诫兄子，而梁松、窦固却和他结交，将会煽动轻浮奸诈的人，败坏和扰乱国家。"此书上奏后，光武帝召见梁松、窦固予以斥责，以上告信和马援劝诫兄子的信给他们看，梁松、窦固叩头叩得流血覆面，才得以不受惩罚。下诏免去杜保的官职。龙伯高名述，也是京兆人，为山都县县长，因此擢升为零陵太守。

［原文］

初，援在交阯，常饵薏(yì)苡(yǐ)实，用能轻身省欲，以胜瘴气。南方薏苡实大，援欲以为种，军还，载之一车。时人以为南土珍怪，权贵皆

望之。援时方有宠，故莫以闻。及卒后，有上书谮(zèn)之者，以为前所载还，皆明珠文犀。马武与於陵侯侯昱等，皆以章言其状，帝益怒。援妻孥(nú)惶(huáng)惧，不敢以丧还旧茔，裁买城西数亩地槁葬而已。宾客故人莫敢吊会。严与援妻子草索相连，诣阙请罪。帝乃出松书以示之，方知所坐，上书诉冤，前后六上，辞甚哀切，然后得葬。

[译文]

起初，马援在交阯，常吃薏苡籽，吃了能轻身益气，消除杂念，可以克除瘴气对身体的伤害。南方薏苡籽大，马援想留作种子，军队返回时，装了一车。当时人们以为装的是南方的珍奇宝物，权贵们都很忌妒他。马援当时正受宠信，所以没有人上告。等马援死了以后，有人上书告发他，以为以前运回的，都是明珠和有纹理的犀牛角。马武和於陵侯侯昱等人全上书告发这件事，光武帝越发愤怒。马援的妻子儿女十分恐惧，不敢把马援的尸体埋回家族的墓地去，只买了洛阳城西几亩地草草掩埋起来。宾客和旧友不敢来吊丧会葬。马严和马援的妻儿自己用草绳连带着捆绑起来，到宫阙前请罪。光武帝于是拿出梁松的奏书给他们看，他们才知道被处罚的缘由，上书诉说冤情，前后共六次，言辞十分哀伤悲切，然后才得以正式下葬。

[原文]

又前云阳令同郡朱勃诣阙上书曰：

“臣闻王德圣政，不忘人之功，采其一美，不求备于众。故高祖赦蒯通而以王礼葬田横，大臣旷然，咸不自疑。夫大将在外，谗言在内，微过辄记，大功不计，诚为国之所慎也。故章邯畏口而奔楚，燕将据聊而不下。岂其甘心末规哉，悼巧言之伤类也。

[译文]

又与马援同郡的前云阳令朱勃到宫阙前上书说：

“臣听说圣德的帝王理政，不忘人臣的功劳，采用他的某一方面美德，而不要求他具备所有的优点。因此汉高祖赦免蒯通而用王礼殡葬田横，使大臣心胸开阔，都不自疑。大将在外，谗言在内，小过必究，大功不计，实在是治理国家所应当避免的。因为有这种情况存在，所以章邯畏惧谗言而投降了项羽，燕国的将军攻下了聊城而不敢回国。难道是他们甘心出此下策吗，实在是痛心巧言的伤害啊。

[原文]

“窃见故伏波将军新息侯马援，拔自西州，钦慕圣义，间关险难，触冒万死，孤立群贵之间，傍无一言之佐，驰深渊，入虎口，岂顾计哉！宁自知当要七郡之使，徼(jiào)封侯之福邪？八年，车驾西讨隗嚣(wěi xiāo)，国

计狐疑，众营未集，援建宜进之策，卒破西州。及吴汉下陇，冀路断隔，唯独狄道为国坚守，士民饥困，寄命漏刻。援奉诏西使，镇慰边众，乃招集豪杰，晓诱羌戎，谋如涌泉，势如转规，遂救倒悬之急，存几亡之城，兵全师进，因粮敌人，陇、冀略平，而独守空郡，兵动有功，师进辄克。铢锄先零，缘入山谷，猛怒力战，飞矢贯胫。又出征交阯，土多瘴气，援与妻子生诀，无悔吝之心，遂斩灭征侧，克平一州。间复南讨，立陷临乡，师已有业，未竟而死，吏士虽疫，援不独存。夫战或以久而立功，或以速而致败，深入未必为得，不进未必为非。人情岂乐久屯绝地，不生归哉！惟援得事朝廷二十二年，北出塞漠，南度江海，触冒害气，僵死军事，名灭爵绝，国土不传。海内不知其过，众庶未闻其毁，卒遇三夫之言，横被诬罔之谗，家属杜门，葬不归墓，怨隙并兴，宗亲怖栗。死者不能自列，生者莫为之讼，臣窃伤之。

[译文]

“窃见原伏波将军新息侯马援，出身于西州，钦慕皇帝的圣德仁义，历经艰险，甘冒万死，独立于群贵之中，身旁没有一人相助，奔深渊，入虎口，岂有为自己打算的呢！难道他自知会担任七郡的使命，获取封侯的福分吗？建武八年（32 年），陛下西讨隗嚣，国家决策狐疑未定，众军尚未集中，马援提出应当进军的建议，终于击败西州。等到吴汉从陇右撤回，入冀县的道路断绝，唯独狄道为国坚守，士民饥饿疲劳，命在旦夕。马援奉诏出使西方，安慰边地民众，于是招集豪杰，劝诱羌戎，计谋如泉涌出，战势如转圆规，于是解救了边地的倒悬之急，保存了几乎败亡的城池，士兵保全而挥师进击，取敌人的粮食而食，陇、冀平定，而马援独守空郡，兵一动便有功劳，师一进就能取胜。铢锄先零羌，追入山谷，奋勇力战，飞矢穿透小腿。又出征交阯，当地常有瘴气，马援与妻子儿女生死诀别，没有悔恨之心，于是剿灭征侧，平定交州。之后再度南征，立即攻陷临乡，出师已有业绩，事业未成而身先死，将士虽患疫病，马援也没有独存。战争或者因持久而建立功勋，或者以速决而招致失败，深入攻敌未必就对，迟疑不进未必就非。人情岂是乐意长久驻扎在绝地，不想生还吗？只是马援服务朝廷二十二年，北出大漠，南越江海，身染瘴气，死在战场之上，反而功名消失，爵位回收，封国不能传给后人。海内不知道他的过失，百姓没听说他的丑行，突遇三个人的片面之词，横遭诬蔑不实的诽谤，家属闭门不敢交往，尸体不能葬入祖坟，怨恨一齐降临，宗族亲属战战兢兢。死者不能自洗冤屈，生者不能为他辩白，臣暗自悲伤。

[原文]

“夫明主醲（nóng）于用赏，约于用刑。高祖尝与陈平金四万斤以间楚

军，不问出入所为，岂复疑以钱谷间哉？夫操孔父之忠，而不能自免于谗，此邹阳之所悲也。《诗》云：“取彼谗人，投畀(bì)豺虎。豺虎不食，投畀有北。有北不受，投畀有昊。”此言欲令上天而平其恶。惟陛下留思竖儒之言，无使功臣怀恨黄泉。臣闻《春秋》之义，罪以功除；圣王之祀，臣有五义。若援，所谓以死勤事者也。愿下公卿平援功罪，宜绝宜续，以厌海内之望。

“臣年已六十，常伏田里，窃感栾布哭彭越之义，冒陈悲愤，战栗阙庭。”

书奏，报，归田里。

［译文］

“明主重于用赏，轻于用刑。汉高祖曾给陈平黄金四万斤以离间楚军，不问他如何使用，难道还会怀疑他把钱粮私吞了吗？具有孔夫子的忠诚而不能免于谗言的伤害，这是邹阳之所以悲哀的事。《诗经》说：“抓住那个造谣的人，丢给豺虎去吃掉。豺虎如果不吃，放逐他去北方。北方如果不接受，让老天去惩罚他。”意思是想叫上天来评定他的罪恶。希望陛下能留意我这个无知儒生的话，不要让功臣怀恨于黄泉之下。臣听说《春秋》的经义，罪过可用功劳来抵消，圣王的祭祀礼义，为臣的做到五义就可以配享祭祀了。比如马援，是所谓死于勤王之事的人。愿下令公卿评议马援的功罪，该断的断，该续的续，以平息海内的不满。

“臣年已六十，常隐居民间，栾布不顾禁令哭祭无辜受戮的彭越，我受他正义之举的感染，冒死陈述心中的悲愤，战战兢兢于宫阙之前。”

书奏上，获回报，朱勃就返回乡里了。

［原文］

勃字叔阳，年十二能诵《诗》《书》。常候援兄况。勃衣方领，能矩步，辞言娴(xián)雅，援裁知书，见之自失。况知其意，乃自酌酒慰援曰：“朱勃小器速成，智尽此耳，卒当从汝禀学，勿畏也。”朱勃未二十，右扶风请试守渭城宰，及援为将军，封侯，而勃位不过县令。援后虽贵，常待以旧恩而卑侮之，勃愈身自亲，及援遇谗，唯勃能终焉。肃宗即位，追赐勃子谷二千斛。

［译文］

朱勃字叔阳，十二岁就能朗诵《诗》《书》。曾拜见马援的哥哥马况。朱勃穿着学者的带方领的服装，能按规矩行走，言辞沉静文雅，马援才能识字，对比朱勃他怅然若失。马况明白他的心思，于是亲自斟酒安慰马援说：“朱勃小器速成，智能

汉明帝马皇后

汉明帝之皇后马氏，伏波将军马援之幼女，十三岁入宫，十八岁时明帝即位，封为贵人，奉命抚育贾贵人所生皇子刘炟，二十一岁册封皇后，三十六岁时刘炟即位，被尊为皇太后，章帝建初四年（79年）病逝，年方四十，主领后宫二十余年，谦谨贤德，内外称颂。

已到顶了，终究会向你请教，不必害怕他。”朱勃未满二十岁，右扶风太守请他试作渭城县宰，等到马援成为将军，封了侯，而朱勃官位不过县令。马援虽然富贵，常以旧友身份对待朱勃而又爱戏弄他，朱勃更加与他亲近，等到马援遭谗言时，只有朱勃能保全朋友之道。肃宗即位，追赐朱勃之子粮食两千斛。

［原文］

初，援兄子婿王磐(pán)子石，王莽从兄平阿侯仁之子也。莽败，磐拥富赀(zī)居故国，为人尚气节而爱士好施，有名江淮间。后游京师，与卫尉阴兴、大司空朱浮、齐王章共相友善。援谓姊子曹训曰：“王氏，废姓也。子石当屏居自守，而反游京师长者，用气自行，多所陵折，其败必也。”后岁余，磐果与司隶校尉苏邺、丁鸿事相连，坐死洛阳狱。而磐子肃复出入北宫及王侯邸第。援谓司马吕种曰：“建武之元，名为天下重开。自今以往，海内日当安耳。但忧国家诸子并壮，而旧防未立，若多通宾客，则大狱起矣。卿曹戒慎之！”及郭后薨，有上书者，以为肃等受诛之家，客因事生乱，虑致贯高、任章之变。帝怒，乃下郡县收捕诸王宾客，更相牵引，死者以千数。吕种亦豫其祸，临命叹曰：“马将军诚神人也！”

［译文］

起初，马援哥哥的女婿王磐字子石，是王莽从兄平阿侯王仁的儿子。王莽失败后，王磐拥有大量钱财住在原封国，为人崇尚气节而爱结交士人，又好施舍，闻名江淮之间。后来游历京师，与卫尉阴兴、大司空朱浮、齐王刘章一起相互友好亲善。马援告诉姐姐之子曹训说：“王氏，废黜的姓氏。子石本当闭门自守，反而交游京师的豪贵，任气妄为，多次折辱他人，他的失败是必然的。”一年多以后，王磐果然与司隶校尉苏邺、丁鸿所犯的事相牵连，因而死在洛阳狱中。而王磐的儿子王肃，又出入于北宫和王侯的府邸。马援对司马吕种说：“建武这个年号，标志着天下重建。从今以后，海内日益安定。只忧虑皇帝儿子们都已长大，而诸王子不许交通宾客的旧法制未曾重申，如果多交宾客，那么大狱就将要出现了。你等要小心对待啊！”等到郭后死去，有人上书，认为王肃等被诛杀的罪臣家的人，作为王子宾客若利用机会作乱，恐怕会导致贯高、任章一类的事变。光武帝大怒，于是下令郡县搜捕诸王的宾客，互相牵连，为此死的人有一千多人。吕种也遭到此祸，临死时叹道：“马将军真是神人啊！”

［原文］

永平初，援女立为皇后。显宗图画建武中名臣、列将于云台，以椒(jiāo)房故，独不及援。东平王苍观图，言于帝曰：“何故不画伏波将军像？”帝笑而不言。至十七年，援夫人卒，乃更修封树，起祠堂。

［译文］

永平初年，马援的女儿立为皇后。显宗命人在云台画建武时期的名臣、众将的画像，因为是外戚的缘故，唯独不画马援。东平王刘苍参观画像，对明帝说：“为何不画伏波将军像？”明帝笑而不答。到了永平十七年（74年），马援夫人死了，才重修墓树，建立祠堂。

［原文］

建初三年，肃宗使五官中郎将持节追策，谥援曰忠成侯。

四子：廖(liào)，防，光，客卿。

客卿幼而岐嶷(qí yí)，年六岁，能应接诸公，专对宾客。尝有死罪亡命者来过，客卿逃匿，不令人知。外若讷而内沈敏。援甚奇之，以为将相器，故以客卿字焉。援卒后，客卿亦夭没。

明德皇后

马援的女儿是汉明帝皇后，被谥为明德皇后。

［译文］

建初三年（78年），肃宗派五官中郎将持节追封，赐马援谥号为忠成侯。

马援有四个儿子：马廖、马防、马光、马客卿。

马客卿幼年聪慧，六岁时，就能应酬接待贵客，单独应对宾客。曾有一个犯死罪逃亡的人前来投靠，马客卿将他藏起来不让人知道。他外表好像木讷，而内心沉稳聪敏。

马援十分惊奇，认为他是将相之材，所以用客卿作字。马援死后，马客卿也夭亡了。

［原文］

论曰：马援腾声三辅，遨(áo)游二帝，及定节立谋，以干时主，将怀负鼎之愿，盖为千载之遇焉。然其戒人之祸，智矣，而不能自免于谗隙。岂功名之际，理固然乎？夫利不在身，以之谋事则智；虑不私己，以之断义必厉。诚能回观物之智而为反身之察，若施之于人则能恕，自鉴其情亦明矣。

［译文］

评论说：马援名扬三辅，遨游于二帝之间，等到节守定，计谋立，自荐于当时的明主，怀有进用的愿望，以为碰上千载难逢的机遇。然而他劝别人避祸，实在明智，而自己却不能避免被谗言所伤害。难道追逐功名之时，必然免不了这种事吗？利害不涉及自身，在这种情况下谋划事情就明智；忧虑不顾及自身，在这种情况下判断事宜必定危险。如果能把观察事物的明智反转回来而反躬自省，那么以这种态度对待他人就能仁爱宽恕，用来鉴别自身也会有自知之明了。

班超传

［原文］

班超字仲升，扶风平陵人，徐令彪之少子也。为人有大志，不修细节。然内孝谨，居家常执勤苦，不耻劳辱。有口辩，而涉猎书传。永平五年，兄固被召诣(yì)校书郎，超与母随至洛阳。家贫，常为官佣书以供养。久劳苦，尝辍(chuò)业投笔叹曰："大丈夫无他志略，犹当效傅介子、张骞立功异域，以取封侯，安能久事笔研间乎？"左右皆笑之。超曰："小子安知壮士志哉！"其后行诣相者，曰："祭酒，布衣诸生耳，而当封侯万里之外。"超问其状。相者指曰："生燕颔(hàn)虎颈，飞而食肉，此万里侯相也。"久之，显宗问固"卿弟安在"，固对"为官写书，受直以养老母"。帝乃除超为兰台令史。后坐事免官。

［译文］

班超字仲升，扶风郡平陵县人，徐县县令班彪的小儿子。为人有大志，不拘小节。然而内心却孝友恭谨，在家常从事繁重的劳动，不以劳苦为耻辱。能言善辩，并涉猎经传。永平五年（62 年），哥哥班固被召任校书郎，班超同母亲跟随班固来到洛阳。家中贫困，班超常常替官府抄写文书来挣钱养家。抄得时间久了，他曾中止抄写放下笔叹息说：“大丈夫没有其他志向，也应当仿效傅介子、张骞到异国建立功勋，以争取封侯，怎能长久从事笔砚差事呢？”左右的人都取笑他。班超说：“小子怎能知道壮士的志向呢！”后来他在路上碰到一个看相的人，相者说：“尊驾，你虽是个布衣儒生，然而日后定会封侯于万里之外。”班超询问其中的原因，相者指着他说：“你长着燕子般的下巴和老虎般的脖颈，象征要飞而食肉，这是万里封侯的面相。”过了很久，显宗问班固：“你的弟弟在哪儿？”班固回答：“替官府抄写文书，得些钱奉养老母。”明帝于是任命班超为兰台令史。后来因事被免官。

班超投笔从戎

［原文］

十六年，奉车都尉窦固出击匈奴，以超为假司马，将兵别击伊吾，战于蒲类海，多斩首虏而还。固以为能，遣与从事郭恂(xún)俱使西域。

［译文］

永平十六年（73年），奉车都尉窦固出击匈奴，以班超为假司马，率军另外取道攻击伊吾，与匈奴交战于蒲类海，斩获很多敌军首级而回。窦固认为他有才干，便派他与从事郭恂一起出使西域。

［原文］

超到鄯善，鄯善王广奉超礼敬甚备，后忽更疏懈。超谓其官属曰：“宁觉广礼意薄乎？此必有北虏(lǔ)使来，狐疑未知所从故也。明者睹(dǔ)未萌，况已著邪。”乃召侍胡诈之曰：“匈奴使来数日，今安在乎？”侍胡惶恐，具服其状。超乃闭侍胡，悉会其吏士三十六人，与共饮，酒酣，因激怒之曰：“卿曹与我俱在绝域，欲立大功，以求富贵。今虏使到裁数日，而王广礼敬即废；如令鄯善收吾属送匈奴，骸骨长为豺狼食矣。为之奈何？”官属皆曰：“今在危亡之地，死生从司马。”超曰：“不入虎穴，不得虎子。当今之计，独有因夜以火攻虏，使彼不知我多少，必大震怖，可殄尽也。灭此虏，则鄯善破胆，功成事立

矣。”众曰：“当与从事议之。”超怒曰：“吉凶决于今日。从事文俗吏，闻此必恐而谋泄，死无所名，非壮士也！”众曰：“善。”初夜，遂将吏士往奔虏营。会天大风，超令十人持鼓藏虏舍后，约曰：“见火然，皆当鸣鼓大呼。”余人悉持兵弩（nǔ）夹门而伏。超乃顺风纵火，前后鼓噪。虏众惊乱，超手格杀三人，吏兵斩其使及从士三十余级，余众百许人悉烧死。明日乃还告郭恂，恂大惊，既而色动。超知其意，举手曰：“掾虽不行，班超何心独擅之乎？”恂乃悦。超于是召鄯善王广，以虏使首示之，一国震怖。超晓告抚慰，遂纳子为质。还奏于窦固，固大喜，具上超功效，并求更选使使西域。帝壮超节，诏固曰：“吏如班超，何故不遣而更选乎？今以超为军司马，令遂前功。”超复受使，固欲益其兵，超曰：“愿将本所从三十余人足矣。如有不虞，多益为累。”

［译文］

班超来到鄯善，鄯善王广招待班超在礼仪上十分周到，后来忽然变得疏远懈怠起来。班超对他的属下说：“你们是否觉得广的礼遇已变得淡薄了？这必定是北方匈奴的使者来了，鄯善王对投靠哪一方犹豫不决的缘故。明智的人发现问题于萌芽状态，何况事态已经明显了。”于是招来随侍的胡人诈骗他说：“匈奴的使者来了好几天了，现在还在吗？”随侍的胡人惶恐起来，全说了实话。班超于是把随侍的胡人关了起来，把他的三十六名部下全都召集来，同他们一起喝酒，喝到酣畅的时候，他乘机激怒部下说：“你们同我都在绝域，想立大功，以求富贵。现在匈奴使者到了才几天，而鄯善王广的礼遇就变了；如果让鄯善人把我们抓起来送往匈奴，我们的躯体就要成为豺狼的食物。对此怎么办？”部下都说：“今天我们处在危急境地，生死都追随司马。”班超说：“不入虎穴，不得虎子。从现在情况看，只有凭借夜色用火攻的办法攻击匈奴使者，让他们无法知道我们有多少人，必然大为恐惧，我们才可以乘机全部消灭他们。如果消灭了这批使者，那么鄯善必将被吓破了胆，功业就可以建立了。”大家说：“应当和从事商量一下。”班超厉声说：“吉凶决定于今天。从事是个普通的文官，听到这个计谋后必然恐惧，而使计谋泄漏，我们将毫无所成地死去，这不是壮士所为！”大家说：“对！”天刚刚黑，班超就领着部下奔向匈奴的营地。恰逢天上刮起大风，班超命令十个人手持战鼓躲在匈奴使者住房的后面，约定说：“看见火烧起来，就击鼓并大声呐喊。”其余的人都手持兵刃弩箭从两面封锁住大门而埋伏下来。班超于是顺着风势放了火，前后埋伏的人击鼓呐喊。匈奴人受惊乱窜，班超亲手杀死三人，部下斩下匈奴使者及其随从士兵三十余人的首级，其余的一百多人都被烧死。第二天回来告诉了郭恂，郭恂大惊，接着脸色有所变化。班超知道他的意思，举手说：“掾吏虽然没有前往，班超哪里有心独自据有

这个功劳呢？”郭恂这才高兴起来。班超于是召见鄯善王广，拿匈奴使者的首级给他看，鄯善举国为之震惊。班超开导安慰鄯善王，于是鄯善王送儿子到汉朝为人质。班超回来向窦固报告，窦固大喜，详细上报了班超的功劳，并请求重新选拔使者出使西域。明帝欣赏班超的气节，下诏给窦固说：“有像班超那样的官吏，为什么不派他去而要求另选呢？现在以班超为军司马，命令他继续完成以前的功业。”班超再次受命出使，窦固想给他增派士兵，班超说：“愿率领原来跟随我的三十多人就足够了，如果有什么不测的话，多增加士兵反而受连累。”

[原文]

是时于阗(tián)王广德新攻破莎车，遂雄张南道，而匈奴遣使监护其国。超既西，先至于阗。广德礼意甚疏。且其俗信巫。巫言：“神怒何故欲向汉？汉使有䯄(guā)马，急求取以祠我。”广德乃遣使就超请马。超密知其状，报许之，而令巫自来取马。有顷，巫至，超即斩其首以送广德，因辞让之。广德素闻超在鄯善诛灭虏使，大惶恐，即攻杀匈奴使者而降超。超重赐其王以下，因镇抚焉。

[译文]

当时于阗王广德刚刚攻破莎车国，于是称雄于天山南路，而匈奴派遣使者监护他的国家。班超已向西进发，先到于阗。广德接待的礼仪十分冷淡。而且该国风俗迷信巫师。巫师说：“神发怒说，你为什么要投靠汉朝？汉朝的使者有一匹䯄马，快快求取此马来祭祀我。”广德于是派使者向班超商议要马。班超私下得知了这个消息，回答同意让马，但要叫巫师亲自前来取马。过了一会儿，巫师来到，班超立即斩下他的首级送给广德，并因而责备广德。广德平素听说过班超在鄯善时杀死了匈奴的使者，十分恐慌，就立即杀死匈奴的使者而向班超投降。班超重赏于阗王及其大臣，安抚他们。

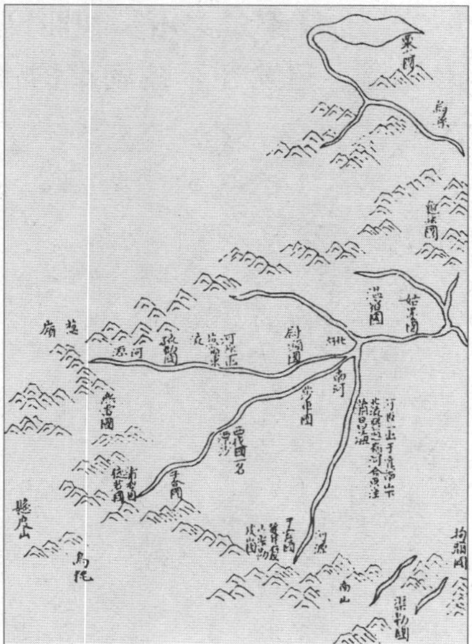

东汉西域图

[原文]

时龟兹(qiū cí)王建为匈奴所立，倚恃虏威，据有北道，攻破疏勒，杀其王，而立龟兹人兜题为疏勒王。明年春，超从间道至疏勒。去兜题所居槃橐(tuó)城九十里，逆遣吏田虑先往降之。敕虑曰：“兜题本非疏勒种，国人必不用

命。若不即降，便可执之。”虑既到，兜题见虑轻弱，殊无降意。虑因其无备，遂前劫缚兜题。左右出其不意，皆惊惧奔走。虑驰报超，超即赴之，悉召疏勒将吏，说以龟兹无道之状，因立其故王兄子忠为王，国人大悦。忠及官属皆请杀兜题，超不听，欲示以威信，释而遣之。疏勒由是与龟兹(qiū cí)结怨。

［译文］

当时龟兹王建为匈奴所扶立，他倚仗匈奴的势力，占据天山北路，攻破疏勒国，杀死该国国王，而立龟兹人兜题为疏勒王。第二年春天，班超从小道来到疏勒。离兜题所盘踞的槃橐城有九十里地，预先派官吏田虑先去劝降。班超指示田虑说：“兜题本不是疏勒人，该国人必定不服从他的命令。如果他不马上投降，便可以把他捉起来。”田虑既到槃橐，兜题看田虑位轻势弱，毫无投降的意思。田虑趁其不备，于是向前劫持并捆绑了他。左右的人因事出意外，全都惊恐地逃跑了。田虑飞报班超，班超立即赶到，招来全部疏勒的将领和官吏，宣告龟兹无道的罪状，于是扶立已故国王哥哥的儿子忠为国王，疏勒国人大为高兴。忠和官属都请求杀死兜题，班超不同意，而想以此树立威信，便放走了兜题。疏勒从此同龟兹结了怨。

［原文］

十八年，帝崩。焉耆(qí)以中国大丧，遂攻没都护陈睦。超孤立无援，而龟兹、姑墨数发兵攻疏勒。超守槃橐(tuó)城，与忠为首尾，士吏单少，拒守岁余。肃宗初即位，以陈睦新没，恐超单危不能自立，下诏征超。超发还，疏勒举国忧恐。其都尉黎弇(yǎn)曰：“汉使弃我，我必复为龟兹所灭耳。诚不忍见汉使去。”因以刀自刭。超还至于阗(tián)，王侯以下皆号泣曰：“依汉使如父母，诚不可去。”互抱超马脚，不得行。超恐于阗终不听其东，又欲遂本志，乃更还疏勒。疏勒两城自超去后，复降龟兹，而与尉头连兵。超捕斩反者，击破尉头，杀六百余人，疏勒复安。

汉明帝刘庄

［译文］

永平十八年（75 年），明帝去世。焉耆国以中国有国丧，于是攻杀了西域都护陈睦。班超孤立无援，而龟兹、姑墨又数次发兵进攻疏勒。班超守卫槃橐城，与忠首尾呼应，将士稀少，拒守一年有余。肃宗刚刚即位，因陈睦新近战死，怕班超人单势危不能自保，下诏令班超回国。班超出发回国，疏勒举国忧虑恐惧。该国都尉黎弇说："汉朝的使者抛弃了我们，我们必将又被龟兹所灭国。实在不忍看见汉朝的使者离去。"因而用刀自刎。班超回到于阗，王侯以下都号啕大哭说："依靠汉朝使者如同父母，实在不可以离我们而去。"互相抱住班超坐骑的腿，使班超无法前行。班超怕于阗国最终不会让他东进，又想实现自己的志向，于是重又回到疏勒。疏勒国的两座城池从班超走后，又投降了龟兹国，而与尉头国连兵。班超捉拿并斩杀了投降者，打败了尉头国，杀了六百多人，疏勒再度安定了下来。

［原文］

建初三年，超率疏勒、康居、于阗(tián)、拘弥兵一万人攻姑墨石城，破之，斩首七百级。超欲因此叵平诸国，乃上疏请兵。曰："臣窃见先帝欲开西域，故北击匈奴，西使外国，鄯善、于阗即时向化。今拘弥、莎车、疏勒、月氏(ròu zhī)、乌孙、康居复愿归附，欲共并力破灭龟兹(qiū cí)，平通汉道。若得龟兹，则西域未服者百分之一耳。臣伏自惟念，卒伍小吏，实愿从谷吉效命绝域，庶几张骞弃身旷野。昔魏绛(jiàng)列国大夫，尚能和辑诸戎，况臣奉大汉之威，而无铅刀一割之用乎？前世议者皆曰取三十六国，号为断匈奴右臂。今西域诸国，自日之所入，莫不向化，大小欣欣，贡奉不绝，唯焉耆、龟兹独未服从。臣前与官属三十六人奉使绝域，备遭艰厄。自孤守疏勒，于今五载，胡夷情数，臣颇识之。问其城郭小大，皆言'倚汉与依天等'。以是效之，则葱领可通，葱领通则龟兹可伐。今宜拜龟兹侍子白霸为其国王，以步骑数百送之，与诸国连兵，岁月之间，龟兹可禽。以夷狄攻夷狄，计之善者也。臣见莎车、疏勒田地肥广，草牧饶衍，不比

石榴花神张骞

张骞是汉朝出使西域第一人，成功沟通了中西交通。张骞出使西域，将西域的许多农作物引入中原地区，石榴就是其中之一。后来，张骞被人们附会成为石榴花神。

敦煌、鄯善间也，兵可不费中国而粮食自足。且姑墨、温宿二王，特为龟兹所置，既非其种，更相厌苦，其势必有降反。若二国来降，则龟兹自破。愿下臣章，参考行事。诚有万分，死复何恨。臣超区区，特蒙神灵，窃冀未便僵仆，目见西域平定，陛下举万年之觞，荐勋祖庙，布大喜于天下。”书奏，帝知其功可成，议欲给兵。平陵人徐干素与超同志，上疏愿奋身佐超。五年，遂以干为假司马，将弛刑及义从千人就超。

［译文］

建初三年（78 年），班超率领疏勒、康居、于阗、拘弥等国军队一万多人攻打姑墨国的石城，并攻破了它，斩首七百级。班超想因此平定西域各国，于是上疏请求增派军队，说：“臣窃见先帝想开通西域，因而北面攻击匈奴，西面出使各国，鄯善、于阗立即归服。现在拘弥、莎车、疏勒、月氏、乌孙、康居又愿意归附，都想一齐合力平灭龟兹，打开通往汉朝的道路。如果得到龟兹，那么西域不顺服的国家只有百分之一了。臣伏地自思，我出身于军中小吏，实愿像谷吉那样捐躯于绝地，或者像张骞那样弃身于旷野。过去魏绛只是一个小国大夫，尚且能够与戎人结好，何况臣凭借大汉的声威，难道连铅刀一割的用处都没有吗？前朝评议的人都把夺取西域三十六国，称为断了匈奴的右臂。当今西域各国，从日落之处起，没有不欲归化的，大小国家欢欣鼓舞，进贡不断，唯有焉耆、龟兹还未服从。臣以前同手下三十六人出使西域，备遭艰难困苦。自从孤守疏勒，至今已有五年，胡夷的心理，臣很能领会。问西域大小城邦，都说‘依靠汉朝与依靠上天一样’。以此看来，那么葱岭之道可以开通，葱岭之道开通了，那么龟兹就可以征伐。现在应该拜龟兹侍子白霸为该国国王，以步、骑兵数百人送他前往龟兹，再与各国联合作战，要不了多久，现在的龟兹王就可以擒服。以夷狄攻夷狄，是上等的计策。臣见莎车、疏勒的土地肥沃广阔，牧草丰盛，不比敦煌、鄯善两地差，出征的士兵可以不费中国的粮草而自给自足。况且姑墨、温宿二国国王，是被龟兹所立，既非该二国的人，更被二国的人民所厌恶，势必会有反叛归降的事件发生。如果二国来降，那么龟兹不攻自破。愿下发臣的章奏，让群臣参考定计。如果可行，死又何恨。臣班超区区一身，特蒙神灵保佑，暗中希望不要让我现在死去，让我能亲眼见到西域的平定，叫陛下举起祝贺的酒杯，告大功于祖庙，宣布大喜于天下。”此书奏上，章帝知道这件事可以成功，商议准备发兵。平陵人徐干一向与班超志向相同，上书愿意奋身辅佐班超。建初五年（80 年），于是以徐干为假司马，率领弛刑徒和义从共一千人往从班超。

［原文］

先是莎车以为汉兵不出，遂降于龟兹（qiū cí），而疏勒都尉番辰亦复反叛。会徐干适至，超遂与干击番辰，大破之，斩首千余级，多获生

口。超既破番辰，欲进攻龟兹。以乌孙兵强，宜因其力，乃上言：“乌孙大国，控弦十万，故武帝妻以公主，至孝宣皇帝，卒得其用。今可遣使招慰，与共合力。”帝纳之。八年，拜超为将兵长史，假鼓吹幢（chuáng）麾。以徐干为军司马，别遣卫候李邑护送乌孙使者，赐大小昆弥以下锦帛。

［译文］

此前莎车以为汉军不会出塞，于是投降了龟兹，而疏勒国都尉番辰也跟着叛变。恰巧徐干赶到，班超就和徐干进攻番辰，大败番辰，斩首一千多级，捉拿了许多俘虏。班超既已击败番辰，想进攻龟兹。以为乌孙的兵力强大，应借助他们的力量，于是上言：“乌孙大国，控弦的武士有十万人，所以武帝把公主嫁给乌孙王为妻，到孝宣皇帝的时候，终于得到乌孙的帮助。如今可以派遣使者去招抚他们，与他们合力对付龟兹。”章帝接受了这个建议。建初八年（83年），拜班超为将兵长史，给予大将军的乐队、旗帜和仪仗。以徐干为军司马，另派卫候李邑护送出使乌孙的使者，赐给大小昆弥以下官员锦帛。

［原文］

李邑始到于阗（tián），而值龟兹攻疏勒，恐惧不敢前，因上书陈西域之功不可成，又盛毁超拥爱妻，抱爱子，安乐外国，无内顾心。超闻之，叹曰：“身非曾参而有三至之谗，恐见疑于当时矣。”遂去其妻。帝知超忠，乃切责邑曰：“纵超拥爱妻，抱爱子，思归之士千余人，何能尽与超同心乎？”令邑诣超受节度。诏超：“若邑任在外者，便留与从事。”超即遣邑将乌孙侍子还京师。徐干谓超曰：“邑前亲毁君，欲败西域，今何不缘诏书留之，更遣它吏送侍子乎？”超曰：“是何言之陋也！以邑毁超，故今遣之。内省不疚，何恤人言！快意留之，非忠臣也。”

［译文］

李邑刚到于阗，正碰上龟兹进攻疏勒，李邑恐惧，不敢前行，于是上书陈述西域之事难以成功，又大肆诋毁班超拥爱妻，抱爱子，享乐于外国，没有内顾中国之心。班超听说后，叹息道：“我非曾参却遭到接二连三的谗言，恐怕要受到当朝的怀疑了。”于是休退他的妻子。章帝知道班超忠贞，于是痛斥李邑说：“即使班超拥爱妻，抱爱子，向往回国的士兵有一千多人，为什么都能和班超同心呢？”命令李邑到班超那里接受指挥。诏命班超说：“如果李邑在你那里有可以委派的任务，便将他留下来任职。”班超立即派李邑领着乌孙侍子回京师。徐干对班超说：“李邑以前亲口诋毁您，想破坏夺取西域的大计，今天为何不根据诏书留下他，另派其他的

官吏送侍子呢？”班超说：“为何话说得这么浅陋！正因为李邑诋毁过我，所以今天才放他回去。自己问心无愧，何必怕别人说什么！图一时的痛快而留下他，不是忠臣所为。”

［原文］

明年，复遣假司马和恭等四人将兵八百诣超，超因发疏勒、于阗(tián)兵击莎车。莎车阴通使疏勒王忠，啖(dàn)以重利，忠遂反从之，西保乌即城。超乃更立其府丞成大为疏勒王，悉发其不反者以攻忠。积半岁，而康居遣精兵救之，超不能下。是时月氏(ròu zhī)新与康居婚，相亲，超乃使使多赍(jī)锦帛遗月氏王，令晓示康居王，康居王乃罢兵，执忠以归其国，乌即城遂降于超。

［译文］

第二年，朝廷又派假司马和恭等四人率兵八百人来到班超那里，班超因而调发疏勒、于阗的军队进攻莎车。莎车暗地派使者到疏勒王忠那里，以重利相引诱，忠于是叛变顺从莎车，向西据守乌即城。班超就策立疏勒王室的府丞成大为疏勒王，全部调动没有背叛的人去进攻忠。持续有半年，而康居派精兵援救忠，班超因此不能取胜。当时月氏新与康居结亲，互相友善，班超于是派使者多带锦帛送给月氏王，让他劝说康居王，康居王于是罢兵，带走忠回到他的国家，乌即城就向班超投降了。

［原文］

后三年，忠说康居王借兵，还据损中，密与龟兹(qiū cí)谋，遣使诈降于超。超内知其奸而外伪许之。忠大喜，即从轻骑诣超。超密勒兵待之，为供张设乐。酒行，乃叱吏缚忠斩之。因击破其众，杀七百余人，南道于是遂通。

［译文］

过了三年，忠说动康居王借了兵，回来占据损中城，秘密与龟兹谋划，派使者向班超诈降。班超内心明白他的奸计而外表装作接纳的样子。忠大喜，立即率领少数骑兵来见班超。班超暗地部署伏兵以等待他，为他设宴奏乐。喝了一会儿酒，便大声命令手下把忠绑起来杀掉。因而击败了他的队伍，杀死七百多人，天山南路于是就通畅起来。

［原文］

明年，超发于阗诸国兵二万五千人，复击莎车。而龟兹王遣左将军发温宿、姑墨、尉头合五万人救之。超召将校及于阗王议曰：“今兵少不敌，其计莫若各散去。于阗从是而东，长史亦于此西归，可须

夜鼓声而发。”阴缓所得生口。龟兹王闻之大喜，自以万骑于西界遮超，温宿王将八千骑于东界徼于阗（tián）。超知二虏已出，密召诸部勒兵，鸡鸣驰赴莎车营，胡大惊乱奔走，追斩五千余级，大获其马畜财物。莎车遂降，龟兹等因各退散，自是威震西域。

［译文］

第二年，班超调发于阗诸国的军队二万五千人，再次进攻莎车。而龟兹王派左将军调动温宿、姑墨、尉头等国合计五万人援救莎车。班超召集将校和于阗王商议说：“如今我兵少难以匹敌，对付的办法不如各自散去。于阗的军队从这里向东，长史我也从这里西归，等到晚上鼓声一响就出发。”班超有意放跑捉获的俘虏。龟兹王听到班超要撤兵的消息，大喜，自率一万骑兵在西部地区截击班超，让温宿王率八千骑兵在东部地区伏击于阗军队。班超知道二支敌军已经出发，便秘密召集各部整装，鸡鸣时奔赴莎车国营地，胡人大惊，慌乱奔逃，汉军追斩五千余首级，缴获大量莎车的马匹、牲畜和财物。莎车于是投降，龟兹等国的军队因而各自退走，从此班超威震西域。

［原文］

初，月氏（ròu zhī）尝助汉击车师有功，是岁贡奉珍宝、符拔、师子，因求汉公主。超拒还其使，由是怨恨。永元二年，月氏遣其副王谢将兵七万攻超。超众少，皆大恐。超譬军士曰：“月氏兵虽多，然数千里逾葱领来，非有运输，何足忧邪？但当收谷坚守，彼饥穷自降，不过数十日决矣。”谢遂前攻超，不下，又钞掠无所得。超度其粮将尽，必从龟兹求救，乃遣兵数百于东界要之。谢果遣骑赍金银珠玉以赂龟兹。超伏兵遮击，尽杀之，持其使首以示谢。谢大惊，即遣使请罪，愿得生归。超纵遣之。月氏由是大震，岁奉贡献。

［译文］

起初，月氏曾帮助汉军攻击车师有功，这一年贡献珍宝、符拔和狮子，因而求娶汉朝公主。班超挡回月氏的使者，因此引起月氏人的怨恨。永元二年（90年），月氏派遣他的副王谢率军七万攻打班超。班超的士兵较少，都很恐惧。班超开导士兵说：“月氏兵虽然多，然而数千里跨越葱岭而来，并没有粮草接济，何必忧虑呢？只要收起粮食坚守，他们饿急了自然会投降，不过几十天就可以决出胜负了。”谢于是前来进攻班超，攻不下，四处抢掠又没有什么收获。班超估计他们的粮食快用完了，必定向龟兹求救，于是派遣数百士兵在东部边界截击他们。谢果然派骑兵携带金银珠玉以贿赂龟兹。班超的伏兵拦击，把他们全部杀死，手持他们使者的首级给谢看。谢大惊，立即派使者来谢罪，希望能让他们活着回去。班超放回了他们，月氏从此大受震动，年年前来朝贡。

［原文］

明年，龟兹(qiū cí)、姑墨、温宿皆降，乃以超为都护，徐干为长史。拜白霸为龟兹王，遣司马姚光送之。超与光共胁龟兹废其王尤利多而立白霸，使光将尤利多还诣京师。超居龟兹它干城，徐干屯疏勒。西域唯焉耆、危须、尉犁以前没都护，怀二心，其余悉定。

［译文］

第二年，龟兹、姑墨、温宿全都投降，于是以班超为都护，徐干为长史。拜白霸为龟兹王，派遣司马姚光护送他。班超与姚光一齐胁迫龟兹废去他的国王尤利多而拥立白霸，派姚光带尤利多返回京师。班超居住在龟兹的它干城，徐干屯守疏勒。西域唯有焉耆、危须、尉犁以从前曾杀死过都护，怀有二心，其余的国家全部平定。

［原文］

六年秋，超遂发龟兹、鄯善等八国兵合七万人，及吏士贾客千四百人讨焉耆。兵到尉犁界，而遣晓说焉耆、尉犁、危须曰："都护来者，欲镇抚三国。即欲改过向善，宜遣大人来迎，当赏赐王侯已下，事毕即还。今赐王彩五百匹。"焉耆王广遣其左将北鞬(jiān)支奉牛酒迎超。超诘鞬支曰："汝虽匈奴侍子，而今秉国之权。都护自来，王不以时迎，皆汝罪也。"或谓超可便杀之。超曰："非汝所及。此人权重于王，今未入其国而杀之，遂令自疑，设备守险，岂得到其城下哉！"于是赐而遣之。广乃与大人迎超于尉犁，奉献珍物。

［译文］

永元六年（94 年）秋天，班超于是调发龟兹、鄯善等八国兵马合计七万人，以及部下和商人一千四百人征讨焉耆。军队来到尉犁国界，而派人劝导焉耆、尉犁、危须说："都护前来，为的是镇抚三国。如想改过从善，应当派遣显贵出来迎接，都护自会赏赐王侯以下，事毕就回师。现在赐给国王彩绸五百匹。"焉耆王广派他的左将北鞬支带着牛酒迎接班超。班超质问北鞬支说："你虽是匈奴的侍子，而今却掌握国家的权力。都护亲自前来，国王不及时出迎，都是你的罪过。"有人向班超建议可以乘机杀掉他。班超说："不是你所能懂得的。这个人权力比国王还大，现在还没有进入他的国家而杀掉他，就会令他们增疑，加强防备，扼守险要，这样我们怎么能顺利到达他们的城下呢！"于是给予赏赐而北鞬支他回去。广就和贵族在尉犁迎接班超，献上珍贵的礼物。

［原文］

焉耆国有苇桥之险，广乃绝桥，不欲令汉军入国。超更从它道

历度。七月晦，到焉耆，去城二十里，正营大泽中。广出不意，大恐，乃欲悉驱其人共入山保。焉耆左候元孟先尝质京师，密遣使以事告超，超即斩之，示不信用。乃期大会诸国王，因扬声当重加赏赐，于是焉耆王广、尉犁王汎及北鞬支等三十人相率诣超。其国相腹久等十七人惧诛，皆亡入海，而危须王亦不至。坐定，超怒诘广曰："危须王何故不到？腹久等所缘逃亡？"遂叱吏士收广、汎等于陈睦故城斩之，传首京师。因纵兵钞掠，斩首五千余级，获生口万五千人，马畜牛羊三十余万头，更立元孟为焉耆王。超留焉耆半岁，慰抚之。于是西域五十余国悉皆纳质内属焉。

［译文］

焉耆国有个险要地方叫苇桥，广于是封锁该桥，不想让汉军进入焉耆国。班超改从其他道路越境。七月的最后一天，到达焉耆，离城二十里，在大泽之中扎营。广因出乎意外，大为恐惧，于是想把全城的人一齐赶到山中的城堡里去。焉耆左候元孟以前曾在京师作人质，密派使者把这件事告诉班超，班超立即将他斩首，表示不相信。于是约定日子大会各国国王，还宣扬将重加赏赐，于是焉耆王广、尉犁王汎和北鞬支等三十人相跟着来见班超。焉耆国相腹久等十七人怕被杀，都逃亡遁入海中，而危须王也未到。坐下后，班超怒责广说："危须王为何不到？腹久等因何逃亡？"于是喝令部下捉拿广、汎等人到陈睦过去驻守的城址外杀掉，传送首级到京师。因而放纵士兵抄掠，斩首五千余级，抓获俘虏一万五千人，马牛羊三十余万头，改立元孟为焉耆王。班超留在焉耆半年，安抚他们。于是西域五十余国全都送来人质表示归从。

［原文］

明年，下诏曰："往者匈奴独擅西域，寇盗河西，永平之末，城门昼闭。先帝深愍（mǐn）边萌婴罗寇害，乃命将帅击右地，破白山，临蒲类，取车师，城郭诸国震慑响应，遂开西域，置都护。而焉耆王舜、舜子忠独谋悖逆，恃其险隘，覆没都护，并及吏士。先帝重元元之命，惮兵役之兴，故使军司马班超安集于阗（tián）以西。超遂逾葱领，迄县度，出入二十二年，莫不宾从。改立其王，而绥其人。不动中国，不烦戎士，得远夷之和，同异俗之心，而致天诛，蠲宿耻，以报将士之仇。《司马法》曰：'赏不逾月，欲人速睹为善之利也。'其封超为定远侯，邑千户。"

［译文］

第二年，下诏说："过去匈奴独占西域，抢掠河西，永平末年，城门白天也要关闭。先帝深深怜悯边民遭遇敌寇侵害，于是命令将帅出击西部，攻破白山，兵临蒲类，夺取车师，城邦各国受到震慑，应命归附，于是开通西域，设置都护。而焉耆王舜、舜的儿子忠独谋叛逆，自恃该国有险要关隘，杀害都护，并加害都护属下。先帝重视百姓性命，怕再兴兵役，因而派军司马班超安抚于阗以西各国。班超于是翻越葱岭，到达悬度，出入二十二年，各国无不宾服。改立各国国王，而安定各国人民。不动摇中国，不烦调兵士，却获得远夷的和顺，统一异俗的人心，而行上天的诛伐，消除旧日的耻辱，以报死亡将士的仇恨。《司马法》说：'奖赏不能拖过一个月，让人们能尽快看到为善的好处。'封班超为定远侯，食邑一千户。"

班 昭

班昭，一名姬，字惠班，班彪之女，班固、班超之妹，曹世叔（名寿）妻，早寡。《后汉书·列女传》有她的记载。因为《汉书》其八《表》及《天文志》未竟，汉和帝诏就东观续成之。数召入宫，令皇后贵人师事，号曰曹大家。有《女诫》七篇，集三卷。

［原文］

超自以久在绝域，年老思土。十二年，上疏曰："臣闻太公封齐，五世葬周，狐死首丘，代马依风。夫周齐同在中土千里之间，况于远处绝域，小臣能无依风首丘之思哉？蛮夷之俗，畏壮侮老。臣超犬马齿歼，常恐年衰，奄忽僵仆，孤魂弃捐。昔苏武留匈奴中尚十九年，今臣幸得奉节带金银护西域，如自以寿终屯部，诚无所恨，然恐后世或名臣为没西域。臣不敢望到酒泉郡，但愿生入玉门关。臣老病衰困，冒死瞽（gǔ）言，谨遣子勇随献物入塞。及臣生在，令勇目见中土。"而超妹同郡曹寿妻昭亦上书请超曰：

［译文］

班超自己感到在西域住得太久了，年老而思念故土。永元十二年（100年），上书说："臣听说太公封在齐国，他后世五代人死后都埋葬在周地，狐狸死了头必然向着出生的山丘，代郡的马不忘故乡而依恋北风。周、齐两地同在中原，只有千里之隔，何况我处在极边远的地区，小臣怎能没有依恋北风，头向故土的思念？蛮夷的风俗，畏惧壮年人，欺侮老年人。臣班超如犬马转老，牙齿稀疏，常常害怕因年事已高，一旦僵死，孤魂弃于他乡。从前苏武困留在匈奴有十九年，今天臣有幸奉节信、带印绶，督护西域，如果是以天寿终老驻地，实在无所遗恨，然而恐怕后世有人会说是由臣失掉了西域。臣不敢奢望回到酒泉郡，只愿活着进入玉门关。臣衰老多病，冒死妄言，谨派儿子班勇带着进贡物品入塞。乘臣还活着的时候，让班勇亲眼看见中原故土。”而班超的妹妹、同郡人曹寿的妻子班昭也上书为班超请求说：

狐

传说狐狸将死时，头必朝向出生的山丘。比喻不忘本，也比喻暮年思念故乡。《礼记·檀弓上》记载：“狐死正丘首，仁也。”屈原《九章·涉江》也有“鸟飞反故乡兮，狐死必首丘”的诗句。

［原文］

“妾同产兄西域都护定远侯超，幸得以微功特蒙重赏，爵列通侯，位二千石。天恩殊绝，诚非小臣所当被蒙。超之始出，志捐躯命，冀立微功，以自陈效。会陈睦之变，道路隔绝，超以一身转侧绝域，晓譬(pì)诸国，因其兵众，每有攻战，辄为先登，身被金夷，不避死亡。赖蒙陛下神灵，且得延命沙漠，至今积三十年。骨肉生离，不复相识。所与相随时人士众，皆已物故。超年最长，今且七十。衰老被病，头发无黑，两手不仁，耳目不聪明，扶杖乃能行。虽欲竭尽其力，以报塞天恩，迫于岁暮，犬马齿索。蛮夷之性，悖(bèi)逆侮老，而超旦暮入地，久不见代，恐开奸宄之源，生逆乱之心。而卿大夫咸怀一切，莫肯远虑。如有卒暴，超之气力不能从心，便为上损国家累世之功，下弃忠臣竭力之用，诚可痛也。故超万里归诚，自陈苦急，延颈逾望，三年于今，未蒙省录。

［译文］

“妾同胞哥哥西域都护定远侯班超，有幸能以微小的功劳特别蒙受重赏，爵位列在通侯，官居二千石。天恩浩荡，实在不是小臣所应该蒙受的。班超开始出使，志在为国捐躯，希冀建立微功，以自报效。恰遇陈睦败死的变故，道路隔绝，班超孤身辗转在西域，开导各国，利用他们的兵马，每次攻战，就冲杀在前，身受刀箭之伤，不畏惧死亡。全靠陛下神灵保佑，才得以延命于沙漠之地，至今累计已有三十年。骨肉生离，不再相识。原来跟随他的部下，全都已经死去。班超年纪最大，今年已有七十。衰老多病，头发全白，两手不听使唤，耳不聪，眼不明，扶着手杖才能行走。虽然想竭尽全力，以报答天恩，但困于年暮，如犬马牙齿落尽。蛮夷的习性，狂悖忤逆，欺侮老人，而班超旦夕间可能故去，长久不见有人代替，恐怕开奸宄之源，生逆乱之心。而卿大夫都心怀侥幸，没有一个愿作长远考虑。如果出现突发的暴乱，班超已是力不从心，那么对上亏损国家累世建立的功业，对下抛弃忠臣全力取得的成果，实在令人痛惜。因而班超万里上书自述心中的甘苦和忧虑，伸着脖子遥望，到现在已有三年，未见审议。

［原文］

“妾窃闻古者十五受兵，六十还之，亦有休息不任职也。缘陛下以至孝理天下，得万国之欢心，不遗小国之臣，况超得备侯伯之位，故敢触死为超求哀，匄（gài）超余年。一得生还，复见阙庭，使国永无劳远之虑，西域无仓卒之忧，超得长蒙文王葬骨之恩，子方哀老之惠。《诗》云：“民亦劳止，汔可小康，惠此中国，以绥四方。”超有书与妾生诀，恐不复相见。妾诚伤超以壮年竭忠孝于沙漠，疲老则便捐死于旷野，诚可哀怜。如不蒙救护，超后有一旦之变，冀幸超家得蒙赵母、卫姬先请之贷。妾愚戆（zhuàng）不知大义，触犯忌讳。”

［译文］

“妾私下听说古时候男子十五岁服役，六十岁免役，也有休息不再任职的。由于陛下以至孝治理天下，所以得到万国的欢心，不遗弃小国的臣下，何况班超已得到侯伯的爵位，故而敢于冒死替班超请求怜悯，请让班超得享余年。一旦得以生还，重见宫阙，使国家永无边地征伐的顾虑，西域也无叛乱的忧患，班超得以长久蒙受魏文侯葬骨般的恩宠，田子方哀怜老马般的仁惠。《诗经》说：‘百姓劳苦已极，盼望稍得安康，加惠国中之人，借以安抚四方。’班超有信与妾作生诀别，恐怕不能再度相见。妾实在伤心班超在壮年时竭忠尽孝于沙漠之地，疲惫衰老之时便要捐躯于旷野之中，真让人哀怜。如得不到救护，班超以后有一天遭遇变故，希望班超一家能得到赵括之母和卫姬那种不受连坐的优待。妾愚直不懂大义，冒犯忌讳。”

［原文］

书奏，帝感其言，乃征超还。

超在西域三十一岁。十四年八月至洛阳，拜为射声校尉。超素有匈胁疾，既至，病遂加。帝遣中黄门问疾，赐医药。其年九月卒，年七十一。朝廷愍惜焉，使者吊祭，赠赗（fèng）甚厚。子雄嗣（sì）。

［译文］

书奏上，和帝被她的话所感动，于是召班超回京。

班超在西域三十一年。永元十四年（102年）八月回到洛阳，拜为射声校尉。班超一向有胸胁部的疾病，回来后，病情加重。和帝派中黄门询问病情，赐给医药。这一年九月病死，年七十一岁。朝廷怜惜他，派使者前来吊唁，赠送葬具十分优厚。儿子班雄继承爵位。

赵将括母

赵王任用赵括，但赵括的母亲知道赵括只会纸上谈兵，劝谏赵王不要任用赵括为将。但赵王一意孤行，仍任用只会纸上谈兵的赵括为主将，终于导致长平之战的失败。赵母在事先对赵王说，如果赵括兵败，不要连坐赵家。长平之战赵国失败后，赵王信守约定，没有降罪给赵家。

［原文］

初，超被征，以戊己校尉任尚为都护。与超交代。尚谓超曰：“君侯在外国三十余年，而小人猥(wěi)承君后，任重虑浅，宜有以诲之。”超曰：“年老失智，任君数当大位，岂班超所能及哉！必不得已，愿进愚言。塞外吏士，本非孝子顺孙，皆以罪过徙补边屯。而蛮夷怀鸟兽之心，难养易败。今君性严急，水清无大鱼，察政不得下和。宜荡佚简易，宽小过，总大纲而已。”超去后，尚私谓所亲曰：“我以班君当有奇策，今所言平平耳。”尚至数年，而西域反乱，以罪被征，如超所戒。

［译文］

起初，班超被调回，以戊己校尉任尚为都护，同班超办理交接。任尚对班超说：“君侯在外国三十多年，小人卑下而继任君侯的职位，任重而谋虑肤浅，应当对我有所教诲。”班超说：“我年老昏聩，而任君多次担当重要职务，岂是班超所能企及的呢？实在不得已，愿进愚钝的建议。塞外的吏士，本非孝子贤孙，都因犯罪发配到边地军营之中。而蛮夷怀有鸟兽之心，难抚养而易生事。现在你性格严急，水清无大鱼，苛察得不到属下的顺和。应当简易政务，以求安逸，宽宥小过，只是抓住大原则就可以了。”班超走了以后，任尚私下对亲信说：“我以为班君会有奇谋相告，今天所说不过普通而已。”任尚来后仅数年时间，西域便发生叛乱，以失职罪被召回，正如班超所警告的那样。

三国志

武帝纪

［原文］

太祖武皇帝，沛国谯人也，姓曹，讳操，字孟德，汉相国参之后。桓帝世，曹腾为中常侍大长秋，封费亭侯。养子嵩(sōng)嗣，官至太尉，莫能审其生出本末。嵩生太祖。太祖少机警，有权数，而任侠放荡，不治行业，故世人未之奇也；惟梁国桥玄、南阳何颙(yóng)异焉。玄谓太祖曰：“天下将乱，非命世之才不能济也，能安之者，其在君乎！”年二十，举孝廉为郎，除洛阳北部尉，迁顿丘令，征拜议郎。

［译文］

魏太祖武皇帝是沛国谯县人，姓曹，名操，字孟德，相传是西汉相国曹参的后代。汉桓帝时，曹腾任中常侍大长秋，被封为费亭侯。曹腾的养子曹嵩继承了爵位，官职做到太尉，但是人们根本搞不清楚他的身世。曹嵩生了曹操。曹操少年时就很机警，富于权谋，但由于喜好行侠，任性放纵，不注重品行和学业，所以当时的人们并不觉得他有什么出奇的地方；只有梁国人桥玄和南阳人何颙觉得他不一般。桥玄曾对曹操说：“天下快要大乱了，没有盖世才能是不能拯救国家的，能安定天下的人，大概就是您吧。”曹操二十岁时，被推举为孝廉做了郎官，被任命为洛阳北部尉，又升任顿丘令，被征召为议郎。

曹 操

［原文］

光和末，黄巾起。拜骑都尉，讨颍(yǐng)川贼。迁为济南相，国有十余县，长吏多阿附贵戚，赃污狼藉，于是奏免其八；禁断淫祀，奸宄(guǐ)逃窜，郡界肃然。久之，征还为东郡太守；不就，称疾归乡里。顷之，冀州刺史王芬、南阳许攸、沛国周旌等连结豪杰，谋

废灵帝，立合肥侯，以告太祖，太祖拒之。芬等遂败。金城边章、韩遂杀刺史郡守以叛，众十余万，天下骚动。征太祖为典军校尉。会灵帝崩，太子即位，太后临朝。大将军何进与袁绍谋诛宦官，太后不听。进乃召董卓，欲以胁太后，卓未至而进见杀。卓到，废帝为弘农王而立献帝，京都大乱。卓表太祖为骁（xiāo）骑校尉，欲与计事。太祖乃变易姓名，间行东归。出关，过中牟，为亭长所疑，执诣县，邑中或窃识之，为请得解。卓遂杀太后及弘农王。太祖至陈留，散家财，合义兵，将以诛卓。冬十二月，始起兵于己吾，是岁中平六年也。

[译文]

汉灵帝光和末年，黄巾军起义。朝廷任命曹操做骑都尉，去征讨颍川的贼寇。曹操因功升任济南国相，济南国下属有十几个县，各县的长官大多阿谀依附贵族和皇亲，贪污受贿，声名狼藉，鉴于此，曹操上奏，罢免了其中的八个县官；又禁止过分的、不合礼制的祭祀，使为非作歹的人不得不逃走，郡国境内平静有秩序。之后很久，他才被朝廷征召回去，任命为东郡太守；曹操没有去上任，称病回到家乡去了。过了不久，冀州刺史王芬、南阳人许攸、沛国人周旌等联络各地豪杰，阴谋废除汉灵帝，立合肥侯为皇帝，他们把这个计划告诉了曹操，曹操拒绝参与。王芬等人最终失败。金城人边章、韩遂杀了刺史与郡守，发动叛乱，拥有十多万军队，全国因此震动不安。朝廷征召曹操任典军校尉。正值汉灵帝去世，太子做了皇帝，太后临朝听政。大将军何进和袁绍商议要诛杀宦官，太后不答应。何进就把董卓调来，想要用军队逼迫太后同意。董卓还没有到，何进就被杀害了。董卓来到后，把皇帝废黜为弘农王，另立了汉献帝，京城因此大乱。董卓上奏章，推荐曹操任骁骑校尉，想和他共同商议政事。曹操就改换了姓名，从小路逃回东方。曹操出了虎牢关，经过中牟县时，受到亭长的怀疑，被抓起来送到县里，县里有人暗地里认出了他，替他说情，才得到解脱。董卓杀死了太后和弘农王。曹操到了陈留，散发家财，聚集义兵，准备讨伐董卓。冬季十二月，曹操在己吾首先发兵，这一年是中平六年（189 年）。

[原文]

初平元年春正月，后将军袁术、冀州牧韩馥（fù）、豫州刺史孔伷（zhòu）、兖州刺史刘岱（dài）、河内太守王匡、勃海太守袁绍、陈留太守张邈、东郡太守桥瑁（mào）、山阳太守袁遗、济北相鲍信同时俱起兵，众各数万，推绍为盟主。太祖行奋武将军。

二月，卓闻兵起，乃徙天子都长安。卓留屯洛阳，遂焚宫室。是时绍屯河内，邈、岱、瑁、遗屯酸枣，术屯南阳，伷屯颍川，馥在邺。卓兵强，绍等莫敢先进。太祖曰："举义兵以诛暴乱，大众已合，

曹操起兵伐董卓

诸君何疑？向使董卓闻山东兵起，倚王室之重，据二周之险，东向以临天下；虽以无道行之，犹足为患。今焚烧宫室，劫迁天子，海内震动，不知所归，此天亡之时也。一战而天下定矣，不可失也。”遂引兵西，将据成皋。邈遣将卫兹分兵随太祖。到荥(xíng)阳汴(biàn)水，遇卓将徐荣，与战不利，士卒死伤甚多。太祖为流矢所中，所乘马被创，从弟洪以马与太祖，得夜遁去。荣见太祖所将兵少，力战尽日，谓酸枣未易攻也，亦引兵还。

［译文］

汉献帝初平元年（190年）春季正月，后将军袁术、冀州牧韩馥、豫州刺史孔伷、兖州刺史刘岱、河内太守王匡、渤海太守袁绍、陈留太守张邈、东郡太守桥瑁、山阳太守袁遗、济北国相鲍信同时一起发兵，每个人都率领了几万名士兵，推举袁绍做盟主。曹操代理奋武将军。

二月，董卓听说义兵进攻，就把汉献帝迁到长安去。董卓留驻洛阳，烧毁了宫殿。这时袁绍驻扎在河内，张邈、刘岱、桥瑁、袁遗驻扎在酸枣，袁术驻扎在南阳，孔伷驻扎在颍川，韩馥驻扎在邺县。董卓的兵力强盛，袁绍等人谁也不敢首先进攻。曹操说：“兴起义兵来讨伐暴乱，大军已经汇合起来，各位还有什么可迟疑的？假如当初董卓一听说山东起兵，就倚仗王室的威重，占据二周地区的险要地形，向东方进攻，控制天下；这样，即便他的行为毫无道义，还是足以造成祸患。现在他焚烧宫室，胁迫皇帝迁走，天下都感到震惊，不知道该归依何处。这是上天要灭亡他的时候了。一次交战就可以平定天下，这个机会不能丧失呀！”曹操便领兵向西进攻，想占领成皋。张邈派遣将军卫兹领着一部分军队跟随曹操。曹操到了荥阳汴水后，遇上了董卓的部将徐荣，与他交战，没有取胜，死伤的士兵很多。曹操被流箭射中，所骑的马也受了伤。曹操的堂弟曹洪把自己的马让给他骑，他才能趁着夜色逃脱。徐荣见到曹操率领的士兵虽然不多，但还能奋战一整天，就认为酸枣不容易攻克，于是也领兵回去了。

［原文］

太祖到酸枣，诸军兵十余万，日置酒高会，不图进取。太祖责让

之，因为谋曰："诸君听吾计，使勃海引河内之众临孟津，酸枣诸将守成皋，据敖仓，塞轘(huán)辕、太谷，全制其险；使袁将军率南阳之军军丹、析，入武关，以震三辅。皆高垒深壁，勿与战，益为疑兵，示天下形势，以顺诛逆，可立定也。今兵以义动，持疑而不进，失天下之望，窃为诸君耻之！"邈等不能用。

太祖兵少，乃与夏侯惇(dūn)等诣扬州募兵，刺史陈温、丹杨太守周昕与兵四千余人。还到龙亢，士卒多叛。至铚(zhì)、建平，复收兵得千余人，进屯河内。

刘岱与桥瑁(mào)相恶，岱杀瑁，以王肱(gōng)领东郡太守。

董卓议立陈留王

董卓率军进入洛阳，掌控了东汉中央政权。董卓废长立幼，立汉灵帝的小儿子陈留王为帝，便于自己控制朝政。

[译文]

曹操到了酸枣，在酸枣的各路军队一共有十几万人，他们天天摆酒举行宴会，并没打算进攻。曹操指责他们，接着给他们出主意说："各位请听我的计策，让渤海太守领着河内的军队逼近孟津，酸枣的各路将军守住成皋，据守敖仓，堵塞轘辕和太谷，把这些险要地点全控制住；让袁将军率领南阳的军队进军丹、析地区，进入武关，这样就会使关中地区震动不安。大家都驻扎在高墙深沟内的堡垒里，不与敌人交战，增派小部队扰乱敌人，向全国表明当前形势，以顺应大势的力量去讨伐叛逆，即可马上平定天下。现在我们的军队打着义军的名号，却心存疑惑，不肯前进，让天下人失望，我私下里为各位感到羞耻。"张邈等人没有采纳曹操的意见。

曹操的兵力不多，就和夏侯惇等人到扬州去招募士兵。刺史陈温、丹杨太守周昕给了他四千多名士兵。曹操回到龙亢，士兵们大多叛逃了。曹操到铚、建平等地再招收了一千多名士兵，进到河内驻扎。

刘岱和桥瑁有仇怨，刘岱杀了桥瑁，让王肱兼任东郡太守。

[原文]

袁绍与韩馥谋立幽州牧刘虞为帝，太祖拒之。绍又尝得一玉印，于太祖坐中举向其肘，太祖由是笑而恶焉。

袁绍孙坚夺王玺

当年反董卓的诸侯联军攻破洛阳时，孙坚曾拾得传国玉玺，袁绍得知，抢夺未果。后来玉玺落于袁术手中，袁术失败后，玉玺又到了曹操手中。

二年春，绍、馥遂立虞为帝，虞终不敢当。

夏四月，卓还长安。

秋七月，袁绍胁韩馥，取冀州。

黑山贼于毒、白绕、眭(suī)固等十余万众略魏郡、东郡，王肱不能御，太祖引兵入东郡，击白绕于濮(pú)阳，破之。袁绍因表太祖为东郡太守，治东武阳。

三年春，太祖军顿丘，毒等攻东武阳。太祖乃引兵西入山，攻毒等本屯。毒闻之，弃武阳还。太祖要击眭固，又击匈奴於(yū)夫罗于内黄，皆大破之。

［译文］

袁绍和韩馥商议把幽州的最高官员刘虞立为皇帝，曹操拒绝这样做。袁绍又曾经得到一颗玉印，在与曹操坐在一起时把印举向他的手肘，曹操因此大笑而且开始厌恶袁绍。

初平二年（191年）春天，袁绍、韩馥还是要立刘虞做皇帝，但刘虞始终不敢接受。

夏季四月，董卓回到长安。

秋季七月，袁绍胁迫韩馥，夺取了冀州。

黑山一带的贼人于毒、白绕、眭固等十多万人在魏郡、东郡一带抢掠，王肱不能抵御。曹操领兵进入东郡，在濮阳攻打白绕，打败了他们。袁绍就此上奏请任命曹操为东郡太守，府治设在东武阳。

初平三年（192年）春天，曹操在顿丘驻军。于毒等人攻打东武阳。曹操便领兵向西进入山中，攻打于毒等人的大本营。于毒听到消息，放弃了东武阳退兵回去。曹操在半路上截击眭固，又在内黄攻击匈奴於夫罗的军队，把他们全都打败了。

［原文］

夏四月，司徒王允与吕布共杀卓。卓将李傕(jué)、郭汜(sì)等杀允攻布，布败，东出武关。傕等擅朝政。

青州黄巾众百万入兖(yǎn)州，杀任城相郑遂，转入东平。刘岱欲击之，鲍信谏曰："今贼众百万，百姓皆震恐，士卒无斗志，不可敌也。

观贼众群辈相随，军无辎(zī)重，唯以钞略为资，今不若畜士众之力，先为固守。彼欲战不得，攻又不能，其势必离散，后选精锐，据其要害，击之可破也。”岱不从，遂与战，果为所杀。信乃与州吏万潜等至东郡迎太祖领兖(yǎn)州牧。遂进兵击黄巾于寿张东。信力战斗死，仅而破之。购求信丧不得，众乃刻木如信形状，祭而哭焉。追黄巾至济北。乞降。冬，受降卒三十余万，男女百余万口，收其精锐者，号为青州兵。

袁术与绍有隙，术求援于公孙瓒(zàn)，瓒使刘备屯高唐，单经屯平原，陶谦屯发干，以逼绍。太祖与绍会击，皆破之。

李傕、郭汜乱长安

李傕、郭汜本是董卓部将，董卓败亡后，他们攻破吕布，重新把持了汉朝中央政权。

［译文］

夏季四月，司徒王允和吕布一起杀了董卓。董卓的部将李傕、郭汜等人杀了王允，攻打吕布。吕布战败，向东逃出武关。李傕等人控制了朝政。

青州黄巾军一百万人进入兖州，杀死了任城相郑遂，又转移到东平。刘岱想要去攻打他们，鲍信劝道："现在贼军人马上百万，老百姓都感到震惊恐慌。士兵们没有斗志，不能与他们交战。我看贼军中有大量的老人小孩跟随，却没有辎重物资，只靠抢掠过活。现在不如积蓄我们军队的力量，先进行固守。敌人想要作战不成，想攻城也没有办法，势必会溃散分离，然后我们选出精锐军队，占据要害地点，攻击他们，就可以打败敌人。”刘岱不听，就和黄巾军交战，果然被杀死了。鲍信便和州吏万潜等人到东郡去迎接曹操来兼任兖州牧。曹操进军到寿张县以东攻打黄巾军。鲍信奋力作战而死，才勉强打败了敌人。曹操悬赏寻找鲍信的尸体，但没有找到。大家便用木头刻成鲍信的形象，哭着祭奠他。曹操追赶黄巾军，一直追到济北。黄巾军乞求投降。冬季，曹操接受了三十多万降兵及男女家属一百多万人，挑选出其中的精锐兵士，称为“青州兵”。

袁术和袁绍有矛盾，袁术向公孙瓒请求援助，公孙瓒就派刘备驻扎在高唐，单经驻扎在平原，陶谦驻扎在发干，用来威胁袁绍。曹操与袁绍一起出兵攻击，把他们全都打败了。

王 允

［原文］

四年春，军鄄(juàn)城。荆州牧刘表断术粮道，术引军入陈留，屯封丘，黑山余贼及於(yū)夫罗等佐之。术使将刘详屯匡亭。太祖击详，术救之，与战，大破之。术退保封丘，遂围之，未合，术走襄邑，追到太寿，决渠水灌城。走宁陵，又追之，走九江。

夏，太祖还军定陶。

下邳(pī)阙宣聚众数千人，自称天子；徐州牧陶谦与共举兵，取泰山华、费，略任城。秋，太祖征陶谦，下十余城，谦守城不敢出。

是岁，孙策受袁术使渡江，数年间遂有江东。

［译文］

初平四年（193年）春天，曹操驻扎在鄄城。荆州牧刘表截断了袁术的运粮道路，袁术领兵进入陈留，驻扎在封丘，黑山残余的贼军与於夫罗等人协助他。袁术派将军刘详驻扎在匡亭。曹操攻击刘详，袁术去救援，曹操与袁术交战，重创袁术。袁术撤退去守卫封丘，曹操就包围了他。但还未来得及合围，袁术便逃向襄邑。曹操追到太寿，挖开水渠引水灌城。袁术又逃向宁陵，曹操在后穷追，袁术于是逃向九江。

夏季，曹操的军队回到定陶。

下邳人阙宣聚集几千人，自称天子；徐州牧陶谦和他一起发兵，夺取了泰山郡的华县、费县，占据了任城。秋季，曹操去征讨陶谦，攻占了十几座城市。陶谦坚守城池，不敢出战。

这一年，孙策接受袁术的命令，渡江南下。几年之内就占领了江东。

［原文］

兴平元年春，太祖自徐州还。初，太祖父嵩，去官后还谯，董卓之乱，避难琅邪，为陶谦所害，故太祖志在复仇东伐。

夏，使荀彧(yù)、程昱(yù)守鄄城，复征陶谦，拔五城，遂略地至东海。还过郯，谦将曹豹与刘备屯郯东，要太祖。太祖击破之，遂攻拔襄

贲(bēn)，所过多所残戮。会张邈与陈宫叛迎吕布，郡县皆应。荀彧、程昱保鄄(juàn)城，范、东阿二县固守，太祖乃引军还。布到，攻鄄城不能下，西屯濮阳。太祖曰：“布一旦得一州，不能据东平，断亢父、泰山之道，乘险要我，而乃屯濮阳，吾知其无能为也。”遂进军攻之。布出兵战，先以骑犯青州兵。青州兵奔，太祖陈乱，驰突火出，坠马，烧左手掌。司马楼异扶太祖上马，遂引去。未至营止，诸将未与太祖相见，皆怖。太祖乃自力劳军，令军中促为攻具，进复攻之，与布相守百余日。蝗虫起，百姓大饿，布粮食亦尽，各引去。

曹操兴兵报父仇

曹嵩遇害，严格意义上来说，与陶谦并无关系，但曹操执意为父报仇，遂致兵连祸结。

［译文］

兴平元年（194年）春天，曹操从徐州回来。当初，曹操的父亲曹嵩辞官后回到谯郡，董卓作乱时他又到琅琊去避难，被陶谦杀害，所以曹操有了来复仇的意向而要向东讨伐陶谦。

夏季，曹操派荀彧和程昱守卫鄄城，再次讨伐陶谦，攻下了五座城市，占领了许多土地，一直攻到东海。回来时经过郯县，陶谦的部将曹豹和刘备驻扎在郯县东边，拦击曹操。曹操打败了他们，接着攻下了襄贲，他复仇心切，所经之处，破坏城池杀戮人民。正赶上张邈和陈宫叛变，迎接吕布，各郡县纷纷响应。荀彧和程昱守卫住鄄城，范县和东阿县两个县也固守住了。曹操便领兵回来。吕布来到徐州后，攻打鄄城，没有攻下，便向西去驻扎在濮阳。曹操说：“吕布突然轻易地得了一个州，却不能占据东平，截断亢父和泰山的道路，利用险要地形截击我们，而去驻扎濮阳。我就知道他已经无所作为了。”便进军去攻打吕布。吕布出兵应战，先派出骑兵进攻青州兵。青州兵逃走，曹操的军阵被冲乱。曹操冒着火骑马冲出来，但从马上坠落在地，烧伤了左手掌。司马楼异把曹操扶上马，领着他冲了出去。曹操还没有回到军营，各位将领没有见到曹操，都很惊慌。曹操亲自去慰劳军队，命令军中赶快制造攻城的用具，准备再次进军攻打吕布。曹操的军队与吕布对峙了一百多天。这时闹蝗灾，老百姓们陷入饥荒，吕布军队的粮食也吃完了，双方就分别退走了。

吕布

［原文］

秋九月，太祖还鄄城。布到乘氏，为其县人李进所破，东屯山阳。于是绍使人说太祖，欲连和。太祖新失兖州，军食尽，将许之。程昱止太祖，太祖从之。

冬十月，太祖至东阿。

是岁谷一斛五十余万钱，人相食，乃罢吏兵新募者。陶谦死，刘备代之。

二年春，袭定陶。济阴太守吴资保南城，未拔。会吕布至，又击破之。

夏，布将薛兰、李封屯钜野，太祖攻之，布救兰，兰败，布走，遂斩兰等。布复从东缗（mín）与陈宫将万余人来战，时太祖兵少，设伏，纵奇兵击，大破之。布夜走，太祖复攻，拔定陶，分兵平诸县。布东奔刘备，张邈从布，使其弟超将家属保雍丘。秋八月，围雍丘。

冬十月，天子拜太祖兖州牧。

十二月，雍丘溃，超自杀，夷邈三族。邈诣袁术请救，为其众所杀，兖州平，遂东略陈地。

［译文］

秋天九月，曹操回到了鄄城。吕布到了乘氏县，被乘氏县人李进打败了，便驻扎在东边的山阳。这时袁绍派人来劝说曹操，想与之联合。当时曹操刚刚丢了兖州，军队的粮食也吃完了，就想答应袁绍。程昱劝阻曹操，曹操就接受了程昱的意见。

冬季十月，曹操到了东阿县。

这一年的谷子卖到一斛五十多万钱，出现了人吃人的现象。曹操就把新招募来的官吏与士兵遣散了。这时陶谦去世，刘备接替他，代理荆州牧。

兴平二年（195 年）春天，曹操袭击定陶。济阴太守吴资守卫住南城，没有被曹操攻占。正遇上吕布来到，曹操打败了他。

当年夏天，吕布部将薛兰、李封驻扎在钜野，曹操去攻打他们，吕布来救薛兰，结果薛兰被打败，吕布逃走，薛兰等人被杀。吕布又从东缗出发，与陈宫率领一万多士兵来交战。当时曹操的兵力很少，就设下埋伏，派出奇兵袭击吕布，把他

迁銮舆曹操秉政

曹操迎汉献帝到许，将皇帝掌握在了自己手中，挟天子以令诸侯。

们打败。吕布连夜逃走。曹操又去进占了定陶，分派兵力，把各县都平定了。吕布向东逃跑，去投奔刘备。张邈跟随吕布，让弟弟张超率领家人守卫雍丘。秋季八月，曹操包围了雍丘。

冬季十月，皇帝任命曹操为兖州牧。

十二月，雍丘被攻克，张超自杀，曹操杀光了张邈的父母、妻子等三族亲属。张邈到袁术那里求援，被袁术的部下杀死，兖州全部被平定，曹操就向东方去攻占陈地。

[原文]

是岁，长安乱，天子东迁，败于曹阳，渡河幸安邑。

建安元年春正月，太祖军临武平，袁术所置陈相袁嗣降。太祖将迎天子，诸将或疑，荀彧(yù)、程昱(yù)劝之，乃遣曹洪将兵西迎，卫将军董承与袁术将苌(cháng)奴拒险，洪不得进。汝南、颍川黄巾何仪、刘辟、黄邵(shào)、何曼等，众各数万，初应袁术，又附孙坚。

二月，太祖进军讨破之，斩辟、邵等，仪及其众皆降。天子拜太祖建德将军，夏六月，迁镇东将军，封费亭侯。

秋七月，杨奉、韩暹(xiān)以天子还洛阳，奉别屯梁。太祖遂至洛阳，卫京都，暹遁走。天子假太祖节钺(yuè)，录尚书事。洛阳残破，董昭等劝太祖都许。

九月，车驾出轘辕而东，以太祖为大将军，封武平侯。自天子西迁，朝廷日乱，至是宗庙社稷制度始立。

[译文]

这一年，长安发生动乱，皇帝东迁，在曹阳被叛军打败，渡过黄河来到安邑。

建安元年（196年）春季元月，曹操的军队来到武平城，袁术安置的陈地守将袁嗣投降。曹操要去迎接汉献帝，各位将领中有人表示不解，但荀彧和程昱劝说曹操去迎接汉献帝，于是派曹洪领兵向西去迎接，卫将军董承与袁术的部将苌奴占据险要地势以抵挡，曹洪没办法前进。汝南、颍川的黄巾军何仪、刘辟、黄邵、何曼等人，各自聚众数万人，他们最先响应袁术，后又依附孙坚。

二月，曹操进军讨伐，打败了他们，杀了刘辟、黄邵等人。何仪和他的部下全部投降曹操。汉献帝任命曹操为建德将军，夏季六月，又升为镇东将军，封为费亭侯。

秋季七月，杨奉与韩暹把汉献帝送回洛阳，杨奉另行驻在梁城。曹操便来到洛阳，保卫京城，韩暹便逃走了。汉献帝给予曹操假天子节钺的权力，录尚书事。洛阳城残破，董昭等人劝说曹操把都城建在许昌。

九月，汉献帝的车驾出了轘辕关向东去。献帝任命曹操为大将军，封他做武平侯。自从天子西迁，朝政日益混乱，到了这时，才又开始建立起宗庙社稷的各项制度。

［原文］

天子之东也，奉自梁欲要之，不及。

冬十月，公征奉，奉南奔袁术，遂攻其梁屯，拔之。于是以袁绍为太尉，绍耻班在公下，不肯受。公乃固辞，以大将军让绍。天子拜公司空，行车骑将军。是岁用枣祗(zhī)、韩浩等议，始兴屯田。

吕布袭刘备，取下邳(pī)。备来奔。程昱说公曰："观刘备有雄才而甚得众心，终不为人下，不如早图之。"公曰："方今收英雄时也，杀一人而失天下之心，不可。"张济自关中走南阳。济死，从子绣领其众。

二年春正月，公到宛。张绣降，既而悔之，复反。公与战，军败，为流矢所中，长子昂、弟子安民遇害。公乃引兵还舞阴，绣将骑来钞，公击破之。绣奔穰(ráng)，与刘表合。公谓诸将曰："吾降张绣等，失不便取其质，以至于此。吾知所以败。诸卿观之，自今已后不复败矣。"遂还许。

［译文］

汉献帝东迁的时候，杨奉准备从梁城截击他们，却没有赶上。

冬季十月，曹操征讨杨奉，杨奉向南方逃走，投奔袁术去了，曹操就攻打杨奉在梁城的营地，并攻克了它。这时朝廷任命袁绍为太尉，袁绍认为太尉的职位在曹操之下，感到是耻辱，不肯接受。曹操就坚决辞去大将军的职务，把这一职务让给袁绍。汉献帝任命曹操做司空，代理车骑将军的职务。这一年，曹操采纳了枣祗、韩浩等人的建议，开始兴办屯田。

吕布袭击刘备，夺取了下邳。刘备来投奔曹操。程昱劝说曹操："我看刘备有雄才大略，又非常能得到大众的拥护，终究不会居于人下，不如尽早除掉他。"曹操说："现在正是吸纳英雄的时候，杀了一个人就会失掉天下人心，我不能这样做。"张济从关中逃到南阳。张济死后，他的侄子张绣统领他的部下。

建安二年（197 年）春季正月，曹操到了宛城。张绣投降，过了不久感到后悔，就又叛变。曹操和张绣交战，打了败仗，曹操被箭射中，他的长子曹昂、侄子曹安民都被杀死。曹操就领兵退回舞阴，张绣率领骑兵来包抄，但被曹操打败了。张绣奔往穰县，与刘表会合。曹操对众将领说："我招降了张绣等人，错在没有马上收编他们的军队，留下他们做人质，以致造成这样的失败。我知道为什么失败了。各位请看着吧，从今以后，我不会再失败了。"于是回到许都。

［原文］

袁术欲称帝于淮南，使人告吕布。布收其使，上其书。术怒，攻布，为布所破。秋九月，术侵陈，公东征之。术闻公自来，弃军走，留其将桥蕤、李丰、梁纲、乐就；公到，击破蕤等，皆斩之。术走渡淮。公还许。公之自舞阴还也，南阳章陵诸县复叛为绣，公遣曹洪击之，不利，还屯叶，数为绣、表所侵。

冬十一月，公自南征，至宛。表将邓济据湖阳。攻拔之，生擒济，湖阳降。攻舞阴，下之。

三年春正月，公还许。初置军师祭酒。三月，公围张绣于穰。

夏五月，刘表遣兵救绣，以绝军后。公将引还，绣兵来追，公军不得进，连营稍前。公与荀彧书曰："贼来追吾，虽日行数里，吾策之，到安众，破绣必矣。"到安众，绣与表兵合守险，公军前后受敌。公乃夜凿险为地道，悉过辎（zī）重，设奇兵。会明，贼谓公为遁也，悉军来追。乃纵奇兵步骑夹攻，大破之。

秋七月，公还许。荀彧（yù）问公："前以策贼必破，何也？"公曰："虏遏吾归师，而与吾死地战，吾是以知胜矣。"

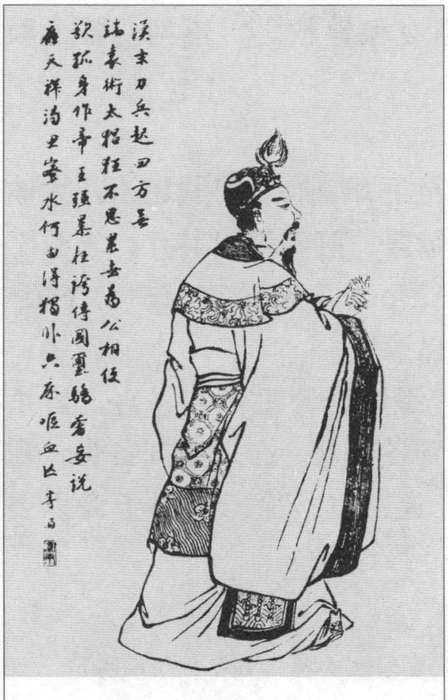

袁 术

［译文］

袁术想在淮南称帝，派人告诉了吕布。吕布逮捕了袁术的使节，把他的书信送上朝廷。袁术大怒，去攻打吕布，却被吕布打败。秋季九月，袁术进犯陈地，曹操向东去讨伐他。袁术听说曹操亲自来进攻，弃军而逃，

留下他的部将桥蕤、李丰、梁纲、乐就迎战；曹操到了陈地，打败了桥蕤等人，把他们全杀了。袁术逃走，渡过淮河。曹操返回许都。曹操从舞阴回来的时候，南阳、章陵各县又叛变投向张绣，曹操派曹洪去攻打他们，没有战胜，退回来驻守叶县，又多次遭到张绣、刘表的袭击。

冬季十一月，曹操亲自南征，到了宛城。刘表的部将邓济占据了湖阳。曹军攻占了湖阳，活捉邓济，湖阳的敌人于是投降。曹操进而攻打舞阴，并攻克了它。

建安三年（198 年）春季正月，曹操回到许都，开始设置军师祭酒的职位。三月，曹操在穰县包围了张绣。

夏季五月，刘表派遣军队救援张绣，截断曹军的后路。曹操准备领兵退回，这时张绣的军队赶来追击。曹操的军队无法前进，便将军营相连，逐渐向前。曹操给荀彧写信说："贼人在追击我。虽然我军每天只能走几里地，但我预计，到了安众以后，就一定能打败张绣。"到了安众，张绣与刘表的军队合兵防守险要地势，曹军前后受敌。曹操就在夜里挖开险要路口，凿通地道，把辎重全运送过去，设下奇兵。天亮以后，对方以为曹军逃跑了，就出动全部军队来追赶。曹操乘机发动奇兵，以步兵、骑兵两面夹攻，大败张绣等人的军队。

秋天七月，曹操回到许都。荀彧问曹操："前些时日，您预计敌人一定会被打败，是根据什么呢？"曹操说："敌人阻挡住我们的退路，是和我们陷入死地的士兵决战，因此我知道我们会胜利。"

［原文］

吕布复为袁术使高顺攻刘备，公遣夏侯惇（dūn）救之，不利。备为顺所败。

九月，公东征布。

冬十月，屠彭城，获其相侯谐。进至下邳，布自将骑逆击。大破之，获其骁（xiāo）将成廉。追至城下，布恐，欲降。陈宫等沮其计，求救于术，劝布出战，战又败，乃还固守，攻之不下。时公连战，士卒罢，欲还，用荀攸、郭嘉计，遂决泗（sì）、沂（yí）水以灌城。

月余，布将宋宪、魏续等执陈宫，举城降，生禽布、宫，皆杀之。太山臧霸、孙观、吴敦、尹礼、昌豨各聚众。布之破刘备也，霸等悉从布。布败，获霸等，公厚纳待，遂割青、徐二州附于海以委焉，分琅邪、东海、北海为城阳、利城、昌虑郡。

［译文］

吕布又为了袁术而派高顺攻打刘备，曹操派夏侯惇去援救刘备，没有取胜。刘备被高顺打败了。

九月，曹操东征吕布。

冬季十月，曹操在彭城屠杀居民，抓住了彭城相侯谐。曹军前进到下邳，吕布亲自率领骑兵迎击。曹操大败吕布，俘获吕布的猛将成廉，一直追到下邳城下。吕布害怕了，想要投降。陈宫等人打消了他的想法，一边向袁术去求援，一边劝吕布出战，吕布出战再败，就回来坚守，曹操攻打不下来。当时，曹操连续作战，士兵疲惫不堪，想要回去。曹操便采纳了荀攸、郭嘉的计策，挖开泗水、沂水，用河水灌城。

过了一个多月，吕布的部将宋宪、魏续等人抓住了陈宫，献出城池投降，曹军活捉了吕布、陈宫，把他们全都杀了。太山人臧霸、孙观、吴敦、尹礼、昌豨等人各自聚集人马。吕布打败刘备时，臧霸等人全跟随了吕布。吕布失败后，曹操抓住了臧霸等人，给他们优厚的待遇，把青州、徐州两地沿海的土地分割出来委任他们管理。从琅琊郡、东海郡、北海郡中分出了城阳郡、利城郡和昌虑郡。

［原文］

初，公为兖(yǎn)州，以东平毕谌(chén)为别驾。张邈之叛也，邈劫谌母弟妻子；公谢遣之，曰："卿老母在彼，可去。"谌顿首无二心，公嘉之，为之流涕。既出，遂亡归。及布破，谌生得，众为谌惧，公曰："夫人孝于其亲者，岂不亦忠于君乎！吾所求也。"以为鲁相。

四年春二月，公还至昌邑。张杨将杨丑杀杨，眭(suī)固又杀丑，以其众属袁绍，屯射犬。夏四月，进军临河，使史涣、曹仁渡河击之。固使杨故长史薛洪、河内太守缪尚留守，自将兵北迎绍求救，与涣、仁相遇犬城。交战，大破之，斩固。公遂济河，围射犬。洪、尚率众降，封为列侯，还军敖仓。以魏种为河内太守，属以河北事。

［译文］

当初，曹操做兖州牧时，任命东平人毕谌为别驾。张邈叛乱时，劫走了毕谌的母亲、弟弟和妻子儿女；曹操向毕谌道歉，让他回去，说："您的老母亲在张邈那里，您可以去他那边。"毕谌叩头表示没有二心，曹操夸奖他，为他的忠诚流下了热泪。毕谌趁出行的机会，逃归张邈。在吕布被打败后，毕谌也被活捉了，大家都为毕谌担心。曹操说："那种能够孝敬父母的人，难道会不忠于他的国君吗？这正是我要寻找的人啊！"便让毕谌做鲁国相。

建安四年（199年）春季二月，曹操回到昌邑。张杨的部将杨丑杀了张杨，眭固又杀了杨丑，带着张杨的部属归顺袁绍，驻扎在射犬。夏季四月，曹操进军，到了黄河边上，派遣史涣、曹仁渡过黄河去攻打眭固。眭固让原任张杨长史的薛洪和河内太守缪尚留守，自己率领军队向北去迎接袁绍，向袁绍求救，眭固和史涣、曹仁在犬城相遇，双方交战。曹军大败眭固的军队，杀死了他。曹操接着渡过了黄河，包围了射犬。薛洪和缪尚率领部下投降，被封为列侯。曹操领兵回到敖仓，任命魏种为河内太守，把黄河以北的事务委托给他。

[原文]

初，公举种孝廉。兖州叛，公曰："唯魏种且不弃孤也。"及闻种走，公怒曰："种不南走越，北走胡，不置汝也！"既下射犬，生禽种，公曰："唯其才也！"释其缚而用之。是时袁绍既并公孙瓒，兼四州之地，众十余万，将进军攻许。诸将以为不可敌，公曰："吾知绍之为人，志大而智小，色厉而胆薄，忌克而少威，兵多而分画不明，将骄而政令不一，土地虽广，粮食虽丰，适足以为吾奉也。"

秋八月，公进军黎阳，使臧霸等入青州破齐、北海、东安，留于禁屯河上。

九月，公还许，分兵守官渡。

冬十一月，张绣率众降，封列侯。

十二月，公军官渡。

[译文]

起初，曹操推荐魏种为孝廉。兖州叛变时，曹操说："只有魏种不会背弃我。"等到曹操听说魏种也逃走了，愤怒地说："魏种只要不向南逃到越人那里，不向北逃到胡人那里，我就不会放过他。"等到攻下射犬，活捉了魏种，曹操说："看在他的才能上吧。"给他松了绑并且任用了他。这时，袁绍已经兼并了公孙瓒，一共占有四个州的土地，有十几万军队，准备进军攻打许都。曹操的部将都认为无法抵御，曹操说："我了解袁绍的为人，他志向高而才智低，外表严厉而内心胆小，好猜忌又缺少威望，他的士兵虽然多，但部署不得当，将领骄横，政令不统一，虽然他的土地广阔，粮食充足，却是正好拿来奉送给我的。"

张 绣

秋季八月，曹操进军到黎阳，派臧霸等人进入青州，攻克齐、北海、东安等郡，留下于禁在黄河边上驻守。

九月，曹操回到许都，分派一支部队守住官渡。

冬季十一月，张绣率领军队投降，被封为列侯。

十二月，曹操率军到官渡驻扎。

[原文]

袁术自败于陈，稍困，袁谭自青

州遣迎之。术欲从下邳(pī)北过，公遣刘备、朱灵要之。会术病死。程昱、郭嘉闻公遣备，言于公曰：“刘备不可纵。”公悔，追之不及。备之未东也，阴与董承等谋反，至下邳，遂杀徐州刺史车胄(zhòu)，举兵屯沛。遣刘岱、王忠击之，不克。庐江太守刘勋率众降，封为列侯。

颜良

五年春正月，董承等谋泄，皆伏诛。公将自东征备，诸将皆曰：“与公争天下者，袁绍也。今绍方来而弃之东，绍乘人后，若何？”公曰：“夫刘备，人杰也，今不击，必为后患。袁绍虽有大志，而见事迟，必不动也。”郭嘉亦劝公，遂东击备，破之，生禽其将夏侯博。备走奔绍，获其妻子。备将关羽屯下邳，复进攻之，羽降。昌豨叛为备，又攻破之。公还官渡，绍卒不出。

[译文]

袁术自从在陈地被打败后，逐渐陷入困境，袁谭从青州派人去迎接他。袁术打算途经下邳的北边，曹操派刘备和朱灵去截击。正巧袁术病死了。程昱和郭嘉听说曹操派刘备出兵，对曹操说：“不能放刘备出去。”曹操后悔了，派人去追刘备，已经来不及了。刘备没有到东方去的时候，暗地里与董承等人谋划造反，到了下邳后，刘备就杀了徐州刺史车胄，统领军队，驻在沛县。曹操派刘岱和王忠去攻打他，没有战胜。庐江太守刘勋率领部下投降，被封为列侯。

建安五年（200年）春季正月，董承等人的阴谋败露，全部被处死。曹操准备亲自东征刘备，众将领都说：“与您争夺天下的人是袁绍。现在袁绍正领兵来侵，而您却不管他，一味向东进攻，如果袁绍趁机在后面攻击我们，该怎么办？”曹操说：“刘备是人中豪杰，现在不去打败他，将来一定会成为后患。袁绍虽然有大志，但他遇事迟疑不能当机立断，一定不会出击的。”郭嘉也劝曹操，于是向东去攻打刘备并打败了他，活捉了他的部将夏侯博。刘备逃走，投奔了袁绍。曹军捉住了刘备的妻子儿女。刘备的部将关羽驻守在下邳。曹操再去进攻，关羽投降。此时昌豨叛变，投向刘备。曹操又进攻打败了他。曹操回到官渡，而袁绍始终没有出兵。

[原文]

二月，绍遣郭图、淳于琼、颜良攻东郡太守刘延于白马，绍引兵至黎阳，将渡河。夏四月，公北救延。荀攸说公曰：“今兵少不敌，分其势乃可。公到延津，若将渡兵向其后者，绍必西应之，然后轻兵袭白马，掩其不备，颜良可禽也。”公从之。

绍闻兵渡，即分兵西应之。公乃引军兼行趣白马，未至十余里，良大惊，来逆战。使张辽、关羽前登，击破，斩良。遂解白马围，徙其民，循河而西。绍于是渡河追公军，至延津南。公勒兵驻营南阪(bǎn)下，使登垒望之，曰：“可五六百骑。”有顷，复白：“骑稍多，步兵不可胜数。”公曰：“勿复白。”乃令骑解鞍放马。是时，白马辎重就道。诸将以为敌骑多，不如还保营。荀攸曰：“此所以饵(ěr)敌，如何去之！”绍骑将文丑与刘备将五六千骑前后至。诸将复白：“可上马。”公曰：“未也。”有顷，骑至稍多，或分趣辎重。公曰：“可矣。”乃皆上马。时骑不满六百，遂纵兵击，大破之，斩丑。良、丑皆绍名将也，再战，悉禽，绍军大震。公还军官渡。绍进保阳武。关羽亡归刘备。

[译文]

二月，袁绍派遣郭图、淳于琼、颜良去白马进攻东郡太守刘延。袁绍领兵到黎阳，准备渡过黄河。夏季四月，曹操向北救援刘延。荀攸劝曹操说：“现在我们兵力少，无法与袁绍抗衡，必须分散他的兵力才可以取胜。您到了延津后，做出好像要渡河去攻打袁绍后方的样子，袁绍一定会向西进军来迎击，然后您派出快速部队去袭击白马，趁敌人没有防备时偷袭，就可以抓住颜良。”曹操接受了他的意见。

袁绍听说曹军渡河，果然分出一支队伍去西边应战。曹操于是领兵昼夜兼程直奔白马，距白马只有十几里路时，颜良才得信，大吃一惊，匆忙出兵迎战。曹操派张辽和关羽为先锋攻城，打败颜良的军队，杀死了颜良。曹操便解除了对白马的包围，把白马的居民迁走，沿着黄河西去。袁绍于是渡过黄河，追击曹军，追到延津南面。曹操整顿好军队，把军营扎在南山坡下，派人爬上堡垒顶上，观察敌军。观察的人说：“大约有五六百个骑兵。”不一会儿，又报告说：“骑兵在逐渐增加，步兵数都数不过来。”曹操说：“不用再说了。”就命令骑兵解下马鞍，放开马匹。这时，曹军从白马缴获的物资都放在路上。众将领都认为敌人骑兵众多，不如退回去守住营垒。荀攸说：“这是用来引诱敌人的钓饵，怎么可以拉走呢？”袁绍的部将文丑与刘备率领五六千名骑兵先后追上来。众将领又说：“可以上马了。”曹操说：“不到时候。”过了一会儿，前来的袁军骑兵越来越多，有人开始分头去取物资辎重。曹

曹操乌巢烧粮草

兵马未动，粮草先行，战争打的就是后勤供给。曹操烧掉袁绍的军粮，袁军不战自溃。

操说："可以了。"就让曹军全部上马。当时曹操只有不足六百名骑兵，于是全部出动去冲击，把袁军打得大败，杀死了文丑。颜良与文丑都是袁绍手下的名将，两次作战就被曹军消灭了。袁绍的军队大为震动。曹操的军队回到官渡。袁绍进军去保卫阳武。关羽逃走，回到刘备那里。

［原文］

八月，绍连营稍前，依沙塠(duī)为屯，东西数十里。公亦分营与相当，合战不利。时公兵不满万，伤者十二三。绍复进临官渡，起土山地道。公亦于内作之，以相应。绍射营中，矢如雨下，行者皆蒙楯(dùn)，众大惧，时公粮少，与荀彧(yù)书，议欲还许。彧以为："绍悉众聚官渡，欲与公决胜败。公以至弱当至强，若不能制，必为所乘，是天下之大机也。且绍，布衣之雄耳，能聚人而不能用。夫以公之神武明哲而辅以大顺，何向而不济！"公从之。

孙策闻公与绍相持，乃谋袭许，未发，为刺客所杀。汝南降贼刘辟等叛应绍，略许下。绍使刘备助辟，公使曹仁击破之。备走，遂破辟屯。

［译文］

八月，袁绍的军队结成连营，逐渐前进，依靠沙堤建成营垒，东西长几十里。曹操也分别扎营与袁军对抗，交战不利。当时曹操的军队还不到一万人，十之二三的士兵受了伤。袁绍又进逼官渡，修建土山和地道。曹操也在营垒中的相应地点修土山、地道，抵挡敌人。袁军向曹营射箭，箭如雨下。曹营中行走的人都用盾牌遮掩身体，大家都很恐慌。当时曹操的军粮不足，曹操给荀彧写信，商量准备退回许都。荀彧说："袁绍把全部兵力聚集在官渡，准备与您决出胜负。您以极弱小的兵力去抵挡极强大的敌人，如果不能制服他们，就一定会被敌人压倒，这是得失天下的关键时刻。而袁绍只不过是个平庸的领袖罢了。他能收集人才，却不会合理任用他们。凭借您的非凡武功，英明才智，再加上名正言顺，人心所向，定能无往不

孙 策

胜。”曹操接受了他的意见。

孙策听说曹操和袁绍相对峙，就谋划袭击许都，还没有出兵，便被刺客杀死了。汝南投降的贼人刘辟等叛变，响应袁绍，在许都城外抢掠。袁绍派刘备去帮助刘辟，曹操派曹仁把刘备打败。刘备逃走，曹仁攻下了刘辟的营垒。

［原文］

袁绍运谷车数千乘至，公用荀攸计，遣徐晃、史涣邀击，大破之，尽烧其车。公与绍相拒连月，虽比战斩将，然众少粮尽，士卒疲乏，公谓运者曰：“却十五日为汝破绍，不复劳汝矣。”

冬十月，绍遣车运谷，使淳于琼等五人将兵万余人送之，宿绍营北四十里。绍谋臣许攸贪财，绍不能足，来奔，因说公击琼等。左右疑之，荀攸、贾诩劝公。公乃留曹洪守，自将步骑五千人夜往，会明至。琼等望见公兵少，出陈门外。公急击之，琼退保营，遂攻之。绍遣骑救琼。左右或言：“贼骑稍近，请分兵拒之。”公怒曰：“贼在背后，乃白！”士卒皆殊死战，大破琼等，皆斩之。绍初闻公之击琼，谓长子谭曰：“就彼攻琼等，吾攻拔其营，彼固无所归矣！”乃使张郃(hé)、高览攻曹洪。郃等闻琼破，遂来降。绍众大溃，绍及谭弃军走，渡河。追之不及，尽收其辎重图书珍宝，虏其众。公收绍书中，得许下及军中人书，皆焚之。冀州诸郡多举城邑降者。

［译文］

袁绍的运粮车来了几千辆，曹操用荀攸的计策，派徐晃、史涣去袭击运粮车，大败袁军，把其运粮车全部烧光。曹操与袁绍相持了几个月，即使每次作战都能杀死敌将，但是士兵少，军粮用尽，战士疲乏不堪。曹操对运粮的人们说：“再过十五天，我为你们打垮袁绍，就不用再劳累你们了。”

冬季十月，袁绍派车辆去运粮，让淳于琼等五人率领一万多名士兵护送，住在袁绍大营以北四十里。袁绍的谋臣许攸贪财，袁绍不能满足他，他就来投奔曹操，就势劝说曹操攻打淳于琼等人。曹操的部下怀疑许攸，只有荀攸、贾诩劝曹操出兵。曹操就留下曹洪守营，亲自带领步兵、骑兵五千人夜里出兵前往，天刚亮就到了敌营。淳于琼等人看见曹军人少，就出兵在营门外摆开阵势。曹操猛攻袁军，淳于琼退守回营，曹操就攻打军营。袁绍派遣骑兵来救淳于琼。曹操的手下说："敌军骑兵逼近了，请分出一支部队去挡住他们。"曹操发怒说："敌军到了背后再报告。"士兵们都拼死作战，大败淳于琼等人，把他们都杀死了。袁绍起先听说曹操去攻打淳于琼时，对他的长子袁谭说："趁着他去攻打淳于琼等人，我去攻占他的大营，他就无处可归了。"便派张郃、高览去攻打曹洪。张郃等人听说淳于琼被消灭，就来投降曹操。袁绍军队大溃败，袁绍和袁谭弃军逃走，渡过黄河。曹操追赶他们，却没有追上。曹军缴获了他们的全部辎重物资、地图、文书、珍宝等，俘虏了许多士兵。曹操在缴获的袁绍文件中，找到许都和曹军中的人给袁绍的很多书信，但他全都给烧了。冀州各郡中，很多守将都献出城池，投降了曹操。

［原文］

初，桓帝时有黄星见于楚、宋之分，辽东殷馗(kuí)善天文，言后五十岁当有真人起于梁、沛之间，其锋不可当。至是凡五十年，而公破绍，天下莫敌矣。

六年夏四月，扬兵河上，击绍仓亭军，破之。绍归，复收散卒，攻定诸叛郡县。

袁绍

九月，公还许。绍之未破也，使刘备略汝南，汝南贼共都等应之。遣蔡扬击都，不利，为都所破。公南征备。备闻公自行，走奔刘表，都等皆散。

七年春正月，公军谯(qiáo)，令曰："吾起义兵，为天下除暴乱。旧土人民，死丧略尽，国中终日行，不见所识，使吾凄怆(chuàng)伤怀。其举义兵已来，将士绝无后者，求其亲戚以后之，授土田，官给耕牛，置学师以教之。为存者立庙，使祀其先人，魂而有灵，吾百年之后何恨哉！"遂至浚仪，治睢(suī)阳渠，遣使以太牢祀桥玄。进军官渡。

绍自军破后，发病欧血，夏五月

死。小子尚代，谭自号车骑将军，屯黎阳。秋九月，公征之，连战。谭、尚数败退，固守。

［译文］

早先，汉桓帝时，在天空上属于楚州、宋州的分野中出现了一颗黄星。辽东人殷馗擅长观察天文，预言说五十年后会有真命天子在梁、沛之间兴起，势不可挡。从那时起到曹操打败了袁绍这一年正好间隔五十年，天下没有人能胜过曹操了。

建安六年（201年）夏季四月，曹操挥兵黄河边，攻打袁绍在仓亭的驻军，打败了他们。袁绍回去以后，又收集了逃散的士兵，平定了反叛他的各个郡县。

九月，曹操回到许都。袁绍还没有被打败时，派刘备去攻取汝南。汝南的贼人共都等人响应他。曹操派蔡扬去攻打共都，没有取胜，被共都打败了。曹操向南亲征刘备。刘备听说曹操亲自出征，逃去投奔刘表。共都等人全都溃散了。

建安七年（202年）春季正月，曹操的军队驻扎在谯县，发布命令，说："我兴起义兵，为天下除去暴乱。故乡的人民差不多死光了，在县境内走上一天，也见不到一个认识的人，这让我非常痛心。自从兴起义兵来，我军将士绝了后的，就寻找他们的亲戚做他们的后嗣，分给土地，官府发给他们耕牛，设立学校，派老师教育他们。帮助活下来的人建立宗庙，让他们能祭祀自己的祖先，如果死者有魂灵的话，我死后也就没有什么遗憾了。"于是曹操到浚仪，修治睢阳渠，派使者用太牢的祭品祭祀桥玄。接着又进军官渡。

袁绍在军队被曹操打败后，夏季五月得了重病，吐血而死。他的小儿子袁尚承袭了他的职位，袁谭自称为车骑将军，驻在黎阳。秋季九月，曹操去征讨他们，接连打了几仗。袁谭、袁尚连连败退，闭关不出。

［原文］

八年春三月，攻其郭，乃出战，击，大破之，谭、尚夜遁。

夏四月，进军邺(yè)。五月还许，留贾信屯黎阳。

己酉，令曰："《司马法》'将军死绥(suí)'，故赵括之母，乞不坐括。是古之将者，军破于外，而家受罪于内也。自命将征行，但赏功而不罚罪，非国典也。其令诸将出征，败军者抵罪，失利者免官爵。"

秋七月，令曰："丧乱已来，十有五年，后生者不见仁义礼让之风，吾甚伤之。其令郡国各修文学，县满五百户置校官，选其乡之俊造而教学之，庶几先王之道不废，而有以益于天下。"

八月，公征刘表，军西平。公之去邺而南也，谭、尚争冀州，谭为尚所败，走保平原。尚攻之急，谭遣辛毗(pí)乞降请救。诸将皆疑，荀攸劝公许之，公乃引军还。

冬十月，到黎阳，为子整与谭结婚。尚闻公北，乃释平原还邺。东平吕旷、吕翔叛尚，屯阳平，率其众降，封为列侯。

［译文］

建安八年（203 年）春季三月，曹操攻打袁谭他们驻守的外城，袁军才出来交战。曹操攻击袁军，把他们打得大败，袁谭、袁尚连夜逃走。

夏季四月，曹操进军邺城。五月曹操回到许都，留下贾信驻守黎阳。

己酉那天，曹操下令：“《司马法》上说：‘将军因为退却而被处死。’所以赵括的母亲请求不要因赵括打败仗而受连坐。这是由于古代将领在外面打了败仗，自己的家庭就要在国内被治罪。自从我委派将领出征以来，只奖赏有功的而不惩罚有罪的，这不符合国家的典章。现在命令各位将领出征时，作战失败的要依法治罪，作战不利的免去官职与爵位。”

秋季七月，曹操下令说：“战乱以来已经十五年了。青年人没有见到仁义礼让的风气，我为此十分担忧。现在命令各个郡国都要提倡文化教育，满五百户人口的县要设置学校和学官，挑选当地的优秀子弟来教育，这样才不会使先王的道义被荒废，并且有益于天下。”

八月，曹操去征讨刘表，驻扎在西平。曹操离开邺城向南进发时，袁谭与袁尚争夺冀州，袁谭被袁尚打败，逃到平原防守。袁尚猛烈地攻打他，袁谭便派辛毗去向曹操请求投降并要求支援。曹军众将领都怀疑袁谭，只有荀攸劝说曹操答应。曹操便领兵回去了。

冬季十月，曹操到达黎阳，让儿子曹整与袁谭联姻。袁尚听说曹操北上，就停止对平原的进攻，回到邺城。东平人吕旷、吕翔背叛了袁尚，驻扎在阳平。他们率领部下投降了曹操，被封为列侯。

［原文］

九年春正月，济河，遏淇(qí)水入白沟以通粮道。

二月，尚复攻谭，留苏由、审配守邺。公进军到洹水，由降。既至，攻邺，为土山、地道。武安长尹楷屯毛城，通上党粮道。夏四月，留曹洪攻邺，公自将击楷，破之而还。尚将沮鹄守邯郸，又击拔之。易阳令韩范、涉长梁岐(qí)举县降，赐爵关内侯。

五月，毁土山、地道，作围堑，决漳(zhāng)水灌城；城中饿死者过半。

秋七月，尚还救邺，诸将皆以为“此归师，人自为战，不如避之”。公曰：“尚从大道来，当避之；若循西山来者，此成禽耳。”尚果循西山来，临滏水为营。夜遣兵犯围，公逆击破走之，遂围其营。未合，尚惧，故豫州刺史阴夔(kuí)及陈琳乞降，公不许，为围益急。尚夜遁，保祁山，追击之。其将马延、张颢等临阵降，众大溃，尚走中山。

尽获其辎重，得尚印绶节钺，使尚降人示其家，城中崩沮。

八月，审配兄子荣夜开所守城东门内兵。配逆战，败，生禽配，斩之，邺定。公临祀绍墓，哭之流涕；慰劳绍妻，还其家人宝物，赐杂缯絮，廪食之。

［译文］

建安九年（204年）春季正月，曹操渡河，堵住了淇河，让河水流入白沟，以打通运粮的道路。

二月，袁尚又去攻打袁谭，留下苏由与审配守卫邺城。曹操进军到了洹水，苏由投降了。曹操到了以后，发兵攻打邺城，为此修筑了土山与地道。武安长尹楷驻扎在毛城，保证上党的粮道畅通。夏季四月，曹操留下曹洪攻打邺城，他亲自率领士兵攻打尹楷，把他打垮以后才回来。袁尚的部将沮鹄守卫邯郸，曹操又攻克了邯郸。易阳令韩范、涉长梁岐献出本县投降，被赐予关内侯的爵位。

五月，曹操拆毁了土山与地道，修建了围城的深沟，掘开漳河水灌入城内，城内人有一半多饿死。

秋季七月，袁尚回军救邺城，众将领都认为“这是回来救城的军队，为保家而战，我们不如避开他们”。曹操说：“袁尚从大道回来，我们应当避开他们；如果他沿着西山过来，这就注定要被我们擒获了。”袁尚果然沿着西山回来，到滏水边上扎了营垒。袁尚在夜里派兵侵犯包围圈，曹操迎击，打跑了他们，接着就包围了袁尚的营垒。还没有合围时，袁尚就害怕了，于是派遣前豫州刺史阴夔和陈琳来乞求投降，曹操不答应，对袁尚的围攻更加紧迫。袁尚在夜里逃跑，来到祁山。曹操追击他。袁尚的部将马延、张颛等人临阵投降，全军大溃败，袁尚逃向中山。曹操获得了袁尚的全部辎重，得到了袁尚的印章绶带与符节斧钺，让投降的袁尚部下拿给袁尚的家人看，城中人心涣散。

袁谭、袁尚争冀州

袁绍死后，诸子争立，内乱不止，给曹操以可乘之机。

八月，审配的侄子审荣夜里打开他守卫的城东门放进曹军。审配迎战，战败，曹军活捉了审配，砍了他的头，邺城被平定了。曹操到袁绍的墓前祭祀，痛哭流泪；慰问了袁绍的妻子，把袁绍家里人的财物还给他们，并赐给他们杂色布帛与丝絮，由官府仓库供应他们粮食。

［原文］

初，绍与公共起兵，绍问公曰：“若事不辑，则方面何所可据？”公

曰：“足下意以为何如？”绍曰：“吾南据河，北阻燕、代，兼戎狄之众，南向以争天下，庶可以济乎？”公曰：“吾任天下之智力，以道御之，无所不可。”

九月，令曰：“河北罹(lí)袁氏之难，其令无出今年租赋！”重豪强兼并之法，百姓喜悦。天子以公领冀州牧，公让还兖州。公之围邺也，谭略取甘陵、安平、勃海、河间。尚败，还中山。谭攻之，尚奔故安，遂并其众。公遗谭书，责以负约，与之绝婚，女还，然后进军。谭惧，拔平原，走保南皮。

十二月，公入平原，略定诸县。

［译文］

当初，袁绍与曹操共同起兵。袁绍问曹操说：“如果大事没有成功，那么哪个地区可以依据？”曹操说：“您的意思是怎么样的？”袁绍说：“我在南面依据黄河，北面靠燕、代地区的险阻，加上戎狄的军队，向南以争夺天下，差不多可以成功吧？”曹操说：“我任用天下的才智与力量，以道义去指挥他们，没有不能办成的事。”

九月，曹操下令说：“河北的百姓们蒙受袁氏造成的灾难，不用交纳今年的租赋！”重申制止豪强兼并的法律，老百姓们很高兴。天子任命曹操兼任冀州牧，曹操辞让，回到了兖州。曹操围攻邺城的时候，袁谭夺取了甘陵、安平、渤海、河间等地。袁尚被打败后，退回中山。袁谭去攻打他，袁尚又逃到故安，袁谭就吞并了袁尚的军队。曹操给袁谭送去书信，责备他违反了誓约，和他断绝联姻关系，先把袁谭的女儿送回去，然后再进军。袁谭害怕，放弃了平原，逃到南皮去防守。

十二月，曹操进入平原城，平定了各县。

［原文］

十年春正月，攻谭，破之，斩谭，诛其妻子，冀州平。下令曰：“其与袁氏同恶者，与之更始。”令民不得复私仇，禁厚葬，皆一之于法。是月，袁熙大将焦触、张南等叛攻熙、尚，熙、尚奔三郡乌丸。触等举其县降，封为列侯。初讨谭时，民亡椎(chuí)冰，令不得降。顷之，亡民有诣门首者，公谓曰：“听汝则违令，杀汝则诛首，归深自藏，无为吏所获。”民垂泣而去，后竟捕得。

夏四月，黑山贼张燕率其众十余万降，封为列侯。故安赵犊、霍奴等杀幽州刺史、涿(zhuō)郡太守。三郡乌丸攻鲜于辅于犷(guǎng)平。

秋八月，公征之，斩犊等，乃渡潞(lù)河救犷平，乌丸奔走出塞。

［译文］

建安十年（205 年）春季正月，曹操攻打袁谭，打败了他，杀了袁谭和他的妻子儿女，冀州平定了。曹操下令说："那些与袁氏一起作恶的人，给他们一个改过自新的机会。"曹操下令百姓们不得私自复仇，禁止厚葬，全都用法律统一治理。这个月，袁熙的大将焦触、张南等人叛变，攻打袁熙、袁尚。袁熙、袁尚逃到三郡乌丸人那里去了。焦触等人献出所在的县城投降，被封为列侯。先前征讨袁谭时，有些被征用凿冰的百姓逃跑了，曹操下令不许接受这些人投降。不久，有个逃亡的百姓到军营门口来自首，曹操说："接受你投降，就是违反了命令，杀了你又是属诛杀自首的人，你回去藏到深山里，不要让官吏们捉到。"这个百姓哭着走了，最终还是被官府捕获。

夏季四月，黑山贼人张燕率领他的部下十几万人投降，被封为列侯。故安人赵犊、霍奴等人杀死了幽州刺史和涿郡太守。三郡乌丸在犷平攻打鲜于辅。

秋季八月，曹操征讨他们，杀死了赵犊等人，又渡河去援救犷平，乌丸人逃到塞外。

［原文］

九月，令曰："阿党比周，先圣所疾也。闻冀州俗，父子异部，更相毁誉。昔直不疑无兄，世人谓之盗嫂；第五伯鱼三娶孤女，谓之挝（zhuā）妇翁；王凤擅权，谷永比之申伯；王商忠议，张匡谓之左道：此皆以白为黑，欺天罔君者也。吾欲整齐风俗，四者不除，吾以为羞。"

冬十月，公还邺。

初，袁绍以甥高幹（gàn）领并州牧，公之拔邺，幹降，遂以为刺史。幹闻公讨乌丸，乃以州叛，执上党太守，举兵守壶关口。遣乐进、李典击之，幹还守壶关城。

十一年春正月，公征幹。幹闻之，乃留其别将守城，走入匈奴，求救于单于，单于不受。公围壶关三月，拔之。幹遂走荆州，上洛都尉王琰（yǎn）捕斩之。

［译文］

九月，曹操下令说："结成私党互相袒护，这是古代圣贤最痛恨的。我听说冀州地方的风俗是，父亲与儿子各自结成一帮，互相诋毁，自我吹捧。过去直不疑没有兄长，世人却说他与嫂嫂私通；第五伯鱼三次结婚娶的都是孤女，人们却说他殴打岳父；王凤独霸大权，谷永把他比喻成贤明的申伯；王商忠诚地为朝廷谋划，张匡却说他是旁门左道。这些全都是颠倒黑白，欺骗上天与君主的事例。我想要端正社会风俗，这四种弊端不消除，就是我的耻辱。"

冬季十月，曹操回到邺城。

早先，袁绍让他的外甥高幹兼任并州牧，曹操攻下邺城，高幹投降，就任命他做并州刺史。高幹听说曹操去讨伐乌丸，就在并州叛乱，抓住了上党太守，发兵守住壶关关口。曹操派乐进和李典去攻打他，高幹退回防守壶关城。

建安十一年（206 年）春季正月，曹操讨伐高幹。高幹听说后，便留下他的偏将守卫壶关城，自己跑到匈奴，向匈奴单于求救，匈奴单于没有答应。曹操包围壶关三个月，攻克了壶关城。高幹于是逃向荆州，上洛都尉王琰抓住高幹，把他杀了。

[原文]

秋八月，公东征海贼管承，至淳于，遣乐进、李典击破之，承走入海岛。割东海之襄贲、郯、戚以益琅邪(láng yá)，省昌虑郡。三郡乌丸承天下乱，破幽州，略有汉民合十余万户。袁绍皆立其酋豪为单于，以家人子为己女，妻焉。辽西单于蹋顿尤强，为绍所厚，故尚兄弟归之，数入塞为害。公将征之，凿渠，自呼沲(tuó)入泒(gū)水，名平虏渠；又从泃河口凿入潞河，名泉州渠，以通海。

十二年春二月，公自淳于还邺。丁酉，令曰："吾起义兵诛暴乱，于今十九年，所征必克，岂吾功哉？乃贤士大夫之力也。天下虽未悉定，吾当要与贤士大夫共定之；而专飨(xiǎng)其劳，吾何以安焉！其促定功行封。"于是大封功臣二十余人，皆为列侯，其余各以次受封，及复死事之孤，轻重各有差。

[译文]

秋季八月，曹操东征沿海的贼寇管承，到了淳于，派乐进、李典去打败了管承，管承逃到海岛上去。曹操从东海郡割出襄贲、郯县、戚县划归琅琊郡，撤销了昌虑郡。三郡乌丸人趁着天下大乱，攻下幽州，抢走十几万户汉族百姓。袁绍把部落首领都立为单于，把亲属的女儿认做自己的女儿，嫁给这些首领做妻子。辽西单于蹋顿的势力最强，受到袁绍的优待，所以袁尚兄弟去投奔他。他们多次进入塞内，造成危害。曹操准备去讨伐他们，便开凿河渠，从呼沲河通到泒水，给它起名叫平虏渠；曹军又从泃河口挖渠通入潞河，叫作泉州渠，通过它和大海相连。

建安十二年（207 年）春季二月，曹操从淳于回到邺城。二月丁酉那一天，下令说："我兴起义兵讨伐暴乱，至今已十九年了，每次出征一定取得胜利，这难道是我的功劳吗？这是贤明的士大夫们的功劳啊。虽然天下还没有全部平定，我必须要和各位贤明的士大夫一起平定天下；但是让我独自占有这些功劳，我怎么能安心呢？要赶快评定各人的功劳，给予封赏。"于是封赏了二十多名功臣，把他们都封为列侯，其余的人按照功劳大小依次受封，并且给战死的将士遗孤们免除了徭役赋税，其轻重多少按照等级有所不同。

张 辽

［原文］

将北征三郡乌丸，诸将皆曰：“袁尚，亡虏耳，夷狄贪而无亲，岂能为尚用？今深入征之，刘备必说刘表以袭许。万一为变，事不可悔。”惟郭嘉策表必不能任备，劝公行。夏五月，至无终。

秋七月，大水，傍海道不通，田畴请为乡导，公从之。引军出卢龙塞，塞外道绝不通，乃堑(qiàn)山堙(yīn)谷五百余里，经白檀，历平冈，涉鲜卑庭，东指柳城。未至二百里，虏乃知之。尚、熙与蹋顿、辽西单于楼班、右北平单于能臣抵之等将数万骑逆军。

八月，登白狼山，卒与虏遇，众甚盛。公车重在后，被甲者少，左右皆惧。公登高，望虏陈不整，乃纵兵击之，使张辽为先锋，虏众大崩，斩蹋顿及名王已下，胡、汉降者二十余万口。辽东单于速仆丸及辽西、北平诸豪，弃其种人，与尚、熙奔辽东，众尚有数千骑。初，辽东太守公孙康恃远不服。及公破乌丸，或说公遂征之，尚兄弟可禽也。公曰：“吾方使康斩送尚、熙首，不烦兵矣。”

九月，公引兵自柳城还，康即斩尚、熙及速仆丸等，传其首。诸将或问：“公还而康斩送尚、熙，何也？”公曰：“彼素畏尚等，吾急之则并力，缓之则自相图，其势然也。”

十一月至易水，代郡乌丸行单于普富卢、上郡乌丸行单于那楼将其名王来贺。

［译文］

曹操要去北方征讨三郡乌丸，众将领都说：“袁尚是个丧家之犬，夷狄部族贪财又不讲感情，怎么会被袁尚利用呢？现在深入乌丸境内去征伐他们，刘备一定会鼓动刘表来袭击许都。万一出现变故，后悔也来不及了。”只有郭嘉估计刘表一定不会任用刘备，劝曹操出征。夏季五月，曹操到了无终。

秋季七月，发大水，沿海的道路不通。田畴请求做向导，曹操答应了。田畴领兵从卢龙塞出关。塞外的道路断了，无法通行。曹军就开凿山路，填平河谷，修路五百多里，经过白檀、平冈，穿过鲜卑的居住区，向东直奔柳城。距柳城还有二百多里时，对方才知道。袁尚、袁熙和蹋顿、辽西单于楼班、右北平单于能臣抵之等人率领几万名骑兵迎击曹军。

八月，曹操登上白狼山，与敌人突然相遇，敌兵很多。曹操军队的车辆辎重都在后面，披甲的士兵很少，侍卫和将领都很惊慌害怕。曹操登上高处，看到敌人的阵容不整齐，就指挥军队出击，让张辽做先锋。敌人军队被彻底击溃。曹军杀死了蹋顿和其他各级乌丸首领，投降的胡人、汉人一共二十多万。辽东单于速仆丸和辽西、北平各部首领，扔下了他们部族的人民，和袁尚、袁熙逃往辽东，他们只剩几千名骑兵。从前，辽东太守公孙康依仗地区偏远，不服从曹操。到了曹操打败乌丸后，有的人劝说曹操趁势征伐辽东，可以抓住袁尚兄弟。曹操说：“我正要让公孙康砍下袁尚、袁熙二人的头送来，不用烦劳军队了。”

九月，曹操领兵从柳城回来，公孙康立即砍下了袁尚、袁熙和速仆丸等人的头，并用驿马送来。将领中有人问道：“您一收兵回来，公孙康就砍下了袁尚、袁熙的头送来，这是为什么呢？”曹操说：“公孙康一直害怕袁尚等人。我逼急了，他们就会合力抵抗；我放松一点，他们就会互相残杀。这是形势发展的必然。”

十一月，曹操到易水，代郡乌丸代理单于普富卢、上郡乌丸代理单于那楼率领各级乌丸首领们前来祝贺。

［原文］

十三年春正月，公还邺，作玄武池以肄(yì)舟师。汉罢三公官，置丞相、御史大夫。

夏六月，以公为丞相。

秋七月，公南征刘表。八月，表卒，其子琮(cóng)代，屯襄阳，刘备屯樊。九月，公到新野，琮遂降，备走夏口。公进军江陵，下令荆州吏民，与之更始。乃论荆州服从之功，侯者十五人，以刘表大将文聘为江夏太守，使统本兵，引用荆州名士韩嵩、邓义等。益州牧刘璋始受征役，遣兵给军。

十二月，孙权为备攻合肥。公自江陵征备，至巴丘，遣张憙(xǐ)救合肥。权闻憙至，乃走。公至赤壁，与备战，

玄德荆州依刘表

刘备没有自己的地盘，四处投奔别的军阀，最后投奔刘表。但曹操南征，刘表去世，刘琮投降，刘备又无栖身之地。

不利。于是大疫，吏士多死者，乃引军还。备遂有荆州江南诸郡。

［译文］

建安十三年（208 年）春季正月，曹操回到邺城，修建了玄武池训练水军。汉朝废除了三公的官职，设置了丞相和御史大夫。

夏季六月，汉献帝任命曹操为丞相。

秋季七月，曹操南征刘表。八月，刘表去世，他的儿子刘琮接替了他的职位，驻扎在襄阳，刘备驻扎在樊城。九月，曹操到达新野，刘琮就投降了，刘备逃往夏口。曹操进军江陵，向荆州的官员和百姓下达命令，叫他们跟从新主人，开始新生活。曹操又评议这次归降中荆州官员们的功绩，给十五个人封了侯位，任命原刘表的大将文聘为江夏太守，让他统领原有的军队，又选用了荆州的名士韩嵩、邓义等人。益州牧刘璋也开始接受朝廷征派的徭役，派士兵来补充曹操的军队。

十二月，孙权为了刘备而攻打合肥。曹操从江陵出发征讨刘备，到了巴丘，派张憙去救合肥。孙权听说张憙到了，就撤退了。曹操到了赤壁，与刘备作战，没有取胜。在那个地方又发生了大瘟疫，官吏士兵中很多人都病死了，曹操就领兵回去。刘备便占有了荆州在长江以南的各个郡。

［原文］

十四年春三月，军至谯（qiáo），作轻舟，治水军。秋七月，自涡（guō）入淮，出肥水，军合肥。辛未，令曰：“自顷已来，军数征行，或遇疫（yì）气，吏士死亡不归，家室怨旷，百姓流离，而仁者岂乐之哉？不得已也。其令死者家无基业不能自存者，县官勿绝廪（lǐn），长吏存恤抚循，以称吾意。”置扬州郡县长吏，开芍陂屯田。

十二月，军还谯。

曹操大宴铜雀台

十五年春，下令曰：“自古受命及中兴之君，曷尝不得贤人君子与之共治天下者乎！及其得贤也，曾不出闾（lú）巷，岂幸相遇哉？上之人不求之耳。今天下尚未定，此特求贤之急时也。‘孟公绰为赵、魏老则优，不可以为滕（téng）、薛大夫。’若必廉士而后可用，则齐桓其何以霸世！今天下得无有被褐

怀玉而钓于渭滨者乎？又得无盗嫂受金而未遇无知者乎？二三子其佐我明扬仄(zè)陋，唯才是举，吾得而用之。”冬，作铜雀台。

[译文]

建安十四年（209 年）春季三月，曹军到了谯县，制造轻快的小型战船，操练水军。秋季七月，曹军从涡河进入淮河，经淝水上岸，驻扎在合肥。辛未那一天，曹操下命令说：“自从近几年以来，军队多次出征，有时会遇上瘟疫，官吏和士兵死亡，回不了家，家属怨恨，夫妻离别，百姓们流离失所。这难道是仁义之士愿意见到的吗？只是不得已啊。现在命令：对那些死亡将士家中没有产业，家属无法养活自己的，官府不得停止供应口粮，地方长官要加以抚恤慰问，这样才符合我的心意。”曹操设置了扬州各郡县的长官，开挖了芍陂，让军队屯田。

十二月，曹军回到谯县。

建安十五年（210 年）春天，曹操下令说：“自古以来，承受天命建国的君主与中兴的君主，有谁没有得到过贤人与君子的帮助和他一起治理天下呢？那些被他们得到的贤人，有些还没有走出过里巷，难道是他们侥幸相遇的吗？只不过是有些执政的人不去寻访罢了。现在天下还没有平定，这正是特别急切地寻求贤人的时候。‘孟公绰做赵国、魏国的家臣就很优秀，但做滕国、薛国的大夫却很平庸。’如果都像这样一定要任用廉洁的士人，那么齐桓公靠什么在世上称霸？现在天下难道没有像姜太公那样穿着粗布衣，胸怀大才，在渭河边上钓鱼的人吗？又难道没有像陈平那样背着私通嫂嫂、接受黄金的名声，却没有遇到魏无知那样的伯乐的人吗？你们要帮助我推举选用地位卑贱的贤人，只依据才能举荐，让我能够得到他们，使用他们。”冬季，曹操建造了铜雀台。

铜雀台

[原文]

十六年春正月，天子命公世子丕为五官中郎将，置官属，为丞相副。太原商曜(yào)等以大陵叛，遣夏侯渊、徐晃围破之。张鲁据汉中，三月，遣钟繇(yóu)讨之。公使渊等出河东与繇会。是时关中诸将疑繇欲自袭，马超遂与韩遂、杨秋、李堪、成宜等叛。遣曹仁讨之。超等屯潼(tóng)关，公敕诸将：“关西兵精悍，坚壁勿与战。”

秋七月，公西征，与超等夹关而

军。公急持之，而潜遣徐晃、朱灵等夜渡蒲阪津，据河西为营。公自潼关北渡，未济，超赴船急战。校尉丁斐因放牛马以饵贼，贼乱取牛马，公乃得渡，循河为甬道而南。贼退，拒渭口，公乃多设疑兵，潜以舟载兵入渭，为浮桥，夜，分兵结营于渭南。贼夜攻营，伏兵击破之。超等屯渭南，遣信求割河以西请和，公不许。

九月，进军渡渭。超等数挑战，又不许；固请割地，求送任子，公用贾诩计，伪许之。韩遂请与公相见，公与遂父同岁孝廉，又与遂同时侪(chái)辈，于是交马语移时，不及军事，但说京都旧故，拊手欢笑。既罢，超等问遂："公何言？"遂曰："无所言也。"超等疑之。他日，公又与遂书，多所点窜，如遂改定者；超等愈疑遂。公乃与克日会战，先以轻兵挑之，战良久，乃纵虎骑夹击，大破之，斩成宜、李堪等。遂、超等走凉州，杨秋奔安定，关中平。诸将或问公曰："初，贼守潼关，渭北道缺，不从河东击冯翊而反守潼关，引日而后北渡，何也？"公曰："贼守潼关，若吾入河东，贼必引守诸津，则西河未可渡，吾故盛兵向潼关；贼悉众南守，西河之备虚，故二将得擅取西河；然后引军北渡，贼不能与吾争西河者，以有二将之军也。连车树栅，为甬道而南，既为不可胜，且以示弱。渡渭为坚垒，虏至不出，所以骄之也；故贼不为营垒而求割地。吾顺言许之，所以从其意，使自安而不为备，因畜士卒之力，一旦击之，所谓疾雷不及掩耳，兵之变化，固非一道也。"始，贼每一部到，公辄有喜色。贼破之后，诸将问其故。公答曰："关中长远，若贼各依险阻，征之，不一二年不可定也。今皆来集，其众虽多，莫相归服，军无适主，一举可灭，为功差易，吾是以喜。"

[译文]

建安十六年（211年）春季正月，汉献帝任命曹操的世子曹丕做五官中郎将，设置了五官中郎将的属官，让曹丕做丞相的助手。太原人商曜等人占领大陵叛变，曹操派遣夏侯渊、徐晃包围大陵，攻克了它。张鲁占据了汉中，三月曹操派遣钟繇去讨伐他。曹操又派夏侯渊等人从河东出发与钟繇会合。当时关中的众军阀都疑心钟繇会来袭击自己，马超便与韩遂、杨秋、李堪、成宜等人叛变。曹操派遣曹仁讨伐他们。马超等人驻扎在潼关。曹操告诫各路将领说："关西的军队精锐强悍，你们要坚壁防守，不要与他们作战。"

秋季七月，曹操西征，与马超等人在潼关两侧驻军。曹操紧紧地牵制住马超，同时悄悄地派徐晃、朱灵等人在夜里渡过蒲阪津，依据黄河西边扎营。曹操从潼关向北渡河，尚未完全渡过时，马超赶来猛攻曹操的战船。校尉丁斐便把牛马放出来作为诱饵，马超军去乱抢牛马，曹操才得以渡河，沿着黄河修筑通道向南进军。马超军退回去在渭口抵挡曹军，曹操就大设疑兵，悄悄地用船把军队运入渭河，造了浮桥，在夜里调动一支军队到渭河南岸扎营。马超军在夜里来攻打曹营，曹操埋伏下军队打败了他们。马超等人退守渭河南岸，派人送信请求割让黄河以西的土地讲和，曹操不答应。

九月，曹操进军，渡过渭河。马超等人多次挑战，曹操不应战；马超等人一再请求割让土地，并送子弟作为人质。曹操采纳了贾诩的建议，假装答应了。韩遂请求和曹操相见。曹操与韩遂的父亲在同一年被选为孝廉，又和韩遂年龄相近，辈分相同，于是两个人马头相错，谈了很久，谈话中不牵扯军事，只是提及京城中旧日的朋友，兴致高处两人拍手欢笑。谈完以后，马超等人问韩遂："曹操跟你讲了些什么？"韩遂说："没有说什么要紧的。"马超等人便开始起疑心了。过了几天，曹操又给韩遂写信。信中文字有很多处涂改，像是经韩遂掩盖的样子。马超等人更加怀疑韩遂了。曹操就和马超等人约定日子会战，先派出轻装的军队来挑战，交战很久，曹操再出动勇猛的骑兵从两面夹击，把敌人打得大败，杀死了成宜、李堪等人。韩遂、马超等人逃到凉州去，杨秋逃到安定去，关中地区被平定了。曹操的部将中有人问："以前，敌人守住潼关，渭北的道路无人防备。我们不从河东去攻打冯翊，却紧盯着潼关，拖延了很长时间才北渡黄河。这是为什么呢？"曹操说："敌军守住潼关，如果我们到河东去，敌军一定移过来守卫各个渡口，这样就无法渡过黄河西岸。我故意用重兵向潼关进攻；敌人就把全部兵力放在南面守卫，西河的守备空虚，所以我方的两位将军才能全力攻占西河；然后我们领兵北渡，贼军不能和我们争夺西河的原因，就是那里有我们两位将军的军队了。我们把军车相连，修起栅栏，筑成通道向南进军，既让敌人无法袭击取胜，又向敌人表示我们力量弱小。渡过渭河，筑起坚固的堡垒，敌军到来也不出战，是让敌人骄傲轻敌。所以敌人不修筑营垒，只请求割地讲和。我顺着他们的话答应，依从他们的意思，让他们安心，不加防备，趁机积蓄力量，休养士兵，一旦进攻敌人，就是迅雷不及掩耳的力量，用兵变化莫测，本来就不能有一定的程式。"起先敌人每一支部队来临时，曹操就面露喜色。敌军被打败后，众将军问他为什么面带喜色。曹操回答说："关中地区辽阔广大，如果敌军各自凭借险阻守卫，我们去征讨他们没有一二年的工夫是不能平定的。现在他们全集合到这里来，敌人的军队虽然多，但他们互相不服，没有归属感，军队中没有一个统帅，我们可以一举歼灭，比较容易成功。我因此感到高兴。"

[原文]

冬十月，军自长安北征杨秋，围安定。秋降，复其爵位，使留抚其民人。

马 超

十二月，自安定还，留夏侯渊屯长安。

十七年春正月，公还邺。天子命公赞拜不名，入朝不趋，剑履上殿；如萧何故事。马超余众梁兴等屯蓝田，使夏侯渊击平之。割河内之荡阴、朝歌、林虑，东郡之卫国、顿丘、东武阳、发干，钜鹿之廮(yǐng)陶、曲周、南和，广平之任城，赵之襄国、邯郸、易阳以益魏郡。

冬十月，公征孙权。

十八年春正月，进军濡须口，攻破权江西营，获权都督公孙阳，乃引军还。诏书并十四州，复为九州。夏四月，至邺。

[译文]

冬季十月，曹操的军队从长安向北征讨杨秋，包围了安定。杨秋投降，曹操恢复了他旧有的爵位，让他留在当地安抚民众。

十二月，曹操从安定回来，把夏侯渊留下来驻守长安。

建安十七年（212 年）春季正月，曹操率领军队回到邺城。献帝允许曹操朝见行礼时，司仪唱礼不用提及名讳，进入朝堂可以不用小步疾走，还可以带着兵器上殿，和西汉初年萧何所享受的待遇一样。马超的手下梁兴聚集残兵驻扎蓝田，曹操命夏侯渊去予以平定。割出河内郡的荡阴、朝歌、林虑，东郡的卫国、顿丘、东武阳、发干，钜鹿郡的廮陶、曲周、南和，广平郡的任城，赵郡的襄国、邯郸、易阳并入魏郡，来增加魏郡的地盘。

冬季十月，曹操领兵讨伐孙权。

建安十八年（213 年）春季正月，曹操进军濡须口，攻克孙权在长江西岸的军营，俘虏了孙权的都督公孙阳，然后领兵回来。汉献帝下诏书把十四个州合并为九个州。夏季四月，曹操回到邺城。

[原文]

五月丙申，天子使御史大夫郗虑持节策命公为魏公，曰：“朕以不德，少遭愍(mǐn)凶，越在西土，迁于唐、卫。当此之时，若缀旒(liú)然，宗

庙乏祀，社稷无位；群凶觊觎(jì yú)，分裂诸夏，率土之民，朕无获焉，即我高祖之命将坠于地。朕用夙(sù)兴假寐(mèi)，震悼于厥心，曰：‘惟祖惟父，股肱(gōng)先正，其孰能恤朕躬？’乃诱天衷，诞育丞相，保乂(yì)我皇家，弘济于艰难，朕实赖之。今将授君典礼，其敬听朕命。

“昔者董卓初兴国难，群后释位以谋王室，君则摄进，首启戎行，此君之忠于本朝也。后及黄巾反易天常，侵我三州，延及平民，君又翦(jiǎn)之以宁东夏，此又君之功也。韩暹(xiān)、杨奉专用威命，君则致讨，克黜(chù)其难，遂迁许都，造我京畿(jī)，设官兆祀，不失旧物，天地鬼神于是获乂，此又君之功也。袁术僭(jiàn)逆，肆于淮南，慑惮君灵，用丕显谋，蕲(qí)阳之役，桥蕤(ruí)授首，棱威南迈，术以陨溃，此又君之功也。回戈东征，吕布就戮，乘辕将返，张杨殂(cú)毙，眭(suī)固伏罪，张绣稽服，此又君之功也。袁绍逆乱天常，谋危社稷，凭恃其众，称兵内侮，当此之时，王师寡弱，天下寒心，莫有固志，君执大节，精贯白日，奋其武怒，运其神策，致届官渡，大歼丑类，俾(bǐ)我国家拯于危坠，此又君之功也。济师洪河，拓定四州，袁谭、高幹(gàn)，咸枭(xiāo)其首，海盗奔迸，黑山顺轨，此又君之功也。乌丸三种，崇乱二世，袁尚因之，逼据塞北，束马县车，一征而灭，此又君之功也。刘表背诞，不供贡职，王师首路，威风先逝，百城八郡，交臂屈膝，此又君之功也。马超、成宜，同恶相济，滨据河、潼，求逞所欲，殄(zhěn)之渭南，献馘(guó)万计，遂定边境，抚和戎狄，此又君之功也。鲜卑、丁零，重译而至，单于、白屋，请吏率职，此又君之功也。君有定天下之功，重之以明德，班叙海内，宣美风俗，旁施勤教，恤慎刑狱，吏无苛政，民无怀慝(tè)；敦崇帝族，表继绝世，旧德前功，罔不咸秩；虽伊尹格于皇天，周公光于四海，方之蔑如也。

[译文]

五月丙申，汉献帝派御史大夫郗虑手持符节来册封曹操为魏公，诏书说：“我因为缺乏修养，从小就遭受到灾祸和不幸，先迁到西部地区，又辗转于古代唐国、卫国一带。当时，我的命运像旗子上的飘带一样，飘忽不定。这时宗庙没有人去祭祀，社稷神位没有固定的地点安置。恶徒们心怀叵测，想篡夺政权，分裂国家。全国的百姓，没有一个人属于我。我们高皇帝开创的基业，眼看就要崩溃了。我因此无法安眠，心中非常哀痛，常说：‘祖宗啊，父亲啊，辅佐我们的公卿大夫啊，有

谁能帮助我呢？’这样才感动了上天，赐给我曹丞相，来保护我们皇室的平安，是你从艰难困苦中把我们拯救出来的，有了你朕就有了实在的依靠。现在要为曹丞相您举行典礼，请敬听我的册命。

“过去董卓刚一发动叛乱，各地诸侯都离开自己的辖地来保卫王室，是您督促他们进军，首先向敌军攻击，这是您忠心于本朝的功绩。后来黄巾军违背天意，侵占了我们三个州，连平民百姓都受到危害，您把他们消灭，平定了东方。这又是您的功劳。韩暹和杨奉专权，您前去讨伐，消除了祸害，接着迁到许都，修建了京城，设置了百官，恢复宗庙祭祀，旧日的制度没有丧失，天地鬼神都得到安宁。这又是您的功劳。袁术伪称皇帝叛乱，在淮南横行霸道，但他也惧怕您的威严。您施展高妙的谋略，在蕲阳交战，杀死了桥蕤，趁着军威向南进军，把袁术军队打败，袁术丧命，这又是您的功劳。回师东征，把吕布捕获处死，大军将要返回时，又把张杨消灭，使眭固认罪被诛，张绣叩头降服，这又都是您的功劳。袁绍叛乱，淆乱天道，阴谋危害社稷，他凭借自己兵马众多，发动军队挑起内战。在这个时候，国家的军队力量薄弱，天下的人民都感到失望恐惧，没有坚定的意志。您坚守大节，您的精诚使上天也显示出征兆，振奋您的勇武气魄，运用您的神妙计策，到达官渡，歼灭大量敌人，从危难灭亡中拯救了我的国家，这又是您的功劳。带领军队渡过大河，平定了四州，袁谭，高幹等人都被您斩首，海盗逃窜，黑山贼人投降，这又是您的功劳。乌丸三支部族，两代人都在扰乱边疆，袁尚利用他们，占据塞北，您整顿军队，不费吹灰之力，一举消灭了他们，这又是您的功劳。刘表荒谬昏乱，背叛朝廷，不向朝廷纳贡，国家的军队一上路出征，刘表就丧失了威风，八个郡的上百座城市纷纷投降，这又是您的功劳。马超、成宜，狼狈为奸，占据了黄河、潼关一带，企图实现他们的妄想，您在渭南消灭了他们，杀死的敌人数以万计。从此平定了边境，安抚了戎狄部族，这又是您的功劳。鲜卑、丁零这些民族，靠多重翻译辗转来到京城朝贡。单于、白屋这些民族，称臣纳贡，请求派官吏去治理，这又是您的功劳。您有平定天下的功绩，再加上高尚的德行，整顿了全国的秩序，推行良好的社会风俗，普遍认真地施行教育，体贴下情，谨慎处理刑狱，官吏们不使用苛刻的政令，百姓们没有欺诈狡猾之心。您真诚地尊敬和优待皇室亲族，上表让绝后的王族有人继承，对过去的功臣和有道德的人，全都给予官职任用。即便说伊尹的功德感动了上帝，周公的政绩照耀了四海之内，但和您相比都不如啊！

［原文］

“朕闻先王并建明德，胙之以土，分之以民，崇其宠章，备其礼物，所以藩卫王室，左右厥世也。其在周成，管、蔡不静，惩难念功，乃使邵康公赐齐太公履，东至于海，西至于河，南至于穆陵，北至于无棣(dì)，五侯九伯，实得征之，世祚(zuò)太师，以表东海；爰及襄王，亦有楚人不供王职，又命晋文登为侯伯，锡以二辂(lù)、虎贲(bēn)、鈇(fǔ)钺(yuè)、秬(jù)

鬯(chàng)、弓矢，大启南阳，世作盟主。故周室之不坏，繄二国是赖。今君称丕显德，明保朕躬，奉答天命，导扬弘烈，绥爰九域(yù)，莫不率俾，功高于伊、周，而赏卑于齐、晋，朕甚恧(nù)焉。朕以眇(miǎo)眇之身，托于兆民之上，永思厥艰，若涉渊水，非君攸济，朕无任焉。今以冀州之河东、河内、魏郡、赵国、中山、常山、钜鹿、安平、甘陵、平原凡十郡，封君为魏公。锡君玄土，苴以白茅，爰契尔龟，用建冢社。昔在周室，毕公、毛公入为卿佐，周、邵师保出为二伯，外内之任，君实宜之。其以丞相领冀州牧如故。又加君九锡，其敬听朕命。以君经纬礼律，为民轨仪，使安职业，无或迁志，是用锡君大辂、戎辂各一，玄牡二驷。君劝分务本，穑(sè)人昏作，粟帛滞积，大业惟兴，是用锡君衮冕(gǔnmiǎn)之服，赤舄(xì)副焉。君敦尚谦让，俾民兴行，少长有礼，上下咸和，是用锡君轩县之乐，六佾(yì)之舞。君翼宣风化，爰发四方，远人革面，华夏充实，是用锡君朱户以居。君研其明哲，思帝所难，官才任贤，群善必举，是用锡君纳陛以登。君秉国之钧，正色处中，纤毫之恶，靡不抑退，是用锡君虎贲(bēn)之士三百人。君纠虔天刑，章厥有罪，犯关干纪，莫不诛殛，是用锡君铁钺各一。君龙骧虎视，旁眺八维，掩讨逆节，折冲四海，是用锡君彤(tóng)弓一，彤矢百，玈(lú)弓十，玈矢千。君以温恭为基，孝友为德，明允笃诚，感于朕思，是用锡君秬鬯一卣(yǒu)，珪(guī)瓒副焉。魏国置丞相已下群卿百寮(liáo)，皆如汉初诸侯王之制。往钦哉，敬服朕命！简恤尔众，时亮庶功，用终尔显德，对扬我高祖之休命！”

召公

召公是周文王的儿子，武王的弟弟。曾辅助周武王灭商，被封于燕，是后来燕国的始祖。因最初采邑在召，故称召公或召伯。周成王时，他出任太保，与周公旦分陕而治，陕以东的地方归周公旦管理，陕以西的地方归他管理。他支持周公旦摄政当国，支持周公平定叛乱。《左传》记载召（邵）康公赐齐太公履之事，这里援引是为了说明曹操征伐的合法性。

[译文]

“我听说先前的帝王都给德行崇高的人

封爵，赐给他们土地，分给他们人民，给他们崇高的荣誉，为他们备齐礼仪制度用品，是为了用他们保卫王室，辅佐君王治理天下。在周成王时，管叔、蔡叔叛乱，平定祸乱后评定功臣，就派邵康公赐给齐太公鞋履，向东到海边，向西到黄河，向南到穆陵，向北到无棣，其中的五侯九伯，齐太公都可以去征讨，让他世代担任太师，在东海边立表宣扬他的功绩；到了周襄王时，楚国不履行对周王的义务，不纳贡。周王就任用晋文公为诸侯的盟主，赐给他两辆大车、护卫的勇士、斧钺、米酒与弓箭，让他在南阳大量开拓土地，世代做诸侯的盟主。周王室之所以没有衰灭，是倚赖这两个国家。现在您有崇高的品行，全心保卫我，顺应天意，做出伟大的功绩，使九州安宁，百姓循规蹈矩。您的功劳比伊尹、周公还高，而得到的奖赏却比齐太公、晋文公少，对此我感到很惭愧。我这样一个渺小的人，位居亿万人民之上，经常想到执政的艰难，就如身临深渊，足履薄冰一样。若没有您的帮助，我无法担任这个重任。现在把冀州的河东、河内、魏郡、赵国、中山、常山、钜鹿、安平、甘陵、平原一共十个郡赐给您，封您为魏公。赐给您黑色的土壤，包上白色茅草，您去刻灼龟甲占卜，选地建立魏国的宗庙社稷。过去在周朝，毕公、毛公到朝廷来做辅佐大臣，周公、邵公以太师太保的身份到外地做方伯。朝廷内外的重任，您都适合担当。您还可以像以前一样以丞相的官职兼任冀州牧。再给您加赐九锡，您敬听我的命令。因为您安排制定了礼仪和法律，让它们成为人民的规范准则，使人民安于自己的职业，没有人三心二意，所以我赐给您一辆君王的大车、一辆兵车、八匹黑马。您劝说百姓们守住本分，发展农业，农民努力耕作，粮食布帛有了大量储存，国家兴旺发达，因此赐给您衮冕礼服，配上红色的厚底鞋。您真诚地提倡谦让，让人民仿效实行，年轻人与老年人都有礼貌，上下之间都很和睦，因此赐给您成套的乐器，六队舞人演出的舞乐。您推广宣传教化，让四方都传扬，远方的人们洗心革面，中原地区富裕充实，因此赐给您的居室红色大门。您研究贤王的智慧，为帝王分担困难的事务，给有才能的人官职，任用贤人，所有的优秀人才都得到推荐，因此赐给您从殿檐下的阶梯上殿的荣誉。您掌握国家的权柄，庄严地处在公正执中的地位，哪怕有一丝一毫的邪恶，也不会不予以斥退及抑制，因此赐给您三百名护卫勇士。您认真地监察朝廷的刑罚，揭露那些有罪的人，违犯国家法律的人，没有不受到诛杀的，因此赐给您斧、钺各一件。您像龙马一样奔驰，像猛虎一样环视，旁观八方，征讨叛臣逆贼，击败四海之内的敌人，因此赐给您一张红色的弓、一百支红色的箭、十张黑色的弓、一千支黑色的箭。您以温恭为基本，把孝敬父母、友爱兄弟作为美德，聪明、守信、真诚、忠实，使我非常感动，因此赐给您芬芳的美酒一坛，配上玉制的酒勺。魏国可以设置丞相以下的各级官员，全和汉代初年诸侯王的官属制度一样。您去魏国吧！要恭敬地听从我的命令，选拔和抚慰您的部下，经常建立功勋，来完善您的崇高品德，回报并颂扬我们高祖皇帝的美好遗命！”

［原文］

秋七月，始建魏社稷宗庙。天子聘公三女为贵人，少者待年于国。

九月，作金虎台，凿渠引漳水入白沟以通河。

冬十月，分魏郡为东西部，置都尉。

十一月，初置尚书、侍中、六卿。马超在汉阳，复因羌、胡为害，氐王千万叛应超，屯兴国。使夏侯渊讨之。

十九年春正月，始耕籍田。南安赵衢(qú)、汉阳尹奉等讨超，枭其妻子，超奔汉中。韩遂徙金城，入氐(dì)王千万部，率羌、胡万余骑与夏侯渊战，击，大破之，遂走西平。渊与诸将攻兴国，屠之。省安东、永阳郡。安定太守毌(guàn)丘兴将之官，公戒之曰："羌、胡欲与中国通，自当遣人来，慎勿遣人往。善人难得，必将教羌、胡妄有所请求，因欲以自利；不从便为失异俗意，从之则无益事。"兴至，遣校尉范陵至羌中，陵果教羌，使自请为属国都尉。公曰："吾预知当尔，非圣也，但更事多耳。"

［译文］

建安十八年（213 年）秋季七月，曹操开始建立魏国的宗庙社稷。汉献帝聘娶了曹操的三个女儿做后宫贵人，其中最小的一个留在魏国等长大以后再进宫。

九月，修建金虎台，开凿水渠把漳河水引进白沟，一直通到黄河。

冬季十月，把魏郡分成东西两部，设置了都尉。

十一月，魏国开始设置尚书、侍中、六卿等官员。马超在汉阳，又依靠羌人、胡人祸害百姓，氐王千万叛变，响应马超，驻扎在兴国。曹操派夏侯渊去讨伐。

建安十九年（214 年）春季正月，曹操第一次举行"耕籍田"的礼仪。南安人赵衢、汉阳人尹奉等将领去讨伐马超，斩杀了他的妻子儿女，马超逃到汉中去。韩遂迁往金城，进入氐王千万的部落，率领一万多名羌人胡人的骑兵和夏侯渊交战。夏侯渊将之击败。韩遂逃往西平。夏侯渊与众将领攻打兴国，屠杀居民，撤销了安东和永阳两个郡。安定太守毌丘兴将要赴任去。曹操告诫他说："羌人、胡人想要与中国往来，就会自己派人来，你千万不要派人去。因为很难找到合适的使者。一般人一定会教羌人、胡人狂妄地提出过分的要求，他好从中得利。我们不答应这些要求，就会失掉羌人、胡

汉献帝

人的拥护，答应这些要求，又对国家没有益处。”毌丘兴到任后，派校尉范陵去羌人部落。范陵果然唆使羌人，让他们请求封自己做属国都尉。曹操说：“我早就预料到会是这样。我不是圣人，只不过经历的事情多些罢了。”

［原文］

三月，天子使魏公位在诸侯王上，改授金玺、赤绂、远游冠。

秋七月，公征孙权。初，陇西宋建自称河首平汉王，聚众枹(fú)罕，改元，置百官，三十余年。遣夏侯渊自兴国讨之。

冬十月，屠枹罕，斩建，凉州平。公自合肥还。

十一月，汉皇后伏氏坐昔与父故屯骑校尉完书，云帝以董承被诛怨恨公，辞甚丑恶，发闻，后废黜死，兄弟皆伏法。

十二月，公至孟津。天子命公置旄头，宫殿设钟虡(jù)。乙未，令曰：“夫有行之士未必能进取，进取之士未必能有行也。陈平岂笃行，苏秦岂守信邪？而陈平定汉业，苏秦济弱燕。由此言之，士有偏短，庸可废乎！有司明思此义，则士无遗滞，官无废业矣。”又曰：“夫刑，百姓之命也，而军中典狱者或非其人，而任以三军死生之事，吾甚惧之。其选明达法理者，使持典刑。”于是置理曹掾(yuàn)属。

二十年春正月，天子立公中女为皇后。省云中、定襄、五原、朔方郡，郡置一县领其民，合以为新兴郡。

三月，公西征张鲁，至陈仓，将自武都入氐(dī)；氐人塞道，先遣张郃(hé)、朱灵等攻破之。

夏四月，公自陈仓以出散关，至河池。氐王窦茂众万余人，恃险不服。

五月，公攻屠之。西平、金城诸将麴(qū)演、蒋石等共斩送韩遂首。

秋七月，公至阳平。张鲁使弟卫与将杨昂等据阳平关，横山筑城十余里，攻之不能拔，乃引军还。贼见大军退，其守备解散。公乃密遣解剽(xiè piāo)、高祚等乘险夜袭，大破之，斩其将杨任，进攻卫，卫等夜遁，鲁溃奔巴中。公军入南郑，尽得鲁府库珍宝。巴、汉皆降。复汉宁郡为汉中；分汉中之安阳、西城为西城郡，置太守；分锡、上庸郡，置都尉。

八月，孙权围合肥，张辽、李典击破之。

九月，巴七姓夷王朴胡、賨(cóng)邑侯杜濩(hù)举巴夷、賨民来附，于是分巴郡，以胡为巴东太守，濩为巴西太守，皆封列侯。天子命公承制封拜诸侯守相。

曹操杖杀伏皇后

［译文］

三月，汉献帝让魏公曹操的地位列于诸侯王以上，改授给他金印、红色的绶带和远游冠。

秋季七月，曹操征讨孙权。当初，陇西人宋建自称为河首平汉王，在枹罕聚集兵马，改换年号，设置百官，已经有三十多年了。曹操派遣夏侯渊从兴国去讨伐他。

冬季十月，曹军屠枹罕城，杀死了宋建，平定了凉州。曹操从合肥回到邺城。

十一月，汉献帝皇后伏氏曾在给父亲即前任屯骑校尉伏完的信中说汉献帝由于董承被诛杀而怨恨曹操，用词十分恶毒，信被发现以后，伏后因此被废黜处死，她的兄弟也都被处死。

十二月，曹操到了孟津。汉献帝命令曹操可以使用有旄头的仪仗，可以在宫殿中摆设钟架。乙未那天，曹操下令说："有德行的人不一定能进取功名，进取功名的人不一定能有德行。陈平难道有敦厚的德行？苏秦难道守信用吗？但是陈平却奠定了汉朝的大业，苏秦扶持弱小的燕国强盛起来。由此看来，士人都有缺点，怎么就能废弃不用呢？主管选拔人才的人明白这个道理，就不会有遗漏的人才，官府也就没有荒废的事务了。"他又说："刑法是关系到百姓性命的大事，但是军队中主管刑狱的有些人不称职，把有关三军将士生死的大事交给他们，我很担心害怕。要选用通晓法律事理的人才，让他们主持刑狱。"于是专门设置了理曹掾属的官职。

建安二十年（215年）春季正月，汉献帝将曹操的二女儿立为皇后，撤销了云中、定襄、五原、朔方各郡，把这几个郡改成县统领百姓，然后再合并为新兴郡。

三月，曹操向西去征讨张鲁，到了陈仓，将要从武都进入氐人地区；氐人堵塞了道路，曹操先派出张郃、朱灵等人打垮了他们。

夏季四月，曹操从陈仓出大散关，到了河池。氐王窦茂拥有一万多名士兵，凭借天险，不肯降服。

五月，曹操攻打河池，大开杀戒。西平和金城的将领麹演、蒋石等人一起杀死韩遂，把他的头送交曹操。

秋季七月，曹操到了阳平。张鲁让他的弟弟张卫与部将杨昂等人据守阳平关，在山腰筑了十几里长的城墙，曹操无法攻克，就领兵回去。贼军见曹操的大军退

去，防守便松懈了。曹操就秘密地派出解剽、高祚等人越过天险去夜袭敌人，大败敌军，杀死了敌人的将军杨任，又去进攻张卫，张卫等人连夜逃走，张鲁溃败，逃向巴中。曹操的军队进入南郑，把张鲁仓库中的珠宝全部缴获。巴郡、汉中地区全部投降。曹操把汉宁郡重新定为汉中郡，又把汉中的安阳、西城划分出来成立西城郡，设置了太守；划分出锡郡与上庸两郡，设置了都尉。

八月，孙权围攻合肥，被张辽和李典打败。

九月，巴郡的七姓夷王朴胡和赍邑侯杜濩率领巴人、夷人和赍人前来归附。曹操便把巴郡分成东西两郡。任命朴胡做巴东郡太守，杜濩做巴西郡太守，把两个人都封为列侯。汉献帝授予曹操分封诸侯任命太守和国相的权力。

［原文］

冬十月，始置名号侯至五大夫，与旧列侯、关内侯凡六等，以赏军功。

十一月，鲁自巴中将其余众降。封鲁及五子皆为列侯。刘备袭刘璋，取益州，遂据巴中；遣张郃（hé）击之。

十二月，公自南郑还，留夏侯渊屯汉中。

二十一年春二月，公还邺（yè）。

三月壬寅，公亲耕籍田。

夏五月，天子进公爵为魏王。代郡乌丸行单于普富卢与其侯王来朝。天子命王女为公主，食汤沐邑。

秋七月，匈奴南单于呼厨泉将其名王来朝，待以客礼，遂留魏，使右贤王去卑监其国。

夏侯惇

八月，以大理钟繇为相国。

冬十月，治兵，遂征孙权，十一月至谯。

二十二年春正月，王军居巢，二月，进军屯江西郝谿（hǎo xī）。权在濡须口筑城拒守，遂逼攻之，权退走。三月，王引军还，留夏侯惇、曹仁、张辽等屯居巢。

［译文］

冬季十月，开始设置名号为侯到五大夫的爵位名称，加上过去的列侯、关内侯一共有六等，用来奖赏有军功的人。

十一月，张鲁率领残余的军队从巴中来投降。朝廷把张鲁和他的五个儿子都封为列侯。刘备袭击刘璋，夺取了益州，占据了巴中。曹操派张郃去攻打刘备。

十二月，曹操从南郑回来，留下夏侯渊驻守汉中。

建安二十一年（216年）春季二月，曹操回到邺城。

三月壬寅日，曹操亲自参加耕籍田的仪式。

夏季五月，汉献帝把曹操晋爵为魏王。代郡乌丸部族的代理单于普富卢和他部下的侯王来朝见。汉献帝赐封魏王曹操的女儿称为公主，给予汤沐邑。

秋季七月，匈奴南单于呼厨泉率领他手下的酋长来朝见，曹操用对宾客的礼节招待他们。他们被留在魏国，由右贤王去卑监管匈奴国。

八月，任命大理卿钟繇做相国。

冬季十月，曹操操练军队之后，便去征讨孙权，十一月到达谯郡。

建安二十二年（217年）春季正月，曹操的军队驻扎在居巢，二月，进军驻扎在江西郝谿。孙权在濡须口筑城防守，曹操就逼近去攻打，孙权于是退走了。三月，曹操领兵退回，留下夏侯惇、曹仁、张辽等人驻守居巢。

［原文］

夏四月，天子命王设天子旌（jīng）旗，出入称警跸（bì）。五月，作泮宫。六月，以军师华歆为御史大夫。冬十月，天子命王冕十有二旒（liú），乘金根车，驾六马，设五时副车，以五官中郎将丕为魏太子。刘备遣张飞、马超、吴兰等屯下辩；遣曹洪拒之。

二十三年春正月，汉太医令吉本与少府耿纪、司直韦晃等反，攻许，烧丞相长史王必营，必与颍川典农中郎将严匡讨斩之。曹洪破吴兰，斩其将任夔等。三月，张飞、马超走汉中，阴平氐（dī）强端斩吴兰，传其首。夏四月，代郡、上谷乌丸无臣氐等叛，遣鄢（yān）陵侯彰讨破之。

六月，令曰："古之葬者，必居瘠薄之地。其规西门豹祠西原上为寿陵，因高为基，不封不树。《周礼》冢人掌公墓之地，凡诸侯居左右以前，卿大夫居后，汉制亦谓之陪陵。其公卿大臣列将有功者，宜陪寿陵，其广为兆域，使足相容。"

秋七月，治兵，遂西征刘备，九月，至长安。

［译文］

夏季四月，汉献帝命令曹操可以设置天子用的旌旗，出入可以用警卫清道戒严。五月，曹操修建泮宫。六月，任命军师华歆做御史大夫。冬季十月，汉献帝命令曹操可以戴有十二条旒的冠冕，乘坐金根车，车用六匹马驾驭，配有五时副车，

西门豹

魏文侯时任邺令。是著名的政治家、军事家、水利家。治邺期间，借着为河伯娶妻的机会，惩治了地方恶霸势力，遂颁律令，禁止巫风。教育了广大的百姓。发动百姓在漳河周围开掘了十二渠，使大片田地成为旱涝保收的良田。由于西门豹治邺有方，深受人民爱戴，后人修祠建庙，以为祭祀。

册封五官中郎将曹丕为魏太子。刘备派遣张飞、马超、吴兰等人驻守下辩；曹操派曹洪去抵御他们。

建安二十三年（218年）春季正月，汉朝太医令吉本和少府耿纪、司直韦晃等人造反，攻打许都，烧毁了丞相长史王必的军营。王必和颍川典农中郎将严匡讨伐他们，把他们都杀死了。曹洪打败了吴兰，杀死了吴兰的部将任夔等人。三月，张飞、马超逃往汉中，阴平的氐人强端杀死吴兰，把他的首级传送到朝廷。夏季四月，代郡和上谷的乌丸无臣氐等发动叛乱，曹操派鄢陵侯曹彰打败了叛军。

六月，曹操下令说：“古代人埋葬，一定选用瘠薄的土地。可将西门豹祠以西的高原规划为我的墓地，依照原有的高山作为陵墓的基址，不起坟冢，也不种树。《周礼》规定：冢人掌管国家的公墓，凡是诸侯，都葬在王陵前面的左右两边，卿大夫们葬在诸侯后面，汉代的制度也把它叫作陪陵。那些有功劳的公卿大臣将军们，应该在我的陵区内陪葬。现在扩充陵墓的地域，让它可以容下陪葬的人。”

秋季七月，曹操操练兵马，向西征讨刘备，九月到达长安。

［原文］

冬十月，宛守将侯音等反，执南阳太守，劫略吏民，保宛。初，曹仁讨关羽，屯樊城，是月使仁围宛。

二十四年春正月，仁屠宛，斩音。夏侯渊与刘备战于阳平，为备所杀。三月，王自长安出斜谷，军遮要以临汉中，遂至阳平。备因险拒守。夏五月，引军还长安。秋七月，以夫人卞氏为王后。遣于禁助曹仁击关羽。八月，汉水溢，灌禁军，军没，羽获禁，遂围仁。使徐晃救之。九月，相国钟繇坐西曹掾（yuàn）魏讽反免。冬十月，军还洛阳。孙权遣使上书，以讨关羽自效。王自洛阳南征羽，未至，晃攻羽，破之，羽走，仁围解。王军摩陂。

二十五年春正月，至洛阳。权击斩羽，传其首。

庚子，王崩于洛阳，年六十六。遗令曰："天下尚未安定，未得遵古也。葬毕，皆除服。其将兵屯戍者，皆不得离屯部。有司各率乃职。敛以时服，无藏金玉珍宝。"谥曰武王。二月丁卯，葬高陵。

评曰：汉末，天下大乱，雄豪并起，而袁绍虎眎(shì)四州，强盛莫敌。太祖运筹演谋，鞭挞宇内，揽申、商之法术，该韩、白之奇策，官方授材，各因其器，矫情任算，不念旧恶，终能总御皇机，克成洪业者，惟其明略最优也。抑可谓非常之人，超世之杰矣。

曹参

曹参是西汉开国功臣，在萧何之后继任相国。说曹操是曹参的后代，可能出于后人伪托。

［译文］

冬季十月，宛城守将侯音等人造反，抓住了南阳太守，抢劫官吏和平民的财产，在宛城据守。之前，曹仁为攻打关羽，驻扎在樊城。当月曹操就派曹仁去包围宛城。

建安二十四年（219年）春季正月，曹仁屠杀宛城军民，杀死了侯音。夏侯渊和刘备在阳平交战，被刘备杀死。三月，曹操从长安经斜谷进军，在险要地点驻军守卫，逼近汉中，到达阳平。刘备利用险要地势防守。夏季五月，曹操领兵回到长安。秋季七月，曹操立夫人卞氏为王后，派于禁去帮助曹仁攻打关羽。八月，汉水泛滥，淹了于禁的军营，曹军被消灭。关羽抓住了于禁，又去包围曹仁。曹操派徐晃去救援曹仁。九月，相国钟繇因为西曹掾魏讽造反受到牵连，被免职。冬季十月，曹军回到洛阳。孙权派使节送信，愿意讨伐关羽为朝廷效力。曹操从洛阳向南征讨关羽，他还没有到战场，徐晃已去攻打关羽，打败了他，关羽逃走，对曹仁的包围被解除。曹操在摩陂驻军。

建安二十五年（220年）春季正月，曹操到了洛阳。孙权攻打关羽，杀死了他，把首级传送给曹操。

正月庚子日，曹操在洛阳去世，终年六十六。他的遗嘱中说："天下还没有安定，不要遵守古代的葬制。安葬完毕，大家就不要守丧了。率领士兵驻防的将领都不要离开自己的驻地，各级官员仍然坚守自己的职责。用平常穿的衣服给我收殓，墓中不要藏金玉珍宝。"给他的谥号是"武王"。二月丁卯，将他埋葬在高陵。

评论说：汉朝末年，天下大乱，豪强同时起兵，袁绍在北方四州虎视眈眈，力量强大，没有人是他的敌手。曹操运筹帷幄，用武力征讨国内，采取申不害、商鞅的法家治国方略，通晓韩信、白起的用兵奇计，根据每个人的才能授予官职，使人尽其才，克制感情，讲求谋略，不计旧仇，终于能完全掌握了国家机要，建成大业，就因为他具有最卓越的智慧和才略。曹操可以说是个非凡的人物、盖世的豪杰。

诸葛亮传

［原文］

诸葛亮字孔明，琅邪（láng yá）阳都人也。汉司隶校尉诸葛丰后也。父珪（guī），字君贡，汉末为太山郡丞。亮早孤，从父玄为袁术所署豫章太守，玄将亮及亮弟均之官，会汉朝更选朱皓（hào）代玄。玄素与荆州牧刘表有旧，往依之。玄卒，亮躬耕陇（lǒng）亩，好为《梁父吟》。身长八尺，每自比于管仲、乐毅，时人莫之许也。惟博陵崔州平、颍川徐庶元直与亮友善，谓为信然。

诸葛亮

［译文］

诸葛亮，字孔明，是琅邪郡阳都人。他是汉代司隶校尉诸葛丰的后代。父亲诸葛珪，字君贡，在东汉末年做过泰山郡的郡丞。诸葛亮很早就成了孤儿，他的叔父诸葛玄被袁术任命为豫章太守，诸葛玄带着诸葛亮及其弟弟诸葛均到豫章去上任，正赶上朝廷又选派了朱皓去代替诸葛玄任职。诸葛玄以前一直与荆州牧刘表交好，就去依附刘表。诸葛玄去世后，诸葛亮亲自在田地上耕种，喜欢吟诵《梁父吟》。他身高八尺，常常把自己比作管仲、乐毅。当时没有人认为他有这样的才能，只有博陵人崔州平、颍川人徐庶（字元直）和诸葛亮是好朋友，他们认为确实是这样。

［原文］

时先主屯新野。徐庶见先主，先主器之，谓先主曰：“诸葛孔明者，卧龙也，将军岂愿见之乎？”先主曰：“君与俱来。”庶曰：“此人

可就见，不可屈致也。将军宜枉驾顾之。”

由是先主遂诣亮，凡三往，乃见。因屏人曰：“汉室倾颓，奸臣窃命，主上蒙尘。孤不度德量力，欲信大义于天下，而智术短浅，遂用猖獗（chāng jué），至于今日。然志犹未已，君谓计将安出？”亮答曰：“自董卓已来，豪杰并起，跨州连郡者不可胜数。曹操比于袁绍，则名微而众寡，然操遂能克绍，以弱为强者，非惟天时，抑亦人谋也。今操已拥百万之众，挟天子而令诸侯，此诚不可与争锋。孙权据有江东，已历三世，国险而民附，贤能为之用，此可以为援而不可图也。

“荆州北据汉、沔（miǎn），利尽南海，东连吴会，西通巴、蜀，此用武之国，而其主不能守，此殆天所以资将军，将军岂有意乎？益州险塞，沃野千里，天府之土，高祖因之以成帝业。刘璋暗弱，张鲁在北，民殷国富而不知存恤，智能之士思得明君。将军既帝室之胄，信义著于四海，总揽英雄，思贤如渴，若跨有荆、益，保其岩阻，西和诸戎，南抚夷越，外结好孙权，内修政理；天下有变，则命一上将将荆州之军以向宛、洛，将军身率益州之众出于秦川，百姓孰敢不箪（dān）食壶浆以迎将军者乎？诚如是，则霸业可成，汉室可兴矣。”先主曰：“善！”于是与亮情好日密。关羽、张飞等不悦，先主解之曰：“孤之有孔明，犹鱼之有水也。愿诸君勿复言。”羽、飞乃止。

刘玄德三顾茅庐

［译文］

当时蜀先主刘备在新野驻军。徐庶拜见刘备，刘备很器重他，徐庶对刘备说：“诸葛孔明这个人是一条卧龙。将军您难道不愿意见他吗？”刘备说：“你带他一起来吧。”徐庶说：“这个人只可以去拜访求见，不可以委屈他，强行把他找来。将军应该屈尊亲自去拜访他。”

因此刘备就去拜见诸葛亮，一共去了三次，才见到诸葛亮。刘备就让周围的人都退开，说："汉朝衰微，奸臣盗取了国家大权，皇帝蒙受风尘，颠沛流离。我没有衡量自己的德行，自不量力，想要在天下伸张大义，却苦于智谋短浅，所以遭到失败，到了今天这步田地。然而我矢志不渝。您认为我该采用什么计策呢？"诸葛亮回答说："自从董卓以来，豪杰同时兴起，拥有几州或几郡土地的人数不胜数。曹操比起袁绍来，名望低微，兵马很少，但是曹操最终能打败袁绍，由弱变强，其原因不只是曹操占有天时，也是善于用人的结果。现在曹操已经拥有上百万的军队，挟制了皇帝，向诸侯发号施令。这确实无法与他正面较量。孙权占据江东，已经经历了三代人，江东地区地势险要，人民归附了他，贤人为他所用，这是可以作为外援却不能图谋夺取的。

"荆州北面占有汉水、沔水，南面可以得到一直到南海边上的全部利益，东面与吴郡的都城相连，西面通向巴郡、蜀郡，这是个用兵作战的好地区，但它的主人却不能守住它，这可能是上天用它来资助将军的，将军可有心夺取它吗？益州地区四周有险要关塞，里面有上千里的肥沃土地，是天然宝库一样的国土。高祖皇帝依靠它建成了皇帝的事业。刘璋昏庸软弱，张鲁在北面，虽然人民殷实，国家富裕，却不知道关怀体贴百姓，有才能、有智慧的人都想要得到一个明智的君主。将军您既是皇室的后代，又有闻名天下的重信义的声誉，您大量收揽英雄豪杰，如饥似渴地思慕人才，如果能据有荆、益两州土地，守住它的险要关隘，向西与各戎族部落和好，向南安抚夷族、越族的百姓，外面和孙权结成同盟，内部整顿政治；天下形势有了变化时，就命令一员上将率领荆州的军队向宛城、洛阳地区进攻，将军亲自率领益州的大军从秦川出击。百姓们能有谁不用竹篮装着食物，用壶装着酒浆来迎接您呢？果然像这样的话，您称霸的大业就可以成功，汉王室也可以兴旺了。"刘备说："好！"刘备于是和诸葛亮的感情日益加深，关系日益亲密。关羽、张飞等人不高兴，刘备向他们解释说："我有了孔明，就像鱼到了水中一样。请你们不要再说什么了。"关羽、张飞才停止议论。

定三分初出茅庐

诸葛亮是杰出的战略家，未出茅庐，就为刘备定下了三分天下的战略。后来刘备占据蜀地，成就帝业，依据的就是诸葛亮的隆中对策。

［原文］

刘表长子琦[qí]，亦深器亮。表受后妻之言，爱少子琮[cóng]，不悦于琦。琦每欲与亮谋自安之术，亮辄拒塞，未与处画。琦乃将亮游观后园，共上高楼，饮宴之间，令人去梯，因谓亮曰："今

日上不至天，下不至地，言出子口，入于吾耳，可以言未？”亮答曰：“君不见申生在内而危，重耳在外而安乎？”

琦意感悟，阴规出计。会黄祖死，得出，遂为江夏太守。俄而表卒，琮(cóng)闻曹公来征，遣使请降。先主在樊闻之，率其众南行，亮与徐庶并从，为曹公所追破，获庶母。庶辞先主而指其心曰：“本欲与将军共图王霸之业者，以此方寸之地也。今已失老母，方寸乱矣，无益于事，请从此别。”遂诣曹公。

［译文］

刘表的长子刘琦，也非常器重诸葛亮。刘表偏信后妻的话，疼爱小儿子刘琮，不喜欢刘琦。刘琦常常想与诸葛亮商议一个让自己保全的方法，诸葛亮总是推托敷衍，不肯给他谋划。刘琦就带着诸葛亮到后花园去游玩，一起登上高楼，在饮酒中间，让人撤去梯子，借机对诸葛亮说：“今天我们上不接天，下不着地，话从您嘴里说出来，进入我的耳中，您可不可以说呢？”诸葛亮回答说：“您没有见到申生在宫中遭到杀害，重耳在外地就平安无事吗？”

刘琦领悟到了诸葛亮的意思，就在暗地里谋划离开襄阳的主意。正巧黄祖死了，刘琦得到机会外出，就去做江夏太守。不久刘表去世了，刘琮听说曹操来进攻，就派使节去向曹操投降。刘备在樊城听到这个消息，率领他的部下向南撤退，诸葛亮和徐庶一起跟着刘备走，但他们被曹操的追兵打败，曹军抓住了徐庶的母亲。徐庶向刘备告辞，指着自己的心说：“我本来想要和将军您一起谋划建立称霸天下的王侯大业，凭借的是这颗心。现在失去了母亲，心里乱了方寸，对您成就王侯大业没有益处，请让我就此和您分手吧。”他便到曹操那里去了。

荆州城公子三求计

刘琦虽是刘表长子，但继承人的地位一直受到威胁，只得向诸葛亮问计。诸葛亮以申生、重耳的故事打比方，启发了刘琦。

［原文］

先主至于夏口，亮曰：“事急矣，请奉命求救于孙将军。”时权拥军在柴桑，观望成败。亮说权曰：“海内大乱，将军起兵据有江东，刘豫州亦收众汉南，与曹操并争天下。今操芟(shān)夷大难，略已平矣，遂破荆州，威震四

海。英雄无所用武，故豫州遁逃至此。将军量力而处之：若能以吴、越之众与中国抗衡，不如早与之绝；若不能当，何不案兵束甲，北面而事之！今将军外托服从之名，而内怀犹豫之计，事急而不断，祸至无日矣！”权曰：“苟如君言，刘豫州何不遂事之乎？”亮曰：“田横，齐之壮士耳，犹守义不辱，况刘豫州王室之胄，英才盖世，众士慕仰，若水之归海，若事之不济，此乃天也，安能复为之下乎！”

权勃然曰：“吾不能举全吴之地，十万之众，受制于人。吾计决矣！非刘豫州莫可以当曹操者，然豫州新败之后，安能抗此难乎？”亮曰：“豫州军虽败于长阪，今战士还者及关羽水军精甲万人，刘琦合江夏战士亦不下万人。曹操之众，远来疲敝，闻追豫州，轻骑一日一夜行三百余里，此所谓‘强弩之末，势不能穿鲁缟（gǎo）’者也。故兵法忌之，曰‘必蹶（jué）上将军’。且北方之人，不习水战；又荆州之民附操者，逼兵势耳，非心服也。今将军诚能命猛将统兵数万，与豫州协规同力，破操军必矣。操军破，必北还，如此则荆、吴之势强，鼎足之形成矣。成败之机，在于今日。”

诸葛亮智激孙权

权大悦，即遣周瑜、程普、鲁肃等水军三万，随亮诣先主，并力拒曹公。曹公败于赤壁，引军归邺（yè）。先主遂收江南，以亮为军师中郎将，使督零陵、桂阳、长沙三郡，调其赋税，以充军实。

［译文］

刘备到了夏口，诸葛亮说：“形势很危急了，请让我带着您的使命去向孙将军求救。”当时孙权带领军队驻在柴桑，观望曹操和刘备之间的胜败情况。诸葛亮劝说孙权道：“天下大乱，您起兵占据了长江以东，刘豫州也在汉水以南招纳士兵，和曹操争夺天下。现在曹操把国内各处的大敌基本上都消灭掉了，接着攻占了荆州，威震四海。因为现在英雄无用武之地，所以刘豫州逃到了这里。您应该根据自己的力量来处理当前局势：如果您能用吴、越的军队和中原军队抗衡，不如早日和曹操绝交；如果不能抵挡他，为什么不放下武器，捆起甲胄，向曹操称臣投降呢？现在您表面上假借服从朝廷的名义，内心却犹豫不定，形势危急却不早决断，大祸没有几天就会降临了。”孙权说：“假如像您说的这样，刘豫州为什么不马上投降曹操呢？”诸葛亮说：“田横只是一个齐国的壮士罢了，他还能坚守道义，不肯受辱，何况刘豫州是皇室的后裔，是盖世无双的英才，士大夫们都仰慕他，像河水流向大海一样奔来投靠他。如果大事不能成功，那就是天意了。他怎么能再做曹操的手下人呢！”

孙 权

孙权勃然大怒说：“我不能拿整个东吴的土地和十万军队去接受别人的控制。我的主意已经决定了！除了刘豫州以外没有人可以抵挡曹操，但是刘豫州在刚打了败仗后，怎么能够抗击这个强敌呢？”诸葛亮说：“刘豫州的军队虽然在长阪失败了，现在回来的士兵和关羽的水军一共还有上万名精兵。刘琦集合的江夏军队士兵也不少于一万人。曹操的军队从远方而来，已疲惫不堪，听说在追击刘豫州时，轻骑兵一天一夜里赶三百多里路，这就是所说的‘强弩射出的箭射到尽头时，它的力量连鲁地出产的薄纱也穿不透了’。所以兵法上忌讳这种情况，说它‘一定会损失军队的统帅’。而且北方的人不熟悉水战；再有荆州的人民依附曹操只是迫于军队的威胁罢了，并不是真心服从。现在将军真能够命令猛将统领几万军队，和刘豫州同心协力，一齐谋划，就一定能打败曹军。曹操的军队失败后，一定会退回北方，这样荆州和东吴的势力增强，就形成三足鼎立的形势。成败的关键就在今天了。”

孙权非常高兴，就派周瑜、程普、鲁肃等人带三万水军，和诸葛亮一起去见刘备，合力抵御曹操。曹操在赤壁打了败仗，领兵回到邺城。刘备就占据了江南地区，任命诸葛亮做军师中郎将，让他管理零陵、桂阳、长沙三个郡，调用那里的赋税来供应军队使用。

［原文］

建安十六年，益州牧刘璋遣法正迎先主，使击张鲁。亮与关羽镇荆州。先主自葭（jiā）萌还攻璋，亮与张飞、赵云等率众溯（sù）江，分定郡县，与先主共围成都。成都平，以亮为军师将军，署左将军府事。先主外出，亮常镇守成都，足食足兵。

二十六年，群下劝先主称尊号，先主未许，亮说曰：“昔吴汉、

耿弇(yǎn)等初劝世祖即帝位，世祖辞让，前后数四，耿纯进言曰：‘天下英雄喁喁(yóng)，冀有所望。如不从议者，士大夫各归求主，无为从公也。’世祖感纯言深至，遂然诺之。今曹氏篡汉，天下无主，大王刘氏苗族，绍世而起，今即帝位，乃其宜也。士大夫随大王久勤苦者，亦欲望尺寸之功如纯言耳。”

先主于是即帝位，策亮为丞相曰：“朕遭家不造，奉承大统，兢兢业业，不敢康宁，思靖百姓，惧未能绥。於戏！丞相亮其悉朕意，无怠辅朕之阙，助宣重光，以照明天下，君其勖(xù)哉！”亮以丞相录尚书事，假节。张飞卒后，领司隶校尉。

［译文］

建安十六年（211 年），益州牧刘璋派遣法正来迎接刘备，让他去攻打张鲁。诸葛亮和关羽镇守荆州。刘备从葭萌回来攻打刘璋，诸葛亮和张飞、赵云等人率领军队沿长江向上游进攻，分别平定了各个郡县，和刘备一起包围了成都。成都平定以后，刘备任命诸葛亮做军师将军，管理左将军府事。刘备外出时，诸葛亮经常在成都镇守，使粮食和军用物资都很充足。

建安二十六年（221 年），部属们劝说刘备称皇帝，刘备没有答应。诸葛亮劝说道：“过去吴汉和耿弇等人开始劝世祖刘秀做皇帝时，世祖谦让，不肯即位，前后多次推辞，耿纯去劝说：‘天下的英雄景仰您，追随您，都希望能跟着您达到自己的愿望。如果您不接受大家的建议，大家就会各自回去另找主人，没有理由一直跟随您了。’世祖感到耿纯的话非常深刻中肯，就答应了。现在曹氏篡夺了汉朝的政权，天下没有主人了。大王您是刘氏皇族的后代，继承了帝王世系而兴起。现在您即皇帝位，正是应当的。士大夫们长久以来跟随大王吃苦效力的原因，也是像耿纯讲的那样想要建立一点儿功勋罢了。”

刘备于是即位为皇帝，策封诸葛亮为丞相。刘备下诏对诸葛亮说：“朕遭遇到家族的不幸，被推举继承了皇帝位，将兢兢业业地执政，不敢安逸享乐，想要让百姓生活安宁，但总怕不能让天下平定。啊！丞相诸葛亮要了解朕的心意，不要怠慢，辅助朕弥补疏漏不足，协助我宣扬王室的功德，像日月一样照亮天下。您要多加勉励自己啊！”诸葛亮以丞相身份管理尚书事务，凭借符节代行王权。张飞死后，诸葛亮又兼任司隶校尉。

［原文］

章武三年春，先主于永安病笃，召亮于成都，属以后事，谓亮曰：“君才十倍曹丕，必能安国，终定大事。若嗣子可辅，辅之；如其不才，君可自取。”亮涕泣曰：“臣敢竭股肱(gōng)之力，效忠贞之节，继之以死！”先主又为诏敕后主曰：“汝与丞相从事，事之如父。”

建兴元年，封亮武乡侯，开府治事。顷之，又领益州牧。政事无巨细，咸决于亮。南中诸郡，并皆叛乱，亮以新遭大丧，故未便加兵，且遣使聘吴，因结和亲，遂为与国。

白帝城先主托孤

刘备去世前，将国政委托给诸葛亮，而诸葛亮也鞠躬尽瘁，为兴复汉室奋斗了一生。

［译文］

章武三年（223年）春天，刘备在永安病危，从成都把诸葛亮召来，向他托付后事。刘备对诸葛亮说："您的才能是曹丕的十倍，一定能够安定国家，最终完成统一大业。如果继位的皇子可以辅佐，您就辅佐他；如果他没有才能，您就取而代之。"诸葛亮哭着说："臣子一定竭尽全力辅助皇子，贡献忠贞的节操，一直坚持到死为止。"刘备又写了诏书给刘禅："你要跟着丞相学习治理国家，像对父亲一样地对待他。"

建兴元年（223年），后主刘禅封诸葛亮为武乡侯，设立官署处理政事。不久，后主又让诸葛亮兼任益州牧。国家政务不论大小，全都由诸葛亮决定。南方的几个郡一起叛乱，诸葛亮因为国家刚丧失了君主，就没有派兵去讨伐，暂时派出使节去吴国访问，趁势和他们结为姻亲，友好相处，成为盟国。

［原文］

三年春，亮率众南征，其秋悉平。军资所出，国以富饶，乃治戎讲武，以俟大举。

五年，率诸军北驻汉中，临发，上疏曰：

"先帝创业未半而中道崩殂（cú），今天下三分，益州疲弊，此诚危急存亡之秋也。然侍卫之臣不懈于内，忠志之士忘身于外者，盖追先帝之殊遇，欲报之于陛下也。诚宜开张圣听，以光先帝遗德，恢弘志士之气，不宜妄自菲薄，引喻失义，以塞忠谏之路也。宫中府中俱为一体，陟（zhì）罚臧否（zāng pǐ），不宜异同。若有作奸犯科及为忠善者，宜付有司论其刑赏，以昭陛下平明之理，不宜偏私，使内外异法也。侍中、侍郎郭攸之、费祎、董允等，此皆良实，志虑忠纯，是以先帝简拔以遗陛下。愚以为宫中之事，事无大小，悉以咨之，然后施行，

孔明初上出师表

必能裨(bì)补阙漏，有所广益。将军向宠，性行淑均，晓畅军事，试用于昔日，先帝称之曰能，是以众议举宠为督。愚以为营中之事，悉以咨之，必能使行阵和睦，优劣得所。

“亲贤臣，远小人，此先汉所以兴隆也；亲小人，远贤臣，此后汉所以倾颓也。先帝在时。每与臣论此事，未尝不叹息痛恨于桓、灵也。侍中、尚书、长史、参军，此悉贞良死节之臣，愿陛下亲之信之，则汉室之隆，可计日而待也。

［译文］

建兴三年（225年）春天，诸葛亮领兵讨伐南方，当年秋天就把南方全部平定。军需物资都从这些南方郡县征调，国家财政变得富裕起来。诸葛亮就整顿军队，训练武功，等待时机大举进攻曹操。

建兴五年（227年），诸葛亮率领各路军队向北驻守汉中，临出发前，给后主上奏章说：

“先帝开创的事业还没有完成一半，中途就去世了。现在天下分为魏、蜀、吴三国，益州地区人力疲惫，经济残破，这确实是决定存亡的危急关头。然而侍卫的臣子们在朝廷内能毫不懈怠，忠诚的将士在外面奋不顾身地战斗，都是追念先帝给他们的深厚恩德，想要为此报答陛下的缘故。陛下确实是应该广泛听取建议，把先帝遗留的德行发扬光大，大力振奋有志之士，不应该妄自菲薄，不要在说话时采用不符合道义的不恰当比喻，以免使得群臣尽忠进谏的道路被堵塞。皇宫和丞相府中的官属都是一个整体，升降赏罚，办事对错，不应有两个标准。如果有作恶犯法的和忠心行善的，都应该交付官府评定对他们的刑罚或奖励，以昭示陛下公平严明的治理，不应该有所偏袒，使宫内外的奖惩制度不同。侍中、侍郎郭攸之、费祎、董允等人，都是善良忠实的人，他们心怀忠诚，思想纯洁，因此先帝把他们挑选出来留给陛下。我认为宫中的事情，不管大小，都可以去征求他们的意见，然后再去施行，一定能弥补疏漏和不足，获取许多好处。将军向宠，性情和善，办事公正，通晓军事，以前曾经试用过，先帝称赞他有能力，因此众人公议推举他做都督。我认为军营中的事务都可以去征求他的意见，一定能够让军队内部和睦，优秀人才和低劣的将士都各得其所。

“亲近贤臣，疏远小人，这是前汉兴隆的原因；亲近小人，疏远贤臣，这是后汉覆灭的原因。先帝在世时经常和我谈论这件事，没有一次不叹息，为桓、灵二帝感到痛心和遗憾。侍中、尚书、长史、参军，这些人全都是正直善良忠贞不二的大臣，希望陛下亲近他们，相信他们，那么汉王朝的兴隆就指日可待了。

［原文］

“臣本布衣，躬耕于南阳，苟全性命于乱世，不求闻达于诸侯。先帝不以臣卑鄙，猥(wěi)自枉屈，三顾臣于草庐之中，咨臣以当世之事，由是感激，遂许先帝以驱驰。后值倾覆，受任于败军之际，奉命于危难之间，尔来二十有一年矣。

“先帝知臣谨慎，故临崩寄臣以大事也。受命以来，夙(sù)夜忧叹，恐托付不效，以伤先帝之明，故五月渡泸(lú)，深入不毛。今南方已定，兵甲已足，当奖率三军，北定中原，庶竭驽钝，攘除奸凶，兴复汉室，还于旧都。此臣所以报先帝，而忠陛下之职分也。

“至于斟酌损益，进尽忠言，则攸之、祎、允之任也。愿陛下托臣以讨贼兴复之效；不效，则治臣之罪，以告先帝之灵。若无兴德之言，则责攸之、祎、允等之慢，以彰其咎。陛下亦宜自谋，以咨诹(zōu)善道，察纳雅言，深追先帝遗诏。臣不胜受恩感激。今当远离，临表涕零，不知所言。”

遂行，屯于沔(miǎn)阳。

［译文］

“臣子本是平民百姓，在南阳亲自耕种田地，只求在乱世中苟且保全性命，不想在诸侯中间做官扬名。先帝不因为我地位低下，学识浅薄，降低身份屈尊来访，三次到草庐来拜访我，向我咨询当今天下大势。我因此非常感激，就答应先帝为他奔走效力。后来遇到战败，在军队失利的时刻接受了重任，在危难之中承受了命令，到现在已经二十一年了。

“先帝知道臣子办事谨慎，所以在临去世时将国家大事托付给我。我接受命令以来，昼夜担忧叹息，恐怕完不成先帝的托付，有损先帝的英明，所以在五月中渡过泸水，深入不毛之地。现在南方已经被平定，士兵和武器都准备充足，应当鼓励三军，率领他们向北进攻，平定中原。希望能竭尽我愚钝的能力，铲除奸恶凶徒，恢复并振兴汉王朝，回到旧都去。这是臣子用来报答先帝并效忠陛下的本职。

“至于斟酌事务的利弊，进献忠谏，就是郭攸之、费祎、董允他们的任务了，希望陛下把讨伐贼人、恢复汉朝王室的任务委托给我；没有成效，就惩治我的罪过，来告慰先帝的神灵。如果听不到勉励陛下树立德行的言论，就要责罚郭攸之、费祎、董允他们怠慢失职，明确揭露他们的过错。陛下自己也应该谋划国事，咨询和寻找治国的好办法，察觉并采纳正确的建议，深刻地领会先帝的遗诏。我就蒙受圣恩，不胜感激了。现在要远离陛下，在写这篇奏章时，流泪不止，不知道该说什么才好。"

于是诸葛亮出征，驻扎在沔阳。

［原文］

六年春，扬声由斜谷道取郿(méi)，使赵云、邓芝为疑军，据箕(jī)谷，魏大将军曹真举众拒之。亮身率诸军攻祁山，戎阵整齐，赏罚肃而号令明，南安、天水、安定三郡叛魏应亮，关中响震。魏明帝西镇长安，命张郃拒亮，亮使马谡(sù)督诸军在前，与郃战于街亭。谡违亮节度，举动失宜，大为郃所破。

亮拔西县千余家，还于汉中，戮(lù)谡以谢众。上疏曰："臣以弱才，叨窃非据，亲秉旄(máo)钺以厉三军，不能训章明法，临事而惧，至有街亭违命之阙，箕谷不戒之失，咎皆在臣授任无方。臣明不知人，恤(xù)事多暗，《春秋》责帅，臣职是当。请自贬三等，以督厥咎。"于是以亮为右将军，行丞相事，所总统如前。

孔明挥泪斩马谡

马谡虽然打了败仗，但马谡也是个很好的参谋人才。当年刘备曾对诸葛亮嘱咐，不可委任马谡独当一面。诸葛亮任用马谡为将，也是他的失误之处。

［译文］

建兴六年（228 年）春天，诸葛亮扬言要从斜谷道攻打郿县，派赵云、邓芝作为疑兵，占据箕谷，魏国大将军曹真领兵去阻挡他们。诸葛亮亲自率领各军攻打祁山，军队阵容整齐，赏罚严格而且号令明确，南安、天水、安定三个郡背叛魏国来响应诸葛亮，关中地区都被震动。魏明帝到长安镇守，命令张郃去抵挡诸葛亮。诸葛亮派马谡在前方督管各军，和张郃在街亭交战。马谡违背了诸葛亮的部署安排，作战行动失误，被张郃打得大败。

诸葛亮把西县的一千多户人口迁移走，领兵回到汉中，处死马谡向大家谢罪。诸葛亮送上奏章，说："臣子以自己薄弱的才能，却担当了无法胜任的重任，亲自手执旄头和斧钺，激励三军出征，但是不能向将士训导军规，明确法纪，面临大事时不能周详考虑，致使有马谡在街亭违背命令的失败，以及在箕谷戒备不严的失利。过失都在于臣子用人不当。臣子没有知人之明，办理事务中又有很多昏庸不明之处，《春秋》记载，战争失利要责罚领兵的主将，臣子的职务决定我应该对此负责。请求贬斥我三级官职，用来惩戒这次的过失。”于是朝廷将诸葛亮降为右将军，代理丞相事务，总管的政务和以前一样。

孔明遗计斩王双

［原文］

冬，亮复出散关，围陈仓，曹真拒之，亮粮尽而还。魏将王双率骑追亮，亮与战，破之，斩双。

七年，亮遣陈式攻武都、阴平。魏雍州刺史郭淮率众欲击式，亮自出至建威，淮退还，遂平二郡。诏策亮曰：“街亭之役，咎由马谡，而君引愆(qiān)，深自贬抑，重违君意，听顺所守。前年耀师，馘(guó)斩王双；今岁爰征，郭淮遁走；降集氐(dī)、羌(qiāng)，兴复二郡，威镇凶暴，功勋显然。方今天下骚扰，元恶未枭，君受大任，干国之重，而久自挹损，非所以光扬洪烈矣。今复君丞相，君其勿辞。”

九年，亮复出祁山，以木牛运，粮尽退军，与魏将张郃交战，射杀郃。

十二年春，亮悉大众由斜谷出，以流马运，据武功五丈原，与司马宣王对于渭南。亮每患粮不继，使己志不申，是以分兵屯田，为久驻之基。耕者杂于渭滨居民之间，而百姓安堵，军无私焉。相持百余日。其年八月，亮疾病，卒于军，时年五十四。及军退，宣王案行其营垒处所，曰：“天下奇才也！”

［译文］

冬季，诸葛亮又从散关出兵，包围了陈仓，曹真率兵抵挡，诸葛亮因粮食用完而退兵。魏将王双率领骑兵追赶诸葛亮，诸葛亮和王双交战，打败并杀死了王双。

孔明秋风五丈原

“出师未捷身先死，长使英雄泪满襟。”诸葛亮为兴复汉室，奋斗一生，却壮志难酬，不能不说是一个天大的遗憾。

建兴七年（229年），诸葛亮派陈式去攻打武都和阴平。魏雍州刺史郭淮率领军队准备攻打陈式，诸葛亮亲自出兵打到建威，郭淮退了回去，于是平定了武都、阴平二郡。后主下诏书策封诸葛亮说：“街亭一仗的过失在马谡，而您把责任归于自己，深刻地自责，降低自己的官职。我不愿违背您的意愿，答应了您的要求，降职为代理丞相。去年您指挥军队，杀死了王双。今年去征讨魏国，郭淮败逃。您招降了氐族、羌族百姓，收复了武都、阴平二郡。您的威严震慑了凶恶的暴徒，功勋显赫。现在天下战乱不定，首恶还没有被处死。您承受重大的责任，肩负国家的重担，却长期自己压抑自己，这不利于发扬宏伟的统一功业。现在恢复您丞相的官职，请您不要推辞。”

建兴九年（231年），诸葛亮再次从祁山出击，用木牛运粮，因为粮食吃光而退兵，与魏将张郃交战，射死了张郃。

建兴十二年（234年）春季，诸葛亮出动全部军队从斜谷进军，用流马运粮，占领了武功的五丈原，和司马懿在渭南对垒。诸葛亮经常担心粮食不能及时供应，使得自己的志向不能实现，因此分派一部分军队屯田，作为长久驻守的基础。耕田的士兵分散住在渭水边上的居民中，百姓们仍能安居乐业，士兵也没有私自去谋利的。双方对峙了一百多天。这一年的八月，诸葛亮患病，在军营中去世，时年才五十四岁。到蜀军退走后，司马懿去巡视蜀军原来的营垒和住所，感叹道：“诸葛亮真是天下的奇才啊！”

［原文］

亮遗命葬汉中定军山，因山为坟，冢（zhǒng）足容棺，敛以时服，不须器物。诏策曰：“惟君体资文武，明睿笃诚，受遗托孤，匡辅朕躬，继绝兴微，志存靖乱；爰整六师，无岁不征，神武赫然，威镇八荒，将建殊功于季汉，参伊、周之臣勋。如何不吊，事临垂克，遘（gòu）疾陨丧！朕用伤悼，肝心若裂。夫崇德序功，纪行命谥，所以光昭将来，刊载不朽。今使使持节左中郎将杜琼，赠君丞相武乡侯印绶，谥君为忠武侯。魂而有灵，嘉兹宠荣。呜呼哀哉！呜呼哀哉！”

初，亮自表后主曰：“成都有桑八百株，薄田十五顷，子弟衣食，自有余饶。至于臣在外任，无别调度，随身衣食，悉仰于官，不别治生，以长尺寸。若臣死之日，不使内有余帛，外有赢财，以负陛下。”及卒，如其所言。

孔明造木牛流马

在民间传说中，诸葛亮是个神仙一样的人物。据说诸葛亮造的木牛流马能够自己行走，这有些近乎神话。木牛流马很可能是一种手推车。

［译文］

诸葛亮遗嘱中命令把他葬在汉中的定军山，就着山势建坟墓，墓穴可以容下棺材就足够了，用日常穿的衣服收敛他，不要其他的器物。后主下诏书说：“您具有文武兼备的才能，聪明睿智，忠厚诚恳，接受先帝托孤的遗命，辅佐和指正我，继承了灭绝的帝室，振兴衰微的国家，心中总想着征讨暴乱；您整顿军队，没有一年不去出征，您天神一样的武功十分显赫，威严震慑四面八方，将要为汉代子孙建立伟大的功绩，可以与伊尹、周公的巨大功勋相媲美。为什么上天不发慈悲，在事业接近成功的时候，却让您患病去世！我因此悲伤哀悼，心肝都要破裂了。要崇尚您的德行，评定您的功勋，记录您的行为，确定您的谥号，用来向后代昭示您的光辉业绩，生平谥号将被铭刻下来，永不磨灭。现在派左中郎将杜琼去赠给您丞相武乡侯的印章与绶带，给您的谥号为忠武侯。您的魂灵如果有知，也会为这种恩宠和荣耀而欣慰的。唉呀，真悲伤啊！唉呀，真悲伤啊！”

早年，诸葛亮曾给后主上奏章说：“我在成都有八百棵桑树、十五顷薄田。我的亲戚和子孙们需要的衣食，可以靠这些保障，还有些富余。至于我在外面任职，没有别的花销，自己的吃穿，都靠官府供给，不再经营别的产业来增加一些家财。到了我死的那一天，不会让家中有多余的布帛，也不让家人在外面有多余的钱财，以免辜负陛下的重托。”到了诸葛亮死时，家中财产就和他所讲的一样。

［原文］

亮性长于巧思，损益连弩，木牛流马，皆出其意；推演兵法，作八阵图，咸得其要云。亮言教书奏多可观，别为一集。景耀六年春，诏为亮立庙于沔(miǎn)阳。秋，魏镇西将军钟会征蜀，至汉川，祭亮之庙，令军士不得于亮墓所左右刍牧樵采。亮弟均，官至长水校尉。亮子

瞻，嗣爵。

《诸葛氏集》目录：开府作牧第一、权制第二、南征第三、北出第四、计算第五、训厉第六、综核上第七、综核下第八、杂言上第九、杂言下第十、贵和第十一、兵要第十二、传运第十三、与孙权书第十四、与诸葛瑾书第十五、与孟达书第十六、废李平第十七、法检上第十八、法检下第十九、科令上第二十、科令下第二十一、军令上第二十二、军令中第二十三、军令下第二十四。右二十四篇，凡十万四千一百一十二字。

臣寿等言："臣前在著作郎，侍中领中书监济北侯臣荀勖（xù）、中书令关内侯臣和峤（qiáo）奏，使臣定故蜀丞相诸葛亮故事。亮毗（pí）佐危国，负阻不宾，然犹存录其言，耻善有遗，诚是大晋光明至德，泽被无疆，自古以来，未之有伦也。辄删除复重，随类相从，凡为二十四篇，篇名如右。

［译文］

诸葛亮的天性擅长发明，有很多巧妙的思想，像能连续发射的弩箭、木牛流马，都出自他的设计；他推算演练兵法，加以发展，创出八阵图，都深得其中的要领。诸葛亮的言论、教令、书信、奏章中，很多都值得观看，这些被另外编成一集。景耀六年（263年）春天，刘禅下诏书为诸葛亮在沔阳建立祠庙。秋天，魏国镇西将军钟会征伐蜀国，到了汉川，去祭祀诸葛亮的祠庙，命令军队士兵们不许在诸葛亮墓地周围放牧、打柴。诸葛亮的弟弟诸葛均，做到长水校尉的官职。诸葛亮的儿子诸葛瞻继承了他的爵位。

《诸葛氏集》目录：开府作牧第一、权制第二、南征第三、北出第四、计算第五、训厉第六、综核上第七、综核下第八、杂言上第九、杂言下第十、贵和第十一、兵要第十二、传运第十三、与孙权书第十四、与诸葛瑾书第十五、与孟达书第十六、废李平第十七、法检上第十八、法检下第十九、科令上第二十、科令下第二十一、军令上第二十二、军令中第二十三、军令下第二十四。以上二十四篇，一共十万四千一百一十二字。

臣子陈寿等人奏言："我在以前任著作郎官的时候，侍中领中书监济北侯荀勖、中书令关内侯和峤上奏，委派我整理蜀国已故的丞相诸葛亮的事迹。诸葛亮辅佐处于危境的蜀国，凭借险阻，不向魏国称臣。但是现在当朝仍然保存了他的言论，把遗漏有益的记载当作羞耻，这确实是表明大晋王朝有至高的德行，光明正大，恩泽普及天下，自古以来，没有一个朝代可以与之相比。我就删掉重复的内容，把相同类型的文章排在一起，一共编成二十四篇，篇名如上所述。

［原文］

“亮少有逸群之才，英霸之器，身长八尺，容貌甚伟，时人异焉。遭汉末扰乱，随叔父玄避难荆州，躬耕于野，不求闻达。时左将军刘备以亮有殊量，乃三顾亮于草庐之中；亮深谓备雄姿杰出，遂解带写诚，厚相结纳。及魏武帝南征荆州，刘琮举州委质，而备失势众寡，无立锥之地。

“亮时年二十七，乃建奇策，身使孙权，求援吴会。权既宿服仰备，又睹亮奇雅，甚敬重之，即遣兵三万人以助备。备得用与武帝交战，大破其军，乘胜克捷，江南悉平。后备又西取益州。益州既定，以亮为军师将军。备称尊号，拜亮为丞相，录尚书事。及备殂(cú)没，嗣子幼弱，事无巨细，亮皆专之。于是外连东吴，内平南越，立法施度，整理戎旅，工械技巧，物究其极，科教严明，赏罚必信，无恶不惩，无善不显，至于吏不容奸，人怀自厉，道不拾遗，强不侵弱，风化肃然也。

［译文］

“诸葛亮年幼时就有出众的才华和豪迈的英雄气魄，他身高八尺，相貌不凡，当时的人们都看出他不寻常。正遇上汉代末年动乱不安，诸葛亮随叔叔诸葛玄到荆州去避难，自己在田地中耕种，不追求做官扬名。当时左将军刘备认为诸葛亮有特殊的才能，就三次到草庐中去拜访诸葛亮；诸葛亮也深深感到刘备有杰出的英雄气概，就坦诚地向他倾吐心声，两个人结成了深厚的友谊。到曹操南征荆州时，刘琮献出整个荆州投降，刘备失势，兵力弱小，没有一点儿土地。

“诸葛亮当时才二十七岁，就献上奇计，要求亲自出使孙权，向吴国求援。孙权以前就佩服尊敬刘备，又看到诸葛亮的奇才和高雅风度，非常敬重他，就派出三万士兵援助刘备。刘备得以和曹操交战，把曹军打得大败，又乘胜连续进攻，取得胜利，把长江以南全部平定。后来刘备又向西攻取了益州。平定益州之后，刘备任命诸葛亮做军师将军。刘备称皇帝以后，拜诸葛亮为丞相，管理尚书事务。到了刘备去世后，继位的皇子年纪幼小，不论大小事务，都由诸葛亮决定。于是在外面和东吴联盟，在国内平定南越，确定法律制度，整顿军队，各种军用器械的制作技术都达到极度精巧的程度，法规号令严明，赏罚一定兑现，没有一个恶人不被惩处，没有一件好事不受到表彰，官吏中不容许有营私舞弊存在，每个人都自己奋发努力，道路上丢失了东西没有人拾，强壮的人不欺侮弱小，社会风气安定而有秩序。

［原文］

“当此之时，亮之素志，进欲龙骧虎视，苞括四海，退欲跨陵边疆，震荡宇内。又自以为无身之日，则未有能蹈涉中原、抗衡上国者，是以用兵不戢，屡耀其武。然亮才，于治戎为长，奇谋为短；理民之干，优于将略。而所与对敌，或值人杰，加众寡不侔，攻守异体，故虽连年动众，未能有克。昔萧何荐韩信，管仲举王子城父，皆忖己之长，未能兼有故也。亮之器能政理，抑亦管、萧之亚匹也，而时之名将无城父、韩信，故使功业陵迟，大义不及邪。盖天命有归，不可以智力争也。

“青龙二年春，亮帅众出武功，分兵屯田，为久驻之基。其秋病卒，黎庶追思，以为口实。至今梁、益之民，咨述亮者，言犹在耳。虽《甘棠》之咏召公，郑人之歌子产，无以远譬也。孟轲有云：“以逸道使民，虽劳不怨；以生道杀人，虽死不忿。”信矣！论者或怪亮文彩不艳，而过于丁宁周至。

“臣愚以为咎繇大贤也，周公圣人也，考之《尚书》，咎繇之谟略而雅，周公之诰烦而悉。何则？咎繇与舜、禹共谈，周公与群下矢誓故也。亮所与言，尽众人凡士，故其文指不得及远也。然其声教遗言，皆经事综物，公诚之心，形于文墨，足以知其人之意理，而有补于当世。

［译文］

“此时，诸葛亮的夙愿是：奋进时准备像蛟龙奔驰、猛虎环视一样统一全国，退保时也要跨越边境进攻，使天下震动不安。他又认为自己死去以后，蜀国就没有能踏进中原、与魏国相抗衡的人了，因此不断用兵，多次显示蜀国的武力。然而诸葛亮在治理军队上擅长，在出奇制胜上就显然有所不足；他治理国家民众的才干，比他指挥作战的本领更强。而与他为敌的对手，有些正是杰出的人才，加上寡不敌众，进攻和防守的优劣不同，所以虽然他连年出兵进攻，却没有取胜。过去萧何推荐韩信，管仲推举王子城父，都是由于揣度了自己的特长，觉得自己不能同时兼有各方面才能的原因。诸葛亮的才能和治理国家的本领，和管仲、萧何他们相同，但当时蜀国却没有王子城父、韩信这样的名将，所以使得他的功业受挫，没有能达到最终目的。这可能是天命注定的，不是靠人的智慧和力量能争夺到的。

“魏青龙二年（234 年）春天，诸葛亮率领军队从武功出击，分出一部分士兵屯田，作为长期驻扎的基地。当年秋天诸葛亮因病去世，百姓们怀念他，传颂他的事迹。直到现在，梁州、益州的人民还在称赞诸葛亮，讲述诸葛亮事迹的言语，还在耳边回响。就是用古人用《甘棠》称颂召公、郑国人歌颂子产这样的例子来比喻，也无法比拟人们对诸葛亮的怀念。孟轲曾说："为了让人民安乐的目的去使用人民，人民即使劳累也不埋怨；为了让人民生存的目的去作战杀敌，人民即使死了也不会怨恨。"这话真正确啊！议论的人们有时责怪诸葛亮的文辞不够华丽，却十分细致周密啊。

"我的愚见是：咎繇是大贤人，周公是圣人，考察一下《尚书》，咎繇之谟的文辞简略又典雅，周公之诰的文辞烦琐又详细。为什么呢？是因为咎繇是和舜、禹谈话，周公是和部下们共同约定誓言的原因。诸葛亮讲话的对象都是平凡的士人和民众，所以他的文章意旨不能达到深远奥妙的地步。然而他的教令和留下的言论，全都是他经历的事件和综合总结出的经验，公正诚实的心情在文辞中全表现了出来，足可以从中了解诸葛亮的思想品质，对当代有所裨益。

[原文]

"伏惟陛下迈踪古圣，荡然无忌，故虽敌国诽谤之言，咸肆其辞而无所革讳，所以明大通之道也。谨录写上诣著作。臣寿诚惶诚恐，顿首顿首，死罪死罪。泰始十年二月一日癸巳，平阳侯相臣陈寿上。"

乔字伯松，亮兄瑾之第二子也，本字仲慎。与兄元逊俱有名于时，论者以为乔才不及兄，而性业过之。初，亮未有子，求乔为嗣，瑾启孙权遣乔来西，亮以乔为己适子，故易其字焉。拜为驸马都尉，随亮至汉中。年二十五，建兴元年卒。子攀，官至行护军翊武将军，亦早卒。诸葛恪见诛于吴，子孙皆尽，而亮自有胄裔，故攀还复为瑾后。

[译文]

"因为陛下效法古代的圣主，胸怀坦荡无所顾忌，所以即使是敌对国家诽谤的语言，我也全部保留下来，没有避讳和改动，以此表明宽通的道理。谨抄录了诸葛亮的著作送上。臣陈寿诚惶诚恐，向陛下叩头再叩头，死罪死罪。泰始十年（274年）二月一日癸巳，平阳侯相臣陈寿上。"

诸葛瑾

诸葛乔，字伯松，是诸葛亮的哥哥诸葛瑾的第二个儿子，本来的表字是仲慎。他和哥哥诸葛元逊在当时都很有名气。议论的人认为诸葛乔的才能不如他哥哥，而性情和为人都超过了他哥哥。当初，诸葛亮没有儿子，要求诸葛乔过继给他，诸葛瑾禀告孙权后，送诸葛乔到西蜀来，诸葛亮把诸葛乔看作自己的嫡长子，所以把他的字改成伯松。诸葛乔被拜为驸马都尉，随着诸葛亮到汉中。他在建兴元年（223年）去世，年仅二十五岁。诸葛乔的儿子诸葛攀，官至行护军翊武将军，也很早去世。诸葛恪在吴国被诛杀，子孙都被杀光了，而诸葛亮自己也有了后代，所以诸葛攀又重新回去成为诸葛瑾的后代。

［原文］

瞻字思远。建兴十二年，亮出武功，与兄瑾书曰：“瞻今已八岁，聪慧可爱，嫌其早成，恐不为重器耳。”

年十七，尚公主，拜骑都尉。其明年为羽林中郎将，屡迁射声校尉、侍中、尚书仆射，加军师将军。瞻工书画，强识念，蜀人追思亮，咸爱其才敏。每朝廷有一善政佳事，虽非瞻所建倡，百姓皆传相告曰：“葛侯之所为也。”是以美声溢誉，有过其实。

景耀四年，为行都护卫将军，与辅国大将军南乡侯董厥并平尚书事。六年冬，魏征西将军邓艾伐蜀，自阴平由景谷道旁入。瞻督诸军至涪停住，前锋破，退还，住绵竹。艾遣书诱瞻曰：“若降者必表为琅邪（láng yá）王。”瞻怒，斩艾使。遂战，大败，临阵死，时年三十七。众皆离散，艾长驱至成都。瞻长子尚，与瞻俱没。次子京及攀子显等，咸熙元年内移河东。

诸葛瞻

［译文］

诸葛瞻，字思远。建兴十二年（234年）诸葛亮从武功出兵，给哥哥诸葛瑾写信说：“诸葛瞻现在已经八岁了，聪明可爱，但我担心他过早成熟，恐怕不会成为国家的栋梁之才。”

诸葛瞻十七岁时，娶了公主，被任命为骑都尉。第二年被任命为羽林中郎将，升任射声校尉、侍中、尚书仆射，加封军师将军。

诸葛瞻工于书画，博识强记，蜀国人怀念诸葛亮，全都喜爱他的才华和聪敏。每当朝廷有了一个好的政策，办了好事，即使不是诸葛瞻所提倡的，百姓们也都传说："这是诸葛侯爷所做的。"因此诸葛瞻得到的美好名声和过分赞誉，有些言过其实。

景耀四年（261 年），诸葛瞻任行都护卫将军，和辅国大将军南乡侯董厥一起处理尚书事务。景耀六年（263 年）冬天，魏国征西将军邓艾攻打蜀国，从阴平经过景谷道旁边进入蜀地。诸葛瞻统领各军到涪县停住，前锋部队被打败，退回来驻守绵竹。邓艾派人送信诱惑诸葛瞻说："如果您投降，我一定上表封您做琅邪王。"诸葛瞻大怒，杀死了邓艾的信使。诸葛瞻就和邓艾交战，大败，在战场上战死，当时他只有三十七岁。蜀军士兵全逃散了，邓艾长驱直入，到达成都。诸葛瞻的长子诸葛尚和诸葛瞻一起战死。次子诸葛京和诸葛攀的儿子诸葛显等人，都在咸熙元年（264 年）迁移到了河东。

［原文］

董厥者，丞相亮时为府令史，亮称之曰："董令史，良士也。吾每与之言，思慎宜适。"徙为主簿。亮卒后，稍迁至尚书仆射，代陈祗为尚书令，迁大将军，平台事，而义阳樊建代焉。

延熙十四年，以校尉使吴，值孙权病笃，不自见建。权问诸葛恪曰："樊建何如宗预也？"恪对曰："才识不及预，而雅性过之。"后为侍中，守尚书令。自瞻、厥、建统事，姜维常征伐在外，宦人黄皓窃弄机柄，咸共将护，无能匡矫，然建特不与皓和好往来。蜀破之明年春，厥、建俱诣京都，同为相国参军，其秋并兼散骑常侍，使蜀慰劳。

评曰：诸葛亮之为相国也，抚百姓，示仪轨，约官职，从权制，开诚心，布公道。尽忠益时者虽仇必赏，犯法怠慢者虽亲必罚。服罪输情者虽重必释；游辞巧饰者虽轻必戮。善无微而不赏，恶无纤而不贬。庶事精练，物理其本，循名责实，虚伪不齿。终于邦域之内，咸畏而爱之，刑政虽峻而无怨者，以其用心平而劝戒明也。

诸葛瞻大战邓艾

诸葛一门可谓忠烈，父子两代为蜀汉政权尽忠。

可谓识治之良才，管、萧之亚匹矣。然连年动众，未能成功，盖应变将略，非其所长欤！

［译文］

董厥在丞相诸葛亮在世时做丞相府的令史。诸葛亮称赞他说："董令史是优秀的人才。我每次和他谈话，都感到他考虑问题十分慎重适宜。"便把他升为主簿。诸葛亮去世后，董厥逐渐升到尚书仆射，代替陈祗做尚书令，升任大将军，处理尚书台的事务，后来由义阳人樊建代替他做尚书令。

延熙十四年（251 年），樊建以校尉的身份出使吴国，正遇上孙权病重，不能亲自接见樊建，孙权问诸葛恪："樊建比起宗豫来怎么样？"诸葛恪回答说："樊建的才能见识不如宗豫，但是高雅的性情要超过他。"后来樊建任侍中、代理尚书令。自从诸葛瞻、董厥、樊建统管政事以来，姜维经常在外地征伐作战，宦官黄皓暗中玩弄权术，诸葛瞻等人全维护黄皓，没有人能纠正他，然而只有樊建不和黄皓往来交好。蜀国被占领后的第二年春天，董厥、樊建全都到了京城拜见魏帝，两个人都被任命为相国参军，当年秋天一同兼任散骑常侍，出使蜀郡去慰劳百姓。

评论说：诸葛亮作为丞相，安抚百姓，宣布仪范规矩，限定官员的职权，依从临时合宜的制度，袒露诚心，推行公道。对尽忠并有益于时代的人，即使是仇敌也一定给以奖赏；对违犯法令，怠慢官府的人，即使是亲戚也一定处罚。认罪并供出实情的犯人，即使是重罪也会宽释；供词犹豫不定，巧言掩饰的犯人，即使是轻罪也一定处死。对做了好事的人，没有因为事情微小而不奖赏的；对做恶的人，没有因为坏事微细而不贬斥的。诸葛亮对各项日常事务都精通其理，能抓住事物的根本，根据人的名声去核查他的实质，对虚伪的人不屑一顾。在蜀国国境之内，人民都敬畏他又热爱他，他施行的刑法政令虽然严峻，却没有人怨恨他，是因为他能够心地公平而且明确地告诫大家。诸葛亮可以说是懂得如何治理国家的杰出人才，可以与管仲、萧何相提并论。然而他连年兴师动众出兵作战，却没有能取得成功，大概是因为随机应变的机智与指挥战争的谋略等方面不是他所擅长的缘故吧！

晋 书

王导传

［原文］

王导字茂弘，光禄大夫览之孙也。父裁，镇军司马。导少有风鉴，识量清远。年十四，陈留高士张公见而奇之，谓其从兄敦曰：“此儿容貌志气，将相之器也。”初袭祖爵即丘子。司空刘寔(shí)寻引为东阁(gé)祭酒，迁秘书郎、太子舍人、尚书郎，并不行。后参东海王越军事。

［译文］

王导字茂弘，光禄大夫王览的孙子。父亲王裁曾任镇军司马。王导少年时就有远见卓识，志向清明高远。十四岁时，陈留的高士张公见到他很惊奇，对他的堂兄王敦说：“这个孩子的相貌志气，是将相的坯子。”王导一开始承袭了祖上的即丘子爵位。司空刘寔不久引荐他为东阁祭酒，升为秘书郎、太子舍人、尚书郎，但他都没有就任。后来他做了东海王司马越的参军。

［原文］

时元帝为琅邪(láng yá)王，与导素相亲善。导知天下已乱，遂倾心推奉，潜有兴复之志。帝亦雅相器重，契同友执。帝之在洛阳也，导每劝令之国。会帝出镇下邳(pī)，请导为安东司马，军谋密策，知无不为。及徙镇建康，吴人不附，居月余，士庶莫有至者，导患之。会敦来朝，导谓之曰：“琅邪王仁德虽厚，而名论犹轻。兄威风已振，宜有以匡济者。”会三月上巳，帝亲观禊(xì)，乘肩舆，具威仪，敦、导及诸名胜皆骑从。吴人纪瞻、顾荣，皆江南之望，窃觇之，见其如此，咸惊惧，

王 导

晋元帝司马睿

乃相率拜于道左。导因进计曰：“古之王者，莫不宾礼故老，存问风俗，虚己倾心，以招俊乂(yì)。况天下丧乱，九州分裂，大业草创，急于得人者乎！顾荣、贺循，此土之望，未若引之以结人心。二子既至，则无不来矣。”帝乃使导躬造循、荣，二人皆应命而至，由是吴会风靡，百姓归心焉。自此之后，渐相崇奉，君臣之礼始定。

［译文］

当时司马睿还是琅琊王，与王导平时亲密友善。王导知道天下已经大乱，就一心拥戴琅琊王，暗有振兴恢复晋室的志向。司马睿也素来器重他，与他亲密如知心朋友。司马睿在洛阳时，王导经常劝说让他回自己的封地。适逢司马睿出京镇守下邳，请王导为安东司马，对于军事计划、机密决策，只要能考虑到的王导都毫无保留地提出。等到司马睿迁移镇守建康，吴地人不愿依附，过了一个多月，士人、庶民没有一个人来拜见，王导为此担忧。正逢王敦来朝见，王导对他说：“琅琊王虽然仁德深厚，但名望声誉还比较轻微。你威望已高，应该有匡扶他的方法。”适逢三月上巳日，司马睿亲自观看修禊，乘坐肩舆，列备仪仗队，王敦、王导以及诸多名流都骑马跟随。吴人纪瞻、顾荣，都是江南的望族，悄悄观看，见他们这种气势，都惊讶惶恐，就一起拜倒在道路旁边。王导就献计说：“古代的帝王，没有不以宾客之礼对待地方故老、慰问民风习俗、谦让坦诚用以招揽贤明之士的。何况眼下天下丧乱，九州分裂，大业初创，急于得到人才呢！顾荣、贺循是本地的望族，不如引荐他们来结好人心。这两人既已来到，就没有人不来了。”司马睿就派王导亲自到贺循、顾荣那里，两人都应命而到，因此吴郡会稽之地望风披靡，百姓归附。从此之后，士族逐渐对司马睿敬崇起来，君臣的礼仪才开始定下来。

［原文］

俄而洛京倾覆，中州士女避乱江左者十六七，导劝帝收其贤人君子，与之图事。时荆扬晏安，户口殷实，导为政务在清静，每劝帝克己励节，匡主宁邦。于是尤见委杖，情好日隆，朝野倾心，号为“仲父”。帝尝从容谓导曰：“卿，吾之萧何也。”对曰：“昔秦为无道，百姓厌乱，巨猾陵暴，人怀汉德，革命反正，易以为功。自魏氏以来，

迄于太康之际，公卿世族，豪侈相高，政教陵迟，不遵法度，群公卿士，皆餍(yàn)于安息，遂使奸人乘衅，有亏至道。然否终斯泰，天道之常。大王方立命世之勋，一匡九合，管仲、乐毅，于是乎在，岂区区国臣所可拟议！愿深弘神虑，广择良能。顾荣、贺循、纪瞻、周玘，皆南土之秀，愿尽优礼，则天下安矣。”帝纳焉。

［译文］

不久京城洛阳倾乱颠覆，中原各州的男女到江南避难的有十分之六七，王导劝司马睿从中收揽贤士君子，同他们一起图谋大事。当时荆、扬两地平安，人口充实富足，王导治理政务致力于清静无为，常劝司马睿克制自己，砥砺志节，匡扶君主安定国土。因此更加被倚重，与司马睿感情日渐深厚，朝廷内外都仰慕他，称为“仲父”。司马睿曾从容地对王导说：“你就是我的萧何。”王导回答说：“从前秦朝为政无道，百姓厌恶祸乱，恶人们欺凌压迫，人们感怀汉王德政，乘机实行变革，拨乱反正，容易取得成功。自从曹魏以来，直到我朝武帝太康期间，公卿世族，以豪华奢侈相尚，政治教化衰微，不守法律制度，群公卿士，都贪图安逸，就让奸人有机可乘，使大道亏损。然而否极泰来，是天道的常理。大王准备建立显名当世的功勋，统一天下，管仲、乐毅因此出现，岂是区区臣子可以相比的！希望您思虑深远，广泛选择贤能。顾荣、贺循、纪瞻、周玘都是南方的精英，希望您对他们尽量优待礼遇，那么天下就安宁了。”司马睿采纳了他的建议。

乐毅

乐毅是战国时燕国将领，曾率大军攻打齐国，几乎灭亡了齐国。王导用管仲、乐毅为例，是希望晋元帝能广纳贤才，中兴晋朝。

［原文］

永嘉末，迁丹阳太守，加辅国将军。导上笺(jiān)曰：“昔魏武，达政之主也；荀文若，功臣之最也，封不过亭侯。仓舒，爱子之宠，赠不过别部司马。以此格万物，得不局迹乎！今者临郡，不问贤愚豪贱，皆加重号，辄有鼓盖，动见相准。时有不得者，或为耻辱。天官混杂，朝望颓毁。导忝荷重任，不能崇浚山海，而开导乱源，饕(tāo)窃名位，取紊彝(wěn yí)典，谨送鼓盖加崇之物，请从导始。庶令雅俗区别，群望无惑。”帝下令曰：“导德重勋高，孤所深倚，诚宜表彰殊礼。而更约己

冲心，进思尽诚，以身率众，宜顺其雅志，式允开塞之机。”拜宁远将军，寻加振威将军。愍(mǐn)帝即位，征吏部郎，不拜。

［译文］

晋怀帝永嘉末年，王导转任丹阳太守，担任辅国将军。王导上书说：“从前曹操是个善于治国的人物。荀彧是他最大的功臣，加封不超过亭侯；曹冲是他最宠爱的儿子，赐官不超过别部司马。按照这个标准来衡量一切事物，能不谨慎恐惧吗？现在做郡守的，不论贤明愚昧、高贵低贱，都加赐隆重的封号，往往要有鼓吹和伞盖等仪仗，而且互相攀比。人有得不到的，就认为是耻辱。百官混杂，朝廷声望衰败。我王导愧负重任，不能加高山岭疏浚大海，却开启混乱的源头，贪窃高位，搅乱典章制度，现送还鼓吹和伞盖等表示尊崇的物品，请从我王导开始。也许能使高贵低贱有所区别，众人声望不致有所迷惑。”司马睿下达命令说：“王导德重功高，孤深为倚重，确实应该给予特别的礼仪加以表彰。但他约束自己，平和心志，进献谋虑，竭尽忠心，以身作则，应该尊重他平素的志节，以此使进退之路公正平允。”王导官拜宁远将军，不久任振威将军。晋愍帝继位，征召他为吏部郎，没有接受。

［原文］

晋国既建，以导为丞相军谘(zī)祭酒。桓彝(yí)初过江，见朝廷微弱，谓周颉曰：“我以中州多故，来此欲求全活，而寡弱如此，将何以济！”忧惧不乐。往见导，极谈世事，还，谓颉曰：“向见管夷吾，无复忧矣。”过江人士，每至暇日，相要出新亭饮宴。周颉中坐而叹曰：“风景不殊，举目有江河之异。”皆相视流涕。惟导愀然变色曰：“当共戮(lù)力王室，克复神州，何至作楚囚相对泣邪！”众收泪而谢之。俄拜右将军、扬州刺史、监江南诸军事，迁骠骑将军，加散骑常侍、都督中外诸军、领中书监、录尚书事、假节，刺史如故。导以敦统六州，固辞中外都督。后坐事除节。

周 颉

［译文］

东晋已建立，王导任丞相军谘祭酒。桓彝刚过江，看见朝廷微弱，对周颉说：“我因中原各州多有变乱，到这里想要保全活命，但朝廷这样弱小，将凭什么成功呢？”因此担忧疑惧，心中不乐。后去见王导，深谈世事，回来又对周顗说：“刚见到管仲，不再忧虑了。”过江的士人，每到空暇的日子，相邀到新亭饮酒。周顗在座上叹息说，“风景没有什么差别，举目观看却有长江黄河的不同。”众人都相视流泪。只有王导愀然改变脸色说：“如今应当共同为王室效力，收复中原，何至于像楚囚一样相对而泣呢？”众人收住眼泪向他道歉。不久王导被任命为右将军、扬州刺史、监江南诸军事，升骠骑将军，加散骑常侍、都督中外诸军、领中书监、录尚书事、持符节，任职扬州刺史照旧不变。王导因为王敦统领六州，一再请辞中外都督。后来王导因有事免去持符节。

［原文］

于时军旅不息，学校未修，导上书曰：

“夫风化之本在于正人伦，人伦之正存乎设庠序。庠序设，五教明，德礼洽通，彝伦攸叙，而有耻且格，父子兄弟夫妇长幼之序顺，而君臣之义固矣。《易》所谓“正家而天下定”者也。故圣王蒙以养正，少而教之，使化沾肌骨，习以成性，迁善远罪而不自知，行成德立，然后裁之以位。虽王之世子，犹与国子齿，使知道而后贵。其取才用士，咸先本之于学。故《周礼》，卿大夫献贤能之书于王，王拜而受之，所以尊道而贵士也。人知士之贵由道存，则退而修其身以及家，正其家以及乡，学于乡以登朝，反本复始，各求诸己，敦朴之业著，浮伪之竞息，教使然也。故以之事君则忠，用之莅下则仁。孟轲所谓“未有仁而遗其亲，义而后其君者也。

孟 轲

孟轲就是孟子，是儒家的“亚圣”。孟子提倡“仁政”。王导引用孟子的话也是说明“仁”的重要性。

［译文］

当时战事不断，学校未修立，王导上书说：

“教化之本在于端正人伦，端正人伦在于设立学校。学校设立，五教明确，道德礼仪融洽贯通，天下常道有所叙述，知道耻辱

加以纠正，父子兄弟夫妇长幼的秩序不乱，而君王臣子的名义就巩固了。这就是《易经》所说的“家庭正而天下安定”。所以圣王以正道启蒙人民，令其从小接受教育，使身心受到教化，习以成性，不知不觉地靠近善良，远离罪恶，品行有成，道德建立，然后根据德才给予地位。即使是君王的儿子，也如公卿大夫的儿子一样，使他懂得道理然后才给予尊贵的地位。选取任用有才能之士，都先以学业为根本。所以《周礼》说，卿大夫进献培养贤能的书给国王，国王恭敬地接受它，这是因为尊重道德重视士人。人们知道士人的宝贵是因为道德存在，接下来就修养自身推及家庭，治理好他们的家庭推及乡里，在乡里学习好就以此登上朝廷，追溯根本，从头开始，各人要求于自身，敦厚朴实的功业就能建立，轻浮虚伪的竞争就能停息，只有教育才能使他们这样。所以任用他们为君王办事就忠诚，任用他们管理下面就仁爱。所以孟轲说“没有见过仁爱的人会遗弃自己的亲人、守信义的人会不尊重君王的。

［原文］

“自顷皇纲失统，颂声不兴，于今将二纪矣。传曰‘三年不为礼，礼必坏；三年不为乐，乐必崩’，而况如此之久乎！先进忘揖让之容，后生惟金鼓是闻，干戈日寻，俎豆不设，先王之道弥远，华伪之俗遂滋，非所以端本靖末之谓也。殿下以命世之资，属阳九之运，礼乐征伐，翼成中兴。诚宜经纶稽古，建明学业，以训后生，渐之教义，使文武之道坠而复兴，俎豆之仪幽而更彰。方今戎虏(lǔ)扇炽，国耻未雪，忠臣义夫所以扼腕拊心。苟礼仪胶固，淳风渐著，则化之所感者深而德之所被者大。使帝典阙而复补，皇纲弛而更张，兽心革面，饕餮(tāo tiè)检情，揖让而服四夷，缓带而天下从。得乎其道，岂难也哉！故有虞舞干戚而化三苗，鲁僖作泮(pàn)宫而服淮夷。桓文之霸，皆先教而后战。今若聿遵前典，兴复道教，择朝之子弟并入于学，选明博修礼之士而为之师，化成俗定，莫尚于斯。”

帝甚纳之。

［译文］

“自从不久前朝廷纲纪失去正统，歌颂的庙堂之乐不再兴起，至今将近二十年了。书传上说：‘三年不行使礼仪，礼仪必定损坏；三年不演习乐舞，乐舞必定崩颓。’何况如此之久呢！年纪大的人忘记拜揖谦让的仪容，年纪轻的人只听见鸣金击鼓的声音，干戈每天动用，俎豆礼仪不再设置，先王之道越来越远，浮华虚伪之俗逐渐滋生，这不是用来端正根本止息末节的办法。殿下具有治国命世的资质，处于灾祸的世运，使用礼乐、征伐，形成中兴。所以确实应该整顿纲纪，考查古训，建立学校，修明学业。用来训导年轻人，逐渐教化他们，使衰落的文武之道得以复兴，隐没的俎豆礼仪更加显扬。现在戎虏气焰嚣张，国耻没有洗雪，忠臣义士因此义愤填膺。如果礼仪巩固，淳朴之风渐著，那么教化所感悟的就深厚，道德所覆盖的就广大。使缺损的帝王典章得到修补，废弛的皇室纲纪重新张大，让野兽心肠的人改变面目，贪得无厌的人节制贪欲，揖和谦让而使四夷宾服，从容舒缓而使天下顺从。只要得到这样的大道，做到这些还有什么困难呢？所以有虞氏执干戚舞蹈而感化三苗，鲁僖公作《泮宫》之诗而收服淮夷。齐桓公、晋文公称霸，都先教化而后征战。现在如果遵循先前的经典，恢复道义的教化，选择朝中公卿的子弟进入学校，选用明达博识专修礼仪之士作为他们的导师，教化有成，习俗可正，没有比这件事更重要的了。"

司马睿很赞同并采纳了他的意见。

［原文］

及帝登尊号，百官陪列，命导升御床共坐。导固辞，至于三四，曰："若太阳下同万物，苍生何由仰照！"帝乃止。进骠骑(piào qí)大将军、仪同三司。以讨华轶功，封武冈侯。进位侍中、司空、假节、录尚书，领中书监。会太山太守徐龛(kān)反，帝访可以镇抚河南者，导举太子左卫率羊鉴。既而鉴败，抵罪。导上疏曰："徐龛叛戾，久稽天诛，臣创议征讨，调举羊鉴。鉴暗懦(nuò)覆师，有司极法。圣恩降天地之施，全其首领。然臣受重任，总录机衡，使三军挫衄，臣之责也。乞自贬黜，以穆朝伦。"诏不许。寻代贺循领太子太傅。时中兴草创，未置史官，导始启立，于是典籍颇具。时孝怀太子为胡所害，始奉讳，有司奏天子三朝举哀，群臣一哭而已。导以为皇太子副贰宸(chén)极，普天有情，宜同三朝之哀。从之。及刘隗(wěi)用事，导渐见疏远，任真推分，淡如也。有识咸称导善处兴废焉。

［译文］

等到司马睿（元帝）登上皇位，百官陪同侍列，却让王导登御床一同坐下。王导一再推辞，直到三四次，说："如果太阳与下面的万物一样，百姓还靠什么来照耀！"元帝才不再要求。元帝晋升他为骠骑大将军、仪同三司。又为讨伐华轶的功勋，封他为武冈侯，不久又晋升为侍中、司空、假节、录尚书，领中书监。适逢太山太守徐龛反叛，元帝询问能够镇守平定河南的人，王导举荐太子左卫率羊鉴。没有多久羊鉴失败，处死抵罪。王导上表章说："徐龛叛逆，很久没有得到讨伐，臣下提议征讨，举荐调用羊鉴。羊鉴昏庸懦弱使军队覆没，主管官员处以极刑。皇上的恩泽施于天下，保全他的尸骨。然而臣下担负重任，总管机要权衡，致使三军挫败，是臣下的责任。请求自行贬降职位，以严肃朝纲。"元帝下诏不允许。不久王

导又代替贺循兼任太子太傅。当时中兴大业刚刚创建，没有设置史官，由王导启奏设立，因此典籍相当完备。当时孝怀太子被胡人所杀害，开始居丧。主管官员上奏说，天子驾崩举哀三日，大臣只是号哭一下而已。王导认为孝怀太子本是皇位继承人，普天之下都同情他，应同样举行三天的哀悼。元帝听从他的意见。等到刘隗执政，王导逐渐被疏远，但他听任自然，安分守己，淡泊如常。有见识的人都称赞王导在兴盛和衰败之间善于自处。

［原文］

王敦之反也，刘隗劝帝悉诛王氏，论者为之危心。导率群从昆弟子侄二十余人，每旦诣(yì)台待罪。帝以导忠节有素，特还朝服，召见之。导稽(qǐ)首谢曰："逆臣贼子，何世无之，岂意今者近出臣族！"帝跣(xiǎn)而执之曰："茂弘，方托百里之命于卿，是何言邪！"乃诏曰："导以大义灭亲，可以吾为安东时节假之。"及敦得志，加导守尚书令。

［译文］

王敦反叛，刘隗劝元帝全部诛杀王氏家族，议论的人都为王导担心。王导带领同族兄弟子侄二十余人，每天早晨都到官署等待处罚。元帝认为王导平时忠诚贞节，特地送还他的朝衣，召见他。王导跪拜谢罪说："叛臣贼子哪一代没有，怎么想到现在出于臣下的氏族！"元帝光着脚跑出来握住他的手说："茂弘，我正要把重要的责任托付给你，你这是什么话啊！"于是下诏书说："王导因为大义灭亲，可以把我任安东将军时的符节给他。"等到王敦名利欲望得到满足，元帝又让王导担任尚书令。

［原文］

初，西都覆没，海内思主，群臣及四方并劝进于帝。时王氏强盛，有专天下之心，敦惮(dàn)帝贤明，欲更议所立，导固争乃止。及此役也，敦谓导曰："不从吾言，几致覆族。"导犹执正议，敦无以能夺。

［译文］

当初西都洛阳覆没，天下百姓思念君主，群臣以及四方臣民都劝说司马睿登位。当时王氏强盛，有独占天下的想法，王敦担心司马睿贤明，想商讨重立君主，王导坚决力争才得以制止。等到这件事发生后，王敦对王导说："不听从我的话，几乎致使宗族灭亡。"王导仍然坚持公正的意见，王敦不能改变。

［原文］

自汉魏已来，赐谥(shì)多由封爵，虽位通德重，先无爵者，例不加谥。导乃上疏，称"武官有爵必谥，卿校常伯无爵不谥，甚失制度之本意也"。从之。自后公卿无爵而谥，导所议也。

［译文］

自从汉魏以来，赐予谥号大多因为封有爵位，即使地位显达，德行深厚，如生前没有爵位的，照例不加给谥号。王导就上疏说："武官有爵位一定赐予谥号，卿校常伯没有爵位不予谥号，这就大大失去制度原本的意义了。"元帝听从了他的意见。自此之后，公卿没有爵位也赐予谥号，这是王导所建议的。

不卖的卢

庾亮也是东晋名士，他有匹马叫"的卢"，相马者说此马妨主，劝他卖马。庾亮坚决不卖，可见其乃品德高洁之人。

［原文］

初，帝爱琅邪(láng yá)王裒(póu)，将有夺嫡之议，以问导。导曰："夫立子以长，且绍又贤，不宜改革。"帝犹疑之。导日夕陈谏，故太子卒定。

［译文］

当初，元帝偏爱琅琊王司马裒，想要改变嫡子的地位，询问王导的意见。王导说："从来都立长子为太子，况且长子司马绍又贤明，不适宜改变。"元帝仍然犹豫不决。王导每日进言劝谏，因而太子的地位最终安定未变。

［原文］

及明帝即位，导受遗诏辅政，解扬州，迁司徒，一依陈群辅魏故事。王敦又举兵内向。时敦始寝疾，导便率子弟发哀，众闻，谓敦死，咸有奋志。及帝伐敦，假导节，都督诸军，领扬州刺史。敦平，进封始兴郡公，邑三千户，赐绢九千匹，进位太保，司徒如故，剑履上殿，入朝不趋，赞拜不名。固让。帝崩，导复与庾(yǔ)亮等同受遗诏，共辅幼主，是为成帝。加羽葆鼓吹，班剑二十人。及石勒侵阜陵，诏加导大司马、假黄钺，出讨之。军次江宁，帝亲饯于郊。俄而贼退，解大司马。

［译文］

等到晋明帝司马绍继承皇位，王导接受元帝的遗诏辅佐朝政，解除扬州刺史之职，担任司徒，一切依照过去陈群辅佐曹魏的事例进行。王敦又起兵向京城内进攻。这时王敦开始卧病，王导就率领子弟发丧举哀，众人听到这个消息，认为王敦已死，都有了斗志。等到明帝讨伐王敦，给予王导符节，统领诸军，兼任扬州刺史。平定王敦后，明帝进封王导为始兴郡公，采邑三千户，赏赐绢九千匹，进位为太保。王导仍然担任司徒的职位，可以佩剑穿履上殿朝见，上朝不需躬身小步疾走，朝拜天子可以不报姓名。王导再三推让。等到明帝去世，王导又与庾亮等人同时接受遗诏，共同辅佐幼主，这就是晋成帝。成帝赐予王导羽葆鼓吹、带班剑的仪仗队二十人。等到石勒侵犯阜陵，成帝下诏任王导为大司马、给予黄钺，出发征讨石勒。军队到江宁，成帝亲自在郊外饯行。不久贼兵退走，又解除王导大司马之职。

［原文］

庾亮将征苏峻，访之于导。导曰："峻猜险，必不奉诏。且山薮(sǒu)藏疾，宜包容之。"固争不从。亮遂召峻。既而难作，六军败绩，导入宫侍帝。峻以导德望，不敢加害，犹以本官居己之右。峻又逼乘舆幸石头，导争之不得。峻日来帝前肆丑言，导深惧有不测之祸。时路永、匡术、贾宁并说峻，令杀导，尽诛大臣，更树腹心。峻敬导，不纳，故永等贰于峻。导使参军袁耽潜讽诱永等，谋奉帝出奔义军。而峻卫御甚严，事遂不果。导乃携二子随永奔于白石。

［译文］

庾亮将要征召苏峻入京，向王导询问。王导说："苏峻猜忌阴险，一定不会接受征召。况且山林渊薮中掩藏毒物，可以将之包藏容纳。"庾亮固执争辩，不愿听从。庾亮征召了苏峻。不久苏峻作乱，朝廷军队战败，王导入宫侍奉成帝。苏峻因为王导德高望重，不敢杀害他，仍然给予他原来的官职，地位在自己之上。苏峻又逼迫皇帝到石头城，王导同他争执没有成功。苏峻每日到成帝面前进谗言，王导非常惧怕有不测之祸。当时路永、匡术、贾宁同时劝说苏峻，要他杀死王导，并诛杀所有大臣，安排心腹掌权。苏峻敬重王导，不采纳他们的意见，因而路永等人对苏峻有了二心。王导派参军袁耽暗中诱劝路永等人，策划拥戴成帝投奔义军。但是苏峻防备很严，事情没有成功。王导于是带了两个儿子随路永等人逃往白石。

［原文］

及贼平，宗庙宫室并为灰烬，温峤议迁都豫章，三吴之豪请都会稽，二论纷纭，未有所适。导曰："建康，古之金陵，旧为帝里，又孙仲谋、刘玄德俱言王者之宅。古之帝王不必以丰俭移都，苟弘卫文大帛之冠，则无往不可。若不绩其麻，则乐土为虚矣。且北寇游魂，伺我之隙，一旦示弱，窜于蛮越，求之望实，惧非良计。今特宜镇之以静，群情自安。"由是峤等谋并不行。

［译文］

等到叛贼被平定，宗庙宫室都烧成了灰烬，温峤建议迁都豫章，三吴之地的豪族要求迁都会稽，两种议论纷争不同，不能决定。王导说："建康是古代的金陵，从前是皇帝的居地，孙权、刘备也都说它是帝王的住所。古代的帝王不一定按富裕或贫贱来迁移都城，如果都像卫文公那样戴土布做的帽子，那么到哪里都可以。如果不勤于纺织耕作，那么乐土也会变得空虚了。况且北方寇贼像游魂一样，专门等候我们的空隙，我们一旦表示软弱，逃亡到蛮越之地，从名声和实际上选择，恐怕都不是良策。现在只要保持镇静，众人的情绪自然安定。”因此温峤等人的计划都没有实行。

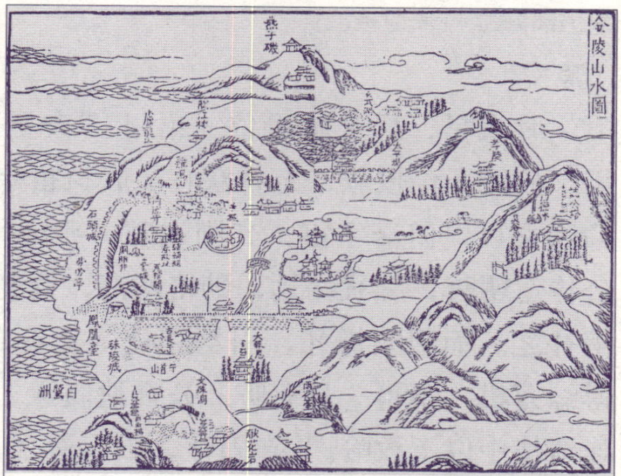

金陵山水图

建康，又称金陵，即今江苏南京，是龙盘虎踞之地，自古以来就是兵家必争的战略要地。

［原文］

导善于因事，虽无日用之益，而岁计有余。时帑（tǎng）藏空竭，库中惟有练数千端，鬻（yù）之不售，而国用不给。导患之，乃与朝贤俱制练布单衣，于是士人翕然竞服之，练遂踊贵。乃令主者出卖，端至一金。其为时所慕如此。

［译文］

王导善于利用事物的变化，即使没有日常费用的增加，但按年头计算却有超支。当时国库空虚，仓库里只有几千段的练布，卖不出去，致使国家费用不能供给。王导很担心，就与朝中贤臣都制作练布单衣穿，因此士人一下子争着穿这种布做的衣服，练布立即涨价变贵。王导就命令主管官吏出卖，一段练布卖到一金。王导在当时被仰慕到这种程度。

［原文］

六年冬，蒸，诏归胙（zuò）于导，曰：“无下拜。”导辞疾不敢当。初，帝幼冲，见导，每拜。又尝与导书手诏，则云“惶恐言”，中书作诏，则曰“敬问”，于是以为定制。自后元正，导入，帝犹为之兴焉。

［译文］

咸和六年（331年）冬天祭祀，成帝下诏把祭祀用的肉赐给王导，并说：“不必下拜谢礼。”王导极力推辞不肯接受。当年，成帝年幼，见到王导，每次都行拜礼。又曾给王导手写诏书，常加按语“惶恐地叙述”，由中书下诏书给王导，就先说“恭敬地请问”，因此成为规定的制度。此后，每逢元旦，王导入宫，成帝仍然站立起来迎接。

［原文］

时大旱，导上疏逊位。诏曰：“夫圣王御世，动合至道，运无不周，故能人伦攸叙，万物获宜。朕荷祖宗之重，托于王公之上，不能仰陶玄风，俯洽宇宙，亢阳逾(yú)时，兆庶胥怨，邦之不臧，惟予一人。公体道明哲，弘犹深远，勋格四海，翼亮三世，国典之不坠，实仲山甫补之。而猥(wěi)崇谦光，引咎克让，元首之愆(qiān)，寄责宰辅，只增其阙。博综万机，不可一日有旷。公宜遗履谦之近节，遵经国之远略。门下速遣侍中以下敦喻。”导固让。诏累逼之，然后视事。

［译文］

当时天下大旱，王导上奏表请求辞位。成帝下诏书说：“圣明的君王治理世事，行动符合天道，运作无所不包，所以能使人伦有一定的秩序，万物获得适宜的位置。朕承担祖宗遗下的重任，托身在王公之上，不能上承天道滋养，下使宇宙融和，天旱时间长久，众民都有怨恨，国家受到灾害，只是由于朕一人的缘故。您包容道德，明达睿智，策略宏大，深谋远虑，功勋遍及四海，辅佐振兴三代，国家典章之所以不坠落，确实由于仲山甫的补救。然而您畏避高位，谦让荣耀，引咎让位，原本是元首的过错，却由宰辅代为承担，只能增加朕的失误。您日理万机，不可一日有缺。您应该放弃谦让的小节，遵循治国的远略。门下省应急速派遣侍中以下的官员劝勉晓喻。”王导再三辞让，成帝屡次下诏催促他，如此王导才照常管理事务。

［原文］

导简素寡欲，仓无储谷，衣不重帛。帝知之，给布万匹，以供私费。导有羸(léi)疾，不堪朝会，帝幸其府，纵酒作乐，后令舆车入殿，其见敬如此。

［译文］

王导日常生活简单朴素而且清心寡欲，家里仓库没有储备的粮食，衣服不穿多层绢帛。成帝知道这种情况后，赐给他布一万匹，用来供他私人使用。王导患有风痹疾病不能参加朝会，成帝就亲自到他家中，和他一起饮酒作乐，然后让王导乘马车进入宫殿，王导所受到的尊敬就是这样。

［原文］

石季龙掠骑至历阳，导请出讨之。加大司马、假黄钺(yuè)、中外诸军事，置左右长史、司马，给布万匹。俄而贼退，解大司马，复转中外大都督，进位太傅，又拜丞相，依汉制罢司徒官以并之。册曰：“朕

夙罹（sù lí）不造，肆陟（sì zhì）帝位，未堪多难，祸乱旁兴。公文贯九功，武经七德，外缉四海，内齐八政，天地以平，人神以和，业同伊尹，道隆姬旦。仰思唐虞，登庸隽乂，申命群官，允厘庶绩。朕思凭高谟，弘济远猷，维稽古建尔于上公，永为晋辅。往践厥职，敬敷道训，以亮天工。不亦休哉！公其戒之！”

［译文］

石季龙出动骑兵侵占历阳，王导请求出兵讨伐。成帝让他担任大司马、持黄钺、都督中外诸军事，设置左右长史、司马，供给布一万匹。不久贼兵退去，王导解除大司马的职务，又转任中外大都督，晋升为太傅，又官拜丞相，依照汉代的制度同时免去司徒的官职。策命说：“朕早遭父丧，登上皇位，不能承受过多的困难，祸乱从旁侧发生。您文韬通贯九功，武略经纬七德，外能和聚四海，内能治理八政，天下因此太平，人神因此和顺，功业犹如伊尹，道德高如姬旦。仰慕追思唐尧、虞舜，任用出众的人才，号令群官，治理各种事务。朕的思虑凭借您高明的谋划，大功依靠您深远的策略，考察古代的制度，特封您为上公，永远辅佐晋朝。去执行您的职责，恭敬地展布教诲，用以显示上天赋予的职能。不也美哉！请您警戒！”

［原文］

是岁，妻曹氏卒，赠金章紫绶（shòu）。初，曹氏性妒，导甚惮之，乃密营别馆，以处众妾。曹氏知，将往焉。导恐妾被辱，遽令命驾，犹恐迟之，以所执麈（zhǔ）尾柄驱牛而进。司徒蔡谟闻之，戏导曰：“朝廷欲加公九锡。”导弗之觉，但谦退而已。谟曰：“不闻余物，惟有短辕犊（yuán dú）车，长柄麈尾。”导大怒，谓人曰：“吾往与群贤共游洛中，何曾闻有蔡克儿也。”

［译文］

这一年，王导的妻子曹氏去世，成帝赠予她金章紫绶。当初曹氏生性忌妒，王导很畏惧她，就秘密另造其他公馆，供众妾居住。曹氏得知此事，要前往追查。王导担心众妾被欺辱，急速命人驾驶牛车赶在前面，仍然担心比她迟到，便用手中的麈尾柄用劲驱赶牛车前进。司徒蔡谟听说这件事，同王导开玩笑说：“朝廷想要赐给你九锡。”王导没有觉察，只是谦让推辞。蔡谟说：“没有听说有其他物品，只有短辕的牛车、长柄的麈尾。”王导大为恼怒，对别人说：“我以往与许多贤士同在洛阳游冶，什么时候听说过蔡克儿蔡谟？”

［原文］

于时庾亮以望重地逼，出镇于外。南蛮校尉陶称间说亮当举兵

内向，或劝导密为之防。导曰：“吾与元规休戚是同，悠悠之谈，宜绝智者之口。则如君言，元规若来，吾便角巾还第，复何惧哉！”又与称书，以为庾公帝之元舅，宜善事之。于是谗间遂息。时亮虽居外镇，而执朝廷之权，既据上流，拥强兵，趣向者多归之。导内不能平，常遇西风尘起，举扇自蔽，徐曰：“元规尘污人。”

［译文］

当时庾亮因威望高有威胁，外出镇守。南蛮校尉陶称离间说庾亮一定会起兵进攻京城，有人劝王导暗中对他防范。王导说：“我与庾亮休戚与共，这些属无稽之谈，应在明智者的口中杜绝。如果像你所说那样，庾亮前来，我就戴着角巾归隐回家，又有什么可惧怕呢？”又给陶称写信，认为庾亮是皇帝的长舅，应妥善地为他办事。于是离间的谗言就平息了。当时庾亮虽然在京外镇守，但掌握着朝廷的权力，又占据上游的地势，拥有强大的军力，很多人归顺他。王导内心不能平静，经常遇到西风扬起尘土时，举扇遮挡自己，缓缓说：“庾亮掀起的尘土实在污染人。”

［原文］

自汉魏以来，群臣不拜山陵。导以元帝眷同布衣，匪惟君臣而已，每一崇进，皆就拜，不胜哀戚。由是诏百官拜陵，自导始也。

［译文］

自从汉魏以来，群臣没有拜谒皇帝陵墓的习俗。王导因为元帝眷顾自己如同布衣之交，已不仅仅是君主对臣子的关心，故每一次升迁，他就拜谒元帝陵墓，非常哀痛。因此后来皇帝下诏命百官要拜谒陵墓，是从王导开始的。

［原文］

咸康五年薨(hōng)，时年六十四。帝举哀于朝堂三日，遣大鸿胪持节监护丧事，赗襚(fèng suì)之礼，一依汉博陆侯及安平献王故事。及葬，给九游辒辌(wēn liáng)车、黄屋左纛(dào)、前后羽葆鼓吹、武贲班剑百人，中兴名臣莫与为比。册曰：“盖高位以酬明德，厚爵以答懋(mào)勋；至乎阖棺标迹，莫尚号谥(shì)，风流百代，于是乎在。惟公迈达冲虚，玄鉴劭邈；夷淡以约其心，体仁以流其惠；栖迟务外，则名隽中夏，应期濯缨，则潜算独运。昔我中宗、肃祖之基中兴也，下帷委诚而策定江左，拱己宅心而庶绩咸熙。故能威之所振，寇虐改心，化之所鼓，梼杌(táo wù)易质；调阴阳之和，通彝伦之纪；辽陇承风，丹穴景附。隆高世之功，复宣武之绩，旧物不失，公协其猷。若乃荷负顾命，保朕冲人，遭遇艰圮，

夷险委顺；拯其沦坠而济之以道，扶其颠倾而弘之以仁，经纬三朝而蕴道弥旷。方赖高谟，以穆四海，昊(hào)天不吊，奄忽薨殂(hōng cú)，朕用震恸于心。虽有殷之殒(yǔn)保衡，有周之丧二南，曷谕兹怀！今遣使持节、谒者仆射任瞻锡谥曰文献，祠以太牢。魂而有灵，嘉兹荣宠！”

司马懿

司马懿虽然生前没有称帝，但他也像曹操一样，牢牢掌控着魏国的中央政权。晋朝建立后，司马懿被追尊为晋宣帝。

［译文］

晋成帝咸康五年（339年），王导去世，时年六十四岁。成帝在朝堂举行三日哀悼，派遣大鸿胪手持符节监护办理丧事，向死者赠送的服饰物品，完全依照汉代的博陆侯和安平献王的事例。等到出葬，赐给九旒旗、辒辌车、黄缯车盖、左纛、前后有羽葆鼓吹、虎贲和佩班剑的人一百个，中兴以来著名的大臣没有人能同他相比。策命说：“用高位酬谢贤德，用厚爵报答功勋；至于盖棺后即见功绩显扬，不加谥号，遗风也流存百世。您超迈明达，冲和虚静，见识高远；平淡而约束自己的心志，施仁而遍布自己的恩惠；淹留在外治理事务，则美名传于中原，顺应时变志守高洁，则独自潜心谋划。从前我中宗、肃祖的基业中兴，放下帷幕与您推诚相待，因而策划安定江南，垂拱而居心仁厚，因而各种事务兴盛。所以权威震慑之处，使寇贼改变心意，教化鼓动之处，令恶人改换本质；协调阴阳的和顺，贯通天道的纲纪；辽陇承受风化，丹穴影从归附。建树超乎世俗的功勋，光复宣帝、武帝的业绩，先代的典章制度没有遗失，是您协助谋划的结果。至于担负先帝遗命，辅助于朕，化险为夷，归于自然；拯救社稷于沉沦而用天道济世，扶持倾危而弘扬仁义，匡佐三朝而道德更加旷远。正要依赖高深的谋划，以安定天下，上天不佑，猝然逝世，朕心因此震惊哀痛。即使是殷代失去伊尹，周代丧失周、召二公，也不能比喻朕的伤怀！现在派遣使臣持节、谒者仆射任瞻赐谥号为文献，用太牢祭祠。魂如有灵，应当为这荣誉尊宠而欣慰！”

谢安传

[原文]

谢安字安石，尚从弟也。父裒(póu)，太常卿。安年四岁时，谯(qiáo)郡桓彝见而叹曰："此儿风神秀彻，后当不减王东海。"及总角，神识沈敏，风宇条畅，善行书。弱冠诣王濛，清言良久，既去，濛子脩曰："向客何如大人？"濛曰："此客亹(wěi)亹，为来逼人。"王导亦深器之。由是少有重名。'

[译文]

谢安字安石，是谢尚的堂弟。父亲谢裒曾任太常卿。谢安四岁时，谯郡的桓彝见到他就赞叹说："这个孩子神态清秀，以后将不弱于王承。"谢安少年时，沉着敏锐，风姿挺拔，善于写行书。二十岁时去见王濛，清谈很久，谢安离开后，王濛的儿子王脩说："刚才那个客人比您怎么样？"王濛说："这个客人言谈滔滔不绝，好像在逼迫别人。"王导也很器重谢安。因此谢安少年时名气就很大。

[原文]

初辟司徒府，除佐著作郎，并以疾辞。寓居会稽，与王羲(xī)之及高阳许询、桑门支遁游处，出则渔弋(yì)山水，入则言咏属文，无处世意。扬州刺史庾冰以安有重名，必欲致之，累下郡县敦逼，不得已赴召，月余告归。复除尚书郎、琅邪王友，并不起。吏部尚书范汪举安为吏部郎，安以书距绝之。有司奏安被召，历年不至，禁锢终身，遂栖迟东土。尝往临安山中，坐石室，临浚谷，悠然叹曰："此去伯夷何远！"尝与孙绰等泛海，风起浪涌，诸人并惧，安吟啸自若。舟人以安为悦，犹去不止。风转急，安徐曰："如此将何归邪？"舟人承言即回。众咸服其雅量。安虽放情丘壑，然每游赏，必以妓女从。既累辟不就，简文帝时为相，曰："安石

谢安

王羲之

既与人同乐，必不得不与人同忧，召之必至。”时安弟万为西中郎将，总藩任之重。安虽处衡门，其名犹出万之右，自然有公辅之望，处家常以仪范训子弟。安妻，刘惔妹也，既见家门富贵，而安独静退，乃谓曰：“丈夫不如此也？”安掩鼻曰：“恐不免耳。”及万黜废，安始有仕进志，时年已四十余矣。

［译文］

谢安最初被司徒府征聘，任佐著作郎，他以有疾病为借口推辞。他寄居在会稽，与王羲之以及高阳人许询、僧人支遁交游相处，出游则钓鱼打猎游山玩水，在家就吟诗作文，没有表现出治理世事的意愿。扬州刺史庾冰因为谢安名气大，想招他入门下，屡次命令郡县催促，谢安不得已前往应召，过了一个多月就告辞而归。后又被任为尚书郎、琅琊王友，他都没有接受。吏部尚书范汪举荐谢安为吏部郎，谢安写信拒绝他。官员上奏说谢安被征召，多年还不到职，应该终身不准做官，于是谢安就一直停留在东土。他曾到临安的山中，身坐石室，面对深谷，悠然叹息说：“这样离伯夷还远吗？”曾与孙绰等人乘船航海，风起浪涌，大家都很惧怕，只有谢安吟啸如常。船夫以为谢安高兴，就一直驶船不停。风势更加猛烈，谢安才缓缓地说：“这样将怎么回去呢？”船夫听到他这话就回航了。众人都佩服他的大度气量。谢安虽然纵情于山水之间，但是每次游览，一定带歌妓跟随。他已经多次被征召不愿就任，当时司马昱任丞相，说：“安石既然能与别人同乐，一定不会不与别人同忧，征召他一定会到来。”当时谢安的兄弟谢万任西中郎将，这是管理地方官员的重任。谢安尽管身处简陋居所，但他的名声仍然超过谢万，自然就有三公宰相的声望，处理家事也能经常用礼仪规范训导子弟。谢安的妻子是刘惔的妹妹，看到家门中的人有了富贵，而谢安却独自守静隐退，就对他说：“大丈夫不应是这样的吧？”谢安掩着鼻子说：“恐怕是免不了的。”等到谢万被罢免，谢安开始有进身仕途的志向，这时他已经四十多岁了。

［原文］

征西大将军桓温请为司马，将发新亭，朝士咸送，中丞高崧(sōng)戏之曰：“卿累违朝旨，高卧东山，诸人每相与言，安石不肯出，将如苍生何！苍生今亦将如卿何！”安甚有愧色。既到，温甚喜，言生平，欢笑竟日。既出，温问左右：“颇尝见我有如此客不？”温后诣

安，值其理发。安性迟缓，久而方罢，使取帻(zé)。温见，留之曰："令司马著帽进。"其见重如此。

［译文］

征西大将军桓温聘请谢安为司马，将出发到新亭，朝中百官都来送行，中丞高崧同他开玩笑说："您屡次违背朝廷的旨意，在东山高卧，每当这些人相互谈到您，都说安石不愿出山，将使天下苍生怎么办？苍生现在又将把您怎么办呢？"谢安面有愧色。谢安到任，桓温很高兴，与他议论生平之事，整日欢笑。谢安离去后，桓温问身边的人说："你们都曾经见过我有这样的客人没有？"后来桓温到谢安那里拜访，正遇上他在梳理头发。谢安生性迟缓，很长时间才梳完，让人去取头巾。桓温看见了，劝慰他说："您可以戴好帽子再接待我也不迟。"谢安就是这样被器重。

［原文］

温当北征，会万病卒，安投笺(jiān)求归。寻除吴兴太守。在官无当时誉，去后为人所思。顷之，征拜侍中，迁吏部尚书、中护军。

［译文］

桓温正要北征，适逢谢万病故，谢安呈送书笺请求回去。不久谢安又任吴兴太守。他在任时没有声誉，离任后却被人们思念。不久，谢安又被征召为侍中，转任吏部尚书、中护军。

［原文］

简文帝疾笃，温上疏荐安宜受顾命。及帝崩，温入赴山陵，止新亭，大陈兵卫，将移晋室，呼安及王坦之，欲于坐害之。坦之甚惧，问计于安。安神色不变，曰："晋祚存亡，在此一行。"既见温，坦之流汗沾衣，倒执手版。安从容就席，坐定，谓温曰："安闻诸侯有道，守在四邻，明公何须壁后置人邪？"温笑曰："正自不能不尔耳。"遂笑语移日。坦之与安初齐名，至是方知坦之之劣。温尝以安所作简文帝谥议以示坐宾，曰："此谢安石碎金也。"

［译文］

简文帝病重，桓温上表推荐谢安担任顾命大臣。简文帝去世，桓温借口晋谒陵墓，停在新亭，陈列很多军队，将要以武力夺取晋室江山，传唤谢安和王坦之，打算在座位上杀害他们。王坦之很惧怕，向谢安询问办法。谢安神色不变，说："晋朝皇室地位的存亡，就在于这一次了。"等见到桓温，王坦之吓得汗流湿衣，倒执手版。谢安从容不迫走近席位，坐定后，对桓温说："我听说诸侯有道，四周的邻国都是守护者，您何必在墙壁后安置人呢？"桓温笑着说："正是不能不这样啊。"于是谈笑了很长时间。王坦之与谢安当初一样有名声，到这时人们才知道王坦之比不上谢安。桓温曾把谢安所撰写的简文帝谥议给在座的宾客观看，说：“这是谢安的杰作啊。”

［原文］

时孝武帝富于春秋，政不自己，温威振内外，人情噂沓（zūn tà），互生同异。安与坦之尽忠匡翼，终能辑穆。及温病笃，讽朝廷加九锡，使袁宏具草。安见，辄改之，由是历旬不就。会温薨，锡命遂寝。

［译文］

当时孝武帝年富力强，政事却不能由自己管理，而桓温的威势震动内外，人们议论纷纷，人心各有差异。谢安与王坦之竭尽忠心匡佐扶持，终于能够使朝政安定和睦。等到桓温病重，暗示朝廷加封自己九锡，让袁宏起草文书。谢安看见了，就要来加以修改，因此拖了十多天也没有完成。正逢桓温病死，加封九锡的命令就被搁置不再办理。

［原文］

寻为尚书仆射，领吏部，加后将军。及中书令王坦之出为徐州刺史，诏安总关中书事。安义存辅导，虽会稽王道子亦赖弼谐之益。时强敌寇境，边书续至，梁益不守，樊邓陷没，安每镇以和靖，御以长算。德政既行，文武用命，不存小察，弘以大纲，威怀外著，人皆比之王导，谓文雅过之。尝与王羲（xī）之登冶城，悠然遐想，有高世之志。羲之谓曰：“夏禹勤王，手足胼胝（pián zhī）；文王旰（gàn）食，日不暇给。今四郊多垒，宜思自效，而虚谈废务，浮文妨要，恐非当今所宜。”安曰：“秦任商鞅，二世而亡，岂清言致患邪？”

王羲之

［译文］

不久谢安任尚书仆射，兼管吏部，加封后将军。等到中书令王坦之出任徐州刺史，孝武帝下诏命令谢安总管中书省。谢安志在辅佐晋室，即使会稽王司马道子也依赖他的辅佐协调。当时强敌侵犯边境，告急文书连续送达朝廷，梁、益地区失守，樊、邓地区

陷落，谢安经常以平和安定的准则来处理事件，从长远考虑来驾驭事态。德政既已推行，文武官员尽心竭力，不从小处着眼，而弘扬大的纲纪，威德著称于外，人们都把谢安比成王导，还认为文雅超过了王导。谢安曾经和王羲之登上冶城，悠然遐想，产生了出世的想法。王羲之对他说：“夏禹尽力于国家，手脚都生茧子；文王不能按时进食，每天应接不暇。现在四面边境多有敌人的战垒，你应该思虑报效国家，却用空洞的谈论荒废政务，用虚浮的文辞妨害要事，恐怕不是现在所适宜的。”谢安说：“秦国任用商鞅，一统天下，两代就灭亡，难道是清谈招来的祸患吗？”

［原文］

是时宫室毁坏，安欲缮之。尚书令王彪之等以外寇为谏，安不从，竟独决之。宫室用成，皆仰模玄象，合体辰极，而役无劳怨。又领扬州刺史，诏以甲仗百人入殿。时帝始亲万机，进安中书监、骠骑将军、录尚书事，固让军号。于时悬象失度，亢旱弥年，安奏兴灭继绝，求晋初佐命功臣后而封之。顷之，加司徒，后军文武尽配大府，又让不拜。复加侍中、都督扬豫徐兖青五州幽州之燕国诸军事、假节。

［译文］

这时宫室毁坏，谢安想要修缮。尚书令王彪之等人以外敌正入侵为由劝谏，谢安不听，最后独自决定这件事。宫室修缮完毕，都模仿天象，参合星辰，因而工事劳累但没有产生怨言。孝武帝又让他兼任扬州刺史，并下诏允许他带一百甲兵的仪仗队进入宫殿。当时孝武帝开始亲自治理政事，升任谢安为中书监、骠骑将军、录尚书事，谢安再三辞让军职。当时天象异常，大旱将近一年，谢安上奏说应使灭亡绝世的家族复兴、延续，于是寻求晋代初期有功之臣的后人而封赏他们。不久谢安又担任司徒，后军的文武官员都配大府，他却辞让不肯接受。他还被加封侍中，都督扬、豫、徐、兖、青五州及幽州之燕国诸军事、假节。

［原文］

时苻坚强盛，疆场多虞，诸将败退相继。安遣弟石及兄子玄等应机征讨，所在克捷。拜卫将军、开府仪同三司，封建昌县公。坚后率众，号百万，次于淮肥，京师震恐。加安征讨大都督。玄入问计，安夷然无惧色，答曰：“已别有旨。”既而寂然。玄不敢复言，乃令张玄重请。安遂命驾出山墅，亲朋毕集，方与玄围棋赌别墅。安常棋劣于玄，是日玄惧，便为敌手而又不胜。安顾谓其甥羊昙(tán)曰：“以墅乞汝。”安遂游涉，至夜乃还，指授将帅，各当其任。玄等既破坚，有驿书至，安方对客围棋，看书既竟，便摄放床上，了无喜色，棋如故。客

问之，徐答云："小儿辈遂已破贼。"既罢，还内，过户限，心喜甚，不觉屐齿之折，其矫情镇物如此。以总统功，进拜太保。

义智倾服

面对前秦大兵压境，谢安举荐自己的侄子谢玄担任前方统帅，当时人颇有非议，但事实证明，谢玄完全胜任统帅角色。人们也佩服谢安的识人之明。

［译文］

当时前秦苻坚强盛，边境多有祸患，许多将领接连败退。谢安派遣兄弟谢石及侄子谢玄等人适时征战讨伐，所到之处都取得胜利。谢安官拜卫将军、开府仪同三司，封为建昌县公。苻坚后来率领大军，号称一百万，进驻淮水、淝水，京城震惊恐慌。朝廷加封谢安为征讨大都督。谢玄入朝询问计策，谢安坦然没有惧色，回答说："已经另有计划。"接着不再做声。谢玄不敢再问，后来就命令张玄再一次去请教。谢安下令驾车到山中别墅，亲戚朋友一起聚集，方才与谢玄下围棋，并以别墅作赌注。谢安平时棋艺比谢玄差，这天谢玄心中有事，所以输给了谢安。谢安看着外甥羊昙说："把这别墅送给你。"谢安又去游玩，到了夜里才回来，指令授命诸将帅，各领其职。后来，谢玄等人已经击败苻坚，有驿使送文书到，谢安正同客人下围棋，看完文书，就随手放在床上，没有显出一点儿高兴的样子，照样下棋。客人询问他战况如何，他这才慢慢地回答说："孩子们已经攻破贼兵。"待下完棋，他回到内室，走过门槛时，心里高兴，屐齿折断也没察觉，他就是这样掩饰感情处理事情的。谢安因为总管统率战事的功劳，晋升为太保。

［原文］

安方欲混一文轨，上疏求自北征，乃进都督扬、江、荆、司、豫、徐、兖、青、冀、幽、并、宁、益、雍、梁十五州军事，加黄钺，其本官悉如故，置从事中郎二人。安上疏让太保及爵，不许。是时桓冲既卒，荆、江二州并缺，物论以玄勋(xūn)望，宜以授之。安以父子皆著大勋，恐为朝廷所疑，又惧桓氏失职，桓石虔复有沔(miǎn)阳之功，虑其骁猛，在形胜之地，终或难制，乃以桓石民为荆州，改桓伊于中

流，石虔为豫州。既以三桓据三州，彼此无怨，各得所任。其经远无竞，类皆如此。

[译文]

谢安想要统一中国，上表请求亲自北征，于是被任命为都督扬、江、荆、司、豫、徐、兖、青、冀、幽、并、宁、益、雍、梁十五州军事，给予黄钺，他本身的官职一切同原来一样，设置从事中郎两人。谢安上表辞让太保和爵位，没有被允许。这时桓冲已经去世，荆、江两州刺史都空缺没有人担任，大家议论认为谢玄功高有威望，应该授给他。谢安认为父子都建立大的功勋，担心被朝廷猜疑，又担心桓氏失去职位，桓石虔又有征战沔阳的功劳，忧虑他骁勇凶猛，占据优越的地势，最终也许难以控制，于是就任命桓石民管理荆州，把桓伊改换到长江中流的地方任职，桓石虔管理豫州。让三桓据守三州，彼此也就没有抱怨，各自得到任用。他筹划深远，消除争执，都是像这样。

[原文]

性好音乐，自弟万丧，十年不听音乐。及登台辅，期丧不废乐。王坦之书喻之，不从，衣冠效之，遂以成俗。又于土山营墅，楼馆林竹甚盛，每携中外子侄往来游集，肴馔(yáozhuàn)亦屡费百金，世颇以此讥焉，而安殊不以屑意。常疑刘牢之既不可独任，又知王味之不宜专城。牢之既以乱终，而味之亦以贪败，由是识者服其知人。

[译文]

谢安生性喜爱音乐，自从兄弟谢万死后，他十年不听音乐。等到登上宰相的高位，即使在一年的服丧期限里他也不停止听音乐。王坦之写信劝诫他，他不听从，士大夫都仿效他，就形成了风气。他又在山丘中建造别墅，楼台、馆阁、林木、竹子很多，经常带领内外的子侄往来游玩聚会，菜肴食品常常超过一百金。当时的人都为此讥讽他，但谢安毫不介意。他常常疑虑刘牢之不宜独自担当重任，又认为王味之不适合担任一城主宰。后来刘牢之果然以叛乱告终，而王味之也因贪财身败名裂，因此有见识的人都佩服谢安能识人。

[原文]

时会稽王道子专权，而奸谄颇相扇构，安出镇广陵之步丘，筑垒曰新城以避之。帝出祖于西池，献觞(shāng)赋诗焉。安虽受朝寄，然东山之志始末不渝，每形于言色。及镇新城，尽室而行，造泛海之装，欲须经略粗定，自江道还东。雅志未就，遂遇疾笃。上疏请量宜旋旆，并召子征虏将军琰(yǎn)解甲息徒，命龙骧(xiāng)将军朱序进据洛阳，前锋都督玄抗威彭沛，委以董督。若二贼假延，来年水生，东西齐举。诏

遣侍中慰劳，遂还都。闻当舆入西州门，自以本志不遂，深自慨失，因怅然谓所亲曰：“昔桓温在时，吾常惧不全。忽梦乘温舆行十六里，见一白鸡而止。乘温舆者，代其位也。十六里，止今十六年矣。白鸡主西，今太岁在酉，吾病殆不起乎！”乃上疏逊位，诏遣侍中、尚书喻旨。先是，安发石头，金鼓忽破，又语未尝谬，而忽一误，众亦怪异之。寻薨（hōng），时年六十六。帝三日临于朝堂，赐东园秘器、朝服一具、衣一袭、钱百万、布千匹、蜡五百斤，赠太傅，谥曰文靖。以无下舍，诏府中备凶仪。及葬，加殊礼，依大司马桓温故事。又以平苻坚勋，更封庐陵郡公。

谢安登东山

［译文］

当时会稽王司马道子专权，奸邪谄媚之徒都煽动他陷害谢安，谢安就出京城去镇守广陵的步丘，建筑营垒名叫新城以此来避开他们。孝武帝在西池为他饯行，并进酒赋诗。谢安尽管受朝廷的重任，但当年隐居在东山时的志愿始终不渝，经常在言谈中显示出来。等到镇守新城，他带着家里所有物品前往，制造航海的装备，打算等到筹划粗略完成，从江道返回东边归隐之地。平素的志愿没有实现，他就生了重病。他上表请求在适当的时机返回，同时召回儿子征虏将军谢琰，解除盔甲停止军职。又命令龙骧将军朱序进兵据守洛阳，前锋都督谢玄在彭、沛两地显示军力，委任他们督理。如果两方面贼寇拖延不退，明年江水上涨时，东西可同时起兵合击。朝廷下诏派遣侍中慰劳，谢安于是返回京城。他听说应该乘车进入西州门时，自认为本来的志愿不能实现，深有失落的感慨，所以惆怅地对亲近的人说：“从前桓温在世时，我常常惧怕不能保全。忽然梦见乘桓温的车行走十六里，看见一只白鸡而停止。乘桓温的车，就是我取代他的位置。十六里，至今十六年了。白鸡代表西，现在太岁星在酉的位置，我的病恐怕不会好了吧！”就上表请求让位，孝武帝诏命侍中、尚书去告诉谢安慰勉之意。在此之前，谢安从石头城出发，锣鼓忽然破裂，加之他说话从不曾有过谬误，却忽然出现错误，众人也对此感到惊异。不久谢安去世，时年六十六岁。皇帝到朝堂行哭吊之礼三天，赐给东园官署制作的秘器、朝

曹植

服一套、衣服一套、钱一百万、布千匹、蜡五百斤，追赠太傅，谥号文靖。因为谢安没有私宅，就下诏在官府中准备丧事仪礼。到了下葬那天，朝廷给予特别的礼遇，按照大司马桓温的成例下葬。又因为平定苻坚的功劳，改封他为庐陵郡公。

［原文］

安少有盛名，时多爱慕。乡人有罢中宿县者，还诣安。安问其归资，答曰：“有蒲葵扇五万。”安乃取其中者捉之，京师士庶竞市，价增数倍。安本能为洛下书生咏，有鼻疾，故其音浊，名流爱其咏而弗能及，或手掩鼻以斅(xiào)之。及至新城，筑埭于城北，后人追思之，名为召伯埭。

［译文］

谢安少年时就有很大的名声，当时的人大多仰慕他。有一个被罢免中宿县令的同乡人，返回时拜见谢安。谢安询问他回家的费用，回答说：“有蒲葵扇五万把。”谢安就从其中取出一把普通的扇子拿着，结果京城里的士人、百姓都争相购买，价格增加了几倍。谢安原来擅长吟咏洛下一带读书人的诗歌，因鼻子有病，所以他的声音浑浊，名流之士喜爱他的吟咏但比不上，有的人就用手掩着鼻子模仿他。等到了新城，谢安在城北建筑堤坝，后代人追思他，取名为召伯埭。

［原文］

羊昙(tán)者，太山人，知名士也，为安所爱重。安薨后，辍乐弥年，行不由西州路。尝因石头大醉，扶路唱乐，不觉至州门。左右白曰：“此西州门。”昙悲感不已，以马策扣扉，诵曹子建诗曰：“生存华屋处，零落归山丘。”恸哭而去。

［译文］

羊昙，太山人，是知名之士，被谢安所喜爱器重。谢安去世后，羊昙停止听音乐近一年，出行不经过西州那条路。一次他由于在石头城喝酒大醉，沿路唱歌，到了西州门也没有察觉到。身边的人告诉他说：“这是西州门。”羊昙悲伤感慨不已，用马鞭敲门，吟诵曹植的诗说：“生存华屋处，零落归山丘。”痛哭着离开。

宋　书

范晔传

［原文］

范晔（yè）字蔚宗，顺阳人，车骑将军泰少子也。母如厕产之，额为砖所伤，故以砖为小字。出继从伯弘之，袭封武兴县五等侯。

［译文］

范晔字蔚宗，顺阳人，是车骑将军范泰的小儿子。他母亲上厕所时生下他，因坠地额头被砖碰伤，所以用“砖”做他的小名。他被过继给堂伯父范弘之为子，袭封武兴县五等侯。

［原文］

少好学，博涉经史，善为文章，能隶书，晓音律。年十七，州辟主簿，不就。高祖相国掾（yuàn），彭城王义康冠军参军，随府转右军参军，入补尚书外兵郎，出为荆州别驾从事史。寻召为秘书丞，父忧去职。服终，为征南大将军檀（tán）道济司马，领新蔡太守。道济北征，晔惮行，辞以脚疾，上不许，使由水道统载器仗部伍。军还，为司徒从事中郎。顷之，迁尚书吏部郎。

檀道济

檀道济是南朝名将，后来却被冤杀，檀道济临终喊冤，谓之自毁长城。

［译文］

范晔年少时便好学，广泛涉猎经史著作，擅长做文章，会写隶书，通晓音律。十七岁时，州府征召他做主簿，他不去就任。后来做宋武帝的相国椽、彭城王刘义康的冠军参军，随刘义康迁转而转任右军参军，入朝任尚书外兵郎，又出任荆州别驾从事史。不久被召回做秘书丞，因父亲去世离职。服丧期满，范晔任征南大将军檀道济司马，兼任新蔡太守。檀道济讨伐北魏时，范晔惧怕出征，

借口有脚病推辞不去，皇帝不准，命令他由水路用船押运兵器和部队。北伐军归来后，范晔任司徒从事中郎；不久，迁调尚书吏部郎。

［原文］

元嘉元年冬，彭城太妃薨（hōng），将葬，祖夕，僚故并集东府。晔弟广渊，时为司徒祭酒，其日在直。晔与司徒左西属王深宿广渊许，夜中酣饮，开北牖（yǒu）听挽歌为乐。义康大怒，左迁晔宣城太守。不得志，乃删众家《后汉书》为一家之作。在郡数年，迁长沙王义欣镇军长史，加宁朔将军。兄皓为宜都太守，嫡母随暠在官。十六年，母亡，报之以疾，晔不时奔赴，及行，又携妓妾自随，为御史中丞刘损所奏，太祖爱其才，不罪也。服阕，为始兴王濬后军长史，领南下邳太守。及濬为扬州，未亲政事，悉以委晔。寻迁左卫将军、太子詹事。

［译文］

元嘉元年（424 年）冬，刘义康母亲彭城王太妃逝世，将要出殡入葬，在前一天晚上设奠祭送，僚属和故吏都集合在东府。范晔的弟弟范广渊，当时任司徒祭酒，这一天在班当差。范晔和司徒左西属王深住宿在范广渊那里，半夜里开怀畅饮，打开北窗听挽歌取乐。刘义康因此大怒，贬范晔去宣城做太守。范晔不得志，于是截取和采集众家所作的《后汉书》撰写合成一部新作。在郡任太守几年之后，范晔转任长沙王刘义欣镇军长史，加号宁朔将军。范晔的哥哥范皓任宜都太守，范晔的嫡母随范皓在宜都。元嘉十六年（439 年），嫡母去世。之前范皓写信告诉范晔说母亲病重，范晔没有及时赶去，到动身的时候，又随带歌伎小妾，被御史中丞刘损奏参。宋文帝爱惜他的文才，没有将他治罪。服丧期满，范晔就任始兴王刘濬后军长史，兼任南下邳太守。刘濬做扬州刺史时，从来不亲自办理政务，一切全都推给范晔。不久范晔转任左卫将军、太子詹事。

［原文］

晔长不满七尺，肥黑，秃眉须。善弹琵琶（pí pa），能为新声，上欲闻之，屡讽以微旨，晔伪若不晓，终不肯为上弹。上尝宴饮欢适，谓晔曰：“我欲歌，卿可弹。”晔乃奉旨。上歌既毕，晔亦止弦。

［译文］

范晔身高不足七尺，又胖又黑，眉毛胡须都稀稀拉拉。他善弹琵琶，能演奏新曲调，皇帝想听他的演奏，多次暗示，范晔故意装作不理解，始终不肯给皇帝弹琵琶。皇帝曾经在一次宴会上喝酒喝得很高兴，对范晔说：“我想唱歌，你来弹奏。”范晔才遵从旨意弹奏。皇帝的歌声刚一结束，范晔也跟着停弦不弹了。

［原文］

初，鲁国孔熙先博学，有纵横才志，文史星算，无不兼善。为员外散骑侍郎，不为时所知，久不得调。初熙先父默之为广州刺史，以赃货得罪下廷尉，大将军彭城王义康保持之，故得免。及义康被黜(chù)，熙先密怀报效，欲要朝廷大臣，未知谁可动者，以晔意志不满，欲引之。而熙先素不为晔所重，无因进说。晔外甥谢综，雅为晔所知，熙先尝经相识，乃倾身事综，与之结厚。熙先藉岭南遗财，家甚富足，始与综诸弟共博，故为拙行，以物输之。综等诸年少，既屡得物，遂日夕往来，情意稍款。综乃引熙先与晔为数，晔又与戏，熙先故为不敌，前后输晔物甚多。晔既利其财宝，又爱其文艺。熙先素有词辩，尽心事之，晔遂相与异常，申莫逆之好。始以微言动晔，晔不回，熙先乃极辞譬说。晔素有闺庭论议，朝野所知，故门胄虽华，而国家不与姻娶。熙先因以此激之曰："丈人若谓朝廷相待厚者，何故不与丈人婚，为是门户不得邪？人作犬豕相遇，而丈人欲为之死，不亦惑乎？"晔默然不答，其意乃定。

［译文］

当初，鲁国孔熙先博学多能，才气纵横，文史星算，没有不精通的。他任员外散骑侍郎，不被当道赏识，久久不得升调。起初，孔熙先的父亲孔默之做广州刺史时，由于贪赃受贿得罪而被交付廷尉查处，大将军彭城王刘义康庇护他，所以才免受惩罚。等到刘义康遭到贬黜之后，孔熙先便暗中想着报效他，准备结交朝中大臣，但是不知道谁能被说动，由于范晔对朝廷心怀不满，便打算拉拢他。可是孔熙先平时不受范晔重视，没有机缘前去游说。范晔的外甥谢综，向来受到范晔赏识，孔熙先曾经和谢综相识，便专心亲近谢综，和他结下深厚的交情。孔熙先凭借他父亲在岭南遗留的财产，家业十分富足，便开始和谢综兄弟们一起赌博，故意装作外行，把钱财输给他们。谢综兄弟们都年轻，屡屡赢得财物之后，便每天每夜同孔熙先往来，情意逐渐融洽。谢综便把孔熙先引荐给范晔，范晔和孔熙先赌博，孔熙先又故意装作不是对手，前前后后输给范晔很多财物。范晔既贪图孔熙先的财宝，又爱惜他的文才和技艺。孔熙先素来有口才善于辞令，便尽心侍奉范晔，范晔同他相好不同于一般，两人成为莫逆之交。孔熙先开始用委婉的话来说动范晔，范晔不动心没有回应，孔熙先便想尽言辞多方譬说。平时人们对范晔家庭私生活有多种闲言议论，朝廷内外都知道，所以范氏门第虽然显贵，可是皇室不肯同他家结为姻亲。孔熙先借此来激他说："您老人家假如认为朝廷厚待你，可是为什么不肯同您结亲，是因为不门当户对吗？人家当

刘 裕

刘裕是南朝宋的开国皇帝。

猪狗一样对待你，可是您还想着为朝廷效命，这不是太糊涂吗？”范晔沉默不答，但是他心里是打定主意了。

［原文］

时晔与沈演之并为上所知待，每被见多同。晔若先至，必待演之俱入，演之先至，尝独被引，晔又以此为怨。晔累经义康府佐，见待素厚。及宣城之授，意好乖离。综为义康大将军记室参军，随镇豫章。综还，申义康意于晔，求解晚隙，复敦往好。晔既有逆谋，欲探时旨，乃言于上曰：“臣历观前史二汉故事，诸蕃王政以妖诅幸灾，便正大逆之罚。况义康奸心衅迹，彰著遐迩，而至今无恙，臣窃惑焉。且大梗常存，将重阶乱，骨肉之际，人所难言。臣受恩深重，故冒犯披露。”上不纳。

［译文］

当时范晔和沈演之一同受到皇帝的知遇厚待，每每两人同时被召见。范晔如果早到，一定要等沈演之同去觐见；沈演之要是早到，却往往单独被召见，范晔因此又产生怨恨。范晔曾多次担任刘义康府中的佐僚，受到的待遇一向很优厚。等到被贬做宣城太守之后，范晔对刘义康就不再是一条心了。谢综做刘义康的大将军记室参军，随从镇守豫章。谢综回来，向范晔表白刘义康的心意，希望消除过去的嫌隙，重新修复以往的友情。范晔已然有了叛逆的心思，还想探听皇帝的意旨，于是便向皇帝进言说：“我从头至尾阅读前代两汉时期的历史，各封国藩王用妖言诅咒幸灾乐祸，朝廷就治以大逆不道之罪。如今刘义康奸险的心思罪恶的事迹，远近闻名，可是直到今天还安然无事，我私下里很不理解。大害久存不除，将会引起祸乱，骨肉亲人之间的关系，局外人是很难说话的。我受皇恩深厚，所以才冒死吐露真诚。”皇帝没有理睬。

［原文］

熙先素善天文，云：“太祖必以非道晏驾，当由骨肉相残。江州应出天子。”以为义康当之。综父述亦为义康所遇，综弟约又是义康女夫，故太祖使综随从南上，既为熙先所奖说，亦有酬报之心。广州

人周灵甫有家兵部曲，熙先以六十万钱与之，使于广州合兵。灵甫一去不反。大将军府吏仲承祖，义康旧所信念，屡衔命下都，亦潜结腹心，规有异志。闻熙先有诚，密相结纳。丹阳尹徐湛之，素为义康所爱，虽为舅甥(shēng)，恩过子弟，承祖因此结事湛之，告以密计。承祖南下，申义康意于萧思话及晔，云："本欲与萧结婚，恨始意不果。与范本情不薄，中间相失，傍人为之耳。"

［译文］

孔熙先平素善于观察天象，曾经说："宋文帝必将在非常的变故中死去，很可能是由于骨肉相残。江州地方要出天子。"认为刘义康上应天象。谢综的父亲谢述也受到刘义康的知遇之恩，谢综的弟弟谢约又是刘义康的女婿，所以宋文帝让谢综随从刘义康南上，在孔熙先的劝说之后，谢综也有了酬报刘义康的心意。广州人周灵甫养有家兵部队，孔熙先拿出六十万钱给他，让他在广州会合兵力。周灵甫拿了钱一去不回。大将军府吏仲承祖，是刘义康往日信任的人，多次奉刘义康的命令来到京城，并且在暗中勾结心腹之人，谋划叛逆的事情。听说孔熙先有诚意，便秘密同他交结。丹阳尹徐湛之，一贯受到刘义康的喜爱，虽然是舅父和外甥的关系，他对徐湛之的恩惠却超过对自家子弟，仲承祖因此和徐湛之结交，并且把秘密谋划的计划告诉给他。仲承祖南下，向萧思话和范晔表达刘义康的心意，说："原本打算和萧家结成姻亲，遗憾的是当初的心愿没能实现。和范晔的情意本来不薄，中途失和，这都是受外人闲话离间造成的。"

［原文］

有法略道人，先为义康所供养，粗被知待，又有王国寺法静尼亦出入义康家内，皆感激旧恩，规相拯拔，并与熙先往来。使法略罢道，本姓孙，改名景玄，以为臧(zāng)质宁远参军。熙先善于治病，兼能诊脉。法静尼妹夫许耀，领队在台，宿卫殿省。尝有病，因法静尼就熙先乞治，为合汤一剂，耀疾即损。耀自往酬谢，因成周旋。熙先以耀胆干可施，深相待结，因告逆谋，耀许为内应。豫章胡遵世，藩之子也，与法略甚款，亦密相酬和。法静尼南上，熙先遣婢采藻随之，付以笺书，陈说图谶(chèn)。法静还，义康饷熙先铜匕、铜镊、袍段、棋奁(lián)等物。熙先虑事泄，鸩(zhèn)采藻杀之。湛之又谓晔等："臧质见与异常，岁内当还，已报质，悉携门生义故，其亦当解人此旨，故应得健儿数百。质与萧思话款密，当仗要之，二人并受大将军眷遇，必无异同。思话三州义故众力，亦不减质。郡中文武，及合诸处侦逻，亦当不减

千人。不忧兵力不足，但当勿失机耳。”乃略相署置，湛之为抚军将军、扬州刺史，晔中军将军、南徐州刺史，熙先左卫将军，其余皆有选拟。凡素所不善及不附义康者，又有别簿，并入死目。

［译文］

有个名叫法略的和尚，先前受到刘义康的供养，得到的是一般的知遇和招待，又有王国寺尼姑法静也出入刘义康家里，他们都感激旧日的恩德，也谋划着救助刘义康，并且都和孔熙先有往来。孔熙先让法略和尚还俗，恢复本姓孙，改名叫景玄，用他做臧质的宁远参军。孔熙先善于治病，又会诊脉。尼姑法静的妹夫许耀，是皇城卫兵中的领队，在宫中值宿保卫。许耀曾经得病，托法静到孔熙先那里求医，孔熙先给他调和一剂汤药，许耀的病药到即除。许耀亲自前去酬谢，从此交往成了朋友。孔熙先认为许耀的胆量才干可以利用，深情厚谊相待，于是便告诉他谋反的意图，许耀答应做内应。豫章的胡遵世，是胡藩的儿子，和法略的情感很融洽，也秘密相配合。法静南上，孔熙先打发婢女采藻随她前去，交给法静书信，陈说江州出天子的图谶。尼姑法静回来时，刘义康带给孔熙先铜匙、铜镊、袍缎、棋盘、奁匣等礼物。孔熙先担心这事泄漏，用毒酒害死采藻。徐湛之又对范晔等说：“臧质受到的待遇不同寻常，年内就要回来，已经写信报告臧质，让他把的门生故旧全带来，他也会理解我们的意图，所以从臧质那里能得到几百壮士。臧质和萧思话感情密切，应当可以依靠他们，这两个人也都受到大将军的爱护厚待，一定不会有二心。萧思话三州地方的部下故旧的力量，也不会比臧质的少。加上郡中的文武官员，以及会合各地方侦察巡逻人员，也该不少于一千人。不必担心兵力不足，只是不要错过时机才是。”于是便开始安排设置官员，徐湛之做抚军将军、扬州刺史，范晔做中军将军、南徐州刺史，孔熙先做左卫将军，其余的人都有选派担任的官职。凡是平时不友好以及不亲附刘义康的人，又另设有名簿，全都列入处死的一类。

［原文］

熙先使弟休先先为檄(xí)文曰：

夫休否相乘，道无恒泰，狂狡肆逆，明哲是殛。故小白有一匡之勋，重耳有翼戴之德。自景平肇(zhào)始，皇室多故，大行皇帝天诞英姿，聪明睿哲，拔自藩国，嗣位统天，忧劳万机，垂心庶务，是以邦内安逸，四海同风。而比年以来，奸竖乱政，刑罚乖淫，阴阳违舛(chuǎn)，致使衅起萧墙，危祸萃集。贼臣赵伯符积怨含毒，遂纵奸凶，肆兵犯跸，祸流储宰，崇树非类，倾坠皇基。罪百浞(zhuó)、猗(yī)，过十玄、莽，开辟以来，未闻斯比。率土叩心，华夷泣血，咸怀亡身之诚，同思糜躯之报。

[译文]

孔熙先让他弟弟孔休先做好檄文说：

那善和恶是相互更替的，世道也没有永恒的安泰，狂暴狡猾之徒放纵作乱，圣明睿智的人便除掉这些人物。所以齐桓公小白才建树起匡扶天下的功勋，晋文公重耳才取得保卫天子的功绩。自从少帝景平年间开始，皇室内部便不断发生事故，已故的皇帝是天生的英才，聪明智慧，从藩王中被选拔做太子，继位称帝统治天下，忧劳国家大事，专心各种政务，因此国内安定，四海清明。可是近年以来，奸臣乱政，刑罚错乱，阴阳不顺，以致引起宫廷内部的祸难，危害国家的灾难集中出现。贼臣赵伯符心怀怨恨，胸藏毒计，于是恣意作奸凶狠，纵兵侵犯皇帝，祸害波及皇子和大臣，他推崇扶植的人都不是善类，使皇室的基业受到倾倒坠毁的威胁。他的罪恶超过寒浞和他的儿子戈豷百倍，他的罪过超过刘玄和王莽十倍，开天辟地以来，没听说有谁的罪恶能和他相比。普天下的人都为此痛心，汉夷各族都为此泣血，人们都怀抱着牺牲的诚心，都想着杀身报效国家。

[原文]

湛之、晔与行中领军萧思话、行护军将军臧(zāng)质、行左卫将军孔熙先、建威将军孔休先，忠贯白日，诚著幽显，义痛其心，事伤其目，投命奋戈，万殒莫顾，即日斩伯符首，及其党与。虽豺狼即戮(lù)，王道惟新，而普天无主，群萌莫系。彭城王体自高祖，圣明在躬，德格天地，勋溢区宇，世路威夷，勿用南服，龙潜凤栖，于兹六稔(rěn)，苍生饥德，亿兆渴化，岂唯东征有《鸱鸮(chī xiāo)》之歌，陕西有勿翦之思哉。灵祇(qí)告征祥之应，谶记表帝者之符，上答天心，下惬民望，正位辰极，非王而谁。

[译文]

徐湛之、范晔和行中领军萧思话、行护军将军臧质、行左卫将军孔熙先、建威将军孔休先，精忠上达天日，诚意明于鬼神，为正义不伸而痛心，为国事危急而不忍目睹，舍命举兵，万死不辞，起兵当天就要把赵伯符连同他的同党斩首。虽然豺狼已被杀掉，王道焕然一新，但是天下没有圣明的君主，百姓没有归属。彭城王刘义康是高祖子孙，自身圣明，德高天地，勋业誉满天下，不幸世路坎坷，不被重用而处在南方藩国，如同龙潜在渊、凤栖于林，至今已经六年。苍生思念有德的帝王，亿兆人渴盼圣明的教化，难道只有周公东征才会产生《鸱鸮》的歌谣，只有陕西才会有思念召公的诗篇吗？神灵已经预示了上应天心的征兆，谶记已经表明出现了帝王的符瑞，上合天心，下悦民望，登上皇帝御座的，不是彭城王那还能有谁？

[原文]

今遣行护军将军臧质等，赍(jī)皇帝玺绶(shòu)，星驰奉迎。百官备礼，骆

驿继进，并命群帅，镇戍有常。若干挠义徒，有犯无贷。昔年使反，湛之奉赐手敕，逆诫祸乱，预睹斯萌，令宣示朝贤，共拯危溺，无断谋事，失于后机，遂使圣躬滥酷，大变奄集，哀恨崩裂，抚心摧哽，不知何地，可以厝身。辄督厉尫(wāng)顿，死而后已。

［译文］

现在派遣行护军将军臧质等人，送上皇帝御玺印绶，星夜急奔奉迎天子。百官整齐礼仪，陆续前进，并且责成所有将帅，如同平时一样镇守各地。假如有谁敢阻挠侵犯义军，惩罚决不宽恕。往年使者回来，徐湛之接到彭城王亲赐的手书，预料并告诫朝廷将有祸乱，并已看出祸乱的征兆，命令向朝中的贤士宣示手书，共同拯救国家的危难，由于缺乏决断，错失良机，使天子陷入无边的灾难，重大的变故迅速到来，使人摧肝裂肺，捶胸悲咽，不知去何处可以安身。因此统率一支薄弱队伍起事，直到战死方才罢休。

［原文］

熙先以既为大事，宜须义康意旨，晔乃作义康与湛之书，宣示同党曰：

“吾凡人短才，生长富贵，任情用己，有过不闻，与物无恒，喜怒违实，致使小人多怨，士类不归。祸败已成，犹不觉悟，退加寻省，方知自招，刻肌刻骨，何所复补。然至于尽心奉上，诚贯幽显，拳拳谨慎，惟恐不及，乃可恃宠骄盈，实不敢故为欺罔也。岂苞(bāo)藏逆心，以招灰灭，所以推诚自信，不复防护异同，率意信心，不顾万物议论，遂致谗巧潜构，众恶归集。甲奸险好利，负吾事深；乙凶愚不齿，扇长无赖；丙、丁趋走小子，唯知谄进，伺求长短，共造虚说，致令祸陷骨肉，诛戮无辜。凡在过衅，竟有何征，而刑罚所加，同之元恶，伤和枉理，感彻天地。

［译文］

孔熙先认为既然要干大事，应该要有刘义康的意旨才是，范晔就伪造一篇刘义康写给徐湛之的信，并向同党宣示说：

“我是个平凡的人，才能浅薄，生长在富贵的皇室，任情使性，刚愎自用，有什么过错也听不到指正，对待人与事没有常性，喜怒之情常常不合世情，致使一些小人对我多怀怨恨，圣人贤士不肯前来归附。我自己造成了祸败，还不能及时觉察醒悟，退下来细加思索反省，才明白是自己招来的，感到如同切肤刻骨般的痛苦，不知怎么才能改正补救。然而至于尽心侍奉皇上，我的忠诚贯通幽明，诚恳谨慎，唯恐有不足之处，怎么敢仗恃宠信骄傲自满？实在不敢有意欺罔君上。难道还敢暗

怀反逆的心思，因此招来杀身之祸？所以推心置腹表明自己的诚心，不再提防回避有什么嫌隙，全凭着本性诚心，不顾虑众人会有什么议论。这样便招来了谗佞奸巧之徒暗中的诬陷，各种恶名都归到我身上。甲奸险贪利，深深辜负了我的用心；乙凶顽无耻，煽扬无稽之谈；丙、丁全是趋利小人，只知道谄媚求进，窥伺别人的缺失。他们一同捏造虚妄言论，致使骨肉之亲陷于自相残害的祸难，杀害无辜的人。凡是被定为有罪的，究竟有什么证据，而使我受到刑罚的伤害，不分轻重，竟和首恶同罪，损害和谐、违背天理，愤慨充满天地之间。

［原文］

“吾虽幽逼日苦，命在漏刻，义慨之士，时有音信。每知天文人事，及外间物情，土崩瓦解，必在朝夕。是为衅（xìn）起群贤，滥延国家，夙夜愤踊，心腹交战。朝之君子及士庶白黑怀义秉理者，宁可不识时运之会，而坐待横流邪。除君侧之恶，非唯一代，况此等狂乱罪骯，终古所无，加之翦戮，易于摧朽邪？可以吾意宣示众贤，若能同心奋发，族裂逆党，岂非功均创业，重造宋室乎。但兵凶战危，或致侵滥，若有一豪犯顺，诛及九族。处分之要，委之群贤，皆当谨奉朝廷，动止闻启。往日嫌怨，一时豁然，然后吾当谢罪北阙，就戮有司。苟安社稷，瞑（míng）目无恨。勉之勉之。”

［译文］

“我虽然终日苦于处在幽禁之中，自知生死只在顷刻之间，那些慷慨仗义的人士，还不时有书信寄来。使我不断得知天象和人事的变化，以及外面世道人情，觉得土崩瓦解的形势，必将出现在早晚之间。因此群贤首先察觉征兆，继而灾祸散播全国，激愤在我心中日夜动荡，内心不安如同交战。朝廷中的君子和士庶人中凡是明辨黑白、怀义守理的人，怎么能够不清醒地认识这是关系到国家命运的关键时刻，反而坐视邪恶的势力横行来危害国家呢？清除皇帝左右的邪恶之臣，已经不止一个朝代如此做过，何况现在这等为非作歹狂暴逆乱的罪魁，是自古以来所没有的，对他们加以清除消灭，不是比摧枯拉朽更容易吗？可以把我的心意向各位贤士宣告，假如我们能够同心协力奋发起来，灭除逆党，岂不是和开国创业的功绩相等，如同重新缔造宋朝皇室的基业吗？但是武器和战争是凶残危险的事物，也可能被人滥用，假如有一丝一毫违背正理，将会受到诛灭九族的刑罚。安排大事的重任，交付给各位贤人办理，大家都要恭敬地侍奉朝廷，一举一动都要启奏。往日的嫌隙怨恨，一时间都已消散排除，然后我就该向朝廷请罪，接受朝廷官员的惩罚。假如能够使国家得到安定，我将死而瞑目无恨无怨。大家互勉。”

［原文］

二十二年九月，征北将军衡阳王义季、右将军南平王铄（shuò）出镇，

上于武帐冈祖道，晔等期以其日为乱，而差互不得发。于十一月，徐湛之上表曰：“臣与范晔，本无素旧，中忝门下，与之邻省，屡来见就，故渐成周旋。比年以来，意态转见，倾动险忌，富贵情深，自谓任遇未高，遂生怨望。非唯攻伐朝士，讥谤圣时，乃上议朝廷，下及藩辅，驱扇同异，恣口肆心，如此之事，已具上简。近员外散骑侍郎孔熙先忽令大将军府吏仲承祖腾晔及谢综等意，欲收合不逞，规有所建。以臣昔蒙义康接盼，又去岁群小为臣妄生风尘，谓必嫌惧，深见劝诱。兼云人情乐乱，机不可失，谶(chèn)纬天文，并有征验。晔寻自来，复具陈此，并说臣论议转恶，全身为难。即以启闻，被敕(chì)使相酬引，究其情状。于是悉出檄书、选事及同恶人名、手墨翰迹，谨封上呈，凶悖之甚，古今罕比。由臣暗于交士，闻此逆谋，临启震惶，荒情无措。”诏曰：“湛之表如此，良可骇惋。晔素无行检，少负瑕衅，但以才艺可施，故收其所长，频加荣爵，遂参清显。而险利之性，有过溪壑，不识恩遇，犹怀怨愤。每存容养，冀能悛革，不谓同恶相济，狂悖(bèi)至此。便可收掩，依法穷诘。”

[译文]

元嘉二十二年（445年）九月，征北将军衡阳王刘义季、右将军南平王刘铄出京赴镇所，皇帝在武帐冈设宴饯别，范晔等人预订在这天作乱，但是出了差错没能实现。在十一月，徐湛之上表说：“我和范晔，原来没有交情，后来我们有幸在宫中任职，又和他的官署邻近，他多次来相见，所以逐渐有了交往。连年以来，范晔的思想意图逐渐表现出来，他有倾覆朝廷的险恶居心，更有追求富贵的贪欲，自以为没有得到更高的信任和重用，便产生了怨恨。不仅攻击朝中的人士，还讥刺诽谤当今圣明时代，经常对上议论朝廷，对下议论藩王大臣，宣扬鼓动是非，思想言论放肆无忌。这类事情，我在先前呈上的奏表中全都写过。最近员外散骑侍郎孔熙先突然让大将军府吏仲承祖转达范晔和谢综等人的意见，打算集合心怀不满之徒，谋划着要有所行动。因为我过去受到过刘义康的接待关照，去年一些小人又无故地给我捏造事端，他们认为我一定会对皇上产生又恨又怕的心理，并会接受他们的劝说和引诱。他们又说人心乐于国家大乱，机会不可错过，谶纬图书和天文星象，都有征候预兆。范晔不久亲自到来，又具体叙说了这事，并且说人们对我的议论更加险恶，想保全自己是很难的。我立即启奏上闻，接到敕令让我同他们应酬接近，详尽了解他们的情况。这时范晔全部拿出他们的檄书、选官的文件以及同伙的人名册、亲手写的书信，我小心封好呈给皇上。这已可见他们的凶恶悖逆到了极点，古今少有能和他们相比的。由于我在交友方面思想糊涂，听到这样大逆不道的阴谋，在写奏书的时候还感到震惊恐慌，怀着恐惧之情不知所措。”宋文帝下诏说：“徐湛之表奏的这些情况，很让人感到震惊可怕。范晔素来不重视检点言行，年轻时就犯有过失和罪行，只是由于他的才干，所以我用他的长处，多次赐给他荣耀和爵位，并让他担任朝中清要显达的官职。可是他险诈贪利的本性，超过了深沟大壑，不仅不感激朝廷对他的恩遇，反而还心怀怨恨。我每次都对他宽容扶持，希望他能改恶向善，没想到他同恶人之间互相勾结，狂悖到如此地步。立刻对他加以收捕，依法严加追究。”

［原文］

其夜，先呼晔及朝臣集华林东阁，止于客省。先已于外收综及熙先兄弟，并皆款服。于时上在延贤堂，遣使问晔曰：“以卿觕有文翰，故相任擢，名爵期怀，于例非少。亦知卿意难厌满，正是无理怨望，驱扇朋党而已，云何乃有异谋。”晔仓卒怖惧，不即首款。上重遣问曰：“卿与谢综、徐湛之、孔熙先谋逆，并已答款，独尚未死，征据见存，何不依实。”晔对曰：“今宗室磐石，蕃岳张跱，设使窃发侥幸，方镇便来讨伐，几何而不诛夷。且臣位任过重，一阶两级，自然必至。如何以灭族易此。古人云：‘左手据天下之图，右手刎其喉，愚夫不为。’臣虽泥下，朝廷许其觕有所及，以理而察，臣不容有此。”上复遣问曰：“熙先近在华林门外，宁欲面辨之乎？”晔辞穷，乃曰：“熙先苟诬引臣，臣当如何。”熙先闻晔不服，笑谓殿中将军沈邵之曰：“凡诸处分，符檄书疏，皆范晔所造及治定。云何于今方作如此抵蹋邪。”上示以墨迹，晔乃具陈本末，曰：“久欲上闻，逆谋未著，又冀其事消弭，故推迁至今。负国罪重，分甘诛戮。”

［译文］

当天夜里，首先下诏让范晔和朝臣在华林园东阁集合，将他们扣押在客省里。之前已在外面收捕了谢综和孔熙先兄弟，他们全都招供服罪。在这时宋文帝在延贤堂派人问范晔说：“由于你略有从事文翰工作的才能，所以对你加以任用提拔，名位爵禄都如愿得到，这样的恩宠已经不少。也知道你的心意难于满足，你的一些无理的怨言牢骚，只是为了煽惑鼓动同党而已，为什么竟然起了谋反的异心？”范晔在仓促之间心中恐惧，没有立刻招供认罪。宋文帝又一次派人来问说：“你同谢综、徐湛之、孔熙先等阴谋反逆，他们已经供认服罪，只是还没有处死，证据现在都有，你为何不从实招供？范晔回答说：“如今皇室宗亲坚固如同磐石，藩国如同山岳般耸立，假使谁胆敢企图侥幸，各方藩镇就会前来讨伐，怎能不遭到诛灭？况且我的职位责任已经很重要，再晋升一阶两级的事，会自然实现的。我为什么要拿

灭族的危险来换取高位？古人说：‘左手握着天下的地图，右手拿刀割自己的喉头，蠢人都不干这种事。’我虽然平凡愚下，可朝廷已经给了我力所能及的重任，按照道理来说，我不可能有这种谋反的心思。”宋文帝又一次派人问说：“孔熙先近在华林园门外，难道你需要当面分辩吗？”范晔无言可对，便说：“是孔熙先的诬陷牵连了我，我又能怎么办？”孔熙先听说范晔不认罪，笑着对殿中将军沈邵之说：“所有谋反的各种安排，各种符檄书疏文件，都是范晔一手制定的。为什么事到如今还如此推脱抵赖呢？”皇帝把范晔亲笔的墨迹拿给他看，范晔才如实地供出全部事件的始末，说：“很久以来我就想着禀奏，因为谋反的事迹还不明显，又希望这事能够自消自灭，所以推迟到了今天。我辜负国恩罪恶深重，罪大恶极，甘心受死。”

［原文］

其夜，上使尚书仆射何尚之视之，问曰：“卿事何得至此？”晔曰：“君谓是何？”尚之曰：“卿自应解。”晔曰：“外人传庾(yǔ)尚书见憎，计与之无恶。谋逆之事，闻孔熙先说此，轻其小儿，不以经意。今忽受责，方觉为罪。君方以道佐世，使天下无冤。弟就死之后，犹望君照此心也。”明日，仗士送晔付廷尉，入狱，问徐丹阳所在，然后知为湛之所发。熙先望风吐款，辞气不桡，上奇其才，遣人慰劳之曰：“以卿之才，而滞于集书省，理应有异志。此乃我负卿也。”又诘责前吏部尚书何尚之曰：“使孔熙先年将三十作散骑郎，那不作贼。”

［译文］

当天夜里，宋文帝派尚书仆射何尚之来看望范晔，问：“你的事情怎么弄到这种地步？”范晔说：“您说的是什么？”何尚之说：“你自己应该明白。”范晔说：“外面人传说庾尚书嫉恨我，我想我和他无仇无恨。阴谋逆反的事，是听孔熙先说起的，我轻视他，以为是个小孩子，没放在心上。今天忽然受到责问，才发觉这是犯罪。您正在用大道辅佐皇上治理天下，当使天下不再有冤屈。兄弟我被处死之后，还希望您能够明白我的心意。”第二天，派执仗的军士押送范晔交付给廷尉审处，送进监狱，范晔问徐湛之在什么地方，而后知道了事情是徐湛之告发的。孔熙先临事招供，辞气不衰，宋文帝认为他有奇才，派人去慰劳他说：“按照你的才能，长久地滞留在集书省不得升迁，按理应该有异心。这是我辜负了你。”又责问原吏部尚书何尚之说：“让年近三十岁的孔熙先只做个散骑郎，怎能不作乱犯上。”

［原文］

熙先于狱中上书曰：“囚小人猖狂，识无远概，徒狥(xùn)意气之小感，不料逆顺之大方。与第二弟休先首为奸谋，干犯国宪，齑(jī)脍(kuài)脯(fǔ)醢(hǎi)，无补尤戾(lì)。陛下大明含弘，量苞天海，录其一介之节，猥垂优逮之诏。恩非望始，没有遗荣，终古以来，未有斯比。夫盗马绝缨之臣，怀璧

投书之士，其行至贱，其过至微，由识不世之恩，以尽躯命之报，卒能立功齐、魏，致勋秦、楚。囚虽身陷祸逆，名节俱丧，然少也慷慨，窃慕烈士之遗风。但坠崖之木，事绝升跻，覆盆之水，理乖收汲。方当身膏铁钺（fǔ yuè），诒诫方来，若使魂而有灵，结草无远。然区区丹抱，不负夙心，贪及视息，少得申畅。自惟性爱群书，心解数术，智之所周，力之所至，莫不穷揽，究其幽微。考论既往，诚多审验。谨略陈所知，条牒如故别状，愿且勿遗弃，存之中书。若囚死之后，或可追存，庶九泉之下，少塞衅责。”所陈并天文占候，谶上有骨肉相残之祸，其言深切。

［译文］

孔熙先在狱中上书给皇帝说：“罪囚小人我狂妄放肆，思想肤浅没有远见，只凭一时小怨意气用事，不考虑顺逆的准则。我和我的二弟孔休先带头策划奸计，触犯国法，即使把我们粉身碎骨剁成肉酱，也弥补不了我们的罪过。陛下伟大圣明宽宏大量，心胸可以包容高山大海，不弃我微不足道的小节，仍然发下来宽大处理的诏书。这样的恩惠原本是没有想到的，即使我死了也有不尽的荣幸，自古以来，没有能同这样的恩德相比的。那盗马和扯断冠缨的臣子，那怀璧投书的士人，他们的行为最低贱，他们的过失很微小，由于他们认识到受了国君前所未有的恩宠，所以竭尽捐躯舍命的报效，终于能为齐国、魏国立功，得到秦国、楚国的勋赏。罪囚我虽然陷于叛逆，完全丧失了名誉和节操，然而我从青年时代就怀抱慷慨的志向，私心仰慕古代忠烈之士的遗风。可是从山崖上倒下来的大树，断绝了再攀登的希望，从盆里倒出的水，不会有收取回来的可能。我当受斧钺之刑，给后来的人留下教训；假如死后魂魄有灵，不久便会报答圣恩。然而我怀有一片丹忱，为了不辜负素来的志向，珍惜得到的短暂的生存时机，多少还可以申述我的心怀。我自己认为生来喜爱群书，理解数术，凡是智力所能接触的领域，能力能够达到的水平，没有不尽力收罗书籍，深入探求微妙奥秘的道理。以往我考察论述过的事情，确实多有应验。谨在这里把我所知的事情略加陈述，分条书写另外附上，希望陛下不要即刻遗弃，把它们存在内府。假如我死之后，留有可以值得研究的东西，这样我在九泉之下，便多少可以赎回罪过。”孔熙先所陈述的都是有关天文星象占验征候方面的事情，谶书上还预言有皇帝将遭到骨肉相残的祸患的事，他所说的都很深刻切实。

［原文］

晔在狱，与综及熙先异处，乃称疾求移考堂，欲近综等。见听，与综等果得隔壁。遥问综曰：“始被收时，疑谁所告？”综云：“不知。”晔曰：“乃是徐童。”童，徐湛之小名仙童也。在狱为诗曰：“祸

嵇康

嵇生就是嵇康，嵇康被司马昭杀害，临刑前索琴弹奏《广陵散》，并慨然长叹："《广陵散》如今绝矣。"

福本无兆，性命归有极。必至定前期，谁能延一息。在生已可知，来缘㥯(huà)无识。好丑共一丘，何足异枉直。岂论东陵上，宁辨首山侧。虽无嵇生琴，庶同夏侯色。寄言生存子，此路行复即。"

［译文］

范晔在狱中和谢综及孔熙先被分别关押在不同地方，于是范晔声称有病要求换个地方，想要接近谢综等人。要求得到准许，果然让他和谢综住在隔壁。范晔远远地问谢综说："起初被逮捕时，你猜想是谁告发的？"谢综说："不知道。"范晔说："就是徐童。"徐童，是指徐湛之，他的小名叫仙童。范晔在狱里作诗说："祸福本无预兆，性命终归有极。命中注定未来的期限，谁有能力延长一息。活着的事情可以知道，未来变化多端不可预料。好人恶人都埋进坟丘，怎么能够分清是非曲直。怎么评论东陵上的召平，怎能分辨首阳山下的伯夷、叔齐。虽然不能像嵇康临死前从容弹琴，希望能做到夏侯玄那样死无惧色。留言给活着的士人君子，这条路你们也是要重复走的。"

［原文］

晔本意谓入狱便死，而上穷治其狱，遂经二旬，晔更有生望。狱吏因戏之曰："外传詹事或当长系。"晔闻之惊喜，综、熙先笑之曰："詹事尝共畴(chóu)昔事时，无不攘袂(mèi)瞋目。及在西池射堂上，跃马顾盼，自以为一世之雄。而今扰攘纷纭，畏死乃尔。设令今时赐以性命，人臣图主，何颜可以生存。"晔谓卫狱将曰："惜哉！薶(mái)如此人。"将曰："不忠之人，亦何足惜。"晔曰："大将言是也。"

［译文］

范晔本以为入狱后会被即刻处死，可是皇帝要把这个案子深究到底，于是过了二十天还没判决，范晔重新又幻想着有活命的希望。狱吏便戏弄他说："外面传说詹事你或许会长期监禁。"范哔听了又惊又喜。谢综和孔熙先讥笑他说："詹事你过去同我们一起谋划事情时，从来都是振臂怒目非常有气概。等到在西池射堂上，你跃马扬威左右顾盼，自认为是一代英雄豪杰。如今一旦陷入祸难纷扰，怎么这样怕

死！假设现在下令赐你活命，你作为臣子图谋杀害君主，还有什么颜面活在世上？”范晔对卫狱将说：“可惜呀！要埋没这样一些人。”卫狱将说：“不忠于国君的人，死了有什么可惜的。”范晔说：“您说的对。”

［原文］

将出市，晔最在前，于狱门顾谓综曰：“今日次第，当以位邪？”综曰：“贼帅为先。”在道语笑，初无暂止。至市，问综曰：“时欲至未？”综曰：“势不复久。”晔既食，又苦劝综，综曰：“此异病笃，何事强饭。”晔家人悉至市，监刑职司问：“须相见不？”晔问综曰：“家人以来，幸得相见，将不暂别？”综曰：“别与不别，亦何所存。来必当号泣，正足乱人意。”晔曰：“号泣何关人，向见道边亲故相瞻望，亦殊胜不见。吾意故欲相见。”于是呼前。晔妻先下抚其子，回骂晔曰：“君不为百岁阿家，不感天子恩遇，身死固不足塞罪，奈何枉杀子孙。”晔干笑云罪至而已。晔所生母泣曰：“主上念汝无极，汝曾不能感恩，又不念我老，今日奈何？”仍以手击晔颈及颊，晔颜色不怍（zuò）。妻云：“罪人，阿家莫念。”妹及妓妾来别，晔悲涕流涟，综曰：“舅殊不同夏侯色。”晔收泪而止。综母以子弟自蹈逆乱，独不出视。晔语综曰：“姊（zǐ）今不来，胜人多也。”晔转醉，子蔼亦醉，取地土及果皮以掷晔，呼晔为别驾数十声。晔问曰：“汝恚（huì）我邪？”蔼曰：“今日何缘复恚，但父子同死，不能不悲耳。”晔常谓死者神灭，欲著《无鬼论》；至是与徐湛之书，云“当相讼地下”。其谬乱如此。又语人：“寄语何仆射，天下决无佛鬼。若有灵，自当相报。”收晔家，乐器服玩，并皆珍丽，妓妾亦盛饰；母住止单陋，唯有一厨盛樵薪，弟子冬无被，叔父单布衣。晔及子蔼、遥、叔蒌、孔熙先及弟休先、景先、思先、熙先子桂甫、桂甫子白民、谢综及弟约、仲承祖、许耀，诸所连及，并伏诛。晔时年四十八。晔兄弟子父已亡者及谢综弟纬，徙广州。蔼子鲁连，吴兴昭公主外孙，请全生命，亦得远徙，世祖即位得还。

［译文］

将要去行刑时，范晔走在最前头，在监狱门前回头对谢综说：“今天受刑的次序，应当按照职位大小安排吗？”谢综说：“反贼的头子应当先斩。”一路上范晔有说有笑，始终没有停止过。到了刑场，问谢综说：“时辰到了没有？”谢综说：

“看情形过不了多久了。”范晔吃过长休饭永别酒，又苦劝谢综，谢综说：“这又不同于得了重病，为什么要勉强吃饭。”范晔家人全都来到刑场，监刑官员问道：“要不要和家人相见？”范晔问谢综说：“家人已经来了，有机会能见一面，是不是要告别一下？”谢综说：“告别不告别，又何必在意。来了一定号啕大哭，这足以扰乱人的思绪。”范晔说：“号啕哭泣和别人有什么关系，方才看路旁的亲朋好友远远望着我们，这也胜过不曾相见了。我愿意同家人见面。”于是呼唤范晔家人前来。范晔的妻子最先来抚抱她的儿子，回过头骂范晔说：“你不替婆婆的后半生着想，也不感激天子的恩遇，你自己死了还抵不上犯的罪，为何又屈杀了儿孙。”范晔干笑着说罪有应得罢了。范晔的生母哭着说：“主上对你的关照是宽厚无边的，你从来不知感恩图报，又不关心我已经年老，事到如今可怎么办？”并动手抽打范晔的脖子和面颊，范晔脸上没有愧惭的表情。妻子又说：“他是罪人，婆婆您就别惦记他了。”妹妹和妓妾来告别，范晔悲伤泪流满面，谢综说：“舅父的表现根本不同于夏侯玄临刑前的面不改色。”范晔听了便收泪不哭了。谢综的母亲认为是子弟们自己走上了逆乱的死路，只有她不肯出来相见。范晔对谢综说：“姐姐如今不肯来见，远胜过来见的人。”范晔很快醉了，儿子范蔼也醉了，他拾起土块和果皮拿来扔给范晔，喊了几十声，称范晔为别驾。范晔问道：“你恨我吗？”范蔼说：“今天还有什么理由来恨你，只是父子同日被杀，不能不悲伤而已。”范晔经常说人死神魂消失，想要写作《无鬼论》；到这时想在写给徐湛之的信中说：“要死后在地下控告你。”他的思想就是这样混乱。他又对人说：“捎话告诉何仆射，天下绝没有神仙鬼怪。如果人死有灵，自然会来报恩。”抄检范晔家时，发现乐器服饰玩物全都贵重华丽，妓妾也都有美盛的服饰；而他母亲住的只是简陋的房子，只有一间厨房堆满柴火，侄子冬天没有被子盖，叔父只有单布衣衫。范晔和儿子范蔼、范遥、范叔蒌，孔熙先和他的弟弟孔休先、孔景先、孔思先、孔熙先的儿子孔桂甫、孔桂甫的儿子孔白民，谢综和弟弟谢约，仲承祖、许耀以及其他许多有亲属关系的人，都诛连被杀。范晔当年四十八岁。朝廷把范晔已死兄弟的儿辈和谢综的弟弟谢纬，都流放到广州。范蔼的儿子范鲁连，是吴兴昭公主的外孙，经请求保全性命，也被流放到边远山区，孝武帝即位后得以赦还。

［原文］

晔性精微有思致，触类多善，衣裳器服，莫不增损制度，世人皆法学之。撰《和香方》，其序之曰：“麝(shè)本多忌，过分必害；沈实易和，盈斤无伤。零藿(huò)虚燥，詹唐黏(nián)湿。甘松、苏合、安息、郁金、㮈多、和罗之属，并被珍于外国，无取于中土。又枣膏昏钝，甲煎浅俗，非唯无助于馨烈，乃当弥增于尤疾也。”此序所言，悉以比类朝士：“麝本多忌”，比庾炳之；“零藿虚燥”，比何尚之；“詹唐黏湿”，比沈演之；“枣膏昏钝”，比羊玄保；“甲煎浅俗”，比徐湛之；“甘松、苏合”，比慧琳道人；“沈实易合”，以自比也。

［译文］

范晔的思想精深细致，有独到见解，所接触到的事物都能妥善地处理，器物和服饰，在形制和样式方面都加以改进，世人都效法学习他。他曾经撰写《和香方》，序中说："麝香本身有种种禁忌，用量过分必定有害；沉香坚实，性质平易温和，成斤使用也无害。零藿香令人气虚燥热，詹唐香性质粘湿。甘松、苏合、安息、郁金、㮈多、和罗一类，在外国都受到珍惜，中国不出产。又枣膏令人昏沉，甲煎淡薄一般，不仅不能增加香气的浓烈，还会增加人们的疾病。"在序中说到的，全是用来象征朝中人士的："麝本多忌"，比喻庾炳之；"零藿虚燥"，比喻何尚之；"詹唐粘湿"，比喻沈演之；"枣膏昏钝"，比喻羊玄保；"甲煎浅俗"，比喻徐湛之；"甘松、苏合"，比喻慧琳和尚；"沈实易和"，是用来自比的。

［原文］

晔狱中与诸甥侄书以自序曰：

"吾狂衅覆灭，岂复可言，汝等皆当以罪人弃之。然平生行己任怀，犹应可寻。至于能不，意中所解，汝等或不悉知。吾少懒学问，晚成人，年三十许，政始有向耳。自尔以来，转为心化，推老将至者，亦当未已也。往往有微解，言乃不能自尽。为性不寻注书，心气恶，小苦思，便愦（kuì）闷，口机又不调利，以此无谈功。至于所通解处，皆自得之于胸怀耳。文章转进，但才少思难，所以每于操笔，其所成篇，殆无全称者。常耻（chǐ）作文士。文患其事尽于形，情急于藻，义牵其旨，韵移其意。虽时有能者，大较多不免此累，政可类工巧图缋，竟无得也。常谓情志所托，故当以意为主，以文传意。以意为主，则其旨必见；以文传意，则其词不流。然后抽其芬芳，振其金石耳。此中情性旨趣，千条百品，屈曲有成理。自谓颇识其数，尝为人言，多不能赏，意或异故也。

［译文］

范晔在狱中给外甥侄子写了一封信用来叙述自己的生平：

"我犯了狂傲逆上的大罪遭到杀身之祸，还有什么可说的，你们都应当把我当作罪人加以鄙弃。但是我平生按自己意志行事放任情怀，还应该是有些事值得回忆思考的。至于我所能和不能的，我思想上认识知道的，你们或许并不完全理解。我在年少时并不勤于求学，成熟得很晚，在三十多岁时，才开始有了明确的志向。从这之后，逐渐在内心起了变化，相信即使逐渐到了老年，也将不会中止追求。往往得到一点点新的认识，用言语也不能完全表达出来。我的性格不习惯追求注解古书，心气不好，稍稍认真苦思，便感到头昏气闷，口才谈吐又不伶俐，因此在清谈方面

没有什么成就。至于读书得到贯通理解之处，都是得之于我的独立思考。写作文章逐渐有了进步，但是限于才学浅薄，思路不敏捷，所以每当提笔写作，写成的篇章，几乎没有通篇满意的。平时耻于作一个文士。我写文章最大的毛病是叙事浅白直露，抒情不能含蓄，说理立意牵强，风格和内容游离。即使偶有佳作，大多也摆脱不了这种拖累，恰好可以比作匠人画图虽然精细，终究不能有所新意。我常说文章是情感和意志的寄托，所以文章应该以表意为主，用文字来表达思想情感。以意为主，那么文章的主旨就必定显现出来；用文字来　达思想，那么文辞就不会流宕放纵。这样写作才能够提出立意芬芳的主题，写下金石一般振响的文辞。文章里面表达出来的性情旨趣，是千差万别的，但是各种各样的变化里是有它固有的道理。我自以为很了解写文章的方法和道理，曾经对外人说过，多数人不能理解赏识，或许是每个人的见解不同的缘故吧。

［原文］

“性别宫商，识清浊，斯自然也。观古今文人，多不全了此处，纵有会此者，不必从根本中来。言之皆有实证，非为空谈。年少中，谢庄最有其分，手笔差易，文不拘韵故也。吾思乃无定方，特能济难适轻重，所禀之分，犹当未尽。但多公家之言，少于事外远致，以此为恨，亦由无意于文名故也。

［译文］

“我生性能辨别字音的宫商声调，理解字音清浊不同，这是自然的天性吧。观察古往今来的文人，多数人并不完全明白这个问题，即使有懂得理会声韵的，有的也不一定是从精细研究中得来的知识。我说的声韵问题都有确实的证据，并不是出于空谈。在年轻的人里，谢庄最有这方面的能力，写作文章多有变化，而且在文章中又不受声韵的拘束。我写作构思的时候没有固定的框子，特别是能够处理难易轻重不同的问题，我所具备的能力，还没能充分发挥出来。但是过去写作的多半是应用公文，很少有机会在这个领域里施展高远的情致，我因此很遗憾，当然也是因为我不留心在文章方面追求名声的缘故。

［原文］

“本未关史书，政恒觉其不可解耳。既造《后汉》，转得统绪，详观古今著述及评论，殆少可意者。班氏最有高名，既任情无例，不可甲乙辨。后赞于理近无所得，唯志可推耳。博赡不可及之，整理未必愧也。吾杂传论，皆有精意深旨，既有裁味，故约其词句。至于《循吏》以下及《六夷》诸序论，笔势纵放，实天下之奇作。其中合者，往往不减《过秦》篇。尝共比方班氏所作，非但不愧之而已。欲遍作

诸志，前汉所有者悉令备。虽事不必多，且使见文得尽。又欲因事就卷内发论，以正一代得失，意复未果。赞自是吾文之杰思，殆无一字空设，奇变不穷，同合异体，乃自不知所以称之。此书行，故应有赏音者。纪、传例为举其大略耳，诸细意甚多。自古体大而思精，未有此也。恐世人不能尽之，多贵古贱今，所以称情狂言耳。

［译文］

“当初我并没有涉及史书，只是常觉史书不太容易理解而已。等到写作《后汉书》之后，逐渐获得了要领和头绪，仔细观察古今的著述和评论，几乎很少有令人满意的著作。班固是史学上享有最高声望的人，他是凭着自己的见识写史，并没有统一的体例，许多问题不能分类归纳出条理。传后的赞语在道理上几乎没有什么创见，只有他本人的志趣是可以推崇的。相比之下，《后汉书》在内容的广博丰富上不及《汉书》，要是经过加工整理未必不如班固。我写的众多传论，都有精到的见解和深刻的含义，既然对人对事有了明确的裁断和体会，便尽力使文辞简练明确。至于《循吏》以下到《六夷》各篇的绪论，笔势纵横奔放，可以说是天下的奇作。那些立论中和完备的篇章，往往不比《过秦论》逊色。我曾经拿《后汉书》和班固的《汉书》相比较，不只是感到毫无愧色而已。本打算全面写作各志，凡是《汉书》中所有的全都要有。即使记事不必过多过繁，但要做到使人见了本文之后便能对事情全部了然。又打算就历史事件在书里写出议论，用来论证一代政治的得失，这个意愿未能实现。赞语自然是我的史书之中最为突出的思想成果，几乎没有一个字是虚设的，文思史识奇变无穷，融合各种不同体裁，我竟然自己也感到不知应该怎样称赞才合适。这部史书在世间流传，应该有知音的人。纪、传中写到的事只是提示出个大略而已，其中内含很多细微的见解。自古以来的史著在体制宏大和思想精深方面，是没有超过这部书的。我担心世人不能全都认识它，多数人厚古薄今，所以我在这里尽情地口出狂言了。

留衲戒奢

宋高祖刘裕出身贫寒，生活俭朴，曾经把皇后亲手做的一件有补丁的旧衣服给自己的女儿会稽公主，作为对后代的教育。

［原文］

“吾于音乐，听功不及自挥，但所精非雅声，为可恨。然至于一绝处，亦复何异邪。其中体趣，言之不尽，弦外之意，虚响

笑祖俭德

南朝宋孝武帝刘骏生活奢侈，还嘲笑宋高祖刘裕的俭朴之风。

之音，不知所从而来。虽少许处，而旨态无极。亦尝以授人，士庶中未有一豪似者。此永不传矣。吾书虽小小有意，笔势不快，余竟不成就，每愧此名。”

晔《自序》并实，故存之。

蔼幼而整洁，衣服竟岁未尝有尘点。死时年二十。

晔少时，兄晏常云：“此儿进利，终破门户。”终如晏言。

［译文］

“对于音乐，我听曲欣赏的能力不如我自己演奏的技艺，只是我精通的不是传统的高雅乐曲，这很遗憾。然而当弹奏到了绝妙之处，那又和雅声有什么差别呢。音乐中的特质和趣味，是用语言表达不尽的，弦外之音，巧妙的旋律，真是不知道从何而来。即使是一首很短的曲子，那里面的旨趣和情意也是无止境的。我也曾拿演奏的经验教授别人，士庶人中没有一人能和我相似的。这些经验永远不会流传了。我的信中虽然多少表达了我的心意，行文笔势也不够流畅，其余的事业都没有成就，每每也感到愧对了自己的名声。”

范晔的《自序》都是真实可信的，所以存录下来。

范蔼自幼就喜爱整洁，衣服穿一年也不落半点灰尘。死的时候才二十岁。

范晔年少的时候，他哥哥范晏常说：“这个孩子贪图私利，终究会破败门户。”最后真的像范晏说的一样。

南齐书

谢朓传

［原文］

谢朓，字玄晖，陈郡阳夏人也。祖述，吴兴太守。父纬，散骑侍郎。

朓少好学，有美名，文章清丽。解褐豫章王太尉行参军，历随王东中郎府，转王俭卫军东阁祭酒，太子舍人、随王镇西功曹，转文学。

［译文］

谢朓，字玄晖，陈郡阳夏县人。祖父谢述，任吴兴太守，父亲谢纬，任散骑侍郎。

谢朓年少时好学，有美名，文章写得清新秀丽。后脱下百姓的粗布衣衫出仕，任豫章王太尉萧嶷行参军之职，后在随王萧子隆东中郎将府做事，又转任王俭卫军将军东阁祭酒，再任太子舍人、随王镇西将军功曹，又转任为随王文学。

齐高帝萧道成

［原文］

子隆在荆州，好辞赋，数集僚友。朓以文才，尤被赏爱，流连晤(wù)对，不舍日夕。长史王秀之以朓年少相动，密以启闻。世祖敕(chì)曰：“侍读虞云自宜恒应侍接。朓可还都。”朓道中为诗寄西府曰：“常恐鹰隼(sǔn)击，秋菊委严霜。寄言罻罗者，寥廓已高翔。”迁新安王中军记室。朓笺辞子隆曰：“朓闻潢污之水，思朝宗而每竭；驽蹇之乘，希沃若而中疲。何则？皋壤摇落，对之惆怅；歧路东西，或以呜悒。况乃服义徒拥，归志莫从。邈若坠雨，飘似秋蒂。朓实庸流，行能无算，属天地休明，山川受纳，褒采一介，搜扬小善，舍耒(lěi)场圃，奉笔菟园。东乱三江，西浮七泽，契阔戎旃，从容谳(yàn)语。长裾日曳，后乘载脂，

荣立府廷，恩加颜色。沐发晞阳，未测涯涘。抚臆论报，早誓肌骨。不悟沧溟未运，波臣自荡；渤澥方春，旅翮先谢。清切蕃房，寂寥旧荜。轻舟反溯，吊影独留，白云在天，龙门不见。去德滋永，思德滋深。唯待青江可望，候归艎于春渚；朱邸方开，效蓬心于秋实。如其簪履或存，衽席无改，虽复身填沟壑，犹望妻子知归。揽涕告辞，悲来横集。”

［译文］

萧子隆在荆州时，爱好辞赋，多次集会幕僚友人，吟诗作赋。谢朓以文才突出，格外受到萧子隆的欣赏和喜爱，两人常在一起流连时光、讨论应对辞赋诗文，日夜不停。随王府长史王秀之以谢朓年少而富有才能煽动舆论，暗中启奏皇帝，让皇帝知道谢朓的这种行为。世祖敕令说："隋王的侍读虞云自应对隋王尽侍奉应接的责任。谢朓可以回京都。"谢朓在回京道中作诗寄西府同僚，诗曰："常恐鹰隼击，秋菊委严霜。寄言罻罗者，寥廓已高翔。"升任新安王萧昭文中军将军记室。谢朓作笺辞别萧子隆，笺中说："我听说沆洼之地的积水，向往朝见大海，但积水却常常干涸枯竭；驾着跛脚的驽马的车子，希望威武雄壮地行进，但总是半路上就疲惫不堪。这是为什么呢？沼泽旁平地上的草木飘摇零落，令人对之禁不住惆怅悲哀；岔路可东可西，有人因此而呜咽涕泣。更何况是要服从大义却只能空有此心，有归心却无法相从。我邈然像坠落的一滴雨，飘然像秋天零落的枯蒂。我实在只是庸才之流，品行和才能都渺小微弱得不足称道，正躬逢我皇德沐天地，世道清明，大王又广纳山川之间的人才，对于一介之士都要搜求，微小的善行善举都要褒扬，于是我放弃了耕田种地的旧业，执笔侍奉在大王府中。我得以跟随大王东渡三江，西航七泽，与大王相交于军旅之间，谈笑于宴饮之际。我每日拖着长袖，或陪乘随从在大王的车后，或荣幸侍立在大王府中，受到大王的恩宠，如同洗发晞晒于阳光之下，这恩泽

刻烛赋诗

南北朝齐永明年间，有一群文士集合于竟陵王萧子良左右，形成了一个文学群体，文学史上称"竟陵八友。"《梁书·武帝本纪》："竟陵王子良开西邸，招文学，高祖（萧衍）与沈约、谢朓、王融、肖琛、范云、任昉、陆倕并游焉，号曰'八友'。"这些人中，沈约、谢朓、范云都是一代文人。他们彼此唱和，互相推波助澜，形成了一股文学潮流。

真难测其边际了。我抚胸怀想如何报答，此情早已刻骨铭肌，永志不忘了。却从未料到，大海并未动荡，海中的鱼却已流失；渤海春光正好，游行的候鸟却已振翅先自告别。那王府里我住过的草房更显得清冷凄切，空虚寂寞了。回首望去，送别的轻舟已经溯流回转，只留下我一人形影相吊，遥望那白云犹在天空中飘动，一别大王的龙门，何日再见？我深感离开仁德的大王的时日越久就越是深深思恋大王对我的恩德。只能在青江岸旁眺望大王，在春天的江洲上等候大王的归舟；希望将来大王府第朱门再开，让我再效浅陋心力，并能结出丰硕之果实。我就像是蔽履旧席，不改其心，承蒙大王不弃，将来即使是身填沟壑，死无葬身之地，还希望我的妻子儿女知道再归心报效大王。擦干眼泪，我告辞大王，语尽悲来，横集于心。”

［原文］

寻以本官兼尚书殿中郎。隆昌初，敕（chì）朓接北使，朓自以口讷，启让不当，见许。高宗辅政，以朓为骠骑咨议，领记室，掌霸府文笔。又掌中书诏诰，除秘书丞，未拜，仍转中书郎。出为宣城太守，以选复为中书郎。

［译文］

不久，谢朓又以本官兼任尚书殿中郎之职。郁林王隆昌初年，诏令谢朓接待北魏使者，谢朓以自己言语迟钝，启奏皇上辞让这个任务，后被允许。齐高宗辅政，以谢朓为骠骑将军咨议，兼领骠骑将军记室，执掌王府的来往文书。又掌管中书省的诏书诰令，被任命为秘书丞，未到职，于是又转任中书郎。出京外任为宣城太守，因被选举又为中书郎。

［原文］

建武四年，出为晋安王镇北咨议、南东海太守，行南徐州事。启王敬则反谋，上甚嘉赏之，迁尚书吏部郎。朓上表三让，中书疑朓官未及让，以问祭酒沈约。约曰：“宋元嘉中，范晔让吏部，朱脩（xiū）之让黄门，蔡兴宗让中书，并三表诏答，具事宛然。近世小官不让，遂成恒俗，恐此有乖让意。王蓝田、刘安西并贵重，初自不让，今岂可慕此不让邪？孙兴公、孔觊并让记室，今岂可三署皆让邪？谢吏部今授超阶，让别有意，岂关官之大小？抑让之美，本出人情。若大官必让，便与诣阙章表不异。例既如此，谓都自非疑。”朓又启让，上优答不许。

［译文］

齐明帝建武四年（497年），出京调任晋安王萧宝义镇北将军咨议、南东海太

守，兼理南徐州刺史事务。因启奏皇上，密告王敬则谋反，皇上非常嘉许欣赏他，升迁为尚书吏部郎。谢朓三次上表以示谦让尚书吏部郎的职务，中书省疑惑谢朓的官职还未到推让的地步，就用这件事去问疑于祭酒沈约。沈约说："宋代元嘉年间，范晔谦让吏部之职，朱脩之谦让黄门之职，蔡兴宗谦让中书之职，都是三次上表皇上，皇上也三次诏令答复，这些史实都记载得很清楚。近代小官不谦让，于是成了不变的俗约，恐怕这样违背了谦让的本意。王蓝田（王述）、刘安西都身居贵重之位，起初自己并不谦让，现在岂可以追慕他们的不谦让的做法？孙兴公、孔颛都谦让过记室之职，现在岂可以连"三署"都要谦让呢？谢吏部这次授职已超越级别，他的谦让是另有意思，哪里与官职的大小有关呢？谦让的好行为，本出于人的性情。如果说大官就要谦让，那就与上朝必奏章表没有什么不同了。前例既是这样，都不是可疑惑的事。"谢朓又启奏谦让，皇上宽容地答复不许再推让了。

［原文］

朓善草隶，长五言诗，沈约常云"二百年来无此诗也"。敬皇后迁祔(fù)山陵，朓撰哀策文，齐世莫有及者。

［译文］

谢朓擅长草书、隶书，又长于作五言诗，沈约常说"二百年来没有这样的诗了"。明帝敬皇后于明帝去世后迁坟，与明帝合葬于兴安陵，谢朓撰写的哀策文，齐代的文章没有比得上的。

步步生莲

齐东昏侯萧宝卷荒淫无耻，宠爱潘贵妃，用黄金制成莲花，贴在地上，让潘贵妃在上面行走，美其名曰：步步生莲。

［原文］

东昏失德，江祏(shí)欲立江夏王宝玄，末更回惑，与弟祀(sì)密谓朓曰："江夏年少轻脱，不堪负荷神器，不可复行废立。始安年长入纂，不乖物望。非以此要富贵，政是求安国家耳。"遥光又遣亲人刘沨密致意于朓，欲以为肺腑。朓自以受恩高宗，非沨所言，不肯答。少日，遥光以朓兼知卫尉事，朓惧见引，即以祏等谋告左兴盛，兴盛不敢发言。祏闻，以告遥光，遥光大怒，乃称敕(chì)召朓，仍回车付廷尉，与徐孝嗣、祏、暄等连名启诛朓曰："谢朓资性险薄，大彰远近。王敬则

往构凶逆，微有诚效，自尔升擢，超越伦伍。而溪壑无厌，著于触事。比遂扇动内外，处处奸说，妄贬乘舆，窃论宫禁，间谤亲贤，轻议朝宰，丑言异计，非可具闻。无君之心既著，共弃之诛宜及。臣等参议，宜下北里，肃正刑书。”诏：“公等启事如此，朓资性轻险，久彰物议。直以雕虫薄伎，见齿衣冠。昔在渚宫，构扇蕃邸，日夜纵谀，仰窥俯画。及还京师，翻自宣露，江、汉无波，以为己功。素论于兹而尽，缙绅所以侧目。去夏之事，颇有微诚，赏擢曲加，逾迈伦序，感悦未闻，陵竞弥著。遂复矫构风尘，妄惑朱紫，诋贬朝政，疑间亲贤。巧言利口，见丑前志，涓流纤孽，作戒远图。宜有少正之刑，以申去害之义。便可收付廷尉，肃明国典。”又使御史中丞范岫（xiù）奏收朓，下狱死。时年三十六。

李白

谢朓在担任宣城太守时曾建楼，后来唐朝李白登临，写下了《秋登宣城谢朓北楼》，最后两句是“谁念北楼上，临风怀谢公”，写出了诗人对谢朓的怀念。

[译文]

东昏侯道德沦丧，江祏想立江夏王萧宝玄，后来又变卦犹豫了，与弟弟江祀秘密地对谢朓说：“江夏王年少轻佻，不能胜任江山社稷的重担，如果立他为帝，将来不能再次废立皇帝。始安王年龄大，入宫继位，可以不负众望。我们这样做不是以此求取富贵，正是要求取国家安定啊。”始安王萧遥光又派遣亲信刘沨暗中向谢朓致意问候，想要以谢朓为亲信。谢朓自认为受到高宗恩宠，不同意刘沨所说的话，不肯答应。没几天，遥光命谢朓兼任主持卫尉事务，谢朓怕被牵引，就把江祏等人的谋划告诉了左兴盛，左兴盛吓得不敢说话。江祏听到了谢朓把自己的谋划告诉了左兴盛，便将此事告知遥光，遥光大怒，于是假称皇上的敕令召见谢朓，等谢朓上当受骗，以为是皇上召见而上了车，随即掉转车头，把谢朓交付廷尉羁押，又与徐孝嗣、江祏、刘暄等联名启奏皇上，请求诛杀谢朓，说：“谢朓禀性凶险轻薄，远近都很清楚其为人。王敬则从前图谋叛逆，谢朓因告发他而稍有忠诚效力的微功，从此升官擢位，超过了正常的等级顺序。而他却欲壑难填，贪得无厌，处处都表现得很明显。终于煽风点火于朝廷内外，到处散布奸言邪说，狂妄地贬低皇上，私下里又传言宫禁之事，离间诽谤宗亲贤良，随口议论朝廷政事，他的丑言计谋，

难以一一说得清楚以上达圣听。他目无君上之心已经很明显，人神共愤，现在诛杀之罪，应该轮到他了。臣等讨论商榷，认为应该让谢朓入北里之狱，以严肃明正法律刑典。”皇帝诏书说：“公等启奏如此说，谢朓禀性轻薄凶险，人们的议论早就说得明明白白。只是因为他有些雕虫小技，尚被士大夫所谈及。从前他在荆州隋王府时，就勾结扇动诸侯，日夜向随王大进谗谀之言，对上打听窥探秘密，对下策划扇动阴谋。到回京之后，又随口散布宣扬，说什么江、汉之地平静安定是他自己的功劳。平常总是尽量这样说，以至于为缙绅士大夫侧目而视。去年夏天他告发王敬则谋反的事，还是有一点忠诚之心，但朝廷对他多方赏赐升擢，已经超越了正常的等级顺序，没有听到他有什么感激之情，反而更加明显地表现出惶恐戒惧之心。于是又矫情做作，扇动生事，迷惑扰乱朝臣，诋毁贬斥朝政，挑拨离间宗亲贤良。巧言利口，以前的历史上见过，细流一样的微小祸孽，也要惩处以作为将来的借鉴。他应该受到少正卯那样的杀头之刑，以申扬古人去除祸害之义。可立即将谢朓逮捕交付廷尉，严肃明正国家法律刑典。”于是派遣御史中丞范岫奏请将谢朓逮捕收监，下狱而死。当时年仅三十六岁。

［原文］

朓初告王敬则，敬则女为朓妻，常怀刀欲报朓，朓不敢相见。及为吏部郎，沈昭略谓朓曰：“卿人地之美，无忝此职。但恨今日刑于寡妻。”朓临败叹曰：“我不杀王公，王公由我而死。”

［译文］

谢朓当初告发王敬则，敬则女儿是谢朓之妻，她常怀揣一把刀，要向谢朓报仇，谢朓吓得不敢与她见面。等到谢朓做了吏部郎，沈昭略对谢朓说：“您人才门第都很优秀，无愧于吏部郎这个职位，但遗憾的是今天却被妻子怨恨而仇杀。”谢朓临败事时说：“我没有亲手杀王公，王公却因我而死。”

梁　书

刘勰传

［原文］

刘勰(xié)字彦和，东莞莒(guǎn jǔ)人。祖灵真，宋司空秀之弟也。父尚，越骑校尉。

勰早孤，笃志好学，家贫不婚娶，依沙门僧祐(yòu)，与之居处，积十余年，遂博通经论，因区别部类，录而序之。今定林寺经藏，勰所定也。

［译文］

刘勰字彦和，东莞莒人。祖父刘灵真，是宋朝司空刘秀之的弟弟。父亲刘尚，官至越骑校尉。

刘勰早年父亡，笃志好学，因为家境贫困，没有婚娶，依附沙门僧祐，与他同居共处，长达十余年，于是精通佛教经义，并因此按照部类加以区别，抄录并作了编排。如今定林寺的经藏，就是刘勰所定的。

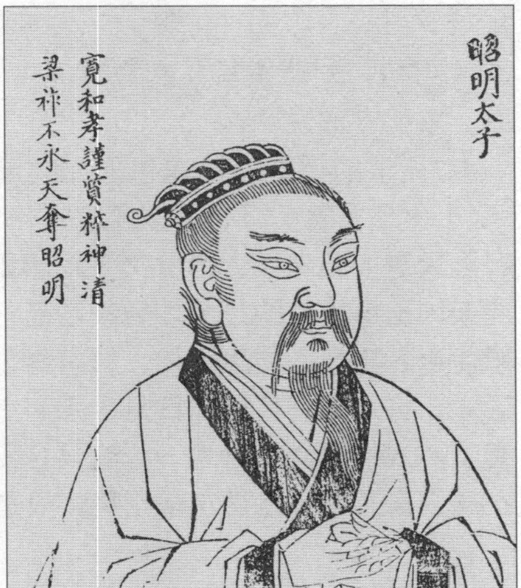

萧统

萧统，字德施。梁武帝萧衍长子。萧统两岁时被立为太子，未及即位而卒，谥昭明，世称昭明太子。萧统对文学颇有研究，招集文人学士，广集古今书籍三万卷，编集成《文选》三十卷。《文选》是中国古代第一部文学作品选集，选编了先秦至梁以前的各种文体代表作品，对后世有较大影响。

［原文］

天监初，起家奉朝请，中军临川王宏引兼记室，迁车骑仓曹参军。出为太末令，政有清绩。除仁威南康王记室，兼东宫通事舍人。时七庙飨荐已用蔬果，而二郊农社犹有牺牲，勰乃表言二郊宜与七庙同改，诏付尚书议，依勰所陈。迁步兵校尉，兼舍人如故。昭明太子好文学，深爱接之。

［译文］

天监初年，刘勰开始任奉朝请，中军临

川王萧宏征召他兼作记室，又调任车骑仓曹参军。出任太末县县令，治县有清廉的政绩。又任仁威将军南康王的记室，兼作东宫通事舍人。当时祭祀天子祖庙的供品已用蔬菜瓜果，而祭祀天地、农神、土神还用牛、羊、猪，刘勰于是上表进言，认为祭祀天地应与天子祖庙同样改用蔬菜瓜果，梁武帝下令交付尚书讨论，结果依照刘勰所陈述的意见办理。后升作步兵校尉，仍兼任东宫通事舍人。昭明太子爱好文学，非常喜欢与刘勰交往。

［原文］

初，勰撰《文心雕龙》五十篇，论古今文体，引而次之。其序曰：“夫文心者，言为文之用心也。昔涓子《琴心》，王孙《巧心》，心哉美矣夫，故用之焉。古来文章，以雕缛成体，岂取驺奭(zōu shì)群言雕龙也。夫宇宙绵邈，黎献纷杂，拔萃出类，智术而已。岁月飘忽，性灵不居，腾声飞实，制作而已。夫肖貌天地，禀性五才，拟耳目于日月，方声气乎风雷，其超出万物，亦已灵矣。形甚草木之脆，名逾金石之坚，是以君子处世，树德建言，岂好辩哉，不得已也。

［译文］

当初，刘勰撰写《文心雕龙》五十篇，论古今的文体，将它们按顺序编排成书。书的序言说：

“所谓的‘文心’，是讲作文的用心。从前涓子写过《琴心》，王孙写过《巧心》，‘心’太值得赞美了，所以用它来作书名。自古以来的文章，靠修辞和文采来构成，哪里只是取驺奭被人称赞文采华丽如雕龙纹的典故呢。宇宙广大无边，常人与贤才混杂，出类拔萃的是靠才智技艺而已。岁月飘忽飞逝，人的聪明才智不能永存，要想使声名飞扬、成果留传，只有靠创作了。人的容貌像天地，天性具有仁义礼智信五才，将人的耳目比作日月，那声气呼吸就好像风雷，它超出万物，也已经算是灵智了。人的形体像草木一样脆弱，只有声名能胜过金石的坚固，因此君子处世，要立德立言，哪里是喜欢辩论啊，只是出于不得已啊。

［原文］

“予齿在逾立，尝夜梦执丹漆之礼器，随仲尼而南行，旦而寤，乃怡然而喜。大哉圣人之难见也！乃小子之垂梦欤(yú)！自生人以来，未有如夫子者也。敷赞圣旨，莫若注经，而马、郑诸儒，弘之已精，就有深解，未足立家。唯文章之用，实经典枝条，五礼资之以成，六典因之致用，君臣所以炳焕，军国所以昭明，详其本源，莫非经典。而去圣久远，文体解散，辞人爱奇，言贵浮诡，饰羽尚画，文绣鞶帨(pán shuì)，离本弥甚，将遂讹滥。盖《周书》论辞，贵乎体要；尼父陈训，恶乎

异端。辞训之异，宜体于要。于是搦笔和墨，乃始论文。

［译文］

“我过了三十岁，曾在夜里梦到拿着朱红漆的祭器，跟着孔子南行，早上醒来怡然而喜。伟大的圣人是很难见到的！竟降临在我的梦中！自从有人类以来，没有像夫子那样的人。要阐明圣人的意旨，最好是注释经书，可是马融、郑玄诸多大儒，发挥得已经很精辟，我即使有深刻的见解，也够不上自成一家。唯有文章的作用，确是经典的辅佐，五礼靠它得以完成，六典依它得以施行，君臣的业绩之所以光明显耀，军政国事之所以明显昭著，细说其根源，没有什么不是从经典中来的。可是由于离开圣人太久远了，文章的体制遭到破坏，文人爱好新奇，看重浮靡诡异的语言，就像在鲜艳的羽毛上涂饰彩绘，在皮带、佩巾上刺绣花纹，离开根本太远了，这样将造成讹谬和浮滥。《周书》讲到文辞，重在体会要义；孔子陈述教训，憎恶异端邪说。辞训的差别，还是在于体会要义。于是握笔调墨，才开始议论文章。

［原文］

“详观近代之论文者多矣。至如魏文述《典》，陈思序《书》，应玚(yáng)《文论》，陆机《文赋》，仲洽《流别》，弘范《翰林》，各照隅(yú)隙，鲜观衢(qú)路。或臧否当时之才，或铨品前修之文，或泛举雅俗之旨，或撮题篇章之意。魏《典》密而不周，陈《书》辩而无当，应《论》华而疏略，陆《赋》巧而碎乱，《流别》精而少功，《翰林》浅而寡要。又君山、公幹之徒，吉甫、士龙之辈，泛议文意，往往间出，并未能振叶以寻根，观澜而索源。不述先哲之诰，无益后生之虑。

陆机

陆机，字士衡，吴郡吴县华亭（今上海市松江）人，西晋文学家，书法家，与其弟陆云合称“二陆”，后死于“八王之乱”，被夷三族。陆机“少有奇才，文章冠世”，与弟陆云俱为我国西晋时期著名文学家。

［译文］

“详细观察近代议论文章的确实很多了。至于魏文帝曹丕的《典论· 论文》，陈思王曹植的《与杨德祖书》，应玚的《文论》，陆机的《文赋》，挚虞的《文章流别论》，李充的《翰林论》，各自照临一角，很少看到四通八达的大路。有的褒贬当时的人才，有的品评前贤的文章，有的泛泛地列举雅俗的主旨，

陆云

陆云，字士龙，西晋文学家。文学家陆机之弟。

有的约略提及文章的用意。《典论·论文》议论细密而不周全，《与杨祖德书》长于论辩而没有边际，《文论》有文采而过于粗疏，《文赋》巧妙而琐碎零乱，《文章流别论》精要而不切实用，《翰林论》浅薄又不得要领。又如桓谭、刘桢之流，应贞、陆云之辈，泛泛地议论文章的用意，往往夹杂在别的文字里，并不能从枝叶追寻到根本，从观察波澜去探寻源头。不陈述前代贤者的告诫，不能补益于后人的思虑。

[原文]

“盖《文心》之作也，本乎道，师乎圣，体乎经，酌(zhuó)乎纬，变乎《骚》，文之枢纽，亦云极矣。若乃论文叙笔，则囿(yǒu)别区分，原始以表末，释名以章义，选文以定篇，敷理以举统。上篇以上，纲领明矣。至于割情析表，笼圈条贯，摛神性，图风势，苞会通，阅声字，崇替于《时序》，褒贬于《才略》，怊怅于《知音》，耿介于《程器》，长怀《序志》，以驭群篇。下篇以下，毛目显矣。位理定名，彰乎《大易》之数，其为文用，四十九篇而已。

[译文]

“《文心雕龙》的写作，以道为根本，以圣人为师，体制上探源于经书，酌取于纬书，在变化上参照楚骚，文章的关键，也可以说追究到了极点了。至于论述文章的有韵和无韵，那么按文体区分，推究各种文体的起源来表现它的流变，解释各种文体的名称来显示它的意义，选取各种文体篇章用以确定它的体制，陈述写作理论以构成系统。书的上篇，纲领十分明显。至于剖析情理，全面考虑写作的条理，铺陈《神思》和《体性》，图谋《风骨》和《定势》，包括《附会》和《通变》，观览《声律》和《练字》，于《时序》看文章的盛衰，于《才略》褒贬历代作家，于《知音》发表感叹，于《程器》体现光大正直，于《序志》抒写远大怀抱，用来驾驭各篇。书的下篇，细目也明显。按理论排列确定各篇名称，与《易经》大衍之数五十相合，不过其中说明文章功用的，只有四十九篇而已。

[原文]

“夫铨叙一文为易，弥纶群言为难，虽复轻采毛发，深极骨髓，或有曲意密源，似近而远，辞所不载，亦不胜数矣。及其品评成文，有

同乎旧谈者，非雷同也，势自不可异也。有异乎前论者，非苟异也，理自不可同也。同之与异，不屑古今，擘(bò)肌分理，唯务折衷。案辔(pèi)文雅之场，而环络藻绘之府，亦几乎备矣。但言不尽意，圣人所难，识在瓶管，何能矩矱(yuē)？茫茫往代，既洗予闻；眇眇来世，傥尘彼观。”

［译文］

“评价一篇文章较为容易，总论历代文章比较困难，虽然注意到毛发那样的细微之处，达到骨髓之中那样深入，有的用意曲折、根源细密，看似浅近却很深远，本书中所没有讲到的议论，也数不胜数。等到品评已有的作品，有的话与前人的评论相同，这不是雷同，是实在不可能不同。有的和前人评论不同，那不是随便立异，是道理本身不能不相异。相同与相异，不介意这些说法是古人的还是今人的，分析文章的组织结构，唯求恰当。停留在文雅的场所，而环行在藻绘的府邸，也几乎全做到了。但是言不尽意，这是圣人所难办到的，加上见识浅陋，怎么能讲清创作的标准呢？遥远的古代，已使我沉陷在各种知识里；辽远的未来，这本书也许能供参考。”

［原文］

既成，未为时流所称。勰自重其文，欲取定于沈约。约时贵盛，无由自达，乃负其书，候约出，干之于车前，状若货鬻(yù)者。约便命取读，大重之，谓为深得文理，常陈诸几案。

［译文］

《文心雕龙》书成，并未被当时名流所称赞。刘勰自己看重这本书的文辞，想要听取沈约的意见。当时沈约正值富贵兴盛的时候，刘勰自己没有途径疏通传达，于是刘勰背着自己的书，等候沈约出来，有一天在车前拦住了沈约，那样子就好像是卖东西的人。沈约当即命人取书来读，非常重视这部书，说它深得文理，经常把它放在自己的几案上。

［原文］

然勰为文长于佛理，京师寺塔及名僧碑志，必请勰制文。有敕与慧震沙门于定林寺撰经证，功毕，遂启求出家，先燔鬓(fán bìn)发以自誓，敕许之。乃于寺变服，改名慧地。未期而卒。文集行于世。

［译文］

然而刘勰作文章长于佛理，京师的寺塔及名僧的碑志，都要请刘勰撰写。武帝命令刘勰与彗震和尚在定林寺编写经藏，这项工作完成以后，他便请求出家，事先焚烧头发以表示自己的誓愿，武帝答应了他的请求。于是刘勰在寺院里变换了服装，改名为慧地。不满一年他就去世了。刘勰的文集流行于世。

陈　书

吴明彻传

［原文］

吴明彻字通昭，秦郡人也。祖景安，齐南谯太守。父树，梁右军将军。明彻幼孤，性至孝，年十四，感坟茔(yíng)未备，家贫无以取给，乃勤力耕种。时天下亢旱，苗稼焦枯，明彻哀愤，每之田中，号泣，仰天自诉。居数日，有自田还者，云苗已更生，明彻疑之，谓为绐己，及往田所，竟如其言。秋而大获，足充葬用。时有伊氏者，善占墓，谓其兄曰：“君葬之日，必有乘白马逐鹿者来经坟所，此是最小孝子大贵之征。”至时果有此应，明彻即树之最小子也。

［译文］

吴明彻字通昭，秦郡人。祖父吴景安是齐朝南谯太守。父亲吴树任梁朝右军将军。明彻小时父亲去世，成了孤儿，他本性极孝，十四岁时，有感于父亲的坟地没有修好，但家又贫穷，没有钱来修坟，于是就努力地耕种。当时天下大旱，禾苗枯焦，明彻悲哀忧愤，常到田中呼号哀泣，对天自诉苦楚。过了几天，有人从田中来，说庄稼禾苗又已复活，明彻怀疑他的话，以为他是欺骗自己，等到了田中一看，竟然像那人讲的一样，禾苗确已复活。秋天，明彻田地大获丰收，收获足以供给安葬父亲的费用。当时有一个叫伊氏的人，善于占卜墓葬之地，对明彻的兄长说：“令尊安葬那天，一定会有一个骑着白马追赶鹿的人经过坟地旁，这是最小的孝子将来大富贵的征兆。”到了那天，果然有如此的应验，明彻就是吴树最小的儿子。

［原文］

起家梁东宫直后。及侯景寇京师，天下大乱，明彻有粟麦三千余斛(hú)，而邻里饥馁(něi)，乃白诸兄曰：“当今草窃，人不图久，奈何有此而不与乡家共之？”于是计口平分，同其丰俭，群盗闻而避焉，赖以存者甚众。

［译文］

明彻在家中以布衣的身份被征召出任梁朝的东宫直后。侯景寇乱京城时，天下大乱，明彻家有粟麦粮食三千余斛，而乡里邻居却挨饥受饿，明彻于是对各位兄长说："现今强盗到处抄掠，人人都顾不得长久，为什么我们家有这些粮食而不和邻里人家共同分享呢？"于是按人口计算平均分粮，大家一同享用，群盗听到了吴家分粮给乡邻都避开吴家，就这样，很多人靠吴家赈济而活了下来。

［原文］

及高祖镇京口，深相要结，明彻乃诣高祖，高祖为之降阶，执手即席，与论当世之务。明彻亦微涉书史经传，就汝南周弘正学天文、孤虚、遁甲，略通其妙，颇以英雄自许，高祖深奇之。

［译文］

到陈高祖镇守京口时，盛情邀请结好吴明彻，明彻于是来投赴高祖，高祖亲自下台阶迎接，拉着他的手即席就座，与他讨论当世的天下事务。明彻也曾经稍读过一些经书史传，并曾跟从汝南人周弘正学过天文、孤虚、遁甲之术，通其大略，颇以英雄自许，高祖对明彻深觉奇异。

［原文］

承圣三年，授戎昭将军、安州刺史。绍泰初，随周文育讨杜龛(kān)、张彪等。东道平，授使持节、散骑常侍、安东将军、南兖州刺史，封安吴县侯。高祖受禅，拜安南将军，仍与侯安都、周文育将兵讨王琳。及众军败没，明彻自拔还京。世祖即位，诏以本官加右卫将军。王琳败，授都督武沅(yuán)二州诸军事、安西将军、武州刺史，余并如故。周遣大将军贺若敦率马步万余人奄至武陵，明彻众寡不敌，引军巴陵，仍破周别军于双林。

［译文］

梁元帝承圣三年（554年），授职戎昭将军、安州刺史。梁敬帝绍泰初年，他随周文育讨伐杜龛、张彪等。东部一带平定后，授职使持节、散骑常侍、安东将军、南兖州刺史，封安吴县侯。陈高祖受禅即皇帝位，拜任安南将军，仍与侯安都、周文育领兵讨伐王琳。及至各军被打败消灭，明彻却主动撤军回到京城。陈世祖即位，下诏明彻在现任官职上再加授右卫将军。王琳失败后，授职都督武沅二州诸军事、安西将军、武州刺史，其余原有官职一并保留。北周派遣大将

陈霸先

陈霸先就是陈高祖，南朝陈开国皇帝。

军贺若敦率领骑兵、步军一万余人忽然到了武陵，明彻知道寡不敌众，领军退至巴陵，仍在双林击破另一支北周军。

［原文］

天嘉三年，授安西将军。及周迪反临川，诏以明彻为安南将军、江州刺史，领豫章太守，总督众军，以讨迪。明彻雅性刚直，统内不甚和，世祖闻之，遣安成王顼（xū）慰晓明彻，令以本号还朝。寻授镇前将军。五年，迁镇东将军、吴兴太守。及引辞之郡，世祖谓明彻曰："吴兴虽郡，帝乡之重，故以相授。君其勉之！"及世祖弗豫，征拜中领军。

［译文］

天嘉三年（562年），授职安西将军。到周迪在临川反叛时，天子下诏令明彻任安南将军、江州刺史，领豫章太守，总领各路军队，讨伐周迪。明彻平素性格刚直，部属内部不是很和谐协调，世祖知道后，派遣安成王陈顼劝慰晓谕明彻，令他以本官号的身份回朝。不久，授职镇前将军。天嘉五年（564年），升任镇东将军，吴兴太守。到明彻辞京赴郡之时，世祖对他说："吴兴虽是一郡，但却是帝王故乡重地，所以才授任于你。你要努力呀！"到世祖身体有病时，把明彻征调回京，拜任中领军。

伊尹

伊尹是商代著名的大臣，辅佐商汤灭夏，建立商朝。商汤去世后，又辅佐商汤的儿子太甲，是托孤之臣。吴明彻用把陈高宗比作伊尹，希望他有所作为。

［原文］

废帝即位，授领军将军，寻迁丹阳尹，仍诏明彻以甲仗四十人出入殿省。到仲举之矫令出高宗也，毛喜知其谋，高宗疑惧，遣喜与明彻筹焉。明彻谓喜曰："嗣君谅暗，万机多阙，外邻强敌，内有大丧。殿下亲实周、邵，德冠伊、霍，社稷至重，愿留中深计，慎勿致疑。"

［译文］

废帝即位，授职领军将军，不久升任丹阳尹，又诏令明彻可置四十名卫士为仪仗，出入殿省。到仲举假传太后的旨令要将高宗调出朝廷回到东府，毛喜知道到仲举等人的阴谋，高宗却惊疑惶恐，派毛喜与明彻筹划

商讨怎么对付这件事。明彻对毛喜说："刚刚即位的皇上正服丧，国家的纷繁政务多，不能按时处理，外与强敌为邻，内有先帝之丧。殿下与皇上的亲近关系可比周公、邵公之与周成王，高尚的德行可超过古代的伊尹、霍光，国家社稷关系至为重大，希望殿下留在朝廷作深远的打算，小心谨慎，不要犹豫。"

［原文］

及湘州刺史华皎(jiāo)阴有异志，诏授明彻使持节、散骑常侍、都督湘桂武三州诸军事、安南将军、湘州刺史，给鼓吹一部，仍与征南大将军淳于量等率兵讨皎。皎平，授开府仪同三司，进爵为公。太建元年，授镇南将军。四年，征为侍中、镇前将军，余并如故。

［译文］

到湘州刺史华皎暗中怀有异心打算反叛时，诏令授职明彻使持节、散骑常侍、都督湘、桂、武三州诸军事、安南将军、湘州刺史，赐给鼓吹乐队一部，仍旧与征南大将军淳于量等人率兵讨伐华皎。华皎乱平，授职开府仪同三司，进爵位为公。陈宣帝太建元年（569 年），授职镇南将军。太建四年（572 年），征调回京任侍中、镇前将军，其余原有官职一并保留。

［原文］

会朝议北伐，公卿互有异同，明彻决策请行。五年，诏加侍中、都督征讨诸军事，仍赐女乐一部。明彻总统众军十余万，发自京师，缘江城镇，相续降款。军至秦郡，克其水栅(zhà)。齐遣大将尉破胡将兵为援，明彻破走之，斩获不可胜计，秦郡乃降。高宗以秦郡明彻旧邑，诏具太牢，令拜祠上冢(zhǒng)，文武羽仪甚盛，乡里以为荣。

［译文］

当时正逢朝廷商讨北伐，公卿大臣彼此意见不同，明彻决策同意北伐，并请求亲自领兵北行。太建五年（573 年），诏令他加职侍中，都督征讨诸军事，并赐给女乐一部。明彻总统各路军队十余万，从京城出发北伐，长江沿岸的城镇相继投降臣服。军队到了秦郡，攻克了它的水中栅栏。北齐派遣大将尉破胡领兵援救，明彻击破了他，迫其逃遁，斩杀缴获不可胜计，秦郡于是投降。高宗因秦郡是明彻故乡郡邑，诏令备好太牢之礼，拜祭他祖上坟茔，文武官员和旌旗仪仗壮丽盛大，亲邻乡里以此为荣。

［原文］

进克仁州，授征北大将军，进爵南平郡公，增邑并前二千五百户。次平峡石岸二城。进逼寿阳，齐遣王琳将兵拒守。琳至，与刺史

王贵显保其外郭。明彻以琳初入，众心未附，乘夜攻之，中宵而溃，齐兵退据相国城及金城。明彻令军中益修治攻具，又迮肥水以灌城。城中苦湿，多腹疾，手足皆肿，死者十六七。会齐遣大将军皮景和率兵数十万来援，去寿春三十里，顿军不进。诸将咸曰：“坚城未拔，大援在近，不审明公计将安出？”明彻曰：“兵贵在速，而彼结营不进，自挫其锋，吾知其不敢战明矣。”于是躬擐甲胄，四面疾攻，城中震恐，一鼓而克，生禽王琳、王贵显、扶风王可朱浑孝裕、尚书卢潜、左丞李騊駼，送京师。景和惶惧遁走，尽收其驼马辎重。琳之获也，其旧部曲多在军中，琳素得士卒心，见者皆歔欷不能仰视，明彻虑其有变，遣左右追杀琳，传其首。诏曰：“寿春者古之都会，襟带淮、汝，控引河、洛，得之者安，是称要害。侍中、使持节、都督征讨诸军事、征北大将军、开府仪同三司南平郡开国公明彻，雄图克举，宏略盖世。在昔屯夷，缔构皇业，乃掩衡、岳，用清氛沴，实吞云梦，即叙上游。今兹荡定，恢我王略，风行电扫，貔武争驰，月阵云梯，金汤夺险，威陵殊俗，惠渐边氓。惟功与能，元戎是属，崇麾广赋，茂典恒宜，可都督豫合建光朔北徐六州诸军事、车骑大将军、豫州刺史，增封并前三千五百户，余如故。”诏遣谒者萧淳风，就寿阳册明彻，于城南设坛，士卒二十万，陈旗鼓戈甲，明彻登坛拜受，成礼而退，将卒莫不踊跃焉。

关云长水淹七军

以水代兵，是古人常用的战术，吴明彻也是效仿关羽水淹七军的故事，攻下了寿阳城。

［译文］

又进军攻克了仁州，授职征北大将军，进爵位为南平郡公，增赐的封邑与以前赐予的共计二千五百户。依次平定峡石两岸两个城池。再进逼寿阳，北齐派遣王琳领兵拒守寿阳。王琳来到寿阳，与刺史王贵显保卫其外城。明彻断定王琳初入寿阳，众将之心尚未悦服，就乘夜进攻，夜半即击溃了他，齐兵退而据守相国城和金城。明彻命令军队大量制造攻城器械，又堵塞肥水淹灌敌城。城中军民被潮湿水汽所苦，人多得痢疾之病，手脚都浮肿了，病死的十分之六七。正逢北齐派遣大将军皮景和率兵数十万来援助王琳，离寿春三十里，驻军不前。诸位将领都说："坚固的寿阳城还未攻克，救援的大军就在近前，不知道明公有什么计策？"明彻说："兵贵在于神速，而敌人却扎营不进，自己就挫伤自己的锋锐之气，我知道他们分明是不敢交战啊。"于是亲自披戴甲胄，加紧从四面攻打，城中震动惶恐，只一次冲锋就攻克了敌人城池，生擒了王琳、王贵显、扶风王可朱浑孝裕、尚书卢潜、左丞李騊駼，都押送京城。皮景和惶恐惧怕，逃遁而去，陈军完全俘获了他的驼马辎重。王琳被俘时，他原来的部下很多人仍在明彻军中，王琳平素很得士卒之心，这些人看见他被俘都轻声哭泣，不忍抬头看他，明彻怕军心有变，派左右亲信追杀王琳，只把他的头传送至京城。皇帝有诏书说："寿春是古代的都市，襟带淮水、汝水，控制黄河、洛水，得之则平安，所以称为要害之地。侍中、使持节、都督征讨诸军事、征北大将军、开府仪同三司南平郡开国公吴明彻，以盖世的雄图大略，一举收复之。当初世事艰险，帝业初创，明彻占有衡岳之邦，清除了凶杀之气，并吞了云梦之地，便安定了长江上游。如今扫荡安定了北方，收复了我国家之疆界，如风行电扫之迅速，貔虎争驰之勇猛，攻占了坚固的城池，夺取险要之重地，威猛之风震慑了远方，恩惠之德政泽及了边民。明彻的功劳与才能，可胜任主帅之职，高高的旗帜到处飘扬，美好的典制总合时宜，可授职明彻都督豫州、合州、建州、光州、朔州、北徐州诸军事、车骑大将军、豫州刺史，增加封邑与原有的封邑总计三千五百户，其余原有的爵职封赠依旧不变。"诏令派遣谒者萧淳风到寿阳册封明彻，在城南设高坛士卒二十万人，置旌旗、陈鼓乐、执戈矛、披甲胄，明彻登坛拜受诏书册封，礼仪完毕而退，将官士卒无不欢呼雀跃。

［原文］

初，秦郡属南兖（yǎn）州，后隶谯（qiáo）州，至是，诏以谯之秦、盱眙（xū yí）、神农三郡还属南兖州，以明彻故也。

六年，自寿阳入朝，舆（yú）驾幸其第，赐钟磬（qìng）一部，米一万斛（hú），绢布二千匹。

七年，进攻彭城。军至吕梁，齐遣援兵前后至者数万，明彻又大破之。八年，进位司空，余如故。又诏曰："昔者军事建旌（jīng），交锋作鼓，顷日讹替，多乖旧章，至于行阵，不相甄（zhēn）别。今可给司空、大都督铁（fǔ）钺（yuè）龙麾，其次将各有差。"寻授都督南北兖南北青谯五州诸军事、南兖州刺史。

［译文］

当初，秦郡属南兖州，后又隶属谯州，到这时，因明彻的缘故，诏令以谯州的

秦郡、盱眙、神农三郡重新归属南兖州。

太建六年（574 年），明彻自寿阳入朝，皇帝车驾临幸明彻府第，赐给钟磬之乐一部，米一万斛，绢布两千匹。

太建七年（575 年），进攻彭城。进军至吕梁，北齐派遣援兵先后来到的共几万人，明彻又大败敌军。太建八年（576 年），晋升为司空，其余官职依旧。又诏令说："从前军队设立旌旗，用于击鼓进军交锋作战时，但近日以来，军纪松弛，大多违背了旧有规章，甚至于各自所属的建制单位，也难以区别分清。现在可授给司空、大都督斧钺和龙旗，他属下的将领所颁授的也是各有等级差别。"不久授职明彻都督南北兖州、南北青州、谯州五州诸军事，南兖州刺史。

［原文］

会周氏灭齐，高宗将事徐、兖，九年，诏明彻进军北伐，令其世子戎昭将军、员外散骑侍郎惠觉摄行州事。明彻军至吕梁，周徐州总管梁士彦率众拒战，明彻频破之，因退兵守城，不复敢出。明彻仍迮(zé)清水以灌其城，环列舟舰于城下，攻之甚急。周遣上大将军王轨将兵救之。轨轻行自清水入淮口，横流竖木，以铁锁贯车轮，遏(è)断船路。诸将闻之，甚惶恐，议欲破堰拔军，以舫(fǎng)载马。马主裴子烈议曰："若决堰下船，船必倾倒，岂可得乎？不如前遣马出，于事为允。"适会明彻苦背疾甚笃，知事不济，遂从之，乃遣萧摩诃帅马军数千前还。明彻仍自决其堰，乘水势以退军，冀其获济。及至清口，水势渐微，舟舰并不得渡，众军皆溃，明彻穷蹙(cù)，乃就执。寻以忧愤遘(gòu)疾，卒于长安，时年六十七。

［译文］

正逢北周灭北齐，陈高宗将要兴军于徐州、兖州，太建九年（577 年），诏令明彻进军北伐，令他的世子戎昭将军、员外散骑侍郎吴惠觉代理南兖州刺史事务。明彻大军至吕梁，北周徐州总管梁士彦率众军拒战，明彻屡次打败他，士彦因此退兵守城，不敢再出战。明彻因此堵塞清水以水淹灌敌城，用舟船团团围住，加紧进攻。北周又派遣上大将军王轨领兵援救士彦。王轨轻装行进，从清水进入淮口，横越淮口之水栽竖木桩，在木桩上用铁锁锁住连贯的车轮，遏断船的航路。众将听说敌人如此设防，非常惶恐，商讨要掘开坝堰，撤走军队，用船载装马匹。马主裴子烈发表意见说："如果决开坝堰，驶入船只，船定会倾倒，岂能实现此举的目的呢？不如先让马匹撤出，于事更妥当一些。"正好当时明彻害背痛病十分厉害，知道决开坝堰撤退行不通，遂听从了裴子烈的建议，于是派遣萧摩诃带领数千骑兵先行撤退。然后，明彻乃亲自率军决开坝堰，借水势涨溢撤退军队，希望此举能获成功。等军队撤至清口，水势已逐渐微弱，舟船不能渡过，众军都溃散，明彻陷入绝境，无计可施，于是被俘。不久，忧愁悲愤而染病，死于长安，当年六十七岁。

［原文］

至德元年诏曰：“李陵矢竭，不免请降，于禁水涨，犹且生获，固知用兵上术，世罕其人。故侍中、司空南平郡公明彻，爰初蹑足，迄届元戎，百战百胜之奇，决机决死之勇，斯亦侔（móu）于古焉。及拓定淮、肥，长驱彭、汴，覆勍寇如举毛，扫锐师同沃雪，风威慑于异俗，功效著于同文。方欲息驾阴山，解鞍瀚海，既而师出已老，数亦终奇，不就结缨之功，无辞入褚之屈，望封崤（xiáo）之为易，冀平翟之非难，虽志在屈伸，而奄中霜露，埋恨绝域，甚可嗟伤。斯事已往，累逢肆赦，凡厥罪戾，皆蒙洒濯，独此孤魂，未沾宽惠，遂使爵土湮没，飨（xiǎng）醊无主。弃瑕录用，宜在兹辰，可追封邵陵县开国侯，食邑一千户，以其息惠觉为嗣。”

水淹七军

当年关羽水淹七军，活捉了曹操的大将于禁。

［译文］

陈后主至德元年（583年），皇帝诏书说：“李陵用完了箭矢，不得不请降于匈奴，于禁因水势涨溢，还是被关羽活捉，由此可知，以上术用兵，世间罕有其人。原侍中、司空、南平郡公明彻，当初开始涉足行伍，直至担任主帅，有百战百胜之奇谋，决胜危机决心战死之勇猛，这也可与古人相等了。及至他开疆拓土、平定淮水肥水之域，长驱直入彭城汴水之地，覆灭强敌如举羽毛之轻，扫荡精锐如沸水融雪之易，威猛之风使异俗敌虏畏惧屈服，功绩昭著于中土之邦。正当他大功将成，即将在阴山下停下战车，在瀚海边解下马鞍之时，不料大军出师经久，旋即锐气已衰，加之他终究命途乖舛，没有成就慷慨赴死的功名，不得不经受做俘虏的委屈，明彻希望能像当年秦穆公打败晋国那样，终能有‘封崤’的机会，并憧憬平定北方的戎狄终究并非难事，虽说他的本心所想是大丈夫应能屈能伸，然而忽然被霜露侵袭，感染风寒之病，终于埋身异国他乡，使报仇雪恨的打算成了终古遗恨，真令人嗟叹伤心。明彻之事已成过去，经过屡次赦免，所有罪犯都承蒙恩赦，洗濯净尽，只有明彻的孤魂没有沾溉皇恩惠泽，得到宽宥，遂使他的赐爵封土湮灭埋没，不能

得到酒食的祭奠。弃去他的过错，采录他的功绩，现在正是时候，可以追封明彻为邵陵县开国侯，赐给封邑一千户，以他的儿子惠觉继承其爵位封邑。”

［原文］

惠觉历黄门侍郎，以平章大宝功，授丰州刺史。

明彻兄子超，字逸世。少倜傥，以干略知名。随明彻征伐，有战功，官至忠毅将军、散骑常侍、桂州刺史，封汝南县侯，邑一千户。卒，赠广州刺史，谥曰节。

［译文］

惠觉做过黄门侍郎，因平定章大宝的功劳，授职丰州刺史。

明彻兄长之子吴超，字逸世。年轻时豪爽洒脱，以才干谋略知名于世。跟从明彻征伐，有战功，官做到忠毅将军、散骑常侍、桂州刺史，封汝南县侯，封邑一千户。死后，朝廷追赠为广州刺史，赐谥为“节”。

魏书

崔浩传

［原文］

崔浩，字伯渊，清河人也，白马公玄伯之长子。少好文学，博览经史，玄象阴阳，百家之言，无不关综，研精义理，时人莫及。弱冠为直郎。天兴中，给事秘书，转著作郎。太祖以其工书，常置左右。太祖季年，威严颇峻，宫省左右多以微过得罪，莫不逃隐，避目下之变，浩独恭勤不怠，或终日不归。太祖知之，辄命赐以御粥。其砥(dǐ)直任时，不为穷通改节，皆此类也。

［译文］

崔浩，字伯渊，清河郡人，是白马公崔玄伯的长子。他自幼喜爱文学，博览儒家经典和史学著作，天象阴阳及诸子百家的学说都能融会贯通，探究精神实质，同时代的人没有谁能赶得上他。二十岁的时候，崔浩出任直郎。天兴年间，崔浩在秘书省供职，转任著作郎。北魏太祖拓拔珪因为崔浩写得一手好字，经常把他留在身边。太祖晚年，对臣下极其严厉，宫省近臣大都因小过而获罪，大家都避职藏责，以免遭到眼前的不测之祸。只有崔浩恭谨勤勉，毫不懈怠，有时因办理公事整天都不回家。太祖知道这个情况后，常让人把自己吃的粥赏赐给他。崔浩就是这样砥砺自己，任何时候都正直行事，不因贫困或显达而改变自己的操守。

［原文］

太宗初，拜博士祭酒，赐爵武城子，常授太宗经书。每至郊祠，父子并乘轩轺，时人荣之。太宗好阴阳术数，闻浩说《易》及《洪范》五行，善之，因命浩筮吉凶，参观天文，考定疑惑。浩综核天人之际，举其纲纪，诸所处决，多有应验。恒与军国大谋，甚为宠密。是时，有兔在后宫，验问门官，无从得入。太宗怪之，命浩推其咎征。浩以为当有邻国贡嫔嫱(pín qiáng)者，善应也。明年，姚兴果献女。

［译文］

太宗明元帝拓拔嗣即位初期，任命崔浩为博士祭酒，授爵为武城子。崔浩经常向太宗讲授儒家经书。每到举行郊祀的时候，他与父亲都乘车从驾，当时的人都

为他们感到光荣。太宗喜欢阴阳占卜，听说崔浩讲述《周易》及《洪范》的五行学说，认为很好，便让崔浩占卜吉凶，并参看天象变化，以分析和解决疑难问题。崔浩对天象人事进行综合考察，找出其间的重要关系，他作出的判断，大部分都是灵验的。他一直参与制定军国大计，深得太宗宠信和亲近。一天，有只兔子出现在后宫，查问守宫门的官吏，也弄不清兔子是从哪儿进来的。太宗对此感到奇怪，就命崔浩判断是不是灾难的征兆。崔浩认为这将是邻国贡献女子为嫔妃的征兆，是个好兆头。第二年，姚兴果然献女于魏。

［原文］

神瑞二年，秋谷不登，太史令王亮、苏垣因华阴公主等言谶(chèn)书国家当治邺，应大乐五十年，劝太宗迁都。浩与特进周澹(dàn)言于太宗曰："今国家迁都于邺，可救今年之饥，非长久之策也。东州之人，常谓国家居广漠之地，民畜无算，号称牛毛之众。今留守旧都，分家南徙，恐不满诸州之地。参居郡县，处榛(zhēn)林之间，不便水土，疾疫死伤，情见事露，则百姓意沮。四方闻之，有轻侮之意，屈丐、蠕蠕(rú rú)必提挈而来，云中、平城则有危殆之虑。阻隔恒代千里之险，虽欲救援，赴之甚难，如此则声实俱损矣。今居北方，假令山东有变，轻骑南出，耀威桑梓之中，谁知多少？百姓见之，望尘震服。此是国家威制诸夏之长策也。至春草生，乳酪(lào)将出，兼有菜果，足接来秋，若得中熟，事则济矣。"太宗深然之，曰："唯此二人，与朕意同。"复使中贵人问浩、澹曰："今既糊口无以至来秋，来秋或复不熟，将如之何？"浩等对曰："可简穷下之户，诸州就谷，若来秋无年，愿更图也，但不可迁都。"太宗从之，于是分民诣山东三州食，出仓谷以禀之。来年遂大熟。赐浩、澹妾各一人，御衣一袭，绢五十匹，绵五十斤。

［译文］

神瑞二年（415 年），秋天庄稼收成不好，太史令王亮、苏垣通过华阴公主等人向太宗说根据谶书魏国应当建都邺城，如此将会享受五十年的大好时光，因而劝太宗迁都。崔浩与特进周澹对太宗说："现在国家迁都到邺城，虽可以度过今年的饥荒，但不是长久之计。京都平城东面各州的百姓，常以为国家位于广漠的草原上，人口和牲畜不计其数，多如牛毛。如今要留下部分人守旧都，另分家向南迁徙，恐怕不能遍布各州地方。而且散到各郡县，安家于林间野地，不服水土，会因疾病而发生死伤，这些事情出现后，百姓一定会感到丧气。四方邻国听到后，便会产生轻视欺侮我国的念头，西边的赫连勃勃和北边的柔然必定会联合进攻我们，云中和平城一带就会相当危急。邺城与平城相隔千里之遥，加上恒山、代地道路险峻，即使想援救，进军也非常困难，这样一来，声誉和实力都会受到损害。现在我们定都在北边，假如恒山以东的地方发生事变，则可以轻骑南下，驰骋于平野之中，有谁弄得清楚究竟有多少兵马？百姓单看见骑兵扬起的尘土，也会恐惧屈服。这才是我国用武力制服中原的长久办法。只要等到春天青草长出来，牲畜就会产乳，加上蔬菜水果，足以接济到明年秋天，只要明年秋天有个中等收成，形势就会好转。”太宗认为这话很正确，说：“只有这两个人与我意见相同。”又派宦官问崔浩、周澹说：“现在就是勉强养家糊口也无法拖到明年秋熟，要是明年秋天收成又不好，那该怎么办呢？”崔浩等人回答说：“可以挑选极贫穷的人家到各州有粮食的地方去就食，假如明年收成不好，可以再想办法，只是不能迁都。”太宗采纳了崔浩的建议，于是分民户到恒山以东三州就食，并拿出库藏谷物供给他们。第二年果然获得大丰收。于是赏赐崔浩、周澹每人一妾，皇帝穿的衣服一件，绢五十匹，绵五十斤。

［原文］

初，姚兴死之前岁也，太史奏：荧惑在匏（páo）瓜星中，一夜忽然亡失，不知所在。或谓下入危亡之国，将为童谣妖言，而后行其灾祸。太宗闻之，大惊，乃召诸硕儒十数人，令与史官求其所诣。浩对曰：“案《春秋左氏传》说神降于莘，其至之日，各以其物祭也。请以日辰推之，庚午之夕，辛未之朝，天有阴云，荧惑之亡，当在此二日之内。庚之与未，皆主于秦，辛为西夷。今姚兴据咸阳，是荧惑入秦矣。”诸人皆作色曰：“天上失星，人安能知其所诣，而妄说无征之言。”浩笑而不应。后八十余日，荧惑果出于东井，留守盘旋，秦中大旱赤地，昆明池水竭，童谣讹言，国内喧扰。明年，姚兴死，二子交兵，三年国灭。于是诸人皆服曰：“非所及也。”

左丘明

［译文］

起先，姚兴死的前一年，太史上奏说：荧惑星本来在匏瓜星中，一天夜里忽然失去踪影，不知所在。有人说荧惑星降落到将要灭亡的国家，将有谣言妖语，之后就会应验，成为灾难。太宗听闻，极为惊恐，于是找来

十多个大儒，让他们同史官一起探讨荧惑星到了什么地方。崔浩回答说："据《春秋左氏传》说，天神降临莘地，当它降临那天，人们分别用相应的物品进行祭祀。现请允许我根据日期和时辰进行推断，庚午日的傍晚，辛未日的早晨，天上有阴云，荧惑星不见的时间，应当在这两天之内。庚与未都指的是秦地，辛指的是西方夷族。现在姚兴占有咸阳，这就是说荧惑星到了秦国。"许多人都生气地说："天上星星不见了，世人怎能知道它的去向，你却胡说些毫无根据的话。"崔浩笑而不答。过了八十多天，荧惑星果然在东井星旁出现，在那儿徘徊不定，结果秦地发生大旱灾，旱地千里，昆明池中的水都干涸了，谣言和妖语四起，国内扰攘不宁。次年，姚兴死去，他的两个儿子相互厮杀，三年时间国家就灭亡了。于是大家都折服说："崔浩不是我们能赶得上的。"

［原文］

泰常元年，司马德宗将刘裕伐姚泓(hóng)，舟师自淮泗(sì)入清，欲溯河西上，假道于国。诏群臣议之。外朝公卿咸曰："函谷关号曰天险，一人荷戈，万夫不得进。裕舟船步兵，何能西入？脱我乘其后，还路甚难。若北上河岸，其行为易。扬言伐姚，意或难测，假其水道？寇不可纵，宜先发军断河上流，勿令西过。"又议之内朝，咸同外计。太宗将从之。浩曰："此非上策。司马休之之徒扰其荆州，刘裕切齿来久。今兴死子劣，乘其危亡而伐之，臣观其意，必欲入关。劲躁之人，不顾后患。今若塞其西路，裕必上岸北侵，如此则姚无事而我受敌。今蠕蠕内寇，民食又乏，不可发军。发军赴南则北寇进击，若其救北则东州复危。未若假之水道，纵裕西入，然后兴兵塞其东归之路，所谓卞庄刺虎，两得之势也。使裕胜也，必德我假道之惠；令姚氏胜也，亦不失救邻之名。纵使裕得关中，县远难守，彼不能守，终为我物。今不劳兵马，坐观成败，斗两虎而收长久之利，上策也。夫为国之计，择利而为之，岂顾婚姻，酬一女子之惠哉？假令国家弃恒山以南，裕必不能发吴越之兵与官军争守河北也，居然可知。"议者犹曰："裕西入函谷，则进退路穷，腹背受敌；北上岸则姚军必不出关助我。扬声西行，意在北进，其势然也。"太宗遂从群议，遣长孙嵩发兵拒之，战于畔城，为裕将朱超石所败，师人多伤。太宗闻之，恨不用浩计。

［译文］

泰常元年（416 年），东晋安帝司马德宗的将领刘裕进攻姚泓，水军从淮河、泗水进入清水，准备溯河西进，借道魏国。太宗命令群臣就此事进行讨论。外朝公卿们都说：“函谷关号称天险，一人持戈据守，万人也难攻进去。刘裕依靠船只和步兵，怎么能西入关中？假如我们起兵断绝他的后路，他要撤退回去都相当困难。但如果他想到黄河北岸进攻我们，行动起来就比较容易。他声称讨伐姚泓，本意难以预料，怎能把水路借给他？对强盗不应放纵，应该先派兵堵住黄河上游，不让他到西边去。”又在内朝官员之间进行讨论，都同意外朝公卿们的计谋。太宗正准备采纳这一计谋，崔浩说：“这不是上策。司马休之那帮人骚扰刘裕的荆州，刘裕对他们痛恨已久。如今姚兴死了，他的儿子又无才能，刘裕乘其危亡的时候进行讨伐，我看他的本意，一定是想进入关中。恃勇轻躁的人，是不会顾及后患的。现在如果切断他向西进军的道路，刘裕一定会上岸向北侵犯，这样的话，姚泓反倒没事，而我们却受到敌人的攻击。最近柔然向南进犯，百姓又缺乏粮食，所以不宜征发军队。如果发兵到南边，北边的敌人将大举进攻，若回军救援，平城以东的地方又有危险。不如把水路借给他，让刘裕西入关中，然后起兵切断他向东归的退路，这就好比卞庄刺虎，势在一举两得。假如刘裕取得胜利，肯定会因为我们借路给他而感恩戴德；假如姚泓胜了，我们也不会失掉援助邻邦的名誉。就算刘裕夺得关中，但与江南隔得太远，难以据守，他不能据守，最终还是归于我们。现在我们不用劳累兵马，坐观成败，使两虎相斗而获得长久的利益，才是上策。国家大计，应当择利而行，怎么能考虑婚姻关系，为了酬报一个女子的恩惠呢？假如我们放弃恒山以南的土地，刘裕绝不可能派江南兵同我国军队争夺黄河以北的地方，这是显而易见的。”参加讨论的其他人仍然说：“刘裕如果西入函谷关，将进退无路，腹背受敌；如果上黄河北岸进攻我们，姚泓的军队则绝不会出函谷关援助我们。所以刘裕声称进攻西边的姚泓，而其本意却是想进攻北方，形势就是这样啊。”于是太宗听从大家的意见，派长孙嵩率军阻挡刘裕，在畔城发生战斗，被刘裕的将领朱超石打败，兵士伤亡很大。太宗听到了这一消息，悔恨没有采纳崔浩的计策。

卞庄刺虎

卞庄子刺虎，是先坐山观虎斗，各个击破。

［原文］

二年，司马德宗齐郡太守王懿(yì)来降，上书陈计，称刘裕在洛，劝国家以军绝其后路，则裕军可不战而克。书奏，太宗善之。会浩在前

进讲书传，太宗问浩曰："刘裕西伐，前军已至潼关。其事如何？以卿观之，事得济不？"浩对曰："昔姚兴好养虚名，而无实用。子泓又病，众叛亲离。裕乘其危，兵精将勇，以臣观之，克之必矣。"太宗曰："刘裕武能何如慕容垂？"浩曰："裕胜。"太宗曰："试言其状。"浩曰："慕容垂乘父祖世君之资，生便尊贵，同类归之，若夜蛾之赴火，少加倚仗，便足立功。刘裕挺出寒微，不阶尺土之资，不因一卒之用，奋臂大呼而夷灭桓玄，北擒慕容超，南摧卢循等，僭(jiàn)晋陵迟，遂执国命。裕若平姚而还，必篡其主，其势然也。秦地戎夷混并，虎狼之国，裕亦不能守之。风俗不同，人情难变，欲行荆扬之化于三秦之地，譬无翼而欲飞，无足而欲走，不可得也。若留众守之，必资于寇。孔子曰：善人为邦百年，可以胜残去杀。今以秦之难制，一二年间岂裕所能哉？且可治戎束甲，息民备境，以待其归，秦地亦当终为国有，可坐而守也。"太宗曰："裕已入关，不能进退，我遣精骑南袭彭城、寿春，裕亦何能自立？"浩曰："今西北二寇未殄，陛下不可亲御六师。兵众虽盛，而将无韩白。长孙嵩(sōng)有治国之用，无进取之能，非刘裕敌也。臣谓待之不晚。"太宗笑曰："卿量之已审矣。"浩曰："臣尝私论近世人物，不敢不上闻。若王猛之治国，苻坚之管仲也；慕容玄恭之辅少主，慕容暐(wěi)之霍光也；刘裕之平逆乱，司马德宗之曹操也。"太宗曰："卿谓先帝如何？"浩曰："小人管窥悬象，何能见玄穹之广大。虽然，太祖用漠北醇朴之人，南入中地，变风易俗，化洽四海，自与羲农齐列，臣岂能仰名。"太宗曰："屈丐何如？"浩曰："屈丐家国夷灭，一身孤寄，为姚氏封殖。不思树党强邻，报仇雪耻，乃结忿于蠕蠕，背德于姚兴，撅竖小人，无大经略，正可残暴，终为人所灭耳。"太宗大悦，语至中夜，赐浩御缥醪(láo)酒十觚(gū)，水精戎盐一两。曰："朕味卿言，若此盐酒，故与卿同其旨也。

［译文］

泰常二年（417 年），东晋齐郡太守王懿来投降，上书陈述计谋，说眼下刘裕在上洛，力劝魏国发兵断绝刘裕的后路，这样不费力就可消灭刘裕的军队。太宗认为这主意不错。刚好崔浩在太宗面前讲授经书史籍，太宗便问崔浩："刘裕西伐姚泓，士兵已抵达潼关。这事怎么样？以你看来，刘裕会不会成功？"崔浩回答说："先前姚兴喜欢沽名钓誉，实际上却无用处。他的儿子姚泓又犯这个毛病，搞得众叛亲离。刘裕乘其危难，加上兵精将勇，以臣下看来，他肯定能打败姚泓。”太宗说：“刘裕勇武才能比得上慕容垂吗？”崔浩说：“刘裕胜过慕容垂。”太宗说：“请你具体说说。”崔浩说：“慕容垂凭借父亲和祖父世代为国君的资本，生下来就尊贵，同族人投靠他，就像夜间灯蛾扑火一样，所以稍稍加以利用，就可以建立功业。刘裕从寒族微贱中挺身而出，没有一尺土地作为资本，也没有一个士兵可以利用，只振臂大呼便消灭了桓玄，在北边活捉了南燕国主慕容超，在南边打败了卢循之辈，趁伪晋主衰弱之机，掌握了国家大政。这次刘裕如果消灭姚泓胜利而返，一定会篡夺皇位，形势就是如此。但秦地夷人、戎人混居一处，风俗暴戾，刘裕也难据守。风俗不同，人心难以改变，想把荆、扬一带实行的政策法令推行到三秦之地，就好像没生翅膀却想飞翔，没长双足却想行走，这是不可能的。如果留大军驻守，兵众必将为仇敌所得。孔子说：有德行的人治理国家一百年，才可使凶暴的人化而为善，不去相互仇杀。而今秦地如此难以制服，刘裕岂能在一两年间便治理好呢？我们应该整治军备，按兵不动，减轻百姓负担，派兵防守边境，等刘裕撤军，秦地最终仍将为我国所有，我们可以坐享其成。”太宗说：“刘裕的军队已经进入函谷关，进退不得，如我派精锐骑兵向南袭击彭城、寿春，刘裕又怎能坚持得住呢？”崔浩说：“如今我们西边和北边的两家仇敌还未消灭，陛下不能亲自统帅大军前往。我们兵士虽多，但没有韩信、白起那样的将领。长孙嵩虽有治国之才，却没有指挥队伍冲锋陷阵的才能，不是刘裕的对手。臣下认为再等一等也不为晚。”太宗笑着说：“你分析得已经很透彻了。”崔浩说：“我曾私下里对近代人物作过评论，不敢不让陛下知道。像王猛治理国家，好比苻坚的管仲；慕容玄恭辅佐幼主，好比慕容時的霍光；刘裕平定叛乱，可说得上是司马德宗的曹操。”太宗说：“你认为先帝是什么样的人呢？”崔浩说：“我一个小人，管中窥天，怎能看得出上天的辽阔。话说回来，太祖统率漠北敦厚纯朴的人向南进入中原，改变风俗，教化周遍四海，自然与伏羲、神农并列，岂是我所能称道的。”太宗问：“赫连屈丐怎样呢？”崔浩说：“屈丐家破人亡，国家毁灭，只身飘零，得到姚兴的扶持，不想办法与邻近的强国联合起来，报仇雪耻，却与柔然结仇，忘记姚兴的恩德。他是个卑劣小人，没有远大的韬略，只不过残暴一时，终将被人消灭。”太宗很高兴，两人谈到半夜，太宗赏赐崔浩御用的缥醪酒十觚、水精戎盐一两，并说：“我体味你的话，如同品尝这盐和酒，所以与你一同分享这美味。”

伏羲

［原文］

三年，彗星出天津，入太微，经北斗，络紫微，犯天棓（bàng），八十余日，至汉而灭。太宗复召诸儒术士问之

曰："今天下未一，四方岳峙，灾咎之应，将在何国？朕甚畏之，尽情以言，勿有所隐。"咸共推浩令对。浩曰："古人有言，夫灾异之生，由人而起。人无衅焉，妖不自作。故人失于下，则变见于上，天事恒象，百代不易。《汉书》载王莽篡位之前，彗星出入，正与今同。国家主尊臣卑，上下有序，民无异望。唯僭(jiàn)晋卑削，主弱臣强，累世陵迟，故桓玄逼夺，刘裕秉权。彗孛(bèi)者，恶气之所生，是为僭晋将灭，刘裕篡之之应也。"诸人莫能易浩言，太宗深然之。五年，裕果废其主司马德文而自立。南镇上裕改元赦书。时太宗幸东南潟卤(lǔ xì)池射鸟，闻之，驿召浩，谓之曰："往年卿言彗星之占验矣，朕于今日始信天道。"

［译文］

泰常三年（418年），彗星出现在天津星附近，穿过太微星，经由北斗，掠过紫微星，直达天棓星，八十多天后，到银河才消失。太宗又把众儒生和方术之士找来，问他们："如今天下没有统一，各地方势力互相对峙，灾异将在哪一国应验呢？这事很让我害怕，你们把真实情况全部说出来，不要隐瞒。"大家都推让崔浩来回答。崔浩说："古时候的人说，灾异的发生是由人们的行为造成的。人若没有罪过，怪异就无从形成。所以人在世上有过失，天象就会发生变化，天象变化有一定之规律，经历百代也不会改变。《汉书》中记载王莽篡位以前，有彗星出入其他星宿，正好同今日的一样。国家主上尊崇，群臣卑下，上下有秩序，百姓没有非分的想法。只有伪晋卑微，主弱臣强，几代皇室衰败不振，所以桓玄篡位，刘裕掌权。彗星是恶气形成的，它是僭晋行将灭亡，刘裕将篡夺帝位的征兆。"其他人没有谁能推翻崔浩这一说法，太宗深表赞同。泰常五年（420年），刘裕果然废掉东晋恭帝司马德文而自立为帝。南边各镇送来刘裕改年号时颁布的大赦令。当时太宗在平城东南的潟卤池射鸟，听到这消息，用驿马把崔浩找来，对他说："你往年就彗星作出的占辞如今应验了，我从今天开始相信天道。"

彗 星

在中国古人的心目中，彗星出现意味着将有灾祸发生。

［原文］

初，浩父疾笃，浩乃剪爪截发，夜在庭中仰祷斗极，为父请命，求以

身代，叩头流血，岁余不息，家人罕有知者。及父终，居丧尽礼，时人称之。袭爵白马公。朝廷礼仪、优文策诏、军国书记，尽关于浩。浩能为杂说，不长属文，而留心于制度、科律及经术之言。作家祭法，次序五宗，蒸尝之礼，丰俭之节，义理可观。性不好《老》《庄》之书，每读不过数十行，辄弃之，曰：“此矫诬之说，不近人情，必非老子所作。老聃(dān)习礼，仲尼所师，岂设败法文书，以乱先王之教。袁生所谓家人筐箧(qiè)中物，不可扬于王庭也。”

［译文］

起先，崔浩父亲患了重病，崔浩便剪了指甲，削短头发，夜里在院子中向着北斗祷告，请求用自己的生命换取父亲的生命，不停地叩头，直到流出血来，这样过了一年多，从不间断，家中很少有人知道。父亲死后，崔浩又完全遵照礼仪守丧，当时人都称赞他。崔浩继承了父亲白马公的爵位，朝廷礼仪、优文、策命、诏诰及军国文书，都由崔浩经手办理。他擅长论说，而不长于写文章，对制度、法令和经术都很留心。崔浩还制定家祭的方法，排定五宗次序，考究祭祀的礼节，讲明持家的原则，所讲道理都值得借鉴。他生性不喜欢《老子》《庄子》，每次阅读不到数十行便扔在一边，说：“这是欺骗人的学说，不近人情，肯定不是老子撰写的。老聃明习礼仪，孔子还向他学习，怎会写出败坏法制的著作，以扰乱先代圣王的教义呢？这就像袁生所说的私人杂货篓子中的东西，不能在朝廷中宣讲。”

［原文］

太宗恒有微疾，怪异屡见，乃使中贵人密问于浩曰：“《春秋》：星孛(bèi)北斗，七国之君皆将有咎(jiù)。今兹日蚀于胃昴(mǎo)，尽光赵代之分野。朕疾弥年，疗治无损，恐一旦奄忽，诸子并少，将如之何？其为我设图后之计。”浩曰：“陛下春秋富盛，圣业方融，德以除灾，幸就平愈。且天道悬远，或消或应。昔宋景见灾修德，荧惑退舍。愿陛下遣诸忧虞，恬神保和，纳御嘉福，无以暗昧之说，致损圣思。必不

老子

得已，请陈瞽言：自圣化龙兴，不崇储贰，是以永兴之始，社稷几危。今宜早建东宫，选公卿忠贤陛下素所委仗者使为师傅，左右信臣简在圣心者以充宾友，入总万机，出统戎政，监国抚军，六柄在手。若此，则陛下可以优游无为，颐神养寿，进御医药。万岁之后，国有成主，民有所归，则奸宄息望，旁无觊觎。此乃万世之令典，塞祸之大备也。今长皇子焘，年渐一周，明睿温和，众情所系，时登储副，则天下幸甚。立子以长，礼之大经。若须并待成人而择，倒错天伦，则生履霜坚冰之祸。自古以来，载籍所记，兴衰存亡，鲜不由此。”太宗纳之。于是使浩奉策告宗庙，命世祖为国副主，居正殿临朝。司徒长孙嵩、山阳公奚斤、北新公安同为左辅，坐东厢西面；浩与太尉穆观、散骑常侍丘堆为右弼，坐西厢东面，百僚总已以听焉。太宗避居西宫，时隐而窥之，听其决继。大悦，谓左右侍臣曰：“长孙嵩宿德旧臣，历事四世，功存社稷；奚斤辩捷智谋，名闻遐迩；安同晓解俗情，明练于事；穆观达于政要，识吾旨趣；崔浩博闻强识，精于天人之会；丘堆虽无大用，然在公专谨。以此六人辅相，吾与汝曹游行四境，伐叛柔服，可得志于天下矣。”群臣时奏所疑，太宗曰：“此非我所知，当决之汝曹国主也。”

善言格天

春秋宋景公时，荧惑出现在心宿，按当时人的理解，应有灾祸发生。大臣劝宋景公责罚宰相，规避灾祸。宋景公不同意，认为自己作为国君理应承受上天的惩罚。由于宋景公的德行，荧惑退出了心宿。此事固然荒诞，但反映了在古人心中，修德能够感动上天。

［译文］

太宗一直有小病，经常出现怪异现象，于是派宦官暗中问崔浩：“《春秋》上说：彗星扫过北斗，七国君主都将有灾祸。现在日食发生于胃星和昴星一带，在赵、代分野的星宿附近达到全食。我患病已整一年，经治疗也未见减轻。我担心一旦去世，几个儿子都还年幼，这该怎么办呢？你给我考虑一下身后之计吧。”崔浩说：“陛下年富力强，伟

大的事业正在蒸蒸日上，修德能消灾，但愿陛下日渐康复。况且天道渺渺，有的应验，有的不应验。以前宋景公见到灾异现象，便修养自己的德行，结果荧惑星退回到原来所在的地方。希望陛下排除种种忧虑，使精神恬淡安和，享受福庆，不要让暗昧的想法损伤您的思虑。但一定要让我说身后事的话，就容许我说些胡话吧：自从国家开创以来，本朝就不重视继承人，所以永兴初年的时候，国家几乎因此危亡。现在应当早立太子，选拔公卿大臣中忠诚贤能、陛下平常信得过的人做太子的师傅，选拔左右亲信之臣做太子的宾友，让太子对内统理国家大政，对外统帅军事，监察国政，统辖军队，掌握生杀予夺的权力。这样，陛下就可以悠闲无事，养神延寿，治疗身体。您百年以后，国家有现成的君主，人民也知道该归服谁，奸诈之徒就不会有非分的想法，旁人也不会有觊觎的心理。这是继承万代法则，防备祸乱的好办法。如今皇长子拓跋焘，年龄快十二岁了，聪明睿智，人心所向，尽快把他立为太子，这就是天下大幸。立长子为太子，是古礼的重要原则，假如等到皇子们都成人后才作选择，违反了天伦，便一定会发生祸乱。自古以来，书籍上记载的兴衰存亡，很少不是因为这个缘故。”太宗采纳了崔浩的意见。于是让崔浩带上册立拓跋焘的策文敬告宗庙，册立拓跋焘为国家的副主，居于正殿，临朝听政。以司徒长孙嵩、山阳公奚斤、北新公安同为左辅，在正殿东厢向西而坐；崔浩与太尉穆观、散骑常侍丘堆为右弼，在正殿西厢向东而坐，百官听命于副主。太宗迁居西宫，时常躲在一旁观察，审听副主处理政事。太宗很高兴地对左右侍臣说：“长孙嵩是朝中德高望重的老臣，侍奉过四朝君主，对国家立有大功；奚斤能言善辩而有谋略，远近闻名；安同了解世间情状，办事干练；穆观深知为政大体，明白我的意图；崔浩见多识广，记忆力好，又精通天道和人事之间的关系；丘堆虽然没有大的才干，但为公家办事专心谨慎。有这六人辅佐副主，我与你们巡行边境，讨伐叛乱者，绥抚服从者，这样就可以实现统一天下的志向了。”群臣有时向他报告一些难以处理的事，太宗说：“这事不该我管，应当去找你们的国主作决定。”

[原文]

会闻刘裕死，太宗欲取洛阳、虎牢、滑台。浩曰：“陛下不以刘裕欻(xū)起，纳其使贡，裕亦敬事陛下。不幸今死，乘丧伐之，虽得之不令。《春秋》晋士丐帅师侵齐，闻齐侯卒，乃还。君子大其不伐丧，以为恩足以感孝子，义足以动诸侯。今国家亦未能一举而定江南，宜遣人吊祭，存其孤弱，恤其凶灾，布义风于天下，令德之事也。若此，则化被荆扬，南金象齿羽毛之珍，可不求而自至。裕新死，党与未离，兵临其境，必相率拒战，功不可必，不如缓之，待其恶稔。如其强臣争权，变难必起，然后命将扬威，可不劳士卒，而收淮北之地。”太宗锐意南伐，诘浩曰：“刘裕因姚兴死而灭其国，裕死我伐

之，何为不可？”浩固执曰：“兴死，二子交争，裕乃伐之。”太宗大怒，不从浩言，遂遣奚斤南伐。议于监国之前曰：“先攻城也？先略地也？”斤曰：“请先攻城。”浩曰：“南人长于守城，苻氏攻襄阳，经年不拔。今以大国之力攻其小城，若不时克，挫损军势，敌得徐严而来。我怠彼锐，危道也。不如分军略地，至淮为限，列置守宰，收敛(liǎn)租谷。滑台、虎牢反在军北，绝望南救，必沿河东走。若或不然，即是囿(yòu)中之物。”公孙表请先图其城。斤等济河，先攻滑台，经时不拔，表请济师。太宗怒，乃亲南巡。拜浩相州刺史，加左光禄大夫，随军为谋主。

［译文］

当听到刘裕死去的消息，太宗打算攻占洛阳、虎牢、滑台。崔浩说：“陛下不因为刘裕忽然兴起而为意，还是接待他的使臣，收取他贡献的物品，刘裕侍奉陛下也很恭敬。而今他不幸死去，我们趁着丧事出兵讨伐，即便取得城池，也不是好事。据《春秋》记载，晋国士丐统帅军队进攻齐国，听到齐侯的死讯，当即撤军，有德的人都赞赏士丐不趁人有丧事而进行讨伐，认为他的恩德足以感动孝子，他的仁义足以激励诸侯。如今我们也不可能一举平定江南，所以应该派人去吊丧，慰问刘裕的孤儿弱子，体恤他们所蒙受的灾祸，使陛下德义之风传遍天下，这是美德之事。这样，我国的教化便可推行到江南，南方的金、象牙、羽毛等珍宝，用不着去索求，自然会送上门来的。刘裕刚死，党羽没有离散，如大军压境，他们一定会齐心抵抗，我们并非一定能取胜。倒不如慢慢来，等到他们的罪恶充分暴露以后再说。如果他们强臣相互争权夺利，则必然会发生祸乱，那时再命将出师，奋扬国威，就可以不使士卒劳累，而占有淮河以北的土地。”太宗执意南伐，反驳崔浩说：“刘裕趁姚兴死后，灭亡了他的国家，现在刘裕死了，我进行讨伐，为什么不可以呢？”崔浩坚持说：“姚兴死后，他的两个儿子互相争权，刘裕才起兵讨伐他们。”太宗大怒，不听从崔浩的建议，便派遣奚斤南伐。他们在监国拓跋焘面前讨论进军事宜，拓跋焘问：“应该先攻占城池呢？还是应该先夺取土地？”奚斤说：“我想先攻占城池。”崔浩说：“南方人擅长守城，当初苻坚攻襄阳，一年也没攻下。现在用大国的军力去进攻小城池，假如不能立刻攻下来，就会有损我军的势力，敌人便可以慢慢整装而来。那时我军疲惫，敌军士气正盛，可就危险了。不如把军队分散，占据地盘，到淮河为止，于各处设置郡县长官，收纳租谷。滑台、虎牢等城反在我军的北面，没有希望得到南方部队的救援，肯定会沿黄河向东逃窜。如不逃走，就会成为苑囿中的猎物了。”公孙表请求先攻打城池。奚斤等率军渡过济河，先向滑台发起攻击，过了很久没有攻下，上书请求增派军队。太宗很生气，便亲自率军南下。任命崔浩为相州刺史，加左光禄大夫之官，随军作为参谋。

［原文］

及车驾之还也，浩从太宗幸西河、太原。登憩高陵之上，下临河流，傍览川域，慨然有感，遂与同僚论五等郡县之是非，考秦始皇、汉武帝之违失。好古识治，时伏其言。天师寇谦之每与浩言，闻其论古治乱之迹，常自夜达旦，竦意敛容，无有懈倦。既而叹美之曰：“斯言也惠，皆可底行，亦当今之皋繇也。但世人贵远贱近，不能深察之耳。”因谓浩曰：“吾行道隐居，不营世务，忽受神中之诀，当兼修儒教，辅助泰平真君，继千载之绝统。而学不稽古，临事暗昧。卿为吾撰列王者治典，并论其大要。”浩乃著书二十余篇，上推太初，下尽秦汉变弊之迹，大旨先以复五等为本。

［译文］

当太宗返回时，崔浩随从到达西河、太原。崔浩登上一座高高的山陵，在上面歇息，山下有黄河流过，四望山川土地，感慨顿生，于是和同僚讨论起五等分封制与郡县制的是与非，考察秦始皇与汉武帝的过失。崔浩喜爱古代制度，懂得治国之道，当时人都佩服他的言论。天师寇谦之常同崔浩交谈，倾听崔浩谈说古代治乱的往事，常常从夜晚一直谈到第二天早晨，神情肃敬庄重，没有倦意。过后他赞叹崔浩说：“这些话都很好，全都得到实行的话，崔浩该是当今皋陶了。只是世人看重古人而轻视今人，不能深入地思索他的话罢了。”于是他对崔浩说：“我信奉道教，隐居世外，不问世事，现忽然得到神仙秘诀，我应当兼学儒家教义，辅助太平真君，继承断绝千年的道统。求学而不研究古代，遇事就茫然不知。您为我撰写一本记叙先代诸王治国方针的书，并且就这些方针的要旨做出评论。”崔浩便写了二十多篇文章，上自天地开辟之时，下至秦汉改朝换代的历史，主要精神是以恢复五等分封制为治国的根本。

皋陶

皋繇又名皋陶，与尧、舜、禹同为“上古四圣”，是舜帝执政时期的士师，相当于国家司法长官。皋陶又是上古时期伟大的政治家、思想家、教育家，被史学界和司法界公认为“司法鼻祖”。禹根据皋陶的品德和功劳而推举他为继承人，并授政于他，但皋陶未继位即去世。

［原文］

世祖即位，左右忌浩正直，共排毁之。世祖虽知其能，不免群议，故出浩，以公归第。及有疑议，召而问焉。浩纤妍洁白，如美妇人。而性敏

达，长于谋计，常自比张良，谓己稽古过之。既得归第，因欲修服食养性之术，而寇谦之有《神中录图新经》，浩因师之。

[译文]

世祖太武帝拓跋焘即帝位后，左右近臣忌惮崔浩正直，联合排斥诋毁他。世祖虽然知道崔浩有才能，但不能不照顾众人的议论，所以罢了崔浩的官，让他以白马公的身份回家。碰上什么疑难之事，才把他找来询问。崔浩身体纤弱俊美，皮肤洁白，像个漂亮女人。但他生性聪明，通达事理，善于谋略，常把自己比作张良，声称自己在研习古事方面还超过了张良。被罢免回家后，崔浩便想学习道家服食仙药保养性命的方法，寇谦之又有《神中录图新经》一书，崔浩便拜寇谦之为师。

[原文]

始光中，进爵东郡公，拜太常卿。时议讨赫连昌，群臣皆以为难，唯浩曰："往来以来，荧惑再守羽林，皆成钩巳，其占秦亡。又今年五星并出东方，利以西伐。天应人和，时会并集，不可失也。"世祖乃使奚斤等击蒲坂，而亲率轻骑袭其都城，大获而还。及世祖复讨昌，次其城下，收众伪退。昌鼓噪而前，舒阵为两翼。会有风雨从东南来，扬沙昏冥。宦者赵倪进曰："今风雨从贼后来，我向彼背，天不助人。又将士饥渴，愿陛下摄骑避之，更待后日。"浩叱之曰："是何言欤！千里制胜，一日之中岂得变易？贼前行不止，后已离绝，宜分军隐出，奄击不意。风道在人，岂有常也！"世祖曰"善。"分骑奋击，昌军大溃。

[译文]

始光年间，世祖把崔浩的爵位升为东郡公，任命他为太常卿。当时正在讨论讨伐赫连昌一事，群臣都认为这事难办，只有崔浩说："去年以来，荧惑星两次出现在羽林四十五星中，同它们形成钩形，作'巳'字状，预示秦地国家将灭亡。而且今年金、木、水、火、土五星同时出现在东方，有利于向西方进军。上天和人事相应，四时运行也正和顺，不应失去这大好时机。"世祖于是派奚斤等进攻蒲坂，而自己亲率轻装骑兵袭击赫连昌的都城，取得重大胜利后而回。当世祖再次讨伐赫连昌时，驻军于他的都城下，招集大军佯作败退。赫连昌的军队擂动战鼓，呼叫着向前冲锋，把阵势冲击成两部分。刚好从东南方向刮过来一阵风雨，尘土飞扬，天昏地暗。宦官赵倪对世祖说："现在风雨从敌人背后刮过来，我军面对风雨而敌军背向风雨，上天不帮助我们。再加上将士饥渴，希望陛下收拢骑兵以避敌锋芒，等他日再说。"崔浩斥责他说："这是什么话！谋略已定，岂能在一天之内加以改变？敌军不断向前冲击，同后续部队已经脱离，应当分一支队伍隐蔽出发，出其不意地袭击敌军。风向因人谋而变化，哪有定准！”世祖说：“好”。于是分派骑兵奋勇出击，赫连昌的军队大败。

［原文］

初，太祖诏尚书郎邓渊著《国记》十余卷，编年次事，体例未成。逮于太宗，废而不述。神麚(jiā)二年，诏集诸文人撰录国书，浩及弟览、高谠(tǎng)、邓颖、晁继、范亨、黄辅等共参著作，叙成《国书》三十卷。

［译文］

当初，太祖曾令尚书郎邓渊撰《国记》十余卷，按年代记载史事，但体例未臻完善。到太宗时，废弃《国记》，没有继续编写。世祖神麚二年（429 年），令集中文人们撰写国家史书，崔浩及其弟崔览、高谠、邓颖、晁继、范亨、黄辅等人全都参与著作事宜，编撰成三十卷的《国书》。

［原文］

是年，议击蠕蠕(rú rú)，朝臣内外尽不欲行，保太后固止世祖，世祖皆不听，唯浩赞成策略。尚书令刘洁、左仆射安原等乃使黄门侍郎仇齐推赫连昌太史张渊、徐辩说世祖曰：“今年己巳，三阴之岁，岁星袭月，太白在西方，不可举兵。北伐必败，虽克，不利于上。”又群臣共赞和渊等，云渊少时尝谏苻坚不可南征，坚不从而败。今天时人事都不和协，何可举动！”世祖意不决，乃召浩，令与渊等辩之。

［译文］

这一年，朝廷讨论进攻柔然之事，内外朝官员们都不愿出兵，保太后也坚决阻止世祖出军，世祖不听他们的意见，只有崔浩帮助他制定进军的策略。尚书令刘洁、左仆射安原等派黄门侍郎仇齐推举原赫连昌的太史张渊与徐辩对世祖说：“今年干支是己巳，为三阴之年，木星遮掩月亮，太白金星在西方出现，不能发兵。假若北伐，肯定会失败，即使打胜了，对主上也不好。”大臣们都赞成附和张渊等人，说张渊年轻时曾谏阻苻坚不要南征，苻坚没有听他的话，结果失败了。如今天象和人事都不和谐，不能轻举妄动！”世祖拿不定主意，于是把崔浩召来，让他就天象之事同张渊进行辩论。

［原文］

浩难渊曰：“阳者，德也；阴者，刑也。故日蚀(shí)修德，月蚀修刑。夫王者之用刑，大则陈诸原野，小则肆之市朝。战伐者，用刑之大者也。以此言之，三阴用兵，盖得其类，修刑之义也。岁星袭月，年饥

民流，应在他国，远期十二年。太白行仓龙宿，于天文为东，不妨北伐。渊等俗生，志意浅近，牵于小数，不达大体，难与远图。臣观天文，比年以来，月行奄昴(mǎo)，至今犹然。其占：‘三年，天子大破旄(máo)头之国。’蠕蠕、高车，旄头之众也。夫圣明御时，能行非常之事。古人语曰：‘非常之原，黎民惧焉，及其成功，天下晏然。’愿陛下勿疑也。”渊等惭而言曰：“蠕蠕，荒外无用之物，得其地不可耕而食，得其民不可臣而使，轻疾无常，难得而制，有何汲汲而苦劳士马也？”浩曰：“渊言天时，是其所职，若论形势，非彼所知。斯乃汉世旧说常谈，施之于今，不合事宜也。何以言之？夫蠕蠕者，旧是国家北边叛隶，今诛其元恶，收其善民，令复旧役，非无用也。漠北高凉，不生蚊蚋(ruì)，水草美善，夏则北迁。田牧其地，非不可耕而食也。蠕蠕子弟来降，贵者尚公主，贱者将军、大夫，居满朝列，又高车号为名骑，非不可臣而畜也。夫以南人追之，则患其轻疾，于国兵则不然。何者？彼能远走，我亦能远逐，与之进退，非难制也。且蠕蠕往数入国，民吏震惊。今夏不乘虚掩进，破灭其国，至秋复来，不得安卧。自太宗之世，迄于今日，无岁不警，岂不汲汲乎哉！世人皆谓渊、辩通解数术，明决成败。臣请试之，问其西国未灭之前有何亡征。知而不言，是其不忠；若实不知，是其无术。”时赫连昌在座，渊等自以无先言，惭赧而不能对。世祖大悦，谓公卿曰：“吾意决矣。亡国之臣不可与谋，信矣哉。”而保太后犹难之，复令群臣于保太后前评议。世祖谓浩曰：“此等意犹不伏，卿善晓之令悟。”

［译文］

崔浩驳难张渊说：“阳就是德义，阴就是刑罚。所以有日食便注意多施德义，有月食便整治刑罚。帝王所用刑罚，大刑在原野上施行，小刑在市场或官府里实施。战争便是刑罚中的大刑。从这一方面说，三阴之年发动战争，正好和天道相符，即有整治刑罚的意义。木星遮掩月亮，将出现饥荒之年，人民将有流散之祸。但这将在其他国家应验，而且远在十二年以后。太白金星行经苍龙七星，从天文上讲仍在东方，不会妨害北伐。张渊等世俗儒生，志向短浅，为小技巧所束缚，不识大体，很难同他们商量什么远大的计划。我观察天象，近年来月亮行经昴星，到现在仍然如此，占辞为：‘三年之内，天子将大败旄头之国。’柔然、高车，都是所谓旄头之人。圣明君主掌握住时机，才能做出一般人所不能做的事。古人说：‘不平常的由来，百姓害怕，等到事情成功，天下安然。’希望陛下不要有所疑虑。”张渊等人感到羞愧，但仍然说：“柔然为荒远无用之物，获取他们的土地，也不能耕种而获得粮食，俘获他们的人口，也不能役使，他们来去轻捷快速而且反复无常，难以制服，哪里值得慌慌忙忙地让兵马劳累呢？”崔浩说：“张渊谈论天时，是他所主管的，若讨论形势，就不是他所能明白的了。他讲的不过是汉代人的老生常谈，拿到今天来说，则不合事理。为什么这样说呢？柔然先前是从我国北疆叛逃出境的，现在杀其首恶，收其从善之民，让他们从事先前所服的劳役，并不能说没用。漠北地势高，气候凉爽，不生蚊虫，水草丰美，夏天我们可以向北迁徙。在那儿狩猎放牧，不是不能耕种就得不到食物。柔然子弟来投降的，尊贵的与公主成婚，卑贱的也作将军、大夫等官，满朝都是，而且高车骑兵号称名骑，并不是不能使之臣服而加以役使。如果让南方人去追击他们，倒会担心他们来往轻捷快速，而对于我国军队来说就不是这样。为什么呢？他们能远远地逃走，我军也能够远远地追击，随他们进退，并非难以制服。而且前些年柔然曾多次侵扰我国，使我国人民和官吏都感到震惊。今年夏天若不乘其空虚而进攻，灭掉他们的国家，到秋天他们会再来骚扰，使我们不能安宁。从太宗时到今天，没有哪一年我们没受到柔然的惊扰，对他们加以攻击，难道还不算是紧急之事吗？世人都说张渊、徐辩通晓术数，可以明确地推断事情的成败。那么我想验证一下，试问赫连昌的国家灭亡前可有什么亡国征兆？如果他们当时知道而不说，便是他们不忠；如果确实不知有什么征兆，他们便属于没有什么能力。”当时赫连昌正好在座，张渊等因为自己先前确实没说什么，惭愧地羞红脸，说不出话来。世祖很高兴，对公卿们说：“我下定决心了。亡国官吏不应参与谋略，此话不假啊。”但保太后仍阻止出军，又令群臣到保太后面前商量讨论。世祖对崔浩说：“这些人心中还有不服之气，你要好好地开导他们，让他们明白过来。”

［原文］

既罢朝，或有尤浩者曰：“今吴贼南寇(kòu)而舍之北伐。行师千里，其谁不知，若蠕蠕远遁，前无所获，后有南贼之患，危之道也。”浩曰：“不然。今年不摧蠕蠕，则无以御南贼。自国家并西国以来，南人恐惧，扬声动众以卫淮北。彼北我南，彼劳我息，其势然矣。比破蠕蠕，往还之间，故不见其至也。何以言之？刘裕得关中，留其爱子，精兵数万，良将劲卒，犹不能固守，举军尽没。号哭之声，至今未已。如何正当国家休明之世，士马强盛之时，而欲以驹犊齿虎口也？设令国家与之河南，彼必不能守之。自量不能守，是以必不来。若或有众，备边之军耳。夫见瓶水之冻，知天下之寒；尝肉一脔(luán)，识镬(huò)中之味。物有其类，可推而得也。且蠕蠕恃其绝远，谓国家力不能至，自宽来久。故夏则散众放畜，秋肥乃聚，背寒向温，南来寇抄。

今出其虑表，攻其不备，大军卒至，必惊骇星分，望尘奔走。牡马护群，牝马恋驹，驱驰难制，不得水草，未过数日则聚而困敝，可一举而灭，暂劳永逸，长久之利，时不可失也。唯患上无此意，今圣虑已决，发旷世之谋，如何止之？陋矣哉，公卿也！”诸军遂行。天师谓浩曰：“是行也，如之何？果可克乎？”浩对曰：“天时形势，必克无疑。但恐诸将琐琐，前后顾虑，不能乘胜深入，使不全举耳。”

［译文］

罢朝后，有人责怪崔浩说：“现在吴寇在南边侵犯我国，你却不管他们而主张北伐。千里行军，有谁会不知道。如果柔然逃得远远的，前面没有掳获物，后边又有南方敌人造成的忧患，国家可就危险了。”崔浩说：“这话不对。今年不打垮柔然，就没办法抵御南边的敌人。自从我们吞并西方的赫连昌以来，南方的人很恐惧，大造声势，动用大军以防守淮河以北的土地。他们向北进攻，我们则向南进攻，他们劳苦而我们却安然处之，时势就是这样。等到打败柔然，从出军到退军，一定看不到南方出兵。为什么这样说呢？刘裕夺取关中以后，留下爱子驻守，有数万精兵良将，仍不能坚守，全军覆没。其家属悲伤号哭之声到现在还未断绝。哪能正当我国政治清明、兵强马壮之时，却打算把马驹牛犊往虎口里送呢？即使把黄河以南的土地送给他们，他们也肯定守不住。他们清楚自己没能力守住，所以肯定不会派军来争。如果说有军队，只不过是为了防备边境罢了。人们看到瓶里的水结了冰，便知道天下寒冷；尝一块肉，就会知道锅中的味道。事物有相同的情形，可以推断而知。而且柔然依仗他们离我国很远，以为我们没有力量打到那儿，他们一直放松警惕。所以夏天便解散军队，放牧牲畜。等到秋天马肥壮后才又召集起来，离开寒冷的地方，向温暖的地方迁移，并向南进犯，抢掠财物。如今我们在他们意想不到的情况下攻其不备，大军突然降临，他们必然会惊骇离散，望尘而逃。而公马护群，母马顾恋小马，奔逃之时难以驯服，又不能饮水吃草，过不了几天便会疲惫不堪，可以一举加以消灭，一劳永逸，获得长久的益处，机会不能失去。原来唯恐皇上没有这个主意，现在皇上决心已定，制定空前的谋略，为何还要去阻止他呢？愚昧啊，你们这帮公卿们！”于是各路军队进发。天师问崔浩说：“这次出军究竟怎样？当真能胜吗？”崔浩回答说：“从天时和形势看，一定会成功，只恐众将领目光短浅，瞻前顾后，不能乘胜深入，致使不能大获全胜罢了。”

［原文］

及军入其境，蠕蠕先不设备，民畜布野，惊怖(bù)四奔，莫相收摄。于是分军搜讨，东西五千里，南北三千里，凡所俘虏及获畜产车庐，弥漫山泽，盖数百万。高车杀蠕蠕种类，归降者三十余万落。虏遂散乱矣。世祖沿弱水西行，至涿(zhuō)邪山，诸大将果疑深入有伏兵，劝世

祖停止不追。天师以浩曩日之言，固劝世祖穷讨，不听。后有降人，言蠕蠕大檀先被疾，不知所为，乃焚烧穹(qióng)庐，科车自载，将数百人入山南走。民畜窘聚，方六十里中，无人领统。相去百八十里，追军不至，乃徐徐西遁，唯此得免。后闻凉州贾胡言，若复前行二日，则尽灭之矣，世祖深恨之。大军既还，南贼竟不能动，如浩所量。

［译文］

等到大军进入柔然境内，柔然事先没有防备，人员和牲畜遍布在原野上，受惊吓而四处逃散，没能集合起来。于是北魏分散军队，搜索征讨，战线东西长达五千里，南北长达三千里，所俘获的人口和牲畜、马车、房屋，山野间到处都是，有数百万之多。高车人杀死柔然人来投降魏军的达三十多万户。柔然人因此离散混乱。世祖沿弱水向西进军，到达涿邪山，各位大将果然疑心继续向前进击将会碰上伏兵，劝世祖停军不要追击。天师用崔浩先前说过的话，力劝世祖穷追不舍，世祖不听。后来有投降过来的人说，柔然首领之前患有疾病，不知所措，于是烧掉自己居住的房屋，取来车马载着自己，率领数百人进入山中向南逃窜。人口牲畜疲劳困顿，聚在一起，方圆六十里中没有人统辖，离魏军只有一百八十里地，后来追击的魏军没有来，才慢慢向西逃亡，因此免遭灭亡之祸。后来又听凉州经商的胡人说，假如当时魏军再向前走两天，就可完全消灭掉柔然，世祖极其后悔。直到大军撤回后，南方的敌人竟然没有什么行动，正如崔浩分析的一样。

刘义隆

刘义隆就是宋文帝，年号元嘉。他即位后，北伐中原，意欲统一全国。可惜“元嘉草草，封狼居胥，赢得仓皇北顾”（辛弃疾《永遇乐·京口北固亭怀古》）。

［原文］

浩明识天文，好观星变。常置金银铜铤(dìng)于酢(zuò)器中，令青，夜有所见即以铤画纸作字以记其异。世祖每幸浩第，多问以异事。或仓卒不及束带，奉进蔬食，不暇精美。世祖为举匕箸，或立尝而旋。其见宠爱如此。于是引浩出入卧内，加侍中、特进、抚军大将军、左光禄大夫，赏谋谟之功。世祖从容谓浩曰：“卿才智渊博，事朕祖考，忠著三世，朕故延卿自近。其思尽规谏，匡予弼予，勿有隐怀。朕虽当时迁怒，若或不用，久久可不深思卿言也。”因令歌工历颂群臣，事在

《长孙道生传》。又召新降高车渠帅数百人，赐酒食于前。世祖指浩以示之，曰："汝曹视此人，尪(wāng)纤懦弱，手不能弯弓持矛，其胸中所怀，乃逾于甲兵。朕始时虽有征讨之意，而虑不自决，前后克捷，皆此人导吾令至此也。"乃敕诸尚书曰："凡军国大计，卿等所不能决，皆先咨浩，然后施行。"

［译文］

崔浩通晓天文，喜欢观察星象变化，经常把金、银和铜块放在装醋的器皿中，使之呈现青色，晚上观察天象时有所发现，便用它们在纸上写字，记下天象的变化情况。世祖常到崔浩家，问些奇异之事。崔浩有时仓促间来不及穿好衣服，献上的饮食没时间弄得精美一些，世祖还是拿起汤匙筷子就吃，有时站着尝一下就回宫。可见世祖对崔浩的宠信和亲近。世祖让崔浩进出自己的寝室，加封崔浩侍中、特进、抚军大将军、左光禄大夫等官职，以奖赏他出谋划策的功劳。世祖曾认真地对崔浩说："你的才智精深广博，曾侍奉过我的祖父和父亲，忠心显于三代，我因此把你召在自己身边。你应当想办法尽力正言相劝，以辅佐我，不要有什么隐藏在心中。我有时虽会向你发火，或者不听信你的话，但过一段时间后，还是会仔细思索你所说过的话。"于是让唱歌的乐师用歌曲遍颂群臣，这事记述在《长孙道生传》中。世祖又召集最近投降的数百高车首领，在御前赏赐他们酒和食物。世祖把崔浩指给他们看，说："你们看看这个人，他身材弱小无力，双手拉不开弓箭，舞不动长矛，但他胸中所藏的东西，比甲兵还厉害。我当初虽有出兵的想法，但自己下不了决心，几次打胜仗，都是因为这个人指导我，使我获得成功。"于是命令各位尚书："一切军国大计，你们不能做出决定的，都要先向崔浩请示，之后才能加以施行。"

［原文］

俄而南藩(fān)诸将表刘义隆大严，欲犯河南。请兵三万，先其未发逆击之，因诛河北流民在界上者，绝其向导，足以挫其锐气，使不敢深入。诏公卿议之，咸言宜许。浩曰："此不可从也。往年国家大破蠕蠕，马力有余，南贼震惧，常恐轻兵奄至，卧不安席，故先声动众，以备不虞，非敢先发。又南土下湿，夏月蒸暑，水潦方多，草木深邃，疾疫必起，非行师之时。且彼先严有备，必坚城固守。屯军攻之，则粮食不给；分兵肆讨，则无以应敌。未见其利。就使能来，待其劳倦，秋凉马肥，因敌取食，徐往击之，万全之计，胜必可克。在朝群臣及西北守将，从陛下征讨，西灭赫连，北破蠕蠕，多获美女珍宝，马畜成群。南镇诸将闻而生羡，亦欲南抄，以取资财。是以披毛

求瑕(xiá)，安张贼势，冀得肆心。既不获听，故数称贼动，以恐朝廷。背公存私，为国生事，非忠臣也。”世祖从浩议。南镇诸将复表贼至，而自陈兵少，简幽州以南戍兵佐守，就漳水造船，严以为备。公卿议者佥然，欲遣骑五千，并假署司马楚之、鲁轨、韩延之等，令诱引边民。浩曰：“非上策也。彼闻幽州已南精兵悉发，大造舟船，轻骑在后，欲存立司马，诛除刘族，必举国骇扰，惧于灭亡，当悉发精锐，来备北境。后审知官军有声无实，恃其先聚，必喜而前行，径来至河，肆其侵暴，则我守将无以御之。若彼有见机之人，善设权谲，乘间深入，虞我国虚，生变不难，非制敌之良计。今公卿欲以威力攘贼，乃所以招令速至也。夫张虚声而召实害，此之谓矣。不可不思，后悔无及。我使在彼，期四月前还，可待使至，审而后发，犹未晚也。且楚之之徒，是彼所忌，将夺其国，彼安得端坐视之。故楚之往则彼来，止则彼息，其势然也。且楚之等琐才，能招合轻薄无赖，而不能成就大功。为国生事，使兵连祸结，必此之群矣。臣尝闻鲁轨说姚兴求入荆州，至则散败，乃不免蛮贼掠卖为奴，使祸及姚泓，已然之效。”浩复陈天时不利于彼，曰：“今兹害气在扬州，不宜先举兵，一也；午岁自刑，先发者伤，二也；日蚀灭光，昼昏星见，飞鸟堕落，宿值斗牛，忧在危亡，三也；荧惑伏匿(nì)于翼轸(yì zhěn)，戒乱及丧，四也；太白未出，进兵者败，五也。夫兴国之君，先修人事，次尽地利，后观天时，故万举而万全，国安而身盛。今义隆新国，是人事未周也；灾变屡见，是天时不协也；舟行水涸，是地利不尽也。三事无一成，自守犹或不安，何得先发而攻人哉？彼必听我虚声而严，我亦承彼严而动，两推其咎，皆自以为应敌。兵法当分灾迎受害气，未可举动也。”

[译文]

过了不久，南方州镇诸将军报告说，宋国国主刘义隆大肆整顿军备，想夺取黄河以南的地方。他们请求发兵三万，在刘义隆的军队未行动前率先发起攻击，并趁机杀掉从黄河北边来定居在两国交界处的流民，使南方失去向导，这样足以挫败敌人锐气，使他们不敢深入。世祖令公卿们就此进行讨论，大家都说应该同意发兵。崔浩说：“不应该同意这事。去年我国大败柔然，而马匹还有剩余，南边的敌人惊恐，总担心我们会轻兵突袭，连觉都睡不安稳，因此率先制造声势，发

动军队，以防备意料不到的事件发生，并非敢先对我们发起进攻。而且南方地势低下，气候潮湿，夏天天气闷热，雨水又多，草木茂盛，容易发生疫疾，不是出兵的时候。况且敌方既率先整顿军队，做好了防备，一定会加固城池，拼命抵抗。如果我们驻扎军队进行攻击，粮食会不充足；分散军队进行攻击，又没法防备敌军。我看不到出兵的好处。即使敌人要来进攻，等他们疲倦以后，到秋天气候凉爽、战马肥壮之时，我们再收取敌方的庄稼作为军粮，慢慢地进攻他们，这才是万全之计，一定可以获取胜利。朝中群臣及西边和北边的守将，跟随陛下作战，在西边消灭了赫连氏，在北边打败了柔然，获取了许多漂亮女人和珍宝，还有成群的马匹牲畜。南边各镇将领们听说后，产生羡慕之心，也想向南抢掠，以获得财物。因此吹毛求疵，毫无根据地夸大敌人的声势，企图满足自己的欲望。得不到允许，便一再声称敌军有所行动，致使朝廷担心。不顾公家利益，只为个人私利着想，给国家造成事端，这不是忠臣所为。”世祖听从了崔浩的意见。南边各镇将领又上表说敌军已经压境，自己的兵员很少，请求幽州以南各地戍守之军到南边助守，在漳水制造战船，以加强防守力量。公卿大臣参与议论的人都认为应该这样做，准备派遣五千骑兵，同时给司马楚之、鲁轨、韩延之等人虚号官职，让他们引诱敌方边境居民。崔浩说：“这不是上策。敌方若听说我们幽州以南的精锐部队已全部调动，大规模地造船，轻装骑兵又在其后，想保存司马氏，诛灭刘裕一族，一定会全国骚动不安，他们害怕自己被消灭掉，必然会征发所有精锐部队防守北部边境。待事后弄清我军只是虚张声势而无实际行动，他们仗着先聚集起来的军队，定会踊跃进军，一直攻到黄河边，肆意侵掠，我们的守将却无力抵抗。假若敌方有人能见机行事，善于搞些机巧诡诈的谋略，估计到我们兵力空虚，乘势深入，就容易给我们造成灾难，因此，那并不是制服敌人的好策略。如今公卿们想用武力把敌人拒于边境之外，却会促使他们提前进攻。只图虚张声势却受到实际危害，讲的就是这种情况。不能不好好想一想，否则后悔可就来不及了。我们的使节在他们那里，按约定的时间，当在四月以前回来，可以等使节回来，把事情弄清楚以后再发兵，也还不晚。而且司马楚之这批人，正为敌方所忌惮，你要去夺取他们的国家，他们哪能安坐无事，等闲视之呢？所以司马楚之等人若到南边去，他们就会派兵来，司马楚之等人不去，他们便会按兵不动，形势必然如此。而且司马楚之等实为庸才，只能招集一些轻薄无赖之徒，不可能取得重大成功。而给国家造成变故，致使兵连祸结的，则肯定会是这帮人。我曾听说鲁轨劝姚兴请求率军进攻南方荆州之地，到那儿后军队就逃散失利，有的竟被蛮人掠去当成奴隶卖了，使姚泓也蒙受灾祸，这是明摆着的证据。”崔浩又讲述天时对敌方发兵不利，说：“现在灾害之气聚结在扬州一带，我们不宜先发兵，这是其一；今年干支逢午，为自杀之年，先起兵将给自己造成伤害，这是其二；发生日食，太阳完全失去光泽，白天昏暗，能看见星星，飞鸟从天上自己掉了下来，日食又在斗宿和牛宿之间发生，国家将有危亡之患，这是其三；荧惑星藏匿在翼、轸二星宿间，这是对祸乱和丧亡提出的警告，这是其四；太白金星还未出现，率先进攻者将遭受失败，这是其五。使国家兴盛的君主，首先应致力于人事，其次应尽量发挥地利的作用，然后观察天象，所以每一次行动都很安全，国家安定而自身强盛。现在刘义隆刚即位，这意味着宋国人事还不完备；不断出现灾祸变化，这就是说天时还不协调；要行船河水却枯竭，这就不能完全发挥有利的地理条件。三件事没有一件成功，他们自我防守还恐不安全，哪能先起兵进攻别人呢？他们一定是听到我们大造声势以后，才整治军队，假如我们又因其整治军队而发起攻击，相互推脱责任，都自以为所为不过是根据对方而采取行动。从兵法上讲，这就是分灾受祸，不能采取行动啊。”

［原文］

世祖不能违众，乃从公卿议。浩复固争，不从。遂遣阳平王杜超镇邺(yè)，琅邪王司马楚之等屯颍川。于是贼来遂疾，到彦之自清水入河，溯流西行，分兵列守南岸，西至潼关。

［译文］

世祖不愿违背大家的意志，就听从公卿们的建议。崔浩又坚持辩驳，世祖没有采纳。于是派阳平王杜超镇守邺城，琅邪王司马楚之等屯据颍川。因此敌人进取势头加快，到彦之从清水进入黄河，溯河西上，分兵在黄河南岸据守，西面直达潼关。

［原文］

世祖闻赫连定与刘义隆悬分河北，乃治兵，欲先讨赫连。群臣曰：“义隆犹在河中，舍之西行，前寇未可必克。而义隆乘虚，则失东州矣。”世祖疑焉，问计于浩。浩曰：“义隆与赫连定同恶相招，连结冯跋，牵引蠕蠕，规肆逆心，虚相唱和。义隆望定进，定待义隆前，皆莫敢先入。以臣观之，有似连鸡，不得俱飞，无能为害也。臣始谓义隆军来当屯住河中，两道北上，东道向冀州，西道冲邺。如此，则陛下当自致讨，不得徐行。今则不然，东西列兵，径二千里，一处不过数千，形分势弱。以此观之，伫儿情见，止望固河自守，免死为幸，无北渡意也。赫连定残根易摧，拟之必仆。克定之后，东出潼关，席卷而前，则威震南极，江淮以北无立草矣。圣策独发，非愚近所及，愿陛下西行勿疑。”平凉既平，其日宴会，世祖执浩手以示蒙逊使曰：“所云崔公，此是也。才略之美，当今无比。朕行止必问，成败决焉，若合符契，初无失矣。”后冠军将军安颉(jié)军还，献南俘，因说南贼之言云，义隆敕其诸将，若北国兵动，先其未至，径前入河，若其不动，住彭城勿进。如浩所量。世祖谓公卿曰：“卿辈前

谓我用浩计为谬，惊怖固谏。常胜之家，始皆自谓逾人远矣，至于归终，乃不能及。”迁浩司徒。

［译文］

世祖听说赫连定与刘义隆预谋要把黄河以北的土地瓜分了，便整顿军队，想先讨伐赫连定。群臣都说：“刘义隆的军队还在黄河中游，置之不顾而进攻西方敌人，未必就能打败前面的敌人。如果刘义隆乘虚进兵，那么我们就会失去都城东面各州土地。”世祖对此感到疑惑，向崔浩问计。崔浩说：“刘义隆与赫连定相互引诱，共同作恶，并联合东边的冯跋和北边的柔然，图谋肆纵叛逆，虚情敷衍呼应。刘义隆希望赫连定先进攻我们，赫连定却等待刘义隆率先进击，都不敢先来。据我看来，他们好比两只连在一起的鸡，不能一起飞，对我们不会产生危害。我当初认为，刘义隆军队若来进攻的话，应屯军于黄河中游，分两路向黄河以北出击，东路军直指冀州，西路攻邺城。这样的话，陛下就应该亲自率军讨伐，不能缓慢行事。今日之事则不一样，刘义隆军队沿黄河从东到西，到处驻扎，战线长达两千里，一处士兵只不过几千人，形势分散，力量薄弱。这可看出这低能儿的真心，那就是只希望凭借黄河固守，以免除死亡为幸事，并没有北渡黄河的打算。至于赫连定残余之众容易摧毁，如果向他发起攻击，估计一定可以将他击败。灭掉赫连定后，大军东出潼关，席卷而前，其威势将使最南边的人也会感到震恐，长江、淮河以北将望风披靡。陛下自己定下计策，资质愚昧、见识短浅的人哪能考虑得到，希望陛下西讨赫连定，不要有什么疑虑。”攻取平凉后，于当天举行宴会，世祖拉着崔浩的手，把他指给沮渠蒙逊说：“我所说的崔公，就是他，才能谋略出众，当今没人能比得上他。我凡事要不要采取行动，一定要询问他的意见，事业成败都取决于他，他对事情成败与否作出的判断，与事实完全相符，就像符契一样，没一点差错。”后来冠军将军安颉从南方退军回来，献上俘虏的南方兵士，并转述南方敌人的话，说刘义隆曾命令他的将领，若北方敌国军队有什么行动，在他们未到达之前，径直向前进入黄河，若敌军不动，便驻扎在彭城，不要前进。这正如崔浩分析的那样。世祖对公卿大臣们说：“你们这些人当初说我采纳崔浩的计策是一种错误，惊恐地一再阻止。你们以前总是打胜仗，都自认为远远超过别人，但归根结底，还是比不上别人。”于是升崔浩为司徒。

［原文］

时方士祁纤奏立四王，以日东西南北为名，欲以致祯吉，除灾异。诏浩与学士议之，浩对曰：“先王建国以作蕃屏，不应假名以为其福，夫日月运转，周历四方，京都所居，在于其内，四王之称，实奄邦畿(jī)，名之则逆，不可承用。”先是，纤奏改代为万年，浩曰：“昔太祖道武皇帝，应天受命，开拓洪业，诸所制置，无不循古。以始封代土，后称为魏，故代、魏兼用，犹彼殷商。国家积德，著在

图史，当享万亿，不待假名以为益也。纤之所闻，皆非正义。”世祖从之。

［译文］

这时方术之士祁纤上奏，请立四个王，分别以日东、日西、日南、日北作为名称，想以此得到祥瑞，消除灾异。世祖命令崔浩与学士们进行商谈，崔浩回答说：“先代圣王建立封国是把它们作为王室的屏障，不应该借名称来祈求福庆，日月运行，遍照四方，京都所在之地，也在其照耀之内，四王的名称，实际上包括了京城所在地区，这样命名不顺，不能采纳他的意见。”在此以前，祁纤还曾上奏，请求将代地改称万年，崔浩说：“当初太祖道武皇帝承受天命，开创大业，他所制定的各项制度，全都遵循古制。因为祖先最初的封地在代地，后才改称为魏，所以代、魏均可使用，如同殷和商可通用一样。我国历代君主的德行，在史籍中清楚地记载着，自会享受亿万年的福庆，不需借名号而取得好处。祁纤所说的都不是正理。”世祖听从了崔浩的意见。

［原文］

是时，河西王沮渠牧犍内有贰(èr)意，世祖将讨焉，先问于浩。浩对曰：“牧犍恶心已露，不可不诛。官军往年北伐，虽不克获，实无所损。于时行者内外军马三十万匹，计在道死伤不满八千，岁常羸死，恒不灭减万，乃不少于此。而远方承虚，便谓大损，不能复振。今出其不意，不图大军卒至，必惊骇骚扰，不知所出，擒之必矣。且牧犍劣弱，诸弟骄恣，争权从横，民心离解。加比年以来，天灾地变，都在秦凉，成灭之国也。”世祖曰：“善，吾意亦以为然。”命公卿议之。弘农王奚斤等三十余人皆曰：“牧犍西垂下国，虽心不纯臣，然继父职贡，朝廷接以蕃礼，又王姬蠡(lí)降。罪未甚彰，谓宜羁縻(jī mí)而已。今士马劳止，宜可小息。又其地卤斥(lǔ chì)，略无水草，大军既到，不得久停，彼闻军来，必完聚城守，攻则难拔，野无所掠。”于是尚书古弼、李顺之徒皆曰：“自温圄(yǔ)河以西，至于姑臧(zāng)城南，天梯山上冬有积雪，深一丈余，至春夏消液，下流成川，引以溉灌。彼闻军至，决此渠口，水不通流，则致渴乏。去城百里之内，赤地无草，又不任久停军马，斤等议是也。”世祖乃命浩以其前言与斤共相难抑。诸人不复余言，唯曰“彼无水草”。浩曰：“《汉书·地理志》称：‘凉州之畜，为天下饶。’若无水草，何以畜牧？又汉人为居，终不于无水草之地筑城郭、立郡县也。又雪之消液，才不敛尘，何得通渠引漕，溉灌数

百万顷乎？此言大诋诬于人矣。”李顺等复曰：“耳闻不如目见，吾曹目见，何可共辨？”浩曰：“汝曹受人金钱，欲为之辞，谓我目不见便可欺也？”世祖隐听，闻之乃出，亲见斤等，辞旨严厉，形于神色。群臣乃不敢复言，唯唯而已。于是遂讨凉州而平之。多饶水草，如浩所言。

［译文］

这时，河西王沮渠牧犍暗中有二心，世祖将出兵讨伐，先问崔浩的意见。崔浩回答说："沮渠牧犍罪恶之心已经暴露出来了，不可不加以讨伐。我军去年北伐，虽说没取得胜利，确也没有遭受损失。当时出征的内外军马有三十万匹，在路上死去和受伤的，总共不到八千匹，而平常每年疲病死亡的一般也不少于万匹，比出征时死的还要多。可是敌人地处远方听到不实之词，便认为我们损失很大，再也振作不起来。而今我们出其不意，他们想不到大军会突然降临，必定会恐惧骚乱，不知所为，肯定能擒获沮渠牧犍。况且沮渠牧犍才能不大，几个弟弟又骄横跋扈，争权夺利，为所欲为，人民也已离心离德。加上近年来天灾地震都发生在秦、凉一带，沮渠牧犍已成必然灭亡之势了。"世祖说："好，我也这样认为。"又命令公卿大臣加以讨论。弘农王奚斤等三十多人说："沮渠牧犍是我国西边的小国，尽管他内心不是完全忠诚，但他继承父亲之职，贡献方物，我国也以藩臣礼节对待他，又把公主嫁给他。现在沮渠牧犍的罪行并未完全暴露，我们认为应该加以笼络。如今我国兵员和马匹都疲困不堪，应该休整。再说河西为盐碱地，几乎没有水源草料，火军到达后，不能长期停留，他们听说军队来攻，一定会修筑城池，聚集粮草，据城坚守，我们进攻的话，很难攻得下，而野地里又不可能掳掠到什么。"尚书古弼、李顺等人都说："从温圉河以西，到姑臧城南边，只有天梯山冬天有积雪，厚达一丈多，到春天、夏天便消融，流下来汇成河流，引其水灌溉土地。他们听说大军前来，会决开这条水渠，使水流不通，就会使我们人马无水可饮。距姑臧城百里以内，地表光秃不生青草，不可能长期驻扎军马，奚斤等人的意见是正确的。"世祖于是令崔浩用先前的说法同奚斤等辩驳。众人不再说什么，只是说："那儿没有饮水和草料。"崔浩说："《汉书·地理志》说：'凉州的牲畜，在天下最为丰富。'假如没有水草，怎样放牧牲畜呢？又汉代的人定居于此，总不至于在没有水草的地方修筑城郭，设置郡县。而且冰雪消融，连尘土都难浸湿，哪能修筑渠道进行运输，并灌溉数百万顷土地呢？这些话确实是骗人的。"李顺等人又说："耳闻不如目见，我们亲眼所见，还有什么好争论的？"崔浩说："你们这些人接受了别人贿赂的金银钱财，就想替他说话，以为我未亲见便可以欺骗吗？'世祖躲在一边听他们争论，听完这些话后才出来，亲自接见奚斤等人，声色俱厉，群臣才不敢再说什么，只好唯唯诺诺地应承。于是就出军凉州，加以平定。那里水草丰茂，正如崔浩所说的一样。

［原文］

乃诏浩曰："昔皇祚(zuò)之兴，世隆北土，积德累仁，多历年载，泽流苍生，义闻四海。我太祖道武皇帝，协顺天人，以征不服，应期拨乱，奄有区夏。太宗承统，光隆前绪，厘正刑典，大业惟新。然荒域之外，犹未宾服。此祖宗之遗志，而贻功于后也。朕以眇身，获奉宗庙，战战兢兢，如临渊海，惧不能负荷至重，继名丕烈。故即位之初，不遑宁处，扬威朔裔，扫定赫连。逮于神麚(jiā)，始命史职注集前功，以成一代之典。自尔已来，戎旗仍举，秦陇克定，徐兖无尘，平逋(bū)寇于龙川，讨孽竖于凉域。岂朕一人获济于此？赖宗庙之灵，群公卿士宣力之效也。而史阙其职，篇籍不著，每惧斯事之坠焉。公德冠朝列，言为世范，小大之任，望君存之。命公留台，综理史务，述成此书，务从实录。"浩于是监秘书事，以中书侍郎高允、散骑侍郎张伟参著作，续成前纪。至于损益褒贬，折中润色，浩所总焉。

［译文］

于是世祖下诏对崔浩说："先前皇运初开，世代兴盛于北方，经历许多年后，恩泽遍及苍生，德义之声传遍四海。我太祖道武皇帝协调上天和世人，征讨不服从者，接受天命，拨乱反正，统治中国。太宗继承皇位，发扬先辈业绩，改正刑法制度，使天下大业焕然一新。但边远之人，仍未归附。这是祖宗遗志，留待子孙来完成。我以微弱之躯，继承祖宗大业，谨慎小心，如同面对深渊大海，唯恐自己不能担负重任，继续光大祖宗的事业。所以我从即位一开始，不等安居，便扬国威于北方，消灭了赫连氏。到神麚年间，才命令史臣收集记录以前的功绩，撰写成一代大典。从那时以来，我国战争不断，征服了秦、陇，平定了徐、兖，在龙川消灭了逃亡之敌，在凉土肃清了残余之众。这些哪能是我一人做得到的呢？而是托祖宗在天之灵保佑，群臣尽力的结果。但史官缺职，没有把这些记载下来，常常恐怕这些事会被遗忘。您的德行在群臣中居于首位，言论成为世人的楷模，事无大小，望您都留心一下。我命令您留在京都，总管修史工作，撰成史书，务必真实记录。"崔浩于是任监秘书事，中书侍郎高允、散骑侍郎张伟参加编写，续修先前的《国书》。至于增削史事、褒贬评论、处理史实间的分歧、润饰文字等工作，则由崔浩负责。

［原文］

及恭宗始总百揆(kuí)，浩复与宜都王穆寿辅政事。时又将讨蠕蠕，刘洁复致异议。世祖逾欲讨之，乃召问浩。浩对曰："往击蠕蠕，师不多日，洁等各欲回还。后获其生口，云军还之时，去贼三十里。是洁

等之计过矣。夫北土多积雪，至冬时常避寒南徙。若因其时，潜军而出，必与之遇，则可擒获。”世祖以为然。乃分军为四道，诏诸将俱会鹿浑海。期日有定，而洁恨计不用，沮误诸将，无功而还。事在《洁传》。

［译文］

等到拓跋晃以太子监国，统领百官，崔浩又与宜都王穆寿一起辅佐他处理政务。当时准备讨伐柔然，刘洁又一次表示不同意见。世祖越发想出军征讨，于是把崔浩找来，问他的想法。崔浩说：“前次进攻柔然，出师不久，刘洁等人就想退军。后来俘获柔然之人，说我军撤退时，离敌方只有三十里地了。这是刘洁等人计策上的失误。北方经常积雪，到冬天北方人经常为避开严寒而向南迁移。如果趁这个时候暗中派兵前往，一定会同敌人遭遇，那就正好可以把他们俘获。”世祖认为这个说法正确。于是分大军为四路，命令各位将领一同到鹿浑海会师。日期确定了，可是刘洁怀恨自己的计策未被采纳，便延误其他将领，致使大军无功而返。此事在《刘洁传》中有记载。

［原文］

世祖西巡，诏浩与尚书、顺阳公兰延都督行台中外诸军事。世祖至东雍，亲临汾曲，观叛贼薛永宗垒，进军围之。永宗出兵欲战，世祖问浩曰：“今日可击不？”浩曰：“永宗未知陛下自来，人心安闲，北风迅疾，宜急击之，须臾(yú)必碎。若待明日，恐其见官军盛大，必夜遁走。”世祖从之，永宗溃灭。车驾济河，前驱告贼在渭北。世祖至洛水桥，贼已夜遁。诏问浩曰：“盖吴在长安北九十里，渭北地空，谷草不备，欲渡渭南西行，何如？”浩对曰：“盖吴营去此六十里，贼魁所在。击蛇之法，当须破头，头破则尾岂能复动。宜乘势先击吴。今军往，一日便到。平吴之后，回向长安，亦一日而至。一日之内，未便损伤。愚谓宜从北道，若从南道，则盖吴徐入北山，卒未可平。”世祖不从，乃渡渭南。吴闻世祖至，尽散入北山，果如浩言，军无所克，世祖悔之。后以浩辅东宫之勤，赐缯絮布帛各千段。

［译文］

世祖率军巡视西边各州镇，令崔浩与顺阳公兰延同为都督行台中外诸军事。世祖到达雍州，亲自到汾河湾，观察叛军薛永宗的城堡，进军将其包围。薛永宗派军出来想和魏军交战，世祖问崔浩：“今天可以发起进攻吗？”崔浩说：“薛永宗不知道陛下亲自率军而来，人心安闲，没有防备，现在北风刮得正猛，我军应赶快进攻，不一会叛贼就会土崩瓦解。若等到明天，恐怕他们看见官军强盛，一定会在晚间逃走。”世祖听从了崔浩的计策，于是薛永宗及其军队溃亡。世祖渡过济河，前锋部队报告说叛军集中在渭水北边。世祖抵达洛水桥时，叛军已经趁夜间逃走。世祖问崔浩：“叛军首领盖吴在长安城北九十里的地方，渭水以北没有人，我们又没准备粮草，我打算向南渡过渭河，再向西进击，这样行吗？”崔浩回答说：“盖吴叛军驻地离这儿六十里，叛贼头目就在那儿。打蛇的方法，先要打破蛇的头，蛇头破碎后，蛇尾哪能再动弹？应乘势先进攻盖吴，现在遣军前去，一天就可到那儿，消灭盖吴后，再挥师长安，一天也就到了。一天之内没有粮草，我军也不会受到多大损失。我认为应从北道进军，如果从南道进军，那么盖吴会从容地逃进北方山地，就不可能顺利地加以消灭。”世祖不听崔浩的计策，便渡过渭水，从南道进发。盖吴听说世祖率军而来，将部众解散，进入北方山地，果真像崔浩说的一样，魏军没有收获，世祖为此很后悔。后来因为崔浩辅佐太子勤劳，赏赐他缯、絮、布帛各一千段。

［原文］

著作令史太原闵湛、赵郡郗(chī)标素谄事浩，乃请立石铭，刊载《国书》，并勒所注《五经》。浩赞成之。恭宗善焉，遂营于天郊东三里，方百三十步，用功三百万乃讫。

［译文］

著作令史太原人闵湛和赵郡人郗标平常对崔浩就很谄媚，于是请求建立石刻，把《国书》镌刻在上面，同时还镌刻崔浩所注的《五经》。崔浩也赞成这件事。太子监国拓跋晃觉得不错，于是在祭天处以东三里的地方营建石刻，方圆一百三十步，用了三百万个工才完成。

［原文］

世祖蒐(sōu)于河西，诏浩诣行在所议军事。浩表曰：“昔汉武帝患匈奴强盛，故开凉州五郡，通西域，劝农积谷，为灭贼之资。东西迭击。故汉未疲，而匈奴已弊，后遂入朝。昔平凉州，臣愚以为北贼未平，征役不息，可不徙其民。案前世故事，计之长者。若迁民人，则土地空虚，虽有镇戍，适可御边而已，至于大举，军资必乏。陛下以此事阔远，竟不施用。如臣愚意，犹如前议，募徙豪强大家，充实凉土，军举之日，东西齐势，此计之得者。”

［译文］

世祖在黄河西边打猎，令崔浩到行宫来商量军事。崔浩上表说：“先前汉武帝因匈奴强盛而感到忧虑，所以开拓凉州五郡之地，沟通西域，鼓励农业生产，聚积粮食，作为消灭敌人的资本。东西轮流进击，所以汉朝没有衰弱，而匈奴一朝破败，后来便臣服于汉。以前平定凉州时，我认为北方敌人还没有消灭，战争还未停止，可以不迁徙那儿的人口。根据前汉旧事看，这个计划较好。如果迁走人口，那里土地空虚，虽然设置镇、戍，只可用来防守边境罢了，若要大举进攻，必然会出现军备不足的情况。陛下当时认为这事情迂阔，竟没有采用。按我的想法，还是应照先前意见，招募迁徙豪强大族，以充实凉州之地，待出军之时，东西力量相当，这才是好计策。"

［原文］

浩又上《五寅元历》，表曰："太宗即位元年，敕臣解《急就章》《孝经》《论语》《诗》《尚书》《春秋》《礼记》《周易》。三年成讫。复诏臣学天文、星历、《易》式、九宫，无不尽看。至今三十九年，昼夜无废。臣禀性弱劣，力不及健妇人，更无余能，是以专心思书，忘寝与食，至乃梦共鬼争义。遂得周公、孔子之要术，始知古人有虚有实，妄语者多，真正者少。自秦始皇烧书之后，经典绝灭。汉高祖以来，世人妄造历术者有十余家，皆不得天道之正，大误四千，小误甚多，不可言尽。臣愍其如此。今遭陛下太平之世，除伪从真，宜改误历，以从天道。是以臣前奏造历，今始成讫。谨以奏呈，唯恩省察，以臣历术宣示中书博士，然后施用。非但时人，天地鬼神知臣得正，可以益国家万世之名，过于三皇五帝矣。"事在《律历志》。

坑儒焚书

秦始皇焚书，造成了大量古代典籍的失传。

［译文］

崔浩又献上《五寅元历》，并上表说："太宗即帝位的当年，命令我注解《急就章》《孝经》《论语》《诗》《尚书》《春秋》《礼记》《周易》等书，我用三年时间才完成。太宗又令我学习天文、星历、《易》式、九宫等术，有关之书我全都看了。如今已有三十九年了，我白天晚上都没停止过。我生性低劣，力气还比不上一个强壮的妇女，也没其他才能，所以一心一意思考书中的问题，废寝忘食，甚至梦见和鬼争论问题。因此获得了周公、孔子的精髓，才知道古人文章中有虚有

实，胡说八道的时候多，讲真话的时候少。自从秦始皇焚书以后，儒家经典便灭绝了。汉高祖以来，世人妄造历法者有十多人，都没有掌握天道正义，大错误有四千项，小错误就多得说不完。我为此感到忧伤。现在欣逢陛下太平之世，消除谬误，遵从真理，也应当修改错误的历法，以顺从天道。所以我先前报告要制定历法，如今才完成。谨把它奉献上来，望陛下加以省察，把我制定的历法向中书博士们公开，然后在全国实施。不仅今世之人，就是天地鬼神知道我弄清了正确的历法，也可以为国家万代声名增添光彩，使陛下超过三皇五帝啊。”这事记载在《律历志》中。

［原文］

真君十一年六月诛浩，清河崔氏无远近，范阳卢氏、太原郭氏、河东柳氏，皆浩之姻亲，尽夷其族。初，郄(chī)标等立石铭刊《国记》，浩尽述国事，备而不典。而石铭显在衢路，往来行者咸以为言，事遂闻发。有司按验浩，取秘书郎吏及长历生数百人意状。浩伏受赇(qiú)，其秘书郎吏已下尽死。

［译文］

世祖太平真君十一年（455 年）六月，崔浩被诛杀，清河崔氏不论远近，范阳卢氏、太原郭氏、河东柳氏都是崔浩联姻的亲戚，全都被灭族。当初，郄标等建立石刻刊载《国记》，崔浩记叙国家之事，详尽却不典雅，而用石刻把这些暴露在交通要道上，来往过路的人都谈论上面的事，这件事便被上边发觉了。有关官员审讯崔浩，取得了秘书郎吏与长历生等数百人的供词。崔浩承认自己曾接受贿赂，秘书郎吏以下全都被杀。

［原文］

浩始弱冠，太原郭逸以女妻之。浩晚成，不曜(yào)华采，故时人未知。逸妻王氏，刘义隆镇北将军王仲德姊(zǐ)也，每奇浩才能，自以为得婿。俄而女亡，王深以伤恨，复以少女继婚。逸及亲属以为不可，王固执与之，逸不能违，遂重结好。浩非毁佛法，而妻郭氏敬好释典，时时读诵。浩怒，取而焚之，捐灰于厕中。及浩幽执，置之槛内，送于城南，使卫士数十人溲(sōu)其上，呼声嗷(áo)嗷，闻于行路。自宰司之被戮辱，未有如浩者，世皆以为报应之验也。初浩构害李顺，基萌已成，夜梦秉火，爇(ruò)顺寝室，火作而顺死，浩与室家群立而观之。俄而顺弟息号哭而出，曰：“此辈，吾贼也！”以戈击之，悉投于河。寤而恶之，以告馆客冯景仁。景仁曰：“此真不善也，非复虚事。夫以火

爇人，暴之极也。阶乱兆祸，复已招也。《商书》曰：‘恶之易也，如火之燎于原，不可向迩，其犹可扑灭乎？’且兆始恶者有终殃，积不善者无余庆。厉阶成矣，公其图之。”浩曰：“吾方思之。”而不能悛，至是而族。

［译文］

崔浩二十岁时，太原人郭逸把女儿嫁给他为妻。崔浩大器晚成，不以辞藻自我炫耀，所以当时人知道他的不多。郭逸妻子王氏是宋国国主刘义隆镇北将军王仲德的姐姐，她非常看重崔浩的才能，自认为得了一个好女婿。不久女儿死了，王氏为此深感遗憾，又把小女儿送去，再次联姻。郭逸和亲属都认为不合适，王氏坚持把小女儿送去，郭逸不能违背，于是重新结为姻亲。崔浩诋毁佛教，而其妻郭氏却崇尚佛教经典，经常诵读。崔浩很生气，把佛经拿来烧掉，并把灰烬倒在厕所里。当崔浩被囚禁，用栅笼送到城南时，被几十个看守轮流在栅笼上小便，士兵们大呼小叫，嗷叫之声路上行人全都听得见。大臣被杀之辱，没有谁像崔浩这么惨，世人都认为这是崔浩遭受报应。起先崔浩陷害李顺，事情已基本准备成熟，晚上梦见自己拿着火把去烧李顺的卧室，火烧起来后，李顺被烧死了，崔浩与自己一家人都站在一边看。忽然李顺的弟弟和儿子们号哭着冲出来说：“这帮家伙是我们的仇人啊！”用戈刺杀崔浩等人，把他们全都扔进了河里。崔浩醒来后，对这个梦感到不安，把它告诉给自己收养的宾客冯景仁。冯景仁说：“这梦确实不好啊，而且并非无中生有。拿火去烧活人，也太残暴了。制造乱事，形成灾祸，都是自己找的。《商书》上说：‘不要轻视小恶，否则就会像大火在原野里燃烧起来，不可接近，还能够扑灭吗？’而且首先作恶的人终将遭殃，长期做不好的事也不会有好结果。祸害之因已经形成了，您还是想想办法吧。”崔浩说：“我正在想这个问题。”可是崔浩仍不改正错误，到这时便遭灭族之祸。

［原文］

浩既工书，人多托写《急就章》。从少至老，初不惮劳，所书盖以百数，必称“冯代强”，以示不敢犯国，其谨也如此。浩书体势及其先人，而妙巧不如也。世宝其迹，多裁割缀连以为模楷。

［译文］

崔浩善于写字，很多人都请他抄写《急就章》。他从小到老，不怕劳累，大概写了上百遍，碰到“冯汉强”三字，他总是写为“冯代强”，表示自己不敢触犯国家忌讳，他就是这样谨慎。崔浩书法的字体和笔势都比得上他的先辈，但微妙细巧之处却不如。世人把他的手迹视为珍宝，大都加以裁割粘贴，作为字帖临摹。

［原文］

浩母卢氏，谌(chén)孙也。浩著《食经叙》曰：“余自少及长，耳目闻见，诸母诸姑所修妇功，无不蕴习酒食。朝夕养舅姑，四时祭祀，虽有功力，不任僮(tóng)使，常手自亲焉。昔遭丧乱，饥馑(jǐn)仍臻，饘(zhān)蔬糊口，不能具其物用，十余年间不复备设。先妣虑久废忘，后生无知见，而少不习业书，乃占授为九篇，文辞约举，婉而成章，聪辩强记，皆此类也。亲没之后，值国龙兴之会，平暴除乱，拓定四方。余备位台铉，与参大谋，赏获丰厚，牛羊盖泽，赀(zī)累巨万。衣则重锦，食则梁肉。远惟平生，思季路负米之时，不可复得，故序遗文，垂示来世。”

［译文］

崔浩的母亲卢氏是卢谌的孙女。崔浩曾作《食经叙》说：“我从小到大，耳闻目见母亲和各位婶娘、姑姑所做的妇女活计，无不都是操作酒食、平日奉养公公、婆婆及准备一年中祭祀之事，即使花工夫下力气，也不让仆人做，经常亲自动手。先前碰到战乱，连年遭受饥荒，只好用稀粥菜蔬糊口，不可能讲究饮食，十多年中都不再制作从前那些精美的食物。我的母亲怕时间长了，这些食物的制作方法被遗忘，后来的人无从知道，而她小时候又没读过书，于是口授为九篇文章，文辞简明，词义通达，这可见她是多么聪慧，记忆力有多好。母亲去世后，喜逢国家开创之机，平暴除乱，开拓平定四方。我位任公卿，参与制定各项重大谋略，获得丰厚的赏赐，牛羊成群，财产达亿万之多。衣服华丽，食物精美。回想此生，再想和子路那样负米赡养父母，已经不可能了，所以为母亲的遗文作序，把它传给后世。”

［原文］

始浩与冀州刺史颐、荥阳太守模等年皆相次，浩为长，次模，次颐。三人别祖，而模、颐为亲。浩恃其家世魏晋公卿，常侮模、颐。模谓人曰：“桃简正可欺我，何合轻我家周儿也。”浩小名桃简，颐小名周儿。世祖颇闻之，故诛浩时，二家获免。浩既不信佛、道，模深所归向，每虽粪土之中，礼拜形像。浩大笑之，云：“持此头颅不净处跪是胡神也。”

［译文］

当初，崔浩与冀州刺史崔颐、荥阳太守崔模年龄相近，其中崔浩最大，其次是崔模，最小的是崔颐。三人不同祖，崔模与崔颐的关系亲一些。崔浩依仗他家先祖

为魏、晋时的公卿，常欺侮崔模与崔颐。崔模对人说：“桃简可以看不起我，哪能也轻视我们家的周儿呢。”崔浩小名叫桃简，崔颐小名叫周儿。世祖也听说过不少这种话，所以杀崔浩的时候，崔模、崔颐两家未受到牵连。崔浩不信佛教，崔模却一心皈依佛门，经常不顾自己身在粪土之中，也要向佛像礼拜。崔浩讥笑他，说：“用这脑袋在不干净的地方向这胡人的神灵朝拜。”

［原文］

史臣曰：崔浩才艺通博，究览天人，政事筹策，时莫之二，此其所以自比于子房也。属太宗为政之秋，值世祖经营之日，言听计从，宁廓区夏。遇既隆也，勤亦茂哉。谋虽盖世，威未震主，末途邂逅，遂不自全。岂鸟尽弓藏，民恶其上？将器盈必概，阴害贻祸？何斯人而遭斯酷，悲夫！

［译文］

史臣说：崔浩才艺博通，弄清了上天和人事有关的学问，在处理政务和制定计策方面，当时没有谁能比得上他，这也使他常自比张良。刚好遇到太宗执政和世祖开拓疆土的时机，对崔浩言听计从，因此使中原得到安宁和统一。崔浩所受到的礼遇是相当高了，而他做的事也很多。他谋略虽盖世无双，但并无震主之威势，最后遭不测之祸，以至于不能保全自己的性命。这难道是飞鸟尽、良弓藏，下臣犯了帝王的忌讳？或者是过分盈满暗中造成了灾祸？为什么崔浩这样的人遭受这么惨痛的结局，真是太可悲了啊！

北齐书

杨愔传

［原文］

杨愔(yīn)，字遵彦，小名秦王，弘农华阴人。父津，魏时累为司空侍中。愔儿童时，口若不能言，而风度深敏，出入门闾(lǘ)，未尝戏弄。六岁学史书，十一受《诗》《易》，好《左氏春秋》。幼丧母，曾诣舅源子恭，子恭与之饮，问读何书，曰："诵《诗》。"子恭曰："诵至《渭阳》未邪？"愔便号泣感噎，子恭亦对之歔欷(xū xī)，遂为之罢酒。子恭后谓津曰："常谓秦王不甚察慧，从今已后，更欲刮目视之。"愔一门四世同居，家甚隆盛，昆季就学者三十余人。学庭前有柰树，实落地，群儿咸争之，愔颓(tuí)然独坐。其季父暐(wěi)适入学馆，见之大用嗟异，顾谓宾客曰："此儿恬(tián)裕，有我家风。"宅内有茂竹，遂为愔于林边别葺(qì)一室，命独处其中，常以铜盘具盛馔(zhuàn)以饭之。因以督厉诸子曰："汝辈但如遵彦谨慎，自得竹林别室、铜盘重肉之食。"愔从父兄黄门侍郎昱(yù)特相器重，曾谓人曰："此儿驹(jū)齿未落，已是我家龙文，更十岁后，当求之千里外。"昱尝与十余人赋诗，愔一览便诵，无所遗失。及长，能清言，美音制，风神俊悟，容止可观，人士见之，莫不敬异，有识者多以远大许之。

［译文］

杨愔，字遵彦，小名叫秦王，弘农郡华阴县人。他的父亲杨津，北魏时官至司空侍中。杨愔幼年的时候，嘴里似乎不大会说话，但风度深沉而机敏，家里家外，从未做过什么顽皮的事。他六岁时开始学习历史著作，十一岁时跟老师学习《诗经》《周易》，特别喜爱《左传》。幼年时母亲便去世了，有一次他去拜访舅舅源子恭，源子恭和他一起喝酒，问他在读什么书，他回答说："诵读《诗经》。"源子恭问："读到《渭阳》篇没有？"杨愔顿时放声大哭，哽咽不已，源子恭也伤心地相对抽泣，酒也喝不下去了。源子恭事后对杨津说："以前常说秦王不怎么聪明，从今以后，应当对他刮目相看。"杨愔一家四代人生活在一起，家业极其兴盛，兄弟辈一起读书的就有三十多人。学馆院子前面有棵柰树，果实掉下来时，小孩们都

去争抢，只有杨愔一个人独坐在一旁。他的小叔父杨玮碰巧到学馆来，见到这一情况大加感叹，认为这种行为很特别，回过头对客人们说："这孩子安静宽容，具有我们家族的风尚。"住宅里有一片茂密的竹林，于是特为杨愔在竹林边修建一间屋子，让他一个人住，经常用铜盘装着丰盛的食物给他吃。因此督促其他男孩说："你们只要能像遵彦那样谨慎小心，自然会得到独住的竹林小屋，也会得到铜盘盛的美食。"杨愔堂兄黄门侍郎杨昱对他特别器重，曾对人说："这孩子乳齿未脱，已成为我家的龙文名驹，再过十年，必当一跃千里。"杨昱曾与十多个人一起作诗，杨愔看过一遍便能背下来，没有一点遗漏。杨愔成年以后，善于清谈，声音优美，风度超凡脱俗，容貌举止可观，有名望的人见了他，无不敬重惊奇，有见识的人都认为他前途无量。

[原文]

正光中，随父之并州。性既恬默，又好山水，遂入晋阳西悬瓮山读书。孝昌初，津为定州刺史，愔亦随父之职。以军功除羽林监，赐爵魏昌男，不拜。及中山为杜洛周陷，全家被囚系。未几，洛周灭，又没葛荣，荣欲以女妻之，又逼以伪职。愔乃托疾，密含牛血数合，于众中吐之，仍佯喑(yīn)不语。荣以为信然，乃止。永安初，还洛，拜通直散骑侍郎，时年十八。元颢(hào)入洛，时愔从父兄侃为北中郎将，镇河梁。愔适至侃处，便属乘舆失守，夜至河。侃虽奉迎车驾北渡，而潜欲南奔，愔固谏止之。遂相与扈(hù)从达建州。除通直散骑常侍，愔以世故未夷，志在潜退，乃谢病，与友人中直侍郎河间邢卲隐于嵩山。

[译文]

北魏孝明帝正光年间，杨愔跟随父亲到了并州。他性格本就恬淡文静，加上喜欢山水景致，于是到晋阳西面的悬瓮山读书。孝昌初年，杨津转任定州刺史，杨愔又随父亲到定州任所。因军功补授羽林监，赐爵魏昌男，但杨愔没有接受。后中山城被叛乱的杜洛周攻克，杨愔全家都被关押起来。不久，杜洛周灭亡，杨愔被葛荣所获，葛荣想把女儿嫁给他，又逼他接受自己委任的官职。杨愔便称自己有病，暗中口含着几口牛血，在大庭广众下吐了出来，并装哑不说话。葛荣认为他确实有病，没再强迫他。至魏孝庄帝永安初年，杨愔回到洛阳，被任命为通直散骑常侍郎，当时他十八岁。元颢在梁军的保护下进据洛阳，这时杨愔的堂史杨侃任北中郎将，镇守河梁。杨愔刚好到杨侃那儿，便遇到孝庄帝放弃洛阳，夜间来到黄河边上。杨侃虽然迎接孝庄帝一行向北渡过黄河，但暗地里却想向南投奔元颢，杨愔坚决加以劝阻。于是两人一起随孝庄帝到达建州。杨愔被任命为通直散骑常侍，杨愔因世道变故还未平息，有志于躲避退隐，于是以有病为名而辞职，与他的朋友中直侍郎河间邢卲到嵩山隐居。

［原文］

及庄帝诛尔朱荣，其从兄侃参赞帷幄（wéi wò）。朝廷以其父津为并州刺史、北道大行台，愔随之任。有邯郸人杨宽者，求义从出藩，愔请津纳之。俄而孝庄幽崩，愔时适欲还都，行达邯郸，过杨宽家，为宽所执。至相州，见刺史刘诞，以愔名家盛德，甚相哀念，付长史慕容白泽禁止焉。遣队主巩荣贵防禁送都。至安阳亭，愔谓荣贵曰："仆家世忠臣，输诚魏室，家亡国破，一至于此。虽曰囚虏，复何面目见君父之仇。得自缢于一绳，传首而去，君之惠也。"荣贵深相怜感，遂与俱逃，愔乃投高昂兄弟。

［译文］

等到孝庄帝杀了尔朱荣，杨愔的堂兄杨侃参与谋议。朝廷任命杨愔的父亲杨津为并州刺史、北道大行台，杨愔随父到任。有个叫杨宽的邯郸人，请求自备资粮随杨津到并州镇守，杨愔请杨津收纳杨宽。不久孝庄帝被囚禁而死，杨愔当时正好要回都城洛阳，到达邯郸，到杨宽家中拜访，被杨宽抓住。杨宽将他送到相州，见相州刺史刘诞，刘诞因杨愔出身名门，德行卓著，对他很怜惜，让长史慕容白泽把他软禁起来。后派队主巩荣贵把杨愔押送到都城去。到达安阳亭时，杨愔对巩荣贵说："我家世代都是忠臣，对魏朝忠心耿耿，现在家族散亡，国家破败，竟到这种地步。我虽说是囚犯，但哪有脸去见君父的仇人。如能让我用一根绳子自杀，你把我的头送去，这就是你给我的恩惠了。"巩荣贵很怜悯他，为他的话语所感动，便与他一起逃亡，杨愔于是投靠高昂兄弟。

［原文］

既潜窜屡载，属神武至信都，遂投刺辕门，便蒙引见，赞扬兴运，陈诉家祸，言辞哀壮，涕泗（tì sì）横集，神武为之改容，即署行台郎中。大军南攻邺，历杨宽村，宽于马前叩头请罪。愔谓曰："人不识恩义，盖亦常理，我不恨卿，无假惊怖。"时邺未下，神武命愔作祭天文，燎毕而城陷。由是转大行台右丞。于时霸图草创，军国务广，文檄（xí）教令，皆自愔及崔悛出。遭离家难，常以丧礼自居，所食唯盐米而已，哀毁骨立。神武愍之，恒相开慰。及韩陵之战，愔每阵先登，朋僚咸共怪叹曰："杨氏儒生，今遂为武士，仁者必勇，定非虚论。"

［译文］

杨愔隐姓埋名地流亡了几年，碰到北齐神武帝高欢率军到信都，于是到营门拜投名帖，当即受到接见。杨愔称颂国家中兴，诉说自己家族所遇到的祸难，言语悲

痛而有气势，眼泪鼻涕滚滚而下，神武帝也不禁为他面有悲色，立即委任他为行台郎中。大军向南攻打邺城，途经杨宽居住的村庄，杨宽在杨愔的马前叩头请罪。杨愔对他说："世上有人不知什么叫恩德道义，这也是很平常的事，我不恨你，你不用害怕。"当时邺城还未攻下，神武帝命令杨愔撰写祭天的祭文，刚祭祀完毕，邺城便被攻克。杨愔因此升任大行台右丞。当时神武帝开创大业，军政事务很多，各种公文都是由杨愔和崔㥄撰写的。杨愔遭受家难，自行按礼制守丧，只吃加盐的米饭，以致骨瘦如柴。神武帝哀怜他，经常对他进行开导。后在韩陵那次战役中，杨愔每次作战都冲在前面，他的朋友和同僚们都感到奇怪，感叹说："姓杨的本是儒生，现在竟成了武士，仁德的人必然勇敢，这实在不是一句空话。"

［原文］

顷之，表请解职还葬。一门之内，赠太师、太傅、丞相、大将军者二人，太尉、录尚书及中书令者三人，仆射、尚书者五人，刺史、太守者二十余人。追荣之盛，古今未之有也。及丧柩（jiù）进发，吉凶仪卫亘二十余里，会葬者将万人。是日隆冬盛寒，风雪严厚，愔跣步号哭，见者无不哀之。寻征赴晋阳，仍居本职。

［译文］

不久，杨愔上表请求解除职务回乡安葬死难的亲属。一家人中，赠太师、太傅、丞相、大将军的有两人，赠太尉、录尚书事和中书令的有三人，赠尚书仆射、尚书的有五人，赠刺史、太守的达二十多人。追赠仪式之盛大，古今未有过。当把棺材送往墓地时，送葬的仪仗绵延二十多里地，前来参加葬礼的将近一万人。那天正值严冬，极为寒冷，风雪很猛，杨愔赤着双脚，号哭着送葬，看到这一情景的人没有不感到哀伤的。不久杨愔被召回到晋阳，仍旧担任原来的职务。

［原文］

愔从兄幼卿为岐州刺史，以直言忤旨见诛。愔闻之悲惧，因哀感发疾，后取急就雁门温汤疗疾。郭秀素害其能，因致书恐之曰："高王欲送卿于帝所。"仍劝其逃亡。愔遂弃衣冠于水滨若自沉者，变易名姓，自称刘士安，入嵩山，与沙门昙（tán）谟征等屏居削迹。又潜之光州，因东入田横岛，以讲诵为业，海隅之士，谓之刘先生。太守王元景阴佑之。

［译文］

杨愔堂兄杨幼卿任岐州刺史，因言语正直而违背了齐王高欢的旨意被杀。杨愔听到消息后既悲痛又恐惧，因伤感而患病，后告假到雁门温泉去治疗。郭秀平时就妒忌杨愔的才能，趁机写信恐吓他说："高王想把你送到魏帝那儿去。"并劝

他逃走。杨愔便把自己的衣服和帽子扔到水边，仿佛自己投水自尽了，然后改名换姓，自称刘士安，到嵩山与僧人昙谟征等一起隐居不与外界联系。又暗中到光州，向东到田横岛，以教书谋生，海边一带的士人称他叫刘先生。太守王元景暗地里保护他。

［原文］

神武知愔存，遣愔从兄宝猗(yī)赍(jī)书慰喻。乃遣光州刺史奚思业令搜访，以礼发遣。神武见之悦，除太原公开府司马，转长史，复授大行台右丞，封华阴县侯，迁给事黄门侍郎，妻以庶女。又兼散骑常侍，为聘梁使主。至硗(qiāo)磝(áo)戍，州内有愔家旧佛寺，入精庐礼拜，见太傅容像，悲感恸哭，呕血数升，遂发病不成行，舆疾还邺。久之，以本官兼尚书吏部郎中。武定末，以望实之美，超拜吏部尚书，加侍中、卫将军，侍学典选如故。

［译文］

神武帝知道杨愔还活着，派他的堂兄杨宝猗带着信去安慰并开导他。同时派光州刺史奚思业察访杨愔的踪迹，按礼节将他送到都城。神武帝见了杨愔很高兴，任命他为太原公开府司马，转任太原公开府长史，又任命他为大行台右丞，封华阴县侯，升任给事黄门侍郎，把小妾所生的女儿嫁给杨愔为妻。后杨愔任散骑常侍，担任出使梁朝的负责人。到了硗磝戍，州城内有一座杨愔家先前出资修建的佛寺，杨愔到僧堂礼拜，看到父亲杨津的像，悲从中来，放声大哭，吐出几口鲜血，不久得病，不能出使，抱病乘车返回邺城。过了很久，以原官兼任尚书吏部郎中。东魏孝静帝武定末年，杨愔因声名和才干都不错，越级提升为吏部尚书，加侍中、卫将军等官职，并像从前一样辅导孝静帝读书和掌管铨选。

［原文］

天保初，以本官领太子少傅，别封阳夏县男。又诏监太史，迁尚书右仆射。尚太原长公主，即魏孝静后也。会有雉(zhì)集其舍，又拜开府仪同三司、尚书右仆射，改封华山郡公。九年，徙尚书令，又拜特进、骠骑大将军。十年，封开封王。文宣之崩，百僚莫有下泪，愔悲不自胜。济南嗣业，任遇益隆，朝章国命，一人而已，推诚体道，时无异议。乾明元年二月，为孝昭帝所诛，时年五十。天统末，追赠司空。

［译文］

北齐文宣帝天保初年，杨愔以原任官职兼任太子少傅，另封为阳夏县男。朝廷

纵酒妄杀

文宣帝高洋性情暴虐，经常无故杀人。

又命令他管理太史，升任尚书右仆射。娶神武帝女太原长公主，即原魏孝静帝的皇后。恰巧有群雉鸟飞到他家的房顶上，杨愔因此又被任命为开府仪同三司、尚书右仆射，改封为华山郡公。天保九年，升任尚书令，拜为特进、骠骑大将军。天保十年（559年），封为开封王。文宣帝逝世时，百官没有谁掉泪，杨愔却悲痛得支持不住。济南王高殷继帝位后，对杨愔更加信任亲待，全国大政，由他一人决定，杨愔以诚心待人，按常理办事，当时人们都没有异议。乾明元年（560年）二月，被孝昭帝高演所杀，那年杨愔五十岁。北齐后主高纬天统末年，追赠他为司空。

［原文］

愔贵公子，早著声誉，风表鉴裁，为朝野所称。家门遇祸，唯有二弟一妹及兄孙女数人，抚养孤幼，慈旨温颜，咸出人表。重义轻财，前后赐与，多散之亲族，群从弟侄十数人，并待而举火。频遭迍(zhūn)厄，冒履艰危，一餐之惠，酬答必重，性命之仇，舍而不问。

［译文］

杨愔为显贵的子弟，很早就名声赫赫，他的风度仪表和见识，受到朝野之士的一致称赞。他的家庭遭到祸事后，只剩下两个弟弟、一个妹妹和几个侄孙女。杨愔抚养孤儿幼弱，内心仁慈温和，比任何人都做得好。他重道义轻钱财，先后获得的赏赐，大部分都分给亲戚和族人，跟随他的十多个侄子侄女，都依靠他而生活。杨愔连遭不幸，亲历危难，别人给他一顿饭的恩情，他总是重重地报答，而对他势不两立的仇人，他却不加清算。

［原文］

典选二十余年，奖擢(zhuó)人伦，以为己任。然取士多以言貌，时致谤言，以为愔之用人，似贫士市瓜，取其大者。愔闻，不屑焉。其聪记强识，半面不忘。每有所召问，或单称姓，或单称名，无有误者。后有选人鲁漫汉，自言猥贱，独不见识。愔曰："卿前在元子思坊，骑秃尾草驴，经见我不下，以方曲鄣(zhǎng)面，我何不识卿？"漫汉惊服。又调之曰："名以定体，漫汉果自不虚。"又令吏唱人名，误以卢士深

为士琛，士深自言。愔曰：“卢郎玉润，所以从玉。”自尚公主后，衣紫罗袍，金缕大带。遇李庶，颇以为耻，谓曰：“我此衣服，都是内裁，既见子将，不能无愧。”

［译文］

杨愔主持铨选达二十多年，以奖励和提拔人士为己任。但他所录用的人大都因言语容貌的缘故，常常受到讥讽，说他录用人才就像穷人买瓜专拣大的一样。杨愔听到这种言论后，毫不介意。他记忆力特别好，只要见过一次的人，再也不会忘记。每当他召铨选的人询问情况时，要么只称姓，要么只称名，从未失误过。后来有个名叫鲁漫汉的人，声称自己才能不高，出身低贱，所以只有自己没被杨愔认识。杨愔说：“你前次在元子思坊，骑一头秃尾巴母驴，走到我旁边看到我后也不下来，还用方形面饼把脸遮着，我哪能不认识你呢？”鲁漫汉于是惊奇叹服。杨愔又开他的玩笑说：“名字是用来确定自身的，你叫漫汉，果然不假。”他又曾让属下官吏呼叫别人的名字，误把卢士深读成卢士琛，卢士深自己加以辨别。杨愔说：“卢郎润泽如玉，所以把你的名字看成玉旁。”自从杨愔娶太原长公主后，他穿着紫色的罗袍，系金线绣制的腰带。遇见李庶，很为自己的衣着感到羞耻，对李庶说：“我这身衣服，都是宫内缝制的，可是看到你李子将后，我不禁感到惭愧啊。”

［原文］

及居端揆（kuí），权综机衡，千端万绪，神无滞用。自天保五年以后，一人丧德，维持匡救，实有赖焉。每天子临轩，公卿拜授，施号发令，宣扬诏册。愔辞气温辩，神仪秀发，百僚观听，莫不悚动。自居大位，门绝私交。轻货财，重仁义，前后赏赐，积累巨万，散之九族，架箧之中，唯有书数千卷。太保、平原王隆之与愔邻宅，愔尝见其门外有富胡数人，谓左右曰：“我门前幸无此物。”性周密畏慎，恒若不足，每闻后命，愀然变色。

纵酒妄杀

北齐文宣帝高洋生性残暴，经常无故杀人，醉酒后更是滥杀无辜。杨愔身为宰相，也不能劝阻，只好准备了死囚，供高洋杀戮。

［译文］

后来杨愔位居百官之首，执掌国家机密政事，事情千头万绪，但他思想上从没有反应迟钝的时候。自天保五年（554年）以后，文宣帝日渐荒淫，维持大局，救正时弊，全仗着杨愔。每当天子亲到朝堂任命公卿，都由杨愔发号施令，宣读诏册时，杨愔声音温和清楚，神态端庄，百官看到他的表情，听到他的声音，无不惊惧动容。杨愔自从任高官后，门中断绝私人交往。他轻贱钱财，看重仁义，先后得到的巨额赏赐，都分给族人，屋中架子和箱子中，只有几千卷书籍。太保、平原王高隆之的住宅与杨愔的住宅相邻，杨愔曾看到高隆之门外有几个富有的胡人，便对身边的人说："幸好我的门前没有这些家伙。"他性情周密而谨慎，总像做得不足的样子，每当听闻教导，脸色便变得很严肃。

［原文］

文宣大渐，以常山、长广二王位地亲逼，深以后事为念。愔与尚书右仆射平秦王归彦、侍中燕子献、黄门侍郎郑子默受遗诏辅政，并以二王威望先重，咸有猜忌之心。初在晋阳，以大行在殡（bìn），天子谅暗，议令常山王在东馆，欲奏之事，皆先咨决。二旬而止。仍欲以常山王随梓（zǐ）宫之邺，留长广王镇晋阳。执政复生疑贰，两王又俱从至于邺。子献立计，欲处太皇太后于北宫，政归皇太后。又自天保八年已来，爵赏多滥，至是，愔先自表解其开封王，诸叨窃恩荣者皆从黜（chù）免。由是嬖宠失职之徒，尽归心二叔。高归彦初虽同德，后寻反动，以疏忌之迹尽告两王。可朱浑天和又每云："若不诛二王，少主无自安之理。"宋钦道面奏帝，称二叔威权既重，宜速去之。帝不许曰："可与令公共详其事。"愔等议出二王为刺史。以帝仁慈，恐不可所奏，乃通启皇太后，具述安危。有宫人李昌仪者，北豫州刺史高仲密之妻，坐仲密事入宫。太后以昌仪宗情，甚相昵爱。太后以启示之，昌仪密启太皇太后。愔等又议不可令二王俱出，乃奏以长广王为大司马、并州刺史，常山王为太师、录尚书事。

［译文］

文宣帝病危，认为常山王高演和长广王高湛二人为亲弟，将威胁到自己的儿子，因此深深为身后之事感到忧虑。杨愔与尚书右仆射平秦王高归彦、侍中燕子献、黄门侍郎郑子默等人受文宣帝遗命辅政。大家都因常山、长广二王本就有很高的威望，对他们二人抱有猜忌心理。最初在晋阳时，因文宣帝还未安葬，而新皇帝守丧不能处理政事，大家商定让常山王住在东馆，如有事需上奏给皇帝，都要先和他商量后再作决定。二十天后，这一办法不再实行。大家又打算让常山王随文宣帝的灵柩回邺城，留下长广王镇守晋阳。但辅政的几个人又觉得这样不妥，于是常山、长广二王又一同随灵柩到了邺城。燕子献定计，想把太皇太后娄氏迁到北宫，将大政交给皇太后李氏。另外，从天保八年（557年）以来，爵位封得

过多，这时，杨愔率先上表，请求朝廷解除他开封王的王爵，所有无才能而得官受封的人都随之罢免。因此那些因文宣帝宠信而得官现在却失去官职的人，全都拥护新皇帝高殷的这两个叔叔。高归彦开始虽与杨愔等人同心，不久就背叛了他们，把杨愔等人对二王疏远猜忌的情形告诉给了二王。可朱浑天和又常说：“如果不杀掉二王，新皇帝就不可能安然无事。”宋钦道又向皇帝当面进言，说他的两个叔叔声望太高，权势过重，应当尽快把他们除掉。皇帝不答应，说：“你可以与令公杨愔将这事再仔细商量一下。”杨愔等人讨论决定让二王离京任刺史。因皇帝仁慈，担心他不同意这样办，杨愔等于是又送去一封信给皇太后，详细分析了安危形势。有一个叫李昌仪的宫人，原是北豫州刺史高仲密的妻子，因高仲密犯罪连坐，被送进后宫服役。皇太后因为李昌仪有同宗的情谊，对她很亲近。皇太后把杨愔等人的信给李昌仪看了，李昌仪向太皇太后密报了这件事。杨愔等人又商量了一下，认为不能将二王一起派出去，于是上奏以长广王为大司马、并州刺史，常山王为太师、录尚书事。

［原文］

及二王拜职，于尚书省大会百僚，愔等并将同赴。子默止之，云：“事不可量，不可轻脱。”愔云：“吾等至诚体国，岂有常山拜职，有不赴之理？何为忽有此虑？”长广旦伏家僮数十人于录尚书后室，仍与席上勋贵数人相知。并与诸勋胄约，行酒至愔等，我各劝双杯，彼必致辞。我一曰“捉酒”，二曰“捉酒”，三曰“何不捉”，尔辈即捉。及宴如之。愔大言曰：“诸王构逆，欲杀忠良邪？尊天子，削诸侯，赤心奉国，未应及此。”常山王欲缓之，长广王曰：“不可。”于是愔及天和、钦道皆被拳杖乱殴击，头面血流，各十人持之。使薛孤延、康买执子默于尚药局。子默曰：“不用智者言，以至于此，岂非命也。”

［译文］

二王受任那天，在尚书省大会百官，杨愔等人都准备前往参加。郑子默阻挡他们说：“事情很难预测，不要太轻率了。”杨愔说：“我们真诚地为国家办事，难道在常山王受任时，我们有不到场的道理吗？为什么突然产生这种疑虑？”长广王清晨在录尚书官署后面的屋子中埋伏下几十名家奴，同时把这事通知了几位在座的功臣权贵。并与功臣们的子孙约定：“我敬酒走到杨愔等人面前时，劝他们每人喝两杯，他们一定会推辞，我第一句话说‘拿酒’，第二句话仍说‘拿酒’，第三句说‘为什么不拿’，你们便把他们抓起来。宴席上他们照此行事。杨愔大声说：“你们几个亲王谋反，想杀害忠良吗？我们尊奉天子，削弱诸侯，赤心为国，不应受到这种待遇。”常山王想把情况缓和些，长广王说：“不行。”于是杨愔和可朱浑天和、宋钦道等人都受到拳头棍棒的胡乱殴打，头部和脸上鲜血直流，每人都被十个人死死揪住。又派薛孤延、康买到尚药局把郑子默抓住。郑子默说："不听聪明人的话，以致出现这种局面，难道不是命该如此吗？"

［原文］

二叔率高归彦、贺拔仁、斛(hú)律金拥愔等唐突入云龙门。见都督叱利骚，招之不进，使骑杀之。开府成休宁拒门，归彦喻之，乃得入。送愔等于御前，长广王及归彦在朱华门外。太皇太后临昭阳殿，太后及帝侧立。常山王以砖叩头，进而言曰："臣与陛下骨肉相连。杨遵彦等欲擅朝权，威福自己，王公以还，皆重足屏气。共相唇齿，以成乱阶，若不早图，必为宗社之害。臣与湛等为国事重，贺拔仁、斛律金等惜献皇帝基业，共执遵彦等领入宫，未敢刑戮，专辄之失，罪合万死。"帝时默然，领军刘桃枝之徒陛卫，叩刀仰视，帝不睨之。太皇太后令却仗，不肯。又厉声曰："奴辈即今头落。"乃却。因问杨郎何在。贺拔仁曰："一目已出。"太皇太后怆然曰："杨郎何所能，留使不好耶！"乃让帝曰："此等怀逆，欲杀我二儿，次及我，尔何纵之？"帝犹不能言。太皇太后怒且悲，王公皆泣。太皇太后曰："岂可使我母子受汉老妪斟酌。"太后拜谢。常山王叩头不止。太皇太后谓帝："何不安慰尔叔？"帝乃曰："天子亦不敢与叔惜，岂敢惜此汉辈？但愿乞儿性命，儿自下殿去，此等任叔父处分。"遂皆斩之。长广王以子默昔谗己，作诏书，故先拔其舌，截其手。太皇太后临愔丧，哭曰："杨郎忠而获罪。"以御金为之一眼，亲内之，曰："以表我意。"常山王亦悔杀之。先是童谣曰："白羊头尾秃，羖(gǔ)羺

华林纵逸

常山王和长广王发动政变后，常山王当了皇帝，其后由长广王即位，后来帝位由长广王的儿子高纬继承。高纬不理政事，一味胡闹，在华林园中假装乞丐取乐。其后北齐被北周灭亡，高纬成了亡国之君。

头生角。”又曰：“羊羊吃野草，不吃野草远我道，不远打尔脑。”又曰：“阿么姑祸也，道人姑夫死也。”羊为愔也，“角”文为用刀，“道人”谓废帝小名，太原公主尝作尼，故曰“阿么姑”，愔、子献、天和皆帝姑夫云。于是乃以天子之命下诏罪之，罪止一身，家口不问。寻复簿录五家，王晞固谏，乃各没一房，孩幼兄弟皆除名。

［译文］

二王带着高归彦、贺拔仁、斛律金揪住杨愔等人横冲直撞地进入了云龙门。他们看见都督叱利骚，用手势让他过来，叱利骚不听，便派人将他杀死。开府成休宁挡在云龙门前，高归彦劝开他后，他们一行人才得以进去。杨愔等被送到皇帝面前，长广王与高归彦在朱华门外等候。太皇太后到昭阳殿，皇太后与皇帝侍立在她的旁边。常山王用砖敲打自己的头部表示有罪，向前走了几步说：“臣与陛下骨肉相连。杨遵彦等人想把持朝政，作威作福，王公以下，都不敢随意行动和说话。他们相互依托，制造祸端，如果不趁早对他们采取行动，一定会给国家带来危害。臣与高湛等人认为国家大事最重要，贺拔仁、斛律金等人珍惜献皇帝开创的基业，大家一起将杨遵彦等人捉住带进宫来，不敢擅自把他们杀了，我们专断所犯的罪行，死有余辜。”皇帝默不作声，领军刘桃枝等人在他身边侍卫，他们抓着刀柄，抬头看着皇帝，可是皇帝没有瞟他们一眼。太皇太后命令仪卫退下，刘桃枝等人不动，太皇太后又厉声说：“我马上让你们这些奴才人头落地。”刘桃枝等人才退去。太皇太后于是问杨愔在什么地方。贺拔仁说：“他的一只眼珠已被打出来了。”太皇太后悲伤地说：“杨郎能做得了什么，留下他继续做事不好吗？”于是指责皇帝说：“这帮人有谋反的野心，想杀我的两个儿子，然后再杀我，你为什么要放纵他们？”皇帝仍然无话可说。太皇太后又愤怒又悲伤，王公们都哭了起来。太皇太后说：“怎能让我们母子听汉人老婆子的摆布。”皇太后敬礼道歉。常山王不停地叩头。太皇太后对皇帝说：“为什么不安慰你叔叔？”皇帝才说：“天子也不敢对叔叔吝惜什么，怎么敢爱惜这些汉人？我只愿叔叔留儿一命，让我自己下殿而去。这些人随叔叔怎么处置。”于是把他们都杀了。长广王因郑子默先前曾说过自己的坏话，撰写过诏书，所以在杀他之前，先割下他的舌头，斩断他的双手。太皇太后到杨愔灵前吊丧，哭着说：“杨郎忠心为国却获了罪。”用自己的黄金铸了一只眼珠，亲手将它安在杨愔的眼眶里，说：“以此略表我的心意。”常山王也后悔把杨愔杀了。事先有童谣说：“白羊头尾秃，羖羺头生角。”又有说：“羊羊吃野草，不吃野草远我道，不远打尔脑。”又说：“阿么姑祸也，道人姑夫死也。”“羊”说的是杨愔，“角”字可拆成“用”字和“刀”字，“道人”指的是废帝高殷的小名，杨愔的妻子太原公主曾作过尼姑，所以称作“阿么姑”，而杨愔、燕子献、可朱浑天和都是废帝的姑夫。于是二王便以天子的名义下诏，宣布杨愔等人的罪状，只定他们本人的罪，不追究家里的人。不久又想将杨愔等五家所有的人口全部逮捕，王晞坚决劝阻，才使得每个家族只抄灭死者本人一房，小孩也

华林纵逸

北齐末代君主高纬只顾吃喝玩乐，不理政事最终落了个亡国的下场。

全部杀死，他们的兄弟做官的一概罢免。

［原文］

遵彦死，仍以中书令赵彦深代总机务。鸿胪(lú)少卿阳休之私谓人曰：“将涉千里，杀骐(qí)骥而策蹇驴，可悲之甚。”愔所著诗赋表奏书论甚多，诛后散失，门生鸠(jiū)集所得者万余言。

［译文］

杨遵彦死后，朝廷以中书令赵彦深代掌机密事务。鸿胪少卿阳休之私下里对人说：“想走千里长的路途，却杀掉良马去骑一头跛足的驴子，太可悲了。”杨愔写的诗、赋、表、奏和书论很多，他被杀后这些也都散失了，他的门生收集到的仅有一万多字。

周书

苏绰传

［原文］

苏绰（chuò）字令绰，武功人，魏侍中则之九世孙也。累世二千石。父协，武功郡守。

绰少好学，博览群书，尤善算术。从兄让为汾（fén）州刺史，太祖饯（jiàn）于东都门外。临别，谓让曰："卿家子弟之中，谁可任用者？"让因荐绰。太祖乃召为行台郎中。在官岁余，太祖未深知之。然诸曹疑事，皆询于绰而后定。所行公文，绰又为之条式。台中咸称其能。后太祖与仆射周惠达论事，惠达不能对，请出外议之。乃召绰，告以其事，绰即为量定。惠达入呈，太祖称善，谓惠达曰："谁与卿为此议者？"惠达以绰对，因称其有王佐之才。太祖曰："吾亦闻之久矣。"寻除著作佐郎。

［译文］

苏绰，字令绰，武功郡人，三国魏侍中苏则的第九代孙。他家代代都有人做到太守一级的官，父亲苏协曾任武功郡太守。

苏绰少年时期喜欢学习，博览群书，尤其擅长算术。他的堂兄苏让出任汾州刺史，周太祖宇文泰在都城东门外设宴相送。即将分别时，宇文泰问苏让："你家子弟当中，有谁可以担任官职吗？"苏让于是推荐苏绰。宇文泰便把苏绰召来，任命他为行台郎中。苏绰任行台郎中一年多后，宇文泰对他还不是很了解。但行台各官署有什么疑难的事，都要找苏绰商量后才做出决定。颁行的各

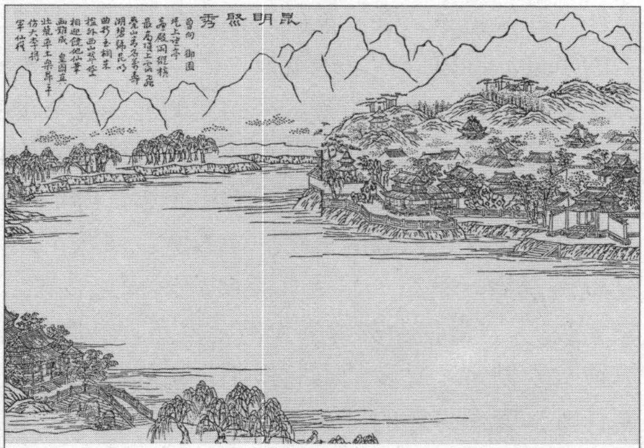

昆明聚秀

昆明池为长安城一景，后来北京城成为帝都之后，颐和园内也修了昆明湖，成为一大名胜。

种公文，格式也是苏绰制定的。行台中的官员都称赞苏绰的才干。后来，宇文泰同行台尚书仆射周惠达讨论事情，周惠达回答不上来，请求到外面找人商量一下。于是周惠达把苏绰叫来，把讨论的事情告诉他，苏绰当即为他分析情况并做出裁决。周惠达进去向宇文泰禀告，宇文泰称赞他作出的决定，对周惠达说："这个建议是谁给你出的？"周惠达回答说是苏绰，并趁机称赞苏绰有辅佐帝王的才干。宇文泰说："我也很久就听说过他是个有才能的人了。"随即任命苏绰为著作佐郎。

［原文］

属太祖与公卿往昆明池观渔，行至城西汉故仓地，顾问左右，莫有知者。或曰："苏绰(chuò)博物多通，请问之。"太祖乃召绰，具以状对。太祖大悦，因问天地造化之始，历代兴亡之迹。绰既有口辩，应对如流。太祖益喜。乃与绰并马徐行至池，竟不设网罟(gǔ)而还。遂留绰至夜，问以治道，太祖卧而听之。绰于是指陈帝王之道，兼述申韩之要。太祖乃起，整衣危坐，不觉膝之前席。语遂达曙不厌。诘(jié)朝，谓周惠达曰："苏绰真奇士也，吾方任之以政。"即拜大行台左丞，参典机密。自是宠遇日隆。绰始制文案程式，朱出墨入，及计帐、户籍之法。

［译文］

恰遇宇文泰和朝廷公卿们一起前往昆明池观看捕鱼，来到京城长安西边一个汉代故地叫仓池的地方，宇文泰回头向左右的人询问关于仓池的事，竟没有人知道。有人说："苏绰知道的事情很多，请您问他吧。"宇文泰于是把苏绰找来，苏绰详细地作了回答。宇文泰极其高兴，于是从开天辟地、万物初生的情况一直问到历代兴亡的事迹。苏绰口才本来就好，随问随答，毫不迟疑。宇文泰更加高兴了。于是与苏绰信马由缰，边走边谈，来到昆明池，竟然没看下网捕鱼，就往回走了。宇文泰于是把苏绰留下来长谈直至夜间，向苏绰询问治理国家的方法，自己则躺着听苏绰说。苏绰谈起帝王法术，并说到申不害、韩非等法家学术的要点。宇文泰于是爬起来，整理好衣衫，端端正正地坐着听，双膝不知不觉地向前移动。两个人谈到天亮还没有说完。第二天早上，宇文泰对周惠达说："苏绰确实是个奇才，我将让他执掌大政。"当即任命苏绰为大行台左丞，参掌机密。从此宇文泰对苏绰越来越信任。苏绰首次制定了文案的书写规则，用红色表示支出，黑色表示收入，他还制定了编制计账、管理户籍的方法。

［原文］

大统三年，齐神武三道入寇。诸将咸欲分兵御之，独绰意与太祖同，遂并力拒窦泰，擒之于潼关。四年，加卫将军、右光禄大夫，封

美阳县子，邑三百户。加通直散骑常侍，进爵为伯，增邑二百户。十年，授大行台度支尚书，领著作，兼司农卿。

［译文］

西魏文帝大统三年（537年），北齐神武帝高欢统帅三路大军向西魏进犯。西魏各位将领都打算分兵御敌，只有苏绰与宇文泰两人意见相同，于是决定集中兵力迎战窦泰指挥的部队，在潼关将窦泰活捉。大统四年（538年），朝廷加任苏绰卫将军、右光禄大夫，封他为美阳县子，食邑三百户。后又加封通直散骑常侍，晋爵为美阳县伯，增加食邑二百户。大统十年（544年），任命苏绰为大行台度支尚书、领著作，兼任司农卿。

［原文］

太祖方欲革易时政，务弘强国富民之道，故绰(chuò)得尽其智能，赞成其事。减官员，置二长，并置屯田以资军国。又为六条诏书，奏施行之。

［译文］

太祖宇文泰当时正想改革政治，致力于寻求使国家强大、百姓富足的方法，所以苏绰得以发挥他的全部智慧和才能，辅助宇文泰完成大业。苏绰协助宇文泰削减官员，设置党长、里长，开办屯田给军队和政府提供开支。苏绰还撰写了六条诏书，上奏给朝廷，请求施行。

［原文］

其一，先治心，曰：

凡今之方伯守令，皆受命天朝，出临下国，论其尊贵，并古之诸侯也。是以前世帝王，每称共治天下者，唯良宰守耳。明知百僚卿(qīng)尹，虽各有所司，然其治民之本，莫若宰守之最重也。凡治民之体，先当治心。心者，一身之主，百行之本。心不清净，则思虑妄生。思虑妄生，则见理不明。见理不明，则是非谬(miù)乱。是非谬乱，则一身不能自治，安能治民也！是以治民之要，在清心而已。夫所谓清心者，非不贪货财之谓也，乃欲使心气清和，志意端静。心和志静，则邪僻之虑，无因而作。邪僻不作，则凡所思念，无不皆得至公之理。率至公之理以临其民，则彼下民孰(shú)不从化。是以称治民之本，先在治心。

［译文］

第一条，首先整顿思想，内容包括：

如今所有的刺史、太守、县令，都受朝廷任命，到地方实行统治，从他们地位的尊贵来说，都可以比拟古代的诸侯。因此，前代帝王常常说，与他们一起治理国家的，正是那些优秀的地方官。从这点可以清楚地知道，朝廷百官卿尹，虽然各有各的职责，但从治理百姓的根本来说，没有谁比地方官吏更重要。治理百姓的根本，首先在于端正思想。思想是身体的主宰，各种行为的来源。思想上不纯洁，就会胡思乱想。如果胡思乱想，分辨事理也就不会明白了。如果分辨事理不明白，就将混淆是非。是非一旦混淆，自己本身都不可能做好，又怎么去治理百姓呢！所以治理百姓的关键，在于地方官吏纯洁自己的思想。这里所说的纯洁思想，并不只是说不要贪图金钱和财物，而是指思想清净安和，意志坚定。如果做到思想安和，意志坚定，那么不正当的想法，就不会产生了。不产生不正当的想法，那么心中出现的任何念头，都将符合最公正的原则。按照最公正的原则去统治百姓，百姓有谁会不服从的呢？所以说治理百姓的根本，首先在于整顿思想。

［原文］

其次又在治身。凡人君之身者，乃百姓之表，一国之的也。表不正，不可求直影；的不明，不可责射中。今君身不能自治，而望治百姓，是犹曲表而求直影也；君行不能自修，而欲百姓修行者，是犹无的而责射中也。故为人君者，必心如清水，形如白玉。躬(gōng)行仁义，躬行孝悌(tì)，躬引忠信，躬行礼让，躬行廉平，躬行俭约。然后继之以无倦，加之以明察。行此八者，以训其民。是以其人畏而爱之，则而象之，不待家教日见而自兴行矣。

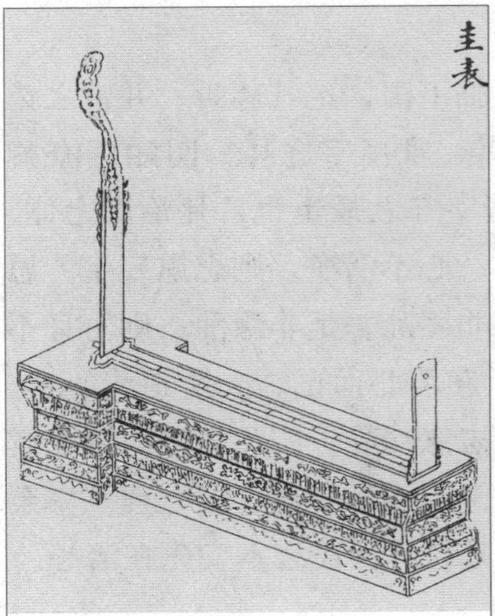

圭 表
圭表即古代测日影用的标杆。

［译文］

其次是端正行为。大凡君主的行为，对百姓来说，就好比测日影用的标杆，对国家来讲，就好像射箭用的靶子。标竿不竖直，不可能测得端正的日影；靶子不明显，不可能要求别人一发中的。现在假如君主自己的行为不端正，却希望把百姓治理好，这就像用一根弯曲的标杆却想测得端正的日影；君主自己的行为不加严谨，却要百姓注意自己的行为，就好比没有箭靶却要求别人射中。所以作为君主，一定要做到思想如清水一样没有杂质，形象如宝玉一样洁白无瑕。亲自实行仁义，亲自实行孝悌，亲自实行忠信，亲自实行礼让，亲自实行廉平，亲自实行节俭。此外，还需孜孜不倦，明察秋毫。把以上八个方面都做好，并以此教诲百姓。这样君主统治下的百姓才会畏惧他，爱戴他，以他为楷模，向他学习，不需要他挨门逐户地教育，也不需要他天天去见百姓，这些美德自然就会风行起来。

[原文]

其二，敦教化，曰：

天地之性，唯人为贵。明其有中和之心，仁恕之行，异于木石，不同禽兽，故贵之耳。然性无常守，随化而迁。化于敦朴者，则质直；化于浇伪者，则浮薄。浮薄者，则衰弊之风；质直者，则淳和之俗。衰弊则祸乱交兴，淳和则天下自治。治乱兴亡，无不皆由所化也。然世道雕丧，已数百年。大乱滋甚，且二十岁。民不见德，唯兵革是闻；上无教化，惟刑罚是用。而中兴始尔，大难未平，加之以师旅，因之以饥馑(jǐn)，凡百草创，率多权宜。致使礼让弗兴，风俗未改。比年稍登稔(rěn)，徭赋差轻，衣食不切，则教化可修矣。凡诸牧守令长，宜洗心革意，上承朝旨，下宣教化矣。

[译文]

第二条，加强教育感化，内容包括：

从天地的本性来说，人是最贵重的。这一点很清楚，因为人有正直和善的心灵，有仁慈宽恕的行为，有别于朽木顽石，不同于飞禽走兽，所以天地之间，以人最为尊贵。但人性不是一成不变的，会随不同风气的感化而改变。受到质朴美德感化的人，将变得朴实正直；受到虚假欺诈行为熏染的人，将变得轻浮狡诈。人们轻浮狡诈，就会出现衰亡丧乱的风俗；人们朴实正直，就将形成质朴和谐的风气。衰亡丧乱的风俗一旦出现，祸乱将接连不断地产生；质朴和谐的风气一旦形成，国家自然就会安定。国家是安定还是混乱，是兴盛还是衰亡，没有不是因为人们受到不同风气感化的缘故。但社会风气衰败已达几百年。近二十年来，祸乱变得越来越严重。百姓没见过德政，只听说接连不断的战争；官吏对百姓不进行教育感化，只对他们滥用刑法。现在中兴刚刚开始，大乱尚未平息，加上战争不断，灾荒频繁，许多事情必须从头做起，因此各项政策大都随时事而变通。这样，礼让的风气还未兴起，而旧的风俗也还未改变。近几年收成较好，百姓所承担的徭役赋税较轻，对于衣服和食物的要求不那么迫切，就此可以对他们进行教育感化了。所有的刺史、太守、县令或县长，应当清除思想中不正当的东西，遵照朝廷的意图，对百姓们进行教育感化。

[原文]

夫化者，贵能扇之以淳(chún)风，浸之以太和，被之以道德，示之以朴素。使百姓亹亹(wěi)，中迁于善，邪伪(wěi)之心，嗜(shì)欲之性，潜以消化，而

不知其所以然，此之谓化也。然后教之以孝悌，使民慈爱；教之以仁顺，使民和睦；教之以礼义，使民敬让。慈爱则不遗其亲，和睦则无怨于人，敬让则不竞于物。三者既备，则王道成矣。此之谓教也。先王之所以移风易俗，还淳反素，垂拱而治天下以至太平者，莫不由此。此之谓要道也。

［译文］

要感化百姓，重在提倡淳朴的风气，用和谐的精神去熏陶他们，用道德行为感召他们，给他们做出朴素的榜样。使百姓不断地向善的方面转化，使他们不正当的思想和贪图享受的本性，不知不觉地消失，而在变化中他们自己还弄不清是怎么回事，这就是所说的感化。随后，教育百姓要孝敬父母、善待兄弟，使他们互相慈爱；教育他们仁善顺从，使他们相处和睦；用礼节和道义教育他们，使他们相互敬让。百姓们慈爱，便不会抛弃自己的亲人，和睦便不会怨恨别人，敬让便不会因财物而发生争执。假如这三个方面都做到了，王道也就实现了。这就是所谓的教育。先代圣王之所以能移风易俗，使社会风气变得淳和朴素，毫不费力便能使国家安定，甚至天下太平，无不缘于教育感化。这可说是最关键的方法。

［原文］

其三，尽地利，曰：

人生天地之间，以衣食为命。食不足则饥，衣不足则寒。饥寒切体，而欲使民兴行礼让者，此犹逆坂(bǎn)走丸，势不可得也。是以古之圣王，知其若此，故先足其衣食，然后教化随之。夫衣食所以足者，在于地利尽。地利所以尽者，由于劝课有方。主此教者，在乎牧守令长而已。民者冥也，智不自周，必待劝教，然后尽其力。诸州郡县，每至岁首，必戒敕部民，无问少长，但能操持农器者，皆令就田，垦发以时，勿失其所。及布种既讫(qì)，嘉苗须理，麦秋在野，蚕停于室，若此之时，皆宜少长悉力，男女并功，若援溺、救火、寇盗之将至，然后可使农夫不废其业，蚕妇得就其功。若有游手怠惰，早归晚出，

插秧

在中国古代，农业是国家的根本，历朝历代都十分重视农业生产。

好逸恶劳，不勤事业者，则正长牒(dié)名郡县，守令随事加罚，罪一劝百。此则明宰之教也。

［译文］

第三条，发挥土地全部的潜力，内容包括：

人生活在世上，吃的、穿的便是性命所在。食物不足便会饥饿，衣服不够就会受冻。饥寒交迫，却想让百姓实行礼让，这就好比让一个圆球自动往斜坡上滚，是绝对不可能的。所以古代君王知道情况如此，于是都先使百姓足衣足食，然后才对他们进行教育感化。之所以能够做到足衣足食，在于发挥土地全部的生产能力。土地的生产能力之所以能够全部发挥出来，在于鼓励百姓耕种得法。而对鼓励百姓耕种负责的，正是刺史、太守、县令或县长。“民”也就是“冥”，他们的智力不足以保全自己，必须加以鼓励教育，才会全力耕种。各州、各郡、各县，每年年初，一定要命令治下百姓，不论年龄大小，只要拿得起农具，都要让他们下地干活，按季节耕种，不要误了农时。播种完毕后，长势中的禾苗还须管理，地里的麦子黄了，家中的蚕子老了，像这种时候，无论男女老少，都应该全力以赴，就像从水中救人、扑灭大火、防备即将到来的强盗一样，这样才可能使农夫进行正常的生产，养蚕的妇女也可以顺利地获得好收成。如果有人游手好闲，晚出早归，好逸恶劳，不辛勤从事生产，那么正长应把他们的名字申报给郡县，太守、县令应根据事情大小加以处罚，必须惩办个别的人，以激励更多的人，这才是一个优秀的地方官所应做的。

［原文］

夫百亩之田，必春耕之，夏种之，秋收之，然后冬食之。此三时者，农之要也。若失其一时，则谷不可得而食。故先王之戒曰：“一夫不耕，天下必有受其饥者；一妇不织，天下必有受其寒者。”若此三时不务省事，而令民废农者，是则绝民之命，驱以就死然。单劣之户，及无牛之家，劝令有无相通，使得兼济。三农之隙，及阴雨之暇(xiá)，又当教民种桑、植果，艺其菜蔬，修其园圃(pǔ)，畜育鸡豚(tún)，以备生生之资，以供养老之具。

夫为政不欲过碎，碎则民烦；劝课亦不容太简，简则民怠(dài)。善为政者，必消息时宜而适烦简之中。故《诗》曰：“不刚不柔，布政优优，百禄(lù)是求。”如不能尔，则必陷于刑辟矣。

［译文］

即使有一百亩土地，也必须在春天耕垦，在夏天播种，在秋天收获，冬天才有吃的。春、夏、秋这三季，是农业生产的关键季节。如果哪一季失去时机，就产不出谷物来供以食用。所以古代圣王告诫说：“一个男子不耕种，天下就肯定有人会

灌溉

因此挨饿；一个妇女不纺织，天下就肯定会有人因此受冻。”如果在这三个农忙季节不力求减少徭役，反而让百姓放弃农活，这实际上就是夺去百姓的生命，把他们往死路上赶。劳动人手少而弱的农户，以及没有耕牛的人家，应当鼓励百姓们互通有无，使大家都能渡过难关。三个农忙季节的空闲时间，以及阴雨连绵无事可做的时候，还应当教百姓栽种桑树、果树，种植蔬菜，修整园圃饲养鸡猪，为生儿育女和赡养老人准备必要的财物。

政事不应太琐碎，太琐碎百姓就会厌烦；鼓励百姓耕种时也不宜过分简略，过分简略百姓就会懈怠。善于执政的人，一定会根据不同情况，使政事繁简适当。所以《诗经》上说：“既不刚猛也不软弱，政事宽缓，便可得到优厚的俸禄。”如果地方官吏们做不到这一点，也将受到法律的制裁。

［原文］

其四，擢(zhuó)贤良，曰：

天生蒸民，不能自治，故必立君以治之。人君不能独治，故必置臣以佐之。上至帝王，下及郡国，置臣得贤则治，失贤则乱，此乃自然之理，百王不能易也。

［译文］

第四条，选拔德才兼备的人，内容包括：

上天创造了百姓，他们不能自己管理自己，所以必须设置君主对他们进行统治。君主不可能一个人进行统治，所以必须设置官员来协助君主。上自帝王，下至地方长官，属官选得好，政治就清明，选得不好就会混乱，这是自然而然的道理，任何一位君主都不可能例外。

［原文］

今刺史守令，悉有僚吏，皆佐治之人也。刺史府官则命于天朝，其州吏以下，并牧守自置。自昔以来，州郡大吏，但取门资，多不择贤良；末曹小吏，唯试刀笔，并不问志行。夫门资者，乃先世之爵禄，无妨子孙之愚瞽(gǔ)；刀笔者，乃身外之末材，不废性行之浇伪。若门资之中而得贤良，是则策骐骥(qí jì)而取千里也；若门资之中而得愚瞽，是则土牛木马，形似而用非，不可以涉道也。若刀笔之中而得志行，

是则金相玉质，内外俱美，实为人宝也；若刀笔之中而得浇伪，是则饰画朽木，悦目一时，不可以充榱椽(cuī chuán)之用也。今之选举者，当不限资荫(yīn)，唯在得人。苟得其人，自可起厮养而为卿相，伊尹、傅说是也，而况州郡之职乎？苟非其人，则丹朱、商均虽帝王之胤(yìn)，不能守百里之封，而况于公卿之胄(zhòu)乎？由此而言，观人之道可见矣。

［译文］

如今刺史、太守、县令，都有僚吏，这些僚吏都是协助他们处理政事的人。刺史及州府长官由朝廷直接任命，而刺史、太守本来就有的属官，全都由刺史、太守自己选置。从古至今，州和郡的主要属官，只取门第高、祖先有官位的人，而不是选择贤良之人；那些不重要的官署小吏，也只看他们是否能处理公文，一概不问他们的志向和行为。门第资荫，只不过是祖先的爵位官阶，并不能说明子孙就不会愚昧无知；善于处理公文，只不过是身外的小才能，同样无助于消除浮躁欺诈的本性。如果在有门第资荫的家族中选拔到有才有德的人，真可谓是骑策骏马，一日千里；如果在有门第资荫的家族中选取了一个愚昧无知的人，那简直就是土牛木马，虽然外表像牛马，但却不能在大道上驰骋。如果在刀笔小吏中找到一位志向远大、行为高洁的人，这可说是外表如金，本质似玉，本质和才干都很好，是真正的人中之宝；如果在刀笔小吏中选到一个浮躁欺诈的人，那就像用美丽的画面装饰起来的一块朽木，即便一时好看，但终究不能用来建造房屋。当今选举，应该不受门第资荫的限制，以选到人才为唯一的宗旨。如果确属人才，自然可以从奴隶变为卿相，古代伊尹、傅说就是如此，何况州郡属官呢？假如不是人才，那么像丹朱、商均这些帝王后代，竟不能守住百里封地，又何况公卿的子孙呢？从这方面讲，选拔官吏的原则也就清楚了。

［原文］

凡所求材艺者，为其可以治民。若有材艺而以正直为本者，必以其材而为治也；若有材艺而以奸伪为本者，将由其官而为乱也，何治之可得乎。是故将求材艺，必先择志行。其志行善者，则举之；其志行不善者，则去之。

［译文］

之所以选择有才干的人，是因为他们可以治理百姓。如果有才干，本质又正直，那么这样的人肯定会用他的才干去治理地方使其清平安定；如果有才干，本质上却奸猾狡诈，那么这样的人将利用他的权力导致混乱不安，哪有什么清平安定可谈呢？所以要选择有才干的人，一定要先看他的志向行为如何。如果他的志向和行为都很好，就任用他；如果他的志向和行为不好，那就不任用他。

后稷

后稷是周朝的先祖，也是传说中舜时负责农业的大臣，官居农师。

[原文]

而今择人者多云“邦国无贤，莫知所举”。此乃未之思也，非适理之论。所以然者，古人有言：明主聿兴，不降佐于昊(hào)天；大人基命，不擢才于后土。常引一世之人，治一世之务。故殷、周不待稷、契之臣，魏、晋无假萧、曹之佐。仲尼曰：“十室之邑，必有忠信如丘者焉。”岂有万家之都，而云无士？但求之不勤，择之不审，或用之不得其所，任之不尽其材，故云无耳。古人云：“千人之秀曰英，万人之英曰隽(jùn)。”今之智效一官，行闻一邦者，岂非近英隽之士也？但能勤而审察，去虚取实，各得州郡之最而用之，则民无多少，皆足治矣。孰云无贤？

[译文]

如今选拔人才的人总是说：“本地没有贤才，不知选哪个合适。”这是没有认真思考的缘故，并不是合情合理的言论。我之所以这样说，是因为古人曾说过这样的话：圣明的君主开创大业，上天不会给他另降辅佐之人；帝王奠定基业，也不会从后土那儿得到人才。他们总是招来当时的人，以处理当时的政务。所以商、周时代的帝王，不需要稷、契来做自己的臣子，魏、晋时代的君主，也不用萧何、曾参去辅佐。孔子曾说：“有十家人聚居的地方，就肯定会有像我孔丘这样忠信的人。”怎么会在万家人居住的城邑，却声称没有人才呢？只不过没有辛勤地寻访，认真地选拔，或者说没有把人才用到恰当的地方，没有把可以完全发挥他们才干的官职委任给他们，所以才会说没有人才。古人说：“一千人当中杰出者叫‘英’，一万人当中的‘英’就可以称为‘隽’。”当今那些才智足以承担一个官职，德行被一地百姓知晓的人，不就和古代的英隽差不多吗？只要勤奋认真地查访，都能把一州、一郡最有才干的人找出来并任用他们，那么百姓不论多少，都能治理好。怎么能说没有贤才呢？

[原文]

夫良玉未剖，与瓦石相类；名骥(jì)未驰，与驽(nú)马相杂。及其剖而莹之，驰而试之，玉石驽骥，然后始分。彼贤士之未用也，混于凡品，

竟何以异。要任之以事业，责之以成务，方与彼庸流较然不同。昔吕望之屠钓，百里奚之饭牛，宁生之扣角，管夷吾之三败，当此之时，悠悠之徒，岂谓其贤？及升王朝，登霸国，积数十年，功成事立，始识其奇士也。于是后世称之，不容于口。彼瑰(guī)伟之材，不世之杰，尚不能以未遇之时，自异于凡品，况降此者哉？若必待太公而后用，是千载无太公；必待夷吾而后任，是百世无夷吾。所以然者，士必从微而至著，功必积小以至大，岂有未任而已成，不用而先达也？若识此理，则贤可求，士可择。得贤而任之，得士而使之，则天下之治，何向而不可成也？

契
契是商朝的始祖，也是舜时的贤臣。

［译文］

美玉未经打磨，与石头瓦块差不多；名马没有驰骋时，同劣马没有什么区别。经过剖开磨治，驰骋检验，美玉与顽石、劣马与良马，才分辨得出来。那些贤才未受到任用的时候，和平庸的人混在一起，究竟用什么办法才可以将他们区分出来呢？关键在于委任他们职责，考察他们的政绩，他们才能与那些平庸之辈截然区分开来。古代吕望宰猪钓鱼，百里奚喂牛，宁戚敲牛角唱歌，管仲三战皆败，在这种时候，人们所见到的只是庸才面目，岂有可能称他们为贤才？只有当他们被帝王或强大的诸侯所任用，经过几十年后，建功立业，人们才认识到他们原来是奇才。于是后代的人称颂他们，不绝于口。像他们这样的杰出人才，并非每代都有，尚且不能在未被委任的时候把自己同平庸的人区别开来，何况那些才智比他们低的士人呢？如果一定要等到吕望出现才加以委任，那么等上一千年也不会出现吕望；一定要等到管仲出现才加以委任，那么一百年也不会出现管仲。之所以会这样，是因为士人必须从默默无闻的境地慢慢地获得声誉，功勋也必须慢慢地积累，哪有可能不经委任便已成名，不经任用便官高位显呢？如果认识到这个道理，那么贤才便可以找到，士人也可以选拔出来了。求得贤才加以任用，选拔到士人让他们做事，那么治理国家，想做什么事不能成功呢？

［原文］

然善官人者必先省其官。官省，则善人易充。善人易充，则事无不理；官烦，则必杂不善之人，杂不善之人，则政必有得失。故语曰：“官省则事省，事省则民清；官烦则事烦，事烦则民浊。”清浊之由，在于官之烦省。案今吏员，其数不少。昔民殷(yīn)事广，尚能克济，况今户口减耗，依员而置，犹以为少。如闻在下州郡，尚有兼假，扰乱细民，甚为无理。诸如此辈，悉宜罢黜(chù)，无得习常。

吕尚磻溪垂钓

吕尚就是吕望，即民间传说中的姜太公，其未发迹时曾在渭水边垂钓。

［译文］

不过，善于选用官吏的人，肯定首先会减少官吏的数量。官吏数量减少了，就容易找到好人来担任各种职务。如果各种职务都容易找到好人来担任，那么任何事情都能做好；官吏多了，就一定会混进一些坏人，坏人一旦混进来，政事肯定就会出现失误。所以俗话说：“官少则事少，事少则百姓安宁；官多则事多，事多则百姓混乱。”百姓是安宁还是混乱，就在于官吏数量的多少。考察今日的官吏，数目很大。先前百姓多，事情繁杂，尚且都能把事情做好，而今民户减少了，官吏仍按先前的数目设置，还认为不够。又听说地方州郡还有兼官假官，骚扰百姓，这太没道理了。像这种人，应将他们全部清除出去，不得习以为常。

［原文］

非直州郡之官，宜须善人，爰至党族闾(lǘ)里正长之职，皆当审择，各得一乡之选，以相监统。夫正长者，治民之基。基不倾者，上必安。

凡求贤之路，自非一途。然所以得之审者，必由任而试之，考而察之。起于居家，至于乡党，访其所以，观其所由，则人道明矣，贤与不肖别矣。率此以求，则庶无愆(qiān)悔矣。

［译文］

不仅州郡一级的官吏应该选择有才有德的人，即便是党族和闾里正长这些乡里小吏，也都应当仔细挑选，选拔一乡中最有才德的人，使他们监察治理百姓。正长是治理百姓的基础，基础不倾斜，国家才会安宁。

要选拔贤才，自然不止一个途径。但要保证选到的是真正的贤才，必须经过任用来检验他们的才能，并对他们进行考察。从他们在家中的情况到他们在乡里的活动，进行询问观察，这样，他们的为人处事就可以弄清楚，贤与不贤也就能分辨出来了。按照这一办法去选拔贤才，大概就不会出现什么差错了。

［原文］

其五，恤(xù)狱讼，曰：

人受阴阳之气以生，有情有性。性则为善，情则为恶。善恶既分，而赏罚随焉。赏罚得中，则恶止而善劝；赏罚不中，则民无所措手足。民无所措手足，则怨叛之心生。是以先王重之，特加戒慎。夫戒慎者，欲使治狱之官，精心悉意，推究事源。先之以五听，参之以证验，妙睹情状，穷鉴隐伏，使奸无所容，罪人必得。然后随事加刑，轻重皆当，赦过矜愚，得情勿喜。又能消息情理，斟酌礼律，无不曲尽人心，远明大教，使获罪者如归。此则善之上也。然宰守非一，不可人人皆有通识，推理求情，时或难尽。唯当率至公之心，去阿枉之志，务求曲直，念尽平当。听察之理，必穷所见，然后栲讯以法，不苛不暴，有疑则从轻，未审不妄罚，随事断理，狱无停滞。此亦其次。若乃不仁恕而肆其残暴，同民木石，专任捶楚。巧诈者虽事彰而获免，辞弱者乃无罪而被罚。有如此者，斯则下矣，非共治所寄。今之宰守，当勤于中科，而慕其上善。如在下条，则刑所不赦。

［译文］

第五条，慎用刑法，准确判案，内容包括：

人禀受阴阳二气然后降生，有情有性。人的本性是善的，但情却趋向于恶。既然有善有恶，也因此有赏有罚。赏罚准确无误，恶的方面将受到阻止而善的方面将得到鼓励；赏罚不准确，百姓将不知所措。如果百姓被搞得不知所措，他们就会产生怨恨和犯上作乱的想法。所以先代圣王都很重视赏罚，特别告诫要慎用刑法。所谓慎用刑法，就是让断案的官员专心致志，探究事情的真实情况。首先要通过辞、色、气、耳、目来把握案情，并参考各种证据，准确地掌握事件的真实情况，完全弄清案件中不明白的地方，使奸巧无处藏身，罪犯就定会被查出来。然后再根据罪责量刑，轻重适宜，宽恕那些过失犯罪的人，怜悯那些因愚昧而触犯刑法的人，查清了案情也不要沾沾自喜。还要根据人心和公理，参照礼仪与法律，使一切处置都符合人心，宣传国家的教令，使被判刑的人也觉得理应如此。这是最好的办案方式。

下车泣罪

传说禹做帝王之时，一次乘车出行，看到路边有许多犯人，觉得这是自己没有尽到帝王的责任，才使百姓犯罪。这个故事反应了古人的慎刑思想。

不过，地方长官不止一人，不可能人人都有这样全面的认识，推断事理，探求真实情况，有时也难以做到十分准确。只是应该本着最公正的思想，放下徇私枉法的意图，尽力弄清是非曲直，尽量想着把案子办准确。听取口供，查问实情，一定要把自己发现的疑点弄明白，然后再按照法律规定进行拷问，不要严酷残暴，有疑问没弄清楚便从轻发落，事情未经证实不要妄加处罚，根据事情大小进行裁决，使案子不至于拖得太久。这是较差的层次。对百姓不讲仁慈宽恕，任意采取残暴的手段，把他们当作树木石块，把拷打当成唯一的办法，花言巧语的人尽管罪责明确却逃脱法网，不善言辞的人虽无罪而受到惩罚。如果有这种情况，那便是最下等的层次了，这些地方官不是和君上共治理天下的人。当今各位地方官，应当努力做到中等，并向上等看齐。如果所作所为与最坏的那一种相同，刑法是不饶恕的。

［原文］

又当深思远大，念存德教。先王之制曰，与杀无辜，宁赦有罪；与其害善，宁其利淫(yín)。明必不得中，宁滥舍有罪，不谬害善人也。今之从政者则不然，深文巧劾，宁致善人于法，不免有罪于刑。所以然者，皆非好杀人也，但云为吏宁酷，可免后患。此则情存自便，不念至公，奉法如此，皆奸人也。夫人者，天地之贵物，一死不可复生。然楚毒之下，以痛自诬，不被申理，遂陷刑戮者，将恐往往而有。是以自古以来，设五听三宥之法，著明慎庶狱之典，此皆爱民甚也。凡伐木杀草，田猎不顺，尚违时令，而亏帝道；况刑罚不中，滥害善人，宁不伤天心、犯和气也？天心伤，和气损，而欲阴阳调适，四时顺序，万物阜安，苍生悦乐者，不可得也。故语曰，“一夫吁嗟(jiē)，王道为之倾覆”，正谓此也。凡百宰守，可无慎乎？

［译文］

执法者还需把目光放远一些，要想到用德行教育百姓。先王的法则说：与其滥杀无辜，不如放掉罪犯；与其残害好人，不如让坏人占便宜。这说明如果案子不能判断准确，宁可让罪犯逃脱，也不能错误地残害好人。但现在当官的不是这样，他们搜罗法律条款，舞文弄墨，宁可把好人送进法网，也不让罪犯免受惩罚。他们之所以这样，并不是他们全都喜欢杀人，而是说做官最好严厉点，这样可以免除后患。这是为自己打算，没有想到公理，像这样执法的人，都是奸邪之徒。人是天地间最宝贵的东西，一旦死去，便不可能再活过来。但在严刑拷打之下，有些人受不了痛苦，被迫认罪，得不到申诉，于是遭到杀害，这种事恐怕时常会有。所以，从古代以来，便创立了五听三宥的办案原则，强调要慎用刑罚，这都是极其爱护百姓的举动。大凡砍伐树木、清除杂草、捕猎野兽，如果不正常进行，尚且会违背时令，有损帝王之道；何况判案不准确，滥杀好人，难道会不伤上天的心，破坏万物的和谐吗？上天的心被伤害，万物的和谐遭到破坏，却仍想阴阳协调适宜，四季时令正常，万物茁壮生长，百姓一片欢乐，是不可能的。所以俗话说："即使一个人叹息，帝王之道也会因此被倾覆，"说的正是这种情况。各位地方长官，难道不该慎重其事吗？

狩猎

［原文］

若有深奸巨滑，伤化败俗，悖乱人伦，不忠不孝，故为背道者，杀一利百，以清王化，重刑可也。识此二途，则刑政尽矣。

［译文］

如果有罪大恶极、伤风败俗、违背上下尊卑的等级秩序、不忠不孝、故意背叛正道的，杀掉这样的一人，有利于一百个人，帝王的教化得以推行，采用重刑也是可以的。了解量刑定罪的这两个方面以后，用刑的原则也就彻底清楚了。

［原文］

其六，均赋役，曰：

圣人之大宝曰位。何以守位曰仁，何以聚人曰财。明先王必以财聚人，以仁守位。国而无财，位不可守。是故三五以来，皆有征税之法。虽轻重不同，而济用一也。今逆寇未平，军用资广，虽未遑(huáng)减省，以恤民瘼(mò)，然令平均，使下无匮。夫平均者，不舍豪强而征贫

弱，不纵奸巧而困愚拙，此之谓均也。故圣人曰：“盖均无贫。”

［译文］

第六条，平均赋税徭役，内容包括：

圣人最尊贵的是地位。用来守住地位的是仁慈，用来招集百姓的是财富。这些言语表明先代圣王也必须用财富聚集百姓，用仁慈保住地位。国家如果没有财富，君主的地位就保不住。所以从三皇五帝以来，便有征收赋税的办法。虽然赋税轻重不一样，但都是为了满足国家的开支。现在逆贼还未消灭，军用开支很大，即便来不及减少赋税，以体恤百姓的疾苦，也应使赋税平均，使百姓不至于穷困。平均，就是不要避开豪强而向贫弱的人家征税，也不要放任奸巧的人而使愚笨的人受欺压，这就是我们所讲的平均。所以圣人说：“若是平均便没有穷人。”

［原文］

然财货之生，其功不易。织纴（rèn）纺绩，起于有渐，非旬日之间，所可造次。必须劝课，使预营理。绢乡先事织纴，麻土早修纺绩。先时而备，至时而输，故王赋获供，下民无困。如其不预劝戒，临时迫切，复恐稽缓，以为己过，捶扑交至，取办目前。富商大贾，缘兹射利，有者从之贵买，无者与之举息。输税之民，于是弊矣。

［译文］

然而财富被生产出来，并不是件轻而易举的事。织布纺麻，得从一丝一线做起，并非在一朝一夕之间仓促可成。地方长官一定要劝说督促百姓，让他们事先便着手生产。种桑的地方要趁早织造绢帛，出麻的地方应尽早纺织布匹。在交纳赋税以前就把该交的东西准备好，到该交的时候便上交，所以国家赋税能得到保证，老百姓也不会感到窘迫。如果预先不对百姓进行督促指示，到交纳赋税时期限紧迫，官吏又怕拖延时间，使自己犯错误，对百姓进行拷打，让百姓一下子就准备好。富商巨贾，乘机牟取暴利，有钱的人只好出高价向他们购买，没钱的人则只有向他们借高利贷。这样，向国家纳赋税的百姓，就被弄得穷苦不堪了。

纺织图

中国古代，纺织作为重要的手工业，历来也受到国家的重视。

［原文］

租税之时，虽有大式，至于斟（zhēn）酌（zhuó）贫富，差次先后，皆事起于正长，

而系之于守令。若斟酌得所，则政和而民悦；若检理无方，则吏奸而民怨。又差发徭役，多不存意。致令贫弱者或重徭而远戍，富强者或轻使而近防。守令用怀如此，不存恤民之心，皆王政之罪人也。

［译文］

征收租税的时候，国家虽定有总的标准，但衡量各个家庭的贫富情况，排列各家应缴的先后次序等事情，都得由正长着手办理，由太守县令掌握。如果处理得法，政治将会稳定，百姓也会高兴；如果处理不得法，刀笔小吏将投机取巧，百姓将怨声载道。另外，在选派人服徭役时，大都不关心百姓，致使贫穷力弱的人徭役重，服役的地方远，而有钱有势的人徭役轻，服役的地方近。如果地方长官怀着这样的心肠，没有体察百姓疾苦的心，那就是国家的罪人。

［原文］

太祖甚重之，常置诸座右，又令百司习诵之。其牧守令长，非通六条及计帐者，不得居官。

［译文］

太祖宇文泰极其重视六条诏书，常把它放在座位右边以备翻阅，又命令百官学习背诵。刺史、太守、县令或县长，如果不通晓六条诏书及稽查户籍的计账方法，就不能任职。

［原文］

自有晋之季，文章竞为浮华，遂成风俗。太祖欲革其弊，因魏帝祭庙，群臣毕至，乃命绰(chuò)为《大诰》，奏行之。其词曰：

惟中兴十有一年，仲夏，庶邦百辟，咸会于王庭。柱国泰洎(jì)群公列将，罔不来朝。时乃大稽(jī)百宪，敷于庶邦，用绥我王度。皇帝曰："昔尧命羲(xī)和，允厘百工；舜命九官，庶绩咸熙；武丁命说，克号高宗。时惟休哉，朕其钦若，格尔有位，胥暨(jì)我太祖之庭，朕将丕命女以厥官。"

［译文］

自从西晋末年以来，作文章争相追逐浮华，成为一时风气。宇文泰想改变这种弊病，趁西魏文帝祭祀宗庙，官员们汇集到都城的时候，命令苏绰撰成《大诰》，上奏朝廷，加以颁行。《大诰》说：

中兴十一年，仲夏，各地长官都聚集在朝廷。柱国宇文泰及群公与各位将军，没有人不到的。朝廷便在这时全面考查各种制度，颁布给各地，以辅助国家的政教。皇帝说："古代帝尧任命羲和，使百官各尽其职；舜任命皋陶等九人为官，各种事情都顺利完成；武丁任用傅说，使自己被尊为高宗。现在是个好时机，我敬顺天时，告诉你们各位官长，让大家都到我太祖的庙庭中来，我将对你们宣布重大命令。”

任贤图治

帝尧命羲和四人敬授民时，百官各司其职，垂拱而天下治。

［原文］

六月丁巳，皇帝朝格于太庙，凡厥具僚，罔不在位。

皇帝若曰：“咨我元辅、群公、列将、百辟、卿士、庶尹、御事，朕惟寅敷祖宗之灵命，稽于先王之典训，以大诰于尔在位。昔我太祖神皇，肇膺(yīng)明命，以创我皇基。烈祖景宗，廓开四表，底定武功。暨乎文祖，诞敷文德。龚惟武考，不霣(yǔn)其旧。自时厥后，陵夷之弊，用兴大难于彼东丘，则我黎人，咸坠涂炭。惟台一人，缵(zuǎn)戎下武，夙夜祗畏，若涉大川，罔识攸济。是用稽于帝典，揆于王廷，拯我民瘼。惟彼哲王，示我彝训，曰天生蒸民，罔克自乂(yì)，上帝降鉴睿圣，植元后以乂之。惟时元后弗克独乂，博求明德，命百辟群吏以佐之。肆天之命辟，辟之命官，惟以恤民，弗惟逸念。辟惟元首，庶黎惟趾，股肱(gǔ gōng)惟弼。上下一体，各勤攸司，兹用克臻于皇极。胡其彝训曰：‘后克艰厥后，臣克艰厥臣，政乃乂。’今台一人，膺天之嘏，既陟元后。股肱百辟又服我国家之命，罔不咸守厥职。嗟夫，后弗艰厥后，臣弗艰厥臣，于政何弗斁(yì)，呜呼艰哉！凡尔在位，其敬听命。”

［译文］

六月丁巳日，皇帝清晨来到太庙，所有的官员，无不各就其位。

皇帝说：“唉，我的首辅、群公、将军、百官、卿士、庶尹及御事们，我敬承先祖的遗命，考查了先代圣王的制度，对各位官员下达这一重大命令。先前我太祖神元皇帝，开始接受上天之命，开创大业。烈祖景宗，向四方开拓疆土，完成了武功。到了文祖孝文帝，大兴文教。敬思先父武皇帝，也没有败坏祖先的基业。从那以后，王室日益衰弱，东土出现大乱，黎民百姓，遭受涂炭。我继承祖先遗业，日夜警惧，就像要过一条大河，不知该从哪儿下水。所以参考古代帝王的制度，揣度先王的政教，以解救百姓的疾苦。那些贤明的先王，给我教诲，说上天生育百姓，不能自己治理自己，上天深察民情，明晓事理，设置天子以治理百姓。天子一个人不可能治理百姓，于是广求德行完美的人，设置百官来辅佐自己。上天设立天子，天子设置百官，都是为了体察百姓，不是为了贪图安逸。天子就像头，百姓好比脚，百官好比胳膊和大腿一样辅助天子。上下连为一体，各自把自己的事做好，从而达到最高的原则。所以先王经常教导说：做天子如能尽力把天子的事做好，臣子如尽力把臣子的事做好，国家就会治理得很好。’如今我受上天的福佑，登上帝位。辅佐我的百官又服从国家的政令，无不恪尽职守。唉，要是天子不用心把天子的事做好，臣子不用心把臣子的事做好，政事哪会不败坏呢？唉，艰难呀！各位官员，请恭敬地听取命令。”

农耕图

［原文］

皇帝若曰：“柱国，唯四海之不造，载繇二纪。天未绝我太祖列祖之命，用锡我以元辅。国家将坠，公惟栋梁。皇之弗极，公作相。百揆(kuí)僉(qiān)度，公惟大录。公其允文允武，克明克乂，廸(dí)七德，敷九功，龛(kān)暴除乱，下绥我苍生，旁施于九土。若伊之在商，周之有吕，说之相丁，用保我无疆之祚。”

［译文］

皇帝说：“柱国，四海不宁，已经有二十年了，上天没有断绝我太祖以下列祖列宗相传的大命，让我做天子。国家有灭亡的危险，你成为国家的栋梁。朝廷缺乏最高的准则，你便担任宰相。各种政务没有准则，你就总率百官。你文武兼备，英明善治，宣扬七种德行，创建九种功绩，剪暴除乱，使百姓安宁，九州以外的人也蒙受你的恩惠。就好像伊尹在商代，吕望在周代，傅说辅佐武丁，使我享受无穷的福报。”

［原文］

皇帝若曰：“群公、太宰、太尉、司徒、司空，惟公作朕鼎足，以弼乎朕躬。宰惟天官，克谐六职。尉惟司武，武在止戈。徒惟司

众，敬敷五教。空惟司土，利用厚生。惟时三事，若三阶之在天；惟兹四辅，若四时之成岁。天工人其代诸。”

［译文］

皇帝说：“群公、太宰、太尉、司徒、司空，群公对于我，就像鼎的三足，辅佐着我。太宰是天官府的首脑，要做好治、教、礼、政、刑、事六种职务。太尉掌管军事，职在消除战争。司徒掌管百姓，要认真宣布父义、母慈、兄友、弟恭、子孝五种教化。司空掌管土地，要开发土地，为百姓谋福利。朝廷三公，就像天上有三阶星；朝廷四辅，就像一年有四季。一切官职虽然是按上天的意志设立的，但都需要人去担任。”

［原文］

皇帝若曰：“列将，汝惟鹰扬，作朕爪牙。寇贼奸宄（guǐ），蛮夷猾夏，汝徂征，绥之以惠，董之以威。刑期于无刑，万邦咸宁。俾八表之内，莫违朕命，时汝功。”

［译文］

皇帝说：“各位将军，你们雄壮英武，如雄鹰飞扬，担当我的武臣。盗贼为非作歹，蛮夷扰乱中原，你们前往征讨，用恩惠安抚他们，用严威监督他们。战争的最终目的是消除战争，各国实现和平。使全国各地没有人违抗我的命令，这便是你们的功绩。”

［原文］

皇帝若曰：“庶邦列辟，汝惟守土，作民父母。民惟不胜其饥，故先王重农；不胜其寒，故先王贵女功。民之不率于孝慈，则骨肉之恩薄；弗惇（dūn）于礼让，则争夺之萌生。惟兹六物，实为教本。呜呼！为上在宽，宽则民怠。齐之以礼，不刚不柔，稽极于道。”

［译文］

皇帝说：“各位地方长官，你们的职责是为国家治理疆土，担当百姓的父母。百姓们不能忍受饥饿，所以先王重视农耕；百姓们不能忍受寒冷，所以先王重视纺织。百姓如果不孝敬慈爱，亲人之间就会缺乏恩情；如果不尊崇礼让，就会产生争夺的念头。这六件事，确实是教化的根本。唉！治理百姓应当宽厚，但太宽厚百姓又会懈怠。你们应该用礼仪治理百姓，不要太刚猛，也不要太软弱，一切行为都要尽量符合大道。”

［原文］

皇帝若曰：“卿士、庶尹、凡百御事，王省惟岁，卿士惟月，庶

尹惟日，御事惟时。岁月日时，罔(wǎng)易其度，百宪咸贞，庶绩其凝。呜呼！惟若王官，陶均万国，若天之有斗，斟元气，酌阴阳，弗失其和，苍生永赖。悖其序，万物以伤。时惟艰哉！”

［译文］

皇帝说：“卿士、庶尹及御事们，帝王好比年，卿士好比一年中的十二月，庶尹好比一年有三百六十五天，御事就像一天有十二个时辰。年、月、日、时，先后不发生错乱，各种制度就会合乎时宜，一切事情都会顺畅。唉！你们这些天子的官员，治理各地，就像天上的北斗，调和元气阴阳，使其保持和谐，百姓永远仰仗你们。如果违背了正常秩序，万物就会受到伤害。世道艰难呀！”

［原文］

皇帝若曰：“惟天地之道，一阴一阳；礼俗之变，一文一质。爰自三五，以迄于兹，匪惟相革，惟其救弊，匪惟相袭，惟其可久。惟我有魏，承乎周之末流，接秦汉遗弊，袭魏晋之华诞，五代浇风，因而未革，将以穆俗兴化，庸可暨乎？嗟我公辅、庶僚、列侯，朕惟否德，其一心力，祗慎厥艰，克遵前王之丕显休烈，弗敢怠荒。咨尔在位，亦协乎朕心，惇德允元，惟厥难是务。克捐厥华，即厥实，背厥伪，崇厥诚。勿諐(qiān)勿忘，一乎三代之彝典，归于道德仁义，用保我祖宗之丕命。荷天之休，克绥我万方，永康我黎庶。戒之哉！戒之哉！朕言不再。”

［译文］

皇帝说：“天地运行的规律，阴阳更替；礼俗风尚的变化，文采与质朴代兴。从三皇五帝以来，直到当今，风俗制度发生变化，并不是后代一定要更改前代的教令，而是为了设法挽救前代的弊端，风俗制度如没有发生变化，并不是前后因循，而是这些风俗制度本身就能长期存在。我大魏上继周代衰亡时期的世风，又承接了秦汉时代的陋俗，因袭了魏晋两朝的奢华怪诞，这五代浮薄的风气，历代相承，未加改变。要使风俗和厚，宣扬教化，哪有可能办到呢？唉！公辅、庶僚及列侯们，我自认为德行鄙劣，只能全心尽力，努力继承先王的伟大业绩，不敢松懈享乐。唉，你们各位官员，应当与我的想法一样，使德行淳朴，恭谨地坚守自己的职责。丢弃奢华，讲究朴实；背离虚伪，崇尚真诚。不要犯错误，不要忘记自己的职责，用夏、商、周三代常用的典范来统一世风，使社会风气归向道德仁义，以此保全我祖宗传下来的大命。承上天的福佑，使国家安宁，百姓永远康乐。要慎重呀！要慎重呀！我就不多说了。”

［原文］

柱国泰洎庶僚百辟拜手稽首曰："'亶(dǎn)聪明作元后，元后作民父母。'惟三五之王，率繇此道，用臻于刑措。自时厥后，历千载而未闻。惟帝念功，将反叔世，逖致于雍。庸锡降丕命于我群臣。博哉王言，非言之难，行之实难。罔不有初，鲜克有终。《商书》曰：'终始惟一，德乃日新。'惟帝敬厥始，慎厥终，以跻日新之德，则我群臣，敢不夙夜对扬休哉。惟兹大谊，未光于四表，以迈种德。俾九域幽遐(xiá)，咸昭奉元后之明训，率迁于道，永膺(yīng)无疆之休。"帝曰："钦哉。"自是之后，文笔皆依此体。

［译文］

柱国宇文泰与群臣敬礼后说："'天降圣明的人作天子，天子就是百姓的父母。'三皇五帝，都遵循这一原则，以致不用刑法便可实现天下大治。从那以后，历经千年，再也没听说哪个帝王遵循这一原则了。陛下想建立功业，将改正乱世风俗，使社会风气变得淳厚，向我们群臣颁布重大命令。陛下的话真博大，说起来并不难，做起来很难。任何事情都有开头，但很少有善始善终的。《商书》中说：'始终如一，德行日进。'我们希望陛下慎终如始，使德行日益光大，那么我们臣下怎敢不日夜颂扬陛下的美德呢。这重大的命令，还未传遍四方，以远布陛下的恩德。应当使全国最偏远的百姓，也清楚地领会陛下的教诲，行为都向正确的方向转变，永远获得无穷无尽的好处。"皇帝说："好啊。"从此以后，朝廷诏令都按这种体裁撰写。

［原文］

绰(chuò)性俭素，不治产业，家无余财。以海内未平，常以天下为己任。博求贤俊，共弘治道，凡所荐达，皆至大官。太祖亦推心委任，而无间言。太祖或出游，常预署空纸以授绰，若须有处分，则随事施行，及还，启之而已。绰尝谓治国之道，当爱民如慈父，训民如严师。每与公卿议论，自昼达夜，事无巨细，若指诸掌。积思劳倦，遂成气疾。十二年，卒于位，时年四十九。

［译文］

苏绰生性节俭朴素，不治家产，家中没有多余的财物。因为国家还未平定，他常把统一天下作为自己的责任。广求贤才俊杰，一起探讨治理国家的办法，凡是他所推荐的人，都受到了重用。太祖宇文泰也推心置腹地任用他，从未说过不满意他的话。宇文泰有时到城外去游玩，经常预先在空白纸上签下自己的名字交给苏绰，如果有什么事需要处理，苏绰便根据情况做出裁决加以实行，等宇文泰回来后，告诉他一声就可以了。苏绰曾说，治理国家官员们应该像慈祥的父亲那样爱护百姓，像严格的老师那样教诲百姓。苏绰每次与公卿议论政事，都要从白天一直谈到晚上，事情无论大小，他都了如指掌。他长期思虑过度，身体疲劳，于是得了气喘病。大统十二年（546 年），苏绰死在任上，当时他四十九岁。

晏子

晏子名婴，春秋时齐国的贤相。

［原文］

太祖痛惜之，哀动左右。及将葬，乃谓公卿等曰："苏尚书平生谦退，敦尚俭约，吾欲全其素志，便恐悠悠之徒，有所未达；如其厚加赠谥（shì），又乖宿昔相知之道，进退惟谷，孤有疑焉。"尚书令史麻瑶越次而进曰："昔晏子，齐之贤大夫，一狐裘（qiú）三十年。及其死也，遣车一乘。齐侯不夺其志。绰（chuò）既操履清白，谦挹（yì）自居，愚谓宜从俭约，以彰其美。"太祖称善，因荐瑶于朝廷。及绰归葬武功，唯载以布车一乘。太祖与群公，皆步送出同州郭门外。太祖亲于车后酹（lèi）酒而言曰："尚书平生为事，妻子兄弟不知者，吾皆知之。惟尔知吾心，吾知尔意。方欲共定天下，不幸遂舍我去，奈何！"因举声恸哭，不觉失卮（zhì）于手。至葬日，又遣使祭以太牢，太祖自为其文。

［译文］

太祖宇文泰为苏绰的死感到悲痛惋惜，他的悲伤影响到身边的人。当要安葬苏绰的时候，宇文泰对公卿们说："苏尚书一生谦虚逊让，崇尚节俭，我想保全他平日的志向，又怕平庸之辈不理解；如果对他隆重地追赠，又与我们以前互为知己的心意相违背，我进退两难，拿不准怎么办才好。"尚书令史麻瑶逾越次序走上前来说："古代晏子是齐国德行卓越的大夫，一件狐皮袄子穿了三十年。他死的时候，遗嘱只需一匹马运载灵柩。齐侯没有改变他的志向。苏绰既然操行纯洁，以谦虚礼让自处，我愚笨地认为应该从俭办理，以此宣扬他的美德。"宇文泰认为麻瑶的意见很好，于是把他推荐给朝廷。当苏绰的遗体被送回武功老家安葬时，只用一辆布车载着他的灵柩。宇文泰与众大臣都步行把他的灵车送出同州城门外。宇文泰亲自在灵车后面洒酒祭奠，他说："尚书平时所做的事，你的妻子儿女和兄弟们不知道的，我全知道。只有你知道我的心，我知道你的心。正想与你一起平定天下，你却不幸离我而去，这该怎么办呢！”于是放声痛哭，竟不知道酒杯从手中掉到了地上。到下葬那天，宇文泰又派人去用牛、羊、猪三种牲畜祭奠他，祭文是宇文泰亲手写的。

［原文］

绰(chuò)又著《佛性论》《七经论》，并行于世。明帝二年，以绰配享太祖庙庭。子威嗣。

威少有父风，袭爵美阳伯。娶晋公护女新兴公主，拜车骑大将军、仪同三司，进爵怀道县公。建德初，稍迁御伯下大夫。大象末，开府仪同大将军。

［译文］

苏绰还撰有《佛性论》《七经论》等文章，都流传于世。北周明帝二年（558年），让苏绰配祭于太祖庙庭。苏绰的儿子苏威继承了他美阳伯的爵位。

苏威年轻时有他父亲的风范，承袭了美阳伯的爵位。他娶晋公宇文护的女儿新兴公主，官拜车骑大将军、仪同三司，后来进爵为怀德县公。建德初年，升至御伯下大夫。大象末年，官居开府仪同大将军。

［原文］

史臣曰：《书》云：“惟后非贤弗乂，惟贤非后罔(wǎng)食。”是以知人则哲，有国之所先；用之则行，为下之常道。若乃庖厨、胥靡、种德、微管之臣，罕闻于世；黜鲁、逐荆、抱关、执戟之士，无乏于时。斯固《典》《謩(mò)》所以昭则，《风》《雅》所以兴刺也。诚能监前事之得丧，劳虚己于吐握，其知贤也必用，其授爵也勿疑，则舜、禹、汤、武之德可连衡矣，稷、契、伊、吕之流可比肩矣。

［译文］

史臣说：《尚书》上说：“帝王不用贤才就治理不好国家，贤才不被帝王任用便没有俸禄。”所以知人善任便是圣明，这是治理国家最首要的事；贤才如受到任用就应奋发有为，这是做臣子应尽的职责。至于像伊尹、傅说、皋陶、管仲这些古代名臣，从微贱之位而升至高位，世上很少听说过；而孔子、屈原、侯赢、韩信等贤才却受到驱逐或从事卑下的职务，这种事时有发生。《尚书》中的《尧典》《皋陶谟》之所以要昭示古代圣贤用人的准则，《诗经》中的《国风》《小雅》之所以要对贤才得不到任用进行讥刺，正是因为这个原因啊。君主们如果真的能借鉴前人事迹的得失，不辞辛劳，虚己待人，像周公纳才那样，一饭三吐哺，一沐三握发，是贤才就一定加以任用，授给他们爵位时不要有所疑虑，这样，他们的德行就可以与舜、禹、商汤、周武王这些古代君王媲美，稷、契、伊尹、吕望这样的名臣也就能并肩出现了。

［原文］

太祖提剑而起，百度草创。施约法之制于竞逐之辰，修治定之礼于鼎峙之日。终能斫(zhuó)雕为朴，变奢从俭。风化既被，而下肃上尊；疆场屡扰，而内亲外附。斯盖苏令绰(chuò)之力也。名冠当时，庆流后嗣，宜哉！

［译文］

太祖宇文泰仗剑起事，各种制度都需着手制定。他在各种势力相互争夺的时候颁行简便的法律制度，在三方鼎立的时候创建使国家安定的礼仪。最终可以铲除浮华衰弊的习俗，树立起质朴的新风，使奢侈的社会风气趋于俭朴。新的礼俗制度在全国推行后，百姓们变得恭敬守法，官长受到尊重，边疆虽多次受到敌人的侵扰，但百姓亲附，邻国归顺。这些都可以说是苏绰的功劳啊。他名冠当时，恩泽惠及后代，确实应该赞颂啊！

南史

陈后主本纪

［原文］

后主讳(huì)叔宝，字元秀，小字黄奴，宣帝嫡(dí)长子也。梁承圣二年十一月戊寅，生于江陵。明年，魏平江陵，宣帝迁于长安，留后主于穰(ráng)城。天嘉三年，归建邺，立为安成王世子。光大二年，累迁侍中。

［译文］

陈后主名叔宝，字元秀，小字黄奴，是宣帝陈顼的嫡长子。梁元帝承圣二年（553 年）十一月戊寅日，出生在江陵。第二年，西魏平定江陵，陈顼被俘虏到长安，陈叔宝留在穰城。陈文帝天嘉三年（562 年），陈顼回到建邺，陈叔宝被立为安成王陈顼的世子。陈废帝光大二年（568 年），升迁到侍中。

投签警寐

陈文帝勤于政事，晚上睡觉时也不忘处理国务，他让值夜的人遇有紧急情况就把竹签投到殿内的石阶上，陈文帝便立即起床处理公务。

［原文］

太建元年正月甲午，立为皇太子。十四年正月甲寅，宣帝崩。乙卯，始兴王叔陵构逆伏诛。丁巳，太子即皇帝位于太极前殿，大赦，在位文武及孝悌(tì)力田为父后者，并赐爵一级，孤老鳏寡(guān guǎ)不能自存者，赐谷人五斛、帛二匹。癸亥，以侍中、丹阳尹、长沙王叔坚为骠骑将军、开府仪同三司、扬州刺史。乙丑，尊皇后为皇太后。丁卯，立皇弟叔重为始兴王，奉昭烈王祀。己巳，立妃沈氏为皇后。辛未，立皇弟叔俨为寻阳王，叔慎为岳阳王，叔达为义阳王，叔熊为巴山王，叔虞为武昌王。甲戌，设无碍大会于太极前殿。

［译文］

宣帝太建元年（569年）正月甲午日，陈叔宝被立为皇太子。太建十四年（582年）正月甲寅日，宣帝去世。乙卯日，始兴王陈叔陵反叛被杀。丁巳日，陈叔宝在太极殿前即皇位，大赦天下，在位的文武官员以及民间孝顺父母、友爱兄弟、致力耕作的民户嫡长子一律赐给爵位一级，孤老鳏寡不能维持生活的，每人赐谷五斛、帛二匹。癸亥日，任用侍中、丹阳尹、长沙王陈叔坚为骠骑将军、开府仪同三司、扬州刺史。乙丑日，尊奉宣帝的柳皇后为皇太后。丁卯日，立皇弟陈叔重为始兴王，继承始兴昭烈王陈道谈一支。己巳日，立皇妃沈氏为皇后。辛未日，立皇弟陈叔俨为寻阳王，陈叔慎为岳阳王，陈叔达为义阳王，陈叔熊为巴山王，陈叔虞为武昌王。甲戌日，在太极前殿举行盛大的无碍法会。

［原文］

三月癸亥，诏内外众官九品以上，各荐一人。又诏求忠谠（dǎng），无所隐讳。己巳，以新除翊左将军永阳王伯智为尚书仆射。

夏四月丙申，立皇子永康公胤为皇太子，赐天下为父后者爵一级，王公以下赉（lài）帛各有差。庚子，诏：“镂金银薄、庶物化生、土木人、彩华之属，及布帛短狭轻疏者，并伤财废业，尤成蠹患。又僧尼道士，挟邪左道，不依经律，人间淫祀妖书诸珍怪事，详为条制，并皆禁绝。”

［译文］

三月癸亥日，陈后主下诏书命令朝廷内外九品以上的官员，各举荐一人。又下诏书寻求忠言直谏，不须有所隐讳。己巳日，用新任的翊左将军永阳王陈伯智为尚书仆射。

夏四月丙申日，陈后主立皇子永康公陈胤为皇太子，赏赐天下民户嫡长子每人晋爵一级，王公以下按等级赐给数量不等的丝帛。庚子日，颁布诏书说：“雕镂黄金制作银薄、各种绸布和蜡制婴儿、土木偶人、五彩丝绸之类的奢侈物品，以及布帛尺寸、重量、质量不足的，都属损耗财物，荒废正业，会成为祸害。又有僧尼道士，利用歪门邪道，不遵守佛经戒律，世间泛滥的祭祀妖书和各种怪事，官府应当详细制定条令制度，这一切都应予以禁绝。”

［原文］

秋七月辛未，大赦。是月，自建邺至荆州，江水色赤如血。

八月癸未，天有声如风水相激。乙酉夜，又如之。

九月丙午，设无碍大会于太极前殿，舍身及乘舆御服，大赦。辛亥夜，天东北有声如虫飞，渐移西北。丙寅，以骠骑将军、开府仪同

三司、扬州刺史长沙王叔坚为司空，征南将军、江州刺史豫章王叔英即本号开府仪同三司。

［译文］

秋七月辛未日，大赦天下。这个月，从建邺到荆州，江水红得像血。

八月癸未日，天上发出有如风水互相撞击的响声。乙酉日的夜里，又发出同样的声响。

九月丙午日，又在太极前殿举行无碍大法会，陈后主舍身并捐赠銮舆御服等，大赦天下。辛亥日夜里，天空东北方发出如同昆虫飞行一样的声音，逐渐向西北移动。丙寅日，任命骠骑将军、开府仪同三司、扬州刺史长沙王陈叔坚为司空，征南将军、江州刺史豫章王陈叔英按照原来的封号被授予开府仪同三司。

［原文］

至德元年春正月壬寅，大赦，改元。以征南将军、江州刺史豫章王叔英为中卫大将军；以司空、骠骑将军、开府仪同三司、扬州刺史长沙王叔坚为江州刺史；征东将军、开府仪同三司、东扬州刺史司马消难进号车骑将军。癸卯，立皇子深为始安王。

［译文］

后主至德元年（583年）春正月壬寅日，大赦天下，改换年号。任命征南将军、江州刺史豫章王陈叔英为中卫大将军；司空、骠骑将军、开府仪同三司、扬州刺史陈叔坚为江州刺史；征东将军、开府仪同三司、东扬州刺史司马消难进号为车骑将军。癸卯日，立皇子陈深为始安王。

［原文］

秋八月丁卯，以骠骑将军、开府仪同三司长沙王叔坚为司空。

九月丁巳，天东南有声如虫飞。

冬十一月丁酉，立皇弟叔平为湘东王，叔敖为临贺王，叔宣为阳山王，叔穆为西阳王，叔俭为南安王，叔澄为南郡王，叔兴为沅（yuán）陵王，叔韶为岳山王，叔纯为新兴王。

十二月丙辰，头和国遣使朝贡。司空、长沙王叔坚有罪免。戊午夜，天开，自西北至东南，其内有青黄杂色，隆隆若雷声。

［译文］

秋八月丁卯日，陈后主任命骠骑将军、开府仪同三司长沙王陈叔坚为司空。

九月丁巳日，天空的东南方发出如同昆虫飞行的声响。

冬十一月丁酉日，陈后主立皇弟陈叔平为湘东王，陈叔敖为临贺王，陈叔宣为

阳山王，陈叔穆为西阳王，陈叔俭为南安王，陈叔澄为南郡王，陈叔兴为沅陵王，陈叔韶为岳山王，陈叔纯为新兴王。

十二月丙辰日，头和国派使臣前来朝贡。司空、长沙王陈叔坚因罪免除官职。戊午日夜里，天空裂开，从西北到东南，从裂缝里现出青黄杂色，发出隆隆雷鸣般的响声。

［原文］

二年春正月丁卯，分遣大使，巡省风俗。癸巳，大赦。

夏五月戊子，以吏部尚书江总为尚书仆射。

秋七月壬午，皇太子加元服，在位文武赐帛各有差。孝悌力田为父后者，赐爵一级；鳏寡癃老不能自存者，人谷五斛。

冬十一月丙寅，大赦。是月，盘盘、百济国并遣使朝贡。

［译文］

至德二年（584 年）春正月丁卯日，分别派出大使，巡察各地风俗。癸巳日，大赦天下。

夏五月戊子日，陈后主任用吏部尚书江总为尚书仆射。

秋七月壬午日，皇太子举行加冠仪式，在位的文武官员按等级赐予不等的丝绸布帛。孝顺父母、友爱兄弟、致力耕作的民户嫡长子，赐爵位一级；鳏寡病弱不能维持生活的，每人赐谷五斛。

冬十一月丙寅日，大赦天下。这个月，盘盘国、百济国都派遣使臣前来朝贡。

［原文］

三年春正月戊午朔，日有蚀之。庚午，镇左将军长沙王叔坚即本号开府仪同三司。

三月辛酉，前丰州刺史章大宝举兵反。

夏四月庚戌，丰州义军主陈景详斩大宝，传首建邺。

冬十月己丑，丹丹国遣使朝贡。

十一月己未，诏修复仲尼庙。辛巳，幸长干寺，大赦。

十二月癸卯，高丽国遣使朝贡。

是岁，梁明帝殂。

［译文］

至德三年（585 年）春正月戊午初一日，出现日食。庚午日，镇左将军长沙王陈叔坚按照原来的封号授予开府仪同三司。

三月辛酉日，前丰州刺史章大宝举兵反叛。

夏四月庚戌日，丰州义军主将陈景详斩杀章大宝，把他的首级传送到建邺。

冬十月己丑日，丹丹国派使臣前来朝贡。

十一月己未日，颁布诏书修复孔子庙。辛巳日，陈后主驾临长干寺，大赦天下。

十二月癸卯，高丽国派使臣前来朝贡。

这年，后梁明帝萧岿去世。

［原文］

四年春正月甲寅，诏王公以下各荐所知，无隔舆皂。

二月丙申，立皇弟叔谟为巴东王，叔显为临江王，叔坦为新会王，叔隆为新宁王。

夏五月丁巳，立皇子庄为会稽王。

秋九月甲午，幸玄武湖，肄舻(yì lú)舰阅武。丁未，百济国遣使朝贡。

冬十月癸亥，以尚书仆射江总为尚书令，吏部尚书谢伷为尚书仆射。

十一月己卯，大赦。

［译文］

至德四年（586年）春正月甲寅日，陈后主下诏书命令王公以下官员各自举荐所了解的人才，不排斥出身卑贱的人。

二月丙申日，立皇弟陈叔谟为巴东王，陈叔显为临江王，陈叔坦为新会王，陈叔隆为新宁王。

夏五月丁巳日，立皇子陈庄为会稽王。

秋九月甲午日，驾临玄武湖，检阅战船操练。丁未日，百济国派使臣前来朝贡。

冬十月癸亥日，陈后主任命尚书仆射江总为尚书令，吏部尚书谢伷为尚书仆射。

十一月己卯日，大赦天下。

［原文］

祯明元年春正月戊寅，大赦，改元。乙未，地震。

秋九月庚寅，梁太傅安平王萧岩、荆州刺史萧瓛(huán)，遣其都官尚书沈君公诣荆州刺史陈慧纪请降。辛卯，岩等帅其文武官男女济江。甲午，大赦。

冬十一月丙子，以萧岩为平东将军、开府仪同三司、东扬州刺史。丁亥，以骠骑大将军、开府仪同三司豫章王叔英为兼司徒。

十二月丙辰，以前镇卫大将军、开府仪同三司、东扬州刺史鄱阳

王伯山为镇卫大将军、开府仪同三司。

［译文］

祯明元年（587 年）春正月戊寅日，大赦天下，改换年号。乙未日，发生地震。

秋九月庚寅日，后梁国的太傅安平王萧岩、荆州刺史萧瓛，派遣他们的都官尚书沈君公拜见荆州刺史陈慧纪请求归降。辛卯日，萧岩等率领文武官员及百姓渡过长江。甲午日，大赦天下。

冬十一月丙子日，陈后主任命萧岩为平东将军、开府仪同三司、东扬州刺史。丁亥日，任命骠骑大将军、开府仪同三司豫章王陈叔英兼任司徒。

十二月丙辰日，任命前镇卫大将军、开府仪同三司、东扬州刺史鄱阳王陈伯山为镇卫大将军、开府仪同三司。

［原文］

二年春正月辛巳，立皇子悛(quán)为东阳王，恬(tián)为钱唐王。

夏四月戊申，有群鼠无数，自蔡洲岸入石头，渡淮至于青塘两岸，数日自死，随流出江。是月，郢州南浦水黑如墨。

五月甲午，东冶铸铁，有物赤色，大如数升，自天坠熔所，有声隆隆如雷，铁飞出墙外，烧人家。

［译文］

祯明二年（588 年）春正月辛巳日，立皇子陈悛为东阳王，陈恬为钱唐王。

夏四月戊申日，成群的老鼠，从蔡洲岸涌进石头城，游过秦淮河到青塘两岸，过了几天又都死了，随水流进长江。这个月，郢州南浦水黑如墨。

五月甲午日，东冶铸造铁器，有个红色的物体，有几升大，从天上落进熔炉之中，发出雷鸣般的隆隆声，铁水飞溅出墙外，烧毁民房。

［原文］

六月戊戌，扶南国遣使朝贡。庚子，废皇太子胤为吴兴王，立扬州刺史始安王深为皇太子。辛丑，以太子詹事袁宪为尚书仆射。丁巳，大风自西北激涛水入石头城，淮渚暴溢，漂没舟乘。

冬十月己亥，立皇子藩为吴王。己酉，幸莫府山，大校猎。

十一月丁卯，诏克日于大政殿讯狱。丙子，立皇弟叔荣为新昌王，叔匡为太原王。

［译文］

六月戊戌日，扶南国派使臣前来朝贡。庚子日，陈后主废黜皇太子陈胤为吴兴王，立扬州刺史始安王陈深为皇太子。辛丑日，任命太子詹事袁宪为尚书仆射。丁巳日，大风从西北吹来激起波涛，江水打进石头城，秦淮河水暴涨溢出，浮起行船，淹没车辆。

冬十月己亥日，立皇子陈藩为吴王。己酉日，驾临莫府山，大规模地打猎。

十一月丁卯日，陈后主下诏书命令在限定日期内于大政殿审讯狱案。丙子日，立皇弟陈叔荣为新昌王，陈叔匡为太原王。

［原文］

初隋文帝受周禅（shàn），甚敦邻好，宣帝尚不禁侵掠。太建末，隋兵大举，闻宣帝崩，乃命班师，遣使赴吊，修敌国之礼，书称姓名顿首。而后主益骄，书末云："想彼统内如宜，此宇宙清泰。"隋文帝不说，以示朝臣。清河公杨素以为主辱，再拜请罪，及襄邑公贺若弼并奋求致讨。后副使袁彦聘隋，窃图隋文帝状以归，后主见之，大骇曰："吾不欲见此人。"每遣间谍，隋文帝皆给衣马，礼遣以归。

［译文］

起初隋文帝杨坚接受北周的禅让，很重视同邻国和睦相处，陈宣帝还不能制止侵夺。陈宣帝太建末年，隋朝大军南下，听说陈宣帝去世，就下令撤回军队，另派遣使臣到南朝来吊唁，表现出国家之间的礼仪，在书信上隋文帝自己称名并用顿首的字样。但是陈后主却由此傲慢起来，在回信的最后写道："想你北国境内是安定的，我这里更是天地广大清明安泰。"隋文帝看信后很不高兴，把信给朝臣们看。清河公杨素认为这是对隋国君主的侮辱，两次叩拜请求给自己处分，同时与襄邑公贺若弼等人都激奋地请求讨伐陈国。后来陈国副使袁彦到隋朝聘问，暗地里画下隋文帝的相貌带回来，陈后主见了隋文帝的画像，大惊说："我不想看到这个人。"陈朝每次派间谍北来，隋文帝都赠给衣服马匹，按礼节把他们送回。

张丽华

张丽华是陈后主的宠妃。

［原文］

后主愈骄，不虞外难，荒于酒色，不恤政事，左右嬖佞珥貂（bì nìng ěr diāo）者五十人，妇人美貌丽服巧态以从者千余人。常使张贵妃、孔贵人等八人夹坐，江总、孔范等十人预宴，号曰"狎客"。先令八妇人襞采笺（jiān），制五言诗，十客一

时继和，迟则罚酒。君臣酣饮，从夕达旦，以此为常。而盛修宫室，无时休止。税江税市，征取百端。刑罚酷滥，牢狱常满。

张丽华

［译文］

陈后主更加骄傲，不把外部的祸患放在心上，过分沉湎于酒色之中，不过问国家政事，左右亲幸的侍从冠上佩带貂尾的有五十人之多，形容美丽、服饰华丽，陪从在身边的女子有千余人。陈后主经常让张贵妃、孔贵人等八个美女围着自己坐着，江总、孔范等十人参加宴会作乐，号称“狎客”。每次先让八个女子叠好彩笺，作五言诗，十个客人相继和诗，超过时间的就罚酒。君臣畅饮，通宵达旦，把这当作常事。陈后主又大兴土木修筑宫室，没有停工的时候。他还从江上、市上征税，征税的名目繁多。刑罚随意而残酷，监牢里经常押满囚犯。

［原文］

覆舟山及蒋山柏林，冬月常多采醴（lǐ），后主以为甘露之瑞。前后灾异甚多。有神自称老子，游于都下，与人对语而不见形，言吉凶多验，得酒辄醮（jiào）之，经三四年乃去。船下有声云“明年乱。”视之，得婴儿长三尺而无头。蒋山众鸟鼓两翼以拊膺，曰“奈何帝！奈何帝！”又建邺城无故自坏。青龙出建阳门，井涌雾，赤地生黑白毛，大风拔朱雀门，临平湖草旧塞，忽然自通。后主又梦黄衣人围城，乃尽去绕城橘树。又见大蛇中分，首尾各走。夜中索饮，忽变为血。有血沾阶至于坐床头而火起。有狐入其床下，捕之不见。以为妖，乃自卖于佛寺为奴以禳（ráng）之。于郭内大皇佛寺起七层塔，未毕，火从中起，飞至石头，烧死者甚众。又采木湘州，拟造正寝，筏至牛渚矶，尽没水中，既而渔人见筏浮于海上。起齐云观，国人歌曰：“齐云观，寇来无际畔。”始北齐末，诸省官人多称省主，未几而灭。至是举朝亦有此称，识者以为省主，主将见省之兆。

玉树新声

陈后主整日聚集一帮文人宴饮，不理政事，倒是为后人留下了《玉树后庭花》这样的名曲。

［译文］

覆舟山和蒋山上的柏树林，冬月里从树皮上常流出甘甜的汁液，陈后主认为这是天降甘露的祥瑞之兆。但先后发生的各种灾异情况很多。有神人自称是老子，在京城里游荡，他同别人谈话但别人看不到他的身形，他预言吉凶的事常常应验，得到酒便一饮而尽，过了三四年才从街面消失。有人听到在船底下有说话声音，说："明年大乱。"往船下一看，发现一个三尺长的婴儿没有头。蒋山上有许多鸟鼓动双翅拍打胸脯，鸣叫的声音就像"奈何帝！奈何帝！"还有建邺城墙无缘无故塌坏。有青龙飞出建阳门，井里喷涌出雾气，地上长出黑草白草，大风卷起朱雀门，临平湖过去被水草堵塞不流，忽然水自己流通。陈后主又梦到穿黄衣的人来围城，于是把环绕城墙四周的橘树全都砍了。他又梦到一条大蛇从中分成两段，头和尾各自爬走。夜里要水喝，忽然水变成了血。血沾湿台阶又浸润到坐床，忽然变成火烧起来。有只狐狸钻到床下，派人捕捉时却不见了。陈后主认为这些都是妖异，于是便到佛寺去卖身为奴以便禳除灾祸。在外城的大皇佛寺建造七层塔，还未完工，塔着起了火，大火飞到石头城，烧死很多人。又派人去湘州采购木材，打算修建正殿，木排到达牛渚矶时，全都沉入了水中，不久打鱼人发现木排都漂在大海上。又修造齐云观，都城里的人唱歌说："齐云观，与云齐，敌人到来无边又无际。"起初在北齐末年，各省的负责官员大多称为省主，不久北齐便灭亡了。这时陈朝也有这种称号，有知道这件事的人认为省主就预示着国主将被免除。

［原文］

隋文帝谓仆射高颎（jiǒng）曰："我为百姓父母，岂可限一衣带水不拯之乎？"命大作战船。人请密之，隋文帝曰："吾将显行天诛，何密之有！使杮（fèi）投于江，若彼能改，吾又何求。"及纳梁萧瓛、萧岩，隋文愈忿，以晋王广为元帅，督八十总管致讨。乃送玺书，暴后主二十恶。又散写诏书，书三十万纸，遍喻江外。

诸军既下，江滨镇戍相继奏闻。新除湘州刺史施文庆、中书舍人沈客卿掌机密，并抑而不言。

［译文］

隋文帝对仆射高颎说："我身为百姓的父母，难道隔着一条衣带宽的江水就不

去拯救他们吗？”于是下令建造战船。有人请求秘密制造，隋文帝说：“我将要公开替上天去讨伐陈国，为什么要保密！假如扔块木片到长江里，陈后主就能改恶从善，我还有什么要求。”当陈后主接纳后梁萧瓛、萧岩之后，隋文帝更加气愤，命令晋王杨广为元帅，统领八十个总管率军去攻打。这时隋文帝发出诏书，列举陈后主二十条罪状。又另外抄写这份诏书三十万张，用来通告江南的百姓。

隋朝的各路大军南下，长江沿岸陈朝的镇守官员接连送来奏章。新任湘州刺史施文庆、中书舍人沈客卿掌握机要大权，把奏章都压住不上奏。

[原文]

初萧岩、萧瓛之至也，德教学士沈君道梦殿前长人，朱衣武冠，头出栏上，攘臂怒曰：“那忽受叛萧误人事。”后主闻之，忌二萧，故远散其众，以岩为东扬州刺史，瓛为吴州刺史。使领军任忠出守吴兴郡，以襟带二州。使南平王嶷镇江州，永嘉王彦镇南徐州。寻召二王赴期明年元会，命缘江诸防船舰，悉从二王还都为威势，以示梁人之来者，由是江中无一斗船。上流诸州兵，皆阻杨素军不得至。都下甲士尚十余万人。及闻隋军临江，后主曰：“王气在此，齐兵三度来，周兵再度至，无不摧没。虏今来者必自败。”孔范亦言无渡江理。但奏伎(jì)纵酒，作诗不辍。

[译文]

起初萧岩、萧瓛到来，德教学士沈君道梦见宫殿前有个高大的人，穿红衣戴武士帽，头高出木栏之上，挥动手臂发怒说：“怎么轻易地接受叛变的萧氏，这是要误大事的。”陈后主听到后，就忌讳二萧，所以把萧氏之众疏散到远方，任萧岩为东扬州刺史，萧瓛为吴州刺史。陈后主派遣领军任忠出京城镇守吴兴郡，以便控制东扬州和吴州。又派南平王陈嶷镇守江州，永嘉王陈彦镇守南徐州。不久召二王前来参加第二年元旦的朝会，下令沿江各处江防用的战船，全都随从二王回京以壮声势，借此向归降的后梁人显示军威，因此江里再没有一条战船。上流各驻军，都在堵截杨素的部队而不能前来。京城里屯驻的士兵还有十多万人。当听说隋军已经临近长江，陈后主说：“帝王之气在此，以前北齐兵来攻三次，北周兵来攻两次，都被打退了。隋兵现在也一定失败。”孔范也说隋兵没有渡江的可能。陈后主只一味听歌伎奏乐纵情饮酒，且不停地作诗。

[原文]

三年春正月乙丑朔，朝会，大雾四塞，入人鼻皆辛酸。后主昏睡，至晡(bū)时乃罢。是日，隋将贺若弼自北道广陵济，韩擒趋横江济，分兵晨袭采石，取之。进拔姑孰，次于新林。时弼攻下京口，缘江诸

戍望风尽走，弼分兵断曲阿之冲而入。丙寅，采石戍主徐子建至告变。戊辰，乃下诏曰：“犬羊陵纵，侵窃郊畿(jī)，蜂虿(chài)有毒，宜时扫定，朕当亲御六师，廓清八表，内外并可戒严。”于是以萧摩诃为皇畿大都督，樊猛为上流大都督，樊毅为下流大都督，司马消难、施文庆并为大监军，重立赏格，分兵镇守要害，僧尼道士尽皆执役。

［译文］

祯明三年（589年）春正月乙丑初一日，举行朝会，大雾弥漫四方，人们吸入鼻子里的都是又辣又酸的气味。后主大醉昏睡，到傍晚时才醒过来。这天，隋将贺若弼从北道广陵渡江，韩擒虎赶到横江渡江，分兵在凌晨袭击并占领采石。隋军又挺进攻占姑孰，进军到新林。这时贺若弼又攻下京口，陈朝沿江的驻军望风而逃，贺若弼分兵闯过曲阿的要冲继续深入。丙寅日，采石戍守主将徐子建前来报告说形势急变。戊辰日，陈后主下诏说：“犬羊一般的隋军欺凌狂放，侵犯京城郊区，如同胡蜂毒蝎害人，应当立刻消灭，我将亲率六军，肃清天下，京城内外应当全部戒严。”于是任萧摩诃为皇畿大都督，樊猛为上流大都督，樊毅为下流大都督，司马消难、施文庆并任大监军，立下重奖的规格，分兵镇守要害地区，僧尼道士全都担负各种差役。

［原文］

庚午，贺若弼攻陷南徐州。辛未，韩擒又陷南豫州。隋军南北道并进。辛巳，贺若弼进军钟山，顿白土冈之东南，众军败绩。弼乘胜进军宫城，烧北掖门。是时，韩擒率众自新林至石子冈，镇东大将军任忠出降擒，仍引擒经朱雀航趣宫城，自南掖门入。城内文武百司皆遁出，唯尚书仆射袁宪、后阁(gé)舍人夏侯公韵侍侧。宪劝端坐殿上，正色以待之。后主曰：“锋刃之下，未可及当，吾自有计。”乃逃于井。二人苦谏不从，以身蔽井，后主与争久之方得入。沈后居处如常。太子深年十五，闭阁而坐，舍人孔伯鱼侍焉。戍士叩而入，深安坐劳之曰：“戎旅在涂，不至劳也。”既而军人窥井而呼之，后主不应。欲下石，乃闻叫声。以绳引之，惊其太重，及出，乃与张贵妃、孔贵人三人同乘而上。隋文帝闻之大惊。开府鲍宏曰：“东井上于天文为秦，今王都所在，投井其天意邪。”先是江东谣多唱王献之《桃叶辞》，云：“桃叶复桃叶，度江不用楫，但度无所苦，我自接迎汝。”及晋王广军于六合镇，其山名桃叶，果乘陈船而度。丙戌，晋王广入据台城，送后主于东宫。

［译文］

韩擒虎

庚午日，贺若弼攻陷南徐州。辛未日，韩擒虎又攻陷南豫州。隋军南北两路齐头并进。辛巳日，贺若弼进军到达钟山，驻军于白土冈的东南方，陈朝各军战败。贺若弼乘胜攻打宫城，火烧北掖门。这时，韩擒虎率领众军从新林到达石子冈，镇东大将军任忠出城向韩擒虎投降，然后引导韩擒虎经过朱雀航攻打宫城，从南掖门攻入。城内的文武百官都出城逃命，只有尚书仆射袁宪、后阁舍人夏侯公韵守在皇帝身边。袁宪劝陈后主端坐殿上，以庄重的表情等待隋军的到来。后主说："刀锋剑刃之下，不可抵挡，我自有办法。"然后逃到了一口井里去。袁宪、夏侯公韵二人苦劝不止，他们用身子挡住井口，后主和他们争执很久才躲进井里。沈皇后坐在宫里如往常一样。太子陈深十五岁，关闭阁门独坐，舍人孔伯鱼在旁服侍。隋兵推开阁门进来，陈深安然地坐着慰劳他们说："途中行军，没有过于劳累吧！"不久，隋军向井里察看并且呼喊，陈后主不敢应声。隋军打算向井里扔石头，才听到下边的叫喊声。隋军拿来绳子把他拉上来，大家都惊奇地感到陈后主很沉重，当拉上来一看，才知道是陈后主和张贵妃、孔贵人三个人同拉一根绳子上来的。隋文帝听到后大为吃惊。开府鲍宠说："东井星宿在天上是秦地的分野，如今是王都所在的地方，陈后主投井怕是天意吧！"先前江东歌谣多唱王献之的《桃叶辞》，说："桃叶啊桃叶，渡江不用桨，过江无困难，我来迎接你。"等到隋朝晋王杨广在六合镇驻军，那里的山名叫桃叶，后来果真是乘陈朝的船渡了江。丙戌日，晋王杨广进兵占据宫城，把陈后主押送到东宫。

［原文］

三月己巳，后主与王公百司，同发自建邺（yè），之长安。隋文帝权分京城人宅以俟，内外修整，遣使迎劳之，陈人讴咏，忘其亡焉。使还奏言："自后主以下，大小在路，五百里累累不绝。"隋文帝嗟叹曰："一至于此。"及至京师，列陈之舆服器物于庭，引后主于前，及前后二太子、诸父诸弟众子之为王者，凡二十八人；司空司马消难、尚书令江总、仆射袁宪、骠骑萧摩诃、护军樊毅、中领军鲁广达、镇军将军任忠、吏部尚书姚察、侍中中书令蔡征、左卫将军樊猛，自尚书郎以上二百余人。文帝使纳言宣诏劳之。次使内史令宣诏让后主，后主伏地屏息不能对，乃见宥（yòu）。隋文帝诏陈武、文、宣三帝陵，总给五户分守之。

［译文］

三月己巳日，陈后主和王公百官一同从建邺出发，到长安去。隋文帝暂时腾出京城人家的住宅等待他们，内外加以修整，又派出使臣去迎接慰劳他们，陈朝的人却咏诗吟唱，竟忘记了他们是亡国的俘虏。使臣回来报告说："自陈后主以下，大小官员在路上，足有五百里之远络绎不绝。"隋文帝叹息说："竟落到这样的地步。"当陈朝人到了长安，把陈朝皇帝的车服器物陈列在庭中，导引在前面领着陈后主，以及前后两个皇太子、陈后主的叔父兄弟儿子封王的，总计二十八人；还有司空司马难消、尚书令江总、仆射袁宪、骠骑萧摩诃、护军樊毅、中领军鲁广达、镇军将军任忠、吏部尚书姚察、侍中中书令蔡征、左卫将军樊猛，自尚书郎以上官员二百多人。隋文帝让纳言宣读慰劳诏书，接着让内史令宣读谴责陈后主的诏书，陈后主跪伏在地屏住气不能回答，于是得到了宽恕。隋文帝下诏说陈武帝、文帝、宣帝三个帝陵，总共给五户分别守陵。

［原文］

初，武帝始即位，其夜奉朝请史普直宿省，梦有人自天而下，导从数十，至太极殿前，北面执玉策金字曰："陈氏五帝三十二年。"及后主在东宫时，有妇人突入，唱曰"毕国主"。有鸟一足，集其殿庭，以嘴画地成文，曰："独足上高台，盛草变为灰，欲知我家处，朱门当水开。"解者以为独足盖指后主独行无众，盛草言荒秽，隋承火运，草得火而灰。及至京师，与其家属馆于都水台，所谓上高台当水也。其言皆验。或言后主名叔宝，反语为"少福"，亦败亡之征云。

［译文］

起初，陈武帝即位后，当夜奉朝请史普在宫中值宿，梦见有人从天而降，导引和随从有几十人，来到太极殿前，面朝北手执写着金字的玉版说："陈氏五个皇帝在位三十二年。"当后主在东宫时，有个女人突然闯进宫来，唱着说："毕国主"。有只鸟长着一条腿，飞落在殿庭，用嘴在地上写文字："独脚上高台，盛草变成灰，欲知我家处，朱门当水开。"解释诗意的人认为独脚是指陈后主独断专行无人帮助，盛草的意思是荒秽腐败，隋朝承继五行中的火运，草遇到火便烧成灰。来到京城长安，陈后主和他的家属都住在都水台，也就是说上高台对着水。歌谣里说的都应验了。有的人说陈后主名叔宝，叔字的反切读法就是"少福"，这也是败亡的征兆啊。

［原文］

既见宥，隋文帝给赐甚厚，数得引见，班同三品。每预宴，恐致伤心，为不奏吴音。后监守者奏言："叔宝云，'既无秩(zhì)位，每预朝

集，愿得一官号’。”隋文帝曰：“叔宝全无心肝。”监者又言：“叔宝常耽醉，罕有醒时。”隋文帝使节其酒，既而曰：“任其性；不尔，何以过日。”未几，帝又问监者叔宝所嗜。对曰：“嗜驴肉。”问饮酒多少？对曰：“与其子弟日饮一石。”隋文帝大惊。及从东巡，登芒山，侍饮，赋诗曰：“日月光天德，山川壮帝居，太平无以报，愿上东封书。”并表请封禅，隋文帝优诏谦让不许。后从至仁寿宫，常侍宴，及出，隋文帝目之曰：“此败岂不由酒？将作诗功夫，何如思安时事。当贺若弼度京口，彼人密启告急，叔宝为饮酒，遂不省之。高颎至日，犹见启在床下，未开封。此亦是可笑，盖天亡也。昔苻氏所征得国，皆荣贵其主。苟欲求名，不知违天命，与之官，乃违天也。”

［译文］

陈后主得到宽恕之后，隋文帝对陈后主的供给赏赐很丰厚，并且多次给予接见，班位同三品官相等。每次隋文帝举行的宴会，怕陈后主伤心，从来不演奏吴地的歌曲，后来负责监视的官员上奏说：“陈叔宝说，‘我已经失去了秩位，但常常参加朝廷的集会，希望能得到一个官号’。”隋文帝说：“陈叔宝全无心肝。”监视的官员又报告说：“陈叔宝经常醉酒昏睡，很少有清醒的时候。”隋文帝下令减少酒的供给，不久又说：“由着他的性情吧，不然他怎么过日子。”过了不久，隋文帝又问监视的人陈叔宝有什么嗜好。监视的人回答说：“爱吃驴肉。”又问能喝多少酒？回答说：“陈叔宝和他的子弟们每天要喝一石。”隋文帝听后大惊。后来陈后主陪从隋文帝往东去巡狩，登上芒山，陈后主陪酒，作诗说：“日月光示上天恩德，山川壮丽衬映帝王所居，安享太平无以报答，愿意献上东封泰山的奏书。”并且撰写表章请求祭祀泰山，隋文帝下了宽慰的诏书以示谦让没有答应。后来陈后主又跟从隋文帝到仁寿宫，经常陪宴，退席离开时，隋文帝目送着陈后主说：“这次陈朝败亡难道还不是因为皇帝嗜酒？有作诗的工夫，怎么不用来考虑治国安民的大事？当贺若弼打到京口时，陈朝人秘密上奏告急，陈叔宝因为贪杯，而不予理会。高颎打进宫中的那天，还看见告急的文书扔在床下，还没开封。这也真是可笑，足见是上天要灭亡陈朝了。过去苻坚对待被征服的国家，都让亡国之主享受荣华富贵。这只是为了沽名钓誉，却不知违背了天意，要是给了陈叔宝官职，便是违背天意了。”

［原文］

隋文帝以陈氏子弟既多，恐京下为过，皆分置诸州县，每岁赐以衣服以安全之。

后主以隋仁寿四年十一月壬子，终于洛阳，时年五十二。赠大将军，封长城县公，谥曰炀。葬河南洛阳之芒山。

［译文］

隋文帝认为陈氏子弟人数过多，恐怕留在京城里出差错，就把陈氏子弟分别安置到各个州县去，每年赐给衣物使他们安稳生活。

陈后主在隋文帝仁寿四年（604 年）十一月壬子日死在洛阳，时年五十二岁。陈后主死后得赠大将军封号，封长城县公，谥号为炀，葬在河南洛阳的芒山。

北　史

尔朱荣传

［原文］

尔朱荣字天宝，北秀容人也。世为部落酋帅。其先居尔朱川，因为氏焉。

高祖羽健，魏登国初为领人酋长，率契（qì）胡武士从平晋阳，定中山，拜散骑常侍。以居秀容川，诏割方三百里封之，长为世业。道武初，以南秀容川原沃衍，欲令居之。羽健曰：“家世奉国，给侍左右。北秀容既在刬（chǎn）内，差近京师，岂以沃塉，更迁远地？”帝许之。所居处曾有狗舐（shì）地，因而穿之得甘泉，因名狗舐泉。

［译文］

尔朱荣字天宝，北秀容地方的人。家中世代相传，为契胡部落的军事首领。尔朱荣的祖先曾经在尔朱川定居，于是就以尔朱作为姓氏。

尔朱荣的高祖父尔朱羽健，在北魏道武帝登国初年，为契胡部落的领民酋长，率领契胡武士随从道武帝平定晋阳，攻取中山，官拜散骑常侍。因为他当时居住在秀容川，道武帝就下诏割出秀容川一带三百里的土地，封给他作为子孙相传的产业。道武帝正式即位后，因为南秀容川的土地肥沃平坦，打算让尔朱羽健迁居到那里。尔朱羽健说：“我们家族世代为国家服务，侍从于皇帝左右，听使调遣。北秀容一带现已在我治理之下，这地方离京城比较近。我怎么能只考虑土地的肥瘠，就搬到远离陛下的地方呢？”道武帝于是就准许他仍然住在原地。尔朱羽健的住处附近曾经有狗用舌头舐地，因而在那地方挖出了一股甘泉，命名为狗舐泉。

［原文］

曾祖郁德、祖代勤，继为酋长。代勤，太武敬哀皇后舅也。既以外亲，兼数征伐有功，给复百年，除立义将军。曾围山而猎，部人射虎，误中其髀（bì），代勤仍令拔箭，竟不推问，曰：“此既过误，何忍加罪。”部内咸感其意。位肆州刺史，封梁郡公，以老致仕，岁赐帛百匹以为常。卒，谥曰庄。孝庄初，追赠太师、司徒公、录尚书事。

出猎

尔朱氏出身北方游牧民族，对射猎之事十分热衷。

［译文］

他的曾祖父尔朱郁德，祖父尔朱代勤，相继担任部落领民酋长。尔朱代勤是北魏太武帝敬哀皇后的舅父。因为他是皇帝的外戚，又屡次出征作战立下功劳，太武帝就下令免除他家里一百年的赋役，并拜他为立义将军。有一次尔朱代勤率众人围山打猎，部落中有人射老虎，却误射中尔朱代勤的大腿，尔朱代勤只让那人把箭拔出来，并未加以追究，说："这既然是无心而犯的过错，我怎么忍心加罪呢？"部落中的人都为他的宽容所感动。后来担任肆州刺史，加封梁郡公，因年老退休，皇帝每年赏赐他一百匹丝绸，后来形成了常制。尔朱代勤死后，谥号称为庄。北魏孝庄帝初年时，又追赠尔朱代勤为太师、司徒公、录尚书事。

［原文］

父新兴，太和中继为酋长。曾行马群，见一白蛇，头有两角，咒(zhòu)之，求畜牧蕃息。自是牛羊驼马，日觉滋盛，色别为群，谷量之。朝廷每有征讨，辄献私马，兼备资粮，助裨(bì)军用。孝文嘉之。及迁洛，特听冬朝京师，夏归部落。每入朝，诸公王朝贵，竞以珍玩遗之，新兴亦报以名马。位散骑常侍、平北将军、秀容第一领人酋长。新兴每春秋二时，恒与妻子阅畜牧于川泽，射猎自娱。明帝时，以年老，启求传爵于荣。卒，谥曰简。孝庄初，赠太师、相国、西河郡王。

［译文］

他的父亲尔朱新兴，在北魏孝文帝太和年间继任酋长。有一次赶着马群出行，在路上看见一条白蛇，白蛇头上还长有两只角，便向它祈祷，希望保佑牲畜不断繁衍生息。从此以后，部落中的牛羊驼马等牲畜，一天比一天多，以至于后来把它们按照颜色专门分群，每群牲畜都以山谷作为计量单位。北魏朝廷每遇到对外战事，尔朱新兴就献上自己的私有马匹，并筹备资财粮草，帮助解决军队的费用。孝文帝因此对他十分欣赏。迁都洛阳以后，特旨准许他冬天到京城朝见，夏天回本部落休养。每次入朝，朝中的王侯公卿等贵族争相送给他各种奇珍异宝，尔朱新兴也以良种骏马回赠。尔朱新兴官至散骑常侍、平北将军、秀容第一领民酋长。每年春秋两季，尔朱新兴都要带着妻子儿女到临水的草原上检阅放牧情况，并举行狩猎活动作为娱乐。北魏孝明帝时，尔朱新兴已经年老，奏请把爵位传给儿子尔朱荣。尔朱新兴死后，谥号为简。孝庄帝初年，追赠太师、相国、西河郡王。

［原文］

荣洁白美容貌，幼而神机明决。及长，好射猎，每设围誓众，便为军阵之法，号令严肃，众莫敢犯。秀容界有池三所，在高山上，清深不测，相传曰祁连池，魏言天池也。父新兴曾与荣游池上，忽闻箫鼓音，谓荣曰："古老相传，闻此声，皆至公辅。吾年老暮，当为汝耳。"荣袭爵（jué），后除直寝、游击将军。

［译文］

尔朱荣皮肤白皙相貌俊秀，从小就聪颖过人，多谋善断。长大之后，喜欢骑射狩猎，每次打猎设围，部署众人，都按照行军打仗的阵法排列，号令严明，大家都不敢违犯。秀容的边境上有三个水池，位于高山之上，水色清澈透明，没人知道到底有多深，相传名字叫祁连池，北魏称之为天池。尔朱新兴曾带着尔朱荣在池上游览，忽然听到吹箫击鼓的声音，就对尔朱荣说："上年纪的人曾说，听到这种声音的人，将来会做到三公宰相的高位。我已经年老了，今天这声音大概是为你而发出的吧。"尔朱荣承袭了父亲的爵位，后来又官拜直寝、游击将军。

［原文］

正光中，四方兵起，遂散畜牧，招合义勇。以讨贼功，进封博陵郡公，其梁郡前爵听赐第二子。时荣率众至肆州，刺史尉庆宾闭城不纳。荣怒，攻拔之，乃署其从叔羽生为刺史，执庆宾还秀容。自是兵威渐盛，朝廷亦不能罪责。及葛荣吞杜洛周，荣恐其南逼邺城，表求东援相州，帝不许。荣以山东贼盛，虑其西逸，乃遣兵固守滏（fǔ）口以防之。于是北捍马邑，东塞井陉。

打猎

［译文］

孝明帝正光年间，北魏王朝境内兵革四起，尔朱荣于是就散发家中的畜牧产业，招纳义勇之士组织军队。凭着讨伐各地起义队伍的功劳，晋封为博陵郡公，原来家传的爵位梁郡公恩准赐给他的第二个儿子

承袭。当时尔朱荣率领军队到了肆州，刺史尉庆宾紧闭城门不予接纳。尔朱荣大怒，攻占了肆州，任命他的堂叔尔朱羽生为肆州刺史，把尉庆宾抓回了秀容。自此之后尔朱荣的兵力日渐强大，北魏朝廷也无力加以惩罚。到了葛荣吞并杜洛周起义军以后，尔朱荣担心葛荣会南下进逼邺城，上表请求东进到相州一带增援，但孝明帝没有答应。尔朱荣见到太行山以东的起义军力量不断壮大，怕他们向西发展，就派遣部队坚守滏口加以防御。于是尔朱荣的军队在北面捍卫住马邑，东面把守着井陉要道。

［原文］

寻属明帝崩，事出仓卒。荣乃与元天穆等密议，入匡朝廷。抗表云：“今海内草草，异口一言，皆云大行皇帝鸩（zhèn）毒致祸，举潘嫔之女以诳百姓，奉未言之儿而临四海。求以徐纥、郑俨之徒，付之司败。更召宗亲，推其明德。”于是将赴京师。灵太后甚惧，诏以李神轨为大都督，将于太行杜防。荣抗表之始，遣从子天光、亲信奚毅及仓头王相入洛，与从弟世隆密议废立。天光乃见庄帝，具论荣心，帝许之。天光等还北，荣发晋阳。犹疑所立，乃以铜铸孝文及咸阳王禧（xǐ）等五王子孙像，成者当奉为主。唯庄帝独就。师次河内，重遣王相密迎庄帝与帝兄彭城王劭、弟始平王子正。武泰元年四月，庄帝自高渚度，至荣军，将士咸称万岁。

［译文］

过了不久，孝明帝逝世，死得非常突然。尔朱荣就和北魏帝室亲属元天穆等人暗中商议，准备兴兵入洛，匡扶朝廷。他上表了一份口气强硬的奏章，说：“现在天下百姓人心惶惶，众口一词，都说先皇是中毒而死的，朝廷先拿潘嫔生的女儿冒充太子欺骗百姓。随后又立了一个还不会说话的幼儿君临天下。我们要求把徐纥、郑俨之徒都抓起来，交给司法官员论罪。然后再召集宗室亲王，重新推选一位有德之君为天下之主。”于是就准备开赴京师。皇太后胡氏闻讯十分害怕，下诏委任李神轨为大都督，准备在太行山一带布防。尔朱荣在一开始上表的时候，就派侄子尔朱天光、亲信奚毅及家人王相进入洛阳，和在洛阳做官的堂弟尔朱世隆一同暗中商议废立皇帝的计划。尔朱天光随即拜见了长乐王元子攸，也就是后来的北魏孝庄帝，向他陈述尔朱荣准备拥立他为皇帝的打算，孝庄帝表示同意。尔朱天光等人北返之后，尔朱荣就从晋阳统兵南下。临行前对拥立计划又有些犹疑，就专门用铜铸造孝文帝以及咸阳王元禧等五位亲王子孙们的塑像，塑像能铸成的，就推奉他为皇帝。结果只有孝庄帝一人的塑像铸成。军队行进到河内，尔朱荣再一次派王相暗中前去迎接孝庄帝，以及孝庄帝的哥哥彭城王元劭和弟弟始平王元子正。武泰元年（528年）四月，孝庄帝从高渚渡过黄河，到达尔朱荣的军营，全军将士一同高呼万岁。

［原文］

及庄帝即位，诏以荣为使持节、都督中外诸军事、大将军、开府、尚书令、领军将军、领左右、太原王。及度河，太后乃下发入道，内外百官皆向河桥迎驾。

［译文］

孝庄帝正式即位以后，下诏进拜尔朱荣为使持节、都督中外诸军事、大将军、开府、尚书令、领军将军、领左右，加封太原王。尔朱荣的军队渡过黄河，皇太后胡氏便慌忙剃发躲入道观，朝廷内外的文武官员都前往河桥迎接孝庄帝。

［原文］

荣惑武卫将军费穆之言，谓天下乘机可取，乃谲（jué）朝士共为盟誓，将向河阴西北三里，至南北长堤，悉命下马西度，即遣胡骑四面围之。妄言丞相高阳王欲反，杀百官王公卿士二千余人，皆敛手就戮。又命二三十人拔刀走行宫。庄帝及彭城王、霸城王俱出帐。荣先遣并州人郭罗察共西部高车叱列杀鬼在帝左右，相与为应。及见事起，假言防卫，抱帝入帐，余人即害彭城、霸城二王。乃令四五十人迁帝于河桥，沈灵太后及少主于河。时又有朝士百余人后至，仍于堤东被围。遂临以白刃，唱云能为禅文者出，当原其命。时有陇西李神俊、顿丘李谐、太原温子昇（shēng）并当世辞人，皆在围中，耻是从命，俯伏不应。有御史赵元则者，恐不免死，出作禅文。荣令人诫军士，言元氏既灭，尔朱氏兴，其众咸称万岁。荣遂铸金为己像，数四不成。时荣所信幽州人刘灵助善卜占，言今时人事未可。荣乃曰："若我作不吉，当迎天穆立之。"灵助曰："天穆亦不吉，唯长乐王有王兆耳。"荣亦精神恍惚，不自支持，遂便愧悔。至四更中，乃迎庄帝，望马首叩头请死。其士马三千余骑，既滥杀朝士，乃不敢入京，即欲向北为移都之计。持疑经日，始奉驾向洛阳宫。及上北芒，视城阙，复怀畏惧，不肯更前。武卫将军泛礼苦执不听，复前入城，不朝戍，北来之人，皆乘马入殿。诸贵死散，无复次序，庄帝左右，唯有故旧数人。荣犹执移都之议，上亦无以拒焉。又在明光殿重谢河桥之事，誓言无复二心。庄帝自起止之，因复为荣誓，言无疑心。荣喜，因求酒一遍。及醉熟，帝欲诛之，左右苦谏乃止。即以床舆向中常侍省。荣夜半方

寤，遂达旦不眠。自此不复禁中宿矣。

［译文］

尔朱荣受了武卫将军费穆的蛊惑，以为可以乘此机会夺取天下，于是就诳骗在朝百官，说要一同举行盟誓，要他们出发到河阴西北三里左右的地方，有一道南北走向的长堤，让他们都下马走到长堤的西边，然后派遣契胡骑兵从四面包围起来。他诬陷丞相高阳王元雍企图谋反，并杀掉文武百官、王公贵族一共两千多人，这些人毫无防备，束手被杀。尔朱荣又派二三十人持刀奔向孝庄帝临时居住的行宫。孝庄帝与元劭、元子正兄弟三人一同走出帐外观看。尔朱荣事先已派并州人郭罗察和西部高车人叱列杀鬼在孝庄帝左右侍奉，准备伺机与外边互为策应。至此时见到外边已开始行动，便假称防护保卫，拥着孝庄帝进入帐内。外边的人就杀害了元劭和元子正。尔朱荣随后命令四五十名军士把孝庄帝挟持到河桥，并把皇太后胡氏以及她扶立的幼帝元钊都沉入黄河里淹死。这时又有一百多名朝官随后赶到，仍然在大堤东面被包围起来。于是就用钢刀相威胁，宣布说能写禅位诏书的人可以出来，饶了他的性命。当时陇西人李神儁、顿丘人李谐、太原人温子昇都是当时著名的文章高手，均被包围在里面，这些人耻于从命，都伏在地上不作声。有一个叫赵元则的御史，害怕自己不免一死，就出来写了禅位诏书。尔朱荣随即让人晓谕军士，说元魏王朝已经灭亡，尔朱氏将要代为皇帝，他部下的军士都齐呼万岁。于是尔朱荣就用黄金浇铸自己的塑像，铸了好几次也没有成功。当时尔朱荣信任的一个幽州人叫刘灵助的，此人善于占卜，对尔朱荣说现在做皇帝，人事方面的条件还不具备。尔朱荣就说："要是我做皇帝不吉利，那就把元天穆接来，立他好了。"刘灵助说："元天穆也不吉利，只有长乐王才有做皇帝的天命。"此话让尔朱荣也感到精神恍惚，心理上支持不住，就有了惭愧追悔的意思。到夜里四更左右，又把孝庄帝接回来，对着孝庄帝的马头下拜叩头，请求以死赎罪。尔朱荣带来的军队共有三千多骑兵，既然已经滥杀了大批朝官，都不敢进入京城洛阳，而想裹胁孝庄帝一同北还，作迁都的打算。这样犹豫不决了好几天，才簇拥着孝庄帝向洛阳的皇宫进发。走到了北芒山，看见了洛阳的城墙，尔朱荣又害怕起来，不肯往前走。武卫将军泛礼苦苦相劝，也不听从，最后总算进入了洛阳城中，但也没有正式恢复朝会和戍卫制度，北来的军士，都骑着马直接闯入大殿。原来的高官贵族或是被杀，或是已经逃窜，朝廷中毫无秩序章法可言，孝庄帝身边也只剩下少数几个从前的亲信大臣。尔朱荣仍然坚持迁都的意见，孝庄帝也无力与他抗衡。尔朱荣又在明光殿再次就河桥迁驾的事情向孝庄帝谢罪，发誓说自己对孝庄帝绝无二心。孝庄帝亲自站起来劝阻他的谢罪，并且自己也向尔朱荣发誓，说对尔朱荣信任如故，没有疑心。尔朱荣高兴起来，就请求君臣一起喝一次酒。不久尔朱荣就喝醉睡熟了，孝庄帝打算趁机杀掉他，左右的人苦苦劝阻，方才作罢。于是就把尔朱荣连床带人抬到了中常侍省。尔朱荣一直睡到半夜才醒来，感到后怕，于是直到清晨再也没有入睡。此后尔朱荣也不敢再在禁中留宿了。

［原文］

荣女先为明帝嫔(pín)，欲上立为后，帝疑未决。给事黄门侍郎祖莹曰：“昔文公在秦，怀嬴(yíng)入侍。事有反经合义，陛下独何疑焉？”上遂从之，荣意甚悦。

［译文］

尔朱荣的女儿原先是孝明帝的妃嫔，尔朱荣想要孝庄帝立她为皇后，孝庄帝犹豫不决。给事黄门侍郎祖莹说：“春秋时晋文公流亡秦国，晋怀公的妻子怀嬴前去侍奉。有的事情虽然不合经书上的原则，但事实上却合乎道义，陛下又有什么可犹豫的呢？”孝庄帝就听从了他的意见，尔朱荣心里甚是高兴。

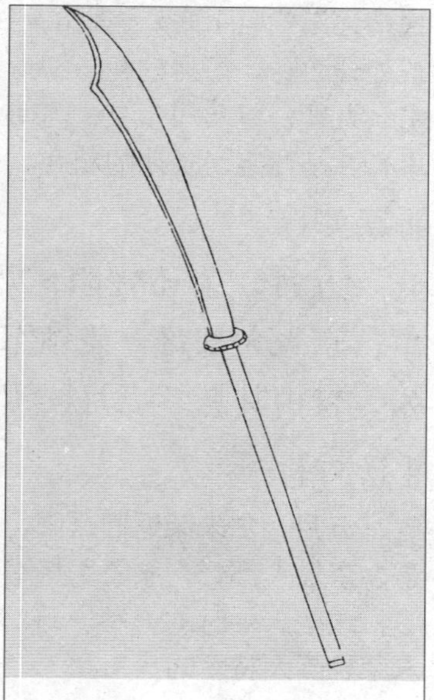

刀

［原文］

于时人间犹或云荣欲迁都晋阳，或云欲肆兵大掠，迭相惊恐，人情骇(hài)震。京邑士子，十不一存，率皆逃窜，无敢出者。直卫空虚，官守废旷。荣闻之，上书谢愆(qiān)。无上王请追尊帝号；诸王、刺史，乞赠三司；其位班三品，请赠令仆；五品之官，各赠方伯；六品已下及白身，赠以镇郡。诸死者无后，听继，即授封爵。均其高下，节级别科，使恩洽存亡，有慰生死。诏从所表。又启帝，遣使巡城劳问，于是人情遂安，朝士逃亡者，亦稍来归阙。荣又奏请番直，朔望之日，引见三公、令、仆、尚书、九卿及司州牧、河南尹、洛阳河阴执事之官，参论国政，以为常式。

［译文］

这段时间民间仍然传言尔朱荣打算迁都到晋阳，还有人说尔朱荣将要纵容军士大行劫掠，就这样互相惊吓，搞得人心惶惶，气氛十分紧张。京城洛阳里的士人，十家没有一家留下来的，大都或逃亡或躲避，不敢出来露面。朝廷中几乎无人当值戍卫，官位职守也出现很多空缺。尔朱荣听说这种情况，上书谢罪。奏请追尊孝庄帝的哥哥元劭皇帝帝号；遇害的诸王、刺史都追赠三公的品位；三品官追赠尚书令、仆射；五品官追赠刺史；六品以下直到没有官位的人都追赠郡守。死者没有了后嗣的，准许过继后嗣，然后再以封爵相授。总的原则是按照原来的官品高低，分级分类赠恤，使皇恩普及于每个人，使死者人人都能得到安慰。孝庄帝下诏就按尔朱荣的奏请去办。尔朱荣另外又启奏孝庄帝，请求派使节巡视洛阳城，慰问百姓，于是

民情逐渐安定下来，逃亡的朝官也慢慢都回到朝中。尔朱荣又奏请由大臣们轮流值班处理政务，每月的初一和十五两天，皇帝专门接见三公、尚书令、仆射、各部尚书、九卿、以及司州牧、河南尹和洛阳、河阴的有关行政官员，在一起商量国家大事，并从此定为长期的制度。

［原文］

五月，荣还晋阳，乃令元天穆向京，为侍中、太尉公、录尚书事、京畿大都督，兼领军将军，封上党王。树置腹心在列职，举止所为，皆由其意。七月，诏加荣柱国大将军。

［译文］

五月，尔朱荣返回晋阳，同时派元天穆前去京城，担任侍中、太尉公、录尚书事、京畿大都督，兼领军将军，加封上党王。朝廷各主要机构都安插了尔朱荣的心腹，这些人平时的一举一动，都完全遵从尔朱荣的旨意。七月，孝庄帝下诏加授尔朱荣柱国大将军的头衔。

［原文］

时葛荣向京师，众号百万，相州刺史李神俊闭门自守。荣率精骑七千，马皆有副，倍道兼行，东出滏口。而与葛荣众寡非敌。葛荣闻之，喜见于色，乃令其众办长绳，至便缚取。自邺以北，列阵数十里，箕张而进。荣潜军山谷为奇兵，分督将已上三人为一处，处有数百骑，令所在扬尘鼓噪，使贼不测多少。又以人马逼战，刀不如棒，密勒军士，马上各赍袖棒一枚，至战时，虑废腾逐，不听斩级，使以棒棒之而已。乃分命壮勇，所当冲突，号令严明，将士同奋。身自陷阵，出于贼后，表里合击，大破之。于阵擒葛荣，余众悉降。荣恐其疑惧，乃普令各从所乐，亲属相随，任所居止。于是群情喜悦，登即四散，数十万众，一朝散尽。待出百里之外，乃始分道押领，随便安置，咸得其宜。获其渠帅，量才授用，新附者咸安。时人服其处分机速。乃槛车送葛荣赴阙。诏加荣大丞相、都督河北畿外诸军事。

［译文］

这时，河北以葛荣为首的六镇起义部队开始向洛阳进发，人数号称一百万，相州刺史李神儁紧闭城门坚守不出。尔朱荣于是亲自率领七千名精锐骑兵，每人都有正副两匹马，日夜兼程急行军，向东开出滏口。可是尔朱荣的部队与葛荣军队相比，实在是众寡悬殊，难以抗衡。葛荣听说了这一情况，高兴得喜形于色，就命令自己部下的军士每人准备一条长绳，打算把尔朱荣的军队捆绑起来。葛荣的军队在邺城以北列了几十里的长阵，张开两翼向前推进。尔朱荣在四周的山谷中埋伏部队，作为奇兵，把督将以上的将领每三个人分派在一处，每处都有几百名骑兵，令各处一起飞扬尘土，呐喊鼓噪，使敌军无法知道到底有多少兵力。又考虑到骑兵贴身近战，与刀相比用棒更方便，于是暗中下令给军士，让他们在马上各自携带一只袖棒，交战的时候为了不至于妨碍奔驰追逐，不要求斩下敌军的首级，只要用袖棒把他们打倒就可以了。于是分派精锐军士，哪一部分在何处作战，号令严明，将领士卒的情绪都十分高涨。尔朱荣一马当先，亲自领军冲锋陷阵绕到葛荣军队的后方，这样各小股军队协同作战，内外一同进击，大败葛荣的军队。当场在阵中活捉葛荣，他的部众也全部投降了。尔朱荣担心他们有猜疑畏惧的心情，就广泛下令，让他们各自找喜欢去的地方，准许让亲属追随，自选安身之地。于是投降的军士也十分高兴，顿时四下奔散，数十万的军队，片刻之间就散光了。等到这些人都走出一百里开外，才派人分路押送统领，找合适的地方加以安置，各路都处理得很好。对擒获的葛荣部将，尔朱荣根据他们各自的才能加以委用，使投降的人都感到安心。当时的人都十分佩服尔朱荣对投降部队的处理既敏捷又妥善。后来又用囚车把葛荣押送洛阳。孝庄帝下诏，加授尔朱荣大丞相、都督河北畿外诸军事。

[原文]

初，荣将讨葛荣，军次襄垣(yuán)，遂大猎。有双兔起于马前，荣弯弓誓之曰：“中则禽葛荣，不中则否。”既而并应弦而殪，三军咸悦。及后，命立碑于其所，号双兔碑。又将战，夜梦一人从葛荣索千牛刀，葛荣初不肯与，此人自称己是道武皇帝，葛荣乃奉刀，此人手持授荣。寤(wù)而喜，自知必胜。

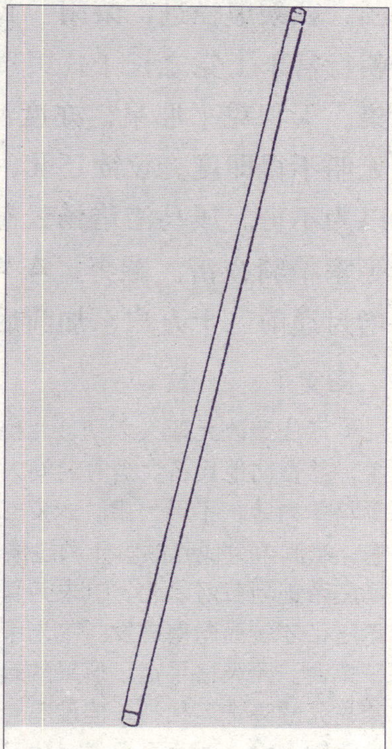
棒

[译文]

起初，尔朱荣将要出兵征讨葛荣，部队开进到了襄垣，举行了一次大规模围猎。有两只兔子从马前窜过，尔朱荣弯弓搭箭，对天祈祷说：“如果射中，就表明能生擒葛荣，射不中则不能。”结果两只兔子都应弦而死，全军将士大为振奋。战役结束以后，尔朱荣命令在围猎的地方专门立了一块碑以示纪念，叫作双兔碑。另外，交战头一天夜里，尔朱荣梦见有一个人

向葛荣索要他的千牛刀，葛荣开始不肯给，这个人就声称自己是北魏开国皇帝道武帝，葛荣便把刀奉上，这个人又把刀亲手转交给尔朱荣。尔朱荣梦醒之后，十分高兴，知道这场战役一定会胜利。

［原文］

又诏以冀州之长乐、相州之南赵、定州之博陵、沧州之浮阳、平州之辽西、燕州之上谷、幽州之渔阳七郡，各万户，通前满十万，为太原国邑。又加位太师。

［译文］

北魏朝廷又下诏把冀州的长乐郡、相州的南赵郡、定州的博陵郡、沧州的浮阳郡、平州的辽西郡、燕州的上谷郡、幽州的渔阳郡总共七个郡，每郡一万户，再加上以前所封户数，总共达十万户，作为尔朱荣封国太原国的食邑。同时加授尔朱荣太师的头衔。

［原文］

建义初，北海王元颢(hào)南奔梁，梁立为魏主，资以兵将。时邢杲(gǎo)以三齐应颢。朝廷以颢孤弱。永安二年春，诏元天穆先平齐地，然后征颢。颢乘虚径进，荥阳、武牢并不守，车驾出居河北。荣闻之，驰传朝行宫于上党之长子，舆驾于是南趣。荣为前驱，旬日之间，兵马大集。天穆克平邢杲，亦度河以会。车驾幸河内。荣与颢相持于河上，无船不得即度。议欲还北，更图后举。黄门郎杨侃、高道穆等并固执以为不可。属马渚诸杨云有小船数艘，求为乡导。荣乃令都督尔朱兆等率精骑夜济。颢奔，车驾度河，入居华林园。诏加荣天柱大将军，增封通前二十万户，加前后部羽葆鼓吹。

［译文］

孝庄帝改元建义之初，北魏北海王元颢逃亡到了南方投奔梁朝。梁朝立他为魏主，并资助他兵将。当时河间人邢杲在山东地区造反，响应元颢。北魏朝廷认为元颢势单力薄，不足为虑。永安二年（529 年）春天下诏，派元天穆率军先去平定山东，然后再讨伐元颢。元颢趁洛阳一带兵力空虚，长驱直入，荥阳、虎牢都被攻占，孝庄帝逃到黄河以北。尔朱荣闻讯，乘驿传急驰到上党郡长子县的行宫朝见孝庄帝，孝庄帝才转而向南进发。尔朱荣亲自充当前驱，十多天的时间里，各地兵马纷纷前来集合。元天穆平定了邢杲的起义，也渡过黄河前来会合。孝庄帝进入河内。尔朱荣与元颢隔黄河相持，但没有船，一下子过不去。和诸位大臣、僚属商量，打算暂且收军北撤，以后再另作讨伐元颢的打算。黄门郎杨侃、高道穆等人坚决反对，认

为不能这样做。恰好马渚地方有几户姓杨的人家报告说有几艘小船，请求担任向导。尔朱荣于是命令都督尔朱兆等人率领精锐骑兵在夜里渡过黄河。元颢猝不及防，仓皇逃走，孝庄帝渡过黄河，进入洛阳的华林园。下诏加授尔朱荣为天柱大将军，增加封户，与以前合计共达二十万户。又赐给他前后部羽葆鼓吹的仪仗。

［原文］

荣寻还晋阳，遥制朝廷。亲戚腹心，皆补要职，百僚朝廷动静，莫不以申。至于除授，皆须荣许，然后得用。庄帝虽受制权臣，而勤政事，朝夕省纳，孜孜不已。数自理冤狱，亲览辞讼。又选司多滥，与吏部尚书李神俊议正纲纪，而荣乃大相嫌责。曾关补定州曲阳县令，神俊以阶县不奏，别更拟人。荣大怒，即遣其所补者往夺其任。荣使入京，虽复微蔑，朝贵见之，莫不倾靡。及至阙下，未得通奏，恃荣威势，至乃忿怒。神俊遂上表逊位。荣欲用世隆摄选，上亦不违。荣曾启北人为河内诸州，欲为掎角势，上不即从。天穆入见论事，上犹未许。天穆曰：“天柱既有大功，为国宰相，若请普代天下官属，恐陛下亦不得违。如何启数人为州，便停不用？”帝正色曰：“天柱若不为人臣，朕亦须代；如其犹存臣节，无代天下百官理。”荣闻，大怒曰：“天子由谁得立？今乃不用我语！”皇后复嫌内妃嫔，甚有妒(dù)恨之事。帝遣世隆语以大理，后曰：“天子由我家置立，今便如此。我父本日即自作，今亦复决？”世隆曰：“兄止自不为，若本自作，臣今亦得封王。”帝既外迫强臣，内逼皇后，恒怏怏不以万乘为贵。

［译文］

尔朱荣随后回到晋阳，在那里对北魏朝廷实行遥控。很多自己的亲戚、心腹，都在朝廷中担任显要的职务，在朝百官的一举一动，这些人没有不向尔朱荣汇报的。至于任命官员，都必须经过尔朱荣的批准，然后才能上任。孝庄帝虽然被权臣所控制，但却勤于政事，从早到晚听取汇报，处理政务，孜孜不倦。并且屡次亲自审理冤狱，过问刑法诉讼。又因为官吏选拔没有标准、比较粗滥，便与吏部尚书李神俊一起商量，打算严肃选拔官吏的纲纪，尔朱荣对孝庄帝的这些举动非常不满，屡加责难。有一次尔朱荣批文委任一个人做定州曲阳县的县令，李神俊认为此人级别太低，不够资格，就没有奏闻，而另外拟定了人选。尔朱荣知道后大怒，就派他委任的人前去强行夺取了官位。每次尔朱荣的使节到洛阳，就算是一个地位很低下的人，朝中的达官贵人见后，也没有不低声下气、献媚讨好

的。等到了皇宫门口，一时没有得到通报入见，便仗着尔朱荣的权威声势，甚至会当场发起脾气来。李神俊便向孝庄帝上表，请求辞职。尔朱荣打算起用他的堂弟尔朱世隆来掌管官员的选任事务，孝庄帝也不好反对。又有一次，尔朱荣奏请选用一些北边部族的人担任河内地区各州的长官，希望与自己构成掎角呼应之势，孝庄帝没有马上答应。元天穆入宫晋见孝庄帝论及此事，孝庄帝仍然不同意。元天穆说："天柱大将军既然为国家立下大功，做到宰相的高位，就算是请求更换天下所有的官员吏属，恐怕陛下也不能不答应。为什么只启奏几个人任州官，陛下就不同意呢？"孝帝庄帝板起面孔说："天柱大将军如果不想再做臣子，那么朕也应该被他更换；如果他还想要保持臣节，那就没有更换天下百官的道理。"尔朱荣听说之后，大怒说："当今天子是靠谁的力量才登上皇位的？现在居然连我的话都不听了！"尔朱荣的女儿孝庄帝皇后又对孝庄帝聘娶妃嫔不满，做出很多妒忌的举动。孝庄帝派尔朱世隆向她晓谕做妻子的道理，尔朱皇后说："天子本来是由我们家扶上皇位的，现在才这般样子。要是当时我父亲自己做了皇帝，今天还有这些事吗？"尔朱世隆说："只不过大哥自己不想做罢了，要是他自己做了皇帝，那么臣现在也早封为亲王了。"孝庄帝在外面被权臣所挟制，在皇宫里又受到皇后的逼迫，整天闷闷不乐，感觉不到做皇帝的尊贵。

［原文］

先是，葛荣枝党韩娄仍据幽、平二州，荣遣都督侯深讨斩之。时万俟（mò qí）丑奴、萧宝夤（yín）拥众豳（bīn）、泾，荣遣其从子天光为雍州刺史，令率都督贺拔岳、侯莫陈悦等入关讨之。天光至雍州，以众少未进，荣大怒，遣其骑兵参军刘贵驰驿诣军，加天光杖罚。天光等大惧，乃进讨，连破之，禽丑奴、宝夤，并槛车送阙。天光又禽王庆云、万俟道乐，关中悉平。于是天下大难便尽。庄帝恒不虑外寇，唯恐荣为逆，常时诸方未定，欲使与之相持。及告捷之日，乃不甚喜，谓尚书令、临淮王彧（yù）曰："即今天下便是无贼？"临淮见帝色不悦，曰："臣恐贼平以后，方劳圣虑。"帝畏余人怪，还以他语解之，曰："其实抚宁荒余，弥成不易。"

［译文］

在此之前，葛荣的分支余部韩娄仍然占据着幽州和平州。尔朱荣派遣都督侯深进讨，杀掉了韩娄。当时万俟丑奴、萧宝夤聚众占据了关中的豳州、泾州地区，尔朱荣派自己的堂侄尔朱天光出任雍州刺史，命他率领都督贺拔岳、侯莫陈悦等人的部队入关进行征讨。尔朱天光率军到雍州，顾虑部队人数太少，不敢再前进，尔朱荣闻讯大怒，派遣自己属下的骑兵参军刘贵乘驿传急驰到军中，传令用杖责打尔朱天光，以示惩罚。尔朱天光等将领大为害怕，于是发兵进讨，连连打败敌

军，活捉了万俟丑奴和萧宝夤，一并关在囚车里送往洛阳。尔朱天光另外还擒获了王庆云、万俟道乐等人，关中地区完全被平定。至此北魏境内的起兵、割据势力都被消灭了。孝庄帝实际上一直不为外地的祸患担忧，而只害怕尔朱荣谋反，平时四方的战事没有结束，希望借此牵制尔朱荣的力量，内外抗衡。等到境内完全平定，报捷的那一天，孝庄帝便显得不很高兴，对尚书令、临淮王元彧说："现在天下果真是没有盗贼了吗？"临淮王看到孝庄帝的神色不高兴，就说："臣恐怕盗贼平定之后，才有值得陛下担心的事呢。"孝庄帝又怕周围其他人产生疑虑，就岔开话题进行掩饰，说："实际上安抚稳定这些经过兵火战乱的地区，的确是更不容易啊。"

［原文］

荣好射猎，不舍寒暑。法禁严重，若一鹿出，乃有数人殒（yǔn）命。曾有一人，见猛兽便走，谓曰："欲求活邪？"遂即斩之。自此猎如登战场。曾见一猛兽在穷谷中，乃令余人重衣空手搏之，不令复损，于是数人被杀，遂禽得之。持此为乐焉。列围而进，虽阻险不得回避，其下甚苦之。

［译文］

尔朱荣酷爱骑射围猎，不管天气冷热，都要经常举行。围猎时的法规、纪律非常严厉，如果有一只鹿逃出了围猎，就要有好几个人因此而丢掉性命。曾经有一个人，见到猛兽冲来，吓得拔腿便跑。尔朱荣对他说："你想逃命吗？"马上将他斩首了。从此之后军士参加围猎，就像上了战场一样。又有一次见到一只猛兽被困在深谷当中，就让周围的军士多穿几层衣服，空手去擒拿这只猛兽，不准让它受到损伤，结果一连死了好几个人，才把这只猛兽擒住。尔朱荣把这种行为当作乐趣。围猎时军士围成圈子，缓慢前进，即使前面有障碍、危险，也不准避开，他的部下为此吃了很多苦头。

［原文］

太宰元天穆从容言荣勋业，宜调政养人。荣便攘肘谓天穆曰："太后女主，不能自正，推奉天子者，此是人臣常节。葛荣之徒，本是奴才，乘时作乱，譬如奴走，禽获便休。顷来受国大宠，未能混一海内，何宜今日便言勋也？如闻朝士犹自宽纵，今秋欲共兄戒勒士马，校猎嵩（sōng）原，令贪污朝贵，入围搏虎。仍出鲁阳，历三荆，悉拥生蛮，北填六镇。回军之际，因平汾胡。明年简练精骑，分出江、淮，萧衍若降，乞万户侯；如其不降，径度数千骑，便往缚取。待六合宁一，八表无尘，然后共兄奉天子巡四方，观风俗，布政教，如此乃可称勋

耳。今若止猎，兵士懈怠，安可复用也？”

［译文］

太宰元天穆有一次婉转地劝说尔朱荣，吹捧他的功勋业绩，建议他应该调理政事、爱惜士卒。尔朱荣一听，就挥起胳膊对元天穆说：“当年胡太后是个女流之辈，自己行为又不端正，在这样的情况下另行推举拥戴一名天子，这是身为人臣应当做的事情。葛荣那些人，本来就是奴隶出身，趁着时局不稳起来造反，就好像奴隶趁看管不严偷跑了一样，抓回来就算完事了。近来承蒙国家给我极大的荣誉、地位，但还没有能统一天下，今天怎么就能谈得上有功勋业绩呢？前不久又听说朝中官员的行为仍然放纵，不加检点，因此今年秋天打算和老兄一起检阅军队，到嵩山周围的原野上进行围猎演习，让那些贪赃枉法、行为不端的朝中贵人们，都到围猎的圈子里面徒手捉拿老虎。然后兵出鲁阳，横扫荆、楚地区，把那些不开化的蛮族统统抓起来，送到北边，填充六镇的人口。军队返回的时候，顺便再征讨平汾河沿岸的胡人。明年选拔操练精锐骑兵，分路开往江、淮流域。梁朝皇帝萧衍如果投降，就替他讨一个万户侯的爵位；如若不投降，就直接差遣几千骑兵，过江把他抓回来。等到天下统一四方没有了战乱，然后再和老兄一同簇拥着天子巡视各地，观察风土人情，推广政令教化，像这样才能称得上是功勋。现在如果中止围猎，军士就会情绪松懈、武艺废弛，以后怎么能再靠他们打仗呢？”

［原文］

及见四方无事，乃遣人奏曰：“参军许周劝臣取九锡，臣恶其此言，已发遣令去。”荣时望得殊礼，故以意讽朝廷。帝实不欲与之，因称其忠。荣见帝年长明悟，为众所归，欲移自近，皆使由己。每因醉云，入将天子，拜谒金陵后，还复恒朔。而侍中朱元龙辄从尚书索太和中迁京故事，于是复有移都消息。

［译文］

等到尔朱荣看见境内已经没有战事，就派人向孝庄帝上奏说：“参军许周建议臣取九锡之礼，臣讨厌他说这样的话，已经把他打发走了。”实际上此时尔朱荣很盼望得到九锡的殊礼，所以把这个意思暗示给北魏朝廷。孝庄帝其实也不想满足他的要求，因而假装不明白，称赞尔朱荣的忠心。尔朱荣见到孝庄帝年纪已长，聪明机智，为很多人所归心，就打算把他引到自己的身边，使他一举一动都能由自己控制。每次喝醉时都谈到，将要入京拥戴着天子，拜谒北魏先代皇帝陵墓之后，一同回到山西北部的恒州、朔州地区。而侍中朱元龙也向尚书省索要孝文帝太和年间由平城迁都洛阳的有关制度典故，这样迁都的传闻再次传播开来。

［原文］

荣乃暂来向京，言看皇后娩难。帝惩河阴之事，终恐难保，乃与

城阳王徽、侍中杨侃、李彧(yù)、尚书右仆射元罗谋，皆劝帝刺杀之。唯胶东侯李侃晞、济阴王晖业言荣若来，必有备，恐不可图。又欲杀其党与，发兵拒之。帝疑未定，而京师人怀忧惧，中书侍郎邢子才之徒，已避之东出。荣乃遍与朝士书，相任留。中书舍人温子昇(shēng)以书呈帝，帝恒望其不来，及见书，以荣必来，色甚不悦。武卫将军奚毅，建义初往来通命，帝每期之甚重，然以为荣通亲，不敢与之言情。毅曰：“若必有变，臣宁死陛下难，不能事契胡。”帝曰：“朕保天柱无异心，亦不忘卿忠款。”

［译文］

尔朱荣于是临时打算去京城洛阳，说是要探望将要分娩的尔朱皇后。孝庄帝想起两年前河阴发生的事情，担心最终将自身难保，就和城阳王元徽、侍中杨侃、李彧、尚书右仆射元罗一同商量，这几个人都劝孝庄帝趁机先下手刺杀尔朱荣。只有胶东侯李侃晞、济阴王元晖业说尔朱荣如果前来，必定有所防备，恐怕难以算计他。又有人主张先杀掉尔朱荣在朝的党羽，然后发兵抵御。孝庄帝心中迟疑未定，而这时京城中的人都已预感到情况不妙，心怀恐惧，中书侍郎邢子才等一些人早已为躲避灾祸向东逃出了洛阳。尔朱荣于是一一给朝中官员写信，希望他们留在京城。中书舍人温子昇把收到的信呈送给孝庄帝，孝庄帝一直盼望尔朱荣不要来，等看到信，知道尔朱荣一定会来，神情大为不悦。武卫将军奚毅曾经在孝庄帝即位之初往来传递消息，孝庄帝常常对他寄予很大的期望，但又考虑到他和尔朱荣有亲戚关系，不敢向他吐露真实的心情。奚毅说：“如果一定会发生什么事变，臣宁可为陛下尽节死难，也绝不会去事奉契胡人。”孝庄帝说：“我担保天柱大将军没有不轨的意图，但也不会忘记你对我的一片忠心。”

［原文］

三年八月，荣将四五千骑，发并州向京。时人皆言其反，复道天子必应图之。九月初，荣至京。有人告云，帝欲图之。荣即具奏。帝曰：“外人亦言王欲害我，岂可信之？”于是荣不自疑，每入谒帝，从人不过数十，皆不持兵仗。帝欲止，城阳王曰：“纵不反，亦何可耐？况何可保耶？”又北人语讹，语“尔朱”为“人主”。上又闻其在北言，我姓人主。先是，长星出中台，扫大角。恒州人高荣祖颇明天文，荣问之曰：“是何祥也？”答曰：“除旧布新象也。昔长星扫大角，秦以之亡。”荣闻之悦。又荣下行台郎中李显和曾曰：“天柱至，那无九锡，安须王自索也？亦是天子不见机！”都督郭罗察曰：“今

年真可作禅文，何但九锡。”参军褚光曰：“人言并州城上有紫气，何虑天柱不应。”荣下人皆陵侮帝左右，无所忌惮，其事皆上闻。奚毅又见，求闻。帝即下明光殿与语。帝又疑其为荣，不告以情。及知毅赤诚，乃召城阳王徽及杨侃、李彧（yù），告以毅语。

［译文］

永安三年（530年）八月，尔朱荣率领着四五千骑兵，从并州出发向京城开来。当时的人都说尔朱荣要谋反，又说天子一定会准备对付他。九月初，尔朱荣抵达京城。有人向他报告说，孝庄帝正在密谋对付他。尔朱荣就把听到的情况原原本本上奏了。孝庄帝说：“外边的人也传说大王想谋害我，这类话难道能信以为真吗？”于是尔朱荣就不再有疑心，每次入宫拜见孝庄帝，随从的人不过数十个，又都不带兵器。孝庄帝因而想中止刺杀计划，城阳王元徽说：“就算他不想谋反，又怎么能忍耐呢？何况怎么能保证他一定不会谋反呢？”另外，当时北边地区的人语音不标准，把“尔朱”往往说成“人主”。孝庄帝又听说尔朱荣在北边自称，我姓人主。在此之前，有一个长尾巴的彗星从中台一带出现，扫过大角星。恒州人高荣祖颇通晓天文，尔朱荣就问他：“这是什么征兆呢？”高荣祖回答说：“这是除旧布新的征兆。过去长尾巴的彗星扫过大角星，秦朝就因此灭亡了。”尔朱荣听后非常高兴。尔朱荣的部下行台郎中李显和有一次曾对人说：“天柱大将军到了京城，哪能不给九锡之礼，怎么还用得着大王本人索取呢？这也是天子太不会见机行事了！”都督郭罗察说：“今年连禅位的诏书都可以写出来，岂但九锡之礼呢？”参军褚光说：“听人说并州城头上有紫气出现，还怕天柱大将军不会上应天象吗？”尔朱荣的部下对孝庄帝左右的人常加凌辱，根本没有顾忌害怕，因此上面这些话都传到孝庄帝耳朵里。奚毅又入宫拜见，请求单独谈话。孝庄帝就走下明光殿同他讲话。孝庄帝又怀疑他会站在尔朱荣一边，不告诉他实情。等到完全了解了奚毅的一片赤诚，才召来城阳王元徽以及杨侃和李彧，告诉他奚毅所说的话。

［原文］

荣小女嫁与帝兄子陈留王，小字伽邪，荣尝指之曰：“我终当得此女婿力。”徽又云：“荣虑陛下终为此患，脱有东宫，必贪立孩幼。若皇后不生太子，则立陈留以安天下。”并言荣指陈留语状。帝既有图荣意，夜梦手持一刀自害，落十指节，都不觉痛。恶之，以告城阳王徽及杨侃。徽解梦曰：“蝮蛇螫（shì）手，壮士解腕。割指节与解腕何异？去患乃是吉祥。”闻者皆言善。

［译文］

尔朱荣的小女儿嫁给了孝庄帝哥哥的儿子陈留王，小字叫伽邪的，尔朱荣曾经指着他对别人说：“我最终一定会得到这个女婿的帮助。”城阳王元徽又上奏说：“尔朱荣害怕陛下最终会成为他篡位的障碍，如果要立太子，一定会为自己的目的而立年幼的皇子。万一皇后没有生太子，就要拥立陈留王以暂时安抚天下。”同时陈述了尔朱荣指着陈留王说的那些话。孝庄帝既已有了图谋尔朱荣的意图，有一次夜里梦见手里拿着一把刀自残，砍掉了自己的十个手指，但都不觉得痛。醒来以后觉得不吉利，就告诉了城阳王元徽和杨侃。元徽解释这个梦说：“一旦手被蝮蛇咬了，真正的壮士就会砍掉自己的手腕。割指头和砍手腕难道不是一个意思吗？去掉病患，是吉祥的事情。”听到的人都认为他说得对。

［原文］

九月十五日，天穆到京，驾迎之。荣与天穆并从入西林园讌(yàn)射。荣乃奏曰：“近来侍官皆不习武，陛下宜将五百骑出猎，因省辞讼。”先是奚毅言荣因猎挟天子移都，至是，其言相符。

［译文］

九月十五日，元天穆到了京城，孝庄帝亲自前去迎接。尔朱荣和元天穆一同随从孝庄帝到了西林园宴饮射箭。尔朱荣于是上奏说：“近年来，侍从御驾的官员都荒废了武艺，陛下应该带五百人骑马出去打猎，顺便处理地方上的诉讼案件。”先前奚毅曾经报告尔朱荣将要趁打猎之机挟持天子迁都，至此，他的话得到了验证。

［原文］

至十八日，召中书舍人温子昇(shēng)告以杀荣状，并问以杀董卓事。子昇具通本，上曰：“王允若即赦凉州人，必不应至此。”良久，语子昇曰：“朕之情理，卿所具知，死犹须为，况必不死！宁与高贵乡公同日死，不与常道乡公同日生。”上谓杀荣、天穆，即赦其党，便应不动。应诏王道习曰：“尔朱世隆、司马子如、朱元龙比来偏被委付，具知天下虚实，谓不宜留。”城阳王及杨侃曰：“若世隆不全，仲远、天光岂有来理？”帝亦谓然，无复杀意。城阳曰：“荣数征伐，腰间有刀，或能狠戾(lì)伤人。临事，愿陛下出。”乃伏侃等十余人于明光殿东。其日，荣与天穆并入，坐食未讫，起出。侃等从东阶上殿，见荣、天穆出至中庭，事不果。

［译文］

到了十八日，孝庄帝召见中书舍人温子昇，告诉他刺杀尔朱荣的计划，并且向他询问历史上王允刺杀董卓的经过。温子昇把这段历史作了详细的报告，孝庄帝说：“要是当时王允马上赦免凉州董卓的部下，一定不会死于后来的混乱局面。”说完之后沉默了半天，又对温子昇说：“我的情形处境，你是知道的，就算死也一定

要这样做，何况肯定不会死！我宁可像三国时曹魏的高贵乡公那样与权臣抗争以至捐躯，也不愿意像继位的常道乡公那样忍受屈辱苟且偷生。”孝庄帝认为杀掉尔朱荣、元天穆之后，马上宣布赦免他的党羽，这些人就不会发动叛乱。应诏王道习说：“尔朱世隆、司马子如、朱元龙这几个人近来因尔朱荣的缘故被委以重用，完全了解朝廷内外的虚实情况，我认为不应该留下他们的性命。”城阳王元徽和杨侃说：“如果尔朱世隆得不到保全，那样尔朱仲远、尔朱天光这些人怎么会有降服的道理呢？”孝庄帝也认为如此，就不再有杀掉尔朱世隆等人的打算。城阳王说：“尔朱荣多次外出征伐，腰里总是佩带着钢刀，说不定凶恶本性发作起来会伤害周围的人。到行动的时候，希望陛下离开现场。”于是就让杨侃等十几个人埋伏在明光殿东侧。这一天，尔朱荣与元天穆一同入宫，坐下来吃东西还没吃完，就起身出去了。杨侃等人从东侧的台阶奔上明光殿，见尔朱荣和元天穆此时已经走到了殿外的庭院当中，刺杀行动未果。

［原文］

十九日是帝忌日，二十日荣忌日，二十一日，暂入，即向陈留王家，饮酒极醉。遂言病动，频日不入。上谋颇泄，世隆等以告荣。荣轻帝，不谓能反。预帝谋者皆惧。

［译文］

十九日是孝庄帝的忌日，二十日是尔朱荣的忌日，二十一日，尔朱荣进宫只停留了片刻，就到陈留王家里去了，在那里喝酒喝得烂醉如泥。此后尔朱荣自称得了病，好几天没有进宫。孝庄帝的计划颇有些泄露，尔朱世隆等人把听到的风声报告给尔朱荣。尔朱荣看不起孝庄帝，认为他不会对自己下手。参与孝庄帝计划的人都害怕起来。

［原文］

二十五日，旦，荣、天穆同入，其日大欲革易。上在明光殿东序中西面坐，荣与天穆并御床西北小床上南坐，城阳入，始一拜，荣见光禄卿鲁安等持刀从东户入，即驰向御坐，帝拔千牛刀手斩之。时年三十八。得其手板上有数牒启，皆左右去留人名，非其腹心，悉在出限。帝曰：“竖子！若过今日，便不可制。”时又天穆与荣子菩提亦就戮，于是内外喜叫，声满京城。既而大赦。

［译文］

二十五日清晨，尔朱荣与元天穆一同入宫，这一天想要任免一些重要官吏。孝庄帝在明光殿的东墙边西向而坐，尔朱荣和元天穆都在孝庄帝所坐床西北方向的小床上面南而坐，城阳王元徽走进殿来，刚拜了拜，尔朱荣就看见光禄卿鲁安等人拿着刀从东门冲进来，就奔向孝庄帝的御座，孝庄帝拔出佩带的千牛刀迎面刺去，亲手杀死了尔朱荣。尔朱荣死时三十八岁。死时他手里拿的手板被呈交上来，上面有几份启奏，内容都是孝庄帝左右侍从或去或留的名单，凡不是尔朱荣心腹的人，都在被逐出之列。孝庄帝说："这小子！要是让他活过今天，以后就没有办法制服他了。"元天穆和尔朱荣的儿子尔朱菩提也同时被杀。于是宫内宫外的人欢呼叫喊，消息很快传遍了京城。不久孝庄帝发布了大赦的命令。

［原文］

荣虽威名大振，而举止轻脱。止以驰射为伎艺，每入朝见，更无所为，唯戏上下马。于西林园宴射，恒请皇后出观，并召王公妃主，共在一堂。每见天子射中，辄自起舞叫，将相卿士，悉皆盘旋，乃至妃主妇人，亦不免随之举袂。及酒酣耳热，必自匡坐唱虏歌，为树梨普梨之曲。见临淮王彧（yù）从容闲雅，爱尚风素，固令为敕勒舞。日暮罢归，便与左右连手蹋地，唱《回波乐》而出。性甚严暴，愠喜无恒，弓箭刀槊，不离于手，每有瞋嫌，即行忍害，左右恒有死忧。曾欲出猎，有人诉之，披陈不已，发怒，即射杀之。曾见沙弥重骑一马，荣即令相触，力穷不复能动，遂使傍人以头相击，死而后已。

［译文］

尔朱荣虽然大权在握，威名远扬，可是平时的行为举止粗放轻浮。以骑马射箭作为自己的技艺，每次入宫朝见皇帝，也不做别的事情，只进行表演上马下马的骑术。在西林园宴饮射箭，都一定要请皇后出来观看，并同时召集诸王的王妃、公主，共同坐在一堂之上。每当见到天子射中目标，尔朱荣就自己手舞足蹈起来，大嚷大叫，文武百官都跟着他起舞，以至于王妃、公主这些妇女，也不免跟着他跳起来。酒喝得半醉，头晕耳热之际，尔朱荣一定要正襟危坐，唱起北边游牧民族的歌曲，诸如《树梨曲》《普梨曲》之类。看到临淮王元彧神态从容不迫、温文尔雅，喜好闲适、清静，就强迫他跳敕勒族的舞蹈。傍晚宴会结束，准备回去的时候，就与左右侍从一起手拉着手，跳跃跺脚，唱着《回波乐》的曲子跳出门去。尔朱荣性情十分严厉残暴，喜怒无常，弓箭刀棒总是不离手，一旦对谁发起脾气，顺手抓起兵器就加以残害，所以左右侍从总是怀有随时可能丧命的恐惧。有一次尔朱荣正打算出去打猎，有一个人前来陈述事情，啰唆起来说个没完，尔朱荣发起脾气来，一箭就把他射死了。还有一次看见两个和尚同骑一匹马，尔朱荣就把他们叫过来，勒令二人用头相顶角力，两个人力气用光，累得不能动弹，又让旁边的人抓着他们的头互相碰撞，直到把他们撞死才算完事。

［原文］

节闵帝初，世隆等得志，乃诏赠假黄钺（yuè）、相国、录尚书、都督中

外诸军事、晋王，加九锡，给九旒銮辂（liú luán lù），武贲班剑三百人，辒辌（wēnliáng）车，准晋太宰、安平献王故事，谥曰武。又诏百官议荣配飨，司直刘季明曰：“晋王若配永安，则不能终臣节。以此论之，无所配。”世隆作色曰：“卿合配？”季明曰：“下官预在议限，据理而言，不合上心，诛翦（jiǎn）唯命。”众为之危，季明自若。世隆意不已，乃配享孝文庙庭。

［译文］

到了北魏节闵帝元恭初年，尔朱世隆等人掌握了朝廷大权，于是颁诏追赠尔朱荣假黄钺、相国、录尚书、都督中外诸军事的头衔，追封晋王，追加九锡殊礼，赐给九旒銮辂、武贲班剑三百人、辒辌车，丧礼按西晋太宰、安平献王司马孚的规格行事，谥号称为武。又诏令百官商议尔朱荣配享北魏前代皇帝灵位的有关事宜，司直刘季明说：“如果让晋王配享孝庄帝，可是他对孝庄帝却不能始终保持臣节。从这一点来看，就没有哪位皇帝可以让他去配享。”尔朱世隆沉下脸来说：“难道你可以去配享吗？”刘季明说：“下官既然参与了商议这件事的行列，就根据实际情理发言。要是不合陛下的意旨，那么要杀要砍悉听尊便。”在场的人都为他捏了一把汗，可是刘季明却泰然自若。由于尔朱世隆坚持，最终决定让尔朱荣配享孝文帝的灵位。

经典回到生活　阅读从心开始

经典传家

『经典传家』丛书遴选了清代《四库全书》的精华，而且每一种书在注释、译文、解读等方面做了大量的、扎实的工作。

——傅璇琮

国学就是中国人的学问。『经典传家』是一套非常适合大众阅读的国学经典丛书。国学的传承和发展迫切需要好的大众读本。

——毛佩琦

《四库全书》浩如烟海，真正的必读经典就这百余部。

——任德山

国学是相互通融的，切忌断章或是割裂。今人只有从《周易》等原始经典入手，才能真正找到进入国学的门径。

——刘君祖

经典传家系列丛书

图解二十四史精华 下

司马迁 等 著

崇贤书院 释译

黄山书社

隋书

炀帝本纪上

［原文］

炀皇帝，讳(huì)广，一名英，小字阿麽(mó)，高祖第二子也。母曰文献独孤皇后。上美姿仪，少敏慧，高祖及后于诸子中特所钟爱。在周，以高祖勋，封雁门郡公。

［译文］

隋炀帝，名杨广，又名杨英，小字阿麽，是隋文帝杨坚的次子。母亲是独孤皇后。杨广的容貌俊美，从小便机敏聪慧，在众多皇子中他特别得到杨坚夫妇的宠爱。在北周时，凭借杨坚的功勋，杨广被封为雁门郡公。

［原文］

开皇元年，立为晋王，拜柱国、并州总管，时年十三。寻授武卫大将军，进位上柱国、河北道行台尚书令，大将军如故。高祖令项城公韶、安道公李徹(chè)辅导之。上好学，善属文，沉深严重，朝野属望。高祖密令善相者来和遍视诸子，和曰："晋王眉上双骨隆起，贵不可言。"既而高祖幸上所居第，见乐器弦多断绝，又有尘埃，若不用者，以为不好声妓，善之。上尤自矫饰，当时称为仁孝。尝观猎遇雨，左右进油衣，上曰："士卒皆沾湿，我独衣此乎！"乃令持去。

隋文帝杨坚

［译文］

隋文帝开皇元年（581年），杨广被立为晋王，被任命为柱国、并州总管，当时他才十三岁。不久杨广被授予武卫大将军，又晋升为上柱国、河北道行台尚书令，大将军称号依旧。高祖令项城公王韶、安道公李徹二人辅助教导他。杨广好学，善写文章，性格深沉严肃，朝野注目。文帝密令擅长相术的来和审视众皇子，来和说："晋王一对眉骨高高突起，其富贵之相用语言无法表达。"不久文帝到杨广的府中，看到乐器的丝弦大多断绝，又沾满尘埃，好像弃置不用，以为他不喜好歌舞声伎，觉得很好。杨广特别爱故作姿态，以致当时人们都称他是仁孝之人。一次狩猎遇到下雨，左右侍臣送上油雨衣，杨广却说："士兵们都浸湿了衣衫，我能一个人穿雨衣吗？"于是叫侍臣把雨衣拿走。

［原文］

六年，转淮南道行台尚书令。其年，征拜雍州牧、内史令。八年冬，大举伐陈，以上为行军元帅。及陈平，执陈湘州刺史施文庆、散骑常侍沈客卿、市令阳慧朗、刑法监徐析、尚书都令史暨慧，以其邪佞(nìng)，有害于民，斩之右阙(què)下，以谢三吴。于是封府库，资财无所取，天下称贤。进位太尉，赐辂车、乘马，衮(gǔn)冕之服，玄珪(guī)、白璧各一。复拜并州总管。俄而江南高智慧等相聚作乱，徙上为扬州总管，镇江都，每岁一朝。高祖之祠太山也，领武侯大将军。明年，归藩。后数载，突厥寇边，复为行军元帅，出灵武，无虏(lǔ)而还。及太子勇废，立上为皇太子。是月，当受册。高祖曰："吾以大兴公成帝业。"令上出舍大兴县。其夜，烈风大雪，地震山崩，民舍多坏，压死者百余口。

杨震

杨震是汉代大儒，人称"关西夫子"，隋朝建立后，隋朝皇室以杨震为隋文帝杨坚的八世祖，不过这纯属伪托。

［译文］

开皇六年（586年），杨广改任淮南道行台尚书令。同年，又召任为雍州牧、内史令。开皇八年（588年）冬，文帝大规模进军攻打陈朝，任命杨广为行军元帅。杨广平定陈朝以后，拘捕了陈朝的湘州刺史施文庆、散骑常侍沈客卿、市令阳慧朗、刑法监徐析、尚书都令史暨慧，因为他们奸邪谗佞，祸害生民，在右阙前将他们斩首，以此向三吴百姓谢罪。又封闭了官府的仓库，不取用任何财物，天下都称赞他贤明。杨广晋升为太尉，赐予大车、驷马，衮冕礼服，黑珪、白璧各一。文帝再次任命他为并州总管。不久江南高智慧等人聚众叛乱，杨广改任扬州总管，镇守江都，每年朝见一次。文帝祭祀泰山的时候，杨广兼任武侯大将军。第二年，回到江都。其后数年，突厥侵犯边境，杨广再次任行军元帅，出兵灵武，无俘获而还。到太子杨勇被废黜，文帝立杨广为皇太子。当月，杨广接受立太子的册封。文帝说：“我是以大兴公的爵位成就帝业的。”于是令杨广出宫居住在大兴县。当晚，狂风大雪，地动山塌，许多居民房屋损坏，压死一百多人。

［原文］

仁寿初，奉诏巡抚东南。是后高祖每避暑仁寿宫，恒令上监国。

四年七月，高祖崩，上即皇帝位于仁寿宫。八月，奉梓宫还京师。并州总管汉王谅举兵反，诏尚书左仆射杨素讨平之。九月乙巳，以备身将军崔彭为左领军大将军。十一月乙未，幸洛阳。丙申，发丁男数十万掘堑，自龙门东接长平、汲郡，抵临清关，度河，至浚仪、襄城，达于上洛，以置关防。癸丑，诏曰：

［译文］

隋文帝仁寿初年，杨广奉文帝令巡抚东南。此后文帝每逢在仁寿宫避暑期间，常令杨广留守处理政事。

仁寿四年（604 年）七月，文帝逝世，杨广在仁寿宫即皇帝位，是为隋炀帝。八月，护送文帝的灵柩回京城。并州总管汉王杨谅起兵反叛，炀帝诏令尚书左仆射杨素率兵讨伐平定。九月乙巳，任命备身将军崔彭为左领军大将军。十一月乙未，炀帝到洛阳。丙申，征调男子数十万人挖掘壕沟，从龙门向东连接长平、汲郡，抵达临清关，过黄河，再至浚仪、襄城，到达上洛，以设置关防。癸丑，炀帝下诏书说：

［原文］

“乾道变化，阴阳所以消息，沿创不同，生灵所以顺叙。若使天意不变，施化何以成四时，人事不易，为政何以厘万姓！《易》不云乎：“通其变，使民不倦；变则通，通则久。”“有德则可久，有功则可大。”朕又闻之，安安而能迁，民用丕变。是故姬邑两周，如武王之意；殷人五徙，成汤后之业。若不因人顺天，功业见乎变，爱人治国者可不谓欤？

［译文］

“天道变化，阴阳因而有消有长，治国有守旧创新的不同，百姓所以顺从和谐。假如天意不变，还有什么力量能形成一年四季呢？如果人事不更换，处理政事凭什么管理千家万户！《周易》上不是说：“顺通变化，使人民不感倦怠”；“变化则能顺通，顺通则能长久。”“有德行就可长久，有功劳就可以壮大。”朕又听说，安于舒适又能迁移，民生就会有大改变。因此姬氏建立了周朝两都，符合武王旨意；殷

人五次迁都，完成汤王大业。如果不靠人力顺天意，在变革中创建功业，爱民治国的人能不明白这个道理吗？

［原文］

“然洛邑自古之都，王畿(jī)之内，天地之所合，阴阳之所和，控以三河，固以四塞，水陆通，贡赋等。故汉祖曰：“吾行天下多矣，唯见洛阳。”自古皇王，何尝不留意，所不都者盖有由焉。或以九州未一，或以困其府库，作洛之制所以未暇也。我有隋之始，便欲创兹怀、洛，日复一日，越暨(jì)于今。念兹在兹，兴言感哽。

［译文］

“洛邑自古以来是都城的所在地，王城一带，是天地的中心，为阴阳协和之地，控制三河，坚固四塞，四面水陆通畅，八方贡赋等同。所以汉高祖说：“我到过天下很多地方，眼中唯独只有洛阳。”自古帝王，谁不留心这里，有些朝代不在这里建都也是有缘由的。或者因为九州尚未统一，或者因为府库空虚，在洛阳建造京城的规划无暇顾及。我隋朝立国伊始，就想创建这怀、洛二都，日子一天天过去，延迟到今天。朕对此念念不忘，说起来就十分感慨啊。

龙 门

龙门是黄河天险之一，炀帝即位之初，就役使民力，兴建浩大工程，而且是在龙门这样的地方。难怪隋朝短命，二世而亡。

［原文］

“朕肃膺(yīng)宝历，纂临万邦，遵而不失，心奉先志。今者汉王谅悖(bèi)逆，毒被山东，遂使州县或沦非所。此由关河悬远，兵不赴急，加以并州移户，复在河南。周迁殷人，意在于此。况复南服遐(xiá)远，东夏殷大，因机顺动，今也其时。群司百辟，佥谐厥议。但成周墟塉，弗堪葺(qì)宇。今可于伊、洛营建东京，便即设官分职，以为民极也。夫宫室之制本以便生，上栋下宇，足避风露，高台广厦，岂曰适形。故《传》云：“俭，德之共；侈(chǐ)，恶之大。”宣尼有云：“与其不逊也，宁俭。”岂谓瑶台琼室方为宫殿者乎，土阶采

椽(chuán)而非帝王者乎？是知非天下以奉一人，乃一人以主天下也。民惟国本，本固邦宁，百姓足，孰与不足！今所营构，务从节俭，无令雕墙峻宇复起于当今，欲使卑宫菲食将贻于后世。有司明为条格，称朕意焉。”

[译文]

“朕郑重地接受了帝位，抚临万民，遵循祖制而不敢违背，一心奉行先帝的遗志。现在汉王杨谅叛乱，危害山东地区，使有的州县沦陷为不臣之所。这是由于关河遥远，军队不能及时赶到，加上并州移民仍在河南地区，无力阻止叛乱。周朝迁徙殷朝遗民，用意在此。况且南方又很遥远，东夏富庶，乘机行动，现在正当其时。文武百官，都赞同营建新都的建议。但是成周已经荒废日久，不堪修建宫殿。现今可在伊、洛营建东京，在那里设立官署任命职官，作为治民的一个办法。宫室的构造本来是为方便生存，有梁架屋檐，足以躲避风寒，高台大厦，未必就是合适的式样。所以《左传》说：“节俭，是共德；奢侈，是大恶。”孔子说过：“与其骄纵不逊，宁可节俭。”难道说只有琼台玉宇才算得上是宫殿，而居住土台木椽房屋的就不是帝王吗？要知道不是天下人来供养皇帝一人，而是皇帝一人来管理天下事。生民是国家的根本，根本稳固国家才能安宁，百姓都富足了，还有哪个不富足呢？如今营造新都，务必节俭从事，不要让修建雕梁画栋的风气在今天再度兴起，而要让居住低矮宫室和享用淡薄食物的风气传给后世。官员将这些明确规定为法律条文，就符合朕的心意了。”

[原文]

十二月乙丑，以右武卫将军来护儿为右骁(xiāo)卫大将军。戊辰，以柱国李景为右武卫大将军，以右卫率周罗睺(hóu)为右武候大将军。

[译文]

十二月乙丑，炀帝任命右武卫将军来护儿为右骁卫大将军。戊辰，任命柱国李景为右武卫大将军，任命右卫率周罗睺为右武侯大将军。

[原文]

大业元年春正月壬辰朔，大赦，改元，立妃萧氏为皇后。改豫州为溱(zhēn)州，洛州为豫州。废诸州总管府。丙申，立晋王昭为皇太子。丁酉，以上柱国宇文述为左卫大将军，上柱国郭衍为左武卫大将军，延寿公于仲文为右卫大将军。己亥，以豫章王暕(jiǎn)为豫州牧。戊申，发八使巡省风俗。下诏曰：

[译文]

大业元年（605 年）春正月壬辰初一，大赦天下，更改年号为大业，立萧妃为皇后。炀帝改豫州为溱州，洛州为豫州。废除各州总管府。丙申，炀帝立晋王杨昭为皇太子。丁酉，炀帝任命上柱国宇文述为左卫大将军，上柱国郭衍为左武卫大将军，延寿公于仲文为右卫大将军。己亥日，任命豫章王杨暕为豫州牧。戊申，派遣八位使臣巡视各地风俗。为此下诏书说：

［原文］

“昔者哲王之治天下也，其在爱民乎。既富而教，家给人足，故能风淳俗厚，远至迩安。治定功成，率由斯道。朕嗣膺宝历，抚育黎献，夙夜战兢(jīng)，若临川谷。虽则聿(yù)遵先绪，弗敢失坠，永言政术，多有缺然。况以四海之远，兆民之众，未获亲临，问其疾苦。每虑幽仄莫举，冤屈不申，一物失所，乃伤和气，万方有罪，责在朕躬，所以寤寐(wù mèi)增叹，而夕惕(tì)载怀者也。今既布政惟始，宜存宽大。可分遣使人，巡省方俗，宣扬风化，荐拔淹滞(zhì)，申达幽枉。孝悌力田，给以优复。鳏寡(guānguǎ)孤独不能自存者，量加赈济。义夫节妇，旌(jīng)表门闾(lú)。高年之老，加其版授，并依别条，赐以粟(sù)帛。笃疾之徒，给侍丁者，虽有侍养之名，曾无赒(zhōu)赡之实，明加检校，使得存养。若有名行显著，操履修洁，及学业才能，一艺可取，咸宜访采，将身入朝。所在州县，以礼发遣。其有蠹政害人，不便于时者，使还之日，具录奏闻。”

［译文］

“从前贤明之君治理国家，他们都以爱民为旨。人民富裕又施行教化，家家富足，所以能够使民风淳厚，远方归附、近处安定。凡是治国成功的，都是这个道理。我有幸承继帝位，抚育生民，日夜战战兢兢，好像面对大河峡谷。尽管我努力遵奉先辈的规矩，不敢出错，但论起为政的方略，还有不少欠缺。况且国土幅员辽远，百姓众多，未得亲临各地，询问民间疾苦。一想到那些隐居不仕的人未被举荐，受冤屈的人未曾申诉，一物不得其所，就会损害元气的谐和，四方有犯法的罪人，责任都在我身上，所以常常为此叹息，日夜不能抒怀。如今刚开始施政，应当宽大为怀。朝廷可以分遣使臣，巡视各地风俗，宣扬优良的风俗，举荐没有任用的人才，昭雪无辜囚徒的冤案。对那些孝父母敬兄长、努力耕田的人，要给予免除徭役的优待。对鳏寡孤独不能维持生活的人酌情救济。对义夫节妇，要在乡里表彰。对年事已高的老人，授予名誉职衔，并依其他条文，赐他们谷物布帛。对身患重病的人，指定人员侍候，如只有侍养之名，而无救济之实，要查验清楚，使他们得到真正的养护。如果有声名行为显著、操守品行端正、在学业才能上有一技可取的，都应当查访清楚，送他们入朝任职。这些人才所在的州县，要按一定的礼仪欢送他们。对那些败坏政事、危害生民、不合现世要求的现象和人，使臣还朝后，详尽地记录上奏给我。

［原文］

己酉，以吴州总管宇文弼为刑部尚书。二月己卯，以尚书左仆射杨素为尚书令。三月丁未，诏尚书令杨素、纳言杨达、将作大匠宇文恺营建东京，徙豫州郭下居人以实之。戊申，诏曰：

［译文］

己酉，炀帝任命吴州总管宇文弼为刑部尚书。二月己卯，任命尚书左仆射杨素为尚书令。三月丁未，炀帝诏令尚书令杨素、纳言杨达、将作大匠宇文恺营建东京，迁徙豫州城的百姓来居住。戊申，炀帝下诏说：

［原文］

“听采舆颂，谋及庶民，故能审政刑之得失。是知昧旦思治，欲使幽枉必达，彝(yí)伦有章。而牧宰任称朝委，苟为徼(jiǎo)幸，以求考课，虚立殿最，不存治实，纲纪于是弗理，冤屈所以莫申。关河重阻，无由自达。朕故建立东京，躬亲存问。今将巡历淮海，观省风俗，眷求谠言，徒繁词翰，而乡校之内，阙尔无闻。恇然夕惕(tì)，用忘兴寝。其民下有知州县官人政治苛刻，侵害百姓，背公徇私，不便于民者，宜听诣朝堂封奏，庶乎四聪以达，天下无冤。”

［译文］

“倾听别人的意见，有事与百姓商量，就能明辨政事刑法的得失。由此朕常常天不亮就考虑治理天下的事，想让无辜被冤屈的人得到昭雪，使礼法人伦条理都分明。而州郡官员肩负朝廷的重托，如果想侥幸求取考核的成绩，而虚立名目，并无任何实绩，国家的法纪因此就会无法维系，被冤屈的人也为此不能申雪。山河重重阻隔，冤屈者无法自己向上报告。所以朕要建立东京，以便亲自过问处理。现在朕将要去巡视淮海，了解那里的风俗，用心访求真实的言论，在上面听到的只有空洞的辞章，但在乡学之内，就听不到这样的话语。朕心中感到不安，为此难以入睡。如果百姓知道州县官员有为政苛刻、侵害百姓、背公枉法徇私、不利于百姓的，应听任他们直接到朝廷封文上奏，这样才能广听四方，上下通达，天下便没有冤情。”

［原文］

又于皂涧营显仁宫，采海内奇禽异兽草木之类，以实园苑。徙天下富商大贾数万家于东京。辛亥，发河南诸郡男女百余万，开通济渠，自西苑引谷、洛水达于河，自板渚引河通于淮。庚申，遣黄门侍郎王弘、上仪同于士澄往江南采木，造龙舟、凤艒(mù)、黄龙、赤舰、楼船等数万艘。夏四月癸亥，大将军刘方击林邑，破之。五月庚戌，民

部尚书义丰侯韦冲卒。六月甲子，荧惑入太微。秋七月丁酉，制战亡之家给复十年。丙午，滕王纶、卫王集并夺爵徙边。闰七月甲子，以尚书令杨素为太子太师，安德王雄为太子太傅，河间王弘为太子太保。丙子，诏曰：

［译文］

炀帝又在皂涧营建显仁宫，收集全国各地珍奇的禽兽和花草树木，充实皇家园林。将各地数万家富商巨贾迁徙到东京。辛亥，炀帝征调黄河以南各郡县的男女百余万人，开凿通济渠，从西苑引谷水、洛水到黄河，从板渚引黄河水到淮河。庚申，派遣黄门侍郎王弘、上仪同于士澄前往江南采伐树木，建造龙舟、凤艒、黄龙、赤舰、楼船等各类船只数万艘。夏四月癸亥，大将军刘方攻打林邑，取得胜利。五月庚戌，民部尚书义丰侯韦冲去世。六月甲子，荧惑星进入太微星的位置。秋七月丁酉，规定免除阵亡士卒的家庭十年徭役。丙午，滕王杨纶、卫王杨集同时被剥夺爵位，流放边疆。闰七月甲子，炀帝任命尚书令杨素为太子太师，安德王杨雄为太子太傅，河间王杨弘为太子太保。丙子，炀帝下诏书说：

［原文］

“君民建国，教学为先，移风易俗，必自兹始。而言绝义乖，多历年代，进德修业，其道寖微。汉采坑焚之余，不绝如线，晋承板荡之运，扫地将尽。自时厥(jué)后，军国多虞，虽复黉(hóng)宇时建，示同爱礼，函丈或陈，殆为虚器。遂使纡青拖紫，非以学优，制锦操刀，类多墙面。上陵下替，纲维靡立，雅缺道消，实由于此。朕纂承洪绪，思弘大训，将欲尊师重道，用阐厥繇(yáo)，讲信修睦，敦奖名教。方今宇宙平一，文轨攸同，十步之内，必有芳草，四海之中，岂无奇秀？诸在家及见入学者，若有笃志好古，耽悦典坟，学行优敏，堪膺(yīng)时务，所在采访，具以名闻，即当随其器能，擢以不次。若研精经术，未愿进仕者，可依其艺业深浅，门荫高卑，虽未升朝，并量准给禄。庶夫恂(xún)恂善诱，不日成器，济济盈朝，何远之有。其国子等学，亦宜申明旧制，教习生徒，具为课试之法，以尽砥(dǐ)砺(lì)之道。

［译文］

“治民立国，教育要放在首要位置，移风易俗，必须由此开始。然而良言断绝行为乖谬，已这样过了许多年，修养道德建立功业，这样的路已日渐不畅。汉代收集了焚书坑儒后的残存典籍，使得学术传承不绝如线，晋代承受着政局倾覆的命运，文化扫除殆尽。自那以后，国家军务政事颇为忧患，虽然也时常修建学舍，只能表示礼重知识之意而已，老师的手杖虽还摆在学舍里，但已成为虚有的摆设。于是出现佩带青紫印绶的贵官，并非由于学业优秀而晋升，一般的官僚，脑袋多与白墙面无异。上弛下废，纲纪不能确立，高雅之道已然消失，原因正在于此。朕继承宏大基业，想弘扬先王训令，准备尊师重道，开一新路，讲信用求亲睦，督励礼教。当今海内太平统一，文字车轨相同，十步之内，必有芳草，四海之内，难道会没有奇才？许多尚处家中或还在学校的人，如有专心好古，爱好古代典籍，学行优秀勤勉，能够承担时务的，一定要仔细求访，将他们的名字上报，要尽快根据他们各自的能力，提拔任用。如研究经学精深有成而不愿做官的人，可根据他们艺业的深浅，出身的高低，即便他们未任职，也都应适当给予一定的俸禄。希望经过循循善诱，不久就能使他们成为有用之才，济济人才充盈朝中的这一天不会太久远了。国子监等学校也应郑重申明原有制度，教授学生，完备课试的方法，进行反复磨炼。

［原文］

八月壬寅，上御龙舟，幸江都。以左武卫大将军郭衍为前军，右武卫大将军李景为后军。文武官五品已上给楼船，九品已上给黄蔑。舳舻(zhú lú)相接，二百余里。冬十月己丑，赦江淮已南。扬州给复五年，旧总管内给复三年。十一月己未，以大将军崔仲方为礼部尚书。

［译文］

八月壬寅，炀帝乘龙舟，到江都。任命左武卫大将军郭衍为前军统领，右武卫大将军李景为后军统领。随行的文武官员五品以上的供给楼船，九品以上的供给黄蔑大船。大小船只首尾相接，迤逦二百余里。冬十月己丑，炀帝下令赦免江淮以南的罪犯。免除扬州五年徭役，旧扬州总管辖区免除三年徭役。十一月己未，任命大将军崔仲方为礼部尚书。

［原文］

二年春正月辛酉，东京成，赐监督者各有差。以大理卿梁毗为刑部尚书。丁卯，遣十使并省州县。二月丙戌，诏尚书令杨素、吏部尚书牛弘、大将军宇文恺、内史侍郎虞世基、礼部侍郎许善心制定舆服。始备辇(niǎn)路及五时副车。上常服，皮弁(biàn)十有二琪；文官弁

杨素岐亭攻栅

隋灭南朝陈时，陈南康内史吕仲肃屯岐亭，正据江峡，于北岸凿岩，缀铁锁三条，横截上流，以遏战船。杨素先攻陈军之栅，大败陈军，为灭陈打开了通道。

服，佩玉，五品已上给犊车，通幰，三公亲王加油络，武官平巾帻(zé)，裤褶(zhě)，三品已上给瓟(bó)槊。下至胥吏，服色皆有差。非庶人不得戎服。戊戌，置都尉官。

［译文］

大业二年（606年）春正月辛酉，东京建成，炀帝按等级赏赐监建官员。任命大理卿梁毗为刑部尚书。丁卯，派遣十位使臣一起考查州县政绩。二月丙戌，诏令尚书令杨素、吏部尚书牛弘、大将军宇文恺、内史侍郎虞世基、礼部侍郎许善心制定官员车乘衣冠规范。炀帝开始配备天子车驾及五时侍从车驾。炀帝的常服，皮冠上饰有十二块美玉；文官礼服，佩玉为饰；五品以上官员乘牛车，车上设帷幔，三公亲王车加油络，武官戴平巾穿夹衣套裤，三品以上官员供给仪仗击槌。由此下至小吏，服饰颜色各不相同。平民不能穿军服。戊戌，设置都尉官。

国本惠民

虞世基谄媚隋炀帝，以保富贵。唐代时唐太宗还用虞世基为例告诫臣下，要以国事和百姓为重，为官要清正。

［原文］

三月庚午，车驾发江都。先是，太府少卿何稠、太府丞云定兴盛修仪仗，于是课州县送羽毛。百姓求捕之，网罗被水陆，禽兽有堪氅(chǎng)毦之用者，殆无遗类。至是而成。夏四月庚戌，上自伊阙，陈法驾，备千乘万骑，入于东京。辛亥，上御端门，大赦，免天下今年租税。癸丑，以冀州刺史杨文思为民部尚书。五月甲寅，金紫光禄大夫、兵部尚书李通坐事免。乙卯，诏曰："旌表先哲，式存飨祀，所以优礼贤能，显彰遗爱。朕永鉴前修，尚想名德，何尝不兴叹九原，属怀千载。其自古已来贤人君子，有能树声立德、佐世匡时、博利殊功、有益于人者，并宜营立祠宇，以时致祭。坟垄之处，不得侵践。有司量为条式，称朕意焉。"

［译文］

三月庚午，炀帝的车驾由江都出发。此前，太府少卿何稠、太府丞云定兴大举修饰了仪仗，为此命令各州县交送羽毛。百姓为捕捉飞鸟，在水陆遍布罗网，凡是羽毛能做装饰的禽兽，几乎没有能逃脱的。这样，仪仗的修饰才告完成。夏四月庚戌，炀帝在伊阙陈列车驾，备有万千乘骑，进入东京城。辛亥，炀帝到端门，宣布大赦，免收天下今年一年的租税。癸丑，任命冀州刺史杨文思为民部尚书。五月甲寅，金紫光禄大夫、兵部尚书李通因罪免职。乙卯，炀帝下诏说："表彰古代贤人，维持对他们的祭祀，以此优待礼遇贤能之士，传扬他们留给后世的恩德。朕一直借鉴前贤，尊崇德高望重的人，何尝不向着九州赞叹，对千百年来的圣哲深怀敬意。自古以来贤人君子，凡是声名很大、曾辅佐世事、创建殊勋、益于人民的人，都要为他们修建祠堂庙宇，按时祭享。他们的陵墓，不允许侵犯践踏。官府要制定条规，以符合朕的心意。"

［原文］

六月壬子，以尚书令、太子太师杨素为司徒。进封豫章王暕(jiǎn)为齐王。秋七月癸丑，以卫尉卿卫玄为工部尚书。庚申，制百官不得计考增级，必有德行功能，灼然显著者，擢之。壬戌，擢藩邸旧臣鲜于罗等二十七人官爵有差。甲戌，皇太子昭薨。乙亥，上柱国、司徒、楚国公杨素薨。八月辛卯，封皇孙倓(tán)为燕王，侗(dòng)为越王，侑(yòu)为代王。九月乙丑，立秦孝王俊子浩为秦王。冬十月戊子，以灵州刺史段文振为兵部尚书。十二月庚寅，诏曰："前代帝王，因时创业，君民建国，礼尊南面。而历运推移，年世永久，丘垄残毁，樵牧相趋，茔(yíng)兆堙(yīn)芜，封树莫辨。兴言沦灭，有怆于怀。自古已来帝王陵墓，可给随近十户，蠲(juān)其杂役，以供守视。"

［译文］

六月壬子，炀帝任命尚书令、太子太师杨素为司徒。晋封豫章王杨暕为齐王。秋七月癸丑，任命卫尉卿卫玄为工部尚书。庚申，规定百官不能单凭考核而升官晋爵，必须在道德品行功绩能力方面特别突出，才可以提拔。壬戌，提拔原晋王府旧臣鲜于罗等二十七人，授予不同的官爵。甲戌，皇太子杨昭去世。乙亥，上柱国、司徒、楚国公杨素去世。八月辛卯，封皇孙杨倓为燕王，杨侗为越王，杨侑为代王。九月乙丑，立秦孝王杨俊的儿子杨浩为秦王。冬十月戊子，任命灵州刺史段文振为兵部尚书。十二月庚寅，炀帝下诏说："前代的帝王，应时创立帝业，治民立国，南面执政，备受尊崇。然而随着时间推移，年代长久，帝王坟墓已残破不堪，成为樵夫牧童光顾的地方，墓地荒芜，陵墓也辨别不清了。说起这种没落的情景，朕心中非常悲伤。自古以来的帝王陵墓，都可指派附近十户人家，免除他们的杂役，专门看守。"

［原文］

三年春正月癸亥，敕并州逆党已流配而逃亡者，所获之处，即宜

斩决。丙子，长星竟天，出于东壁，二旬而止。是月，武阳郡上言，河水清。二月己丑，彗星见于奎，扫文昌，历大陵、五车、北河，入太微，扫帝坐，前后百余日而止。

黄河

黄河自古以来就是一条泥沙含量很高的河流，虽然偶尔会出现“河清”，但不能改变黄河整体的泥沙含量。炀帝纯粹是拿“河清”粉饰太平。

[译文]

大业三年（607年）春正月癸亥，命令对并州逆党中被发配边境又逃跑了的人，在抓获他们的地方，执行斩决。丙子，长星掠过天空，在东壁星的位置上出现，二十天后终止。当月，武阳郡报告说，黄河水清。二月己丑，彗星出于奎宿，掠过文昌星，经大陵、五车、北河星，进入太微星，又过帝坐星，前后持续一百多天才消止。

[原文]

三月辛亥，车驾还京师。壬子，以大将军姚辩为左屯卫将军。癸丑，遣羽骑尉朱宽使于流求国。乙卯，河间王弘薨(hōng)。夏四月庚辰，诏曰：“古者帝王观风问俗，皆所以忧勤兆庶，安集遐荒。自蕃夷内附，未遑(huáng)亲抚，山东经乱，须加存恤。今欲安辑河北，巡省赵、魏。所司依式。”甲申，颁律令，大赦天下，关内给复三年。壬辰，改州为郡。改度量权衡，并依古式。改上柱国已下官为大夫。甲午，诏曰：

[译文]

三月辛亥，炀帝车驾返回京城。壬子，任命大将军姚辩为左屯卫将军。癸丑，派遣羽骑尉朱宽出使流求国。乙卯，河间王杨弘逝世。夏四月庚辰，炀帝下诏书说：“古代帝王考察民间风俗，都是为百姓操心，以安抚招集边远民众。自从蕃夷等族归附后，还没来得及亲自抚慰，山东经历动乱，更需要抚恤。现在朕想去安抚河北，巡视赵魏两地，有关官员按规定安排。”甲申，颁布法令，大赦天下，关内免除三年徭役。壬辰，改州制为郡制，改变度量衡制度，都依照古代方式。改上柱国以下官职为大夫。甲午，炀帝下诏说：

[原文]

天下之重，非独治所安，帝王之功，岂一士之略。自古明君哲后，立政经邦，何尝不选贤与能，收采幽滞。周称多士，汉号得人，

常想前风，载怀钦伫(zhù)。朕负扆(yǐ)夙兴，冕旒(liú)待旦，引领岩谷，置以周行，冀与群才共康庶绩。而汇茅寂寞，投竿罕至，岂美璞(pú)韬采，未值良工，将介石在怀，确乎难拔？永鉴前哲，怃然兴叹！凡厥在位，譬诸股肱，若济巨川，义同舟楫。岂得保兹宠禄，晦尔所知，优游卒岁，甚非谓也。祁大夫之举善，良史以为至公，臧文仲之蔽贤，尼父讥其窃位。求诸往古，非无褒贬，宜思进善，用匡寡薄。

[译文]

天下要想稳固，不是只靠一个人治理就能安定的，帝王成就功业，岂能只靠一人的谋略？自古以来的贤明君王，立政治国，何尝不选贤任能，吸收埋没的人才？周朝号称士子众多，汉代号称能用人才，朕常追念前朝风范，满怀仰慕之情。朕天不亮就起来，背依屏风，衣冠齐整等待天明，远望山谷隐士，想让他们入朝，希望与众多人才一起建立功业。然而贤才依然寂寞，垂钓隐士极少来，难道是美玉藏匿光彩，未遇良工，或是他们操守如石，确实难以改变？一直借鉴前代哲人，使人深为叹息！凡是在职的官员，好比是朕的左臂右膀，就好像渡大河，百官如同船和桨。众人怎能为保住荣华俸禄，却隐瞒自己知道的人才，终年悠然自得，那就太不像话了。从前祁奚大夫举荐贤才，正直的史官认为他大公无私，臧文仲埋没贤才，孔夫子讥讽他盗取官位。探求过往，并非没有褒贬，要思考举荐有用人才，以辅佐朕的不足。

[原文]

夫孝悌有闻，人伦之本，德行敦厚，立身之基。或节义可称，或操履清洁，所以激贪厉俗，有益风化。强毅正直，执宪不挠，学业优敏，文才美秀，并为廊庙之用，实乃瑚琏(hú liǎn)之资。才堪将略，则拔之以御侮，膂(lǚ)力骁壮，则任之以爪牙。爰及一艺可取，亦宜采录，众善毕举，与时无弃。以此求治，庶几非远。文武有职事者，五品已上，宜依令十科举人。有一于此，不必求备。朕当待以不次，随才升擢(zhuó)。其见任九品已上官者，不在举送之限。

[译文]

孝敬父母尊重兄长，是人伦的根本，德行淳朴仁厚，是立身的根基。有人义气值得称道，有人操守高洁，他们可以止贪励俗，有益风化。有人刚强正直，执法不阿，学业精进，文才俊美出色，他们都可以入朝任职，实为可担大任的人选。有人掌握用兵的谋略，就选拔他率兵抵御外侮，有人健壮勇猛，就让他做武士。对其他有一技之长可取的，也都应录用，使所有人才全都得到任用，天下就再没有被闲弃的人才。由此求得天下大治，为期也不会太遥远了。在职的文武官员五

品以上的，应依法在十科中荐举人才。只要有一科合乎要求便可，不必求其全备。朕对他们会不拘一格，根据不同的才能提拔任用。那些现任的九品以上的官员，不属于举送的范围。

［原文］

丙申，车驾北巡狩。丁酉，以刑部尚书宇文弼为礼部尚书。戊戌，敕(chì)百司不得践暴禾稼，其有须开为路者，有司计地所收，即以近仓酬赐，务从优厚。己亥，次赤岸泽，以太牢祭故太师李穆墓。五月丁巳，突厥启民可汗遣子拓特勤来朝。戊午，发河北十余郡丁男凿太行山，达于并州，以通驰道。丙寅，启民可汗遣其兄子毗黎伽特勤来朝。辛未，启民可汗遣使请自入塞，奉迎舆驾。上不许。癸酉，有星孛于文昌上将，星皆动摇。六月辛巳，猎于连谷。丁亥，诏曰：

［译文］

丙申，炀帝车驾到北方巡视。丁酉，任命刑部尚书宇文弼为礼部尚书。戊戌，命令百官不得践踏损坏庄稼，遇到必须路过的田地，有关官员要按土地的收成，取附近仓库粮食补偿，务必优厚。己亥，炀帝驻扎在赤岸泽，用牛、羊、猪三牲礼祭奠已故太师李穆。五月丁巳，突厥启民可汗派遣儿子拓特勤朝见炀帝。戊午，征调黄河以北十多郡的男子开凿太行山，直达并州，使驰道通畅。丙寅，启民可汗派兄长之子毗黎伽特勤朝见炀帝。辛未，启民可汗派使者请求准他亲自入塞，奉迎皇帝车驾。炀帝不许。癸酉，有彗星进入文昌星又上扫将星，众星晃动。六月辛巳，炀帝在连谷狩猎。丁亥，炀帝下诏书说：

［原文］

“聿(yù)追孝飨(xiǎng)，德莫至焉，崇建寝庙，礼之大者。然则质文异代，损益殊时，学灭坑焚，经典散逸，宪章湮坠，庙堂制度，师说不同。所以世数多少，莫能是正，连室异宫，亦无准定。

［译文］

“祭奠先祖，是最高的德，修建宗庙，是最大的礼。然而朴素与文采在不同时代有不同的追求，变革因时而异，学术毁灭于坑儒焚书，文献典籍散失，典章制度湮没，有关宗庙制度，说法各不相同。所以该立多少代祖先的宗庙，谁也说不准，祖宗是应在同一庙中，还是人各一庙，也没有定数。

［原文］

“朕获奉祖宗，钦承景业，永惟严配，思隆大典。于是询谋在位，

博访儒术。咸以为高祖文皇帝受天明命，奄有区夏，拯群飞于四海，革凋敝于百王，恤狱缓刑，生灵皆遂其性，轻徭薄赋，比屋各安其业。恢夷宇宙，混一车书。东渐西被，无思不服，南征北怨，俱荷来苏。驾毳(qiāo)乘风，历代所弗至，辫发左衽(rèn)，声教所罕及，莫不厥角关塞，顿颡(sǎng)阙庭。译靡绝时，书无虚月，韬戈偃武，天下晏如。嘉瑞休征，表里禔(tí)福，猗欤(yī yú)伟欤，无得而名者也。朕又闻之，德厚者流光，治辨者礼缛。是以周之文、武，汉之高、光，其典章特立，谥号斯重，岂非缘情称述，即崇显之义乎？高祖文皇帝宜别建庙宇，以彰巍巍之德，仍遵月祭，用表蒸蒸之怀。有司以时创选，务合典制。又名位既殊，礼亦异等。天子七庙，事著前经，诸侯二昭，义有差降，故其以多为贵。王者之礼，今可依用，贻厥后昆。”

坑儒焚书

秦始皇坑儒焚书，是中国文化史上的一大悲剧，导致了许多典籍的散失。

[译文]

“朕获得祖宗的恩遇，有幸继承帝业，一心想庄严祭颂祖先，使祭祀大典更为隆重。于是向大臣们征求意见，遍访儒学。他们都认为高祖文皇帝承受上天的圣命，据拥中原，拯救四海生灵，革除百王弊端，体恤囚犯减轻刑罚，生民得以顺遂天性，轻徭役减赋税，家家户户安居乐业。安定海内，一统车轨、文字。文化向东西传播，无不信服，向南征讨北人生怨，都希望早获新生。乘风驾橇的边远之地，历代势力不曾到达，辫发左衽的少数部族，威望教化很少波及，现在他们无不到边关请降，到朝廷顿首称臣。驿使从未中断，书信往返不绝，收起兵器，天下太平。吉祥征兆出现，内外都有福祉，多么美好多么伟大，无法用言语来形容。朕还听说，道德高尚的人名传后世，办事明辨的人的礼节繁多。所以周朝的文王、武王，汉代的高祖和光武帝，他们的典章制度独特，特别重视谥号，难道不是根据实情称述，合乎表彰宣扬的用意吗？应当为高祖文皇帝单独建立庙宇，来表彰他崇高的德行，然后实行每月祭祀，以表达热烈的情怀。有关官员依时令制定礼仪，一定要合于典章制度。此外，地位名义既有差别，礼仪也要有不同的区分。古时天子为七代祖先建

宗庙，前人经典已有记载，诸侯二昭二穆立五代祖先宗庙，意义有明显差别，所以古时以宗庙多为贵。这是帝王的礼仪，现今可参照使用，以传给后代。”

［原文］

戊子，次榆林郡。丁酉，启民可汗来朝。己亥，吐谷浑、高昌并遣使贡方物。甲辰，上御北楼，观渔于河，以宴百僚。秋七月辛亥，启民可汗上表请变服，袭冠带。诏启民赞拜不名，位在诸侯王上。甲寅，上于郡城东御大帐，其下备仪卫，建旌(jīng)旗，宴启民及其部落三千五百人，奏百戏之乐。赐启民及其部落各有差。丙子，杀光禄大夫贺若弼、礼部尚书宇文弼、太常卿高颎(jiǒng)。尚书左仆射苏威坐事免。发丁男百余万筑长城，西距榆林，东至紫河，一旬而罢，死者十五六。

［译文］

戊子，炀帝驻扎在榆林郡。丁酉，启民可汗来朝拜。己亥，吐谷浑、高昌等国都派使臣来贡献特产。甲辰，炀帝登上北楼，观看黄河渔民捕鱼，宴请百官。秋七月辛亥，启民可汗上表请求改变服饰，仿用汉人衣冠样式。诏令启民可汗朝见皇帝不自称名字，地位在诸侯王之上。甲寅，炀帝在郡城东张设大帐，帐下设有仪仗卫队，竖立旌旗，宴请启民可汗及其部落三千五百人，表演乐舞杂技。赏赐启民可汗及其部落成员财物多少不等。丙子，杀光禄大夫贺若弼、礼部尚书宇文弼、太常卿高颎。尚书左仆射苏威因罪免职。又下令征调男子百余万人修筑长城，西起榆林，东至紫河，十多天便停工了，死者很多。

［原文］

八月壬午，车驾发榆林。乙酉，启民饰庐清道，以候乘舆。帝幸其帐，启民奉觞(shāng)上寿，宴赐极厚。上谓高丽使者曰：“归语尔王，当早来朝见。不然者，吾与启民巡彼土矣。”皇后亦幸义城公主帐。己丑，启民可汗归蕃。癸巳，入楼烦关。壬寅，次太原。诏营晋阳宫。九月己未，次济源。幸御史大夫张衡宅，宴享极欢。己巳，至于东都。壬申，以齐王暕为河南尹、开府仪同三司。癸酉，以民部尚书杨文思为纳言。

［译文］

八月壬午，炀帝车驾从榆林出发。乙酉，启民可汗装饰庐舍，清扫道路，等候炀帝的车驾。炀帝进入启民可汗的帐篷，启民可汗举杯为炀帝祝寿，炀帝在筵席上给启民可汗极其丰厚的赏赐。炀帝对高丽使臣说：“回去告诉你们国王，可要早些来朝拜。不然的话，我要同启民可汗一起去巡视你们的国土。”皇后也到了义城公主的大帐。己丑，启民可汗回突厥。癸巳，炀帝进入楼烦关。壬寅，炀帝停留在太原。诏令营建晋阳宫。九月己未，炀帝在济源停留，到御史大夫张衡住宅，宴享极欢。己巳，回到东都。壬申，任命齐王杨暕为河南尹、开府仪同三司。癸酉，任命民部尚书杨文思为纳言。

［原文］

四年春正月乙巳，诏发河北诸郡男女百余万开永济渠，引沁(qìn)水南达于河，北通涿(zhuō)郡。庚戌，百僚大射于允武殿。丁卯，赐城内居民米各十石。壬申，以太府卿元寿为内史令，鸿胪卿杨玄感为礼部尚书。癸酉，以工部尚书卫玄为右候卫大将军，大理卿长孙炽为民部尚书。

［译文］

大业四年（608 年）春正月乙巳，隋炀帝下诏征调河北各郡男女百余万人开凿永济渠，引沁水南到黄河，北通涿郡。庚戌，百官在允武殿举行大射礼。丁卯，赐东都城内居民每户十石米。壬申，任命太府卿元寿为内史令，鸿胪卿杨玄感为礼部尚书。癸酉，任命工部尚书卫玄为右候卫大将军，大理卿长孙炽为民部尚书。

［原文］

二月己卯，遣司朝谒者崔毅使突厥处罗，致汗血马。三月辛酉，以将作大匠宇文恺为工部尚书。壬戌，百济、倭、赤土、迦罗舍国并遣使贡方物。乙丑，车驾幸五原，因出塞巡长城。丙寅，遣屯田主事常骏使赤土，致罗刹。

［译文］

二月己卯，派遣司朝谒者崔毅出使突厥处罗可汗处，求取汗血马。三月辛酉，任命将作大匠宇文恺为工部尚书。壬戌，百济、日本、赤土、迦罗舍等国都派使臣前来进贡特产。乙丑，炀帝车驾到五原，由此出塞巡视长城。丙寅，派遣屯田主事常骏出使赤土，求取罗刹。

［原文］

夏四月丙午，以离石之汾源、临泉，雁门之秀容为楼烦郡。起汾阳宫。癸丑，以河内太守张定和为左屯卫大将军。乙卯，诏曰：“突厥意利珍豆启民可汗率领部落，保附关塞，遵奉朝化，思改戎俗，频入谒觐(jìn)，屡有陈请。以毡墙毳(cuì)幕，事穷荒陋，上栋下宇，愿同比屋。诚心恳切，朕之所重。宜于万寿戍置城造屋，其帷帐床褥已上，随事量给，务从优厚，称朕意焉。”

［译文］

夏四月丙午，将离石郡的汾源、临泉，雁门郡的秀容等合并为楼烦郡。建造汾阳宫。癸丑，任命河内太守张定和为左屯卫大将军。乙卯，下诏说："突厥意利珍豆启民可汗率部落归附边关要塞，遵奉朝廷教化，想改变本族习俗，在入京朝拜时曾多次陈情恳求。他们住毡帐，日用器具缺少又十分简陋，他们也想能住上有梁柱屋檐的房子，希望和我们成为邻居。他们真诚的心愿表达得十分恳切，朕很看重。可以在万寿戍建城造屋，帷幕、被褥，根据需要按数配给，务必优厚对待，以符合朕的心意。"

［原文］

五月壬申，蜀郡获三足乌，张掖获玄狐，各一。秋七月辛巳，发丁男二十余万筑长城，自榆谷而东。乙未，左翊卫大将军宇文述破吐谷浑于曼头、赤水。八月辛酉，亲祠恒岳，河北道郡守毕集，大赦天下。车驾所经郡县，免一年租调。九月辛未，征天下鹰师悉集东京，至者万余人。戊寅，彗星出于五车，扫文昌，至房而灭。辛巳，诏免长城役者一年租赋。

［译文］

五月壬申，蜀郡捕到一只三足乌鸦，张掖捕获一只黑狐。秋七月辛巳，征调男子二十余万人修筑长城，从榆谷向东修建。乙未，左翊卫大将军宇文述在曼头、赤水打败吐谷浑。八月辛酉，炀帝亲自祭祀恒岳，河北道的郡守全部聚集同祭，大赦天下。炀帝车驾所经过的郡县，免一年租税。九月辛未，征召全国的驯鹰师全部集中在东京，到京城的多达一万多人。戊寅，彗星从五车星出现，掠过文昌星，到房星消失。辛巳，诏令免收在长城服役的人一年租税。

孔子

［原文］

冬十月丙午，诏曰："先师尼父，圣德在躬，诞发天纵之姿，宪章文、武之道。命世膺期，蕴兹素王，而颓山之叹，忽逾于千祀，盛德之美，不存于百代。永惟懿范，宜有优崇。可立孔子后为绍圣侯。有司求其苗裔（yì），录以申上。"辛亥，诏曰："昔周王下

车，首封唐、虞之胤（yìn），汉帝承历，亦命殷、周之后。皆所以褒立先代，宪章在昔。朕嗣膺景业，傍求雅训，有一弘益，钦若令典。以为周兼夏、殷，文质大备，汉有天下，车书混一，魏、晋沿袭，风流未远。并宜立后，以存继绝之义。有司可求其胄绪列闻。”乙卯，颁新式于天下。

周文王

[译文]

冬十月丙午，炀帝下诏说：“先师孔子，圣德在身，具有上天赋予的品格，尊崇周文王、周武王之道。生逢那个特别的时代，积聚美德而为素王。孔子‘泰山其颓乎’的感叹，很快已过去千年，他品德的美好，百代之后却没能保存。为使他美好的风范长存，应当对他有特别的尊崇。封孔子的后代为绍圣侯。有关官员负责访求孔子的后裔，并记录上报。”辛亥，下诏说：“从前周王即位，首先分封唐、虞的后代，汉帝即位，也授给殷、周的后代封号。这都是为了褒扬他们的先世，取法古代贤王。朕继承雄伟帝业，广求雅训，只要得到一点教益，就有如获至宝的感觉。自以为周的礼制兼取夏商，文质兼备互为表里，汉代有了天下，使文字等制度统一，魏晋沿袭使用，流风相差不远。对各朝后代都应当封立，以体现承续绝代的用意。有关官员应访求前代帝王后代，列名报告。”乙卯，向全国颁布新的度量衡标准。

[原文]

五年春正月丙子，改东京为东都。癸未，诏天下均田。戊子，上自东都还京师。己丑，制民间铁叉、搭钩、穳（zuǎn）刃之类，皆禁绝之。太守每岁密上属官景迹。

[译文]

大业五年（609 年）春正月丙子，改东京为东都。癸未，诏令天下行均田制。戊子，炀帝从东都回到京城。乙丑，下令禁止民间使用铁叉、搭钩、穳刃一类铁器。太守每年向朝廷密报下属官员的政绩。

[原文]

二月戊戌，次于阌（wén）乡。诏祭古帝王陵及开皇功臣墓。庚子，制魏、周官不得为荫。辛丑，赤土国遣使贡方物。戊申，车驾至京师。丙辰，宴耆旧四百人于武德殿，颁赐各有差。己未，上御崇德殿之西

院，愀然不怡，顾谓左右曰："此先帝之所居，实用增感，情所未安，宜于此院之西别营一殿。"壬戌，制父母听随子之官。

[译文]

二月戊戌，炀帝车驾在阌乡停留。命令祭奠古代帝王的陵墓以及高祖开皇年间功臣的坟墓。庚子，规定魏、周两朝官员子孙不能荫承官爵。辛丑，赤土国派使者前来贡献特产。戊申，炀帝车驾到京城。丙辰，在武德殿宴请年事已高的老人四百人，分赐财物，多少不等。己未，炀帝到崇德殿西院，闷闷不乐，对左右侍臣说："这是先帝居住过的地方，令我徒生许多感慨，心中感到不安，应在这院西边另外营建一座宫殿。"壬戌，下诏令规定，父母亲可随做官的儿子赴任。

[原文]

三月己巳，车驾西巡河右。庚午，有司言，武功男子史永遵与从父昆弟同居。上嘉之，赐物一百段，米二百石，表其门闾。乙亥，幸扶风旧宅。

[译文]

三月己巳，炀帝向西巡视黄河以西的地区。庚午，官员报告说，武功县有一位名叫史永遵的男子与其叔伯兄弟同住在一起。炀帝赞扬他，赐予布帛一百段，米二百石，表彰他的家族。乙亥，炀帝到扶风祖居旧宅。

[原文]

夏四月己亥，大猎于陇西。壬寅，高昌、吐谷浑、伊吾并遣使来朝。乙巳，次狄道，党项羌来贡方物。癸亥，出临津关，渡黄河，至西平，陈兵讲武。

[译文]

夏四月己亥，炀帝在陇西举行大规模狩猎。壬寅，高昌、吐谷浑、伊吾一同派使臣来朝。乙巳，车驾驻狄道，党项羌前来进贡地方特产。癸亥，车驾出临津关，渡过黄河，到达西平，在那里布阵讲习武艺。

[原文]

五月乙亥，上大猎于拔延山，长围周亘二千里。庚辰，入长宁谷。壬午，度星岭。甲申，宴群臣于金山之上。丙戌，梁浩亹（wěi），御马度而桥坏，斩朝散大夫黄亘及督役者九人。吐谷浑王率众保覆袁川，帝分命内史元寿南屯金山，兵部尚书段文振北屯雪山，太仆卿杨义臣东屯琵琶峡，将军张寿西屯泥岭，四面围之。浑主伏允以数十骑

遁出，遣其名王诈称伏允，保车我真山。壬辰，诏右屯卫大将军张定和往捕之。定和挺身挑战，为贼所杀。亚将柳武建击破之，斩首数百级。甲午，其仙头王被围穷蹙(cù)，率男女十余万口来降。

［译文］

五月乙亥，炀帝在拔延山会猎，围猎范围方圆达二百里。庚辰，进入长宁谷。壬午，翻越星岭。甲申，在金山上大宴群臣。丙戌，在浩亹架桥，炀帝骑马过桥时桥梁崩坏，为此杀死朝散大夫黄亘和监督建桥的官员九人。吐谷浑王率兵据守覆袁川，炀帝分别命令内史元寿南驻金山，兵部尚书段文振北驻雪山，太仆卿杨义臣东驻琵琶峡，将军张寿西驻泥岭，从四面围困吐谷浑。吐谷浑国主伏允带领几十名骑兵逃跑，派一个藩王冒充伏允在车我真山据守。壬辰，令右屯卫大将军张定和前往捉拿。张定和挺身而战，被贼寇斩杀。副将柳武建击败吐谷浑，斩杀数百人。甲午，仙头王被围无路可逃，带领男女十余万人投降。

［原文］

六月丁酉，遣左光禄大夫梁默、右翊卫将军李琼等追浑主，皆遇贼死之。癸卯，经大斗拔谷，山路隘险，鱼贯而出。风霰晦冥，与从官相失，士卒冻死者太半。丙午，次张掖。辛亥，诏诸郡学业该通、才艺优洽，膂(lǚ)力骁壮、超绝等伦，在官勤奋、堪理政事，立性正直、不避强御四科举人。壬子，高昌王麹伯雅来朝，伊吾吐屯设等献西域数千里之地。上大悦。癸丑，置西海、河源、鄯善、且末等四郡。丙辰，上御观风行殿，盛陈文物，奏九部乐，设鱼龙曼延，宴高昌王、吐屯设于殿上，以宠异之。其蛮夷陪列者三十余国。戊午，大赦天下。开皇已来流配，悉放还乡，晋阳逆党，不在此例。陇右诸郡，给复一年，行经之所，给复二年。

［译文］

六月丁酉，派遣左光禄大夫梁默、右翊卫将军李琼等追击吐谷浑国主，都遭遇贼寇阵亡。癸卯，炀帝车驾经大斗拔谷，山路狭险，兵士鱼贯而出。此时大风刮得天昏地暗，炀帝与随从官员走失，士兵冻死大半。丙午，驻扎在张掖。辛亥，令各郡按学业精通、才艺双全，体魄健壮、超群出众，居官勤奋、胜任政事，秉性正直、不畏强暴这四条标准举荐人才。壬子，高昌王麹伯雅前来朝见，伊吾吐屯设等进献西域数千里土地。炀帝高兴极了。癸丑，设置西海、河源、鄯善、且末等四个郡。丙辰，炀帝到观风行殿，在那里陈列大量文物，演奏九部乐，表演鱼龙变幻的戏术，在殿上宴请高昌王、吐屯设，以示特别的宠爱。有三十多个蛮夷国家的首领陪同。戊午，大赦天下。凡开皇年间以来流放的罪人，一律放回故乡，只有晋阳的叛逆之人，不在宽赦之列。陇西各郡，免除徭役一年，炀帝巡行经过的地方，免除徭役二年。

［原文］

秋七月丁卯，置马牧于青海渚中，以求龙种，无效而止。九月癸未，车驾入长安。冬十月癸亥，诏曰：“优德尚齿，载之典训，尊事乞言，义彰胶序。鬻(yù)熊为师，取非筋力，方叔元老，克壮其猷。朕永言稽古，用求至治，是以庞眉黄发，更令收叙，务简秩优，无亏药膳，庶等卧治，伫其弘益。今岁耆(qí)老赴集者，可于近郡处置。年七十以上，疾患沉滞，不堪居职，即给赐帛，送还本郡。其官至七品已上者，量给廪，以终厥身。”十一月丙子，车驾幸东都。

［译文］

秋七月丁卯，置备了马匹在青海的小岛上放牧，想以此求得良种马，没有收到效果而停止。九月癸未，炀帝车驾进入长安。冬十月癸亥，下诏说：“优待德行高尚的老年人，把这一条记载在典籍中，尊重老者并向他们求教，这个道理明白地写在墙上。鬻熊做周文王的老师，并不是因为他的筋骨气力，方叔作为元老，仍有宏才大略在心。朕一直考察古史，以达到治国的目的。因此对眉发已白的老人，更要注意录用，务必要待遇优厚，不可让他们缺少药物饮食，让他们不用过于劳累而能够多出主意，希望他们能做出更多贡献。今年来京师集中的老人，可在附近郡里安置。年龄在七十岁以上，重病在身，不能胜任官职的，就赐给布帛，送回本郡。那些官在七品以上的，酌情供给官粮，让他们安度晚年。”十一月丙子，炀帝车驾到东都。

［原文］

六年春正月癸亥朔，旦，有盗数十人，皆素冠练衣，焚香持华，自称弥勒佛，入自建国门。监门者皆稽首。既而夺卫士仗，将为乱。齐王暕遇而斩之。于是都下大索，与相连坐者千余家。丁丑，角抵大戏于端门街，天下奇伎异艺毕集，终月而罢。帝数微服往观之。己丑，倭国遣使贡方物。

［译文］

大业六年（610 年）春正月癸亥初一，早晨，有强盗数十人，都戴着白帽穿着白衣，燃着香手中拿着花，自称是弥勒佛，从建国门入京城。守门人都向他们叩头。接着他们抢夺卫士的兵器，准备作乱。齐王杨暕将他们杀了。京都开始进行大搜捕，受牵连判罪的有一千多家。丁丑，在端门街表演摔跤杂技，天下身怀奇特技艺的人汇集在一起，前后一个月才结束。炀帝多次身穿便服前往观看。己丑，倭国派使臣前来贡献特产。

［原文］

二月乙巳，武贲郎将陈稜(léng)、朝请大夫张镇州击流求，破之，献俘万七千口，颁赐百官。乙卯，诏曰："夫帝图草创，王业艰难，咸仗股肱(gōng)，叶同心德，用能拯厥颓运，克膺大宝，然后畴庸茂赏，开国承家，誓以山河，传之不朽。近代丧乱，四海未一，茅土妄假，名实相乖，历兹永久，莫能惩革。皇运之初，百度伊始，犹循旧贯，未暇改作。今天下交泰，文轨攸同，宜率遵先典，永垂大训。自今已后，唯有功勋乃得赐封，仍令子孙承袭。"丙辰，改封安德王雄为观王，河间王子庆为郇王。庚申，征魏、齐、周、陈乐人，悉配太常。

［译文］

二月乙巳，虎贲郎将陈稜、朝请大夫张镇州率兵攻打流求，攻破流求，俘虏一万七千人，分别赏赐给百官。乙卯，炀帝下诏说："国家刚刚建立，王业艰难，全靠大臣辅佐，彼此同心同德，才得以挽救衰败的命运，荣登帝位，然后论功行赏，开国祚继家业，以山河立誓，要使帝业传之不朽。近代战乱不断，四海未能统一，封爵者颇多虚假，名不符实已经很长时间，未能整治。立国之初，百事待兴，仍然依循旧有的做法，无暇做什么改动。现在天下太平，文字车轨相同，应当遵循前代的典章制度，永遵大训。从今以后，只有建有功勋的人才能赐给爵位，仍旧让其子孙承袭。"丙辰，改封安德王杨雄为观王，河间王的儿子杨庆为郇王。庚申，炀帝征调魏、齐、周、陈等地善歌舞的艺人，全部安排在太常寺。

［原文］

三月癸亥，幸江都宫。甲子，以鸿胪卿史祥为左骁卫大将军。夏四月丁未，宴江淮已南父老，颁赐各有差。六月辛卯，室韦、赤土并遣使贡方物。壬辰，雁门贼帅尉文通聚众三千，保于莫壁谷。遣鹰扬杨伯泉击破之。甲寅，制江都太守秩同京尹。冬十月壬申，刑部尚书梁毗卒。壬子，民部尚书、银青光禄大夫长孙炽卒。十二月己未，左光禄大夫、吏部尚书牛弘卒。辛酉，朱崖人王万昌举兵作乱，遣陇西太守韩洪讨平之。

［译文］

三月癸亥，炀帝到江都宫。甲子，任命鸿胪卿史祥为左骁卫大将军。夏四月丁未，宴请江淮以南的老人，分别颁赏，多少不等。六月辛卯，室韦、赤土一起派使臣来贡献特产。壬辰，雁门贼帅尉文通聚众三千人，盘踞在莫壁谷。派遣鹰扬郎将

杨伯泉率众击败了他。甲寅，规定江都太守的官品与京尹相同。冬十月壬申，刑部尚书梁毗去世。壬子，民部尚书、银青光禄大夫长孙炽去世。十二月己未，左光禄大夫、吏部尚书牛弘去世。辛酉，朱崖人王万昌起兵作乱，炀帝派陇西太守韩洪讨伐平定了他。

［原文］

七年春正月壬寅，左武卫大将军、光禄大夫、真定侯郭衍(yǎn)卒。二月己未，上升钓台，临扬子津，大宴百僚，颁赐各有差。庚申，百济遣使朝贡。乙亥，上自江都御龙舟入通济渠，遂幸于涿(zhuō)郡。壬午，诏曰："武有七德，先之以安民；政有六本，兴之以教义。高丽高元，亏失藩礼，将欲问罪辽左，恢宣胜略。虽怀伐国，仍事省方。今往涿郡，巡抚民俗。其河北诸郡及山西、山东年九十已上者，版授太守，八十者授县令。"

三月丁亥，右光禄大夫、左屯卫大将军姚辩卒。夏四月庚午，至涿郡之临朔宫。五月戊子，以武威太守樊子盖为民部尚书。秋，大水，山东、河南漂没三十余郡，民相卖为奴婢。

清夜游萧后弄宠

萧后是隋炀帝的皇后，夫妻二人都喜欢奢靡享受。隋朝的灭亡，隋炀帝固然要负主要责任，作为皇后萧后也难辞其咎。

［译文］

大业七年（611年）春正月壬寅，左武卫大将军、光禄大夫、真定侯郭衍去世。二月己未，炀帝登钓台，驾临扬子津，大宴文武百官，分别赐赏，多少不等。庚申，百济派使臣前来朝贡。乙亥，炀帝从江都乘龙舟驶入通济渠，由此到达涿郡。壬午，炀帝下诏书说："武备有七德，首先是要安民；政事有六本，要靠教化振兴。高丽国的高元，丢掉了藩国礼节，朕本想派人前往辽东兴师问罪，显示大国的威严。虽有讨伐敌国的想法，但我还要继续巡察各地。现在前往涿郡，巡抚民情。河北各郡及山西、山东年满九十的人，授予太守官衔，八十岁的人，授予县令官衔。"

三月丁亥，右光禄大夫、左屯卫大将军姚辩去世。夏四月庚午，炀帝到涿郡的临朔宫。五月戊子，任命武威太守樊子盖为民部尚书。此年秋天，发生大水灾，山东、河南三十多郡受淹，百姓买卖人口，许多人沦为奴婢。

［原文］

冬十月乙卯，底柱山崩，偃河逆流数十里。戊午，以东平太守吐万绪为左屯卫大将军。

十二月己未，西面突厥处罗多利可汗来朝。上大悦，接以殊礼。于时辽东战士及馈(kuì)运者填咽于道，昼夜不绝，苦役者始为群盗。甲子，敕都尉、鹰扬与郡县相知追捕，随获斩决之。

［译文］

冬十月乙卯，底柱山崩塌，挡住河水使其倒流数十里。戊午，任命东平太守吐万绪为左屯卫大将军。

十二月己未，西面突厥处罗多利可汗来朝。炀帝十分高兴，以很高的礼仪接待。当时辽东战士及运送物资的人途中受阻，昼夜不断，做苦役的人开始结群为盗。甲子，命令都尉、鹰扬与郡县协同追捕，抓获后当即斩决。

炀帝本纪下

［原文］

八年春正月辛巳，大军集于涿郡。以兵部尚书段文振为左候卫大将军。壬午，下诏曰：

夏启

［译文］

大业八年（612年）春正月辛巳，征伐高丽的大军在涿郡集结。隋炀帝任命兵部尚书段文振为左候卫大将军。壬午，炀帝下诏说：

［原文］

“天地大德，降繁霜于秋令，圣哲至仁，著甲兵于刑典。故知造化之有肃杀，义在无私，帝王之用干戈，盖非获已。版泉、丹浦，莫匪龚(gōng)行，取乱覆昏，咸由顺动。况乎甘野誓师，夏开承大禹之业，商郊问罪，周发成

文王之志。永监前载，属当朕躬。

［译文］

“天地大德大恩，在秋季却也降下浓霜，圣贤至仁至爱，在法典上也要写入武备。因此知道自然造化会有肃杀之时，意在表明天地无私，帝王所以要动用干戈，都是因为到了不得已的时候。版泉、丹浦之战，无不是在执行上天的惩罚，平定昏乱，都是应天顺命的行为。更何况在甘地原野誓师讨伐有扈，夏启才继承了大禹的伟业，在商地郊外向殷纣问罪，周姬发才实现了文王的愿望。朕一直以来以圣王为借鉴，如今，平定昏乱的使命已经落在朕的肩上。

［原文］

“粤我有隋，诞膺（yīng）灵命，兼三才而建极，一六合而为家。提封所渐，细柳、盘桃之外，声教爰暨，紫舌、黄枝之域。远至迩安，罔不和会。功成治定，于是乎在。而高丽小丑，迷昏不恭，崇聚勃、碣（jié）之间，荐食辽、獩（huì）之境。虽复汉、魏诛戮，巢窟暂倾，乱离多阻，种落还集。萃川薮（sǒu）于往代，播实繁以迄今，眷彼华壤，剪为夷类。历年永久，恶稔（rěn）既盈，天道祸淫，亡征已兆。乱常败德，非可胜图，掩慝怀奸，唯日不足。移告之严，未尝面受，朝觐之礼，莫肯躬亲。诱纳亡叛，不知纪极，充斥边垂，亟劳烽候，关柝以之不静，生人为之废业。在昔薄伐，已漏天网，既缓前擒之戮，未即后服之诛。曾不怀恩，翻为长恶，乃兼契丹之党，虔刘海戍，习靺鞨（mò hé）之服，侵轶辽西。又青丘之表，咸修职贡，碧海之滨，同禀正朔。遂复夺攘琛赆，遏绝往来，虐及弗辜，诚而遇祸。輶轩奉使，爰暨海东，旌节所次，途经藩境，而拥塞道路，拒绝王人，无事君之心，岂为臣之礼！此而可忍，孰不可容？且法令苛酷，赋敛烦重，强臣豪族，咸执国钧，朋党比周，以之成俗，贿货如市，冤枉莫申。重以仍岁灾凶，比屋饥馑，兵戈不息，徭役无期，力竭转输，身填沟壑。百姓愁苦，爰谁适从，境内哀惶，不胜其弊。回首面内，各怀性命之图，黄发稚齿，咸兴酷毒之叹。省俗观风，爰届幽朔，吊人问罪，无俟再驾。于是亲总六师，用申九伐，拯厥阽危，协从天意，殄兹逋秽（bū huì），克嗣先谟（mó）。

［译文］

“我巍巍隋朝，受命于天，兼有天地人三才而立国，一统天下。版图所达之处，已在细柳、蟠桃生长处之外，声威教化所及，远达紫舌、黄枝生长之地。远

屈尊劳将

细柳在汉代长安城外，是当时的军营，汉代初期匈奴骑兵经常逼近长安，所以汉朝在细柳驻扎重兵。汉代名将周亚夫就曾在细柳领兵，军容严整，得到汉文帝的肯定。

方归附，境内安定，无不谐和同德，功业成政局稳，已是明白的事实。然而高丽这样的小丑，却昏昏然不恭不敬，聚集于渤海、碣石之间，逐渐吞食辽水、猀貊地区。虽经汉、魏两代诛讨杀戮，它的巢穴一时倾覆，但由于中原变乱，路途险阻，高丽部族得以一次次重新聚集。以往他们集聚在河川湖沼，生息繁衍到了今天，贪看着华夏大地，想变为夷狄的同类。经历这么多年，它罪恶的念头已经是越来越明显了，上天将降祸给作恶多端的人，高丽灭亡的征兆已经出现。他们乱纲常坏道德，难以完全描述，掩过错藏奸邪，整日也数落不尽。朝廷发出的告示，他们从未当面接受，定期朝拜的礼仪，他们也不肯亲自参与。他们引诱接纳逃亡叛乱的罪人，不可胜数。他们将这些人充斥边境，致使边关烽烟不断，巡夜木柝敲个不停，生民因此而没了生计。从前朝廷偶尔讨伐，天网留有疏漏，既宽免了先被擒获之人的杀戮之刑，又没有把后归顺的人杀掉。他们不感恩怀德，反而翻脸长期作恶，他们又纠合契丹，一起掠杀戍海官兵，穿上靺鞨的服装，侵犯辽水以西。另有青丘以外地区，都来朝贡，碧海之滨，全用隋历。高丽抢夺这些地区要贡献的宝物，阻拦他们与朝廷的往来，虐待无辜，使诚心归顺者遭受祸害。朝廷使臣出使，前往海东，沿途停留，经过藩国境内，而高丽却堵塞道路，拒绝接待朝中使臣，毫无侍奉君主的意思，违背做臣下的礼节！如果这样都可以忍受，还有什么事不可容忍呢？而且高丽法令苛刻严酷，赋税繁重，强臣豪族把持着国家全部权力，结党营私已形成风俗，行贿如同在市上买卖，生民冤情得不到申诉。又加上连年的灾害，处处闹饥荒，征战不止，徭役繁重，运输困难，生民身填沟壑。百姓愁苦不堪，无所适从，境内哀怨不断，难以承受深重的灾难。面对绝境，人人心怀保全性命的打算，老人和幼童，个个发出悲惨的叹息。审察风俗，来到幽州，安抚生民查问罪证，不用等待再次驾临了。朕要亲自统领各路军队，来表明讨伐的决心，拯救身在砧板上备受宰割的生民，这也是顺从天意，消灭无法无天的肮脏人物，也属继承先帝的事业。

[原文]

“今宜授律启行，分麾（huī）届路，掩勃澥而雷震，历夫余以电扫。比戈按甲，誓旅而后行，三令五申，必胜而后战。左第一军可镂方道，第二军可长岑（cén）道，第三军可海冥道，第四军可盖马道，第五军可建安

道，第六军可南苏道，第七军可辽东道，第八军可玄菟(tù)道，第九军可扶余道，第十军可朝鲜道，第十一军可沃沮道，第十二军可乐浪道。右第一军可黏(nián)蝉道，第二军可含资道，第三军可浑弥道，第四军可临屯道，第五军可候城道，第六军可提奚道，第七军可踏顿道，第八军可肃慎道，第九军可碣石道，第十军可东暆(yí)道，第十一军可带方道，第十二军可襄平道。凡此众军，先奉庙略，骆驿引途，总集平壤。莫非如豺如貔(pí)之勇，百战百胜之雄，顾眄(miǎn)则山岳倾颓，叱咤则风云腾郁，心德攸同，爪牙斯在。朕躬驭元戎，为其节度，涉辽而东，循海之右，解倒悬于遐(xiá)裔(yì)，问疾苦于遗黎。其外轻赍(jī)游阙，随机赴响，卷甲衔枚，出其不意。又沧海道军舟舻千里，高帆电逝，巨舰云飞，横断浿江，迳造平壤，岛屿之望斯绝，坎井之路已穷。其余被发左衽(rèn)之人，控弦待发，微、卢、彭、濮之旅，不谋同辞。杖顺临逆，人百其勇，以此众战，势等摧枯。

［译文］

“现在要命令将士出发，各举大旗分路出征，要以迅雷震耳之势突袭勃海，像闪电扫过一样平定扶余。大军备好干戈铠甲，誓师后出发，一定要三令五申，有必胜把握然后开战。左路第一军出镂方道，第二军出长岑道，第三军出海冥道，第四军出盖马道，第五军出建安道，第六军出南苏道，第七军出辽东道，第八军出玄菟道，第九军出扶余道，第十军出朝鲜道，第十一军出沃沮道，第十二军出乐浪道。右路第一军出黏蝉道，第二军出含资道，第三军出浑弥道，第四军出临屯道，第五军出候城道，第六军出提奚道，第七军出踏顿道，第八军出肃慎道，第九军出碣石道，第十军出东暆道，第十一军出带方道，第十二军出襄平道。以上出征各军，首要的是遵循朝廷战略，络绎进发，最终会师平壤。将士一个个都要像豺豹一般勇猛，有百战百胜的雄心，大眼一瞪可令山岳崩塌，大声一吼可使风云翻腾，同心同德，爪牙在此。朕亲任统帅，指挥战事，渡过辽水向东出发，沿着海滨进军，解救极端困苦的远方生民，抚问遗民的疾苦。另有轻装行动的军士，要伺机参战，藏甲衔枚，出其不意。又有沧海道军舟船队长达千里，高帆快如闪电，巨舰疾若云飞，船队横断沮江，径直开赴平壤，断绝敌人逃往岛屿的退路，堵塞他们任何逃跑的路径。其他随同出征的少数民族军队，弯弓待发，微山、卢龙、彭城、濮阳的军队，都不谋而合。顺天意讨叛逆，人人奋发百倍勇敢，凭借这样的威力作战，阵势如同摧枯拉朽一般。

［原文］

“然则王者之师，义存止杀，圣人之教，必也胜残。天罚有罪，

本在元恶，人之多僻，胁从罔治。若高元泥首辕门，自归司寇，即宜解缚焚榇，弘之以恩。其余臣人归朝奉顺，咸加慰抚，各安生业，随才任用，无隔夷夏。营垒所次，务在整肃，刍荛(ráo)有禁，秋毫勿犯，布以恩宥(yòu)，喻以祸福。若其同恶相济，抗拒官军，国有常刑，俾(bǐ)无遗类。明加晓示，称朕意焉。”

［译文］

“然而作为王者之师，宗旨本在制止杀戮，但圣人般地施行教化，也会用武力战胜残暴。上天惩罚罪人，本在处治元凶，至于多数胁从，不会加以惩处。如果高丽的高元以泥涂首到营口请罪，自动向司寇投案，也要给他解绳子烧棺材，施与他恩惠。其余臣民归附朝廷作顺民的，都要进行安抚，让他们各自安家立业，量才任用，不要有蛮夷华夏的界限。营垒驻扎之处，务必严整，禁止侵扰百姓，细微的侵犯也不可，传布施恩恕罪的用意，说明祸福的根由。如果他们为恶相助，抗拒官军，比照国家刑法处理，不准有漏网之人。这些都要明白告知，以合朕意。”

［原文］

总一百一十三万三千八百，号二百万，其馈运者倍之。癸未，第一军发，终四十日，引师乃尽，旌旗亘(gèn)千里。近古出师之盛，未之有也。乙未，以右候卫大将军卫玄为刑部尚书。甲辰，内史令元寿卒。

［译文］

这次用兵总共为一百一十三万三千八百人，号称二百万人，算上那些运送粮饷的还要加倍。癸未，第一军出发，四十天后，发兵才结束，旌旗绵亘长达千里。近古以来出师还没见有过如此盛大的规模。乙未，任命右候卫大将军卫玄为刑部尚书。甲辰，内史令元寿去世。

［原文］

二月甲寅，诏曰：“朕观风燕裔，问罪辽滨。文武协力，爪牙思奋，莫不执锐勤王，舍家从役，罕蓄仓廪(lǐn)之资，兼损播殖之务。朕所以夕惕(tì)愀然，虑其匮乏。虽复素饱之众，情在忘私，悦使之人，宜从其厚。诸行从一品以下，佽飞募人以上家口，郡县宜数存问。若有粮食乏少，皆宜赈给，或虽有田畴，贫弱不能自耕种，可于多丁富室劝课相助。使夫居者有敛积之丰，行役无顾后之虑。”壬戌，司空、京兆尹、光禄大夫观王雄薨。

[译文]

二月甲寅，炀帝下诏说："朕在燕边境观察民情，在辽水之滨兴师问罪。文武百官同心协力，将士奋勇当先，无不手持兵器为王护驾，舍家服役，不能顾及家中存粮，又耽搁了播种的季节。朕因此心中不安，想着那些会更加贫穷的人家。虽然那些以素食果腹的众生，心中忘却了自己，但对那些欣然受命远征的人，应给予优厚待遇。凡出征者一品以下、尉官以上人员的家属，郡县要经常慰问。若发现他们粮食缺少，都应救济，有的家中虽有田地，但贫困体弱而不能自己耕种，可安排劳力较多富裕的人家相助。要使在家的人有丰厚的敛积，服役在外者无后顾之忧。"壬戌，司空、京兆尹、光禄大夫观王杨雄逝世。

[原文]

三月辛卯，兵部尚书、左候卫大将军段文振卒。癸巳，上御师。甲午，临戎于辽水桥。戊戌，大军为贼所拒，不果济。右屯卫大将军、左光禄大夫麦铁杖，武贲郎将钱士雄、孟金叉等，皆死之。甲午，车驾渡辽。大战于东岸，击贼破之，进围辽东。乙未，大顿，见二大鸟，高丈余，皜(hào)身朱足，游泳自若。上异之，命工图写，并立铭颂。五月壬午，纳言杨达卒。

于时诸将各奉旨，不敢赴机。既而高丽各城守，攻之不下。

[译文]

三月辛卯，兵部尚书、左候卫大将军段文振去世。癸巳，炀帝到军中。甲午，两军在辽水桥对阵。戊戌，大军遭到贼寇抵抗，未能渡过辽水。右屯卫大将军、左光禄大夫麦铁杖、虎贲郎将钱士雄、孟金叉等人都战死了。甲午，炀帝车驾渡过辽水。两军大战于东岸，击破贼军，进兵围困辽东。乙未，部队进行大休整，见两只大鸟，高一丈有余，白身红足，逍遥自在地在水中游泳。炀帝感到很惊奇，命画工描绘，并立石刻铭赞颂。五月壬午，纳言杨达去世。

当时众将领各自都是奉旨行事，不敢随机应变。后来高丽各城都固守，攻打不下。

[原文]

六月己未，幸辽东，责怒诸将。止城西数里，御六合城。

七月壬寅，宇文述等败绩于萨水，右屯卫将军辛世雄死之。九军并陷，将帅奔还亡者二千余骑。癸卯，班师。

[译文]

六月己未，炀帝到辽东，怒责诸将领。车驾停留在城西边数里地，进六合城。

七月壬寅，宇文述等在萨水战败，右屯卫将军辛世雄战死。渡过辽水的九支军

剪彩为花

炀帝在东都时，曾用丝绸剪成假花，装饰树木，可见其奢侈。炀帝穷奢极欲，广大百姓民不聊生，各地纷纷揭竿而起，隋朝在起义浪潮中灭亡。

队全被打败，将帅逃回仅两千余人。癸卯，班师回朝。

[原文]

九月庚辰，上至东都。己丑，诏曰："军国异容，文武殊用，匡危拯难，则霸德攸兴，化人成俗，则王道斯贵。时方拨乱，屠贩可以登朝，世属隆平，经术然后升仕。丰都爰(yuán)肇，儒服无预于周行，建武之朝，功臣不参于吏职。自三方未一,四海交争，不遑文教，唯尚武功。设官分职，罕以才授，班朝治人，乃由勋叙，莫非拔足行阵，出自勇夫，斅学之道，既所不习，政事之方，故亦无取。是非暗于在己，威福专于下吏，贪冒货贿，不知纪极，蠹政害民，实由于此。自今已后，诸授勋官者，并不得回授文武职事，庶遵彼更张，取类于调瑟(sè)，求诸名制，不伤于美锦。若吏部辄拟用者，御史即宜纠弹。"

[译文]

九月庚辰，炀帝到东都。己丑，下诏说："军备与国政有不同的内容，文臣与武将有不同的作用。平祸乱救危难，则霸道兴盛，教化生民风俗淳朴，则王道为贵。在乱世刚刚安定之时，屠夫商贩可以入朝为官，时世太平之时，只有饱学经术的人才能入仕。周文王初建丰都，文士不入朝官之列，汉光武帝建武年间，武臣不任文职。在三方未曾统一,四海还在混战之时，没法顾及礼乐教化，只是崇尚武功。当时设官任职，很少以文才授予，入朝治民的官员，都是论功勋大小任用。这些官员无一不是选拔于军中，出身武夫，学问之道，从未学习，理政之法，无一可取处。本身糊涂是非不明，下属官员得以作威作福，贪污受贿，没有止境，败坏政治，祸害生民，就是这个原因造成的。从今以后，凡被授予勋官的人，不得同时再授予文武职务。如果期望改弦更张，就要拥有调瑟的技巧，只有找到出色的裁缝，才会不损坏美锦。如果吏部要为勋官拟定职务，御史应立即检举弹劾。"

[原文]

冬十月甲寅，工部尚书宇文恺卒。十一月己卯，以宗女华容公主

剪彩为花

炀帝在东都时，生活奢侈，冬天甚至用丝绸剪成假花，装饰树木。

嫁于高昌王。辛巳，光禄大夫韩寿卒。甲申，败将宇文述、于仲文等并除名为民，斩尚书右丞刘士龙以谢天下。是岁，大旱，疫(yì)，人多死，山东尤甚。密诏江、淮南诸郡阅视民间童女，姿质端丽者，每岁贡之。

［译文］

冬十月甲寅，工部尚书宇文恺去世。十一月己卯，炀帝把同宗女子华容公主嫁给了高昌王。辛巳，光禄大夫韩寿去世。甲申，败将宇文述、于仲文等一并除名为民，斩杀尚书右丞刘士龙向天下谢罪。这一年，天下大旱，瘟疫流行，很多百姓病死，山东尤为严重。炀帝密令江、淮南部各郡官员查访民间形貌品质端庄秀丽的少女，每年向朝廷选贡。

［原文］

九年春正月丁丑，征天下兵，募民为骁(xiāo)果，集于涿郡。壬午，贼帅杜彦冰、王润等陷平原郡，大掠而去。辛卯，置折冲、果毅、武勇、雄武等郎将官，以领骁果。乙未，平原李德逸聚众数万，称“阿舅贼”，劫掠山东。灵武白榆妄，称“奴贼”，劫掠牧马，北连突厥，陇右多被其患。遣将军范贵讨之，连年不能克。戊戌，大赦。己亥，遣代王侑、刑部尚书卫玄镇京师。辛丑，以右骁骑将军李浑为右骁卫大将军。

［译文］

大业九年（613年）春正月丁丑，征调天下兵士，招募黎民为骁果，集中于涿郡。壬午，盗贼首领杜彦冰、王润等攻陷平原郡，大肆掳掠后离去。辛卯，设置折冲、果毅、武勇、雄武等郎将官，统领骁果。乙未，平原郡李德逸聚众数万人，人称“阿舅贼”，在山东地区进行抢掠。灵武郡白榆妄，人称“奴贼”，劫掠牧马，勾结北方的突厥，陇西多受其害。炀帝派将军范贵去征讨，接连几年都没有取胜。戊戌，大赦天下。己亥，炀帝指派代王杨侑、刑部尚书卫玄镇守京城。辛丑，任命右骁骑将军李浑为右骁卫大将军。

［原文］

二月己未，济北人韩进洛聚众数万为群盗。壬午，复宇文述等官爵。又征兵讨高丽。

三月丙子，济阴人孟海公起兵为盗，众至数万。丁丑，发丁男十万城大兴。戊寅，幸辽东。以越王侗(dòng)、民部尚书樊子盖留守东都。庚子，北海人郭方预聚徒为盗，自号卢公，众至三万，攻陷郡城，大掠而去。

夏四月庚午，车驾渡辽。壬申，遣宇文述、杨义臣趣平壤。

五月丁丑，荧惑入南斗。己卯，济北人甄(zhēn)宝车聚众万余，寇掠城邑。

［译文］

二月己未，济北人韩进洛聚集数万人为强盗。壬午，恢复宇文述等人官爵。再次调兵征讨高丽。

三月丙子，济阴人孟海公起兵为盗，人数多达数万。丁丑，征调十万男子修筑大兴城。戊寅，炀帝到辽东。让越王杨侗、民部尚书樊子盖留守东都。庚子，北海人郭方预聚众为盗，自称卢公，聚众人数多达三万，攻破郡城，大肆掳掠后离去。

夏四月庚午，炀帝车驾渡过辽水。壬申，派遣宇文述、杨义臣率部向平壤进发。

五月丁丑，荧惑星走入南斗。己卯，济北人甄宝车聚集万余人，劫掠城邑。

［原文］

六月乙巳，礼部尚书杨玄感反于黎阳。丙辰，玄感逼东都。河南赞务裴弘策拒之，反为贼所败。戊辰，兵部侍郎斛(hú)斯政奔于高丽。庚午，上班师。高丽犯后军，敕(chì)右武卫大将军李景为后拒，遣左翊卫大将军宇文述、左候卫将军屈突通等驰传发兵，以讨玄感。

秋七月己卯，令所在发人城县府驿。癸未，余杭人刘元进举兵反，众至数万。

［译文］

六月乙巳，礼部尚书杨玄感在黎阳叛乱。丙辰，杨玄感率部下逼近东都。河南赞务裴弘策进行阻截，反被其打败。戊辰，兵部侍郎斛斯政逃亡到高丽。庚午，炀帝班师。高丽侵扰后军，炀帝命令右武卫大将军李景断后，并派左翊卫大将军宇文述、左候卫将军屈突通等急速发兵，讨伐杨玄感。

秋七月己卯，命令各地征调人力修筑县府驿站。癸未，余杭人刘元进造反，聚

众人数多达数万。

［原文］

八月壬寅，左翊卫大将军宇文述等破杨玄感于阌(wén)乡，斩之，余党悉平。癸卯，吴人朱燮(xiè)、晋陵人管崇拥众十万余，自称将军，寇江左。甲辰，制骁果之家蠲(juān)免赋役。丁未，诏郡县城去道过五里已上者，徙就之。戊申，制盗贼籍没其家。乙卯，贼帅陈瑱(tiàn)等众三万，攻陷信安郡。辛酉，司农卿、光禄大夫、葛国公赵元淑以罪伏诛。

［译文］

八月壬寅，左翊卫大将军宇文述等人在阌乡打败杨玄感，将其斩首，余党被全部平定。癸卯，吴人朱燮、晋陵人管崇聚众十万余人，自称将军，侵犯江东。甲辰，下令骁果之家免除赋税徭役。丁未，诏令郡县城距离大道超过五里以上的，要迁移到大道附近。戊申，下令没收盗贼家产。乙卯，贼帅陈瑱等率众三万人，攻陷信安郡。辛酉，司农卿、光禄大夫、葛国公赵元淑因罪被杀。

［原文］

九月己卯，济阴人吴海流、东海人彭孝才并举兵为盗，众数万。庚辰，贼帅梁慧尚率众四万，陷苍梧郡。甲午，车驾次上谷，以供费不给，上大怒，免太守虞荷等官。丁酉，东阳人李三儿、向但子举兵作乱，众至万余。

［译文］

九月己卯，济阴人吴海流、东海人彭孝才同时起兵为盗，聚众人数多达数万人。庚辰，贼帅梁慧尚率众四万人，攻陷苍梧郡。甲午，炀帝车驾驻扎在上谷，因供给费用不足，炀帝大怒，免除太守虞荷等人官职。丁酉，东阳人李三儿、向但子起兵造反，人数多达万余人。

［原文］

闰月己巳，幸博陵。庚午，上谓侍臣曰："朕昔从先朝周旋于此，年甫八岁，日月不居，倏(shū)经三纪，追惟平昔，不可复希！"言未卒，流涕呜咽，侍卫者皆泣下沾襟。

［译文］

闰九月己巳，炀帝到博陵。庚午，炀帝对侍臣说："朕过去跟随先帝在此处周旋时，才刚刚八岁，日月不停流逝，很快过了三十六年，追思昔日情景，已经不可能再重来了！"话未说完，泪如雨下，侍臣卫士也都泪湿衣襟。

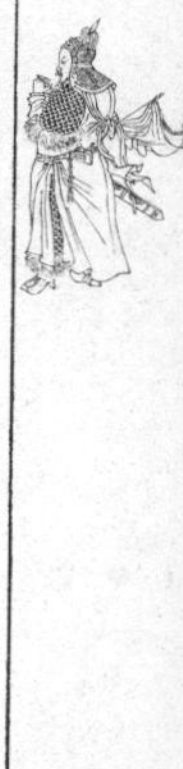

[原文]

冬十月丁丑，贼帅吕明星率众数千围东郡，武贲(bēn)郎将费青奴击斩之。乙酉，诏曰：“博陵昔为定州，地居冲要，先皇历试所基，王化斯远，故以道冠《豳(bīn)风》，义高姚邑。朕巡抚氓庶(méng shù)，爰届兹邦，瞻望郊廛，缅怀敬止，思所以宣播德泽，覃被下人，崇纪显号，式光令绪。可改博陵为高阳郡。赦境内死罪已下。给复一年。”于是召高祖时故吏，皆量材授职。壬辰，以纳言苏威为开府仪同三司。朱燮、管崇推刘元进为天子。遣将军吐万绪、鱼俱罗讨之，连年不能克。齐人孟让、王薄等众十余万，据长白山，攻剽(piāo)诸郡，清河贼张金称众数万，渤海贼帅格谦自号燕王，孙宣雅自号齐王，众各十万，山东苦之。丁亥，以右候卫将军郭荣为右候卫大将军。

[译文]

冬十月丁丑，贼帅吕明星率领数千人围困东都，武贲郎将费青奴出击并将他斩首。乙酉，炀帝下诏说：“博陵从前为定州之地，地处要害，先帝曾走遍这建立基业的地方，王道教化深远，认为它在道义上胜过姬周《豳风》，虞舜姚邑。朕巡抚庶民，到此一方，瞻望郊野民居，缅怀先贤而满怀崇敬，心里想着如何传播恩泽，福佑国民，永志不忘，显扬名号，光大美好业绩。可改博陵名为高阳郡。赦免境内死罪以下的犯人，免当地一年徭役。”于是召集文帝时期的旧官，根据才能授予官职。壬辰，任命纳言苏威为开府仪同三司。朱燮、管崇推举刘元进为天子。炀帝派将军吐万绪、鱼俱罗讨伐，连年不能战胜。齐人孟让、王薄等聚众十余万，占据长白山，攻劫各郡，清河贼人张金称聚众数万，渤海贼帅格谦自称燕王，孙宣雅自称齐王，聚众各十万人，山东百姓深受其害。丁亥，任命右候卫将军郭荣为右候卫大将军。

[原文]

十一月己酉，右候卫将军冯孝慈讨张金称于清河，反为所败，孝慈死之。

十二月甲申，车裂玄感弟朝请大夫积善及党与十余人，仍焚而扬之。丁亥，扶风人向海明举兵作乱，称皇帝，建元白乌。遣太仆卿杨义臣击破之。

[译文]

十一月己酉，右侯卫将军冯孝慈在清河讨伐张金称，反而被打败，张孝慈战死。

十二月甲申，将杨玄感之弟朝请大夫杨积善及党羽十余人车裂处死，又焚尸扬灰。丁亥，扶风人向海明起兵作乱，自称皇帝，建年号为“白乌”。炀帝派遣太仆卿杨义臣率兵打败了他。

［原文］

十年春正月甲寅，以宗女为信义公主，嫁于突厥曷娑那可汗。

二月辛未，诏百僚议伐高丽，数日无敢言者。戊子，诏曰：“竭力王役，致身戎事，咸由徇义。莫匪勤诚，委命草泽，弃骸(hái)原野，兴言念之，每怀愍恻。往年出车问罪，将届辽滨，庙算胜略，具有进止。而谅惛(hūn)凶，罔(wǎng)识成败，高颎愎很(jiǒng bì)，本无智谋，临三军犹儿戏，视人命如草芥，不遵成规，坐贻挠退，遂令死亡者众，不及埋藏。今宜遣使人分道收葬，设祭于辽西郡，立道场一所。恩加泉壤，庶弭(mǐ)穷魂之冤，泽及枯骨，用弘仁者之惠。”辛卯，诏曰：

［译文］

大业十年（614 年）春正月甲寅，炀帝封同宗一女子为信义公主，将其嫁给突厥曷娑那可汗。

二月辛未，诏令百官商议进攻高丽，几天内无人敢说话。戊子，炀帝下诏说：“尽力于君王的派遣，投身于战争，都为的是舍生取义。众将士无不勤勉，命丧草泽，弃尸原野，我常常怀念他们，心中顿生怜惜之情。往年车驾出征问罪，将至辽水之滨，制定制胜谋略，有进有退。可是杨谅昏庸残暴，不知成败所系，高颎刚愎自用，胸中没有智谋，他们统领三军如同儿戏，视将士生命如野草，不守作战常规，造成败退的结果，使士兵死伤惨重，尸骨都来不及掩埋。现在应派使者分道收葬阵亡者，在辽西郡设祭坛，建立一所道场。恩惠施于九泉，安抚坟墓中的冤魂，恩泽润及枯骨，以此来弘扬仁者的恩德。”辛卯，下诏书说：

黄帝

［原文］

“黄帝五十二战，成汤二十七征，方乃德施诸侯，令行天下。卢芳小盗，汉祖尚且亲戎，隗嚣(wěi xiāo)余烬，光武犹自登陇，岂不欲除暴止戈，劳而后逸者哉？

“朕纂成宝业，君临天下，日月所照，风雨所沾，孰非我臣，独隔声

教。蕞(zuì)尔高丽，僻居荒表，鸱(chī)张狼噬(shì)，侮慢不恭，抄窃我边陲，侵轶我城镇。是以去岁出军，问罪辽、碣，殪(yì)长蛇于玄菟(tù)，戮(lù)封豕(shǐ)于襄平。扶余众军，风驰电逝，追奔逐北，径逾浿水，沧海舟楫，冲贼腹心，焚其城郭，污其宫室。高元伏锧(zhì)泥首，送款军门，寻请入朝，归罪司寇。朕以许其改过，乃诏班师。而长恶靡悛(quān)，宴安鸩毒，此而可忍，孰不可容？便可分命六师，百道俱进。朕当亲执武节，临御诸军，秣马丸都，观兵辽水，顺天诛于海外，救穷民于倒悬。征伐以正之，明德以诛之，止除元恶，余无所问。若有识存亡之分，悟安危之机，翻然北首，自求多福。必其同恶相济，抗拒王师，若火燎原，刑兹无赦。有司便宜宣布，咸使知闻。”

［译文］

“黄帝经历五十二次战争，成汤进行二十七次征讨，才使王德遍施诸侯，号令通行天下。卢芳不过一区区小盗，汉高祖尚且亲自披挂上阵，隗嚣尽管已是余烬一堆，光武帝还是亲自西征陇地。这些岂不都是为了除暴止乱，先劳苦后得安逸吗？

“朕继承帝王事业，君临天下，凡是日月所照、风雨浸润的地方，无不是我的臣民，什么都不能阻隔声威教化。小小的高丽，偏居荒远之地，如鹰似狼，侮慢不恭，抄掠我边境，侵袭我城镇。因此去年出兵，问罪于辽水、碣石，在玄菟射杀长蛇，在襄平诛灭封豕。扶余各路军队，风驰电掣，追逐北窜的逃敌，直越浿水，海上舟船，冲向敌人的腹心，焚毁它的城郭，捣毁它的宫室。高元以泥涂首伏在刀刃上，到营门认罪求降，当即请求入朝，听众司寇处罚。朕已允许他改正错误，于是下令退兵。可是首恶者不思悔改，贪图安乐如同服毒自杀，这等恶行如能容忍，还有什么不能容忍的？即刻分遣六军，从各路同时进兵。朕当亲自执掌武节，统率众军，在丸都喂马，在辽水阅兵。顺天意赴海外诛讨，解救困境中的生民。用征伐纠正邪恶，以明德诛灭残暴，只除元凶，其余不问。如能认识到存亡的分界，明白安危的缘由，幡然北面称臣，自然能求得福佑。如与首恶狼狈为奸，抗拒王师，大军将如烈火燎原，严惩不赦。有关官员立刻宣告诏令，让他们人人都知道。”

［原文］

丁酉，扶风人唐弼举兵反，众十万，推李弘为天子，自称唐王。

三月壬子，行幸涿郡。癸亥，次临渝宫，亲御戎服，祃(mà)祭黄帝，斩叛军者以衅鼓。

夏四月辛未，彭城贼张大彪聚众数万，保悬薄山为盗。遣榆林太守董纯击破，斩之。甲午，车驾次北平。

五月庚子，诏举郡孝悌廉洁各十人。壬寅，贼帅宋世谟(mó)陷琅邪(láng yá)

郡。庚申，延安人刘迦论举兵反，自称皇王，建元大世。

六月辛未，贼帅郑文雅、林宝护等众三万，陷建安郡，太守杨景祥死之。

［译文］

丁酉，扶风人唐弼起兵反叛朝廷，人数多达十万，推举李弘为天子，自称唐王。

三月壬子，炀帝巡行至涿郡。癸亥，驻扎在临渝宫，炀帝身穿军服，祭祀黄帝，斩叛军并用他们的血涂抹战鼓。

夏四月辛未，彭城贼人张大彪聚集数万人，据守悬薄山为盗。派遣榆林太守董纯打败他们，斩杀张大彪。甲午，炀帝车驾驻扎北平。

五月庚子，诏令各郡举荐孝父母、敬兄长和行为廉洁者各十人。壬寅，贼帅宋世谟攻陷琅邪郡。庚申，延安人刘迦论起兵反叛，自称皇王，建年号为“大世”。

六月辛未，贼帅郑文雅、林宝护等三万人，攻陷建安郡，太守杨景祥战死。

［原文］

秋七月癸丑，车驾次怀远镇。乙卯，曹国遣使贡方物。甲子，高丽遣使请降，囚送斛斯政。上大悦。

八月己巳，班师。庚午，右卫大将军、左光禄大夫郑荣卒。

冬十月丁卯，上至东都。己丑，还京师。

［译文］

秋七月癸丑，炀帝车驾到怀远镇。乙卯，曹国派遣使臣贡奉地方特产。甲子，高丽派使臣请降，押送斛斯政来朝。炀帝大悦。

八月己巳，班师回朝。庚午，右卫大将军、左光禄大夫郑荣去世。

冬十月丁卯，炀帝到东都。己丑，回到京城。

［原文］

十一月丙申，支解斛斯政于金光门外。乙巳，有事于南郊。己酉，贼帅司马长安破长平郡。乙卯，离石胡刘苗王举兵反，自称天子，以其弟六儿为永安王，众至数万。将军潘长文讨之，不能克。是月，贼帅王德仁拥众数万，保林虑山为盗。

十二月壬申，上如东都。其日，大赦天下。戊子，入东都。庚寅，贼帅孟让众十余万，据都梁宫。遣江都郡丞王世充击破之，尽虏其众。

［译文］

十一月丙申，在金光门外肢解斛斯政。乙巳，炀帝在南郊祭祀。己酉，贼帅司马长安攻破长平郡。乙卯，离石胡人刘苗王起兵反叛，自称天子，封其弟六儿为永安王，聚众人数多达数万。将军潘长文前往讨伐，未能战胜。当月，贼帅王德仁拥有数万之众，据守林虑山为盗。

十二月壬申，炀帝启程去东都。当日，大赦天下。戊子，炀帝入东都。庚寅，贼帅孟让率众十余万，占据都梁宫。派遣江都郡丞王世充击败之，全部俘虏了孟让的人马。

［原文］

十一年春正月甲午朔，大宴百僚。突厥、新罗、靺鞨(mò hé)、毕大辞、诃咄、传越、乌那曷、波腊、吐火罗、俱虑建、忽论、诃多、沛汗、龟兹(qiū cí)、疏勒、于阗(tián)、安国、曹国、何国、穆国、毕、衣密、失范延、伽折、契丹等国并遣使朝贡。戊戌，武贲(bēn)郎将高建毗破贼帅颜宣政于齐郡，虏男女数千口。乙卯，大会蛮夷，设鱼龙曼延之乐，颁赐各有差。

［译文］

大业十一年（615年）春正月甲午初一，大宴百官。突厥、新罗、靺鞨、毕大辞、诃咄、传越、乌那曷、波腊、吐火罗、俱虑建、忽论、诃多、沛汗、龟兹、疏勒、于阗、安国、曹国、何国、穆国、毕、衣密、失范延、伽折、契丹等国一齐派遣使臣朝贡。戊戌，武贲郎将高建毗在齐郡打败贼帅颜宣政，俘虏男女数千人。乙卯，大会蛮夷，表演鱼龙曼延百戏之乐，赏赐各不相同。

［原文］

二月戊辰，贼帅杨仲绪率众万余，攻北平，滑公李景破斩之。庚午，诏曰：“设险守国，著自前经，重门御暴，事彰往策。所以宅土宁邦，禁邪固本。而近代战争，居人散逸，田畴无伍，郛(fú)郭不修，遂使游惰实繁，寇攘未息。今天下平一，海内晏如，宜令人悉城居，田随近给，使强弱相容，力役兼济，穿窬(yú)无所厝(cuò)其奸宄(guǐ)，萑蒲不得聚其逋逃。有司具为事条，务令得所。”丙子，上谷人王须拔反，自称漫天王，国号燕。贼帅魏刁儿自称历山飞，众各十余万，北连突厥，南寇赵。

［译文］

二月戊辰，贼帅杨仲绪带领万余人攻打北平，滑公李景击败并杀了他。庚午，炀帝下诏说："设置险阻守卫国土，前朝典籍已有著述，修建重门防御强暴，往古简策已有确载。这险阻重门可使家国安宁，邪恶禁绝根基稳固。可是近世战争不断，

居民逃散，田地上也见不到成群的农民，城郭得不到整修，于是游手好闲之徒大增，偷盗抢劫时有发生。如今天下一统，海内安定，应当让百姓全都进城居住，就近分给田地，使强弱彼此相容，劳力合力相助，破壁中无法藏匿为非作歹的强盗，山林苇丛不能聚结逃亡的罪人。有关官员要准备好治事条例，务令生民各得其所。”丙子，土谷人王须拔造反，自称“漫天王”，国号为“燕”。贼帅魏刁儿自称“历山飞”，各有十余万之众，北联突厥，南侵赵地。

［原文］

五月丁酉，杀右骁卫大将军、光禄大夫、郕(chéng)公李浑，将作监、光禄大夫李敏，并族灭其家。癸卯，贼帅司马长安破西河郡。己酉，幸太原，避暑汾阳宫。

秋七月己亥，淮南人张起绪举兵为盗，众至三万。辛丑，光禄大夫、右御卫大将军张寿卒。

［译文］

五月丁酉，炀帝诛杀右骁卫大将军、光禄大夫、郕公李浑和将作监、光禄大夫李敏，并族灭他们全家。癸卯，贼帅司马长安攻破西河郡。己酉，炀帝到太原，在汾阳宫避暑。

秋七月己亥，淮南人张起绪起兵为盗，聚众达三万人。辛丑，光禄大夫、右御卫大将军张寿去世。

［原文］

八月乙丑，巡北塞。戊辰，突厥始毕可汗率骑数十万，谋袭乘舆，义成公主遣使告变。壬申，车驾驰幸雁门。癸酉，突厥围城，官军频战不利。上大惧，欲率精骑溃围而出，民部尚书樊子盖固谏乃止。齐王暕(jiǎn)以后军保于崞(guō)县。甲申，诏天下诸郡募兵，于是守令各来赴难。

［译文］

八月乙丑，炀帝巡视北部边塞。戊辰，突厥始毕可汗率领数十万骑兵，谋划袭击炀帝车驾，义成公主派遣使臣来报告事变。壬申，炀帝车驾疾行至雁门。癸酉，突厥围困城池，官军屡战不胜。炀帝非常恐慌，准备率领轻骑突围出去，因民部尚书樊子盖坚持劝阻才放弃了。齐王杨暕率后军驻守在崞县。甲申，诏令天下各郡招募士兵，郡守县令各自率部前来救难。

［原文］

九月甲辰，突厥解围而去。丁未，曲赦太原、雁门郡死罪已下。

冬十月壬戌，上至于东都。丁卯，彭城人魏骐麟(qí lín)聚众万余为盗，寇鲁郡。壬申，贼帅卢明月聚众十余万，寇陈、汝间。东海贼帅李子通拥众度淮，自号楚王，建元明政，寇江都。

十一月乙卯，贼帅王须拔破高阳郡。

十二月戊寅，有大流星如斛，坠明月营，破其冲车。庚辰，诏民部尚书樊子盖发关中兵，讨绛郡贼敬盘陀、柴保昌等，经年不能克。谯郡人朱粲拥众数十万，寇荆襄，僭(jiàn)称楚帝，建元昌达，汉南诸郡多为所陷焉。

［译文］

九月甲辰，突厥解除对雁门的包围离去。丁未，因故赦免太原、雁门郡死罪以下的犯人。

冬十月壬戌，炀帝到达东郡。丁卯，彭城人魏骐麟聚众万余人为盗，骚扰鲁郡。壬申，贼帅卢明月聚众十余万，侵扰陈留、汝南一带。东海贼帅李子通拥众兵渡过淮河，自号“楚王”，建年号为“明政”，侵扰江都。

十一月乙卯，贼帅王须拔攻破高阳郡。

十二月戊寅，有斛大的流星，坠入卢明月的兵营，砸坏了攻城的战车。庚辰，诏令民部尚书樊子盖征调关中兵士，讨伐绛郡贼人敬盘陀、柴保昌等，耗费一年也没有取胜。谯郡人朱粲拥有数十万之众，侵扰荆襄一带，自立为“楚帝”，建年号为“昌达”，汉南诸郡多被他攻陷。

［原文］

十二年春正月甲午，雁门人翟(zhái)松柏起兵于灵丘，众至数万，转攻傍县。

二月己未，真腊国遣使贡方物。甲子夜，有二大鸟似雕，飞入大业殿，止于御幄，至明而去。癸亥，东海贼卢公暹(xiān)率众万余，保于苍山。

［译文］

大业十二年（616年）春正月甲午，雁门人翟松柏在灵丘起兵，人数多达数万，辗转进攻附近各县。

二月己未，真腊国派遣使臣进贡地方特产。甲子夜间，有两只类似雕的大鸟，飞入大业殿，停在御前的帐幕上，天亮后才飞走。癸亥，东海贼卢公暹率万余人，据守苍山。

［原文］

夏四月丁巳，显阳门灾。癸亥，魏刁儿所部将甄(zhēn)翟儿复号历山

飞，众十万，转寇太原。将军潘长文讨之，反为所败，长文死之。

五月丙戌朔，日有蚀之，既。癸巳，大流星陨于吴郡，为石。壬午，上于景华宫征求萤火，得数斛，夜出游山，放之，光遍岩谷。

［译文］

夏四月丁巳，显阳门发生火灾。癸亥，魏刁儿部下的将领甄翟儿也号称“历山飞”，率十万之众，辗转侵犯太原。将军潘长文率兵讨伐，反被打败，潘长文战死。

五月丙戌朔日，发生日食，为日全食。癸巳，大流星陨落在吴郡，变成石头。壬午，炀帝在景华宫收取萤火虫，捕得数斛，晚间游山时，将虫放出，萤火照遍高山峡谷。

［原文］

秋七月壬戌，民部尚书、光禄大夫济北公樊子盖卒。甲子，幸江都宫，以越王侗、光禄大夫段达、太府卿元文都、检校民部尚书韦津、右武卫将军皇甫无逸、右司郎卢楚等总留后事。奉信郎崔民象以盗贼充斥，于建国门上表，谏不宜巡幸。上大怒，先解其颐（yí），乃斩之。戊辰，冯翊人孙华自号总管，举兵为盗。高凉通守洗珤（bǎo）徹举兵作乱，岭南溪洞多应之。己巳，荧惑守羽林，月余乃退。车驾次汜（sì）水，奉信郎王爱仁以盗贼日盛，谏上请还西京。上怒，斩之而行。

八月乙巳，贼帅赵万海众数十万，自恒山寇高阳。壬子，有大流星如斗，出王良阁道，声如隤墙。癸丑，大流星如瓮，出羽林。

［译文］

秋七月壬戌，民部尚书、光禄大夫、济北公樊子盖去世。甲子，炀帝到江都宫，命越王杨侗、光禄大夫段达、太府卿元文都、检校民部尚书韦津、右武卫将军皇甫无逸、右司郎卢楚等人统领后方留守事宜。奉信郎崔民象以盗贼蜂起为由，在建国门上表，劝谏炀帝不要巡游。炀帝大怒，命人先割去崔民象的双颊，然后斩首。戊辰，冯翊人孙华自称“总管”，起兵为盗。高凉通守洗珤徹起兵作乱，岭南溪洞人大多响应他。己巳，荧惑星停在羽林星，一个多月后退出。炀帝车驾驻扎在汜水，奉信郎王爱仁因盗贼日益猖獗，劝请炀帝返回西京。炀帝愤怒，杀王爱仁后继续巡行。

八月乙巳，贼帅赵万海率众数十万，从恒山出发侵扰高阳。壬子，有斗大的流星，出现在王良、阁道星，有声大如墙垣倒塌。癸丑，有瓮大的流星，出现在羽林星。

［原文］

九月丁酉，东海人杜扬州、沈觅敌等作乱，众至数万。右御卫将军陈稜击破之。戊午，有二枉矢出北斗魁，委曲蛇形，注于南斗。壬

戌，安定人荔非世雄杀临泾令，举兵作乱，自号将军。

冬十月己丑，开府仪同三司、左翊卫大将军、光禄大夫、许公宇文述薨(hōng)。

十二月癸未，鄱阳贼操天成举兵反，自号元兴王，建元始兴，攻陷豫章郡。乙酉，以右翊卫大将军来护儿为开府仪同三司、行左翊卫大将军。壬辰，鄱阳人林士弘自称皇帝，国号楚，建元太平，攻陷九江、庐陵郡。唐公破甄翟儿于西河，掳男女数千口。

［译文］

九月丁酉，东海人杜伏威、扬州人沈觅敌等作乱，多达数万人。右御卫陈稜击败了他们。戊午，有两颗枉矢星出现在北斗星的魁星处，行进如蛇形，入于南斗星。壬戌，安定人荔非世雄杀死临泾县令，起兵作乱，自称“将军”。

冬十月己丑，开府仪同三司、左翊卫大将军、光禄大夫、许公宇文述逝世。

十二月癸未，鄱阳贼操天成起兵反叛，自称“元兴王”，建年号为“始兴”，攻陷豫章郡。乙酉，任命右翊卫大将军来护儿为开府仪同三司、行左翊卫大将军。壬辰，鄱阳人林士弘自称皇帝，国号“楚”，建年号为“太平”，攻陷九江、庐陵郡。唐公李渊在西河打败甄翟儿，俘获男女数千人。

［原文］

十三年春正月壬子，齐郡贼杜伏威率众渡淮，攻陷历阳郡。丙辰，勃海贼窦建德设坛于河间之乐寿，自称长乐王，建元丁丑。辛巳，贼帅徐圆朗率众数千，破东平郡。弘化人刘企成聚众万余人为盗，傍郡苦之。

［译文］

大业十三年（617 年）春正月壬子，齐郡贼人杜伏威率部众渡过淮水，攻陷历阳郡。丙辰，勃海贼人窦建德在河间的乐寿设立坛台，自称“长乐王”，建年号为“丁丑”。辛巳，贼帅徐元朗率领数千人，攻破东平郡。弘化人刘企成聚众万余人为盗，邻郡苦不堪言。

［原文］

二月壬午，朔方人梁师都杀郡丞唐世宗，据郡反，自称大丞相。遣银青光禄大夫张世隆击之，反为所败。戊子，贼帅王子英破上谷郡。己丑，马邑校尉刘武周杀太守王仁恭，举兵作乱，北连突厥，自称定杨可汗。庚寅，贼帅李密、翟让等陷兴洛仓。越王侗(dòng)遣武贲(bēn)郎将刘长恭、光禄少卿房崱(zè)击之，反为所败，死者十五六。

庚子，李密自号魏公，称元年，开仓以振群盗，众至数十万，河南诸郡相继皆陷焉。壬寅，刘武周破武贲郎将王智辩于桑干镇，智辩死之。

［译文］

二月壬午，朔方人梁师都杀郡丞唐世宗，据郡造反，自称“大丞相”。派遣光禄大夫张世隆去攻打，反被打败。戊子，贼帅王子英攻破上谷郡。己丑，马邑校尉刘武周杀太守王仁恭，起兵作乱，北联突厥，自称“定杨可汗”。庚寅，贼帅李密、翟让等攻陷兴洛仓。越王杨侗派遣虎贲郎将刘长恭、光禄少卿房崱进攻，反被打败，官军十有五六战死。庚子，李密自称“魏公”，建立年号，打开粮仓接济群盗，聚众多达数十万，河南各郡相继陷落。壬寅，刘武周在桑干镇打败武贲郎将王智辩，王智辩战死。

［原文］

三月戊午，庐江人张子路举兵反。遣右御卫将军陈稜讨平之。丁丑，贼帅李通德众十万，寇庐江，左屯卫将军张镇州击破之。

夏四月癸未，金城校尉薛举率众反，自称西秦霸王，建元秦兴，攻陷陇右诸郡。己丑，贼帅孟让，夜入东都外郭，烧丰都市而去。癸巳，李密陷回洛东仓。丁酉，贼帅房宪伯陷汝阴郡。是月，光禄大夫裴仁基、淮阳太守赵佗等并以众叛归李密。

五月辛酉，夜有流星如瓮，坠于江都。甲子，唐公起义师于太原。丙寅，突厥数千寇太原，唐公击破之。

［译文］

三月戊午，庐江人张子路起兵造反。派遣右御卫将军陈稜征讨平定。丁丑，贼帅李通德率众十万，侵扰庐江，被左屯卫将军张镇州击败。

夏四月癸未，金城校尉薛举率众造反，自称“西秦霸王”，建年号为“秦兴”，攻陷陇西诸郡。己丑，贼帅孟让，夜入东都外城，焚烧丰都市后逃走。癸巳，李密攻占洛东仓。丁酉，贼帅房宪伯攻陷汝阴郡。当月，光禄大夫裴仁基、淮阳太守赵佗等率众叛归李密。

五月辛酉，夜间有大如瓮的流星，坠落江都。甲子，唐公李渊在太原率师起义。丙寅，突厥数千人侵犯太原，被李渊击破。

［原文］

秋七月壬子，荧惑守积尸。丙辰，武威人李轨举兵反，攻陷河西诸郡，自称凉王，建元安乐。

八月辛巳，唐公破武牙郎将宋老生于霍邑，斩之。

九月己丑，帝括江都人女寡妇，以配从兵。是月，武阳郡丞元宝藏以郡叛归李密，与贼帅李文相攻陷黎阳仓。彗星见于营室。

冬十月丁亥，太原杨世洛聚众万余人，寇掠城邑。丙申，罗令萧(xiǎn)铣以县反，鄱阳人董景珍以郡反。迎铣于罗县，号为梁王，攻陷傍郡。戊戌，武贲郎将高毗败济北郡贼甄宝车于嵫山。

[译文]

秋七月壬子，荧惑星停在积尸星位置。丙辰，武威人李轨起兵造反，攻陷河西诸郡，自称“凉王”，建年号为“安乐”。

八月辛巳，李渊在霍邑打败武牙郎将宋老生，并将他斩首。

九月己丑，炀帝搜求江都百姓的女儿与寡妇，让她们与随从侍卫婚配。当月，武阳郡丞元宝藏率全郡叛归李密，并与贼帅李文合力攻陷黎阳仓。有彗星出现在营室星附近。

冬十月丁亥，太原杨世洛聚集万余人，侵扰掠夺城邑。丙申，罗县县令萧铣据县反叛，鄱阳人董景珍据郡反叛。董景珍至罗县迎接萧铣，称为“梁王”，攻陷邻近郡县。戊戌，虎贲郎将高毗在嵫山打败济北郡贼人甄宝车。

[原文]

十一月丙辰，唐公入京师。辛酉，遥尊帝为太上皇，立代王侑(yòu)为帝，改元义宁。上起宫丹阳，将逊于江左。有乌鹊来巢幄帐，驱不能止。荧惑犯太微。有石自江浮入于扬子。日光四散如流血。上甚恶之。

[译文]

十一月丙辰，唐公李渊进入京城。辛酉，李渊遥尊炀帝为太上皇，立代王杨侑为皇帝，改年号为“义宁”。炀帝在丹阳兴建宫室，准备在江左退位。有乌鸦来帐幕上筑巢，驱赶不走。荧惑星冲犯太微星。有石头从长江冲入扬子江。日光四射红如流血，炀帝非常厌恶。

巡幸江都

隋炀帝一生巡游全国，最后死在了江都。

[原文]

二年三月，右屯卫将军宇文化及，

武贲郎将司马德戡(kān)、元礼，监门直阁裴虔通，将作少监宇文智及，武勇郎将赵行枢，鹰扬郎将孟景，内史舍人元敏，符玺郎李覆、牛方裕，千牛左右李孝本、弟孝质，直长许弘仁、薛世良，城门郎唐奉义，医正张恺(kǎi)等，以骁果作乱，入犯宫闱。上崩于温室，时年五十。萧后令宫人撤床箦为棺以埋之。化及发后，右御卫将军陈稜奉梓(zǐ)宫于成象殿，葬吴公台下。发敛之始，容貌若生，众咸异之。大唐平江南之后，改葬雷塘。

［译文］

义宁二年（618年）三月，右屯卫将军宇文化及，武贲郎将司马德戡、元礼，监门直阁裴虔通，将作少监宇文智及，武勇郎将赵行枢，鹰扬郎将孟景，内史舍人元敏，符玺郎李覆、牛方裕，千牛左右李孝本及弟李孝质，直长许弘仁、薛世良，城门郎唐奉义，医正张恺等，鼓动骁果作乱，进犯禁宫。炀帝驾崩于温室，时年五十。萧后命宫人拆床板为棺埋藏炀帝。宇文化及离开后，右御卫将军陈稜在成象殿侍奉炀帝灵柩，将其埋葬在吴公台下。开棺大敛之时，炀帝容貌如生人，大家都很奇怪。唐朝平定江南之后，将炀帝改葬在雷塘。

［原文］

初，上自以藩王，次不当立，每矫情饰行，以钓虚名，阴有夺宗之计。时高祖雅信文献皇后，而性忌妾媵(yìng)。皇太子勇内多嬖(bì)幸，以此失爱。帝后庭有子，皆不育之，示无私宠，取媚于后。大臣用事者，倾心与交。中使至第，无贵贱，皆曲承颜色，申以厚礼。婢仆往来者，无不称其仁孝。又常私入宫掖，密谋于献后，杨素等因机构扇，遂成废立。自高祖大渐，暨谅暗之中，烝(zhēng)淫无度，山陵始就，即事巡游。以天下承平日久，士马全盛，慨然慕秦皇、汉武之事，乃盛治宫室，穷极侈靡，召募行人，分使绝域。诸蕃至者，厚加礼赐，有不恭命，以兵击之。盛兴屯田于玉门、柳城之外。课天下富室，益市武马，匹直十余万，富强坐是冻馁者十家而九。帝性多诡谲，所幸之处，不欲人知。每之一所，辄数道置顿，四海珍羞殊味，水陆必备焉，求市者无远不至。郡县官人，竞为献食，丰厚者进擢，疏俭者获罪。奸吏侵渔，内外虚竭，头会箕敛，人不聊生。于时军国多务，日不暇给，帝方骄怠，恶闻政事，冤屈不治，奏请罕决。又猜忌臣下，无所专任，朝臣有不合意者，必构其罪而族灭之。故高颎(jiǒng)、贺若弼

先皇心膂(lǚ)，参谋帷幄，张衡、李金才藩邸惟旧，绩著经纶，或恶其直道，或忿其正议，求其无形之罪，加以刎颈之诛。其余事君尽礼，謇(jiǎn)謇匪躬，无辜无罪，横受夷戮者，不可胜纪。政刑弛紊，贿货公行，莫敢正言，道路以目。六军不息，百役繁兴，行者不归，居者失业。人饥相食，邑落为墟，上不之恤也。东西游幸，靡有定居，每以供费不给，逆收数年之赋。所至唯与后宫流连耽湎，惟日不足，招迎姥媪，朝夕共肆丑言，又引少年，令与宫人秽(huì)乱，不轨不逊，以为娱乐。区宇之内，盗贼蜂起，劫掠从官，屠陷城邑，近臣互相掩蔽，隐贼数不以实对。或有言贼多者，辄大被诘责，各求苟免，上下相蒙。每出师徒，败亡相继。战士尽力，必不加赏，百姓无辜，咸受屠戮。黎庶愤怨，天下土崩，至于就擒而犹未之寤也。

[译文]

当初，杨广自认为按藩王身份，凭次第也不应立为皇帝，于是常常假情假意粉饰自己的行为，用以钓取虚名，暗中进行夺取皇位的谋划。当时隋文帝杨坚非常信任独孤皇后，难得顾及其他侍妾。皇太子杨勇宫内有许多宠妾，因此失去帝后的喜爱。杨广有子居后宫，并不亲自抚养，以示无偏爱之心，由此来讨好独孤皇后。对身担重任的大臣，杨广都倾心同他们交往。凡宫中派到府第的使臣，无论贵贱，炀帝都假意装出奉承的脸色，以厚礼相赠。往来的婢女仆从，无不称赞他仁厚孝敬。他又常常私入宫中，与独孤皇后密谋，杨素等人乘机煽动，于是就实现了废杨勇立杨广为太子的计谋。自从杨坚病危，以至在大丧之中，他与杨坚的嫔妃淫乱不止，文帝陵墓刚刚修好，他就去各地巡游。认为天下太平很久了，兵马正当全盛，便激动地仰慕起秦始皇、汉武帝的故事来，于是大造宫室，穷奢极欲，招募使者，分派到边远地方。凡藩国进京朝拜的，以厚礼相赐，有不肯顺从的，就派兵攻打。在玉门、柳城以外地区大兴屯田。向天下富人征税，多买军马，一马价值十余万钱，富人十

恣蒸淫太子迷花

炀帝少时虽有好名声，但很大程度上是伪装的。炀帝做太子时，就曾调戏文帝的妃子宣华夫人。

之八九因此破产而受冻挨饿。炀帝性格奸猾诡诈，所到之处，不想让别人知道。每到一处，总是几路安排停留之所，四海珍馐美味，水陆必须齐备，无论为购买它们要走多远。郡县官员竞相来贡献食物，献食丰厚的就可以晋爵升官，所献粗俗平常的要受到惩处。贪官大肆侵吞财物，致使朝廷内外财力枯竭，赋税繁重，民不聊生。当时的军政有很多事情要办理，时间根本不够用，炀帝正在骄奢怠惰之中，讨厌说到政事，冤屈不处置，奏章无决断。加之猜忌臣下，他对谁也不信任，臣下如有不合心意的，他必定罗织罪名将其灭族。所以像高颎、贺若弼等文帝的心腹重臣，运筹帷幄的将军；张衡、李金才等原晋王府旧臣，功绩卓著的文官，炀帝或者厌恶他们正直的品德，或者气愤他们刚正的言论，给他们网罗无根据的罪名，加以砍头的惩罚。其他侍奉君主合于礼节，直谏尽忠而忘却自我，无辜无罪，而横遭杀害的人，数不胜数。政事刑法废弛紊乱，贿赂公开进行，无人敢于直言，敢怒不敢言。六军征战不息，徭役繁多，服役远行的不能回家，在家居留的失去生计。人们饿极了就相互残食，城镇村落沦为废墟，这都是炀帝不体恤民情的缘故。炀帝东西游玩，没有固定居处，常常因供应费用不足，而预收几年的赋税。他所到之处，只是在后宫流连忘返，唯恐时光不够，招引老妇，朝夕在一起污言秽语，又引来年轻人，令其与宫女大肆淫乱，无法无天，以此为快活。疆域之内，盗贼蜂起，劫掠各级僚属，攻陷城池，身边的侍臣互相掩盖真相，隐瞒盗贼数目不据实情报告。有说盗贼很多的人总是遭到严厉责罚，各人为求苟且免祸，上下互相蒙骗。每次出兵作战，失败是一个接着一个。士兵尽力作战，从不给予奖赏，百姓并无罪过，却要遭受屠杀。黎民愤怨，天下土崩瓦解，直到被人捉拿，炀帝却仍未醒悟。

［原文］

史臣曰：炀帝爰(yuán)在弱龄，早有令闻。南平吴、会，北却匈奴，昆弟之中，独著声绩。于是矫情饰貌，肆厥奸回，故得献后钟心，文皇革虑。天方肇乱，遂登储两，践峻极之崇基，承丕显之休命。地广三代，威振八纮(hóng)，单于顿颡(sǎng)，越裳重译。赤仄之泉，流溢于都内，红腐之粟，委积于塞下。负其富强之资，思逞无厌之欲，狭殷、周之制度，尚秦、汉之规摹。恃才矜己，傲狠明德，内怀险躁，外示凝简，盛冠服以饰其奸，除谏官以掩其过。淫荒无度，法令滋章，教绝四维，刑参五虐，锄诛骨肉，屠剿(jiǎo)忠良，受赏者莫见其功，为戮者不知其罪。骄怒之兵屡动，土木之功不息。频出朔方，三驾辽左，旌旗万里，征税百端，猾吏侵渔，人不堪命。乃急令暴条以扰之，严刑峻法以临之，甲兵威武以董之，自是海内骚然，无聊生矣。俄而玄感肇(zhào)黎阳之乱，匈奴有雁门之围，天子方弃中土，远之扬、越。奸宄乘衅，强弱相陵，关梁闭而不通，皇舆往而不反。加之以师旅，因之

以饥馑，流离道路，转死沟壑，十八九焉。于是相聚萑蒲，蝟(wèi)毛而起，大则跨州连郡，称帝称王，小则千百为群，攻城剽邑，流血成川泽，死人如乱麻，炊者不及析骸(hái)，食者不遑易子。茫茫九土，并为麋(mí)鹿之场，惵惵黔黎，俱充蛇豕(shǐ)之饵。四方万里，简书相续，犹谓鼠窃狗盗，不足为虞，上下相蒙，莫肯念乱，振蜉蝣(fú yóu)之羽，穷长夜之乐。土崩鱼烂，贯盈恶稔(rěn)，普天之下，莫匪仇雠(chóu)，左右之人，皆为敌国。终然不悟，同彼望夷，遂以万乘之尊，死于一夫之手。亿兆靡感恩之士，九牧无勤王之师。子弟同就诛夷，骸骨弃而莫掩，社稷颠陨，本枝殄绝。自肇有书契以迄于兹，宇宙崩离，生灵涂炭，丧身灭国，未有若斯之甚也。《书》曰："天作孽，犹可违，自作孽，不可逭。"《传》曰："吉凶由人，祆不妄作。"又曰："兵犹火也，不戢将自焚。"观隋室之存亡，斯言信而有征矣！

［译文］

史官说：炀帝在少年时代，就有很好的名声。南平吴郡、会稽郡，北退匈奴，在兄弟之中，他的声名业绩特别突出。后来他就掩饰真情以假面孔出现，掩盖放荡行为，所以得到独孤皇后的钟爱，文帝也就没有想别的。上天欲降下祸乱，于是他登上太子之位，最终登上皇帝宝座，接受了上天恳切的命令。他的领土大过三代，声威远振八方，匈奴单于入朝跪拜，南海越族渴求通好。赤仄的钱币，流行于京城，食不尽的陈粟，堆积在塞下。依仗国家富强为资本，想放纵无尽的欲望，小看殷周制度，追求秦汉规模。恃才能炫耀自我，以狂傲显示德性，内心邪恶狂躁，外表凝重俭朴，以堂皇冠服掩饰他的邪恶，用铲除谏官来遮掩自己的过错。他荒淫无度，法令森严，礼教绝灭，刑罚严酷，诛灭骨肉，屠杀忠良。受赏赐者并无功劳，被杀者不知有罪。骄狂的军队多次出征，土木工程屡兴不止。频繁出巡朔方，三次驾临辽东，旌旗万里，捐税繁多，贪官渔利，生民不堪忍受。于是用苛刻命令和严暴律文

宣华夫人

宣华夫人是隋文帝的妃子，隋炀帝做皇帝后，将宣华夫人收入后宫，这在中国古代，是违背伦理的行为。

骚扰百姓，用严厉的刑法对付黎民，用军队的威势来镇压人民，从此海内动荡不安，民不聊生。不久杨玄感发动黎阳之乱，匈奴在雁门困围炀帝，炀帝准备舍弃中原，远赴扬、越偷安。奸人乘机作乱，以强凌弱，关卡桥梁关闭不通，炀帝车驾去而不返。又有不停的战争，接着是连年饥荒，生民流离失所，死亡在沟谷的十之八九。于是饥民聚集在苇丛，集众起义者多如刺猬刺，大则跨州连郡，称帝称王，小的千百成群，攻城掠邑，血流成河，死的人多如乱麻，做饭来不及劈开人骨就当柴烧，饥饿的人顾不上交换孩子就直接把自己的孩子当饭吃。茫茫九州大地，都成了麋鹿奔跑的场所，惶惶平民百姓，都成了野猪毒蛇的食物。四面八方，万里之外，告急文书相继不断，这时他仍然以为只是鼠窃狗盗，不值得担忧，朝廷上下互相蒙骗，不肯谈及祸乱，仍像蜉蝣振动翅膀一样，享受长夜的欢乐。一时土崩瓦解，如鱼烂腹，恶贯满盈，普天之下，没有人不是他的仇敌，左右侍从，都成了势不两立的敌人。炀帝最终也没有醒悟，同望夷宫前被杀的秦二世一样，竟以天子之尊，死于凡夫之手。亿兆人中没有对炀帝感恩的人，九州之内没有救助隋朝的军队。他的子弟同时遭诛杀，尸骸遗弃无人掩埋，家国灭亡，子孙灭绝。自从有文学记述以来，国土分崩离析，生灵涂炭，帝死国灭，还从没有像这样惨重的。《尚书》上说："天降灾难，犹可躲避。自己作成的祸患，将无处可逃。"《左传》上说："吉凶之兆都应人事而作，妖异之事不会随便出现。"又说："战争就像玩火，不适可而止就将引火自焚。"观察隋朝存亡的过程，知道了这些话是正确的并且是有根据的啊！

旧唐书

太宗本纪上

［原文］

太宗文武大圣大广孝皇帝讳世民，高祖第二子也。母曰太穆顺圣皇后窦氏。隋开皇十八年十二月戊午，生于武功之别馆。时有二龙戏于馆门之外，三日而去。高祖之临岐州，太宗时年四岁。有书生自言善相，谒高祖曰："公贵人也，且有贵子。"见太宗，曰："龙凤之姿，天日之表，年将二十，必能济世安民矣。"高祖惧其言泄，将杀之，忽失所在，因采"济世安民"之义以为名焉。太宗幼聪睿，玄鉴深远，临机果断，不拘小节，时人莫能测也。

［译文］

太宗文武大圣大广孝皇帝名世民，是唐高祖李渊的第二个儿子。母亲是太穆顺圣皇后窦氏。隋文帝开皇十八年（598 年）十二月戊午，李世民出生于李渊在武功县的别馆里。当时有两条龙在别馆门外游戏，三天才离开。李渊到岐州任刺史时李世民才四岁。有个书生自称擅长算命，晋见李渊说："您是贵人，而且有贵子。"他见到李世民就说："龙凤的姿态，天庭隆起的仪表，年近二十，必定能济世安民。"李渊怕他把这话泄露出去，准备杀掉他，书生忽然不见了，于是李渊取"济世安民"的意思作为儿子的名字。李世民年幼时聪明机智，见解深远，处事果断，不拘小节，当时的人都猜不透他。

唐太宗李世民

［原文］

大业末，炀帝于雁门为突厥所围，太宗应募救援，隶屯卫将军云定兴营。将行，谓定兴曰："必赍旗鼓以设疑兵。且始毕可汗举国之师，敢围天子，必以国家仓卒无援。我张军容，令数十里幡旗相续，

夜则钲(zhēng)鼓相应，虏必谓救兵云集，望尘而遁矣。不然，彼众我寡，悉军来战，必不能支矣。”定兴从焉。师次崞(guō)县，突厥候骑驰告始毕曰：“王师大至。”由是解围而遁。及高祖之守太原，太宗时年十八。有高阳贼帅魏刁(diāo)儿，自号历山飞，来攻太原，高祖击之，深入贼阵。太宗以轻骑突围而进，射之，所向皆披靡，拔高祖于万众之中。适会步兵至，高祖与太宗又奋击，大破之。

［译文］

大业末年，隋炀帝在雁门被突厥围困，李世民应募前去救援，隶属于屯卫将军云定兴的部队。临出发前，李世民对云定兴说：“一定要携带旗鼓，用来虚设队伍，迷惑敌人。始毕可汗率领全部的军队，敢于来围困天子，一定以为国家仓促间派不出援兵。我方部署队伍，让数十里旗帜相连，夜晚则钲鼓声相应，敌人必定会以为救兵云集，望见我军的行尘而逃跑。要不然，敌众我寡，敌人全军来战，我方一定支持不住。”云定兴采纳李世民的意见。部队在崞县宿营，突厥的侦察骑兵跑回去报告始毕可汗说：“隋朝的大军已到。”突厥因此解围而去。李渊驻守太原的时候，李世民十八岁。高阳有一个盗贼首领魏刁儿，自己起个号叫“历山飞”，来攻太原，李渊袭击敌人，深入贼阵。李世民用轻骑兵突围进入贼阵，箭射贼兵，所到之处，敌兵皆退，于是把李渊从上万贼兵的围困中救出。这时正好遇上步兵开到，李渊与李世民又奋力进攻，大破敌兵。

［原文］

时隋祚(zuò)已终，太宗潜图义举，每折节下士，推财养客，群盗大侠，莫不愿效死力。及义兵起，乃率兵略徇西河，克之。拜右领大都督，右三军皆隶焉，封敦煌郡公。

［译文］

此时隋朝气数已尽，李世民暗中图谋起义，常屈己下人，舍财养客，群盗大侠无不愿为他效死力。等到义军一起，李世民便率兵夺取西河，一举攻下。李世民拜为右领军大都督，右三军都归他统领，封敦煌郡公。

［原文］

大军西上贾胡堡，隋将宋老生率精兵二万屯霍邑，以拒义师。会久雨，粮尽，高祖与裴寂议，且还太原，以图后举。太宗曰：“本兴大义以救苍生，当须先入咸阳，号令天下。遇小敌即班师，将恐从义之徒一朝解体。还守太原一城之地，此为贼耳，何以自全？”高祖不纳，促令引发。太宗遂号泣于外，声闻帐中。高祖召问其故，对曰：

“今兵以义动，进战则必克，退还则必散。众散于前，敌乘于后，死亡须臾而至，是以悲耳。”高祖乃悟而止。八月己卯，雨霁，高祖引师趣霍邑。太宗恐老生不出战，乃将数骑先诣其城下，举鞭指麾，若将围城者，以激怒之。老生果怒，开门出兵，背城而阵。高祖与建成合阵于城东，太宗及柴绍阵于城南。老生麾兵疾进，先薄高祖，而建成坠马，老生乘之，高祖与建成军咸却。太宗自南原率二骑驰下峻坂(bǎn)，冲断其军，引兵奋击，贼众大败，各舍仗而走。悬门发，老生引绳欲上，遂斩之，平霍邑。

［译文］

起义大军西上贾胡堡，隋将宋老生率领精兵二万屯驻霍邑，以抵挡义军。正遇上连天阴雨，军粮用尽，李渊与裴寂商议，准备暂且领兵回太原，再谋划以后的行动。李世民说：“原本兴立大义是为了拯救百姓，应当先攻入咸阳，号令天下。遇到小敌就回师，恐怕随从起义的人将会一朝解体。回去守太原一城之地，这不过是贼寇之举罢了，怎么能保全自己呢？”高祖不接受，催促他带兵出发。李世民于是在营帐外哭泣，声音传入营帐中。李渊召李世民进帐，询问原因，李世民回答说：“现在部队凭借正义而出动，前进战斗就必定胜利，退回就一定会心散。大家心散于前，敌人趁机追击于后，死亡将顷刻而至，我因此悲伤。”李渊醒悟，停止退兵。八月己卯，雨过天晴，李渊领兵直驱霍邑。李世民怕宋老生不出战，于是率领数名骑兵先到霍邑城下，拿着马鞭指点比划，好像要围城的样子，来激怒宋老生。宋老生果然发怒，开门出兵，背城列阵。李渊与李建成一起列阵于城东，李世民和柴绍列阵于城南。宋老生指挥兵士迅速前进，先逼近李渊，这时李建成忽然坠马，宋老生趁机进攻，李渊与李建成的部队都往后退。李世民自城南高地率领两名骑兵疾驰而下，冲断了宋老生的部队，又领兵奋力进击，敌军大败，扔掉兵器逃跑。城上的闸门已放下，宋老生手拉绳子想上城，却被砍死，霍邑因此平定。

［原文］

至河东，关中豪杰争走赴义。太宗请进师入关，取永丰仓以赈(zhèn)穷乏，收群盗以图京师，高祖称善。太宗以前军济河，先定渭北。三辅吏民及诸豪猾诣(yì)军门请自效者日以千计，扶老携幼，满于麾下。收纳英俊，以备僚列，远近闻者，咸自托焉。师次于泾阳，胜兵九万，破胡贼刘鹞(yào)子，并其众。留殷开山、刘弘基屯长安故城。太宗自趣司竹，贼帅李仲文、何潘仁、向善志等皆来会，顿于阿城，获兵十三万。长安父老赍牛酒诣旌门者不可胜纪，劳而遣之，一无所受。军令严肃，秋毫无所犯。寻与大军平京城。高祖辅政，受唐国内史，

改封秦国公。会薛举以劲卒十万来逼渭滨，太宗亲击之，大破其众，追斩万余级，略地至于陇坻（dǐ）。

［译文］

部队到达河东，关中豪杰都争着跑来参加义军。李世民请求进兵入关，夺取永丰仓用来救济穷苦百姓，收编各路起义军以便谋取京师，李渊认为这个建议很好。李世民带领先锋部队渡过黄河，先平定渭北。三辅的官吏百姓以及各强宗豪族，到营门请求让自己效力的每日有上千人之多，扶老携幼，拥挤于将旗之下。李世民广纳优秀人才，用以充任僚属，远近听到消息的人，无不自求托身于此。部队在泾阳宿营，已有优秀兵士九万人，击破贼寇胡人刘鹞子，兼并了他的部队。留下殷开山、刘弘基屯驻长安旧城。李世民自己奔赴司竹，贼匪首领李仲文、何潘仁、向善志等都来相见，停留于阿城，获得兵士十三万人。长安父老牵牛担酒到营门慰劳将士的不可胜数，李世民都加以慰问，然后送走他们，东西则一概不收。军令严肃，秋毫无犯。接着与大军一起平定京城。李渊任宰相时，李世民任唐国内史，改封秦国公。恰巧薛举率领精壮的士兵十万逼近渭水边，李世民亲自率军迎击，大破敌兵，追杀万余人，夺取的土地一直到了陇坻。

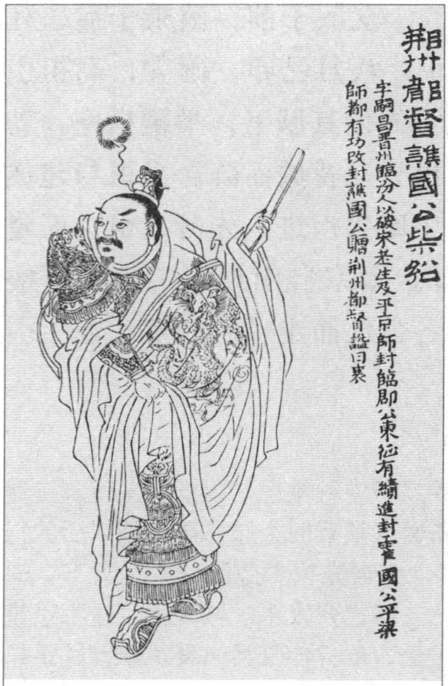

柴绍

柴绍是李渊的女婿，唐朝开国功臣之一。

［原文］

义宁元年十二月，复为右元帅，总兵十万徇（xùn）东都。及将旋，谓左右曰："贼见吾还，必相追蹑。"设三伏以待之。俄而隋将段达率万余人自后而至，度三王陵，发伏击之，段达大败，追奔至于城下。因于宜阳、新安置熊、穀二州，戍之而还。徙封赵国公。高祖受禅，拜尚书令、右武候大将军，进封秦王，加授雍州牧。

［译文］

义宁元年（617 年）十二月，李世民又任右元帅，统兵十万前去夺取东都。到了准备回师的时候，李世民对部下说："贼寇见我回去，必定会追赶。"设三处埋伏等待敌军。没多久，隋将段达率领一万多人尾随而至，走过三王陵，伏兵出击，段达大败，李世民的部队追击逃敌一直到了东都城下。于是在宜阳、新安设置熊、穀两州，派兵防守而后回京。李世民被改封赵国公。李渊接受隋帝禅让称帝，是为唐高祖，李世民拜尚书令、右武侯大将军，晋封秦王，加授雍州牧。

［原文］

武德元年七月，薛举寇泾州，太宗率众讨之，不利而旋。九月，薛举死，其子仁杲(gǎo)嗣立。太宗又为元帅以击仁杲，相持于折墌(zhǐ)城，深沟高垒者六十余日。贼众十余万，兵锋甚锐，数来挑战，太宗按甲以挫之。贼粮尽，其将牟君才、梁胡郎来降。太宗谓诸将军曰："彼气衰矣，吾当取之。"遣将军庞玉先阵于浅水原南以诱之，贼将宗罗睺(hóu)并军来拒，玉军几败。既而太宗亲御大军，奄自原北，出其不意。罗睺望见，复回师相拒。太宗将骁骑数十入贼阵，于是王师表里齐奋，罗睺大溃，斩首数千级，投涧谷而死者不可胜计。太宗率左右二十余骑追奔，直趣折墌以乘之。仁杲大惧，婴城自守。将夕，大军继至，四面合围。诘(jié)朝，仁杲请降，俘其精兵万余人，男女五万口。

［译文］

唐高祖武德元年（618 年）七月，薛举侵犯泾州，秦王率兵讨伐，出战不利而回师。九月，薛举死亡，他的儿子薛仁杲继位。秦王又任元帅，带兵攻打薛仁杲，双方相持于折墌城，各挖深沟筑高垒，对抗六十余日。贼寇有十多万人，军队的锋芒甚锐，多次来挑战，秦王按兵不动以挫它的锐气。贼寇的粮食用完，他们的将领牟君才、梁胡郎前来投降。秦王对手下的将军们说："敌军已经气衰，我们应该征服它了。"于是派将军庞玉在浅水原南列阵以引诱敌人，敌将宗罗睺率全军出战，庞玉的部队几乎败走。接着秦王亲自统领大军，忽然从浅水原北出现，出其不意。宗罗睺望见后，又回师抵抗。秦王率领数十名骁勇的骑兵冲入贼阵，于是朝廷的军队里外一起奋战，宗罗睺的队伍溃不成军，被斩者数千人，落入涧谷而死的人更多得没法统计。秦王率领二十多名骑兵追击逃敌，直逼折墌城下以便乘机破城。薛仁杲非常害怕，环城固守。快到傍晚的时候，大军到达，四面合围。第二天早晨，薛仁杲请求投降，唐军俘获他的精兵一万多人，随军的男女五万口。

［原文］

既而诸将奉贺，因问曰："始大王野战破贼，其主尚保坚城，王无攻具，轻骑腾逐，不待步兵，径薄城下，咸疑不克，而竟下之，何也？"太宗曰："此以权道迫之，使其计不暇发，以故克也。罗睺恃往年之胜，兼复养锐日久，见吾不出，意在相轻。今喜吾出，悉兵来

战，虽击破之，擒杀盖少。若不急蹑，还走投城，仁杲收而抚之，则便未可得矣。且其兵众皆陇西人，一败披退，不及回顾，败归陇外，则折墌（zhǐ）自虚，我军随而迫之，所以惧而降也。此可谓成算，诸君尽不见耶？”诸将曰：“此非凡人所能及也。”获贼兵精骑甚众，还令仁杲兄弟及贼帅宗罗睺、翟长孙等领之。太宗与之游猎驰射，无所间然。贼徒荷恩慑气，咸愿效死。时李密初附，高祖令密驰传迎太宗于豳（bīn）州。密见太宗天姿神武，军威严肃，惊悚叹服，私谓殷开山曰：“真英主也。不如此，何以定祸乱乎？”凯旋，献捷于太庙。拜太尉、陕东道行台尚书令，镇长春宫，关东兵马并受节度。寻加左武侯大将军、凉州总管。

［译文］

接着众将领向秦王表示祝贺，并问道：“开始时大王在野外击破贼寇，他们的主子还保有坚固的城池，而大王没有攻城的器具，仅靠轻骑兵奔驰追逐，不等候步兵，直逼城下。大家都担心不能攻克这个城，然而竟然攻下了，这是为什么呢？”

殷开山

殷开山，名峤，以学问品行知名，是唐代开国功臣之一。

秦王说：“这是用随机应变的方法逼迫敌人，使他们的计谋来不及形成，所以能攻克。宗罗睺依恃往年的胜利，加上养精蓄锐的日子很长，见我们不出战，便有相轻之意。现在看到我们出战很高兴，会率领全部人马迎击，我们即便击破敌人，但擒获、杀死的人不会很多。如不急追，让敌人跑回城里，薛仁杲收聚、安抚这些败卒，那我们就得不到这座城了。而且宗罗睺的部下都是陇西人，一打败仗，溃散后退，都来不及回头，便逃归陇西，那么折墌城自然空虚，我军逼近，他们害怕就投降了。这可说是既定的计划，诸位都没看到吗？”将领们说：“这不是我们这些凡人所能赶得上的。”此战获得敌军精壮的骑兵甚多，秦王让薛仁杲兄弟及敌军首领宗罗睺、翟长孙等继续统领。秦王和他们一起骑马打猎，没有什么隔阂。这帮贼寇蒙受恩惠，屏息蓄气，都愿舍命效力。当时李密刚归附朝廷，高祖命他乘驿车到豳州迎接秦王。李密见秦王容貌精明而威武，军威严肃，惊畏叹服，私下对殷开山说：“这真是英明的主子。

如不这般，怎么能平定祸乱呢？”秦王凯旋回京，到太庙进献战利品。拜为太尉、陕东道行台尚书令，坐镇长春宫，关东的兵马都归他指挥调度，接着又加授左武侯大将军、凉州总管。

［原文］

宋金刚之陷浍(huì)州也，兵锋甚锐。高祖以王行本尚据蒲州，吕崇茂反于夏县，晋、浍二州相继陷没，关中震骇，乃手敕(chì)曰：“贼势如此，难与争锋，宜弃河东之地，谨守关西而已。”太宗上表曰：“太原王业所基，国之根本，河东殷实，京邑所资。若举而弃之，臣窃愤恨。愿假精兵三万，必能平殄(tiǎn)武周，克复汾、晋。”高祖于是悉发关中兵以益之，又幸长春宫亲送太宗。

［译文］

宋金刚攻陷浍州的时候，军队的锋芒甚锐。高祖因为王行本还占据蒲州，吕崇茂在夏县反叛，晋州、浍州相继陷落，关中震惊，就亲笔给秦王写诏书说：“贼寇的势力如此这般，难以同他们争斗以决胜负，应该放弃河东，谨慎防守关西。”秦王上奏章说：“太原是王业的奠基之地，国家的根本，河东富足，京城依托于它。如果攻下而又放弃，臣自认为很遗憾。愿陛下派给我精兵三万，必定能消灭刘武周，克复汾州、晋州。”高祖于是征调全部关中的军队以增强秦王的兵力，又亲临长春宫送秦王。

［原文］

二年十一月，太宗率众趣龙门关，履冰而渡之，进屯柏壁，与贼将宋金刚相持。寻而永安王孝基败于夏县，于筠、独孤怀恩、唐俭并为贼将寻相、尉迟敬德所执，将还浍州。太宗遣殷开山、秦叔宝邀之于美良川，大破之，相等仅以身免，悉虏其众，复归柏壁。于是诸将咸请战，太宗曰：“金刚悬军千里，深入吾地，精兵骁将，皆在于此。武周据太原，专倚金刚以为捍。士卒虽众，内实空虚，意在速战。我坚营蓄锐以挫其锋。粮尽计穷，自当遁走。”

［译文］

武德二年（619年）十一月，秦王率领部队奔赴龙门关，踩着冰过河，进驻柏壁，与贼将宋金刚相对峙。接着永安王李孝基在夏县打败仗，于筠、独孤怀恩、唐俭都被贼将寻相、尉迟敬德抓获，敌军将回浍州。秦王派殷开山、秦叔宝在美良川拦击，大破敌军，寻相等独自逃脱，他们的部下全被俘虏，殷开山、秦叔宝回到柏壁。于是将领们全来请战，秦王说：“宋金刚孤军千里，深入我们的地方，

秦琼

秦琼，字叔宝，是隋末唐初的一员勇将，后来随着《隋唐演义》故事的传播，成为民间家喻户晓的英雄，与尉迟敬德并为门神。

精兵骁将，都集中在这里。刘武周据有太原，专依靠宋金刚保卫自己。敌人士卒虽多，内实空虚，意在速战。我们加固营垒养精蓄锐以挫败敌人的锋芒，一朝粮尽计穷，敌人自当逃走。"

[原文]

三年二月，金刚竟以众馁而遁，太宗追之至介州。金刚列阵，南北七里，以拒官军。太宗遣总管李世勣、程咬金、秦叔宝当其北，翟长孙、秦武通当其南。诸军战小却，为贼所乘。太宗率精骑击之，冲其阵后，贼众大败，追奔数十里。敬德、相率众八千来降，还令敬德督之，与军营相参。屈突通惧其为变，骤以为请。太宗曰："昔萧王推赤心置人腹中，并能毕命，今委任敬德，又何疑也？"于是刘武周奔于突厥，并、汾悉复旧地。诏就军加拜益州道行台尚书令。

[译文]

武德三年（620年）二月，宋金刚因士卒饥饿而撤兵，秦王追赶他们到介州。宋金刚列阵，南北七里，以抵挡唐军。秦王派总管李世勣、程咬金、秦叔宝在其阵北抵敌，翟长孙、秦武通在其阵南抵敌。各军作战退却，被贼寇钻了空子。秦王率领精壮骑兵攻打敌人，冲击敌军阵后，贼寇大败，秦王追击逃兵数十里地。尉迟敬德、寻相率领八千人前来投降，秦王让尉迟敬德统领这些兵士，与秦王军营的人交错安置。屈突通担心他们有异心，急忙劝阻秦王。秦王说："从前汉光武帝刘秀推心置腹，他人全能尽力效命，我现在委任尉迟敬德，又有什么可怀疑的呢？"于是刘武周逃奔突厥，并州、汾州全部恢复原有的辖地。高祖下诏军中加拜秦王为益州道行台尚书令。

[原文]

七月，总率诸军攻王世充于洛邑，师次穀州。世充率精兵三万阵于慈涧（jiàn），太宗以轻骑挑之。时众寡不敌，陷于重围，左右咸惧。太

宗命左右先归，独留后殿。世充骁将单雄信数百骑夹道来逼，交抢竞进，太宗几为所败。太宗左右射之，无不应弦而倒，获其大将燕颀。世充乃拔慈涧之镇归于东都。太宗遣行军总管史万宝自宜阳南据龙门，刘德威自太行东围河内，王君廓自洛口断贼粮道。又遣黄君汉夜从孝水河中下舟师袭回洛城，克之。黄河已南，莫不响应，城堡相次来降。大军进屯邙（máng）山。九月，太宗以五百骑先观战地，卒与世充万余人相遇，会战，复破之，斩首三千余级，获大将陈智略，世充仅以身免。其所署筠州总管杨庆遣使请降，遣李世勣率师出轩辕道安抚其众。荥（xíng）、汴、洧（wěi）、豫九州相继来降。世充遂求救于窦建德。

［译文］

七月，秦王总领各军前往洛邑攻打王世充，部队在穀州宿营。王世充率领精兵三万在慈涧列阵，秦王率领轻骑兵向敌人挑战。当时寡不敌众，唐军陷于重围，秦王旁边的人都感到害怕。秦王命令属下先回去，独自留下来。这时王世充骁将单雄信的数百名骑兵从道路两边直逼秦王，他们竞相向前，秦王差点儿被他们打败。秦王左右开弓，敌兵无不应弦落马，俘获了敌军的大将燕颀。王世充于是撤去慈涧的据点回到东都。秦王派行军总管史万宝自宜阳往南占据龙门，刘德威自太行向东包围河内，王君廓自洛口截断贼寇的运粮通道。秦王又派黄君汉率水军夜晚从孝水河顺流而下袭击洛城，攻克了它。黄河以南，无不响应，各城守军一个接一个前来投降。大军进驻邙山。九月，秦王带五百名骑兵先去观察地形，与王世充率领的一万多人突然相遇，双方会战，秦王又破敌军，杀敌三千多人，俘获对方大将陈智略，王世充独自脱身。王世充所委任的筠州总管杨庆派使者要求投降，秦王派李世勣率军出轩辕道安抚杨庆的部队。荥、汴、洧、豫等九州相继前来投降。王世充于是向窦建德求救。

李世勣

李世勣本姓徐，是李密的部下，据有今河南东部和山东一带大量土地。李世勣归唐后，唐朝派其回故地按抚部下，巩固对这些地方的统治。

［原文］

四年二月，又进屯青城宫。营垒未立，世充众二万自方诸门临穀水而阵。太宗以精骑阵于北邙山，令屈突通率步卒五千渡水以击之，因诫通曰：

屈突通

屈突通本是隋朝大臣，为官清廉，铁面无私，民间有“宁服三斗葱，不逢屈突通”的俗语。后来屈突通归降唐朝，成为开国功臣。

“待兵交即放烟，吾当率骑军南下。”兵才接，太宗以骑冲之，挺身先进，与通表里相应。贼众殊死战，散而复合者数焉。自辰及午，贼众始退。纵兵乘之，俘斩八千人，于是进营城下。世充不敢复出，但婴城自守，以待建德之援。太宗遣诸军掘堑，匝(zā)布长围以守之。吴王杜伏威遣其将陈正通、徐召宗率精兵二千来会于军所。伪郑州司马沈悦以武牢降，将军王君廓应之，擒其伪荆王王行本。

［译文］

武德四年（621年）二月，秦王又进驻青城宫。营垒还没有建立起来，王世充的部队两万人就出方诸门临瀔水列阵。秦王率精壮骑兵在北邙山列阵，命令屈突通率步兵五千人渡过瀔水以击敌军，并且告诫屈突通说：“两军交战放烟为信号，我当率骑兵南下。”军队刚交战，秦王率骑兵冲击敌人，挺身走在队伍前方，与屈突通里应外合。贼军拼死战斗，多次散而复合。从辰时到午时，敌人才开始后退。秦王趁势纵兵追击，俘虏和杀死敌军八千人，于是部队前进到洛阳城下扎营。王世充不敢再出来，只环城固守，以等待窦建德的援兵。秦王派各部队在营外挖壕沟，营四周布满长围子以利防守。吴王杜伏威派他的将领陈正通、徐召宗率精兵两千前来同秦王的部队会合。伪郑州司马沈悦献虎牢关投降，将军王君廓同他里外相应，擒获了关里的伪荆王王行本。

［原文］

会窦建德以兵十余万来援世充，至于酸枣。萧瑀(yǔ)、屈突通、封德彝皆以腹背受敌，恐非万全，请退师瀔州以观之。太宗曰：“世充粮尽，内外离心，我当不劳攻击，坐收其敝。建德新破孟海公，将骄卒惰，吾当进据武牢，扼其襟要。贼若冒险与我争锋，破之必矣。如其不战，旬日间世充当自溃。若不速进，贼入武牢，诸城新附，必不能守。二贼并力，将若之何？”通又请解围就险以候其

变，太宗不许。于是留通辅齐王元吉以围世充，亲率步骑三千五百人趣武牢。

［译文］

正好窦建德领兵十多万前来援救王世充，到了酸枣。萧瑀、屈突通、封德彝都认为腹背受敌，恐怕不是万全之策，要求退兵到穀州以观察敌情。秦王说：“王世充粮尽，内外离心，我们应当不费力攻击，坐等他自己破败而得利。窦建德新破孟海公，将骄兵惰，我们应该进兵据守虎牢，扼制要害之地。贼寇如果冒险与我们决战，击破他们是必然的。如果贼寇不战，十日内王世充当自崩溃。如果不迅速进兵，贼寇一入虎牢，各城新归附我们，必定无法守住。那时王世充、窦建德两贼合力，我们该怎么办呢？”屈突通又请求解东都之围移军险要之地以等待敌军的变化，秦王不允许。秦王留下屈突通辅助齐王李元吉包围王世充，自己率领步、骑兵三千五百人奔赴虎牢关。

［原文］

建德自荥(xíng)阳西上，筑垒于板渚，太宗屯武牢，相持二十余日。谍者曰：“建德伺官军刍(chú)尽，候牧马于河北，因将袭武牢。”太宗知其谋，遂牧马河北以诱之。诘朝(jié zhāo)，建德果悉众而至，陈兵汜(sì)水，世充将郭士衡阵于其南，绵亘(gèn)数里，鼓噪，诸将大惧。太宗将数骑升高丘以望之，谓诸将曰：“贼起山东，未见大敌。今度险而嚣(xiāo)，是无政令；逼城而阵，有轻我心。我按兵不出，彼乃气衰，阵久卒饥，必将自退，追而击之，无往不克。吾与公等约，必以午时后破之。”建德列阵，自辰至午，兵士饥倦，皆坐列，又争饮水，逡(qūn)巡敛退。太宗曰：“可击矣！”亲率轻骑追而诱之，众继至。建德回师而阵，未及整列，太宗先登击之，所向皆靡。俄而众军合战，嚣尘四起。太宗率史大奈、程咬金、秦叔宝、宇文歆等挥幡而入，直突出其阵后，张我旗帜。贼顾见之，大溃。追奔三十里，斩首三千余级，虏其众五万，生擒建德于阵。太宗数之曰：“我以干戈问罪，本在王世充，得失存亡，不预汝事，何故越境，犯我兵锋？”建德股栗而言曰：“今若不来，恐劳远取。”高祖闻而大悦，手诏曰：“隋氏分崩，崤(xiáo)函隔绝。两雄合势，一朝清荡。兵既克捷，更无死伤。无愧为臣，不忧其父，并汝功也。”

［译文］

窦建德由荥阳西上，筑营垒于板渚，秦王驻虎牢，双方相持二十多天。有间

程咬金

谍报告说："窦建德等候官军草料用尽，到那时官军在黄河北岸放马，就袭击虎牢。"秦王知道敌人的计划，于是在黄河北岸放马以引诱敌人。第二天早晨，窦建德果然倾巢出动，列军汜水，王世充的将领郭士衡也列阵于窦建德之南，绵延数里，击鼓示威，众将领心生畏惧。秦王带数名骑兵登上高地观望敌阵，对将领们说："这些贼寇起于山东，未遇见大敌。现在他们要通过险要之地而喧闹，这是军中没有规矩法度的表现；逼近城堡而列阵，这是有轻我之心。我们按兵不动，敌军的锐气就会渐衰，列阵时间一长，兵士饥饿，必将自己退兵，那时追击敌人，无往不克。我与诸位相约，一定在午时后破敌。"窦建德列阵，自辰时至午时，兵士饥饿疲倦，都坐在队列里，互相争水喝，不一会就收兵而退。秦王说："现在可以出击了！"亲自率领轻骑兵追赶并引诱敌人，大部队也接着赶到。窦建德把军队掉转过来列阵，还来不及整理队伍，秦王就先上前进攻，所到之处，敌皆倒退。一会儿众军合战，喊声四起，尘土飞扬。秦王率领史大奈、程咬金、秦叔宝、宇文歆等人挥旗进入敌阵，直接冲杀到敌军阵后，挥动我军的旗帜。贼寇回头见到旗帜，溃不成军。秦王追击逃兵跑了三十里地，斩敌军首级三千余，俘获敌兵五万名，在阵中活捉了窦建德。秦王责备他说："我兴师问罪，目标本在王世充，得失存亡，不干你事，为什么越过自己的境域，触犯我军的锋芒？"窦建德吓得两腿发抖，说道："现在我如果不来，怕还要有劳您到远方去抓我。"高祖听到胜利的消息非常高兴，亲自给秦王写诏书说："隋朝分崩离析，崤山函谷关隔绝不通。两个枭雄势力相连，一时就被你消除。军队既打了胜仗，又没有死伤。无愧是臣子的表率，且不让自己的父亲忧虑，这些都是你的功劳。"

［原文］

乃将建德至东都城下。世充惧，率其官属二千余人诣军门请降，山东悉平。太宗入据宫城，令萧瑀[yǔ]、窦轨等封守府库，一无所取，令记室房玄龄收隋图籍。于是诛其同恶段达等五十余人，枉被囚禁者悉释之，非罪诛戮者祭而诔[lěi]之。大飨将士，班赐有差。高祖令尚书左仆射裴寂劳于军中。

［译文］

于是秦王带着窦建德到东都城下。王世充害怕，率领他的部属两千多人到营门要求投降，山东全部平定。秦王进驻东都宫城，命令萧瑀、窦轨等封闭和防守仓库，一无所取，命令记室房玄龄收集隋朝的地图和户籍。于是诛杀和窦、王一起作恶的段达等五十余人，无辜被囚禁的人一律释放，无罪被杀害的人都加以祭奠并致悼词。秦王大宴将士，分等级赏赐他们。高祖派尚书左仆射裴寂到军中慰问。

［原文］

六月，凯旋。太宗亲披黄金甲，陈铁马一万骑，甲士三万人，前后部鼓吹，俘二伪主及隋氏器物辇辂（niǎn lù）献于太庙。高祖大悦，行饮至礼以享焉。高祖以自古旧官不称殊功，乃别表徽号，用旌勋德。十月，加号天策上将、陕东道大行台，位在王公上。增邑二万户，通前三万户。赐金辂一乘，衮冕（gǔn miǎn）之服，玉璧一双，黄金六千斤，前后部鼓吹及九部之乐，班剑四十人。

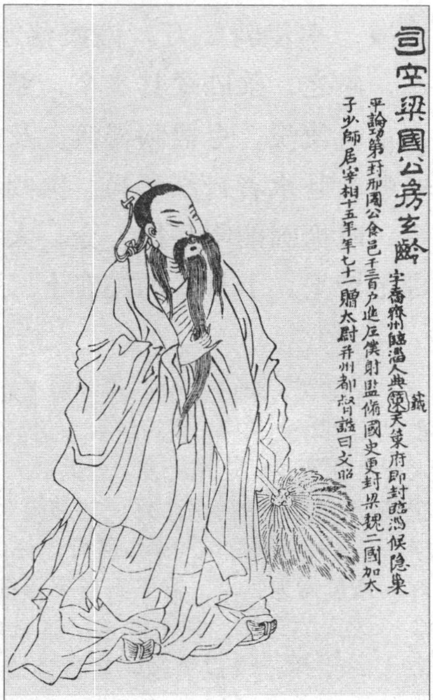

房玄龄

房玄龄是唐初名臣，善于谋划，与杜如晦并称“房谋杜断”。

［译文］

六月，部队凯旋回京。秦王身披黄金甲，队伍中有披甲的骑兵一万，带甲的步兵三万人，前后击鼓吹乐，俘获的两个伪皇帝和隋朝的器物、车驾等被献到太庙。高祖非常高兴，在太庙行饮至礼犒劳秦王。高祖认为自古以来已有的官号同秦王的特殊功勋不相称，于是另立徽号以表彰秦王的功德。十月，加号秦王为天策上将、领陕东道大行台，地位在王公之上。增加其封邑二万户，连以前的共三万户。赐给秦王用黄金作装饰的大车一辆，衮冕服一件，玉璧一双，黄金六千斤，前后击鼓吹乐及九部乐，持木剑的仪仗队四十人。

［原文］

于时海内渐平，太宗乃锐意经籍，开文学馆以待四方之士。行台司勋郎中杜如晦等十有八人为学士，每更直阁下，降以温颜，与之讨论经义，或夜分而罢。

[译文]

当时海内逐渐平定，秦王于是专心研读经籍，开设文学馆以接待四方的士人。行台司勋郎中杜如晦等十八人任学士，常轮流在馆里值班，秦王和颜悦色，同他们讨论经义，有时到半夜才休息。

[原文]

未几，窦建德旧将刘黑闼(tà)举兵反，据洺(míng)州。十二月，太宗总戎东讨。五年正月，进军肥乡，分兵绝其粮道，相持两月。黑闼窘急求战，率步骑二万，南渡洺水，晨压官军。太宗亲率精骑，击其马军，破之，乘胜蹂其步卒，贼大溃，斩首万余级。先是，太宗遣堰洺水上流使浅，令黑闼得渡。及战，乃令决堰，水大至，深丈余，贼徒既败，赴水者皆溺死焉。黑闼与二百余骑北走突厥，悉虏其众，河北平。时徐圆朗阻兵徐、兖，太宗回师讨平之，于是河、济、江、淮诸郡邑皆平。十月，加左右十二卫大将军。

[译文]

没多久，窦建德的旧将刘黑闼起兵反叛，占据洺州。十二月，秦王统兵东讨。武德五年（622年）正月，进军肥乡，分兵截断敌人的运粮道路，双方相持两个月。刘黑闼窘迫惶急，求战心切，率领步、骑兵两万，往南渡过洺水，清晨逼近官军。秦王亲自率领精壮骑兵，攻打敌人的马军，并击破它，然后乘胜追击敌人的步兵，贼寇大败，斩敌首级一万多。在这之前，秦王派人在洺水上游筑坝挡水，使河变浅，让刘黑闼能够渡河。等到战斗打响，就下令决坝，结果大水流到之处，河深丈余，敌军溃败后，往河里跑的人全被淹死。刘黑闼与二百多骑兵向北逃往突厥，他的部下全被俘虏，河北平定。当时徐圆朗拥兵于徐、兖二州，秦王回师讨伐他，于是黄河、济河、长江、淮河各郡邑全部平定。十月，高祖加授秦王左右十二卫大将军。

萧瑀

萧瑀是南朝梁皇族后裔，也是隋炀帝萧皇后的弟弟，在隋朝时就以为官清正知名。唐朝建立后，得到唐高祖、唐太宗重用。

[原文]

七年秋，突厥颉利、突利二可汗自原州入寇，侵扰关中。有说高祖云：

“祇为府藏子女在京师，故突厥来，若烧却长安而不都，则胡寇自止。”高祖乃遣中书侍郎宇文士及行山南可居之地，即欲移都。萧瑀等皆以为非，然终不敢犯颜正谏。太宗独曰：“霍去病，汉廷之将帅耳，犹且志灭匈奴。臣忝(tiǎn)备藩维，尚使胡尘不息，遂令陛下议欲迁都，此臣之责也。幸乞听臣一申微效，取彼颉利。若一两年间不系其颈，徐建移都之策，臣当不敢复言。”高祖怒，仍遣太宗将三十余骑行栈。还日，固奏必不可移都，高祖遂止。八年，加中书令。

[译文]

武德七年（624年）秋，突厥颉利、突利两可汗由原州入侵，侵扰关中。有人劝说高祖道：“只因为财宝在京师，所以突厥人来，如果烧毁长安城而不再以它为首都，那么胡寇自然不会来了。”高祖于是派中书侍郎宇文士及巡视山南可居之地，准备迁都。萧瑀等人都认为这样做不对，但终不敢冒犯天子正言劝谏。秦王独自进谏说：“霍去病不过是汉朝的一个将帅罢了，尚且立志消灭匈奴。臣充侯王之数，却不能使边患平息，让陛下准备迁都，这都是臣的责任。现在乞求陛下听任臣效些微力，拿住那颉利。如果一两年间不能把绳子套在他颈上，您慢慢再立迁都之策，臣当不敢再说什么了。”高祖发怒，派秦王带领三十多名骑兵去巡视栈道。回来的时候，秦王坚决奏请一定不能迁都，高祖于是打消迁都的念头。八年（625年），高祖加授秦王中书令。

秦叔宝

[原文]

九年，皇太子建成、齐王元吉谋害太宗。六月四日，太宗率长孙无忌、尉迟敬德、房玄龄、杜如晦、宇文士及、高士廉、侯君集、程知节、秦叔宝、段志玄、屈突通、张士贵等于玄武门诛之。甲子，立为皇太子，庶政皆断决。太宗乃纵禁苑所养鹰犬，并停诸方所进珍异，政尚简肃，天下大悦。又令百官各上封事，备陈安人理国之要。己巳，令曰：“依礼，二名不偏讳。近代已来，两字兼避，废阙已多，率意而行，有违经典。其官号、

人名、公私文籍，有‘世民’两字不连续者，并不须讳。”罢幽州大都督府。辛未，废陕东道大行台，置洛州都督府；废益州道行台，置益州大都督府。壬午，幽州大都督庐江王瑗(yuàn)谋逆，废为庶人。乙酉，罢天策府。

［译文］

武德九年（626年），皇太子李建成、齐王李元吉图谋杀害秦王。六月四日，秦王率领长孙无忌、尉迟敬德、房玄龄、杜如晦、宇文士及、高士廉、侯君集、程知节、秦叔宝、段志玄、屈突通、张士贵等在玄武门杀死李建成、李元吉。甲子，秦王李世民被立为皇太子，各种政务都由其裁定。于是他放走禁苑中所养的鹰犬，并命各地停止进献珍异之物，政治崇尚简约严肃，天下人非常高兴。他又命令百官各上密封的奏章，细述安民治国的要旨。己巳，他发布命令说：“依照礼制，两个字的名字不单个避讳。近代以来，两个字的名字都单个避讳，名号、词语、书籍等废弃、空缺已多，随意而行，有违经典。凡官号、人名、公私文书，有‘世民’两字不相连的，都不需避讳。”撤销幽州大都督府。辛未，废除陕东道大行台，设置洛州都督府；废除益州道行台，设置益州大都督府。壬午，幽州大都督庐江王李瑗图谋叛逆，被废为平民。乙酉，撤销天策府。

［原文］

七月壬辰，太子左庶子高士廉为侍中，右庶子房玄龄为中书令，尚书右仆射萧瑀为尚书左仆射，吏部尚书杨恭仁为雍州牧，太子左庶子长孙无忌为吏部尚书，右庶子杜如晦为兵部尚书，太子詹事宇文士及为中书令，封德彝为尚书右仆射。

［译文］

七月壬辰，太子左庶子高士廉任侍中，右庶子房玄龄任中书令，尚书右仆射萧瑀任尚书左仆射，吏部尚书杨恭仁任雍州牧，太子左庶子长孙无忌任吏部尚书，右庶子杜如晦任兵部尚书，太子詹事宇文士及任中书令，封德彝任尚书右仆射。

［原文］

八月癸亥，高祖传位于皇太子，太宗即位于东宫显德殿。遣司空、魏国公裴寂柴告于南郊，大赦(shè)天下。武德元年以来责情流配者并放还。文武官五品已上先无爵者赐爵一级，六品已下加勋一转。天下给复一年。癸酉，放掖庭宫女三千余人。甲戌，突厥颉利、突利寇泾州。乙亥，突厥进寇武功，京师戒严。丙子，立妃长孙氏为皇后。己卯，突厥寇高陵。辛巳，行军总管尉迟敬德与突厥战于泾阳，大破

之，斩首千余级。癸未，突厥颉利至于渭水便桥之北，遣其酋帅执失思力入朝为觇（chān），自张形势，太宗命囚之。亲出玄武门，驰六骑幸渭水上，与颉利隔津而语，责以负约。俄而众军继至，颉利见军容既盛，又知思力就拘，由是大惧，遂请和，诏许焉。即日还宫。乙酉，又幸便桥，与颉利刑白马设盟，突厥引退。

［译文］

八月癸亥，高祖传位给皇太子，李世民在东宫显德殿即位，是为唐太宗。派司空、魏国公裴寂在南郊烧柴祭告上天，大赦天下的罪人。武德元年（618 年）以来被流放到边远地区的人全部放还。文武官五品以上原先无爵的赐给最低一等爵，六品以下的各加勋官一级。天下免除徭役一年。癸酉，放出后宫里的宫女三千多人。甲戌，突厥颉利、突利可汗侵犯泾州。乙亥，突厥进犯武功，京师戒严。丙子，立长孙氏为皇后。己卯，突厥侵犯高陵。辛巳，行军总管尉迟敬德同突厥在泾阳作战，大破敌军，斩首级一千多。癸未，突厥颉利可汗到了渭水便桥北边，派他的酋长执失思力入朝窥探，擅自察看地形，太宗下令囚禁他。太宗亲自出玄武门，乘六匹马驾的车疾驰到渭水边，与颉利隔着河对话，指责他负约。一会儿各个部队接连开到，颉利见唐军军容壮盛，又得知执失思力被囚禁，因此很害怕，要求讲和，太宗应许。当日回宫。乙酉，太宗又亲临便桥，与颉利杀白马订盟，突厥退兵。

［原文］

九月丙戌，颉（jié）利献马三千匹、羊万口，帝不受，令颉利归所掠中国户口。丁未，引诸卫骑兵统将等习射于显德殿庭，谓将军已下曰：“自古突厥与中国，更有盛衰。若轩辕善用五兵，即能北逐獯鬻（xūn yù）；周宣驱驰方、召，亦能制胜太原。至汉、晋之君，逮于隋代，不使兵士素习干戈，突厥来侵，莫能抗御，致遗中国生民涂炭于寇手。我今不使汝等穿池筑苑，造诸淫费，农民恣令逸乐，兵士唯习弓马，庶使汝斗战，亦望汝前无横敌。”于是每

习射殿庭

唐太宗亲自训练将士，练习骑射，重视武备。唐朝之所以能够打败众多强敌，与太宗重视将士能力是分不开的。

日引数百人于殿前教射，帝亲自临试，射中者随赏弓刀、布帛。朝臣多有谏者，曰：“先王制法，有以兵刃至御所者刑之，所以防萌杜渐，备不虞也。今引裨卒之人，弯弧纵矢于轩陛之侧，陛下亲在其间，正恐祸出非意，非所以为社稷计也。”上不纳。自是后，士卒皆为精锐。壬子，诏私家不得辄立妖神，妄设淫祀，非礼祠祷，一皆禁绝。其龟易五兆之外，诸杂占卜，亦皆停断。长孙无忌封齐国公，房玄龄邢国公，尉迟敬德吴国公，杜如晦蔡国公，侯君集潞国公。

［译文］

九月丙戌，颉利献马三千匹、羊一万头，太宗不收，让颉利送回其所掠夺的中原百姓。丁未，太宗让各部骑兵统领在显德殿外庭练习射箭，对将军以下的人说：“自古以来突厥与中原，互有盛衰，像轩辕善于使用五种兵器，就能在北方驱逐獯鬻；周宣王使方叔、召虎为自己效力，也能在太原克敌制胜。到了汉、晋的君主，以至于隋代，不让兵士平时练习兵器，突厥来犯，不能抵御，被迫留下中原百姓在敌寇手中遭难。我现在不让你们挖池筑苑，建造各种过度浪费钱财的设施，农民得以安乐，兵士只需练习射箭骑马，希望使你们能战斗，也盼望在你们面前没有敢于横行的敌人。”于是每天领着数百人在殿前训练他们射箭，太宗亲自考试，射中的人立刻赏给弓刀、布匹。朝臣多有进谏的，他们说：“先代的圣王制定法律，有带兵器到天子住处的处死刑，这是制止不良现象萌生，防备不测之事的措施。现在领进偏将士卒一类人，在皇宫旁边弯弓放箭，陛下身处其中，我们正怕灾祸产生于不意之中，这不是真正能够为国家考虑的好打算。”太宗不接受。从这以后，唐军愈加精锐。壬子，太宗命令私家不得擅自立妖神、滥设祭祀，不符合礼制规定的祭祀一律禁止。除龟卜和它的五种兆形、《易经》和它的卜筮术外，各种形形色色的占卜术，也全部禁止。长孙无忌封齐国公，房玄龄封邢国公，尉迟敬德封吴国公，杜如晦封蔡国公，侯君集封潞国公。

长孙顺德

长孙顺德是唐太宗长孙皇后的本家叔父，也是唐朝的开国功臣之一。

［原文］

冬十月丙辰朔，日有蚀之。癸亥，

立中山王承乾为皇太子。癸酉，裴寂食实封一千五百户，长孙无忌、王君廓、尉迟敬德、房玄龄、杜如晦一千三百户，长孙顺德、柴绍、罗艺、赵郡王孝恭一千二百户，侯君集、张公谨、刘师立一千户，李世勣、刘弘基九百户，高士廉、宇文士及、秦叔宝、程知节七百户，安兴贵、安修仁、唐俭、窦轨、屈突通、萧瑀(yǔ)、封德彝、刘义节六百户，钱九陇、樊世兴、公孙武达、李孟常、段志玄、庞卿恽(yùn)、张亮、李药师、杜淹、元仲文四百户，张长逊、张平高、李安远、李子和、秦行师、马三宝三百户。

十一月庚寅，降宗室封郡王者并为县公。

十二月癸酉，亲录囚徒。

是岁，新罗、龟兹、突厥、高丽、百济、党项并遣使朝贡。

［译文］

冬十月丙辰初一，出现日食。癸亥，太宗立中山王李承乾为皇太子。癸酉，太宗赐给裴寂封邑一千五百户，长孙无忌、王君廓、尉迟敬德、房玄龄、杜如晦各一千三百户，长孙顺德、柴绍、罗艺、赵郡王李孝恭各一千二百户，侯君集、张公谨、刘师立各一千户，李世勣、刘弘基各九百户，高士廉、宇文士及、秦叔宝、程知节各七百户，安兴贵、安修仁、唐俭、窦轨、屈突通、萧瑀、封德彝、刘义节各六百户，钱九陇、樊世兴、公孙武达、李孟常、段志玄、庞卿恽、张亮、李药师、杜淹、元仲文各四百户，张长逊、张平高、李安远、李子和、秦行师、马三宝各三百户。

十一月庚寅，封郡王的皇族，爵位都降为县公。

十二月癸酉，太宗亲自审察囚徒的罪状。

这一年，新罗、龟兹、突厥、高丽、百济、党项都派使者前来朝贡。

尉迟敬德

尉迟敬德本是刘武周的部下，后来投降唐朝，成为唐朝的开国功臣。他与秦琼被民间尊为门神。

［原文］

贞观元年春正月乙酉，改元。辛丑，燕郡王李艺据泾州反，寻为左右所斩，传首京师。庚午，以仆射窦轨

为益州大都督。

三月癸巳，皇后亲蚕。尚书左仆射、宋国公萧瑀为太子少师。丙午，诏："齐故尚书仆射崔季舒、给事黄门侍郎郭遵、尚书右丞封孝琰（yǎn）等，昔仕邺中，名位通显，志存忠谠，抗表极言，无救社稷之亡，遂见龙逢之酷。其季舒子刚、遵子云、孝琰子君遵，并以门遭时谴，淫刑滥及。宜从褒奖，特异常伦，可免内侍，量才别叙。"

夏四月癸巳，凉州都督、长乐王幼良有罪伏诛。

六月辛巳，尚书右仆射、密国公封德彝薨。壬辰，太子少师宋国公萧瑀为尚书左仆射。

是夏，山东诸州大旱，令所在赈恤，无出今年租赋。

［译文］

贞观元年（627年）春正月乙酉，改元贞观。辛丑，燕郡王李艺占据泾州反叛朝廷，被他的部下杀死，首级送到京师。庚午，太宗任命仆射窦轨为益州大都督。

三月癸巳，皇后亲行养蚕之礼。尚书左仆射、宋国公萧瑀任太子少师。丙午，太宗发布诏令："齐国的尚书仆射崔季舒、给事黄门侍郎郭遵、尚书右丞封孝琰等，从前在邺中做官，名位显达，志操忠直，上表极言直谏，然而不能挽救国家的危亡，于是像关龙逢那样遇害。崔季舒的儿子崔刚，郭遵的儿子郭云，封孝琰的儿子封君遵，都因家庭缘故遭当世责难，而身受滥施的刑罚。现应当给予褒奖，不同于一般人，可免除他们的内侍之官，另行量才任用。"

遣使求仙

秦始皇为求长生不老之术，多次派遣方士出海，妄图求得仙药。但事实证明，除了空耗钱财之外，什么都没有得到。

夏四月癸巳，凉州都督、长乐王李幼良有罪被处死刑。

六月辛巳，尚书右仆射、密国公封德彝去世。壬辰，太子少师宋国公萧瑀任尚书左仆射。

这年夏天，山东各州大旱，太宗下令各州官府救济，百姓不用缴纳今年的租赋。

［原文］

秋七月壬子，吏部尚书、齐国公长孙无忌为尚书右仆射。

八月戊戌，贬侍中、义兴郡公高士廉为安州大都督。户部尚书裴矩卒。是月，关东及河南、陇右沿边诸州霜害秋稼。

九月辛酉，命中书侍郎温彦博、尚书右丞魏徵等分往诸州赈恤。中书令、郢国公宇文士及为殿中监。御史大夫、检校吏部尚书、参预朝政、安吉郡公杜淹署位。

十二月壬午，上谓侍臣曰："神仙事本虚妄，空有其名。秦始皇非分爱好，遂为方士所诈，乃遣童男女数千人随徐福入海求仙药。方士避秦苛虐，因留不归。始皇犹海侧踟蹰（chí chú）以待之，还至沙丘而死。汉武帝为求仙，乃将女嫁道术人，事既无验，便行诛戮。据此二事，神仙不烦妄求也。"尚书左仆射、宋国公萧瑀坐事免。戊申，利州都督义安王孝常、右武卫将军刘德裕等谋反，伏诛。

是岁，关中饥，至有鬻（yù）男女者。

［译文］

秋七月壬子，吏部尚书、齐国公长孙无忌任尚书右仆射。

八月戊戌，贬侍中、义兴郡公高士廉为安州大都督。户部尚书裴矩去世。这个月，关东及河南、陇右沿边各州秋季的庄稼受霜害。

九月辛酉，太宗命令中书侍郎温彦博、尚书右丞魏徵等分别到山东各州救济百姓。中书令、郢国公宇文士及任殿中监。御史大夫、检校吏部尚书、参与朝政、安吉郡公杜淹就任。

十二月壬午，太宗对随侍左右的臣子说："神仙的事本来虚妄，不过空有其名。秦始皇十分爱好神仙之术，于是被方士欺骗，派童男童女数千人随徐福入海求仙药。方士为躲避秦朝暴政，留在那里不回来。秦始皇还在海边徘徊等待他们，后来回到沙丘便死了。汉武帝为求仙，就把女儿嫁给有道术的人，后来事情既然没有效验，便进行诛杀。根据这两件事，神仙是不必劳神去妄求的。"尚书左仆射、宋国公萧瑀因事获罪被免职。戊申，利州都督义安王李孝常、右武卫将军刘德裕等图谋造反，被处以死刑。

这一年，关中闹饥荒，出现卖儿卖女的现象。

［原文］

二年春正月辛丑，尚书右仆射、齐国公长孙无忌为开府仪同三司。徙封汉王恪为蜀王，卫王泰为越王，楚王祐（yòu）为燕王。复置六侍郎，副六尚书事，并置左右司郎中各一人。前安州大都督、赵王元景为雍州牧，蜀王恪为益州大都督，越王泰为扬州大都督。

二月丙戌，靺鞨(mò hé)内属。

三月戊申朔，日有蚀之。丁卯，遣御史大夫杜淹巡关内诸州。出御府金宝，赎男女自卖者还其父母。庚午，大赦天下。

［译文］

贞观二年（628 年）春正月辛丑，尚书右仆射、齐国公长孙无忌任开府仪同三司。改封汉王李恪为蜀王，卫王李泰为越王，楚王李祐为燕王。又设置六部侍郎，辅助六部尚书处理政事，并设置左右司郎中各一人。前安州大都督、赵王李元景任雍州牧，蜀王李恪任益州大都督，越王李泰任扬州大都督。

二月丙戌，靺鞨成为唐的属国。

三月戊申初一，出现日食。丁卯，太宗派御史大夫杜淹巡视关内各州。又下令取出皇宫府库里的黄金和宝物，赎回自卖为奴婢的男女，送还给他们的父母。庚午，大赦天下的罪人。

［原文］

夏四月己卯，诏骸骨暴露者，令所在埋瘗(yì)。丙申，契丹内属。初诏天下州县并置义仓。夏州贼帅梁师都为其从父弟洛仁所杀，以城降。

五月，大雨雹。

六月庚寅，皇子治生，宴五品以上，赐帛有差，仍赐天下是日生者粟。辛卯，上谓侍臣曰："君虽不君，臣不可以不臣。裴虔通，炀帝旧左右也，而亲为乱首。朕方崇奖敬义，岂可犹使宰民训俗。"诏曰：

［译文］

夏四月己卯，太宗下令凡死人的骸骨暴露在外的，让所在的地方政府负责掩埋。丙申，契丹成为唐的属国。首次命令天下的州县设置义仓。夏州的叛贼首领梁师都被他的堂弟洛仁杀死，洛仁献城投降唐朝。

五月，下大冰雹。

六月庚寅，皇子李治诞生，太宗设宴招待五品以上的官吏，分等级赐给他们丝织品，还赐给全国在这一天出生的人以粮食。辛卯，太宗对随侍左右的人说："君主即使不像君主，臣子不可以不像臣子。裴虔通，本是炀帝的侍从，却率先叛乱。而今朕正推崇鼓励恭敬信义，怎么还可以让他继续管理人民、训导风俗呢？"于是发布诏令说：

［原文］

"天地定位，君臣之义以彰；卑高既陈，人伦之道斯著。是用笃(dǔ)

厚风俗，化成天下。虽复时经治乱，主或昏明，疾风劲草，芬芳无绝，剖心焚体，赴蹈如归。夫岂不爱七尺之躯，重百年之命？谅由君臣义重，名教所先，故能明大节于当时，立清风于身后。至如赵高之殒二世，董卓之鸩(zhèn)弘农，人神所疾，异代同愤。况凡庸小竖，有怀凶悖！遐观典策，莫不诛夷。辰州刺史、长蛇县男裴虔通，昔在隋代，委质晋藩，炀帝以旧邸之情，特相爱幸。遂乃志蔑君亲，潜图弑逆，密伺间隙，招结群丑，长戟流矢，一朝窃发。天下之恶，孰云可忍！宜其夷宗焚首，以彰大戮。但年代异时，累逢赦令，可特免极刑，除名削爵，迁配驩州。”

［译文］

“天与地确定位置，君臣之间应有的关系也就明白了；地卑天高的位置既已确立，人与人之间应有的等级关系也就清楚了。所以能使风俗淳厚，天下教化形成。虽然时常经历太平或动乱的年代，君主有昏有明，但疾风中有劲草，芬芳的品德不绝，不少人为君主剖心焚身，赴汤蹈火，视死如归。难道他们不爱惜七尺的身躯，不重视百年的性命？实则是由于君臣之间应有的关系非常重，在礼教中被置于首要地位，所以他们能在当世显示临难不苟的节操，于身后树立清正高洁的风范。至于赵高杀害秦二世，董卓毒死弘农王，是人神所憎恶的，连同其他时代的人都共同感到气愤。更何况平庸小子，还有凶暴悖逆之心！远观前代帝王的策命，这种人没有不被诛杀的。辰州刺史、长蛇县男裴虔通，过去在隋代就侍奉晋王杨广，炀帝因原先在王府的交情，对他特别宠幸。于是裴虔通就心无君亲，暗中图谋弑君，秘密窥伺可乘之机，招纳勾结各种恶人，有一天竟举着长戟短箭图谋不轨。这种天下的恶事，谁说可以忍受！应当诛灭裴虔通的同宗，焚烧他的首级，用以表明他的犯上行为是不可饶恕的。但由于发生的年代不同于今时，又多次遇到发布赦令，可特别免去他的死刑，从官籍中除名并削去爵位，流放驩州。”

［原文］

秋七月戊申，诏：“莱州刺史牛方裕、绛州刺史薛世良、广州都督府长史唐奉义、隋武牙郎将高元礼，并于隋代俱蒙任用，乃协契宇文化及，构成弑逆。宜依裴虔通，除名配流岭表。”太宗谓侍臣曰：“天下愚人，好犯宪章，凡赦宥(yòu)之恩，唯及不轨之辈。古语曰：‘小人之幸，君子之不幸。’‘一岁再赦，好人喑(yīn)哑。’‘凡养稂莠(lángyǒu)者伤禾稼，惠奸宄(guǐ)者贼良人。’昔文王作罚，刑兹无赦。又蜀先主尝谓诸葛亮曰：‘吾周旋陈元方、郑康成间，每见启告理乱之道备矣，曾不语赦也。’

夫小人者，大人之贼，故朕有天下已来，不甚放赦。今四海安静，礼义兴行，非常之恩，施不可数，将恐愚人常冀侥幸，唯欲犯法，不能改过。”

［译文］

秋七月戊申，发布诏令：“莱州刺史牛方裕、绛州刺史薛世良、广州都督府长史唐奉义、隋武牙郎将高元礼，在隋代都蒙炀帝任用，却协同宇文化及，构成弑君之罪。应当按照裴虔通的例子，除名流放岭南。”太宗对随侍左右的臣子说：“天下的愚人容易触犯法令，而所有赦免罪人的恩惠，只能给予不守法度之辈。古语说：‘小人的幸运，是君子的不幸。’‘一年两次赦免罪人，好人便成了哑巴。’‘但凡养着杂草，就会妨害禾苗的生长，施恩惠给为非作歹的人，会伤害好人。’从前文王设刑罚，该用刑的都不赦免。蜀先主刘备曾对诸葛亮说：‘我周旋于陈元方、郑康成之间，常听见他们告诉我治乱之道，内容相当全面，而不曾谈到赦免罪人。’小人，是君子的祸害，所以朕自得天下以来，不大发布赦令。现今四海安静，礼义得到振兴和推行，特别的恩德，施给不可频繁，怕愚人常会冀求侥幸，只想犯法，却不能改过。”

［原文］

八月甲戌朔，幸朝堂，亲览冤屈。自是，上以军国无事，每日视膳于西宫。癸巳，公卿奏曰：“依礼，季夏之月，可以居台榭。今隆暑未退，秋霖方始，宫中卑湿，请营一阁以居之。”帝曰：“朕有气病，岂宜下湿。若遂来请，糜费良多。昔汉文帝将起露台，而惜十家之产。朕德不逮于汉帝，而所费过之，岂谓为民父母之道也。”竟不许。是月，河南、河北大霜，人饥。

露台惜费

汉文帝崇尚节俭，因为建造露台要花费十户人家的财产，因此不建露台，是古人节俭的典范。

［译文］

八月甲戌初一，太宗到朝堂，亲自过问冤狱。从这以后，因为国家、军队无事，太宗每天到西宫侍奉太上皇，嘘寒问暖。癸巳，公卿大臣进言：“按照礼制的规定，夏季六月，可以住在台上的高屋里。现在盛暑未退，秋天的多雨季节即将开始，宫中地势低而潮湿，请营造一座楼阁居住。”太宗说：

“朕有气力衰竭的病，怎么会适合住在低而湿的地方？可如果答应你们的请求，要耗费的钱财实在不少。从前汉文帝准备建露台，而舍不得相当于十户人家财产的花销。朕品德赶不上汉文帝，而所费的钱超过他，难道说做百姓父母的该这样做吗？”到底没答应。这一月，河南、河北发生大霜灾害，百姓忍饥挨饿。

［原文］

九月丙午，诏曰：“尚齿重旧，先王以之垂范；还章解组，朝臣于是克终。释菜合乐之仪，东胶西序之制，养老之义，遗文可睹。朕恭膺大宝，宪章故实，乞言尊事，弥切深衷。然情存今古，世踵（zhǒng）浇季，而策名就列，或乖大体。至若筋力将尽，桑榆且迫，徒竭夙兴之勤，未悟夜行之罪。其有心惊止足，行堪激励，谢事公门，收骸闾里，能以礼让，固可嘉焉。内外文武群官年高致仕、抗表去职者，参朝之日，宜在本品见任之上。”

［译文］

九月丙午，太宗发布诏令说：“尊崇老人，看重旧臣，先代的圣王以此为后人做出了榜样；送回官印，解下绶带，离职退休，朝臣于是能有一个好的结局。放置芹藻并合奏众乐以祭祀先师的礼仪，设立东胶西序兴教化、养耆老的制度，奉养老人的道理，在前代的遗文里都可以看到。朕恭敬地接受帝位，效法前代旧事，尊敬侍奉老人，向他们求教，这样做也十分符合自己内心深处的意愿。但情况有古今的不同，时代进入风俗浮薄的末世，却出仕就职，或许违背原则。至于像筋力将尽，暮年逼近，而仍居官位的人，徒然极尽起早的辛劳，不明白显贵而不归故里的过错。他们中有的人心中警省，知止知足，行为可堪激励后辈，主动辞去官职，归死乡里，能以礼相让，精神可嘉。内外文武官吏凡年老退休、上表辞官的，入朝参见天子之时，位次应在本品现任官之上。”

［原文］

丁未，谓侍臣曰：“妇人幽闭深宫，情实可愍（mǐn）。隋氏末年，求采无已。至于离宫别馆，非幸御之所，多聚宫人，皆竭人财力，朕所不取。且洒扫之余，更何所用？今将出之，任求伉俪（kàng lì），非独以惜费，亦人得各遂其性。”于是遣尚书左丞戴胄、给事中杜正伦等，于掖庭宫西门简出之。

冬十月庚辰，御史大夫、安吉郡公杜淹卒。戊子，杀瀛州刺史卢祖尚。

十一月辛酉，有事于圆丘。

十二月壬午，黄门侍郎王珪（guī）为侍中。

［译文］

丁未，太宗对随侍左右的臣子说：“妇女被幽闭于深宫，这种情况实在可怜。隋朝末年，选女入宫，没有停止的时候。至于建在各地的离宫别馆，不过是天子临幸游息之处，也多集聚宫女，耗尽了人民的财力，这是我所不想的。而且宫女除洒水扫地之外，还能做什么？现在我准备遣返宫女，听任她们寻求配偶。不是因为吝惜费用，而是想让这些人能够各自按照自己的本性生活。”于是派尚书左丞戴胄、给事中杜正伦等在妃嫔居住的掖庭宫西门选择宫女，遣返她们。

冬十月庚辰，御史大夫、安吉郡公杜淹去世。戊子，太宗下令斩杀瀛洲刺史卢祖尚。

十一月辛酉，太宗在圆丘举行祭天大典。

十二月壬午，黄门侍郎王珪任侍中。

［原文］

三年春正月辛亥，契丹渠帅来朝。戊午，谒太庙。癸亥，亲耕籍田。辛未，司空、魏国公裴寂坐事免。

二月戊寅，中书令、邢国公房玄龄为尚书左仆射，兵部尚书、检校侍中、蔡国公杜如晦为尚书右仆射，刑部尚书、检校中书令、永康县公李靖为兵部尚书，右丞魏徵为守秘书监，参预朝政。

杜如晦

杜如晦是唐朝的名臣，善于决断。

夏四月辛巳，太上皇徙居大安宫。甲子，太宗始于太极殿听政。

五月，周王元方薨(hōng)。

六月戊寅，以旱，亲录囚徒。遣长孙无忌、房玄龄等祈雨于名山大川，中书舍人杜正伦等往关内诸州慰抚。又令文武官各上封事，极言得失。己卯，大风折木。

［译文］

贞观三年（629年）春正月辛亥，契丹首领来朝见太宗。戊午，在太庙祭祀。癸亥，太宗行亲耕籍田礼。辛未，司空、魏国公裴寂因事获罪被免职。

二月戊寅，中书令、邢国公房玄龄任尚书左仆射，兵部尚书、检校侍中、蔡国公杜

如晦任尚书右仆射，刑部尚书、检校中书令、永康县公李靖任兵部尚书，右丞魏徵任守秘书监，参与朝政。

夏四月辛巳，太上皇李渊迁居大安宫。甲午，太宗开始在太极殿处理政务。

五月，周王李元方逝世。

六月戊寅，由于天旱，太宗亲自省察囚徒的罪状。并派长孙无忌、房玄龄等在名山大川祈雨，派中书舍人杜正伦等到关内各州安抚、慰问。又下令文武官吏分别呈上密封的奏章，毫无保留地说出自己对政治得失的看法。己卯，大风吹折树木。

[原文]

秋八月己巳朔，日有蚀之。薛延陀遣使朝贡。

九月癸丑，诸州置医学。

冬十一月丙午，西突厥、高昌遣使朝贡。庚申，以并州都督李世勣为通汉道行军总管，兵部尚书李靖为定襄道行军总管，以击突厥。

十二月戊辰，突利可汗来奔。癸未，杜如晦以疾辞位，许之。癸丑，诏建义以来交兵之处，为义士勇夫殒身戎阵者各立一寺，命虞世南、李伯药、褚亮、颜师古、岑文本、许敬宗、朱子奢等为之碑铭，以纪功业。

是岁，户部奏言：中国人自塞外来归及突厥前后内附、开四夷为州县者，男女一百二十余万口。

[译文]

秋八月己巳初一，出现日食。薛延陀派使者朝贡，进献方物。

九月癸丑，在各州设立培养医师的学校。

冬十一月丙午，西突厥、高昌派使者朝贡。庚申，任命并州都督李世勣为通汉道行军总管，兵部尚书李靖为定襄道行军总管，领兵攻打突厥。

十二月戊辰，突利可汗投奔中原。癸未，杜如晦因病辞官，太宗批准。癸丑，太宗下令在自树立义旗以来交战的地方，为那些丧生于战场的义士勇夫各立一座寺庙，命令虞世南、李伯药、褚亮、颜师古、岑文本、许敬宗、朱子奢等人为他们撰写碑铭，以记载他们的功业。

这一年，户部报告：自塞外归来的中原人和突厥人前后归附、开辟四境异族地区而建立的州县所增加的人口，合计有男女一百二十多万。

太宗本纪下

[原文]

四年春正月乙亥，定襄道行军总管李靖大破突厥，获隋皇后萧氏

及炀（yáng）帝之孙正道，送至京师。癸巳，武德殿北院火。二月己亥，幸温汤。甲辰，李靖又破突厥于阴山，颉利可汗轻骑远遁。丙午，至自温汤。甲寅，大赦，赐酺（pú）五日。民部尚书戴胄以本官检校吏部尚书，参预朝政。太常卿萧瑀为御史大夫，与宰臣参议朝政。御史大夫、西河郡公温彦博为中书令。三月庚辰，大同道行军副总管张宝相生擒颉利可汗，献于京师。甲申，尚书右仆射、蔡国公杜如晦薨（hōng）。甲午，以俘颉利告于太庙。

李 靖

李靖，字药师，是隋朝名将韩擒虎的外甥，唐初的名将，中国古代著名的军事家。唐初的重大军事行动，李靖基本上都亲自参与，为唐王朝的巩固，立下了汗马功劳。

［译文］

贞观四年（630 年）春正月乙亥，定襄道行军总管李靖大破突厥，俘获隋炀帝皇后萧氏和炀帝的孙子杨正道，送到京师。癸巳，武德殿北院发生火灾。二月己亥，太宗到达温泉。甲辰，李靖又在阴山击败突厥，颉利可汗轻装骑马远逃。丙午，太宗从温泉回到长安。甲寅，发布大赦令，赐臣民会饮五天。民部尚书戴胄兼任检校吏部尚书，参与朝政。太常卿萧瑀任御史大夫，和宰相一起参议朝政。御史大夫、西河郡公温彦博任中书令。三月庚辰，大同道行军副总管张宝相活捉颉利可汗，送往京师。甲申，尚书右仆射、蔡国公杜如晦逝世。甲午，太宗到太庙向祖先报告俘获颉利的喜讯。

［原文］

夏四月丁酉，御顺天门，军吏执颉利以献捷。自是西北诸蕃咸请上尊号为“天可汗”，于是降玺（xǐ）书册命其君长，则兼称之。秋七月甲子朔，日有蚀之。上谓房玄龄、萧瑀曰：“隋文何等主？”对曰：“克己复礼，勤劳思政，每一坐朝，或至日昃。五品已上，引之论事。宿卫之人，传餐而食。虽非性体仁明，亦励精之主也。”上曰：“公得其一，未知其二。此人性至察而心不明。夫心暗则照有不通，至察则多疑于物。自以欺孤寡得之，谓群下不可信任，事皆自决，虽劳神苦形，未能尽合于理。朝臣既知上意，亦复不敢直言，宰相已下，承受

而已。朕意不然。以天下之广，岂可独断一人之虑？朕方选天下之才，为天下之务，委任责成，各尽其用，庶几于理也。”因令有司：“诏敕不便于时，即宜执奏，不得顺旨施行。”

［译文］

夏四月丁酉，太宗来到顺天门，军中的官吏押解颉利向天子献战利品。从这以后，西北各藩属都请求太宗用“天可汗”的尊号，于是太宗下诏书册封各藩属的君长时，就兼用这个称号。秋七月甲子初一，出现日食。太宗对房玄龄、萧瑀说：“隋文帝是个什么样的君主？”两人回答说：“隋文帝约束自己，使自己言行符合于礼，辛勤思考政事，有时坐在朝堂上，直至太阳偏西。他领着五品以上官吏议论政事，皇宫值夜班的卫士不能下岗，传送餐饭而食。他虽然不能说品性仁爱、贤明，但也可算是一个励精图治的君主了。”太宗说：“你们看到他的一方面，而不了解他的另一个方面。这个人本性极其明察而内心并不贤明。内心昏昧审察事物就不能都通达，极其明察就会临事多疑。自己靠欺侮孤儿寡母得到天下，认为众臣不可信任，凡事都自己决定，虽然精神劳累、身体受苦，处事也未能都符合道理。朝廷的臣子既然了解皇上的这种心理，也就不敢直言，自宰相以下，只是接受皇帝的命令罢了。朕认为这样做不对。天下事物这么多，怎么能可以凭一个人的思考独自决断呢？朕正在选用天下的人才治理天下的事务，信任人才，要求他们完成任务，使他们各尽其用，这样做才可以实现政治的清明安定。”因此命令官吏：“天子的诏令如果不适合于时世，就应当坚持上报，不能顺旨施行。”

［原文］

八月丙午，诏三品已上服紫，五品已上服绯(fēi)，六品七品以绿，八品九品以青；妇人从夫色。甲寅，兵部尚书、代国公李靖为尚书右仆射。九月庚午，令收瘗(yì)长城之南骸骨，仍令致祭。壬午，令自古明王圣帝、贤臣烈士坟墓无得刍牧，春秋致祭。

［译文］

八月丙午，太宗下诏规定三品以上官员穿紫色衣服，五品以上官员穿红色衣服，

泽及枯骨

周文王在巡视途中，发现路边有死人骸骨，及时加以掩埋。唐太宗也收埋无主的死人骸骨。这在古代都是仁德的行为，唐太宗之所以被称为一代明君，在很大程度上是因为他对百姓的仁德。

六品、七品官员穿绿色衣服，八品、九品官员穿青色衣服；妇人衣服的颜色随同丈夫的。甲寅，兵部尚书、代国公李靖任尚书右仆射。九月庚午，太宗命令收埋长城南边的死人骸骨，并祭奠死者。壬午，命令不得在从古到今的圣明君主、贤臣义士的坟墓旁放牧，每年春、秋两季要到他们的坟上祭奠。

［原文］

冬十月壬辰，幸陇州，曲赦陇、岐二州，给复一年。辛丑，校猎于贵泉谷。甲辰，校猎于鱼龙川，自射鹿，献于大安宫。十一月甲子，至自陇州。戊寅，制决罪人不得鞭背，以明堂孔穴针灸之所。兵部尚书侯君集参议朝政。十二月辛亥，开府仪同三司、淮安王神通薨。甲寅，高昌王麴(qū)文泰来朝。是岁，断死刑二十九人，几致刑措。东至于海，南至于岭，皆外户不闭，行旅不赍(jī)粮焉。

［译文］

冬十月壬辰，太宗巡幸陇州，因特殊情况赦免陇、岐二州的罪犯，免除二州百姓的徭役一年。辛丑，在贵泉谷立栅栏围猎野兽。甲辰，在鱼龙川围猎野兽，亲自射中一只鹿，献给太上皇。十一月甲子，太宗自陇州回到长安。戊寅，命令判决处置罪犯不得鞭打背部，免得累及针灸穴位。兵部尚书侯君集参议朝政。十二月辛亥，开府仪同三司、淮安王李神通去世。甲寅，高昌王麴文泰前来朝见天子。这一年，判死刑的只有二十九人，几乎达到刑罚弃置不用的地步。东到大海，南到五岭，都夜不闭户，来往的旅客不用携带粮食。

［原文］

五年春正月癸酉，大搜于昆明池，蕃夷君长咸从。丙子，亲献禽于大安宫。己卯，幸左藏库，赐三品已上帛，任其轻重。癸未，朝集使请封禅。二月己酉，封皇弟元裕为郐(kuài)王，元名为谯(qiáo)王，灵夔(kuí)为魏王，元祥为许王，元晓为密王。庚戌，封皇子愔(yīn)为梁王，贞为汉王，恽(yùn)为郯(tán)王，治为晋王，慎为申王，嚣(xiāo)为江王，简为代王。

［译文］

贞观五年（631年）春正月癸酉，太宗在昆明池大规模阅兵，藩属和四境异族君长都陪在左右。丙子，太宗亲自到大安宫献野禽。己卯，太宗亲临左藏库，赐给三品以上官员丝织品，任其自取，不限轻重。癸未，各州进京朝见的使者们请求行封禅礼。二月己酉，封皇弟李元裕为郐王，李元名为谯王，李灵夔为魏王，李元祥为许王，李元晓为密王。庚戌，封皇子李愔为梁王，李贞为汉王，李恽为郯王，李治为晋王，李慎为申王，李嚣为江王，李简为代王。

[原文]

夏四月壬辰，代王简薨。以金帛购中国人因隋乱没突厥者男女八万人，尽还其家属。六月甲寅，太子少师、新昌县公李纲薨。秋八月甲辰，遣使毁高丽所立京观，收隋人骸骨，祭而葬之。戊申，初令天下决死刑必三覆奏，在京诸司五覆奏，其日尚食进蔬食，内教坊及太常不举乐。九月乙丑，赐群官大射于武德殿。冬十月，右卫大将军、顺州都督、北平郡王阿史那什钵苾(bì)卒。十二月壬寅，幸温汤。癸卯，猎于骊山。丙午，赐新丰高年帛有差。戊申，至自温汤。

[译文]

夏四月壬辰，代王李简去世。朝庭用黄金和丝织品赎回由于隋末动乱沦入突厥的中原男女八万人，全部送还给他们的家属。六月甲寅，太子少师、新昌县公李纲去世。秋八月甲辰，太宗派遣使者到高丽，毁掉高丽人堆隋代战死者的尸骨而炫耀武功的京观，收集其中的骸骨，祭奠并埋葬它们。戊申，首次命令天下判死刑必须经过三次按验、上奏，在京各司要经过五次按验、上奏，判死刑这一天，尚食局供应膳食只有蔬菜，内教坊和太常寺不奏乐。九月乙丑，太宗赐群臣在武德殿举行大射礼。冬十月，右卫大将军、顺州都督、北平郡王阿史那什钵苾去世。十二月壬寅，太宗到达温泉。癸卯，在骊山打猎。丙午，按等级赏给新丰县年岁高的人丝织品。戊申，从温泉回到长安。

[原文]

六年春正月乙卯朔，日有蚀之。二月丙戌，置三师官员。戊子，初置律学。三月戊辰，幸九成宫。六月己亥，酆(fēng)王元亨薨。辛亥，江王嚣(xiāo)薨。冬十月乙卯，至自九成宫。十二月辛未，亲录囚徒，归死罪者二百九十人于家，令明年秋末就刑。其后应期毕至，诏悉原之。是岁，党项羌前后内属者三十万口。

纵囚归狱

太宗亲自省察囚徒的罪状，纵囚还家，而犯人如期归狱，可见太宗的信誉之高。

[译文]

贞观六年（632年）春正月乙卯初一，出现日食。二月丙戌，设置三师的官职。戊子，

开始设立律学。三月戊辰，太宗临幸九成宫。六月己亥，酆王李元亨逝世。辛亥，江王李嚣逝世。冬十月乙卯，从九成宫回到长安。十二月辛未，太宗亲自审察囚徒的罪状，释放犯死罪的二百九十个人回家，命令他们第二年秋末自动前来受刑。后来死囚们全按期归来，天子下诏宽赦所有人的罪过。这一年，党项羌前后归附于中原的共有三十万人。

［原文］

七年春正月戊子，诏曰："宇文化及弟智及、司马德戡、裴虔通、孟景、元礼、杨览、唐奉义、牛方裕、元敏、薛良、马举、元武达、李孝本、李孝质、张恺、许弘仁、令狐行达、席德方、李覆等，大业季年，咸居列职，或恩结一代，任重一时，乃包藏凶慝(tè)，罔思忠义，爰在江都，遂行弑逆。罪百阎、赵，衅深枭獍(xiāo jìng)。虽事是前代，岁月已久，而天下之恶，古今同弃，宜置重典，以励臣节。其子孙并宜禁锢，勿令齿叙。"是日，上制《破阵乐舞图》。辛丑，赐京城酺三日。丁卯，雨土。乙酉，薛延陀遣使来朝。庚寅，秘书监、检校侍中魏徵为侍中。癸巳，直太史、将仕郎李淳风铸浑天黄道仪，奏之，置于凝晖阁。夏五月癸未，幸九成宫。八月，山东、河南三十州大水，遣使赈恤。

［译文］

贞观七年（633 年）春正月戊子，发布诏令说："宇文化及的弟弟宇文智及、司马德戡、裴虔通、孟景、元礼、杨览、唐奉义、牛方裕、元敏、薛良、马举、元武达、李孝本、李孝质、张恺、许弘仁、令狐行达、席德方、李覆等人，在隋朝末年都担任了各种官职，有的家中一代人都蒙受隋帝的恩惠，有的相当长的时间内担负重任，不料他们却包藏邪恶之心，不思忠义，在江都干出弑君的勾当。他们的罪恶是阎乐、赵高的百倍，超过了生而食母的枭和生而食父的獍。虽然事情发生在前代，时间已久，而天下的恶人，为古今所共弃，应当处以重法，用来劝勉臣子保持节操。这些人的子孙都应当被禁锢，不允许录用。"这一天，太宗制作《破阵乐舞图》。辛丑，赐京城臣民会饮三天。丁卯，天上落下泥土。乙酉，薛延陀派使者来朝见天子。庚寅，秘书监、检校侍中魏徵任侍中。癸巳，直太史、将仕郎李淳风铸造浑天黄道仪，进献给太宗，放置于凝晖阁。夏五月癸未，太宗驾临九成宫。八月，山东、河南三十州发大水，太宗派使臣救济。

［原文］

冬十月庚申，至自九成宫。十一月丁丑，颁新定《五经》。壬辰，开府仪同三司、齐国公长孙无忌为司空。十二月丙辰，狩于少陵原，

诏以少牢祭杜如晦、杜淹、李纲之墓。

［译文］

冬十月庚申，太宗从九成宫回到长安。十一月丁丑，颁行新编定的《五经》。壬辰，开府仪同三司、齐国公长孙无忌任司空。十二月丙辰，太宗在少陵原打猎，命令用羊、猪二牲在杜如晦、杜淹、李纲的坟上祭奠。

［原文］

八年春正月癸未，右卫大将军阿史那吐苾卒。辛丑，右屯卫大将军张士贵讨东、西五洞反獠，平之。壬寅，命尚书右仆射李靖，特进萧瑀、杨恭仁，礼部尚书王珪，御史大夫韦挺，鄜(fū)州大都督府长史皇甫无逸，扬州大都督府长史李袭誉，幽州大都督府长史张亮，凉州大都督李大亮，右领军大将军窦诞，太子左庶子杜正伦，绵州刺史刘德威，黄门侍郎赵弘智使于四方，观省风俗。

［译文］

贞观八年（634 年）春正月癸未，右卫大将军阿史那吐苾去世。辛丑，右屯卫大将军张士贵讨伐东、西五洞反叛的獠族人，平定了他们的叛乱。壬寅，命令尚书右仆射李靖，特进萧瑀、杨恭仁，礼部尚书王珪，御史大夫韦挺，鄜州大都督府长史皇甫无逸，扬州大都督府长史李袭誉，幽州大都督府长史张亮，凉州大都督李大亮，右领军大将军窦诞，太子左庶子杜正伦，绵州刺史刘德威，黄门侍郎赵弘智出使四方，考察风俗民情。

［原文］

二月乙巳，皇太子加元服。丙午，赐天下酺三日。三月庚辰，幸九成宫。五月辛未朔，日有蚀之。丁丑，上初服翼善冠，贵臣服进德冠。七月，始以云麾将军阶为从三品。陇右山崩，大蛇屡见。山东、河南、淮南大水，遣使赈恤。八月甲子，有星孛(bèi)于虚、危，历于氐(dī)，十一月上旬乃灭。九月丁丑，皇太子来朝。

［译文］

二月乙巳，皇太子李承乾加冠。丙午，赐全国臣民会饮三天。三月庚辰，太宗临幸九成宫。五月辛未初一，出现日食。丁丑，皇上开始戴翼善冠，贵臣戴进德冠。七月，首次定武散官云麾将军的阶位为从三品。陇右发生山崩，大蛇屡次出现。山东、河南、淮南发生大水灾，太宗派使臣救济。八月甲子，有一颗彗星出现于虚、危宿之间，经过氐宿，到十一月上旬才消失。九月丁丑，皇太子朝见皇帝。

［原文］

冬十月，右骁卫大将军、褒国公段志玄击吐谷浑，破之，追奔

段志玄

段志玄是唐朝开国功臣，也是唐初的名将。李渊太原起兵时的追随者。

八百余里。甲子，至自九成宫。十一月辛未，右仆射、代国公李靖以疾辞官，授特进。丁亥，吐谷浑寇凉州。己丑，吐谷浑拘我行人赵德楷。十二月辛丑，命特进李靖、兵部尚书侯君集、刑部尚书任城王道宗、凉州都督李大亮等为大总管，各帅师分道以讨吐谷浑。壬子，越王泰为雍州牧。乙卯，帝从太上皇阅武于城西。是岁，龟兹、吐蕃、高昌、女国、石国遣使朝贡。

［译文］

冬十月，右骁卫大将军、褒国公段志玄攻打吐谷浑，击败了它，追赶逃敌八百多里。甲子，太宗从九成宫回到长安。十一月辛未，右仆射、代国公李靖因病辞官，授特进。丁亥，吐谷浑侵犯凉州。己丑，吐谷浑拘禁唐朝使者赵德楷。十二月辛丑，命令特进李靖、兵部尚书侯君集、刑部尚书任城王李道宗、凉州都督李大亮等为大总管，各率兵分路讨伐吐谷浑。壬子，越王李泰任雍州牧。乙卯，太宗跟随太上皇李渊在城西检阅军队。这一年，龟兹、吐蕃、高昌、女国、石国派使者来京朝贡。

［原文］

九年春三月，洮（táo）州羌叛，杀刺史孔长秀。壬午，大赦。每乡置长一人，佐二人。乙酉，盐泽道总管高甑（zēng）生大破叛羌之众。庚寅，敕天下户立三等，未尽升降，置为九等。

［译文］

贞观九年（635 年）春三月，洮州羌族反叛，杀死刺史孔长秀。壬午，发布大赦令。每个乡各设置乡长一人，乡佐二人。乙酉，盐泽道总管高甑生大败反叛的羌族民众。庚寅，下诏说天下的住户分成三等不能完全显示出住户资产的增减情况，现改为九等。

［原文］

夏四月壬寅，康国献狮子。闰月丁卯，日有蚀之。癸巳，大总管李靖、侯君集、李大亮、任城王道宗破吐谷浑于牛心堆。五月乙

未，又破之于乌海，追奔至柏海。副总管薛万均、薛万彻又破之于赤水源，获其名王二十人。庚子，太上皇崩于大安宫。壬子，李靖平吐谷浑于西海之上，获其王慕容伏允。以其子慕容顺光降，封为西平郡王，复其本国。秋七月甲寅，增修太庙为六室。

［译文］

夏四月壬寅，康国进献狮子。闰四月丁卯，出现日食。癸巳，大总管李靖、侯君集、李大亮、任城王李道宗在牛心堆击败吐谷浑。五月乙未，又在乌海击败吐谷浑，追击逃敌到了柏海。副总管薛万均、薛万彻又在赤水源击败吐谷浑，抓获吐谷浑有名的头领二十人。庚子，太上皇李渊在大安宫逝世。壬子，李靖在西海平定了吐谷浑，俘虏了吐谷浑王慕容伏允。由于慕容伏允的儿子慕容顺光投降唐朝，被封为西平郡王，吐谷浑国又得以恢复。秋七月甲寅，修葺太庙，将之扩大为六个室。

［原文］

冬十月庚寅，葬高祖太武皇帝于献陵。戊申，祔(fù)于太庙。辛丑，左仆射、魏国公房玄龄加开府仪同三司，余如故。十二月甲戌，吐谷浑西平郡王慕容顺光为其下所弑，遣兵部尚书侯君集率师安抚之，仍封顺光子诺曷钵(hé bō)为河源郡王，使统其众。右光禄大夫、宋国公萧瑀依旧特进，复令参预朝政。

［译文］

冬十月庚寅，安葬高祖太武皇帝李渊于献陵。戊申，在太庙合祭高祖和祖先。辛丑，左仆射、魏国公房玄龄加授开府仪同三司，其他官位封爵不变。十二月甲戌，吐谷浑西平郡王慕容顺光被他的属下杀害，太宗派兵部尚书侯君集率兵安抚吐谷浑，封慕容顺光的儿子慕容诺曷钵为河源郡王，让他统领吐谷浑军民。右光禄大夫、宋国公萧瑀依旧任特进，受命参与朝政。

［原文］

十年春正月壬子，尚书左仆射房玄龄、侍中魏徵上梁、陈、齐、周、隋五代史，诏藏于秘阁。癸丑，徙封赵王元景为荆王，鲁王元昌为汉王，郑王元礼为徐王，徐王元嘉为韩王，荆王元则为彭王，滕王元懿(yì)为郑王，吴王元轨为霍王，豳(bīn)王元凤为虢(guó)王，陈王元庆为道王，魏王灵夔为燕王，蜀王恪为吴王，越王泰为魏王，燕王祐为齐王，梁王愔(yīn)为蜀王，郯王恽(yùn)为蒋王，汉王贞为越王，申王慎为纪王。夏六月，以侍中魏徵为特进，仍知门下省事。壬申，中书令温彦博为尚书右仆射。甲戌，太常卿、安德郡公杨师道为侍中。己卯，皇后长孙氏

唐昭陵

崩于立政殿。冬十一月庚寅，葬文德皇后于昭陵。十二月壬申，吐谷浑河源郡王慕容诺曷钵来朝。乙亥，亲录京师囚徒。是岁，关内、河东疾病，命医赍药疗之。

［译文］

贞观十年（636年）春正月壬子，尚书左仆射房玄龄、侍中魏徵进献梁、陈、齐、周、隋五代史，太宗命令将这些书藏在秘阁。癸丑，改封赵王李元景为荆王，鲁三李元昌为汉王，郑王李元礼为徐王，徐王李元嘉为韩王，荆王李元则为彭王，滕王李元懿为郑王，吴王李元轨为霍王，豳王李元凤为虢王，陈王李元庆为道王，魏王李灵夔为燕王，蜀王李恪为吴王，越王李泰为魏王，燕王李祐为齐王，梁王李愔为蜀王，郯王李恽为蒋王，汉王李贞为越王，申王李慎为纪王。夏六月，任命侍中魏徵为特进，仍执掌门下省事务。壬申，中书令温彦博任尚书右仆射。甲戌，太常卿、安德郡公杨师道任侍中。己卯，皇后长孙氏在立政殿逝世。冬十一月庚寅，安葬文德皇后长孙氏于昭陵。十二月壬申，吐谷浑河源郡王慕容诺曷钵来朝见天子。乙亥，太宗亲自审察京师囚徒的罪状。这一年，关内、河东疾病流行，诏令医师携带药品前去治疗。

［原文］

十一年春正月丁亥朔，徙郐王元裕为邓王，谯王元名为舒王。癸巳，加魏王泰为雍州牧、左武侯大将军。庚子，颁新律令于天下。作飞山宫。甲寅，房玄龄等进所修《五礼》。诏所司行用之。

［译文］

贞观十一年（637年）春正月丁亥初一，改封郐王李元裕为邓王，谯王李元名为舒王。癸巳，加封魏王李泰为雍州牧、左武侯大将军。庚子，在全国颁布新制定的律令。建造飞山宫。甲寅，房玄龄等人进献他们所修撰的《五礼》。太宗命令主管礼仪的部门施行。

［原文］

二月丁巳，诏曰：

“夫生者天地之大德，寿者修短之一期。生有七尺之形，寿以百

龄为限，含灵禀气，莫不同焉。皆得之于自然，不可以分外企也。是以《礼记》云：‘君即位而为椑（bì）’。庄周云：‘劳我以形，息我以死。’岂非圣人远鉴，通贤深识？末代已来，明辟盖寡，靡不矜（jīn）黄屋之尊，虑白驹之过，并多拘忌，有慕遐年。谓云车易乘，羲（xī）轮可驻，异轨同趣，其蔽甚矣。有隋之季，海内横流，豺狼肆暴，吞噬黔首。朕投袂发愤，情深拯溺，扶翼义师，济斯涂炭。赖苍昊降鉴，股肱宣力，提剑指麾，天下大定。此朕之宿志，于斯已毕。犹恐身后之日，子子孙孙，习于流俗，犹循常礼，加四重之榇（chèn），伐百祀之木，劳扰百姓，崇厚园陵。今预为此制，务从俭约，于九嵕（zōng）之山，足容棺而已。积以岁月，渐而备之。木马涂车，土桴（fú）苇籥（yuè），事合古典，不为时用。又佐命功臣，或义深舟楫，或谋定帷幄，或身摧行阵，同济艰危，克成鸿业。

［译文］

二月丁巳，发布诏令说：

“生是天地的大德大恩，寿是或长或短的一个期限。生有七尺的身躯，寿以百岁为限度，包藏灵性、禀受天地之气的人类，没有什么不同。生与寿都得之于自然，是不能够分外企求的。所以《礼记》说：‘君主即位就制作棺木。’庄周说：‘躯体使我劳累，死亡使我休息。’这难道不是圣人的远见，通达事理的贤人的深识？近代以来，明君不多，为君者无不自负帝王尊贵，想到光阴流逝迅速，犹如白驹过隙，并且有不少拘限禁忌，因而思慕长生。认为仙人的云车容易乘坐，驾驭太阳的车可以停留，车轨不同趋向一致，他们所受的蒙蔽已经很厉害了。隋朝末年，天下大乱，豺狼恣行暴虐，吞噬百姓。朕挥袖而起，发愤努力，对拯救危难怀有一腔热情，护持义军，救民于涂炭之中。依赖苍天明察下情，辅佐之臣效劳出力，朕提剑指挥，终于使天下得到安定。这是朕平生的志向，现在已经实现了。但朕仍怕死后的日子，子子孙孙，习惯于流行的风俗，仍然遵循通常的礼仪，加四层的棺材，砍伐百年的巨木，骚扰百姓，追求大的陵园。现在预先写下这一诏令，丧事务必遵从节俭的原

庄周

庄周就是庄子，道家的代表人物，李唐皇室以道家的老子为祖先，深受道家思想的影响。

则，陵园设在九嵕山，地宫只要能够容纳棺木就够了。日积月累，逐渐齐备。陪葬木马泥车，土制的鼓，芦苇截成的笛，这样做符合古代的典章制度，不必制作时下流行的器具。另外，辅助朕立国的功臣，有的对朕情义之深犹如过大河所需的船和桨，有的在军队的帐幕中定下计谋，有的亲自冲锋陷阵，与朕一起度过艰难危险，成就大业。

［原文］

“追念在昔，何日忘之！使逝者无知，咸归寂寞；若营魂有识，还如畴曩(nǎng)，居止相望，不亦善乎？汉氏使将相陪陵，又给以东园秘器，笃终之义，恩意深厚，古人岂异我哉？自今已后，功臣密戚及德业佐时者，如有薨亡，宜赐茔(yíng)地一所，及以秘器，使窀穸(zhūn xī)之时，丧事无阙。所司依此营备，称朕意焉。”

［译文］

“追念往事，没有一天能够忘掉！假如死去的人没有知觉，那就尽可各居东西，都归于孤单冷清；如果魂魄有知，那就还像从前一样，居处相望，不也是很好的吗？汉朝让将相葬在天子陵墓附近，又供给他们东园制作的棺木，重视送终，恩义深厚，古人哪里不同于我们呢？从今以后，功臣近亲和德行、事业有助于当世的人，如果逝世，应当赐给坟地一处及所需的棺木，使埋葬的时候，丧事得以完满。有关主管部门照此筹措准备，就合朕的心意了。”

［原文］

甲子，幸洛阳宫，命祭汉文帝。三月丙戌朔，日有蚀之。丁亥，车驾至洛阳。丙申，改洛州为洛阳宫。辛亥，大蒐(sōu)于广城泽。癸丑，还宫。

［译文］

甲子，太宗前往洛阳宫，下令祭奠汉文帝。三月丙戌初一，出现日食。丁亥，车驾抵达洛阳。丙申，改洛州为洛阳宫。辛亥，在广城泽举行大规模的阅兵活动。癸丑，回到洛阳宫。

［原文］

夏四月甲子，震乾元殿前槐树。丙寅，诏河北、淮南举孝悌淳笃，兼闲时务；儒术该通，可为师范；文辞秀美，才堪著述；明识政体，可委字人。并志行修立，为乡闾所推者，给传诣洛阳宫。六月甲寅，尚书右仆射、虞国公温彦博薨。丁巳，幸明德宫。己未，定制诸王为世封刺史。戊辰，定制勋臣为世封刺史。改封任

城王李道宗为江夏郡王，赵郡王李孝恭为河间郡王。己巳，改封许王李元祥为江王。

［译文］

夏四月甲子，雷电击中乾元殿前的槐树。丙寅，太宗下令河北、淮南推举孝顺父母、敬爱兄长、淳厚朴实兼熟悉当代事务的人，博通儒术、可作为学习榜样的人，文辞秀美、才能可以担负著述任务的人和明悉施政的要领、可委以抚治百姓任务的人。而且这些人都必须是志向、操守为乡里所推崇的，由官府供给驿车送他们到洛阳宫。六月甲寅，尚书右仆射、虞国公温彦博逝世。丁巳，太宗驾临明德宫。己未，定立诸王任世袭刺史的制度。戊辰，定立功臣任世袭刺史的制度。改封任城王李道宗为江夏郡王，赵郡王李孝恭为河间郡王。己巳，改封许王李元祥为江王。

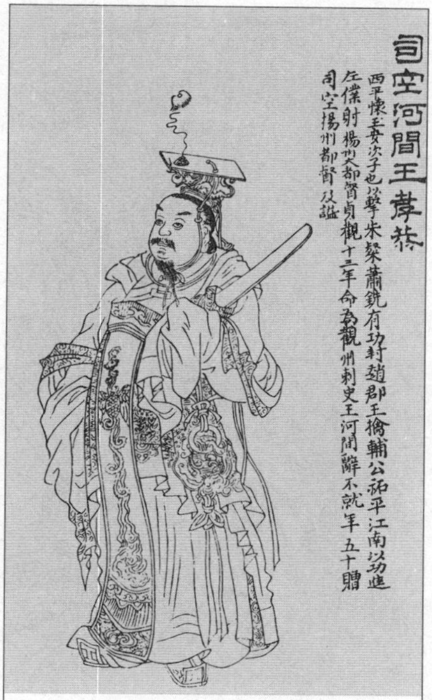

李孝恭

李孝恭是唐高祖李渊的族侄，唐初的名将。

［原文］

秋七月癸未，大霪(yín)雨。穀水溢入洛阳宫，深四尺，坏左掖门，毁宫寺十九所；洛水溢，漂六百家。庚寅，诏以灾命百官上封事，极言得失。丁酉，车驾还宫。壬寅，废明德宫及飞山宫之玄圃院，分给遭水之家，仍赐帛有差。丙午，修老君庙于亳(bó)州，宣尼庙于兖(yǎn)州，各给二十户享祀焉。凉武昭王复近墓二十户充守卫，仍禁刍牧樵采。九月丁亥，河溢，坏陕州河北县，毁河阳中潬(tān)。幸白司马坂以观之，赐遭水之家粟帛有差。冬十一月辛卯，幸怀州。乙未，狩于济源。丙午，车驾还宫。十二月辛酉，百济王遣其太子隆来朝。

［译文］

秋七月癸未，长时间地下大雨。穀水泛滥，流入洛阳宫，水深四尺，冲坏左掖门，冲毁宫观十九处；洛水泛滥，冲走六百家。庚寅，由于水灾，太宗命令群臣各上密封的奏章，毫无保留地说出自己对政治得失的看法。丁酉，太宗回到洛阳宫。壬寅，将明德宫和飞山宫的玄圃院，分给遭水淹的人家居住，还分等级赐给他

百济进贡唐朝

们丝织品。丙午，在亳州修建老君庙，在兖州修建宣尼庙，每个庙由二十户人家负责祭祀。免除靠近凉武昭王陵墓的二十户人家的徭役，让他们负责陵墓的守卫，仍旧禁止在墓地放牧砍柴。九月丁亥，黄河泛滥，冲坏陕州河北县，冲毁河阳县中潬城。太宗亲临白司马坂察看水情，分等级赐给遭水淹的人家粮食和丝织品。冬十一月辛卯，太宗到了怀州。乙未，在济源打猎。丙午，回到洛阳宫。十二月辛酉，百济王派他的太子隆来朝见天子。

［原文］

十二年春正月乙未，吏部尚书高士廉等上《氏族志》一百三十卷。壬寅，松、丛二州地震，坏人庐舍，有压死者。二月乙卯，车驾还京。癸亥，观砥柱，勒铭以纪功德。甲子，夜郎獠(liáo)反，夔(kuí)州都督齐善行讨平之。乙丑，次陕州，自新桥幸河北县，祀夏禹庙。丁卯，次柳谷顿，观盐池。戊寅，以隋鹰扬郎将尧君素忠于本朝，赠蒲州刺史，仍录其子孙。闰二月庚辰朔，日有蚀之。丙戌，至自洛阳宫。夏五月壬申，银青光禄大夫、永兴县公虞世南卒。六月庚子，初置玄武门左右飞骑。秋七月癸酉，吏部尚书、申国公高士廉为尚书右仆射。冬十月己卯，狩于始平，赐高年粟帛有差。乙未，至自始平。己亥，百济遣使贡金甲雕斧。十二月辛巳，右武侯将军上官怀仁大破山獠于壁州。

［译文］

贞观十二年（638年）春正月乙未，吏部尚书高士廉等人进献《氏族志》一百三十卷。壬寅，松、丛两州地震，毁坏百姓房屋，有人被压死。二月乙卯，太宗从洛阳回到长安。癸亥，观看砥柱，刻铭文记载功德。甲子，夜郎獠人反叛，被夔州都督齐善行平定。乙丑，在陕州停留，太宗自新桥到河北县，祭祀夏禹庙。丁卯，在柳谷顿停留，查看盐池。戊寅，太宗考虑隋鹰扬郎将尧君素一向忠于自己的朝廷，赠给他蒲州刺史的官号，还录用他的子孙为官。闰二月庚辰初一，出现日食。丙戌，从洛阳宫回到了长安。夏五月壬申，银青光禄大夫、永兴县公虞世南去世。

六月庚子，开始设立玄武门左右飞骑。秋七月癸酉，吏部尚书、申国公高士廉任尚书右仆射。冬十月己卯，太宗在始平打猎，分等级赐给那里的老人粮食和丝织品。乙未，从始平回到长安。己亥，百济派使者进献黄金甲和刻有花纹的斧子。十二月辛巳，右武侯将军上官怀仁在壁州大破山獠。

［原文］

十三年春正月乙巳朔，谒献陵。曲赦三原县及行从大辟罪。丁未，至自献陵。戊午，加房玄龄为太子少师。二月丙子，停世袭刺史。三月乙丑，有星孛于毕、昴（mǎo）。

［译文］

贞观十三年（639 年）春正月乙巳初一，太宗拜谒高祖的陵寝献陵。由于特殊原因，赦免三原县人及随从出行人员中犯有死罪的人。丁未，从献陵回到长安。戊午，加授房玄龄太子少师。二月丙子，取消世袭刺史制度。三月乙丑，有彗星出现于毕、昴宿之间。

［原文］

夏四月戊寅，幸九成宫。甲申，阿史那结社尔犯御营，伏诛。壬寅，云阳石燃者方丈，昼如灰，夜则有光，投草木于上则焚，历年而止。自去冬不雨至于五月。甲寅，避正殿，令五品以上上封事，减膳罢役，分使赈恤，申理冤屈，乃雨。

［译文］

夏四月戊寅，太宗驾临九成宫。甲申，阿史那结社尔侵犯禁卫军营帐，被处以死刑。壬寅，云阳县一块石头能燃烧，有一丈见方大小，白天像灰，晚上便有光，将草木扔到这石头上面就会燃烧，这种现象历时一年才消失。自前一年冬天持续到当年五月一直不下雨。甲寅，太宗不在正殿居住，命令五品以上官员分别呈上密封的奏章，减少肴馔，免除徭役，分派使者到各地救济百姓，为受冤屈的人昭雪，天于是下雨。

滕王阁

李元婴被封为滕王，后来做洪州（今江西南昌）都督，在任期间修建了滕王阁。后来唐代才子王勃作《滕王阁序》，使滕王阁名扬天下。

［原文］

六月丙申，封皇弟元婴为滕王。秋八月辛未朔，日有蚀之。庚辰，立右武候大将军、化州都督、怀化郡王李思摩为突厥可汗，率所部建牙于河北。

［译文］

六月丙申，封皇弟李元婴为滕王。秋八月辛未初一，出现日食。庚辰，立右武侯大将军、化州都督、怀化郡王李思摩为突厥可汗，让他率领部属在黄河北边建立官署。

［原文］

冬十月甲申，至自九成宫。十一月辛亥，侍中、安德郡公杨师道为中书令。十二月丁丑，吏部尚书、陈国公侯君集为交河道行军大总管，帅师伐高昌。乙亥，封皇子福为赵王。壬午，巂(xī)州都督王志远有罪，伏诛。诏于洛、相、幽、徐、齐、并、秦、蒲等州并置常平仓。己丑，吐谷浑河源郡王慕容诺曷钵来逆女。壬辰，狩于咸阳。是岁，滁州言："野蚕食槲(hú)叶，成茧大如柰(nài)，其色绿，凡六千五百七十石。"高丽、新罗、西突厥、吐火罗、康国、安国、波斯、疏勒、于阗(tián)、焉耆、高昌、林邑、昆明及荒服蛮酋，相次遣使朝贡。

［译文］

冬十月甲申，太宗从九成宫回到长安。十一月辛亥，侍中、安德郡公杨师道任中书令。十二月丁丑，吏部尚书、陈国公侯君集任交河道行军大总管，率军讨伐高昌。乙亥，封皇子李福为赵王。壬午，巂州都督王志远有罪被处死刑。太宗下令在洛、相、幽、徐、齐、并、秦、蒲等州设立常平仓。己丑，吐谷浑河源郡王慕容诺曷钵前来迎亲。壬辰，太宗在咸阳打猎。这一年，滁州报告说："野蚕吃槲树的叶子，结的茧大得像沙果，呈绿色，共收得六千五百七十石。"高丽、新罗、西突厥、吐火罗、康国、安国、波斯、疏勒、于阗、焉耆、高昌、林邑、昆明及边远地区的异族首领，相继派使者来京朝贡。

［原文］

十四年春正月庚子，初命有司读时令。甲寅，幸魏王泰宅。赦雍州及长安狱大辟罪已下。二月丁丑，幸国子学，亲释奠。赦大理、万年系囚，国子祭酒以下及学生高第精勤者加一级，赐帛有差。庚辰，左骁卫将军、淮阳王道明送弘化公主归于吐谷浑。壬午，幸温汤。辛卯，至自温汤。乙未，诏以梁皇侃、褚仲都，周熊安生、沈重，陈沈

文阿、周弘正、张讥，隋何妥、刘焯、刘炫等前代名儒，学徒多行其义，命求其后。

［译文］

贞观十四年（640年）春正月庚子，开始让主管部门宣布按季节制定的有关农事的政令。甲寅，太宗驾临魏王李泰的宅第。下令赦免雍州和长安监狱中死罪以下的囚犯。二月丁丑，太宗到国子学，亲自参与祭奠先师孔子。赦免大理寺、万年县在押的囚犯，国子祭酒以下学官及成绩优异学习勤奋的学生，提升一级，赐给丝织品，多少不等。庚辰，左骁卫将军、淮阳王李道明送弘化公主远嫁吐谷浑。壬午，太宗到温泉。辛卯，从温泉回到长安。乙未，发布诏令说梁代皇侃、褚仲都，周代熊安生、沈重，陈代沈文阿、周弘正、张讥，隋代何妥、刘焯、刘炫等前代名儒的学生多能实行老师的道义，命令寻找这些名儒的后代。

［原文］

三月戊午，置宁朔大使，以护突厥。夏五月壬戌，徙封燕王灵夔kuí为鲁王。六月乙酉，大风拔木。己丑，薛延陀遣使求婚。乙未，滁州野蚕成茧，凡收八千三百石。八月庚午，新作襄城宫。癸巳，交河道行军大总管侯君集平高昌，以其地置西州。九月癸卯，曲赦西州大辟罪。乙卯，于西州置安西都护府。

［译文］

三月戊午，设置宁朔大使，用来监视突厥。夏五月壬戌，改封燕王李灵夔为鲁王。六月乙酉，大风把树连根拔起。己丑，薛延陀派使者前来求婚。乙未，滁州野蚕结茧，共收得八千三百石。八月庚午，新建成襄城宫。癸巳，交河道行军大总管侯君集平定高昌，太宗在那里设置西州。九月癸卯，因特殊原因赦免西州死刑的罪犯。乙卯，在西州设立安西都护府。

［原文］

冬十月己卯，诏以赠司空、河间元王孝恭，赠陕东道大行台尚书右仆

刘政会

刘政会是唐高祖太原起兵的功臣，唐开国元勋。

射、郧(yún)节公殷开山，赠民部尚书、渝襄公刘政会等配飨(xiǎng)高祖庙庭。闰月乙未，幸同州。甲辰，狩于尧山。庚戌，至自同州。丙辰，吐蕃遣使献黄金器千斤以求婚。十一月甲子朔，日南至，有事于圆丘。十二月丁酉，交河道旋师。吏部尚书、陈国公侯君集执高昌王麴(qū)智盛，献捷于观德殿，行饮至之礼，赐酺三日。乙卯，高丽世子相权来朝。

［译文］

冬十月己卯，太宗下令让赠司空、河间元王李孝恭，赠陕东道大行台尚书右仆射、郧国公殷开山，赠民部尚书、渝襄公刘政会等人在高祖庙陪从受祭。闰十月乙未，太宗到同州。甲辰，在尧山狩猎。庚戌，从同州回到长安。丙辰，吐蕃派使者进献重约一千斤的黄金器物，向唐朝求婚。十一月甲子初一，是冬至日，太宗在圆丘祭天。十二月丁酉，交河道的军队归来。吏部尚书、陈国公侯君集押解高昌王麴智盛，到观德殿献战利品，天子行饮至礼犒劳将士，赐他们会饮三天。乙卯，高丽世子相权来朝见天子。

［原文］

十五年春正月丁卯，吐蕃遣其国相禄东赞来逆女。丁丑，礼部尚书、江夏王道宗送文成公主归吐蕃。辛巳，幸洛阳宫。三月戊申，幸襄城宫。庚午，废襄城宫。

［译文］

贞观十五年（641年）春正月丁卯，吐蕃派他的国相禄东赞前来迎亲。丁丑，礼部尚书、江夏王李道宗送文成公主远嫁吐蕃。辛巳，太宗到达洛阳宫。三月戊申，到襄城宫。庚午，废掉襄城宫。

［原文］

夏四月辛卯，诏以来年二月有事泰山，所司详定仪制。五月壬申，并州僧道及老人等抗表，以太原王业所因，明年登封已后，愿时临幸。上于武成殿赐宴，因从容谓侍臣曰："朕少在太原，喜群聚博戏，暑往寒逝，将三十年矣。"时会中有旧识上者，相与道旧以为笑乐。因谓之曰："他人之言，或有面谀。公等朕之故人，实以告朕，即日政教，于百姓何如？人间得无疾苦耶？"皆奏："即日四海太平，百姓欢乐，陛下力也。臣等余年，日惜一日，但眷恋圣化，不知疾苦。"因固请过并州。上谓曰："飞鸟过故乡，犹踯躅(zhí zhú)徘徊；况朕于太

原起义，遂定天下，复少小游观，诚所不忘。岱礼若毕，或冀与公等相见。”于是赐物各有差。丙子，百济王扶余璋卒。诏立其世子扶余义慈嗣其父位，仍封为带方郡王。

［译文］

夏四月辛卯，下令在第二年二月在泰山举行封禅大典，由有关主管部门详细制定封禅的礼仪制度。五月壬申，并州的和尚、道士及老人等上书，说成就王业有赖于太原，因而明年登泰山封禅之后，希望陛下驾临太原。太宗在武成殿设宴招待他们，从容地对随从左右的人说：“朕年幼时在太原，喜欢好多人聚在一块儿玩博戏取乐，寒来暑往，岁月流逝快三十年了。”当时宴会上有太宗的老相识，太宗和他们在一起叙故旧之情，十分快乐。太宗于是对他们说：“别人的话，或许是当面阿谀奉承。你们是朕的老朋友，请如实告诉朕，现在的政治教化，百姓认为怎么样？民间能没有疾苦吗？”大家都回答道：“现在天下太平，百姓欢乐，这都是陛下的功劳。我们这些人剩下的日子，一天比一天更加爱惜，只眷恋圣人的教化，不知道疾苦啊。”于是坚决请求太宗到并州去一趟。太宗对他们说：“飞鸟经过故乡，还要徘徊不前；何况朕在太原起义，终于平定天下，太原又是幼时游览的地方，确实是朕所不能忘怀的。泰山的封禅礼一旦结束，希望与你们相见。”于是赐给他们财物，各有差等。丙子，百济王扶余璋去世。太宗下令立他的嫡长子扶余义慈承继父位，仍封为带方郡王。

［原文］

六月戊申，诏天下诸州，举学综古今及孝悌淳笃、文章秀异者，并以来年二月总集泰山。己酉，有星孛于太微，犯郎位。丙辰，停封泰山，避正殿以思咎，命尚食减膳。秋七月甲戌，孛星灭。

［译文］

六月戊申，太宗下令天下各州，推荐学问纵贯古今和孝顺父母、敬爱兄长、淳厚朴实以及文辞优异的人，准备在第二年二月汇集于泰山。己酉，有彗星出现于太微垣，侵犯郎位。丙辰，太宗下令取消封泰山，不在

李世勣

李世勣本姓徐，是民间传说中的徐茂功的原型。他本是隋末瓦岗军李密的部下，后来投降唐朝，被赐李姓，并成为唐朝名将。后来为避唐太宗李世民的名讳，又改名为李勣。

正殿居住，自思过错，命令尚食局减少肴馔。秋七月甲戌，彗星消失。

［原文］

冬十月辛卯，大阅于伊阙。壬辰，幸嵩阳。辛丑，还宫。十一月壬戌，废乡长。壬申，还京师。癸酉，薛延陀以同罗、仆骨、回纥(hé)、靺鞨(mò hé)、霫(xí)之众度漠，屯于白道川。命营州都督张俭统所部兵压其东境；兵部尚书李勣为朔方行军总管，右卫大将军李大亮为灵州道行军总管，凉州都督李袭誉为凉州道行军总管，分道以御之。十二月戊子朔，至自洛阳宫。甲辰，李勣及薛延陀战于诺真水，大破之，斩首三千余级，获马万五千匹，薛延陀跳身而遁。勣旋破突厥思结于五台县，虏其男女千余口，获羊马称是。

［译文］

冬十月辛卯，太宗在伊阙大规模检阅军队。壬辰，太宗到嵩阳。辛丑，回洛阳宫。十一月壬戌，废除乡长。壬申，返回京师。癸酉，薛延陀率领同罗、仆骨、回纥、靺鞨、霫的士兵越过沙漠，屯驻于白道川。太宗命令营州都督张俭带领所统率的部队逼近敌人的东境；又命令兵部尚书李世勣任朔方行军总管，右卫大将军李大亮任灵州道行军总管，凉州都督李袭誉任凉州道行军总管，率兵分道抵御敌人。十二月戊子初一，从洛阳宫回到了长安。甲辰，李世勣在诺真水同薛延陀开战，大破敌军，斩首级三千多，获得马一万五千匹，薛延陀逃脱。李世勣接着在五台县打败突厥思结，俘获敌军男女一千余口，得到的羊、马数量与此相当。

［原文］

十六年春正月辛未，诏在京及诸州死罪囚徒，配西州为户，流人未达前所者，徙防西州。兼中书侍郎、江陵子岑文本为中书侍郎，专知机密。夏六月辛卯，诏复隐王建成曰隐太子，改封海陵剌(là)王元吉曰巢剌王。秋七月戊午，司空、赵国公无忌为司徒，尚书左仆射、梁国公玄龄为司空。九月丁巳，特进、郑国公魏徵为太子太师，知门下省事如故。

［译文］

贞观十六年（642 年）春正月辛未，太宗命令把京城和各州的死刑罪犯，发配到西州为住户，被流放的人还没有抵达流放地的，改送到西州戍边。任命兼中书侍郎、江陵子岑文本为中书侍郎，专门执掌机要事务。夏六月辛卯，命令恢复隐王李建成为隐太子，改封海陵剌王李元吉为巢剌王。秋七月戊午，司空、赵国公长孙无忌任司徒，尚书左仆射、梁国公房玄龄任司空。九月丁巳，特进、郑国公魏徵任太子太师，仍执掌门下省事务。

［原文］

冬十一月丙辰，狩于岐山。辛酉，使祭隋文帝陵。丁卯，宴武功士女于庆善宫南门。酒酣，上与父老等涕泣论旧事，老人等递起为舞，争上万岁寿，上各尽一杯。庚午，至自岐州。十二月癸卯，幸温汤。甲辰，狩于骊(lí)山，时阴寒晦冥，围兵断绝。上乘高望见之，欲舍其罚，恐亏军令，乃回辔(pèi)入谷以避之。是岁，高丽大臣盖苏文弑其君高武，而立武兄子藏为王。

［译文］

冬十一月丙辰，太宗到岐山打猎。辛酉，派人到隋文帝陵墓祭奠。丁卯，在庆善宫南门设宴招待武功县的上层男女人士。酒喝得高兴，太宗与武功父老等谈论往事，甚至哭泣落泪，众人等交替起身为太宗跳舞，竞相向太宗敬酒祝寿，太宗喝光每个人敬的酒。庚午，从岐州回到长安。十二月癸卯，太宗到温泉。甲辰，在骊山打猎，当时天色阴冷晦暗，围猎野兽的部队失去联络。太宗登高望见他们，想免掉他们应有的处罚，又怕损害军令的严肃性，于是掉转马头进入谷中以避开他们。这一年，高丽大臣盖苏文杀死高丽君主高武，而立高武哥哥的儿子高藏为王。

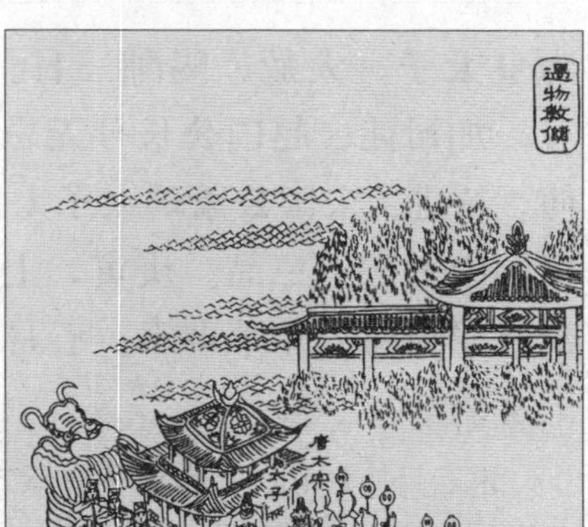

遇物教储

唐太宗立李治为太子后，每遇到一件事，都要教诲太子，使其明白为君的道理。行船时教育太子说：“水所以载舟，亦所以覆舟。民犹水也，君犹舟也。”

［原文］

十七年春正月戊辰，右卫将军、代州都督刘兰谋反，腰斩。太子太师、郑国公魏徵薨(hōng)。戊申，诏图画司徒、赵国公无忌等勋臣二十四人于凌烟阁。三月丙辰，齐州都督齐王祐杀长史权万纪、典军韦文振，据齐州自守，诏兵部尚书李勣、刑部尚书刘德威发兵讨之。兵未至，兵曹杜行敏执之而降，遂赐死于内侍省。丁巳，荧惑守心前星，十九日而退。

［译文］

贞观十七年（643年）春正月戊辰，右

萧 瑀

卫将军、代州都督刘兰图谋造反，被腰斩。太子太师、郑国公魏徵逝世。戊申，命令画司徒、赵国公长孙无忌等二十四个功臣的像放在凌烟阁。三月丙辰，齐州都督齐王李祐杀死齐州长史权万纪、典军韦文振，占领齐州，据城自守，太宗下诏命令兵部尚书李世勣、刑部尚书刘德威调兵讨伐。军队还没有开到，齐州兵曹杜行敏抓住齐王投降，于是押送齐王入京，太宗赐死齐王于内侍省。丁巳，火星出现在心宿前那颗星星的位置上，十九天才隐没。

［原文］

夏四月庚辰朔，皇太子有罪，废为庶人。汉王元昌、吏部尚书侯君集并坐与连谋，伏诛。丙戌，立晋王治为皇太子，大赦，赐酺三日。丁亥，中书令杨师道为吏部尚书。己丑，加司徒、赵国公长孙无忌太子太师，司空、梁国公房玄龄太子太傅，特进、宋国公萧瑀太子太保，兵部尚书、英国公李勣为太子詹事，仍同中书门下三品。庚寅，上亲谒太庙，以谢承乾之过。癸巳，魏王泰以罪降爵为东莱郡王。五月乙丑，手诏举孝廉茂才异能之士。

［译文］

夏四月庚辰初一，皇太子李承乾触犯律法，被废为平民。汉王李元昌、吏部尚书侯君集都犯有与太子同谋的罪，被处以死刑。丙戌，立晋王李治为皇太子，发布大赦令，赐天下会饮三天。丁亥，中书令杨师道任吏部尚书。己丑，加授司徒、赵国公长孙无忌太子太师，司空、梁国公房玄龄太子太傅，加授特进、宋国公萧瑀太子太保，兵部尚书、英国公李世勣太子詹事，两人又任同中书门下三品。庚寅，太宗亲自晋谒太庙，就原太子李承乾的罪过向祖先道歉。癸巳，魏王李泰因罪降爵为东莱郡王。五月乙丑，太宗亲下诏书命令各地推举孝顺廉洁且才能杰出的士人。

［原文］

六月己卯朔，日有蚀之。壬午，改葬隋恭帝。丁酉，尚书右仆射高士廉请致仕，诏以为开府仪同三司、同中书门下三品。闰月戊午，薛延陀遣其兄子突利设献马五万匹、牛驼一万、羊十万以请婚，许之。丙子，徙封东莱郡王泰为顺阳王。

［译文］

六月己卯初一，出现日食。壬午，改葬隋恭帝。丁酉，尚书右仆射高士廉请求归老，太宗命他任开府仪同三司、同中书门下三品。闰六月戊午，薛延陀可汗派他哥哥的儿子突利设进献马五万匹、牛和骆驼一万头、羊十万只，向唐朝求婚，太宗应允。丙子，改封东莱郡王李泰为顺阳王。

［原文］

秋七月庚辰，京城讹(é)言云："上遣枨(chéng)枨取人心肝，以祠天狗。"递相惊悚。上遣使遍加宣谕，月余乃止。丁酉，司空、太子太傅、梁国公房玄龄以母忧罢职。八月，工部尚书、郧国公张亮为刑部尚书，参预朝政。九月癸未，徙庶人承乾于黔州。冬十月丁巳，房玄龄起复本职。十一月己卯，有事于南郊。壬午，赐天下酺三日。以凉州获瑞石，曲赦凉州，并录京城及诸州系囚，多所原宥。

［译文］

秋七月庚辰，京城有谣言说："皇帝派枨枨（传说中的恶鬼）取人心肝，用来祭天狗。"百姓都惊恐不安。太宗派使者到处宣传解释，过了一个多月风波才平息。丁酉，司空、太子太傅、梁国公房玄龄因母丧停职。八月，工部尚书、郧国公张亮任刑部尚书，参与朝政。九月癸未，流放平民李承乾到黔州。冬十月丁巳，房玄龄又被起用担任原来的职务。十一月己卯，太宗在南郊祭天。壬午，赐天下会饮三日。由于凉州获得吉祥之石，特赦凉州的罪犯，并审察京城及各州在押囚犯的罪状，有不少人受到宽赦。

［原文］

十八年春正月壬寅，幸温汤。夏四月辛亥，幸九成宫。秋八月甲子，至自九成宫。丁卯，散骑常侍、清苑男刘洎(jì)为侍中，中书侍郎、江陵子岑文本，中书侍郎马周，并为中书令。九月，黄门侍郎褚遂良参预朝政。冬十月辛丑朔，日有蚀之。甲辰，初置太子司议郎官员。甲寅，幸洛阳宫。安西都护郭孝恪帅师灭焉耆(qí)，执其王突骑支送行在所。十一月壬寅，车驾至洛阳宫。庚子，命太子詹事、英国公李勣为辽东道行军总管，出柳城，礼部尚书、江夏郡王道宗副之，刑部尚书、郧国公张亮为平壤道行军总管，以舟师出莱州，左领军常何、泸州都督左难当副之。发天下甲士，召募十万，并趣平壤，以伐高丽。十二月辛丑，庶人承乾死。

［译文］

贞观十八年（644 年）春正月壬寅，太宗到温泉。夏四月辛亥，到九成宫。秋八月甲子，从九成宫回到长安。丁卯，散骑常侍、清苑县男刘洎任侍中，中书侍郎、江陵县子岑文本，中书侍郎马周，同任中书令。九月，黄门侍郎褚遂良参与朝政。冬十月辛丑初一，出现日食。甲辰，开始设立太子司议郎的官职。甲寅，太宗前往洛阳宫。安西都护郭孝恪率兵灭焉耆，捉住焉耆王突骑支，送往天子所在的地方。十一月壬寅，太宗抵达洛阳宫。庚子，命令太子詹事、英国公李勣任辽东道行军总管，从柳城出兵，礼部尚书、江夏郡王李道宗辅助他，刑部尚书、郧国公张亮任平壤道行军总管，率水师从莱州出发，左领军常何、泸州都督左难当辅助他。征调天下的兵士，又招募到兵士十万人，同去平壤，征讨高丽。十二月辛丑，平民李承乾去世。

［原文］

十九年春二月庚戌，上亲统六军发洛阳。乙卯，诏皇太子留定州监国，开府仪同三司、申国公高士廉摄太子太傅，与侍中刘洎、中书令马周、太子少詹事张行成、太子右庶子高季辅五人同掌机务，以吏部尚书、安德郡公杨师道为中书令。赠殷比干为太师，谥曰忠烈，命所司封墓，葺(qì)祠堂，春秋祠以少牢，上自为文以祭之。三月壬辰，上发定州，以司徒、太子太师兼检校侍中、赵国公长孙无忌，中书令岑文本、杨师道从。

［译文］

贞观十九年（645 年）春二月庚戌，太宗亲自统率六军自洛阳出发。乙卯，命令皇太子李治留在定州代理国政，任命开府仪同三司、申国公高士廉代理太子太傅，与侍中刘洎、中书令马周、太子少詹事张行成、太子右庶子高季辅五人共同掌管机要事务，任用吏部尚书、安德郡公杨师道为中书令。追赠殷代比干为太师，定谥号为“忠烈”，命令有关主管部门给他的坟墓添土，并修葺祠堂，每年春秋二季用猪、羊二牲祭奠，太宗亲自写祭文。三月壬辰，太宗从定州出发，司徒、太子太师兼检校侍中、赵国公长孙无忌，中书令岑文本、杨师道随从。

［原文］

夏四月癸卯，誓师于幽州城南，因大飨(xiǎng)六军以遣之。丁未，中书令岑文本卒于师。癸亥，辽东道行军大总管、英国公李勣攻盖牟城，破之。五月丁丑，车驾渡辽。甲申，上亲率铁骑与李勣会围辽东城，因烈风发火弩，斯须城上屋及楼皆尽，麾战士令登，乃拔之。

［译文］

夏四月癸卯，在幽州城南誓师，大宴六军将士，然后出征。丁未，中书令岑文本去世于军中。癸亥，辽东道行军大总管、英国公李世勣进攻盖牟城，击破了它。五月丁丑，太宗渡过辽水。甲申，太宗亲自率领精锐的骑兵与李世勣合围辽东城，借助大风接连发射火弩，不一会儿城上的房屋和城楼全被烧光，于是指挥战士登城，随即拿下了这座城。

［原文］

六月丙辰，师至安市城。丁巳，高丽别将高延寿、高惠真帅兵十五万来援安市，以拒王师。李勣率兵奋击，上自高峰引军临之，高丽大溃，杀获不可胜纪。延寿等以其众降，因名所幸山为驻跸山，刻石纪功焉。赐天下大酺二日。秋七月，李勣进军攻安市城，至九月不克，乃班师。

［译文］

六月丙辰，部队到达安市城下。丁巳，高丽偏将高延寿、高惠真率兵十五万来援救安市，抵抗太宗的军队。李世勣率兵奋力进击，太宗从高山上领兵俯冲敌阵，高丽军大败，杀死和俘获的敌兵多得没法计算。高延寿等带领剩下的兵士投降，于是太宗将所到的山改名为驻跸山，并在那里刻石记功。下令赐天下会饮两天。秋七月，李世勣进军攻打安市城，到九月仍没有攻下，于是班师回朝。

［原文］

冬十月丙辰，入临渝关，皇太子自定州迎谒。戊午，次汉武台，刻石以纪功德。十一月辛未，幸幽州。癸酉，大飨（xiǎng），还师。十二月戊申，幸并州。侍中、清苑男刘洎（jì）以罪赐死。是岁，薛延陀真珠毗伽可汗死。

［译文］

冬十月丙辰，进入临渝关，皇太子李治从定州来关上迎接太宗。戊午，太宗在汉武台停留，刻石记载功德。十一月辛未，太宗到幽州。癸酉，大宴将士，接着军队撤回。十二月戊申，到并州。侍中、清苑县男刘洎因有罪被赐死。这一年，薛延陀真珠毗伽可汗去世。

［原文］

二十年春正月，上在并州。丁丑，遣大理卿孙伏伽、黄门侍郎褚遂良等二十二人，以六条巡察四方，黜陟（chù zhì）官吏。庚辰，曲赦并州，宴从官及起义元从，赐粟帛、给复有差。三月己巳，车驾至京师。己

丑，刑部尚书、郧(yún)国公张亮谋反，诛。闰月癸巳朔，日有蚀之。

［译文］

贞观二十年（646 年）春正月，太宗在并州。丁丑，派大理卿孙伏伽、黄门侍郎褚遂良等二十二人，用汉代制定的六条标准巡察四方，升降官吏。庚辰，因特殊情况赦免并州的罪犯，设宴招待随从的官员和一开始就跟从起义的战士，分等级赐给他们粮食、丝织品并免除徭役。三月己巳，太宗抵达京师。己丑，刑部尚书、郧国公张亮图谋造反，被处死。闰三月癸巳初一，出现日食。

［原文］

夏四月甲子，太子太师、赵国公长孙无忌，太子太傅、梁国公房玄龄，太子太保、宋国公萧瑀各辞调护之职，诏许之。六月，遣兵部尚书、固安公崔敦礼，特进、英国公李勣击破薛延陀于郁督军山北，前后斩首五千余级，虏男女三万余人。

［译文］

夏四月甲子，太子太师、赵国公长孙无忌，太子太傅、梁国公房玄龄，太子太保、宋国公萧瑀各辞去调教辅佐太子李治的职务，太宗批准。六月，派兵部尚书、固安县公崔敦礼，特进、英国公李世勣在郁督军山北击败薛延陀，先后斩敌军首级五千多，俘获男女三万多人。

［原文］

秋八月甲子，封皇孙忠为陈王。己巳，幸灵州。庚午，次泾阳顿。铁勒回纥、拔野古、同罗、仆骨、多滥葛、思结、阿跌、契苾、跌结、浑、斛薛等十一姓各遣使朝贡，奏称："延陀可汗不事大国，部落乌散，不知所之。奴等各有分地，不能逐延陀去，归命天子，乞置汉官。"诏遣会灵州。九月甲辰，铁勒诸部落俟斤、颉利发等遣使相继而至灵州者数千人，来贡方物，因请置吏，咸请至尊为可汗。于是北荒悉平，为五言诗勒石以序其事。辛亥，灵州地震有声。冬十月，前太子太保、宋国公萧瑀贬商州刺史。丙戌，至自灵州。

［译文］

秋八月甲子，封皇孙李忠为陈王。己巳，太宗到灵州。庚午，在泾阳顿停留。铁勒族中的回纥、拔野古、同罗、仆骨、多滥葛、思结、阿跌、契苾、跌结、浑、斛薛等十一个部落各派使者前来朝贡，进奏说："薛延陀的可汗不侍奉大国，部落如鸟兽散状，不知道往哪儿去了。我等各有自己的地盘，不能跟随薛延陀走，现归顺天子，请求在我们那儿设置汉族的官吏。"太宗命令他们派人到灵州聚会。九月甲辰，铁勒各部落的俟斤、颉利发等派使者相继到达灵州的有数千人，他们前来进献特产，接着要求设置汉族官吏，都尊称太宗为他们的可汗。于是北部边远地区全部平定，太宗写了一首五言诗刻在石上记叙这件事。辛亥，灵州发生地震，可听到声音。冬十月，原太子太保、宋国公萧瑀被贬为商州刺史。丙戌，太宗自灵州回到长安。

孔安国
孔安国是孔子后裔，西汉的大儒。

［原文］

二十一年春正月壬辰，开府仪同三司、申国公高士廉薨。丁酉，诏以来年二月有事泰山。甲寅，赐京师酺三日。二月壬申，诏以左丘明、卜子夏、公羊高、穀（gǔ）梁赤、伏胜、高堂生、戴圣、毛苌（cháng）、孔安国、刘向、郑众、杜子春、马融、卢植、郑康成、服子慎、何休、王肃、王辅嗣、杜元凯、范宁等二十一人，代用其书，垂于国胄，自今有事于太学，并命配享宣尼庙堂。丁丑，皇太子于国学释菜。

［译文］

贞观二十一年（647年）春正月壬辰，开府仪同三司、申国公高士廉逝世。丁酉，下令第二年二月在泰山封禅。甲寅，赐京师会饮三天。二月壬申，太宗下诏说左丘明、卜子夏、公羊高、穀梁赤、伏胜、高堂生、戴圣、毛苌、孔安国、刘向、郑众、杜子春、马融、卢植、郑康成、服子慎、何休、王肃、王辅嗣、杜元凯、范宁等二十一人，世代使用他们的书，恩惠及于王公贵族的子弟，从今以后太学祭祀，让他们在孔子庙堂陪同受祭。丁丑，皇太子李治在国学放置芹藻祭奠先师孔子。

［原文］

夏四月乙丑，营太和宫于终南之上，改为翠微宫。五月戊子，幸翠微宫。六月癸亥，司徒、赵国公无忌加授扬州都督。秋七月庚子，建玉华宫于宜君县之凤凰谷。庚戌，至自翠微宫。八月壬戌，诏以河北大水，停封禅。辛未，骨利干国遣使贡名马。丁酉，封皇子明为曹王。冬十一月癸卯，徙封顺阳王泰为濮王。十二月戊寅，

左骁卫大将军阿史那社尔、右骁卫大将军契苾(bì)何力、安西都护郭孝恪、司农卿杨弘礼为昆山道行军大总管，以伐龟兹。是岁，堕婆登、乙利、鼻林送、都播、羊同、石、波斯、康国、吐火罗、阿悉吉等远夷十九国，并遣使朝贡。又于突厥之北至于回纥部落，置驿六十六所，以通北荒焉。

［译文］

夏四月乙丑，在终南山上营造太和宫，改名为翠微宫。五月戊子，太宗驾临翠微宫。六月癸亥，司徒、赵国公长孙无忌加授扬州都督。秋七月庚子，在宜君县的凤凰谷建玉华宫。庚戌，从翠微宫回到长安。八月壬戌，下诏说河北发生大水灾，取消原定第二年举行的封禅典礼。辛未，骨利干国派使者进献名马。丁酉，封皇子李明为曹王。冬十一月癸卯，改封顺阳王李泰为濮王。十二月戊寅，任命左骁卫大将军阿史那社尔、右骁卫大将军契苾何力、安西都护郭孝恪、司农卿杨弘礼为昆山道行军大总管，领兵讨伐龟兹。这一年，堕婆登、乙利、鼻林送、都播、羊同、石、波斯、康国、吐火罗、阿悉吉等远方异族的十九个国家，都派使者入朝进贡。又在突厥的北边到回纥部之间，设立驿站六十六处，使去往北部荒远地区的道路得以畅通。

［原文］

二十二年春正月庚寅，中书令马周卒。司徒、赵国公无忌兼检校中书令，知尚书门下二省事。己亥，刑部侍郎崔仁师为中书侍郎，参知机务。戊戌，幸温汤。戊申，还宫。二月，前黄门侍郎褚遂良起复黄门侍郎。中书侍郎崔仁师除名，配流连州。癸丑，西番沙钵罗叶护率众归附，以其俟斤屈裴禄为忠武将军，兼大俟斤。戊午，以结骨部置坚昆都督。乙亥，幸玉华宫，乙卯，赐所经高年笃疾粟帛有差。己卯，搜于华原。

［译文］

贞观二十二年（648年）春正月庚寅，中书令马周去世。司徒、赵国公长孙无忌兼任检校中书令，执掌尚书、门下两省事务。己亥，刑部侍郎崔仁师任中书侍郎，参与执掌机要事务。戊戌，太宗到温泉。戊申，回宫。二月，前任黄门侍郎褚遂良又被起用担任黄门侍郎。中书侍郎崔仁师被从官籍中除名，流放连州。癸丑，西部异族首领沙钵罗叶护率领他的臣民归附唐朝，太宗任命他的俟斤屈裴禄为忠武将军，兼大俟斤。戊午，在结骨部落设置坚昆都督。乙亥，太宗前往玉华宫。乙卯，赐给所经之地高龄有重病的人粮食和丝织品，多少不等。己卯，太宗在华原打猎。

［原文］

四月甲寅，碛(qì)外蕃(bō)人争牧马出界，上亲临断决，然后咸服。丁巳，右武侯将军梁建方击松外蛮，下其部落七十二所。五月庚子，右卫率长史王玄策击帝那伏帝国，大破之，获其王阿罗那顺及王妃、子等，虏男女万二千人、牛马二万余以诣阙。使方士那罗迩娑(ěr suō)婆于金飚(biāo)门造延年之药。吐蕃赞普击破中天竺国，遣使献捷。六月癸酉，特进、宋国公萧瑀薨。秋七月癸卯，司空、梁国公房玄龄薨。八月己酉朔，日有蚀之。九月己亥，黄门侍郎褚遂良为中书令。

［译文］

四月甲寅，沙漠以北的异族人为牧马越出疆界而争斗，太宗亲自裁决，各方都信服。丁巳，右武侯将军梁建方进攻松外蛮，打下它的部落七十二个。五月庚子，右卫率长史王玄等进攻帝那伏帝国，大破敌兵，捉到国王阿罗那顺及王妃、王子等，俘获男女一万二千人、牛马两万多头而后还朝。派方士那罗迩娑婆在金飙门制造延长寿命的药。吐蕃赞普击破中天竺国，派使者来献战利品。六月癸酉，特进、宋国公萧瑀逝世。秋七月癸卯，司空、梁国公房玄龄逝世。八月己酉初一，出现日食。九月己亥，黄门侍郎褚遂良任中书令。

［原文］

十月癸亥，至自玉华宫。十一月戊戌，眉、邛(qióng)、雅三州獠反，右卫将军梁建方讨平之。庚子，契丹帅窟哥、奚帅可度者并率其部内属。以契丹部为松漠都督，以奚部置饶乐都督。十二月乙卯，增置殿中侍御史、监察御史各二员，大理寺置平事十员。闰月丁丑朔，昆山道总管阿史那社尔降处密、处月，破龟兹大拨等五十城，虏数万口，执龟兹王诃黎布失毕以归，龟兹平，西域震骇。副将薛万彻胁于阗(tián)王伏阇(shé)信入朝。癸未，新罗王遣其相伊赞干金春秋及其子文王来朝。是岁，新罗女王金善德死，遣册立其妹真德为新罗王。

［译文］

十月癸亥，太宗从玉华宫回到长安。十一月戊戌，眉、邛、雅三州的獠人反叛，右卫将军梁建方将他们平定。庚子，契丹首领窟哥、奚人首领可度者都率部归附唐朝。太宗下诏在契丹部落设立松漠都督，在奚人部落设立饶乐都督。十二月乙卯，增设殿中侍御史、监察御史各两人，大理寺设平事十人。闰十二月丁丑初一，昆山道总管阿史那社尔降服处密、处月，攻破龟兹大拨等五十座城，俘获数万人，捉拿龟兹王诃黎布失毕回朝，龟兹平定，西域各国震惊。副将薛万彻胁迫于阗王伏

阁信入朝。癸未，新罗王派她的宰相伊赞千金春秋和她的儿子文王来朝见天子。这一年，新罗女王金善德去世，太宗派使者册封她的妹妹金真德为新罗王。

［原文］

二十三年春正月辛亥，俘龟兹王诃黎布失毕及其相那利等，献于社庙。二月丙戌，置瑶池都督府，隶安西都护府。丁亥，西突厥肆叶护可汗遣使来朝。三月丙辰，置丰州都督府。自去冬不雨，至于此月己未乃雨。辛酉，大赦。丁卯，敕皇太子于金液门听政。是月，日赤无光。

［译文］

贞观二十三年（649年）春正月辛亥，将俘获的龟兹王诃黎布失毕和他的宰相那利等，献到祭土神的庙里。二月丙戌，设立瑶池都督府，隶属于安西都护府。丁亥，西突厥肆叶护可汗派使者来朝见天子。三月丙辰，设立丰州都督府。自去年冬天不下雨，到了这月己未才下雨。辛酉，发布大赦令。丁卯，命令皇太子李治在金液门处理政务。这一月，太阳发红无光。

［原文］

四月己亥，幸翠微宫。五月戊午，太子詹事、英国公李勣为叠州都督。辛酉，开府仪同三司、卫国公李靖薨。己巳，上崩于含风殿，年五十二。遗诏皇太子即位于柩(jiù)前，丧纪宜用汉制，秘不发丧。庚午，遣旧将统飞骑劲兵从皇太子先还京，发六府甲士四千人，分列于道及安化门，翼从乃入。大行御马舆，从官侍御如常。壬申，发丧。六月甲戌朔，殡于太极殿。八月丙子，百僚上谥曰文皇帝，庙号太宗。庚寅，葬昭陵。上元元年八月，改上尊号曰文武圣皇帝。天宝十三载二月，改上尊号为文武大圣大广孝皇帝。

［译文］

四月己亥，太宗到翠微宫。五月戊午，太子詹事、英国公李世勣任叠州都督。辛酉，开府仪同三司、卫国公李靖逝世。己巳，太宗在含风殿逝世，享年五十二岁。太宗遗诏命皇太子李治在灵柩前即位，说丧事应当按照汉代的制度办理，暂不公布天子逝世的消息。庚午，由太宗旧将统率飞骑营的精壮士兵随从皇太子李治先回京，再调集六府披甲的士兵四千人，分列于道路及安化门，用这些士兵为护卫侍从，而后太宗的车驾才入京。太宗所用的车马，以及侍从和护卫的官吏，都和他生前一样。壬申，向天下公布太宗逝世的消息。六月甲戌初一，停柩于太极殿。八月丙子，百官进献谥号为文皇帝，庙号太宗。庚寅，葬于昭陵。上元元年（674年）

八月，改进献尊号为文武圣皇帝。天宝十三年（754 年）二月，改进献尊号为文武大圣大广孝皇帝。

［原文］

史臣曰：臣观文皇帝，发迹多奇，聪明神武。拔人物则不私于党，负志业则咸尽其才。所以屈突、尉迟，由仇敌而愿倾心膂。马周、刘洎，自疏远而卒委钧衡。终平泰阶，谅由斯道。尝试论之：础润云兴，虫鸣螽（zhōng）跃。虽尧、舜之圣，不能用梼杌（táo wù）、穷奇而治平；伊、吕之贤，不能为夏桀、殷辛而昌盛。君臣之际，遭遇斯难，以至抉目剖心，虫流筋擢，良由遭值之异也。以房、魏之智，不逾于丘、轲，遂能尊主庇民者，遭时也。或曰：以太宗之贤，失爱于昆弟，失教于诸子，何也？曰：然。舜不能仁四罪，尧不能训丹朱，斯前志也。当神尧任谗之年，建成忌功之日，苟除畏逼，孰顾分崩？变故之兴，间不容发，方惧“毁巢”之祸，宁虞“尺布”之谣？承乾之愚，圣父不能移也。若文皇自定储于哲嗣，不骋志于高丽，用人如贞观之初，纳谏比魏徵之日，况周发、周成之世袭，我有遗妍，较汉文、汉武之恢弘，彼多惭德。迹其听断不惑，从善如流，千载可称，一人而已！

［译文］

史官说：臣看到的唐太宗，创业立功，才能出众，是个聪慧多智、精明威武的人。他选拔人才不偏私，让胸怀志向、事业的人都能充分发挥自己的才能。所以屈突通、尉迟恭，由仇敌转而愿意竭尽心力为其效力。马周、刘洎，自关系疏远而最终被委以宰相的重任。最终实现天下太平，确实因为这个道理。臣曾听说这样的事：柱子下的石墩湿润，空中就会云起雨落，昆虫叫唤，蚱蜢就会跳跃。纵然尧、舜圣明，不可能任用梼机、穷奇而使天下太平；伊尹、吕尚贤能，不可能辅助夏桀、殷纣而使国家昌盛。君臣之间，相合是困难的，以至于伍子胥被挖眼，比干被剖心，齐桓公尸体腐烂生蛆，齐湣王被抽筋而死，这实在是由于遇到的人不对造成的。

屈突通

以房玄龄、魏徵的才智而论，没有超过孔丘、孟轲，之所以能使君主尊贵，百姓受到保护，是因为遇到了机缘。有人问：太宗贤明，却对兄弟毫无仁爱，对儿子们有失教诲，为什么这样呢？回答说：是这样的。舜不能施仁于四个被惩处的恶人，尧不能教育好丹朱，这是过去的记载中说的。当神尧皇帝任用谗人的年月，李建成嫉妒太宗的功劳的时候，只想能消除威胁畏惧，谁还顾得上家族的分崩离析呢？那时变故的发生迫在眉睫，太宗正害怕“毁巢”的灾祸，哪里会考虑到“兄弟二人不能相容”的歌谣？李承乾的愚昧，是做父亲的太宗再圣明也不能改变的。假如太宗自己选定贤明的太子，又没有随心所欲地攻打高丽，任用人才像贞观初年那样，接受谏言如同魏徵在世的时候，那么，较之周武王、周成王的王位世代相袭，我们自己有美德遗留于世，同汉文帝、汉武帝的气度恢弘相比，他们多半会因为自己的行事有缺欠而惭愧于心。推究太宗的听言断事不受迷惑，从善如流，千年以来，只有他一人而已！

[原文]

赞曰：昌、发启国，一门三圣。文定高位，友于不令。管、蔡既诛，成、康道正。贞观之风，到今歌咏。

[译文]

赞辞：姬昌、姬发开国，一个家族三位圣人。唐太宗奠定帝位，对待兄弟有恶名。管叔、蔡叔被杀之后，成王、康王走上正确的道路。贞观的风尚，至今为人们所歌咏。

狄仁杰传

狄仁杰

[原文]

狄仁杰字怀英，并州太原人也。祖孝绪，贞观中尚书左丞。父知逊，夔州长史。仁杰儿童时，门人有被害者，县吏就诘之，众皆接对，唯仁杰坚坐读书。吏责之，仁杰曰：“黄卷之中，圣贤备在，犹不能接对，何暇偶俗吏，而见责耶？”后以明经举，授汴州判佐。时工部尚书阎立本为河南道黜陟使，仁杰为吏人诬告，立本见而谢曰：“仲尼云：‘观过知仁矣。’足

下可谓海曲之明珠，东南之遗宝。”荐授并州都督府法曹。其亲在河阳别业，仁杰赴并州，登太行山，南望见白云孤飞，谓左右曰：“吾亲所居，在此云下。”瞻望伫立久之，云移乃行。仁杰孝友绝人，在并州，有同府法曹郑崇质，母老且病，当充使绝域。仁杰谓曰：“太夫人有危疾，而公远使，岂可贻亲万里之忧？”乃诣长史蔺(lìn)仁基，请代崇质而行。时仁基与司马李孝廉不协，因谓曰：“吾等岂独无愧耶？”由是相待如初。

[译文]

狄仁杰字怀英，并州太原人。祖父狄孝绪，贞观年间曾任尚书左丞。父亲狄知逊，曾任夔州长史。狄仁杰还是小孩的时候，家中有一看门人被害，县里的小官吏来询问情况，大家都去接待和回答问题，只有狄仁杰坐着不动，继续读书。小官吏责备他，狄仁杰说：“书卷之中，圣人贤人全在，我尚且不能接待应对，哪有闲空陪世俗小吏，而受他的责问呢？”后来狄仁杰考中明经，朝廷授予他汴州判佐的职位。当时工部尚书阎立本任河南黜陟使，狄仁杰被官吏诬告，阎立本召见并向他表示歉意说：“孔子说：‘考察一个人犯的是什么错误，就能知道他有没有仁德了。’足下可说是海角的明珠，东南方未被发现的宝物。”于是向朝廷推荐他担任并州都督府法曹。当时狄仁杰的父母居住在河阳县，狄仁杰赶赴并州，登上太行山，往南望见一片白云独自在空中飘荡，就对随从的人说：“我父母所住的地方，就在这片白云之下。”他长时间站在那儿瞻望白云，等云移开后才继续赶路。狄仁杰为人孝顺、友爱，超越常人，在并州的时候，有同府的法曹郑崇质，家有母亲年老多病，而他自己必须充当使者到极远的地方去。狄仁杰就对他说：“太夫人有危险的病，而您却出使远方，怎么可以将万里离别的忧愁留给老母呢？”于是到并州长史蔺仁基那里，要求替代郑崇质完成此行。当时蔺仁基同司马李孝廉不和（被狄仁杰的行为所感动），于是说道：“我们这些人难道不应该觉得惭愧吗？”从此两人抛弃嫌隙，相待如初。

[原文]

仁杰，仪凤中为大理丞，周岁断滞狱一万七千人，无冤诉者。时武卫大将军权善才坐误斫(zhuó)昭陵柏树，仁杰奏罪当免职。高宗令即诛之，仁杰又奏罪不当死。帝作色曰：“善才斫陵上树，是使我不孝，必须杀之。”左右瞩仁杰令出，仁杰曰：“臣闻逆龙鳞，忤人主，自古以为难，臣愚以为不然。居桀(jié)、纣时则难，尧、舜时则易。臣今幸逢尧、舜，不惧比干之诛。昔汉文时有盗高庙玉环，张释之廷诤，罪止弃市。魏文将徙其人，辛毗引裾而谏，亦见纳用。且明主可以理夺，

忠臣不可以威惧。今陛下不纳臣言，瞑目之后，羞见释之、辛毗于地下。陛下作法，悬之象魏，徒流死罪，俱有等差。岂有犯非极刑，即令赐死？法既无常，则万姓何所措其手足？陛下必欲变法，请从今日为始。古人云：'假使盗长陵一抔(póu)土，陛下何以加之？'今陛下以昭陵一株柏杀一将军，千载之后，谓陛下为何主？此臣所以不敢奉制杀善才，陷陛下于不道。"帝意稍解，善才因而免死。居数日，授仁杰侍御史。

［译文］

狄仁杰在唐高宗仪凤年间任大理丞，一年里处理各种长期不决的积案，涉及一万七千人之多，没有一个受冤枉上诉的。当时武卫大将军权善才犯下误砍昭陵柏树的罪，狄仁杰报告说他的罪应当免职。高宗命令立即处以死刑，狄仁杰又报告说他的罪不该处死。高宗脸色有变说道："权善才砍伐陵墓上的树，这是让我不孝，必须处死他。"高宗左右的人用眼睛示意狄仁杰出去，但狄仁杰坚持说："臣听说不顺从皇帝，抗逆君主的旨意，自古以来都认为很难，愚臣认为不是这样。生活于桀、纣的时代就难，在尧、舜的时代就容易。臣现在有幸遇到尧、舜的时代，不害怕像比干那样被杀。从前汉文帝的时候有人盗窃高庙的玉环，张释之在朝廷上当众谏诤，判的罪只是在闹市上处死。魏文帝准备迁徙他的人民，辛毗拉住他的衣袖进谏，也被采纳。而且贤明的君主可以用道理使他改变，忠臣却不能用权势使他害怕。现在陛下不采纳臣的意见，臣闭眼之后，羞见释之、辛毗于地下。陛下制定法律，悬挂在宫廷门外的阙楼上，服劳役、流放、死罪，全有差别。怎么会有犯的罪不应处以极刑，就下令赐死的？法律既然不固定，那么老百姓又该怎么办好呢？陛下如果一定要改变法律，臣请求从今天开始。古人说：'（盗窃高庙玉环就诛灭整个家族）假如有人盗挖长陵一抔土，陛下又怎么加刑呢？'现在陛下因为昭陵的一株柏树而杀掉一个将军，千年以后，人们会认为陛下是怎么样的君主呢？这就是臣之所以不敢遵旨杀掉善才，使陛下陷于不行德政的过失的原因。"皇帝的怒气稍有缓解，权善才因而免死。过了数日，高宗任命仁杰为侍御史。

［原文］

时司农卿韦机兼领将作、少府二司，高宗以恭陵玄宫狭小，不容送终之具，遣杨续成其功。机于埏(yán)之左右为便房四所，又造宿羽、高山、上阳等宫，莫不壮丽。仁杰奏其太过，机竟坐免官。左司郎中王本立恃宠用事，朝廷慑惧，仁杰奏之，请付法寺，高宗特原之。仁杰奏曰："国家虽乏英才，岂少本立之类，陛下何惜罪人而亏王法？必欲曲赦本立，请弃臣于无人之境，为忠贞将来之诫。"本立竟得罪，

繇（yóu）是朝廷肃然。

［译文］

当时司农卿韦机兼管将作监、少府监两个部门，高宗认为恭陵的地宫狭小，不能容纳送终的器物，派韦机继续完成这项工程。韦机在墓道的两侧建便房四所，又造宿羽、高山、上阳等宫，都很壮丽。狄仁杰向天子进言，说这样做太过分，韦机终于获罪免官。左司郎中王本立依恃天子的宠幸专权，朝廷官员恐惧，狄仁杰向天子报告，要求将他交给司法部门治罪，高宗却特别赦免了他的罪。狄仁杰向天子进言说："国家虽然缺少英才，却不缺少王本立一类人，陛下为什么爱惜罪人而让王法受损？如果一定要特赦王本立，那就请先把我流放到无人地区，作为对忠贞之臣将来的警告。"王本立最终获罪，从此朝廷上下都很恭谨严肃。

［原文］

寻加朝散大夫，累迁度支郎中。高宗将幸汾阳宫，以仁杰为知顿使。并州长史李冲玄以道出妒女祠，俗云盛服过者必致风雷之灾，乃发数万人别开御道。仁杰曰："天子之行，千乘万骑，风伯清尘，雨师洒道，何妒女之害耶？"遽（jù）令罢之。高宗闻之，叹曰："真大丈夫也！"

［译文］

接着加授狄仁杰朝散大夫，经多次升迁，任度支郎中。高宗准备到汾阳宫，任命狄仁杰为知顿使。并州长史李冲玄认为天子赴汾阳宫途径妒女祠，而世俗传说盛装经过这座祠庙，必定招来风雷之灾，于是征集数万人为天子另辟道路。狄仁杰说："天子出行，千车万骑，有风神为天子清除尘土，雨神往道上洒水，哪里会有什么妒女的危害？"下令立即取消了这项工程。高宗听说这件事后，赞叹道："狄仁杰是真正的大丈夫啊！"

季札

季札是春秋时吴王寿梦的幼子，贤明博学，寿梦欲传位于他，但他坚辞不受，也是一位让国的贤人。

［原文］

俄转宁州刺史，抚和戎夏，人得欢心，郡人勒碑颂德。御史郭翰巡察陇右，所至多所按劾，及入宁州境内，耆（qí）老歌刺史德美者盈路。翰既授馆，召州吏谓之曰："入其境，其政可知

也。愿成使君之美，无为久留。”州人方散。翰荐名于朝，征为冬官侍郎，充江南巡抚使。吴、楚之俗多淫祠，仁杰奏毁一千七百所，唯留夏禹、吴太伯、季札、伍员四祠。

［译文］

不久，狄仁杰转任宁州刺史，他安抚调和戎汉各族，州民心里高兴，大家刻碑歌颂他的功德。御史郭翰巡察陇右地区，所到之处，被审查弹劾的官员不少，等到入宁州境内，歌颂刺史美德的老人充满了道路。郭翰在客馆里住下后，召集州中官吏对他们说道：“进入一个州的境域，就能知道它的政治如何。我愿意成全狄使君的好事，不会让他在这儿久留。”州里的百姓才散去。郭翰向朝廷推荐狄仁杰，朝廷征召狄仁杰入朝，拜冬官侍郎，充任江南巡抚使。吴、楚的习俗多好滥设祠庙，狄仁杰奏请朝廷，拆毁祠庙一千七百座，只留下夏禹、吴太伯、季札、伍员四座祠庙。

［原文］

转文昌右丞，出为豫州刺史。时越王贞称兵汝南事败，缘坐者六七百人，籍没者五千口，司刑使逼促行刑。仁杰哀其诖(guà)误，缓其狱，密表奏曰：“臣欲显奏，似为逆人申理；知而不言，恐乖陛下存恤之旨。表成复毁，意不能定。此辈咸非本心，伏望哀其诖误。”特敕原之，配流丰州。豫囚次于宁州，父老迎而劳之曰：“我狄使君活汝辈耶！”相携(xié)哭于碑下，斋三日而后行。豫囚至流所，复相与立碑颂狄君之德。

［译文］

狄仁杰转任文昌右丞，又出任豫州刺史。当时越王李贞在汝南起兵失败，受牵连获罪的有六七百人，被没收官籍为奴婢的有五千人，司刑使催逼行刑。狄仁杰可怜这些被连累的人，延缓办理他们的案子，并秘密上表报告高宗说：“臣想光明正大地上报，又怕像是在为叛逆者申冤；知道情况不说，又怕违背陛下安抚的旨意。表章写成又毁掉，我反反复复拿不定主意。其实这些人参与叛乱都不是出于本心，希望陛下对他们给予怜悯。”天子下诏宽赦他们的罪过，将他们发配到丰州。豫州的囚犯赴丰州途中住宿于宁州，宁州父老迎接他们说：“是我们的狄使君救了你们的命吧！”一起在狄仁杰颂德碑下痛哭，斋戒三天后才上路。豫州的囚犯到达流放地后，又一起立碑歌颂狄仁杰的恩德。

［原文］

初，越王之乱，宰相张光辅率师讨平之。将士恃功，多所求取，仁杰不之应。光辅怒曰：“州将轻元帅耶？”仁杰曰：“乱河南者，一

越王贞耳。今一贞死而万贞生。”光辅质其辞，仁杰曰：“明公董戎三十万，平一乱臣，不戢(jí)兵锋，纵其暴横，无罪之人，肝脑涂地，此非万贞何耶？且凶威胁从，势难自固，及天兵暂临，乘城归顺者万计，绳坠四面成蹊(xī)。公奈何纵邀功之人，杀归降之众？但恐冤声腾沸，上彻于天。如得尚方斩马剑加于君颈，虽死如归。”光辅不能诘，心甚衔之。还都，奏仁杰不逊，左授复州刺史。入为洛州司马。

［译文］

当初，越王李贞叛乱，宰相张光辅领兵讨伐并平定了叛乱。将士们依仗有功，多向地方索取财物，狄仁杰没有答应他们。张光辅发怒，说道：“州将轻视元帅吗？”狄仁杰说：“搞乱河南的人，只是一个越王李贞罢了。现在一个李贞死了，又有一万个李贞诞生。”张光辅质问他这话的意思。狄仁杰说：“明公您统领兵士三十万，平定一个乱臣，不约束军队的锋芒，放任它凶暴强横，使无罪的人肝脑涂地，这不是一万个李贞又是什么呢？而且恶人威慑被迫跟从的人，其势必难自保，等到国家的军队突然降临，登城归顺的人以万计算，放绳子从城上下来投降的人很多，将四面都踩成了小路。您为什么放任邀功求赏之徒杀死归降的人？只怕怨恨声沸腾，上达于天了吧。如能得到天子的尚方斩马剑架在您的颈上，我即便死也当作归家一般。”张光辅无法反驳，心里很恨他。回到京城后，向高宗进言说狄仁杰言辞不逊，狄仁杰被降为复州刺史。狄仁杰随后又任洛州司马。

［原文］

天授二年九月丁酉，转地官侍郎、判尚书、同凤阁鸾台平章事。则天谓曰：“卿在汝南时，甚有善政，欲知谮(zèn)卿者乎？”仁杰谢曰：“陛下以臣为过，臣当改之；陛下明臣无过，臣之幸也。臣不知谮者，并为善友，臣请不知。”则天深加叹异。

［译文］

武则天天授二年（691年）九月丁酉，狄仁杰转任地官侍郎，兼地官尚书、同凤阁鸾台平章事。武则天对他说：“卿在汝南的时候，有很好的政绩，卿想知道诬陷卿的人吗？”狄仁杰推辞说：“陛下认为臣有过错，臣当改正；陛下知道臣没有过错，这是臣的幸运。臣不知道诬陷的人，可以和大家成为好朋友，臣请求不要让臣知道。”武则天大为赞叹惊异。

［原文］

未几，为来俊臣诬构下狱。时一问即承者例得减死，来俊臣逼胁仁杰，令一问承反。仁杰叹曰：“大周革命，万物唯新，唐朝旧臣，甘从诛戮。反是实！”俊臣乃少宽之。判官王德寿谓仁杰曰：“尚书

必得减死。德寿意欲求少阶级，凭尚书牵杨执柔，可乎？”仁杰曰：“若何牵之？”德寿曰：“尚书为春官时，执柔任其司员外，引之可也。”仁杰曰：“皇天后土，遣仁杰行此事！”以头触柱，流血被面，德寿惧而谢焉。既承反，所司但待日行刑，不复严备。仁杰求守者得笔砚，拆被头帛书冤，置绵衣中，谓德寿曰：“时方热，请付家人去其绵。”德寿不之察。仁杰子光远得书，持以告变。则天召见，览之而问俊臣，俊臣曰：“仁杰不免冠带，寝处甚安，何由伏罪？”则天使人视之，俊臣遽(jù)命仁杰巾带而见使者。乃令德寿代仁杰作谢死表，附使者进之。则天召仁杰，谓曰：“承反何也？”对曰：“向若不承反，已死于鞭笞(chī)矣。”“何为作谢死表？”曰：“臣无此表。”示之，乃知代署也。故得免死，贬彭泽令。武承嗣屡奏请诛之，则天曰：“朕好生恶杀，志在恤刑。涣汗已行，不可更返。”

［译文］

没多久，狄仁杰被来俊臣诬陷下狱。当时一审问就认罪的人照例可减罪免死，来俊臣逼迫威胁狄仁杰，让他承认自己造反。狄仁杰感叹道：“大周实施变革以应天命，万象更新，唐朝旧臣，甘愿听任诛戮。那么说我造反是实情！”来俊臣于是对他略微宽松一些。判官王德寿对狄仁杰说：“您一定可以减罪免死。我想找一个小的升迁阶梯，托您牵连杨执柔，可以吗？”狄仁杰说：“怎么样牵连他呢？”王德寿说：“你在任职春官的时候，杨执柔也任这个部门的员外郎，拉上他是可以的。”狄仁杰说：“天神地神在上，竟让我狄仁杰干这等事！”说完用头撞柱，血流满面，王德寿害怕，向他表示歉意。狄仁杰既已承认造反，主管部门只等待时间执行刑罚，不再严加防备。狄仁杰求看守给他笔砚，拆下被头的丝织物诉写冤情，又把它放到绵衣里，对王德寿说：“天气正热，请求把绵衣交给家里人撤去丝绵。”王德寿未加检查便同意了。狄仁杰的儿子狄光远得到信后，拿着它向朝廷说有非常情况要报告。武则天召见狄光远，看了狄仁杰的信后问来俊臣，来俊臣说：“并没有强迫狄仁杰脱去官吏的帽子、腰带，他的住处也很舒服，（如果不是确有造反的事）他为什么会服罪？”武则天派人去监狱看狄仁杰，来俊臣马上让狄仁杰戴帽束带然后再见使者。来俊臣让王德寿代狄仁杰作谢死表，让使者捎回去进献给武则天。武则天召见狄仁杰，对他说：“为什么承认造反？”狄仁杰回答说：“前些时如果不承认造反，我就早已在鞭打中丧命了。”武则天又说：“为什么作谢死表？”狄仁杰回答说：“臣没写过这表。”武则天把表拿给他看，这才知道是别人代为签名的。因此狄仁杰得以免死，被贬为彭泽县令。武承嗣屡次进言请求杀掉狄仁杰，武则天说：“朕爱惜生灵，憎恶杀戮，志在减轻刑罚。朕的旨意已发出，不能再收回。”

［原文］

万岁通天年，契丹寇陷冀州，河北震动，征仁杰为魏州刺史。前刺史独孤思庄惧贼至，尽驱百姓入城，缮(shàn)修守具。仁杰既至，悉放归农亩，谓曰："贼犹在远，何必如是。万一贼来，吾自当之，必不关百姓也。"贼闻之自退，百姓咸歌诵之，相与立碑以纪恩惠。俄转幽州都督。神功元年，入为鸾台侍郎、同凤阁鸾台平章事，加银青光禄大夫，兼纳言。仁杰以百姓西戍疏勒等四镇，极为凋弊，乃上疏曰：

［译文］

万岁通天年间，契丹入侵，攻陷冀州，河北震动，朝廷征召狄仁杰任魏州刺史。前任刺史独孤思庄惧怕贼寇到来，把百姓全赶进城里，修造守城器具。狄仁杰到任后，把百姓都放回去种地，并对他们说："贼寇还在远方，何必这样。万一贼寇来了，我自己抵挡他们，一定不牵连百姓。"贼寇听说这事后自己退走，百姓都歌颂这件事，一起立碑记载狄仁杰的恩德。不久狄仁杰转任幽州都督。神功元年（697 年），入朝任鸾台侍郎、同凤阁鸾台平章事，加拜银青光禄大夫，兼纳言。狄仁杰认为百姓西戍的疏勒等四镇，极为凋敝，于是上疏说：

［原文］

"臣闻天生四夷，皆在先王封疆之外，故东拒沧海，西隔流沙，北横大漠，南阻五岭，此天所以限夷狄而隔中外也。自典籍所纪，声教所及，三代不能至者，国家尽兼之矣。此则今日之四境，已逾于夏、殷者也。诗人矜薄伐于太原，美化行于江、汉，则是前代之远裔，而国家之域中。至前汉时，匈奴无岁不陷边，杀掠吏人。后汉则西羌侵轶汉中，东寇三辅，入河东上党，几至洛阳。由此言之，则陛下今日之土宇，过于汉朝远矣。若其用武荒外，邀功绝域，竭府库之实，以争硗(qiāo)确不毛之地，得其人不足以增赋，获其土不可以耕织。苟求冠带远夷之称，不务固本安人之术，此秦皇、汉武之所行，非五帝、三皇之事业也。若使越荒外以为限，竭资财以骋欲，非但不爱人力，亦所以失天心也。昔始皇穷兵极武，以求广地，男子不得耕于野，女子不得蚕于室，长城之下，死者如乱麻，于是天下溃叛。汉武追高、文之宿愤，藉(jiè)四帝之储实，于是定朝鲜，讨西域，平越南，击匈奴，府库空虚，盗贼蜂起，百姓嫁妻卖子，流离于道路者万计。末

年觉悟，息兵罢役，封丞相为富民侯，故能为天所祐也。昔人有言：‘与覆车同轨者未尝安。’此言虽小，可以喻大。

［译文］

“臣听说上天生养东夷、西戎、南蛮、北狄，都在先代贤王的疆界之外，因此东有沧海拦阻，西有沙漠阻隔，北有大沙漠横亘，南有五岭作屏障，这些都是上天用来限制夷狄使中外相隔的险阻。自典籍中记载，声威、教化所达到的，三代所不能到的地方，国家都兼而有之了。这也就是说今天国家的四境，已超过夏、殷两代了。诗人夸耀征伐太原，赞美教化推行到江、汉流域，就是说前代的边远地区，现在已是国家的境内之地了。到前汉的时候，匈奴没有一年不攻陷边地，掠杀官吏百姓的。后汉时则有西羌袭击汉中，往东劫掠三辅地区，进入河东上党，差点到了洛阳。由此说来，那么陛下今天的领土，已远远超过汉朝了。至于使用武力于荒远地区，追求功名于僻远地域，耗尽仓库中的财物用以争夺贫瘠不毛之地，得到人民却不能增加赋税收入，获取土地却不能够在那里种田织布。姑且追求使远方异族成为文明之邦的名声，而不致力于使国家的根本稳固、人民安定的实务，这是秦始皇、汉武帝所做的，不是五帝、三皇的事业。如果越出荒远地区，以此作为疆界，耗尽资财，放纵欲望，这样不但不爱惜民力，也是违背天意的做法。从前秦始皇使用全部武力，追求扩大领土，使男人不能在田野里耕种，女人不能在家里养蚕，长城之下，死的人多如乱麻，于是天下崩溃离叛。汉武帝回溯高祖、文帝的旧恨，凭借四代皇帝积蓄的财物，得以安定朝鲜，讨伐西域，平定南越，攻打匈奴，结果导致仓库空虚，盗贼蜂起，百姓嫁妻卖子，流离于道路的数以万计。汉武帝晚年觉悟，停止用兵，免除徭役，封丞相为富民侯，所以能为上天所保佑。前人有这样一句话：‘与倾覆的车子走同一条路不会平安。’这话虽说的是小事，也可以比喻大事。

［原文］

“近者国家频岁出师，所费滋广，西戍四镇，东戍安东，调发日加，百姓虚弊。开守西域，事等石田，费用不支，有损无益，转输靡绝，杼(zhù)轴殆空。越碛(qì)逾海，分兵防守，行役既久，怨旷亦多。昔诗人云：‘王事靡盬(gǔ)，不能艺稷黍。’‘岂不怀归，畏此罪罟(gǔ)。念彼恭人，涕零如雨。’此则前代怨思之辞也。上不是恤，则政不行而邪气作。邪气作，则虫螟(míng)生而水旱起。若此，虽祷祀百神，不能调阴阳矣。方今关东饥馑，蜀、汉逃亡，江、淮以南，征求不息。人不复业，则相率为盗，本根一摇，忧患不浅。其所以然者，皆为远戍方外，以竭中国，争蛮貊(mò)不毛之地，乖子养苍生之道也。

［译文］

“近来国家连年出兵，耗费甚多，往西守卫四镇，往东守卫安东，征调兵士渐多，百姓匮乏疲困。开辟和防守西域，如同得到一块无法耕种的石头田地，难以负担费用，只有损害而毫无益处，不停地往边地运输粮食，老百姓家中差不多已被搜刮一空。逾越沙漠，分兵防守，服役既久，因久别故乡而心生怨恨的人很多。从前的诗人说：“为王服役没有休息的时候，不能回家种小米高粱。”“难道我不想回家，只怕犯罪受刑罚。想起那服役的人，涕泪齐下如落雨。”这就是前代抒发怨恨、思念之情的话。统治者如果对此不加体恤，那么政令就无法推行，邪气就会兴起。邪气兴起，那么虫害就会产生，水、旱灾就会形成。如果这样，就算是祈祷祭祀众神，也不能使阴阳调和。当今关东饥荒，蜀汉地区人民逃亡，长江、淮河以南，赋税的征收从未停息。人民不能恢复常业，就会相继做盗贼，国家的根基一动摇，忧患就不会少。之所以这样，都是因为远戍荒远之地，耗尽了国家的人力物力，争夺异族的不毛之地，违背了应像养育子女那样养育百姓的道理。

［原文］

“昔汉元纳贾捐之之谋而罢珠崖郡，宣帝用魏相之策而弃车师之田，岂不欲慕尚虚名？盖惮劳人力也。近贞观年中，克平九姓，册李思摩为可汗，使统诸部者。盖以夷狄叛则伐之，降则抚之，得推亡固存之义，无远戍劳人之役。此则近日之令典，经边之故事。窃见阿史那斛瑟（hú sè）罗，阴山贵种，代雄沙漠，若委之四镇，使统诸蕃，封为可汗，遣御寇患，则国家有继绝之美，荒外无转输之役。如臣所见，请捐四镇以肥中国，罢安东以实辽西，省军费于远方，并甲兵于塞上，则恒、代之镇重，而边州之备实矣。况绥（suí）抚夷狄，盖防其越逸，无侵侮之患则可矣，何必穷其窟穴，与蝼蚁计校长短哉！

［译文］

“从前汉元帝采纳贾捐之的建议而撤销珠崖郡，汉宣帝采用魏相的计策而舍弃车师的田地，难道他们不仰慕虚名吗？实则出于害怕耗费民力的原因。近时贞观年间，攻克平定九姓，朝廷册封李思摩为可汗，让他统领各部族。这样做的原因是夷狄反叛就应当讨伐他们，夷狄投降就应当安抚他们，这符合将灭亡的就摧毁它、能存在的就巩固它的道理，可使国家不再有远戍荒远之地、使百姓劳苦的兵役。这就是近日的典范，治理边疆的先例。臣私下看，阿史那斛瑟罗是阴山的贵族，世代称雄沙漠，如果把四镇托付给他，让他统领众附属国，封他为可汗，派他制止异族入侵的祸患，那么国家就会有恢复已灭绝的世祀的美名，就不会有长途运粮至荒远地区的劳役。依臣的看法，请放弃四镇以使国家富裕，撤销安东都护府以充实辽西，在边远地区省下军费，把军队集中在塞上，那么恒、代州的

镇守就会加强，而沿边各州的防备也会得到充实。况且安抚夷狄，大体是防备他们逾越边界，没有越境侵犯欺侮的忧患也就可以了，何必穷尽他们藏身的洞穴，同蝼蛄、蚂蚁较量长短呢！

［原文］

“且王者外宁必有内忧，盖为不勤修政故也。伏惟陛下弃之度外，无以绝域未平为念。但当敕边兵谨守备，蓄锐以待敌，待其自至，然后击之，此李牧所以制匈奴也。当今所要者，莫若令边城警守备，远斥候，聚军实，蓄威武。以逸待劳，则战士力倍；以主御客，则我得其便；坚壁清野，则寇无所得。自然贼深入必有颠踬(zhì)之虑，浅入必无虏获之益。如此数年，可使二虏不击而服矣。”

［译文］

“为王的人外部安宁一定会存在内部的忧患，这是因为外部安宁容易导致不再勤于治理政事的缘故。臣俯伏思考，望陛下置边事于度外，不以尚未平定边远地区为念。只应命令边兵谨慎设防、养精蓄锐以等待敌人，等敌人自己来，然后再攻击他们，这是李牧制服匈奴的方法。当今首要的事，不如让边城警觉设防，往远处派侦察人员，积聚军事物资，蓄养军队的声势。以逸待劳，那么战士的威力就会加倍；以主人抵御客人，那么我军就能得到各种便利；加固防御工事，清除四野的财物，那么敌人就会一无所得。像这样，敌人深入我方领土必定会有倾跌的忧虑，浅入又一定得不到掳掠人口财物的好处。这样经过几年，可使突厥、吐蕃两个敌人不战而自己臣服。”

［原文］

仁杰又请废安东，复高氏为君长，停江南之转输，慰河北之劳弊。数年之后，可以安人富国。事虽不行，识者是之。寻检校纳言，兼右肃政台御史大夫。

［译文］

狄仁杰又请求废除安东都护府，恢复高姓之人在那里的君主地位，停止江南的粮食运输，抚慰河北的劳累百姓。这样数年以后，就可以使民安国富。这事虽然没有实行，但有见识的人都认为他的意见正确。后来狄仁杰担任检校纳言，兼右肃政台御史大夫。

［原文］

圣历初，突厥侵掠赵、定等州，命仁杰为河北道元帅，以便宜从事。突厥尽杀所掠男女万余人，从五廻道而去。仁杰总兵十万追之不

及。便制仁杰河北道安抚大使。时河朔人庶，多为突厥逼胁，贼退后惧诛，又多逃匿(nì)。仁杰上疏曰：

［译文］

圣历初年，突厥侵掠赵、定等州，朝廷任命狄仁杰为河北道元帅，允许他见机行事，不必等待上奏。突厥杀掉所掳掠的男女一万多人，从五迴道撤走。狄仁杰统领军队十万追击，未能赶上。于是朝廷命令狄仁杰为河北道安抚大使。当时河北百姓多受突厥逼迫威胁而降贼，贼寇退走后害怕被处死，又有很多人逃跑隐藏起来。狄仁杰上疏说：

狄仁杰

［原文］

“臣闻朝廷议者，以为契丹作梗，始明人之逆顺：或因迫胁，或有愿从；或受伪官，或为招慰；或兼外贼，或是土人。迹虽不同，心则无别。诚以山东雄猛，由来重气，一顾之势，至死不回。近缘军机，调发伤重，家道悉破，或至逃亡，剔屋卖田，人不为售，内顾生计，四壁皆空。重以官典侵渔，因事而起，取其髓(suǐ)脑，曾无心愧。修筑池城，缮造兵甲，州县役使，十倍军机。官司不矜，期之必取，枷杖之下，痛切肌肤。事迫情危，不循礼义，愁苦之地，不乐其生。有利则归，且图赊死，此乃君子之愧辱，小人之常行。人犹水也，壅之则为泉，疏之则为川，通塞随流，岂有常性？昔董卓之乱，神器播迁，及卓被诛，部曲无赦，事穷变起。毒害生人，京室丘墟，化为禾黍。此由恩不普洽，失在机先。臣一读此书，未尝不废卷叹息。今以负罪之伍，必不在家，露宿草行，潜窜山泽。赦之则出，不赦则狂。山东群盗，缘兹聚结。臣以边尘暂起，不足为忧，中土不安，以此为事。臣闻持大国者不可以小道，理事广者不可以细分。人主恢弘，不拘常法。罪之则众情恐惧，恕之则反侧自安。伏愿曲赦河北诸州，一无所问。自然人神道畅，率土欢心，诸军凯旋，得无侵扰。”制从之。军还，授内史。

[译文]

“臣听说朝廷上议政的人，普遍认为外族的干扰，方能显示出人的逆顺：有的因受逼迫威胁，有的是自愿跟从；有的接受伪官，有的被招抚；有的身为外来盗贼，有的则是当地人。形迹虽然各异，他们的投敌之心却没有差别。确实山东人勇猛，一向重情义，一次受人照顾便至死不相违。最近由于军队的机要事务，征兵调粮失之过重，百姓家业无不破败，有的至于逃亡，拆屋卖田，而田产又卖不出去，环视家中的生计，可谓四壁之内空无所有。加上贪吏利用朝廷的法令侵吞百姓的财物，又借重大事变而起意，取人脑髓，却不感到心中有愧。修筑城壕城墙，修造兵器铠甲，州县官吏役使百姓，更相当于军队机要事务的十倍。官府不怜悯百姓，规定期限，到期必取，上枷锁，施棍棒，痛苦深入百姓的肌肤。事情紧迫情势危急，就不再遵循礼仪，处于愁苦的境地，便不会以生为乐。有利便归附，姑且谋求缓死，这是君子感到羞愧耻辱的，却是小人经常的行为。人民犹如水，堵塞它就成为泉水，疏通它就成为河流，不论疏通堵塞，它都随地而流，哪里有常性？从前董卓的祸乱，政权变动，等到董卓被杀，他的部队没有被赦免，事物发展到极端，变故便会发生。百姓受毒害，京师的房屋化为废墟，长满小米黍子。这是由于恩惠没有普遍施予的缘故，错在事物初露苗头时未能发现。臣每次读这段记载，没有不放下书叹息的。现在担负罪名的一群人，必定不会待在家里，他们在草中露宿，隐藏流窜于山野沼泽。赦免他们，他们就露面，不赦免他们，他们便放肆妄为。山东的许多盗贼，就是因此而集结的。臣认为边地战争忽然爆发，不值得忧虑，中原不安定，这才是大事。臣听说主持大国家不能用小道理，治理的事务很广不可以细分。君主胸怀广阔，不应被常法拘束。如果治这些人的罪，那么就会群情恐惧，宽恕他们，则反复无常的人也会感到心安。希望特别赦免河北各州，一概不加问罪。这样，人们与神的思想顺畅，境内百姓欢心，军队凯旋，国家就能够不受侵扰。”朝廷听从他的建议，撤回军队，任命狄仁杰为内史。

[原文]

圣历三年，则天幸三阳宫，王公百僚咸经侍从，唯仁杰特赐宅一区，当时恩宠无比。是岁六月，左玉钤（qián）卫大将军李楷固、右武威卫将军骆务整讨契丹余众，擒之，献俘于含枢殿。则天大悦，特赐楷固姓武氏。楷固、务整，并契丹李尽忠之别帅也。初，尽忠之作乱，楷固等屡率兵以陷官军，后兵败来降，有司断以极法。仁杰议以为楷固等并有骁将之才，若恕其死，必能感恩效节。又奏请授其官爵，委以专征。制并从之。及楷固等凯旋，则天召仁杰预宴，因举觞（shāng）亲劝，归赏于仁杰。授楷固左玉钤卫大将军，赐爵燕国公。

[译文]

圣历三年（700 年），武则天驾临三阳宫，王公百官皆随从，单独赐给狄仁杰

一座宅第，可见狄仁杰当时蒙受的恩宠无人可比。这年六月，左玉钤卫大将军李楷固、右武威卫将军骆务整讨伐契丹余部，擒获他们，在含枢殿献俘。武则天十分高兴，特赐李楷固姓武氏。李楷固、骆务整，原都是契丹李尽忠的部将。起初，李尽忠作乱，李楷固等多次领兵击败官军，后来兵败投降，有关主管部门判以极刑。当时狄仁杰发表意见，认为李楷固等都有骁将的才干，如果宽赦他们的死罪，他们一定会感恩戴德效忠天子。狄仁杰又进言请求授给他们官爵，委以自行率兵征讨的重任。武则天听从了狄仁杰的建议。等到李楷固等获胜回朝，武则天召狄仁杰参加宴会，举杯亲自劝饮，把功劳归于狄仁杰。授给李楷固左玉钤卫大将军的官职，又赐给燕国公的爵位。

[原文]

则天又将造大像，用功数百万，令天下僧尼每日人出一钱，以助成之。仁杰上疏谏曰：“臣闻为政之本，必先人事。陛下矜群生迷谬，溺丧无归，欲令像教兼行，睹相生善。非为塔庙必欲崇奢，岂令僧尼皆须檀施？得筏尚舍，而况其余？今之伽蓝，制过宫阙，穷奢极壮，画缋(huì)尽工，宝珠殚于缀饰，环材竭于轮奂。工不使鬼，止在役人，物不天来，终须地出，不损百姓，将何以求？生之有时，用之无度，编户所奉，常若不充，痛切肌肤，不辞棰(chuí)楚。游僧一说，矫陈祸福，剪发解衣，仍惭其少。亦有离间骨肉，事均路人；身自纳妻，谓无彼我。皆托佛法，诖(guà)误生人。里陌动有经坊，阛阓(huán huì)亦立精舍。化诱倍急，切于官征，法事所须，严于制敕。膏腴(gāo yú)美业，倍取其多，水碾庄园，数亦非少。逃丁避罪，并集法门，无名之僧，凡有几万，都下检括，已得数千。且一夫不耕，犹受其弊，浮食者众，又劫人财。臣每思惟，实所悲痛。

[译文]

武则天准备造大佛像，工程费用需要数百万，就下令全国的和尚尼姑每天每人出一钱，以用来帮助建成佛像。狄仁杰上疏进谏说：“臣听说处理政务的根本，在于一定要把人的事情放在第一位。陛下怜悯众生迷误，看他们精神陷溺于险地无所归依，想让佛像与教义双管齐下，使百姓见到佛的相貌而生善心。但不是造塔庙就一定要崇尚奢侈，怎么能让和尚尼姑都必须布施？佛的教法犹如木筏，用它渡到涅槃彼岸后，尚且应当舍弃，更何况其他呢？现今的佛寺，规模超过皇宫，极其奢侈壮丽，雕梁画栋穷尽工巧，装饰佛殿用尽各种宝珠，高大华美的建筑耗尽大量珍材异木。工程不能用鬼神来完成，只有奴役百姓，物资不能从天上掉下，终究需地里出产，不靠损害百姓，将如何找到这些物资？生产它有一定的时限，使用它没有限度，平民进献常苦于不能供应，痛苦深入百姓肌肤，受杖刑也在所不辞。游方和尚一游说，诈称什么祸福，百姓受蒙骗，剪下头发解下衣服布施，仍惭愧布施的东西少。也有的和尚离间他人骨肉，引诱他们出家，使他们视亲骨肉如同路人；还有的和尚亲身纳妻，而说什么彼我无别。这都是借托佛法，贻误百姓。巷子里常常有经坊，市场里也立佛寺。佛教教化诱导众生所急需之物，往往被人们视作比官府征收赋税还急迫，做佛事所需物品，也被看成比天子的诏令还严格。肥美的土地和丰裕的产业，佛寺大量夺取，水碾庄园，也有不少为它们拥有。逃亡的壮丁、躲避惩罚的罪人，都聚集于佛门，没有名籍的僧人共有几万，都城检查已得数千。一个男子不种地，天下尚且受其害，何况不事生产的和尚这么多，还劫夺民财呢？臣每想起这事，确实感到悲痛。

[原文]

“往在江表，像法盛兴，梁武、简文，舍施无限。及其三淮沸浪，五岭腾烟。列刹盈衢，无救危亡之祸；缁衣蔽路，岂有勤王之师？比年已来，风尘屡扰，水旱不节，征役稍繁。家业先空，疮痍未复，此时兴役，力所未堪。伏惟圣朝，功德无量，何必要营大像，而以劳费为名。虽敛僧钱，百未支一。尊容既广，不可露居，覆以百层，尚忧未遍，自余廊庑，不得全无。又云不损国财，不伤百姓，以此事主，可谓尽忠？臣今思惟，兼采众议，咸以为如来设教，以慈悲为主，下济群品，应是本心，岂欲劳人，以存虚饰？当今有事，边境未宁，宜宽征镇之徭，省不急之费。设令雇作，皆以利趋，既失田时，自然弃本。今不树稼，来岁必饥，役在其中，难以取给。况无官助，义无得成，若费官财，又尽人力，一隅有难，将何救之？”

梁武帝孝衍

[译文]

“从前在南朝的时候，佛法兴盛，梁武帝、简文帝施舍给佛寺的财物很多。直到三淮波浪翻滚，五岭战火燃起。佛塔满街，不能挽救国家危亡的灾祸；僧徒蔽路，哪里有救援王朝的军队？近年来，国家屡受战事干扰，旱涝失调，赋税徭役渐多。百姓家产已空，创伤尚未平复，这时候兴建工程，百姓实在无力承受。臣思量圣朝，已功德无量，何必要营造大佛像，造成劳民伤财的名声。即便征收僧人的钱，但数量不及全部费用的百分之一。佛像既广大，又不可居于露天中，用百层高的殿堂覆盖，还担心不能完全盖上，其余堂前廊屋等，也不能都没有。有人说造大佛像不耗费国财，不伤害百姓，说这样话的人服侍君主，能够尽忠吗？臣现在认为，兼顾采纳众人的意见，都认为如来佛设施教化，以慈悲为主旨，救助众生，应是如来的本心，哪里是要劳民伤财，建造浮华且不实用的装饰？当今天下有事，边境不安宁，应该宽缓地方的徭役，节省不紧急的费用。假如雇工造佛像，百姓都因有利可图而前往受雇，就会错失农时，农时既失，天下之根本也就丧失了。现在不种植庄稼，来年必定饥饿，那么工程正在进行，也就难以取得粮食供应了。况且没有官府的帮助，按理说工程无法完成。假如耗费官府的财物，又用尽民力，那么如果一方有难，另一方将怎么去救援呢？”

［原文］

则天乃罢其役。是岁九月，病卒，则天为之举哀，废朝三日，赠文昌右相，谥曰文惠。

［译文］

武则天于是取消了这项工程。这年九月，狄仁杰病逝，武则天为他举行哀悼活动，停止办公三天，追赠狄仁杰为文昌右相，定谥号为“文惠”。

［原文］

仁杰常以举贤为意，其所引拔桓彦范、敬晖、窦怀贞、姚崇等，至公卿者数十人。初，则天尝问仁杰曰：“朕要一好汉任使，有乎？”仁杰曰：“陛下作何任使？”则天曰：“朕欲待以将相。”对曰：“臣料陛下若求文章资历，则今之宰臣李峤(qiáo)、苏味道亦足为文吏矣。岂非文士龌龊(wò chuò)，思得奇才用之，以成天下之务者乎？”则天悦曰：“此朕心也。”仁杰曰：“荆州长史张柬之，其人虽老，真宰相才也。且久不遇，若用之，必尽节于国家矣。”则天乃召拜洛州司马。他日，又求贤，仁杰曰：“臣前言张柬之，犹未用也。”

姚崇

姚崇是唐玄宗开元时期的名臣，“开元盛世”的局面，与姚崇的努力是分不开的。姚崇又是狄仁杰推荐的，可见狄仁杰的识人之明。

狄仁杰

则天曰："已迁之矣。"对曰："臣荐之为相，今为洛州司马，非用之也。"又迁为秋官侍郎，后竟召为相。柬之果能兴复中宗，盖仁杰之推荐也。

［译文］

狄仁杰常常把推举贤才放在心上，他所引荐提拔的桓彦范、敬晖、窦怀贞、姚崇等人，官做到公卿的有数十人。一次，武则天问狄仁杰说："朕想要任用一个好汉，有吗？"狄仁杰说："陛下准备做什么用呢？"武则天说："朕想让他做将相。"回答说："臣料想陛下如果追求文辞资历，那么当今的宰相李峤、苏味道也足可称为有文采的官吏了。难道不是因为文士局促拘谨，才想得到奇才任用以办成天下的事务吗？"武则天高兴地说："这正是朕的心思。"狄仁杰说："荆州长史张柬之，人虽年老，却是真正的宰相之才。而且他长期不得志，如果任用他，必定会尽忠于国家。"于是武则天征召张柬之并拜为洛州司马。他日，武则天又向狄仁杰求问贤才，狄仁杰说："臣前些时候提到张柬之，您还没有任用呢。"武则天说："朕已提拔他了。"狄仁杰回答说："臣推荐他做宰相，现在他只任洛州司马，不能算是任用。"武则天又提拔张柬之为秋官侍郎，后来终于任命他为宰相。张柬之果然使中宗复位，这是由于狄仁杰的推荐啊。

［原文］

仁杰尝为魏州刺史，人吏为立生祠。及去职，其子景晖为魏州司功参军，颇贪暴，为人所恶，乃毁仁杰之祠。长子光嗣，圣历初为司府丞，则天令宰相各举尚书郎一人，仁杰乃荐光嗣。拜地官员外郎，莅事称职，则天喜而言曰："祁奚内举，果得其人。"开元七年，自汴州刺史转扬州大都督府长史，坐赃贬歙州别驾卒。

［译文］

狄仁杰曾任魏州刺史，百姓官吏在他任职时就为他建立祠庙。等他离任，他的儿子狄景晖任魏州司功参军，十分贪婪残暴，为百姓所憎恶，于是百姓毁掉狄仁杰的祠庙。狄仁杰的长子狄光嗣，胜历初年当司府丞，武则天让每位宰相推举一人任尚书郎，狄仁杰便推荐狄光嗣。朝廷拜狄光嗣为地官员外郎，他到任后很称职，武则天很高兴，说道："祁奚推荐亲友，果然得到合适的人选。"开元七年（719 年），狄光嗣从汴州刺史转任扬州大都督府长史，因受贿获罪贬任歙州别驾而去世。

［原文］

初，中宗在房陵，而吉顼、李昭德皆有匡复谠(dǎng)言，则天无复辟意。唯仁杰每从容奏对，无不以子母恩情为言，则天亦渐省悟，竟召还中宗，复为储贰。初，中宗自房陵还宫，则天匿之帐中，召仁杰以庐陵为言。仁杰慷慨敷奏，言发涕流，遽出中宗谓仁杰曰：“还卿储君。”仁杰降阶泣贺，既已，奏曰：“太子还宫，人无知者，物议安审是非？”则天以为然，乃复置中宗于龙门，具礼迎归，人情感悦。仁杰前后匡复奏对，凡数万言。开元中，北海太守李邕(yōng)撰为《梁公别传》，备载其辞。中宗返正，追赠司空，睿宗追封梁国公。

［译文］

当初，中宗尚在房陵，吉顼、李昭德都有挽救唐室的正直言论，但武则天没有让中宗复位的意思。只有狄仁杰每次从容进言，无不以母子的恩情为话题，武则天也逐渐醒悟，终于召回中宗，又让他担任太子。一次，中宗由房陵回宫，武则天先将他藏在帷帐里，召见狄仁杰又同他谈起庐陵王（中宗）。狄仁杰慷慨陈词，话说出来眼泪也随之流下。武则天忽然让中宗出来，对狄仁杰说：“还给你太子。”狄仁杰走下台阶哭着道贺，行礼完毕，进言说：“太子回宫，人们都不知道，百姓的舆论哪能探究出其中的是非呢？”武则天认为他的意见对，于是又把中宗安置在龙门，安排仪式正式迎接他回宫，百姓无不感动欢悦。狄仁杰前后上奏挽救唐室的言论，数达万字。开元年间，北海太守李邕撰写《梁公别传》，全部记载了狄仁杰的这些言辞。中宗复位，追赠狄仁杰为司空，后来睿宗又追封狄仁杰为梁国公。

新唐书

武则天杨贵妃传

［原文］

高宗则天顺圣皇后武氏，并州文水人。父士彟(huò)，见《外戚传》。文德皇后崩，久之，太宗闻士彟女美，召为才人，方十四。母杨，恸泣与诀，后独自如，曰："见天子庸知非福，何儿女悲乎？"母韪(wěi)其意，止泣。既见帝，赐号武媚。及帝崩，与嫔御皆为比丘尼。高宗为太子时，入侍，悦之。王皇后久无子，萧淑妃方幸，后阴不悦。它日，帝过佛庐，才人见且泣，帝感动。后廉知状，引内后宫，以挠妃宠。

［译文］

高宗则天顺圣皇后武曌，并州文水人。父亲武士彟，事迹载于《外戚传》中。长孙皇后去世后，过了许久，太宗听说武士彟的女儿长得漂亮，便召她入宫为才人，当时她才十四岁。武则天的母亲杨氏，和女儿告别失声痛哭，而武则天还像平时一样自然，她说："能见到天子，怎知不是福分，为什么要这样悲伤呢？"母亲认为她的想法对，就不再哭泣了。见到太宗后，太宗赐给她武媚的称号。等到太宗去世，武则天与太宗其他的侍妾、宫女都当了比丘尼。高宗当太子的时候，入宫侍奉太宗，见到武则天后就很喜欢她。高宗王皇后长期没有儿子，萧淑妃正受到高宗的宠幸，王皇后暗地里很不高兴。有一天，高宗经过佛寺，武则天见到他后直流眼泪，高宗受到触动。王皇后查知这一情况，将武则天领进后宫，希望借此削弱高宗对萧淑妃的宠幸。

武则天

［原文］

才人有权数，诡变不穷。始，下辞降体事后，后喜，数誉于帝，

故进为昭仪。一旦顾幸在萧右，寖(jìn)与后不协。后性简重，不曲事上下，而母柳见内人尚宫无浮礼，故昭仪伺后所薄，必款结之，得赐予，尽以分遗。由是后及妃所为必得，得辄以闻，然未有以中也。昭仪生女，后就顾弄，去，昭仪潜毙儿衾(qīn)下，伺帝至，阳为欢言，发衾视儿，死矣。又惊问左右，皆曰："后适来。"昭仪即悲涕，帝不能察，怒曰："后杀吾女，往与妃相谗媢，今又尔邪！"由是昭仪得入其訾，后无以自解。而帝愈信爱，始有废后意。久之，欲进号"宸(chén)妃"，侍中韩瑗(yuàn)、中书令来济言："妃嫔(pín)有数，今别立号，不可。"昭仪乃诬后与母厌胜，帝挟前憾，实其言，将遂废之。长孙无忌、褚遂良、韩瑗及济濒死固争，帝犹豫；而中书舍人李义府、卫尉卿许敬宗素险侧，狙(jū)势即表请昭仪为后，帝意决，下诏废后。诏李勣、于志宁奉玺绶进昭仪为皇后，命群臣及四夷酋长朝后肃义门，内外命妇入谒。朝皇后自此始。

［译文］

武则天有权术，诡诈多变。起初，她低声下气卑躬屈膝地侍奉王皇后，王皇后十分高兴，多次在高宗面前称赞她，武则天因此被晋封为昭仪。武则天一旦受到高宗的眷顾和宠幸超过萧淑妃，便渐渐与王皇后不和。王皇后性情严肃庄重，不会曲意奉承上和下的人，加上她的母亲柳氏见到宫中女官不能虚饰礼待，所以武则天便有机可乘，她对王皇后薄待的人，殷勤交结，她从高宗那里得到的赏赐，全都分送给她们。所以王皇后和萧淑妃的所作所为武则天都知道，只是还没有找到足以攻击陷害她们的材料。武则天生了一个女儿，王皇后前来看望逗弄孩子，王皇后离开后，武则天便偷偷在被子里把女儿掐死，等到高宗来时，武则天佯装高兴地和皇帝交谈，一会儿掀开被子看女儿，是死的。武则天又故作吃惊地询问左右的人，大家都说："王皇后刚才来过。"武则天立即放声痛哭，高宗不察明实情，发怒道："皇后杀死我的女儿，过去她与淑妃互相嫉妒、说坏话，现在又如此可恶！"从此武则天得以在高宗那里不断地诋毁王皇后，王皇后也无法解释清楚。因而高宗对武则天更加相信和宠爱，于是有了废掉王皇后的意思。过了许久，高宗想晋封武则天为"宸妃"，侍中韩瑗、中书令来济说："天子的妃嫔有一定的数目和称号，现在另立封号，是不合适的。"武则天于是诬告王皇后与她的母亲请巫师施厌胜术，诅咒自己，高宗对王皇后心怀旧恨，这次又相信了武则天的话，准备废掉王皇后。长孙无忌、褚遂良、韩瑗及来济坚持冒死争辩，高宗犹豫不决。而中书舍人李义府、卫尉卿许敬宗一向邪佞不正，窥测形势即上表请求立武则天为皇后，高宗于是不再犹豫，下诏废掉王皇后。命令李勣、于志宁手捧玺印晋封武则天为皇后，又命令群臣及四方少数民族酋长到肃义门朝见武皇后，宫廷内外有封号的妇女入宫谒见武皇后。群臣朝

武则天

见皇后便是从这个时候开始的。

［原文］

后见宗庙，再赠士彟至司徒，爵周国公，谥忠孝，配食高祖庙。母杨，再封代国夫人，家食魏千户。后乃制《外戚诫》献诸朝，解释讥噪。于是逐无忌、遂良，踵死徙，宠煽赫然。后城宇深，痛柔屈不耻，以就大事。帝谓能奉己，故扳公义立之。已得志，即盗威福，施施无惮避。帝亦儒昏，举能钳勒，使不得专，久稍不平。麟德初，后召方士郭行真入禁中为蛊（gǔ）祝，宦人王伏胜发之，帝怒，因是召西台侍郎上官仪，仪指言后专恣，失海内望，不可承宗庙，与帝意合，乃趣使草诏废之。左右驰告，后遽（jù）从帝自诉，帝羞缩，待之如初，犹意其恚，且曰："是皆上官仪教我！"后讽许敬宗构仪，杀之。

［译文］

武皇后到宗庙祭典祖先。高宗又追赠皇后的父亲武士彟官至司徒，爵位周国公，谥号"忠孝"，在高祖庙陪从受祭。母亲杨氏，又晋封代国夫人，赐给她家在魏州的封户一千户。皇后于是作《外戚诫》献给朝廷，以消除人们的非议。此后她贬逐长孙无忌、褚遂良，直至流放死在外地，武皇后可谓荣宠炽盛，威势显赫。皇后心机深隐难测，极尽柔媚驯服不感到羞耻，借以成就大事。高宗以为她能侍奉自己，所以违背公议立她为皇后。她一得志，就窃取权力，作威作福，无所畏避。高宗懦弱昏庸，皇后就对他加以钳制和约束，使他不得自作主张，时间一久，高宗渐觉不平。麟德初年，皇后召道士郭行真入宫施行用诅咒害人的邪术，宦官王伏胜向高宗告发此事，高宗大怒，因此召见西台侍郎上官仪，上官仪指出皇后独断专行，任意而为，使天下人失望，不宜奉祀宗庙，这正和高宗的心意相合，高宗于是催促他草拟诏书废掉皇后。皇后左右的人跑去报告皇后，皇后急忙到皇帝那儿为自己申诉，高宗畏缩，又像原先那样对待皇后，还担心皇后会怨恨，就对她说："这都是上官仪教我的！"皇后示意许敬宗诬陷上官仪，将他杀掉。

［原文］

初，元舅大臣佛（bèi）旨，不阅岁屠覆，道路目语，及仪见诛，则政归

房帷（wéi），天子拱手矣。群臣朝、四方奏章，皆曰“二圣”。每视朝，殿中垂帘，帝与后偶坐，生杀赏罚惟所命。当其忍断，虽甚爱，不少隐也。帝晚益病风不支，天下事一付后。后乃更为太平文治事，大集诸儒内禁殿，撰定《列女传》《臣轨》《百僚新诫》《乐书》等，大氐千余篇。因令学士密裁可奏议，分宰相权。

［译文］

起初，长孙无忌、褚遂良违旨，没过多久就被杀了，因此人们在路上相遇都不敢说话，只以目示意，等到上官仪被杀，政权就完全归于皇后了，高宗不过拱手无为而已。群臣朝见、四方奏章，都将二人并称“二圣”。每次临朝处理政事，殿中放下帘子，高宗与皇后相对而坐，生杀赏罚都听皇后吩咐。当皇后狠心决断的时候，即便是她很宠爱的人，也不稍加怜悯。高宗晚年患风邪病很厉害，身体不支，天下的事情全交付给皇后。于是皇后接连做了一些太平年代的以文教治民的事情，聚集诸儒于皇宫的殿堂内，撰成《列女传》《臣轨》《百僚新诫》《乐书》等书，大约有一千多篇。皇后又让学士们秘密裁决群臣的奏议，借此分割宰相的权力。

［原文］

始，士獲娶相里氏，生子元庆、元爽。又娶杨氏，生三女：伯嫁贺兰越石，蚤寡，封韩国夫人；仲即后；季嫁郭孝慎，前死。杨以后故，宠日盛，徙封荣国。始，兄子惟良、怀运与元庆等遇杨及后礼薄，后衔不置。及是，元庆为宗正少卿，元爽少府少监，惟良司卫少卿，怀运淄州刺史。它日，夫人置酒，酣，谓惟良曰：“若等记畴日事乎？今谓何？”对曰：“幸以功臣子位朝廷，晚缘戚属进，忧而不荣也。”夫人怒，讽后伪为退让，请惟良等外迁，无示天下私。繇是，惟良为始州刺史；元庆，龙州；元爽，濠州，俄坐事死振州。元庆至州，忧死。韩国出入禁中，一女国姝，帝皆宠之。韩国卒，女封魏国夫人，欲以备嫔职，难于后，未决。后内忌甚，会封泰山，惟良、怀运以岳牧来集，从还京师，后毒杀魏

蝮 蛇

蝮是一种毒蛇，武则天用这样的字眼给敌人改姓，可见其心肠的狠毒。

国，归罪惟良等，尽杀之，氏曰“蝮(fù)”，以韩国子敏之奉士彟祀。初，魏国卒，敏之入吊，帝为恸，敏之哭不对。后曰：“儿疑我！”恶之。俄贬死。杨氏徙鄼(cuó)、卫二国，咸亨元年卒，追封鲁国，谥忠烈，诏文武九品以上及五等亲与外命妇赴吊，以王礼葬咸阳，给班剑、葆仗、鼓吹。时天下旱，后伪表求避位，不许。俄又赠士彟(huò)太尉兼太子太师、太原郡王，鲁国忠烈夫人为妃。

[译文]

起初，武士彟娶相里氏，生儿子武元庆、武元爽。又娶杨氏，生了三个女儿：大女儿嫁给贺兰越石，很早便守寡，被封为韩国夫人；二女儿就是皇后；三女儿嫁给郭孝慎，很早便死了。杨氏因为皇后的缘故，蒙受的恩宠日盛一日，改封为荣国夫人。早先，武士彟哥哥的儿子武惟良、武怀运与武元庆等对待杨氏和武则天不够好，皇后一直怀恨在心。到这时候，武元庆任宗正少卿，武元爽任少府少监，武惟良任司卫少卿，武怀运任淄州刺史。有一天，荣国夫人设宴，酒正喝得高兴，她对武惟良说：“你们还记得从前的事吗？现在有什么话好说？”武惟良回答说：“惟良等有幸以功臣子弟的身份列居于朝廷，最近因为是外戚而进身，只感到忧虑而不觉得荣耀。”荣国夫人发怒，示意皇后假意退让，请求高宗让武惟良等出任地方官，正好以此向天下人显示皇后没有私心。因此，武惟良出任始州刺史，武元庆任龙州刺史，武元爽任濠州刺史，不久因事犯罪死于振州。武元庆到了龙州因忧虑而死。韩国夫人出入宫中，有一个女儿姿容极美，她们都很受高宗的宠爱。韩国夫人去世，她的女儿被封为魏国夫人，高宗想封她为妃嫔，因害怕皇后，没有决定下来。皇后心里十分嫉妒，正好天子到泰山祭天，武惟良、武怀运以地方长官的身份会集于泰山，又随从天子回京师，皇后毒死魏国夫人，归罪于武惟良、武怀运，将他们杀死，改他们的姓为“蝮”，让韩国夫人的儿子贺兰敏之承继武士彟的血脉。起初，魏国夫人去世，贺兰敏之入宫吊唁，高宗极为悲痛，贺兰敏之只哭不说话。皇后说：“这孩子怀疑我！”皇后因此厌恶他，不久贺兰敏之被贬逐而死。杨氏又相继改封鄼、卫二国夫人。咸亨元年（670年），杨氏去世，高宗追封她为鲁国夫人，赐谥号“忠烈”，命令文武官员九品以上及杨氏的五服以内亲属与宫廷外有封号的妇女都到杨氏的宅第吊唁，用亲王的礼仪葬杨氏于咸阳，朝廷供给手持班剑、羽葆的仪仗队和鼓吹乐。当时天下大旱，皇后假意上表请求离开后位，高宗不允许。高宗又加赠武士彟为太尉兼太子太师、太原郡王，鲁国忠烈夫人杨氏为太原郡王妃。

[原文]

上元元年，进号天后，建言十二事：一、劝农桑，薄赋繇；二、给复三辅地；三、息兵，以道德化天下；四、南北中尚禁浮巧；五、省功费力役；六、广言路；七、杜谗口；八、王公以降皆习《老子》；九、

父在为母服齐衰(cuī)三年；十、上元前勋官已给告身者无追核；十一、京官八品以上益禀入；十二、百官任事久，材高位下者得进阶申滞。帝皆下诏略施行之。

老子

唐朝皇室以老子为始祖，所以《老子》一书在唐代是官员们必须学习的。

［译文］

上元元年（674 年），皇后进尊号为天后，提出十二条建议：一、鼓励种田养蚕，减轻赋税徭役；二、免除三辅地区的徭役；三、停止战争，用道德教化天下之人；四、南北中尚署都禁止制作没有实际用处的奇巧之物；五、减少各种工程费用和百姓的劳役负担；六、广开言路；七、杜绝谗言；八、王公以下的人都必须学习《老子》；九、父亲仍在世，为死去的母亲服丧，着齐衰三年；十、上元以前的勋官，朝廷已给凭证的，不复追查、核实；十一、京官八品以上的人员增加薪俸；十二、官吏长期任职、才能高地位低的可以进阶升级。高宗下令施行所有建议。

［原文］

萧妃女义阳、宣城公主幽掖廷，几四十不嫁，太子弘言于帝，后怒，鸩(zhèn)杀弘。帝将下诏逊位于后，宰相郝处俊固谏，乃止。后欲外示宽裕，劫人心使归己，即奏言："今群臣纳半俸、百姓计口钱以赡边兵，恐四方妄商虚实，请一罢之。"诏可。

［译文］

萧淑妃的女儿义阳公主、宣城公主被幽禁在宫中旁舍，年近四十岁还没有出嫁，太子李弘把这事告诉给了高宗，皇后因此大怒，用毒酒毒死了李弘。高宗准备下诏把皇位让给皇后，宰相郝处俊坚持劝谏，高宗于是没有这样做。皇后想要向外显示自己的宽厚，夺取人心使天下人归附自己，就向高宗进言说："如今群臣交纳一半薪俸、百姓交纳人口税以供给边防部队，恐怕四方异族会因此而胡乱揣度国家的虚实，请求把这些负担一律免除。"高宗同意。

［原文］

仪凤三年，群臣、蕃夷长朝后于光顺门。即并州建太原郡王庙。

帝头眩不能视，侍医张文仲、秦鸣鹤曰：“风上逆，砭头血可愈。”后内幸帝殆，得自专，怒曰：“是可斩，帝体宁刺血处邪？”医顿首请命。帝曰：“医议疾，乌可罪？且吾眩不可堪，听为之！”医一再刺，帝曰：“吾目明矣！”言未毕，后帘中再拜谢，曰：“天赐我师！”身负缯宝以赐。

[译文]

仪凤三年（678年），群臣和少数民族的酋长在光顺门朝见皇后。同年，就在并州建太原郡王庙。高宗头晕不能看东西，皇帝的医官张文仲、秦鸣鹤说：“这是风邪上升，用针刺头使它出血便可以治好。”皇后心里正庆幸高宗病危，自己可以独断专行，所以听到这话后生气地说：“这两人应该斩首，皇帝的贵体哪里是可以用针刺的地方？”医师跪下磕头，乞求保全生命。高宗说：“医师议论疾病，怎么可以定罪呢？而且我头晕得受不了，就听任他们医治吧！”医官用针刺了两次，高宗说：“我的眼睛能看清东西了！”话还没有说完，皇后就在帘子里拜谢了两次，说道：“这是上天赐给我们的医师啊！”便亲自拿来珍贵的丝织品和宝物赐给医师。

[原文]

帝崩，中宗即位，天后称皇太后。遗诏军国大务听参决。嗣圣元年，太后废帝为庐陵王，自临朝，以睿宗即帝位。后坐武成殿，帝率群臣上号册。越三日，太后临轩，命礼部尚书摄太尉武承嗣、太常卿摄司空王德真册嗣皇帝。自是太后常御紫宸(chén)殿，施惨紫帐临朝。追赠五世祖后魏散骑常侍克己为鲁国公，妣裴即其国为夫人；高祖齐殷州司马居常为太尉、北平郡王，妣刘为王妃；曾祖永昌王咨议参军、赠齐州刺史俭为太尉、金城郡王，妣宋为王妃；祖隋东郡丞、赠并州刺史、大都督华为太尉、太原郡王，妣赵为王妃。皆置园邑，户五十。考为太师、魏王，加实户满五千，妣为王妃，王园邑守户百。时睿宗虽立，实囚之，而诸武擅命。又谥鲁国公曰靖，裴为靖夫人；北平郡王曰恭肃，金城郡王曰义康，太原郡王曰安成，妃从夫谥。太后遣册武成殿使者告五世庙室。

[译文]

高宗去世后，中宗登上帝位，武则天由天后改称为皇太后。高宗的遗诏说，军政大事听凭太后参与决定。嗣圣元年（684年），太后废中宗为庐陵王，亲自临朝听政，让睿宗继承帝位。太后坐在武成殿，睿宗率领群臣进上尊号和册书。过了三天，太后临殿前平台，命礼部尚书代理太尉武承嗣、太常卿代理司空王德真册立继位的皇帝。从此太后常到紫宸殿，挂上浅紫色的帷帐处理政事。太后追赠武氏五代祖父后魏散骑常侍武克己为鲁国公，五代祖母裴氏为鲁国夫人；高祖父齐殷州司马武居常为太尉、北平郡王，高祖母刘氏为郡王妃；曾祖父永昌王咨议参军、赠齐州刺史武俭为太尉、金城郡王，曾祖母宋氏为郡王妃；祖父隋东郡丞、赠并州刺史、并州大都督武华为太尉、太原郡王，祖母赵氏为郡王妃。并为他们设立守护陵园的居民区，每个陵园五十户人家。又追赠父亲武士彟为太师、魏王，加赐封户满五千，母亲杨氏为魏王妃，魏王的护陵居民区有一百户人家。当时睿宗虽被立为皇帝，实际上等于被囚禁，而武氏家族诸人得以擅自发号施令。太后又赠给鲁国公谥号为“靖”，裴氏为“靖夫人”；北平郡王谥号为“恭肃”，金城郡王为“义康”，太原郡王为“安成”，郡王妃的谥号都随从丈夫。太后派遣在武成殿册封其祖先官爵的使臣到她的五代祖先的祠堂报告册封之事。

［原文］

于是柳州司马李敬业、括苍令唐之奇、临海丞骆宾王疾太后胁逐天子，不胜愤，乃募兵杀扬州大都督府长史陈敬之，据州欲迎庐陵王，众至十万。楚州司马李崇福连和。盱眙(xū yí)人刘行举婴城不肯从，敬业攻之，不克。太后拜行举游击将军，擢其弟行实楚州刺史。敬业南度江取润州，杀刺史李思文，曲阿令尹元贞拒战死。太后诏左玉钤(qián)卫大将军李孝逸为扬州道行军大总管，率兵三十万讨之，战于高邮，前锋左豹韬果毅成三朗为唐之奇所杀。又以左鹰扬卫大将军黑齿常之为江南道行军大总管，并力。敬业兴三月败，传首东都，三州平。

骆宾王

骆宾王与王勃、杨炯、卢照邻并称“初唐四杰”，是当时著名的才子。李敬业起兵时，骆宾王写下了著名的《讨武曌檄》，堪称檄文经典之作。徐敬业兵败后，骆宾王下落不明，据说其出家为僧。

［译文］

柳州司马李敬业、括苍县令唐之奇、临海县丞骆宾王憎恶太后威迫、放逐皇帝，愤恨到了极点，于是便招募兵士，杀死扬州大都督府长史陈敬之，占据扬州想迎立庐陵王，聚众达十万人之多。楚州司马李崇福同李敬业等联合。盱眙人刘行举环城固守不肯

跟从李敬业，李敬业进攻盱眙，没有攻下。太后任命刘行举为游击将军，提拔他的弟弟刘行实为楚州刺史。李敬业南渡长江夺取润州，杀润州刺史李思文，曲阿县令尹元贞率兵抵抗，战败而死。太后命令左玉钤卫大将军李孝逸为扬州道行军大总管，率兵三十万讨伐李敬业，在高邮开战，前锋左豹韬卫果毅成三朗被唐之奇杀死。太后又任命左鹰扬卫大将军黑齿常之为江南道行军大总管，与李孝逸合力讨伐李敬业。李敬业起兵三个月便失败了，他的首级被送到东都，扬、润、楚三州平定。

[原文]

始，武承嗣请太后立七庙，中书令裴炎沮(jǔ)止，及敬业之兴，下炎狱，杀之，并杀左威卫大将军程务挺。太后方怫恚(huì)，一日，召群臣廷让曰："朕于天下无负，若等知之乎？"群臣唯唯。太后曰："朕辅先帝逾三十年，忧劳天下。爵位富贵，朕所与也；天下安佚，朕所养也。先帝弃群臣，以社稷为托，朕不敢爱身，而知爱人。今为戎首者皆将相，何见负之遽？且受遗老臣伉扈(kàng hù)难制有若裴炎乎？世将种能合亡命若徐敬业乎？宿将善战若程务挺乎？彼皆人豪，不利于朕，朕能戮之。公等才有过彼，蚤为之。不然，谨以事朕，无诒天下笑。"群臣顿首，不敢仰视，曰："惟陛下命。"

[译文]

起初，武承嗣请求太后设立七庙供奉武氏七代祖先，被中书令裴炎阻止，等到李敬业起兵，太后将裴炎下狱，杀了他，又杀死左威卫大将军程务挺。那时太后正感到愤怒，有一天，召集群臣在朝廷上当面责问他们道："朕没有什么对不起天下人的地方，你们知道吗？"群臣连声称是。太后说："朕辅佐先帝超过三十年，为天下人而担忧操劳。你们的爵位富贵，是朕给予的；天下人的安定逸乐，是朕培育的。先帝弃群臣而去，以国家相托，朕不敢爱惜自己，只知道爱民。现在成为叛乱主谋的人都是将相，为什么这么快就辜负朕呢？而且接受先帝遗命辅政的老臣中，傲慢跋扈难于控制有像裴炎的吗？当代的将门子孙中能聚集亡命之徒的，有像李敬业的吗？老将中英勇善战，有像程务挺的吗？他们都是人中豪杰，但只要不服从朕，朕就能将他们杀掉。你们中有才能超过他们想造反的，请早点动手。如果不想这样，那就恭恭敬敬地侍奉朕，不要让天下人讥笑你们。"群臣跪下磕头，不敢仰视，都说："一切听从陛下吩咐。"

[原文]

久之，下诏阳若复辟者。睿宗揣非情，固请临朝，制可。乃冶铜匦(guǐ)为一室，署东曰"延恩"，受干赏自言；南曰"招谏"，受时政失得；西曰"申冤"，受抑枉所欲言；北曰"通玄"，受谶(chèn)步秘策。诏

中书门下一官典领。

［译文］

过了许久，太后下诏，假称要把政权归还给睿宗。睿宗猜到这不是太后的真意，就坚持请求太后继续临朝听政，太后下诏同意。于是太后下令铸造了一个大铜匦，作为一室，东边部分题名“延恩”，接受求赏赐者的自述；南边部分叫“招谏”，接受议论时政得失的奏疏；西边部分叫“申冤”，接受有冤屈者的申诉；北边部分叫“通玄”，接受观测天象灾异预言未来的文字和有关军事机要的秘密计策。太后命令中书、门下省选一名官员掌管铜匦。

［原文］

太后不惜爵位，以笼四方豪杰自为助，虽妄男子，言有所合，辄不次官之。至不称职，寻亦废诛不少纵，务取实材真贤。又畏天下有谋反逆者，诏许上变，在所给轻传，供五品食，送京师，即日召见。厚饵爵赏歆动之。凡言变，吏不得何诘，虽耘(yún)荛(ráo)子必亲延见，禀(bǐng)之客馆。敢稽若不送者，以所告罪之。故上变者遍天下，人人屏息，无敢议。

［译文］

太后不吝惜爵位，用其笼络四方豪杰辅助自己。即使是狂妄之人，只要其言谈有符合自己心意的地方，她就不按寻常的次序任以官职。如果不称职，就或罢免或诛杀，从不稍加宽纵，致力于选拔真正的贤才。太后又担心天下有图谋反叛的人，下诏允许百姓直接向朝廷密告谋反事件，有告密的人，所在地方供给轻便驿车和五品官的饮食，送他们到京师，太后当天召见。用厚重的诱惑和官爵的赏赐打动告密者。凡报告谋反之事，官吏不得究问，即使是农夫、砍柴人，太后也必定亲自接见，命鸿胪寺的客馆供给食宿。对告密者，有敢于拖延不送的，按被告发人的罪名论处。因此向朝廷密告谋反事件的人遍布全国，人人都屏住呼吸，没有敢于说话的。

［原文］

新丰有山因震突出，太后以为美祥，赦其县，更名庆山。荆人俞文俊上言：“人不和，疣(yóu)赘(zhuì)生；地不和，堆阜出。今陛下以女主处阳位，山变为灾，非庆也。”太后怒，投岭外。

［译文］

新丰县因地震而凸起一座山，太后认为是祥瑞之象，下令赦免该县的囚犯，改新丰县为庆山县。荆州人俞文俊上书说：“人气不和，身上就会长出瘊子；地气不和，地上才会生出土山。现在陛下以太后而居于帝位，所以山变化形成灾害，臣认为并不是喜庆之事。”太后大怒，把他流放到岭南。

［原文］

诏毁乾元殿为明堂，以浮屠薛怀义为使督作。怀义，鄠(hù)人，本冯氏，名小宝，伟岸淫毒，佯狂洛阳市，千金公主嬖(bì)之。主上言：“小宝可入侍。”后召与私，悦之。欲掩迹，得通籍出入，使祝发为浮屠，拜白马寺主。诏与太平公主婿薛绍通昭穆，绍父事之。给厩马，中官为驺侍，虽承嗣、三思皆尊事惟谨。至是护作，士数万，巨木率一章千人乃能引。又度明堂后为天堂，鸿丽严奥次之。堂成，拜左威卫大将军、梁国公。

［译文］

太后命令毁掉乾元殿建造明堂，让僧人薛怀义当使臣监督这项工程。薛怀义是鄠县人，本姓冯，名小宝，阳物伟岸，性欲极强，在洛阳市场上胡作非为，受到千金公主的宠爱。公主报告太后说：“冯小宝可入宫侍奉太后。”太后召见小宝，与他私通，很喜欢他。太后想掩盖与冯小宝私通的痕迹，使冯小宝得以自由出入皇宫，于是就让他剃发为僧，担任白马寺主持。又命他改换姓名，与太平公主的丈夫薛绍互认为同族，让薛绍将他当父辈来侍奉。又供给他御厩的马匹，出入有宦官充任侍从，即使是武承嗣、武三思，对他也都十分恭敬。薛怀义监造明堂，动用士卒数万名，大木头一般一根要一千人才能拉得动。他又测量明堂后面的土地建造天堂，建筑的宏大华丽、庄严幽深仅次于明堂。明堂、天堂建成，太后封薛怀义为左威卫大将军、梁国公。

［原文］

始作崇先庙于西京，享武氏。承嗣伪款洛水石，导使为帝，遣雍人唐同泰献之，后号为“宝图”，擢同泰游击将军。于是汜人又上瑞石，太后乃郊上帝谢况，自号圣母神皇，作神皇玺，改宝图曰“天授圣图”，号洛水曰永昌水，图所曰圣图泉，勒石洛坛左曰“天授圣图之表”，改汜水曰广武。时柄去王室，大臣重将皆挠不得逞，宗室孤外无寄足地。于是，韩王元嘉等谋举兵唱天下，迎还中宗。琅邪王冲、越王贞先发，诸王仓卒无应者，遂败。元嘉与鲁王灵夔(kuí)等皆自杀，余悉坐诛，诸王牵连死灭殆尽，子孙虽婴褓(bǎo)亦投岭南。太后身拜洛受图，天子率太子、群臣、蛮夷以次列，大陈珍禽、奇兽、贡物、卤簿坛下，礼成去。

［译文］

太后开始在西京建造崇先庙，供奉武氏祖先。武承嗣在洛水的石头上伪造刻

辞，以此劝诱太后称帝，派雍州人唐同泰献上石头，太后为它命名，称其为“宝图”，并提拔唐同泰为游击将军。汜水人又进献吉祥的石头，于是太后在南郊祭祀天帝，感谢上苍的赐予，太后自称圣母神皇，制作圣母神皇玺印，又改称“宝图”为“天授圣图”，改称洛水为永昌水，把得到圣图的地方命名为“圣图泉”；在洛水坛左刻石，文字是“天授圣图之表”，又将汜水县改名为广武县。当时，李氏皇室失去权力，朝廷的重臣大将都屈从太后，不能有所作为，李氏宗室和失去依靠的皇室异姓亲属没有立足之地。于是，韩王李元嘉等图谋起兵，以迎回中宗。琅邪王李冲、越王李贞首先行动，因时间仓促诸王没有能响应，于是失败。李元嘉与鲁王李灵夔等都自杀，其余人都被杀，诸王受牵连几乎死尽，他们的子孙即使仍在襁褓之中也被放逐到岭南。太后亲自拜洛水，接受“天授圣图”，睿宗率领太子、群臣、少数民族酋长依次排列，大量珍禽、奇兽、贡品、仪仗陈列于洛水坛下，一直到受图典礼结束才离开。

[原文]

永昌元年，享万象神宫，改服衮冕(gǔn miǎn)，搢大圭，执镇圭，睿宗亚献，太子终献。合祭天地，五方帝、百神从，以高祖、太宗、高宗配，引魏王士彟从配。班九条，训百官。遂大飨群臣。号士彟周忠孝太皇，杨忠孝太后。以文水墓为章德陵，咸阳墓为明义陵。太原安成王为周安成王，金城郡王为魏义康王，北平郡王为赵肃恭王，鲁国公为太原靖王。

[译文]

永昌元年（689年），在万象神宫祭祀。太后改穿衮冕，腰带上插着大圭，手里拿着镇圭，（祭祀时由她第一个献上盛了酒的爵）睿宗第二个献，睿宗的太子第三个献。合祭天地，五方帝、众神随从受祭，以唐高祖、太宗、高宗配享，又加上魏王武士彟随从配享。太后在万象神宫颁布九条政令，用它教导百官。于是大宴群臣。太后又追赠武士彟为周忠孝太皇，杨氏为周忠孝太后。称武氏在文水的陵墓为章德陵，在咸阳的陵墓为明义陵。追赠太原安成王为周安成王，金城郡王为魏义康王，北平郡王为赵肃恭王，鲁国公为太原靖王。

[原文]

载初中，又享万象神宫，以太穆、文德二皇后配皇地祇(qí)，引周忠孝太后从配。作曌(zhào)、𠀑(tiān)、埊(dì)、㊁(tì)、囝(yuè)、〇(xīng)、𠁈(jūn)、思(chén)、𡔈(zǎi)、𡕀(guó)、𠡦(nián)、𠙺(zhèng)十有二文。太后自名曌。改诏书为制书。以周、汉为二王后，虞、夏、殷后为三恪，除唐属籍。拜薛怀义辅国大将军，封鄂国公，令与群浮屠作《大云经》，言神皇受命事。春官尚书李思文诡言：“《周

书·武成》为篇，辞有‘垂拱天下治’，为受命之符。”后喜，皆班示天下，稍图革命。然畏人心不肯附，乃阴忍鸷害，肆斩杀怖天下。内纵酷吏周兴、来俊臣等数十人为爪吻，有不慊若素疑惮者，必危法中之。宗姓侯王及它骨鲠臣将相骈颈就𫓧（fū），血丹狴户，家不能自保。太后操奁具坐重帏，而国命移矣。

［译文］

载初年间，太后又在万象神宫祭祀。祭皇地祇时，以唐高祖太穆皇后、唐太宗文德皇后配享，又加上周忠孝太后随从配享。自造曌、𠀑、埊、𠥱、囝等十二个字。太后自己用“曌”作名字。下令改称诏书为制书。确定以周、汉两朝的王族后裔为“二王”，以虞、夏、殷三朝的王族后裔为“三恪”，废除唐皇族名籍。拜薛怀义为辅国大将军，又封他为鄂国公，命令他同和尚们一起撰写《大云经》，谈圣母神皇受命于天的事。春官尚书李恩文诡称：“《周书·武成》篇中，有‘垂拱天下治’的话，是太后受命于天的凭证。”太后十分高兴，把这些都颁布于天下，开始图谋改朝换代之事。但担心人心不肯归附，于是她像鸷鸟一样凶暴，阴毒残忍，大肆杀戮，借以恐吓天下之人。她纵容酷吏周兴、来俊臣等数十位爪牙，对于自己不满意或疑忌的人，必定用峻法陷害。唐皇族侯王、其他正直之臣和将相大批被杀，鲜血染红监狱，家族不能保全。太后手拿梳妆用具坐在皇宫的层层帷幕之后，轻而易举将国家权力转移到自己手中。

［原文］

御史傅游艺率关内父老请革命，改帝氏为武。又胁群臣固请，妄言凤集上阳宫，赤雀见朝堂。天子不自安，亦请氏武，示一尊。太后知威柄在己，因大赦天下，故国号周，自称圣神皇帝，旗帜尚赤，以皇帝为皇嗣。立武氏七庙于神都。尊周文王为文皇帝，号始祖，妣（bǐ）姒曰文定皇后；武王为康皇帝，号睿祖，妣姜曰康惠皇后；太原靖王为成皇帝，号严祖，妣曰成庄皇后；赵肃恭王为章敬皇帝，号肃祖，妣曰章敬皇后；魏义康王为昭安皇帝，号烈祖，妣曰昭安皇后；祖周安成王为文穆皇帝，号显祖，妣曰文穆皇后；考忠孝太皇为孝明高皇帝，号太祖，妣曰孝明高皇后。罢唐庙为享德庙，四时祠高祖以下三室，余废不享。至日，祀上帝万象神宫，以始祖及考妣配，以百神从祀。尽王诸武。诏并州文水县为武兴，比汉丰、沛，百姓世给复。以始祖冢为德陵，睿祖为乔陵，严祖为节陵，肃祖为简陵，烈祖为靖陵，显祖为永陵，章德陵为昊陵，明义陵为顺陵。

［译文］

御史傅游艺率领关内父老请求太后顺应天命，实施变革，改皇帝的姓氏为武。又胁迫群臣坚持请求，胡说什么凤凰停留于上阳宫，赤雀出现在朝堂之上。睿宗心中不安，也请求赐姓武氏，以表示天下以武姓为尊。太后知道权柄已完全掌握在自己手中，于是大赦天下，改国号为周，自称圣神皇帝，旗帜尊尚赤色，以睿宗皇帝为皇位继承人。在神都洛阳建立武氏七庙。追尊周文王为文皇帝，称始祖，先妣姒氏称文定皇后；周武王为康皇帝，称睿祖，先妣姜氏称康惠皇后；五代祖父太原靖王为成皇帝，称严祖，五代祖母称成庄皇后；高祖父赵肃恭王为章敬皇帝，称肃祖，高祖母称章敬皇后；曾祖父魏义康王为昭安皇帝，称烈祖，曾祖母称昭安皇后；祖父周安成王为文穆皇帝，称显祖，祖母称文穆皇后；父亲忠孝太皇为孝明高皇帝，称太祖，母亲称孝明高皇后。改唐朝太庙为享德庙，春夏秋冬四季祭唐高祖以下三庙，其余废弃不复祭祀。冬至这一天，太后在万象神宫祭祀天帝，以始祖和她的父母亲配享，以众神随从受祭。太后封武氏家族诸人全部为王。下令改并州文水县为武兴县，与汉代的丰县、沛县一样，县中百姓世代免除徭役。太后下令尊称始祖墓为德陵，睿祖墓为乔陵，严祖墓为节陵，肃祖墓为简陵，烈祖墓为靖陵，显祖墓为永陵，又改章德陵为昊陵，明义陵为顺陵。

［原文］

太后虽春秋高，善自涂泽，虽左右不悟其衰。俄而二齿生，下诏改元为长寿。明年，享神宫，自制大乐，舞工用九百人，以武承嗣为亚献，三思为终献。帝之为皇嗣，公卿往往见之，会尚方监裴匪躬、左卫大将军阿史那元庆、白涧府果毅薛大信、监门卫大将军范云仙潜谒帝，皆腰斩都市，自是公卿不复上谒。

［译文］

太后虽然年高，却十分擅长修饰自己的容貌，即使她左右的人，也没有感觉到她的衰老。不久她长出两颗新牙，下诏改年号为长寿。第二年，在万象神宫祭祀，太后自编大型乐舞，所用舞蹈者达到九百人，祭祀时太后让武承嗣第二个献盛了酒的爵，让武三思第三个献。睿宗作为皇位继承人，公卿大臣往往能见到他。尚方监裴匪躬、左卫大将军阿史那元庆、白涧府果毅薛大信、监门卫大将军范云仙私下晋见睿宗，都被押赴闹市腰斩，从此公卿大臣都不敢再晋见睿宗。

凤凰

凤凰是传说中的神鸟，是吉祥的象征。但凤凰并不存在，只是人们的想象。武则天为了称帝，假造“凤凰出现”这样的祥瑞。

［原文］

有上封事言岭南流人谋反者，太后遣摄右台监察御史万国俊就按，得实即论决。国俊至广州，尽召流人，矫诏赐自尽，皆号哭不服。国俊驱之水曲，使不得逃，一日戮三百余人。乃诬奏流人怨望，请悉除之。于是太后遣右卫翊府兵曹参军刘光业、司刑评事王德寿、苑南面监丞鲍思恭、尚辇直长王大贞、右武卫兵曹参军屈贞筠，皆摄监察御史，分往剑南、黔中、安南等六道讯鞫(jū)，而擢国俊左台侍御史。光业等亦希功于上，惟恐杀人之少。光业杀者九百人，德寿杀七百人，其余亦不减五百人。太后久乃知其冤，诏六道使所杀者还其家。国俊等亦相踵(zhǒng)而死，皆见有物为厉云。

［译文］

有人上密奏，说被流放到岭南的人图谋造反，太后派代理右台监察御史万国俊前去察看，告诉他如果符合实情就定罪处决。万国俊到广州，召集所有被流放的人，诈称皇帝的命令，赐他们自尽，被流放的人都大声哭叫，表示不服。万国俊将他们赶到水边，使他们无法逃跑，一天就杀掉了三百多人。然后万国俊又捏造事实向太后报告，说被流放的人都心怀不满，请求将他们全部除掉。于是太后派右卫翊府兵曹参军刘光业、司刑评事王德寿、苑南面监丞鲍思恭、尚辇直长王大贞、右武卫兵曹参军屈贞筠，都任代理监察御史，分别到剑南、黔中、安南等六道审讯被流放的人，而提拔万国俊为左台侍御史。刘光业等人也希求功名于朝廷，杀人唯恐不多。刘光业杀死的人有九百，王德寿杀七百人，其余的人也不少于五百人。太后很久之后才知道这些被杀的人都是冤枉的，下令把六道使者所杀害的人的灵柩送回他们的家中。万国俊等人也相继死去，死时都见到有异物作祟。

［原文］

太后又自加号金轮圣神皇帝，置七宝于廷：曰金轮宝，曰白象宝，曰女宝，曰马宝，曰珠宝，曰主兵臣宝，曰主藏臣宝，率大朝会则陈之。又尊其显祖为立极文穆皇帝，太祖为无上孝明皇帝。延载二年，武三思率蕃夷诸酋及耆老请作天枢，纪太后功德，以黜唐兴周，制可，使纳言姚璹(shú)护作。乃大裒(póu)铜铁合冶之，署曰“大周万国颂德天枢”，置端门外。其制若柱，度高一百五尺，八面，面别五尺，冶铁象山为之趾，负以铜龙，石镵(chán)怪兽环之。柱颠为云盖，出大珠，高丈，围三之。作四蛟，度丈二尺，以承珠。其趾山周百七十尺，度二丈。无虑用铜铁二百万斤。乃悉镂群臣、蕃酋名氏其上。

［译文］

太后又自加尊号称金轮圣神皇帝，在朝廷上设置七种宝物：金轮宝、白象宝、女宝、马宝、珠宝、掌兵臣宝、掌府库臣宝，一般有大朝会的时候就把它们陈列出来。太后又尊武氏显祖为立极文穆皇帝，太祖为无上孝明皇帝。延载二年（695年），武三思率领少数民族酋长和一些德高望重的老人请求建造天枢，记载太后的功德，借此贬唐兴周，太后下诏同意，派纳言姚璹负责监造。于是大量收聚铜铁放在一块熔炼，铸造成天枢，题名为“大周万国颂德天枢”，设置于端门外。其形状像柱子，高一百零五尺，八面，每面单宽五尺，将铁铸成山形作它的基础部分，铁山上载有铜龙，铁山四周还有用石头雕凿成的怪兽环绕。柱顶铸一个云形的盖，盖上铸一颗大珠，高一丈，圆周长度是高的三倍。又铸造四条蛟龙，每条蛟龙长一丈二尺，用来捧着大珠。天枢的山形基础圈围一百七十尺，高两丈。总共用铜铁二百万斤。于是把群臣、少数民族酋长的姓名刻在天枢上。

［原文］

薛怀义宠稍衰，而御医沈南璆（qiú）进，怀义大望，因火明堂，太后羞之，掩不发。怀义愈很恣怏怏。乃密诏太平公主择健妇缚之殿中，命建昌王武攸宁、将作大匠宗晋卿率壮士击杀之，以畚（běn）车载尸还白马寺。怀义负幸昵，气盖一时，出百官上，其徒多犯法。御史冯思勖（xù）劾其奸，怀义怒，遇诸道，命左右殴之，几死，弗敢言。默啜犯塞，拜新平、伐朔、朔方道大总管，提十八将军兵击胡，宰相李昭德、苏味道至为之长史、司马。后厌入禁中，阴募力少年千人为浮屠，有逆谋。侍御史周矩劾状请治验，太后曰：“第出，朕将使诣狱。”矩坐台，少选，怀义怒马造廷，直往坐大榻上，矩召吏受辞，怀义即乘马去。矩以闻，太后曰：“是道人素狂，不足治，力少年听穷劾。”矩悉投放丑裔。怀义构矩，俄免官。

［译文］

太后对薛怀义的宠幸渐衰，而御医沈南璆却得到太后的宠幸，薛怀义大为不满，于是放火烧明堂，太后感到羞愧，掩盖真相不予揭露。薛怀义更加凶暴放肆。于是太后密令太平公主挑选若干健壮妇女，在殿中把薛怀义捆绑起来，命令建昌王武攸宁、将作大匠宗晋卿率领壮士将薛怀义杀了，用运泥车把他的尸体送回白马寺。薛怀义依仗太后的宠爱，气焰压倒当世之人，超出于百官之上，他的门徒也大多犯法。御史冯思勖揭发他的罪行，薛怀义大怒，有一次他在路上与冯思勖相遇，就命令自己的随从殴打冯思勖，几乎将他打死，冯思勖不敢再说话。突厥默啜侵犯边地，太后拜薛怀义为新平、伐逆、朔方道大总管，带领十八个将军的部队攻打胡兵，宰相李昭德、苏味道竟充当他的行军长史、司马。后来薛怀义厌倦进宫侍奉太

后，暗中招募有力气的少年一千人充当和尚，蓄谋叛乱。侍御史周矩揭发他的罪状请求太后察治，太后说："你先出去，朕会处置的。"周矩坐在御史台办公，一会儿，薛怀义奋马驰入御史台的庭院，径直到大床上坐下，周矩召来官吏准备审问，薛怀义立即骑马离开。周矩将这事报告太后，太后说："这个和尚一向狂妄，不值得惩治，那些有力气的少年听任你彻底查问和处理。"周矩将他们全流放到少数民族地区。后来薛怀义陷害周矩，不久，周矩就被免官。

［原文］

太后祀天南郊，以文王、武王、士彟(huò)与唐高祖并配。太后加号天册金轮圣神皇帝。遂封嵩山，禅少室，册山之神为帝，配为后。封坛南有大槲，赦日置鸡其杪(miǎo)，赐号"金鸡树"。自制《升中述志》，刻石示后。改明堂为通天宫，铸九州鼎，各位其方，列廷中。又敛天下黄金作大仪钟，不克。久之，以崇先庙为崇尊庙，礼视太庙，旋复崇尊庙为太庙。

［译文］

太后在南郊祭天，以文王、武王、武士彟和唐高祖一起配享。太后给自己加天册金轮圣神皇帝的尊号。接着在嵩山祭天，在少室山祭地，册封山神为帝，他的妻子为后。嵩山的祭坛南边有一棵大槲树，当在山上祭天发布大赦令的时候，把鸡放到槲树枝头，太后于是赐名"金鸡树"。太后自撰《升中述志》，刻在石上留示后人。新明堂建成，改名为通天宫，铸造九州鼎，按各州的方向安放，列于通天宫廷中。又收聚全国的黄金铸造大仪钟，但未能铸成。过了许久，改西京崇先庙为崇尊庙，祭祀礼仪都比照太庙，接着又改崇尊庙为太庙。

［原文］

自怀义死，张易之、昌宗得幸，乃置控鹤府，有监、有丞及主簿、录事等。监三品，以易之为之。太后自见诸武王非天下意，前此中宗自房州还，复为皇太子。恐百岁后为唐宗室躏(lìn)藉无死所，即引诸武及相王、太平公主誓明堂，告天地，为铁券使藏史馆。改昊陵署为攀龙台。久视初，以控鹤监为天骥(jì)府，又改奉宸(chén)府，罢监为令，以左右控鹤为奉宸大夫，易之复为令。

［译文］

自从薛怀义死后，又有张易之、张昌宗兄弟得到太后的宠幸，于是设立控鹤府，置监、丞和主簿、录事等职。控鹤监是三品官，由张易之担任。太后自己觉察到封武氏家族诸人为王不符合天下人的意愿，在这之前，中宗自房州回神都，又被立为皇太子。太后害怕自己百年后武氏被唐皇族欺压报复，死无葬身之地，就领着武氏诸人和相王（睿宗）、太平公主在明堂立誓，并祭告天地，把誓文铸刻在铁券上，藏于史馆。太后下令改昊陵署为攀龙台。久视初年，改控鹤府为天骥府，又改为奉宸府，监改为令，左右控鹤改为奉宸大夫，张易之又任奉宸令。

［原文］

神龙元年，太后有疾，久不平，居迎仙院。宰相张柬之与崔玄玮(wěi)等建策，请中宗以兵入诛易之、昌宗，于是羽林将军李多祚等帅兵自玄武门入，斩二张于院左。太后闻变而起，桓彦范进请传位，太后返卧，不复语。中宗于是复即位。徙太后上阳宫，帝率百官诣(yì)观风殿问起居，后率十日一诣宫，俄朝朔、望。废奉宸(chén)府官，迁东都武氏庙于崇尊庙，更号崇恩，复唐宗庙。诸武王者咸降爵。是岁，后崩，年八十一。遗制称则天大圣皇太后，去帝号。谥曰则天大圣后，祔(fù)乾陵。

桓彦范

桓彦范是武则天末年的禁军将领，在拥立中宗复位的政变中发挥了重要作用。中宗复位后，桓彦范又受到武三思的排挤，被贬谪到岭南，后来被矫诏杀害。

［译文］

神龙元年（705 年），太后有病，长时间不能康复，居住于迎仙院。宰相张柬之与崔玄玮等定计策，劝请中宗率兵入宫杀张易之、张昌宗，于是羽林将军李多祚等带兵自玄武门入宫，杀二张于迎仙院左面。太后知道发生事变，从床上起来，桓彦范上前请求太后传位给太子，太后回身躺下，不再说话。中宗于是又即帝位。将太后移至上阳宫居住，中宗率领百官到上阳宫观风殿向太后问安，以后中宗每隔十天到上阳宫问候太后一次，不久改成每月初一、十五朝见太后。中宗下令废除奉宸府的官职，将东都武氏七庙神主迁移到西京崇尊庙，改崇尊庙为崇恩庙，又下令恢复唐朝宗庙。凡武氏诸人封王的全部降爵。这一年，太后去世，享年八十一岁。遗诏称要去掉帝号，改称则天大圣皇太后。太后去世后定谥号为“则天大圣后”，同高宗合葬于乾陵。

［原文］

会武三思蒸韦庶人，复用事。于是大旱，祈陵辄雨。三思沭(xù)帝诏

崇恩庙祠如太庙，斋郎用五品子。博士杨孚言："太庙诸郎取七品子，今崇恩取五品，不可。"帝曰："太庙如崇恩可乎？"孚曰："崇恩太庙之私，以臣准君则僭（jiàn），以君准臣则惑。"乃止。及韦、武党诛，诏则天大圣皇后复号天后，废崇恩庙及陵。景云元年，号大圣天后。太平公主奸政，请复二陵官，又尊后曰天后圣帝，俄号圣后。太平诛，诏黜周孝明皇帝号，复为太原郡王，后为妃，罢昊、顺等陵。开元四年，追号则天皇后。太常卿姜皎（jiǎo）建言："则天皇后配高宗庙，主题天后圣帝，非是，请易题为则天皇后武氏。"制可。

［译文］

后来武三思与中宗韦皇后淫乱，武三思再次掌握权柄。于是出现大旱，中宗派人到乾陵祈求则天皇太后，竟即时下雨。武三思劝诱皇帝下诏规定武氏崇恩庙照旧祭祀，礼仪像太庙一样，斋郎用五品官的儿子充任。太常博士杨孚说："太庙斋郎选取七品官的儿子充任，现在崇恩庙斋郎选取五品官的儿子，不合适。"皇帝说："太庙也像崇恩庙一样，可以吗？"杨孚说："崇恩庙祭奉的是太庙的家臣，臣以君为标准是逾越本分，而君以臣为标准就是迷乱了。"中宗于是停止用五品官的儿子充任崇恩庙斋郎。等到韦氏、武氏的党派被诛灭，睿宗下令将则天大圣皇后改称为天后，废除崇恩庙及武氏诸陵。景云元年（710年），天后被改称大圣天后。后来太平公主干预朝政，请求恢复设立昊、顺二陵的守陵官，又追尊太后为天后圣帝，不久改称圣后。太平公主被杀后，朝廷下令废除周孝明皇帝称号，仍改为太原郡王，孝明皇后改为太原郡王妃，又废除昊、顺等陵。开元四年（713年），追称太后为则天皇后。太常卿姜皎建议说："则天皇后配享于高宗庙，神主题作天后圣帝，这是不对的，请求改题为则天皇后武氏。"玄宗下诏同意。

杨贵妃

［原文］

玄宗贵妃杨氏，隋梁郡通守汪四世孙。徙籍蒲州，前为永乐人。幼孤，养叔父家，始为寿王妃。开元二十四年，武惠妃薨，后廷无当帝意者。或言妃姿质天挺，宜充掖廷，遂召内禁中。异之，即为

自出妃意者，丐籍女官，号“太真”，更为寿王聘韦诏训女，而太真得幸。善歌舞，邃(suì)晓音律，且智算警颖，迎意辄悟。帝大悦，遂专房宴，宫中号“娘子”，仪体与皇后等。

［译文］

唐玄宗贵妃杨氏，隋梁郡通守杨汪的第四代孙女。她家移居蒲州，于是成为永乐人。杨氏年幼时父母去世，在叔父家长大，起初是玄宗的儿子寿王的妃子。开元二十四年（736年），武惠妃去世，后宫中玄宗找不到中意的人。有人说杨氏的容貌禀性天生出众，应该充任妃嫔，于是玄宗就把她召入宫中。见过面后，玄宗认为杨妃不同寻常，就指令她声称是出于自己的心意请求担任宫中女官，号“太真”，另替寿王娶韦诏训的女儿为妃，太真入宫后就得到玄宗的宠幸。她能歌善舞，精通音律，而且机敏超群，揣摩他人心意总能猜中。玄宗十分高兴，于是总让她侍寝侍宴，宫中称她为“娘子”，待她的礼仪规格与皇后一样。

［原文］

天宝初，进册贵妃，追赠父玄琰太尉、齐国公。擢叔玄珪光禄卿，宗兄铦(xiān)鸿胪卿，锜(qí)侍御史，尚太华公主。主，惠妃所生，最见宠遇。而钊亦寝显。钊，国忠也。三姊皆美劭(shào)，帝呼为姨，封韩、虢(guó)、秦三国，为夫人，出入宫掖，恩宠声焰震天下。每命妇入班，持盈公主等皆让不敢就位。台省、州县奉请托，奔走期会过诏敕。四方献饷结纳，门若市然。建平、信成二公主以与妃家忤，至追内封物，驸马都尉独孤明失官。

杨玉环

［译文］

天宝初年，玄宗册封太真为贵妃，追赠她的父亲杨玄琰为太尉、齐国公。提拔她的叔父杨玄珪任光禄卿，族兄杨铦任鸿胪卿，杨锜任侍御史。还让杨锜娶自己的女儿太华公主为妻。太华公主是武惠妃所生，最受玄宗宠爱优待。而杨钊的地位也逐渐显赫起来。杨钊就是杨国忠。贵妃的三个姐姐长得都很漂亮，玄宗称她们为姨，封她们为韩国、虢国、秦国夫人，她们出入宫廷，蒙受恩宠，声威气焰震动天下。每次宫外有封号的妇女入宫晋见，排列位次，玄宗的妹妹持盈公主等都谦让杨氏诸姨，不敢就位。中央官署和州县的官吏接受杨家人的私下嘱托，立即奔走办理，自定期限，比办理皇帝下令要办的事还卖力。四方都有人送礼物与他们结交，杨家门庭若市。玄宗的女儿建平、信成二公主因与杨贵妃家人不和，玄宗甚至把宫中分赐给她们的东西追回，信成公主的丈夫驸马都尉独孤明还因此丢官。

［原文］

它日，妃以谴还铦(xiān)第，比中仄(zè)，帝尚不御食，笞(chī)怒左右。高力士欲验帝意，乃白以殿中供帐、司农酒饩(xì)百余车送妃所，帝即以御膳分赐。力士知帝旨，是夕，请召妃还，下钥安兴坊门驰入。妃见帝，伏地谢，帝释然，抚尉良渥。明日，诸姨上食，乐作，帝骤赐左右不可赀(zī)。由是愈见宠，赐诸姨钱岁百万为脂粉费。铦以上柱国门列戟，与锜、国忠、诸姨五家第舍联亘，拟宪宫禁，率一堂费缗(mín)千万。见它第有胜者，辄坏复造，务以瑰(guī)侈相夸诩(xǔ)，土木工不息。帝所得奇珍及贡献分赐之，使者相衔于道，五家如一。

［译文］

有一天，贵妃因受到玄宗的责备被送回娘家，等到过了中午，玄宗还不肯进食，抽打在身边侍候的人，对他们大发脾气。高力士想试探一下玄宗的心意，于是报告玄宗请求把宫中张设的帷帐、司农寺供给的酒和食品等一百多车东西送到杨宅，玄宗不但同意，还当即把自己的御膳分赐给杨贵妃。高力士明白玄宗的心意，这天晚上，就请求把贵妃召回宫中，于是打开安兴坊坊门，贵妃的车马经那里驰入皇宫。杨贵妃见到皇帝，伏地谢罪，玄宗高兴释然，好好地抚慰了她一番。第二天，杨家诸姨往宫里进献美食，宴会的音乐一演奏起来，玄宗就猛给他身边的人赏赐东西，其数量多得无法计算。从此杨贵妃更加受到玄宗的宠爱，玄宗赐给杨家诸姨每人每年钱一百万，作为她们的脂粉费。杨铦以正二品勋官上柱国的身份，立戟于住宅门前，同杨锜、杨国忠、杨家诸姨等五家宅第相连，都仿效皇宫的建筑，大概建一个厅堂要费钱一千万。杨家人见别人的宅第有胜过自己的，就拆掉重盖，务以宅第的瑰伟奢丽相夸耀，大兴土木，没有停止的时候。玄宗得到的奇

唐玄宗李隆基

珍异物及四方贡品都分赐给他们，宫中派出的送物使者往来相接于道，赐给五家的礼物都要一样。

［原文］

妃每从游幸，乘马则力士授辔策。凡充锦绣官及冶瑑（zhuàn）金玉者，大抵千人，奉须索，奇服秘玩，变化若神。四方争为怪珍入贡，动骇耳目。于是岭南节度使张九章、广陵长史王翼以所献最，进九章银青阶，擢翼户部侍郎，天下风靡。妃嗜（shì）荔支，必欲生致之，乃置骑传送，走数千里，味未变已至京师。

［译文］

杨贵妃常跟随天子出外游玩，贵妃骑马，高力士就亲自给她递缰绳和马鞭。总计宫中在负责织锦刺绣以及负责铸造、雕刻金玉器物的工匠，大约有一千人，他们接受贵妃的索取，制作各种稀奇的服饰、珍玩，变化无穷。四方争相制作奇珍异物进献给贵妃，东西的奇特精巧，骇人耳目。由于岭南节度使张九章、广陵长史王翼进献的东西没人能比得上，玄宗晋升张九章为从三品散官银青光禄大夫，提拔王翼为户部侍郎，于是天下人无不追随这股风气。杨贵妃嗜食荔枝，还一定要最新鲜的，于是玄宗特设驿骑传送，跑数千里地，荔枝的味道还没有变就已经送到了京师。

［原文］

天宝九载，妃复得谴还外第。国忠谋于吉温，温因见帝曰："妇人过忤当死，然何惜宫中一席广为鈇锧（fū zhì）地，更使外辱乎？"帝感动，辍食，诏中人张韬光赐之。妃因韬光谢帝曰："妾有罪当万诛，然肤发外皆上所赐，今且死，无以报。"引刀断一缭发奏之，曰："以此留诀。"帝见骇惋，遽召入，礼遇如初。因又幸秦国及国忠第，赐两家钜万。

［译文］

天宝九年（750年），杨贵妃又受到天子的责备，被送到宫外的住宅。杨国忠跑去找吉温商议，吉温于是晋见玄宗说："妇女不顺从犯过就应当将其处死，但陛下为什么爱惜宫中一席之大可用来处斩的地方，却让她到外面去丢脸呢？"玄宗的感情被触动，停止进食，命令宦官张韬光把自己的食物赐给杨贵妃。杨贵妃通过张韬光传话，与玄宗告别道："妾有罪，当被处死万次，但除身体头发外，妾的所有东西都受皇上所赐，现在妾将死去，没有可用来报答皇上的东西。"随即拿刀割下一束头发进献给玄宗，说是："留下这东西与陛下诀别。"玄宗见到她的头发后，既吃惊又叹惜，急忙召她入宫，还像从前那样加以宠爱。接着玄宗又亲临秦国夫人和杨国忠府第，赐给这两家钱财巨万。

［原文］

国忠既遥领剑南，每十月，帝幸华清宫，五宅车骑皆从，家别为队，队一色。俄五家队合，烂若万花，川谷成锦绣，国忠导以剑南旗节。遗钿(diàn)堕舄(xì)，瑟瑟玑琲(bèi)，狼藉于道，香闻数十里。十载正月望夜，妃家与广宁主僮(tóng)骑争阛(huán)门，鞭挺欢竞，主堕马，仅得去。主见帝泣，乃诏杀杨氏奴，贬驸马都尉程昌裔官。国忠之辅政，其息朏(pò)尚万春公主，暄尚延和郡主，弟鉴尚承荣郡主。又诏为玄琰立家庙，帝自书其碑。铦、秦国早死，故韩、虢与国忠贵最久。而虢国素与国忠乱，颇为人知，不耻也。每入谒，并驱道中，从监、侍姆百余骑，炬蜜如昼，靓妆盈里，不施帏障，时人谓为“雄狐”。诸王子孙凡婚聘，必先因韩、虢以请，辄皆遂，至数百千金以谢。

［译文］

杨国忠遥领剑南节度使以后，每年十月，玄宗到华清宫，杨氏五家的人马都随从，每家单独排成一队，每队各穿同一种颜色的衣服。一会儿，五家的队伍合在一起，色彩灿烂犹如万花竞放，川谷顿成锦绣，杨国忠还用剑南节度使的旌旗作为队伍的前导。队伍所经之地，遗落的首饰、扔下的鞋子，还有发饰珠串，乱七八糟地在路上散落着，香气传到数十里外。天宝十年（751年）正月十五晚上，贵妃家人与玄宗的女儿广宁公主的随从争过市门，杨氏家奴挥鞭打人，双方喧闹争吵，广宁公主跌下马来，只得躲开。广宁公主找皇上哭诉，于是玄宗下令杀掉杨氏家奴，但同时广宁公主的丈夫驸马都尉程昌裔也被贬官。杨国忠当宰相，他的儿子杨朏娶玄宗的女儿万春公主为妻，杨暄娶延和郡主为妻，他的弟弟杨鉴娶承荣郡主为妻。玄宗又下令为贵妃的父亲杨玄琰立家庙，亲自书写家庙的碑文。杨铦、秦国夫人早死，所以韩国、虢国夫人和杨国忠显达的时间最长。虢国夫人向来和杨国忠淫乱，颇为外人所知，而不以为耻。每次入宫谒见天子，两人在道上并驾齐驱，随从的宦官、

宠幸番将

唐玄宗一味宠幸安禄山，安禄山则利用玄宗的信任，大肆扩充自己的势力，终于走上了反叛的道路。

侍婢有一百多人，都骑在马上，蜡烛照耀得如同白昼，妆饰艳丽的妇女充满街巷，虢国夫人连障帘都不用，当时的人说这是齐襄公的淫妹行径。诸王的子孙凡有婚嫁之事，一定要事先通过韩国、虢国夫人向玄宗报告，这样做便都能如愿，然后得用数百金或上千金来对她们表示谢意。

［原文］

初，安禄山有边功，帝宠之，诏与诸姨约为兄弟，而禄山母事妃。来朝，必宴饯结欢。禄山反，以诛国忠为名，且指言妃及诸姨罪。帝欲以皇太子抚军，因禅位，诸杨大惧，哭于廷。国忠入白妃，妃衔块请死，帝意沮，乃止。及西幸至马嵬(wéi)，陈玄礼等以天下计诛国忠，已死，军不解。帝遣力士问故，曰：“祸本尚在！”帝不得已，与妃诀，引而去，缢(yì)路祠下，裹尸以紫茵，瘗(yì)道侧，年三十八。

［译文］

早先，安禄山有边功，玄宗宠信他，命他与杨家诸姨结为兄妹，而安禄山则拜贵妃为母。安禄山每次来京朝见天子，杨家人必定设宴招待，同他建立友好情谊。后来安禄山造反，以讨伐杨国忠为借口，而且公开指出杨贵妃及杨家诸姨的罪恶。玄宗想让皇太子率军随从自己出征，接着把帝位禅让给他，杨家诸人极为恐惧，聚在庭院里痛哭。杨国忠入宫禀告杨贵妃，贵妃口衔土块请求玄宗将自己处死，玄宗心情沮丧，便没有那样做。等到潼关失守，玄宗西行到了马嵬驿，陈玄礼等就为天下人考虑而杀掉杨国忠，但杨国忠被杀后，军队将士仍不散去。玄宗派高力士询问原因，将士们说：“祸乱的根子还在！”玄宗不得已，与贵妃诀别，让人把她带走，勒死在路旁的祠庙里，用紫色褥子裹着贵妃的尸体，埋在大路边，贵妃时年三十八岁。

［原文］

帝至自蜀，道过其所，使祭之，且诏改葬。礼部侍郎李揆曰：“龙武将士以国忠负上速乱，为天下杀之。今葬妃，恐反仄自疑。”帝乃止。密

安禄山反叛兵戈举

安禄山的叛乱，虽然没有灭亡唐王朝，但消耗了国家的元气，唐朝开始衰落。

杨贵妃

遣中使者具棺椁(guǒ)它葬焉。启瘗(yì)，故香囊犹在，中人以献，帝视之，凄感流涕，命工貌妃于别殿，朝夕往，必为鲠(gěng)欷(xī)。

［译文］

后来玄宗自蜀郡回长安，路经马嵬驿，派人祭奠杨贵妃，并下令改葬。礼部侍郎李揆说："龙武军将士因为杨国忠有负于皇上，招致祸乱，所以替天下人杀掉杨国忠。现在改葬贵妃，恐怕将士们会疑虑不安。"玄宗于是没有正式改葬贵妃，秘密派遣宦官备好棺椁把贵妃的遗体迁移到别的地方安葬。挖开贵妃的坟墓，贵妃原先佩带的香囊还在，宦官把它献给玄宗，玄宗看到香囊后，伤感落泪，于是就命画工在偏殿里画贵妃的像，早晚前去看望，每次看画像都要哽咽哭泣。

［原文］

马嵬之难，虢国与国忠妻裴柔等奔陈仓，县令率吏追之，意以为贼，弃马走林。虢国先杀其二子，柔曰："丐我死！"即并其女刺杀之，乃自刭(jǐng)，不殊，吏载置于狱，问曰："国家乎？贼乎？"吏曰："互有之。"乃死，瘗陈仓东郭外。

［译文］

马嵬驿事变发生的时候，虢国夫人和杨国忠的妻子裴柔等人逃往陈仓，陈仓县令带领手下人追赶，虢国夫人等以为是逆贼作乱，便扔下马跑进树林里。虢国夫人先杀掉她的两个孩子，裴柔说："请让我死吧！"虢国夫人马上把她和她的女儿一起刺死，然后自己用刀抹了脖子，但还没有立即断气，官吏就把她驮在马上送进监狱，虢国夫人问道："是朝廷要杀我们？还是逆贼作乱？"县吏回答说："都有啊。"虢国夫人死去，被埋在陈仓县城东郊。

魏徵传

[原文]

魏徵字玄成，魏州曲城人。少孤，落魄，弃赀(zī)产不营。有大志，通贯书术。

隋乱，诡为道士。武阳郡丞元宝藏举兵应李密，以徵典书檄(xí)。密得宝藏书，辄称善，既闻徵所为，促召之。徵进十策说密，不能用。王世充攻洛口，徵见长史郑颋(tǐng)曰："魏公虽骤胜，而骁将锐士死伤略尽，又府无见财，战胜不赏。此二者不可以战。若浚池峭垒，旷日持久，贼粮尽且去，我追击之，取胜之道也。"颋曰："老儒常语耳！"徵不谢去。

[译文]

魏徵字玄成，魏州曲城人。幼年父母双亡，穷困失意，放弃了家产不再经营。魏徵素有远大志向，对各种书籍、学问都能够融会贯通。

隋末天下大乱，魏徵假装为道士。武阳郡丞元宝藏起兵响应李密，让魏徵掌管文书。李密每次得到元宝藏的书信，总称赞写得好，后来听说是魏徵写的，马上把他召来。魏徵进献十条计策劝说李密，李密没有采纳。王世充进攻洛口，魏徵求见魏公李密的长史郑颋，说道："魏公虽然屡次获胜，但精兵骁将有的死有的伤，已所剩无几，加上仓库里没有财物，打了胜仗也不能给予奖赏。因这两条就不应该出战。如果我们挖深洛口的城壕，加高它的防御工事，不和敌人作战，拖延时间，等敌人粮食用完将会自己离开，那时我军再追击他们，这就是夺取胜利的方法。"长史说："你这些话不过是老生常谈罢了！"魏徵不辞而别。

魏徵

[原文]

后从密来京师，久之未知名。自请安辑山东，乃擢秘书丞，驰驲(rì)至黎阳。时李勣尚为密守，徵与书曰："始魏公起叛徒，振臂大呼，众数十万，威之所被半天下，然而一败不振，卒归唐者，固知天命有所归也。今君处

必争之地，不早自图，则大事去矣。”勣得书，遂定计归，而大发粟馈(kuì)淮安王之军。

［译文］

后来魏徵随从李密降唐，到了京师，很长时间默默无闻。魏徵自己请求去安抚山东地区，于是被任命为秘书丞，驾驿车急行到了黎阳。当时李勣还在为李密守黎阳，魏徵写信给他说：“当初魏公由叛逆者而起兵，振臂大呼，四方响应，有部下数十万，势力所及接近半个中国，然而一失败就再也振作不起来，最后终于归附唐朝，因为知道天命已有所归属。现在您处于兵家必争之地，如果自己不及早谋划，那么大事就会不可挽回了。李勣得到信，终于定计归附唐朝，并开仓发粮赠给唐淮安王的军队。

［原文］

会窦建德陷黎阳，获徵，伪拜起居舍人。建德败，与裴矩走入关，隐太子引为洗马。徵见秦王功高，阴劝太子早为计。太子败，王责谓曰：“尔阋(xì)吾兄弟，奈何？”答曰：“太子蚤从徵言，不死今日之祸。”王器其直，无恨意。

［译文］

这时窦建德攻陷黎阳，抓获了魏徵，让他担任起居舍人。窦建德被打败后，魏徵与裴矩西行入潼关，太子李建成推荐魏徵担任太子洗马。魏徵见秦王李世民功高，暗中劝说太子早定对策。后来太子失败身亡，秦王责问魏徵说：“你鼓动我们兄弟互相争斗，这是为什么呢？”魏徵回答说：“如果太子早听魏徵的话，就不会死于今天的祸乱。”秦王器重魏徵敢于直言，毫无怨恨他的意思。

牛角挂书

李密自幼好学，放牛时将书挂在牛角上，被后世传颂“牛角挂书”的佳话。

［原文］

即位，拜谏议大夫，封钜鹿县男。当是时，河北州县素事隐、巢者不自安，往往曹伏思乱。徵白太宗曰：“不示至公，祸不可解。”帝曰：“尔行安喻河北。”道遇太子千牛李志安、齐王护军李思行传送京师，徵与其副谋曰：“属有诏，宫府旧人普原之。今复执送志安等，谁不自疑者？吾属虽往，

人不信。”即贷而后闻。使还，帝悦，日益亲，或引至卧内，访天下事。徵亦自以不世遇，乃展尽底蕴无所隐，凡二百余奏，无不剀(kǎi)切当帝心者。由是拜尚书右丞，兼谏议大夫。

［译文］

秦王登上帝位，拜魏徵为谏议大夫，封巨鹿县男。这个时候，河北州县过去侍奉李建成、李元吉的人都人心惶惶，常常成群藏匿在一起思谋作乱。魏徵禀告太宗说：“不向天下人显示天子至公无私，灾祸就不能解除。”太宗说：“你去安抚和开导一下河北的人。”魏徵在出使河北途中，遇到原太子千牛李志安、原齐王元吉府护军李思行被解往京师，魏徵同他的副使商议道：“正好有诏令，前东宫、齐王府的旧人一律免罪，现在又拘捕解送李志安等人，谁心里不怀疑呢？即使我辈前去传达天子的旨意，人们也一定不会相信。”所以魏徵立即赦免李志安等人而后上报天子。魏徵出使回来，太宗非常高兴，对他日益亲近，甚至把他领进卧室，询问天下的事情。魏徵也自认为得到君主的赏识，于是把心里的想法全部说出来，毫不隐瞒，共提出建议二百多项，全都切实可行，十分符合太宗的心意。因此太宗任命他为尚书右丞，兼谏议大夫。

［原文］

比 干

比干是殷商的忠臣，劝谏纣王，却落个剖心而死的下场。

左右有毁徵阿党亲戚者，帝使温彦博按讯，非是。彦博曰：“徵为人臣，不能著形迹，远嫌疑，而被飞谤，是宜责也。”帝谓彦博行让徵。徵见帝，谢曰：“臣闻君臣同心，是谓一体，岂有置至公，事形迹？若上下共由兹路，邦之兴丧未可知也。”帝瞿然，曰：“吾悟之矣！”徵顿首曰：“愿陛下俾臣为良臣，毋俾(wú bǐ)臣为忠臣。”帝曰：“忠、良异乎？”曰：“良臣，稷(jì)、契(xiè)、咎陶(jiù yáo)也；忠臣，龙逄、比干也。良臣，身荷美名，君都显号，子孙传承，流祚(zuò)无疆；忠臣，己婴祸诛，君陷昏恶，丧国夷家，只取空名。此其异也。”帝曰：“善。”因问：“为君者何道而明，何失而暗？”徵曰：“君所以明，兼听也；所以暗，偏信也。尧、舜氏辟四门，明四目，达四聪，虽有共、鲧(gǔn)，不能塞

也，靖言庸违，不能惑也。秦二世隐藏其身，以信赵高，天下溃叛而不得闻；梁武帝信朱异，侯景向关而不得闻；隋炀帝信虞世基，贼遍天下而不得闻。故曰，君能兼听，则奸人不得壅蔽，而下情通矣。”

［译文］

太宗的近臣中有人诽谤魏徵偏袒自己的亲戚，太宗让温彦博查问，认为这种说法不符合事实。温彦博说：“魏徵作为臣子，不能使自己的行为显明，以避开嫌疑，因而受到意外的诽谤，这是应该受责备的。”皇帝就叫温彦博去责备魏徵。魏徵晋见皇帝，解释道：“臣听说君臣应该同心，就如同一个整体，哪有抛弃至公无私，只追求行为痕迹的？如果君臣上下共同遵循这条道路，那么国家是兴是亡就没法预料了。”太宗一副吃惊的样子，说道：“我已经领悟你的意思了！”魏徵跪下叩头说：“愿陛下让臣做良臣，不要让臣做忠臣。”太宗说：“忠臣、良臣有什么不同吗？”魏徵说：“良臣，就是稷、契、皋陶；忠臣，就是龙逢、比干。良臣，自身得美名，君主有尊号，子孙世代相继，福祚传之无穷；忠臣，自身得祸受戮，君主陷于愚昧凶暴的境地，国亡家灭，只得到一个空名。这就是忠臣与良臣的不同。”皇帝说：“说得好。”接着问道：“做君主的人用什么方法能做到明，犯什么错误会导致暗呢？”魏徵说：“君主之所以明，是由于能多方面地听取意见；之所以暗，是因为偏听偏信。从前尧、舜大开四方之门，广招贤才，目明能远视四方，耳聪能远听四方，即使有共工、鲧这样的恶人，也不会被蒙蔽，言语动听、行为悖谬，也不会受迷惑。秦二世居于深宫，偏信赵高，天下人离散叛乱自己却不知道；梁武帝偏信朱异，侯景领兵准备攻城自己却不知道；隋炀帝偏信虞世基，造反的人到处都是自己却不知道。所以说，君主能多方面地听取意见，那么奸臣就不可能蒙蔽君主，而下情也就能上达了。”

［原文］

郑仁基息女美而才，皇后建请为充华，典册具。或言许聘矣。徵谏曰：“陛下处台榭，则欲民有栋宇；食膏（gāo）粱，则欲民有饱适；顾嫔御，则欲民有室家。今郑已约昏，陛下取之，岂为人父母意？”帝痛自咎，即诏停册。

［译文］

郑仁基的亲生女儿长得漂亮而且十分有才干，皇后建议让她当九嫔中的充华，天子的封册都准备好了。有人说她之前已和别人有婚约。魏徵进谏道：“陛下居于楼台，就要想到让百姓有房子住；吃精美的食物，就要想到让百姓能吃饱吃好；看到身边的侍妾，就要想到让百姓有家庭。现在郑家的女儿已有婚约，陛下娶她，哪里有做百姓父母的情意？”太宗沉痛地责备自己，立即下令停止册封郑仁基的女儿。

［原文］

贞观三年，以秘书监参豫朝政。高昌王麴(qū)文泰将入朝，西域诸国欲因文泰悉遣使者奉献。帝诏文泰使人厌怛纥干迎之。徵曰："异时文泰入朝，所过供拟不能具，今又加诸国焉，则濒塞州县以乏致罪者众。彼以商贾来，则边人为之利；若宾客之，中国萧然耗矣。汉建武时，西域请置都护、送侍子，光武不许，不以蛮夷弊中国也。"帝曰："善。"追止其诏。

［译文］

贞观三年（629 年），魏徵以秘书监的身份参与朝政。高昌王麴文泰将入京朝见天子，西域各国都想乘麴文泰入朝的机会派遣使者向天子进献方物。太宗下诏命令麴文泰的使臣厌怛纥干前去迎接西域各国的使者。魏徵说："往年麴文泰入京朝见天子，所经过的地方，计划供应的物品尚不能备齐，现在又加上各国的使者，那么近处的州县，由于物资供应不上而获罪的人将会很多。西域人以商贾的身份前来，边地人民会因此而得利；如果作为宾客前来，那么中国就会因消耗大量资财而变得萧条了。东汉建武年间，西域诸国请求朝廷在西域设置都护并派遣王子入京侍奉皇帝，光武帝不答应，因为不愿为了异族而使中国受害。"太宗说："你的意见很好。"立即把发布的诏令追回。

［原文］

于是帝即位四年，岁断死二十九，几至刑措，米斗三钱。先是，帝尝叹曰："今大乱之后，其难治乎！"徵曰："大乱之易治，譬(pì)饥人之易食也。"帝曰："古不云善人为邦百年，然后胜残去杀邪？"答曰："此不为圣哲论也。圣哲之治，其应如响，期月而可，盖不其难。"封德彝(yí)曰："不然。三代之后，浇诡日滋。秦任法律，汉杂霸道，皆欲治不能，非能治不欲。徵书生，好虚论，徒乱国家，不可听。"徵曰："五帝、三王不易民以教，行帝道而帝，行王道而王，顾所行何如尔。黄帝逐蚩尤，七十战而胜其乱，因致无为。九黎害德，颛顼(zhuān xū)征之，已克而治。桀为

颛 顼

乱，汤放之；纣无道，武王伐之。汤、武身及太平。若人渐浇诡，不复返朴，今当为鬼为魅，尚安得而化哉？”德彝不能对，然心以为不可。帝纳之不疑。至是，天下大治。蛮夷君长袭衣冠，带刀宿卫。东薄海，南逾岭，户阖不闭，行旅不赍粮，取给于道。帝谓群臣曰：“此徵劝我行仁义，既效矣。惜不令封德彝见之！”

[译文]

太宗即位四年，一年中判处死刑的只有二十九人，几乎达到刑罚弃置不用的地步，米价每斗才三钱。在这之前，太宗曾经感叹道：“现在处于大乱之后，国家很难治理吧！”魏徵说：“大乱之后容易治理，就像饥饿的人容易给他准备吃的。”太宗说：“古人不是说善人治理国家经过一百年，然后可以制服凶残的人，从而废除死刑吗？”魏徵回答说：“这话不是为圣人哲人说的。圣人哲人治理国家，理应像回声一样，一年便可以有成效，并不是那么费力的事。”封德彝说：“不是这样。夏、商、周三代之后，浮薄诡诈之风日益滋长。秦朝专用刑律，汉朝杂用霸道，都想把国家治理好却不能，不是能把国家治理好而不想去做。魏徵是个书生，喜欢空谈，他的话只会使国家混乱，不可听从。”魏徵说：“五帝、三王不是改变百姓而后教化，实行帝道便称帝于天下，实行王道便称王于天下，就看所实行的是什么了。黄帝驱逐蚩尤，经过七十次战争而制服蚩尤，于是达到无为而治。九黎危害德行，颛顼征讨它，获胜后天下就得到很好的治理。桀作乱，汤放逐他；纣无道，武王讨伐他。汤、武王都在自己生前达到太平。如果人民日渐浮薄诡诈，不再返于淳朴，那么到了今天，应当都成为鬼怪，君主又怎么能教化他们呢？”封德彝回答不上来，但内心仍认为魏徵的意见行不通。太宗完全接受魏徵的意见而毫不怀疑。到这个时候，已实现天下太平。边地异族君长受中华文明礼教的熏染，带刀到宫中担任警卫。向东到海，向南越过五岭，普天之下都夜不闭户，来往的旅客不用携带粮食，在路上就能得到供应。太宗对群臣说：“这都是因为魏徵劝我行仁义啊，现在已经有成效了。可惜封德彝已去世，不能让他见到了！”

[原文]

俄检校侍中，进爵郡公。帝幸九成宫，宫御舍围川宫下。仆射李靖、侍中王珪继至，吏改馆宫御以舍靖、珪。帝闻，怒曰：“威福由是等邪？何轻我宫人？”诏并按之。徵曰：“靖、珪皆陛下腹心大臣，宫人止后宫扫除隶耳。方大臣出，官吏咨朝廷法式；归来，陛下问人间疾苦。夫官舍，固靖等见官吏之所，吏不可不谒也。至宫人则不然，供馈之余无所参承。以此按吏，且骇天下耳目。”帝悟，寝不问。

[译文]

不久魏徵任检校侍中，爵位晋升为郡公。太宗到九成宫，有宫女住在九成宫下

围川县的官舍里。尚书右仆射李靖、侍中王珪接着到来，县吏将宫女移到别的地方居住腾出官舍给李靖、王珪。太宗听说这事，大怒道：“权力归这些人吗？为什么轻视我的宫女？”下令审查李靖、王珪。魏徵说：“李靖、王珪都是陛下的心腹大臣，宫女不过是后宫中负责打扫垃圾的奴婢。当大臣外出，官吏要向他们询问朝廷的法度；当他们归来，陛下要询问他们民间的疾苦。官舍，本是李靖等人接见官吏的地方，因为官吏是不能不拜见大臣的。至于宫女就不是这样了，除供给饮食之外，无须参见侍候。如果因此而审查官吏，将使天下人惊骇。”太宗醒悟，便放下这事不再查问了。

［原文］

后宴丹霄楼，酒中谓长孙无忌曰：“魏徵、王珪事隐太子、巢剌王时，诚可恶，我能弃怨用才，无羞古人。然徵每谏我不从，我发言辄不即应，何哉？”徵曰：“臣以事有不可，故谏，若不从辄应，恐遂行之。”帝曰：“弟即应，须别陈论，顾不得？”徵曰：“昔舜戒群臣：‘尔无面从，退有后言。’若面从可，方别陈论，此乃后言，非稷、契所以事尧、舜也。”帝大笑曰：“人言徵举动疏慢，我但见其妩媚耳。”徵再拜曰：“陛下导臣使言，所以敢然；若不受，臣敢数批逆鳞哉！”

［译文］

后来，太宗在丹霄楼宴请近臣，饮酒过程中，太宗对长孙无忌说：“魏徵、王珪侍奉李建成、李元吉的时候，确实可恶，我能抛弃旧怨，任用有才能的人，也算无愧于古人了。然而魏徵每次进谏，如果我不从，他总不马上答应，这是为什么呢？”魏徵说：“臣认为事情有不合适的地方，所以进谏，如果陛下不从而臣马上答应，恐怕事情就这样施行。”太宗说：“只管马上答应，等机会再另陈述意见，难道不行吗？”魏徵说：“从前舜告诫群臣说：‘你们不要当面顺从我，退下后又有话说。’如果臣当面顺从，答应陛下，又另找机会陈述意见，这就是‘退下后又有话说’，不是稷、契用来侍奉尧、舜的办法。”太宗大笑道：“别人说魏徵举止粗陋傲慢，我却只看到他的柔媚。”魏徵一拜再拜，说道：“陛下引导臣让臣说话，所以才敢这样；如果陛下不接受进谏，臣又怎敢一再触怒陛下呢！”

［原文］

七年，为侍中。尚书省滞（zhì）讼不决者，诏徵平治。徵不素习法，但存大体，处事以情，人人悦服。进左光禄大夫、郑国公。多病，辞职，帝曰：“公独不见金在矿何足贵邪？善冶锻而为器，人乃宝之。朕方自比于金，以卿为良匠而加砺焉。卿虽疾，未及衰，庸得便尔？”

徵恳请，数却愈牢。乃拜特进，知门下省事，诏朝章国典，参议得失，禄赐、国官、防阁并同职事。

望陵毁观

唐太宗思念妻子，建造高台眺望皇后的陵墓，魏徵则劝其要先顾父子之情，不能忘记唐高祖李渊的生养之恩。

［译文］

贞观七年（633年），魏徵任侍中。当时尚书省有长期未决的诉讼案件，太宗命令魏徵秉公处理。魏徵虽不是一向熟悉法律，但能抓住原则，按照实际情况处理，所以大家都心悦诚服。太宗晋封魏徵为左光禄大夫、郑国公。魏徵多病，请求辞去官职，太宗说："您难道没有看见金子在矿石里，没有什么值得珍贵的？擅长冶炼金属的工匠把它锻造成器物，人们才觉得它宝贵。朕正是把自己比作金子，把卿比作好的工匠，而对我加以磨砺。卿虽有病，但还未衰老，哪能就这样辞官呢？"魏徵恳切请求，多次推辞官职，态度十分坚决。太宗于是改命魏徵为特进，仍旧让他执掌门下省事务，命令朝廷的典章、国家的制度，由魏徵参议得失，他的俸禄、属吏、卫士都同职事官侍中一样。

［原文］

文德皇后既葬，帝即苑中作层观，以望昭陵，引徵同升，徵孰视曰："臣眊(mào)昏，不能见。"帝指示之，徵曰："此昭陵邪？"帝曰："然。"徵曰："臣以为陛下望献陵，若昭陵，臣固见之。"帝泣，为毁观。寻以定五礼，当封一子县男，徵请封孤兄子叔慈，帝怆然曰："此可以励俗。"即许之。

［译文］

太宗的长孙皇后安葬后，太宗怀念她，就在禁苑建高楼，用以瞭望昭陵。有一次太宗领着魏徵一起登上望楼，魏徵仔细看后说道："臣两眼昏花，看不到什么。"太宗指给他看，魏徵说："这是昭陵吗？"太宗说："是。"魏徵说："臣以为陛下是望高祖献陵呢，如果是昭陵，臣原本已看到了。"太宗因此而泣，为此毁掉望楼。接着由于魏徵修订吉、嘉、宾、军、凶礼，按例应封他的一个儿子为县男，魏徵请求封自己已故哥哥的儿子魏叔慈，太宗感动地说："这样可以劝导世俗的人。"就答应了他。

［原文］

后幸洛阳，次昭仁宫，多所谴责。徵曰："隋惟责不献食，或

供奉不精，为此无限，而至于亡。故天命陛下代之，正当兢(jīng)惧戒约，奈何令人悔为不奢？若以为足，今不啻足矣；以为不足，万此宁有足邪？”帝惊曰：“非公不闻此言。”退又上疏曰：

望陵毁观
唐太宗听从魏徵的建议，毁掉了望楼。

［译文］

后来太宗前往洛阳，途中住在昭仁宫，对负责供应物资的官吏多有谴责。魏徵说：“隋朝总是指责郡县不进献食物，或者指责奉献的物品不够精美，因为做这种事没有节制，以至于灭亡。所以上天命令陛下取代隋朝，陛下应当谨慎戒惧，警醒约束自己，怎么能让人因为不奢侈而后悔呢？如果认为充足，那么现在这样已经很充足了；如果认为不充足，那么供应物品达到现在的一万倍难道就会觉得充足吗？”太宗吃惊地说：“没有你，朕听不到这样的话。”魏徵退下后又进献奏疏说：

［原文］

“《书》称‘明德慎罚’‘惟刑之恤’。《礼》曰：‘为上易事，为下易知，则刑不烦。’‘上多疑，则百姓惑；下难知，则君长劳。’夫上易事，下易知，君长不劳，百姓不惑。故君有一德，臣无二心。夫刑赏之本，在乎劝善而惩恶。帝王所与，天下画一，不以亲疏贵贱而轻重者也。今之刑赏，或由喜怒，或出好恶。喜则矜刑于法中，怒则求罪于律外；好则钻皮出羽，恶则洗垢索瘢(bān)。盖刑滥则小人道长，赏谬则君子道消。小人之恶不惩，君子之善不劝，而望治安刑措，非所闻也。且暇豫而言，皆敦尚孔、老；至于威怒，则专法申、韩。故道德之旨未弘，而锲(qiè)薄之风先摇。昔州犁上下其手而楚法以敝，张汤轻重其心而汉刑以谬，况人主而自高下乎！顷者罚人，或以供张不赡，或不能从欲，皆非致治之急也。夫贵不与骄期而骄自至，富不与奢期而奢自至，非徒语也。

［译文］

“《尚书》中说‘宣扬道德小心刑罚’‘使刑罚轻重适中’。《礼记》中说：‘处在上级地位的人容易侍奉，处在下级地位的人容易理解，那么刑罚就不会繁多。’‘处在上级地位的人多疑，那么百姓就会感到迷惑；处在下级地位的人难于理解，那么君长就会觉得疲劳。’处在上级地位的人容易侍奉，处在下级地位的人容易理解，那么君长就不会觉得疲劳，百姓就不会感到迷惑。所以君主有美德，臣下就不会有二心。刑罚赏赐的根本在于劝善惩恶。帝王给赏赐用刑罚，全国统一，是不应因为亲疏贵贱而有轻重差别的。现在的刑罚赏赐则不这样，有时因为高兴生气，有时出于喜好厌恶。遇上高兴的时候就惜于用刑，虽然依照法律应当用刑，遇上生气的时候就撇开法律去寻找别人的罪过；对自己喜好的人就极力赞美，言过其实，对自己厌恶的人就故意挑剔，这样必将导致刑罚赏赐不当。刑罚不当，那么小人之道就会增长；赏赐不当，那么君子之道就会消亡。小人的恶行不惩罚，君子的善行不奖励，而希望达到天下太平、刑罚弃置不用，这是我没有听说过的。而且空闲时清谈，都笃信崇尚孔子、老子；到了发威动怒的时候，就专门效法申不害、韩非子。所以道德的好处未能推广，刻薄的风尚已先煽起。从前伯州犁与人串通作弊，楚国的法律便遭到破坏，张汤心有所轻重，汉朝的刑罚便出差错，更何况身为君主而自己有偏颇呢！近来朝廷处罚人，有的由于供应物品不充足，有的因为不能顺从君主的欲望，这些都不是治理国家急需办理的事务。古人说，尊贵没有与骄傲相约而骄傲自来，富裕没有与奢侈相约而奢侈自到，这并不是空话啊。

［原文］

“且我之所代，实在有隋。以隋府藏况今之资储，以隋甲兵况今之士马，以隋户口况今之百姓，挈长度大，曾何等级焉！然隋以富强而丧，动之也；我以贫寡而安，静之也。静之则安，动之则乱，人皆知之，非隐而难见、微而难察也。不蹈平易之涂，而遵覆车之辙，何哉？安不思危，治不念乱，存不虑亡也。方隋未乱，自谓必无乱；未亡，自谓必不亡。所以甲兵亟（qì）动，徭（yáo）役不息，以至戮辱而不悟灭亡之所由也，岂不哀哉！夫监形之美恶，必就止水；监政之安危，必取亡国。《诗》曰：‘殷鉴不远，在夏后之世。’臣愿当今之动静，以隋为鉴，则存亡治乱可得而知。思所以危则安矣，思所以乱则治矣，思所以亡则存矣。存亡之所在，在节嗜欲，省游畋（tián），息靡丽，罢不急，慎偏听，近忠厚，远便佞而已。夫守之则易，得之实难。今既得其所难，岂不能保其所易？保之不固，骄奢淫泆（yì）有以动之也。”

［译文］

“况且我们所取代的是隋朝。以隋朝的仓库比较今日的储备，以隋朝的军队比较今日的兵马，以隋朝的户口比较今日的百姓，计量其长短大小，有多少差别呀！然而隋朝以富强而灭亡，正是因为国家动荡；我们以贫乏而安宁，正因是国家平静。平静就安宁，动荡就混乱，这大家都知道，并不是隐晦难见、微细难察的道理。不走平坦的道路，而遵循已倾覆的车子所走的行迹，这是为什么呢？原因在于安宁时没想到危险，太平时没想到动乱，生存时没考虑到灭亡。当隋朝还没有乱的时候，自以为一定不会乱；还没有亡的时候，自以为一定不会亡。所以隋炀帝屡次发动战争，徭役不息，直到受辱被杀还不明白灭亡的原因，岂不可悲！照看长相的美丑，一定要用静止的水；照看国家政治的安危，一定要找已灭亡的国家。《诗经》说：‘殷朝的借鉴不远，就在前一代的夏朝。’臣希望现在的行动，能以隋朝为借鉴，那么存亡治乱的道理就能知道了。如能想到导致危险的原因就会安宁，想到导致动乱的原因就会太平，想到导致灭亡的原因就能生存。生存灭亡的症结，只在于节制嗜好与欲望，减少出游和打猎，摆脱奢华，停止办理不急迫的事务，小心不要偏听偏信，亲近忠厚的人，疏远善于阿谀逢迎的人。保持帝王之业是容易的，取得它则确实困难。现在既然已经取得了那难于取得的帝王之业，难道就不能保持这易于保持的帝业了吗？保持它而不牢固，那是因为有骄奢淫逸的心在动摇它。”

［原文］

帝宴群臣积翠池，酣乐赋诗。徵赋《西汉》，其卒章曰：“终藉叔孙礼，方知皇帝尊。”帝曰：“徵言未尝不约我以礼。”它日，从容问曰：“比政治若何？”徵见久承平，帝意有所忽，因对曰：“陛下贞观之初，导人使谏。三年以后，见谏者悦而从之。比一二年，勉强受谏，而终不平也。”帝惊曰：“公何物验之？”对曰：“陛下初即位，论元律师死，孙伏伽谏以为法不当死，陛下赐以兰陵公主园，直百万。或曰：‘赏太厚。’答曰：‘朕即位，未有谏者，所以赏之。’此导人使谏也。后柳雄妄诉隋资，有司得，劾其伪，将论死，戴胄(zhòu)奏罪当徒，执之四五然后赦。谓胄曰：‘弟守法如此，不畏滥罚。’此悦而从谏也。近皇甫德参上书言‘修洛阳宫，劳人也；收地租，厚敛也，俗尚高髻，宫中所化也。’陛下恚曰：‘是子使国家不役一人，不收一租，宫人无发，乃称其意。’臣奏：‘人臣上书，不激切不能起人主意，激切即近讪谤。’于时，陛下虽从臣言，赏帛罢之，意终不平。此难于受谏也。”帝悟曰：“非公，无能道此者。人苦不自觉耳！”

［译文］

太宗在洛阳宫积翠池宴请群臣，酒喝得高兴和群臣一起赋诗。魏徵赋《西汉》诗，它的末章说：“还是靠叔孙通设置的仪礼，才让汉高祖明白了做皇帝的尊贵。”

太宗说："魏徵的话，没有不用礼来约束我的。"有一天，太宗悠闲地问魏徵说："近来国家的政治怎么样？"魏徵见国家长时间太平，太宗的思想有所松懈，于是回答说："陛下在贞观初年，引导臣下使他们进谏。三年以后，遇到进谏能高兴地听从。近一两年，勉强接受进谏，而心里终究愤慨不满。"太宗吃惊地说："你有什么事例可作为证明？"魏徵回答说："陛下刚即位的时候，叛处元律师死刑，孙伏伽进谏，认为按法律不应处死，陛下赐给他兰陵公主的别墅，值一百万钱。有人说：'赏赐太厚。'陛下回答说：'朕即位以来，还没有进谏的人，所以给予厚赏。'这就是引导臣下使他们进谏。后来柳雄乱报在隋朝做官的资历，有关官吏得到实情，弹劾他弄虚作假，陛下即将判处他死刑，戴胄进言，说他的罪只应当处以徒刑，戴胄坚持了四五次，然后陛下才宣布赦免柳雄的死罪。陛下对戴胄说：'只管像这样严格执行法律，就不怕会有滥罚的现象了。'这就是能高兴地听从谏言。近时皇甫德参上书说：'修建洛阳宫，是让百姓受累；收地租，是滥征捐税；世俗好梳高髻，是受到宫中的影响。'陛下发怒道：'这人要国家不役使一个人，不收一斗租，宫女都不留头发，才算合他的心意。臣进言道：'臣下上书，不激切不能动君主之心，激切就近于毁谤。'当时，陛下虽听从臣的话，赏给皇甫德参丝帛，没有治他的罪，但心里终究愤慨不满。这就是不大容易接受进谏。"太宗醒悟，说道："不是你，没有人能说出这样的话。人往往苦于不能自己知道自己啊！"

［原文］

先是，帝作飞山宫，徵上疏曰：

"隋有天下三十余年，风行万里，威憺(dàn)殊俗，一旦举而弃之。彼炀帝者，岂恶治安、喜灭亡哉？恃(shì)其富强，不虞后患也。驱天下，役万物，以自奉养，子女玉帛是求，宫宇台榭是饰，徭役无时，干戈不休，外示威重，内行险忌，谗邪者进，忠正者退，上下相蒙，人不堪命，以致殒(yǔn)匹夫之手，为天下笑。圣哲乘机，拯其危溺。今宫观台榭(xiè)，尽居之矣；奇珍异物，尽收之矣；姬姜淑媛，尽侍于侧矣；四海九州，尽为臣妾矣。若能鉴彼所以亡，念我所以得，焚宝衣，毁广殿，安处卑宫，德之上也。若成功不废，即仍其旧，除其不急，德之次也。不惟王业之艰难，谓天命可恃，因基增旧，甘心侈靡(chǐ mǐ)，使人不见德而劳役是闻，斯为下矣。以暴易暴，与乱同道。夫作事不法，后无以观。人怨神怒，则灾害生；灾害生，则祸乱作；祸乱作，而能以身名令终者鲜矣。"

［译文］

在这之前，太宗建造飞山宫，魏徵进献奏疏说：

“隋朝统治天下三十多年，教化传布于万里之外，威力使异邦的人感到畏惧，然而一时之间，天下却全部丧失。炀帝，难道讨厌太平而喜欢灭亡吗？这是由于他依仗国家的富强而不考虑后患。炀帝驱使天下之人，奴役万物，为自己服务，搜求妇女、财物，修整宫殿楼台，随时都有徭役，战争接连不断，对外显示自己的威严，对内行其险诈猜忌之道，邪恶的人受重用，正直的人被斥逐，上下相互欺骗，百姓实在无法活命，因而导致炀帝死于平民之手，被天下人耻笑。圣人乘这个机会，拯救天下的危难。现在隋帝的宫殿楼台，陛下已全部住上了；奇珍异物，陛下已全收敛入宫；贵妇美女，已全在陛下的身旁侍候；四海九州的人，全成为陛下的臣民。陛下如果能借鉴隋朝灭亡的原因，思考之所以得天下的原因，焚毁隋宫的宝衣，废弃隋帝的广殿，安居于低矮的宫室，那就具有最高一等的道德。假如已成就的事业不败落，能继续承袭原有的传统，取消一切不急迫的事务，那就具有次一等的道德。如果不考虑创立帝业的艰难，认为天命可以依恃，凭借旧基址扩大宫殿，增加原有的建筑，甘心过奢侈糜烂的生活，使百姓看不到君王的德政，而只听到要他们服劳役的事，那就是最下等的道德了。用暴虐代替暴虐，将走上动乱的道路。做事情不能为后人所效法，子孙就看不到榜样。这样，必将导致民怨神怒，那么自然灾害就会发生；自然灾害发生，那么祸乱就会出现；祸乱出现，自己的名声能够保全的就很少见了。”

［原文］

是岁，大雨，穀、洛溢，毁宫寺十九，漂居人六百家。徵陈事曰：

“臣闻为国基于德礼，保于诚信。诚信立，则下无二情；德礼形，则远者来格。故德礼诚信，国之大纲，不可斯须废也。传曰：‘君使臣以礼，臣事君以忠。’‘自古皆有死，民无信不立。’又曰：‘同言而信，信在言前；同令而行，诚在令外。’然则言而不行，言不信也；令而不从，令无诚也。不信之言，不诚之令，君子弗为也。

［译文］

这一年，天降大雨，穀水、洛水泛滥，毁坏宫寺十九处，冲走居民六百家。魏徵上书陈述政事的得失说：

“臣听说治国用德、礼作基础，以诚、信为依靠。诚、信建立，那么处在下级地位的人就不会有二心；德、礼具备，那么远方的人就会前来朝贡。所以德、礼、诚、信是治国的重要纲领，不可以有片刻时间废弃。古人的书上说：‘君主应该按礼来使用臣子，臣子应该以忠来侍奉君主。’‘自古以来人总是要死的，如果老百姓不信任统治者，国家也就立不住脚了。’又说：‘同样的言语，有时能被信任，有时不被信任，可见在言语之前，存在着一个信任的问题；同样的命令，有时能被执行，有时不被执行，可见在命令之外，存在着一个是否真诚待人的问题。’这样看来，言语不能执行，是因为言语不被信任；命令不被听从，是因为命令缺少真诚待人之意。不被信任的言语，不能真诚待人的命令，君子是不会发出的。

［原文］

“自王道休明，绵十余载，仓廪愈积，土地益广，然而道德不日博，仁义不日厚，何哉？由待下之情，未尽诚信，虽有善始之勤，而无克终之美。故便佞之徒得肆其巧，谓同心为朋党，告讦（jié）为至公，强直为擅权，忠谠（dǎng）为诽谤。谓之朋党，虽忠信可疑；谓之至公，虽矫伪无咎。强直者畏擅权而不得尽，忠谠者虑诽谤而不敢与之争。荧惑视听，郁于大道，妨化损德，无斯甚者。

［译文］

“自从陛下的王道美善兴旺，已延续十多年了，国家仓库里的粮食越来越多，土地更加广大，然而道德没有能一天天广博，仁义没有能一天天增厚，这是为什么呢？因为陛下对待臣下，还没有能完全达到真诚、信任，虽有善始的勤劳，却无善终的优点。所以阿谀逢迎之徒得以尽力施展他们的巧辩伎俩，说彼此同心的人是结党营私，说揭人隐私的人是大公无私，说刚强正直的人是专权，说忠直敢谏的人是诽谤。说成结党营私，虽然忠实不欺也值得怀疑；说成大公无私，虽然弄虚作假也没有过错。刚强正直的人害怕专权的非议而不能完全施展出自己的才干，忠直敢谏的人考虑到诽谤的指责而不敢直言谏争。惑乱视听，阻滞正道，妨碍教化，损伤道德，没有比这更厉害的。

［原文］

“今将致治则委之君子，得失或访诸小人，是誉毁常在小人，而督责常加君子也。夫中智之人，岂无小惠，然虑不及远，虽使竭力尽诚，犹未免倾败，况内怀奸利，承颜顺旨乎？故孔子曰：‘君子而不仁者有矣，未有小人而仁者。’然则君子不能无小恶，恶不积无害于正；小人时有小善，善不积不足以忠。今谓之善人矣，复虑其不信，何异立直木而疑其景之曲乎？故上不信则无以使下，下不信则无以事上。信之为义大矣！

［译文］

“现在要治理好国家就把任务托付给君子，但事情的得失有时则需要询问小人，这样诽谤赞誉便常操控在小人手里，而督察责罚则常被施加到君子头上。中等才智的人，多少会有点小聪明，然而其心思不能达于远大，即使他们竭诚尽力，仍不能免于使国家倾覆败亡，更何况内心怀有用不正当手段营利的企图，专门顺

承天子的脸色、旨意行事的人呢？所以孔子说：‘君子中没有仁德的人是有的，但没有小人是具有仁德的。’这样看来，君子不可能没有小恶，但恶不多不妨害他是正直的人；小人也时常有小善，但善不多不足以使他成为忠臣。现在说某人是善人，又疑虑他不可信任，这和竖立一根直的木头却怀疑它的影子不直有什么不同呢？上级不被下级信任就无法使唤下级，下级不被上级信任就无法侍奉上级，信任的意义是很重大的呀！

[原文]

“昔齐桓公问管仲曰：‘吾欲使酒腐(fǔ)于爵，肉腐于俎(zǔ)，得无害霸乎？’管仲曰：‘此固非其善者，然无害霸也。’公曰：‘何如而害霸？’曰：‘不能知人，害霸也；知而不能用，害霸也；用而不能任，害霸也；任而不能信，害霸也；既信而又使小人参之，害霸也。’晋中行穆伯攻鼓，经年而不能下，馈(kuì)闲伦曰：‘鼓之啬(sè)夫，闲伦知之，请无疲士大夫，而鼓可得。’穆伯不应。左右曰：‘不折一戟，不伤一卒，而鼓可得，君奚不为？’穆伯曰：‘闲伦之为人也，佞而不仁。若使闲伦下之，吾不可以不赏，若赏之，是赏佞人也。佞人得志，是使晋国舍仁而为佞，虽得鼓，安用之？’夫穆伯，列国大夫，管仲，霸者之佐，犹能慎于信任，远避佞人，况陛下之上圣乎？若欲令君子小人是非不杂，必怀之以德，待之以信，厉之以义，节之以礼，然后善善而恶恶，审罚而明赏，无为之化何远之有！善善而不能进，恶恶而不能去，罚不及有罪，赏不加有功，则危亡之期或未可保。”

帝手诏嘉答。于是，废明德宫玄圃院赐遭水者。

[译文]

“从前齐桓公问管仲说：‘我要让祭祀时用的酒在酒爵里发臭，用的肉在肉砧上腐烂，这该不会妨害成就霸业吧？’管仲说：‘这固然不好，但不会妨害成就霸业。’齐桓公说：‘怎么样会妨害成就霸业呢？’管仲说：‘不能了解人，会妨害成就霸业；了解而不能使用，会妨害成就霸业；使用而不能授给官职，会妨害成就霸业；授给官职而不能信任，会妨害成就霸业；既加以信任而又让小人参与他的事务，会妨害成就霸业。’晋国中行穆伯攻打鼓国，历时一年仍不能攻下。馈闲伦说：‘我认识鼓国的啬夫，不必让士大夫们受累，便可以得到鼓国。’穆伯不答应。穆伯身边的人说：‘不折断一枝戟，不损伤一个士兵，而鼓国便可以得到，这样的事您为什么不做呢？’穆伯说：‘馈闲伦的为人，善于阿谀奉承，而没有仁德。如果让馈闲伦拿下鼓国，我不可能不给奖赏，如果奖赏他，就是奖赏善于阿谀奉承的人。善于阿谀

奉承的人得志，这是让晋国的人舍弃仁德而效法阿谀奉承，即使得到鼓国，又有什么用呢？’穆伯不过是春秋列国的大夫，管仲只是霸主的辅佐，尚且能够对应该信任什么人十分谨慎，远远地躲开善于阿谀奉承的人，更何况陛下这样的大圣人呢？如果想让君子和小人是非不混杂，一定要用德来安抚臣下，用信来对待臣下，用义来激励臣下，用礼来约束臣下，然后奖善而嫉恶，赏罚分明，这样，以德化民无为而治的美政离我们也就不远了！如果奖善而不能提拔善人，嫉恶而不能除去恶人，惩罚不给予有罪的人，奖赏不施予有功的人，那就会有危亡的时候，国家也许就不能保住了。”

太宗亲自写诏书给魏徵以表扬和批复。于是，下令废除明德宫玄圃院，将它赐给遭水淹的人家。

［原文］

它日，宴群臣，帝曰：“贞观以前，从我定天下，间关草昧，玄龄功也。贞观之后，纳忠谏，正朕违，为国家长利，徵而已。虽古名臣，亦何以加！”亲解佩刀，以赐二人。帝尝问群臣：“徵与诸葛亮孰贤？”岑文本曰：“亮才兼将相，非徵可比。”帝曰：“徵蹈履仁义，以弼朕躬，欲致之尧、舜，虽亮无以抗。”时上封者众，或不切事，帝厌之，欲加谯黜（qiáo chù），徵曰：“古者立谤木，欲闻己过。封事，其谤木之遗乎！陛下思闻得失，当恣其所陈。言而是乎，为朝廷之益；非乎，无损于政。”帝悦，皆劳遣之。

［译文］

有一天，太宗宴请群臣，太宗说：“贞观以前，跟随我平定天下，辗转奔波于乱世，草创国家，这是房玄龄的功劳。贞观以后，进献忠诚的劝告，纠正我的过错，为国家的长远利益着想，只有魏徵一人而已。即使是古代的名臣，也不能超越他们！”太宗解下佩刀，赐给他们两人。太宗曾经问群臣说：“魏徵与诸葛亮相比哪一个更贤能？”岑文本说：“诸葛亮兼备将相的才干，魏徵不能同他相比。”太宗说：“魏徵践行仁义以辅佐朕，想使朕达到尧、舜的境界，即使是诸葛亮也无法同他匹敌。”当时进献密封奏章的人很多，有的不切合世事，太宗厌烦，想加以贬斥，魏徵说：“古时，尧设立诽谤之木，想知道自己的过错。密封的奏章，就是古时立谤木制度的另一种形式吧！陛下想知道政事的得失，就应当听任人们上言。话说得对，有益于朝廷；说得不对，无损于国家政治。”太宗听后很高兴，对进献密封奏章的人都加以抚慰而后才让他们离开。

［原文］

十三年，阿史那结社率作乱，云阳石然，自冬至五月不雨，徵上疏极言曰：

“臣奉侍帷幄十余年，陛下许臣以仁义之道，守而不失；俭约朴素，终始弗渝。德音在耳，不敢忘也。顷年以来，寖不克终。谨用条陈，裨万分一。

［译文］

贞观十三年（639年），突厥人阿史那结社率在京师作乱，云阳的石头自己燃烧，自上一年冬天到这年五月都不下雨，魏徵于是进献奏章道出自己的全部心里话说：

“臣在皇宫侍奉陛下十余年，陛下答应臣实行仁义之道，保持它不丧失；节俭朴素，始终不变。陛下的善言还在耳边，臣不敢忘记。近几年来，陛下逐渐不能坚持了。现恭敬地分条陈述，或可裨补缺失。

［原文］

“陛下在贞观初，清净寡欲，化被荒外。今万里遣使，市索骏马，并访怪珍。昔汉文帝却千里马，晋武帝焚雉头裘。陛下居常论议，远辈尧、舜，今所为，更欲处汉文、晋武下乎？此不克终一渐也。子贡问治人，孔子曰：‘懔乎若朽索之驭六马。’子贡曰：‘何畏哉？’对曰：‘不以道导之，则吾仇也，若何不畏？’陛下在贞观初，护民之劳，煦之如子，不轻营为。顷既奢肆，思用人力，乃曰：‘百姓无事则易骄，劳役则易使。’自古未有百姓逸乐而致倾败者，何有逆畏其骄而为劳役哉？此不克终二渐也。陛下在贞观初，役已以利物，比来纵欲以劳人。虽忧人之言不绝于口，而乐身之事实切诸心。无虑营构，辄曰：‘弗为此，不便我身。’推之人情，谁敢复争？此不克终三渐也。在贞观初，亲君子，斥小人。比来轻亵小人，礼重君子。重君子也，恭而远之；轻小人也，狎而近之。近之莫见其非，远之莫见其是。莫见其是，则不待间而疏；莫见其非，则有时而昵。昵小人，疏君子，而欲至治，非所闻也。此不克终四渐也。在贞观初，不贵异物，不作无益。而今难得之货杂然并进，玩好之作无时而息。上奢靡而望下朴素，力役广而冀农业兴，不可得已。此不克终五渐也。贞观之初，求士如渴，贤者所举，即信而任之，取其所长，常恐不及。比来由心好恶，以众贤举而用，以一人毁而弃，虽积年任而信，或一朝疑而斥。夫行有素履，事有成迹，一人之毁未必可信，积年之行不应顿亏。陛下不察其原，以为臧否，使谗佞得行，守道疏间。此不克终六渐也。在贞观初，高居深拱，无田猎毕弋之好。数年之后，志不克

却千里马

汉文帝崇尚节俭，拒绝了臣下进献的千里马。

固，鹰犬之贡，远及四夷。晨出夕返，驰骋为乐，变起不测，其及救乎？此不克终七渐也。在贞观初，遇下有礼，群情上达。今外官奏事，颜色不接，间因所短，诘其细过，虽有忠款，而不得申。此不克终八渐也。在贞观初，孜孜治道，常若不足。比恃功业之大，负圣智之明，长傲(ào)纵欲，无事兴兵，问罪远裔。亲狎者阿旨不肯谏，疏远者畏威不敢言。积而不已，所损非细。此不克终九渐也。贞观初，频年霜旱，畿内户口并就关外，携老扶幼，来往数年，卒无一户亡去。此由陛下矜育抚宁，故死不携贰(xié èr)也。比者疲于徭役，关中之人，劳弊尤甚。杂匠当下，顾而不遣。正兵番上，复别驱任。市物襁(qiǎng)属于廛(chán)，递子背望于道。脱有一谷不收，百姓之心，恐不能如前日之怗(tiē)泰。此不克终十渐也。

［译文］

“陛下在贞观初年，清净寡欲，教化遍及荒远之地。现在派遣使者到万里之外，购买索取骏马，并寻访奇珍异物。从前汉文帝推辞不接受千里马，晋武帝烧毁用雉鸡羽毛制成的裘衣。陛下平时评论自己远高于尧、舜，现在所作所为是要处于汉文帝、晋武帝之下吗？这就是逐渐不能坚持到底的第一件事。子贡问治理百姓的事，孔子说：‘多么危险啊，就像用朽烂的缰绳去驾驭六匹马。’子贡说：‘为什么这样害怕呢？’孔子回答说：‘不用道去引导百姓，百姓就会成为我们的仇敌，怎么能不害怕呢？’陛下在贞观初年，救助百姓的劳苦，爱抚他们如同自己的儿子一般，不轻易经营建造宫室。近年来奢侈放纵，想使用民力，于是说：‘百姓无事便容易傲慢，让他们服劳役就容易使唤。’自古以来不曾有百姓安乐而导致国家倾覆灭亡的，哪有预先害怕他们傲慢而要他们服劳役的呢？这就是逐渐不能坚持到底的第二件事。陛下在贞观初年，役使自己以利于他人，近来则纵欲而劳民。虽然嘴里不停地说着忧民的话，而心里实际关切的是使自身快乐的事。不考虑修筑建造的事，就说：“不做这些事，不利于我的身体。”按常情推论，这样说还有谁敢再争辩呢？这就是逐渐不能坚持到底的第三件事。在贞观初年，陛下亲近君子，排斥小人。近来则轻慢小人，敬重君子。敬重君子，是对他们敬而远之；轻慢小人，是对他们亲近宠幸。亲近小人，就不能看到他们的非，疏远君子，就不能看到他们的是。不能看到他们的是，那么就会不等有嫌隙而自然疏远；不能看到他们的非，那么过一段时候就会自然亲昵。对小人亲昵，对君子疏远，而想达到政治清明，臣没有听说过。这就是逐渐不能坚持到底的第四件事。在贞观初年，陛下不看重奇异的物品，不做无益的事情。而现在各种稀有难得的物品，纷杂繁多，一齐送进皇宫，各种陛下赏玩嗜好之物的制作，没有停止的时候。上级奢侈而希望下级朴素，劳役广泛而盼望农业兴盛，这是不可能的。这就是逐渐不能坚持到底的第五件事。贞观初年，陛下求贤若渴，贤人所推荐的人，陛下就信赖并加以任用，各取他们的所长，常害怕做得不够。近来陛下用人却从内心的好恶出发，有时由于贤人们的推荐而任用，因为一个人的诽谤而抛弃，即使是多年任用和信赖的人，有时由于一时的怀疑就加以斥逐。人的行为有他一向遵循的东西，事情各有它既成的痕迹，一个人的诽谤未必可信，多年的行为不应当一笔勾销。陛下不考察事情的根源，以一人的诽谤作为褒贬的依据，这是让恶意中伤、花言巧语得以畅行，使坚持正道的人日益被疏远和产生隔阂。这就是逐渐不能坚持到底的第六件事。在贞观初年，陛下居于高位，拱手安坐，没有打猎的嗜好。数年之后，不能保持原有的心志，于是连四方的少数民族地区，也远来进献打猎用的鹰犬。陛下晨出夜归，以驰马射猎为乐，倘若有意外的事情，能来得及解救吗？这就是逐渐不能坚持到底的第七件事。在贞观初年，陛下对待臣下有礼貌，群情能够上达。现在地方官入朝奏事，见不到天子的容颜，偶然因为有短处，便受到指责，连小过也不放过，他们虽有忠诚，也无法表达。这就是逐渐不能坚持到底的第八件事。在贞观初年，陛下孜孜不倦地寻求治国之道，常常感到自己似乎有不足之处。近来陛下依仗建立的功业之大，凭恃自己才智的超凡英明，增长骄气，放纵欲望，无事而出动军队，向边远地区的人问罪。被陛下亲近宠幸的人迎合陛下的旨意不肯进谏，被陛下疏远的人则害怕陛下的威势而不敢说话。这种事不停地积累，损害是不会小的。这就是逐渐不能坚持到底的第九件事。贞观初年，连年有霜灾、旱灾，京师附近地区的住户都到关外避灾，扶老携幼，往来数年，终无一户逃亡。这是由于陛下能加以体恤安抚，所以百姓至死不

焚裘示俭

西晋武帝时，臣下向武帝进献用野鸡毛织成的裘衣，武帝将其烧掉，并告诫臣下，不得贡献这种奇异的服装。但是，晋武帝只是做做样子而已，他的奢侈行为不亚于历史上的任何一个昏君。晋武帝死后，西晋很快便陷入内乱。

离心。近来百姓疲于徭役，尤其是关中地区，人民更加疲惫不堪。各种工匠服役期限已到，应当放回，又强留雇用不予遣返。适龄的兵士轮番值勤，到期后又另外派给任务。官府向百姓议价购买的货物很多，背东西的人相接于市肆，长途转运传递货物的丁壮往来于道路，前后相继。现在倘若有一年粮食没有收成，百姓的心恐怕是不会像从前那样安定妥帖了。这就是逐渐不能坚持到底的第十件事。

［原文］

“夫祸福无门，惟人之召，人无衅焉，妖不妄作。今旱熯之灾，远被郡国，凶丑之孽，起于毂（gǔ）下，此上天示戒，乃陛下恐惧忧勤之日也。千载休期，时难再得，明主可为而不为，臣所以郁结长叹者也！”

［译文］

“祸与福没有定规，只由于人们自己招致，人没有过失，怪异反常的事物就不会随便出现。现在干旱的灾害远及各郡，祸害的根源就在京城，这是上天用来向我们表示警告之意的，也是陛下应当忧愁、恐惧和操劳的时候。当今是千载一遇的盛世吉期，机会不容易再得到，贤明的君主能做到而不做，这就是臣之所以忧患积聚深深叹息的原因啊！”

［原文］

疏奏，帝曰：“朕今闻过矣，愿改之，以终善道。有违此言，当何施颜面与公相见哉！方以所上疏，列为屏障，庶朝夕见之，兼录付史官，使万世知君臣之义。”因赐黄金十斤，马二匹。

［译文］

这篇奏疏呈给太宗，太宗说：“朕现在已经知道自己的过错了，愿意改正它，以使自己推行的善道得以坚持到底。如果违背这些话，朕哪有脸面再与你相见！朕准备把你呈送的这篇奏疏，放置在屏风上，早晚都能见到它，还准备让史官抄送它，使千秋万代都知道什么是君臣之间的大义。”于是赐给魏徵黄金十斤，马两匹。

［原文］

高昌平，帝宴两仪殿，叹曰：“高昌若不失德，岂至于亡！然朕亦当自戒，不以小人之言而议君子，庶几获安也。”徵曰：“昔齐桓公与管仲、鲍叔牙、宁戚四人者饮，桓公请叔牙曰：‘盍（hé）起为寡人寿？’叔牙奉觞（shāng）而起曰：‘愿公无忘在莒（jǔ）时，使管仲无忘束缚于鲁时，使宁戚无忘饭牛车下时。’桓公避席而谢曰：‘寡人与二大夫能无忘夫子之言，则社稷不危矣。’”帝曰：“朕不敢忘布衣时，公不得忘叔牙之为

人也。”

［译文］

高昌平定后，太宗在两仪殿设宴招待群臣，叹息说：“高昌如果不丧失道德，哪至于灭亡呢！然而朕也应当自己警告自己，不用小人的话来非议君子，国家差不多就能得到安定了。”魏徵说：“从前齐桓公与管仲、鲍叔牙、宁戚四人在一起喝酒，桓公问鲍叔牙：‘为什么不站起来为寡人祝寿？’鲍叔牙手捧酒杯站起来说：‘愿您不要忘记逃到莒国的日子，让管仲不要忘记在鲁国被囚禁的日子，让宁戚不要忘记在车下喂牛的日子。’桓公离开座位向叔牙表示感谢说道：‘寡人和两位大夫能不忘记先生的话，那么国家就不会有危险了。’”太宗说：“朕不敢忘记当平民时的日子，您也不可忘记鲍叔牙的为人。”

宁戚

宁戚早年怀经世济民之才而不得志。齐桓二十八年拜为大夫，后长期任齐国大司田，为齐桓公主要辅佐者之一。

［原文］

帝遣使者至西域立叶护可汗，未还，又遣使赍金帛诸国市马。徵曰：“今立可汗未定，即诣诸国市马，彼必以为意在马，不在立可汗。可汗得立，必不怀恩。诸蕃闻之，以中国薄义重利，未必得马而先失义矣。魏文帝欲求市西域大珠，苏则以为惠及四海，则不求自至；求而得之，不足贵也。陛下可不畏苏则言乎？”帝遂止。

［译文］

太宗派遣使者到西域立西突厥沙钵罗叶护为可汗，使者还没有回来，太宗又派遣使者携带金银绢帛到西域诸国买马。魏徵说：“现在立可汗的事还没有确定下来，就派人到西域诸国买马，西域人一定会以为陛下意在买马，不在于立可汗。可汗能够被立，一定不会怀念陛下的恩德。西域各属国听说这事，会以为中国轻义重利，这样不一定能得到马却先把义给丢掉了。从前魏文帝想寻求购买西域大珠，苏则认为如果天子的恩泽远达四海，那么东西就会不找而自来；寻找而后得到它，也不值得宝贵。陛下能不敬畏苏则的议论吗？”太宗于是停止派人买马了。

［原文］

是后右仆射（yè）缺，欲用徵，徵让，得不拜。皇太子承乾与魏王泰交恶，帝曰：“当今忠謇（jiǎn）贵重无逾徵，我遣傅皇太子，一天下之望，羽翼固矣。”即拜太子太师。徵以疾辞，诏答曰：“汉太子以四皓为助，

我赖公，其义也。公虽卧，可拥全之。”

［译文］

这以后尚书右仆射的职位空缺，太宗想任用魏徵，魏徵谦让，最终没有担任这一职务。皇太子李承乾与魏王李泰彼此怀恨，太宗说：“当今朝臣忠直尊贵的，没有人能超过魏徵，我派他辅佐皇太子，统一天下人的期望，皇太子的翅膀也就结实了。”于是任命魏徵为太子太师。魏徵称病推辞，太宗下诏说：“汉朝的太子以四皓为辅佐，我现在依靠您，也是这个道理。您虽然卧病，但也能保全太子。”

［原文］

十七年，疾甚。徵家初无正寝，帝命辍小殿材为营构，五日毕。并赐素褥布被，以从其尚。令中郎将宿其第，动静辄以闻，药膳(shàn)赐遗无算，中使者缀道。帝亲问疾，屏左右，语终日乃还。后复与太子至徵第，徵加朝服，拖带。帝悲懑(mèn)，拊之流涕，问所欲。对曰：“嫠(lí)不恤纬，而忧宗周之亡！”帝将以衡山公主降其子叔玉，时主亦从，帝曰：“公强视新妇！”徵不能谢。是夕，帝梦徵若平生，及旦，薨。帝临哭，为之恸(tòng)，罢朝五日。太子举哀西华堂。诏内外百官朝集使皆赴丧，赠司空、相州都督，谥曰文贞，给羽葆、鼓吹、班剑四十人，陪葬昭陵。将葬，其妻裴辞曰：“徵素俭约，今假一品礼，仪物褒大，非徵志。”见许，乃用素车，白布幨帷，无涂车、刍灵。帝登苑西楼，望哭尽哀。晋王奉诏致祭。帝作文于碑，遂书之。又赐家封户九百。

撤殿营居

唐太宗把自己殿堂的营建停下，用省下的建筑材料给魏徵修盖厅堂，可见君臣之间的感情之深。

［译文］

贞观十七年（643年），魏徵病重。魏徵家的住宅原本没有正室，太宗命令停建一座小殿，用建小殿的材料为魏徵修造正室，五天后修成。太宗还赐给魏徵白色褥子、布被，这样做是出于遵从魏徵的爱好。太宗命令中郎将住在魏徵家中，有什么动静立即上报，赐给魏徵的药物、膳食无从计算，宫中派出的送物使者相接于道。太宗亲自到魏徵家中问病，屏退左右，单独和魏徵谈了一整天才回宫。后来又与太子一起到魏徵的住宅，魏徵不能起床，把朝服盖在身上，拖着腰带。太宗忧伤烦闷，用手抚摸魏徵，流下了眼泪，问魏徵有什么要求。魏徵回答说："寡妇不忧虑纬线之少，而忧虑宗周的危亡！"太宗准备把衡山公主嫁给魏徵的儿子魏叔玉，当时公主也跟随太宗到魏徵家中，太宗对魏徵说："您打起精神看一下新娘子吧！"魏徵已说不出话，不能表示感谢。这天晚上，太宗梦见魏徵还像平时一样，到了天亮，魏徵便去世了。太宗亲临哭吊，极其悲痛，下令停止朝会五天。太子李承乾在西华堂哭祭魏徵。太宗命令朝廷内外官吏都前去送葬，追赠魏徵为司空、相州都督，定谥号为"文贞"，官府供给手持羽葆、班剑的仪仗队和鼓吹乐手共四十人，陪葬昭陵。将要下葬的时候，魏徵的妻子裴氏推辞说："魏徵平素节俭，现在让他按一品官的礼节安葬，所需仪仗、器物甚多，这不符合魏徵的心意。"太宗答应她的要求，于是用未经雕饰上漆的车载棺柩，用白布作丧车的帷幔，不用陶车、草人草马等随葬器物。太宗登上长安禁苑的西楼，遥望魏徵的灵车而哭泣，尽情发泄自己的哀痛之意。晋王李治奉天子之命，在道旁设食祭奠。太宗亲自为魏徵作碑文，并将它书写在石上。又赐给魏徵家封户九百。

撤殿营居

唐太宗停建自己的宫殿，给魏徵修建厅堂。

［原文］

帝后临朝叹曰："以铜为鉴，可正衣冠；以古为鉴，可知兴替；以人为鉴，可明得失。朕尝保此三鉴，内防己过。今魏徵逝，一鉴亡矣。朕比使人至其家，得书一纸，始半藁（gǎo），其可识者曰：'天下之事，有善有恶，任善人则国安，用恶人则国弊。公卿之内，情有爱憎，憎者惟见其恶，爱者止见其善。爱憎之间，所宜详慎。若爱而知其恶，憎而知其善，去邪勿疑，任贤勿猜，可以兴矣。'其大略如此。朕顾思之，恐不免斯过。公卿侍臣可书之于笏（hù），知而必谏也。"

［译文］

太宗后来到朝廷处理政事，叹息说："用铜做镜子，可以使衣冠整齐；用历史做镜子，可以知道兴亡；用人做镜子，可以看清得失。朕曾持有这三面镜子，以防

止自己犯错误。现在魏徵去世，朕丧失了一面镜子。朕最近派人到魏徵家里，得到他遗表的草稿，只有一页纸，才写了一半，其中可辨认的几行字说：‘天下的事情，有善有恶，任用善人国家就安定，任用恶人国家就衰落。公卿大臣之中，陛下对他们的感情有爱有憎，往往憎的只看到他们的恶，爱的只看到他们的善。爱憎之间，应当审慎。如果爱而知道他们的恶，憎而知道他们的善，除去恶人不犹豫，任用贤人不猜忌，国家就能兴旺发达了。’遗表的大意就是这样。朕思考这事，自己恐怕不能避免魏徵所说的这种过错。公卿侍臣可把魏徵的这些话写在手板上，知道朕有这种过错，一定要进谏。”

［原文］

徵状貌不逾中人，有志胆，每犯颜进谏，虽逢帝甚怒，神色不徙，而天子亦为霁(jì)威。议者谓贲(bēn)、育不能过。尝上冢还，奏曰：“向闻陛下有关南之行，既办而止，何也？”帝曰：“畏卿，遂停耳。”始，丧乱后，典章湮(yīn)散，徵奏引诸儒校集秘书，国家图籍粲然完整。尝以《小戴礼》综汇不伦，更作《类礼》二十篇，数年而成。帝美其书，录置内府。帝本以兵定天下，虽已治，不忘经略四夷也。故徵侍宴，奏《破阵武德舞》，则俯首不顾，至《庆善乐》，则谛玩无斁(yì)，举有所讽切如此。

［译文］

魏徵的相貌不超过平常人，他有志向胆量，常冒犯天子的威严进谏，即使遇到太宗大发脾气，魏徵仍然神色不变，而太宗也往往为之收敛威严。人们评论说，孟贲、夏育的勇气也不能超过魏徵。有一次魏徵上坟回来，对太宗说：“过去听说陛下想到关南去，已经准备好了却没有去，这是为什么呢？”太宗说：“怕你进谏，于是停下来了。”起初，天下经历祸乱之后，典籍湮没散失，魏徵报告天子，带领诸儒校勘宫中藏书和搜集图书，于是国家的典籍便很有条理并完整了。魏徵曾认为《小戴礼记》的编次没有条理性，于是又作《类礼》二十篇，历时几年才完成。太宗称赞这部书，把它抄录下来藏入宫中藏书处。太宗本靠武力平定天下，虽然天下已太平，也不忘经营四方少数民族地区。所以魏徵陪从天子宴饮，当演奏《破阵武德舞》的时候，就低下头不看，到表演《庆善乐》的时候，便仔细欣赏，毫不厌倦，他的举动含有讽喻、责备之意啊。

［原文］

徵亡，帝思不已，登凌烟阁观画像，赋诗悼痛。闻者媢(mào)之，毁短百为。徵尝荐杜正伦、侯君集才任宰相，及正伦以罪黜(chù)，君集坐逆诛，孅(qiān)人遂指为阿党；又言徵尝录前后谏争语示史官褚遂良。帝滋不

悦，乃停叔玉昏，而仆所为碑，顾其家衰矣。

［译文］

魏徵去世，皇帝思念不已，曾登上凌烟阁看魏徵的画像，赋诗哀悼。一些知道这事的人嫉妒魏徵，百般诽谤他。魏徵曾推荐说杜正伦、侯君集有才干，可担任宰相，等到杜正伦因犯罪被免职，侯君集因犯叛逆罪被处死，就有小人指责魏徵偏袒同党；又说魏徵曾抄录前后直言规劝天子的话给史官褚遂良看。太宗更加不高兴，于是取消公主与魏叔玉的婚约，推倒自己书写的魏徵碑，所以魏徵家也就逐渐衰落了。

［原文］

辽东之役，高丽、靺鞨(mò hé)犯阵，李勣等力战破之。军还，怅然曰：“魏徵若在，吾有此行邪？”即召其家到行在，赐劳妻子，以少牢祠其墓，复立碑，恩礼加焉。

［译文］

太宗攻打辽东的战役，高丽、靺鞨军队进犯唐朝军阵，李勣等人力战破敌。太宗回师，心里不痛快，说道：“魏徵如果在世，我会有这次出征吗？”立即下令召魏徵的家人到自己所在的地方，赏赐慰问魏徵的妻子和儿子，派人用羊猪二牲到魏徵的墓上祭奠，又把魏徵碑重新竖立起来，对他的礼遇增加了。

［原文］

四子：叔玉、叔琬、叔璘、叔瑜。叔玉袭爵为光禄少卿。神龙初，以其子膺(yīng)绍封。叔璘，礼部侍郎，武后时，为酷吏所杀。叔瑜，豫州刺史，善草隶，以笔意传其子华及甥薛稷。世称善书者“前有虞、褚，后有薛、魏”。华为检校太子左庶子、武阳县男。开元中，寝堂火，子孙哭三日，诏百官赴吊。

［译文］

魏徵有四个儿子：叔玉、叔琬、叔璘、叔瑜。魏叔玉承袭魏徵的爵位，任光禄少卿。神龙初年，让他的儿子魏膺继承爵位。魏叔璘，任礼部侍郎，武后时代，被酷吏杀害。魏叔瑜，任豫州刺史，擅长草书和隶书，把自己的书法风格传授给他的儿子魏华和外甥薛稷。世人称擅长书法的人，“前有虞、褚，后有薛、魏”。魏华任检校太子左庶子，封武阳县男。开元年间，他家卧室失火，子孙痛哭三天，玄宗命令百官前去吊问。

［原文］

赞曰：君臣之际，顾不难哉？以徵之忠，而太宗之睿，身殁(mò)未

几，猜谮(zèn)遽(jù)行。始，徵之谏，累数十余万言，至君子小人，未尝不反复为帝言之，以佞(nìng)邪之乱忠也。久犹不免，故曰“皓皓者易污，峣(yáo)峣者难全”，自古所叹云。唐柳芳称“徵死，知不知莫不恨惜，以为三代遗直”。谅哉！谟之论议挺挺，有祖风烈，《诗》所谓“是以似之”者欤！

［译文］

赞辞：君臣之间相处，难道不难吗？以魏徵的忠诚，太宗的明智，魏徵身亡不久，猜忌诬陷便立即畅行。起初，魏徵的谏辞，累计数十余万言，谈到君子小人，未尝不反复为皇帝说明，这是因为谄谀奸恶之徒会祸害忠臣的缘故。时间一长，魏徵仍不能免于被祸害，所以说“洁白的东西易于被玷污，刚直的人难于自全”，这是自古以来人们所叹息的。唐代柳芳说：“魏徵去世，无论认识他与不认识他的人，没有不感到遗憾惋惜的，都认为他正直，有三代遗风。”这话一点不错啊！后人都议论魏徵的五世孙魏谟正直刚强，有祖宗遗风，正是《诗经》中所说的“是以似之”啊！

旧五代史

冯道传

［原文］

冯道，字可道，瀛(yíng)州景城人。其先为农为儒，不恒其业。道少纯厚，好学能文，不耻恶衣食，负米奉亲之外，唯以披诵吟讽为事，虽大雪拥户，凝尘满席，湛如也。

［译文］

冯道，字可道，瀛洲景城人。他的祖先或务农或习儒，没有固定的职业。冯道从小淳朴厚道，爱好学习、善写文章，不以衣食粗劣为耻，除了背送粮食供养父母之外，只知道诵读诗书典籍，即使大雪封门，积尘满席，也自得其乐。

［原文］

天祐中，刘守光署为幽州掾(yuàn)。守光引兵伐中山，访于僚属，道常以利害箴(zhēn)之，守光怒，置于狱中，寻为人所救免。守光败，遁归太原，监军使张承业辟为本院巡官。承业重其文章履行，甚见待遇。时有周玄豹者，善人伦鉴，与道不洽，谓承业曰：“冯生无前程，公不可过用。”时河东记室卢质闻之曰：“我曾见杜黄裳司空写真图，道之状貌酷类焉，将来必副大用，玄豹之言不足信也。”承业寻荐为霸府从事，俄署太原掌书记，时庄宗并有河北，文翰甚繁，一以委之。

冯 道

［译文］

天祐年间，刘守光任用冯道为幽州掾吏。刘守光领兵攻伐中山，向幕僚属吏咨询，冯

道经常陈述利害来规谏，刘守光大怒，将冯道投入监狱，不久被人所救而逃脱。刘守光兵败，冯道投归太原，河东监军使张承业征聘他为本院巡官。张承业器重冯道的文章、操行，冯道很受礼遇厚待。当时有个叫周玄豹的，善于评论人，但与冯道不融洽，就对张承业说："姓冯的没有发展前途，您不可过分任用他。"当时河东记室卢质闻知此言说："我曾见过杜黄裳司空的肖像图，冯道的相貌和他十分相似，将来必定担当大任，周玄豹的话不足信。"张承业不久举荐冯道为河东霸府从事，随即冯道被委任为太原掌书记，当时李存勖占有河北全境，文书草拟极为繁忙，李存勖全部交给冯道处理。

［原文］

庄宗与梁军夹河对垒。一日，郭崇韬(tāo)以诸校伴食数多，主者不办，请少罢减。庄宗怒曰："孤为效命者设食都不自由，其河北三镇，令三军别择一人为帅，孤请归太原以避贤路。"遽(jù)命道对面草词，将示其众。道执笔久之，庄宗正色促焉，道徐起对曰："道所掌笔砚，敢不供职？今大王屡集大功，方平南寇，崇韬所谏，未至过当，阻拒之则可，不可以向来之言，喧动群议，敌人若知，谓大王君臣之不和矣。幸熟而思之，则天下幸甚也。"俄而崇韬入谢，因道之解焉，人始重其胆量。

［译文］

李存勖同梁军隔河对峙。有一天，郭崇韬因众将校的侍从数量过多，主管部门无法置办供应，请求稍微加以裁减。李存勖发怒说："我连为卖命效力的人谋取食物都没有自由，就让河北三镇三军将士另外选择一个人当主帅，我请求返归太原来为贤者让路。"他立即命令冯道当面草拟文辞，准备向他的部众宣布。冯道执笔很久，李存勖神色严肃地催促他，冯道慢慢地起身回答说："我所掌管的就是笔墨砚台，岂敢不从命？但如今大王屡建大功，正在平定南方贼寇，郭崇韬的进谏，并不过分失当，拒绝他就可以，千万不可用刚才的话，引起部众喧哗骚动，敌人倘若知道，就认为大王君臣之间不和了。望大王深思熟虑，则天下大幸啊。"不久郭崇韬前来道歉，通过冯道得以和解，人们由此开始敬重冯道的胆量。

［原文］

庄宗即位邺宫，除省郎，充翰林学士，自绿衣赐紫。梁平，迁中书舍人、户部侍郎。丁父忧，持服于景城。遇岁俭，所得俸余，悉赈于乡里，道之所居，唯蓬茨(cí)而已，凡牧宰馈遗，斗粟(sù)匹帛，无所受焉。时契丹方盛，素闻道名，欲掠而取之，会边人有备，获免。

［译文］

李存勖（唐庄宗）在邺宫即位称帝，授予冯道台省郎官，充任翰林学士，从下官绿衣改赐高官紫服。平定梁朝后，冯道迁升中书舍人、户部侍郎。父亲去世后，冯道在景城服丧。遇到年成歉收，冯道将自己所得俸禄的剩余，全部赈济给乡里百姓，冯道所居住的，只是柴门茅屋而已，凡是州守县令的馈赠，冯道连一斗粮食、一匹绢帛都不接受。当时契丹势力正盛，早就听说冯道的名声，打算劫掠而夺取他，适逢边境军队有防备，冯道得以幸免。

［原文］

明宗入洛，遽谓近臣安重诲曰："先帝时冯道郎中何在？"重诲曰："近除翰林学士。"明宗曰："此人朕素谙悉，是好宰相。"俄拜端明殿学士，端明之号，自道始也。未几，迁中书侍郎、刑部尚书平章事。凡孤寒士子，抱才业、素知识者，皆与引用，唐末衣冠，履行浮躁者，必抑而置之。有工部侍郎任赞，因班退，与同列戏道于后曰："若急行，必遗下《兔园册》。"道知之，召赞谓曰："《兔园册》皆名儒所集，道能讽之。中朝士子止看文场秀句，便为举业，皆窃取公卿，何浅狭之甚耶！"赞大愧焉。复有梁朝宰臣李琪，每以文章自擅，曾进《贺平中山王都表》，云"复真定之逆城"。道让琪曰："昨来收复定州，非真定也。"琪昧于地理，顿至折角。其后百僚上明宗徽号凡三章，道自为之，其文浑然，非流俗之体，举朝服焉。道尤长于篇咏，秉笔则成，典丽之外，义含古道，必为远近传写。故渐畏其高深，由是班行肃然，无浇醨之态。继改门下侍郎、户部吏部尚书、集贤殿弘文馆大学士，加尚书左仆射，封始平郡公。一日，道因上谒既退，明宗顾谓侍臣曰："冯道性纯俭，顷在德胜寨居一茅庵，与从人同器食，卧则刍藁一束，其心晏如也。及以父忧退归乡里，自耕樵采，与农夫杂处，略不以素贵介怀，真士大夫也。"

［译文］

唐明宗进入洛阳，马上对身边的大臣安重诲说："先帝时的冯道郎中在何处？"安重诲说："近来授任翰林学士。"明宗说："此人朕一向熟知，是个好宰相。"不久拜授冯道端明殿学士，端明的称号，是从冯道开始的。过了一段时间，冯道迁升中书侍郎、刑部尚书平章事。凡是身世孤苦寒微的士人学子，其中有才能、平素知道认识的，冯道全都给予引荐任用，操行浮躁的唐末士族，冯道必定抑制而弃置不用。有个工部侍郎任赞，趁着列班退朝，和同僚在后面奚落冯道说："倘若行走太急，必定会掉下《兔园册》(乡儒习书)。”冯道知道后，召见任赞说：“《兔园册》都是名儒所集录的，我能背诵。朝中士人只看考场文章的佳句，便当作科举学业，都想借以窃取公卿高位，为何浮浅狭隘到如此地步呀！”任赞大为惭愧。又有原后梁宰辅大臣李琪，常以写文章作为自己的专长，曾经进献《贺平中山王都表》，说什么“收复真定之叛城”。冯道责备李琪说：“日前收复的是定州，不是真定。”李琪不明地理，顿时被驳正受挫。此后朝廷百官总共三次进献上明宗徽号的表章，都由冯道亲笔撰写，其文浑然一体，不同流行庸俗的体制，举朝上下为之叹服。冯道尤其擅长文章诗词，提笔即成，除了词语典雅华丽之外，还具备义理包含古道，必定被远近四方传诵抄写。所以群臣逐渐敬畏冯道学问的高深，从此朝班行列风气严肃，没有轻薄之态。接着冯道改官门下侍郎、户部吏部尚书、集贤殿弘文馆大学士，加官尚书左仆射，封始平郡公。一天，冯道上朝谒见而退下后，唐明宗环视对侍从大臣说：“冯道生性淳朴节俭，往日在德胜寨居住在一个茅草小屋，和随从人员用同一个器皿进食，睡觉就用干草一捆，他的心境平静如水。及至因父丧退归乡里，自己耕种打柴，和农夫共处，一点都不因原来尊贵而介意，这是真正的士大夫啊。”

［原文］

天成、长兴中，天下屡稔(rěn)，朝廷无事。明宗每御延英，留道访以外事，道曰：“陛下以至德承天，天以有年表瑞，更在日慎一日，以答天心。臣每记在先皇霸府日，曾奉使中山，径井陉(xíng)之险，忧马有蹶(jué)失，不敢怠于衔辔(pèi)，及至平地，则无复持控，果为马所颠仆，几至于损。臣所陈虽小，可以喻大。陛下勿以清晏丰熟，便纵逸乐，兢兢业业，臣之望也。”明宗深然之。他日又问道曰：“天下虽熟，百姓得济否？”道曰：“谷贵饿农，谷贱伤农，此常理也。臣忆得近代有举子聂夷中《伤田家诗》云：‘二月卖新丝，五月粜(tiào)秋谷，医得眼下疮，剜却心头肉。我愿君王心，化作光明烛，不照

农家耕作

冯道作为高官，能够体会到农民劳作的艰辛，劝谏皇帝，关心民间疾苦，在当时是难能可贵的。

绮(qǐ)罗筵(yán)，偏照逃亡屋。’”明宗曰：“此诗甚好。”遽命侍臣录下，每自讽之。道之发言简正，善于裨(bì)益，非常人所能及也。时以诸经舛(chuǎn)缪，同列李愚委学官田敏等，取西京郑覃(tán)所刊石经，雕为印板，流布天下，后进赖之。

［译文］

天成、长兴年间，天下连年丰收，朝廷内外安定无事。唐明宗每次到延英殿，都要留下冯道询访外面的事情，冯道说：“陛下用至诚大德奉天承运，上天用年成丰收来表示祥瑞，更需陛下一天比一天谨慎，来报答天帝的心意。臣下常记起在先皇藩镇府邸时，曾经奉命出使中山，经过井陉的险关，担心马匹有闪失，不敢放松缰绳，及至走到平地，就不再注意拉住缰绳，结果被马颠下马背摔倒地上，几乎丧命。臣下所陈述的事虽然小，却可以比喻大事。陛下不要因为太平丰收，便放纵享乐，君主您依然兢兢业业，是臣下所盼望的。”唐明宗深以为是。又有一天，明宗又问冯道说：“天下虽然丰收，但百姓能否得到接济？”冯道说：“粮价贵了农民要受饿，粮价贱了又会伤农，这是平常就知晓的道理。臣下记得近代有个举子聂夷中写的《伤田家诗》云：‘二月卖新丝，五月粜秋谷，医得眼下疮，剜却心头肉。我愿君王心，化作光明烛，不照绮罗筵，偏照逃亡屋。’”明宗说：“此诗很好。”马上命令侍臣记录下来，经常自己背诵。冯道发表言论简洁纯正，善于裨益朝政，不是常人所能比得上的。当时冯道因为儒学经文多有舛谬，就和同僚李愚委托学官田敏等人，取西京郑覃所刊石经，雕刻成可供印刷的木版，使之流传天下，后进学子赖以诵习。

［原文］

明宗崩，唐末帝嗣位，以道为山陵使，礼毕，出镇同州，循故事也。道为政闲澹，狱市无挠。一日，有上介胡饶，本出军吏，性粗犷，因事诟道于牙门，左右数报不应。道曰：“此必醉耳！”因召入，开尊设食，尽夕而起，无挠愠(yùn)之色。未几，入为司空。

［译文］

唐明宗驾崩，唐末帝继位，任命冯道为山陵使，葬礼完毕，冯道出京镇守同州，这是沿袭旧例。冯道为政清闲淡泊，对诉讼和市集交易都无所干扰。一天，有个上介人胡饶，原本出身军吏，性格粗鲁，因为某事在衙门辱骂冯道，左右侍从多次报告，冯道不加理睬。冯道说：“他必定是醉了！”因而召见入内，陈列饭桌摆设食物，到晚上胡饶才起身回去，冯道没有恼怒之色。不久，冯道入朝为司空。

［原文］

及晋祖入洛，以道为首相。二年，契丹遣使加徽号于晋祖，晋祖

亦献徽号于契丹，谓道曰："此行非卿不可。"道无难色。晋祖又曰："卿官崇德重，不可深入沙漠。"道曰："陛下受北朝恩，臣受陛下恩，何有不可？"及行，将达西楼，契丹主欲郊迎，其臣曰："天子无迎宰相之礼。"因止焉，其名动殊俗也如此。及还，朝廷废枢密使，依唐朝故事，并归中书，其院印付道，事无巨细，悉以归之。寻加司徒、兼侍中，进封鲁国公。晋祖曾以用兵事问道，道曰："陛下历试诸艰，创成大业，神武睿(ruì)略，为天下所知，讨伐不庭，须从独断。臣本自书生，为陛下在中书，守历代成规，不敢有一毫之失也。臣在明宗朝，曾以戎事问臣，臣亦以斯言答之。"晋祖颇可其说。道尝上表求退，晋祖不之览，先遣郑王就省，谓曰："卿来日不出，朕当亲行请卿。"道不得已出焉。当时宠遇，无与为比。

［译文］

等到晋高祖进入洛阳，任命冯道为首相。天福二年（937 年），契丹国主耶律德光派遣使者给晋高祖加徽号，晋高祖也向契丹国主献徽号，对冯道说："此行非爱卿您不可。"冯道毫无为难之色。晋高祖又说："爱卿官高德重，不可深入沙漠之地。"冯道说："陛下接受北朝恩典，臣子接受陛下恩典，有什么不可以？"等到上路，将要到达西楼，契丹国主打算到郊外迎接，他下面的大臣说："天子没有迎接宰相之礼。"因而作罢，冯道的名声震动殊俗异域到如此地步。等到冯道回国，朝廷撤销枢密使，按照唐朝旧例，将军务一律归入中书门下，其大印交付给冯道，事无巨细，全部交归冯道。不久冯道官加司徒、兼侍中，进封为鲁国公。晋高祖曾经询问冯道用兵之道，冯道说："陛下经历各种艰难困苦，创成皇朝大业，神武智略，被天下所周知，讨伐无道，必须遵从陛下独断。臣下原本出身书生，为陛下在中书任职，恪守历代成规，不敢有一丝一毫的过失。臣下在唐明宗时，唐明宗曾询问臣下军事，臣下也用这话回答。"晋高祖很赞成他的话。冯道曾经上表章请求引退，晋高祖不看表章，先派遣郑王前往探望，对他说："爱卿明日再不上朝，朕必当亲自前来请爱卿。"冯道不得已而出来上朝。当时皇帝对冯道的宠幸礼遇，无人可比。

晋高祖石敬瑭

［原文］

晋少帝即位，加守太尉，进封燕国公。道尝问朝中熟客曰："道之在政

事堂，人有何说？”客曰：“是非相半。”道曰：“凡人同者为是，不同为非，而非道者，十恐有九。昔仲尼圣人也，犹为叔孙武叔所毁，况道之虚薄者乎！”然道之所持，始终不易。后有人间道于少帝曰：“道好平时宰相，无以济其艰难，如禅(chán)僧不可呼鹰耳！”由是出道为同州节度使。岁余，移镇南阳，加中书令。

[译文]

晋少帝即位，冯道官加守太尉，进封燕国公。冯道曾问朝中的熟人说：“我在政事堂任职，人们有些什么议论？”那人说：“赞成和反对的各一半。”冯道说：“凡是人志趣相同的就赞成，不同的就反对，而反对冯道的，十个人中恐怕有九个。昔日孔子是圣人，尚且被叔孙武叔所诋毁，何况冯道我这样虚浮浅薄的人呢！”然而冯道所坚持的，始终不变。后来有人向晋少帝诽谤冯道说：“冯道适宜当太平时候的宰相，没有本事共渡艰难，如同参禅的僧人不会呼唤猎鹰！”晋少帝因此调冯道出京任同州节度使。一年多后，改任南阳节度使，官加中书令。

[原文]

契丹入汴，道自襄、邓召入，戎王因从容问曰：“天下百姓，如何可救？”道曰：“此时百姓，佛再出救不得，唯皇帝救得。”其后衣冠不至伤夷，皆道与赵延寿阴护之所至也。

[译文]

契丹军队进入汴京，冯道从襄阳、南阳被征召入见，契丹国主耶律德光随意问道：“天下百姓，怎么样可以得救？”冯道说：“如今的百姓，佛祖再出世都救不得，只有皇帝能救得。”此后中原百姓不至于被斩尽杀绝，都是靠冯道和赵延寿暗中护佑才做到的。

[原文]

是岁三月，随契丹北行，与晋室公卿俱抵常山。俄而戎王卒，永康王代统其众。及北去，留其族解里以据常山。时汉军愤激，因共逐出解里，寻复其城。道率同列，四出按抚，因事从宜，各安其所。人或推其功，道曰：“儒臣何能为，皆诸将之力也。”道以德重，人所取则，乃为众择诸将之勤宿者，以骑校白再荣权为其帅。军民由是帖然，道首有力焉。道在常山，见有中国士女为契丹所俘者，出橐(tuó)装以赎之，皆寄于高尼精舍，后相次访其家以归之。

[译文]

这年三月，冯道随契丹国主北上，和晋室公卿大臣一起抵达常山。不久契丹国

主耶律德光去世，永康王耶律兀欲替代统领契丹部众。等到契丹军队北归离去，留下王族耶律解里占据常山。当时汉军群情激奋，就一同赶走解里，旋即光复常山城。冯道率领同僚，四处安抚，因事制宜，分别安定各方。有人推许他的功劳，冯道说："儒臣能做什么，这都是众将领的力量啊。"冯道以德行受到尊重，成为人们效法的榜样，于是为部众挑选将领中勤勉老成的宿将，让骑校白再荣临时为主帅。军民从此安定顺服，冯道当推首功。冯道在常山，看到有中原男女被契丹军队所俘获的，就拿出行李中的钱财来赎回，将他们全部寄住在僧尼寺院，然后相继寻访他们的家人，找到后就把他们送回去。

［原文］

又，契丹先留道与李崧（sōng）、和凝及文武官等在常山。是岁闰七月二十九日，契丹有伪诏追崧，令选朝士十人赴木叶山行事。契丹麻答召道等至帐所，欲谕之，崧偶先至，知其旨，惧形于色。麻答将以明日与朝士齐遣之，崧乃不俟道，与凝先出，既而相遇于帐门之外，因与分手俱归。俄而李筠等纵火与契丹交斗，鼓槊（shuò）相及。是日若齐至，与麻答相见，稍或踌躇，则悉为俘矣。时论者以道布衣有至行，立公朝有重望，其阴报昭感，多此类也。

［译文］

契丹人先将冯道和李崧、和凝以及文武官员留在常山。这年闰七月二十九日，契丹国主耶律兀欲有诏书征召李崧，命他挑选朝廷官员十人赶赴木叶山祭祀耶律德光。契丹将领麻答召见冯道等到他帐下，打算通知他们，李崧偶然先到，知道诏书旨意，忧形于色。麻答准备在第二天将他们和十名朝廷官员一齐遣送，李崧于是不等冯道到来，同和凝先出走，过了一会儿冯道和他们在帐门外相遇，就离开契丹人一起回归。不久李筠等纵火同契丹军队交战，刀枪相加。这天倘若冯道和李崧等一齐到达，和麻答相见，稍有犹豫，就全被契丹俘获了。当时议论认为冯道当平民时就有高尚品行，在朝廷有重大声望，他积阴德受到报答感应，因此多有此类事。

［原文］

及自常山入觐，汉祖嘉之，拜守太师。乾祐中，道奉朝请外，平居自适。一日，著《长乐老自叙》云：

［译文］

冯道从常山入朝觐见，后汉高祖赞许他，拜授守太师。汉隐帝乾祐年间，冯道除上朝进见外，平时安闲自适。一天，他撰写《长乐老自叙》说：

［原文］

"余世家宗族，本始平、长乐二郡，历代之名实，具载于国史家

牒(dié)。余先自燕亡归晋，事庄宗、明宗、闵帝、清泰帝，又事晋高祖皇帝、少帝。契丹据汴京，为戎主所制，自镇州与文武臣僚、马步将士归汉朝，事高祖皇帝、今上。顾以久叨禄位，备历艰危，上显祖宗，下光亲戚。亡曾祖讳凑，累赠至太傅，亡曾祖母崔氏，追封梁国太夫人；亡祖讳炯(jiǒng)，累赠至太师，亡祖母褚氏，追封吴国太夫人；亡父讳良建，秘书少监致仕，累赠至尚书令，母张氏，追封魏国太夫人。

［译文］

“我的世家宗族，原本在始平、长乐二郡，历代的功名事迹，都记载在国史、家牒中。我先从燕地逃归太原，侍奉唐庄宗、明宗、闵帝、清泰帝，又侍奉晋高祖皇帝、少帝。契丹入据汴京，我被戎狄君主所挟制，从镇州和文武臣僚、马步军将士投归汉朝，侍奉高祖皇帝、当今皇上。回顾自己长久享受俸禄官位，经历各种艰难危险，上可显耀祖宗，下能光荣亲戚。已故曾祖名讳凑，屡次赠授官至太傅，已故曾祖母崔氏，追封为梁国太夫人；已故祖父名讳炯，屡次赠授官至太师，已故祖母褚氏，追封为吴国太夫人；已故父亲名讳良建，以秘书少监退休，屡次赠授官至尚书令，母亲张氏，追封为魏国太夫人。

［原文］

“余阶自将仕郎，转朝议郎、朝散大夫、银青光禄大夫、金紫光禄大夫、特进、开府仪同三司。职自幽州节度巡官、河东节度巡官、掌书记，再为翰林学士，改授端明殿学士、集贤殿大学士、太微宫使，再为弘文馆大学士，又充诸道盐铁转运使、南郊大礼使、明宗皇帝和晋高祖皇帝山陵使，再授定国军节度、同州管内观察处置等使，一为长春宫使，又授武胜军节度、邓随均房等州管内观察处置等使。官自摄幽府参军、试大理评事、检校尚书祠部郎中兼侍御史、检校吏部郎中兼御史中丞、检校太尉，同中书门下平章事、检校太师、兼侍中，又授检校太师、兼中书令。正官自行台中书舍人，再为户部侍郎，转兵部侍郎、中书侍郎，再为门下侍郎、刑部吏部尚书、右仆射，三为司空，两在中书，一守本官，又授司徒、兼侍中，赐私门十六戟，又授太尉、兼侍中，又授戎太傅，又授汉太师。爵自开国男至开国公、鲁国公，再封秦国公、梁国公、燕国公、齐国公。食邑自三百户至一万一千户，食实封自一百户至一千八百户。勋自柱国至上柱国。功臣名自经邦致理翊赞功臣，至守正崇德保邦致理功臣、安时

处顺守义崇静功臣、崇仁保德宁邦翊圣功臣。

［译文］

“我的官阶从将仕郎，转为朝议郎、朝散大夫、银青光禄大夫、金紫光禄大夫、特进、开府仪同三司。职从幽州节度巡官、河东节度巡官到掌书记，再为翰林学士，改授端明殿学士、集贤殿大学士、太微宫使，再为弘文馆大学士，又充任诸道盐铁转运使、南郊大礼使、唐明宗皇帝和晋高祖皇帝山陵使，再授定国军节度、同州管内观察处置等使，一为长春宫使，又授武胜军节度、邓随均房等州管内观察处置等使。官从摄幽府参军、试大理评事、检校尚书祠部郎中兼侍御史、检校吏部郎中兼御史中丞、检校太尉，直到同中书门下平章事、检校太师、兼侍中，又授检校太师、兼中书令。正官从行台中书舍人，再为户部侍郎，转兵部侍郎、中书侍郎，再为门下侍郎、刑部吏部尚书、右仆射，三为司空，两在中书，一守本官，又授司徒、兼侍中，赐私门十六戟，又授太尉、兼侍中，又授契丹太傅，又授汉太师。爵从开国男至开国公、鲁国公，再封秦国公、梁国公、燕国公、齐国公。食邑从三百户至一万一千户，食邑实封从一百户至一千八百户。勋从柱国至上柱国。功臣名号从经邦致理翊赞功臣，至守正崇德保邦致理功臣、安时处顺守义崇静功臣、崇仁保德宁邦翊圣功臣。

［原文］

“先娶故德州户掾褚(chǔ)讳(huì)渍(fén)女，早亡；后娶故景州弓高县孙明府讳师礼女，累封蜀国夫人。亡长子平，自秘书郎授右拾遗、工部度支员外郎；次子吉，自秘书省校书郎授膳部金部职方员外郎、屯田郎中；第三亡子可，自秘书省正字授殿中丞、工部户部员外郎；第四子幼亡；第五子义，自秘书郎改授银青光禄大夫、检校国子祭酒兼御史中丞，充定国军衙内都指挥使，职罢改授朝散大夫、左春坊太子司议郎、授太常丞；第六子正，自协律郎改授银青光禄大夫、检校国子祭酒兼御史中丞，充定国军节度使，职罢改授朝散大夫、太仆丞。长女适故兵部崔侍郎讳衍子太仆少卿名绚(xuàn)，封万年县君；三女子早亡。二孙幼亡。

［译文］

“我先娶原德州户掾褚讳渍之女，她早年亡故；后娶原景州弓高县明府孙师礼之女，她累次受封为蜀国夫人。已故长子冯平，从秘书郎授右拾遗、工部度支员外郎；次子冯吉，从秘书省校书郎授膳部金部职方员外郎、屯田郎中；已故第三子冯可，从秘书省正字授殿中丞、工部户部员外郎；第四子，幼年亡故；第五子冯义，从秘书郎改授银青光禄大夫、检校国子祭酒兼御史中丞，充任定国军衙内都指挥使，

职罢改授朝散大夫、左春坊太子司议郎，授太常丞；第六子冯正，从协律郎改授银青光禄大夫、检校国子祭酒兼御史中丞，充任定国军节度使，职罢改授朝散大夫、太仆丞。长女嫁原兵部侍郎崔衍之子太仆少卿崔绚，受封万年县君；还有三个女儿早年夭亡。两个孙子幼年夭亡。

［原文］

“唐长兴二年敕（chì），瀛（yíng）州景城县庄来苏乡改为元辅乡，朝汉里为孝行里。洛南庄贯河南府洛阳县三州乡灵台里，奉晋天福五年敕，三州乡改为上相乡，灵台里改为中台里，时守司徒、兼侍中，又奉八年敕，上相乡改为太尉乡，中台里改为侍中里，时守太尉、兼侍中。

［译文］

“后唐长兴二年（931年）敕令，瀛洲景城县老家来苏乡改为元辅乡，朝汉里改为孝行里。洛南老家原籍河南府洛阳县三州乡灵台里，奉晋天福五年（940年）敕令，三州乡改为上相乡，灵台里改为中台里，当时我官任守司徒、兼传中，又奉天福八年（943年）敕令，上相乡改为太尉乡，中台里改为侍中里，当时我官任守大尉、兼侍中。

［原文］

“静思本末，庆及存亡，盖自国恩，尽从家法，承训诲之旨，关教化之源，在孝于家，在忠于国，口无不道之言，门无不义之货。所愿者下不欺于地，中不欺于人，上不欺于天，以三不欺为素。贱如是，贵如是，长如是，老如是，事亲、事君、事长、临人之道。旷蒙天恕，累经难而获多福，曾陷蕃而归中华，非人之谋，是天之祐。

［译文］

“我静想平生经历，福佑普及生者死者，是由于国家恩典，恪守家法，承蒙训诲的宗旨，贯通教化的本源，在家尽孝，在国尽忠，口中没有不合道理的言语，家里没有不义的钱财。我所希望的是下不欺骗地，中不欺骗人，上不欺骗天，以这三不欺为本。我贫贱时这样，显贵时这样，壮年时这样，老年时这样，把这几点作为侍奉双亲、侍奉君主、侍奉尊长、待人接物的准则。承蒙上天宽恕，我屡经危难而收获多福，曾陷藩夷而返归中华，这不是人的谋划，而是天的护佑。

［原文］

“六合之内有幸者，百岁之后有归所，无以珠玉含，当以时服敛，以籧篨（qú chú）葬，及择不食之地而葬焉，以不及于古人故。祭以特羊，戒杀生也，当以不害命之物祭。无立神道碑，以三代坟前不获立碑故。无

请谥(shì)号，以无德故。

［译文］

“寰宇之内有我这样的幸存者，百年之后如有归宿之处，不要把珠玉含在我嘴里，应当用平时的衣服收敛，用竹席卷裹安葬，并选择不毛之地下葬，这是因为我比不上古代贤人。祭祀只用一头羊，是为了表示戒绝杀生，应当用不伤害生命的物品作为祭品。不要立神道碑，因为我祖上三代坟前没有获得立碑。不要请求谥号，因为我没有什么德行。

［原文］

“又念自宾佐至王佐及领藩镇时，或有微益于国之事节，皆形于公籍。所著文章篇咏，因多事散失外，收拾得者，编于家集，其间见其志，知之者，罪之者，未知众寡矣。有庄、有宅、有群书，有二子可以袭其业。于此日五盥，日三省，尚犹日知其所亡，月无忘其所能。为子、为弟、为人臣、为师长、为夫、为父，有子、有犹子、有孙，奉身既有余矣。为时乃不足，不足者何？不能为大君致一统、定八方，诚有愧于历职历官，何以答乾坤之施？时开一卷，时饮一杯，食味、别声、被色，老安于当代耶！老而自乐，何乐如之！时乾祐三年朱明月长乐老序云。”

［译文］

“又念及自己从幕僚宾佐到君王辅佐以及典领藩镇时，或许做了些稍微对国家有益的事情，已全都记入公家簿籍。平时撰写的文章篇目，因多事多难而散失的除外，收拾所得者，编入家集，其间可见我的志趣，知道我的，怪罪我的，不知孰多孰少了。我有庄园、有宅第、有大批书籍，有两个儿子可以继承家业。在此一日五次盥洗，一天三次反省，尚能每日知道所失去的，每月不忘记所能做的。我当儿子、当弟弟、当人臣、当师长、当丈夫、当父亲，有儿子、有侄子、有孙子，侍奉我已绰绰有余了。但时间仍然感到不够，感到时间不够的是什么呢？是不能为君主实现一统天下，安定四面八方，实在有愧于历任职官，还能用什么来报答天地的恩惠？有时打开一卷书，有时饮上一杯茶，食用美味、欣赏音乐、享受姿色，老而安养于当代啊！老而自感乐趣，有什么

后汉高祖刘知远

快乐能比得上它呢？时乾祐三年（950 年）朱明月长乐老自序。”

后周太祖郭威

［原文］

及太祖平内难，议立徐州节度使刘赟(bīn)为汉嗣，遣道与秘书监赵上交、枢密直学士王度等往迎之。道寻与赟自徐赴汴，行至宋州，会澶(chán)州军变。枢密使王峻遣郭崇领兵至，屯于衙门外，时道与上交等宿于衙内。是日，赟率左右甲士阖门登楼，诘崇所自，崇言太祖已副推戴。左右知其事变，以为道所卖，皆欲杀道等以自快。赵上交与王度闻之，皆惶怖不知所为，惟道偃仰自适，略无惧色，寻亦获免焉。道微时尝赋诗云：“终闻海岳归明主，未省乾坤陷吉人。”至是其言验矣。

［译文］

等到了郭威平定内难，商议拥立徐州节度使刘赟为汉室继位者，派遣冯道和秘书监赵上交、枢密直学士王度等前往迎接。冯道和刘赟不久从徐州赶赴汴州，走到宋州，遇到澶州兵变。枢密使王峻派遣郭崇领兵到达，屯驻在宋州军府衙门外，当时冯道和赵上交等人住宿在军府衙内。这一天，刘赟率领侍从武士关上府门登上门楼，盘问郭崇来自何方，郭崇说郭威已经接受推举拥戴即位。刘赟身边的将吏知道京城事变后，以为被冯道所出卖，都想杀死冯道等人来痛快一番。赵上交和王度听说后，都惶恐不知所措。只有冯道应付自如，毫无惧色，不久也得以免遭祸难。冯道贫微时曾经赋诗云：“终闻海岳归明主，未省乾坤陷吉人。”到这时他的话应验了。

［原文］

广顺初，复拜太师、中书令，太祖甚重之，每进对不以名呼。及太祖崩，世宗以道为山陵使。会河东刘崇入寇，世宗召大臣议欲亲征，道谏止之，世宗因言：“唐初，天下草寇蜂起，并是太宗亲平之。”道奏曰：“陛下得如太宗否？”世宗怒曰：“冯道何相少也！”乃罢。及世宗亲征，不令扈从，留道奉太祖山陵。时道已抱疾。及山陵礼毕，奉神主归旧宫，未及祔庙，一夕薨于其第，时显德元年四月十七日也，享年七十有三。世宗闻之，辍视朝三日，册赠尚书令，追封瀛(yíng)

后周世宗柴荣

王，谥（shì）曰文懿（yì）。

［译文］

周广顺初年，冯道又拜授太师、中书令，周太祖（郭威）非常器重他，每次他进奏时不直呼其名。等到周太祖驾崩，周世宗任命冯道为山陵使。恰逢河东刘崇领兵入侵，周世宗召见大臣商议，打算亲自出征，冯道劝谏阻止他，周世宗就说："唐朝初年，天下草贼蜂起，都是唐太宗亲自领兵平定的。"冯道上奏说："陛下能比得上唐太宗吗？"周世宗大怒说："冯道为何小看我！"于是作罢。等到周世宗亲自出征，不让冯道随从，留冯道侍奉周太祖陵墓。当时冯道已经抱病在身。及至周太祖灵柩安葬大礼完毕，冯道护送神主返归旧宫，还没来得及行祔庙礼，一天晚上便在自己宅第里去世，那是显德元年（954 年）四月十七日，冯道享年七十三岁。周世宗闻讯，停止上朝三天，册封赠授冯道尚书令，追封为瀛王，谥号为"文懿"。

［原文］

道历任四朝，三入中书，在相位二十余年，以持重镇俗为己任，未尝以片简扰于诸侯。平生甚廉俭，逮至末年，闺（guī）庭之内，稍徇奢靡。其子吉，尤恣狂荡，道不能制，识者以其不终令誉，咸叹惜之。

史臣曰：道之履行，郁有古人之风；道之宇量，深得大臣之体。然而事四朝，相六帝，可得为忠乎？夫一女二夫，人之不幸，况于再三者哉！所以饰终之典，不得谥为文贞、文忠者，盖谓此也。

［译文］

冯道历任唐、晋、汉、周四朝之官，三次进入中书门下，在宰相职位达二十多年，以持重安民作为己任，不曾用片言只语干预过藩镇诸侯。他平生极为廉洁俭朴，直到晚年，闺阁庭园之内才逐渐趋向奢侈糜费。他的儿子冯吉，特别恣肆放荡，冯道不能约束他，熟识的人因冯道不能最终保持好名声，全都感慨惋惜。

史臣评论说：冯道的操行，蔚然有古人遗风；冯道的器量，深得朝廷大臣体制。然而在四个朝代供事，为六位皇帝任相，可以算得上忠吗？一个女人嫁两个丈夫，已是人的不幸，何况冯道再三再四呢！所以冯道送终追尊的典礼，不能用"文贞""文忠"为谥号，就是因为这个缘故。

新五代史

唐庄宗本纪下

［原文］

存勖(xù)，克用长子也。初，克用破孟方立于邢州，还军上党，置酒三垂岗，伶人奏《百年歌》，至于衰老之际，声甚悲，坐上皆凄怆。时存勖在侧，方五岁，克用慨然捋(lǚ)须，指而笑曰："吾行老矣，此奇儿也，后二十年，其能代我战于此乎！"存勖年十一，从克用破王行瑜，遣献捷于京师，昭宗异其状貌，赐以鸂(xī)鶒(chì)卮(zhī)、翡翠盘，而抚其背曰："儿有奇表，后当富贵，无忘予家。"及长，善骑射，胆勇过人，稍习《春秋》，通大义，尤喜音声歌舞俳优之戏。

［译文］

李存勖是李克用的大儿子。当初，李克用在邢州打败孟方立，把军队撤回上党，在三垂岗设酒宴，让伶人演奏《百年歌》，演奏到衰老时的那一段曲子，声调十分悲伤，在座的人都感到凄凉。当时李存勖也在旁边，刚满五岁，李克用感慨地用手捋着胡须，指着李存勖笑道："我越来越老了，这是个奇特的孩子，二十年后，他能代替我在这一带打仗！"李存勖十一岁那年，跟随李克用打败王行瑜，被派往京城献捷，唐昭宗觉得他的相貌不同一般，把鸂鶒卮、翡翠盘赐给他，还拍着他的背说："这孩子生有奇异的外表，以后一定会大富大贵，到那时别忘了我。"等李存勖长大，善于骑马射箭，胆识勇气超过常人，逐渐熟习《春秋》，粗通书中大义，特别喜好音乐、歌舞和戏剧。

周德威

周德威是李存勖手下的一员猛将，屡立战功，后来在胡柳陂之战中为保护李存勖而战死。

［原文］

天祐五年正月，即王位于太原。叔父克宁杀都虞候李存质，幸臣史敬镕(róng)告克宁谋叛。二月，执而戕(qiāng)之，

且以先王之丧、叔父之难告周德威，德威自乱柳还军太原。梁夹城兵闻晋有大丧，德威军且去，因颇懈(xiè)。王谓诸将曰："梁人幸我大丧，谓我少而新立，无能为也，宜乘其怠击之。"乃出兵趋上党，行至三垂岗，叹曰："此先王置酒处也！"会天大雾昼暝，兵行雾中，攻其夹城，破之，梁军大败，凯旋告庙。九月，蜀王王建、岐王李茂贞及杨崇本攻梁大安，晋亦遣周德威攻其晋州，败梁军于神山。

［译文］

天祐五年（908 年）正月，李存勖在太原继承王位。叔父李克宁杀了都虞候李存质，宠臣史敬镕报告李克宁阴谋叛变。二月，李存勖逮捕李克宁并杀死他，并且把先王丧故、叔父发难的事情告诉周德威，周德威把军队从乱柳撤回太原。梁朝夹城兵听说晋有大丧，周德威的军队将要离去，因此有些松懈。晋王对诸将说："梁人对我们的大丧幸灾乐祸，认为我年少而且刚刚继位，不能有所作为，应该趁他们懈怠时攻击他们。"于是出兵直奔上党，行进到三垂岗时，叹息说："这是先王当年摆设酒宴的地方啊！"赶上漫天大雾，白昼昏暗，军队行进在雾中，攻击梁军的夹城，攻破了它，梁军大败，晋王凯旋归来，祭告宗庙。九月，蜀王王建、岐王李茂贞和杨崇本进攻梁的大安，晋王也派周德威进攻它的晋州，在神山打败梁军。

［原文］

六年，刘知俊叛梁，来乞师，王自将至阴地关，遣周德威攻晋州，败梁军于蒙阬(gāng)。七年冬，梁遣王景仁攻赵，赵王王镕来乞师，诸将皆疑镕诈，未可出兵，王不听，乃救赵。八年正月，败梁军于柏乡，斩首二万级，获其将校三百人，马三千匹。进攻邢州，不下，留兵围之，去，攻魏。别遣周德威徇梁夏津、高唐，攻博州，破东武、朝城，遂击黎阳、临河、淇门，掠新乡、共城。

梁太祖朱温

［译文］

六年（909 年），刘知俊背叛梁朝，前来求援，晋王亲自率军队到达阴地关，派周德威进攻晋州，在蒙阬打败梁军。七年（910 年）冬天，梁太祖派王景仁进攻赵州，赵王王镕来求援兵，众将都怀疑王镕有诈，认为不可出兵，晋王不听，于是发兵救赵。八年（911 年）正月，在柏乡打败梁军，斩首二万人，

俘获梁军将校三百人，马三千匹。进军攻打邢州，没能攻下，留兵围城，后又撤离进攻魏州，另派周德威攻占梁的夏津、高唐，进攻博州，攻破东武、朝城，接着进攻黎阳、临河、淇门，抄掠新乡、共城。

［原文］

燕王刘守光闻晋攻梁深入，乃大治兵，声言助晋，王患之，乃旋师。七月，会赵王王镕于承天军。刘守光称帝于燕。九年正月，遣周德威会镇、定以攻燕，守光求救于梁，梁军攻赵，屠枣彊(qiáng)，李存审击走之。八月，朱友谦以河中叛于梁来降，梁遣康怀英讨友谦，友谦复臣于梁，而亦阴附于晋。十年十月，刘守光请降，王如幽州，守光背约不降，攻破之。十一年，杀燕王刘守光于太原，用其父仁恭于雁门。于是赵王王镕、北平王王处直奉册推王为尚书令，始建行台。七月，攻梁邢州，战于张公桥，晋军大败。

［译文］

燕王刘守光听说晋军攻梁深入腹地，于是大举出兵，扬言帮助晋王，晋王担心燕军从背后进攻，于是撤回军队。七月，在承天军与赵王王镕相会。刘守光在燕称帝。九年（912年）正月，晋王派周德威会合镇、定二州的兵进攻燕，刘守光向梁太祖求救，梁军进攻赵，屠杀枣彊民众，李存审打跑梁军。八月，朱友谦在河中背叛梁朝前来投降，梁太祖派康怀英讨伐朱友谦，朱友谦再次向梁称臣，同时也暗中依附于晋。十年（913年）十月，刘守光请求投降，晋王前往幽州，刘守光违背盟约不投降，晋军攻破幽州。十一年（914年），在太原杀死燕王刘守光，在雁门用刘守光的父亲刘仁恭来祭奠李克用。到这时赵王王镕、北平王王处直奉表推举晋王为尚书令，开始建立行台。七月，进攻梁的邢州，在张公桥交战，晋军被打得大败。

［原文］

十二年，魏州军乱，贺德伦以魏、博二州叛于梁来附。王入魏州，行至永济，诛其乱首张彦，以其兵五百自卫，号“帐前银枪军”。六月，王兼领魏博节度使，取德州。七月，取澶(chán)州。刘鄩(xún)军于洹水，王率百骑觇(chān)其营，遇鄩伏兵围之数重，决围而出，亡七八骑。八月，梁复取澶州，晋军与鄩对垒于莘，晋军数挑战，鄩闭壁不出。

［译文］

十二年（915年），魏州的军队发生兵变，贺德伦率魏、博二州背叛梁朝前来投靠晋王。晋王进入魏州，走到永济，诛杀叛乱首领张彦，把他的士兵五百人编入自己的卫队，号称“帐前银枪军”。六月，晋王兼任魏博节度使，攻取德州。七月，夺取澶州。刘鄩屯驻在洹水，晋王率领百名骑兵侦察他的军营，遇上刘鄩伏兵的重重包围，突围而出只损失七八名骑兵。八月，梁军又夺取澶州，晋军与刘鄩的军队在莘县对垒，晋军几次来挑战，刘鄩紧闭垒壁不出。

［原文］

十三年正月，王留李存审于莘，声言西归。鄩(xún)闻晋王且去，即引兵击魏，攻城东。王行至贝州，返击鄩，大败之，追至于故元城，又败之，鄩走黎阳。三月，攻梁卫州，降其刺史米昭；克磁州，杀其刺史靳昭。四月，克洺州。八月，围邢州，降其节度使阎宝。梁张筠弃相州、戴思远弃沧州而逃，遂取二州，而贝州人杀梁守将张源德，以城降。

契丹寇蔚州，执振武节度使李嗣本。十四年，契丹寇新州，遂寇幽州，李嗣源击走之。冬，梁谢彦章军于杨刘。十二月，攻杨刘，王自负刍以堙堑，遂破之。

［译文］

十三年（916 年）正月，晋王把李存审留在莘县，扬言向西返回。刘鄩听说晋王将要离去，随即引兵击魏，进攻州城的东边。晋王行进到贝州，调转头来打击刘鄩，大败他的军队，追到故元城，再次击败刘鄩军队，刘鄩逃到黎阳。三月，晋王攻打梁的卫州，降服卫州刺史米昭；攻克磁州，杀死刺史靳昭。四月，攻克洺州。八月，包围邢州，迫使邢州节度使阎宝投降。梁将张筠放弃相州、戴思远放弃沧州而逃跑，于是取得二州，同时贝州人杀死梁朝守将张源德，率城投降晋王。

契丹进犯蔚州，俘获振武节度使李嗣平。十四年（917 年），契丹入侵新州，接着进犯幽州，李嗣源打跑契丹兵。冬季，梁将谢彦章屯驻于杨刘。十二月，晋军进攻杨刘，晋王亲自背草填埋壕沟，于是攻破杨刘。

［原文］

十五年正月，梁、晋相距于杨刘，彦章决河水以隔晋军。六月，渡水击彦章，破其四寨。八月，大阅于魏，合卢龙、横海、昭义、安国及镇、定之兵十万、马万匹，军于麻家渡。谢彦章军于行台。十二月，进军临濮(pú)，梁军追之，战于胡柳，晋军大败，周德威死之。梁军暮休于土山，晋军复击，大败之，遂军德胜，为夹寨。

［译文］

十五年（918 年）正月，梁、晋的军队在杨刘对峙，谢彦章决开河水来阻挡晋军。六月，晋军渡水进击谢彦章，攻破梁军的四座营寨。八月，晋王在魏州举行大

阅兵，会合卢龙、横海、昭义、安国及镇、定二州的兵十万人、马一万匹，屯驻在麻家渡。谢彦章屯驻在行台村。十二月，晋王进军临濮，梁军追来，双方战于胡柳，晋军大败，周德威战死。梁军傍晚在土山宿营，晋军再度进攻，大败梁军，于是屯驻在德胜，建立夹河营寨。

［原文］

十六年正月，王兼领卢龙军节度使。梁王瓒攻德胜南城，不克。十月，广德胜北城。十二月，败梁军于河南。十七年，朱友谦袭同州，梁遣刘郇(xún)击友谦，李存审败梁军于同州。

［译文］

十六年（919 年）正月，晋王兼领卢龙军节度使。梁将王瓒进攻德胜南城，没有攻破。十月，拓宽德胜北城。十二月，在黄河南岸打败梁军。十七年（920 年），朱友谦袭击同州，梁正派刘郇攻击朱友谦，李存审在同州打败梁军。

［原文］

十八年正月，魏州僧传真献唐受命宝一。赵将张文礼弑其君镕(róng)，文礼来请命。二月，以文礼为镇州兵马留后。三月，河中节度使朱友谦、昭义军节度使李嗣昭、横海军节度使李存审、义武军节度使王处直、安国军节度使李嗣源、镇州兵马留后张文礼、领天平军节度使阎宝、大同军节度使李存璋、振武军节度使李存进、匡国军节度使朱令德，请王即皇帝位，王三辞，友谦等三请，王曰："予当思之。"

［译文］

十八年（921 年）正月，魏州僧人传真进献一枚唐朝的受命印玺。赵将张文礼杀死赵王王镕，张文礼派人前来请求委任。二月，晋王任命张文礼为镇州兵马留后。三月，河中节度使朱友谦、昭义军节度使李嗣昭、横海军节度使李存审、义武军节度使王处直、安国军节度使李嗣源、镇州兵马留后张文礼、领天平军节度使阎宝、大同军节度使李存璋、振武军节度使李存进、匡国军节度使朱令德，请求晋王登基皇帝位，晋王多次推辞，朱友谦等人再三请求，晋王说："我应当仔细思量一下。"

［原文］

八月，遣赵王王镕故将符习及阎宝、史建瑭等攻张文礼于镇州。建瑭取赵州。张文礼卒，其子处瑾闭城拒守。九月，建瑭战死。十月，梁戴思远攻德胜北城，李嗣源败之于戚城。王处直叛附于契丹，其子都幽处直以来附。十二月，契丹寇涿(zhuō)州，遂寇定州。

［译文］

八月，晋王派赵王王镕的旧将符习和阎宝、史建瑭等人进攻镇州张文礼。史建瑭夺取赵州。张文礼去世，他的儿子张处瑾闭城拒守。九月，史建瑭战死。十月，梁将戴思远进攻德胜北城，李嗣源在戚城打败戴思远。王处直叛变投靠契丹，他的儿子王都幽禁王处直前来归附。十二月，契丹兵进犯涿州，进而入侵定州。

［原文］

十九年正月，败契丹于新城、望都，追奔至于幽州。三月，阎宝败于镇州，以李嗣昭代之。四月，嗣昭战死，以李存进代之。八月，梁取卫州。九月，存进败镇人于东垣(yuán)，存进战死。十月，李存审克镇州。王兼领成德军节度使。

［译文］

十九年（922 年）正月，晋军在新城、望都打败契丹军队，一路追赶到幽州。三月，阎宝在镇州战败，晋王派李嗣昭代替阎宝。四月，李嗣昭战死，又让李存进代替他。八月，梁军夺取卫州。九月，李存进在东垣打败镇州军队，李存进战死。十月，李存审攻克镇州。晋王兼领成德军节度使。

［原文］

同光元年春三月，李继韬以潞州叛附于梁。夏四月己巳，皇帝即位，大赦，改元，国号唐。行台左丞相豆卢革为门下侍郎，右丞相卢程为中书侍郎，同中书门下平章事，中门使郭崇韬、昭义监军张居翰为枢密使。以魏州为东京，太原为西京，镇州为北都。

［译文］

唐庄宗同光元年（923 年）春季三月，李继韬率潞州叛变归附梁朝。夏季四月己巳日，晋王登上皇帝位，实行大赦，改用新年号，定国号为唐。行台左丞相豆卢革任门下侍郎，右丞相卢程任中书侍郎，二人均为同中书门下平章事，中门使郭崇韬、昭义监军张居翰为枢密使。以魏州为东京，太原为西京，镇州为北都。

［原文］

闰月，追尊祖考为皇帝，妣(bǐ)为皇后：曾祖执宜、祖妣崔氏皆谥曰昭烈，庙号懿祖；祖国昌、祖妣秦氏皆谥曰文景，庙号献祖；考谥曰武，庙号太祖。立庙于太原，自唐高祖、太宗、懿宗、昭宗为七庙。壬寅，李嗣源取郓(yùn)州。五月辛酉，梁人取德胜南城。六月，及王彦章战于新垒，败之。是月，卢程罢。秋八月，梁人克泽州，守将裴约死之。九月戊辰，李嗣源及王彦章战于递坊，败之。

［译文］

闰四月，唐庄宗李存勖追尊他的祖先为皇帝，祖先的配偶为皇后：曾祖朱邪执宜、曾祖母崔氏都谥号为“昭烈”，庙号为懿祖；祖父李国昌、祖母秦氏都谥号为“文景”，庙号为献祖；父亲李克用谥号为“武”，庙号为太祖。在太原建立宗庙，从唐高祖、唐太宗、唐懿宗、唐昭宗起共建七庙。壬寅日，李嗣源攻取郓州。五月辛酉日，梁军夺取德胜南城。六月，在新垒与王彦章交战，打败王彦章。这个月，卢程被免。秋季八月，梁军攻克泽州，守将裴约死于战事。九月戊辰日，李嗣源同王彦章在递坊交战，击败王彦章。

王彦章

王彦章是后梁的一员勇将，擅长使用铁枪，因此绰号为“王铁枪”。后来他被后唐俘虏，誓不投降，被杀害。

［原文］

冬十月壬申，如郓(yùn)州以袭梁。甲戌，取中都。丁丑，取曹州。己卯，灭梁。敬翔自杀。丙戌，贬郑珏(jué)为莱州司户参军，萧顷登州司户参军，杀李振、赵岩、张汉杰、朱珪(guī)，灭其族。己丑，德音降死罪囚，流已下原之。

［译文］

冬季十月壬申日，唐庄宗前往郓州袭击梁军。甲戌日，夺取中都。丁丑日，攻取曹州。己卯日，灭亡梁国。朱敬翔自杀。丙戌日，贬降郑珏为莱州司户参军，萧顷为登州司户参军，杀死李振、赵岩、张汉杰、朱珪，诛灭他们的家族。己丑日，唐庄宗下德音恩诏减降死罪囚犯的刑，流刑以下的囚犯赦免。

［原文］

十一月乙巳，复北都为镇州，太原为北都。丙辰，复汴州为宣武军。丁巳，尚书左丞赵光胤为中书侍郎，礼部侍郎韦说同中书门下平章事。戊午，新罗国王金朴英遣使者来。辛酉，复永平军为西都。甲子，如洛京。

［译文］

十一月乙巳日，唐庄宗恢复北都为原名镇州，以太原为北都。丙辰日，恢复汴州为宣武军。丁巳日，任命尚书左丞赵光胤为中书侍郎，和礼部侍郎韦说都为同中

书门下平章事。戊午日，新罗国王金朴英派遣使者前来朝见。辛酉日，恢复永平军为西都。甲子日，唐庄宗前往洛京。

［原文］

十二月庚午朔，至自汴州。辛巳，李继韬伏诛。继韬之弟继达杀其兄继俦(chóu)于潞州。壬辰，畋(tián)于伊阙。

［译文］

十二月庚午日初一，唐庄宗从汴州回到洛京。辛巳日，李继韬伏法被诛杀。李继韬的弟弟李继达在潞州杀死他的哥哥李继俦。壬辰日，唐庄宗在伊阙狩猎。

［原文］

二年春正月，河南尹张全义及诸镇进暖殿物。己酉，求唐宦者。庚戌，新罗国王金朴英及其泉州节度使王逢规皆遣使者来。乙卯，渤海国王大諲譔(yīn zhuàn)使大禹谟(mò)来。庚申，如河阳。辛酉，至自河阳。丁卯，七庙神主至自太原，祔(fù)于太庙。朝献于太微宫。戊辰，享于太庙。

［译文］

同光二年（924 年）春季正月，河南尹张全义及各镇将领向唐庄宗进献宫殿保暖的物品。己酉日，找寻朝廷的宦官。庚戌日，新罗国王金朴英和他的泉州节度使王逢规都派遣使者前来。乙卯日，渤海国王大諲譔派大禹谟为使者前来。庚申日，唐庄宗前往河阳。辛酉日，从河阳回洛京。丁卯日，七庙的神主牌位从太原移到洛京，配享于太庙。唐庄宗到太微宫朝拜献享。戊辰日，唐庄宗到太庙祭祀。

［原文］

二月己巳朔，有事于南郊，大赦。癸酉，群臣上尊号曰昭文睿武光孝皇帝。戊寅，幸李嗣源第。癸未，立刘氏为皇后。

［译文］

二月己巳日初一，唐庄宗在南郊祭天，大赦天下。癸酉日，群臣向唐庄宗奉上尊号为昭文睿武光孝皇帝。戊寅日，驾临李嗣源的宅第。癸未日，立刘氏为皇后。

［原文］

三月己酉，党项来。庚戌，赐从平汴州及入洛南郊立仗军士等功臣。庚申，工部郎中李涂为检视诸陵使。潞州将杨立反。

［译文］

三月己酉日，党项派使者前来朝见。庚戌日，唐庄宗赏赐跟随平定汴州和进入洛京南郊祭天担任仪仗的军士等功臣。庚申日，任命工部郎中李涂为检视诸陵使。

潞州守将杨立反叛。

［原文］

夏五月壬寅，教坊使陈俊为景州刺史，内园栽接使储德源为宪州刺史。丙辰，渤海国王大𬤇𫍰（yīn zhuàn）遣使者来。丙寅，李嗣源克潞州。六月丙子，杨立伏诛。己丑，封回纥（hé）王仁美为英义可汗。秋七月己酉，如雷山赛天神。八月，大雨霖，河溢。九月壬子，置水于城门，以禳（ráng）荧惑。甲寅，幸郭崇韬第。丙辰，黑水遣使者来。

［译文］

夏季五月壬寅日，唐庄宗任命教坊使陈俊为景州刺史，内园栽接使储德源为宪州刺史。丙辰日，渤海国王大𬤇𫍰派使者前来朝见。丙寅日，李嗣源攻克潞州。六月丙子日，杨立伏法被诛杀。己丑日，唐庄宗封回纥王仁美为英义可汗。秋季七月己酉日，唐庄宗前往雷山祭祀天神。八月，大雨连绵，河水泛滥。九月壬子日，在城门上放置水，以祈祷火星消灾。甲寅日，唐庄宗亲临郭崇韬的宅第。丙辰日，黑水部族派遣使者前来朝见。

［原文］

冬十月癸未，左熊威军将赵晖妻一产三男子。十一月癸卯，畋于伊阙。丙午，至自伊阙。丁巳，回鹘使都督安千想来。十二月庚午，及皇后幸张全义第。

［译文］

冬季十月癸未日，左熊威军将领赵晖的妻子一胎生了三个男孩。十一月癸卯日，唐庄宗在伊阙狩猎。丙午日，唐庄宗从伊阙回到宫中。丁巳日，回鹘派都督安千想为使者前来朝见。十二月庚午日，唐庄宗与皇后刘氏到张全义的宅第。

［原文］

三年春正月庚子，如东京，毁即位坛为鞠（jū）场。

二月己巳，聚鞠于新场。乙亥，射雁于王莽河。辛巳，突厥浑解楼、渤海国王大𬤇𫍰（yīn zhuàn）皆遣使者来。射雁于北郊。乙酉，射鸭于郭泊。庚寅，射雁于北郊。

三月乙未，寒食，望祭于西郊。庚申，至自东京。辛酉，改东京为邺都，以洛京为东都。

［译文］

三年（925年）春季正月庚子日，唐庄宗前往东京，毁即位坛改作球场。

二月己巳日，唐庄宗在新球场聚众击球。乙亥日，在王莽河之滨射雁。辛巳日，突厥浑解楼、渤海国王大諲譔都派使者到洛京来朝见。在北郊射雁。乙酉日，在郭泊射鸭。庚寅日，又在北郊射雁。

三月乙未日，是寒食节，在西郊遥祭代州亲庙。庚申日，从东京回到洛京。辛酉日，改东京名为邺都，以洛京为东都。

［原文］

yìn hōng

夏四月乙亥，及皇后幸郭崇韬、朱汉宾第。旱。庚寅，赵光胤薨。

五月丁酉，皇太妃薨，废朝五日。己酉，黑水、女真皆遣使者来。

六月辛未，宗正卿李纾为昭宗，少帝改卜园陵使。括马。

［译文］

夏季四月乙亥日，唐庄宗与皇后刘氏到郭崇韬、朱汉宾的宅第。发生旱灾。庚寅日，赵光胤去世。

五月丁酉日，皇太妃去世，停朝五日。己酉日，黑水和女真都派使者前来朝见。

六月辛未日，唐庄宗任命宗正卿李纾为唐昭宗，唐少帝改卜园陵使。征收民间马匹。

［原文］

秋七月壬寅，皇太后崩。

八月癸未，杀河南县令罗贯。

jí

九月庚子，魏王继岌为西川四面行营都统，郭崇韬为招讨使以伐蜀。自六月雨至于是月。丁巳，射雁于尖山。

［译文］

秋季七月壬寅日，皇太后驾崩。

八月癸未日，杖杀河南县令罗贯。

九月庚子日，唐庄宗任命魏王李继岌为西川四面行营都统，郭崇韬为招讨使，率兵讨伐蜀地。自从六月开始下雨，一直持续到这个月。丁巳日，在尖山射雁。

雁

［原文］

冬十月壬午，奚、吐浑、突厥皆遣使者来。戊子，葬贞简太后于坤陵。

十一月丁未，高丽遣使者来。己酉，王衍降。郭崇韬杀王宗弼及其弟宗渥、宗训，灭其族。

十二月己卯，畋(tián)于白沙。癸未，至自白沙。

闰月辛亥，封弟存美为邕(yōng)王，存霸永王，存礼薛王，存渥申王，存乂(yì)睦王，存确通王，存纪雅王。

［译文］

冬季十月壬午日，奚、吐浑、突厥都派使者前来朝见。戊子日，将贞简太后安葬在坤陵。

十一月丁未日，高丽国王派使者来朝见。己酉日，王衍投降。郭崇韬杀死王宗弼及其弟弟王宗渥、王宗训，诛灭了他们的家族。

十二月己卯，唐庄宗在白沙狩猎。癸未日，从白沙回到京城。

闰十二月辛亥日，唐庄宗封弟弟李存美为邕王，李存霸为永王，李存礼为薛王，李存渥为申王，李存乂为睦王，李存确为通王，李存纪为雅王。

［原文］

四年春正月壬戌，降死罪以下囚。甲子，魏王继岌(jí)杀郭崇韬及其二子于蜀。戊寅，契丹使梅老鞋里来。庚辰，杀其弟睦王存乂及河中护国军节度使李继麟，灭其族。乙酉，沙州曹义金遣使者来。丙戌，回鹘阿咄欲遣使者来。丁亥，杀李继麟之将史武、薛敬容、周唐殷、杨师太、王景、来仁、白奉国，皆灭其族。

［译文］

四年（926年）春季正月壬戌日，唐庄宗下诏给死罪以下的囚犯减刑。甲子日，魏王李继岌在蜀地杀死郭崇韬和他的两个儿子。戊寅日，契丹派使者梅老鞋里来朝见。庚辰日，唐庄宗杀死他的弟弟睦王李存乂和河中护国军节度使李继麟，诛灭李继麟的家族。乙酉日，沙州曹义金派使者来朝见。丙戌日，回鹘阿咄欲派使者来朝见。丁亥日，唐庄宗诏令斩杀李继麟的部将史武、薛敬容、周唐殷、杨师太、王景、来仁、白奉国，全部诛灭他们的家族。

［原文］

二月己丑，宣徽南院使李绍宏为枢密使。癸巳，邺都军将赵在礼反于贝州。甲午，畋于冷泉。赵在礼陷邺都，武宁军节度使李绍荣讨

之。邢州军将赵太反，东北面招讨使李绍真讨之。甲辰，成德军节度使李嗣源讨赵在礼。

［译文］

二月己丑日，唐庄宗任命宣徽南院使李绍宏为枢密使。癸巳日，邺都军将赵在礼在贝州反叛。甲午日，唐庄宗在冷泉狩猎。赵在礼攻陷邺都，武宁军节度使李绍荣领兵讨伐。邢州军将赵太反叛，东北面招讨使李绍真率兵讨伐。甲辰日，成德军节度使李嗣源领兵讨伐赵在礼。

［原文］

三月，赵太伏诛。李嗣源反。博州守将翟建自称刺史。甲子，杀王衍，灭其族。乙丑，如汴州。壬申，次荥(xíng)泽。龙骧指挥军使姚彦温以前锋军叛降于李嗣源。嗣源入于汴州。甲戌，至自万胜。从马直指挥使郭从谦反。

夏四月丁亥朔，皇帝崩。

［译文］

三月，赵太伏罪被诛杀。李嗣源反叛。博州守将翟建自称刺史。甲子日，唐庄宗诏令杀死王衍，诛灭他的家族。乙丑日，庄宗前往汴州。壬申日，驻扎在荥泽。龙骧指挥军使姚彦温率领前锋军叛变向李嗣源投降。李嗣源率军进入汴州。甲戌日，庄宗从万胜镇回到京城。从马直指挥使郭从谦反叛。

夏季四月丁亥日初一，唐庄宗驾崩。

宋史

司马光传

［原文］

司马光字君实，陕州夏县人也。父池，天章阁待制。光生七岁，凛然如成人，闻讲《左氏春秋》，爱之，退为家人讲，即了其大指。自是手不释书，至不知饥渴寒暑。群儿戏于庭，一儿登瓮(wèng)，足跌没水中，众皆弃去，光持石击瓮破之，水迸，儿得活。其后京、洛间画以为图。仁宗宝元初，中进士甲科。年甫冠，性不喜华靡，闻喜宴独不戴花，同列语之曰："君赐不可违。"乃簪(zān)一枝。

［译文］

司马光字君实，陕州夏县人。他的父亲司马池，官为天章阁待制。司马光七岁时，已凛然像个大人了，听讲《左氏春秋》，十分喜爱，回家后他给家人讲，就能讲明其主要内容。自此他手不释卷，到不知道饥渴冷热的地步。一群小孩在院子中玩耍，一个小孩爬到大水缸上，失足掉进缸中，被水淹没，小孩们全都不顾他跑掉了，司马光用石头将水缸打破，水流了出来，缸中的小孩得以活命。其后京城、洛阳一带将此事画成了图画。仁宗宝元初年，司马光考中了甲科进士。当时他刚刚二十岁，生性不喜欢华丽奢靡，喜宴上只他一个人不戴花，同去赴宴的人对他说："君主所赐，不可违背。"他才插了一枝花。

司马光

［原文］

除奉礼郎，时池在杭，求签苏州判官事以便亲，许之。丁内外艰，执丧累年，毁瘠(jí)如礼。服除，签书武成

军判官事，改大理评事，补国子直讲。枢密副使庞籍荐为馆阁校勘，同知礼院。

［译文］

任奉礼郎，当时司马池在杭州，司马光请求出任签书苏州判官事以便就近侍奉父亲，朝廷同意了他的请求。父母去世，司马光守孝执丧多年，哀伤悲悼，一切都符合礼仪。服丧完毕，被任命为签书武成军判官事，后改为大理评事，补国子直讲。枢密副使庞籍将他举荐为馆阁校勘，同知太常礼院。

［原文］

中官麦允言死，给卤(lǔ)簿。光言："繁缨以朝，孔子且犹不可。允言近习之臣，非有元勋大劳，而赠以三公官，给一品卤簿，其视繁缨，不亦大乎？"夏竦(sǒng)赐谥文正，光言："此谥之至美者，竦何人，可以当之？"改文庄。加集贤校理。

［译文］

宦官麦允言死了，宋仁宗赐给他卤簿仪仗。司马光说："繁缨以朝，孔子尚且不可。麦允言是个宦官，又没有大的功劳，而赠以三公的高官，赐给一品卤簿仪仗，比起繁缨以朝，不是更过分了吗？"皇帝赐夏竦谥号"文正"，司马光说："这个谥号是最美好的了，夏竦是什么人，可以当得起此谥号吗？"于是改谥"文庄"。司马光被加官集贤院校理。

［原文］

从庞籍辟，通判并州。麟州屈野河西多良田，夏人蚕食其地，为河东患。籍命光按视，光建："筑二堡以制夏人，募民耕之，耕者众则籴(dí)贱，亦可渐纾(shū)河东贵籴远输之忧。"籍从其策。而麟将郭恩勇且狂，引兵夜渡河，不设备，没于敌，籍得罪去。光三上书自引咎，不报。籍没，光升堂拜其妻如母，抚其子如昆弟，时人贤之。

［译文］

司马光跟随庞籍做了并州通判。麟州屈野河西多良田，西夏人蚕食其地，是河东之患。庞籍让司马光去按察巡视，司马光建议说："修筑两座堡垒扼制西夏人，招募人耕种，种地的人多了粮价就会便宜了，也可以缓解河东粮贵、靠长途运输的忧患。"庞籍听从了他的计策。但麟州将郭恩勇敢狂傲，带兵夜渡屈野河，又不作防备，覆没于敌，庞籍获罪遭贬。司马光三次上书引咎请罪，结果无人理睬。庞籍死后，司马光侍奉其妻如同母亲，爱护其子如同亲兄弟，当时的人都称赞他贤德。

［原文］

改直秘阁、开封府推官。交趾贡异兽，谓之麟，光言：“真伪不可知，使其真，非自至不足为瑞，愿还其献。”又奏赋以风。修起居注，判礼部。有司奏日当食，故事食不满分，或京师不见，皆表贺。光言：“四方见、京师不见，此人君为阴邪所蔽，天下皆知而朝廷独不知，其为灾当益甚，不当贺。”从之。

［译文］

司马光改任直秘阁、开封府推官。交趾国上贡异兽，说是麒麟。司马光说：“是真是假不知道，假如是真的，不是自己来的不足以为祥瑞，希望将献贡的异兽还回去。”又奏上一篇赋以劝讽。任修起居注，判礼部。钦天监上奏有日食，过去不是日全食或京城见不到日食，都要上表庆贺。司马光说：“四方见，而京城见不到，是表示皇帝被阴暗邪恶之人所蒙蔽，天下全知而朝廷独不知，这样的事应当是更厉害的灾害，不应当庆贺。”皇帝接受了他的意见。

苏辙

苏辙是苏轼的弟弟，也是北宋著名的文学家，与其父苏洵、其兄苏轼并称“三苏”。

［原文］

同知谏院。苏辙(zhé)答制策切直，考官胡宿将黜之，光言：“辙有爱君忧国之心，不宜黜。”诏置末级。

［译文］

被任命为同知谏院。苏辙答制策时过于切直，考官胡宿不想录取他，司马光说：“苏辙有爱君忧国之心，不应该不录取。”诏置于最末一级。

［原文］

仁宗始不豫，国嗣(sì)未立，天下寒心而莫敢言。谏官范镇首发其议，光在并州闻而继之，且贻书劝镇以死争。至是，复面言：“臣昔通判并州，所上三章，愿陛下果断力行。”帝沉思久之，曰：“得非欲选宗室为继嗣者乎？此忠臣之言，但人不敢及耳。”光曰：“臣言此，自谓必死，不意陛下开纳。”帝曰：“此何害？古今皆有之。”光退未闻命，复上疏曰：“臣向者进

说，意谓即行，今寂无所闻，此必有小人言陛下春秋鼎盛，何遽为不祥之事。小人无远虑，特欲仓卒之际，援立其所厚善者耳。‘定策国老’‘门生天子’之祸，可胜言哉？”帝大感动曰：“送中书。”光见韩琦等曰：“诸公不及今定议，异日禁中夜半出寸纸，以某人为嗣，则天下莫敢违。”琦等拱手曰：“敢不尽力？”未几，诏英宗判宗正，辞不就，遂立为皇子，又称疾不入。光言：“皇子辞不赀(zī)之富，至于旬月，其贤于人远矣。然父召无诺，君命召不俟驾，愿以臣子大义责皇子，宜必入。”英宗遂受命。

［译文］

仁宗开始有病时，皇储还没有立，天下寒心却不敢多话。谏官范镇首先提出立储的建议，司马光在并州听到后随后附议，并且写信劝范镇拼死力争。到了时候，司马光再次当面进言：“臣过去任并州通判时，所上的三个奏章，希望陛下果断力行。”仁宗沉思良久，说：“不是想选择皇室子弟做皇储吗？这是忠臣之言，只是人们不敢提及罢了。”司马光说：“臣提这件事，自己觉得必犯死罪无疑，没想到陛下接纳了。”仁宗说：“这有什么坏处？古往今来都有这种事。”司马光回去后没有听到诏命，再次上疏说：“臣上次进言，心想马上可以实行了，但至今毫无消息，这必定是有小人说陛下年富力强，为什么急急忙忙做这样不祥的事吧。小人的目光太短浅，他们不过是想在仓促间，援立他们所亲近中意的人罢了。‘定策国老’‘门生天子’的祸患，难道还少吗？”仁宗被大大地震动了，说：“送中书省。”司马光见韩琦等人说：“各位大臣不趁早将此事定下来，到那么一天，半夜从宫禁中送出寸纸，以某人为皇嗣，那是谁都不敢违抗的。”韩琦等拱手说：“怎敢不尽力呢？”很快，诏英宗知宗正寺，英宗推辞不就，于是立为皇子，又称病不入宫。司马光说：“皇子推辞不赀之富，已近一月之久，他的贤德远远超过了一般人啊。但不回答父亲的召唤，不听从君主的命令陪伴车驾，希望向皇子晓明做臣、做子的大义，命其进宫。”英宗于是不再推辞。

［原文］

兖(yǎn)国公主嫁李玮(wěi)，不相能。诏出玮卫州，母杨归其兄璋，主入居禁中。光言：“陛下追念章懿太后，故使玮尚主。今乃母子离析，家事流落，独无雨露之感乎？玮既黜(chù)，主安得无罪？”帝悟，降主沂(yí)国，待李氏恩不衰。

［译文］

兖国公主下嫁李玮，感情不好。于是仁宗下诏贬李玮知卫州，李玮母杨氏由其兄李璋奉养，兖国公主回宫中居住。司马光说：“陛下追念章懿太后，所以让李玮娶了兖国公主。现在母子分离，家事流落，就没有雨露恩泽的情感了吗？李玮既然已遭贬黜，公主怎么能没罪呢？”仁宗明白了，将兖国公主降封为沂国公主，对待李氏仍然很好。

后苑观麦

宋仁宗在自己的后苑里种植小麦，了解农事的艰难。

［原文］

进知制诰(gào)，固辞，改天章阁待制兼侍讲、知谏院。时朝政颇姑息，胥史喧哗则逐中执法，辇(niǎn)官悖慢则退宰相，卫士凶逆而狱不穷治，军卒詈(lì)三司使而以为非犯阶级。光言皆陵迟之渐，不可以不正。

［译文］

司马光升迁知制诰，他坚决推辞不就，改为天章阁待制兼侍讲、知谏院。当时朝政颇为松弛，胥吏喧哗就驱赶中丞，辇官悖慢则斥退宰相，卫士凶逆而法官也不追穷治罪，军卒骂三司使却认为不是犯上。司马光认为这些全是衰落的开始，不可以不纠正。

［原文］

充媛董氏薨(hōng)，赠淑妃，辍朝成服，百官奉慰，定谥(shì)，行册礼，葬给卤簿(lǔ bù)。光言：“董氏秩本微，病革方拜充媛。古者妇人无谥，近制惟皇后有之。卤簿本以赏军功，未尝施于妇人。唐平阳公主有举兵佐高祖定天下功，乃得给。至韦庶人始令妃主葬日皆给鼓吹，非令典，不足法。”时有司定后宫封赠法，后与妃俱赠三代。光论：“妃不当与后同，袁盎引却慎夫人席，正为此耳。天圣亲郊，太妃止赠二代，而况妃乎？”

［译文］

充媛董氏死了，追赠为淑妃，皇帝停朝着丧服，百官奉慰，定谥号，行册礼，出丧给以卤簿仪仗。司马光说：“董氏封秩原本低微，病危才拜为充媛。古代妇人没有谥号，近代的制度也只有皇后才有谥。卤簿仪仗本来是用来奖励军功的，从来没有用于妇人的。唐代的平阳公主有起兵佐助唐高祖平定天下的功劳，才得以用。

到韦庶人时开始令皇妃公主出葬之日都给以鼓吹乐队，但不是典章制度，不足效法。”当时有关机构制定后宫的封赠方法，后与妃都封赠三代。司马光论道：“妃子不应当与皇后相同，袁盎撤除慎夫人的席位，正是为此啊。天圣亲临郊外祀典，太妃只封赠二代，何况妃子呢？”

［原文］

英宗立，遇疾，慈圣光献后同听政。光上疏曰：“昔章献明肃有保佑先帝之功，特以亲用外戚小人，负谤(bàng)海内。今摄政之际，大臣忠厚如王曾，清纯如张知白，刚正如鲁宗道，质直如薛奎者，当信用之；猥(wěi)鄙如马季良，谗谄如罗崇勋者，当疏远之，则天下服。”

［译文］

英宗即位，有病，慈圣光献后共同听政。司马光上疏道：“过去章献明肃皇后有保佑先帝的功劳，还因为亲近任用外戚小人，招致天下人不满。现在摄政期间，大臣忠厚如王曾，清纯如张知白，刚正如鲁宗道，质直如薛奎这样的，应当信任重用他们；猥鄙如马季良，谗谄如罗崇勋这样的，应当疏远他们，那么天下就会安定了。”

［原文］

帝疾愈，光料必有追隆本生事，即奏言：“汉宣帝为孝昭后，终不追尊卫太子、史皇孙；光武上继元帝，亦不追尊钜鹿、南顿君，此万世法也。”后诏两制集议濮(pú)王典礼，学士王珪(guī)等相视莫敢先，光独奋笔书曰：“为人后者为之子，不得顾私亲。王宜准封赠期亲尊属故事，称为皇伯，高官大国，极其尊荣。”议成，珪即命吏以其手稿为按。既上与大臣意殊，御史六人争之力，皆斥去。光乞留之，不可，遂请与俱贬。

［译文］

英宗病好了，司马光料到必定会有追隆英宗亲生父亲的事，就上奏说：“汉宣帝为汉昭帝的继承人，最终也不追尊卫太子、史皇孙；汉光武帝的直系祖先是汉元帝，也不追尊钜鹿、南顿君，这是万世之法啊。”后来英宗下诏，召集两制大臣讨论濮王典礼之事。翰林学士王珪等互相看着，谁也不敢先发言，只有司马光奋笔上书说：“做了人的继承人就是他的儿子，不能再顾私亲。濮王事应当按照封赠期亲尊属的惯例，称为皇伯，封高官大国，极其尊荣。”议成之后，王珪就命书吏以司马光的手稿作为底本。后来英宗与大臣意见不同，御史六人力争，全遭贬斥。司马光乞请留下他们，英宗不允，于是司马光请求与他们一齐被贬。

［原文］

初，西夏遣使致祭，延州指使高宜押伴。傲其使者，侮其国主，使者诉于朝。光与吕诲乞加宜罪，不从。明年，夏人犯边，杀略吏士。赵滋为雄州，专以猛悍治边，光论其不可。至是，契丹之民捕鱼界河，伐柳白沟之南，朝廷以知雄州李中祐为不材，将代之。光谓："国家当戎夷附顺时，好与之计较末节，及其桀骜（jié ào），又从而姑息之。近者西祸生于高宜，北祸起于赵滋，时方贤此二人，故边臣皆以生事为能，渐不可长。宜敕边吏，疆场细故辄以矢刃相加者，罪之。"

［译文］

当初，西夏派遣使臣致祭，延州指使高宜押伴。高宜待使臣傲慢无理，又侮辱西夏国主，西夏使臣上诉到宋朝廷。司马光和吕诲请求惩治高宜，朝廷不从。第二年，西夏人侵犯边境，杀掠吏士。赵滋知雄州时，专以勇猛凶悍治理边境，司马光认为这样不行。到了这时，契丹人在界河内捕鱼，在白沟的南边伐柳，朝廷认为这是雄州知州李中祐无能，要派人取代他。司马光说："国家当戎夷归附顺从时，好和他们计较细枝末节的小事，而当他们桀骜不驯时，又纵容姑息。近来高宜招来了西边的兵灾，赵滋引来了北方的战祸，现在还夸赞这两个人，所以守卫边境的官员都以惹是生非为能事，不能助长这种风气。应敕命守边的官吏，边疆的小事动不动就以武力解决的，应给予处罚。"

［原文］

仁宗遗赐直百余万，光率同列三上章，谓："国有大忧，中外窘乏，不可专用乾兴故事。若遗赐不可辞，宜许侍从上进金钱佐山陵。"不许。光乃以所得珠为谏院公使钱，金以遗舅氏，义不藏于家。后还政，有司立式，凡后有所取用，当覆奏乃供。光云："当移所属使立供已，乃具数白后，以防矫伪。"

宋仁宗赵祯

［译文］

仁宗遗嘱赏赐群臣财物价值百余万，司马光与其他大臣三次上书，说："国家有大丧，国库用度紧张，不可单单遵照乾兴年旧例。假如遗赐不可以推辞，希望允许侍从们进贡金钱佐助修建仁宗陵墓。”英宗不准。于是司马光就用所得珍珠作为谏院的公用钱，将黄金送给舅舅家，表示遗赐不藏于家之义。太后还政后，有关机构订立条规，凡太后要取用的东西，需要皇帝批准才能领取。司马光说：“应当移送有关机构立即供给，然后列出单据告诉太后，以防止作伪。”

［原文］

曹佾(yì)无功除使相，两府皆迁官。光言：“陛下欲以慰母心，而迁除无名，则宿卫将帅、内侍小臣，必有觊望。”已而迁都知任守忠等官，光复争之，因论：“守忠大奸，陛下为皇子，非守忠意，沮坏大策，离间百端，赖先帝不听；及陛下嗣位，反覆交构，国之大贼。乞斩于都市，以谢天下。”责守忠为节度副使，蕲州安置，天下快之。

［译文］

曹佾无功却被任命为使相，中书、枢密两府大臣也全升迁。司马光说：“陛下想使太后高兴，但是升迁加官没有根据，那么宿卫将帅、内侍小臣，必然会有觊觎之望。”不久迁升都知任守忠等人的官职，司马光再次反对，因而论其罪说：“任守忠是个大奸臣，陛下成为皇太子，不是任守忠的本意，他设法破坏立储大策，百般离间，多亏先帝不听他的；等到陛下即位，他又多次挑拨是非，是国家的大奸贼。请将他斩于都市，以谢天下。”英宗于是将任守忠谪降为节度副使，送蕲州安置，百姓都很高兴。

［原文］

诏刺陕西义勇二十万，民情惊挠，而纪律疏略不可用。光抗言其非，持白韩琦。琦曰：“兵贵先声，谅祚方桀骜(jié ào)，使骤闻益兵二十万，岂不震慑？”光曰：“兵之贵先声，为无其实也，独可欺之于一日之间耳。今吾虽益兵，实不可用，不过十日，彼将知其详，尚何惧？”琦曰：“君但见庆历间乡兵刺为保捷，忧今复然，已降敕(chì)榜与民约，永不充军戍边矣。”光曰：“朝廷尝失信，民未敢以为然，虽光亦不能不疑也。”琦曰：“吾在此，君无忧。”光曰：“公长在此地，可也；异日他人当位，因公见兵，用之运粮戍边，反掌间事耳。”琦嘿然，而讫不为止。不十年，皆如光虑。

［译文］

朝廷下诏在陕西招募义勇二十万人，民情惊惶不安，而义勇们纪律涣散，无法打仗。司马光多次抗争，激烈反对，将意见告诉韩琦。韩琦说：“用兵贵在先声夺

人，最近李谅祚桀骜不驯，让他突然听到增兵二十万，哪能不震惊害怕？”司马光说：“用兵之所以贵在先声夺人，是因为实力不足啊，只可以短时间欺骗敌人。现在我们虽然增加了兵力，其实不能用来打仗，不超过十天，西夏人将知道实情，他们还有什么可害怕的呢？”韩琦说：“先生只看到庆历年间将乡兵刺字为保捷军的事，担心这次还会那样，朝廷已经降下敕榜，告诉百姓，永远不会让他们充军戍边了。”司马光说：“朝廷曾经失信于民，百姓不敢相信就是如此，就是我司马光也不能不怀疑啊。”韩琦说：“有我在，先生不必担忧。”司马光说：“先生永远当宰相，我可以放心；以后别人当了宰相，用先生的这些兵运粮戍边，是易如反掌的事啊。”韩琦默然无语，但增兵的事却没有停止。不过十年，一切就像司马光顾虑的那样发生了。

［原文］

王广渊除直集贤院，光论其奸邪不可近：“昔汉景帝重卫绾(wǎn)，周世宗薄张美。广渊当仁宗之世，私自结于陛下，岂忠臣哉？宜黜(chù)之以厉天下。”进龙图阁直学士。

［译文］

王广渊被任命为直集贤院，司马光认为他奸邪不可接近：“过去汉景帝重视卫绾，周世宗看不上张美。王广渊在仁宗朝时，私自与陛下结交，怎么是忠臣呢？应该罢黜他以告诫天下。”司马光被升任为龙图阁直学士。

［原文］

神宗即位，擢(zhuó)为翰林学士，光力辞。帝曰：“古之君子，或学而不文，或文而不学，惟董仲舒、扬雄兼之。卿有文学，何辞为？”对曰：“臣不能为四六。”帝曰：“如两汉制诏可也，且卿能进士取高第，而云不能四六，何邪？”竟不获辞。

［译文］

神宗即位，升司马光为翰林学士，司马光力辞。神宗说：“古代的君子，或者有学问不善文章，或者善文章又学问不大，只有董仲舒、扬雄兼备。卿文章、学问都好，何必推辞呢？”司马光回答说：“臣不能作四六文。”神宗说：“像两汉制诏那样的文章就可以了，而且卿能够得中进士高第，却说不能作四六文，怎么可能呢？”辞官不获批准。

［原文］

御史中丞王陶以论宰相不押班罢，光代之。光言：“陶由论宰相罢，则中丞不可复为。臣愿俟(sì)既押班，然后就职。”许之。遂上疏论修心之要三：曰仁，曰明，曰武；治国之要三：曰官人，曰信赏，曰

必罚。其说甚备。且曰："臣获事三朝，皆以此六言献，平生力学所得，尽在是矣。"御药院内臣，国朝常用供奉官以下，至内殿崇班则出；近岁暗理官资，非祖宗本意。因论高居简奸邪，乞加远窜，章五上。帝为出居简，尽罢寄资者。既而复留二人，光又力争之。张方平参知政事，光论其不叶物望，帝不从。还光翰林兼侍读学士。

［译文］

御史中丞王陶因批评宰相不押常朝班，被罢免，让司马光代替。司马光说："王陶是因为批评宰相被罢免的，那么御史中丞不可以再这样做了。臣愿意等宰相押班，然后就职。"神宗同意了他的要求。于是上疏论修心的三个要点：仁、明、武，治国的三个要点：官人、信赏、必罚。论说得很是详备。并且说："臣敬事了三个皇帝，都以这六句话献上，平生尽力所学的心得，都在这里了。"御药院内臣，朝廷常用供奉官以下担任，升到内殿崇班则调出，近年对官员资历管理不明确，已经不是祖宗的本意了。司马光认为高居简奸邪，请求将他流放到边远之地，一连上了五道奏章。神宗皇帝为了保住高居简，将其他寄资官全罢免了。然而不久又留下两人，司马光又极力反对。张方平任参知政事，司马光认为他不孚众望，神宗不听从他的意见。将司马光恢复原职为翰林兼侍读学士。

［原文］

光常患历代史繁，人主不能遍览，遂为《通志》八卷以献。英宗悦之，命置局秘阁，续其书。至是，神宗名之曰《资治通鉴》自制序授之，俾（bǐ）日进读。

［译文］

司马光常担心历代史书浩繁，做皇帝的不能全部阅览，于是编了八卷《通志》献上。英宗很喜爱这部书，命令在秘阁设置机构，将这部书续写下去。到这时，神宗将此书称之为《资治通鉴》，亲自为此书写序，每日都阅读。

［原文］

诏录颍（yǐng）邸直省官四人为閤（gé）门祗（zhǐ）候，光曰："国初草创，天步尚艰，故御极之初，必以左右旧人为腹心耳目，谓之随龙，非平日法也。閤门祗候在文臣为馆职，岂可使厮役为之？"

［译文］

神宗皇帝下诏录用赵颍府邸四名直省官为閤门祗候，司马光说："国家初创之时，一切都很艰难，所以皇帝登基后，必然用亲随旧人作为心腹耳目，称之为随龙，不是正常时期要效法的。閤门祗候属于馆阁文臣，怎么可以让厮役担任呢？"

［原文］

西戎部将嵬(wéi)名山欲以横山之众，取谅祚以降，诏边臣招纳其众。光上疏极论，以为：“名山之众，未必能制谅祚。幸而胜之，灭一谅祚，生一谅祚，何利之有？若其不胜，必引众归我，不知何以待之。臣恐朝廷不独失信谅祚，又将失信于名山矣。若名山余众尚多，还北不可，入南不受，穷无所归，必将突据边城以救其命。陛下不见侯景之事乎？”上不听，遣将种谔发兵迎之，取绥州，费六十万，西方用兵，盖自此始矣。

［译文］

西夏部将嵬名山想率领横山之兵，袭取李谅祚降宋，神宗下诏命边臣招纳其众。司马光上疏极力反对，认为：“以嵬名山的兵力，未必能战胜李谅祚。侥幸战胜了，只不过是消灭了一个李谅祚，又出现一个李谅祚，没有什么好处；假若嵬名山没能取胜，必定带兵众归我，不知道应当怎样对待他。臣恐怕朝廷不仅仅对李谅祚失信，又将要对嵬名山失信了。假若嵬名山余众尚多，回北国不可能，而南国又不接受他们，穷途末路，无所依归，必定要占据边城以求活路。陛下不记得侯景的往事吗？”神宗不听，派遣将军种谔发兵接应，夺取了绥州，花费军费六十万，西方用兵，就是从此开始的。

［原文］

百官上尊号，光当答诏，言：“先帝亲郊，不受尊号。末年有献议者，谓国家与契丹往来通信，彼有尊号我独无，于是复以非时奉册。昔匈奴冒顿(mò dú)自称‘天地所生日月所置匈奴大单于’，不闻汉文帝复为大名以加之也。愿追述先帝本意，不受此名。”帝大悦，手诏奖光，使善为答辞，以示中外。

［译文］

众大臣上尊号，司马光当草拟答诏，说：“先帝亲自到郊外祭祀，不接受尊号。晚年有出主意的人，说是国家与契丹往来通信，他们有尊号我们单单没有，于是再次以不合时宜为由奉表上册。以往匈奴冒顿自称‘天地所生日月所置匈奴大单于’，没有听说汉文帝再拟一个大名号加在称号前。希望能够追述先帝本意，不接受这个尊号。”神宗十分高兴，亲手写了诏书褒奖司马光，使他善为答辞以告群臣。

［原文］

执政以河朔旱伤，国用不足，乞南郊勿赐金帛。诏学士议，光与王珪(guī)、王安石同见，光曰：“救灾节用，宜自贵近始，可听也。”安石

王安石

王安石是北宋著名政治家和文学家，宋神宗年间的变法就是王安石一手策划的。司马光与王安石在变法问题上的政见截然相反。

曰："常衮(gǔn)辞堂馔，时以为衮自知不能，当辞位不当辞禄。且国用不足，非当世急务，所以不足者，以未得善理财者故也。"光曰："善理财者，不过头会箕敛尔。"安石曰："不然，善理财者，不加赋而国用足。"光曰："天下安有此理？天地所生财货百物，不在民，则在官，彼设法夺民，其害乃甚于加赋。此盖桑羊欺武帝之言，太史公书之以见其不明耳。"争议不已。帝曰："朕意与光同，然姑以不允答之。"会安石草诏，引常衮事责两府，两府不敢复辞。

［译文］

宰相因为河朔一带旱灾，国家用度不足，请求郊祀时不赐金帛。下诏让学士们讨论。司马光与王珪、王安石都在，司马光说："救灾节省用度，应该从尊贵亲近的人开始，可以听从啊。"王安石说："常衮推辞堂封、赐馔，当时认为常衮自知无能，应当辞掉官位，不应当只辞俸禄。并且国用不足，不是国家当今急需处理的事务，国用所以不足，是因为没有得到善于理财的人的缘故啊。"司马光说："善于理财的人，不过是会箕敛而已。"王安石说："不是的，善于理财的人，不加赋国用就会充足。"司马光说："天下哪有这个道理？天地所生财货百物，不在民间，就在官府，如果设法夺取民间财物，害处比加赋还大。这就是桑弘羊欺骗汉武帝的话，太史公写它是表现汉武帝的不明而已。"二人争论不休。神宗说："我的看法和司马光一样，但是暂时以不批准回答吧。"正值王安石起草诏书，引用常衮的事责备两府，两府不敢再提此事。

［原文］

安石得政，行新法，光逆疏其利害。迩英进读，至曹参代萧何事，帝曰："汉常守萧何之法不变，可乎？"对曰："宁独汉也，使三代之君常守禹、汤、文、武之法，虽至今存可也。汉武取高帝约束纷更，盗贼半天下；元帝改孝宣之政，汉业遂衰。由此言之，祖宗

之法不可变也。”

轸念流民

宋神宗时发生旱灾，郑侠上献《流民图》。宋神宗因此把王安石新法中的不便民的部分废除。

[译文]

王安石得以执政，推行新法，司马光上疏反对，陈述新法的利害。在迩英殿为神宗读《资治通鉴》，读到曹参代替萧何的事，神宗说："汉朝长期遵守萧何的法度不变，可以吗？"回答说："岂止一个汉朝啊，假使三代的君主一直遵守禹、汤、周文王、周武王的法度，就是延续到今天也是可以的。汉武帝将汉高帝的法度纷纷变更，结果盗贼充斥天下；汉元帝改变了汉宣帝的政策，汉朝的事业于是衰落。从这方面来说，祖宗的法度不可以更改啊。"

[原文]

吕惠卿言："先王之法，有一年一变者，'正月始和，布法象魏'是也；有五年一变者，巡守考制度是也；有三十年一变者，'刑罚世轻世重'是也。光言非是，其意以风朝廷耳。"帝问光，光曰："布法象魏，布旧法也。诸侯变礼易乐者，王巡守则诛之，不自变也。刑新国用轻典，乱国用重典，是为世轻世重，非变也。且治天下譬如居室，敝则修之，非大坏不更造也。公卿侍从皆在此，愿陛下问之。三司使掌天下财，不才而黜可也，不可使执政侵其事。今为制置三司条例司，何也？宰相以道佐人主，安用例？苟用例，则胥吏矣。今为看详中书条例司，何也？"惠卿不能对，则以他语诋光。帝曰："相与论是非耳，何至是。"光曰："平民举钱出息，尚能蚕食下户，况县官督责之威乎！"惠卿曰："青苗法，愿取则与之，不愿不强也。"光曰："愚民知取债之利，不知还债之害，非独县官不强，富民亦不强也。昔太宗平河东，立籴(dí)法，时米斗十钱，民乐与官为市。其后物贵而和籴不解，遂为河东世世患。臣恐异日之青苗，亦犹是也。"帝曰："坐仓籴米何如？"坐者皆起，光曰："不便。"惠卿曰："籴米百万斛(hú)，则省东南之漕，以其钱供京师。"光曰："东南钱荒而粒米狼戾(lì)，今不籴

米而漕钱，弃其有余，取其所无，农末皆病矣！”侍讲吴申起曰：“光言，至论也。”

［译文］

吕惠卿说：“先王的法度，有一年一变的，‘正月使和，布法象魏’就是；有五年一变的，巡守考察制度就是；有三十年一变的，‘刑罚世轻世重’就是。司马光说的不对，他的用意是讽刺朝廷罢了。”神宗问司马光，司马光说：“布法象魏，布的是旧法啊。诸侯有变更礼乐制度的，王巡守就杀了他，王自己没有变。治理新国用的法典轻，治理乱国用的法典重，这就是世轻世重，不是变啊。并且治理天下，譬如住的房屋，坏了就修整它，不大坏就不拆了重新建造。公卿侍从全在这里，希望陛下问问他们。三司使掌握国家财政，不称职可以罢免他，不可以让宰相插手他的事务。今天设立制置三司条例司，为什么？宰相以道义辅佐人主，怎么能用条例呢？如果用条例，用胥吏就够了。今天设立审定中书条例司，为什么？”吕惠卿不能回答，只好用其他的话诋毁司马光。神宗说：“相互争论对错而已，何至于此。”司马光说：“平民用钱生利息，还能蚕食借钱的下户，何况县官督察责罚的权势呢？”吕惠卿说：“青苗法，愿意借就给他，不愿也不强迫。”司马光说：“愚民知道借债的利益，不知道还债的害处，不仅县官不强迫，富民也不强迫呀。过去太宗平定河东，建立和籴法，当时一斗米十钱，百姓们乐意和官家交易。后来粮价上涨而和籴不停，于是世世代代成为河东百姓的忧患。臣恐怕以后的青苗法，也是这样啊。”皇帝说：“坐仓买米怎么样呢？”坐着的大臣们都站了起来，司马光说：“没有好处。”吕惠卿说：“买进百万斛的米，就省下了东南的漕运，用这项钱供应京师。”司马光说：“东南铜钱少而米很多，现在不买米反而取走漕运钱，不要他们有余的，拿走他们缺少的，农民和商人都困苦啊！”侍讲吴申站起来说：“司马光所言，是最深刻真实的道理啊。”

［原文］

它日留对，帝曰：“今天下汹汹者，孙叔敖所谓‘国之有是，众之所恶’也。”光曰：“然。陛下当论其是非。今条例司所为，独安石、韩绛(jiàng)、惠卿以为是耳，陛下岂能独与此三人共为天下邪？”帝欲用光，访之安石。安石曰：“光外托劘(mó)上之名，内怀附下之实。所言尽害政之事，所与尽害政之人，而欲置之左右，使与国论，此消长之大机也。光才岂能害政？但在高位，则异论之人倚以为重。韩信立汉赤帜，赵卒气夺，今用光，是与异论者立赤帜也。”

［译文］

有一天留下谈话，皇帝说：“如今天下动荡不安，正如孙叔敖所说的‘国之有是，众之所恶’啊。”司马光说：“是的。陛下应当论辩它的是非。现今条例司所做的，仅仅王安石、韩绛、吕惠卿认为是对的，陛下怎么能只与这三个人共同管理天下呢？”皇帝想重用司马光，询问王安石。王安石说：“司马光外托直言谏上之名，内怀附和臣下之实，所说的全都是害政的事，所交往的全都是害政的人，要是将他安置在皇帝左右，使他参与国家大事，这是彼此消长的大征兆啊。司马光的才能怎么能妨害国家政事呢？但是在高位，则持不同政见的人倚以为重。韩信立起了汉的红旗，赵国的兵卒丧失胆气，今天起用司马光，是为持不同政见的人树立红旗啊。”

韩琦

韩琦是北宋著名的政治家，仁宗庆历年间曾和范仲淹一起主张变法改革，但到了神宗时，政治立场则偏向保守了。

［原文］

安石以韩琦上疏，卧家求退。帝乃拜光枢密副使，光辞之曰：“陛下所以用臣，盖察其狂直，庶有补于国家。若徒以禄位荣之，而不取其言，是以天官私非其人也。臣徒以禄位自荣，而不能救生民之患，是盗窃名器以私其身也。陛下诚能罢制置条例司，追还提举官，不行青苗、助役等法，虽不用臣，臣受赐多矣。今言青苗之害者，不过谓使者骚动州县，为今日之患耳。而臣之所忧，乃在十年之外，非今日也。夫民之贫富，由勤惰(duò)不同，惰者常乏，故必资于人。今出钱贷民而敛其息，富者不愿取，使者以多散为功，一切抑配。恐其逋(bū)负，必令贫富相保，贫者无可偿，则散而之四方；富者不能去，必责使代偿数家之负。春算秋计，展转日滋，贫者既尽，富者亦贫。十年之外，百姓无复存者矣。又尽散常平钱谷，专行青苗，它日若思复之，将何所取？富室既尽，常平已废，加之以师旅，因之以饥馑(jǐn)，民之羸(léi)者必委死沟壑(hè)，壮者必聚而为盗贼，此事之必至者也。”抗章至七八，帝使谓曰：“枢密，兵事也，官各有职，不当以他事为辞。”对曰：“臣未受命，则犹侍从也，于事无不可言者。”安石起视事，光乃得请，遂求去。

［译文］

王安石因韩琦上疏，称病在家，请求辞官。神宗皇帝于是拜司马光为枢密副

使，司马光推辞说："陛下所以用臣，是因能辨察曲直，才对国家有所补益。如果徒然给予禄位使他荣耀，而不用他的意见，就成了天官私心偏爱用非其人了。臣徒然用禄位自荣，却不能解除百姓的忧患，是为了自己的利益而盗窃名器啊。陛下如果能废除制置条例司，追还提举官，不再施行青苗、助役等法，即使不用臣，臣受的赏赐更多啊。现在说青苗法的害处的，不过说使者骚扰州县，是当前的祸害而已。而臣所担忧的，乃是在十年之后，不是当前啊。百姓之所以有贫有富，是由于勤劳、懒惰的差异，懒惰的人常常没钱使用，所以必然向人借贷。现在拿钱出借给百姓而收敛利息，百姓中富裕的不愿意借入，使者又以多借出为功劳，一切强制分配。恐怕借钱的人不还钱，必然命令贫富互相担保，贫困的没钱还债，就会向四方逃散；富裕的不能走，必然强使他们代为偿还几家的债务。春算秋计，日子一天又一天，贫困的已经穷尽了，富裕的也贫穷了。十年之后，百姓没有能活下来的了。又散尽了常平仓的钱谷，只推行青苗法，以后要想恢复，将从哪里收取呢？富裕的家族没有了，常平仓已经废弃了，再加上刀兵战乱，遇到饥年灾荒，百姓中羸弱的必然死去堆填于沟壑，健壮的一定聚在一起而成为盗贼，这事是必然发生的啊。"推辞不受的表章上了七八道，皇帝派人对他说："枢密，是军事官员，官各有所职，不应当用其他的事作为推辞的理由。"司马光回答说："臣没有接受任命，那么还是侍从，对于事情没有不可以议论的。"王安石病愈视事，司马光乃得谒见，于是请求外放。

［原文］

以端明殿学士为永兴军知军。宣抚使下令分义勇戍边，选诸军骁勇士，募市井恶少年为奇兵；调民造干糒（bèi），悉修城池楼橹，关辅骚然。光极言："公私困敝，不可举事，而京兆一路皆内郡，缮治非急。宣抚之令，皆未敢从，若乏军兴，臣当任其责。"于是一路独得免。徙知许州，趣入觐，不赴。请判西京御史台归洛，自是绝口不论事。而求言诏下，光读之感泣，欲嘿不忍，乃复陈六事，又移书责宰相吴充，事见《充传》。

［译文］

以端明殿学士知永兴军。宣抚使下令分一部分义勇戍边，选各军骁勇的士兵，招募市井中凶狠的少年，作为奇兵；调集百姓制造干粮，修缮全部城池和高台，关中及三辅骚动不安。司马光极力诤言说："国家和百姓困乏疲惫，不可以轻举妄动，而且京兆一路都是内郡，修缮整治不是急务。宣抚使的命令，全都不敢听从，若是缺少了军用物资，臣承担这个责任。"于是唯独这一路得以免除。调任许州知州，催促入殿晋见，不赴任。请求去洛阳判西京御史台，从此绝口不议论政事。到求言诏下来了，司马光读了感激而泣，想沉默又不忍心，于是再次陈述六事，又写信督促宰相吴充，事见《吴充传》。

［原文］

蔡天申为察访，妄作威福，河南尹、转运使敬事之如上官。尝朝谒(yè)应天院神御殿，府独为设一班，示不敢与抗。光顾谓台吏曰：“引蔡寺丞归本班。”吏即引天申立监竹木务官富赞善之下。天申窘沮，即日行。

［译文］

蔡天申作为察访使，作威作福，河南尹、转运使像对待上级官员一样恭敬地侍奉他。有一次朝谒应天院神御殿，府尹为他单独设一班，表示不敢和他平起平坐。司马光回头对台吏说：“带蔡寺丞回他本来的班位。”台吏当即带领蔡天申站在监竹木务官富赞善之下。蔡天申羞愧沮丧，当天就走了。

［原文］

元丰五年，忽得语涩疾，疑且死，豫作遗表置卧内，即有缓急，当以畀(bì)所善者上之。官制行，帝指御史大夫曰：“非司马光不可。”又将以为东宫师傅。蔡确曰：“国是方定，愿少迟之。”《资治通鉴》未就，帝尤重之，以为贤于荀悦《汉纪》，数促使终篇，赐以颍(yǐng)邸旧书二千四百卷。及书成，加资政殿学士。凡居洛阳十五年，天下以为真宰相，田夫野老皆号为司马相公，妇人孺子亦知其为君实也。

［译文］

元丰五年（1082年），司马光忽然中风说话困难，他怀疑自己将要死了，预先写了遗表放在卧室里，以备一旦有事好将遗表交给关系好的人上奏。官制实行了，皇帝指着御史大夫说：“非司马光不可。”又想请司马光担任东宫师傅。蔡确说：“国家的大政方针刚刚定下来，希望稍微晚一点。”《资治通鉴》没有编撰完，皇帝尤其重视，认为它胜于荀悦的《汉纪》，几次催促完成，赐以赵颍府邸旧书两千四百卷。等到书编撰完毕，加司马光资政殿学士。司马光大概在洛阳居住了十五年，天下百姓认为他是真的宰相，田夫野老都称他为司马相公，妇女小孩也知道他是司马君实。

［原文］

帝崩，赴阙临，卫士望见，皆以手加额曰：“此司马相公也。”所至，民遮道聚观，马至不得行，曰：“公无归洛，留相天子，活百姓。”哲宗幼冲，太皇太后临政，遣使问所当先，光谓：“开言路。”诏榜朝堂。而大臣有不悦者，设六语云：“若阴有所怀，犯非其分；或扇摇机事之重，或迎合已行之令；上以侥幸希进，下以眩(xuàn)惑流俗，若此

者，罚无赦。”后复命示光，光曰：“此非求谏，乃拒谏也。人臣惟不言，言则入六事矣。”乃具论其情，改诏行之，于是上封者以千数。

[译文]

神宗皇帝驾崩，司马光赶赴宫阙临丧，卫士望见，都以手加额说：“这是司马相公啊。”所到的地方，百姓们阻拦道路围聚观看，车马都不能前行，百姓们说：“先生不要回洛阳，留下来辅佐天子，百姓们才有活路啊。”哲宗皇帝年龄幼小，太皇太后临朝听政，派遣使臣问司马光应当先做什么，司马光说：“让大家说话。”诏书在朝堂公布。有的大臣不赞成，说了六句话：“诸如私下里有其他想法，超出了本分，或者煽惑动摇机要重事，或者迎合已经实行的法令，对上希望侥幸升官，对下迷乱世俗之人，像这样的，罚无赦。”太皇太后再次命令给司马光看，司马光说：“这不是征求意见，而是拒绝意见啊。臣下除非不言事，言事就触犯这六条了。”就详细论述其情状，改写诏书实行，于是上封奏事的人数以千计。”

[原文]

起光知陈州，过阙(què)，留为门下侍郎。苏轼自登州召还，缘道人相聚号呼曰：“寄谢司马相公，毋(wú)去朝廷，厚自爱以活我。”是时天下之民，引领拭目以观新政，而议者犹谓“三年无改于父之道”，但毛举细事，稍塞人言。光曰：“先帝之法，其善者虽百世不可变也。若安石、惠卿所建，为天下害者，改之当如救焚拯溺。况太皇太后以母改子，非子改父。”众议甫定。遂罢保甲团教，不复置保马；废市易法，所储物皆鬻(yù)之，不取息，除民所欠钱；京东铁钱及茶盐之法，皆复其旧。或谓光曰：“熙、丰旧臣，多憸(xiān)巧小人，他日有以父子义间上，则祸作矣。”光正色曰：“天若祚宗社，必无此事。”于是天下释然，曰：“此先帝本意也。”

苏轼

苏轼是北宋著名的文学家和诗人，但在变法问题上，既得罪了保守派，又得罪了革新派，政治上一直不得志。

[译文]

起用司马光任陈州知州，路过宫阙，留用为门下侍郎。苏轼从登州被召还，一路上人们相聚大声呼喊道：“代为谢谢司马相公，不要离开朝廷，千万爱护好自己以使我们有

苏轼

活路。”当时天下的百姓，拭目以待地看着新政，而有些议政者还说“三年内不能改变先帝的方法”，只用一些细小的事，稍加塞堵一下人们的议论。司马光说：“先帝的方法，其中好的就是百世也不可以改变。至于王安石、吕惠卿所立的危害天下的方法，改变它们应当像扑灭火灾和抢救掉进水里的人一样。何况太皇太后是以母亲改变儿子，不是儿子改变父亲。”众大臣的政议才决定。于是停办保甲团教，不再置保马；废除市易法，所有储存的物品全部卖掉，不收取利息，免除百姓所欠的钱；京东铁钱和茶盐之法，全都恢复旧法。有人对司马光说：“熙宁、元丰时的旧臣，大多是逢迎谄媚的小人，以后有人以父子大义离间皇帝，那么灾祸就开始了。”司马光严肃地说：“苍天若是赐福宗社，必定没有这种事情。”于是天下都放了心，说：“这是先帝的本意啊。”

[原文]

元祐元年复得疾，诏朝会再拜，勿舞蹈。时青苗、免役、将官之法犹在，而西戎之议未决。光叹曰：“四患未除，吾死不瞑(míng)目矣。”折简与吕公著云：“光以身付医，以家事付愚子，惟国事未有所托，今以属公。”乃论免役五害，乞直降敕罢之。诸将兵皆隶州县，军政委守令通决。废提举常平司，以其事归之转运、提点刑狱。边计以和戎为便。谓监司多新进少年，务为刻急，令近臣于郡守中选举，而于通判中举转运判官。又立十科荐士法，皆从之。

[译文]

元祐元年（1086年），司马光再次得病，诏令司马光可以在朝会再拜时，不必舞蹈。当时青苗法、免役法、将官法还在执行，与西夏关系的方针没有决定。司马光叹息道：“四患没有消除，我死不瞑目啊。”写信给吕公著说：“我把身体交给了医生，将家事交给了愚子，只有国家的事没有托付，今天交给先生你。”于是论免役法的五种害处，请求直接下敕文停止执行。各路将兵全都隶属于州县，军队管理的事委派郡守县令全权决定。废除提举常平司，将提举常平司管理的事划归转运使、提点刑狱官。边防大计以和戎为有利。认为各监司多新提拔上来的青年，必定苛刻而急于求成，命令从郡守中选举朝廷近臣，而从通判中选拔转运判官。又设置十科荐士法，全部听从了司马光的建议。

[原文]

拜尚书左仆射兼门下侍郎，免朝觐(jìn)，许乘肩舆，三日一入省。光不敢当，曰："不见君，不可以视事。"诏令子康扶入对，且曰："毋拜。"遂罢青苗钱，复常平粜籴(tiào dí)法。两宫虚己以听。辽、夏使至，必问光起居，敕其边吏曰："中国相司马矣，毋轻生事，开边隙。"光自见言行计从，欲以身徇社稷，躬亲庶务，不舍昼夜。宾客见其体羸，举诸葛亮食少事烦以为戒，光曰："死生，命也。"为之益力。病革，不复自觉，谆谆如梦中语，然皆朝廷天下事也。

[译文]

拜司马光为尚书左仆射兼门下侍郎，免除朝觐之礼，准许乘坐肩抬小轿入宫，三天一次到门下、尚书两省办公。司马光不敢当，说："不见到君主，是不可以视事办公的。"皇帝诏令司马光之子司马康搀扶司马光入宫见皇帝，并且说："不用拜。"于是废止青苗钱，恢复常平粜籴法。两宫虚心听从司马光的话。辽国、西夏使者来朝，必定问候司马光生活起居，敕令各自的边防官吏说："中国拜司马光为宰相了，不要轻易生事，挑起边境纠纷。"司马光见到人们对自己言听计从，想以身报国，亲自处理大小事务，日夜不停。宾客见他身体羸弱，举诸葛亮食量少事情繁多的例子劝诫司马光，司马光说："生死，是命啊。"处理政务更加勤奋。病危，已经没有意识，像说梦话一样喃喃自语，所言仍旧全都是朝廷和天下的事情。

[原文]

是年九月薨(hōng)，年六十八。太皇太后闻之恸，与帝即临其丧，明堂礼成不贺，赠太师、温国公，襚(suì)以一品礼服，赙(fù)银绢七千。诏户部侍郎赵瞻、内侍省押班冯宗道护其丧，归葬陕州。谥曰文正，赐碑曰《忠清粹德》。京师人罢市往吊，鬻(yù)衣以致奠，巷哭以过车。及葬，哭者如哭其私亲。岭南封州父老，亦相率具祭，都中及四方皆画像以祀(sì)，饮食必祝。

司马光

[译文]

当年九月司马光逝世，享年六十八岁。太皇太后知道后哀伤哭泣，立即和皇帝赶去临丧，明堂大礼礼成都不予庆贺，赠司马光太师、温国公，以一品官员的礼服入殓，以银绢七千助丧。诏令户部侍郎赵瞻、内侍省押班冯宗道护丧，归葬陕州。谥号为“文正”，赐碑名为《忠清粹德》。京师百姓罢市去吊唁他，卖掉了衣服以祭奠他，夹道哭泣送灵车路过。到入葬时，哭的人像哭自己的亲人一样。岭南封州的百姓，也相继备办祭祀，都城中以及四方都画像祭祀，饮食时必定告神祈福。

［原文］

光孝友忠信，恭俭正直，居处有法，动作有礼。在洛时，每往夏县展墓，必过其兄旦，旦年将八十，奉之如严父，保之如婴儿。自少至老，语未尝妄，自言：“吾无过人者，但平生所为，未尝有不可对人言者耳。”诚心自然，天下敬信，陕、洛间皆化其德，有不善，曰：“君实得无知之乎？”

［译文］

司马光孝友忠信，恭俭正直，居处有法度，动作合礼仪。在洛阳时，每次去夏县省视坟墓，必定探望其兄司马旦，司马旦年龄快八十岁了，司马光侍奉他如同对待严父，保护他如同照顾婴儿。从少年到老年，从来没有说过荒诞的话。司马光自己说：“我没有超过常人的地方，只是平生所做的事，没有不可以对人说的。”诚恳之心出于自然，天下尊敬信服，陕州、洛阳一带均被他的德行所感化，有不好的事情，就会有人说：“君实能不知道吗？”

［原文］

光于物澹(dàn)然无所好，于学无所不通，惟不喜释、老，曰：“其微言不能出吾书，其诞吾不信也。”洛中有田三顷，丧妻，卖田以葬。恶衣菲食以终其身。

［译文］

司马光生性淡然没有物质喜好，对于学问无所不通，唯独不喜欢佛教和道教，说：“佛道的精微之言没有能够超出儒家书，它们的荒诞我不相信。”在洛阳有田地三顷，妻子去世后，卖掉了田地用以安葬。俭朴的衣服，简单的饮食，伴随了他一生。

［原文］

绍圣初，御史周秩首论光诬谤先帝，尽废其法。章惇(dūn)、蔡卞(biàn)请发冢(zhǒng)斫(zhuó)棺，帝不许，乃令夺赠谥，仆所立碑。而惇言不已，追贬清远军节度副使，又贬崖州司户参军。徽宗立，复太子太保。蔡京擅政，复降正议大夫，京撰《奸党碑》，令郡国皆刻石。长安石工安民当镌(juān)字，辞曰：“民愚人，固不知立碑之意。但如司马相公者，海内称其

司马光

正直，今谓之奸邪，民不忍刻也。”府官怒，欲加罪，泣曰：“被役不敢辞，乞免镌安民二字于石末，恐得罪于后世。”闻者愧之。

靖康元年，还赠谥。建炎中，配飨(xiǎng)哲宗庙庭。

[译文]

绍圣初年，御史周秩首先奏论司马光诬陷诽谤先帝，全部废除了先帝的法令。章惇、蔡卞请求挖坟破棺，皇帝没有准许，只是命令剥夺司马光的赠谥，推倒所立石碑。但是章惇上书不止，皇帝追贬司马光为清远军节度副使，又贬为崖州司户参军。徽宗即位，将司马光恢复为太子太保。蔡京专擅朝政，司马光再次被降为正议大夫，蔡京撰写《奸党碑》，命令各郡、国都要刻石。长安石工安民当役刻字，推辞说：“安民是个愚人，本来就不知道立碑的意思。但是像司马相公这样的，海内称赞他正直，今天却说他奸邪，安民不忍心刻啊。”府官发怒，要治他的罪，安民哭着说：“被征劳役不敢推辞，乞求不要在石碑文末镌刻安民二字，害怕得罪了后世。”听到的人都很惭愧。

靖康元年（1126 年），还司马光赠谥。建炎中，配享哲宗庙庭。

岳飞传

[原文]

岳飞字鹏举，相州汤阴人，世力农。父和，能节食以济饥者。有耕侵其地，割而与之；贳(shì)其财者不责偿。飞生时，有大禽若鹄(hú)，飞鸣室上，因以为名。未弥月，河决内黄，水暴至，母姚抱飞坐瓮中，冲涛及岸得免，人异之。

[译文]

岳飞字鹏举，相州汤阴人，祖上世代务农。他的父亲岳和，能够节省下自己的粮食去救济饥饿的人。有人在耕作时侵占了他的土地，他就割让这些土地给别人；有人欠了他的钱他也不去催债。岳飞出生时，有一只像天鹅的大鸟飞到他家的房顶上鸣叫，因此给他起了飞的名字。岳飞生下来还没有满月，黄河在内黄县决了口，大水汹涌而来，岳飞的母亲姚氏抱着岳飞坐在瓮中，冲过波涛到达岸边得以幸免，人们都感到这是一件奇异的事。

岳 飞

［原文］

少负气节，沉厚寡言。家贫力学，尤好《左氏春秋》、孙吴兵法。生有神力，未冠，挽弓三百斤，弩（nǔ）八石，学射于周同，尽其术，能左右射。同死，朔望设祭于其家。父义之，曰：“汝为时用，其徇国死义乎。”

［译文］

岳飞少年时就具有气节，性格沉稳忠厚，很少说话。他家中贫穷，但岳飞努力学习，尤其喜好《春秋左传》、孙吴兵法。岳飞生来具有神力，还没有成年时，就能拉三百斤力的弓，开八石力的弩，他向周同学习射箭，把周同的本领全部学到手，能够左右开弓。周同死后，岳飞每逢初一、十五都到周同的墓前祭奠。他的父亲认为他有道义，说：“你如果能被时势所用，一定会为国家献身，为正义而死。”

［原文］

宣和四年，真定宣抚刘韐（gé）募敢战士，飞应募。相有剧贼陶俊、贾进和，飞请百骑灭之。遣卒伪为商入贼境，贼掠以充部伍。飞遣百人伏山下，自领数十骑逼贼垒。贼出战，飞阳北，贼来追之，伏兵起，先所遣卒擒俊及进和以归。

［译文］

宣和四年（1122 年），真定宣抚刘韐招募勇敢的战士，岳飞前去应征。相县有大强盗陶俊、贾进和，岳飞请求带领一百名骑兵去消灭他们。他先派遣士兵伪装成商人进入强盗的地界，被强盗掠去补充自己的军队。岳飞派遣一百人埋伏在山下，自己带领几十名骑兵逼近敌人的堡垒。强盗们出兵交战，岳飞假装败退，强盗追击他们，伏兵冲出来，先前派遣的士兵捉住了陶俊与贾进和返回。

［原文］

康王至相，飞因刘浩见。命招贼吉倩（qiàn），倩以众三百八十人降。

补承信郎，以铁骑三百往李固渡尝敌，败之。从浩解东京围，与敌相持于滑南。领百骑习兵河上，敌猝至，飞麾其徒曰：“敌虽众，未知吾虚实，当及其未定击之。”乃独驰迎敌。有枭(xiāo)将舞刀而前，飞斩之，敌大败。迁秉义郎，隶留守宗泽。战开德、曹州皆有功，泽大奇之，曰：“尔勇智才艺，古良将不能过，然好野战，非万全计。”因授以阵图。飞曰：“阵而后战，兵法之常，运用之妙，存乎一心。”泽是其言。

［译文］

康王到了相州，岳飞通过刘浩见到了康王。康王命令岳飞去招抚贼人吉倩，吉倩带着部下三百八十人投降了。岳飞被补任为承信郎，带领三百名铁骑去李固渡试探攻击敌人，打败了敌人。他跟随刘浩去解救东京的包围，与敌人在滑水南岸对峙。他率领一百名骑兵在黄河边上操练，敌人突然来到，岳飞指挥他的部下说：“敌人虽然众多，但不知道我们的虚实，我们应当在敌人还没有站稳脚跟时攻打他们。”就一个人奔去迎击敌人。有一个猛将舞动大刀前来，岳飞杀死了他，敌人大败。岳飞被升为秉义郎，隶属于留守宗泽。他在开德、曹州作战全立下了战功，宗泽感到非常惊奇，说：“你的勇敢、智慧与才能、技艺，即使是古代的良将也不能及啊，然而你喜欢野战，不是万全之计。”便教授给他布阵的方法。岳飞说：“布好阵势以后再作战，是兵法的常规，运用的巧妙，在于个人心中的体会。”宗泽认为他的话很对。

赵构

康王赵构是宋徽宗的第九子，徽、钦二帝和宋朝许多皇族被金人掳走后，赵构成为中原地区所剩不多的宗室之一，因此被拥立为帝，就是宋高宗。

［原文］

康王即位，飞上书数千言，大略谓：“陛下已登大宝，社稷有主，已足伐敌之谋，而勤王之师日集，彼方谓吾素弱，宜乘其怠(dài)击之。黄潜善、汪伯彦辈不能承圣意恢复，奉车驾日益南，恐不足系中原之望。臣愿陛下乘敌穴未固，亲率六军北渡，则将士作气，中原可复。”书闻，以越职夺官归。

［译文］

康王即位，岳飞送上几千字长的奏章，大意是：“陛下已经登上了帝位，国家有了主人，已经有了足以讨伐敌人的谋略，而且勤

王的军队一天天聚集起来，敌人那一方认为我们一向弱小，应该趁他们懈怠时去攻打他们。黄潜善、汪伯彦这些人不能秉承圣上的意愿，恢复故地，却拥着皇帝的车驾一天天南去，恐怕不足以维系住中原人们的希望。臣子希望陛下趁敌人巢穴还没有巩固的时候，亲自率领六军北渡，就会使将士们士气大振，中原可以被收复。”奏章送上后，皇帝用岳飞超过职权上书的理由免去了他的官职，让他回家了。

［原文］

诣河北招讨使张所，所待以国士，借补修武郎，充中军统领。所问曰：“汝（rǔ）能敌几何？”飞曰：“勇不足恃，用兵在先定谋，栾枝曳（yè）柴以败荆，莫敖采樵以致绞，皆谋定也。”所矍（jué）然曰：“君殆非行伍中人。”飞因说之曰：“国家都汴，恃河北以为固。苟冯据要冲，峙列重镇，一城受围，则诸城或挠或救，金人不能窥河南，而京师根本之地固矣。招抚诚能提兵压境，飞唯命是从。”所大喜，借补武经郎。

［译文］

岳飞到河北招讨使张所那里拜见，张所用国士的待遇接待他，为他暂补了修武郎的官职，充任中军统领。张所问岳飞说：“你能抵挡多少敌人？”岳飞说：“不能只倚仗勇敢，用兵在于首先确定计谋，栾枝用拖曳树枝的方法打败了楚国，莫敖用打柴的计谋攻下了绞地，这都是确定计谋的结果。”张所肃然起敬地说：“您大概不是普通的行伍将士。”岳飞接着劝说他：“国家在汴梁建都，倚仗河北来巩固国防。假如占据交通要地，排列开有重兵守卫的城镇，一个城市被包围，就有其他的城市或者阻挠敌兵，或者来救援，金兵不能窥测到河南，国家的根本之地京城就会稳固了。招抚真能够发动军队逼近敌境，岳飞唯命是从。”张所非常高兴，为岳飞暂补武经郎。

［原文］

命从王彦渡河，至新乡，金兵盛，彦不敢进。飞独引所部鏖（áo）战，夺其纛（dào）而舞，诸军争奋，遂拔新乡。翌日，战侯兆川，身被十余创，士皆死战，又败之。夜屯石门山下，或传金兵复至，一军皆惊，飞坚卧不动，金兵卒不来。食尽，走彦壁乞粮，彦不许。飞引兵益北，战于太行山，擒金将拓跋耶乌。居数日，复遇敌，飞单骑持丈八铁枪，刺杀黑风大王，敌众败走。飞自知与彦有隙，复归宗泽，为留守司统制。泽卒，杜充代之，飞居故职。

［译文］

命令岳飞跟随王彦渡过黄河，到了新乡，金兵的力量很大，王彦不敢前进。

宗泽

宗泽是南宋初年的抗金英雄，一生坚持抵抗，可是由于南宋朝廷的苟安投降，壮志难酬。

岳飞单独一个人带领他的部下与敌人鏖战，夺下了敌军的大旗挥舞，各部队都奋勇争先，一举攻克了新乡。第二天，在侯兆川交战，岳飞身受十多处伤，士兵们全都拼死作战，又打败了敌人。夜里驻扎在石门山下，有人传说金兵又打回来了，全军都被惊动，岳飞躺在那里一动不动，金兵到底也没有来。岳飞军队的粮食吃完了，跑到王彦的营垒去要粮食，王彦不允许给粮。岳飞领兵向北去，在太行山作战，抓住了金国的将军拓拔耶乌。过了几天，又遇上了敌人，岳飞单骑手持丈八铁枪，刺杀了黑风大王，敌人军队败逃了。岳飞自己知道与王彦之间有嫌隙，又回到宗泽那里去，做了留守司统制。宗泽死后，杜充代替了他的官职。岳飞还留在原来的职位上。

［原文］

二年，战胙(zuò)城，又战黑龙潭，皆大捷。从闾勍(qíng)保护陵寝，大战汜(sì)水关，射殪(yì)金将，大破其众。驻军竹芦渡，与敌相持，选精锐三百伏前山下，令各以薪刍(chú)交缚两束，夜半，爇(ruò)四端而举之。金人疑援兵至，惊溃。

［译文］

建炎二年（1128 年），在胙城作战，又在黑龙潭作战，都取得了大捷。岳飞跟随闾勍保护陵寝，大战于汜水关，射死了金将，大败金国的军队。岳飞驻扎在竹芦渡，与敌人相对峙，他选择了三百名精锐士兵埋伏在前山下面，命令他们各自准备两束交叉绑在一起的柴草，在半夜里把柴草的四端点着了举起来。金兵怀疑宋军的援兵到了，惊慌地溃散了。

［原文］

三年，贼王善、曹成、孔彦舟等合众五十万，薄南薰(xūn)门。飞所部仅八百，众惧不敌，飞曰：“吾为诸君破之。”左挟弓，右运矛，横冲其阵，贼乱，大败之。又擒贼杜叔五、孙海于东明。借补英州刺史。王善围陈州，飞战于清河，擒其将孙胜、孙清，授真刺史。

[译文]

建炎三年(1129年),贼人王善、曹成、孔彦舟等人聚集了五十万军队,逼近了南薰门。岳飞的部下只有八百人,大家都害怕不能与敌人对抗。岳飞说:"我为各位打垮敌人。"他左手拿着弓,右手使用长矛,横冲入敌阵,贼军大乱,被打得大败。又在东明抓住了贼人杜叔五、孙海。岳飞被暂补为英州刺史。王善围困陈州,岳飞在清河作战,抓住了王善的部将孙胜、孙清,被授予实任刺史。

[原文]

杜充将还建康,飞曰:"中原地尺寸不可弃,今一举足,此地非我有。他日欲复取之,非数十万众不可。"充不听,遂与俱归。师次铁路步,遇贼张用,至六合遇李成,与战,皆败之。成遣轻骑劫宪臣犒(kào)军银帛,飞进兵掩击之,成奔江西。时命充守建康,金人与成合寇乌江,充闭门不出。飞泣谏请视师,充竟不出。金人遂由马家渡渡江,充遣飞等迎战,王𤫉(xiè)先遁,诸将皆溃,独飞力战。

[译文]

杜充将要退回建康,岳飞说:"中原的土地一尺一寸也不能放弃,现在一抬脚,这个地方就不归我们所有了。以后想要再夺取它,非得有几十万军队不可。"杜充不听从岳飞的意见,岳飞便与杜充一同回去。军队到达铁路步时,遇到了贼人张用,到六合时遇到了李成,岳飞与他们作战,把他们全打败了。李成派遣轻骑兵劫夺朝廷钦差犒劳军队的银两丝帛,岳飞进军袭击他们,李成逃到江西。当时命令杜充守卫建康,金人与李成合作入侵乌江,杜充闭门不出。岳飞流着眼泪劝谏杜充,请求他检阅军队,杜充到底不肯出兵。金兵便由马家渡渡江,杜充派遣岳飞等人迎战,王𤫉先逃走了,各个将领都溃败了,只有岳飞奋力作战。

[原文]

会充已降金,诸将多行剽(piāo)掠,惟飞军秋毫无所犯。兀朮(zhú)趋杭州,飞要击至广德境中,六战皆捷,擒其将王权,俘签军首领四十余。察其可用者,结以恩遣还,令夜斫(zhuó)营纵火,飞乘乱纵击,大败之。驻军钟村,军无见粮,将士忍饥,不敢扰民。金所籍兵相谓曰:"此岳爷爷军。"争来降附。

[译文]

当时杜充已经投降金国,各个将领大多实行抢掠,只有岳飞的军队秋毫无犯。金兀朮直奔杭州,岳飞在广德境内拦腰截击他,六次作战都取得了胜利,抓住了金兀朮的部将王权,俘虏了签军的首领四十多人。岳飞察看他们中间可以利用的人,用恩惠与他们相结交,放他们回去,让他们在夜里砍开营垒放火,岳飞趁着混乱出

兵攻击，大败敌军。岳飞驻军在钟村，军队当时就没有粮食吃，将士们忍着饥饿，不敢去骚扰居民。金国所征发的士兵互相说："这是岳爷爷的军队。"都争相来投降归附。

［原文］

四年，兀术(zhú)攻常州，宜兴令迎飞移屯焉。盗郭吉闻飞来，遁入湖，飞遣王贵、傅庆追破之，又遣辩士马皋、林聚尽降其众。有张威武者不从，飞单骑入其营，斩之。避地者赖以免，图飞像祠之。

［译文］

建炎四年（1130 年），金兀术攻打常州，宜兴令迎接岳飞的军队前来驻扎。强盗郭吉听说岳飞要来，逃到湖泊中去了。岳飞派遣王贵、傅庆追击，打败了他，又派遣能言善辩的马皋、林聚去把郭吉的军队全部招降。有一个叫张威武的人不从，岳飞单骑进入他们的军营，杀死了张威武。在这里避难的人依赖岳飞得以幸免，他们画了岳飞的画像来供奉他。

［原文］

金人再攻常州，飞四战皆捷；尾袭于镇江东，又捷；战于清水亭，又大捷，横尸十五里。兀术趋建康，飞设伏牛头山待之。夜，令百人黑衣混金营中扰之，金兵惊，自相攻击。兀术次龙湾，飞以骑三百、步兵二千驰至新城，大破之。兀术奔淮西，遂复建康。飞奏："建康为要害之地，宜选兵固守，仍益兵守淮，拱护腹心。"帝嘉纳。兀术归，飞邀击于静安，败之。

［译文］

金兵再次进攻常州，岳飞四次作战全都取得了胜利；他尾追敌人，在镇江以东袭击了他们，又取得了胜利；在清水亭作战，又取得大胜，敌人的尸体散布了十五里地。金兀术直奔建康，岳飞在牛头山设下埋伏等待他们。夜里，岳飞命令一百人穿着黑衣服混入金兵的军营中骚扰敌人，金兵受惊，互相攻击。金兀术到达龙湾，岳飞用三百名骑兵、二千名步兵奔驰到新城，大败敌军。金兀术逃往淮西，于是收复了建康。岳飞上奏说："建康是要害之地，应该挑选军队固守，仍要增加军队守卫淮河，拱卫国家的心腹地区。"皇帝赞许他的建议，采纳了它。金兀术退兵回去，岳飞在静安截击他，打败了金兵。

［原文］

诏讨戚方，飞以三千人营于苦岭。方遁，俄益兵来，飞自领兵千人，战数十合，皆捷。会张俊兵至，方遂降。范宗尹言张俊自浙西

来，盛称飞可用，迁通、泰镇抚使兼知泰州。飞辞，乞淮南东路一重难任使，收复本路州郡，乘机渐进，使山东、河北、河东、京畿(jī)等路次第而复。

[译文]

朝廷下诏命令岳飞征讨戚方，岳飞用三千人在苦岭扎营。戚方逃走了，不久又增加了军队来抵抗，岳飞亲自率领一千名士兵，与戚方交战数十次，全都取得了胜利。正遇上张俊的军队来到，戚方便投降了。范宗尹说张俊从浙西来，极力夸奖岳飞可以重用，升岳飞为通、泰镇抚使兼泰州知州。岳飞推辞了，请求担任淮南东路一重难任使，收复本路的州郡，趁机逐渐进军，让山东、河北、河东、京畿等路陆续得到收复。

[原文]

会金攻楚急，诏张俊援之。俊辞，乃遣飞行，而命刘光世出兵援飞。飞屯三墩(dūn)为楚援，寻抵承州，三战三捷，杀高太保，俘酋长七十余人。光世等皆不敢前，飞师孤力寡，楚遂陷。诏飞还守通、泰，有旨可守即守，如不可，但于沙洲保护百姓，伺便掩击。飞以泰无险可恃，退保柴墟，战于南霸桥，金大败。渡百姓于沙上，飞以精骑二百殿，金兵不敢近。飞以泰州失守待罪。

[译文]

当时金兵加紧攻打楚州，朝廷下诏令张俊去救援。张俊推辞了，朝廷就派岳飞前去，而命令刘光世出兵援助岳飞。岳飞驻扎在三墩作为楚州的援助，不久抵达承州，三战三捷，杀死了高太保，俘获了七十几个酋长。刘光世等人全都不敢前进，岳飞的军队孤立无援，力量薄弱，楚州便陷落了。朝廷下诏让岳飞退回去守卫通、泰，有圣旨叫他可以守卫就守卫，如果不可以守卫，就在沙洲保护百姓，等待时机在合适的时候袭击敌人。岳飞认为泰州没有天险可以倚仗，退回去守住柴墟，在南霸桥作战，金兵大败。岳飞帮助老百姓渡过江到达沙洲上，自己用两百名精锐骑兵殿后。金兵不敢接近。岳飞以泰州失守的罪名等待处分。

[原文]

绍兴元年，张俊请飞同讨李成。时成将马进犯洪州，连营西山。飞曰："贼贪而不虑后，若以骑兵自上流绝生米渡，出其不意，破之必矣。"飞请自为先锋，俊大喜。飞重铠(kǎi)跃马，潜出贼右，突其阵，所部从之。进大败，走筠州。飞抵城东，贼出城，布阵十五里，飞设伏，以红罗为帜，上刺"岳"字，选骑二百随帜而前。贼易其少，薄

之，伏发，贼败走。飞使人呼曰："不从贼者坐，吾不汝杀。"坐而降者八万余人。进以余卒奔成于南康。飞夜引兵至朱家山，又斩其将赵万。成闻进败，自引兵十余万来。飞与遇于楼子庄，大破成军，追斩进。成走蕲(qí)州，降伪齐。

［译文］

绍兴元年（1131 年），张俊请求岳飞一同去讨伐李成。当时李成的部将马进入侵洪州，在西山扎下连营。岳飞说："贼人贪心而不考虑后路，如果用骑兵从上游截断生米渡，出其不意，一定能打败他们。"他请求自己做先锋，张俊非常高兴。岳飞身着重甲，跃马前进，悄悄地从贼人的右侧攻入敌阵，他的部下跟随着他。马进大败，逃到筠州去。岳飞到达了城东，贼人出城布下十五里的大阵，岳飞设下埋伏，用红罗做成旗帜，上面绣了"岳"字，挑选了二百名骑兵跟随着旗帜向前。贼人由于岳飞的士兵数量少而轻视他们，逼近过来，此时岳飞的伏兵冲出，贼人战败逃走。岳飞派人大喊："不跟随贼人的坐下来，我们不杀你。"坐下来投降的人有八万多。马进带着残余的士兵到南康投奔李成。岳飞连夜领兵到朱家山，又杀了他们的将领赵万。李成听说马进战败，亲自领兵十几万来迎战。岳飞与李成在楼子庄相遇，大败李成的军队，追去杀了马进。李成逃到蕲州，投降了伪齐。

［原文］

张用寇江西，用亦相人，飞以书谕之曰："吾与汝同里，南薰门、铁路步之战，皆汝所悉。今吾在此，欲战则出，不战则降。"用得书曰："果吾父也。"遂降。

［译文］

张用入侵江西，张用也是相州的人，岳飞用信晓谕他说："我和你是同乡，南薰门、铁路步的战役，都是你所知道的了。现在我在这里，想要作战就出兵，不作战就投降。"张用接到信，说："果然是我的父辈呀。"便投降了。

［原文］

江、淮平，俊奏飞功第一，加神武右军副统制，留洪州，弹压盗贼，授亲卫大夫、建州观察使。建寇范汝为陷邵(shào)武，江西安抚李回檄(xí)飞分兵保建昌军及抚州，飞遣人以"岳"字帜植城门，贼望见，相戒勿犯。贼党姚达、饶青逼建昌，飞遣王万、徐庆讨擒之。升神武副军都统制。

［译文］

江、淮地区平定了，张俊奏明岳飞的功劳第一，朝廷加封岳飞为神武右军副统制，让他留在洪州，压制盗贼，授予他亲卫大夫、建州观察使。建州的强盗范汝为攻陷了邵武，江西安抚李回发文书给岳飞，让他分兵保卫建昌军及抚州，岳飞派人用有“岳”字的旗帜树在城门上，贼人看见旗帜后，互相告诫，都不敢进犯这里。贼党姚达、饶青逼近建昌，岳飞派遣王万、徐庆讨伐，抓住了他们。岳飞被升为神武副军都统制。

［原文］

二年，贼曹成拥众十余万，由江西历湖湘，据道、贺二州。命飞权知潭州，兼权荆湖东路安抚都总管，付金字牌、黄旗招成。成闻飞将至，惊曰：“岳家军来矣。”即分道而遁。飞至茶陵，奉诏招之，成不从。飞奏：“比年多命招安，故盗力强则肆暴，力屈则就招，苟不略加剿除，蜂起之众未可遽殄（jù tiǎn）。”许之。

［译文］

绍兴二年（1132 年），贼人曹成拥有军队十几万，从江西经过湖湘，占据了道、贺二州。朝廷命令岳飞临时任潭州知州，兼临时任荆湖东路安抚都总管，给予他金字牌、黄旗去招抚曹成。曹成听说岳飞将要到来，惊叫道：“岳家军来了。”随即分作几路逃走了。岳飞到了茶陵，根据诏书招抚曹成，曹成不依从。岳飞上奏说：“近几年多次命令招安，所以强盗力量强大时就肆行暴虐，力量不足时就接受招安，假如不加以剿灭清除，蜂拥而起的盗伙就不能很快消灭了。”朝廷答应了。

［原文］

飞入贺州境，得成谍（dié）者，缚之帐下。飞出帐调兵食，吏曰：“粮尽矣，奈何？”飞阳曰：“姑反茶陵。”已而顾谍若失意状，顿足而入，阴令逸之。谍归告成，成大喜，期翌（yì）日来追。飞命士蓐（rù）食，潜趋绕岭，未明，已至太平场，破其砦（zhài）。成据险拒飞，飞麾兵掩击，贼大溃。成走据北藏岭、上梧关，遣将迎战，飞不阵而鼓，士争奋，夺二隘据之。成又自桂岭置砦至北藏岭，连控隘道，亲以众十余万守蓬头岭。飞部才八千，一鼓登岭，破其众，成奔连州。飞谓张宪等曰：“成党散去，追而杀之，则胁从者可悯，纵之则复聚为盗。今遣若等诛其酋而抚其众，慎勿妄杀，累主上保民之仁。”于是宪自贺、连，徐庆自邵、道，王贵自郴（chēn）、桂，招降者二万，与飞会连州。进兵追成，成走宣抚司降。时以盛夏行师瘴地，抚循有方，士无一人死病者，岭表平。授武安军承宣使，屯江州。甫入境，安抚李回檄飞捕剧贼马友、郝通、刘忠、李通、李宗亮、张式，皆平之。

[译文]

岳飞进入了贺州境内，抓到曹成的间谍，把他绑着放在帐下。岳飞出帐调遣军队的粮食，军吏说："粮食用光了，怎么办？"岳飞假装说："暂时返回茶陵。"说完回头看间谍，做出好像说错话后悔的样子，跺跺脚进入帐内，暗地里命令人把间谍放了。间谍回去把这件事告诉曹成，曹成大喜，决定第二天来追击。岳飞命令士兵早早吃饭，悄悄地绕过山岭奔去，天还没有亮，已经到了太平场，攻克了敌人的堡垒。曹成依据险要地形抵御岳飞，岳飞指挥士兵袭击，贼人溃败。曹成逃走占据北藏岭、上梧关，派遣军队来迎战，岳飞不摆阵势就击鼓进军，士兵奋勇争先，夺取两座关隘，占据了它们。曹成又从桂岭到北藏岭设置堡垒，连接起来，控制了隘道，他亲自带十几万军队守卫蓬头岭。岳飞的军队才有八千人，一鼓作气，攻上了蓬头岭，打败了曹成的军队，曹成逃向连州。岳飞对张宪等人说："曹成的党羽散去，追上去杀死他们，受胁迫的人实在可怜，放纵他们就会让他们再次聚集起来做强盗。现在派你们去诛杀他们的首领，招抚他们的部众，小心不要妄杀兵众，使皇帝保护平民的仁义之心受到损害。"于是张宪向贺州、连州进发，徐庆向邵州、道州进发，王贵向郴州、桂州出发，招降了两万人，与岳飞在连州会合。岳飞进军追击曹成，曹成跑到宣抚司投降了。当时岳飞于盛夏时在有瘴气的地方行军，抚慰军队有方，士兵中没有一个人得病而死的，岭表地区被平定。朝廷授予岳飞武安军承宣使，让他驻扎在江州。岳飞刚入江州境内，安抚李回送文书让岳飞捕捉大强盗马友、郝通、刘忠、李通、李宗亮、张式，岳飞把他们全都平定了。

[原文]

三年春，召赴行在。江西宣谕刘大中奏："飞兵有纪律，人恃以安，今赴行在，恐盗复起。"不果行。时虔（qián）、吉盗连兵寇掠循、梅、广、惠、英、韶、南雄、南安、建昌、汀、邵武诸郡，帝乃专命飞平之。飞至虔州，固石洞贼彭友悉众至雩（yú）都迎战，跃马驰突，飞麾兵即马上擒之，余酋退保固石洞。洞高峻环水，止一径可入。飞列骑山下，令皆持满，黎明，遣死士疾驰登山，贼众乱，弃山而下，骑兵围之。贼呼丐命，飞令勿杀，受其降。授徐庆等方略，捕诸郡余贼，皆破降之。初，以隆佑震惊之故，密旨令飞屠虔城。飞请诛首恶而赦胁从，不许。请至三四，帝乃曲赦。人感其德，绘像祠之。余寇高聚、张成犯袁州，飞遣王贵平之。

[译文]

绍兴三年（1133年）春天，皇帝召岳飞到皇帝住地来。江西宣谕刘大中上奏："岳飞的军队有纪律，百姓倚仗他得到安定，现在召他到皇上住地去，恐怕强盗会再次作乱。"岳飞便没有去成。当时虔州、吉州的强盗联合起来入侵抢掠循州、梅州、广州、惠州、英州、韶州、南雄、南安、建昌、汀州、邵武各州郡，皇帝就专门命令岳飞去平定他们。岳飞到了虔州，固石洞贼彭友的全部兵马到雩都迎战，彭友骑着马奔驰冲击，岳飞指挥士兵在马上抓住了他，剩余的贼人首领退回去守卫固石洞。固石洞地势高峻，四面环水，只有一条小路可以进入。岳飞把骑兵排列在山下，命令他们全部拉满弓，黎明时，派遣敢死队疾驰登上山岭，贼人大乱，放弃了山地逃跑，岳飞的骑兵包围了他们。贼人大喊，请求饶命，岳飞命令不要杀死他们，接受了他们的投降。岳飞授给徐庆等人策略，让他们去收捕各州郡的剩余贼寇，把他们全部打败，招降过来。当初，宋高宗由于隆佑太后受到震惊的缘故，秘密下旨给岳飞，命令他屠杀虔州城中的居民。岳飞请求诛杀首恶而赦免胁从的人，皇帝不答应。岳飞连续三四次请求，皇帝才特令赦免了虔州。人们感谢岳飞的恩德，画了他的画像供奉。剩余的贼寇高聚、张成进犯袁州，岳飞派王贵去平定了他们。

［原文］

秋，入见，帝手书“精忠岳飞”字，制旗以赐之。授镇南军承宣使、江南西路沿江制置使，又改神武后军都统制，仍制置使，李山、吴全、吴锡、李横、牛皋(gāo)皆隶焉。

［译文］

秋季，岳飞入朝进见，皇帝亲笔写了“精忠岳飞”四字，制成旗子赐给岳飞。授予他镇南军承宣使、江南西路沿江制置使，又改任神武后军都统制，仍任制置使，李山、吴全、吴锡、李横、牛皋全都隶属于他。

［原文］

伪齐遣李成挟金人入侵，破襄阳、唐、邓、随、郢(yǐng)诸州及信阳军，湖寇杨么亦与伪齐通，欲顺流而下，李成又欲自江西陆行，趋两浙与么会。帝命飞为之备。

［译文］

伪齐派遣李成带着金兵入侵，攻克襄阳、唐州、随州、邓州、郢州各州以及信阳军，洞庭湖的水寇杨么也与伪齐勾结，想要顺流而下，李成又想要从江西陆路行军，直奔两浙与杨么会合。皇帝命令岳飞为此备战。

［原文］

四年，除兼荆南、鄂岳州制置使。飞奏：“襄阳等六郡为恢复中原基本，今当先取六郡，以除心膂(lǚ)之病。李成远遁，然后加兵湖湘，以殄群盗。”帝以谕赵鼎，鼎曰：“知上流利害，无如飞者。”遂授黄复州、汉阳军、德安府制置使。飞渡江中流，顾幕属曰：“飞不擒贼，不涉此江。”抵郢州城下，伪将京超号“万人敌”，乘城拒飞。飞鼓众

而登，超投崖死，复郢州，遣张宪、徐庆复随州。飞趣襄阳，李成迎战，左临襄江，飞笑曰：“步兵利险阻，骑兵利平旷。成左列骑江岸，右列步平地，虽众十万何能为。”举鞭指王贵曰：“尔以长枪步卒击其骑兵。”指牛皋曰：“尔以骑兵击其步卒。”合战，马应枪而毙，后骑皆拥入江，步卒死者无数，成夜遁，复襄阳。刘豫益成兵屯新野，飞与王万夹击之，连破其众。

［译文］

绍兴四年（1134 年），任命岳飞兼任荆南、鄂岳州制置使。岳飞上奏说：“襄阳等六个郡是恢复中原的根本，现在应该先夺取这六个郡，以除去位于心腹地区的危害。李成逃向远方，然后向湖湘增加军队，以消灭盗贼们。”皇帝把这份奏章告诉赵鼎，赵鼎说：“了解长江上游的重要，没有人能像岳飞那样。”便授予岳飞黄复州、汉阳军、德安府制置使。岳飞渡江时，在江中流看着幕僚们说：“我岳飞不擒获贼人，就不再渡这条江。”他到达了郢州城下，伪将京超号称“万人敌”，在城上抵御岳飞。岳飞鼓动士兵们登上城墙，京超跳崖自杀，岳飞收复了郢州，派遣张宪、徐庆收复了随州。岳飞直下襄阳，李成迎敌，左侧是襄江，岳飞笑着说：“步兵在险阻地势下作战有利，骑兵在平旷地区作战有利。李成把骑兵排列在左边的江岸，把步兵排列在右边的平地，即使有十万军队又能做成什么呢？”他举起马鞭指着王贵说：“你用长枪步兵攻击他们的骑兵。”指着牛皋说：“你用骑兵攻击他们的步兵。”交战时，敌人的马碰上长枪就死了，后面的骑兵都被挤着掉入江中，杀死的步兵数都数不过来，李成连夜逃走，襄阳被收复了。刘豫给李成增加军队驻扎在新野，岳飞与王万夹击他们，接连打败了他们的军队。

［原文］

飞奏：“金贼所爱惟子女金帛，志已骄惰；刘豫僭（jiàn）伪，人心终不忘宋。如以精兵二十万，直捣中原，恢复故疆，诚易为力。襄阳、随、郢地皆膏腴（gāo yú），苟行营田，其利为厚。臣候粮足，即过江北剿戮敌兵。”时方重深入之举，而营田之议自是兴矣。

［译文］

岳飞上奏说：“金国强盗们所喜爱的只是男女人口和金银丝帛，意志已经骄傲怠惰；刘豫僭越，伪称帝号，当地的人心始终不忘大宋。如果用二十万精兵直捣中原，恢复往日的疆界，确实是很容易办到的。襄阳、随州、郢州等地全是土地肥沃的地方，假如在这里实行营田，利益丰厚。臣下等到粮食充足，就到江北去剿杀敌兵。”当时正在重视深入北方的行动，而评论营田的建议也自此多起来了。

［原文］

进兵邓州，成与金将刘合孛堇（jǐn）列砦（zhài）拒飞。飞遣王贵、张宪掩击，

贼众大溃，刘合孛堇仅以身免。贼党高仲退保邓城，飞引兵一鼓拔之，擒高仲，复邓州。帝闻之，喜曰：“朕素闻岳飞行军有纪律，未知能破敌如此。”又复唐州、信阳军。

［译文］

岳飞进军邓州，李成与金兵将领刘合孛堇排列营寨抵御岳飞。岳飞派遣王贵、张宪袭击敌人，贼军大败溃散，刘合孛堇仅能逃跑保全自己性命。贼人的党羽高仲退回去守卫邓城，岳飞领兵一鼓作气地攻下了邓城，抓住了高仲，收复了邓州。宋高宗听说后，高兴地说：“朕一向听说岳飞行军有纪律，还不知道他这么能战胜敌人。”岳飞又收复了唐州、信阳军。

［原文］

襄汉平，飞辞制置使，乞委重臣经画荆襄，不许。赵鼎奏：“湖北鄂、岳最为上流要害，乞令飞屯鄂、岳，不惟江西借其声势，湖、广、江、浙亦获安妥。”乃以随、郢、唐、邓、信阳并为襄阳府路隶飞，飞移屯鄂。授清远军节度使、湖北路、荆、襄、潭州制置使，封武昌县开国子。

［译文］

襄汉地区平定以后，岳飞辞去制置使，乞求朝廷委派重臣经营荆襄一带，朝廷没有答应。赵鼎上奏：“湖北的鄂州、岳州是上游的要害地区，请求命令岳飞驻守鄂州、岳州，这样不只江西能倚仗岳飞的声势，湖、广、江、浙也能获得安定。”朝廷就把随州、郢州、唐州、邓州、信阳合并成襄阳府路，隶属于岳飞。岳飞移到鄂州驻扎。朝廷授予岳飞清远军节度使、湖北路、荆州、襄州、潭州制置使，封他为武昌县开国子。

［原文］

兀朮(zhú)、刘豫合兵围庐州，帝手札(zhā)命飞解围。提兵趋庐，伪齐已驱甲骑五千逼城。飞张“岳”字旗与“精忠”旗，金兵一战而溃，庐州平。飞奏：“襄阳等六郡人户阙牛、粮，乞量给官钱，免官私逋负，州县官以招集流亡为殿最。”

［译文］

金兀朮、刘豫的军队合在一起包围了庐州，宋高宗亲笔写诏书命令岳飞去解围。岳飞调动兵马直奔庐州，伪齐已经驱赶着装甲骑兵五千人逼近城下。岳飞展开“岳”字大旗与“精忠”旗，金兵一交战便溃败了，庐州被平定。岳飞上奏说：“襄阳等六个郡的民户缺少牛和粮食，请求酌量发给他们官府的钱款，免去他们欠官府

与私人的债务，以召集流户人口的多少作为评判州县官员政绩优劣的标准。"

［原文］

五年，入觐，封母国夫人，授飞镇宁、崇信军节度使，湖北路、荆襄潭州制置使，进封武昌郡开国侯，又除荆湖南北、襄阳路制置使，神武后军都统制，命招捕杨么。飞所部皆西北人，不习水战，飞曰："兵何常，顾用之何如耳。"先遣使招谕之。贼党黄佐曰："岳节使号令如山，若与之敌，万无生理，不如往降。节使诚信，必善遇我。"遂降。飞表授佐武义大夫，单骑按其部，拊(fǔ)佐背曰："子知逆顺者。果能立功，封侯岂足道。欲复遣子至湖中，视其可乘者擒之，可劝者招之，如何？"佐感泣，誓以死报。

［译文］

绍兴五年（1135年），岳飞入朝进见，朝廷封他的母亲为国夫人，授予岳飞镇宁、崇信军节度使，湖北路、荆襄潭州制置使，进封他为武昌郡开国侯，又任命他为荆湖南北、襄阳路制置使，神武后军都统制，命令他招降收捕杨么。岳飞的部下全是西北人，不熟悉水战，岳飞说："用兵没有什么常规，只是看你怎么应用罢了。"就先派遣使者去劝谕招降他们。贼寇的同党黄佐说："岳节使号令如山，如果与他为敌，绝对没有生存的可能，不如去投降。节使为人诚信，一定会善待我们。"于是投降了。岳飞上表请授予黄佐武义大夫，自己一个人骑马去视察黄佐的部下，拍着黄佐的背说："你是知道逆顺的人。果真能够立功，封侯不在话下。我想要再派你到湖中去，见到可以制服的人就抓住他，见到可以劝说的人就招降他，怎么样？"黄佐感动落泪，发誓以死报答。

［原文］

时张浚以都督军事至潭，参政席益与浚语，疑飞玩寇，欲以闻。浚曰："岳侯，忠孝人也，兵有深机，胡可易言？"益惭而止。黄佐袭周伦砦(zhài)，杀伦，擒其统制陈贵等。飞上其功，迁武功大夫。统制任士安不禀王燮(xiè)令，军以此无功。飞鞭士安使饵(ěr)贼，曰："三日贼不平，斩汝。"士安宣言："岳太尉兵二十万至矣。"贼见止士安军，并力攻之。飞设伏，士安战急，伏四起击贼，贼走。

［译文］

当时张浚以都督军事的身份来到潭州，参政席益与张浚谈话，怀疑岳飞戏弄贼寇，想要把这件事报告上去。张浚说："岳侯是忠孝的人，用兵有深远的打算，怎么可以随便乱说呢？"席益羞愧地停止了议论。黄佐袭击了周伦的营寨，杀死了周伦，抓住了周伦的统制陈贵等人。岳飞上奏了他的功劳，升任黄佐为武功大夫。统制任士安不服从王璎的命令，因此军队没有建立战功。岳飞鞭打任士安，让他引诱敌人，说："三天内不平定贼人，就杀了你。"任士安宣称："岳太尉的大军二十万人到了。"贼人见到只有任士安的军队，就合并全力来攻打他。岳飞设下伏兵，任士安战斗到危急时刻，伏兵四起攻打贼兵，贼兵逃走了。

［原文］

会召浚还防秋，飞袖小图示浚，浚欲俟来年议之。飞曰："已有定画，都督能少留，不八日可破贼。"浚曰："何言之易？"飞曰："王四厢以王师攻水寇则难，飞以水寇攻水寇则易。水战我短彼长，以所短攻所长，所以难。若因敌将用敌兵，夺其手足之助，离其腹心之托，使孤立，而后以王师乘之，八日之内，当俘诸酋。"浚许之。

［译文］

正遇上朝廷召张浚回去防备金兵秋季入侵，岳飞在袖子中藏了小地图去给张浚看，张浚想要等明年再商量这件事。岳飞说："我已经有了确定的计划，都督如能稍作停留，用不了八天就可以打败贼军。"张浚说："怎么说得那么容易呢？"岳飞说："王四厢使用官军去攻打水寇，就感到困难，我使用水寇攻打水寇就容易。水战是我方的短处，敌人却擅长水战，用所短攻打所长，所以困难。如果借着敌人将领使用敌兵，夺去了他们手足的帮助，分离了他们心腹之间的依托，使敌人孤立，然后用官军攻打他们，八天之内，将会俘虏各个首领。"张浚答应了。

岳飞水战杨么

［原文］

飞遂如鼎州。黄佐招杨钦来降，飞喜曰："杨钦骁悍，既降，贼腹心溃矣。"表授钦武义大夫，礼遇甚厚，乃复遣归湖中。两日，钦说余端、刘诜(shēn)等降，飞诡骂钦曰："贼不尽降，何来也？"杖之，复令入湖。是夜，掩贼营，降其众数万。么负固不服，方浮舟湖中，以轮激水，其行如飞，旁置撞竿，官舟迎之辄碎。飞伐君山木为巨筏，塞诸港汊(chà)，又以腐木乱草

浮上流而下，择水浅处，遣善骂者挑之，且行且骂。贼怒来追，则草木壅（yōng）积，舟轮碍不行。飞亟遣兵击之，贼奔港中，为筏所拒。官军乘筏，张牛革以蔽矢石，举巨木撞其舟，尽坏。么投水，牛皋擒斩之。飞入贼垒，余酋惊曰："何神也！"俱降。飞亲行诸砦慰抚之，纵老弱归田，籍少壮为军，果八日而贼平。浚叹曰："岳侯神算也！"初，贼恃其险曰："欲犯我者，除是飞来。"至是，人以其言为谶（chèn）。获贼舟千余，鄂渚（zhǔ）水军为沿江之冠。诏兼蕲、黄制置使，飞以目疾乞辞军事，不许，加检校少保，进封公。还军鄂州，除荆湖南北、襄阳路招讨使。

［译文］

岳飞便到了鼎州。黄佐招来杨钦投降，岳飞高兴地说："杨钦骁勇剽悍，他投降了，贼人的心腹们便溃散了。"上奏章请授予杨钦武义大夫，给他丰厚的礼遇，就再派他回到湖中去。过了两天，杨钦劝说余端、刘诜等人投降，岳飞假装骂杨钦说："贼人没有全部投降，来干什么？"杖责了杨钦，又命令他入湖中去。这天夜里，袭击敌人营垒，招降了几万敌兵。杨么倚仗防卫坚固不肯降服，乘大船在湖中巡游，用轮子拨水，船行走如飞，船的两旁设置了撞竿，官军的船碰上它就被撞碎。岳飞砍伐了君山的大树做成巨筏，堵塞了各个湖湾港汊，又用腐木乱草浮在水面上，从上游飘下来，选择了水浅的地方，派遣善于叫骂的士兵挑逗敌人，一边走一边骂。贼兵被激怒了，来追击，就被草木堵塞住，船的轮子被塞住不能行走。岳飞赶快派兵攻打他们，贼人逃到港汊中，被木筏挡住。官军乘坐木筏，张开牛皮来遮蔽箭与石块，举起大木桩撞击敌人的船只，把他们的船只全撞坏。杨么跳入水中，被牛皋捉住杀死了。岳飞进入敌人的堡垒，剩余的敌人首领惊叹道："多么神勇啊！"就全部投降了。岳飞亲自到各个营垒去慰问安抚他们，把老弱放回去种田，将少壮编为军队，果然在八天内平定了贼人。张浚赞叹道："岳侯的筹算真神奇啊！"当初，贼人倚仗他们地势险要说："想要进犯我们的人，除非是飞过来。"到这时，人们把这些话当成了谶言。岳飞缴获了敌人的船一千多艘，鄂渚的水军成为沿江最强大的部队。宋高宗下诏任命岳飞兼任蕲、黄制置使，岳飞由于眼睛有病乞求辞去军事职务，朝廷不答应，加封他检校少保，进封为公爵。岳飞军队回到鄂州，被任命为荆湖南北、襄阳路招讨使。

［原文］

六年，太行山忠义社梁兴等百余人，慕飞义率众来归。飞入觐，面陈："襄阳自收复后，未置监司，州县无以按察。"帝从之，以李若虚为京西南路提举兼转运、提刑，又令湖北、襄阳府路自知州、通判以下贤否，许飞得自黜陟（chù zhì）。

［译文］

绍兴六年（1136年），太行山忠义社的梁兴等一百多人，敬慕岳飞的忠义，率领众人来归降。岳飞入朝觐见，当面陈述说："襄阳自从收复以后，没有设置监司官府，州县没有人去视察。"宋高宗听从了他的意见，任命李若虚为京西南路提举兼转运、提刑，又命令允许岳飞可以自行考察湖北、襄阳府路自知州、通判以下的官员是否贤良，进行罢免或提升。

［原文］

张浚至江上会诸大帅，独称飞与韩世忠可倚大事，命飞屯襄阳，以窥中原，曰："此君素志也。"飞移军京西，改武胜、定国军节度使，除宣抚副使，置司襄阳。命往武昌调军。居母忧，降制起复，飞扶榇（chèn）还庐山，连表乞终丧，不许，累诏趣起，乃就军。又命宣抚河东，节制河北路。首遣王贵等攻虢（guó）州，下之，获粮十五万石，降其众数万。张浚曰："飞措画甚大，令已至伊、洛，则太行一带山砦（zhài），必有应者。"飞遣杨再兴进兵至长水县，再战皆捷，中原响应。又遣人焚蔡州粮。

［译文］

张浚到长江边会见各路军队的统帅，唯独称赞岳飞与韩世忠是可以依靠办大事的人，命令岳飞驻扎襄阳，以窥探中原情况，说："这是您一向的志愿。"岳飞的军队移到京西驻扎，改任为武胜、定国军节度使，任宣抚副使，在襄阳设置了官府。朝廷命令他去武昌调动军队。岳飞因母亲去世而守丧，朝廷下命令让他回来复职，岳飞扶护母亲灵柩回到庐山，接连上表乞求守丧到丧期终了，朝廷不允许，多次下诏催促他复职，岳飞就到军中来了。朝廷又命令他宣抚河东，管辖河北路。他首先派遣王贵等人攻打虢州，攻下了它，获得粮食十五万石，受降军队几万人。张浚说："岳飞的筹划非常大，号令已经到了伊、洛地区，那么太行山一带的山寨，也必然有响应的人。"岳飞派遣杨再兴进军到长水县，连续作战都取得了胜利，中原地区响应。岳飞又派遣人去焚烧了蔡州的粮食。

韩世忠

韩世忠也是当时的抗金名将，与岳飞齐名。

［原文］

九月，刘豫遣子麟、侄猊（ní）分道寇淮西，刘光世欲舍庐州，张俊欲弃盱（xū）

眙(yí)，同奏召飞以兵东下，欲使飞当其锋，而己得退保。张浚谓：“岳飞一动，则襄汉何所制？”力沮其议。帝虑俊、光世不足任，命飞东下。飞自破曹成、平杨么，凡六年，皆盛夏行师，致目疾，至是，甚。闻诏即日启行，未至，麟败。飞奏至，帝语赵鼎曰：“刘麟败北不足喜，诸将知尊朝廷为可喜。”遂赐札，言：“敌兵已去淮，卿不须进发，其或襄、邓、陈、蔡有机可乘，从长措置。”飞乃还军。时伪齐屯兵窥唐州，飞遣王贵、董先等攻破之，焚其营。奏图蔡以取中原，不许。飞召贵等还。

［译文］

九月，刘豫派遣儿子刘麟、侄子刘猊分路入侵淮西，刘光世想要放弃庐州，张俊想要放弃盱眙，他们共同上奏召岳飞领兵东下，想要用岳飞抵挡敌人的锋芒，而自己得以退走保全。张浚说：“岳飞一动，襄汉地区靠什么控制呢？”极力反对这个建议。宋高宗担心张俊、刘光世不足以胜任，命令岳飞东下。岳飞自从打败曹成，平定杨么，一共有六年都是在盛夏行军，造成了眼病，到了这时，更加严重。他一听到诏书当天就出发了，还没有到达，刘麟便战败了。岳飞的奏章送到，宋高宗对赵鼎说：“刘麟败逃不足以令人高兴，各位将领知道尊重朝廷是可喜的事。”便赐下书信，说：“敌军已经离开淮河，你不用进发，或者在襄、邓、陈、蔡一带有机可乘，从长处置。”岳飞就收兵回去。当时伪齐驻军窥测唐州，岳飞派遣王贵、董先等人攻克敌人驻地，焚烧了他们的营垒。岳飞上奏章，要谋取蔡州以夺取中原，朝廷不允许。岳飞召王贵等人回来。

［原文］

七年，入见，帝从容问曰：“卿得良马否？”飞曰：“臣有二马，日啖(dàn)刍豆数斗，饮泉一斛，然非精洁则不受。介而驰，初不甚疾，比行百里始奋迅，自午至酉，犹可二百里。褫(chǐ)鞍甲而不息不汗，若无事然。此其受大而不苟取，力裕而不求逞，致远之材也。不幸相继以死。今所乘者，日不过数升，而秣(mò)不择粟，饮不择泉，揽辔(pèi)未安，踊踊疾驱，甫百里，力竭汗喘，殆欲毙然。此其寡取易盈，好逞易穷，驽钝之材也。”帝称善，曰：“卿今议论极进。”拜太尉，继除宣抚使兼营田大使。从幸建康，以王德、郦琼兵隶飞，诏谕德等曰：“听飞号令，如朕亲行。”

［译文］

绍兴七年（1137年），入朝觐见，皇帝从容地问岳飞：“你有好马没有？”岳飞

说：“臣有两匹马，每天吃草料几斗，饮泉水一斛，然而不是精草料和洁水它们就不接受。披上甲胄奔驰，开始时不是很快，行到将近一百里时开始迅速奋进，从午时到酉时，还可以跑二百里。拿下鞍甲来，它们不喘息不流汗，像没有事一样。这是因为它们的食量大却不随便吃喝，力气充裕却不追求一时的速度，是可以达到远方的材质。不幸它们相继死去。现在所乘坐的马，每天食量不过几升，而在食物中不选择豆粟，饮水时不选择泉水，一拉起缰绳它就不安定，跳跃着急速奔跑，刚跑一百里，就用完了力气，流汗喘息，几乎要累死的样子。这是它取得的少，容易满足，喜好逞强，容易用尽力气，是愚钝的驽马之材。”皇帝称是，说：“你今天的议论非常有道理。”拜请岳飞做太尉，接着任宣抚使兼营田大使。跟随皇帝到建康，高宗让王德、郦琼的军队隶属于岳飞，下诏告诉王德等人说：“听从岳飞的号令，就像朕亲自下的命令一样。”

［原文］

飞数见帝，论恢复之略。又手疏言：“金人所以立刘豫于河南，盖欲荼(tú)毒中原，以中国攻中国，粘罕因得休兵观衅。臣欲陛下假臣月日，便则提兵趋京、洛，据河阳、陕府、潼关，以号召五路叛将。叛将既还，遣王师前进，彼必弃汴而走河北，京畿、陕右可以尽复。然后分兵濬(jùn)、滑，经略两河，如此则刘豫成擒，金人可灭，社稷长久之计，实在此举。”帝答曰：“有臣如此，顾复何忧？进止之机，朕不中制。”又召至寝阁命之曰：“中兴之事，一以委卿。”命节制光州。

［译文］

岳飞多次觐见皇帝，谈论恢复中原的谋略。又亲自写表章说：“金人之所以在河南立刘豫，是想要残害中原人民，用中原人攻打中原人，粘罕借此可以休养军队，坐观战争。臣想要陛下给臣一些时间，时机方便时就发兵直奔京、洛地区，占据河阳、陕府、潼关，用以号召五路叛变的将领。叛变的将领归降以后，派遣王师前进，敌人一定会放弃汴梁逃向河北，京畿和陕西地区可以全部收复。然后分兵向濬、滑流域进军，收复管理两河地区，这样可以捉住刘豫，消灭金人，使社稷长久安宁的计谋，就在这一行动。”宋高宗回答说：“有这样的臣子，我还有什么可忧虑的？进军与停止的时机，我不作规定。”他又把岳飞召到寝阁，命令他说：“中兴的事情，全都委任给你了。”命令他管辖光州。

［原文］

飞方图大举，会秦桧主和，遂不以德、琼兵隶飞。诏诣都督府与张浚议事，浚谓飞曰：“王德淮西军所服，浚欲以为都统，而命吕祉以督府参谋领之，如何？”飞曰：“德与琼素不相下，一旦握之在上，

则必争。吕尚书不习军旅，恐不足服众。”浚曰：“张宣抚如何？”飞曰：“暴而寡谋，尤琼所不服。”浚曰：“然则杨沂中尔？”飞曰：“沂中视德等尔，岂能驭此军？”浚艴(fú)然曰：“浚固知非太尉不可。”飞曰：“都督以正问飞，不敢不尽其愚，岂以得兵为念耶？”即日上章乞解兵柄，终丧服，以张宪摄军事，步归，庐母墓侧。浚怒，奏以张宗元为宣抚判官，监其军。

［译文］

岳飞正在图谋大举进军，遇上秦桧主张和议，就不把王德、郦琼的军队隶属给岳飞。下诏让岳飞到都督府与张浚商议军事，张浚对岳飞说：“王德是淮西军队敬服的人，我想要让他做都统，而命令吕祉以督府参谋的身份率领他们，怎么样？”岳飞说：“王德与郦琼一向不相上下，一旦把一个人提拔上来，就一定会引起相争。吕尚书不熟悉军旅事务，恐怕不足以服众。”张浚说：“张宣抚怎么样？”岳飞说：“他残暴而且缺少智谋，尤其是郦琼不服他。”张浚说：“那么就是杨沂中了？”岳飞说：“杨沂中看起来与王德差不多，怎么能驾驭这支部队呢？”张浚恼怒地说：“我本来就知道非你不行。”岳飞说：“都督严肃地询问我的意见，我不敢不全部讲出我的愚见，难道我是想得到兵权吗？”他当天就上奏章乞求解除兵权，守完丧期，用张宪代管军事，自己步行回去，在母亲的墓旁搭起草棚守墓。张浚大怒，上奏任命张宗元为宣抚判官，监督岳飞的军队。

［原文］

帝累诏趣飞还职，飞力辞，诏幕属造庐以死请，凡六日，飞趋朝待罪，帝慰遣之。宗元还言：“将和士锐，人怀忠孝，皆飞训养所致。”帝大悦。飞奏：“比者寝阁之命，咸谓圣断已坚，何至今尚未决？臣愿提兵进讨，顺天道，因人心，以曲直为老壮，以逆顺为强弱，万全之效可必。”又奏：“钱塘僻在海隅，非用武地。愿陛下建都上游，用汉光武故事，亲率六军，往来督战。庶将士知圣意所向，人人用命。”未报而郦琼叛，浚始悔。飞复奏：“愿进屯淮甸，伺便击琼，期于破灭。”不许，诏驻师江州为淮、浙援。

［译文］

宋高宗连续下诏催促岳飞回到职位上，岳飞极力推辞，皇帝下诏命令岳飞的部下到墓地草棚去以死相请，一共请了六天，岳飞跑到朝中等待降罪，皇帝慰问他，让他回去。张宗元回来说：“岳飞的军队将领和谐，士兵精锐，人人心怀忠孝，全是岳飞训练教育的结果。”宋高宗十分高兴。岳飞上奏：“前不久在寝阁的命令，我们都认为圣上的决心已经坚定了，为什么至今还没有决定？臣愿意发兵进攻讨伐，顺应天道，符合人心，根据道理的曲直判断力量大与小，根据顺逆判断强壮与虚弱，可知我们一定能取得全胜。”又上奏：“钱塘在海边的偏僻之地，不是用武的地方。希望陛下在长江上游建都，采用汉光武帝的旧例，亲自率领六军，来往督战。使全军将士知道圣上的意向，人人拼命作战。”奏章还没有送上去，郦琼就叛变了，张浚才后悔。岳飞又上奏：“我愿意进军到淮河流域驻扎，等时机方便时进攻郦琼，希望能消灭他。”朝廷不允许，下诏让他驻扎在江州作为淮、浙地区的援军。

［原文］

飞知刘豫结粘罕，而兀术(zhú)恶刘豫，可以间而动。会军中得兀术谍者，飞阳责之曰：“汝非吾军中人张斌耶？吾向遣汝至齐，约诱至四太子，汝往不复来。吾继遣人问，齐已许我，今冬以会合寇江为名，致四太子于清河。汝所持书竟不至，何背我耶？”谍冀缓死，即诡服。乃作蜡书，言与刘豫同谋诛兀术事，因谓谍曰：“吾今贷汝。”复遣至齐，问举兵期，刲(kuī)股纳书，戒勿泄。谍归，以书示兀术，兀术大惊，驰白其主，遂废豫。飞奏：“宜乘废豫之际，捣其不备，长驱以取中原。”不报。

［译文］

岳飞知道刘豫与粘罕结交，而金兀术厌恶刘豫，可以离间他们然后行动。正巧军队里抓住金兀术的间谍，岳飞假装责骂他说：“你不是我军中的士兵张斌么？我以前派你去齐国，约定把四太子诱骗来，你去了就不回来。我继续派人去问，齐国已经答应了，今年冬天以会合入侵长江为名，把四太子约到清河。你拿着书信竟然没有送到，为什么要背叛我？”间谍希望延缓死亡，就假装认罪。岳飞又写了一封信作成蜡丸，信上说与刘豫共同谋划杀死金兀术的事，顺势对间谍说：“我今天饶恕你。”又派遣他到齐国去，询问发兵的时间，用刀割开间谍的大腿，把信放在里面，告诫他不要泄露。间谍回去，把信给金兀术看，金兀术大吃一惊，奔去告诉金国的国王，便废黜了刘豫。岳飞上奏说：“应该趁着废黜刘豫的时机，攻其不备，长驱直入，夺取中原。”朝廷没有回复。

［原文］

八年，还军鄂州。王庶视师江、淮，飞与庶书：“今岁若不举兵，当纳节请闲。”庶甚壮之。秋，召赴行在，命诣资善堂见皇太子。飞退而喜曰：“社稷得人矣，中兴基业，其在是乎？”会金遣使将归河南地，飞言：“金人不可信，和好不可恃，相臣谋国不臧，恐贻后世讥。”桧衔之。

［译文］

绍兴八年（1138 年），岳飞军队回到鄂州。王庶到江淮视察军队，岳飞给王庶写信说："今年如果不发兵进攻，我该交还符节，请求赋闲。"王庶非常赞赏他的壮志。秋天，召岳飞到皇帝驻地，命令他去资善堂见皇太子。岳飞退下来后高兴地说："社稷得到合适的主人了，中兴的基业，大概就在这里了。"正遇上金国派使节来要归还河南的土地，岳飞说："金人不可以相信，和好是不足以倚仗的，宰相谋划国家大事不妥当，恐怕会留给后人讥讽的口实。"秦桧心中憎恨岳飞。

［原文］

九年，以复河南，大赦。飞表谢，寓和议不便之意，有"唾手燕云，复仇报国"之语。授开府仪同三司，飞力辞，谓："今日之事，可危而不可安，可忧而不可贺，可训兵饬士，谨备不虞，而不可论功行赏，取笑敌人。"三诏不受，帝温言奖谕，乃受。桧遣士㒟(niǎo)谒诸陵，飞请以轻骑从洒扫，实欲观衅以伐谋。又奏："金人无事请和，此必有肘腋之虞，名以地归我，实寄之也。"桧白帝止其行。

［译文］

绍兴九年（1139 年），朝廷由于收复了河南，大赦天下。岳飞上表谢恩，其中包含有和议不合适的意思，内有"燕云地区唾手可得，复仇报国"的语句。朝廷授予他开府仪同三司，岳飞极力推辞，说："今天的事，只可以感到危险而不可以感到平安，可以为它担忧而不可以为它庆贺；可以教育告诫士兵，谨防意外袭击，而不可以论功行赏，被敌人取笑。"朝廷三次下诏他都不接受，宋高宗好言夸奖勉励，他才接受。秦桧派赵士㒟去谒拜皇陵，岳飞请求用轻骑兵跟随去打扫陵园，实际上是想观察敌人的虚实来规划讨伐。他又上奏："金人没有事变就请求议和，这一定是有很近的祸患，名义上是把土地归还我们，实际上是寄存而已。"秦桧对皇帝报告制止岳飞的行动。

［原文］

十年，金人攻拱、亳(bó)，刘锜(qí)告急，命飞驰援，飞遣张宪、姚政赴之。帝赐札曰："设施之方，一以委卿，朕不遥度。"飞乃遣王贵、牛皋、董先、杨再兴、孟邦杰、李宝等，分布经略西京、汝、郑、颍昌、陈、曹、光、蔡诸郡；又命梁兴渡河，纠合忠义社，取河东、北州县。又遣兵东援刘锜，西援郭浩，自以其军长驱以阚(kàn)中原。将发，密奏言："先正国本以安人心，然后不常厥居，以示无忘复仇之意。"帝得奏，大褒(bāo)其忠，授少保，河南府路、陕西、河东北路招讨使，寻改河南、北诸路招讨使。未几，所遣诸将相继奏捷。大军在颍昌，诸

将分道出战，飞自以轻骑驻郾(yǎn)城，兵势甚锐。

［译文］

绍兴十年（1140 年），金兵进攻拱州、亳州，刘锜告急。朝廷命令岳飞赶去增援，岳飞派张宪、姚政前往。宋高宗赐给他书信说：“谋划与实行作战，全部委托给你，朕不进行遥控了。”岳飞就派遣王贵、牛皋、董先、杨再兴、孟邦杰、李宝等人，分别攻占西京、汝州、郑州、颍昌、陈州、曹州、光州、蔡州等地；又命令梁兴渡过黄河，纠集忠义社，夺取河东、河北各州县。他又派遣军队东去救援刘锜，西去救援郭浩，亲自带领军队长驱直入叩击中原。军队将要出发时，岳飞秘密上奏说：“请皇帝先确立太子以安定人心，然后不常在一个地方定居，以表示没有忘记复仇的志向。”宋高宗得到奏章，大大夸奖岳飞的忠心，授予他少保，河南府路、陕西、河东北路招讨使，不久，改为河南、北诸路招讨使。没有多久，他所派遣的各路将领相继报捷。大军在颍昌，各将分路出战，岳飞自己带领轻骑兵驻扎在郾城，军队的锋芒势不可当。

［原文］

兀术(zhú)大惧，会龙虎大王议，以为诸帅易与，独飞不可当，欲诱致其师，并力一战。中外闻之，大惧，诏飞审处自固。飞曰：“金人伎穷矣。”乃日出挑战，且骂之。兀术怒，合龙虎大王、盖天大王与韩常之兵逼郾(yǎn)城。飞遣子云领骑兵直贯其阵，戒之曰：“不胜，先斩汝！”鏖(áo)战数十合，贼尸布野。

［译文］

金兀术非常害怕，召集龙虎大王商议，认为各个统帅都容易对付，只是岳飞不可抵挡，想要把岳飞的军队引诱出来，集中兵力交战一次。朝廷内外听到这个消息，都非常害怕，下诏叫岳飞慎重考虑，保护好自己。岳飞说：“金人的伎俩用完了。”就天天出兵挑战，而且叫骂敌人。金兀术大怒，会合龙虎大王、盖天大王与韩常之的军队逼近郾城。岳飞派遣儿子岳云率领骑兵径直穿过敌人的军阵，告诫他说：“不取胜，先杀了你！”双方鏖战了几十个会合，贼兵的尸体布满了田野。

［原文］

初，兀术(zhú)有劲军，皆重铠，贯以韦索，三人为联，号“拐子马”，官军不能当。是役也，以万五千骑来，飞戒步卒以麻札刀入阵，勿仰视，第斫马足。拐子马相连，一马仆，二马不能行，官军奋击，遂大败之。兀术大恸曰：“自海上起兵，皆以此胜，今已矣！”兀术益兵来，部将王刚以五十骑觇(chān)敌，遇之，奋斩其将。飞时出视战地，望见黄尘蔽天，自以四十骑突战，败之。

［译文］

当初，金兀术有一支强大的军队，全披着重甲，用皮绳连在一起，三个人联成一组，叫作“拐子马”，官军不能抵挡。这场战役中，金兀术带来一万五千名骑兵，岳飞告诫步兵们，持麻札刀入敌阵，不要仰视，只砍马脚。拐子马互相连接，一匹马摔倒，另两匹马也不能行走了，官军奋力攻击，便大败敌军。金兀术大哭，说：“自从在海上起兵以来，全靠这支部队取胜，今天完了！”金兀术增加了军队来。岳飞的部将王刚带五十名骑兵观察敌情时，遭遇到敌军，奋勇迎战，杀死了敌人的将军。岳飞当时出来视察战场，望见黄尘遮住了天空，亲自带领四十名骑兵冲去作战，打败了敌军。

［原文］

方郾城再捷，飞谓云曰：“贼屡败，必还攻颍昌，汝宜速援王贵。”既而兀术果至，贵将游奕、云将背嵬(wéi)战于城西。云以骑兵八百挺前决战，步军张左右翼继之，杀兀术婿夏金吾、副统军粘罕索孛堇，兀术遁去。

［译文］

在郾城再次取胜后，岳飞对岳云说：“贼军屡次战败，一定会回去攻打颍昌，你应该赶快去援助王贵。”不久金兀术果然到了颍昌，王贵带领着游奕军，岳云带领着背嵬军在城西作战。岳云用八百名骑兵冲向阵前决战，步兵排开左右两翼跟在后面，杀死了金兀术的女婿夏金吾、副统军粘罕索孛堇，金兀术逃走了。

［原文］

梁兴会太行忠义及两河豪杰等，累战皆捷，中原大震。飞奏：“兴等过河，人心愿归朝廷。金兵累败，兀术等皆令老少北去，正中兴之机。”飞进军朱仙镇，距汴京四十五里，与兀术对垒而阵，遣骁将以背嵬骑五百奋击，大破之，兀术遁还汴京。飞檄(xí)陵台令行视诸陵，葺(qì)治之。

［译文］

梁兴会合太行山忠义社以及两河地区的豪杰们，连续作战都取得了胜利，中原地区大为震动。岳飞上奏：“梁兴等人过了黄河，人心愿意归顺朝廷。金兵连续战败，金兀术等人都命令老幼居民迁向北方，正是中兴的时机。”岳飞进军到朱仙镇，距离汴梁只有四十五里，与金兀术的营垒对峙布阵，他派遣勇将用五百名背嵬军骑兵奋勇攻击，大败敌军，金兀术逃回汴梁。岳飞发文书给陵台令，叫他去视察各座帝陵，修整陵园。

［原文］

先是，绍兴五年，飞遣梁兴等布德意，招结两河豪杰。山砦(zhài)韦铨、孙谋等敛兵固堡，以待王师，李通、胡清、李宝、李兴、张恩、孙琪等举众来归。金人动息，山川险要，一时皆得其实。尽磁、相、开德、泽、潞、晋、绛(jiàng)、汾(fén)、隰(xí)之境，皆期日兴兵，与官军会。其所揭旗以“岳”为号，父老百姓争挽车牵牛，载糗(qiǔ)粮以馈义军，顶盆焚香迎候者，充满道路。自燕以南，金号令不行，兀术欲签军以抗飞，河北无一人从者。乃叹曰：“自我起北方以来，未有如今日之挫衄(nǜ)。”金帅乌陵思谋素号桀黠(xiá)，亦不能制其下，但谕之曰：“毋轻动，俟岳家军来即降。”金统制王镇，统领崔庆，将官李觊(jì)、崔虎、华旺等皆率所部降，以至禁卫龙虎大王下忔(qì)查千户高勇之属，皆密受飞旗榜，自北方来降。金将军韩常欲以五万众内附。飞大喜，语其下曰：“直抵黄龙府，与诸君痛饮尔！”

［译文］

在此之前，绍兴五年（1135年），岳飞派遣梁兴等人宣传皇帝的恩德，结交招纳两河地区的豪杰。山寨中的韦铨、孙谋等人收聚军队固守堡垒，以等待王师，李通、胡清、李宝、李兴、张恩、孙琪等人领兵来归顺。金兵的动静，山川险要的形势，岳飞都能得到确实的情报。整个磁州、相州、开德、泽州、潞州、晋州、绛州、汾州、隰州境内全都约定日期发兵，与官军会合。他们所举的旗子用“岳”作为旗号，乡亲百姓们争相拉车牵牛，运送干粮来供给义军，顶着盆子烧香等候、迎接义军的人，排满了道路。自燕山以南，金国的号令不能实行，金兀术想要征调壮丁来抵抗岳飞，河北没有一个人顺从他。金兀术叹息道：“自从我在北方起兵以来，从没有过像今天这样大的挫败。”金国的元帅乌陵思谋一向被称作凶狠狡猾的人，也不能控制住他的部下，只能告诉部下说：“不要轻举妄动，等到岳家军到来就投降吧。”金国的统制王镇，统领崔庆，将官李觊、崔虎、华旺等人全率领他们的部下投降，甚至禁卫龙虎大王下属的忔查千户高勇一批人，全都秘密地接受了岳飞的旗帜与文告，从北方来投降。金国将军韩常想要带五万军队归顺宋朝。岳飞非常高兴，对部下说：“一直打到黄龙府，我和各位共同畅饮！”

［原文］

方指日渡河，而桧欲画淮以北弃之，风台臣请班师。飞奏：“金人锐气沮丧，尽弃辎重，疾走渡河，豪杰向风，士卒用命，时不再来，机难轻失。”桧知飞志锐不可回，乃先请张俊、杨沂中等归，而后言飞孤军不可久留，乞令班师。一日奉十二金字牌，飞愤惋泣下，

东向再拜曰："十年之力，废于一旦。"飞班师，民遮马恸(tòng)哭，诉曰："我等戴香盆，运粮草以迎官军，金人悉知之。相公去，我辈无噍(jiào)类矣。"飞亦悲泣，取诏示之曰："吾不得擅留。"哭声震野，飞留五日以待其徙，从而南者如市，亟奏以汉上六郡闲田处之。

[译文]

正当马上就要渡过黄河的时候，而秦桧要划出淮河以北的土地放弃掉，示意御史台的大臣请求班师。岳飞上奏说："金人的士气沮丧，把携带的军械、粮草、兵服等物资全部丢弃，急忙逃走渡过黄河，豪杰们向王师归附，士兵们拼命作战，这样的时机不会再来，这个机会难得，不应该轻易丧失。"秦桧知道岳飞的志向坚定，不能改变，于是就先请求让张俊、杨沂中等人回来，然后说岳飞是孤军不可以长久留下，请求命令岳飞班师。岳飞一天内接到十二道金字牌，他既愤激又惋惜，泪流满面，向着东方多次下拜，说："十年的努力，在这一天里就废掉了。"岳飞班师，民众拦住马痛哭，诉说："我们头顶香盆、运输粮草来迎接官军，金人全都知道了。相公您一走，我们就要被杀得一个也不剩了。"岳飞也悲伤地痛哭，取出诏书给他们看，说："我不能擅自留下。"哭声震动了原野。岳飞停留了五天等待百姓们迁徙，跟随他到南方去的人像集市上的人一样多，岳飞赶快上奏请求用汉水上游六个郡的闲田安置他们。

[原文]

方兀术(zhú)弃汴(biàn)去，有书生叩马曰："太子毋走，岳少保且退矣。"兀曰："岳少保以五百骑破吾十万，京城日夜望其来，何谓可守？"生曰："自古未有权臣在内，而大将能立功于外者，岳少保且不免，况欲成功乎？"兀术悟，遂留。飞既归，所得州县，旋复失之。飞力请解兵柄，不许，自庐入觐，帝问之，飞拜谢而已。

[译文]

当金兀术要放弃汴梁离开时，有个书生拉住他的马说："太子不要走，岳少保就要退走了。"金兀术说："岳少保用五百骑兵打败了我的十万大军，京城中的人日夜盼他到来，怎么还说我可以守住？"书生说："自古以来没有过权臣在内部，大将能在外面立功的，岳少保自己都将要保不住，还想要成功吗？"金兀术醒悟过来，便留下了。岳飞退回后，所夺取的州县接着就又丧失了。岳飞极力请求解除兵权，朝廷不答应，他从庐州入朝觐见，皇帝问他，他只是拜谢而已。

[原文]

十一年，谍报金分道渡淮，飞请合诸帅之兵破敌。兀术、韩常与龙虎大王疾驱至庐，帝趣飞应援，凡十七札。飞策金人举国南来，巢穴必虚，若长驱京、洛以捣之，彼必奔命，可坐而敝。时飞方苦寒

嗽，力疾而行。又恐帝急于退敌，乃奏："臣如捣虚，势必得利，若以为敌方在近，未暇远图，欲乞亲至蕲（qí）、黄，以议攻却。"帝得奏大喜，赐札曰："卿苦寒疾，乃为朕行，国尔忘身，谁如卿者？"师至庐州，金兵望风而遁。飞还兵于舒以俟（sì）命，帝又赐札，以飞小心恭谨、不专进退为得体。兀术破濠州，张俊驻军黄连镇，不敢进。杨沂中遇伏而败，帝命飞救之。金人闻飞至，又遁。

［译文］

绍兴十一年（1141年），间谍报告说金兵分路渡过淮河，岳飞请求集合各个统帅的军队打败敌人。金兀术、韩常与龙虎大王疾驰到庐州，宋高宗催促岳飞去救援，一共去了十七道札子。岳飞估计金人发动全国的力量南来，巢穴必定空虚，如果长驱直入京、洛地区攻打他们，他们必定疲于奔波，可以坐等敌人疲惫。当时岳飞正受了风寒，苦于咳嗽，竭力支撑着出行。他又担心皇帝急于退敌，就上奏："臣如果直捣敌人空虚，势必得利，如果以为敌人正在近处，没有空谋划长远打算，我想请求亲自到蕲州、黄州，商议进攻退敌。"宋高宗得到上奏非常高兴，赐给他信札说："你苦于寒病，还为朕出行，为国家忘掉了自己，谁能像你一样啊？"军队到了庐州，金兵闻风而逃。岳飞军队回到舒州待命，宋高宗又赐给他信札，认为岳飞小心恭谨、不专断进退是很得体的。金兀术攻克濠州，张俊驻军在黄连镇，不敢前进。杨沂中遇上伏兵战败，宋高宗命令岳飞去救援。金人听说岳飞到了，又逃走了。

［原文］

时和议既决，桧患飞异己，乃密奏召三大将论功行赏。韩世忠、张俊已至，飞独后，桧又用参政王次翁计，俟之六七日。既至，授枢密副使，位参知政事上，飞固请还兵柄。五月，诏同俊往楚州措置边防，总韩世忠军还驻镇江。

［译文］

当时和议已经决定了，秦桧担心岳飞反对自己，就秘密上奏召还三个大将论功行赏。韩世忠、张俊已经到了，只有岳飞落在后面，秦桧又采用参政王次翁的计划，等了他六七天。岳飞到来后，授予他枢密副使，位置在参知政事上，岳飞坚决请求交还兵权。五月，朝廷下诏让岳飞与张俊一起到楚州去安排设置边防，聚合韩世忠的军队回来驻守镇江。

［原文］

初，飞在诸将中年最少，以列校拔起，累立显功，世忠、俊不能平，飞屈己下之，幕中轻锐教飞勿苦降意。金人攻淮西，俊分地也，

俊始不敢行，师卒无功。飞闻命即行，遂解庐州围，帝授飞两镇节，俊益耻。杨么平，飞献俊、世忠楼船各一，兵械毕备，世忠大悦，俊反忌之。淮西之役，俊以前途粮乏訹（xù）飞，飞不为止，帝赐札褒谕，有曰：“转饷艰阻，卿不复顾”。俊疑飞漏言，还朝，反倡言飞逗遛不进，以乏饷为辞。至视世忠军，俊知世忠忤（wǔ）桧，欲与飞分其背嵬军，飞义不肯，俊大不悦。及同行楚州城，俊欲修城为备，飞曰：“当戮力以图恢复，岂可为退保计？”俊变色。

［译文］

当初，岳飞在各个将领中间年龄最小，他从小校被提拔起来，连续建立大功，韩世忠、张俊心中不平，岳飞委屈自己甘居他们之下，属下中年轻气盛的官员叫岳飞不要苦苦地低声下气。金人攻打淮西，这是张俊防卫的地域，张俊开始不敢出兵，军队没有战功。岳飞听到命令立即出兵，于是解除了庐州的包围，宋高宗授予岳飞两镇的符节，张俊更加感到羞耻。杨么被平定后，岳飞献给张俊、韩世忠两人各一艘楼船，上面水兵与兵器齐备，韩世忠非常高兴，张俊反而忌妒岳飞。淮西的战役，张俊用使前线缺乏粮食的手段恐吓岳飞，岳飞没有为此停止，宋高宗赐书札褒奖，内有：“粮饷转运艰难，你不向后看”之言。张俊怀疑岳飞泄露了实情，回朝后，反而宣扬岳飞停留不前进，是以缺乏粮饷为借口。到了视察韩世忠军队时，张俊知道韩世忠顶撞过秦桧，就想要与岳飞分占韩世忠的背嵬军，岳飞出于大义不肯这样做，张俊非常不高兴。到了他们一同去楚州城时，张俊想要修城作为防备，岳飞说：“应当共同尽力谋划收复中原，怎么能做退回来防守的打算呢？”张俊脸色都变了。

［原文］

会世忠军吏景著与总领胡纺言：“二枢密若分世忠军，恐至生事。”纺上之朝，桧捕著下大理寺，将以扇摇诬世忠。飞驰书告以桧意，世忠见帝自明。俊于是大憾飞，遂倡言飞议弃山阳，且密以飞报世忠事告桧，桧大怒。

［译文］

正遇上韩世忠的军吏景著与总领胡纺说：“二位枢密如果分了韩世忠的军队，恐怕会发生事变。”胡纺上奏朝廷，秦桧把景著抓到大理寺，准备用这件事煽动谣言诬陷韩世忠。岳飞派人骑马跑去送信，告诉韩世忠秦桧的意图，韩世忠去见皇帝自己说明真相。张俊因此非常恨岳飞。便造谣岳飞建议放弃山阳，而且秘密地把岳飞通知韩世忠的事情告诉了秦桧，秦桧大怒。

[原文]

初，桧逐赵鼎，飞每对客叹息，又以恢复为己任，不肯附和议。读桧奏，至“德无常师，主善为师”之语，恶其欺罔，恚曰：“君臣大伦，根于天性，大臣而忍面谩其主耶？”兀朮遗桧书曰：“汝朝夕以和请，而岳飞方为河北图，必杀飞，始可和。”桧亦以飞不死，终梗和议，己必及祸，故力谋杀之。以谏议大夫万俟(mò qí)卨(xiè)与飞有怨，风卨劾飞，又风中丞何铸、侍御史罗汝楫交章弹论，大率谓：“今春金人攻淮西，飞略至舒、蕲而不进，比与俊按兵淮上，又欲弃山阳而不守。”飞累章请罢枢柄，寻还两镇节，充万寿观使、奉朝请。桧志未伸也，又谕张俊令劫王贵、诱王俊诬告张宪谋还飞兵。

[译文]

当初，秦桧驱逐了赵鼎，岳飞常常对着客人为此叹息，他又把收复中原作为自己的责任，不肯附和与金和议的做法。他读秦桧的奏章，读到“道德没有一定的师范标准，主张为善就可以作为师范”的话时，厌恶秦桧的欺君罔上，恼怒地说：“君臣的大伦常，源于天性，大臣能忍心当面欺骗他的君主吗？”金兀朮送给秦桧书信说：“你早早晚晚都说请求媾和，而岳飞正在图谋攻打河北，一定要杀死岳飞，才可以议和。”秦桧也认为岳飞不死终究要阻挠和议，自己一定会遭灾祸，所以极力谋划杀死岳飞。秦桧由于谏议大夫万俟卨与岳飞有嫌隙，暗示他弹劾岳飞，又暗示中丞何铸、侍御使罗汝楫轮流上书弹劾，大致的意思是：“今年春天，金人攻打淮西，岳飞进军到了舒州、蕲州就不前进，近来他与张俊驻军淮河流域，又想要放弃山阳不守卫。”岳飞连续上奏章请求罢免自己的枢密职权，不久又交还了两镇的节符，充任万寿观使、奉朝请。秦桧的打算没有得逞，又叫张俊去胁迫王贵，诱使王俊诬告张宪谋划还给岳飞兵权。

岳 飞

[原文]

桧遣使捕飞父子证张宪事，使者至，飞笑曰：“皇天后土，可表此心。”初命何铸鞫(jū)之，飞裂裳以背示铸，有“尽忠报国”四大字，深入肤理。既而阅实无左验，铸明其无辜。改命万

俟卨。卨诬：飞与宪书，令虚申探报以动朝廷，云与宪书，令措置使飞还军，且言其书已焚。

［译文］

秦桧派遣使者去捕捉岳飞父子证明张宪的事，使者到了岳飞处，岳飞笑着说："皇天后土，可以表明我的心。"起初命令何铸审问他，岳飞扯破衣服把背给何铸看，上有"尽忠报国"四个大字，深入了肌肤里。不久查实没有证据，何铸证明他是无辜的。秦桧又改命万俟卨去审讯。万俟卨诬陷岳飞说，岳飞给张宪写信，命令他假报敌情以惊动朝廷，岳云给张宪写信，命令他采取措施让岳飞回军队，而且说这些书信都已经焚毁了。

［原文］

飞坐系两月，无可证者。或教卨以台章所指淮西事为言，卨喜白桧，簿录飞家，取当时御札藏之以灭迹。又逼孙革等证飞受诏逗遛，命评事元龟年取行军时日杂定之，傅会其狱。岁暮，狱不成，桧手书小纸付狱，即报飞死，时年三十九。云弃市，籍家资，徙家岭南。幕属于鹏等从坐者六人。

［译文］

岳飞被陷害关押了两个月，没有可以证明罪行的证据。有的人教万俟卨以御史台奏章中所指的淮西事件作为理由，万俟卨大喜，告诉秦桧，查抄了岳飞家，把当时皇帝的书札拿走藏起来以消除痕迹。又逼孙革等人证明岳飞接受诏书后逗留，命令评事元龟年取来行军的时间颠倒排列，以附会这个罪名。到了年底，案子还是不能成立，秦桧亲手写了小纸条交给监狱，当即报告说岳飞死了，当时他三十九岁。岳云被在街市上斩首，抄没了岳飞的家产，把他家人流放到岭南。岳飞的幕僚部属于鹏等六人受牵连被判罪。

［原文］

初，飞在狱，大理寺丞李若朴何彦猷、大理卿薛仁辅并言飞无罪，卨俱劾去。宗正卿士㒟(niǎo)请以百口保飞，卨亦劾之，窜死建州。布衣刘允升上书讼飞冤，下棘寺以死。凡傅成其狱者，皆迁转有差。

［译文］

当初，岳飞在监狱中时，大理寺丞李若朴、何彦猷、大理卿薛仁辅都说岳飞没有罪，万俟卨把他们全部弹劾免官。宗正卿赵士㒟请求以一百口家人的性命保岳飞，万俟卨也弹劾他，将他流放到建州，让其死在了那里。平民刘允升上书为岳飞喊冤，被关入监狱害死。凡是帮助造成这个冤狱的人，全都不同等级地得到了升迁。

［原文］

狱之将上也，韩世忠不平，诣桧诘其实，桧曰："飞子云与张宪书虽不明，其事体莫须有。"世忠曰："'莫须有'三字，何以服天下？"时洪皓在金国中，蜡书驰奏，以为金人所畏服者惟飞，至以父呼之，诸酋闻其死，酌酒相贺。

［译文］

案件将要报上去时，韩世忠不平，见秦桧去询问真实凭据，秦桧说："岳飞儿子岳云与张宪的书信虽然不清楚，但是这件事大概有。"韩世忠说："'大概有'三个字，怎么能让天下人信服呢？"当时洪皓在金国中，派人骑马送来蜡书上奏，认为金人所畏惧敬服的人只有岳飞，甚至叫他父亲，各首领听说岳飞死了，都互相饮酒庆贺。

［原文］

飞至孝，母留河北，遣人求访，迎归。母有痼疾，药饵必亲。母卒，水浆不入口者三日。家无姬侍。吴玠素服飞，愿与交欢，饰名姝遗之。飞曰："主上宵旰，岂大将安乐时？"却不受，玠益敬服。少豪饮，帝戒之曰："卿异时到河朔，乃可饮。"遂绝不饮。帝初为飞营第，飞辞曰："敌未灭，何以家为？"或问天下何时太平，飞曰："文臣不爱钱，武臣不惜死，天下太平矣。"

洪 皓

洪皓是南宋的著名学者，曾出使金国，被金人扣留十五年之久，拒不投降，有"宋之苏武"的美誉。

［译文］

岳飞非常孝顺，他的母亲留在河北，他派人去寻找，迎接她回来。母亲有顽疾，岳飞一定亲自送药和食品。母亲去世时，岳飞三天没有喝一口水。岳飞家中没有姬妾侍奉。吴玠一向佩服岳飞，愿意与他交好，把有名的美女打扮起来送给岳飞。岳飞说："主上早晚都在忙碌，现在哪里是大将安乐的时候？"推却不收，吴玠更加敬服。岳飞年轻时酒量很大，宋高宗告诫他说："你以后到了河朔地区，才可以饮酒。"他就绝对不饮酒了。宋高宗当初为岳飞建造府第，岳飞推辞说："敌人还没有消灭，怎么可以为家庭打算呢？"有人问岳飞天下什么时候可以太平，岳飞说："文臣不爱钱，武臣不怕死，天下就会太平了。”

［原文］

师每休舍，课将士注坡跳壕，皆重铠习之。子云尝习注坡，马踬(zhì)，怒而鞭之。卒有取民麻一缕以束刍(chú)者，立斩以徇。卒夜宿，民开门愿纳，无敢入者。军号“冻死不拆屋，饿死不卤掠”。卒有疾，躬为调药；诸将远戍，遣妻问劳其家；死事者哭之而育其孤，或以子婚其女。凡有颁犒，均给军吏，秋毫不私。

［译文］

每当军队驻扎休息时，岳飞就训练士兵冲下陡坡跳过壕沟，全身穿上重甲练习。岳飞的儿子岳云曾经练习冲下陡坡，马绊倒了，岳飞大怒，鞭打了岳云。士兵中有人取了一缕老百姓的麻去捆草，岳飞立即将他斩首示众。士兵夜晚睡觉，百姓开门愿意让士兵进来住，士兵们却没有一个人敢进去。军中号称“冻死不拆屋，饿死不抢掠”。士兵有病，岳飞亲自为他调药；各个将领在远方驻守，岳飞派他的妻子去慰问他们的家庭；战死的将士，岳飞为他们哭泣，并且养育他们的遗孤，或者让儿子娶他们的女儿。凡是朝廷有奖赏，全部交给军吏，丝毫不占为私有。

岳飞夫妻赏春

［原文］

善以少击众。欲有所举，尽召诸统制与谋，谋定而后战，故有胜无败。猝遇敌不动，故敌为之语曰：“撼山易，撼岳家军难。”张俊尝问用兵之术，曰：“仁、智、信、勇、严，阙一不可。”调军食，必蹙(cù)额曰：“东南民力，耗敝极矣。”荆湖平，募民营田，又为屯田，岁省漕运之半。帝手书曹操、诸葛亮、羊祜(hù)三事赐之。飞跋其后，独指操为奸贼而鄙之，尤桧所恶也。

［译文］

岳飞善于以少胜多。想要有所行动，把全部统制招来与他们商议，商议定了以后作战，所以有胜无败。与敌人突然相遇时也能岿然不动，所以敌人为他编了句话是："撼山易，撼岳家军难。"张俊曾经问他用兵的方法，岳飞说："仁、智、信、勇、严，缺少一样也不行。"调动军粮时，岳飞一定会皱着眉头说："东南的民力被消耗到极点了。"荆湖地区平定后，岳飞招募平民营田，又实行军队屯田，每年节约一半漕运来的粮食。宋高宗亲笔写了曹操、诸葛亮、羊祜三个人的事迹赐给他。岳飞在后面题跋，只是把曹操指作奸贼而鄙视他，这件事尤其使秦桧憎恶。

［原文］

张所死，飞感旧恩，鞠(jū)其子宗本，奏以官。李宝自楚来归，韩世忠留之，宝痛哭愿归飞，世忠以书来谂(shěn)，飞复曰："均为国家，何分彼此？"世忠叹服。襄阳之役，诏光世为援，六郡既复，光世始至，飞奏先赏光世军。好贤礼士，览经史，雅歌投壶，恂恂如书生。每辞官，必曰："将士效力，飞何功之有？"然忠愤激烈，议论持正，不挫于人，卒以此得祸。

［译文］

张所死后，岳飞感念他旧日的恩情，养育他的儿子张宗本，上奏请求给他官职。李宝从楚州来归降，韩世忠留下他，李宝痛哭着表示愿意归属岳飞，韩世忠写信来劝说岳飞收下李宝，岳飞回信说："全是为了国家，何必分彼此？"韩世忠赞叹佩服不已。襄阳战役中，朝廷下诏让刘光世作为援军，六郡收复以后，刘光世才到，岳飞上奏请求先奖赏刘光世的军队。他喜爱贤人，对士人有礼貌，读经史书籍，歌唱雅诗，投壶游戏，谦虚有礼，像个读书人。每次辞官，都说："将士们努力作战，我有什么功劳？"然而他性格忠诚，愤慨激烈，议论坚持正义，不向人屈服，最终因此招致灾祸。

［原文］

桧死，议复飞官。万俟卨(mò qí xiè)谓金方愿和，一旦录故将，疑天下心，不可。及绍兴末，金益猖獗(jué)，太学生程宏图上书讼飞冤，诏飞家自便。初，桧恶岳州同飞姓，改为纯州，至是仍旧。中丞汪澈宣抚荆、襄，故部曲合辞讼之，哭声雷震。孝宗诏复飞官，以礼改葬，赐钱百万，求其后悉官之。建庙于鄂，号忠烈。淳熙六年，谥武穆。嘉定四年，追封鄂王。

［译文］

秦桧死后，议论要恢复岳飞的官职。万俟卨说金国刚愿意议和，一旦录用过去的将领，会使天下人怀疑议和的意向，不可以恢复。到了绍兴末年，金人更加猖

獗，太学生程宏图上书分辩岳飞的冤情，朝廷下诏允许岳飞家人自行选择住处。当初，秦桧厌恶岳州与岳飞的姓相同，改为纯州，到这时又改回旧名。中丞汪澈宣抚荆、襄，岳飞原来的部属共同向他诉说岳飞冤枉，哭声像打雷一样响。宋孝宗下诏恢复岳飞的官职，按礼仪改葬，赐给他家一百万钱，寻找他的后代，全部授予他们官职。在鄂州给岳飞建了庙，称作忠烈庙。淳熙六年（1179 年），赠给岳飞谥号，叫“武穆”。嘉定四年（1211 年）追封他为鄂王。

［原文］

五子：云、雷、霖、震、霆。

云，飞养子。年十二，从张宪战，多得其力，军中呼曰“赢（yíng）官人”。飞征伐，未尝不与，数立奇功，飞辄隐之。每战，以手握两铁椎，重八十斤，先诸军登城。攻下随州，又攻破邓州，襄汉平，功在第一，飞不言。逾年，铨曹辩之，始迁武翼郎。杨么平，功亦第一，又不上。张浚廉得其实，曰：“岳侯避宠荣，廉则廉矣，未得为公也。”奏乞推异数，飞力辞不受。尝以特旨迁三资，飞辞曰：“士卒冒矢石立奇功，始沾一级，男云遽躐（jù liè）崇资，何以服众？”累表不受。颍昌大战，无虑十数，出入行阵，体被百余创，甲裳为赤。以功迁忠州防御使，飞又辞；命带御器械，飞又力辞之。终左武大夫、提举醴泉观。死年二十三。孝宗初，与飞同复元官，以礼祔葬，赠安远军承宣使。

［译文］

岳飞有五个儿子：岳云、岳雷、岳霖、岳震、岳霆。

岳云，是岳飞的养子。十二岁时就跟从张宪作战，张宪经常得到他的帮助，军队中称他为“赢官人”。岳飞去讨伐，没有一次岳云不参加的，他多次建立奇功，岳飞就隐瞒下来。每次作战，岳云都手持两把铁锤，重八十斤，在各部队的前面登城。攻下随州，又攻克邓州，平定襄汉，岳云的功劳第一，岳飞也不报告。过了一年，选拔官员的部门为他争辩，才升为武翼郎。平定杨么，岳云的功劳又是第一，岳飞又不上奏。张浚查访到实情，说：“岳侯回避尊荣，清廉确实是清廉了，但不算是公平的。”上奏请求给予岳云特殊的奖赏，岳飞极力推辞，不肯接受。朝廷曾经以特旨给岳云升三级，岳飞推辞说：“士兵冒着箭矢飞石建立了奇功，才能沾到一级，我儿子岳云一下子跃到这么高的职位，用什么使大家信服呢？”连续上表不肯接受。颍昌大战中，岳云不顾虑敌人是自己的十几倍之多，出入敌阵，身上受了一百多处伤，铠甲衣服都被血染红了。岳云由于战功升为忠州防御使，岳飞又推辞；朝廷任命岳云为带御器械，岳飞又极力推辞。岳云死时为左武大夫、提举醴泉观。

死时二十三岁。宋孝宗初年，岳云与岳飞一同恢复了原来的官职，按礼仪安葬在岳飞的坟边合葬，赠给他安远军承宣使的官职。

岳飞

［原文］

雷，忠训郎、阁(gé)门祇候，赠武略郎。霖，朝散大夫、敷文阁待制，赠太中大夫。初，飞下狱，桧令亲党王会搜其家，得御札数箧(qiè)，束之左藏南库，霖请于孝宗，还之。霖子珂，以淮西十五御札辩验汇次，凡出师应援之先后皆可考。嘉定间，为《吁天辩诬集》五卷、《天定录》二卷上之。震，朝奉大夫、提举江南东路茶盐公事。霆，修武郎、阁门祇候。

［译文］

岳雷，任忠训郎、阁门祇候，赠官武略郎。岳霖，任朝散大夫、敷文阁待制，赠官太中大夫。当初，岳飞下狱，秦桧命令他的亲信私党王会搜查岳飞家，得到几盒子皇帝的信札，捆起来放在左藏南库，岳霖向宋孝宗请求，便把这些信还给了他。岳霖的儿子岳珂用在淮西时皇帝的十五封信查验，汇集编出次序，凡是出兵接应支援的先后时间都可以考证出来。嘉定年间，岳珂写了《吁天辩诬集》五卷、《天定录》二卷送上朝廷。岳震，任朝奉大夫、提举江南东路茶盐公事。岳霆，任修武郎、阁门祇候。

［原文］

论曰：西汉而下，若韩、彭、绛(jiàng)、灌之为将，代不乏人，求其文武全器、仁智并施如宋岳飞者，一代岂多见哉？史称关云长通《春秋左氏》学，然未尝见其文章。飞北伐，军至汴梁之朱仙镇，有诏班师，飞自为表答诏，忠义之言，流出肺腑，真有诸葛孔明之风，而卒死于秦桧之手。盖飞与桧势不两立，使飞得志，则金仇可复，宋耻可雪；桧得志，则飞有死而已。昔刘宋杀檀道济，道济下狱，瞋目曰："自坏汝万里长城！"高宗忍自弃其中原，故忍杀飞，呜呼冤哉！呜呼冤哉！

［译文］

议论说：自西汉以来，像韩信、彭越、周勃、灌婴这样做大将的，每个朝代都不乏其人，但要寻求像宋代岳飞这样的文武全才、仁义智谋兼施的，一个朝代中难道会见到很多吗？史书上说关云长通晓《春秋左传》的学问，然而从没有见到他的文章。岳飞北伐，军队到了汴梁的朱仙镇，有诏书叫他班师，岳飞亲自写表章回答诏书，忠义的语言，发自肺腑，真有诸葛孔明的风貌，而最终死在秦桧之手。这是由于岳飞与秦桧势不两立，让岳飞得志，就可以报复对金国的仇恨，洗雪宋朝的耻辱；让秦桧得志，岳飞就只有死路一条。过去刘宋杀死了檀道济，檀道济下狱时，瞪着眼睛说："你们自己毁坏了自己的万里长城啊！"宋高宗忍心放弃自己的中原地区，所以忍心杀死岳飞。啊，冤枉啊！啊，冤枉啊！

文天祥传

［原文］

文天祥字宋瑞，又字履善，吉之吉水人也。体貌丰伟，美皙（xī）如玉，秀眉而长目，顾盼烨然。自为童子时，见学宫所祠乡先生欧阳修、杨邦乂（yì）、胡铨像，皆谥"忠"，即欣然慕之。曰："没不俎（zǔ）豆其间，非夫也。"年二十举进士，对策集英殿。时理宗在位久，政理浸怠，天祥以法天不息为对，其言万余，不为稿，一挥而成。帝亲拔为第一。考官王应麟奏曰："是卷古谊若龟鉴，忠肝如铁石，臣敢为得人贺。"寻丁父忧，归。

［译文］

文天祥字宋瑞，又字履善，江西吉州吉水人。文天祥的体态健壮容貌伟秀，皮肤白皙俊美如玉，眉宇清秀，眼睛细长，顾盼之间光彩照人。自从文天祥还是学童的时候，看到学堂所祭祀供奉的本乡先哲欧阳修、杨邦乂、胡铨的画像，看到他们都被追封谥号"忠"，就十分钦佩倾慕。文天祥说："倘若死后无法成为先贤中的一员，得以享受祭祀供奉，就不能算是大丈夫。"文天祥二十岁时考中进士，并入集英殿应试治国策略。当时理宗在位多年，治国之道、伦理纲常逐渐懈怠，文天祥以效法天理、自强不息为题应答，文章洋洋万言，不事先准备草稿，便可一挥而就。理宗亲自选拔文天祥为第一。考官王应麟上奏朝廷说："该答卷文风古朴若龟鉴，忠心耿耿又如铁石一般，为臣祝贺陛下得到这样的人才。"不久，文天祥因父亲去世，返回家乡服孝。

[原文]

开庆初，大元兵伐宋，宦官董宋臣说上迁都，人莫敢议其非者。天祥时入为宁海军节度判官，上书“乞斩宋臣，以一人心”。不报，即自免归。后稍迁至刑部郎官。宋臣复入为都知，天祥又上书极言其罪，亦不报。出守瑞州，改江西提刑，迁尚书左司郎官，累为台臣论罢，除军器监兼权直学士院。贾似道称病，乞致仕，以要君，有诏不允。天祥当制，语皆讽似道。时内制相承皆呈稿，天祥不呈稿，似道不乐，使台臣张志立劾罢之。天祥既数斥，援钱若水例致仕，时年三十七。

文天祥

[译文]

理宗开庆初年（1259年），元朝军队进攻宋朝，宋朝宦官董宋臣劝说理宗迁都，朝廷众臣都不敢对此提出非议。文天祥当时入仕担任宁海军节度判官，他上书朝廷“请求处决董宋臣，以统一人心”。没有得到朝廷的答复，他就自己辞职回家。其后稍稍升迁为刑部郎官。当时董宋臣重新入宫任内侍都知，文天祥再次上书朝廷，详尽列举其罪状，也没有得到答复。不久文天祥离开京城，出任瑞州太守，后改任江西提刑，又升任尚书左司郎官，却多次被御史弹劾罢官，改任军器监兼权直学士院。当时贾似道称病不出，请求退休，以此要挟君主，皇帝下诏不予批准。文天祥负责起草制书，言语中都在嘲讽贾似道。当时学士院起草制书沿袭呈送文稿交宰相审阅的惯例，而文天祥却没有将文稿送审，贾似道不高兴，指使御史张志立弹劾文天祥，将其罢免。文天祥既已多次受到弹劾斥责，便援引钱若水的先例辞官，当时他三十七岁。

[原文]

咸淳九年，起为湖南提刑，因见故相江万里。万里素奇天祥志节，语及国事，愀（qiǎo）然曰：“吾老矣，观天时人事当有变，吾阅人多矣，世道之责，其在君乎？君其勉之。”十年，改知赣（gàn）州。

欧阳修

欧阳修是北宋著名文学家，也是文天祥的同乡。

［译文］

度宗咸淳九年（1273 年），朝廷起用文天祥为湖南提刑，文天祥因此得以有机会拜见前宰相江万里。江万里平素十分器重和钦佩文天祥的远大志向和高尚气节，论及国家大事，江万里神色黯然，说：“我已经老了，我仔细观察，感觉天时人事都应当有所变化，我认识的人有许多，但振兴世道的责任，难道不应该落在你的身上吗？希望你能全心全意做到这一点。”咸淳十年（1274 年），文天祥改任江西赣州知州。

［原文］

德祐初，江上报急，诏天下勤王。天祥捧诏涕泣，使陈继周发郡中豪杰，并结溪峒(dòng)蛮，使方兴召吉州兵，诸豪杰皆应，有众万人。事闻，以江西提刑安抚使召入卫。其友止之，曰：“今大兵三道鼓行，破郊畿(jī)，薄内地，君以乌合万余赴之，是何异驱群羊而搏猛虎？”天祥曰：“吾亦知其然也。第国家养育臣庶三百余年，一旦有急，征天下兵，无一人一骑入关者，吾深恨于此。故不自量力，而以身徇之，庶天下忠臣义士将有闻风而起者。义胜者谋立，人众者功济，如此则社稷犹可保也。”

［译文］

恭帝德祐初年，长江防务告急，朝廷下诏号令天下起兵援救并护卫京师朝廷。文天祥手捧诏书哭泣落泪，派陈继周发动赣州辖区内的豪杰勇士，同时结交联络溪峒地区的少数民族，又派方兴招来吉州的军队，各地的豪杰勇士都响应文天祥的号召，聚集万人应征。朝廷闻知此事，任命文天祥为江西提刑安抚使，召他入京师保卫朝廷。文天祥的朋友劝阻他，说：“现在元朝大军兵分三路大张旗鼓地向我京师进军，攻破京城附近的防卫地区，逼近内地，先生以乌合之众万人前往迎战，这与驱赶羊群与猛虎搏斗没有什么区别。”文天祥答曰：“我也知道目前局势的确如此。但是国家养育我大宋臣民三百多年，一旦国家处于危急关头，征召天下军队抵御外来侵略，却无一人一骑前来响应，我对此深恶痛绝。所以我虽知自不量力，也愿意以身殉国，希望天下忠臣义士会有闻风而起的。以正义战胜邪恶，谋略才能确立，大家团结一致，才能成就大业，这样国家社稷还可以保存。”

文天祥

［原文］

天祥性豪华，平生自奉甚厚，声伎满前。至是，痛自贬损，尽以家赀为军费。每与宾佐语及时事，辄流涕，抚几言曰：“乐人之乐者忧人之忧，食人之食者死人之事。”八月，天祥提兵至临安，除知平江府。时以丞相宜中未还朝，不遣。十月，宜中至，始遣之。朝议方擢吕师孟为兵部尚书，封吕文德和义郡王，欲赖以求好。师孟益偃蹇（yǎn jiǎn）自肆。

［译文］

文天祥性情豪放奢华，平时生活过得十分丰厚，娱乐饮宴时常常请很多歌伎舞女助兴。自从应召入京后，他痛心自责，自我贬损，将家产全部变卖以充作军费。文天祥每次与宾客部属论及当时局势，就感慨流泪，抚着案几说：“既然享受他人的欢乐，就要分担他人的忧患，食用他人的俸禄就要敢于为他人的事情献身。”八月，文天祥率军到达临安，朝廷任命他为平江府知府。当时因宰相陈宜中尚未还朝，因此无法派遣文天祥去上任。十月，陈宜中回到朝廷，才派遣文天祥赴任。朝廷商议国事时计划提拔吕师孟为兵部尚书，封吕文德为和义郡王，企图依靠他们向元朝乞求和好。吕师孟因此态度更加傲慢，刚愎自用而肆无忌惮。

［原文］

天祥陛辞，上疏言：“朝廷姑息牵制之意多，奋发刚断之义少，乞斩师孟衅鼓，以作将士之气。”且言：“宋惩五季之乱，削藩镇，建郡邑，一时虽足以矫尾大之弊，然国亦以浸弱。故敌至一州则破一州，至一县则破一县，中原陆沉，痛悔何及。今宜分天下为四镇，建都督统御于其中。以广西益湖南而建阃（kǔn）于长沙，以广东益江西而建阃于隆兴，以福建益江东而建阃于番阳，以淮西益淮东而建阃于扬州。责长沙取鄂，隆兴取蕲、黄，番阳取江东，扬州取两淮，使其地大力众，足以抗敌。约日齐奋，有进无退，日夜以图之，彼备多力分，疲

于奔命，而吾民之豪杰者又伺间出于其中，如此则敌不难却也。”时议以天祥论阔远，书奏不报。

[译文]

文天祥离京前向皇帝辞行，上奏疏曰：“目前朝廷对向敌人求全妥协、受敌人牵制的意见多予以姑息迁就，而发奋振兴国家、刚强果断的义举甚少，我请求将吕师孟处决，用他来祭祀我大军出征的旗鼓，振作我军将士的士气。”又说：“朝廷从五代的战乱得到教训，废除藩镇实行郡邑制度，短期内虽然足以矫正藩镇制尾大不掉的弊端，但国家却因此逐渐衰落。所以敌国到一个州就攻破一个州，到一个县就攻破一个县，中原大地不断沦陷，痛苦后悔也来不及了。现在应把天下分为四个镇，委派都督负责统帅和负责防御事务。将广西和湖南合为一镇，以长沙为中心；将广东与江西合为一镇，以隆兴为中心；将福建与江东合为一镇，以番阳为中心；将淮西与淮东合为一镇，以扬州为中心。责令长沙都督府攻取鄂州，隆兴都督府攻取蕲州、黄州，番阳都督府攻取江东，扬州都督府攻取两淮，使其扩大疆域，增强实力，则足以抵抗敌人的进攻。再约定时间统一奋发进取，有进无退，日夜进攻以达到我们的目标，敌人防备之处甚多而兵力分散，疲于奔命，而我国臣民中的豪杰勇士又伺机出没于敌人占领区中攻击敌人，如此敌人就不难击退了。”当时朝廷讨论文天祥的提议，认为他高谈阔论，远离实际，对他的建议不予答复。

[原文]

十月，天祥入平江，大元兵已发金陵入常州矣。天祥遣其将朱华、尹玉、麻士龙与张全援常，至虞桥，士龙战死，朱华以广军战五牧，败绩。玉军亦败，争渡水，挽全军舟，全军断其指，皆溺死。玉以残兵五百人夜战，比旦皆没。全不发一矢（shǐ），走归。大元兵破常州，入独松关。宜中、梦炎召天祥，弃平江，守余杭。

[译文]

十月，文天祥抵达平江府，元朝军队已从金陵发兵攻入常州地区。文天祥派部下朱华、尹玉、麻士龙与张全奔赴常州救援，军队进军至虞桥，与元军发生激战，麻士龙战死，朱华率领广军在五牧与元军作战，被元军击败。尹玉的军队也战败撤退，败军争相渡水逃亡，在水中抓住张全部队的船舷，张军属下的军士将水中宋军的手指斩断，致使落水宋军全部溺亡。尹玉率残兵败将五百人与元军发生夜战，战至次日凌晨天亮时，全军覆没。张全军队一箭未发，逃回军营。元朝军队攻破常州城，进入独松关。陈宜中、留梦炎召文天祥，放弃平江府，退至余杭县坚守。

[原文]

明年正月，除知临安府。未几，宋降，宜中、世杰皆去。仍除

天祥枢密使。寻除右丞相兼枢密使，使如军中请和，与大元丞相伯颜抗论皋亭山。丞相怒拘之，偕左丞相吴坚、右丞相贾余庆、知枢密院事谢堂、签书枢密院事家铉翁、同签书枢密院事刘岊(jié)，北至镇江。天祥与其客杜浒十二人，夜亡入真州。苗再成出迎，喜且泣曰："两淮兵足以兴复，特二阃小隙，不能合从耳。"天祥问："计将安出？"再成曰："今先约淮西兵趋建康，彼必悉力以捍吾西兵。指挥东诸将，以通、泰兵攻湾头，以高邮、宝应、淮安兵攻杨子桥，以扬兵攻瓜步，吾以舟师直捣镇江，同日大举。湾头、杨子桥皆沿江脆兵，且日夜望我师之至，攻之即下。合攻瓜步之三面，吾自江中一面薄之，虽有智者不能为之谋矣。瓜步既举，以东兵入京口，西兵入金陵，要浙归路，其大帅可坐致也。"天祥大称善，即以书遗二制置，遣使四出约结。

[译文]

伯颜

伯颜是元初的功臣，为元朝灭南宋统一全国立下了赫赫战功。

第二年正月，文天祥被任命为临安府知府。不久，宋朝皇帝向元军投降，陈宜中、张世杰都离开了临安。宋朝廷于是任命文天祥为枢密使。不久宋廷又任命文天祥为右丞相兼枢密使，并派他去元朝军队中求和，他在皋亭山与元朝丞相伯颜发生争辩。伯颜被激怒，将文天祥拘禁，连同左丞相吴坚、右丞相贾余庆、知枢密院事谢堂、签书枢密院事家铉翁、同签书枢密院事刘岊，向北押赴至镇江。文天祥及其门客杜浒等十二人，趁黑夜逃亡，跑到真州。真州守将苗再成出城迎接，遇见文天祥，喜极而泣，说："两淮的宋军足以复兴国家，只是两地有小小的不和，无法联合行动。"文天祥问："你有什么计策吗？"苗再成说："现在可以先联络淮西军队进攻建康，敌方一定全力以赴，抵御我淮西军队。此时我们再指挥淮东的各位将领，以通州、泰州的军队进攻湾头，以高邮、宝应、淮安的部队进攻扬子桥，以扬州的部队进攻瓜步，我们率领水师直捣镇江，同时大规模行动。湾头、扬子桥的守军都是长江沿岸一带的老弱残兵，而且日夜盼望我军光复，进攻这两个地区可以立即攻下。我军再从陆地三个方面合攻瓜步，我们从江中这一面进逼，元军即使有智谋者也无

能为力了。瓜步一经攻克，我军以淮东军队进攻京口，淮西军队进攻金陵，拦腰截断进攻浙江的元军的退路，元军统帅就只能坐以待擒了。”文天祥闻此计策，大喜过望，连称妙计，立即写信给驻守淮东和淮西的两位制置使，并派出使者四处联络集结军队。

［原文］

天祥未至时，扬有脱归兵言：“密遣一丞相入真州说降矣。”庭芝信之，以为天祥来说降也。使再成亟杀之。再成不忍，绐(dài)天祥出相城垒，以制司文示之，闭之门外。久之，复遣二路分觇(chān)天祥，果说降者即杀之。二路分与天祥语，见其忠义，亦不忍杀，以兵二十人道之扬，四鼓抵城下，闻候门者谈，制置司下令备文丞相甚急，众相顾吐舌，乃东入海道，遇兵，伏环堵中得免。然亦饥莫能起，从樵者乞得余糁羹(sǎngēng)。行入板桥，兵又至，众走伏丛筱(xiǎo)中，兵入索之，执杜浒、金应而去。虞候张庆矢中目，身被二创，天祥偶不见获。浒、应解所怀金与卒，获免，募二樵者以蒉(kuì)荷天祥至高邮，泛海至温州。

［译文］

文天祥还未到真州时，扬州有一个从元军逃脱回来的宋军士兵说：“元军已秘密派遣一位丞相到真州劝降了。”李庭芝信以为真，以为文天祥就是元军派来劝降的。他让苗再成立即将文天祥杀掉。苗再成于心不忍，假装请文天祥出去视察守城的堡垒，趁机将制置司李庭芝发给苗再成的公文交文天祥过目，又将文天祥关在城门外。过了很久一段时间，苗再成又派遣两路人马分别前往试探文天祥，如果确实是元朝派来劝降的就立即将他杀掉。两路人马分别与文天祥谈话，见他是一个忠于国家、富于民族大义之人，也不忍心杀他，于是派二十名士兵送文天祥去向扬州制置司说情，四鼓时分抵扬州城下，听见等候开城门入城的人的谈话，制置司已下令加紧防备文丞相，护送文天祥的士兵闻之面面相觑，于是向东取道向沿海行走，途中遇到军队，便隐身伏在四面是土墙包围的地方，方得以侥幸逃脱。但是大家已是饥饿难忍，连起身都很困难，只能向砍柴人讨得一些残羹剩饭充饥。到了板桥，军队又来了，众人逃到竹林中隐伏起来，军队进入竹林中搜捕，将杜浒、金应捕获后离去。虞候张庆的眼睛中箭，身上两处受伤，文天祥幸免于难。杜浒、金应拿出身上带着的金子送给士兵，因此获释，雇了两个砍柴人用竹筐抬文天祥到高邮，再乘船渡海到达温州。

［原文］

闻益王未立，乃上表劝进，以观文殿学士、侍读召至福，拜右丞相。寻与宜中等议不合。七月，乃以同都督出江西，遂行，收兵入汀

州。十月，遣参谋赵时赏、咨议赵孟潆(yíng)将一军取宁都，参赞吴浚将一军取雩(yú)都，刘洙、萧明哲、陈子敬皆自江西起兵来会。邹洬以招谕副使聚兵宁都，大元兵攻之，㵯兵败，同起事者刘钦、鞠华叔、颜斯立、颜起岩皆死。武冈教授罗开礼，起兵复永丰县，已而兵败被执，死于狱。天祥闻开礼死，制服哭之哀。

［译文］

文天祥听说益王尚未被册立为皇帝，于是上奏表章，建议益王即位为皇帝，不久以观文殿学士、侍读的身份到福州接受皇帝的召见，被任命为右丞相。不久，文天祥与陈宜中等人的意见不合。七月，文天祥就用同都督的身份赴江西上任，于是受命前往，集结军队进入汀州。十月，文天祥派参谋赵时赏，咨议赵孟潆带领一支军队攻取宁都，派参赞吴浚带领一支军队攻取雩都，刘洙、萧明哲、陈子敬都从江西起兵前来会合。邹㵯以招谕副使的身份在宁都集结部队，元朝军队进攻宁都，邹㵯兵败，与邹㵯一同起事的刘钦、鞠华叔、颜斯立、颜起岩先后战死。武冈教授罗开礼，起兵收复永丰县，不久兵败被捕，在监狱中亡故。文天祥听说罗开礼去世，为之哀哭并服丧。

［原文］

至元十四年正月，大元兵入汀州，天祥遂移漳州，乞入卫。时赏、孟潆(yíng)亦提兵归，独浚兵不至。未几，浚降，来说天祥。天祥缚浚，缢杀之。四月，入梅州，都统王福、钱汉英跋扈(bá hù)，斩以徇。五月，出江西，入会昌。六月，入兴国县。七月，遣参谋张汴、监军赵时赏、赵孟潆等盛兵薄赣城，邹洬以赣诸县兵捣永丰，其副黎贵达以吉诸县兵攻泰和。吉八县复其半，惟赣不下。临洪诸郡，皆送款。潭赵璠(fán)、张虎、张唐、熊桂、刘斗元、吴希奭(shì)、陈子全、王梦应起兵邵、永间，复数县，抚州何时等皆起兵应天祥。分宁、武宁、建昌三县豪杰，皆遣人如军中受约束。

［译文］

元世祖至元十四年（1277 年）正月，元军占领汀州，文天祥于是移师漳州，上书朝廷，请求入朝护卫皇上。赵时赏、赵孟潆也率领军队退回漳州，唯独吴浚的军队未到漳州。不久，吴浚投降元军，并前来劝说文天祥向元军投降。文天祥命人将吴浚用绳子捆绑起来，勒死了他。四月，文天祥率军进入梅州，梅州都统王福、钱汉英飞扬跋扈，被文天祥斩首示众。五月，文天祥出兵江西，进入会昌。六月，进入兴国县。七月，派遣参谋张汴、监军赵时赏、赵孟潆等集结重兵进逼赣州城，邹㵯率赣州各县兵马进攻永丰，他的副将黎贵达集结吉州各县兵马攻打泰和。吉州

八个县中有一半被宋军收复，只有赣州久攻不下。临洪诸县都归顺宋军，并向宋军赠送军饷。潭州的赵璠、张虎、张唐、熊桂、刘斗元、吴希奭、陈子全、王梦应在邵州、永州一带起兵，收复数个县城，抚州的何时等都起兵响应文天祥。分宁、武宁、建昌三个县的豪杰，都派人投军，接受文天祥的管辖。

［原文］

江西宣慰使李恒遣兵援赣州，而自将兵攻天祥于兴国。天祥不意恒兵猝(cù)至，乃引兵走，即邹㵯于永丰。㵯兵先溃，恒穷追天祥方石岭。巩信拒战，箭被体，死之。至空坑，军士皆溃，天祥妻妾子女皆见执。时赏坐肩舆(yú)，后兵问谓谁，时赏曰“我姓文”，众以为天祥，禽之而归，天祥以此得逸去。

［译文］

元朝的江西宣慰使李恒派兵增援赣州，而亲自率军赴兴国攻击文天祥。文天祥没有想到李恒的军队会突然来犯，于是率领部队退却，赴永丰与邹㵯的军队会合。邹㵯的军队已先被元军击溃，李恒率军穷追文天祥不舍，直至方石岭。巩信率军抗击元军，遭乱箭射杀。文天祥率军退到空坑时，士兵都溃散而逃，文天祥的妻妾子女都被元军擒获。赵时赏坐在轿子中，后面追赶上来的元军问他是谁，赵时赏答道：“我姓文。”元军以为是文天祥，将他擒获后就收兵退回，文天祥因此得以逃脱。

［原文］

孙㮚(lì)、彭震龙、张汴死于兵，缪朝宗自缢死。吴文炳、林栋、刘洙皆被执归隆兴。时赏奋骂不屈，有系累至者，辄麾去，云：“小小签厅官耳，执此何为？”由是得脱者甚众。临刑，洙颇自辩，时赏叱曰：“死耳，何必然？”于是栋、文炳、萧敬夫、萧焘(tāo)夫皆不免。

［译文］

孙㮚、彭震龙、张汴在对元军作战中阵亡，缪朝宗上吊自杀。吴文炳、林栋、刘洙都被俘虏押回隆兴。赵时赏大声叫骂，宁死不屈，宋军中因战败被俘的官员被押到他面前让他辨认，他立即挥手让把他们带走，说：“小小签厅官而已，抓这些人有什么用？”不少人因此而得以被释放脱身。临刑时，刘洙仍在不断为自己辩护，赵时赏叱责他说：“不过一死罢了，何必如此贪生？”于是林栋、吴文炳、萧敬夫、萧焘夫都被元军杀害。

［原文］

天祥收残兵奔循州，驻南岭。黎贵达潜谋降，执而杀之。至元

十五年三月，进屯丽江浦。六月，入船澳。益王殂(cú)，卫王继立。天祥上表自劾，乞入朝，不许。八月，加天祥少保、信国公。军中疫且起，兵士死者数百人。天祥惟一子，与其母皆死。十一月，进屯潮阳县。潮州盗陈懿、刘兴数叛附，为潮人害。天祥攻走懿，执兴诛之。十二月，趋南岭，邹㵯、刘子俊又自江西起兵来，再攻懿党，懿乃潜道元帅张弘范兵济潮阳。天祥方饭五坡岭，张弘范兵突至，众不及战，皆顿首伏草莽。天祥仓皇出走，千户王惟义前执之。天祥吞脑子，不死。邹㵯自颈，众扶入南岭死。官属士卒得脱空坑者，至是刘子俊、陈龙复、萧明哲、萧资皆死，杜浒被执，以忧死。惟赵孟溁(yíng)遁，张唐、熊桂、吴希奭(shì)、陈子全兵败被获，俱死焉。唐，广汉张栻(shì)后也。

［译文］

文天祥收拾残兵败将跑到循州，驻扎在南岭。黎贵达暗中策划投降元朝，被文天祥抓住处决。至元十五年（1278 年）三月，文天祥率军进驻丽江浦。六月，进入船澳。益王病故，卫王继位。文天祥上奏表章，自我检讨，请求入朝晋见皇帝，但朝廷没有许可。八月，朝廷加封文天祥为少保、信国公。文天祥的军队中发生瘟疫，有数百名士兵因瘟疫病故。文天祥唯一的儿子与其母亲也死于瘟疫。十一月，文天祥进驻潮阳县。潮州强盗陈懿、刘兴多次反叛又多次归附，成为潮州百姓的心腹之患。文天祥进攻陈懿、刘兴，击退陈懿，擒获刘兴并杀了他。十二月，文天祥的军队进至南岭，邹㵯、刘子俊又从江西起兵来会合，再次进攻陈懿，陈懿就暗中把元朝元帅张弘范的军队带到潮阳。文天祥正在五坡岭吃饭，张弘范的军队突然袭击，文天祥的军队来不及应战，都叩头伏在草丛中。文天祥仓皇而逃，元军千户王惟义上前将他抓住。文天祥吞食樟脑以求一死，但没有死成。邹㵯刎颈自杀，部属将他扶到南岭时死去。官吏、家属和士兵中得以逃脱空坑之难的人，至此刘子俊、陈龙复、萧明哲、萧资都遇难身亡，杜浒被元军俘虏，忧愤而死。只有赵孟溁得以逃脱，张唐、熊桂、吴希奭、陈子全兵败被俘，都被元军杀害。张唐，是广汉张栻的后代。

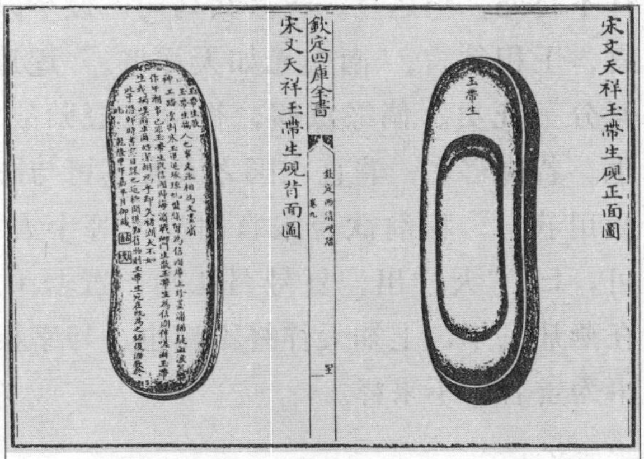

宋文天祥玉带生砚图

［原文］

天祥至潮阳，见弘范，左右命之拜，不拜，弘范遂以客礼见之，与俱入厓山，使为书招张世杰。天祥曰：“吾不能捍父母，乃教人叛父母，可乎？”索之固，乃书所过《零丁洋诗》与之。其末有云：“人生自古谁无死，留取丹心照汗青。”弘范笑而置之。厓山破，军中置酒大会，弘范曰：“国亡，丞相忠孝尽矣，能改心以事宋者事皇上，将不失为宰相也。”天祥泫然出涕，曰：“国亡不能救，为人臣者死有余罪，况敢逃其死而二其心乎？”弘范义之，遣使护送天祥至京师。

［译文］

文天祥被押解到潮阳，见到张弘范，张弘范左右的人叫他下跪拜见，文天祥不拜，张弘范于是用招待客人的礼仪待他，又带着他到厓山，让他写书信招降张世杰。文天祥说：“我不能保护父母，却教人背叛父母，这样做可能吗？”张弘范一定要他写，文天祥便将他渡海过零丁洋时所作的《过零丁洋》交给张弘范，诗的末尾写道：“人生自古谁无死，留取丹心照汗青。”张弘范对此诗一笑置之。厓山被攻破后，元军大摆酒宴，举行盛大聚会，张弘范对文天祥说：“国家已经灭亡，丞相也已经尽到忠孝之义了，如能改变主意，用服侍宋朝的忠孝之义来服侍我大元皇帝，将不会失去大元宰相的位子。”文天祥凄然落泪，说：“不能挽救国家的危亡，作为一名臣子已是死有余罪，怎敢因逃避一死而有二心呢？”张弘范认为文天祥是大义之人，派人护送文天祥到元朝京城大都。

［原文］

天祥在道，不食八日，不死，即复食。至燕，馆人供张甚盛，天祥不寝处，坐达旦。遂移兵马司，设卒以守之。时世祖皇帝多求才南官，王积翁言：“南人无如天祥者。”遂遣积翁谕旨，天祥曰：“国亡，吾分一死矣。傥缘宽假，得以黄冠归故乡，他日以方外备顾问，可也。若遽官之，非直亡国之大夫不可与图存，举其平生而尽弃之，将焉用我？”积翁欲合宋官谢昌元等十人请释天祥为道士，留梦炎不可，曰：“天祥出，复号召江南，置吾十人于何地？”事遂已。天祥在燕凡三年，上知天祥终不屈也，与宰相议释之，有以天祥起兵江西事为言者，不果释。

［译文］

文天祥在路上时，绝食八天，没有死，只好恢复进食。到了京城，所下榻的旅馆的供应和招待十分热情，文天祥不躺下睡觉，通宵达旦坐着。元朝于是将文天祥

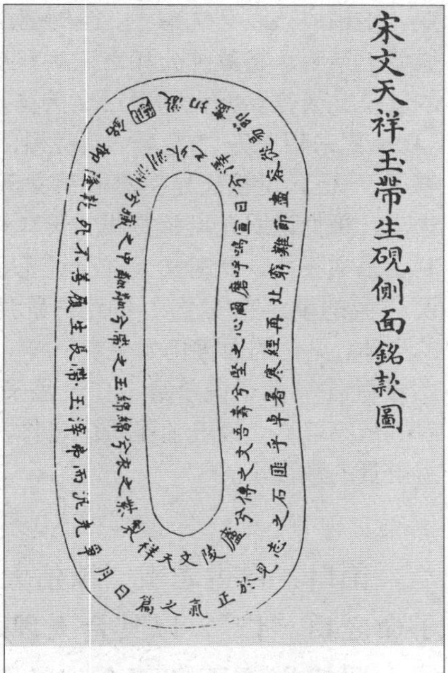

宋文天祥玉带生砚侧面铭款

移送兵马司，派士兵看守他。当时元世祖常常从南宋官吏中寻求人才，王积翁说："南宋官吏中没有谁比得上文天祥。"元世祖于是派王积翁向文天祥传达旨意。文天祥说："国家已经灭亡，我只有求得一死的权利。倘若有机会被宽大释放，得以作为一名道士返回故里，他日以出家人身份担任一个顾问，还可以考虑。如果立即让我出任元朝的官职，不仅亡国的士大夫不能与我一起谋求生存，而且把自己一生的志向全部抛弃，任用我又有什么用呢？"王积翁想联合南宋降元的官吏谢昌元等十人联名请求元朝廷释放文天祥，让他做道士，但降官中留梦炎不同意，说："文天祥获释出去后，又号召江南豪杰起兵反元，如此将置我们十人于何等境地？"联名之事因此作罢。文天祥在大都一共三年，元世祖知道文天祥始终不肯向元朝屈服，与宰相商议释放他，但朝廷中有人以文天祥曾在江西起兵反元之事为由，提出异议，结果文天祥没有被释放。

［原文］

至元十九年，有闽僧言土星犯帝坐，疑有变。未几，中山有狂人自称"宋主"，有兵千人，欲取文丞相。京城亦有匿名书，言某日烧蓑（suō）城苇，率两翼兵为乱，丞相可无忧者。时盗新杀左丞相阿合马，命撤城苇，迁瀛（yíng）国公及宋宗室开平，疑丞相者天祥也。召入谕之曰："汝何愿？"天祥对曰："天祥受宋恩，为宰相，安事二姓？愿赐之一死足矣。"然犹不忍，遽麾（jù huī）之退。言者力赞从天祥之请，从之。俄有诏使止之，天祥死矣。天祥临刑殊从容，谓吏卒曰："吾事毕矣。"南向拜而死。数日，其妻欧阳氏收其尸，面如生，年四十七。其衣带中有赞曰："孔曰成仁，孟曰取义，惟其义尽，所以仁至。读圣贤书，所学何事？而今而后，庶几无愧。"

［译文］

至元十九年（1282年），福建有个僧人称土星侵犯帝王星，猜测天下将有变故发生。不久，中山府有一个狂人自称为"宋朝之主"，拥兵千人，计划营救文丞相。京城里也出现匿名信，说某一天要火烧覆盖城墙的芦苇，统帅两路兵马发动兵

变，丞相应该没有忧虑了。当时盗贼刚刚杀死左丞相阿合马不久，元朝廷下令除去城墙上芦苇，将瀛国公和南宋宗室从京城迁至开平，并怀疑匿名信中所说的丞相指的就是文天祥。元世祖宣召文天祥入朝，问他说："你有何心愿？" 文天祥回答说："我承蒙宋朝恩宠，成为一朝宰相，怎么能服侍异姓王朝呢？希望能赐我一死就足够了。"但元世祖还是不忍心杀文天祥，就立即挥手让文天祥退下。朝廷中有大臣进言，极力说服元世祖赞成文天祥的请求，元世祖听从了大臣的建议。随后又下诏制止杀文天祥，此时文天祥已经死了。文天祥临刑前面色极为从容，对行刑的小吏说："我的事业完成了。"向南方跪拜而死去。几天后，文天祥的妻子欧阳氏收殓他的尸体，见他的面容仍如生前一样，他死时年纪四十七岁。他的衣带中有一篇赞文，上面写道："孔子说杀身成仁，孟子说舍生取义，只有极尽忠义之举，才能达到仁者的最高境界。读孔孟圣贤的著作，所学的是什么呢？从今以后，我应该无愧于孔孟圣贤的教诲了。"

［原文］

论曰：自古志士，欲信大义于天下者，不以成败利钝动其心，君子命之曰"仁"，以其合天理之正，即人心之安尔。商之衰，周有代德，盟津之师不期而会者八百国。伯夷、叔齐以两男子欲扣马而止之，三尺童子知其不可。他日，孔子贤之，则曰："求仁而得仁。"宋至德祐亡矣，文天祥往来兵间，初欲以口舌存之，事既无成，奉两孱（chán）王崎岖岭海，以图兴复，兵败身执。我世祖皇帝以天地有容之量，既壮其节，又惜其才，留之数年，如虎兕（sì）在柙（xiá），百计驯之，终不可得。观其从容伏质，就死如归，是其所欲有甚于生者，可不谓之"仁"哉？宋三百余年，取士之科，莫盛于进士，进士莫盛于伦魁。自天祥死，世之好为高论者，谓科目不足以得伟人，岂其然乎？

［译文］

评论说：自古以来的仁人志士，希望在天下伸张大义的，不因为自己的事业成败顺利与否而改变志向，有识之士称其为"仁"，因为它符合光明正大的天理，也就是符合人心的安康。商朝衰败，周国有取代它的德行，不约而同参加孟津盟约联军的有八百个诸侯国。伯夷、叔齐用两名男子想勒住战马阻止联军进攻商朝，即使是三尺高的孩童也知道这是不可阻拦的事。过了一段时间，孔子敬重伯夷、叔齐的行为，就说："追求仁义就能得到仁义。"宋朝到德祐年间已经名存实亡了，文天祥不断往来于宋军与元军之间，最初想通过谈判保存宋朝，事情没有成功，则侍奉两个孱弱无能的宋王于崎岖山岭及汹涌大海之中，以图复兴宋朝大业，兵败被俘。元世祖皇帝有容纳天地的雅量，既钦佩文天祥气节的壮美，又爱惜他是个人才，留他在京都数年，好比笼子中的猛虎烈兽，即使有许多办法驯养它，最终也不可能得到。看文天祥从容就义，视死如归，看重追求事业甚于自己的生命，难道不能称其为“仁”吗？宋朝三百余年，选择有识之士的科举制度，隆重莫过于进士的考选，而进士的考选最隆重的又莫过于状元的选拔。人世间有喜欢发表高论的人士，曾说科举制度不足以选拔杰出人才，从文天祥殉国之举来看，这种说法难道是正确的吗？

辽　史

太祖本纪上

［原文］

太祖大圣大明神烈天皇帝，姓耶律氏，讳亿，字阿保机，小字啜（chuò）里只，契丹迭剌部霞濑益石烈乡耶律弥里人。德祖皇帝长子，母曰宣简皇后萧氏。唐咸通十三年生。初，母梦日堕怀中，有娠（shēn）。及生，室有神光异香，体如三岁儿，即能匍匐。祖母简献皇后异之，鞠为己子。常匿于别幕，涂其面，不令他人见。三月能行，晬（zuì）而能言，知未然事。自谓左右若有神人翼卫。虽龆龀（tiáochèn），言必及世务。时伯父当国，疑辄咨焉。既长，身长九尺，丰上锐下，目光射人，关弓三百斤。为挞（tà）马狘（xuè）沙里，时小黄室韦不附，太祖以计降之。伐越兀及乌古、六奚、比沙狘诸部，克之。国人号阿主沙里。

［译文］

太祖大圣大明神烈天皇帝，姓耶律氏，名亿，字阿保机，小名为啜里只，契丹的迭剌部霞濑益石烈乡耶律弥里人。是德祖皇帝耶律撒剌的长子，母亲是宣简皇后萧氏。阿保机生于唐咸通十三年（872 年）。当初，萧氏梦见太阳坠落在怀里，就发现有了身孕。到阿保机出生的时候，室内有神奇的光芒和不同寻常的香气，阿保机刚出生体态就像三岁的幼儿，能匍匐爬行。祖母简献皇后看他异乎寻常，便亲自抚养。经常把阿保机藏匿在别的帐幕中，把他的脸涂上颜色，不让其他人见到。阿保机三个月就会走了，一周岁就能说话，还能预测未发生的事。阿保机自称左右好像有神人护卫。虽然只是换齿的年龄，说话一定涉及时世事务。当时他伯父当政，有疑难事经常咨询阿保机。阿保机长大成人后，身高九尺，

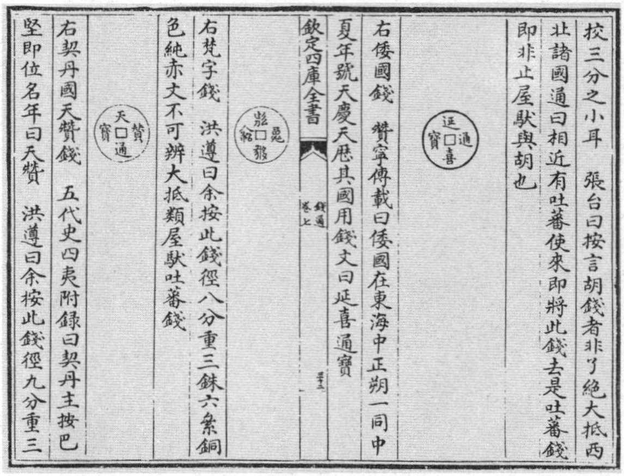
校三分之小耳　張台曰按言胡錢者非了絶大抵西
北諸國通曰相近有吐蕃使來即將此錢去是吐蕃錢
即非止屋馱與胡也
右倭國錢　贊寧傳載曰倭國在東海中正朔一同中
夏年號天慶天歷其國用錢文曰延喜通寶
欽定四庫全書　錢通 卷上
右梵字錢　洪遵曰余按此錢徑八分重三銖六絫銅
色純赤文不可辨大抵類屋馱吐蕃錢
右契丹國天贊錢　五代史四夷附録曰契丹主按巴
堅即位名年曰天贊　洪遵曰余按此錢徑九分重三

契丹钱

额头丰满脸颊瘦削，目光尖锐，咄咄逼人，能拉满三百斤的弓。任挞马狘沙里，当时小黄室韦不肯归附，阿保机用计谋降服了他。讨伐越兀和乌古、六奚、比沙狘各部，都将其攻破。国人称阿保机阿主沙里。

［原文］

唐天复元年，岁辛酉，痕德堇可汗立，以太祖为本部夷离堇，专征讨，连破室韦、于厥及奚帅辖剌哥，俘获甚众。冬十月，授大迭烈府夷离堇。

［译文］

唐天复元年（901 年），是辛酉年，痕德堇可汗即位，任用阿保机为本部夷离堇，专职征讨，接连攻破室韦、于厥和奚帅辖剌哥，俘虏的人和缴获的物品非常多。冬季十月，阿保机被授予大迭烈府夷离堇。

［原文］

明年秋七月，以兵四十万伐河东代北，攻下九郡，获生口九万五千，驼、马、牛、羊不可胜纪。九月，城龙化州于潢河之南，始建开教寺。

［译文］

第二年秋季七月，阿保机率兵四十万人征伐河东代北，攻下九个郡，俘虏人口九万五千人，骆驼、马、牛、羊不可胜数。九月，在潢河的南岸修筑龙化州城，开始建造开教寺。

［原文］

明年春，伐女直，下之，获其户三百。九月，复攻下河东怀远等军。冬十月，引军略至蓟北，俘获以还。先是德祖俘奚(xī)七千户，徙饶乐之清河，至是创为奚迭剌部，分十三县。遂拜太祖于越、总知军国事。

弓

［译文］

第二年春天，讨伐女直，攻下它的领地，俘获人户三百户。九月，又攻打下河

东怀远等军。冬季十月，率领军队攻城占地一直达到蓟北，俘虏人口劫掠财物而归。以前德祖俘虏奚部七千户人，迁徙到饶乐的清河，至此创建成奚迭剌部，分成十三个县。于是阿保机被拜为于越，总掌军事、行政大事。

[原文]

明年岁甲子，三月，广龙化州之东城。九月，讨黑车子室韦，唐卢龙军节度使刘仁恭发兵数万，遣养子赵霸来拒。霸至武州，太祖谍知之，伏劲兵桃山下。遣室韦人牟里诈称其酋长所遣，约霸兵会平原。既至，四面伏发，擒霸，歼其众，乘胜大破室韦。

[译文]

第二年为甲子年，三月，扩大龙化州的东城。九月，阿保机讨伐黑车子室韦，唐朝卢龙军节度使刘仁恭发兵几万人，并派其养子赵霸来抵抗契丹军。赵霸行进到武州的时候，被阿保机的间谍探知此事，于是阿保机在桃山脚下埋伏了劲旅。派室韦人牟里假称他是受酋长的差遣，与赵霸军队相约在平原会师。赵霸军队到所约地点后，伏兵从四面冲出，擒获赵霸，歼灭了唐军兵众，并乘胜大破室韦。

[原文]

明年七月，复讨黑车子室韦。唐河东节度使李克用遣通事康令德乞盟。冬十月，太祖以骑兵七万会克用于云州，宴酣，克用借兵以报刘仁恭木瓜涧之役，太祖许之。易袍马，约为兄弟。及进兵击仁恭，拔数州，尽徙其民以归。

[译文]

第二年七月，又讨伐黑车子室韦。唐朝河东节度使李克用派遣通事康令德来乞求联盟。冬季十月，阿保机率骑兵七万人在云州与李克用会盟，饮宴至酣，李克用向阿保机借兵用以报刘仁恭木瓜涧战役的仇，阿保机答应供兵给他。二人交换衣袍战马，结为兄弟。等到进军攻打刘仁恭，攻下数州，将这几州的百姓全部迁回。

[原文]

明年二月，复击刘仁恭。还，袭山北奚，破之。汴(biàn)州朱全忠遣人浮海奉书币、衣带、珍玩来聘。十一月，遣偏师讨奚、霫(xí)诸部及东北女直之未附者，悉破降之。十二月，痕德堇可汗殂(cú)，群臣奉遗命请立太祖。曷鲁等劝进。太祖三让，从之。

[译文]

第二年二月，又攻打刘仁恭。还师途中，又攻击山北的奚部，打败了他们。汴州的朱全忠派人经海路进献书信财物、衣带、珍宝等以访问修好。十一月，派偏师讨伐奚、霫各部以及东北女直之中还未归附的人，都攻破降服他们。十二月，痕德堇可汗去世，群臣接受痕德堇可汗临终的命令请求立阿保机为帝。曷鲁等人劝阿保机登上皇帝位。阿保机三次辞让，然后听从群臣的建议。

［原文］

元年春正月庚寅，命有司设坛于如迂王集会埚，燔柴告天，即皇帝位。尊母萧氏为皇太后，立皇后萧氏。北宰相萧辖剌、南宰相耶律欧里思率群臣上尊号曰天皇帝，后曰地皇后。庚子，诏皇族承遥辇(niǎn)氏九帐为第十帐。

二月戊午，以从弟迭栗底为迭烈府夷离堇。是月，征黑车子室韦，降其八部。

［译文］

太祖元年（907 年）春季正月庚寅十三日，命令官吏在如迂王集会埚筑坛，行祭天礼，报告上天，登上皇帝位。尊封母亲为皇太后，册立皇后萧氏。北宰相萧辖剌、南宰相耶律欧里思率领群臣加尊皇帝称号为天皇帝，加尊皇后称号为地皇后。二十三日，诏令皇族承袭遥辇氏九帐为第十帐。

二月十一日，任用堂弟迭栗底为迭烈府夷离堇。就在这个月，征讨黑车子室韦，降服其八个部。

［原文］

夏四月丁未朔，唐梁王朱全忠废其主，寻弑之，自立为帝，国号梁，遣使来告。刘仁恭子守光囚其父，自称幽州卢龙军节度使。

秋七月乙酉，其兄平州刺史守奇率其众数千人来降，命置之平卢城。

冬十月乙巳，讨黑车子室韦，破之。

［译文］

夏季四月丁未初一，唐朝梁王朱全忠废黜唐哀帝，不久又杀了他，自立为皇帝，国号为梁，派使者来告知。刘仁恭的儿子刘守光把父亲囚禁起来，自称幽州卢龙军节度使。

秋季七月乙酉初十，刘守光之兄平州刺史刘守奇率领他手下数千人来投降，太祖命令将他们安置在平卢城。

冬季十月乙巳初一，征讨黑车子室韦，并打败他们。

［原文］

二年春正月癸酉朔，御正殿受百官及诸国使朝。辛巳，始置惕

隐，典族属，以皇弟撒剌为之。河东李克用卒，子存勖袭，遣使吊慰。

夏五月癸酉，诏撒剌讨乌丸、黑车子室韦。

秋八月壬子，幽州进合欢瓜。

冬十月己亥朔，建明王楼。筑长城于镇东海口。遣轻兵取吐浑叛入室韦者。

［译文］

二年（908 年）正月癸酉初一，太祖亲临正殿接受百官和诸国使节的朝拜。辛巳初九，开始设置惕隐，掌管同族的亲属，由皇弟撒剌担任此职。河东李克用去世，他的儿子李存勖承袭其职。太祖派使节前去凭吊慰藉。

夏季五月癸酉初三，诏令撒剌征讨乌丸、黑车子室韦。

秋季八月壬子十三日，幽州进献合欢瓜。

冬季十月己亥初一，修建明王楼。在镇东海口修筑长城。派遣轻装的军队攫取吐浑叛逃到室韦的人。

［原文］

三年春正月，幸辽东。

二月丁酉朔，梁遣郎公远来聘。

三月，沧州节度使刘守文为弟守光所攻，遣人来乞兵讨之。命皇弟舍利素、夷离堇萧敌鲁以兵会守文于北淖（nào）口。进至横海军近淀，一鼓破之，守光溃去。因名北淖口为会盟口。

夏四月乙卯，诏左仆射（yì）韩知古建碑龙化州大广寺以纪功德。

五月甲申，置羊城于炭山之北以通市易。

冬十月己巳，遣鹰军讨黑车子室韦，破之。西北嗢（wà）娘改部族进挽车人。

［译文］

三年（909 年）春天正月，太祖临幸辽东。

二月丁酉初一，梁朝派郎公远来访问修好。

三月，沧州节度使刘守文被他的弟弟刘守光攻打，派人来请求出兵讨伐刘守光。太祖命令皇弟舍利素、夷离堇萧敌鲁率军队在北淖口与刘守文会师。然后行军到横海军附近的湖泊，擂一次战鼓就打败了刘守光，刘守光溃败而逃。因此将北淖口改名为会盟口。

夏季四月乙卯二十日，诏令左仆射韩知古在龙化州大广寺建造石碑用以记载太

祖功德。

五月甲申二十日，在炭山的北面设置羊城以便互通买卖交易。

冬季十月己巳初七，派遣鹰军讨伐黑车子室韦，打败他们。西北的嗢娘改部族进献拉车的人。

［原文］

四年秋七月戊子朔，以后兄萧敌鲁为北府宰相。后族为相自此始。

冬十月，乌马山奚库支及查剌底、锄勃德等叛，讨平之。

［译文］

四年（910年）秋季七月戊子初一，用皇后之兄萧敌鲁为北府宰相。皇后的族人任宰相自此开始。

冬季十月，乌马山奚库支和查剌底、锄勃德等人反叛，太祖发兵讨伐平定他们。

［原文］

五年春正月丙戌朔，日有食之。丙申，上亲征西部奚。奚阻险，叛服不常，数招谕弗听。是役所向辄下，遂分兵讨东部奚，亦平之。于是尽有奚、霫之地。东际海，南暨白檀，西逾松漠，北抵潢水，凡五部，咸入版籍。

三月，次滦（luán）河，刻石纪功。复略地蓟州。

［译文］

五年（911年）正月丙戌初一，出现日食。丙申十一日，太祖亲自征讨西部奚。奚地地形险要，反叛、归附反复无常。对多次招抚告谕不听从。这次战役所到之处皆被攻下，分出兵力讨伐东部奚，也平定了他们。于是全部占有奚、霫的领地。东边与大海相临，南边达到白檀，西边越过松漠，北边抵至潢水，共五部，都并入辽朝版图。

三月，太祖驻扎在滦河，刻石记载功德。又攻打、夺取蓟州。

［原文］

夏四月壬申，遣人使梁。

五月，皇弟剌葛、迭剌、寅底石、安端谋反。安端妻粘睦姑知之，以告，得实。上不忍加诛，乃与诸弟登山刑牲，告天地为誓而赦其罪。出剌葛为迭剌部夷离堇，封粘睦姑为晋国夫人。

［译文］

夏季四月壬申十八日，派人出使梁朝。

五月，皇弟剌葛、迭剌、寅底石、安端图谋造反。安端的妻子粘睦姑知道这消息，把情况报告给太祖，让太祖知道了此事的实情。太祖不忍心诛杀他们，就与这

几个弟弟登山割杀牛羊等作为祭品的牲畜，祭告天地立誓而赦免了他们的罪过。令剌葛出京城任迭剌部夷离堇，封粘睦姑为晋国夫人。

[原文]

秋七月壬午朔，斜离底及诸蕃使来贡。

八月甲子，刘守光僭(jiàn)号幽州，称燕。

冬十月戊午，置铁冶。

十一月壬午，遣人使梁。

[译文]

秋季七月壬午初一，斜离底和各蕃使节来进贡。

八月甲子十三日，刘守光在幽州僭越称帝，国号为燕。

冬季十月戊午初八，设置铁冶官署。

十一月壬午初二，派人出使梁朝。

[原文]

六年春正月，以化葛为惕(tì)隐。

二月戊午，亲征刘守光。

三月，至自幽州。

夏四月，梁郢王友珪(guī)弑父自立。

秋七月丙午，亲征术不姑，降之，俘获以数万计。命弟剌葛分兵攻平州。

八月壬辰，上次恩德山。皇子李胡生。

[译文]

六年（912年）春天正月，任用化葛为惕隐。

二月戊午初九，太祖亲自征讨刘守光。

三月从幽州返回。

夏季四月，梁朝郢王朱友珪杀死父亲朱全忠自立为帝。

秋季七月丙午初一，太祖亲自征伐术不姑，降服他们，俘虏的人和缴获的物品多得以数万计。太祖还命令皇弟剌葛分出兵力攻打平州。

八月壬辰十七日，太祖驻扎在恩德山。皇子李胡出世。

[原文]

冬十月戊寅，剌葛破平州，还，复与迭剌、寅底石、安端等反。甲申，遣人使梁致祭。壬辰，还次北阿鲁山，闻诸弟以兵阻道，引军南趋十七泺(pō)。是日燔(fán)柴。翼日，次七渡河，诸弟各遣人谢罪。上犹矜

怜，许以自新。

是岁，以兵讨两冶，以所获僧崇文等五十人归西楼，建天雄寺以居之，以示天助雄武。

［译文］

冬季十月戊寅初四，剌葛攻下平州，班师回朝，又和迭剌、寅底石、安端等人反叛。甲申初十，派人出使梁朝去祭祀。壬辰十八日，太祖还师驻扎在阿鲁山北，听到几个弟弟用兵阻拦道路，就率军向前奔赴十七泺。这一天行祭天之礼。第二天，驻扎在七渡河，几个弟弟分别派人来认罪。太祖还是怜悯他们，允许他们改过自新。

这一年，用兵讨伐两冶，把所俘获的僧人崇文等五十人送归西楼，修建天雄寺让他们居住，以此显示上天佐助雄武。

［原文］

七年春正月甲辰朔，以用兵免朝。晋王李存勖(xù)拔幽州，擒刘守光。甲寅，王师次赤水城，弟剌葛等乞降。上素服，乘赭(zhě)白马，以将军耶律乐姑、辖剌仅阿钵为御，解兵器、肃侍卫以受之，因加慰谕。剌葛等引退，上复数遣使抚慰。

二月甲戌朔，梁均王友贞讨杀其兄友珪(guī)，嗣立。

［译文］

七年（913 年）春天正月甲辰初一，因用兵打仗免去群臣朝贺。晋王李存勖攻下幽州，擒获刘守光。甲寅十一日，太祖所率王师驻扎在赤水城，兄弟剌葛等乞求投降。太祖身着素服，骑着赭白马，由将军耶律乐姑、辖剌仅阿钵担任护卫侍奉左右，解下兵器、严整侍卫来接受他们的投降，并加以安抚告谕。剌葛等人引退，太祖多次派遣使者前往抚慰。

二月甲戌初一，梁朝均王朱友贞讨伐、杀死他的兄长朱友珪，继兄位而称帝。

［原文］

三月癸丑，次芦水，弟迭剌哥图为奚王，与安端拥千余骑而至，绐(dài)称入觐。上怒曰："尔曹始谋逆乱，朕特恕之，使改过自新，尚尔反覆，将不利于朕！"遂拘之，以所部分隶诸军。而剌葛引其众至乙室堇淀，具天子旗鼓，将自立，皇太后阴遣人谕令避去。会弭(mí)姑乃、怀里阳言车驾且至，其众惊溃，掠居民北走，上以兵追之。剌葛遣其党寅底石引兵径趋行宫，焚其辎重、庐帐，纵兵大杀。皇后急遣蜀古鲁救之，仅得天子旗鼓而已。其党神速姑复劫西楼，焚明王楼。上至土河，秣(mò)马休兵，若不为意。诸将请急追之，上曰："俟(sì)其远遁，人

各怀土。怀土既切，其心必离，我军乘之，破之必矣！”尽以先所获资畜分赐将士，留夷离毕直里姑总政务。

［译文］

三月癸丑初十，太祖驻扎在芦水，兄弟迭剌哥图谋做奚王，和安端由一千多骑兵簇拥着来到芦水，谎称要觐见太祖。太祖生气地说：“你们开始图谋叛乱，我特别宽恕你们，让你们改过自新，你们还如此反复，这样下去将不利于我！”于是把他们拘押起来。把他们统领的人马分属于各军。然而剌葛率领他的兵众到达乙室堇淀，备有天子旗鼓，将要自立为帝，皇太后暗地里派人命令他们避开离去。正值弭姑乃、怀里佯言皇帝即将到来，剌葛的兵众惊慌溃散，劫掠了百姓向北逃去，太祖率兵追击他们。剌葛派他的同党寅底石率兵径直奔赴太祖行宫，焚烧太祖的辎重、帐篷，放纵兵众大开杀戒。皇后急忙派蜀古鲁去行宫救援，仅仅得到天子旗鼓而已。剌葛同党神速姑又劫掠西楼，烧了明王楼。太祖到达土河，喂饱战马，休整军队，好像不在意其弟的反叛。诸将请求迅速追击剌葛等人，太祖说：“等待他们远远地逃去，人人都怀念故土。怀念故土的心情急迫，他们的军心必然分离，我军乘此机会，一定能打败他们！”太祖还把以前所缴获的财物牲畜全部分赐给将士，留夷离毕直里姑总管政务。

［原文］

夏四月戊寅，北追剌葛。己卯，次弥里，闻诸弟面木叶山射鬼箭厌禳（ráng），乃执叛人解里向彼，亦以其法厌之。至达里淀，选轻骑追及培只河，尽获其党辎重、生口。先遣室韦及吐浑酋长拔剌、迪里姑等五人分兵伏其前路，命北宰相迪里古为先锋进击之。剌葛率兵逆战，迪里古以轻兵薄之。其弟遏古只临阵，射数十人毙，众莫敢前。相拒至晡（bū），众乃溃。追至柴河，遂自焚其车乘庐帐而去。前遇拔剌、迪里姑等伏发，合击，遂大败之。剌葛奔溃，遗其所夺神帐于路，上见而拜奠之。所获生口尽纵归本土。其党库古只、磨朵皆面缚请罪。师次札堵河，大雨暴涨。

［译文］

夏季四月戊寅初六，（太祖）向北追击剌葛。己卯初七，驻扎在弥里，听说诸弟面向木叶山射鬼箭镇压邪恶，就拘执叛乱者解里面向木叶山，也用这方法镇压邪恶。到达达里淀，选拔轻装骑兵追叛党追到培只河，将他们同党的辎重、男女俘虏全部缴获。太祖先派室韦和吐浑酋长拔剌、迪里姑等五人分别率兵埋伏在向前进军的路上，命令北宰相迪里古做先锋去进攻他们。剌葛率兵前来迎战，迪里古以轻装军队逼近他。迪里古的弟弟遏古只兵临阵前，将几十人射死，众人没有人敢近前。

双方相对抗到傍晚，剌葛的兵众就溃败了。王师追到柴河，剌葛焚烧了自己的车辆帐篷而逃走。前面遇到拔剌、迪里姑等人的伏兵冲出，合力攻击，于是被打得大败。剌葛奔逃溃散，把他夺得的神帐丢弃在路上，太祖见到神帐并且拜谒祭奠它。听任俘虏来的男女百姓尽归本土。剌葛的同党库古只、磨朵都将双手反绑于身后前来请罪。军队驻扎在札堵河，大雨河水暴涨。

［原文］

五月癸丑，遣北宰相迪辇(niǎn)率骁骑先渡。甲寅，奏擒剌葛、涅里衮阿钵于榆河，前北宰相萧实鲁、寅底石自刭(jǐng)不殊。遂以黑白羊祭天地。壬戌，剌葛、涅里衮阿钵诣行在，以稿索自缚，牵羊望拜。上还至大岭。时大军久出，辎重不相属，士卒煮马驹、采野菜以为食，孳(zī)畜道毙者十七八，物价十倍，器服资货委弃于楚里河，狼藉数百里，因更剌葛名暴里。丙寅，至库里，以青牛白马祭天地。以生口六百、马二千三百分赐大、小鹘(hú)军。

［译文］

五月癸丑十二日，派北宰相迪辇率领勇武的骑兵先渡河。甲寅十三日，上奏说在榆河擒获剌葛、涅里衮阿钵，前北宰相萧实鲁、寅底石自刎未死。太祖于是用黑白羊祭祀天地。壬戌二十一日，剌葛、涅里衮阿钵到太祖行宫，用禾秆绳子捆绑自己，牵着羊远远望见即行叩拜。太祖回到大岭。当时大军长期出征，辎重不能跟随，士卒只能以煮马驹、采野菜为食，繁育的牲畜有十分之七八都死在道旁，物价上涨十倍，器物与衣服以及资财货品丢弃在楚里河，沿途数百里都如此杂乱不整。因此将剌葛更名为暴里。丙寅二十五日，到达库里，用青牛白马祭祀天地。把六百俘虏、二千三百匹马分别赐给大、小鹘军。

［原文］

六月辛巳，至榆岭，以辖赖县人扫古非法残民，磔(zhé)之。甲申，上登都庵山，抚其先奇首可汗遗迹，徘徊顾瞻而兴叹焉。闻狱官涅离擅造大校，人不堪其苦，有至死者，命诛之。壬辰，次狼河，获逆党雅里、弥里，生埋之铜河南轨下。放所俘还，多为于骨里所掠。上怒，引轻骑驰击。复遣骁将分道追袭，尽获其众并掠者。庚子，次阿敦泺(pō)，以养子涅里思附诸弟叛，以鬼箭射杀之。其余党六千，各以轻重论刑。于厥掠生口者三十余人，亦俾赎其罪，放归本部。至石岭西，诏收回军乏食所弃兵仗，召北府兵验而还之。以夷离堇涅里衮附诸弟为叛，不忍显戮，命自投崖而死。

［译文］

六月辛巳初十，到达榆岭，因为辖赖县人扫古非法残害百姓，用车裂刑法将其处死。甲申十三日，太祖登都庵山，抚摸着自己先人奇首可汗的遗迹，在此徘徊环顾瞻望四周而颇为感慨。听说狱官涅离擅自制造大刑具，犯人苦得不能忍受，还有因不堪忍受而至死的，命令诛杀涅离。壬辰二十一日，驻扎在狼河，擒获叛党雅里、弥里，把他们活埋在铜河南轨下。释放他们所俘获的人回本土，而这些人多被于骨里所劫掠。太祖发怒，率轻装骑兵飞驰袭击。又派骁勇之将分路追击他们，将其兵众以及劫掠的人都俘获了。庚子二十九日，驻扎在阿敦泺，因为养子涅里思依附几个弟弟反叛，用鬼箭将他射死。其余的六千名同党，分别按其罪过的轻重判刑。于厥劫掠男女俘虏三十余人，也让他弥补自己的罪过，将所掠的人放还本部。到达石岭西，诏令收回军队缺粮时丢弃的兵器，召唤北府兵检验后而予以归还。因夷离堇涅里衮归附几个弟弟而反叛，太祖不忍心他被处决示众，命令他自己投崖而死。

［原文］

秋八月己卯，幸龙眉宫，轘(huàn)逆党二十九人，以其妻女赐有功将校，所掠珍宝、孳畜还主；亡其本物者，命责偿其家；不能偿者，赐以其部曲。

九月壬戌，上发自西楼。

［译文］

秋季八月己卯初十，太祖临幸龙眉宫，用车裂刑法处死叛党二十九人，把这些人的妻子女儿赏赐给有功的将校，把他们所劫掠的珍宝、牲畜归还原主；原来的物品已散失的，命令偿还物主这些债；不能偿还的，将他们的部曲赐给物主。

九月壬戌二十三日，太祖从西楼出发。

［原文］

冬十月庚午，驻赤崖。戊寅，和州回鹘来贡。癸未，乙室府人迪里古、迷骨离部人特里以从逆诛。诏群臣分决滞讼，以韩知古录其事，只里姑掌捕亡。

十一月，祠木叶山。还次昭乌山，省风俗，见高年，议朝政，定吉凶仪。

十二月戊子，燔(fán)柴于莲花泺。

［译文］

冬季十月庚午初二，驻扎在赤崖。戊寅初十，和州回鹘前来进贡。癸未十五日，乙室府人迪里古、迷骨离部人特里因为跟随反叛而被诛杀。诏令群臣分别判决

长期搁置的诉讼，由韩知古总领其事，只里姑掌管逮捕逃亡者事宜。

十一月，祭祀木叶山。太祖返回驻扎在昭乌山，察看风俗，拜见年长的人，议论朝政，制定吉凶礼仪。

十二月二十一日，在莲花泺祭天。

［原文］

八年春正月甲辰，以曷鲁为迭剌部夷离堇，忽烈为惕隐。于骨里部人特离敏执逆党怖胡、亚里只等十七人来献，上亲鞫(jū)之。辞多连宗室及有胁从者，乃杖杀首恶怖胡，余并原释。于越率懒之子化哥屡蓄奸谋，上每优容之，而反覆不悛(quān)，召父老群臣正其罪，并其子戮之，分其财以给卫士。有司所鞫逆党三百余人，狱既具，上以人命至重，死不复生，赐宴一日，随其平生之好，使为之。酒酣，或歌、或舞、或戏射、角抵，各极其意。明日，乃以轻重论刑。首恶剌葛，其次迭剌哥，上犹弟之，不忍置法，杖而释之。以寅底石、安端性本庸弱，为剌葛所使，皆释其罪。前于越赫底里子解里、剌葛妻辖剌已实预逆谋，命皆绞杀之。寅底石妻涅离胁从，安端妻粘睦姑尝有忠告，并免。因谓左右曰："诸弟性虽敏黠(xiá)，而蓄奸稔恶。尝自矜有出人之智，安忍凶狠，溪壑可塞而贪黩无厌。求人之失，虽小而可恕，谓重如泰山；身行不义，虽入大恶，谓轻于鸿毛。昵比群小，谋及妇人，同恶相济，以危国祚。虽欲不败，其可得乎？北宰相实鲁妻余卢睹姑于国至亲，一旦负朕，从于叛逆，未置之法而病死，此天诛也。解里自幼与朕常同寝食，眷遇之厚，冠于宗属，亦与其父背大恩而从不轨，兹可恕乎？"

［译文］

八年（914 年）正月甲辰初七日，任命曷鲁为迭剌部夷离堇，忽烈为惕隐。于骨里部人特离敏押解叛党怖胡、亚里只等十七人来进献，太祖亲自审讯他们。供词中多牵连到宗室和有些胁从的人，于是杖杀罪大恶极的怖胡，其余的人都加以原谅释放。于越率懒的儿子化哥屡次蓄意谋反，太祖每次都宽容他，而他反复作恶不悔改，于是召集父老群臣判定他的罪行，与他的儿子一道陈尸示众，把他的财物分发给卫士。官吏所审讯的叛党三百余人，已经判罪定案，太祖认为人命至关重要，人死不能复生，赏赐酒宴一天，按照各自平生的爱好，让他们随意去做。饮酒到酣畅之时，这些人有的唱歌、有的跳舞、有的游戏射箭、有的摔跤，各尽其兴。第二天，则以罪行轻重判刑。罪大恶极的剌葛、罪行其次的迭剌哥，太祖还以兄弟之义对待他们，不忍心对他们用法，杖责后把他们释放了。因为寅底石、安端性情原本平庸懦弱，被剌葛所唆使，都赦免他们的罪过。前于越赫底里的儿子解里、剌葛的妻子辖剌已实际参与了谋反，命令将他们绞死。寅底石的妻子涅离是胁从、安端的妻子粘睦姑曾对朝廷有忠告，都予以赦免。太祖因此对左右人说："这个弟弟性情虽聪敏狡黠，而积蓄邪念酝酿成罪恶。曾自恃有超于常人的智慧，怎么忍心如此凶狠，沟壑可以填塞而贪污没有止境？寻求他人的过失，虽然是小而可以宽恕的罪过，他也认为重如泰山。本人做不义之事，既然是罪大恶极的罪过，他也认为轻于鸿毛。接近众小人，与妇人谋划，为了共同的罪恶目的互相支持，从而危及国家皇位。虽然希望不失败，那可能吗？北宰相实鲁的妻子余卢睹姑是本朝至亲，一旦背叛了我，跟随叛逆，还未对她进行法律制裁而她就病死了，这是上天对她的诛伐。解里自幼和我经常同吃同住，我对他垂爱知遇的厚重，在宗族其他人之上，他也和他的父亲背叛朝廷大恩而随从叛乱，这可以饶恕吗？"

［原文］

秋七月丙申朔，有司上诸帐族与谋逆者三百余人罪状，皆弃市。上叹曰："致人于死，岂朕所欲。若止负朕躬，尚可容贷。此曹恣行不道，残害忠良，涂炭生民，剽(piāo)掠财产。民间昔有万马，今皆徒步，有国以来所未尝有。实不得已而诛之。"

冬十月甲子朔，建开皇殿于明王楼基。

［译文］

秋季七月丙申初一，官吏呈上各部参与反叛的三百余人的罪状，将他们都在闹市斩首示众。太祖感叹地说："置人于死地，怎么是我想做的事？如果只是背叛我本身，还可以容忍宽宥。这些人恣意做不法之事，残害忠良之士，涂炭黎民百姓，抢掠财产据为己有。民间以前有上万匹的马，而今都徒步行走，这是自建国以来所未曾有过的事。实在是不得已而诛杀他们的。"

冬季十月甲子初一，在明王楼的地基上修建开皇殿。

［原文］

九年春正月，乌古部叛，讨平之。

夏六月，幽州军校齐行本举其族及其部曲男女三千人请降，诏授检校尚书、左仆射，赐名兀欲，给其廪(lǐn)食。数日亡去，幽帅周德威纳之。及诏索之，德威语不逊，乃议南征。

冬十月戊申，钩鱼于鸭渌江。新罗遣使贡方物，高丽遣使进宝剑，吴越王钱镠(liú)遣滕彦休来贡。是岁，君基太一神数见，诏图其像。

［译文］

九年（915年）春天正月，乌古部叛变，讨伐平定他们。

夏季六月，幽州军校齐行本率领他的族人以及私人军队男女三千多人请求投降，诏令授齐行本为检校尚书、左仆射，赐他名为兀欲，由官府供给他们粮食。几天以后，齐行本一行逃走了，幽州将领周德威接纳了他们。等到下诏向幽州要齐行本等人，周德威出言不逊。于是商议南征幽州。

冬季十月戊申二十一日，太祖在鸭绿江钓鱼。新罗国派使节进献本国特产，高丽国派使节进献宝剑，吴越王钱镠派滕彦休来进贡。这一年，君基太一神多次出现，诏令画他的像。

［原文］

神册元年春二月丙戌朔，上在龙化州，迭烈部夷离堇耶律曷鲁等率百僚请上尊号，三表乃允。丙申，群臣及诸属国筑坛州东，上尊号曰大圣大明天皇帝，后曰应天大明地皇后。大赦，建元神册。初，阙地为坛，得金铃，因名其地曰金铃冈。坛侧满林曰册圣林。

三月丙辰，以迭烈部夷离堇曷鲁为阿庐朵里于越，百僚进秩、颁赉(lài)有差，赐酺三日。立子倍为皇太子。

［译文］

神册元年（916年）春天二月丙戌初一，太祖在龙化州，迭烈部夷离堇耶律曷鲁等人率领百官请求太祖加尊号，上了三次奏表太祖才应允。丙申十一日，群臣和各从属之国在龙化州东修筑祭坛，加尊太祖称号为大圣大明天皇帝，加尊皇后称号为应天大明地皇后。大赦天下，建年号为神册。当初，掘地修筑祭坛，挖到金铃，因此命名此地为金铃冈。祭坛旁边的满林名为册圣林。

三月丙辰初二，任用迭烈部夷离堇曷鲁为阿庐朵里于越，百官进官位品级、分赏奖励各有不同，赐聚众饮宴三天。立皇子耶律倍为皇太子。

［原文］

夏四月乙酉朔，晋幽州节度使卢国用来降，以为幽州兵马留后。甲辰，梁遣郎公远来贺。

六月庚寅，吴越王遣滕彦休来贡。

［译文］

夏季四月乙酉初一，晋国幽州节度使卢国用来投降，被任命为幽州兵马留后。甲辰二十日，梁国派郎公远来朝贺。

六月庚寅初七，吴越王派滕彦休来进贡。

[原文]

秋七月壬申，亲征突厥、吐浑、党项、小蕃、沙陀诸部，皆平之。俘其酋长及其户万五千六百，铠甲、兵仗、器服九十余万，宝货、驼马、牛羊不可胜算。

八月，拔朔州，擒节度使李嗣本。勒石纪功于青冢(zhǒng)南。

[译文]

秋季七月壬申十九日，太祖亲自征伐突厥、吐浑、党项、小蕃、沙陀各部，都将其讨平。俘虏他们的酋长以及一万五千六百户人，铠甲、兵器、器物衣服九十余万件，珍贵物品、驼马、马匹、牛羊不可胜数。

八月，攻下朔州，擒获节度使李嗣本。在青冢南刻石记载功德。

[原文]

冬十月癸未朔，乘胜而东。

十一月，攻蔚、新、武、妫(guī)、儒五州，斩首万四千七百余级。自代北至河曲逾阴山，尽有其地。遂改武州为归化州，妫州为可汗州，置西南面招讨司，选有功者领之。其围蔚州，敌楼无故自坏，众军大噪乘之，不逾时而破。时梁及吴越二使皆在焉，诏引环城观之，因赐滕彦休名曰述吕。

十二月，收山北八军。

[译文]

冬季十月癸未初一，乘胜向东进军。

十一月，攻打蔚、新、武、妫、儒五州，斩首一万四千七百多人。从代北至河曲跨越阴山，这一带皆为辽国所拥有。于是改武州为归化州，改妫州为可汗州，设立西南面招讨司，选拔有功之人统领这些地方。围攻蔚州的时候，城楼没有什么原因就自己倒塌，众军大喊着乘势攻城，没超过一个时辰就将蔚州城攻下了。当时梁朝与吴越的两个使节都在场，诏令带他们环城观战，因此赐吴越使节滕彦休名为述吕。

十二月，收编山北八军。

[原文]

二年春二月，晋新州裨(pí)将卢文进杀节度使李存矩来降。进攻其城，刺史安金全遁，以文进部将刘殷为刺史。

三月辛亥，攻幽州，节度使周德威以幽、并、镇、定、魏五州之兵拒于居庸关之西，合战于新州东，大破之，斩首三万余级，杀李嗣

恩之子武八。以后弟阿骨只为统军，实鲁为先锋，东出关略燕、赵，不遇敌而还。已未，于骨里叛，命室鲁以兵讨之。

［译文］

二年（917年）春天二月，晋朝新州副将卢文进杀了节度使李存矩来投降。辽军进攻新州城，刺史安金全逃走，任用卢文进的部将刘殷为刺史。

三月辛亥初二，攻打幽州，幽州节度使周德威用幽、并、镇、定、魏五州的兵力在居庸关的西面抵御辽军，辽军在新州与之会战，大败五州兵马，斩首三万多人，杀死李嗣恩的儿子武八。由皇后的弟弟阿骨只任统军，实鲁为先锋，率兵东行出关攻略燕、赵之地，没有遇到敌军而还师。己未初十日，于骨里叛变，命令室鲁率军队讨伐他们。

［原文］

夏四月壬午，围幽州，不克。

六月乙巳，望城中有气如烟火状，上曰："未可攻也。"以大暑霖潦，班师。留曷(hé)鲁、卢国用守之。刺葛与其子赛保里叛入幽州。

秋八月，李存勖(xù)遣李嗣源等救幽州，曷鲁等以兵少而还。

［译文］

夏季四月壬午初四，围攻幽州，没有攻克。

六月乙巳二十八日，望见幽州城中有气像烟火的样子，太祖说："此城不可以攻。"因时值大暑连日大雨不停，于是班师回朝。留下曷鲁、卢国用驻守待命。刺葛和他的儿子赛保里叛变逃进幽州。

秋季八月，李存勖派李嗣源等人率兵援救幽州，曷鲁等人因兵力不足而还师。

［原文］

三年春正月丙申，以皇弟安端为大内惕隐，命攻云州及西南诸部。

二月，达旦国来聘。癸亥，城皇都，以礼部尚书康默记充版筑使。梁遣使来聘。晋、吴越、渤海、高丽、回鹘(hú)、阻卜、党项及幽、镇、定、魏、潞等州各遣使来贡。

［译文］

三年（918年）春天正月丙申二十二日，任皇弟安端为大内惕隐，命令攻打云州以及西南各部。

二月，达旦国派人来访问修好。癸亥二十日，修筑皇都城，由礼部尚书康默记充任版筑使。梁朝派使节来访问修好。晋朝、吴越、渤海、高丽、回鹘、阻卜、党

项以及幽、镇、定、魏、潞等州分别派使节来进贡。

［原文］

夏四月乙巳，皇弟迭烈哥谋叛，事觉，知有罪当诛，预为营圹，而诸戚请免。上素恶其弟寅底石妻涅里衮，乃曰：“涅里衮能代其死，则从。”涅里衮自缢圹（kuàng）中，并以奴女古、叛人曷鲁只生瘗（yì）其中。遂赦迭烈哥。

五月乙亥，诏建孔子庙、佛寺、道观。

［译文］

夏季四月初三，皇弟迭烈哥图谋反叛，事情败露，知道自己有罪该受到诛杀，事先就准备好墓穴，而众亲属请求赦免他。太祖一向憎恶他弟弟寅底石的妻子涅里衮，就说：“如果涅里衮能代迭烈哥死，就答应你们的请求。”涅里衮在墓穴中自缢身亡，并把奴隶女古、反叛的人曷鲁只活埋在墓穴中。于是赦免迭烈哥。

五月乙亥初三，下诏令修建孔子庙、佛寺、道观。

［原文］

秋七月乙酉，于越曷（hé）鲁薨（hōng），上震悼久之，辍朝三日，赠赙（fù）有加。

过鲁祀圣

孔子是中国伟大的思想家和教育家，也是历代帝王尊奉的“至圣先师”。汉高祖经过鲁地时，曾专门去祭拜孔子。耶律阿保机虽是契丹人，但他也建孔子庙，体现了对中原文明的认同和向往。

冬十二月庚子朔，幸辽阳故城。辛丑，北府宰相萧敌鲁薨。戊午，以于越曷鲁弟污里轸为迭烈部夷离堇，萧阿古只为北府宰相。甲子，皇孙隈（wēi）欲生。

［译文］

秋季七月乙酉十四日，于越曷鲁去世。太祖对曷鲁的死长久震惊悲痛，停止上朝三日，赐给他用以办理丧事的财物特别多。

冬季十二月庚子初一，太祖临幸辽阳故城。辛丑初二，北府宰相萧敌鲁去世。戊午十九日，任于越曷鲁的弟弟污里轸为迭烈部夷离堇，萧阿古只为北府宰相。甲子二十五日，皇孙隈欲出世。

太祖本纪下

［原文］

虎

四年春正月丙申，射虎东山。

二月丙寅，修辽阳故城，以汉民、渤海户实之，改为东平郡，置防御使。

夏五月庚辰，至自东平郡。

秋八月丁酉，谒（yè）孔子庙，命皇后、皇太子分谒寺观。

九月，征乌古部，道闻皇太后不豫，一日驰六百里还侍，太后病间，复还军中。

冬十月丙午，次乌古部，天大风雪，兵不能进，上祷于天，俄顷而霁（jì）。命皇太子将先锋军进击，破之，俘获生口万四千二百，牛马车乘、庐帐器物二十余万。自是举部来附。

［译文］

四年（919年）春天正月丙申二十七日，太祖在东山射老虎。

二月丙寅二十七日，修筑辽阳故城，用汉族百姓、渤海民户充实此城，改为东平郡，设置防御使。

夏季五月庚辰十四日，从东平郡回到京城。

秋季八月丁酉初三，拜谒孔子庙，命令皇后、皇太子分别拜谒佛寺、道观。

九月，征伐乌古部。在途中听说皇太后患病，一天奔驰六百里回到皇宫，侍奉太后；待太后病情好转，又回到军中。

冬季十月丙午十二日，军队驻扎在乌古部，天有大风并降大雪，军队不能前进。太祖向天祈祷，不一会儿风雪就停了。命令皇太子率领先锋军进军攻击，打败乌古部敌人，俘获男女俘虏一万四千二百人，牛马、车辆、帐幕、器物二十多万件。自此乌古部率部来归附。

［原文］

五年春正月乙丑，始制契丹大字。

夏五月丙寅，吴越王复遣滕彦休贡犀（xī）角、珊瑚，授官以遣。庚辰，有龙见于拽剌山阳水上，上射获之，藏其骨内府。

闰六月丁卯，以皇弟苏为惕（tì）隐，康默记为夷离毕。

秋八月己未朔，党项诸部叛。辛未，上亲征。九月己丑朔，梁遣郎公远来聘。壬寅，大字成，诏颁行之。皇太子率迭剌部夷离堇污里轸等略地云内、天德。

［译文］

五年（920年）春天正月乙丑初二，开始创制契丹大字。

夏季五月丙寅初五，吴越王又派滕彦休前来贡献犀角、珊瑚，太祖授滕彦休以官职然后遣送回吴越。庚辰十九日，有龙出现在拽剌山南水上，皇帝射中捕获此龙，把龙骨收在内府。

闰六月丁卯初八，任命皇弟苏为惕隐，康默记为夷离毕。

秋季八月己未初一，党项各部叛变。辛未十三日，太祖亲自征讨党项各部。九月己丑初一，梁朝派郎公远来访问修好。壬寅十四日，契丹大字创制完成，诏令颁布发行这些字。皇太子耶律倍率领迭剌部夷离堇污里轸等人攻略云内、天德地区。

［原文］

冬十月辛未，攻天德。癸酉，节度使宋瑶降，赐弓矢、鞍马、旗鼓，更其军曰应天。甲戌，班师。宋瑶复叛。丙子，拔其城，擒宋瑶，俘其家属，徙其民于阴山南。

十二月己未，师还。

［译文］

冬季十月辛未十三日，攻打天德。癸酉十五日，天德节度使宋瑶投降，太祖赏赐弓箭、鞍马、旗鼓，更改其军名为应天。甲戌十六日，班师还朝。宋瑶又叛变。丙子十八日，攻下天德城，擒获宋瑶，俘虏了他的家属，把天德的百姓迁徙到了阴山南边。

十二月己未初二，班师还朝。

［原文］

六年春正月丙午，以皇弟苏为南府宰相，迭里为惕隐。南府宰相自诸弟构乱，府之名族多罹其祸，故其位久虚，以锄得部辖得里、只里古摄之。府中数请择任宗室，上以旧制不可辄变；请不已，乃告于宗庙而后授之。宗室为南府宰相自此始。

夏五月丙戌朔，诏定法律，正班爵。丙申，诏画前代直臣像为《招谏图》，及诏长吏四孟月询民利病。

六月乙卯朔，日有食之。

［译文］

六年（921 年）春天正月丙午初九日，任用皇弟苏为南府宰相，迭里为惕隐。自从太祖的几个弟弟制造叛乱以来，南府中的名门望族多数遭受此祸，所以南府宰相的职位长期空缺，原由锄得部的辖得里、只里古代理此职。府中官员多次请求选择任用宗室成员，太祖以旧有的制度不能经常变动而不允，然而府中官员不停地请求，就将此事告于祖先之庙而后授予苏南府宰相之职。宗室成员任南府宰相从此开始。

夏季五月丙戌初一，诏令制定法律，整饬序列爵位。丙申十一日，诏令画前代的正直臣子的画像为《招谏图》，以及诏令长吏在四季的第一个月访问民间疾苦。

六月乙卯初一，出现日食。

［原文］

冬十月癸丑朔，晋新州防御使王郁以所部山北兵马内附。丙子，上率大军入居庸关。

十一月癸卯，下古北口。丁未，分兵略檀(tán)、顺、安远、三河、良乡、望都、潞、满城、遂城等十余城，俘其民徙内地。

［译文］

冬季十月癸丑初一，晋朝新州防御使王郁率领他所统管的山北兵马来归附。丙子二十四日，太祖率领大军攻入居庸关。

十一月癸卯二十二日，攻下古北口。丁未二十六日，分兵攻略檀、顺、安远、三河、良乡、望都、潞、满城、遂城等十余座城池，将俘获的这些城的百姓迁徙到内地。

［原文］

十二月癸丑，王郁率其众来朝，上呼郁为子，赏赉(lài)甚厚，而徙其众于潢(huáng)水之南。庚申，皇太子率王郁略地定州，康默记攻长芦。唐义武军节度使王处直养子都囚其父，自称留后。癸亥，围涿(zhuō)州，有白兔缘垒而上，是日破其郛(fú)。癸酉，刺史李嗣弼以城降。乙亥，存勖至定州，王都迎谒马前。存勖引兵趋望都，遇我军秃馁(něi)五千骑，围之，存勖力战数四，不解。李嗣昭领三百骑来救，我军少却，存勖乃得出，大战，我军不利，引归。存勖至幽州，遣二百骑蹑我军后，我军反击，悉擒之。己卯，还次檀州，幽人来袭，击走之，擒其裨将。诏徙檀、顺民于东平、沈州。

［译文］

十二月癸丑初二，王郁率领他的部众来朝觐皇帝，太祖称呼王郁为儿子，赏赐给予非常丰厚，而且将他的部众迁徙到潢水之南。庚申初九，皇太子耶律倍率领王郁攻略争夺定州，康默记攻打长芦。后唐义武军节度使王处直的养子王都囚禁了养父，自称留后。癸亥十二日，围攻涿州，有白兔缘着城垒爬上去，这一天攻破涿州的外城。癸酉二十二日，刺史李嗣弼献城投降。乙亥二十四日，李存勖到达定州，王都到马前迎接谒见。李存勖率兵奔往望都，遇到辽军秃馁所领五千骑兵将其围住，李存勖奋力战斗数次，仍不能解围。李嗣昭带领三百骑兵前来救援，辽军稍稍退却，李存勖才得以杀出包围圈，双方大战，辽军失利，于是带兵返回。李存勖到达幽州，派二百骑兵偷偷地尾随在辽军之后；辽军予以反击，将二百骑兵全部抓获。己卯二十八日，回师驻扎在檀州，幽州人来袭击，我军将其击退，擒获幽州副将。诏令将檀、顺二州百姓迁徙到东平、沈州。

[原文]

天赞元年春二月庚申，复徇幽、蓟地。癸酉，诏改元，赦军前殊死以下。

夏四月甲寅，攻蓟州。戊午，拔之，擒刺史胡琼，以卢国用、涅鲁古典军民事。壬戌，大飨(xiǎng)军士。癸亥，李存勖围镇州，张文礼求援，命郎君迭烈、将军康末怛往击，败之，杀其将李嗣昭。辛未，攻石城县，拔之。

五月丁未，张文礼卒，其子处瑾遣人奉表来谢。

六月，遣鹰军击西南诸部，以所获赐贫民。

[译文]

天赞元年（922年）春天二月庚申初九，又攻略幽、蓟二州之地。癸酉二十二日，诏令改年号，赦免军前斩首之刑以下刑罚的罪人。

夏四月甲寅初四，攻打蓟州。戊午初八，攻下蓟州，擒获刺史胡琼，任用卢国用、涅鲁古执掌军政民事。壬戌十二日，大规模地犒赏全军将士。癸亥十三日，李存勖包围镇州，张文礼向朝廷求援，命令郎君迭烈、将军康末恒前往攻击，打败李存勖，杀死他的部将李嗣昭。辛未二十一日，攻打石城县，攻占此县城。

五月丁未二十八日，张文礼去世，他的儿子张处瑾派人恭敬地持奏表来表示感谢。

六月，派鹰军攻击西南各部，把所缴获的财物赏赐给贫苦的百姓。

[原文]

冬十月甲子，以萧霞的为北府宰相。分迭剌(là)部为二院：斜涅赤为北院夷离堇，绾(wǎn)思为南院夷离堇(jǐn)。诏分北大浓兀为二部，立两节度使以统之。

十一月壬寅，命皇子尧骨为天下兵马大元帅，略地蓟北。

［译文］

冬季十月甲子十八日，任用萧霞的为北府宰相。将迭剌部分为二院：斜涅赤为北院夷离堇，绾思为南院夷离堇。诏令将北大浓兀分为二部，设立两个节度使分别统领二部。

十一月壬寅二十六日，命令皇子尧骨为天下兵马大元帅，攻略蓟北地区。

［原文］

二年春正月丙申，大元帅尧骨克平州，获刺史赵思温、裨(pí)将张崇。

二月，如平州。甲子，以平州为卢龙军，置节度使。

三月戊寅，军于箭笴(gǎn)山，讨叛奚胡损，获之，射以鬼箭。诛其党三百人，沉之狗河。置奚堕瑰部，以勃鲁恩权总其事。

夏四月己酉，梁遣使来聘，吴越王遣使来贡。癸丑，命尧骨攻幽州，迭剌部夷离堇觌(dí)烈徇山西地。庚申，尧骨军幽州东，节度使符存审遣人出战，败之，擒其将裴信父子。

闰月庚辰，尧骨抵镇州。壬午，拔曲阳。丙戌，下北平。是月，晋王李存勖即皇帝位，国号唐。

［译文］

二年（923年）春天正月丙申二十一，大元帅尧骨攻克平州，擒获刺史赵思温和副将张崇。

二月，太祖进入平州。甲子十九日，将平州改为卢龙军，设置节度使。

三月戊寅初四，军队在箭笴山驻扎，讨伐叛变的奚人胡损，擒获胡损，用鬼箭射杀他。将胡损的同党三百人诛杀，然后将其尸体沉入狗河。设置奚堕瑰部，由勃鲁恩暂时总领部内政事。

夏季四月己酉初五，梁朝派人来通问修好，吴越王派使节来进贡。癸丑初九，命令尧骨攻打幽州，迭剌部夷离堇觌烈攻略山西地区。庚申十六日，尧骨的军队驻扎在幽州东边，幽州节度使符存审派人出城迎战，尧骨打败了他们，擒获幽州守将裴信父子。

闰四月庚辰初六，尧骨率军抵达镇州。壬午初八，攻下曲阳。丙戌十二日，攻下北平。这个月，晋王李存勖登上皇帝位，国号唐。

［原文］

五月戊午，尧骨师还。癸亥，大飨军士，赏赉有差。

六月辛丑，波斯国来贡。

秋七月，前北府宰相萧阿古只及王郁徇地燕、赵。

冬十月辛未朔，日有食之。己卯，唐兵灭梁。

［译文］

五月戊午十五日，尧骨率军队还朝。癸亥二十日，大规模犒赏全军将士，赏赐给予分别不同。

六月辛丑二十九日，波斯国来进贡。

秋季七月，前北府宰相萧阿古只和王郁攻占燕、赵的土地。

冬季十月辛未初一，出现日食。己卯初九，唐国军队消灭了梁国。

［原文］

三年春正月，遣兵略地燕南。

夏五月丙午，以惕隐迭里为南院夷离堇（jǐn）。是月，徙蓟州民实辽州地。渤海杀其刺史张秀实而掠其民。

［译文］

三年（924 年）春天正月，派遣军队攻略燕南地区。

夏季五月丙午初九，任用惕隐迭里为南院夷离堇。这个月，迁徙蓟州百姓充实辽州地区。渤海人杀了当地的刺史张秀实而且劫掠了当地的百姓。

［原文］

六月乙酉，召皇后、皇太子、大元帅及二宰相、诸部头等诏曰："上天降监，惠及烝民。圣主明王，万载一遇。朕既上承天命，下统群生，每有征行，皆奉天意。是以机谋在己，取舍如神，国令既行，人情大附，舛讹归正，遐迩无愆。可谓大含溟（míng）海，安纳泰山矣！自我国之经营，为群方之父母。宪章斯在，胤嗣何忧？升降有期，去来在我。良筹圣会，自有契于天人；众国群王，岂可化其凡骨？三年之后，岁在丙戌，时值初秋，必有归处。然未终两事，岂负亲诚？日月非遥，戒严是速。"闻诏者皆惊惧，莫识其意。是日，大举征吐浑、党项、阻卜等部。诏皇太子监国，大元帅尧骨从行。

［译文］

六月乙酉十八日，太祖召集皇后、皇太子、大元帅以及二府宰相、各部头领等人，诏令说："上天降示吉凶，恩惠泽及黎民百姓。神圣贤明的君主，万年才遇到一位。我已然向上承袭了上天的命令，向下统治管理众生灵，每次有征伐出行，都是尊奉上天的旨意。所以谋划策略都出于自己，决定取舍料事如神，国家法令已经

施行，人们心甘情愿地都来归附，谬误服从正确，远近没有过失。可以说大过溟海，稳过泰山！自从我国开始经营管理，成为天下四方百姓的父母之邦。典章制度确立，子孙后人有何忧患？盛衰有时间，去来在于我。好的谋划计策、王朝的机遇，在上天、人世之间自然有默契，众多国家的诸位君王，难道能化成凡胎俗骨？三年之后，是丙戌年，正值初秋时分，一定有个归宿。然而未终结的两件事，怎么能辜负亲族的诚意？时间并非遥远，采取严密的防范措施应该从速。”闻听此诏书的人都惊慌恐惧，没有人明白太祖的用意。这一天，大举征伐吐浑、党项、阻卜等部。诏令皇太子代为处理国政，大元帅尧骨随太祖出征。

［原文］

秋七月辛亥，曷刺等击素昆那山东部族，破之。

八月乙酉，至乌孤山，以鹅祭天。甲午，次古单于国，登阿里典压得斯山，以麃(páo)鹿祭。

九月丙申朔，次古回鹘城，勒石纪功。庚子，拜日于蹛(dài)林。丙午，遣骑攻阻卜。南府宰相苏、南院夷离堇迭里略地西南。乙卯，苏等献俘。丁巳，凿金河水，取乌山石，辇致潢河、木叶山，以示山川朝海宗岳之意。癸亥，大食国来贡。甲子，诏砻(lóng)辟遏可汗故碑，以契丹、突厥、汉字纪其功。是月，破胡母思山诸蕃部，次业得思山，以赤牛青马祭天地。回鹘霸里遣使来贡。

［译文］

秋季七月辛亥十四日，曷刺等人攻击素昆那山东的部族，打败了他们。

八月乙酉十九日，到达乌孤山，用鹅祭天。甲午二十八日，驻扎在古单于国，登上阿里典压得斯山，用大鹿祭祀。

九月丙申初一，驻扎在古回鹘城，刻石记述功德。庚子初五，在蹛林拜祭太阳。丙午十一日，派骑兵攻打阻卜。南府宰相苏、南院夷离堇迭里攻略西南之地。乙卯二十日，南府宰相苏等人进献俘虏。丁巳二十二日，开凿金河河水，取获乌山石，太祖乘车到达潢河、木叶山，以此向山川表示朝觐大海、尊崇山岳的用意。癸亥二十八日，大食国来进贡。甲子二十九日，诏令磨砺辟遏可汗故碑，用契丹、突厥、汉族三种文字记载皇帝之功德。这个月，打败胡母思山各蕃部，驻扎在业得思山，用赤牛青马祭祀天地。回鹘的霸里派使节来进贡。

［原文］

冬十月丙寅朔，猎寓乐山，获野兽数千，以充军食。丁卯，军于霸离思山。遣兵逾流沙，拔浮图城，尽取西鄙诸部。

十一月乙未朔，获甘州回鹘都督毕离遏，因遣使谕其主乌母主可

汗。射虎于乌剌邪里山，抵霸室山。六百余里且行且猎，日有鲜食，军士皆给。

［译文］

冬季十月丙寅初一，在寓乐山狩猎，猎获数千头野兽，以此充当军队的食物。丁卯初二，军队驻扎在霸离思山。派兵越过流沙，攻占浮图城，悉数占领西部边陲诸部。

十一月乙未初一，擒获甘州回鹘都督毕离遏，于是派使者告谕他的君主乌母主可汗。太祖在乌剌邪里山射老虎，抵达霸室山。在六百余里的行程中，一边走一边打猎，每天都有新鲜的食物，军士都有充分的给养。

［原文］

四年春正月壬寅，以捷报皇后、皇太子。

二月丙寅，大元帅尧骨略党项。丁卯，皇后遣康末怛(dá)问起居，进御服、酒膳。乙亥，萧阿古只略燕、赵还，进牙旗兵仗。辛卯，尧骨献党项俘。

三月丙申，飨(xiǎng)军于水精山。

［译文］

四年（925 年）春天正月壬寅初九，将战场上的胜利消息报告给皇后、皇太子。

二月丙寅初三，大元帅尧骨进攻、夺取党项领地。丁卯初四，皇后派康末怛前往军队问候太祖的饮食起居，进献太祖衣着、酒饭。乙亥十二日，萧阿古只攻打、夺取燕、赵之地还师，进献用象牙为饰的大旗和各种兵器。辛卯二十六日，大元帅尧骨献上党项俘虏。

三月丙申初四，在水精山宴饷全军。

［原文］

夏四月甲子，南攻小蕃，下之。皇后、皇太子迎谒于札里河。癸酉，回鹘乌母主可汗遣使贡谢。

五月甲寅，清暑室韦北陉(xíng)。

秋九月癸巳，至自西征。

［译文］

夏季四月甲子初二，向南攻打小蕃，攻下小蕃。皇后、皇太子在札里河迎接谒见皇帝。癸酉十一日，回鹘的乌母主可汗派使节来进贡致谢。

五月甲寅二十三日，在室韦的北陉辟除暑热。

秋季九月癸巳初三，从西征地返回京城。

［原文］

冬十月丁卯，唐以灭梁来告，即遣使报聘。庚辰，日本国来贡。辛巳，高丽国来贡。

十一月丁酉，幸安国寺，饭僧，赦京师囚，纵五坊鹰鹘。己酉，新罗国来贡。

十二月乙亥，诏曰：“所谓两事，一事已毕，惟渤海世仇未雪，岂宜安驻！”乃举兵亲征渤海大諲譔(yīn zhuàn)。皇后、皇太子、大元帅尧骨皆从。

闰月壬辰，祠木叶山。壬寅，以青牛白马祭天地于乌山。己酉，次撒葛山，射鬼箭。丁巳，次商岭，夜围扶余府。

［译文］

冬季十月丁卯初八，唐派人来把灭梁的情况报告给辽，太祖就派使节回访修好。庚辰二十一日，日本国来进贡。辛巳二十二日，高丽国来进贡。

十一月丁酉初八，太祖临幸安国寺，赐给寺中僧人饭食，赦免京城的囚徒，放飞五坊的鹰和鸷鸟。己酉二十日，新罗国来进贡。

十二月乙亥十六日，诏令说：“所说的两件事，一件事已经完成，只是未报与渤海的世仇，怎么可以安然地驻扎于此地！”于是率领军队亲自征伐渤海大諲譔。皇后、皇太子、大元帅尧骨都随从前往。

闰月壬辰初四，祭祀本叶山。壬寅十四日，在乌山用青牛白马祭祀天地。己酉二十一日，驻扎在撒葛山，射鬼箭。丁巳二十九日，驻扎在商岭，夜里包围了扶余府。

［原文］

天显元年春正月己未，白气贯日。庚申，拔扶余城，诛其守将。丙寅，命惕隐安端、前北府宰相萧阿古只等将万骑为先锋，遇諲譔老相兵，破之。皇太子、大元帅尧骨、南府宰相苏、北院夷离堇斜涅赤，南院夷离堇迭里是夜围忽汗城。己巳，諲譔请降。庚午，驻军于忽汗城南。辛未，諲譔素服，稿索牵羊，率僚属三百余人出降。上优礼而释之。甲戌，诏谕渤海郡县。丙子，遣近侍康末怛等十三人入城索兵器，为逻卒所害。丁丑，諲譔复叛，攻其城，破之。驾幸城中，諲譔请罪马前。诏以兵卫諲譔及族属以出。祭告天地，复还军中。

［译文］

天显元年（926 年）春天正月己未初二，有白色的云气贯穿太阳。庚申初三，攻

下扶余城，诛杀城中守将。丙寅初九日，命令惕隐安端、前北府宰相萧阿古只等人率领一万骑兵作先锋，遇到大諲譔老相的军队，打败了他们。皇太子、大元帅尧骨、南府宰相苏、北院夷离堇斜涅赤、南院夷离堇迭里在这一夜包围了忽汗城。己巳十二日，大諲譔请求投降。庚午十三日，军队驻扎在忽汗城城南。辛未十四日，大諲譔衣着素服，用草绳牵着羊，率领他的百官属下三百余人出城投降。太祖以优厚的礼节接待他而且释放了他。甲戌十七日，下诏书告谕渤海国所属各郡县。丙子十九日，派近侍康末怛等十三人进忽汗城收缴兵器，被巡逻的士兵所杀害。丁丑二十日，大諲譔又叛变，攻打他的忽汗城，攻下此城。太祖亲临城中，大諲譔到马前请罪。诏令用军队护卫大諲譔以及同族的亲属出城。祭祀告知天地，然后太祖又回到军中。

［原文］

二月庚寅，安边、鄚颉(mào jié)、南海、定理等府及诸道节度、刺史来朝，慰劳遣之，以所获器币诸物赐将士。壬辰，以青牛白马祭天地。大赦，改元天显。以平渤海遣使报唐。甲午，复幸忽汗城，阅府库物，赐从臣有差。以奚部长勃鲁恩、王郁自回鹘、新罗、吐蕃、党项、室韦、沙陀、乌古等从征有功，优加赏赉(lài)。丙午，改渤海国为东丹，忽汗城为天福。册皇太子倍为人皇王以主之。以皇弟迭剌为左大相，渤海老相为右大相，渤海司徒大素贤为左次相，耶律羽之为右次相。赦其国内殊死以下。丁未，高丽、濊貊(wèi mò)、铁骊、靺鞨(mò hé)来贡。

［译文］

二月庚寅初三，安边、鄚颉、南海、定理等府以及各道节度使、刺史来朝觐太祖，太祖慰劳他们然后遣送回各地，把获得的器物、钱币等各种物品赏赐给将士。壬辰初五，用青牛白马祭祀天地。大赦天下，改年号为天显。派遣使者把平定渤海国的情况告诉后唐。甲午初七，太祖又临幸忽汗城，检阅府库的物品，多少不同地分别赐给随从的臣子。因为奚部首领勃鲁恩、王郁从征伐回鹘、新罗、吐蕃、党项、室韦、沙陀、乌古等地开始都随从作战有功，优厚地加以赏赐给予。丙午十九日，将渤海国改为东丹，忽汗城改为天福。册封皇太子耶律倍为人皇王统治东丹。由皇弟迭剌任左大相，原渤海国老相为右大相，渤海国司徒大素贤为左次相，耶律羽之为右次相。赦免渤海国内处以斩刑以下的囚犯。丁未二十日，高丽、濊貊、铁骊、靺鞨派人来进贡。

［原文］

三月戊午，遣夷离毕康默记、左仆射韩延徽攻长岭府。甲子，祭天。丁卯，幸人皇王宫。己巳，安边、鄚颉、定理三府叛，遣安端讨之。丁丑，三府平。壬午，安端献俘，诛安边府叛帅二人。癸未，宴东丹国僚

佐，颁赐有差。甲申，幸天福城。乙酉，班师，以大諲譔举族行。

［译文］

三月戊午初二，派夷离毕康默记、左仆射韩延徽率兵攻打长岭府。太祖甲子初八，祭祀天。丁卯十一日，太祖临幸人皇王耶律倍的宫殿。己巳十三日，安边、鄚颉、定理三府叛变，派安端领兵讨伐他们。丁丑二十一日，安边、鄚颉、定理三府被平定。壬午二十六日，安端前来进献俘虏，诛杀安边府的两个叛变首领。癸未二十七日，赐宴东丹国臣僚，对他们有多少不同的分赏赐予。甲申二十八日，太祖临幸天福城。乙酉二十九日，班师回朝，令大諲譔全族亲属同行。

［原文］

夏四月丁亥朔，次伞子山。辛卯，人皇王率东丹国僚属辞。是月，唐养子李嗣源反，郭存谦弑其主存勖，嗣源遂即位。

五月辛酉，南海、定理二府复叛，大元帅尧骨讨之。

六月丁酉，二府平。丙午，次慎州，唐遣姚坤以国哀来告。

［译文］

夏季四月丁亥初一，太祖驻扎在伞子山。辛卯初五，人皇王耶律倍率领东丹国的官僚来告别。这个月，后唐李氏养子李嗣源谋反，郭存谦杀了后唐皇帝李存勖，于是李嗣源登上皇帝位。

五月辛酉初六，南海、定理二府又叛变，大元帅尧骨统兵讨伐他们。

六月丁酉十二日，南海、定理二府被平定。丙午二十一日，太祖驻扎在慎州，后唐派姚坤把后唐皇帝李存勖的死讯报告给太祖。

［原文］

秋七月丙辰，铁州刺史卫钧反。乙丑，尧骨攻拔铁州。庚午，东丹国左大相迭剌卒。辛未，卫送大諲譔于皇都西，筑城以居之。赐諲譔名曰乌鲁古，妻曰阿里只。卢龙行军司马张崇叛，奔唐。甲戌，次扶余府，上不豫。是夕，大星陨于幄(wò)前。辛巳平旦，子城上见黄龙缭绕，可长一里，光耀夺目，入于行宫。有紫黑气蔽天，逾日乃散。是日，上崩，年五十五。天赞三年上所谓“丙戌秋初，必有归处”，至是乃验。壬午，皇后称制，权决军国事。

［译文］

秋季七月丙辰初二，铁州刺史卫钧谋反。乙丑十一日，大元帅尧骨攻下铁州。庚午十六日，东丹国左大相迭剌去世。辛未十七日，护送大諲譔到皇都之西，在那里修筑城池安置他和他的同族亲属。太祖赐大諲譔名为乌鲁古，他的妻子名为阿里只。卢龙行军司马张崇叛变，奔往后唐。甲戌二十日，驻扎在扶余府，太祖患病。这天傍晚有一颗大星陨落在帐幄前。辛巳二十七日黎明，小城上空出现一条黄龙回环旋转，大约长一里，光芒耀眼夺目，进入行宫。有紫黑色的云气遮蔽了天空，过了一天才散去。这一天，太祖去世，享年五十五岁。天赞三年（924 年）太祖所说的“丙戌年初秋，一定有归宿”，到现在就应验了。壬午二十八日，皇后行使皇帝权力，暂时决定军国大事。

［原文］

八月辛卯，康默记等攻下长岭府。甲午，皇后奉梓宫西还。壬寅，尧骨讨平诸州，奔赴行在。乙巳，人皇王倍继至。

九月壬戌，南府宰相苏薨。丁卯，梓宫至皇都，权殡于子城西北。己巳，上谥升天皇帝，庙号太祖。

冬十月，卢龙军节度使卢国用叛，奔于唐。

十一月丙寅，杀南院夷离堇耶律迭里、郎君耶律匹鲁等。

［译文］

八月辛卯初七，康默记等人攻下长岭府。甲午初十，皇后侍奉太祖灵柩向西回皇都。壬寅十八日，大元帅尧骨讨伐平定了各州，奔赴太祖行宫。乙巳二十一日人皇王耶律倍继而到达行宫。

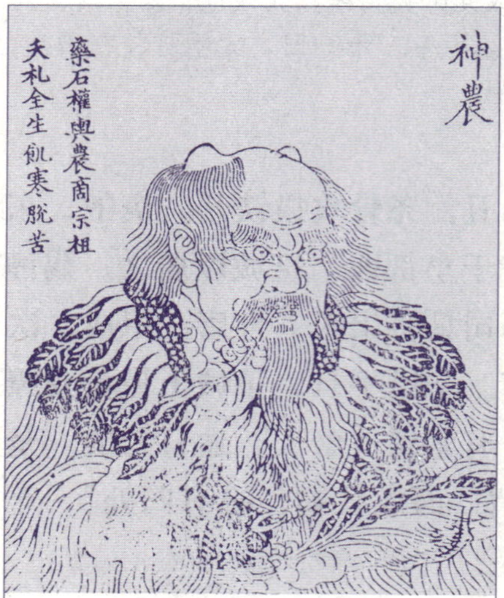

炎帝神农氏

炎帝与黄帝一起，被尊为中华民族的始祖。契丹皇族耶律氏，以炎帝为始祖，体现了他们对中原文明的认同和归属。

九月壬戌初八，南府宰相苏去世。丁卯十三日，太祖的灵柩到达皇都，暂且停放在皇都小城的西北。己巳十五日，加谥号为“升天皇帝”，庙号为太祖。

冬季十月，卢龙军节度使卢国用叛变，投奔到后唐。

十一月丙寅十三日，杀南院夷离堇耶律迭里、郎君耶律匹鲁等人。

［原文］

二年八月丁酉，葬太祖皇帝于祖陵，置祖州天城军节度使以奉陵寝。统和二十六年七月，进谥大圣大明天皇帝。重熙二十一年九月，加谥大圣大明神烈天皇帝。太祖所崩行宫在扶余城西南两河之间，后建升天殿于此，而以扶余为黄龙府云。

［译文］

二年（927 年）八月丁酉十九日，将太祖皇帝葬在祖陵，设置祖州天城军节度使用以侍奉太祖陵墓。统和二十六年（1008 年）七月，进太祖谥号为“大圣大明天皇帝”。重熙二十一年（1052 年）九月，加太祖谥号为“大圣大明神烈天皇帝”。太祖去世时所在的行宫位于扶余城西南两河之间，后来在这地方修建升天殿，并将扶余城称为黄龙府。

［原文］

赞曰：辽之先，出自炎帝，世为审吉国，其可知者盖自奇首云。奇首生都菴（ān）山，徙潢河之滨。传至雅里，始立制度，置官属，刻木为契，穴地为牢，让阻午而不肯自立。雅里生毗牒。毗牒生颏（kē）领。颏领生耨里思，大度寡欲，令不严而人化，是为肃祖。肃祖生萨剌德，尝与黄室韦挑战，矢贯数札，是为懿祖。懿祖生匀德实，始教民稼穑（sè），善畜牧，国以殷富，是为玄祖。玄祖生撒剌的，仁民爱物，始置铁冶，教民鼓铸，是为德祖，即太祖之父也，世为契丹遥辇氏之夷离堇，执其政柄。德祖之弟述澜，北征于厥、室韦，南略易、定、奚、霫（xí），始兴板筑，置城邑，教民种桑麻，习织组，已有广土众民之志。而太祖受可汗之禅，遂建国。东征西讨，如折枯拉朽。东自海，西至于流沙，北绝大漠，信威万里，历年二百，岂一日之故哉！周公诛管、蔡，人未有能非之者。剌葛、安端之乱，太祖既贷其死而复用之，非人君之度乎？旧史扶余之变，亦异矣夫！

辽道宗懿德皇后

辽道宗懿德皇后萧观音是契丹族的著名女诗人。后来被诬陷与伶官赵惟一私通，被赐自尽。

［译文］

史臣赞说：辽国的祖先，出自于炎帝，世代为审吉国，他们可以了解的祖先大概自奇首开始。奇首出生于都菴山，后迁徙到潢河岸边。传到雅里，开始建立制度，设置官属，刻木为记事标志，掘地成穴做监牢。雅里把可汗位让给阻午而不肯自立可汗。雅里生毗牒。毗牒生颏领。颏领生耨里思，耨里思度量豁达，不拘小节，法令不严苛，然而

百姓被教化，这就是肃祖。肃祖生萨剌德，萨剌德曾经向黄室韦挑战，他射的箭贯穿数层铠甲，这就是懿祖。懿祖生匀德实，匀德实开始教百姓种庄稼，善于畜养放牧牲畜，国家因此而殷实富足，这就是玄祖。玄祖生撒剌的，撒剌的仁爱百姓爱护万物，开始置办铁冶，教百姓鼓风铸造，这就是德祖，即是太祖的父亲。世代做契丹遥辇氏的夷离堇，掌握行政大权。德祖的弟弟述澜，往北征伐于厥、室韦，向南攻略易、定、奚、雹，开始兴建房屋，修筑城池，教百姓种植桑树和麻，从事经纬编织成布帛，已经怀有拓展领土统治众民的志向。而太祖接受了可汗的禅让，于是建立辽国。太祖在位期间东征西讨，有如折枯枝拉朽木。辽国东起大海，西至流沙，北接僻远的大漠，显示威力达万里之遥，历时二百年，难道是一日的缘故吗？周公诛杀反叛的管叔、蔡叔，人们没有能非难此举的。剌葛、安端叛乱失败之后，太祖仍能赦免起用他们，难道不是为人君主的大度？旧史所书的扶余之变，与这差远了！

金　史

太祖本纪

[原文]

太祖应乾兴运昭德定功仁明庄孝大圣武元皇帝，讳旻(mín)，本讳阿骨打，世祖第二子也。母曰翼简皇后拏(rú)懒氏。辽道宗时有五色云气屡出东方，大若二千斛囷(qūn)仓之状，司天孔致和窃谓人曰："其下当生异人，建非常之事。天以象告，非人力所能为也。"咸雍四年戊申，七月一日，太祖生。幼时与群儿戏，力兼数辈，举止端重，世祖尤爱之。世祖与腊醅(pēi)、麻产战于野鹊水，世祖被四创，疾困，坐太祖于膝，循其发而抚之，曰："此儿长大，吾复何忧？"十岁，好弓矢。甫成童，即善射。一日，辽使坐府中，顾见太祖手持弓矢，使射群鸟，连三发皆中。辽使矍然曰："奇男子也。"太祖尝宴纥石烈部活离罕家，散步门外，南望高阜，使众射之，皆不能至。太祖一发过之，度所至逾三百二十步。宗室谩都诃最善射远，其不及者犹百步也。天德三年，立射碑以识焉。

[译文]

太祖应乾兴运昭德定功仁明庄孝大圣武元皇帝，名完颜旻，本来名阿骨打，女真首领劾里钵的第二个儿子。他的母亲是翼简皇后拏懒氏。辽道宗的时候，有五色的云气屡次出现在东方，样子大得像容量两千斛的粮仓，司天官孔致和私下对人说："这下面一定会出现不寻常的人，建立非同一般的事业。上天以这样的天象告知，不是人的能力可以做得到的。"咸雍四年（1068年）戊申，七月初一，阿骨打出生。阿骨打小时候和一群儿童游戏，他的气力相当于几个孩子的气力。他行为举止端庄持重，劾里钵特别喜爱他。劾里钵与腊醅、麻产在野鹊水交战，劾里钵身上四处受伤，伤势沉重，就让阿骨打坐在他的膝上，抚摸着他的头发说："这个孩子长大了，我还有什么可忧虑的？"阿骨打十岁，喜好弓箭。刚十五岁，就善于射箭。有一天，辽国使节坐在府内，环顾见到阿骨打手中拿着弓箭，让他射群鸟，他连发三箭都射中了。辽国使节惊异地说："真是奇异的男子啊！"阿骨打曾经在纥石烈部的活离罕家参加宴会，散步走到门外，向南望见一高坡，让众人射此高坡，都不能射到高坡。阿骨打一发弓就射过高坡，估计箭所到之处超过高坡有三百二十步。

完颜谩都诃最善于远射，他所射的箭离阿骨打的还差一百步。天德三年（1151 年），在此立射碑用以记住此事。

［原文］

世祖伐卜灰，太祖因辞不失请从行。世祖不许而心异之。乌春既死，窝谋罕请和。既请和，复来攻，遂围其城。太祖年二十三，被短甲，免胄，不介马，行围号令诸军。城中望而识之。壮士太峪(yù)乘骏马持枪出城，驰刺太祖。太祖不及备，舅氏活腊胡驰出其间，击太峪，枪折，刺中其马。太峪仅得免。尝与沙忽带出营杀略，不令世祖知之。且还，敌以重兵追之。独行隘(ài)巷中，失道，追者益急。值高岸与人等，马一跃而过，追者乃还。

［译文］

劾里钵讨伐卜灰，阿骨打通过辞不失请求跟随出征。劾里钵虽未准许但心中觉得他不同寻常。乌春已经死了，窝谋罕请求和解。窝谋罕已经请求和解，但是又来攻击，于是就围困了他的城池。阿骨打时年二十三，披挂短甲，不穿胄袍，战马也不披甲，绕着城号令诸军。城中的将领瞭望城外认出阿骨打。壮士太峪骑骏马持枪冲出城，疾驰到阿骨打面前举枪即刺。阿骨打来不及防备，他舅父活腊胡疾驰到他们中间，攻击太峪，枪折断，只刺中太峪的马。太峪脱身。阿骨打曾经和沙忽带出军营杀伐劫掠，瞒着不让劾里钵知道此事。而回营时，敌方用重兵追逐他们。阿骨打单骑走到狭窄的街巷中，没有路了，后面的追兵越来越迫近了。正赶上一高坎与人一样高，阿骨打的坐骑一跃而过，追兵不再追而返回。

［原文］

世祖寝疾。太祖以事如辽统军司。将行，世祖戒之曰："汝速了此事，五月未半而归，则我犹及见汝也。"太祖往见曷鲁骚古统军，既毕事，前世祖没一日还至家。世祖见太祖来，所请事皆如志，喜甚，执太祖手，抱其颈而抚之，谓穆宗曰："乌雅束柔善，惟此子足了契丹事。"穆宗亦雅重太祖，出入必俱。太祖远出而归，穆宗必亲迓(yà)之。

［译文］

劾里钵卧病在床。阿骨打因有事要去辽统军司。临行前，劾里钵告诫阿骨打说："你迅速了结此事，五月十五以前回来，那么我还来得及见到你。"阿骨打去见曷鲁骚古统军，把事情办完，在劾里钵去世前一天回到家。劾里钵见阿骨打来了，所请求的事都如愿以偿，非常高兴，握着阿骨打的手，抱着他的脖颈而且抚摸他，对盈歌（完颜阿骨打的五叔）说：“乌雅束（完颜阿骨打之兄）柔弱善良，只有这孩子能够了结契丹的事。”盈歌也极看重阿骨打，出入一定都和他在一起。阿骨打出远门归来，盈歌必定亲自迎接他。

［原文］

世祖已擒腊醅，麻产尚据直屋铠水。肃宗使太祖先取麻产家属，康宗至直屋铠水围之。太祖会军，亲获麻产，献馘于辽。辽命太祖为详稳，仍命穆宗、辞不失、欢都皆为详稳。久之，以偏师伐泥庞古部跋黑、播立开等，乃以达涂阿为向道，沿帅水夜行袭之，卤其妻子。

［译文］

劾里钵已经擒获腊醅，麻产还占据着直屋铠水。颇剌淑（完颜阿骨打的四叔）派阿骨打先捉拿麻产的家属，乌雅束到直屋铠水围剿麻产。阿骨打与大军会合，亲自抓获麻产，将他的耳朵上献于辽朝。辽朝任命阿骨打为详稳，同时还任命盈歌、辞不失、欢都为详稳。过了很久，阿骨打用偏师征伐泥庞古部的跋黑、播立开等。于是以达涂阿为向导，夜间沿着帅水行进偷袭他们，掠夺他们的妻子儿女。

［原文］

初，温都部跋忒杀唐括部跋葛，穆宗命太祖伐之。太祖入辞，谓穆宗曰：“昨夕见赤祥，此行必克敌。”遂行。是岁大雪，寒甚。与乌古论部兵沿土温水过末邻乡，追及跋忒于阿斯温山北泊之间，杀之。军还，穆宗亲迓太祖于霭建村。

［译文］

起初，温都部的跋忒杀了唐括部的跋葛，盈歌命令阿骨打去讨伐温都部。阿骨打进帐辞行，对盈歌说：“昨天晚上看见赤色祥瑞，这次出征必定战胜敌人。”于是出发了。这一年下大雪，非常寒冷。阿骨打率军和乌古论部的军队沿着土温水越过末邻乡，在阿斯温山北泊之间追上跋忒，将跋忒杀死。军队归来，盈歌在霭建村亲自迎接阿骨打。

［原文］

撒改以都统伐留可，谩都诃合石土门伐敌库德。撒改与将佐议，或欲先平边地部落城堡，或欲径攻留可城，议不能决，愿得太祖至军中。穆宗使太祖往，曰：“事必有可疑。军之未发者止有甲士七十，尽以畀汝。”谩都诃在米里迷石罕城下，石土门未到，土人欲执谩都诃以与敌，使来告急，遇太祖于斜堆甸。太祖曰：“国兵尽在此矣。使敌先得志于谩都诃，后虽种诛之，何益也？”乃分甲士四十与之。

太祖以三十人诣撒改军。道遇人曰："敌已据盆搦(nuò)岭南路矣。"众欲由沙偏岭往，太祖曰："汝等畏敌耶？"既度盆搦岭，不见敌，已而闻敌乃守沙偏岭以拒我。及致撒改军，夜急攻之，迟明破其众。是时。留可、坞塔皆在辽。既破留可，还攻坞塔城，城中人以城降。初，太祖过盆搦岭，经坞塔城下，从骑有后者，坞塔城人攻而夺之釜。太祖驻马呼谓之曰："毋取我炊食器。"其人谩言曰："公能来此，何忧不得食？"太祖以鞭指之曰："吾破留可，即于汝乎取之。"至是，其人持釜(fǔ)而前曰："奴辈谁敢毁详稳之器也？"遣蒲家奴招诈都，诈都乃降，释之。

［译文］

撒改以都统之职讨伐留可，谩都诃联合石土门讨伐敌库德。撒改与其手下高级军官商议，有人想先平定边地部落城堡，有人想径直攻打留可城，议论到最后也没有结果，希望能让阿骨打到军中来。盈歌派阿骨打前往，说："这事一定有可疑之处。军中没有派出去的人只有七十名甲士，把他们都交给你。"谩都诃在米里迷石罕城下，石土门没有来，土人想将谩都诃拘捕交与敌方，使者前来告急，在斜堆甸遇到阿骨打。阿骨打说："国家的军队都在这里了。如果让敌人先在谩都诃这里占了优势，以后即使有种种办法诛伐他，还有什么裨益？"于是分四十名甲士给谩都诃。阿骨打带着三十人到撒改军。途中遇见人说："敌人已经占据了盆搦岭南路。"众人想由沙偏岭前往撒改军，阿骨打说："你们畏惧敌人吗？"阿骨打已经越过盆搦岭，没有见到敌人，不久听说敌人就守在沙偏岭用以抗拒太祖。到了撒改军，阿骨打连夜迅速攻打敌人，黎明攻破敌众。这时候留可、坞塔都属于辽朝。攻破留可城后，阿骨打回过来攻打坞塔城，城中的人献城投降。起初，阿骨打穿越盆搦岭，经过坞塔城下，随从他的骑兵有走在后面的，坞塔城的人攻击他们而且夺走他们带的锅。阿骨打勒住马对坞塔城人说："不要夺取我的饮食家什。"那人傲慢地说："您能来此地，还担心什么没有饭吃？"阿骨打用马鞭指着那人说："我攻破留可城，就在你这儿取锅。"至此，那人拿着锅走到阿骨打面前说："我们这些奴婢谁敢毁坏详稳您的器物呢？"派蒲家奴招降诈都，诈都就投降了，阿骨打释放了他。

［原文］

穆宗将伐萧海里，募兵得千余人。女直兵未尝满千，至是，太祖勇气自倍，曰："有此甲兵，何事不可图也？"海里来战，与辽兵合，因止辽人，自为战。勃海留守以甲赠太祖，太祖亦不受。穆宗问何为不受。曰："被彼甲而战，战胜则是因彼成功也。"穆宗末年，令诸部不得擅置信牌驰驿讯事，号令自此始一，皆自太祖启之。

［译文］

盈歌将要征伐萧海里，招募到一千余兵士。女真兵未曾满过一千人，至此，阿骨打勇气自然倍增，说："有这些甲兵，什么事不能图谋呢？"萧海里前来交战，与辽兵会合，因此劝止辽人，阿骨打亲自率军队与萧海里战斗。渤海太守将铠甲赠与阿骨打，阿骨打也不接受。盈歌问他为什么不接受。阿骨打说："披挂他的铠甲打仗，打胜了则认为这是因为他的铠甲而取得的成功。"盈歌末年，命令诸部不能擅自设置传信牌，通过驿站传达诸事，号令从此开始统一，这都是阿骨打开拓经办的。

［原文］

康宗七年，岁不登，民多流莩(fú)，强者转而为盗。欢都等欲重其法，为盗者皆杀之。太祖曰："以财杀人，不可。财者，人所致也。"遂减盗贼征偿法为征三倍。民间多逋负，卖妻子不能偿，康宗与官属会议，太祖在外庭以帛系杖端，麾其众，令曰："今贫者不能自活，卖妻子以偿债。骨肉之爱，人心所同。自今三年勿征，过三年徐图之。"众皆听令，闻者感泣，自是远近归心焉。

［译文］

乌雅束在位第七年，年成不好歉收，百姓多流离饿死，强悍的人没有生计转而成为盗贼。欢都等人想加重其刑法，都被盗贼杀掉。阿骨打说："因为钱财而杀人，不可以。钱财，是人所创造的。"于是减盗贼征偿法为征三倍。民间大多拖欠赋税，出卖妻子儿女不能偿还。乌雅束与属吏一起商议，阿骨打在外庭用丝帛系在杖端，指挥众人，下令说："现在贫穷的人不能自己养活自己，出卖妻子儿子用以偿还债务。骨肉之间的爱心，是人心所共有的。从现在起三年不要征收赋税，三年以后慢慢谋求征收赋税。"众人都听从阿骨打的命令，听说此命令的人感激涕零。自此，远近人们的心都归向阿骨打。

［原文］

岁癸巳十月，康宗梦逐狼，屡发不能中，太祖前射中之。旦日，以所梦问僚佐，众皆曰："吉。兄不能得而弟得之之兆也。"是月，康宗即世，太祖袭位为都勃极烈。

狼

［译文］

癸巳年十月，乌雅束梦见追逐狼，屡次射箭都不能射中，阿骨打上前拉弓射中狼。

天亮了，乌雅束用他所梦的事情询问他的僚属，众人都说："吉兆。是兄不能得到它而弟得到的吉兆。"这个月，乌雅束去世，阿骨打承袭乌雅束的职位为都勃极烈。

［原文］

辽使阿息保来，曰："何以不告丧？"太祖曰："有丧不能吊，而乃以为罪乎？"他日，阿息保复来，径骑至康宗殡所，阅赗(fèng)马，欲取之。太祖怒，将杀之，宗雄谏而止。既而辽命久不至。辽主好畋(tián)猎，淫酗(xù)怠于政事，四方奏事往往不见省。纥石烈阿疏既奔辽，穆宗取其城及其部众。不能归，遂与族弟银术可、辞里罕阴结南江居人浑都仆速欲与俱亡入高丽。事觉，太祖使夹古撒喝捕之，而银术可、辞里罕先为辽戍所获，浑都仆速已亡去，撒喝取其妻子而还。

［译文］

辽朝使节阿息保来，说："为什么不报丧？"阿骨打说："有丧事不能哀悼，就认为是有罪吗？"后来，阿息保又来了，径直骑马到乌雅束遗体停放的地方，看中别人帮助办丧事送的马，就想要这马。阿骨打非常生气，要杀阿息保，宗雄劝谏阿骨打，这才平息了他的怒气。随之而来的是辽朝的任命久久不到。辽天祚帝好打猎，荒淫、酗酒怠惰朝政，天下送来的奏折往往不予审阅批览。纥石烈阿疏已投奔辽朝，盈歌夺取了他的城池和他属下的兵民众人。他不能回归故地，就和族弟银术可、辞里罕暗地里勾结南江居人浑都仆速，想和他们一起都逃亡到高丽。这事被发觉，阿骨打派夹古撒喝捉拿他们，而银术可、辞里罕先被辽军所抓获，浑都仆速已经逃走了，撒喝将其妻子儿女虏了回来。

［原文］

二年甲午，六月，太祖至江西，辽使使来致袭节度之命。初，辽每岁遣使市名鹰"海东青"于海上，道出境内，使者贪纵，征索无艺，公私厌苦之。康宗尝以不遣阿疏为言，稍拒其使者。太祖嗣节度，亦遣蒲家奴往索阿疏，故常以此二者为言，终至于灭辽然后已。至是，复遣宗室习古迺(nǎi)、完颜银术可往索阿疏。习古迺等还，具言辽主骄肆废弛之状。于是召官僚耆(qí)旧，以伐辽告之，使备冲要，建城堡，修戎器，以听后命。辽统军司闻之，使节度使捏哥来问状，曰："汝等有异志乎？修战具，饬(chì)守备，将以谁御？"太祖答之曰："设险自守，又何问哉？"辽复遣阿息保来诘(jié)之。太祖谓之曰："我小国也，事大国不敢废礼。大国德泽不施，而逋(bū)逃是主，以此字小，能无望乎？若以阿疏与我，请事朝贡。苟不获已，岂能束手受制也？"阿息

保还，辽人始为备，命统军萧挞(tà)不野调诸军于宁江州。

鹰

［译文］

二年（1114年）甲午，六月，阿骨打到江西，辽朝派使节来传达承袭节度使的命令。当初，辽朝每年派使者在海上买著名的鹰“海东青”，前往海上途经女真境内，使者贪婪放纵，征收、索取没有限度，官府和百姓都憎恶此事，为此事所苦。乌雅束曾以辽不遣送阿疏为理由，对其使者有一些抵制。阿骨打继任节度使以后，也派遣蒲家奴前往辽朝索要阿疏，所以常以阿疏、“海东青”两件事为理由，一直到灭亡了辽朝才作罢。至此，又派宗室习古迺、完颜银术可前往辽朝索要阿疏。习古迺等人回来，详细地述说了辽天祚帝骄奢放肆、荒疏朝政的情况。于是阿骨打召集官僚及年长的老人，把将要讨伐辽朝的打算告诉他们，让他们守备军事、交通要道，修建城堡，整修兵器，听候命令。辽统军司知道了这情况，派节度使捏哥来询问这事，说：“你们是有了反叛的意图吗？修缮作战的装备，整饬城堡防御，做这些事是为了抵御谁？”阿骨打答复他说：“设备险隘守护自己，又有什么可责问的？”辽朝又派阿息保来责问阿骨打。阿骨打对他说：“我们是小国，侍奉大国不敢废弃礼仪。大国不施予德化恩惠，而为逃亡的罪犯做主，用这样的态度抚慰小国，能没有怨恨吗？如果把阿疏交给我处置，我情愿进行朝贡。假如不能得到满意答复，我难道能束手受人钳制吗？”阿息保返回辽朝廷，辽朝人开始防备女真，命令统军萧挞不野调发诸军驻守宁江州。

［原文］

太祖闻之，使仆聒(guō)刺复索阿疏，实观其形势。仆聒刺还言：“辽兵多，不知其数。”太祖曰：“彼初调兵，岂能遽集如此？”复遣胡沙保往，还言：“惟四院统军司与宁江州军及渤海八百人耳。”太祖曰：“果如吾言。”谓诸将佐曰：“辽人知我将举兵，集诸路军备我，我必先发制之，无为人制。”众皆曰：“善。”乃入见宣靖皇后，告以伐辽事。后曰：“汝嗣父兄立邦家，见可则行。吾老矣，无贻我忧，汝必不至是也。”太祖感泣，奉觞(shāng)为寿。即奉后率诸将出门，举觞东向，以辽人荒肆，不归阿疏，并已用兵之意，祷于皇天后土。酹(lèi)毕，后命太祖正坐，与僚属会酒，号令诸部。使婆卢火征移懒路迪古乃兵，斡鲁古、阿鲁抚谕斡忽、急赛两路系辽籍女直，实不迭往完覩(dǔ)路执辽

障鹰官达鲁古部副使辞列、宁江州渤海大家奴。于是达鲁古部实里馆来告曰：“闻举兵伐辽，我部谁从？”太祖曰：“吾兵虽少，旧国也，与汝邻境，固当从我。若畏辽人，自往就之。”

［译文］

阿骨打知道这消息，派仆聒刺再往辽朝索要阿疏，实际是观察辽朝的形势、动向。仆聒刺回来说：“辽兵很多，不知到底有多少。”阿骨打说：“他们刚刚调动兵力，怎么能迅速聚集如此多的兵力？”又派胡沙保前往，胡沙保回来说：“只有四院统军司与宁江州军以及渤海八百人。”阿骨打说：“果然就像我说的那样。”于是对下属众高级军官说：“辽人知道我们即将举兵起事，聚集诸路军队防备我们，我们一定要先发制人，不能被人所制。”众人都说：“好主意。”于是阿骨打入内堂拜见宣靖皇后，把将征伐辽朝的事告诉她。宣靖皇后说：“你继承父兄的事业建立国家，认为可以做就去进行。我老了，不要带给我忧虑，你一定不至于这样。”阿骨打感动涕泣，举起酒杯祝她长寿。就侍奉宣靖皇后率领诸将出门，举起酒杯向东，用辽人荒淫放肆，不归还阿疏，以及自己举兵的用意祈神求福于皇天后土。祭奠完毕，宣靖皇后命令阿骨打正坐与下属官员一起聚会饮酒，号令诸部族。派婆卢火征集移懒路迪古乃的兵士，斡鲁古、阿鲁抚慰告谕斡忽、急赛两路属于辽籍的女真人，由实不迭前往完睹路拘拿辽朝障鹰官达鲁古部副使辞列、宁江州的渤海大家奴。于是达鲁古部的实里馆来上报说：“听说要举兵征伐辽朝，我们这部听从谁呢？”阿骨打说：“我的军队虽然人少，但我国却是古老的国家，和你们是接壤的邻国，你们本来应当听从我。如果你们畏惧辽人，就自己前往去投奔辽人。”

［原文］

九月，太祖进军宁江州，次寥(liáo)晦城。婆卢火征兵后期，杖之，复遣督军。诸路兵皆会于来流水，得二千五百人。致辽之罪，申告于天地曰：“世事辽国，恪修职贡，定乌春、窝谋罕之乱，破萧海里之众，有功不省，而侵侮是加。罪人阿疏，屡请不遣。今将问罪于辽，天地其鉴佑之。”遂命诸将传梃(tǐng)而誓曰：“汝等同心尽力，有功者，奴婢部曲为良，庶人官之，先有官者叙进，轻重视功。苟违誓言，身死梃下，家属无赦。”师次唐括带斡甲之地，诸军禳(ráng)射，介而立，有光如烈火，起于人足及戈矛之上，人以为兵祥。明日，次扎只水，光见如初。

［译文］

九月，阿骨打进军宁江州，驻扎在寥晦城。婆卢火征兵超过了期限，处以杖刑，又派督军。各路军队都在来流水会合，共集得二千五百人。阿骨打表述辽朝的

罪过，向天地申报说："我们世代侍奉辽国，恭敬地整治贡赋，平定乌春、窝谋罕的暴乱，攻破萧海里的兵众，而辽国对有功之人不予省察，却加以侵害欺侮。至于罪人阿疏，我们屡次请求送回而不遣送。现在将向辽国问罪，祈求天地明鉴保佑我们。"继而命令诸将传递梃杖而宣誓说："你们这些人同心尽力，有功的人，是奴婢、部曲的转为平民，是平民的授予官职，原来已有官职的按顺序晋级，晋级大小根据功劳大小而定。假如违背誓言，身死梃杖之下，家属也不赦免。"军队驻扎在唐括带斡甲的地方，各军进行袪邪除恶之射，披甲而立，有光如同烈火一般，自人脚处腾起一直达到戈矛以上，人们以此现象为兴兵的吉兆。第二天，军队驻扎在扎只水，出现的光像昨天发出的一样。

［原文］

将至辽界，先使宗干督士卒夷堑。既度，遇渤海军攻我左翼七谋克，众少却，敌兵直犯中军。斜也出战，哲垤(dié)先驱。太祖曰："战不可易也。"遣宗干止之。宗干驰出斜也前，控止哲垤马，斜也遂与俱还。敌人从之，耶律谢十坠马，辽人前救。太祖射救者毙，并射谢十中之。有骑突前，又射之，彻扎洞胸。谢十拔箭走，追射之，中其背，饮矢之半，偾(fèn)而死。获所乘马。宗干与数骑陷辽军中，太祖救之，免胄战。或自傍射之，矢拂于颡(sǎng)。太祖顾见射者，一矢而毙。谓将士曰："尽敌而止。"众从之，勇气自倍。敌大奔，相蹂践死者十七八。撒改在别路，不及会战，使人以战胜告之，而以谢十马赐之。撒改使其子宗翰、完颜希尹来贺，且称帝，因劝进。太祖曰："一战而胜，遂称大号，何示人浅也？"

［译文］

即将到达辽国的边界，阿骨打先派宗干督促兵卒填平沟堑。阿骨打越过辽国边界，遇到渤海军队攻击女真左翼七谋克，众人有所退却，敌军径直进犯中军。斜也出战迎敌，哲垤为先驱。阿骨打说："战争局势不能改变。"派宗干去制止斜也、哲垤。宗干骑马出营飞奔到斜也前面，控制住哲垤的战马，斜也就和他们一道回营。辽军随着他们追过来，辽将耶律谢十从马上掉下来，辽人前来救援。阿骨打将救援的人射死，众兵一齐射向耶律谢十。有骑士突然出现在前面，又射他，箭将胸背穿透一个洞。耶律谢十将箭拔出逃走，金兵继续追着射他，射中他的背，箭有一半扎入他的体内，僵硬倒地而死。女真军缴获了他的坐骑。宗干和几个骑士被围在辽军中间，阿骨打前去救他们，没有披挂甲胄就与敌人交战，有人从旁用箭射阿骨打，箭擦过阿骨打的额头。阿骨打环顾到射箭的人，一箭将其射死。对将士们说："把敌人消灭光再停止。"兵众跟随着阿骨打，勇气自然倍增。辽军拼命地奔逃，相互蹂躏践踏，死了十分之七八。撒改在其他路上，没有赶上会战，阿骨打派人把打胜仗的消息告诉他，而且把耶律谢十的坐骑赏赐给他。撒改派他的儿子完颜宗翰、完颜希尹来祝贺阿骨打，并且称阿骨打为帝，因而劝说阿骨打登皇帝位。阿骨打说：“打一仗胜了，就称皇帝大号，这不是向人显示浅薄吗？”

［原文］

进军宁江州，诸军填堑攻城。宁江人自东门出，温迪痕阿徒罕邀击，尽殪(yì)之。十月朔，克其城，获防御使大药师奴，阴纵之，使招谕辽人。铁骊部来送款。次来流城，以俘获赐将士。召渤海梁福、斡荅(dá)剌使之伪亡去，招谕其乡人曰：“女直、渤海本同一家，我兴师伐罪，不滥及无辜也。”使完颜娄室招谕系辽籍女直。

［译文］

阿骨打进军宁江州，各路军队填平堑沟攻打城池。宁江州的人从东门出城，温迪痕、阿徒罕截住他们攻击，将其全部杀死。十月初一，阿骨打攻占宁江城，俘获防御使大药师奴，暗地里放了他，让他去招抚告谕辽国人。铁骊部来人表示归顺。阿骨打军队驻扎在来流城，把俘获的战利品赏赐给将士。召集渤海的梁福、斡荅剌让他们假装逃走，招抚告谕他们同乡的人说：“女真和渤海本来同是一家人，我们兴兵只是讨伐罪人，不会滥杀殃及无辜的百姓。”派完颜娄室招抚告谕属于辽籍的女真人。

［原文］

师还，谒宣靖皇后，以所获颁宗室耆(qí)老，以实里馆赀(zī)产给将士。初命诸路以三百户为谋克，十谋克为猛安。酬斡等抚定谗谋水女直。鳖古酋长胡苏鲁以城降。

［译文］

军队返回，阿骨打拜谒宣靖皇后，把所缴获的战利品分发给宗室和德高望重的长者，把实里馆的财产分给将士。开始编制诸路人马，以三百户为一谋克，十谋克为一猛安。酬斡等人安抚平定谗谋水女真。鳖古的酋长胡苏鲁献出城池投降。

［原文］

十一月，辽都统萧纠(jiǔ)里、副都统挞不野将步骑十万会于鸭子河北。太祖自将击之。未至鸭子河，既夜，太祖方就枕，若有扶其首者三，寤而起，曰：“神明警我也。”即鸣鼓举燧而行。黎时及河，辽兵方坏凌道，选壮士十辈击走之。大军继进，遂登岸。甲士三千七百，至者才三之一。俄与敌遇于出河店，会大风起，尘埃蔽天，乘风势击之，辽兵溃。逐至斡论泊，杀获首虏及车马甲兵珍玩

不可胜计，遍赐官属将士，燕犒(kào)弥日。辽人尝言女直兵若满万则不可敌，至是始满万云。

［译文］

十一月，辽朝都统萧纠里、副都统挞不野率领步兵骑兵十万人集结在鸭子河北。阿骨打亲自率军攻击他们。还没有到达鸭子河，已经入夜，阿骨打正要就寝，好像有人扶他的头三次，阿骨打惊醒而起身，说："这是神明在向我示警。"立即鸣战鼓、举火把行军前进。黎明时到达鸭子河，辽国士兵正在毁坏冰凌河道。阿骨打选派十几名壮士将辽国士兵打走。大股军队继而通过河道前进，于是登上鸭子河对岸。披甲的战士三千七百人，登上对岸的仅剩三分之一。不久与辽军在出河店遭遇，正赶上大风骤起，卷起的尘埃遮蔽了天空，阿骨打的军队乘着风势攻击辽军，辽军大败溃散。阿骨打的军队追逐辽军到斡论泊，杀死、俘虏辽军以及缴获车马、兵器、珍宝、财物不计其数，都赐给属下官员和将士，饮宴犒赏一整天。辽国人曾经说女真兵如果达到一万人就不可匹敌，到这时女真兵刚刚满一万。

［原文］

斡鲁古败辽兵，斩其节度使挞不野。仆虺(huǐ)等攻宾州，拔之。兀惹雏鹘室来降。辽将赤狗儿战于宾州，仆虺、浑黜败之。铁骊(lí)王回离保以所部降。吾睹补、蒲察复败赤狗儿、萧乙薛军于祥州东。斡忽、急塞两路降。斡鲁古败辽军于咸州西，斩统军实娄于阵。完颜娄室克咸州。

［译文］

斡鲁古战败辽军，将其节度使挞不野斩首。仆虺等人率军攻打宾州，占领宾州。兀惹的雏鹘室来投降。辽将赤狗儿攻打宾州，仆虺、浑黜打败他。铁骊王回离保率他的部属来投降。吾睹补、蒲察在祥州东又打败赤狗儿和萧乙薛率领的辽军。斡忽、急塞两路军队投降。斡鲁古在咸州西打败辽军，将统军实娄斩于阵前。完颜娄室攻克咸州。

［原文］

是月，吴乞买、撒改、辞不失率官属诸将劝进，愿以新岁元日恭上尊号。太祖不许。阿离合懑(mèn)、蒲家奴、宗翰等进曰："今大功已建，若不称号，无以系天下心。"太祖曰："吾将思之。"

［译文］

这个月，吴乞买、撒改、辞不失率领下属官员及诸将领劝阿骨打登帝位，希望在新一年的元月元日为阿骨打加尊崇皇帝的称号。阿骨打不准许。阿离合懑、蒲家奴、宗翰等人进言说："现在已建立了大功业，如果不称帝号，就不能维系天下人

心。”阿骨打说：“我将考虑这问题。”

［原文］

收国元年正月壬申朔，群臣奉上尊号。是日，即皇帝位。上曰：“辽以宾铁为号，取其坚也。宾铁虽坚，终亦变坏，惟金不变不坏。金之色白，完颜部色尚白。”于是国号大金，改元收国。

［译文］

收国元年（1115年）正月壬申初一，群臣向阿骨打进献皇帝尊号。这一天，阿骨打登上皇帝位（即金太祖）。太祖说：“辽国用宾铁作为其国号，取宾铁坚固之意。宾铁虽然坚固，最终也还要变化毁坏，只有金不变化不毁坏。金的颜色为白色因此完颜部崇尚白色。”于是定国号为大金，改年号为收国。

［原文］

丙子，上自将攻黄龙府，进临益州。州人走保黄龙，取其余民以归。辽遣都统耶律讹(é)里朵、左副统萧乙薛、右副统耶律张奴、都监萧谢佛留，骑二十万、步卒七万戍边。留娄室、银术可守黄龙。上率兵趋达鲁古城，次宁江州西。辽使僧家奴来议和，国书斥上名，且使为属国。庚子，进师，有火光正圆，自空而坠。上曰：“此祥征，殆天助也。”酹(lèi)白水而拜，将士莫不喜跃。进逼达鲁古城。上登高望辽兵若连云灌木状，顾谓左右曰：“辽兵心贰而情怯(qiè)，虽多不足畏。”遂趋高阜(fù)为阵。宗雄以右翼先驰辽左军，左军却。左翼出其阵后，辽右军皆力战。娄室、银术可冲其中坚。凡九陷阵，皆力战而出。宗翰请以中军助之。上使宗干往为疑兵。宗雄已得利，击辽右军，辽兵遂败。乘胜追蹑(niè)，至其营，会日已暮，围之。黎明，辽军溃围出，逐北至阿娄冈。辽步卒尽殪，得其耕具数千以给诸军。是役也，辽人本欲屯田，且战且守，故并其耕具获之。

［译文］

丙子日，太祖亲自率军攻打黄龙府，进军兵临益州。益州人撤走去保卫黄龙府，金军掠取其余的百姓班师回朝。辽国派遣都统耶律讹里朵、左副统萧乙薛、右副统耶律张奴、都监萧谢佛留，率领骑兵二十万、步卒七万戍守边疆；留娄室、银术可把守黄龙府。太祖率军奔赴达鲁古城，驻扎在宁江州西。辽朝派僧家奴来谈判媾和，所带国书直斥太祖名讳，而且要把金列为辽的属国。正月二十九，金国进军，有火光呈正圆状，从天上坠下。太祖说：“这是祥瑞的征兆，大概是上天的帮助。”以白水祭奠并叩拜，全军将士没有不欢欣雀跃的。金军前进直逼达鲁古城。太祖登上高处眺望辽营，见其呈连云灌木的形状，环顾左右的下属说："辽国军队有二心而且胆怯，虽然人多却没有什么可畏惧的。"于是急速奔向高坡摆兵布阵。宗雄作为右翼首先驰入辽军的左军，左军退却。左翼从其阵后冲出，辽右军都奋力迎战。娄室、银术可率军冲击辽军中坚，一共九次冲入辽军阵中，都能奋力战斗冲出辽阵。宗翰请求准许率中军援助娄室、银术可。太祖派宗干前去虚设以迷惑敌人的兵。宗雄已获胜利，攻击辽国右军，辽军就溃败了。金军乘胜紧随其后，追到辽军军营，正值天黑，将辽军军营围住。黎明时分，辽国军队冲破包围奔出，金军向北追逐，直至阿娄岗。辽国步卒全部死亡，太祖得到几千件他们的耕作用具分发给诸军。这次战事，辽国人本来想屯田，边战斗边戍守，所以金军连同他们的耕作用具一起缴获了。

[原文]

二月，师还。三月辛未朔，猎于寥晦城。四月，辽耶律张奴以国书来。上以书辞慢侮，留其五人，独遣张奴回报，书亦如之。五月庚午朔，避暑于近郊。甲戌，拜天射柳。故事，五月五日、七月十五日、九月九日拜天射柳，岁以为常。六月己亥朔，辽耶律张奴复以国书来，犹斥上名。上亦斥辽主名以复之，且谕之使降。七月戊辰，以弟吴乞买为谙班勃极烈，国相撒改为国论勃极烈。辞不失为阿买勃极烈，弟斜也为国论昊勃极烈。甲戌，辽使辞剌以书来，留之不遣。九百奚营来降。

[译文]

二月，军队还朝。三月辛未初一，太祖在寥晦城狩猎。四月，辽朝耶律张奴持国书来。太祖认为其国书言辞有轻视侮辱之意，扣留了其中五人，只遣送耶律张奴回辽国汇报，所回复书信的语气也像辽国书。五月庚午初一，太祖在近郊避暑。甲戌初五，拜祭上天用箭射柳。先例，五月五日、七月十五日、九月九日拜祭上天用箭射柳，每年如此，习以为常。六月己亥初一，辽使耶律张奴又持国书而来，还是直呼太祖名讳。太祖也直呼辽主天祚帝的名讳，以此回复辽朝，并且告谕他让他投降。

狩猎

七月戊辰日，以兄弟吴乞买为谙班勃极烈，国相撒改为国论勃极烈，辞不失为阿买勃极烈，兄弟斜也为国论昊勃极烈。甲戌日，辽国派辞剌持国书来，太祖将其扣留不予遣返。九百奚营前来投降。

［原文］

八月戊戌，上亲征黄龙府。次混同江，无舟，上使一人道前，乘赭(zhě)白马径涉，曰："视吾鞭所指而行。"诸军随之，水及马腹。后使舟人测其渡处，深不得其底。熙宗天眷二年，以黄龙府为济州，军曰利涉，盖以太祖涉济故也。

［译文］

八月戊戌日，太祖亲征黄龙府。驻扎在混同江，江边没有船，太祖让一人做前导，骑着赭白马径直渡江，说："看着我马鞭所指的方向行进。"诸军跟着太祖渡江，江水深及马的肚子。后来派舟兵测量太祖率军渡江的地方，水深得不见江底。金熙宗天眷二年（1139 年），将黄龙府改为济州，军名为利涉，大概是因太祖在此渡江的缘故。

［原文］

九月，克黄龙府，遣辞剌还，遂班师。至江，径渡如前。丁丑，至自黄龙府。己卯，黄龙见空中。癸巳，以国论勃极烈撒改为国论忽鲁勃极烈，阿离合懑为国论乙室勃极烈。

十一月，辽主闻取黄龙府，大惧，自将七十万至驼门。驸马萧特末、林牙萧查剌等将骑五万、步四十万至斡邻泊。上自将御之。

［译文］

九月，金攻克黄龙府，遣送辞剌返回辽朝，于是班师回朝。行至混同江，径直涉水渡江与来时一样。丁丑日，从黄龙府返回。己卯日，黄龙出现在空中。癸巳日，以国论勃极烈撒改为国论忽鲁勃极烈，阿离合懑为国论乙室勃极烈。

十一月，辽主天祚帝闻知金国夺取了黄龙府，非常害怕，亲自率领七十万军队到驼门。驸马萧特末、林牙萧查剌等人率领骑兵五万、步兵四十万到达斡邻泊。太祖亲自率军抵御辽军的进攻。

［原文］

十二月己亥，行次爻(yáo)剌，会诸将议。皆曰："辽兵号七十万，其锋未易当。吾军远来，人马疲乏，宜驻于此，深沟高垒以待。"上从之。遣迪古乃、银术可镇达鲁古。丁未，上以骑兵亲候辽军，获督饷者，知辽主以张奴叛，西还二日矣。是日，上还至熟结泊，有光见于

矛端。戊申，诸将曰：“今辽主既还，可乘怠追击之。”上曰：“敌来不迎战，去而追之，欲以此为勇邪？”众皆悚(sǒng)愧，愿自效。上复曰：“诚欲追敌，约赍以往，无事饵(yùn)馈。若破敌，何求不得。”众皆奋跃，追及辽主于护步荅(dá)冈。是役也，兵止二万。上曰：“彼众我寡，兵不可分。视其中军最坚，辽主必在焉。败其中军，可以得志。”使右翼先战。兵数交，左翼合而攻之。辽兵大溃。我师驰之，横在其中。辽师败绩，死者相属百余里，获舆辇帟(yì)幄兵械军资，他宝物、马牛不可胜计。是战，斜也援矛杀数十人，阿离本被围，温迪罕迪忽迭以四谋克兵出之，完颜蒙刮身被数创，力战不已，功皆论最。萧特末等焚营遁去。遂班师。夹谷撒喝取开州。婆卢火下特邻城，辞里罕降。

［译文］

十二月己亥日，军队行进到爻剌，召集诸将议论战事对策。诸将都说：“辽国军队号称七十万，其兵锋锐利不易抵挡。我军来自远方，一路行军人困马乏，应当驻扎在此地，凭借深沟和高垒坐等辽军前来进攻。”太祖听从诸将的建议，派遣迪古乃、银术可镇守达鲁古。丁未日，太祖亲自率领将士迎战辽军。后俘获辽军中督促粮饷的人员，得知辽主天祚帝因耶律张奴叛变，返回西边已经两天了。这一天，太祖回到熟结泊，有光出现在矛头。戊申日，众将说：“现在辽天祚帝已经回去了，可以乘其军怠惰而追击他们。”太祖说：“敌军来了不迎战，敌人撤走了而追击敌人，想用这做法表现勇敢吗？”众人恐惧愧疚，愿意全力跟随太祖。太祖又说：“真的想追击敌军，轻装而前往，不做馈送粮食之事。如果打败敌人，要求什么得不到？”众人都兴奋踊跃，在护步荅冈追上辽天祚帝。这次战役，金兵只有两万。太祖说：“彼众我寡，兵力不能分散。看辽军中军最坚固，辽皇帝一定在其中。击败辽中军，就可以达到目的。”派右翼先出战。军队数次交手，左翼与右翼汇合攻辽军。辽军惨败溃散。金国军队驰骋沙场，横在辽军中间。辽军队大败，死的人相互连接长达一百多里，缴获的车辇幄帐兵器军用物资，其他宝物、牛马等不可胜计。这一仗，斜也举着长矛杀死敌军数十人，阿离本被敌军包围，温迪罕迪忽迭带四谋克兵把他救了出来，完颜蒙刮身上数处受伤，仍拼死战斗不已，论评功劳大家都认为他功劳最大。萧特末等人烧毁营盘而逃走。于是金军班师回朝。夹谷撒喝攻取开州。婆卢火拿下特邻城，辞里罕归降。

［原文］

二年正月戊子，诏曰：“自破辽兵，四方来降者众，宜加优恤(xù)。自今契丹、奚(xī)、汉、渤海、系辽籍女直、室韦、达鲁古、兀惹、铁骊诸部官民，已降或为军所俘获，逃遁而还者，勿以为罪，其酋长仍官之，且使从宜居处。”

闰月，高永昌据东京，使挞不野来求援。高丽遣使来贺捷，且求保州。诏许自取之。

［译文］

二年（1116年）正月戊子日，太祖下诏说：“自从打败辽军以来，四方来归顺的人很多，应当给予丰厚的抚恤。从现在开始契丹、奚、汉、渤海、属辽籍的女真、室韦、达鲁古、兀惹、铁骊各部的官民，已归降的或被军队所俘虏的，逃跑而返回的，都不要因此定其有罪，他们的酋长仍然治理他们，并且让他们在适宜自己的地方居住。”

闰月，高永昌占据了东京，派挞不野来请求援助。高丽派使节来祝贺金国取得的胜利，而且请求拥有保州。金国下诏准许高丽自行夺取保州。

［原文］

二月己巳，诏曰：“比以岁凶，庶民艰食，多依附豪族，因为奴隶；及有犯法，征偿莫办，折身为奴者；或私约立限，以人对赎，过期则为奴者，并听以两人赎一为良。若元约以一人赎者，即从元约。”

［译文］

二月己巳日，太祖下诏说：“近来因年成不好，百姓粮食短缺，很多人依附豪门望族，因而变成奴隶；以及有犯法的，征求抵偿没能办成，就以身抵偿为奴隶的；或者私自订立契约规定期限，以人作为对等交换的，过了期限人就沦为奴隶的，这些人都准许用两人赎一人成为平民。如果原来的契约是以一人赎的，就仍按原契约执行。”

狩猎图

女真人是渔猎民族，狩猎在女真人的生活中占有十分重要的位置。

［原文］

四月乙丑，以斡(wò)鲁统内外诸军，与蒲察、迪古乃会咸州路都统斡鲁古讨高永昌。胡沙补等被害。

五月，斡鲁等败永昌，挞不野擒永昌以献，戮之于军。东京州县及南路系辽女直皆降。诏除辽法，省税赋，置猛安谋克一如本朝之制。以斡鲁为南路都统、迭勃极烈。阿徒罕破辽兵六万于照散城。

九月己亥，上猎近郊。乙巳，南路都统斡鲁来见于婆卢买水。始制金牌。

十二月庚申朔，谙班勃极烈吴乞买及群臣上尊号曰大圣皇帝，改明年为天辅元年。

［译文］

四月乙丑日，任用斡鲁统领内外诸军，与蒲察、迪古乃会合咸州路都统斡鲁古一起讨伐高永昌。胡沙补等人被杀害。

五月，斡鲁等人打败高永昌，挞不野擒获高永昌献给朝廷，在军中将其斩杀。东京州县以及南路属于辽国的女真都投降了金国。太祖下诏令废除辽国法令，减少税赋，设置猛安谋克类似金朝的制度。任用斡鲁为南路都统、迭勃极烈。阿徒罕在照散城打败六万辽军。

九月己亥日，太祖在近郊狩猎。乙巳日，南路都统斡鲁来，在婆卢买水谒见太祖。开始制作金牌。

十二月庚申初一，谙班勃极烈吴乞买以及群臣为太祖加尊号为大圣皇帝，改第二年年号为天辅元年。

［原文］

天辅元年正月，开州叛，加古撒喝等讨平之。国论昃勃极烈斜也以兵一万取泰州。

四月，辽秦晋国王耶律捏里来伐，迪古乃、娄室、婆卢火将兵二万，会咸州路都统斡鲁古击之。

五月丁巳，诏自收宁江州已后同姓为婚者，杖而离之。

［译文］

天辅元年（1117 年）正月，开州叛变，加古撒喝等讨伐平定叛乱。国论昃勃极烈斜也用一万兵力夺取泰州。

四月，辽国秦晋国王耶律捏里来侵犯，迪古乃、娄室、婆卢火率兵二万人，会合咸州路都统斡鲁古还击辽军。

五月丁巳日，太祖下令自夺取宁江州以后同姓通婚的人，要处以杖刑并使之离婚。

［原文］

七月戊申，以完颜斡论知东京事。

八月癸亥，高丽遣使来请保州。

十二月甲子，斡鲁古等败耶律捏里兵于蒺藜山，拔显州，乾、懿、豪、徽、成、川、惠等州皆降。是月，宋使登州防御使马政以国

书来，其略曰：“日出之分，实生圣人。窃闻征辽，屡破勍(qíng)敌。若克辽之后，五代时陷入契丹汉地，愿畀(bì)下邑。”

［译文］

七月戊申日，太祖任用完颜斡论执掌东京政务。

八月癸亥日，高丽派使者来请求占有保州。

十二月甲子日，斡鲁古等人在蒺藜山打败耶律捏里的辽军，占领显州，乾、懿、豪、徽、成、川、惠等州都投降了。这个月，宋朝派登州防御使马政持国书来朝，国书大略说：“日出的分野，确实产生圣人。私下听说你们征伐辽国，屡次攻破强敌。如果攻克辽国以后，五代时期陷入契丹之手的汉人属地，希望还给我们。”

［原文］

二年正月庚寅，辽双州节度使张崇降。使散睹如宋报聘，书曰：“所请之地，今当与宋夹攻，得者有之。”

二月癸丑朔，辽使耶律奴哥等来议和。辛酉，孛堇迪古乃、娄室来见。上以辽主近在中京，而敢辄来，皆杖之。勃里保、双古等言，咸州都统斡鲁古知辽主在中京而不进讨，刍粮丰足而不以实闻，攻显州时所获生口财畜多自取。

三月癸未朔，命阇(shé)哥代为都统而鞫(jū)治之，斡鲁古坐降谋克。壬辰，辽使耶律奴哥以国书来。庚子，以娄室言黄龙府地僻且远，宜重戍守，乃命合诸路谋克，以娄室为万户镇之。

［译文］

天辅二年（1118年）正月庚寅日，辽国双州节度使张崇投降。派散睹入宋报答回访，国书说：“你们所请求归还的地方，现在应当由我方与宋方夹攻，谁取得这地方就拥有这地方。”

二月癸丑初一，辽国派耶律奴哥等人来商议停战罢兵。辛酉初九，孛堇迪古乃、娄室来谒见太祖。太祖因为辽天祚帝就近在中京，而他们敢动辄即来，都处以杖刑。勃里保、双古等人说，咸州都统斡鲁古知道辽天祚帝在中京却不进攻讨伐，草料军粮丰富充足而不把真实情况报告朝廷知道，攻占显州时所俘虏的人口、缴获的财物牲畜大多私自取用。

三月癸未初一，命令阇哥取代斡鲁古为咸州都统而且审问斡鲁古为他定罪，斡鲁古因犯罪降至谋克。壬辰初十，辽国派耶律奴哥持国书来。庚子十九日，根据娄室所说的黄龙府地处偏僻而且遥远，应当以重兵戍守，于是命令合并诸路谋克，由娄室为万户镇守黄龙府。

[原文]

四月辛巳，辽使以国书来。

五月丙申，命胡突衮(gǔn)如辽。

六月甲寅，诏有司禁民凌虐典雇良人，及倍取赎直者。甲戌，辽通、祺、双、辽等州八百余户来归，命分置诸部，择膏腴(gāo yú)之地处之。

七月癸未，诏曰："匹里水路完颜术里古、渤海大家奴等六谋克贫乏之民，昔尝给以官粮，置之渔猎之地。今历日已久，不知登耗，可具其数以闻。"胡突衮还自辽。耶律奴哥复以国书来。丙申，胡突衮如辽。辽户二百来归，处之泰州。诏遣阿里骨、李家奴、特里底招谕未降者。仍诏达鲁古部勃堇辞列："凡降附新民，善为存抚。来者各令从便安居，给以官粮，毋辄动扰。"

[译文]

四月辛巳日，辽国使节持国书来。

五月丙申日，命令胡突衮到辽国。

六月甲寅日，太祖下诏书命令官吏禁止百姓凌辱虐待抵押、受雇的平民以及加倍收取赎身价值的人。甲戌日，辽国的通、祺、双、辽等州的八百余户百姓来归顺，命令将他们分别安置在各部，挑选肥沃的土地让他们居住。

七月癸未日，太祖下诏书说："匹里水路的完颜术里古、渤海大家奴等六谋克的贫穷困乏百姓，以前官府曾发给他们官粮，把他们安置在能打鱼、狩猎的地方，到现在已经过了很长时间，不知收取、消耗的情况，应将其全部数目上报朝廷。"胡突衮从辽国归来。耶律奴哥又持国书而来。丙申日，胡突衮到辽国。辽国二百户百姓来归顺，被安置在泰州。诏令派遣阿里骨、李家奴、特里底号召告谕没投降的人。太祖还下诏书命令达鲁古部勃堇辞列："对凡是投降、归顺的新人家，要好好地慰问抚恤。对来归顺的人让他们各自按自己的便利选择安居之处，发给他们官粮，不要轻易惊动打扰他们。"

[原文]

八月，胡突衮还自辽。耶律奴哥、突迭复以国书来。

九月戊子，诏曰："国书诏令，宜选善属文者为之。其令所在访求博学雄才之士，敦遣赴阙。"

闰月庚戌朔，以降将霍石、韩庆和为千户。九百奚部萧宝、乙辛，北部讹里野，汉人王六儿、王伯龙，契丹特末、高从祐等，各率众来降。辽耶律奴哥以国书来。

十月癸未，以龙化州降者张应古、刘仲良为千户。乙未，咸州都统司言，汉人李孝功、渤海二哥率众来降。命各以所部为千户。

十二月甲辰，遣孛堇术孛以定辽地谕高丽。耶律奴哥以国书来。辽懿(yì)州节度使刘宏以户三千并执辽候人来降，以为千户。川州寇二万已降复叛，纥石烈照里击破之。

［译文］

八月，胡突衮从辽国归来。耶律奴哥、突迭又持国书而来。

九月戊子日，太祖下诏说："国书和诏令，应当挑选善于做文章的人来撰写。这道诏令所到之处访求博学有雄才大略之士人，勉励派遣他们奔赴朝廷。"

闰月庚戌初一，任用投降的将领霍石、韩庆和为千户。九百奚部的萧宝、乙辛，北部的讹里野，汉人王六儿、王伯龙，契丹的特末、高从祐等人，各自率其部众前来投降。辽国耶律奴哥持国书来。

十月癸未日，任用龙化州投降的张应古、刘仲良为千户。乙未十七日，咸州都统司说，汉人李孝功、渤海的二哥率其部众来投降。他们分别被任命为所率部众的千户。

十二月甲辰日，派遣孛堇术孛告谕高丽平定辽国地域之事。耶律奴哥持国书来。辽国懿州节度使刘宏率三千户人和抓获的辽在道路上迎宾客的官吏前来投降，被任用为千户。川州贼寇两万人已投降又叛变，纥石烈照里击败了他们。

［原文］

三年正月甲寅，东京人为质者永吉等五人结众叛。事觉，诛其首恶，余皆杖百，没入在行家属资产之半。诏知东京事斡论，继有犯者并如之。丙辰，诏鳖古孛堇酬斡曰："胡鲁古、迭八合二部来送款，若等先时不无交恶，自今毋(wù)相侵扰。"

三月，耶律奴哥以国书来。

四月丙子朔，日有食之。

［译文］

天辅三年（1119年）正月甲寅日，东京人作为人质的永吉等五人纠集众人反叛。反叛之事被发觉，诛杀为首的要犯，其余的人都杖责一百，将在行的家属及资产的一半没入官府。诏令执掌东京政务的斡论，再有结集众人反叛的都按此例处置。丙辰初九，诏令鳖古孛堇酬斡说："胡鲁古、迭八合二部来表示归顺，你们这些人以前不是没有相互仇恨，从今以后不要相互侵犯骚扰。"

三月，耶律奴哥持国书来。

四月丙子初一，有日食出现。

[原文]

五月壬戌，诏咸州路都统司曰：“兵兴以前，曷苏馆、回怕里与系辽籍、不系辽籍女直户民，有犯罪流窜边境或亡入于辽者，本皆吾民，远在异境，朕甚悯(mǐn)之。今既议和，当行理索。可明谕诸路千户、谋克，遍与询访其官称、名氏、地里，具录以上。”

六月辛卯，辽遣太傅习泥烈等奉册玺来，上擿(tī)册文不合者数事复之。散睹还自宋。宋使马政及其子宏来聘。散睹受宋团练使，上怒，杖而夺之。宋使还，复遣孛堇辞列、曷鲁等如宋。

[译文]

五月壬戌日，诏令咸州路都统司说：“在举兵之前，曷苏馆、回怕里和属于辽籍、不属于辽籍的女人户民，有犯罪后流窜到边境或是逃亡到辽境内的人，本来都是我的百姓，他们远在他乡异城，我非常怜悯他们。既然现在已经与辽停战罢兵，就应当按法则去寻找他们，告谕各路千户、谋克，全方面地查询访问他们的官称、姓氏名字、籍贯居处，全部登录入册。”

六月辛卯日，辽国派遣太傅习泥烈等人恭敬地带着册书宝玺而来，太祖选出册文中不合乎实际的数事而回复辽国，散睹从宋朝回朝。宋朝派马政和他的儿子马宏回访金朝。散睹接受宋朝团练使之职，太祖发怒，杖责他而且夺去他的官职。宋朝使者返回宋朝，太祖又派遣辞列、曷鲁等人任使节到宋朝。

[原文]

七月辛亥，辽人杨询卿、罗子韦各率众来降，命各以所部为谋克。

八月己丑，颁女直字。

九月，以辽册礼使失期，诏诸路军过江屯驻。

十一月，习泥烈等复以国书来。曷懒甸长城，高丽增筑三尺。诏胡剌古、习显慎固营垒。

[译文]

七月辛亥日，辽国人杨询卿、罗子韦率领各自部下来投降，被任命为各自所率部众的谋克。

八月己丑日，颁布实行女真文字。

九月，因辽册礼使延误期限，诏令各路军过江屯守驻扎。

十一月，习泥烈等又持国书而来。曷懒甸的长城，高丽修筑加高三尺。诏令胡剌古、习显谨慎地固守营垒。

［原文］

四年二月，辞列、曷鲁还自宋。宋使赵良嗣、王晖来议燕京、西京地。

三月甲辰，上谓群臣曰："辽人屡败，遣使求成，惟饰虚辞，以为缓师之计，当议进讨。其令咸州路统军司治军旅、修器械，具数以闻。"辛酉，诏咸州路都统司曰："朕以辽国和议无成，将以四月二十五日进师。"令斜葛留兵一千镇守，阇(shé)母以余兵来会于浑河。辽习泥烈以国书来。

四月乙未，上自将伐辽。以辽使习泥烈、宋使赵良嗣等从行。

［译文］

天辅四年（1120年）二月，辞列、曷鲁从宋朝回来。宋朝派赵良嗣、王晖来商议燕京、西京地区的问题。

三月甲辰日，太祖对群臣说："辽国人屡屡失败，派遣使者来求和，只是粉饰以空虚言辞，以此为缓兵之计，我们应当议论进攻讨伐之事。下令咸州路统军司整顿军队，缮修兵器，全部上报朝廷得知。"辛酉日，诏令咸州路都统司说："我因为与辽国求和没有成功，将于四月二十五日进军辽国。"命令斜葛留下一千兵卒镇守，阇母率领其余的兵卒到浑河会合。辽国习泥烈持国书来。

四月乙未日，太祖亲自率军讨伐辽国。让辽使节习泥烈、宋使节赵良嗣等人随行。

［原文］

五月甲辰，次浑河西，使宗雄先趋上京，遣降者马乙持诏谕城中。壬子，至上京，诏官民曰："辽主失道，上下同怨。朕兴兵以来，所过城邑负固不服者即攻拔之，降者抚恤之，汝等必闻之矣。今尔国和好之事，反复见欺，朕不欲天下生灵久罹(lí)涂炭，遂决策进讨。比遣宗雄等相继招谕，尚不听从。今若攻之，则城破矣。重以吊伐之义，不欲残民，故开示明诏，谕以祸福，其审图之。"上京人恃御备储蓄为固守计。甲寅，亟命进攻。上谓习泥烈、赵良嗣等曰："汝可观吾用兵，以卜去就。"上亲临城，督将士诸军鼓噪而进。自旦及巳，阇(shé)母以麾下先登，克其外城，留守挞不野以城降。赵良嗣等奉觞(shāng)为寿，皆称万岁。是日，赦上京官民。诏谕辽副统余睹。壬戌，次沃黑河。宗干率群臣谏曰："地远时暑，军马罢乏，若深入敌境，粮馈乏绝，恐有后艰。"上从之，乃班师，命分兵攻庆州。余睹袭阇母于辽

河，完颜背荅、乌塔等战却之，完颜特虎死焉。

［译文］

五月甲辰日，军队驻扎在浑河西，派宗雄先急驰上京，派投降的人马乙带着太祖的诏令告谕到上京城内。壬子日，大军到达上京，诏令上京官吏百姓说：“辽天祚帝昏庸无道，举国上下怨声载道。我举兵以来，所经过的城池自恃坚固不归服的就攻打占领它，全城投降的就抚恤百姓，你们一定听说了。现在和你国停战和好的事，反复被你国所欺骗，我不想天下生灵长期忍受涂炭之苦，于是决心进军讨伐。最近派宗雄等人先后招抚告谕，还是不听从劝谕。现在如果攻城，城就会被攻破。我以抚慰百姓讨伐有罪之义为重，不想残害百姓，所以公开诏令，以祸福告谕你们，你们审时度势决定去从。”上京人仗着防御设施坚固储备充分决定采用死守之计。甲寅日，太祖急速下令进攻上京城。太祖对习泥烈、赵良嗣等人说：“你们可以观察我用兵的情况，从而选择你们去从。”太祖亲临上京城下，督促将士各军击鼓喊叫着向上京城逼进。从黎明到上午巳时，阇母带领部下先登上上京城，攻占上京城外城，辽上京留守挞不野率领全城投降。赵良嗣等人举酒杯祝太祖长寿，都称太祖万岁。这一天，太祖赦免上京的官员百姓。下诏书告谕辽国副都统余睹。壬戌日，军队驻扎在沃黑河。宗干率群臣劝谏太祖说：“现在地方遥远正值酷暑时分，军队战马疲乏，如果深入敌人境内，粮草困乏断绝，恐怕有无穷后患。”太祖听从他们的建议，于是班师回朝，命令分出兵力攻打庆州。余睹在辽河袭击阇母，完颜背荅、乌塔等人打退余睹的攻击，完颜特虎战死。

［原文］

七月癸卯，上至自伐辽。

九月，烛隈(wěi)水部实里古达等杀孛堇(jǐn)酬斡(wò)、仆忽得以叛。

十月戊辰朔，日有食之。戊寅，命斡鲁分胡剌古、乌春之兵以讨实里古达。

十一月，东京留守司乞本京官民质子增数番代，上不许，曰：“诸质子已各受田庐，若复番代，则往来动摇，可并仍旧。”

十二月，宋复使马政来请西京之地。

［译文］

七月癸卯日，太祖从伐辽战场回到皇宫。

九月，烛隈水部的实里古达等人杀死孛堇酬斡、仆忽得叛变。

十月戊辰初一，出现日食。戊寅日，命令斡鲁分出胡剌古、乌春的军队用以征讨实里古达。

十一月，东京留守司乞求增加东京官员、百姓、人质增加数量轮番替代，太祖不准许，说：“这些人质已经分别接受了土地房屋，如果又轮番替代，就因往来而

产生动摇，可以一切照旧。”

十二月，宋朝又派马政前来请求归还西京的土地。

［原文］

五年春正月，斡鲁败实里古达于合挞(tà)剌山，诛首恶四人，余悉抚定。

二月，遣昱及宗雄分诸路猛安谋克之民万户屯泰州，以婆卢火统之，赐耕牛五十。

四月乙丑朔，宗翰请伐辽。诏诸路预戒军事。

五月，辽都统耶律余睹等诣咸州降。

闰月辛巳，国论胡鲁勃极烈撒改薨(hōng)。

六月癸巳，余睹与其将吏来见。丙申，千户胡离荅坐擅署部人为蒲里衍，杖一百，罢之。庚子，诏谙版勃极烈吴乞买贰国政。以吴勃极烈斜也为忽鲁勃极烈，蒲家奴为吴勃极烈，宗翰为移赉(lài)勃极烈。

［译文］

天辅五年（1121 年）春天正月，斡鲁在合挞剌山打败了实里古达，诛杀为首要犯四人，其余的人都予以抚慰平定。

二月，派完颜昱和宗雄从各路猛安谋克的百姓中分出一万户在泰州屯田，由婆卢火统领他们，赐给他们五十头耕牛。

四月乙丑初一，宗翰请求讨伐辽国。诏令各路预先装备战斗的事宜。

五月，辽国都统耶律余睹等人到咸州投降。

闰月辛巳日，国论胡鲁勃极烈撒改去世。

六月癸巳日，耶律余睹和他的将领官吏来拜见太祖。丙申日，千户胡离荅犯了擅自任命部人为蒲里衍的罪，杖责一百，罢免官职。庚子日，诏令谙版勃极烈吴乞买辅佐国政。任用吴勃极烈斜也为忽鲁勃极烈，蒲家奴为吴勃极烈，宗翰为移赉勃极烈。

［原文］

七月庚辰，诏咸州都统司曰：“自余睹来，灼见辽国事宜，已决议亲征，其治军以俟师期。”寻以连雨罢亲征。命吴勃极烈昱为都统，移赉勃极烈宗翰副之，帅师而西。

十二月辛丑，以忽鲁勃极烈杲(gǎo)为内外诸军都统，以昱、宗翰、宗干、宗望、宗盘等副之。甲辰，诏曰：“辽政不纲，人神共弃。今欲

中外一统，故命汝率大军以行讨伐。尔其慎重兵事，择用善谋，赏罚必行，粮饷必继，勿扰降服，勿纵俘掠，见可而进，无淹师期。事有从权，毋须申禀。”戊申，诏曰：“若克中京，所得礼乐仪仗图书文籍，并先次津发赴阙。”

［译文］

七月庚辰日，诏令咸州都统司说：“自从耶律余睹归降以来，已经透彻地了解辽国的情况，决定亲自出征，你们整治军队以等待出兵的时刻。”不久因连日阴雨而停止亲征。命令昊勃极烈完颜昱为都统，移赉勃极烈宗翰为他的副手，率军向西进发。

十二月辛丑日，任命忽鲁勃极烈完颜杲为内外诸军都统，用完颜昱、宗翰、宗干、宗望、宗盘做他的副手。甲辰日，诏令说：“辽国朝政不循纲常，人与神共同抛弃它。现在想中央、地方实现一统天下，所以命令你率领大军施行讨伐辽国之事。你对战事要持慎重态度，采用好的谋略，赏罚一定要分明，粮饷一定要供应及时，不要侵扰已经降服的地方百姓，不要放纵部下俘虏劫掠，看到形势可以就进军，不要延误进攻时间。遇到事情有权自行处分，不必申诉禀报。”戊申日，诏令说：“如果攻克中京，所获得的礼乐仪仗、图书文籍，一并优先送到渡口发往朝廷。”

［原文］

六年正月癸酉，都统杲（gǎo）克高、恩、回纥（hé）三城。乙亥，取中京，遂下泽州。

二月庚寅朔，日有食之。己亥，宗翰等败辽奚王霞末于北安州，降。奚部西节度使讹（é）里剌以本部降。壬寅，都统杲遣使来奏捷，并献所获货宝。诏曰：“汝等提兵于外，克副所任，攻下城邑，抚安人民，朕甚嘉之。所言分遣将士招降山前诸部，计悉已抚定，续遣来报。山后若未可往，即营田牧马，俟及秋成，乃图大举。更当熟议，见可则行。如欲益兵，具数来上，不可恃一战之胜，辄有弛慢。新降附者当善抚存。宣谕将士，使知朕意。”宗翰驻北安，遣希尹等略地，获辽护卫耶律习泥烈，知辽主猎鸳鸯泊，以其子晋王贤而有人望，恶而杀之，众益离心。虽有西北、西南两路兵马，皆羸弱。遂遣耨（nòu）碗温都等报都统杲进兵袭之。

［译文］

天辅六年（1122年）正月癸酉日，都统完颜杲攻克高、恩、回纥三城。乙亥十五日，夺取中京，继而攻下泽州。

二月庚寅初一，出现日食。己亥日，宗翰等人在北安州打败辽国奚王霞末，霞末投降了。奚部西节度使讹里剌率领他的本部来归降。壬寅日，都统完颜杲派使者来上奏捷报，并且进献获取的财货和珍宝。太祖下诏说："你们统领军队在外，能够担当起被赋予的责任，攻下城池，抚慰安定百姓，我非常满意你们所做的这些事。你们所说的分别派遣将士招降山前各部，估计全部已经抚慰安定，继续遣人前来禀报。山后如果不能前往，就实行屯田牧马，等到秋季收获时，就可图谋大事。更应当认真仔细议论，看到时机成熟就行动。如果想要增加兵力，把所需数目都送来上报，不能凭借一次战争的胜利，就有所松弛怠慢。对新投降归附的人应当好好抚恤。宣布告谕将士，让他们明白我的意思。"宗翰驻扎在北安州，派希尹等攻占、掠取辽国土地，俘获辽国护卫耶律习泥烈，从他那里得知辽主天祚帝在鸳鸯泊狩猎，因为他的儿子晋王贤能在群臣百姓间有威望，所以嫉恶他而把他杀了，众人与天祚帝更离心了。天祚帝虽然还有西北、西南两路兵马，但都疲惫衰弱。于是希尹派耨碗温都等人报告都统完颜杲进军攻击天祚帝。

［原文］

三月，都统杲出青岭，宗翰出瓢岭，追辽主于鸳鸯泊。辽主奔西京。宗翰复追至白水泊，不及，获其货宝。己巳，至西京。壬申，西京降。希尹追辽主于乙室部，不及。乙亥，西京复叛。是月，辽秦晋国王耶律捏里即位于燕。

［译文］

三月，都统完颜杲从青岭出兵，宗翰从瓢岭出兵，追击辽主天祚帝到鸳鸯泊。天祚帝奔往西京。宗翰又追天祚帝到白水泊，但未追到，缴获了他的财物珍宝。己巳日，金军队到达西京。壬申日，西京投降。希尹追击辽主天祚帝到乙室部，但未追到。乙亥日，西京又叛变。这个月，辽国秦晋国王耶律捏里在燕登上皇帝位。

［原文］

四月辛卯，复取西京。壬辰，遣徒单吴甲、高庆裔如宋。戊戌，都统杲自西京趋白水泊，昊勃极烈昱袭毗室部于铁吕川，为敌所败。还会察剌兵，追至黄水北，大破之。耶律坦招徕西南诸部，西至夏，其招讨使耶律佛顶降。金肃、西平二郡汉军四千余人叛去，耶律坦等袭取之。阇(shé)母、娄室招降天德、云内、宁边、东胜等州，获阿疏而还。是时，山西城邑诸部虽降，人心未固，辽主保阴山，耶律捏里在燕京，都统杲遣宗望入奏，请上临军。

[译文]

四月辛卯日，金再次夺取西京。壬辰日，派遣徒单吴甲、高庆裔到宋朝。戊戌日，都统完颜杲从西京奔赴白水泊，昊勃极烈完颜昱在铁吕川攻击毗室部被敌人打败。回军会合察剌的军队，追到黄水之北，大破毗室部。耶律坦招降西南诸部，向西到夏国，夏国招讨使耶律佛顶投降。金肃、西平两郡的汉军四千余人叛变而去，耶律坦等人攻击他们并将其追回。阇母、娄室招降天德、云内、宁边、东胜等州，擒获阿疏而回师。这时候，山西诸城各部虽然投降了，但人心尚不稳定，辽主天祚帝要保住阴山，耶律捏里占据着燕京，都统完颜杲派宗望入朝上奏，请太祖亲临军中。

[原文]

五月辛酉，宗望来奏捷，百官入贺，赐宴欢甚。先是，获辽枢(shū)密使得里底、节度使和尚、雅里斯、余里野等，都统杲使阿邻护送赴阙。得里底道亡，阿邻坐诛。耶律捏里遣使请罢兵。戊寅，使杨勉以书谕捏里，使之降。谋葛失遣其子菹泥刮失贡方物。

[译文]

五月辛酉日，宗望来朝廷上奏捷报，百官入朝祝贺，君臣宴集欢欣异常。当初，金国俘获辽国枢密使得里底、节度使和尚、雅里斯、余里野等人，都统完颜杲派阿邻押送他们到朝廷。得里底途中逃走，阿邻因此获罪被诛杀。耶律捏里派使者来请求停战。戊寅日，派杨勉持书信前往燕京告谕耶律捏里，让他投降。谋葛失派他的儿子菹泥刮失前来贡献当地特产。

[原文]

六月戊子朔，上亲征辽，发自上京。谙班勃极烈吴乞买监国。辛亥，诏谕上京官民曰："朕顺天吊伐，已定三京，但以辽主未获，兵不能已。今者亲征，欲由上京路进，恐抚定新民，惊疑失业，已出自笃密吕。其先降后叛逃入险阻者，诏后出首，悉免其罪。若犹拒命，孥戮无赦。"是月，耶律捏里卒。斡(wò)鲁、娄室败夏人于野谷。

[译文]

六月戊子日，太祖亲征辽国，从上京出发。谙班勃极烈吴乞买代皇帝处理国政。辛亥日，诏令告谕上京官员百姓说："我顺从天意，抚慰百姓，讨伐有罪，已经安定了上、中、西三京，但因为还没擒获辽主天祚帝，战争还不能结束。现在我亲征辽国，想从上京路进军，恐怕新招抚安定的百姓惊惧疑虑而失业，已经从笃密吕出兵。那些先投降后又叛逃到艰险阻塞之地的人，受到诏令告谕之后出来自首的都免去所犯之罪。如果还抗拒命令，诛及子孙无一赦免。"这个月，耶律捏里去世。

斡鲁、娄室在野谷打败了夏人。

［原文］

七月甲子，诏诸将无得远迎，以废军务。乙丑，上京汉人毛八十率二千余户降，因命领之。丙寅，以斡荅剌(dá là)招降者众，命领八千户，以忽薛副之。壬午，希尹以阿疏见，杖而释之。

八月己丑，次鸳鸯泊。都统杲率官属来见。癸巳，上追辽主于大鱼泊。昱、宗望追及辽主于石辇铎(niǎnduó)，与战，败之，辽主遁。己亥，次居延北。辛丑，中京将完颜浑黜败契丹、奚、汉六万于高州，孛堇麻吉死之。得里得满部降。昱、宗望追辽主于乌里质铎，不及。

［译文］

七月甲子日，诏令诸将领不得远迎，因为这样会荒废军务。乙丑日，上京的汉人毛八十率领二千多户人来投降，被任命统领这些人。丙寅日，因斡荅剌招降的人很多，命令他统领八千户，由忽薛任他的副手。壬午日，希尹带阿疏来谒见皇帝，杖责阿疏而后释放了他。

八月己丑日，军队驻扎在鸳鸯泊。都统完颜杲率领官属谒见太祖。癸巳日，太祖追辽主天祚帝到大鱼泊。完颜杲、宗望在石辇铎追上辽主天祚帝，与之交战，打败天祚帝，天祚帝逃跑。己亥日，军队驻扎在居延北。辛丑日，中京将领完颜浑黜在高州挫败契丹、奚、汉兵六万人，孛堇麻吉战死。得里得满部投降。完颜昱、宗望到乌里质铎追辽主天祚帝，没有追到。

［原文］

九月庚申，次草泊。阇母平中京部族之先叛者，及招抚沿海郡县。节度使耶律慎思领诸部入内地。乙丑，诏六部奚曰："汝等既降复叛，扇诱众心，罪在不赦。尚以归附日浅，恐绥怀之道有所未孚，故复令招谕。若能速降，当释其罪，官皆仍旧。"归化州降。戊辰，次归化州。甲戌，宗雄薨(hōng)。丁丑，奉圣州降。

［译文］

九月庚申日，军队驻扎在草泊。阇母平息中京部族中先反叛的人，并招降抚慰沿海的郡县。节度使耶律慎思率领诸部进入内地。乙丑日，诏令六部奚说："你们投降又反叛，煽惑众人之心，犯有不赦之罪。但考虑到因为你们归附时间短，恐怕安抚关切的做法还有不让人信服之处，所以又下令招抚告谕。如果能迅速投降，就解除你们的罪罚，官员都保留原官职。"归化州投降。戊辰日，驻扎在归化州。甲戌日，宗雄去世。丁丑日，奉圣州投降。

［原文］

十月丙戌朔，次奉圣州。诏曰：“朕屡敕将臣，安辑怀附，无或侵扰。然愚民无知，尚多逃匿山林，即欲加兵，深所不忍。今其逃散人民，罪无轻重，咸与矜(jīn)免。有能率众归附者，授之世官。或奴婢先其主降，并释为良。其布告之，使谕朕意。”蔚(yù)州降。庚寅，余睹等遣蔚州降臣翟昭彦、徐兴、田庆来见。命昭彦、庆皆为刺史，兴为团练使。诏曰：“比以幽、蓟一方招之不服，今欲帅师以往，故先安抚山西诸部。汝等既已怀服，宜加抚存。官民未附已前，罪无轻重及系官逋(bū)负，皆与释免，诸官各迁叙之。”丁酉，蔚州翟昭彦、田庆杀知州事萧观宁等以叛。丙午，复降。

［译文］

十月丙戌初一，军队驻扎在奉圣州。诏书说：“我屡次告诫将领臣僚，安抚归附之人，不要有所侵犯骚扰。然而愚钝的百姓无知，还是有很多的人逃匿深山密林之中，想用武力对付他们，但又实在不忍心这样做。现在那些逃散的百姓，罪孽不分轻重，都予以赦免。有能够率领众人归附的，就授给他由一族一姓世袭的官职。有的奴婢能比他的主人先投降，都释放为平民。这布告告诉你们，让你们晓谕我的意思。”蔚州投降。庚寅日，余睹等人派蔚州投降的臣子翟昭彦、徐兴、田庆见谒见太祖。太祖任命翟昭彦、田庆都为刺史，徐兴为团练使。诏书说：“近来因幽、蓟一带招抚他们而不归顺，现在想统帅军队去征讨，所以先安抚山西诸部。你们既然已经归服，应当加以抚恤。官吏百姓在归附以前，罪责不分轻重以及拖欠的官府的税赋，都予以赦免，诸官吏各自调任晋升其官职。”丁酉日，蔚州的翟昭彦、田庆杀了执掌蔚州事务的萧观宁等人而叛变。丙午日，翟昭彦等人又投降。

［原文］

十一月，诏谕燕京官民，王师所至，降者赦其罪，官皆仍旧。

十二月，上伐燕京。宗望率兵七千先之，迪古乃出得胜口，银术哥出居庸关，娄室为左翼，婆卢火为右翼，取居庸关。丁亥，次妫(guī)州。戊子，次居庸关。庚寅，辽统军都监高六等来送款。上至燕京，入自南门，使银术哥、娄室阵于城上，乃次于城南。辽知枢密院左企弓、虞仲文，枢密使曹勇义，副使张彦忠，参知政事康公弼，佥书刘彦宗奉表降。辛卯，辽百官诣军门叩头请罪。诏一切释之。壬辰，上御德胜殿，群臣称贺。甲午，命左企弓等抚定燕京诸州县。诏西京官吏曰：“乃者师至燕都，已皆抚定。唯萧妃与官属数人遁去，已发兵

追袭，或至彼路，可执以来。”黄龙府叛，宗辅讨平之。

［译文］

十一月，诏令告谕燕京的官员百姓，金军所到之处，投降的人赦免其罪责，官员的官职保持不变。

十二月，太祖征伐燕京。宗望率兵七千人为前锋先行，迪古乃从得胜口出发，银术哥出居庸关，娄室为左翼，婆卢火为右翼，夺取居庸关。丁亥日，军队驻扎在妫州。戊子日，驻扎在居庸关。庚寅日，辽国统军都监高六等人来表示服罪。太祖到燕京，自南门入燕京，派银术哥、娄室在城上布阵，就驻扎在城南。辽国知枢密院左企弓、虞仲文，枢密使曹勇义，副使张彦忠，参知政事康公弼，佥书刘彦宗恭敬地举着降表来归顺。辛卯日，辽国百官到军门前叩头请罪。下诏令一切都予以赦免。壬辰日，太祖亲临德胜殿，群臣道贺。甲午日，命令左企弓等人招抚平定燕京各州县。诏令西京官吏说：“这样军队到达燕都，都已经抚慰安定。只有萧妃与数名属吏逃走，已经派兵追击，他们或许到你们所辖地界，可将其擒获押解来。”黄龙府叛乱，宗辅讨平叛乱者。

［原文］

七年正月丁巳，辽奚王回离保僭(jiàn)称帝。甲子，辽平州节度使时立爱降。诏曲赦平州。又诏谙班勃极烈曰：“比遣昂徙诸部民人于岭东，而昂悖戾(lì)，骚动烦扰，致多怨叛。其违命失众，当置重典。若或有疑，禁锢以待。”庚午，诏中京都统斡论曰：“闻卿抚定人民，各安其业，朕甚嘉之。回离保聚徒逆命，汝宜计画，无使滋蔓。”壬申，诏招谕回离保。癸酉，以时立爱言招抚诸部。己卯，宋使来议燕京、西京地。庚辰，宜、锦、乾、显、成、川、豪、懿等州皆降。甲申，诏曰：“诸州部族归附日浅，民心未宁。今农事将兴，可遣分谕典兵之官，无纵军士动扰人民，以废农业。”

［译文］

天辅七年（1123年）正月丁巳日，辽国奚王回离保僭越自称为帝。甲子日，辽国平州节度使时立爱投降。下诏令因特殊原因而赦免平州。又诏令谙班勃极烈吴乞买说：“近来派完颜昂迁徙诸部的百姓到岭东，然而昂叛逆乖张，骚扰百姓动乱不安，招致众多的怨恨和反叛。昂违背使命散失人心，应当以重法处置。如果还有疑惑，就将之禁锢以观后效。”庚午日，诏令中京都统斡论说：“听说你招抚安定人民，使百姓各安其业，我非常满意你的做法。回离保聚众反叛，你应当认真谋划，不要使他的势力得以蔓延。”壬申日，诏令招抚告谕回离保。癸酉日，按时立爱所言招抚诸部。己卯日，宋朝使者来商议燕京、西京土地的归属。庚辰日，宜、锦、乾、显、成、川、豪、懿等州都投降了。甲申日，下诏书说：“诸州部族归附我金时日尚短，百姓的心情还不安宁。现在农事即将开始，可派人分别告谕执掌兵事之官，不要放纵兵士骚扰百姓，以致荒废农业。”

［原文］

二月乙酉朔，命撒八诏谕兴中府，降之。辽来州节度使田颢(hào)、隰(xí)州刺史杜师回、迁州刺史高永福、润州刺史张成皆降。壬辰，诏谙版勃极烈曰：“郡县今皆抚定，有逃散未降者，已释其罪，更宜招谕之。前后起迁户民，去乡未久，岂无怀土之心？可令所在有司，深加存恤，毋辄有骚动。衣食不足者，官赈贷之。”癸巳，诏曰：“顷因兵事未息，诸路关津绝其往来。今天下一家，若仍禁之，非所以便民也。自今显、咸、东京等路往来，听从其便。其间被虏及鬻(yù)身者，并许自赎为良。”仍令驰驿布告。兴中、宜州复叛。宋使赵良嗣来，请加岁币以代燕税，及议画疆与遣使贺正旦生辰、置榷(què)场交易，并计议西京等事。癸卯，银术哥、铎剌如宋。乙巳，诏都统杲曰：“新附之民有才能者，可录用之。”戊申，诏平州官与宋使同分割所与燕京六州之地。癸丑，大赦。是月，改平州为南京，以张觉为留守。

［译文］

二月乙酉初一，命令撒八领诏告谕兴中府，招降兴中府。辽国来州节度使田颢、隰州刺史杜师回、迁州刺史高永福、润州刺史张成都投降了。壬辰初八，诏令谙班勃极烈吴乞买说：“郡县现在都招抚安定，有逃亡分散而未投降的人，已经赦免他们的罪过，更应该招抚告谕他们，前后启动迁徙的民户，离开故乡时间不久，怎么会没有怀念故土的心情？可以命令这些民户所在的官吏，深切加以抚恤，不要总是有骚乱。对于衣食缺乏的人，官府要救济他们。”癸巳日，下诏书说：“近来因战事没有平息，各路的关隘、渡口断绝交通往来，现在天下统一是一家，如果仍然禁止交通，不能方便百姓。从现在起显、咸、东京等路往来交通，悉听其便。战乱期间被俘虏以及卖身为奴的人，都准许自己赎身为平民。”还命令官员靠沿途驿站提供马夫粮食，日夜兼程前往外地布告官民。兴中、宜州又叛变。宋朝派赵良嗣入朝，请求允许增加每年进贡的银两用以代替燕京的税收，以及议论划定疆界和派遣使者庆贺新年生日、设置专卖场所进行交易，并且计划商议有关西京等事宜。癸卯日，银术哥、铎刺到宋朝。乙巳日，诏令都统完颜杲说：“新归附的百姓中有才能的人，可以录用他们。”戊申日，诏令平州官员和宋朝使者共同分割燕京六州的土地。癸丑日，朝廷大赦。这个月，改平州为南京，任用张觉为南京留守。

[原文]

三月甲寅朔，将诛昂，以习不失谏，杖之七十，仍拘泰州。戊午，都统杲等言耶律麻哲告余睹、吴十、铎剌等谋叛，宜早图之。上召余睹等，从容谓之曰：“朕得天下，皆我君臣同心同德以成大功，固非汝等之力。今闻汝等谋叛，若诚然耶，必须鞍马甲胄器械之属，当悉付汝，朕不食言。若再为我擒，无望免死。欲留事朕，无怀异志，吾不汝疑。”余睹等皆战栗不能对。命杖铎剌七十，余并释之。宋使卢益、赵良嗣、马宏以国书来。

[译文]

三月甲寅初一，太祖准备诛杀完颜昂，因为习不失进谏求情，杖责完颜昂七十，仍旧拘押在泰州。戊午日，都统完颜杲等人说耶律麻哲上告余睹、吴十、铎剌等人谋图造反，应当及早计划处理此事。太祖召见余睹等人，从容不迫地对他们说：“我夺取天下，都是我们君臣同心同德建成的大功，本来就不是因为你们的力量。现在听说你们图谋反叛，如果真的如此，你所需要的鞍马、甲胄、兵器之类的东西，都交还给你们，我决不食言。如果再被我擒获，就不要指望能免你们一死。想留下来侍奉我，不怀抱谋反的意图，我不会怀疑你们。”余睹等人都吓得战栗不止，不能对答。命令杖责铎剌七十，其余的人都赦免。宋朝派卢益、赵良嗣、马宏持国书来。

[原文]

四月丁亥，遣斡(wò)鲁、宗望袭辽主于阴山。壬辰，复书于宋。师初入燕，辽兵复犯奉圣州，林牙大石壁龙门东二十五里。都统斡鲁闻之，遣照立、娄室、马和尚等率兵讨之，生获大石，悉降其众。癸巳，诏曰：“自今军事若皆中覆，不无留滞。应此路事务申都统司，余皆取决枢密院。”契丹九斤聚党兴中府作乱，擒之，九斤自杀。命习古乃、婆卢火监护长胜军，及燕京豪族工匠，由松亭关徙之内地。己亥，次儒州。斡鲁、宗望等袭辽权六院司喝离质于白水泊，获之。其宗属秦王、许王等十五人降。闻辽主留辎重青冢(zhǒng)，以兵万人往应州，遣照里、背荅(dá)、宗望、娄室、银术哥等追袭之。宗望追及辽主，决战，大败之，获其子赵王习泥烈及传国玺。

[译文]

四月丁亥日，派遣斡鲁、宗望到阴山攻击辽主天祚帝。壬辰日，答复宋朝的国书。军队刚进入燕地，辽军又进犯奉圣州，林牙大石在龙门东二十五里构筑军垒，都统斡鲁知道这消息，派照立、娄室、马和尚等人率领军队讨伐，生擒大石，将其兵众全部收降。癸巳日，诏令说："从现在开始战争中如果遭受埋伏，没有不停滞不前的。应当将此路的事务申报到都统司，其余的事务都取决于枢密院。"契丹的九斤聚集其党羽在兴中府搞叛乱，抓获九斤，九斤自杀身亡。命令习古乃、婆卢火监护长胜军，以及燕京的豪门望族和工匠，从松亭关迁徙到内地。己亥日，军队驻扎在儒州。斡鲁、宗望等人在白水泊攻击辽国权六院司喝离质，擒获了他。天祚帝之子秦王、许王等十五人投降。闻知辽主天祚帝的辎重留在青冢，发一万兵马前往应州，派照里、背荅、宗望、娄室、银术哥等人追击天祚帝。宗望追到天祚帝，与之决战，大败天祚帝，擒获他的儿子赵王习泥烈以及传国玉玺。

[原文]

五月甲寅，南京留守张觉据城叛。丙寅，次野狐岭。己巳，次落藜泊。斡鲁等以赵王习泥烈、林牙大石、驸马乳奴等来献，并上所获国玺。宗隽以所俘辽主子秦王、许王，女奥野等来见。奚路都统挞懒攻速古、啜里、铁尼所部十三岩，皆平之。又遣奚马和尚攻下品、达鲁古并五院司诸部，执其节度乙列。回离保为其下所杀。辛巳，诏谕南京官民。

[译文]

五月甲寅日，南京留守张觉占有南京城反叛。丙寅日，军队驻扎在野狐岭。己巳日，驻扎在落藜泊。斡鲁等人将赵王习泥烈、林牙大石、驸马乳奴等人献上朝廷，并奉上所缴获的传国玉玺。宗隽将所俘获的辽主天祚帝的儿子秦王、许王，女儿奥野等人带来谒见太祖。奚路都统挞懒攻打速古、啜里、铁尼所统领的十三处险要之地，把它们都平定了。又派奚部马和尚攻下品、达鲁古以及五院司各部，擒获他们的节度使乙列。回离保被他的部下所杀。辛巳日，诏令晓谕南京官员百姓。

[原文]

六月壬午朔，次鸳鸯泊。是日，阇（shé）母败张觉于营州。丙申，上不豫，将还上京，命移赉（lài）勃极烈宗翰为都统，昊勃极烈昱、迭勃极烈斡鲁副之，驻兵云中，以备边。己酉，次斡独山驿，召谙班勃极烈吴乞买。

[译文]

六月壬午初一，军队驻扎鸳鸯泊。这一天，阇母在营州打败张觉。丙申日，太祖患病，将返还上京，命令移赉勃极烈宗翰为都统，昊勃极烈完颜昱、迭勃极烈斡鲁做他的副手，军队驻守在云中，用以防卫边疆。己酉日，太祖驻扎在斡独山驿站，召见谙班勃极烈吴乞买。

[原文]

七月辛酉，次牛山。宗翰还军中。

八月辛巳朔，日有食之。乙未，次浑河北。谙班勃极烈吴乞买率宗室百官上谒(yè)。戊申，上崩于部堵泊西行宫，年五十六。

九月癸丑，梓宫至上京。乙卯，葬宫城西南，建宁神殿。丙辰，谙班勃极烈即皇帝位。

[译文]

七日辛酉日，太祖驻在牛山。宗翰回到军中。

八月辛巳日，出现日食。乙未日，驻扎在浑河北。谙班勃极烈吴乞买率领宗室成员及百官谒见太祖。戊申日，太祖在部堵泊西行宫逝世，享年五十六岁。

九月癸丑日，太祖的灵柩抵达上京。乙卯日，将太祖葬在宫城西南，建造宁神殿。丙辰日，谙班勃极烈吴乞买登上皇帝位。

[原文]

天会三年三月，上尊谥(shì)曰武元皇帝，庙号太祖，立原庙于西京。天会十三年二月辛酉，改葬和陵，立《开天启祚睿德神功之碑》于燕京城南尝所驻跸(bì)之地。皇统四年，改和陵曰睿陵。五年十月，增谥应乾兴运昭德定功睿神庄孝仁明大圣武元皇帝。贞元三年十一月，改葬于大房山，仍号睿陵。

[译文]

天会三年（1125 年）三月，尊奉阿骨打谥号为“武元皇帝”，庙号为太祖，在西京建立原庙。天会十三年（1135 年）二月辛酉，改葬太祖于和陵，在燕京城南太祖出行途中曾暂住过的地方，树立《开天启祚睿德神功之碑》。皇统四年（1144 年），和陵改名为睿陵。五年（1145 年）十月，增尊谥号为“应乾兴运昭德定功睿神庄孝仁明大圣武元皇帝”。贞元三年（1155 年）十一月，改葬太祖于大房山，仍称之为睿陵。

[原文]

赞曰：太祖英谟睿略，豁达大度，知人善任，人乐为用。世祖阴有取辽之志，是以兄弟相授，传及康宗，遂及太祖。临终以太祖属穆宗，其素志盖如是也。初定东京，即除去辽法，减省租税，用本国制度。辽主播越，宋纳岁币，以幽、蓟、武、朔等州与宋，而置南京于平州。宋人终不能守燕、代，卒之辽主见获，宋主被执。虽功成于天会间，而规摹运为实自此始。金有天下百十有九年，太祖数年之间算

无遗策，兵无留行，底定大业，传之子孙。呜呼，雄哉！

[译文]

史臣赞说：阿骨打谋划杰出韬略睿智，豁达大度，知人善任，人们乐意被他任用。劾里钵暗自有夺取辽国的志向，于是以兄弟相继承，传位到乌雅束，就延及阿骨打。劾里钵临终时把阿骨打托付给盈歌，阿骨打长时期以来的志向也就是这样的。阿骨打刚平定东京，就废除了辽国法令，减免租税，采用本国的制度。辽主天祚帝流亡，宋朝每年贡纳钱币，把幽、蓟、武、朔等州交与宋朝，而在平州设置南京。宋朝人最终不能守住燕、代之地，其结果是辽主天祚帝被擒获，宋主徽、钦二帝被拘押至北国。虽然大功完成于太宗天会年间，然而其制度程式的运作实际是从阿骨打时开始的。金国享有天下一百一十九年，阿骨打统治的几年中计谋没有失算，军队没有在行进中受阻滞或停滞不前，奠定完成建国大业，将天下传给子孙。啊，真是勇武而杰出的人！

元史

桑哥传

［原文］

桑哥，胆巴国师之弟子也。能通诸国言语，故尝为西蕃(bō)译史。为人狡黠(xiá)豪横，好言财利事，世祖喜之。及后贵幸，乃讳(huì)言师事胆巴而背之。至元中，擢(zhuó)为总制院使，总制院者，掌浮图氏之教，兼治吐蕃之事。御史台尝欲以章闾为按察使，世祖曰："此人桑哥尝言之。"及卢世荣见用，亦由桑哥之荐。中书省尝令李留判者市油，桑哥自请得其钱市之，司徒和礼霍孙谓："非汝所宜为。"桑哥不服，至与相殴，且谓之曰："与其使汉人侵盗，曷(hé)若与僧寺及官府营利息乎？"乃以油万斤与之。桑哥后以所营息钱进，和礼霍孙曰："我初不悟此也。"一日，桑哥在世祖前论和雇和买事，因语及此，世祖益喜，始有大任之意。尝有旨令桑哥具省臣姓名以进，廷中有所建置，人才进退，桑哥咸与闻焉。

耶律楚材

耶律楚材出身契丹皇族，其祖上在金国为官，后来耶律楚材成为蒙古的官吏，是蒙古和后来元政权的名臣。

［译文］

桑哥，是胆巴国师的弟子。他通晓各国语言文学，故曾任西蕃译史。桑巴为人狡猾强横，喜欢谈论生财牟利的事，得到世祖的喜欢。到后来地位尊贵成为亲信，桑哥便隐瞒曾以胆巴为师并背叛了他。至元年间，桑哥被提升为总制院使，总制院掌管佛教，兼辖吐蕃事务。御史台曾欲任命章闾为按察使，世祖说："桑哥曾对我提到此人。"以后卢世荣受到任用，也是由于桑哥的推荐。中书省曾派李留判去买油，桑哥请求将这些钱交给自己去办，司徒和礼霍孙对他说这不是他该做的，桑哥不服，竟致出手打起来，并说："与其让汉人贪污，何不用此来为僧徒寺庙及官府营利？”于是万斤油钱给了桑哥。桑哥后来以所得利息上进，和礼霍孙说：“我当初没有明白这一点。”一天，桑哥在世祖面前谈论募匠和交易的事，顺便提到此事，世祖越发高兴，开始萌生对桑哥大加任用之意。世祖曾有旨命桑哥开列省臣姓名进呈，朝廷中凡有所建置，人才的选用废黜，桑哥皆得以参与。

［原文］

二十四年闰二月，复置尚书省，遂以桑哥与铁木儿为平章政事。诏告天下，改行中书省为行尚书省，六部为尚书六部。三月，更定钞法，颁行至元宝钞于天下，中统钞通行如故。桑哥尝奉旨检核中书省事，凡校出亏欠钞四千七百七十锭，昏钞一千三百四十五锭。平章麦术丁即自伏，参政杨居宽微自辩，以为实掌铨选，钱谷非所专。桑哥令左右拳其面，因问曰：“即典选事，果无黜陟(chù zhì)失当者乎？”寻亦引服。参议伯降以下，凡钩考违惰耗失等事，及参议王巨济尝言新钞不便忤旨，各款伏。遣参政忻都奏闻，世祖令丞相安童与桑哥共议，且谕：“毋令麦术丁等他日得以胁问诬伏为辞，此辈固狡狯(kuài)人也。”

［译文］

至元二十四年（1287年）闰二月，朝廷重新设置尚书省，就任命桑哥和铁木儿为平章政事。颁诏向全国宣布，将行中书省改为行尚书省，六部改为尚书六部。三月，重新制定钞法，在全国颁行至元宝钞，中统钞依然通行。桑哥曾奉圣旨核查中书省事务，共查出亏欠钞四千七百七十锭，磨损的钞一千三百四十五锭。平章政事麦术丁立即承认罪行，参知政事杨居宽稍作辩解，认为自己实际掌管官吏选任，并非专管钱粮。桑哥令手下人用拳击打他的面部，并问道：“你掌管选任以来，果真没有贬降或提升不当的事吗？”杨居宽不久也就认罪了。自参议伯降以下，所有被查出违法、怠惰、亏空、失职等罪，以及参议王巨济曾说新钞不便而触犯旨意的事，各人无不甘心认罪。桑哥派参政忻都奏报，世祖命丞相安童与桑哥共同议定，并告谕说：“切不可让麦术丁等人以后找借口说是在威逼下被迫认罪的，他们天生就是狡猾的人。”

［原文］

数日，桑哥又奏：“鞫(jū)中书参政郭佑，多所逋(bū)负，尸位不言，以疾为托。臣谓中书之务，隳(huī)惰如此，汝力不能及，何不告之蒙古大臣？故殴辱之，今已款服。”世祖命穷诘之。佑与居宽后皆弃市，人咸冤焉。台吏王良弼，尝与人议尚书省政事，又言：“尚书钩校中书，不遗余力，他日我曹得发尚书奸利，其诛籍无难。”桑哥闻之，捕良弼至，与中书台院札鲁忽赤鞫问，款服。谓此曹诽谤，不诛无以惩

后，遂诛良弼，籍其家。有吴德者，尝为江宁县达鲁花赤，求仕不遂，私与人非议时政，又言："尚书今日核正中书之弊，他日复为中书所核，汝独不死也耶？"或以告桑哥，亟捕德按问，杀之，没其妻子入官。

［译文］

几天后，桑哥又上奏说："查得中书参政郭佑，所管赋税拖欠极多，徒居官位而以病为由不做解释。臣对他说中书省事务荒废成这样，实因你才能无法胜任，为何不禀告蒙古大臣？因此予以殴打羞辱，如今他已认罪。"世祖命其严厉追查。郭佑和杨居宽后来都被处死，世人都为他们感到冤屈。御史台官员王良弼曾与人议论尚书省政事，并且说："尚书省查劾中书省，不遗余力，日后我等如能揭发尚书省贪赃违法，也不难将其处死抄家。"桑哥听说，将良弼抓来，与中书台院札鲁忽赤审讯，良弼承认。桑哥说这类人进行诽谤，不诛杀就不足以警戒后人，于是处死良弼，抄没他家。有一个名叫吴德的人，曾任江宁县达鲁花赤，谋求官职不成，私下与人批评时政，且说："尚书省今天查核纠正中书省的弊端，日后尚书省被中书省查核，你难道就不死吗？"有人将此言告诉桑哥，桑哥立即将吴德拿获审讯，将其处死。籍没他的妻儿为官府奴隶。

［原文］

桑哥尝奏以沙不丁遥授江淮行省左丞，乌马儿为参政，依前领泉府、市舶两司，拜降福建行省平章。既得旨，乃言于世祖曰："臣前言，凡任省臣与行省官，并与丞相安童共议。今奏用沙不丁、乌马儿等，适丞相还大都，不及通议，臣恐有以前奏为言者。"世祖曰："安童不在，朕若主也，朕已允行，有言者，其令朕前言之。"

［译文］

桑哥曾奏请世祖授予沙不丁江淮行省左丞的名衔，乌马儿任参政，并不前去任职，依照原来掌管泉府、市舶两司，授予拜降福建行省平章政事。得旨之后，桑哥又向世祖上奏说："我以前奏请，所有任命中书、尚书省以及行省的官员，都要与丞相安童共同商议。现奏请任命沙不丁、乌马儿等人，正逢丞相刚回大都，来不及通知共议，我担心有人用我从前的奏言进行非议。"世祖说："安童不在，朕为你做主。朕已经准许了，有敢于非议的，让他到朕面前来说。"

［原文］

时江南行台与行省，并无文移，事无巨细，必咨内台呈省闻奏。桑哥以其往复稽留误事，宜如内台例，分呈各省。又言："按察司文案，宜从各路民官检核，递相纠举。且自太祖时有旨，凡临官事者互

相觉察，此故事也。”从之。

［译文］

当时江南行御史台与行中书省之间，并无文件往来，事无大小，都要行文京师御史台再呈中书省奏报。桑哥认为这样文件往返稽留会贻误政事，应仿照京师御史台的方式，分别呈文行省。又奏言：“按察司的文件，应该由各路民官核查，层层监督举发。况且从太祖时就有旨，所有任事官员要互相督察，这是成例。”世祖应允。

［原文］

十月乙酉，世祖遣谕旨翰林诸臣：“以丞相领尚书省，汉、唐有此制否？”咸对曰：“有之。”翌日，左丞叶李以翰林、集贤诸臣所对奏之，且言：“前省官不能行者，平章桑哥能之，宜为右丞相。”制曰：“可。”遂以桑哥为尚书右丞相，兼总制院使，领功德使司事，进阶金紫光禄大夫。于是桑哥奏以平章铁木儿代其位，右丞阿剌浑撒里升平章政事，叶李迁右丞，参政马绍升左丞。

［译文］

十月乙酉日，世祖下谕旨问翰林院诸臣：“以丞相掌管尚书省，汉朝、唐朝有这种制度吗？”众人都回答说：“有这种制度。”次日，左丞叶李将翰林院、集贤院众臣的答对奏报世祖，并说：“以前尚书省官员不能做到的，平章政事桑哥能做到，应任命桑哥为右丞相。”世祖下制说：“可行。”于是命桑哥为尚书省右丞相，兼总制院使，掌管功德使司事务，晋升官阶为金紫光禄大夫。于是桑哥奏请以平章政事铁木儿接替他的职位，右丞阿剌浑撒里升任平章政事，叶李迁升为右丞，参政马绍升任左丞。

［原文］

十一月，桑哥言：“臣前以诸道宣慰司及路府州县官吏，稽缓误事，奉旨遣人遍笞（chī）责之。今真定宣慰使速哥、南京宣慰使答失蛮，皆勋贤旧臣之子，宜取圣裁。”敕罢其任。明年正月，以甘肃行尚书省参政铁木哥无心任事，又不与协力，奏乞牙带代之。未几，又以江西行尚书省平章政事忽都铁木儿不职，奏而罢之。兵部尚书忽都答儿不勤其职，桑哥殴罢之而后奏，世祖曰：“若此等不罢，汝事何由得行也。”万亿库有旧牌绦（tāo）七千余条，桑哥言岁久则腐，宜析而他用。赐诸王出伯银二万五千两、币帛万匹，载以官驴，至则并以为赐。桑哥言：“不若以驴载玉而回。”世祖甚然之。其欲以小利结知如此。

［译文］

十一月，桑哥上奏说："臣以前因诸道宣慰司以及各路府州县官吏办事迟缓延误，已奉旨派人将他们全部鞭笞责罚。现有真定宣慰使速哥、南京宣慰使答失蛮，都是贤良有功老臣的儿子，应由圣人裁决。"敕令将其罢官。第二年正月，桑哥因甘肃行尚书省参政铁木哥无心任事，又不与自己齐心协力，奏请由乞牙带取代铁木哥。不久，又以江西行尚书省平章政事忽都铁木儿不称职，奏请将其罢官。兵部尚书忽都答儿不能勤勉任职，桑哥予以殴打并罢了他的官，然后奏报，世祖说："像这种人不罢官，你的事务怎么能执行呢？"万亿库存有旧牌丝带七千余条，桑哥奏言年久就会腐烂，应该拆分改为他用。世祖赏赐诸王出伯银二万五千两、币帛一万匹，用官驴运送，到那里就将官驴一并赏赐给他们。桑哥说："不如用这些驴运一些玉回来。"世祖极为赞同。桑哥往往像这样用小利来博得世祖信任。

［原文］

漕运司达鲁花赤怯来，未尝巡察沿河诸仓，致盗诈腐败者多，桑哥议以兵部侍郎塔察儿代之。自立尚书省，凡仓库诸司，无不钩考，先摘委六部官，复以为不专，乃置征理司，以治财谷之当追者。时桑哥以理算为事，毫分缕析，入仓库者，无不破产，及当更代，人皆弃家而避之。十月，桑哥奏："湖广行省钱谷，已责平章要束木自首偿矣。外省欺盗必多，乞以参政忻都、户部尚书王巨济、参议尚书省事阿散、山东西道提刑按察使何荣祖、札鲁忽赤秃忽鲁、泉府司卿李佑、奉御吉丁、监察御史戎益、佥(qiān)枢密院事崔彧(yù)、尚书省断事官燕真、刑部尚书安祐、监察御史伯颜等十二人，理算江淮、江西、福建、四川、甘肃、安西六省，每省各二人，特给印章与之。省部官既去，事不可废，拟选人为代，听食元俸。理算之间，宜给兵以备使令，且以为卫。"世祖皆从之。

［译文］

漕运司达鲁花赤怯来从未巡察沿河各粮仓，致使储粮被盗、被骗及腐烂的甚多，桑哥建议以兵部侍郎塔察儿接替怯来。自从设置尚书省，所有仓库各司，无不清查考核，开始委任挑选的六部官员，后认为职任不专，于是专设征理司，治理应当追缴的钱粮事宜。当时桑哥以清理钱财为紧要事务，一毫一厘不得含糊，在仓库任职者无不破产，等派人来接替时，人人都弃家逃避。十月，桑哥上奏说："湖广行省的钱粮，已责成平章政事要束木本人承认赔偿。其他行省钱粮盗用亏损必定很多，请任命参政忻都、户部尚书王巨济、参议尚书省事阿散、山东西道提刑按察使阿荣祖、札鲁忽赤秃忽鲁、泉府司卿李佑、奉御吉丁、监察御史戎益、佥枢密院事崔彧、尚书省断事官燕真、刑部尚书安祐、监察御史伯颜等十二人，清查江淮、江西、福建、四川、甘肃、安西六省，每省两人，专门颁予他们印章。省部官员离任之后，事务不可废弃，准备选人代理，仍领取原来的俸禄。清查期间，应配备军队听候调用并进行保卫。”世祖都答应了。

［原文］

当是时天下骚然，江淮尤甚，而谀佞(yú nìng)之徒，方且讽都民史吉等为桑哥立石颂德。世祖闻之曰：“民欲立则立之，仍以告桑哥，使其喜也。”于是翰林制文，题曰《王公辅政之碑》。桑哥又以总制院所统西蕃诸宣慰司，军民财谷，事体甚重，宜有以崇异之，奏改为宣政院，秩从一品，用三台银印。世祖问所用何人，对曰：“臣与脱因。”于是命桑哥以开府仪同三司、尚书右丞相，兼宣政使，领功德使司事，脱因同为使。世祖尝召桑哥谓曰：“朕以叶李言，更至元钞，所用者法，所贵者信。汝无以楮(chǔ)视之，其本不可失，汝宜识之。”

［译文］

当时天下骚动不安，江淮形势尤其严重，而那些逢迎献媚的人，却在暗示京城百姓史吉等人为桑哥立碑歌功颂德。世祖得知后说：“百姓要立碑就立吧，并将此事告诉桑哥，让他也高兴一下。”于是翰林院撰写碑文，题为《王公辅政之碑》。桑哥又认为总制院所辖西蕃各宣慰司，统管军民钱粮，事关重大，应该提高它的地位以区别于其他衙署，故奏请改为宣政院，官秩为从一品，使用三台银印。世祖问谁来主持事务，桑哥回答说：“臣与脱因。”于是命桑哥以开府仪同三司之衔、尚书右丞相，兼任宣政使，掌管功德使司事，脱因同为宣政使。世祖曾召见桑哥对他说：“朕因为叶李奏言，改用至元宝钞，推行新钞靠的是法令，最为重要的是讲求信用。你不要只把它看作纸币，它的本金不可失去，你应该记住这一点。”

［原文］

二十六年，桑哥请钩考甘肃行尚书省及益都淄莱淘金总管府，佥省赵仁荣、总管明里等，皆以罪罢。世祖幸上都，桑哥言：“去岁陛下幸上都，臣日视内帑(tǎng)诸库，今岁欲乘小舆以行，人必窃议。”世祖曰：“听人议之，汝乘之可也。”桑哥又奏：“近委省臣检责左右司文簿，凡经监察御史稽照者，遗逸尚多。自今当令监察御史即省部稽照，书姓名于卷末，苟有遗逸，易于归罪。仍命侍御史坚童视之，失则连坐。”世祖从之，乃笞监察御史四人。是后监察御史赴省部者，掾(yuàn)令史与之抗礼，但遣小吏持文簿置案而去，监察御史遍阅之，而

台纲废矣。参政忻都既去，寻召赴阙。以户部尚书王巨济专任理算，江淮省左丞相忙兀带总之。

［译文］

至元二十六年（1289 年），桑哥奏请考核甘肃行尚书省及益都淄莱淘金总管府，佥省赵仁荣、总管明里等人，都因有罪罢官。世祖驾临上都，桑哥上奏说："去年陛下去上都，臣每日视察宫内各库存，今年若是乘小车随行，必有人暗中议论。"世祖说："让别人去议论，你只管乘车而行。"桑哥又奏言："近来委托尚书省官员检查左右司的文簿，所有经过监察御史对照核查的，仍有很多遗漏的。从现在起应该令监察御史到省部来对照查核，将其姓名书写在卷宗末尾，如果有遗漏，就容易知道是谁的错误。并令侍御史坚童监督，有过失则一并治罪。"世祖表示允许，于是对四名监察御史予以鞭笞。从此以后监察御史来到省部，省部属官与他们平起平坐，只派小吏将文簿放置在桌上就离去，由监察御史从头至尾检阅，御史台的法度全然丧失了。参政忻都离职之后，很快又被召还朝廷。命户部尚书王巨济专管清查，江淮行省左丞相忙兀带总辖其事。

［原文］

闰十月，《桑哥辅政碑》成，树于省前，楼覆其上而丹雘(huò)之。桑哥言："国家经费既广，岁入恒不偿所出，以往岁计之，不足者余百万锭。自尚书省钩考天下财谷，赖陛下福，以所征补之，未尝敛及百姓。臣恐自今难用此法矣。何则？仓库可征者少，而盗者亦鲜矣，臣忧之。臣愚以为盐课每引今直中统钞三十贯，宜增为一锭；茶每引今直五贯，宜增为十贯；酒醋税课，江南宜增额十万锭，内地五万锭。协济户十八万，自入籍至今十三年，止输半赋，闻其力已完，宜增为全赋。如此，则国用庶可支，臣等免于罪矣。"世祖曰："如所议行之。"

［译文］

闰十月，《桑哥辅政碑》告成，此碑树立于尚书省衙署门前，碑身之上以小楼为顶，用红漆涂抹。桑哥上奏说："国家常年开支已经很大，每年收入总是不能弥补支出，以去年计算，亏欠差额达一百余万锭。自从尚书省考核天下钱粮，托陛下洪福，用所追征的钱粮来补救，尚未征收到百姓。臣担心今后很难再用这种方法了。原因何在呢？仓库可以追征的已经很少，而且盗用者也很少了，所以臣很担忧。按臣的愚意盐税每引现在值中统钞三十贯，应增至一锭；茶税每引现在值五贯，应增至十贯；酒醋税收江南应增加十万锭，内地增加五万锭。协济户现有十八万户，自从登记入国家版籍至今已有十三年，向来只交纳半额赋税，听说他们的元气已经恢

复，应该增加为全额赋税。如果这样，则国家的经费就有可能维持，臣等也能免于获罪了。”世祖说：“就依你的建议去实行吧。”

［原文］

桑哥既专政，凡铨(quán)调内外官，皆由于己，而其宣敕，尚由中书。桑哥以为言，世祖乃命自今宣敕并付尚书省。由是以刑爵为货而贩之，咸走其门，入贵价以买所欲。贵价入，则当刑者脱，求爵者得，纲纪大坏，人心骇愕。

［译文］

桑哥专断朝政以来，所有内外官员的选拔调用，无不依照桑哥的意志，但官员任免的宣命敕书，仍然出自中书省。桑哥为此奏言世祖，世祖于是决定从此之后宣命敕书一并交付尚书省。桑哥因此将刑罚官爵当作买卖，所有的人都奔走于桑哥之门，以高价购买想要得到的。一旦付出高价，应当受刑的就可以免罪，想求官的就有官当，法制彻底破坏，人心惶恐不安。

［原文］

二十八年春，世祖畋(tián)于漷(huǒ)北，也里审班及也先帖木儿、彻里等，劾奏桑哥专权黩货。时不忽木出使，三遣人趣召之至，觐于行殿，世祖以问，不忽木对曰：“桑哥壅(yōng)蔽聪明，紊乱政事，有言者即诬以他罪而杀之。今百姓失业，盗贼蜂起，召乱在旦夕，非亟诛之，恐为陛下忧。”留守贺伯颜亦尝为世祖陈其奸欺。久而言者益众，世祖始决意诛之。

［译文］

至元二十八年（1291 年）春，世祖在漷北游猎，也里审班及也先帖木儿、彻里等人向世祖弹劾桑哥专擅朝政贪污受贿。当时不忽木出使在外，世祖接连三次派人催促他前来面见，不忽木赴行宫觐见，世祖向他询问桑哥的事，不忽木回答说：“桑哥蒙蔽陛下的视听，将政事搞得混乱不堪，有人议论就捏造罪名加以诬陷杀害。如今百姓流离失所、四面八方盗贼兴起，随时可能招致大乱，如果不立即将他除掉，我真为陛下担忧。”留守贺伯颜也曾向世祖陈述桑哥的奸诈欺骗。后来奏言的人越来越多，世祖才决意诛杀桑哥。

［原文］

二月，世祖谕大夫月儿鲁曰：“屡闻桑哥沮抑台纲，杜言者之口，又尝捶挞(tà)御史，其所罪者何事，当与辨之。”桑哥等持御史李渠等已刷文卷至，令侍御史杜思敬等勘验辨论，往复数四，桑哥等辞屈。明

日，帝驻跸大口，复召御史台暨中书、尚书两省官辨论。尚书省执卷奏曰：“前浙西按察使只必，因监烧钞受赃至千锭，尝檄台征之，二年不报。”思敬曰：“文之次第，尽在卷中，今尚书省拆卷持对，其弊可见。”速古儿赤阇里抱卷至前奏曰：“用朱印以封纸缝者，防欺弊也。若辈为宰相，乃拆卷破印与人辨，是教吏为奸，当治其罪。”世祖是之。责御史台曰：“桑哥为恶，始终四年，其奸赃暴著非一，汝台臣难云不知。”中丞赵国辅对曰：“知之。”世祖曰：“知而不劾，自当何罪？”思敬等对曰：“夺官追俸，惟上所裁。”数日不决。大夫月儿鲁奏：“台臣久任者当斥罢，新者存之。”乃仆桑哥辅政碑，下狱究问。至七月，乃伏诛。

［译文］

二月，世祖谕告御史大夫月儿鲁说：“屡次听说桑哥压制阻挠御史台事务，禁止官员奏言，又曾鞭责御史，他们犯的什么罪，你应与桑哥当面对质。”桑哥等带着经御史李渠等人查看过的文书前来，世祖命侍御史杜思敬等人核查验证，与桑哥辩论。经多次反复，桑哥等人理屈词穷。次日，世祖停驾于大口，再次召集御史台及中书、尚书两省官员辩论。尚书省官员拿出文书奏言：“以前浙西按察使只必，因监督烧毁烂钞受贿达一千锭。曾下文御史台将其召回，但两年不呈报。”杜思敬说：“文书的顺序，都在存档卷宗内，现尚书省将卷宗拆封拿来对质，其作弊显而易见。”速古儿赤阇里抱着卷宗到世祖面前奏道：“用朱印加封卷宗，就是为了防止作弊。这些人身为宰相，竟然撕破封印开拆卷宗来与人辩论，这是教官吏犯法，应当治他们的罪。”世祖认为有理。世祖责备御史台官员说：“桑哥作恶前后四年，所暴露的贪赃枉法的事不止一件，你们御史台官员不能说不知道。”御史中丞赵国辅回答说：“确实知道。”世祖说：“既知道而不弹劾，该当何罪？”杜思敬等人回答道：“罢免官职追罚俸禄，全由圣上裁决。”一连几天都没有结果。御史大夫月儿鲁上奏说：“御史台官员任职期长的应当罢免，新任职的予以保留。”于是拆毁《桑哥辅政碑》，将桑哥下狱审问。至七月，最终将桑哥处死。

［原文］

平章要束木者，桑哥之妻党，在湖广时，正月朔日，百官会行省，朝服以俟。要束木召至其家，受贺毕，方诣省望阙，贺如常仪。又阴召卜者有不轨言。至是，中书列其罪以闻，世祖命械致湖广，即其省戮之。

［译文］

平章政事要束木，与桑哥之妻同族，在湖广任职时，正月初一，百官会集行省，身着朝服敬候。要束木将百官召至家中，接受恭贺完毕，才到行省按礼仪向京城朝贺。并暗中召见卜卦者，有不轨的言论。至此，中书省列举其罪行奏闻，世祖命将其枷械押赴湖广，就在行省将其处死。

明史

刘基宋濂列传

［原文］

刘基，字伯温，青田人。曾祖濠(háo)，仕宋为翰林掌书。宋亡，邑子林融倡义旅。事败，元遣使簿录其党，多连染。使道宿濠家，濠醉使者而焚其庐，籍悉毁。使者计无所出，乃为更其籍，连染者皆得免。基幼颖异，其师郑复初谓其父爚(yuè)曰："君祖德厚，此子必大君之门矣。"元至顺间，举进士，除高安丞，有廉直声。行省辟之，谢去。起为江浙儒学副提举，论御史失职，为台臣所阻，再投劾归。基博通经史，于书无不窥，尤精象纬之学。西蜀赵天泽论江左人物，首称基，以为诸葛孔明俦(chóu)也。

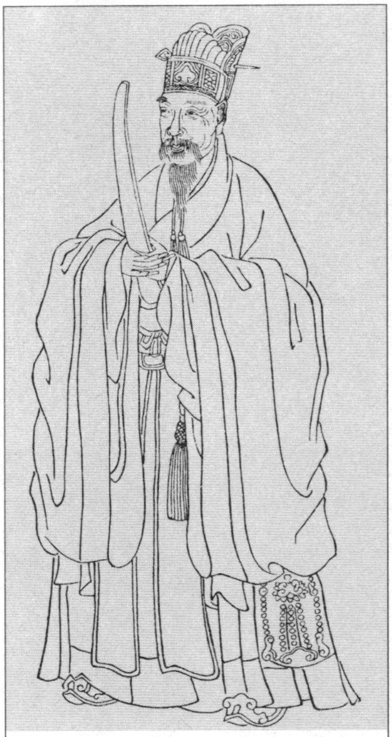

刘基

［译文］

刘基，字伯温，青田县人。他的曾祖刘濠，在宋朝任翰林掌书。宋朝灭亡后，刘濠的同乡林融宣扬大义举兵起事。事情败露，元朝派使者搜索他的同党，株连了很多人。元朝的使者路经青田，住宿在刘濠家，刘濠把使者灌醉，一把火烧了房子，使者登录叛党的名册全部烧毁。使者无计可出，于是另造名册，被株连的人都得以幸免。刘基少年时就聪明异常，他的老师郑复初对他父亲刘爚说："您的祖宗积下大德，这孩子一定能显耀您家的门户。"元朝至顺年间，刘基考中进士，被任为高安县丞，在任期间有清廉正直的声誉。行省征召他去省里任职，刘基便辞职回乡去了。又起用他为江浙儒学副提举，他上奏弹劾御史有失职之罪，被御史台大臣所阻止，于是刘基再次自己弹劾自己回乡。刘基精通经史诸书，没有他不读的书，尤其精于天象运数这门学问。西蜀人赵天泽评论江东的著名人物，称刘基为第一，认为他是诸葛亮一类的人物。

[原文]

方国珍起海上，掠郡县，有司不能制。行省复辟基为元帅府都事。基议筑庆元诸城以逼贼，国珍气沮。及左丞帖里帖木儿招谕国珍，基言方氏兄弟首乱，不诛无以惩后。国珍惧，厚赂基，基不受。国珍乃使人浮海至京，贿用事者。遂诏抚国珍，授以官，而责基擅威福，羁管绍兴，方氏遂愈横。亡何，山寇蜂起，行省复辟基剿捕，与行院判石抹宜孙守处州。经略使李国凤上其功，执政以方氏故抑之，授总管府判，不与兵事。基遂弃官还青田，著《郁离子》以见志。时避方氏者争依基，基稍为部署，寇不敢犯。

[译文]

方国珍在海上起兵，抢掠沿海郡县，地方官员不能制服。江浙行省再次征召刘基，任他为元帅府都事。刘基提议修筑庆元等城防，以威逼盗贼，方国珍因此而丧气。后来左丞帖里帖木儿招抚方国珍，刘基认为方家兄弟是罪魁祸首，不杀不足以惩戒后人。方国珍非常恐惧，用厚礼贿赂刘基，刘基拒不接受。方国珍于是派人从海道至大都，贿赂元朝当权官员。于是元朝皇帝下诏书招抚方国珍，授给他官职，而指摘刘基擅操威权，把他监管在绍兴，于是方家兄弟更加肆无忌惮。没过多久，山贼四处兴起，行省又征召刘基去剿捕山贼，刘基和行院判石抹宜孙守卫处州。经略使李国凤向朝廷奏上刘基的功绩，朝廷的当权人物因受了方国珍的贿赂，故意贬抑刘基，让他担任总管府判，但不准他插手军事。于是刘基就弃官回到青田老家，撰写《郁离子》一书，以表明自己的志趣。当时避方氏之乱的人，争相依附刘基，刘基稍稍作了些防御部署，贼寇便不敢来犯。

[原文]

及太祖下金华，定括苍，闻基及宋濂等名，以币聘。基未应，总制孙炎再致书固邀之，基始出。既至，陈时务十八策。太祖大喜，筑礼贤馆以处基等，宠礼甚至。初，太祖以韩林儿称宋后，遥奉之。岁首，中书省设御座行礼，基独不拜，曰："牧竖耳，奉之何为！"因见太祖，陈天命所在。太祖问征取计，基曰："士诚自守虏，不足虑。友谅劫主胁下，名号不正，地据上流，其心无日忘我，宜先图之。陈氏灭，张氏势孤，一举可定。然后北向中原，王业可成也。"太祖大悦曰："先生有至计，勿惜尽言。"会陈友谅陷太平，谋东下，势张甚，诸将或议降，或议奔据钟山，基张目不言。太祖召入内，基奋曰："主降及奔者，可斩也。"太祖曰："先生计安出？"基曰："贼骄矣，待其

深入，伏兵邀取之，易耳。天道后举者胜，取威制敌以成王业，在此举矣。”太祖用其策，诱友谅至，大破之，以克敌赏赏基。基辞。友谅兵复陷安庆，太祖欲自将讨之，以问基。基力赞，遂出师攻安庆。自旦及暮不下，基请迳趋江州，捣友谅巢穴，遂悉军西上。友谅出不意，帅妻子奔武昌，江州降。其龙兴守将胡美遣子通款，请勿散其部曲。太祖有难色。基从后蹋胡床。太祖悟，许之。美降，江西诸郡皆下。

［译文］

到太祖攻下金华、平定括苍时，听说刘基和宋濂很有名望，便以礼相聘。刘基没有答应，总制孙炎再次致信执意邀请，刘基这才出山。他来到太祖那里，向太祖陈述当务之急十八条建议。太祖听了很高兴，专门修筑礼贤馆来招待刘基等人，对他优待有加。起初，因韩林儿声称是宋朝宗室的后人，太祖虽然和他相距遥远，仍奉他为帝。每年正月，在中书省设置韩林儿宝座，行礼参拜，刘基单单不行礼，说道：“韩林儿只不过是个放羊的小孩儿，参拜他干什么！”并进见太祖，陈说天命应在太祖身上。太祖询问征伐策略，刘基说：“张士诚是个守家奴，对他没有什么可担心的。陈友谅挟持他的主子徐寿辉，裹胁部下，名分不正，而且他地处上游，日夜想灭掉我们，应首先对他下手。陈友谅被消灭，张士诚就更加孤立，一下子就可以平定他。然后北取中原，称帝的大业就告成了。”太祖听了喜出望外，说道：“先生您有妙计，希望尽量说出来。”正逢陈友谅攻陷太平，谋图东下，气焰不可一世，有的将领主张投降，有的主张逃往钟山据地自守，刘基瞪大眼睛一言不发。太祖把他召进内室，刘基激奋地说：“主张投降和逃跑的人，应该斩首示众。”太祖说：“先生您的策略是什么呢？”刘基说：“敌人已成骄兵，等他深入后，设伏兵截击敌人，很容易战胜它。天下的事，往往是后发制人能取得胜利，取得声威制服敌人成就帝业，就在此一举了。”太祖采用他的策略，诱陈友谅大军深入，大败敌军，太祖以克敌制胜的赏格赏赐刘基，刘基推辞不接受。陈友谅又率兵攻陷安庆，太祖打算亲自率兵去讨伐，征求刘基的意见，刘基极力赞成，于是出兵进攻安庆。从早一直攻打到

钟 山

钟山是南京附近的名山，是南京在军事上的一道屏障。

晚，没有攻下，刘基请求直奔江州，捣毁陈友谅的老巢，于是全军西上。此举大出陈友谅意料，于是带着妻子逃往武昌，江州举城投降。陈友谅部下龙兴守将胡美派他儿子来求和，请求不要遣散他的部队。太祖面有难色。刘基从背后踢太祖的坐床示意，太祖领悟，就答应了他的要求。胡美投降后，江西各郡县都归服了。

［原文］

基丧母，值兵事未敢言，至是请还葬。会苗军反，杀金、处守将胡大海、耿再成等，浙东摇动。基至衢(qú)，为守将夏毅谕安诸属邑，复与平章邵荣等谋复处州，乱遂定。国珍素畏基，致书唁(yàn)。基答书，宣示太祖威德，国珍遂入贡。太祖数以书即家访军国事，基条答悉中机宜。寻赴京，太祖方亲援安丰。基曰："汉、吴伺隙，未可动也。"不听。友谅闻之，乘间围洪都。太祖曰："不听君言，几失计。"遂自将救洪都，与友谅大战鄱阳湖，一日数十接。太祖坐胡床督战，基侍侧，忽跃起大呼，趣太祖更舟。太祖仓卒徙别舸(gě)，坐未定，飞炮击旧所御舟立碎。友谅乘高见之，大喜。而太祖舟更进，汉军皆失色。时湖中相持，三日未决，基请移军湖口扼之，以金木相犯日决胜，友谅走死。其后太祖取士诚，北伐中原，遂成帝业，略如基谋。

［译文］

刘基的母亲去世，当时正值军务繁忙，没敢言语，到此时才请求回乡葬母。正逢苗兵反叛，杀害金华、处州守将胡大海、耿再成等，浙东局势动荡不定。刘基来到衢州，替守将夏毅说服各郡县保持安定，又与平章邵荣等人谋划收复了处州，叛乱才被平定。方国珍一向畏惧刘基，发来吊唁书信。刘基给他回信，向他宣扬太祖的威德，于是方国珍进贡称属。太祖多次写信到刘基家中，询问军政大事，刘基条分缕析地回答，都切中要害。不久，刘基赶赴京师，这时太祖正要率兵去增援安丰。刘基说："陈友谅、张士诚正在等待可乘之机，主上切不可出动。"

胡大海

胡大海是早期追随朱元璋的将领之一，可惜的是他过早被敌人杀害，没有看到明朝的建立。

太祖不听。陈友谅得知这一消息，乘机围困了洪都。太祖说："没有听先生的话，差点儿造成大错。"于是亲自领兵去救援洪都，与陈友谅在鄱阳湖大战，一天交战数十次。太祖坐在胡床上督战，刘基陪侍左右，忽然一跃而起，大声呼喊，催太祖更换船只。太祖仓促之中登上另一条小船，还没有坐稳，火炮击碎了原来乘的那条船。陈友谅在高处瞭望，高兴异常。但是太祖所乘的船继续前进，汉军个个大惊失色。当时双方在湖中相持了三天，不分胜败，刘基请求移军湖口扼制敌军，在金木相克的日期决一胜负，陈友谅败逃而死。后来太祖战胜张士诚，北伐中原，于是完成了统一大业，整个进程大致像刘基预见的那样。

[原文]

吴元年以基为太史令，上《戊申大统历》。荧惑守心，请下诏罪己。大旱，请决滞狱。即命基平反，雨随注。因请立法定制，以止滥杀。太祖方欲刑人，基请其故，太祖语之以梦。基曰："此得土得众之象，宜停刑以待。"后三日，海宁降。太祖喜，悉以囚付基纵之。寻拜御史中丞兼太史令。

[译文]

吴元年，刘基被任命为太史令，他进上《戊申大统历》。天空中出现火星居于心宿的位置，刘基请求太祖下诏书检查自己的失误。因天气大旱，刘基请求判决长久关押的犯人。太祖就命刘基平反冤狱，随即便下了大雨。因而刘基请求制定法律，建立各种规章制度，防止滥杀无辜。太祖要处死一批人，刘基问为了什么，太祖把梦境说给刘基，刘基说："这正是获得地盘和民众的征兆，应该停止用刑，等待征兆的应验。"过了三天，海宁举城投降。太祖很高兴，把全部囚犯交给刘基释放。不久，授任刘基为御史中丞兼太史令。

[原文]

太祖即皇帝位，基奏立军卫法。初定处州税粮，视宋制亩加五合，惟青田命毋加，曰："令伯温乡里世世为美谈也。"帝幸汴梁，基与左丞相善长居守。基谓宋、元宽纵失天下，今宜肃纪纲。令御史纠劾无所避，宿卫宦侍有过者，皆启皇太子置之法，人惮其严。中书省都事李彬坐贪纵抵罪，善长素昵之，请缓其狱。基不听，驰奏。报可，方祈雨，即斩之，由是与善长忤。帝归，诉基僇(lù)人坛壝(wěi)下，不敬。诸怨基者亦交谮(zèn)之。会以旱求言，基奏："士卒物故者，其妻悉处别营，凡数万人，阴气郁结。工匠死，胔(zì)骸暴露，吴将吏降者皆编军户，足干和气。"帝纳其言，旬日仍不雨，帝怒。会基有妻丧，遂

请告归。时帝方营中都，又锐意灭扩廓。基濒行，奏曰：“凤阳虽帝乡，非建都地。王保保未可轻也。”已而定西失利，扩廓竟走沙漠，迄为边患。其冬，帝手诏叙基勋伐，召赴京，赐赉(lài)甚厚，追赠基祖、父皆永嘉郡公。累欲进基爵，基固辞不受。

李善长

李善长早年追随朱元璋，是明朝开国功臣。明朝建立后，由于被诬告与胡惟庸谋反，下狱被处死。

［译文］

太祖即位称帝，刘基奏请皇帝设立军卫制度。第一次限定处州的税粮数额，比宋朝的税率每亩增加五合，只有青田县太祖下令无须增加税粮，说道：“让刘伯温的乡人世代传为佳话吧。”皇帝巡视汴梁，刘基和左丞相李善长留守京师。刘基认为宋、元因政令松弛丢掉天下，现在应严肃贯彻法令。让御史弹劾违法的官员无所顾忌，在皇帝身边担任守卫的人和侍候皇帝的宦官如果犯有罪过，都报告皇太子，依法处治，人们都惧怕他的严厉。中书省的都事李彬因贪纵不法，应该治罪，但丞相李善长和他一向关系密切，请求缓一缓再说。刘基不听，快马去报告皇帝，经皇帝批准，当时正在祭神求雨，刘基立即把李彬处死，因此得罪了李善长。皇帝从汴梁回到京师，李善长控告刘基在祭坛下杀人，是一种大不敬的行为。那些怨恨刘基的人也纷纷加以诋毁。当时因发生旱灾，朝廷要求大臣陈述时政得失，刘基上奏说：“死去的士兵，他们的妻子都住在其他营中，共有数万人之多，她们心情不畅，致使阴气聚结。服役的工匠死了以后，尸骨暴露在野外，投降的吴军将吏都编收为军户，这些都有伤天地之和气。”皇帝采纳了他的意见，但过了十天仍不下雨，皇帝很恼火。当时正逢刘基的妻子去世，他请假回乡料理丧事。当时皇帝正在营建中都宫殿，又一心要消灭扩廓帖木儿。刘基临行前，上奏说：“凤阳虽然是陛下的老家，但不是建都的地方，对王保保不可轻视。”不久，明军在定西失利，扩廓帖木儿逃入沙漠，至今仍是边境的祸患。这年冬天，皇帝亲笔下诏书叙述刘基的功勋，把刘基召进京师，给以丰厚的赏赐，追赠刘基的祖父、父亲为永嘉郡公。多次要为刘基晋爵，刘基执意推辞不肯接受。

［原文］

初，太祖以事责丞相李善长，基言：“善长勋旧，能调和诸将。”

太祖曰：“是数欲害君，君乃为之地耶？吾行相君矣。”基顿首曰：“是如易柱，须得大木，若束小木为之，且立覆。”及善长罢，帝欲相杨宪。宪素善基，基力言不可，曰：“宪有相才无相器。夫宰相者，持心如水，以义理为权衡，而己无与者也，宪则不然。”帝问汪广洋，曰：“此褊(biǎn)浅殆甚于宪。”又问胡惟庸，曰：“譬之驾，惧其偾辕(fèn yuán)也。”帝曰：“吾之相，诚无逾先生。”基曰：“臣疾恶太甚，又不耐繁剧，为之且孤上恩。天下何患无才，惟明主悉心求之，目前诸人诚未见其可也。”后宪、广洋、惟庸皆败。三年授弘文馆学士。十一月大封功臣，授基开国翊运守正文臣、资善大夫、上护军，封诚意伯，禄二百四十石。明年赐归老于乡。

［译文］

当初，太祖因事要责罚丞相李善长，刘基说：“李善长是功勋旧臣，能够协调诸将领的关系。”太祖说：“他多次想要陷害你，你还替他说情吗？我将提拔你为丞相。”刘基叩头说道：“这好比更换大厦的梁柱，须得到大木材，如果把小木头捆在一起充当梁柱，大厦立刻会倒塌。”后来李善长被罢官，皇帝打算用杨宪为丞相，杨宪一向和刘基关系很好，刘基却断言认为不合适，他说：“杨宪有做丞相的才能，但没有宰相的器量。做宰相，心要和水面那样平，以道义作为衡量事物的标准，不掺杂个人的好恶，杨宪做不到这样。”皇帝问汪广洋怎么样，刘基说：“这人的器量狭窄浅薄，恐怕比杨宪更厉害。”又问胡惟庸怎么样，刘基说：“比如驾车的辕马，我担心它弄坏车辕。”皇帝说：“这么说来，我的丞相确实再没有比先生你更合适的人选了。”刘基说：“我疾恶如仇，又不耐烦那些繁忙的事务，我任丞相只能辜负陛下的大恩。天下不愁没人才，只靠贤明的君主细心访求，眼前这几个人，我看没有合适的。”后来杨宪、汪广洋、胡惟庸都因任丞相败亡了。洪武三年（1370年），任刘基为弘文馆学士。十一月大封功臣，授予刘基开国翊运守正文臣、资善大夫、上护军，封为诚意伯，俸禄二百四十石。第二年赐他回乡养老。

［原文］

帝尝手书问天象。基条答甚悉而焚其草。大要言霜雪之后，必有阳春，今国威已立，宜少济以宽大。基佐定天下，料事如神，性刚嫉恶，与物多忤。至是还隐山中，惟饮酒弈棋，口不言功。邑令求见不得，微服为野人谒基。基方濯(zhuó)足，令从子引入茅舍，炊黍(shǔ)饭令。令告曰：“某青田知县也。”基惊起称民，谢去，终不复见。其韬迹如此，然究为惟庸所中。

[译文]

皇帝曾亲笔写信给刘基，询问天象的吉凶祸福。刘基做了详细的回答，便把草稿焚烧了。大意是说，霜雪严冬之后，必然迎来明媚的春天，现在政权的威严已经确立，应该稍稍加之以宽大。刘基辅佐太祖平定了天下，他料事如神，生性刚正，疾恶如仇，因此得罪了不少人。到这时回到故乡，隐居深山，只是饮酒下棋，从不说及自己的功劳。本地的县令求见，没能如愿，于是穿上平民的衣服去谒见刘基。刘基正在洗脚，让侄子把客人领进茅屋，用农家饭菜招待客人。县令对刘基说：“我是青田县知县。”刘基惊起，口称小民，辞谢而去，再也没和县令见面。他就是这样韬光匿迹，但终究还是被胡惟庸陷害。

[原文]

初，基言瓯(ōu)、括间有隙地曰谈洋，南抵闽界，为盐盗薮(sǒu)，方氏所由乱，请设巡检司守之。奸民弗便也。会茗洋逃军反，吏匿不以闻。基令长子琏奏其事，不先白中书省。胡惟庸方以左丞掌省事，挟前憾，使吏讦基，谓谈洋地有王气，基图为墓，民弗与，则请立巡检逐民。帝虽不罪基，然颇为所动，遂夺基禄。基惧入谢，乃留京，不敢归。未几，惟庸相，基大戚曰：“使吾言不验，苍生福也。”忧愤疾作。八年三月，帝亲制文赐之，遣使护归。抵家，疾笃，以《天文书》授子琏(lián)曰：“亟上之，毋令后人习也。”又谓次子璟(jǐng)曰：“夫为政，宽猛如循环。当今之务在修德省刑，祈天永命。诸形胜要害之地，宜与京师声势连络。我欲为遗表，惟庸在，无益也。惟庸败后，上必思我，有所问，以是密奏之。”居一月而卒，年六十五。基在京病时，惟庸以医来，饮其药，有物积腹中如拳石。其后中丞涂节首惟庸逆谋，并谓其毒基致死云。

[译文]

当初，刘基说起瓯、括之间有一片空地叫作谈洋，南接福建边界，是盐盗聚集的地方，方国珍就是从这里发动叛乱的，请求朝廷在这里设置巡检司加以守卫。但那些奸民感到行动不便。正逢驻守茗洋的逃军反叛，当地官吏隐瞒实情不上报。刘基让他的长子刘琏上奏朝廷，但没有事先关照中书省。这时胡惟庸正任左丞掌管中书省事务，他怀记以前的私恨，唆使吏员诬告刘基，声称谈洋地方有帝王之气，刘基想在这地方建他的坟墓，当地百姓不答应，刘基就奏请朝廷设立巡检司驱赶百姓。皇帝虽然没加罪刘基，但也被这种说法所触动，于是夺去刘基的俸禄。刘基为此很恐惧，入京谢罪，于是留在京师，不敢回乡。不久，胡惟庸任丞相，刘基非常痛心地说：“如果我以前说的话不应验，那是天下百姓的福气。”因忧愤

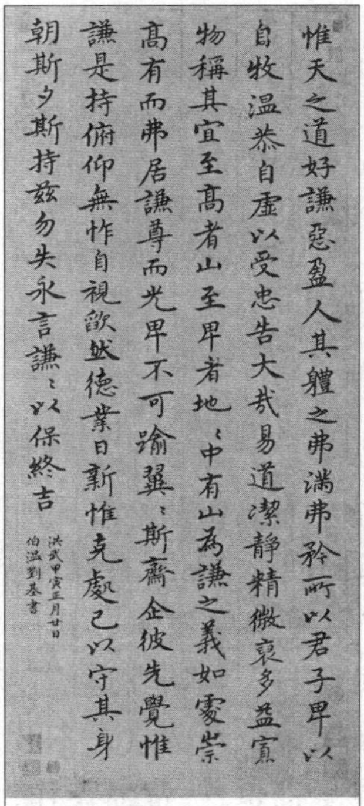

刘基的书法

而生疾。洪武八年（1375 年）三月，皇帝亲自撰文赏给刘基，派人把他护送回乡。回到家乡，刘基病情加重，把《天文书》交给他的儿子刘琏，说道："赶快把书上交皇帝，不要让后人去研究它。"又对次子刘璟说："治理国家，宽严循环使用。当务之急在于推行德政，减轻刑罚，以此祈求上天，保佑国运长久。各处的军事要塞，应和京城声势相通。我想写遗表，但胡惟庸在朝任丞相，没有任何用处。胡惟庸败亡以后，皇帝一定会想念我，如果有所询问，就把我这些话秘密上奏。"过了一个月刘基就去世了，终年六十五岁。刘基在京师生病时，胡惟庸派来医生为刘基诊病，刘基服了他的药，觉着肚子里有一块东西像拳头大的石块一样。后来中丞涂节揭发胡惟庸谋反，并揭发他投毒致刘基死。

［原文］

基虬(qiú)髯(rán)，貌修伟，慷慨有大节，论天下安危，义形于色。帝察其至诚，任以心膂(lǚ)。每召基，辄屏人密语移时。基亦自谓不世遇，知无不言。遇急难，勇气奋发，计画立定，人莫能测。暇则敷陈王道，帝每恭己以听，常呼为老先生而不名，曰："吾子房也！"又曰："数以孔子之言导予。"顾帷幄语秘莫能详，而世所传为神奇，多阴阳风角之说，非其至也。所为文章，气昌而奇，与宋濂并为一代之宗。所著有《覆瓿(bù)集》《犁眉公集》传于世。子琏(lián)、璟(jǐng)。

［译文］

刘基长有卷曲的络腮胡须，身材高大，慷慨有气节，议论天下形势的安危，脸上洋溢着正义的神色。皇帝察知他正直忠诚，寄以心腹重任。皇帝每次召见刘基，往往让身边的人退下，和他密谈很久。刘基也自认为这是千载难逢的机遇，知无不言。遇上急事或难题，他勇气焕发，能马上想出对策，别人无法测度。闲暇时，则向皇帝陈述先圣先王的治国之道，皇帝则虚心听取，常称他为老先生而不称呼他的名字，说道："他就是我的张良啊！"又说："他多次用孔子的言论开导我。"只是他们在密室中谈话的内容，没人能详细了解，被世人传得神乎其神，而且大都归结为阴阳五行的说法，这些对刘基的韬略来说不是至关重要的。他写的文章，文气雄浑，风格出众，与宋濂并称为一代宗师。著有《覆瓿集》《犁眉公集》流传于世。他的儿子有刘琏、刘璟。

［原文］

宋濂，字景濂，其先金华之潜溪人，至濂乃迁浦江。幼英敏强记，就学于闻人梦吉，通五经，复往从吴莱学。已，游柳贯、黄溍之门，两人皆亟逊濂，自谓弗如。元至正中，荐授翰林编修，以亲老辞不行，入龙门山著书。

［译文］

宋濂，字景濂，他的先人是金华府潜溪县人，到宋濂这一辈才迁到浦江。宋濂年幼便聪明伶俐，博闻强记，他拜闻人梦吉为师，通晓五经，又受学于吴莱。不久，又在柳贯、黄溍的门下学习，黄、柳二人对宋濂都很谦逊，自认为赶不上他。元朝至正年间，宋濂被荐为翰林编修，因双亲年老，宋濂辞不赴任，去龙门山中著书立说了。

［原文］

逾十余年，太祖取婺(wù)州，召见濂。时已改宁越府，命知府王显宗开郡学，因以濂及叶仪为五经师。明年三月，以李善长荐，与刘基、章溢、叶琛并征至应天，除江南儒学提举，命授太子经，寻改起居注。濂长基一岁，皆起东南，负重名。基雄迈有奇气，而濂自命儒者。基佐军中谋议，濂亦首用文学受知，恒侍左右，备顾问。尝召讲《春秋左氏传》，濂进曰：“《春秋》乃孔子褒善贬恶之书，苟能遵行，则赏罚适中，天下可定也。”太祖御端门，口释黄石公《三略》。濂曰：“《尚书》二《典》三《谟》，帝王大经大法毕具，愿留意讲明之。”已，论赏赉，复曰：“得天下以人心为本。人心不固，虽金帛充牣(rèn)，将焉用之？”太祖悉称善。乙巳三月，乞归省。太祖与太子并加劳赐。濂上笺(jiān)谢，并奉书太子，勉以孝友敬恭、进德修业。太祖览书大悦，召太子，为语书意，赐札褒答，并令太子致书报焉。寻丁父忧。服除，召还。

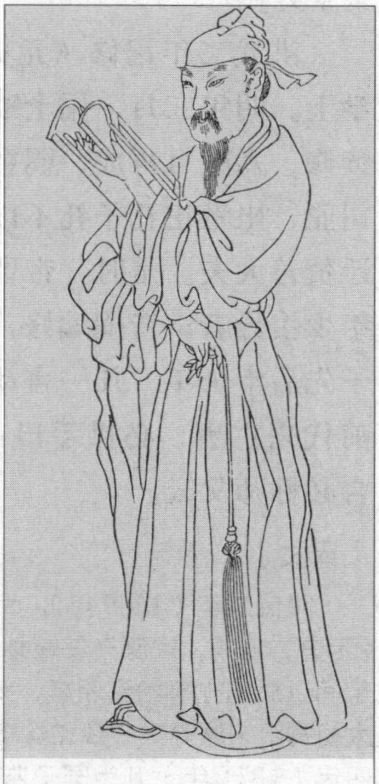

宋濂

［译文］

过了十几年，太祖攻下婺州，召见宋濂。当时婺州已改为宁越府，太祖命知府王显宗开设郡学，委任宋濂和叶仪为五经的教师。第二年三月，因李善长的推荐，宋濂和刘基、章溢、叶琛一起被征召到应天，任为江南儒学提举，太祖让他教太子学经书，不久改任为起居注。宋濂比刘基大一岁，二人都从东南地区起家，都有很高的声望。刘基生性豪迈，气度奇伟，而宋濂以儒者自命。刘基在军中帮助太祖出谋划策，宋濂也以文章学识得到太祖的赏识，经常在太祖身边，以备顾问。太祖曾召宋濂讲解《春秋左传》，宋濂进言："《春秋》是孔子借以扬善惩恶的经书，如果能遵照书中的宗旨行事，就能做到赏罚适中，可以平定天下。"有一次太祖登上端门城楼，随口解释黄石公的《三略》。宋濂说道："《尚书》中的二《典》、三《谟》，详备地记述了帝王的大经大法，希望能留心讲习。"不久，议论赏赐问题，宋濂又说："得天下以得人心为根本，人心不稳，即使是金银财宝充裕，又有什么用呢？"太祖对他的话深表同意。乙巳年三月，宋濂请求回乡看望亲人，太祖和太子都加以慰问赏赐。宋濂上书答谢，并上书太子，以孝友恭敬、进德修业进行勉励。太祖看到书信，非常高兴，把太子叫来，讲解了书信的内容，回信加以褒奖，并令太子写信报答。不久，宋濂的父亲去世，宋濂在家守孝。孝期服满，又被召回应天。

［原文］

洪武二年诏修《元史》，命充总裁官。是年八月史成，除翰林院学士。明年二月，儒士欧阳佑等采故元元统以后事迹还朝，仍命濂等续修，六越月再成，赐金帛。是月，以失朝参，降编修。四年迁国子司业，坐考祀孔子礼不以时奏，谪(zhé)安远知县，旋召为礼部主事。明年迁赞善大夫。是时，帝留意文治，征召四方儒士张唯等数十人，择其年少俊异者，皆擢编修，令入禁中文华堂肄(yì)业，命濂为之师。濂傅太子先后十余年，凡一言动，皆以礼法讽劝，使归于道，至有关政教及前代兴亡事，必拱手曰："当如是，不当如彼。"皇太子每敛容嘉纳，言必称师父云。

［译文］

洪武二年（1369年），太祖下令撰修《元史》，任命宋濂为总裁官。这年八月，《元史》修成，宋濂升任翰林院学士。第二年二月，儒士欧阳佑等人采集元朝元统年间以后的史事回到朝廷，太祖仍令宋濂等人加以续修，过了六个月，续修完成，太祖赏给宋濂等人金钱和丝帛。在这个月里，宋濂因朝见误期，被降为编修。洪武四年（1371年）升为国子监司业，因考订祭祀孔子的礼仪没有及时上奏，被贬为安远知县，随即又召进京师，任为礼部主事。第二年升任赞善大夫。当时太祖留意

文化风教，征召各地儒士张唯等数十人，选择其中年龄小而又聪慧异常的，都提拔为编修，让他们在宫中的文华堂进修，命宋濂为他们的老师。宋濂辅导太子前后十多年，但凡一举一动，都用礼法来要求，使之符合圣贤的道德标准，遇上有关政教以及前代兴亡的问题，宋濂总是拱手躬身说道："应该这样，不应该那样。"皇太子也总是虚心恭敬地接受，而且出口必称师父。

［原文］

帝剖符封功臣，召濂议五等封爵。宿大本堂，讨论达旦，历据汉、唐故实，量其中而奏之。甘露屡降，帝问灾祥之故。对曰："受命不于天，于其人，休符不于祥，于其仁。《春秋》书异不书祥，为是故也。"皇从子文正得罪，濂曰："文正固当死，陛下体亲亲之谊，置诸远地则善矣。"车驾祀方丘，患心不宁，濂从容言曰："养心莫善于寡欲，审能行之，则心清而身泰矣。"帝称善者良久。尝问以帝王之学，何书为要，濂举《大学衍义》。乃命大书揭之殿两庑(wǔ)壁。顷之御西庑，诸大臣皆在，帝指《衍义》中司马迁论黄、老事，命濂讲析。讲毕，因曰："汉武溺方技谬悠之学，改文、景恭俭之风，民力既敝，然后严刑督之。人主诚以礼义治心，则邪说不入，以学校治民，则祸乱不兴。刑罚非所先也。"问三代历数及封疆广狭，既备陈之，复曰："三代治天下以仁义，故多历年所。"又问："三代以上，所读何书？"对曰："上古载籍未立，人不专讲诵。君人者兼治教之责，率以躬行，则众自化。"尝奉制咏鹰，令七举足即成，有"自古戒禽荒"之言。帝忻(xīn)然曰："卿可谓善陈矣。"濂之随事纳忠，皆此类也。

［译文］

太祖要大封功臣，召宋濂拟定五等爵位制度。宋濂住在大本堂，与其他大臣研究议论通宵达旦，根据汉、唐历朝制度，选择其中适合的制度奏上。这时天空多次降下甘露，太祖问宋濂灾变和祥瑞产生的原因。宋濂回答说："是否膺受大命，不是上天决定的，而是人的行为决定的，福吉不是祥瑞决定的，而是以是否推行仁政来决定的。《春秋》一书只记载灾变不记载祥瑞，就是这个原因。"太祖的侄子朱文正犯了罪，宋濂说："朱文正的罪过固然应该处死，陛下您看在骨肉之亲的份上，把他安置在远地，就很妥当了。"太祖亲自去地坛祭祀地神，感到心神不宁，宋濂从容地说："培养心神最好的办法就是清心寡欲，如能认真这样做，就会内心清静、身体健康了。"太祖长时间说："好，好。"太祖曾问研究帝王治世之学，什么书最

重要，宋濂举出《大学衍义》一书。于是太祖令人把《大学衍义》一书的内容用大字写在正殿两厢的墙壁上。不久，太祖来到西厢房，各大臣都在那里，皇帝指着《大学衍义》中司马迁论黄老之学的一段，令宋濂讲解。宋濂讲解完毕，乘机说道："汉武帝沉溺于方士荒诞不稽的说法，一改文帝、景帝倡导的节俭风气，弄得民力凋敝，然后又用严刑督迫。君主如果能以礼义来加强思想修养，那么就不会被歪道邪说所迷惑，推行教育，治理百姓，就不会发生叛乱的祸害。刑罚的手段不是首要的。"太祖又问及夏、商、周三代统治时间的长短以及疆域的大小，宋濂一一做出回答，又说："三代以仁义之道治理天下，因此经历的时间很长。"又问："三代以上，他们读的是什么书？"宋濂回答说："上古时没有书籍，当时也没有人专门从事讲习。君主兼任教育的职责，以本身的行为作出榜样，百姓自然就得到教育感化。"宋濂曾经奉命题咏鹰诗，让他七步成章，宋濂的诗中有"自古戒禽荒"的句子。太祖高兴地说："爱卿你可称得上善于进谏了。"宋濂的随事尽忠，都和这事类似。

［原文］

六年七月迁侍讲学士、知制诰，同修国史，兼赞善大夫。命与詹同、乐韶(sháo)凤修日历，又与吴伯宗等修宝训。九月定散官资阶，给濂中顺大夫，欲任以政事，辞曰："臣无他长，待罪禁近足矣。"帝益重之。八年九月，从太子及秦、晋、楚、靖江四王讲武中都。帝得舆图《濠梁古迹》一卷，遣使赐太子，题其外，令濂询访，随处言之。太子以示濂，因历历举陈，随事进说，甚有规益。

［译文］

洪武六年（1373年）七月，宋濂升为侍讲学士、知制诰、同修国史，兼赞善大夫。太祖命他和詹同、乐韶凤撰修历书，又和吴伯宗等人编纂皇帝的训示文字。九月，确定散官的秩衔，授宋濂为中顺大夫，太祖打算让他担任政务官，宋濂辞谢说："我没有其他的特长，能在陛下身边任事就满足了。"因此太祖更加倚重他。洪武八年（1375年）九月，宋濂随太子以及秦、晋、楚、靖江四王去中都讲习武事。太祖得到一卷《濠梁古迹》，派人赏给太子，并在书的外封题了字，让宋濂按图访查，随处向太子讲解。太子给宋濂看，宋濂一一进行讲解，并随事发挥，都能收到规劝的效果。

［原文］

濂性诚谨，官内庭久，未尝讦(jié)人过。所居室，署曰"温树"。客问禁中语，即指示之。尝与客饮，帝密使人侦视。翼日，问濂昨饮酒否，坐客为谁，馔(zhuàn)何物。濂具以实对。笑曰："诚然，卿不朕欺。"间召问群臣臧否(zāng pǐ)，濂惟举其善者曰："善者与臣友，臣知之；其不善者，不能知也。"主事茹太素上书万余言。帝怒，问廷臣。或指其书

曰："此不敬，此诽谤非法。"问濂，对曰："彼尽忠于陛下耳。陛下方开言路，恶可深罪？"既而帝览其书，有足采者。悉召廷臣诘责，因呼濂字曰："微景濂几误罪言者。"于是帝廷誉之曰："朕闻太上为圣，其次为贤，其次为君子。宋景濂事朕十九年，未尝有一言之伪，诮一人之短，始终无二，非止君子，抑可谓贤矣。"每燕见，必设坐命茶，每旦必令侍膳，往复咨询，常夜分乃罢。濂不能饮，帝尝强之至三觞(shāng)，行不成步。帝大欢乐，御制《楚辞》一章，命词臣赋《醉学士诗》。又尝调甘露于汤，手酌以饮濂曰："此能愈疾延年，愿与卿共之。"又诏太子赐濂良马，复为制《白马歌》一章，亦命侍臣和焉。其宠待如此。九年进学士承旨、知制诰，兼赞善如故。其明年致仕，赐《御制文集》及绮帛，问濂年几何，曰："六十有八。"帝乃曰："藏此绮(qǐ)三十二年，作百岁衣可也。"濂顿首谢。又明年，来朝。十三年，长孙慎坐胡惟庸党，帝欲置濂死。皇后太子力救，乃安置茂州。

[译文]

宋濂生性忠诚谨慎，在朝廷任事很久，从没有说别人的坏话。他住的房间，在墙上自题"温树"二字。有客人打听宫中的事，宋濂即手指这二字给客人看。他曾和客人在一起饮酒，太祖秘密派人去监视。第二天，太祖问宋濂："昨天你是否喝酒了，座上客是谁，吃的什么菜？"宋濂一一据实回答。太祖笑着说："你说的是实话，你不欺骗我。"有时召见他，询问群臣的好坏优劣，宋濂只谈及其中好的，他说："其中好的大臣和我相交，因而我了解他们的为人；其中不肖之臣，我不了解。"主事茹太素上了一本奏疏有一万多字，太祖很恼火，责问当朝大臣。有人指着他的奏疏说："这是对皇帝不敬，这是非法诽谤朝廷。"太祖询问宋濂的意见，宋濂回答说："他只是对陛下一片忠心罢了。陛下您正大开言路让大家说话，怎么可以深罪他呢？"太祖回头再看奏疏，有足供采纳的内容。于是把朝臣都招来责问，称呼宋濂的表字说："要不是景濂的话，我差一点犯错，治罪进言

马皇后

的人。”于是太祖当朝称赞宋濂说：“我听说一个人言行达到最高标准，称之为圣人，其次为贤人，再次为君子。宋景濂在我身边十九年，未曾说过一句假话，也未曾攻击一人的短处，始终如一，岂止是君子，简直是贤人了。”每次退朝以后见到他，必定让看座奉茶，每天早上必让宋濂陪吃早饭，经常询问他问题，常常是到夜深以后才停止。宋濂不能喝酒，有一次太祖强灌了他三杯，宋濂就走路不稳。太祖看了，非常开心，亲笔撰写《楚辞》一篇，并令词臣作《醉学士诗》。又曾把甘露调水亲手舀给宋濂喝下，说道：“这种汤能治疗疾病延年益寿，我和你共同享用。”太祖又令太子赏给宋濂一匹好马，并亲自撰写《白马歌》一篇，也令词臣奉和。宋濂是这样受太祖的宠敬。洪武九年（1376 年），升任学士承旨、知制诰，仍兼赞善大夫。第二年退休离任，太祖赏赐给他一部《御制文集》，以及丝帛绸缎等物，太祖问宋濂多大年岁，宋濂回答说：“六十八岁了。”太祖于是说：“把这丝缎收藏三十二年，将来为你裁制百岁衣。”宋濂叩头道谢。又过了一年，宋濂进京朝见。洪武十三年（1380 年），他的长孙宋慎被控告是胡惟庸的党羽，太祖要治宋濂死罪，皇后和太子极力救援，于是把宋濂流放到茂州。

［原文］

濂状貌丰伟，美须髯（rán），视近而明，一黍上能作数字。自少至老，未尝一日去书卷，于学无所不通。为文醇深演迤，与古作者并。在朝，郊社宗庙山川百神之典，朝会宴享律历衣冠之制，四裔（yì）贡赋赏劳之仪，旁及元勋巨卿碑记刻石之辞，咸以委濂，屡推为开国文臣之首。士大夫造门乞文者，后先相踵。外国贡使亦知其名，数问宋先生起居无恙否。高丽、安南、日本至出兼金购文集。四方学者悉称为“太史公”，不以姓氏。虽白首侍从，其勋业爵位不逮基，而一代礼乐制作，濂所裁定者居多。

［译文］

宋濂生得身材高大，仪表堂堂，胡子长得很漂亮，视力很好，越近处越清晰，他能在一颗黍籽上写好几个字。自少至老，宋濂没有一天离开过书本，各种学问都能精通。他写的文章，达到炉火纯青、随笔流出的程度，可与古代作家媲美。他在朝为官时，祭祀天地宗庙山川百神的典礼，朝会宴享律历衣冠等制度，四方进贡赏赐的仪礼，以及功勋大臣的墓志刻石文辞，都交付宋濂去做，多次被推举为开国文臣之首。官员们拜访求文的，接踵而至。外国的贡使也久闻他的大名，多次问起宋先生身体可好。高丽、安南、日本等国甚至出重金购买他的文集。全国各地的学者都称他为“太史公”，不称呼他的姓名。虽然他以白发之年侍从皇帝左右，功业爵位赶不上刘基，但一代的礼乐制度、朝廷的著述，大都由宋濂主持裁定。

［原文］

其明年，卒于夔（kuí），年七十二。知事叶以从葬之莲花山下。蜀献王慕濂名，复移茔（yíng）华阳城东。弘治九年，四川巡抚马俊奏："濂真儒翊（yì）运，述作可师，黼（fǔ）黻（fú）多功，辅导著绩。久死远戍，幽壤沉沦，乞加恤录。"下礼部议，复其官，春秋祭葬所。正德中，追谥文宪。

［译文］

第二年，宋濂在夔州去世，终年七十二岁。知事叶以从把他埋葬在莲花山下。蜀献王敬慕宋濂的高名，把他移葬到华阳城东。弘治九年（1496年），四川巡抚马俊上奏说："宋濂是位真正的儒者，又是开国大臣，他的著述可供人师法，辅佐多有功劳，辅导太子也成绩突出。死在遥远的流放地很久了，埋没沉沦，请朝廷加以抚恤褒奖。"皇帝交礼部议定，恢复他的官衔，春秋时节派人去埋葬的地方祭奠。正德年间，追赠谥号为"文宪"。

［原文］

仲子璲（suì）最知名，字仲珩（héng），善诗，尤工书法。洪武九年，以濂故，召为中书舍人。其兄子慎亦为仪礼序班。帝数试璲与慎，并教诫之。笑语濂曰："卿为朕教太子诸王，朕亦教卿子孙矣。"濂行步艰，帝必命璲、慎扶掖之。祖孙父子，共官内庭，众以为荣。慎坐罪，璲亦连坐，并死，家属悉徙茂州。建文帝即位，追念濂兴宗旧学，召璲子怿（yì）官翰林。永乐十年，濂孙坐奸党郑公智外亲，诏特宥（yòu）之。

［译文］

宋濂的次子宋璲最知名，字仲珩，善于作诗，尤其擅长书法。洪武九年（1376年），因宋濂被皇帝倚重，征召他为中书舍人。宋璲的侄儿宋慎也被授以仪礼序班。太祖多次当面考试宋璲和宋慎，并加以教诲，太祖笑着对宋濂说："爱卿你替我教育太子和诸王，我也教育你的子孙。"宋濂年老，步履维艰，太祖命宋璲、宋慎搀扶他而行。祖孙父子，一起在宫中任事，众人都认为是很荣耀的事。宋慎犯了罪，宋璲也受到株连，都被处死，家属全都迁往茂州。建文帝即位，怀念宋濂是他父亲兴宗的老师，征召宋璲的儿子宋怿在翰林院任职。永乐十年（1412年），宋濂的孙子因系奸党郑公智的亲家，受到牵连，成祖下令加以宽免。

张居正传

[原文]

张居正，字叔大，江陵人。少颖敏绝伦，十五为诸生。巡抚顾璘奇其文，曰：“国器也。”未几，居正举于乡，璘解犀(xī)带以赠，且曰：“君异日当腰玉，犀不足溷(hùn)子。”嘉靖二十六年，居正成进士，改庶吉士。日讨求国家典故，徐阶辈皆器重之。授编修，请急归，亡何还职。

[译文]

张居正，字叔大，江陵人，少年时即有过人的聪明机敏，十五岁时就中了秀才。巡抚顾璘对他的文章感到惊奇，说道：“此人将来是国家的栋梁之材。”没过多久，张居正考中举人，顾璘解下自己的犀角佩带赠送给他，并且说：“你今后应佩玉带，犀角带不足以匹配你的前程。”嘉靖二十六年（1547 年），张居正考中进士，又改为翰林院庶吉士。他整日研究国家的典章制度，宰相徐阶等人都很器重他。庶吉士修业期满，任他为翰林院编修，曾有急事请假回乡，不久返回到任所。

[原文]

居正为人，颀(qí)面秀眉目，须长至腹。勇敢任事，豪杰自许。然沉深有城府，莫能测也。严嵩(sōng)为首辅，忌阶，善阶者皆避匿。居正自如，嵩亦器居正。迁右中允，领国子司业事。与祭酒高拱善，相期以相业。寻还理坊事，迁侍裕邸(dǐ)讲读。王甚贤之，邸中中官亦无不善居正者。而李芳数从问书义，颇及天下事。寻迁右谕德兼侍读，进侍讲学士，领院事。

[译文]

张居正这个人，面部颀长眉清目秀，胡须长至腹部。他勇于承担任务，以豪杰自许。但是他城府很深，没人能猜度到他的想法。严嵩任内阁首辅，忌恨徐阶，和徐阶关系好的人都远远避开。张居正却处之泰然，严嵩对他也很器重。张居正升任右中允，兼任国子司业。他和国子祭酒高拱关系很好，他们以宰相为目标，互相鼓励。不久又回到太子官署任职，升任裕王府讲读官，裕王对他很赏识，王府中的宦官也没有不和他友好的。李芳经常向他请教经书内容，张居正的回答常常论及国家大事。不久调任他为右谕德兼侍读，又晋升为侍讲学士，兼任翰林院长官。

[原文]

阶代嵩首辅，倾心委居正。世宗崩，阶草遗诏，引与共谋。寻迁

礼部右侍郎兼翰林院学士。月余，与裕邸故讲官陈以勤俱入阁，而居正为吏部左侍郎兼东阁大学士。寻充《世宗实录》总裁，进礼部尚书兼武英殿大学士，加少保兼太子太保，去学士五品仅岁余。时徐阶以宿老居首辅，与李春芳皆折节礼士。居正最后入，独引相体，倨(jù)见九卿，无所延纳。间出一语辄中肯，人以是严惮之，重于他相。

［译文］

徐阶代替严嵩为内阁首辅，推心置腹地委任张居正。世宗去世，徐阶负责起草遗诏，找张居正共同商议。不久张居正升任礼部侍郎兼翰林院学士。过了一个多月，他和裕王府原讲官陈以勤一起入内阁任职，张居正被任为吏部左侍郎兼东阁大学士。不久又充任《世宗实录》的总裁官，晋升为礼部尚书兼武英殿大学士，加少保兼太子太保衔，距他当学士五品官，只用了一年多的时间。当时徐阶以先朝老臣的身份在内阁为首辅，他和李春芳都能屈己礼贤下士。张居正最后入阁，只有他摆宰相的架子，他倨傲地对待九卿官员，对谁也不接待。他讲话往往一语中的，因此，官员们对他很敬畏，比对其他宰相更加敬重。

［原文］

高拱以很躁被论去，徐阶亦去，春芳为首辅。亡何赵贞吉入，易视居正。居正与故所善掌司礼者李芳谋，召用拱，俾(bǐ)领吏部，以扼贞吉，而夺春芳政。拱至，益与居正善。春芳寻引去，以勤亦自引，而贞吉、殷士儋(dān)皆为所构罢，独居正与拱在，两人益相密。拱主封俺答，居正亦赞之，授王崇古等以方略。加柱国、太子太傅。六年满，加少傅、吏部尚书、建极殿大学士。以辽东战功，加太子太师。和市成，加少师，余如故。

［译文］

高拱因性格暴躁被人弹劾离职，徐阶也离职而去，李春芳任内阁首辅。没过多久，赵贞吉入阁，不把张居正放在眼里。张居正找和他关系很好的掌司礼监宦官李芳共同策划，召用高拱，让他兼任吏部尚书，以此来扼制赵贞吉，夺取李春芳的内阁首辅权。高拱入阁以后，和张居正关系更加亲密。不久，李春芳去职，陈以勤也自动去职，赵贞吉和殷士儋也因被他们罗织罪名陷害而罢官，只有张居正和高拱在内阁，两人关系更加亲密无间。高拱主张给俺答封爵，张居正也赞成，并把这一行动策略告知王崇古等人。朝廷给张居正加柱国、太子太傅衔。在任六年，政绩优秀，又加少傅、吏部尚书、建极殿大学士衔。因运筹辽东的战功，加太子太师衔。与边境部族和议开马市成功，加少师衔，其他官衔仍旧。

[原文]

初，徐阶既去，令三子事居正谨。而拱衔阶甚，嗾(sǒu)言路追论不已，阶诸子多坐罪。居正从容为拱言，拱稍心动。而拱客构居正纳阶子三万金，拱以诮居正。居正色变，指天誓，辞甚苦。拱谢不审，两人交遂离。拱又与居正所善中人冯保郄(xì)。穆宗不豫，居正与保密处分后事，引保为内助，而拱欲去保。神宗即位，保以两宫诏旨逐拱，事具《拱传》，居正遂代拱为首辅。帝御平台，召居正奖谕之，赐金币及绣蟒斗牛服。自是赐赉(lài)无虚日。

[译文]

起初，徐阶离职以后，让他的三个儿子恭敬侍奉张居正。但是高拱对徐阶恨之入骨，教唆言官不断上奏追究徐阶的过失，徐阶的儿子大都受到牵累。张居正不动声色地为徐阶说情，高拱稍稍被说动。但是高拱的幕僚诬陷张居正收受了徐阶儿子三万两银子的贿赂，高拱以此责备张居正。张居正听了，脸色骤变，矢口否认，指天起誓，用词凄苦。高拱赔罪说自己没有搞清楚就责备人，从此二人就离心离德了。高拱又和张居正的好友宦官冯保有矛盾。穆宗病重时，张居正和冯保秘密谋划后事安排，并拉冯保担当他在内宫的帮手，但是高拱要排挤冯保。神宗即位以后，冯保用两宫太后的诏旨驱逐高拱，这事详见《高拱传》。张居正于是代替高拱任内阁首辅。神宗皇帝在平台召见张居正，对他进行奖励，赐给他金钱以及绣有蟒斗牛图案的朝服。从此对他赏赐不断。

[原文]

帝虚己委居正，居正亦慨然以天下为己任，中外想望丰采。居正劝帝遵守祖宗旧制，不必纷更，至讲学、亲贤、爱民、节用皆急务。帝称善。大计廷臣，斥诸不职及附丽拱者。复具诏召群臣廷饬(chì)之，百僚皆惕(tì)息。帝当尊崇两宫。故事，皇后与天子生母并称皇太后，而徽号有别。保欲媚帝生母李贵妃，风居正以并尊。居正不敢违，议尊皇后曰仁圣皇太后，皇贵妃曰慈圣皇太后，两宫遂无别。慈圣徙乾清宫，抚视帝，内任保，而大柄悉以委居正。

[译文]

皇帝虚心地任用张居正，张居正也慷慨激昂，以天下为己任，朝野人士都想一睹他的风采。张居正劝皇帝遵守祖宗的旧有规章，不要轻易改动，至于讲求学术、亲近贤人、爱护百姓、省俭节用等方面，都是当务之急。皇帝认为他的建议很好。考察朝廷大臣，斥退那些不称职和附和高拱的人。并起草诏书召集群臣当面加以告

诫，百官被吓得大气也不敢出。他又劝皇帝应该尊崇两宫太后。按照制度规定，皇后和天子的生母都称为皇太后，但称号有区别。冯保想讨好皇帝的生母李贵妃，暗示张居正让他提出两宫并尊的建议，张居正不敢违抗，议定皇后的尊号为仁圣皇太后，皇贵妃为慈圣皇太后，于是两宫地位就没有区别了。慈圣皇太后迁移至乾清宫，抚养皇帝，宫内事情任用冯保，朝廷的大权全部交给张居正。

沐英三战克云南

沐英是明代开国功臣，沐英攻下云南后，明朝封其为黔国公，由沐英家族世袭，世代镇守云南。沐朝弼是沐英的后人。

［原文］

居正为政，以尊主权、课吏职、信赏罚、一号令为主。虽万里外，朝下而夕奉行。黔(qián)国公沐朝弼数犯法，当逮，朝议难之。居正擢(zhuó)用其子，驰使缚之，不敢动。既至，请贷其死，锢(gù)之南京。漕河通，居正以岁赋逾春，发水横溢，非决则涸，乃采漕臣议，督艘卒以孟冬月兑运，及岁初毕发，少罹水患。行之久，太仓粟充盈，可支十年。互市饶马，乃减太仆种马，而令民以价纳，太仆金亦积四百余万。又为考成法以责吏治。初，部院覆奏行抚按勘者，尝稽不报。居正令以大小缓急为限，误者抵罪。自是，一切不敢饰非，政体为肃。南京小奄醉辱给事中，言者请究治。居正谪其尤激者赵参鲁于外以悦保，而徐说保裁抑其党，毋与六部事。其奉使者，时令缇(tí)骑阴诇(xiòng)之。其党以是怨居正，而心不附保。

［译文］

张居正统理朝政，以尊崇皇权、考察官吏、赏罚必信、统一号令为行政重点。即使在万里之外，早晨下达命令，晚上就得执行。黔国公沐朝弼多次犯法，应该逮捕法办，大臣们感到很为难。张居正提拔了沐朝弼的儿子，派使者快马去逮捕沐朝弼，沐朝弼不敢有任何反抗举动。将沐朝弼押送至京，张居正向皇上请求免他一死，把他软禁在南京。运粮的漕河通航以后，张居正鉴于每年的税粮过了春天才发运，这时的河道，不是因大雨水暴涨而决口，就是因无雨而干涸，张居正采纳负责漕运大臣的建议，督责漕船运卒在每年十月开始兑运，到第二年初即漕运完毕，这样可以减少因水患造成的损失。这种办法实施的时间久了，国库的储粮充足，可维持十

沐英

沐英是明朝的第一代黔国公，早年随朱元璋南征北战，明朝建立后，沐英镇守云南。

年。通过互市，马匹增多，于是裁减太仆寺的种马，令百姓折价交纳马价银，这时太仆寺也积存了四百多万两白银。他又制定考成法，考察官员的政绩。起初，六部、都察院等衙门批复令巡抚查报的事项，常常拖延不上报。张居正责成有关官员按事情的轻重缓急规定期限，延误的要治罪。从此，对一切事情的处理，官员不敢饰非文过，都严格按制度办事。南京的一群小宦官醉酒后侮辱给事中，言官请求追究处治。张居正把其中最激进的赵参鲁贬至外地，以此来向冯保讨好，他又慢慢劝说冯保，让他对宦官要加以扼制，不要参与六部的政事。其中奉命外出的宦官，张居正时常派锦衣卫暗中进行监视。宦官们因此怨恨张居正，对冯保也离心离德了。

［原文］

居正以御史在外，往往凌抚臣，痛欲折之。一事小不合，诟(gòu)责随下，又敕其长加考察。给事中余懋(mào)学请行宽大之政，居正以为风己，削其职。御史傅应祯继言之，尤切。下诏狱，杖戍。给事中徐贞明等群拥入狱，视具橐饘(tuó zhān)，亦逮谪外。御史刘台按辽东，误奏捷。居正方引故事绳督之，台抗章论居正专恣不法，居正怒甚。帝为下台诏狱，命杖百，远戍。居正阳具疏救之，仅夺其职。已，卒戍台。由是诸给事御史益畏居正，而心不平。

［译文］

张居正鉴于御史出外往往凌辱巡抚大臣，想对此痛加惩治。因此，御史一件小事处理不当，张居正马上就加以责骂，并命令他们的长官对他们加以审查。给事中余懋学请求推行宽大的政策，张居正认为这是含沙射影地对着他来的，于是将余懋学撤职。御史傅应祯紧接着又来上言，言词更加激烈。于是傅应祯被投入诏狱，杖罚充军。给事中徐贞明等人成群地涌入诏狱，来看望傅应祯，并给他带来衣服和果品，这些人也遭逮捕，贬到外地。御史刘台巡按辽东，因错奏捷报，张居正正要引以前的事例对他进行纠治，刘台则上书直斥张居正专权妄行等不法行为，张居正非常愤怒。皇帝替张居正出气，把刘台投入诏狱，下令杖罚一百，到边远地区充军。张居正却虚伪地上书替刘台求情，刘台仅被撤职。不久，终于贬去充军。因此，各给事中、御史更加畏惧张居正，但内心都不服。

［原文］

当是时，太后以帝冲年，尊礼居正甚至，同列吕调阳莫敢异同。及吏部左侍郎张四维入，恂恂若属吏，不敢以僚自处。

［译文］

在当时，太后因皇帝年幼，对张居正非常尊敬，礼仪周到，与张居正同为宰相的吕调阳，不敢有不同意见。到吏部左侍郎张四维入阁时，他唯唯诺诺好像张居正的下属，不敢以同官自居。

［原文］

居正喜建竖，能以智数驭下，人多乐为之尽。俺答款塞，久不为害。独小王子部众十余万，东北直辽左，以不获通互市，数入寇。居正用李成梁镇辽，戚继光镇蓟门。成梁力战却敌，功多至封伯，而继光守备甚设。居正皆右之，边境晏然。两广督抚殷正茂、凌云翼等亦数破贼有功。浙江兵民再作乱，用张佳胤往抚即定，故世称居正知人。然持法严，核驿递，省冗(rǒng)官，清庠(xiáng)序，多所澄汰。公卿群吏不得乘传，与商旅无别。郎署以缺少，需次者辄不得补。大邑士子额隘，艰于进取。亦多怨之者。

戚继光

戚继光是明代著名的抗倭将领，他招募农民和矿徒，组成新军。严明纪律，赏罚必信，并配以精良战船和兵械，精心训练；还针对南方多湖泽的地形和倭寇作战的特点，审情度势，创造了攻防兼宜的“鸳鸯阵”战术，以十二人为一队，配以盾、枪、叉、钯、棍、刀等长短兵器，因敌因地变换队形，灵活作战。世人将新军誉为“戚家军”。

［译文］

张居正热衷于建功立业，能用他的智谋和权术驾驭下属，别人也乐于为他尽力。俺答和朝廷通好，长时间没有挑起边患。只有小王子拥众十余万人，势力直达东北的辽东，因没有获得互市的好处，经常入侵骚扰。张居正任用李成梁镇守辽东，戚继光镇守蓟州。李成梁奋战击退敌人，战功卓著被封为伯爵，

戚继光的防御设施也很完备，张居正对他们多加爱护，因此边境上安然无事。两广督抚殷正茂、凌云翼等人也多次击败贼寇，立了战功。浙江的兵民两度叛乱，张居正任用张佳胤前往安抚平定，因此世人称赞张居正有知人之明。但是他执法过严，核查驿卒，裁减冗官，清理学校，淘汰了很多人。在他的规定下，公卿官员不得乘坐驿马，和商人旅客没有什么区别。因办事衙门缺额少，等待补官的人往往得不到职位。大县的学生名额少，难以得到进取的机会。因此，很多人怨恨张居正。

［原文］

时承平久，群盗猬(wèi)起，至入城市劫府库。有司恒讳之，居正严其禁，匿(nì)弗举者，虽循吏必黜。得盗即斩决，有司莫敢饰情。盗边海钱米盈数，例皆斩，然往往长系或瘐(yǔ)死。居正独亟斩之，而追捕其家属。盗贼为衰止。而奉行不便者，相率为怨言，居正不恤也。

［译文］

当时因长时间天下太平，各地的群盗蜂拥而起，甚至攻入城市抢劫官库。地方官常常加以掩盖隐瞒，张居正下令严厉禁止这种行为，如果隐瞒不报，即使是奉公守法的官员，也要开除。捕获盗贼当即处死，地方官都不敢掩饰真实情况。盗窃供应边备和海防用的钱粮，超过一定数额，按例都应斩首，但往往是长年关押或病死狱中。只有张居正规定马上斩首，并且追捕犯人的家属，这样盗贼才被打下气焰以至最后被消灭。有的地方因情况特殊不便奉行的，不断有怨言，张居正一点也不体谅他们的难处。

［原文］

慈圣太后将还慈宁宫，谕居正谓："我不能视皇帝朝夕，恐不若前者之向学、勤政，有累先帝付托。先生有师保之责，与诸臣异。其为我朝夕纳诲，以辅台德，用终先帝凭几之谊。"因赐坐蟒、白金、彩币。未几，丁父忧。帝遣司礼中官慰问，视粥药，止哭，络绎道路，三宫赙(fù)赠甚厚。

［译文］

慈圣太后要回慈宁宫居住，指示张居正说："从今以后我不能整天照看皇帝了，恐怕他会不像以前那样好学、勤于政事，辜负了先帝的托付。先生你负有师傅的责任，和其他大臣不同。请你日夜对他加以教诲，培养他的美德，以此来报答先帝临终嘱托的情谊。"因而赏赐给他坐蟒、白金、彩币。没过多久，张居正父亲去世，皇帝派司礼太监去相府慰问，照看张居正进食服药，劝他节哀，先后派去的太监，在路上连接不断，三宫太后赏赐的丧葬费用十分丰厚。

［原文］

户部侍郎李幼孜欲媚居正，倡夺情议，居正惑之，冯保亦固留居正。诸翰林王锡爵、张位、赵志皋、吴中行、赵用贤、习孔教、沈懋(mào)学辈皆以为不可，弗听。吏部尚书张瀚以持慰留旨，被逐去。御史曾士楚、给事中陈三谟等遂交章请留。中行、用贤及员外郎艾穆、主事沈思孝、进士邹元标相继争之。皆坐廷杖，谪斥有差。时彗星从东南方起，长亘天。人情汹汹，指目居正，至悬谤书通衢(qú)。帝诏谕群臣，再及者诛无赦，谤乃已。于是使居正子编修嗣修与司礼太监魏朝驰传往代司丧，礼部主事曹诰(gào)治祭，工部主事徐应聘治丧。居正请无造朝，以青衣、素服、角带入阁治政，侍经筵(yán)讲读，又请辞岁俸。帝许之。及帝举大婚礼，居正吉服从事。给事中李涞(lái)言其非礼，居正怒，出为佥事。时帝顾居正益重，常赐居正札，称“元辅张少师先生”，待以师礼。

［译文］

户部侍郎李幼孜想讨好张居正，他提议张居正不必回乡守孝，可以戴孝服继续任职，张居正也为他的建议所动心，冯保也坚持张居正留下。翰林院各官王锡爵、张位、赵志皋、吴中行、赵用贤、习孔教、沈懋学等人都认为不可行，皇帝不听从。皇帝让吏部尚书张瀚草拟圣旨慰留张居正，张瀚久久不肯奉诏拟旨，因此被放逐。御史曾士楚、给事中陈三谟等人纷纷上奏，请求留下张居正。吴中行、赵用贤以及员外郎艾穆、主事沈思孝、进士邹元标相继争论，都被当廷杖罚，分别被贬官流放。当时彗星从东南方升起，长尾横贯天空。于是一时间人们的议论沸沸扬扬，都认为这种变异是张居正不肯守孝所致，甚至大路两旁贴出攻击张居正的揭帖。皇帝训诫群臣，如果再攻击诽谤，处死不赦，这样对张居正的攻击才停止。于是朝廷派张居正的儿子编修张嗣修和司礼太监魏朝乘驿马去代替张居正治理丧事，礼部主事曹诰主持祭奠仪式，工部主事徐应聘主持丧葬。张居正请求不再上朝，身穿青衣、素服、束角带入阁处理朝政，侍候皇帝的经筵讲读，又请求辞去年俸。皇帝答应了。到皇帝举行大婚礼时，张居正改穿礼服办理大婚事务。给事中李涞认为这是非礼之举，张居正大为恼火，把李涞调出六科，降为佥事。此时皇帝更加看重张居正，赏赐给他亲笔书札，称他为“元辅张少师先生”，以师礼相待。

［原文］

居正乞归葬父，帝使尚宝少卿郑钦、锦衣指挥史继书护归，期三月，葬毕即上道。仍命抚按诸臣先期驰赐玺书敦谕。范“帝赉(lài)忠良”银印以赐之，如杨士奇、张孚敬例，得密封言事。戒次辅吕调阳等

“有大事毋(wú)得专决，驰驿之江陵，听张先生处分”。居正请广内阁员，诏即令居正推。居正因推礼部尚书马自强、吏部右侍郎申时行入阁。自强素迕居正，不自意得之，颇德居正，而时行与四维皆自昵于居正，居正乃安意去。帝及两宫赐赉慰谕有加礼，遣司礼太监张宏供张饯郊外，百僚班送。所过地，有司饬(chì)厨传，治道路。辽东奏大捷，帝复归功居正。使使驰谕，俾定爵赏。居正为条列以闻。调阳益内惭，坚卧，累疏乞休不出。

［译文］

张居正请求回乡安葬父亲，皇帝派尚宝少卿郑钦、锦衣卫指挥史继书护送回乡，限定三个月为期，安葬完毕即上路回朝。并命令抚按各大臣先期快马赐玺书进行敦促。铸“帝赉忠良”银印赏赐，按杨士奇、张孚敬的先例，可以密封上书。皇帝指示次辅吕调阳等人：“遇有重大朝政，不要专权决断，派快马去江陵，听从张居正处理。”张居正请求扩大内阁名额，皇帝就让张居正推荐人选。于是张居正推荐礼部尚书马自强、吏部右侍郎申时行入阁。马自强一向和张居正合不来，自己也没想到能入阁，因此很感激张居正，而申时行和张四维都主动亲近张居正，这样张居正才放心地回乡。皇帝和两宫太后的赏赐和安慰有加，派司礼太监张宏设宴在郊外为张居正送行，百官按级列队相送。所经过的地方，地方官准备饮食馆舍，修整道路。辽东传来大胜捷报，皇帝又归功于张居正。派使者快马传谕帝旨，让张居正决断对有功人员的封爵赏赐。张居正逐条开列了封赏规格，上奏皇帝。这使吕调阳更加感到羞愧不安，就称病不出，多次上书请求退休，不再出来任职。

［原文］

居正言母老不能冒炎暑，请俟(sì)清凉上道。于是内阁、两都部院寺卿、给事、御史俱上章，请趣居正亟还朝。帝遣锦衣指挥翟汝敬驰传往迎，计日以俟，而令中官护太夫人以秋日由水道行。居正所过，守臣率长跪，抚按大吏越界迎送，身为前驱。道经襄阳，襄王出候，要居正宴。故事，虽公侯谒王执臣礼，居正具宾主而出。过南阳，唐王亦如之。抵郊外，诏遣司礼太监何进宴劳，两宫亦各遣大珰(dāng)李琦、李用宣谕，赐八宝金钉川扇、御膳、饼果、醪醴(láo lǐ)，百僚复班迎。入朝，帝慰劳恳笃，予假十日而后入阁，仍赐白金、彩币、宝钞、羊酒，因引见两宫。及秋，魏朝奉居正母行，仪从煊(xuān)赫，观者如堵。比至，帝与两宫复赐赉(lài)加等，慰谕居正母子，几用家人礼。

［译文］

张居正上书说他的母亲年老不能忍受炎热上路，请求等天凉时再上路回京。于是内阁、两都的部院寺卿、给事、御史纷纷上书，请求督促张居正赶快回朝。皇帝派锦衣指挥翟汝敬乘驿马去迎接，计日等待张居正，同时令宦官护送张太夫人等到秋天由水路进京。张居正所经过的地方，地方长官一律下跪迎送，抚按大臣越境迎送，并亲自为张居正开道。经过襄阳，襄王亲自出府迎候，邀请张居正去王府赴宴。按制度规定，即使是公侯谒见亲王也要行臣下礼，张居正只是行了宾主礼便出王府而去。路过南阳，唐王的迎送和襄王一样。来到京城郊外，皇帝派司礼太监何进设宴慰劳，两宫太后也各派大太监李琦、李用转达两太后的慰劳之意，赏给他八宝金钉川扇、御膳、饼果、美酒，朝廷百官又列队迎接。入朝后，皇帝恳切地加以慰问，给假期十天，然后入阁办事，又赏赐白金、彩币、宝钞、羊酒，并带领他去拜见两宫太后。到了秋天，魏朝侍奉张居正的母亲上路，仪仗随从浩浩荡荡，沿路围观者形成人墙。来到京城，皇帝和两宫太后又有加倍的赏赐，慰问张居正母子，几乎是用家人之间的礼数。

［原文］

时帝渐备六宫，太仓银钱多所宣进。居正乃因户部进御览数目陈之，谓每岁入额不敌所出，请帝置坐隅(yú)时省览，量入为出，罢节浮费。疏上，留中。帝复令工部铸钱给用，居正以利不胜费止之。言官请停苏、松织造，不听。居正为面请，得损大半。复请停修武英殿工，及裁外戚迁官恩数，帝多曲从之。帝御文华殿，居正侍讲读毕，以给事中所上灾伤疏闻，因请振，复言：“上爱民如子，而在外诸司营私背公，剥民罔上，宜痛钳以法。而皇上加意撙(zǔn)节，于宫中一切用度、服御、赏赉、布施，裁省禁止。”帝首肯之，有所蠲(juān)贷。居正以江南贵豪怙势及诸奸猾吏民善逋(bū)赋，选大吏精悍者严行督责。赋以时输，国藏日益充，而豪猾率怨居正。

［译文］

当时皇帝逐次修缮六宫，国库的银两很多被调进宫中花销掉。张居正乘户部进呈皇帝审阅国库出入账目之机，上书对皇帝陈述自己的意见，他认为每年的收入少于支出，请皇帝把账目放在御座旁边，时时翻看，做到量入为出，节省无谓的开支。他的奏疏呈上去，皇帝没有批复。皇帝又令工部铸钱，供给宫中开销，张居正认为这样铸钱之利也不能抵偿宫中的消费，便加以制止。言官建议停止苏州、松江织造贡品，皇帝也不听从。张居正当面请求，才得以减去一大半。他又请求停止武英殿的修缮工程，以及裁减外戚因恩升官的数目，这些皇帝大都勉强答应了。有一天，皇帝坐在文华殿，张居正为皇帝讲读经书完毕，把给事中所上

各地灾害情况的奏章给皇帝看，因而请求加以救济，并说：“皇上爱民如子，而外派机构的官员，营私背公，剥夺百姓，蒙蔽圣上，应痛加惩治。皇上也要格外节俭，对于宫中的一切开支、服饰器用、赏赐给予，应加以裁省禁止。”皇帝点头答应，有所减免。张居正鉴于江南贵家豪族仗势不交纳赋税，以及各种奸民猾吏巧于拖欠，派精悍大员前去严行督责。这样赋税才按时交纳，国库日益充实，但那些豪民猾吏大都怨恨张居正。

［原文］

居正服将除，帝召吏部问期日，敕（chì）赐白玉带、大红坐蟒、盘蟒。御平台召对，慰谕久之。使中官张宏引见慈庆、慈宁两宫，皆有恩赉，而慈圣皇太后加赐御膳九品，使宏侍宴。

［译文］

张居正孝期将满，皇帝召吏部官员问明日期，下令赏给张居正白玉带、大红坐蟒、盘蟒朝服。皇帝在平台召见他，安慰了他好长时间。又派宦官张宏引领张居正去拜见慈庆、慈宁两宫太后，两宫都有所赏赐，慈圣皇太后又加赐九种御用菜肴，并令张宏陪宴。

［原文］

帝初即位，冯保朝夕视起居，拥护提抱有力，小扞（hàn）格，即以闻慈圣。慈圣训帝严，每切责之，且曰：“使张先生闻，奈何？”于是帝甚惮居正。及帝渐长，心厌之。乾清小珰（dāng）孙海、客用等导上游戏，皆爱幸。慈圣使保捕海、用，杖而逐之。居正复条其党罪恶，请斥逐，而令司礼及诸内侍自陈，上裁去留。因劝帝戒游宴以重起居，专精神以广圣嗣，节赏赉以省浮费，却珍玩以端好尚，亲万几以明庶政，勤讲学以资治理。帝迫于太后，不得已，皆报可，而心颇嗛（xián）保、居正矣。

［译文］

皇帝刚刚即位，冯保日夜照顾皇帝的生活起居，对皇帝的看护很得力，皇帝稍微不听，便报告给慈圣皇太后。慈圣皇太后对皇帝的教训很严厉，经常痛加斥责，并且说：“要是让张先生知道了，怎么办？”于是皇帝很畏惧张居正。到皇帝渐渐长大以后，对张居正很厌烦。乾清宫的小太监孙海、客用等引诱皇帝游戏玩耍，皇帝很喜欢他们。慈圣皇太后派冯保把孙海、客用逮起来，杖罚后赶出了乾清宫。张居正又条列这帮太监的罪恶，请求把他们赶出宫外，而让司礼监及各宦官自己陈奏自己的罪过，由皇上决定去留。张居正劝皇帝戒去游玩的不良习气，重视生活起居；要养精蓄锐，广衍后嗣；赏赐节俭，节省开支；抛弃各种珍玩，培养高尚的情操；

亲自处理朝政，以熟悉各种政务；勤于学问，以利于治理国家。皇帝迫于皇太后的管教，不得已都同意了，但对冯保、张居正却怀恨在心。

［原文］

帝初政，居正尝纂古治乱事百余条，绘图，以俗语解之，使帝易晓。至是，复属儒臣纪太祖列圣《宝训》《宝录》分类成书，凡四十：曰创业艰难，曰励精图治，曰勤学，曰敬天，曰法祖，曰保民，曰谨祭祀，曰崇孝敬，曰端好尚，曰慎起居，曰戒游佚，曰正宫闱，曰教储贰，曰睦宗藩，曰亲贤臣，曰去奸邪，曰纳谏，曰理财，曰守法，曰儆戒，曰务实，曰正纪纲，曰审官，曰久任，曰重守令，曰驭近习，曰待外戚，曰重农桑，曰兴教化，曰明赏罚，曰信诏令，曰谨名分，曰裁贡献，曰慎赏赉，曰敦节俭，曰慎刑狱，曰褒功德，曰屏异端，曰饬武备，曰御戎狄。其辞多警切，请以经筵(yán)之暇进讲。又请立起居注，纪帝言动与朝内外事，日用翰林官四员入直，应制诗文及备顾问。帝皆优诏报许。

［译文］

皇帝亲政初期，张居正曾编辑古今治乱事例一百多条，加上插图，用通俗易懂的语言进行讲解，使皇帝易于接受。到这时，张居正又让儒臣把太祖以及列祖列宗的《宝训》《实录》分类编纂成书，共分四十部类，题为：创业艰难、励精图治、勤学、敬天、法祖、保民、谨祭祀、崇孝敬、端好尚、慎起居、戒游佚、正宫闱、教储贰、睦宗藩、亲贤臣、去奸邪、纳谏、理财、守法、儆戒、务实、正纪纲、审官、久任、重守令、驭近习、待外戚、重农桑、兴教化、明赏罚、信诏令、谨名分、裁贡献、慎赏赉、敦节俭、慎刑狱、褒功德、屏异端、饬武备、御戎狄。文辞精辟贴切，张居正请求在讲解经史的空暇，向皇帝进讲。他又请求设立起居注，记录皇帝的言行和朝内外的事项，每天派翰林院官员四人入宫值班，以承旨作诗文、备顾问。皇帝都批准了，并加以褒奖。

［原文］

居正自夺情后，益偏恣(zì)。其所黜陟，多由爱憎。左右用事之人多通贿赂。冯保客徐爵擢用至锦衣卫指挥同知，署南镇抚。居正三子皆登上第。苍头游七入赀(zī)为官，勋戚文武之臣多与往还，通姻好。七具衣冠报谒，列于士大夫。世以此益恶之。

［译文］

张居正自从不奔父丧这件事以后，更加偏激任性。他所提拔和罢免的官员，大都出于个人的爱憎。他身边的办事人大多收受贿赂。冯保的门客徐爵被提拔至锦衣卫指挥同知，代理南镇抚司事。张居正的三个儿子都高中进士。他的奴仆游七出钱捐官，勋臣皇亲、文武官员都来和他交往，互攀婚姻。游七也穿着朝服朝冠去拜访朝廷官员，置身于士大夫之列。世人因此更加厌恶张居正。

［原文］

亡何，居正病，帝频颁敕谕问疾，大出金帛为医药资。四阅月不愈，百官并斋醮(jiào)为祈祷。南都、秦、晋、楚、豫诸大吏，亡不建醮。帝令四维等理阁中细务，大事即家令居正平章。居正始自力，后惫甚不能遍阅，然尚不使四维等参之。及病革(jí)，乞归。上复优诏慰留，称“太师张太岳先生”。居正度不起，荐前礼部尚书潘晟(shèng)及尚书梁梦龙，侍郎余有丁、许国、陈经邦，已，复荐尚书徐学谟、曾省吾、张学颜，侍郎王篆(zhuàn)等可大用。帝为黏御屏。晟，冯保所受书者也，强居正荐之。时居正已昏甚，不能自主矣。及卒，帝为辍朝，谕祭九坛，视国公兼师傅者。居正先以六载满，加特进中极殿大学士；以九载满，加赐坐蟒衣，进左柱国，荫一子尚宝丞；以大婚，加岁禄百石，录子锦衣千户为指挥佥事；以十二载满，加太傅；以辽东大捷，进太师，益岁禄二百石，子由指挥佥事进同知。至是，赠上柱国，谥文忠，命四品京卿、锦衣堂上官、司礼太监护丧归葬。于是四维始为政，而与居正所荐引王篆、曾省吾等交恶。

［译文］

没过多久，张居正生病，皇帝频频发敕文询问病情，并拿出大量金钱作为医药费。但是过了四个月，张居正的病情并不见好，朝廷的百官请僧道设斋坛为他祈祷。南京、陕西、山西、湖广、河南等地方的官吏，无不设坛祈祷。皇帝令张四维等人处理内阁中的细小杂务，重要事情到张居正家中请他处理。张居正起初还挣扎着尽力处理，后来疲惫不堪不能全部阅批，但仍不让张四维等人插手。后来病情转危，请求回乡。皇帝又关心备至地进行慰问并劝他留下，诏书称他为“太师张太岳先生”。张居正估计自己的病情不会好转了，推荐原礼部尚书潘晟和现任尚书梁梦龙，侍郎余有丁、许国、陈经邦等人，不久，又推荐尚书徐学谟、曾省吾、张学颜，侍郎王篆等人可以重用。皇帝把这些官员的名字贴在屏风上，以备任用。其中的潘晟，曾教冯保学习书法，冯保极力请张居正推荐他。当时张居正已经病得昏迷，不能自己拿主意了。张居正去世以后，皇帝为此不上朝，下令按国公兼师傅的丧礼规模，设九坛祭奠。在此之前，张居正因在任六年，政绩优秀，加特进中极殿大学士衔；九年任满，加赐坐蟒朝服，进衔左柱国，恩荫一个儿子为尚宝丞；因皇帝大婚，

给他加年俸一百石，录用他做锦衣千户的儿子为指挥佥事；因任职满十二年，加太傅衔；因辽东大捷，进衔太师，增加年俸二百石，儿子由指挥佥事提拔为指挥同知。到这时，追赠上柱国衔，谥号为“文忠”，命令四品京官、锦衣堂上官、司礼太监护送张居正的灵柩回乡安葬。于是张四维才开始主管朝政，但他和张居正推荐的王篆、曾省吾等关系不善。

［原文］

初，帝所幸中官张诚见恶冯保斥于外，帝使密诇(xiòng)保及居正。至是，诚复入，悉以两人交结恣横状闻，且谓其宝藏逾天府。帝心动。左右亦浸言保过恶，而四维门人御史李植极论徐爵与保挟诈通奸诸罪。帝执保禁中，逮爵诏狱。谪保奉御居南京，尽籍其家金银珠宝巨万计。帝疑居正多蓄，益心艳之。言官劾(hé)篆、省吾并劾居正，篆、省吾俱得罪。新进者益务攻居正。诏夺上柱国、太师，再夺谥。居正诸所引用者，斥削殆尽。召还中行、用贤等，迁官有差。刘台赠官，还其产。御史羊可立复追论居正罪，指居正构辽庶人宪㸅(jié)狱。庶人妃因上疏辩冤，且曰：“庶人金宝万计，悉入居正。”帝命司礼张诚及侍郎丘橓(shùn)偕锦衣指挥、给事中籍居正家。诚等将至，荆州守令先期录人口，锢(gù)其门，子女多遁避空室中。比门启，饿死者十余辈。诚等尽发其诸子兄弟藏，得黄金万两，白金十余万两。其长子礼部主事敬修不胜刑，自诬服寄三十万金于省吾、篆及傅作舟等，寻自缢死。事闻，时行等与六卿大臣合疏，请少缓之，刑部尚书潘季驯疏尤激楚。诏留空宅一所、田十顷，赡其母。而御史丁此吕复追论科场事，谓高启愚以舜、禹命题，为居正策禅受。尚书杨巍等与相驳。此吕出外，启愚削籍。后言者复攻居正不已。诏尽削居正官秩，夺前所赐玺书、四代诰命，以罪状示天下，谓当剖棺戮死而姑免之。其弟都指挥居易，子编修嗣修，俱发戍烟瘴(zhàng)地。

［译文］

当初，皇帝所亲信的宦官张诚得罪了冯保被逐出宫外，皇帝派他秘密监视冯保和张居正。到这时，张诚又入宫，把两人互相勾结专权妄行的情况上奏给皇帝，并且说冯保、张居正家里的宝藏超过了御府。皇帝为此而动心。皇帝身边的人不断揭发冯保的罪恶，而张四维的门人御史李植极力揭发徐爵和冯保心怀奸诈、通同作弊等罪状。皇帝把冯保囚禁在宫中，把徐爵投入狱。后来把冯保贬为奉御，居住在南京，抄没他的家产，抄出黄金白银以及各种珠宝数以万计。皇帝怀疑张

居正的收藏更多，心里更加羡慕。言官弹劾王篆、曾省吾并弹劾张居正，王篆、曾省吾都被治罪。新提拔的官员更加起劲地攻击张居正。皇帝下令，追夺张居正的上柱国、太师衔，又追夺了他的谥号。被张居正所推荐提拔的官员，几乎全被贬职削官。召回被流放的吴中行、赵用贤等人，分别加以提拔。遭流放的刘台，追赠官衔，归还抄没的家产。御史羊可立又上章追究张居正的罪行，指责张居正罗织罪名陷害辽王朱宪㸅，以致辽王被废为庶人。辽庶人的妃子上疏申辩冤屈，并说："庶人的金银财宝，数以万计，都落入张居正手中。"皇帝令司礼太监张诚、侍郎丘橓带锦衣指挥、给事中去抄没张居正的家产。张诚等人快到时，荆州地方官预先收录了张居正的家口，封了他的家门，张居正的子女们大都逃避在空房中。到开门查抄时，已经饿死十多人。张诚将其诸子、兄弟的财产全部查抄，共抄出黄金万两，白银十多万两。张居正的长子礼部主事张敬修经不起严刑拷打，自己屈招将三十万两白银寄存在曾省吾、王篆和傅作舟等人家，不久便上吊自杀了。朝廷得知这一情况，申时行等人和六卿大臣联名上奏，请求对张居正家稍加宽免，刑部尚书潘季驯的疏奏，言词尤其悲愤。皇帝下令，留给他家空房一所、田十顷，以赡养张居正的母亲。但是御史丁此吕又追究科举考试方面的问题，他认为高启愚以舜、禹来出考题，是为张居正篡权制造理论根据。尚书杨巍等人和丁此吕互相驳难。丁此吕被调出京城，高启愚被削去官籍。之后言官仍不停地攻击张居正。皇帝下令，把张居正的官衔全部削去，并追夺以前赏赐给他的图章和四代诰命，把他的罪状向全国公布，并说本应开棺戮尸，姑且加以宽免。张居正的弟弟都指挥张居易、儿子编修张嗣修，都被发往荒远地区充军。

［原文］

终万历世，无敢白居正者。熹宗时，廷臣稍稍追述之。而邹元标为都御史，亦称居正。诏复故官，予葬祭。崇祯三年，礼部侍郎罗喻义等讼居正冤。帝令部议，复二荫及诰(gào)命。十三年，敬修孙同敞请复武荫，并复敬修官。帝授同敞中书舍人，而下部议敬修事。尚书李日宣等言："故辅居正，受遗辅政，事皇祖者十年，肩劳任怨，举废饬弛，弼成万历初年之治。其时中外乂(yì)安，海内殷阜(fù)，纪纲法度莫不修明。功在社稷，日久论定，人益追思。"帝可其奏，复敬修官。

［译文］

在万历年间，始终没人敢替张居正辩白。熹宗即位时，朝臣曾稍稍说及此事。邹元标任都御史，也称赞张居正的功业。熹宗下令，恢复张居正原来的官衔，按大臣的葬礼安葬祭奠。崇祯三年（1630年），礼部侍郎罗喻义等人为张居正辩白冤屈。崇祯帝令大臣议奏，恢复他两子的恩荫官职和四代诰命。崇祯十三年（1640年），张敬修的孙子张同敞请求恢复武职荫官，并恢复张敬修的官职。皇帝任命张同敞为中书舍人，而让大臣议奏对张敬修的安排。尚书李日宣等人上书说："原内阁辅臣张居正，受先帝遗嘱辅理朝政，侍奉神宗皇帝十年，任劳任怨，恢复被破坏了的制度，整顿松松垮垮的朝纲秩序，辅佐成就万历初年的稳定政局。当时中外安宁，全国富足，法律制度昌明。他有功于国家，经时既久，自有论定，因此人更加怀念他的功绩。”皇帝同意他的意见，恢复了张敬修的官职。

［原文］

同敞负志节，感帝恩，益自奋。十五年，奉敕慰问湖广诸王，因令调兵云南。未复命，两京相继失，走诣福建。唐王亦念居正功，复其锦衣世荫，授同敞指挥佥事。寻奉使湖南。闻汀(tīng)州破，依何腾蛟于武冈。永明王用廷臣荐，改授同敞侍读学士。为总兵官刘承胤所恶，言翰林、吏部、督学必用甲科，乃改同敞尚宝卿。以大学士瞿(qú)式耜(sì)荐，擢(zhuó)兵部右侍郎兼翰林侍读学士，总督诸路军务。

［译文］

张同敞有志气、有节操，他感激皇帝的恩德，更加发奋图报。崇祯十五年（1642年），奉命去慰问湖广地区的诸王，并受命去云南调兵。还没来得及向皇帝回报，北京和南京相继失守，于是他逃往福建。唐王也怀念张居正的功劳，恢复他的锦衣世袭荫官，任张同敞为指挥佥事。不久他奉命出使湖南，得知汀州被攻破，便去武冈投靠何腾蛟。因朝廷大臣的推荐，永明王改任他为侍读学士。因总兵官刘承胤很讨厌张同敞，上言认为翰林、吏部、督学等官一定用进士出身的人，于是改任他为尚宝卿。因大学士瞿式耜的推荐，提拔他为兵部右侍郎兼翰林侍读学士，总督诸路军务。

瞿式耜

瞿式耜是明末清初的抗清英雄，他在改朝换代之际，力图兴复明王朝，可惜壮志难酬。

［原文］

同敞有文武材，意气慷慨。每出师，辄跃马为诸将先。或败奔，同敞危坐不去，诸将复还战，或取胜。军中以是服同敞。大将王永祚(zuò)等久围永州，大兵赴救，胡一青率众迎敌，战败。同敞驰至全州，檄杨国栋兵策应，乃解去。顺治七年，大兵破严关，诸将尽弃桂林走，城中虚无人，独式耜(sì)端坐府中。适同敞自灵川至，见式耜。

式耜曰："我为留守，当死此。子无城守责，盍去诸？"同敞正色曰："昔人耻独为君子，公顾不许同敞共死乎？"式耜喜，取酒与饮，明烛达旦。侵晨被执，谕之降，不从。令为僧，亦不从。乃幽之民舍。虽异室，声息相闻，两人日赋诗倡和。阅四十余日，整衣冠就刃，颜色不变。既死，同敞尸植立，首坠跃而前者三，人皆辟易。

而居正第五子允修，字建初，荫尚宝丞。崇祯十七年正月，张献忠掠荆州，允修题诗于壁，不食而死。

[译文]

张同敞具有文武才略，性情慷慨。每次出兵，他往往策马冲在诸将前面。遇上战败，他人皆逃奔，张同敞端坐不动，因而诸将回头再战，有时竟能取胜。军中将士因此佩服张同敞。大将王永祚等人长时间围困永州，清兵前来，胡一青率兵迎击，战败。张同敞快马至全州，令杨国栋率兵策应胡一青，才得以解围而去。顺治七年（1650年），清兵攻破严关，诸将都放弃桂林逃走，城中空虚无人，只有瞿式耜在府中端坐。恰逢张同敞从灵川到桂林，去拜见瞿式耜，瞿式耜对他说："我是留守，应死在这里，你没有守城的责任，为何不离开？"张同敞严肃地说："古人以独做君子为可耻，大人您难道不允许我和您共同守城而死吗？"瞿式耜很受感动，拿出酒来，二人共饮，一直喝到天亮。凌晨时被俘，清兵劝他们投降，他们不答应，让他们出家为僧，也不答应。于是把他们关押在民房中。二人虽然被关押在不同房间，但声息相通，整日作诗唱和。被关押了四十多天，整理衣冠从容赴刑，面色不变。被杀之后，张同敞的尸体直立不倒，被砍下的首级落地时还向前跳了三下，人们纷纷躲避。

张居正的第五子张允修，字建初，荫官尚宝丞。崇祯十七年（1644年）正月，张献忠攻陷荆州，张允修在墙上题诗，后绝食而死。

袁崇焕传

[原文]

袁崇焕，字元素，东莞(guǎn)人。万历四十七年进士，授邵武知县。为人慷慨负胆略，好谈兵。遇老校退卒，辄与论塞上事，晓其厄塞情形，以边才自许。

[译文]

袁崇焕，字元素，东莞人。万历四十七年（1619年）中进士，授任邵武知县。袁崇焕生性慷慨有胆略，好谈论军事。他遇上年老的退伍军人，往往和他们谈论北部边塞的情形，因而对边塞的地形险要了如指掌，他也颇以边才自负。

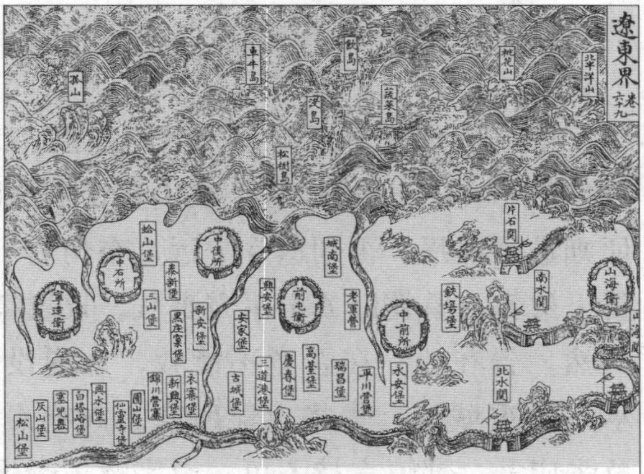

辽东地图

［原文］

天启二年正月朝觐(jìn)在都，御史侯恂(xún)请破格用之，遂擢(zhuó)兵部职方主事。无何，广宁师溃，廷议扼山海关，崇焕即单骑出阅关内外。部中失袁主事，讶之，家人亦莫知所往。已，还朝，具言关上形势。曰：“予我军马钱谷，我一人足守此。”廷臣益称其才，遂超擢佥事，监关外军，发帑(tǎng)金二十万，俾招募。时关外地悉为哈剌慎诸部所据，崇焕乃驻守关内。未几，诸部受款，经略王在晋令崇焕移驻中前所，监参将周守廉、游击左辅军，经理前屯卫事。寻令赴前屯安置辽人之失业者。崇焕即夜行荆棘(jí)虎豹中，以四鼓入城，将士莫不壮其胆。在晋深倚重之，题为宁前兵备佥事。然崇焕薄在晋无远略，不尽遵其令。及在晋议筑重城八里铺，崇焕以为非策，争不得。奏记首辅叶向高。

［译文］

天启二年（1622年）正月，他入京朝见皇帝，御史侯恂上疏请求破格任用袁崇焕，于是皇帝提拔他为兵部职方主事。没过多久，广宁的官兵溃败，朝廷大臣提议扼守山海关，袁崇焕单枪匹马出京去视察山海关内外的形势。兵部发觉袁主事不见了，非常惊讶，就连他的家属也不知他的去向。不久，袁崇焕回朝，向皇帝详细汇报了边关上的形势。他说：“请求给我兵马钱粮，我一人足以守住。”朝廷大臣更加称赞他的才能，于是越级提拔他为佥事，监督关外各官军，又拨出国库银二十万两，让他招募兵士。当时关外的地盘都被哈剌慎所占据，于是袁崇焕就驻守在关内。没过多久，关外各部归服朝廷，经略王在晋令袁崇焕移往中前所驻守，监督参将周守廉、游击左辅的军队，并管理前屯卫的事务。不久，又令他去前屯卫安置失业的辽民。袁崇焕连夜在荆棘丛生、虎豹成群的山中行军，在四鼓时分进入前屯卫城，将士们没有不佩服他的胆量的。王在晋很重用他，提拔他为宁前兵备佥事。但袁崇焕很鄙薄王在晋没有军事远见，并不完全遵守他的号令。后来王在晋提议修筑八里铺的双重城防，袁崇焕认为失策，但他的争辩没起作用，

于是他向内阁首辅叶向高报告。

［原文］

十三山难民十余万，久困不能出。大学士孙承宗行边，崇焕请："将五千人驻宁远，以壮十三山势，别遣骁(xiāo)将救之。宁远去山二百里，便则进据锦州，否则退守宁远，奈何委十万人置度外？"承宗谋于总督王象乾。象乾以关上军方丧气，议发插部护关者三千人往。承宗以为然，告在晋。在晋竟不能救，众遂没，脱归者仅六千人而已。及承宗驳重城议，集将吏谋所守。阎鸣泰主觉华，崇焕主宁远，在晋及张应吾、邢慎言持不可，承宗竟主崇焕议。已，承宗镇关门，益倚崇焕。崇焕内拊(fǔ)军民，外饬(chì)边备，劳绩大著。崇焕尝核虚伍，立斩一校。承宗怒曰："监军可专杀耶？"崇焕顿首谢，其果于用法类此。

［译文］

十三山的难民有十多万，长期困在山中出不来。大学士孙承宗巡视边塞，袁崇焕向他请求说："我率兵五千人驻守宁远，可以为十三山壮声势，另派勇将去解救难民。宁远与十三山相距二百里，有机会就进占锦州，没机会则退守宁远，怎么能把十万人置之度外，扔下不管呢？"孙承宗和总督王象乾商议对策。王象乾认为边关上的官军正士气低落，提议调发插汉部守关部队三千人前去。孙承宗认为他的建议正确，告知王在晋。王在晋竟没能发兵解救，十万难民遭消灭，逃出来的仅有六千人。后来孙承宗驳斥了修筑双重城防的提议，召集诸将商议防守策略。阎鸣泰主张防守觉华，袁崇焕主张防守宁远，王在晋和张应吾、邢慎言持不同意见，孙承宗最后采纳了袁崇焕的主张。不久，孙承宗镇守山海关，更加倚重袁崇焕。袁崇焕对内安抚军民，对外整修边备，成绩十分显著。袁崇焕曾核查出虚报名额的队伍，立即斩了一名校官。孙承宗很恼火，说道："监军能有生杀大权吗？"袁崇焕叩头谢罪，他执法果断都和这事一样。

［原文］

三年九月，承宗决守宁远。佥(qiān)事万有孚、刘诏力阻，不听，命满桂偕崇焕往。初，承宗令祖大寿筑宁远城，大寿度中朝不能远守，筑仅十一，且疏薄不中程。崇焕乃定规制：高三丈二尺，雉高六尺，址广三丈，上二丈四尺。大寿与参将高见、贺谦分督之。明年迄工，遂为关外重镇。桂，良将，而崇焕勤职，誓与城存亡。又善抚，将士乐为尽力。由是商旅辐辏(còu)，流移骈(pián)集，远近望为乐土。遭父忧，夺情视事。四年九月偕大将马世龙、王世钦率水陆马步军万二千，东巡广

宁，谒北镇祠，历十三山，抵右屯，遂由水道泛三岔河而还。寻以五防叙劳，进兵备副使，再进右参政。

［译文］

天启三年（1623年）九月，孙承宗决定防守宁远。佥事万有孚、刘诏极力劝阻，孙承宗不听从，派满桂和袁崇焕前去。起初，孙承宗令祖大寿修筑宁远城，祖大寿估计朝廷无力在远地防守，仅仅完成了十分之一的工程量，并且城墙修得草率单薄，不合规格。袁崇焕于是定下规格：城墙高三丈二尺，垛墙高六尺，墙基宽三丈，顶端宽二丈四尺。祖大寿和参将高见、贺谦分头督修。第二年竣工，于是宁远成为关外重镇。满桂是一位能征善战的良将，而袁崇焕又勤于职守，决心和城镇共存亡。袁崇焕又善于体恤兵士，将士都乐于效力。从此宁远城商贾云集，流离的百姓重新聚集，宁远城成为人们心目中的一方乐土。袁崇焕的父亲去世，朝廷不让他回乡守孝，照常供职。天启四年（1624年）九月，袁崇焕和大将马世龙、王世钦率水军、陆军、骑兵一万二千人，去东边的广宁巡视，拜谒北镇祠，经过十三山，抵达右屯卫，于是从水路渡三岔河回到宁远。不久，因五处防守之功，袁崇焕晋升为兵备副使，又晋升为右参政。

［原文］

崇焕之东巡也，请即复锦州、右屯诸城，承宗以为时未可，乃止。至五年夏，承宗与崇焕计，遣将分据锦州、松山、杏山、右屯及大、小凌河，缮（shàn）城郭居之。自是宁远且为内地，开疆复二百里。十月，承宗罢，高第来代，谓关外必不可守，令尽撤锦、右诸城守具，移其将士于关内。督屯通判金启悰（zōng）上书崇焕曰：“锦、右、大凌三城皆前锋要地。傥收兵退，既安之民庶复播迁，已得之封疆再沦没，关内外堪几次退守耶？”崇焕亦力争不可，言：“兵法有进无退。三城已复，安可轻撤？锦、右动摇，则宁、前震惊，关门亦失保障。今但择良将守之，必无他虑。”第意坚，且欲并撤宁、前二城。崇焕曰：“我宁前道也，官此，当死此，我必不去。”第无

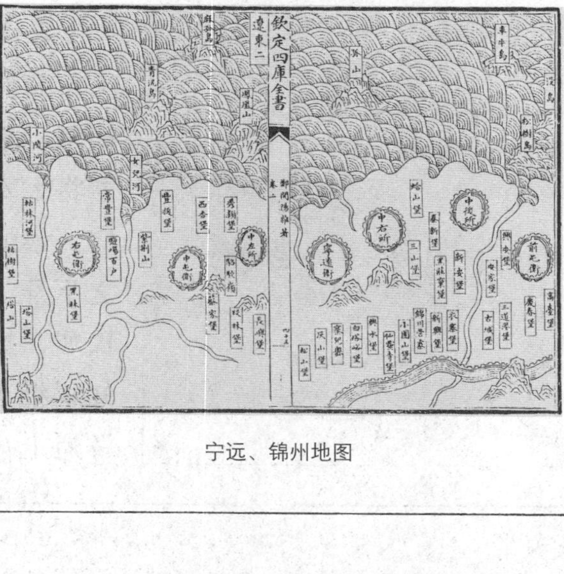

宁远、锦州地图

以难，乃撤锦州、右屯、大、小凌河及松山、杏山、塔山守具，尽驱屯兵入关，委弃米粟十余万。而死亡载途，哭声震野，民怨而军益不振。崇焕遂乞终制，不许。十二月，进按察使，视事如故。

［译文］

在袁崇焕去东部巡视的时候，请求收复锦州、右屯卫诸城，孙承宗认为时机不成熟，才作罢。天启五年（1625年）夏天，孙承宗与袁崇焕计划，派将分别占据锦州、松山、杏山、右屯卫以及大凌河、小凌河，修筑城墙驻守下来。从此宁远城几乎成为内地，收复边境二百多里。十月，孙承宗被罢职，高第来代替他的职务，高第认为关外的据点一定守不住，下令把锦州、右屯卫等地的防守设备全部拆除，把守城将士也转移到关内。督屯通判金启倧向袁崇焕上书说："锦州、右屯卫、大凌河三城都是前沿的军事要地。如果收兵退回，已经安居乐业的百姓会再次流散，已经收复的国土会再度沦陷，关内关外还经得起几次退守呢？"袁崇焕也认为不能退守，据理力争地说："兵法上有进无退。三城已经收复，怎么可以轻易撤走？如果锦州、右屯卫陷落，那么宁远和前屯卫就会因此而惊慌，山海关也失去屏障。现在只要选良将守卫驻守那里，就一定不会发生意外。"高第顽固坚持自己的意见，而且还要从宁远、前屯卫二城撤军。袁崇焕说："我是宁前道的兵备使，我在这里当官，应该和此地共存亡，我坚决不离开。"高第也对他没办法，于是撤掉锦州、右屯卫、大凌河、小凌河以及松山、杏山、塔山等地的防御设施，把守卫的屯兵全部赶进关内，丢弃米粟十余万石。沿途丢下死亡兵士的尸体，哭声震天，百姓怨恨，军队的士气更加不振。袁崇焕请求回乡守孝，未被批准。十二月晋升为按察使，仍然在职理事。

袁公锦宁破虏

袁崇焕在宁远凭借西洋大炮，力挫清军，保住了宁远城。

［原文］

我大清知经略易与，六年正月举大军西渡辽河。二十三日抵宁远。崇焕闻，即偕大将桂、副将左辅、朱梅，参将大寿，守备何可刚等集将士誓死守。崇焕更刺血为书，激以忠义，为之下拜，将士咸请效死。乃尽焚城外民居，携守具入城，清野以待。令同知程维楧（yīng）诘奸，通判启倧（zōng）具守卒食，辟道上行人。檄（xí）前屯守将赵率教、山

海守将杨麒(qí)，将士逃至者悉斩，人心始定。明日，大军进攻，戴楯(dùn)穴城，矢石不能退。崇焕令闽卒罗立，发西洋巨炮，伤城外军。明日，再攻，复被却，围遂解，而启倧亦以然炮死。

[译文]

我大清了解明朝的经略容易对付，天启六年（1626年）正月，指挥大军西渡辽河。二十三日攻至宁远。袁崇焕得知这一消息，立即和大将满桂、副将左辅、朱梅、参将祖大寿、守备何可刚等人召集将士，誓死守城。袁崇焕刺破手指写下血书，以忠义激励将士，并向将士下拜，诸将士都请求效死守边。于是把城外的民舍全部烧毁，把防御设备撤进城中，坚壁清野，等待敌人来攻。袁崇焕又派同知程维楧清查奸细，通判金启倧准备军粮，清除路上的行人。传令前屯卫守将赵率教、山海关守将杨麒，官军将士逃到他们那里的，一律斩首，这样人心才安定下来。第二天，清军进攻，头戴盾牌凿城，城上用弓箭和石块不能击退敌人。袁崇焕令福建兵罗立发射西洋大炮，击伤城外的敌军。第二天，敌人再来进攻，又被打退，才解除了对宁远城的包围，但金启倧也在放炮时牺牲。

[原文]

启倧(zōng)起小吏，官经历，主赏功事，勤敏有志介。承宗重之，用为通判，核兵马钱粮，督城工，理军民词讼，大得众心。死，赠光禄少卿，世荫锦衣试百户。

[译文]

金启倧是小吏出身，官至经历，负责奖赏军功，办事勤快，有操守。孙承宗很重用他，任他为通判，让他核查兵马钱粮，监督筑城工程，受理军民诉讼，他很得人心。他死之后，追赠为光禄少卿，荫官世袭锦衣试百户。

[原文]

初，中朝闻警，兵部尚书王永光大集廷臣议战守，无善策。经略第、总兵麒并拥兵关上，不救。中外谓宁远必不守。及崇焕以书闻，举朝大喜，立擢崇焕右佥都御史，玺(xǐ)书奖励，桂等进秩有差。

[译文]

起初，朝廷得知清兵来攻，兵部尚书王永光召集众多大臣商议战守策略，但都提不出万全之策。经略高第、总兵杨麒率兵驻守山海关，对关外的官军不去救援。朝廷内外，都认为宁远一定守不住。后来袁崇焕把战况上奏，朝廷上下大喜过望，立即提拔袁崇焕为佥都御史，皇帝亲笔写信，进行奖励，满桂等人也分别升职。

［原文］

我大清初解围，分兵数万略觉华岛，杀参将金冠等及军民数万。崇焕方完城，力竭不能救也。高第镇关门，大反承宗政务，折辱诸将，诸将咸解体。遇麒若偏裨，麒至，见侮其卒。至是坐失援，第、麒并褫(chǐ)官去，而以王之臣代第，赵率教代麒。

［译文］

我大清兵刚解除对宁远的包围时，分兵数万人去攻觉华岛，杀死参将金冠等人以及军民数万人。袁崇焕刚保全宁远城，由于兵力用尽，无力去救援。高第镇守山海关，对孙承宗制定的策略，反其道而行之，同时侮辱将领，使将领们都离心离德。高第对待杨麒，像对待手下的偏将一样，杨麒去见他，甚至被他身边的兵卒所侮辱。到这时，因为他们不发援兵，高第和杨麒都被撤职而去，朝廷派王之臣代替高第，赵率教代替杨麒。

［原文］

我大清举兵，所向无不摧破，诸将罔敢议战守。议战守，自崇焕始。三月复设辽东巡抚，以崇焕为之。魏忠贤遣其党刘应坤、纪用等出镇。崇焕抗疏谏，不纳。叙功，加兵部右侍郎，赉(lài)银币，世荫锦衣千户。

［译文］

我大清发兵以来，所向披靡，明朝的将领都不敢向朝廷提出战守事宜。敢于提出战守事宜，是从袁崇焕开始的。三月，重设辽东巡抚，以袁崇焕充任。魏忠贤派他的党羽刘应坤、纪用等去镇守，袁崇焕上疏极力劝阻，但不被采纳。封赏战功，给袁崇焕加兵部侍郎衔，赏赐银币，世袭荫官锦衣千户。

［原文］

崇焕既解围，志渐骄，与桂不协，请移之他镇，乃召桂还。崇焕以之臣奏留桂，又与不协。中朝虑偾(fèn)事，命之臣专督关内，以关外属崇焕画关守。崇焕虞廷臣忌己，上言："陛下以关内外分责二臣，用辽人守辽土，且守且战，且筑且屯。屯种所入，可渐减海运。大要坚壁清野以为体，乘间击瑕以为用。战虽不足，守则有余；守既有余，战无不足。顾勇猛图敌，敌必仇，奋迅立功，众必忌。任劳则必召怨，蒙罪始可有功。怨不深则劳不著，罪不大则功不成。谤书盈箧(qiè)，毁言日至，从古已然，惟圣明与廷臣始终之。"帝优旨褒答。

［译文］

袁崇焕在宁远解围以后，逐渐产生骄傲情绪，与满桂合不来，他上疏请求把满桂调往其他军镇，朝廷于是把满桂召回京。袁崇焕因王之臣上疏请求留下满桂，又与王之臣不和。朝廷担心因此而误事，于是令王之臣专门督理关内军务，关外的军务由袁崇焕筹划。袁崇焕担心朝廷大臣忌妒自己，便上疏说："陛下您把关内关外的军务，分别交由两位大臣负责，用辽人守辽地，一边守卫一边迎战，一边修筑城防，一边屯田。屯田的收入，可以渐渐减少海运军粮的数量。主要以坚壁清野为根本大计，乘机进攻敌人的薄弱环节，以此辅助根本大计。现有兵力，进攻虽然显得不足，守卫则绰绰有余；防守的力量既然绰绰有余，进攻的力量就不会不足。但是如果大规模进攻敌人，敌人一定会报复，如果突然立功，必遭众人的忌妒。任劳就会招致怨恨，戴罪才可以立功。众人的怨恨不深说明功劳不大，罪名不大也成就不了大功。诽谤的文书能装满箩筐，毁谤的言论每天会有，从古代就是如此，我希望陛下和朝臣对我有始有终。"皇帝好言好语下旨回答了他。

［原文］

其冬，崇焕偕应坤、用、率教巡历锦州、大、小凌河，议大兴屯田，渐复第所弃旧土。忠贤与应坤等并因是荫锦衣，崇焕进所荫为指挥佥事。崇焕遂言："辽左之坏，虽人心不固，亦缘失有形之险，无以固人心。兵不利野战，只有凭坚城用大炮一策。今山海四城既新，当更修松山诸城，班军四万人，缺一不可。"帝报从之。

［译文］

这年冬天，袁崇焕和刘应坤、纪用、赵率教巡视锦州、大凌河、小凌河，商议大规模屯田，逐渐收复高第所丢弃的原有国土。魏忠贤和刘应坤等人都因此而得荫官锦衣，袁崇焕的荫官晋升为指挥佥事。于是袁崇焕上疏说："辽东的局面变坏，虽然由于人心不稳，但也因失去险要地形，才无法稳定人心。军队不利于野战，只有凭借坚固的城防采用大炮击敌这一手了。现在山海四座城池已修复一新，应该再修筑松山等城，轮值军队四万人，缺一不可。"皇帝批复听从他的意见。

［原文］

先是，八月中，我太祖高皇帝晏驾，崇焕遣使吊，且以觇(chān)虚实。我太宗文皇帝遣使报之，崇焕欲议和，以书附使者还报。我大清兵将讨朝鲜，欲因此阻其兵，得一意南下。七年正月再遣使答之，遂大兴兵渡鸭绿江南讨。朝议以崇焕、之臣不相能，召之臣还，罢经略不设，以关内外尽属崇焕，与镇守中官应坤、用并便宜从事。崇焕锐意恢复，乃乘大军之出，遣将缮(shàn)锦州、中左、大凌三城，而再使使持

书议和。会朝鲜及毛文龙同告急，朝命崇焕发兵援。崇焕以水师援文龙，又遣左辅、赵率教、朱梅等九将将精卒九千先后逼三岔河，为牵制之势，而朝鲜已为大清所服，诸将乃还。

［译文］

在此之前，八月中旬，我大清太祖高皇帝去世，袁崇焕派使者前来吊唁，并借此机会侦察军情的虚实。我太宗文皇帝派使者回答，袁崇焕打算议和，让使者带回书信。大清兵准备征讨朝鲜，企图用议和稳住明军，可以专心南征。天启七年（1627 年）正月再派使者回答袁崇焕议和事宜，于是大举进军渡过鸭绿江南征。朝廷鉴于袁崇焕和王之臣合不来，把王之臣召回，罢设经略一职，把关内外的军务都交袁崇焕管辖，他和镇守宦官刘应坤、纪用都有随机行事的权力。袁崇焕一心想恢复国土，乘清兵大举出征朝鲜之机，派将领修缮锦州、中左、大凌三城，同时再次派使者带着书信去议和。当时正赶上朝鲜和毛文龙同时向朝廷告急，朝廷命袁崇焕发兵救援。袁崇焕派水军去救援毛文龙，又派左辅、赵率教、朱梅等九位将领率精兵九千先后进逼三岔河，形成牵制清兵的形势，但朝鲜已被大清所降服，左辅等将领才回师。

［原文］

崇焕初议和，中朝不知。及奏报，优旨许之，后以为非计，频旨戒谕。崇焕欲借是修故疆，持愈力。而朝鲜及文龙被兵，言官因谓和议所致。四月，崇焕上言：“关外四城虽延袤（mào）二百里，北负山，南阻海，广四十里尔。今屯兵六万，商民数十万，地隘（ài）人稠，安所得食？锦州、中左、大凌三城，修筑必不可已。业移商民，广开屯种。倘城不完而敌至，势必撤还，是弃垂成功也。故乘敌有事江东，姑以和之说缓之。敌知，则三城已完，战守又在关门四百里外，金汤益固矣。”帝优旨报闻。

［译文］

袁崇焕起初议和时，朝廷不知这一情况。后来袁崇焕向朝廷奏报，皇帝也批准议和，但后来认为不妥当，多次下旨阻止。袁崇焕想借议和恢复原来疆土，更加坚持自己的主张。同时因朝鲜和毛文龙遭到清兵的进攻，言官认为这是议和的恶果。四月，袁崇焕上疏说：“关外四城虽然连绵二百里，但北靠大山，南面是大海，东西宽不过四十里。现在屯驻官兵六万，商人和百姓数十万，地窄人稠，从哪里获得食物？锦州、中左、大凌三城的修筑，一定不能停止。现在已经转移的商人和百姓，广开屯田。倘若城防没有修筑完备，而敌人来攻，势必退回，这样就会功败垂成。因此，趁敌人在鸭绿江以东有战事，姑且利用议和来拖延时间。敌人发觉是缓兵之计时，三城已经修完，无论是进攻还是防守，战场都在山海关四百里之外，山海关就固若金汤了。”皇帝好言回复知道了。

［原文］

时率教驻锦州，护版筑。朝命尤世禄来代，又以辅为前锋总兵官，驻大凌河。世禄未至，辅未入大凌，五月十一日大清兵直抵锦州，四面合围。率教偕中官用婴城守，而遣使议和，欲缓师以待救。使三返不决，围益急。崇焕以宁远兵不可动，选精骑四千，令世禄、大寿将，绕出大军后决战。别遣水师东出，相牵制。且请发蓟镇、宣、大兵，东护关门。朝廷已命山海满桂移前屯，三屯孙祖寿移山海，宣府黑云龙移一片石，蓟辽总督阎鸣泰移关城；又发昌平、天津、保定兵驰赴上关，檄山西、河南、山东守臣整兵听调。世禄等将行，大清已于二十八日分兵趋宁远。崇焕与中官应坤、副使毕自肃督将士登陴(pí)守，列营濠内，用炮距击。而桂、世禄、大寿大战城外，士多死，桂身被数矢。大军亦旋引去，益兵攻锦州。以溽(rù)暑不能克，士卒多损伤，六月五日亦引还，因毁大、小凌河二城。时称宁、锦大捷，桂、率教功为多。忠贤因使其党论崇焕不救锦州为暮气，崇焕遂乞休。中外方争颂忠贤，崇焕不得已，亦请建祠，终不为所喜。七月遂允其归，而以王之臣代为督师兼辽东巡抚，驻宁远。及叙功，文武增秩赐荫者数百人，忠贤孙亦封伯，而崇焕止增一秩。尚书霍维华不平，疏乞让荫，忠贤亦不许。

魏进忠开赌场

魏进忠就是魏忠贤，他年轻时游手好闲、不务正业，曾以开设赌场为生。后来进宫做了太监，掌权后祸国殃民。

［译文］

这时赵率教驻守锦州，保护筑城。朝廷命尤世禄来代替他，又任左辅为前锋总兵官，驻守大凌河。尤世禄还未到任，左辅也还没到大凌河，五月十一日，大清兵直插锦州，将锦州团团包围。赵率教和宦官纪用环城固

守，派使者去议和，打算用缓兵之计等待援兵。使者往返三次没有议定，清兵缩小了包围圈。袁崇焕认为宁远的守军不能动，挑选精兵四千人，令尤世禄、祖大寿率领，绕到清兵背后，再进行决战。另派水军东进，以牵制敌军。同时向朝廷请求调发蓟镇、宣府、大同的军队东进保护山海关。朝廷已命山海关守将满桂移守前屯卫，三屯卫守将孙祖寿移守山海关，宣府守将黑云龙移守一片石，蓟辽总督阎鸣泰移守山海关城；又调发昌平、天津、保定的官兵紧急赶赴山海关，传令山西、河南、山东等地守将整兵待命。尤世禄等人将要赴任，清兵已于二十八日分兵直奔宁远。袁崇焕和宦官刘应坤、副使毕自肃监督将士登城守卫，在护城河内列营，用大炮阻击敌兵。同时满桂、尤世禄、祖大寿在城外与敌兵进行激战，士卒战死很多，满桂身中数箭。清兵不久就撤走了，增加兵力进攻锦州。因天气潮湿闷热，没能攻下，损伤了不少士兵，六月五日也撤军而去，沿途捣毁大凌河、小凌河二城。这次战役当时称为宁、锦大捷，满桂、赵率教的战功最大。魏忠贤趁机指使他的党羽弹劾袁崇焕不去救援锦州，诬之为暮气，袁崇焕于是上疏请求退休。这时朝廷内外正在争相吹捧魏忠贤，袁崇焕出于不得已，也请求为魏忠贤建立生祠，但终究也没讨得魏忠贤的欢心。七月里批准袁崇焕退休回乡，同时任王之臣代他为督师兼辽东巡抚，驻守宁远城。到论功行赏时，文武官员升级荫官者有数百人之多，魏忠贤的孙子也封为伯爵，而袁崇焕只升了一级。尚书霍维华为此事不平，上疏辞让荫官给袁崇焕，魏忠贤不允许。

［原文］

未几，熹宗崩，庄烈帝即位。忠贤伏诛，削诸冒功者。廷臣争请召崇焕。其年十一月擢右都御史，视兵部添注左侍郎事。崇祯元年四月命以兵部尚书兼右副都御史，督师蓟辽，兼督登、莱、天津军务，所司敦促上道。七月，崇焕入都，先奏陈兵事。帝召见平台，慰劳甚至，咨以方略。对曰："方略已具疏中。臣受陛下特眷，愿假以便宜，计五年，全辽可复。"帝曰："复辽，朕不吝封侯赏。卿努力解天下倒悬，卿子孙亦受其福。"崇焕顿首谢。帝退少憩，给事中许誉卿叩以五年之略。崇焕言："圣心焦劳，聊以是相慰耳。"誉卿曰："上英明，安可漫对？异日按期责效，奈何？"崇焕怃然自失。顷之，帝出，即奏言："东事本不易竣。陛下既委臣，臣安敢辞难？但五年内，户部转军饷，工部给器械，吏部用人，兵部调兵选将，须中外事事相应，方克有济。"帝为饬四部臣，如其言。

［译文］

没过多久，熹宗去世，庄烈帝即位。魏忠贤被处死，那些冒功得到封赏者的官职，都被削夺。朝廷大臣争相请求召用袁崇焕，此年十一月，提拔他为右都御史，

负责兵部添注左侍郎事务。崇祯元年（1628年）四月，任命他为兵部尚书兼右副都御史，督师蓟辽，兼督登、莱、天津军务，有关部门督促他上路赴任。七月，袁崇焕到京，先向皇帝陈述用兵事宜。皇帝在平台召见他，多方慰劳，询问用兵方略。袁崇焕回答说："用兵方略已见于我的奏疏中。我受陛下特殊的眷顾，希望交给我随机行事的权力，以五年为限，全部辽东可以恢复。"皇帝说："如能恢复辽东，我不吝啬封侯的爵赏。你能解除天下百姓的倒悬之苦，你的子孙也会享受福泽。"袁崇焕叩头谢恩。皇帝回后宫稍作休息，给事中许誉卿询问用五年时间恢复辽东的策略，袁崇焕说："陛下为此事而焦虑，我这么说只不过是一种慰藉罢了。"许誉卿说："陛下很英明，怎么可以随便回话？日后按期责问成效，怎么办呢？"袁崇焕也后悔自己的失言。不一会儿，皇帝又出来见他，袁崇焕立即奏上："东部的军事本来不容易成功，陛下您既然委任我，我怎敢畏难而推辞？但是五年之内，户部调运粮饷，工部供应器械，吏部选用官员，兵部调兵遣将，需朝廷内外事事应时而办，才能成功。"皇帝为此责成四部的大臣，按袁崇焕的要求办。

［原文］

崇焕又言："以臣之力，制全辽有余，调众口不足。一出国门，便成万里。忌能妒功，夫岂无人？即不以权力掣（chè）臣肘，亦能以意见乱臣谋。"帝起立倾听，谕之曰："卿无疑虑，朕自有主持。"大学士刘鸿训等请收还之臣、桂尚方剑，以赐崇焕，假之便宜。帝悉从之，赐崇焕酒馔（zhuàn）而出。崇焕以前此熊廷弼、孙承宗皆为人排构，不得竟其志，上言："恢复之计，不外臣昔年以辽人守辽土，以辽土养辽人，守为正著，战为奇著，和为旁著之说。法在渐不在骤，在实不在虚，此臣与诸边臣所能为。至用人之人，与为人用之人，皆至尊司其钥。何以任而勿贰，信而勿疑？盖驭边臣与廷臣异，军中可惊可疑者殊多，但当论成败之大局，不必摘一言一行之微瑕。事任既重，为怨实多。诸有利于封疆者，皆不利于此身者也。况图敌之急，敌亦从而间之，是以为边臣甚难。陛下爱臣知臣，臣何必过疑惧，但中有所危，不敢不告。"帝优诏答之，赐蟒玉、银币，疏辞蟒玉不受。

［译文］

袁崇焕又说："凭我的能力，统领辽东绰绰有余，但不足以调协众口。一出国门，无异于在万里之外。嫉贤妒能，难道没这样的人吗？即使他们不用手中的权力去掣肘，也会用不同的意见打乱我的计划。"皇帝站起来倾耳细听，指示说："你不必担心，我自有主张。"大学士刘鸿训等人请求收回王之臣、满桂的尚方宝剑，交给袁崇焕，给他随机行事的权力。皇帝全都答应了，并赏给他酒饭，随后出宫。袁崇焕鉴于在他之前的熊廷弼、孙承宗都遭人排挤陷害，未能实现他们的志愿，便上奏说："恢复辽东的大计，不外乎我以前说过的用辽人守辽土，用辽土养辽人，防守为正招，进攻为奇招，议和为旁招的策略，执行中宜缓不宜急，在实不在虚。这些我和各位边将能够做到。至于用人的人和被用的人，都由皇上来掌握。怎样才能做到任用他就不三心二意、信任他就不去猜疑呢？因为管理边将和管理朝臣是不同的，军中使人可惊可疑的事情很多，只应计较成败的大局，不应计较一言一行的小过失。责任重大，必然招致很多的怨恨。凡是有利于保卫边疆的事，对自身都是不利的。况且我方利用敌人的急难，敌人也会趁机进行离间，因此当边臣是很难的。陛下您爱护我、了解我，我何必过分疑惧，但我内心确实感到有危险，不敢不明言。"皇帝好言下旨答复，赏赐给他蟒袍玉带、银币，袁崇焕上疏辞去蟒袍玉带。

［原文］

是月，川、湖兵戍宁远者，以缺饷四月大噪，余十三营起应之，缚系巡抚毕自肃、总兵官朱梅、通判张世荣、推官苏涵淳于谯(qiáo)楼上。自肃伤重，兵备副使郭广初至，躬翼自肃，括抚赏及朋桩二万金以散，不厌，贷商民足五万，乃解。自肃疏引罪，走中左所，自经死。崇焕以八月初抵关，闻变驰与广密谋，宥(yòu)首恶杨正朝、张思顺，令捕十五人戮之市，斩知谋中军吴国琦，责参将彭簪古，黜都司左良玉等四人。发正朝、思顺前锋立功，世荣、涵淳以贪虐致变，亦斥之。独都司程大乐一营不从变，特为奖励。一方乃靖。

［译文］

这个月，来守卫宁远的四川、湖广的官兵，因缺饷四个月发生哗变，其余十三营也起来响应，他们把巡抚毕自肃、总兵官朱梅、通判张世荣、推官苏涵淳等人捆在城楼上。毕自肃受了重伤，兵备副使郭广刚来，他亲自掩护毕自肃，搜罗抚恤赏赐费用以及棚桩费用二万两白银，散发给哗变的兵士，兵士们仍不满足，又向商民借贷五万两，事情才解决。毕自肃上疏请罪，逃往中左所，上吊自杀。袁崇焕在八月初到达山海关，得知士兵哗变，快马去和郭广密谋，饶恕了带头闹事的杨正朝、张思顺，责令他逮捕十五人斩首示众，处死知情不报的中军吴国琦，斥责参将彭簪古，罢免都司左良玉等四人。派杨正朝、张思顺去阵前立功赎罪，张世荣、苏涵淳因贪污暴虐引起哗变，也被罢斥。只有都司程大乐指挥的一营没有参与哗变，给予特别奖励。于是这一带才安定下来。

［原文］

关外大将四五人，事多掣(chè)肘。后定设二人，以梅镇宁远，大寿仍驻锦州。至是梅将解任，崇焕请合宁、锦为一镇，大寿仍驻锦州，加中军副将何可刚都督佥事，代梅驻宁远，而移蓟镇率教于关门，关

内外止设二大将。因极称三人之才，谓：“臣自期五年，专借此三人，当与臣相终始。届期不效，臣手戮三人，而身归死于司败。”帝可之，崇焕遂留镇宁远。自肃既死，崇焕请停巡抚。及登莱巡抚孙国桢免，崇焕又请罢不设。帝亦报可。哈剌慎三十六家向受抚赏，后为插汉所迫，且岁饥，有叛志。崇焕召至于边，亲抚慰，皆听命。二年闰四月叙春秋两防功，加太子太保，赐蟒衣、银币，荫锦衣千户。

［译文］

关外的大将有四五人，遇事往往互相牵制。后来决定只设两人，派朱梅镇守宁远，祖大寿仍驻守锦州。到这时朱梅将去职，袁崇焕请求将宁远、锦州合并为一镇，祖大寿仍驻守锦州，给中军副将何可刚加都督佥事衔，代替朱梅驻守宁远，同时把蓟镇的赵率教调往山海关，关内外只设两大将。袁崇焕大力称赞三人的才能，说道：“我自己限期五年，就专凭这三个人，他们应该和我奋斗到底。到期没有成效，我会亲手杀死这三人，自己也回去受死。”皇帝同意了他的安排，袁崇焕于是留镇宁远。毕自肃死了以后，袁崇焕请求停设巡抚。后来登莱巡抚孙国桢被免职，袁崇焕又请求不再设登莱巡抚。皇帝也同意了。哈剌慎三十六家部族一向接受朝廷的招抚和赏赐，后来被插汉部逼迫，加上灾荒，企图叛变。袁崇焕把他们召到边地，亲自加以安抚，他们都表示听从命令。崇祯二年（1629年）闰四月，封赏春秋两防的功劳，给袁崇焕加太子太保衔，赐给蟒袍、银币，荫官锦衣千户。

［原文］

崇焕始受事，即欲诛毛文龙。文龙者，仁和人，以都司援朝鲜，逗留辽东。辽东失，自海道遁(dùn)回，乘虚袭杀大清镇江守将，报巡抚王化贞，而不及经略熊廷弼，两人隙始开。用事者方主化贞，遂授文龙总兵，累加至左都督，挂将军印，赐尚方剑，设军镇皮岛如内地。皮岛亦谓之东江，在登、莱大海中，绵亘八十里，不生草木，远南岸，近北岸，北岸海面八十里即抵大清界，其东北海则朝鲜也。

古代朝鲜官员

岛上兵本河东民，自天启元年河东失，民多逃岛中。文龙笼络其民为兵，分布哨船，联接登州，以为掎角计。中朝是之，岛事由此起。

［译文］

袁崇焕刚在辽东任职时，就想杀掉毛文龙。毛文龙是仁和人，以都司衔援助朝鲜，留在辽东。辽东失陷后，从海上逃回，乘守备空虚杀死大清的镇江守将，将此事上报给巡抚王化贞，而没有向经略熊廷弼报告，于是王、熊二人产生了矛盾。朝廷当政者正支持王化贞，于是任毛文龙为总兵，历升至左都督，挂将军印，赐尚方剑，和内地一样在皮岛设置军镇。皮岛又被称为东江，在登州、莱州的大海之中，连绵八十多里，岛上不长草木，海岛南岸距陆地远，北岸距陆地近，海岛北岸隔海八十里就是大清的地盘，它东北的海面则属于朝鲜。岛上的驻军本是河东百姓，自从天启元年（1621年）河东失陷，百姓大都逃往岛中。毛文龙收罗百姓为兵，分布放哨的船只，联络登州，形成掎角之势。朝廷也同意他的做法，皮岛的战事便自此开始了。

［原文］

四年五月，文龙遣将沿鸭绿江越长白山，侵大清国东偏，为守将击败，众尽歼。八月遣兵从义州城西渡江，入岛中屯田。大清守将觉，潜师袭击，斩五百余级，岛中粮悉被焚。五年六月遣兵袭耀州之官屯寨，败归。六年五月遣兵袭鞍山驿，丧其卒千余。越数日又遣兵袭撤尔河，攻城南，为大清守将所却。七年正月，大清兵征朝鲜，并规剿文龙。三月，大清兵克义州，分兵夜捣文龙于铁山。文龙败，遁归岛中。时大清恶文龙蹑后，故致讨朝鲜，以其助文龙为兵端。

［译文］

崇祯四年（1631年）五月，毛文龙派将领沿鸭绿江上溯，越过长白山，侵入大清国的东部，被当地守将击败，兵众全被消灭。八月派兵从义州城西渡江，在岛中屯田。被大清守将发觉，派兵偷袭，斩首五百余级，岛上的粮食全被烧毁。崇祯五年（1632年）六月，派兵袭击耀州的官屯寨，大败而归。崇祯六年（1633年）五月，又派兵袭击鞍山驿，丧失兵卒千余人。过了几天，又派兵袭击撤尔河，进攻城南，被大清守将打退。崇祯七年（1634年）正月，大清兵征伐朝鲜，并计划剿灭毛文龙。三月，大清兵攻克义州，分兵连夜去铁山袭击毛文龙。毛文龙失败，逃往皮岛。当时大清兵讨厌毛文龙在其背后捣乱，所以征伐朝鲜，帮助毛文龙挑起兵端。

［原文］

顾文龙所居东江，形势虽足牵制，其人本无大略，往辄败衄(nǜ)，而

岁縻饷无算。且惟务广招商贾，贩易禁物，名济朝鲜，实阑出塞，无事则鬻参贩布为业，有事亦罕得其用。工科给事中潘士闻劾文龙縻饷杀降，尚宝卿董茂忠请撤文龙，治兵关、宁。兵部议不可，而崇焕心弗善也，尝疏请遣部臣理饷。文龙恶文臣监制，抗疏驳之，崇焕不悦。及文龙来谒，接以宾礼，文龙又不让，崇焕谋益决。

［译文］

毛文龙所占据的东江，地形虽足以牵制清兵，但毛文龙本人没有什么雄才大略，往往是一战即败，而每年消耗粮饷无数。况且他只专心广招商贾，贩卖违禁物品，名义上是援助朝鲜，实际上是妄出边塞，没有战事则以贩卖人参布匹为业，有战事也很少能起到作用。工科给事中潘士闻弹劾毛文龙挥霍粮饷杀害降人，尚宝卿董茂忠请求撤回毛文龙，到山海关、宁远整顿军队。兵部不同意，而袁崇焕心里很不高兴，他曾上疏请派兵部官员为毛文龙管理粮饷。毛文龙讨厌文官来监督，上疏驳斥，袁崇焕大为不快。后来毛文龙来拜见，袁崇焕用宾客的礼节接待他，毛文龙又不谦让，这更加促使袁崇焕下决心除掉他。

［原文］

至是，遂以阅兵为名，泛海抵双岛，文龙来会。崇焕与相燕饮，每至夜分，文龙不觉也。崇焕议更营制，设监司，文龙怫然。崇焕以归乡动之，文龙曰："向有此意，但惟我知东事，东事毕，朝鲜衰弱，可袭而有也。"崇焕益不悦。以六月五日邀文龙观将士射，先设幄山上，令参将谢尚政等伏甲士幄外。文龙至，其部卒不得入。崇焕曰："予诘朝行，公当海外重寄，受予一拜。"交拜毕，登山。崇焕问从官姓名，多毛姓。文龙曰："此皆予孙。"崇焕笑，因曰："尔等积劳海外，月米止一斛，言之痛心，亦受予一拜，为国家尽力。"众皆顿首谢。

［译文］

到这时，袁崇焕以检阅部队为名，乘船来到双岛，毛文龙前来会见。袁崇焕经常和他在一起喝酒，常常喝到半夜，毛文龙也没有察觉袁崇焕的用心。袁崇焕提议改变军队的编制，设置监司，毛文龙很不乐意。袁崇焕用回归故乡的说法想打动毛文龙，毛文龙说："我一向有这种想法，但只有我熟悉东边的事务，等东边的战事了结，朝鲜也衰弱了，便可以占领它。"袁崇焕因此更加不高兴。在六月五日邀请毛文龙观看将士射箭，先在山上搭好帐篷，派参将谢尚政等人在帐篷外埋伏兵士。毛文龙来到，他的卫兵被挡在外面。袁崇焕说："我明天早上就起身回去，大人你肩负海外重任，请受我一拜。"二人行礼毕，登上山头。袁崇焕问毛文龙随从官员的姓名，大都姓毛。毛文龙说："这都是我的孙子。"袁崇焕笑了笑，说道："你们在海外非常劳苦，每月才挣一斛米，说起来让人心痛，也请受我一拜，希望你们为国家尽力。"众人都叩头答谢。

［原文］

崇焕因诘文龙违令数事，文龙抗辩。崇焕厉色叱(chì)之，命去冠带絷(zhí)缚，文龙犹倔强。崇焕曰："尔有十二斩罪，知之乎？祖制，大将在外，必命文臣监。尔专制一方，军马钱粮不受核，一当斩。人臣之罪莫大欺君，尔奏报尽欺罔，杀降人难民冒功，二当斩。人臣无将，将则必诛。尔奏有牧马登州取南京如反掌语，大逆不道，三当斩。每岁饷银数十万，不以给兵，月止散米三斗有半，侵盗军粮，四当斩。擅开马市于皮岛，私通外番，五当斩。部将数千人悉冒己姓，副将以下滥给札付千，走卒、舆夫尽金绯，六当斩。自宁远还，剽掠商船，自为盗贼，七当斩。强取民间子女，不知纪极，部下效尤，人不安室，八当斩。驱难民远窃人参，不从则饿死，岛上白骨如莽，九当斩。辇金京师，拜魏忠贤为父，塑冕旒(miǎn liú)像于岛中，十当斩。铁山之败，丧军无算，掩败为功，十一当斩。开镇八年，不能复寸土，观望养敌，十二当斩。"数毕，文龙丧魂魄不能言，但叩头乞免。崇焕召谕其部将曰："文龙罪状当斩否？"皆惶怖唯唯。中有称文龙数年劳苦者，崇焕叱之曰："文龙一布衣尔，官极品，满门封荫，足酬劳，何悖逆如是？"乃顿首请旨曰："臣今诛文龙以肃军。诸将中有若文龙者，悉诛。臣不能成功，皇上亦以诛文龙者诛臣。"遂取尚方剑斩之帐前，乃出谕其将士曰："诛止文龙，余无罪。"

［译文］

袁崇焕趁机责问毛文龙违抗军令的几件事，毛文龙大声争辩。袁崇焕声色俱厉地斥责毛文龙，令人拿掉他的帽子，捆绑起来，毛文龙仍然倔强不屈。袁崇焕说："你有十二条死罪，你知罪吗？按照祖宗的制度，大将在外，一定派文臣监督。你却专制一方，军马钱粮不受核查，这是第一该杀。臣子的罪行大不过欺君之罪，你向皇上的奏报都是谎言，杀投降的士兵和难民冒充战功，这是第二该杀。人臣不得叛逆，叛逆必定杀头，你的奏疏中有'牧马登州取南京如反掌'这样的话，实为大逆不道，这是第三该杀。每年拨发给你饷银数十万两，你不发给兵士，每月只给他们发三斗半米，侵吞军粮，这是第四该杀。你擅自在皮岛开设马市，里通外国，这是第五该杀。你的部将数千人，都改姓毛，副将以下可以滥任千户，勤务兵、轿夫都穿金紫衣服，这是第六该杀。你从宁远回来，沿途抢劫商船，自成盗贼，这是第七该杀。你强娶民间女子，不知有法纪，你的部下们仿效你的行径，害得百姓不得安居，这是第八该杀。驱赶难民到远处偷挖人参，不服从则饿死他们，岛上满地白骨，这是第九该杀。把金银送往京师，拜魏忠贤为义父，在岛上为魏忠贤塑造帝王装束像，这是第十该杀。铁山战败，损失无数兵士，你掩盖失败，冒领功赏，这是第十一该杀。设置军镇八年，没能收复一寸土地，观望不战，纵容敌军，这是第十二该杀。”袁崇焕数落完他的罪行，毛文龙失魂落魄，说不出话来，只是叩头求免一死。袁崇焕把他的部下招来，问道：“毛文龙的罪行应不应该杀头？”他的部下惊恐万分，点头称是。其中有人称道毛文龙多年以来没有功劳也有苦劳，袁崇焕斥责说：“毛文龙原本只是个普通百姓，他官至极品，满门得到封赠荫官，这足以酬谢他的劳苦，为什么干出这等叛逆事情？”于是袁崇焕叩头请旨说道：“我现在处死毛文龙，是为了整肃军队。部将中有像毛文龙这样的，全部处死。我若不能成功，皇上就把我像毛文龙一样处死。”于是取出尚方剑将毛文龙杀死在帐前。他走出营帐，对毛文龙部下的将士说：“只诛杀毛文龙，其余的人都无罪。”

［原文］

当是时，文龙麾下健校悍卒数万，惮（dàn）崇焕威，无一敢动者，于是命棺敛文龙。明日，具牲醴（lǐ）拜奠曰：“昨斩尔，朝廷大法；今祭尔，僚友私情。”为下泪。乃分其卒二万八千为四协，以文龙子承祚、副将陈继盛、参将徐敷奏、游击刘兴祚主之。收文龙敕印、尚方剑，令继盛代掌。犒军士，檄抚诸岛，尽除文龙虐政。还镇，以其状上闻，末言：“文龙大将，非臣得擅诛，谨席稿待罪。”时崇祯二年五月也。帝骤闻，意殊骇，念既死，且方倚崇焕，乃优旨褒答。俄传谕暴文龙罪，以安崇焕心，其爪牙伏京师者，令所司捕。崇焕上言：“文龙一匹夫，不法至此，以海外易为乱也。其众合老稚四万七千，妄称十万，且民多，兵不能二万，妄设将领千。今不宜更置帅，即以继盛摄之，于计便。”帝报可。

［译文］

在当时，毛文龙部下的精兵健将有数万人，因惧怕袁崇焕的威严，没一人敢有不轨之举，于是袁崇焕派人抬来棺材，装殓了毛文龙的尸体。第二天，准备了祭品祭奠，袁崇焕说道：“昨天斩死你，是执行朝廷的法律；今天祭奠你，是尽同僚的私情。”说着说着，就流下了眼泪。于是把他的部队二万八千人分为四协，派毛文龙的儿子毛承祚、副将陈继盛、参将徐敷奏、游击刘兴祚率领。收缴毛文龙的将印、尚方剑，让陈继盛代为掌管。犒赏军士，传令安抚各岛的守兵，全部废除毛文龙的暴虐政令。袁崇焕回到军镇，把以上详情上奏皇帝，奏疏中最后说：

“毛文龙是大将，不是我可以擅自处死的，我这里坐在藁上，恭等朝廷的处治。”当时是崇祯二年（1629 年）五月。皇帝突然得知这一消息，十分吃惊，继而一想，毛文龙已死，而且现在正依靠袁崇焕，于是好言回复。不久，皇帝下令揭露毛文龙的罪行，以此使袁崇焕安心，毛文龙的爪牙潜藏在京师的，令有关部门搜捕。袁崇焕上疏说：“毛文龙只不过是一介匹夫，他之所以这样无法无天，是因为身在海外容易作乱。他的部下，老小共有四万七千人，却号称十万，而且大部分是百姓，兵士不到两万人，随意设置将领千人之多。现在不应再设统帅，就派陈继盛代理，这样比较合适。”皇帝同意他的意见。

［原文］

崇焕虽诛文龙，虑其部下为变，增饷银至十八万。然岛弁(biàn)失主帅，心渐携，益不可用，其后致有叛去者。崇焕言：“东江一镇，牵制所必资。今定两协，马军十营，步军五，岁饷银四十二万，米十三万六千。”帝颇以兵减饷增为疑，以崇焕故，特如其请。

［译文］

袁崇焕虽然处死了毛文龙，仍担心他的部下发生变乱，增加饷银至十八万两。但是岛上的兵众失去主帅，更加重离心的倾向，也更加不可靠，后来甚至有叛变离开的。袁崇焕上疏说：“东江这个军镇，是牵制敌人所必需的。现在定编为两协，骑兵十营，步兵五营，每年饷银四十二万两，米十三万六千石。”皇帝也提出了疑问，兵员减少了，粮饷却增加了，因照顾袁崇焕的面子，特地批准了他的请求。

［原文］

崇焕在辽，与率教、大寿、可刚定兵制，渐及登、莱、天津，及定东江兵制，合四镇兵十五万三千有奇，马八万一千有奇，岁费度支四百八十余万，减旧一百二十余万。帝嘉奖之。

［译文］

袁崇焕在辽东，和赵率教、祖大寿、何可刚商定军队的编制，渐渐推广到登州、莱州、天津各地，后来确定东江的编制，四镇的兵力合起来共计十五万三千多人，马匹八万一千多，每年的经费开支四百八十多万两，比原来减少一百二十多万两。皇帝下令嘉奖。

［原文］

文龙既死，甫逾三月，我大清兵数十万分道入龙井关、大安口。崇焕闻，即督大寿、可刚等入卫。以十一月十日抵蓟(jì)州，所历抚宁、永平、迁安、丰润、玉田诸城，皆留兵守。帝闻其至，甚喜，温旨褒勉，发帑(tǎng)金犒将士，令尽统诸道援军。俄闻率教战殁，遵化、三

屯营皆破，巡抚王元雅、总兵朱国彦自尽，大清兵越蓟州而西。崇焕惧，急引兵入护京师，营广渠门外。帝立召见，深加慰劳，咨以战守策，赐御馔及貂裘。崇焕以士马疲敝，请入休城中，不许，出与大军鏖战，互有杀伤。

［译文］

毛文龙被处死之后，仅仅过了三个月，我大清兵数十万分道攻入龙井关、大安口。袁崇焕得知这一消息，立即率领祖大寿、何可刚等入关去保卫京师。十一月十日到达蓟州，所经过的抚宁、永平、迁安、丰润、玉田等城，都留兵守卫。皇帝得知袁崇焕率兵入卫，非常高兴，下旨慰问奖励，拿出国库的银两犒赏将士，并命他统率各路援军。不久，得知赵率教战死，遵化、三屯营都被攻破，巡抚王元雅、总兵朱国彦自杀，大清兵越过蓟州西进。袁崇焕十分恐惧，急忙领兵去保卫京师，在广渠门外扎营。皇帝立即召见袁崇焕，多方慰劳，并询问战守策略，赏给他御膳和貂皮衣。袁崇焕鉴于兵马已经疲惫，请求入城休整，而皇帝不允许，于是出兵和清兵激战，双方互有伤亡。

［原文］

时所入隘口乃蓟辽总理刘策所辖，而崇焕甫闻变即千里赴救，自谓有功无罪。然都人骤遭兵，怨谤（bàng）纷起，谓崇焕纵敌拥兵。朝士因前通和议，诬其引敌胁和，将为城下之盟。帝颇闻之，不能无惑。会我大清设间，谓崇焕密有成约，令所获宦官知之，阴纵使去。其人奔告于帝，帝信之不疑。十二月朔再召对，遂缚下诏狱。大寿在旁，战栗失措，出即拥兵叛归。大寿尝有罪，孙承宗欲杀之，爱其才，密令崇焕救解。大寿以故德崇焕，惧并诛，遂叛。帝取崇焕狱中手书，往召大寿，乃归命。

入寇遵城

崇祯二年后金大举进犯北京及北京周边地区，袁崇焕回师入援，但崇祯皇帝中了清军的反间计，将袁崇焕下狱处死。

［译文］

当时清兵入关的关口属于蓟辽总理刘策管辖，袁崇焕得到消息立即从千里外赶来保卫京师，他自以为有功无罪。但京师百姓骤然遭受兵祸，纷纷怒骂，认为袁崇焕纵容敌人而拥兵坐视。朝廷大臣因他以前曾和清兵议和，于是诬陷他引诱敌军进行威胁，以求达成和议，将要订立城下之盟。皇帝也听到这种说法，不能不产生怀疑。当时正赶上大清使用离间计，放出风声，说与袁崇焕达成秘密协议，故意让被俘的宦官听到，假装看守不严，让被俘的人逃走了。那人跑回去告知皇帝，皇帝确信实有其事，没有任何怀疑。十二月初一再次召见袁崇焕，于是逮捕了他，投入诏狱。当时祖大寿在旁边，吓得浑身颤抖，惊慌失措，退出以后即带兵叛逃东归。祖大寿以前曾犯罪，孙承宗要杀掉他，但爱他有才，秘密让袁崇焕出面解救。因此祖大寿很感激袁崇焕，这时担心和袁崇焕一起被处死，于是就叛变了。皇帝得到袁崇焕在狱中写的亲笔信，派人带着书信去召回祖大寿，祖大寿这才归顺朝廷。

［原文］

方崇焕在朝，尝与大学士钱龙锡语，微及欲杀毛文龙状。及崇焕欲成和议，龙锡尝移书止之。龙锡故主定逆案，魏忠贤遗党王永光、高捷、袁弘勋、史堲(fàn)辈谋兴大狱，为逆党报仇，见崇焕下吏，遂以擅主和议、专戮大帅二事为两人罪。捷首疏力攻，堲、弘勋继之，必欲并诛龙锡。法司坐崇焕谋叛，龙锡亦论死。三年八月遂磔(zhé)崇焕于市，兄弟妻子流三千里，籍其家。崇焕无子，家亦无余赀(zī)，天下冤之。

五城捕军捉囚犯

清军进攻，城内往往有奸细做内应，明朝也加强了对奸细的盘查。

［译文］

当袁崇焕在朝中任职时，曾和大学士钱龙锡交谈，当时就表露出要杀掉毛文龙的想法。后来袁崇焕想和清兵达成和议，钱龙锡曾写信劝阻。钱龙锡原来曾主持审定逆案，魏忠贤的余党王永光、高捷、袁弘勋、史堲一帮人想趁机制造大案，为逆党报仇，看到袁崇焕被审讯，于是就以擅自与清议和、擅杀大帅为袁崇焕和钱龙锡的罪名。高捷首先上疏，极力攻击，史堲、袁弘勋接着上疏，决心要连钱龙锡一起处死。司法部门判定袁崇焕犯了谋叛罪，钱龙锡也被判为死刑。崇祯三年（1630 年）八月，袁崇焕被肢解处死，他的兄弟妻子被流放到三千里之外，抄没全部家产。袁崇焕没有儿子，家里也没有什么积蓄，天下人都认为他很冤枉。

[原文]

崇焕既缚，大寿溃而去。武经略满桂以趣战急，与大清兵战，竟死，去缚(fù)崇焕时甫半月。初，崇焕妄杀文龙，至是帝误杀崇焕。自崇焕死，边事益无人，明亡征决矣。

[译文]

在袁崇焕被逮捕时，祖大寿叛逃而去。武经略满桂因朝廷紧急催战，于是与清兵交锋，满桂战死，距逮捕袁崇焕时刚刚半个月。起初，袁崇焕擅杀毛文龙，此时皇帝又误杀了袁崇焕。从袁崇焕被杀以后，边关的军务再也没有合适的人才了，这是明朝灭亡的明确征兆啊。

图书在版编目(CIP)数据

图解二十四史精华 / 司马迁等著,崇贤书院释译. —合肥:黄山书社,2015.11

(经典传家系列丛书)

ISBN 978-7-5461-5338-4

Ⅰ.①图… Ⅱ.①司… ②崇… Ⅲ.①中国历史-古代史-纪传体-通俗读物 Ⅳ.①K204.1-49

中国版本图书馆 CIP 数据核字(2015)第 286497 号

出 品 人　任耕耘
总 策 划　任耕耘　李　克
选题策划　汤吟菲　白剑峰
项目统筹　刘　春
责任编辑　程　景
装帧设计　未　氓
责任印制　戚　帅
出版发行　时代出版传媒股份有限公司(http://www.press-mart.com)
　　　　　黄山书社(http://www.hspress.cn)
地址邮编　合肥市政务文化新区翡翠路 1118 号出版传媒广场 7 层　230071
印　　刷　安徽新华印刷股份有限公司
版　　次　2016 年 3 月第 1 版
印　　次　2016 年 3 月第 1 次印刷
开　　本　700mm×1000mm　1/16
字　　数　770 千
印　　张　49.5
书　　号　ISBN 978-7-5461-5338-4
定　　价　49.80 元

服务热线　0551-63533706

销售热线　0551-63533761

官方直营书店(http://hsssbook.taobao.com)